帝國主義的鳩夢

文明交戰 卷一

1800
——
1860

黃宇和（著）

□ 責任編輯：黎耀強　黃杰華

□ 裝幀設計：黃希欣　簡雋盈

□ 排　　版：時　潔

□ 印　　務：劉漢舉

帝國主義的鴆夢 1800－1860

□
著者
黃宇和

□
出版
中華書局（香港）有限公司
香港北角英皇道 499 號北角工業大廈一樓 B
電話：(852) 2137 2338　傳真：(852) 2713 8202
電子郵件：info@chunghwabook.com.hk
網址：http://www.chunghwabook.com.hk

□
發行
香港聯合書刊物流有限公司
香港新界荃灣德士古道 220-248 號
荃灣工業中心 16 樓
電話：(852) 2150 2100　傳真：(852) 2407 3062
電子郵件：info@suplogistics.com.hk

□
印刷
美雅印刷製本有限公司
香港觀塘榮業街 6 號 海濱工業大廈 4 樓 A 室

□
版次
2021 年 12 月初版
© 2021 中華書局（香港）有限公司

□
規格
特 16 開（240 mm×170 mm）

□
ISBN：978-988-8760-39-8

John Y. Wong (University of Sydney), *War Between Civilizations Anglo-Saxon and Chinese, Vol. 1, Humanity's Deadly Dreams*. Chung Hwa Book Company (Hong Kong) Ltd, December 2021.

War Between Civilizations Anglo-Saxon and Chinese, Vol. 1,

Humanity's Deadly Dreams

by

John Y. Wong

BA(HKU), DPhil(Oxon), FRHistS, FASSA, FAHA

Emeritus Professor of Modern History,

University of Sydney

Australia

獻辭

For Margaret Olwen MacMillan, D.Phil.(*Oxon*), Emeritus Professor of International History, University of Oxford, Formerly Warden of St Antony's College, University of Oxford

獻給牛津大學聖安東尼研究院榮休院長、牛津大學國際史榮休講座教授、筆者的師姐瑪格麗特·麥米倫博士

緬懷
劍橋大學已故帝國史院士講座教授卑理爵士

In Memory of Professor Sir Christopher Alan Bayly,
FBA, FRSL (18 May 1945 – 18 April 2015)

卑理爵士與黃宇和在雪梨金唐海鮮酒家

———— 2012 年 7 月 19 日 ————

Your statements are meticulously referenced;
Your narratives are straightforward and comprehensive.
You make your views crystal clear,
You judge as if you were wielding a sword.
The quality of your work on the Opium Wars,
Rivals that of Dong Zhongshu's tomes on history.
On the occasion of your second lecture tour in China
I compose this poem as a memento.

by Qin Esheng,
at the age of eighty

題解

　　2021 年 1 月 11 日，接出版社編輯來函，提出一些關鍵問題，筆者靈機一觸，想到讀者也會有類似的問題，於是把編輯問我答改編成為本書題解如下。

　　1. 鴆夢的含義是什麼？——鴆者，毒藥也，鴉片乃毒藥之一種。首先，英帝國主義為了追求發大財的美夢，不惜以鴉片毒害華夏，故其追求者乃有劇毒之夢也。待華夏禁煙，英帝國主義又以兵戎威逼華夏繼續讓其售賣鴉片。準此，替分析兩次鴉片戰爭、尤其是第二次鴉片戰爭的拙著，取書名《鴆夢》——*Deadly Dreams*，可以致死的發財美夢——是為《文明交戰‧卷一‧帝國主義的鴆夢》。其次，清政府在第一次鴉片戰爭中慘敗以後，不知自我檢討，奮發圖強，卻依然狂妄自大，繼續發其天朝上國的夢，結果在第二次鴉片戰爭中再度屍橫遍野，血流成河；這個天朝上國的夢，也的確是足以致人於死地的夢。其三，中國的煙鬼，吞雲吐霧，飄飄欲仙之際，發的同樣是要命的夢。但是，如果為拙著中文版起名為「足以致死的夢」，太別扭了。漢語詞彙中有現成的「醉生夢死」，強差人意，姑採之。

　　2. 鴉片戰爭給中國帶來了巨大影響——具體的影響在哪裏？國人至今都只是泛泛其詞，並無系統地研究過。我深層次地研究過、分析過了，並擬好書稿，取書名《文明交戰‧卷三‧百年屈辱》（只差一章就可以定稿了）。

　　3. 對於英國的影響如何？—— 鴉片貿易毒害了炎黃子孫的健康，這是有形的。同時也毒害了盎格魯‧撒克遜民族的心靈，這是無形的，但遺害更烈：不斷受到良心譴責（guilty conscience）折磨的盎格魯‧撒克遜民族後代的精英，其處理這種心理折磨的辦法大致有兩種。第一種是歇斯底里地打擊批評鴉片貿易的人，他們槍斃我在香港大學的畢業試（1968 年），槍斃我在牛津大學的博士論文《葉名琛》（1971 年），槍斃拙稿《鴆夢》（1994 年），就是我親身經歷過的、血淋淋的事實。第二種

反應是擺證據、講道理，嚴拒歪曲歷史。結果港大幾乎整個文學院不同學系的老師群起反對，黃宇和第一次死裏逃生；牛津大學聖安東尼研究院的同門師兄弟姐妹也群起反對，黃宇和第二次死裏逃生；聖安東尼研究院的同門師兄、劍橋大學的帝國史院士講座教授卑理爵士（Professor Sir Christopher Bayly）抱打不平，拔刀相助，黃宇和第三次死裏逃生。這一切也是鐵一般的事實—— 詳見行將面世的拙稿《文明交戰・卷二・地動三河鐵臂搖——死裏逃生》。從哪怕是後代也不斷地受到良心譴責折磨這個角度看，盎格魯・撒克遜民族過去藉鴉片貿易發大財的做法，正是飲鴆止渴！其渴，正是渴望大發橫財的慾壑難填。

4. 關於書名，從閱讀市場來看（只是個人的看法，不對之處請批評指正），我覺得回到英文版書名會更好一點，並稍做修改，如《鴆夢：1800－1860 年的中國與英國》。另外鴉片戰爭是文明交戰冰山的一角，也可以用《歷史的冰山：1800－1860 年的中國與英國》。—— 後者決不可取，哪怕從市場的角度看，《鴆夢》這個書名在中國學術界已是家喻戶曉，請重溫本書第八章「鴆夢中文版的噩夢」。所以《鴆夢》這個書名絕對不能改。若改了，讀者會說，「又是一本書，有什麼稀奇！」從邏輯及宏觀歷史的角度看，《文明交戰・卷一・帝國主義的鴆夢》與《文明交戰・卷三・百年屈辱》以及後續其他各卷諸如美國發動的《美中貿易戰》、《開闢香港戰場》以至目前我日夜拼搏的《瘟疫戰》，是一氣呵成、一環扣一環的，是我多年以來日夜深思熟慮的結果。若改變其中一卷的書名，就脫節了。當你讀過十九世紀《文明交戰・卷一・帝國主義的鴆夢》之後，會發覺它與二十一世紀美國發動的《文明交戰・卷數未定・貿易戰》，幾乎是不折不扣的歷史重演！國人怕不怕？還不好好閱讀《文明交戰・卷一・帝國主義的鴆夢》，以吸取歷史教訓，團結一致禦敵！

5.《文明交戰・卷一・帝國主義的鴆夢》英文書名的副標題是 *Humanity's Deadly Dreams*，就是以「人類的鴆夢」取代「帝國主義的鴆夢」了，為何如此？—— 以此代彼，是我的思路又有新突破的結果。現在我深感「統戰團結」的對象絕對應該包括當代開明的盎格魯・撒克遜文明精英，爭取他們參加我的反戰行列。若我老是譴責他們的先人，他們會懷疑我是否映射他們，以至他們心裏很不舒服。他們會說：「在兩次鴉

片戰爭中，接應洋人的中國煙販、接受華人煙販賄賂的中國貪官污吏、廣大煙鬼，難道就是那麼清白？」其實，在「統戰團結」的大前提下，最為理想的做法是把中文書名的副標題也改為「人類的鴆夢」，但此路不通！因為本書的主旋律是深入探索、暴露、譴責帝國主義的侵略本質，以至造成屍橫遍野、血流成河在所不惜；不是要證明「人之初性本惡」的。

黃宇和 謹識

2021 年 1 月 11 日一稿

2021 年 3 月 21 日二稿

目錄

上篇　歷史與治史

統計表一覽

統計圖一覽

英文版作者原序之一

一

1971 年我完成有關欽差大臣葉名琛的手稿，[1] 就着手追溯第二次鴉片戰爭的起源。開展一項難有簡單答案的研究項目，必然是困難重重，而這些困難很快就一一出現。把一個問題解決了，往往又衍生更多複雜問題。因此，這本準備要寫的書，架構搭起來了，又拆掉，然後再重建。各章初稿草就了，又將之拆解，再重寫。我的筆觸緩慢但卻穩定地走出了中國，涉及印度、英國、法國、美國和俄國；並由政治和外交史走到經濟史和帝國史。這項研究最初是要探討「亞羅」號這艘船上英國旗據稱受辱的事件，慢慢卻引領我分析中國和英國外交、維多利亞時代思潮、英法俄三國之間的愛憎關係、中國茶絲出口、英屬印度的經濟策略和鴉片壟斷，英國議會政治和英國全球貿易，甚至美國人靠着向蘭開夏郡紡織廠供應棉花，彌補大量購買中國茶葉造成的貿易逆差。

之後，這項寫作計劃拖沓甚久，有些朋友與同事因而認為它永難完成，惟獨王賡武教授沒有這樣想。他由始至終向我提供很有見地的意見和堅定的支持，對此我銘感五內。在 1993 年我自以為手稿已殺青，請王賡武教授過目，他為我寫了篇畫龍點睛的前言。我在 1994 年發覺不得不再修改前稿，並再次請他斧正。之後我完成了再次自以為是最終稿的手稿，請蒙卑利（Christopher Bayly）教授審閱。這時我想到，如果有位英國史學大家為此書寫另一篇前言，加上前一篇由一位中國史學大家所寫的前言，兩者加起來可以為此書提供有趣的閱讀角度。卑利教授慨然應

1　此手稿後來印刷成書：*Yeh Ming-ch'en: Viceroy of Liang-Kwang, 1852-8* (Cambridge University Press, 1976)。我早期對第二次鴉片戰爭所做的部份研究活動，涉及整理中英兩國政府之間的中文外交通信，此項工作的結果也出版成冊：*Anglo-Chinese Relations, 1839-1860: A Calendar of Chinese Documents in the British Foreign Office Records* (Published for the British Academy by Oxford University Press, 1983)。

允。我的已退休同事哈里森（Grahame Harrison）同樣一直給予莫大支持。對於他不吝指正、不斷鼓勵，並且不憚其煩閱讀和評論此書各章初稿，我深表感謝，將這本書呈獻給他。

我感謝牛津大學聖安東尼學院院長和院士，他們在 1971 至 1974 年選我為該院博士後研究員，當時我正開始就這項寫作計劃展開深入研究。我感謝現為倫敦大學歷史研究所所長的聖安東尼學院院士奧布賴恩（Patrick O'Brien）教授，以及現任澳大利亞國立大學中國歷史研究教授伊懋可（Mark Elvin）。伊懋可教授看過我的初稿後，建議我把有關經濟的章節傳給奧布賴恩教授過目。奧布賴恩教授慨然應允，並提出寶貴意見。

我要感謝劍橋大學歷史學欽定講座教授柯林森（Patrick Collinson）和他的同事希爾頓（Boyd Hilton）博士。柯林森教授細閱手稿後，給予極有用的評語，建議我請希爾頓博士審閱有關維多利亞政治的章節，希爾頓博士在百忙中答應相助。之後希爾頓博士傳來兩本與我的研究十分相關的格雷維爾（Greville）日記，我非常珍惜這份禮物。1995 年雪梨大學首位沃德歷史學客座教授麥克多納（Oliver MacDonagh）閱讀了第七至十三章，助我裨補闕漏。

其他撥冗閱讀全部或部份初稿並提供意見的朋友，包括劍橋大學榮休教授欣斯利爵士（Sir Harry Hinsley）、耶魯大學史景遷（Jonathan Spence）教授、普林斯頓大學榮休教授杜希德（Denis Twitchett）、加州大學柏克萊分校魏斐德（Frederic Wakeman）教授、哥倫比亞大學康納丁（David Cannadine）教授、西雪梨大學現任校長施羅伊德（Deryck Schreuder）教授，以及我現在和已退休的同事：榮休教授雅各布斯（Marjorie Jacobs）、弗萊徹（Brian Fletcher）教授、泰偉斯（Frederick Teiwes）教授、麥克勞德（Roy MacLeod）)教授、里夫（John Reeve）博士（現在轉到澳大利亞國防學院高就）、馬斯洛斯（Jim Masselos）博士和克斯滕（Rikki Kersten）博士。費希爾圖書館的格尼（Nigel Gurney）先生和麥覺理大學的埃克爾斯（Lance Eccles）博士花了大量時間協助我校核手稿，雖然他們是我的好朋友，但他們這樣鼎力相助，我也受之有愧。布倫南（Peter Brennan）博士和奧爾森（Lyn Olson）博士助我核對拉丁句子，卡希爾（Tony Cahill）先生和麥克納布（Ken Macnab）博士

總是耐心回答我關於英國政治史的查問。

出版社建議我查閱德雷舍爾（Seymour Drescher）的 *Econocide: British Slavery in the Era of Abolition*，[2] 和加文（Robert Gavin）有關巴麥尊的非洲政策的博士論文，[3] 大大拓寬我的眼界。我感謝加文教授應我要求傳來論文的影印本。

我由 1974 年起任教至今的澳大利亞雪梨大學，慷慨地給予我研究休假。我在 1979 至 1980 年首次研究休假時，獲選為劍橋大學國際研究中心的訪問學人兼邱吉爾學院的同院士（fellow commoner）。感謝欣斯利爵士教授和邱吉爾學院院長和院士為我提供令人心曠神怡的治學環境。拙荊曾昭蓮毫無怨言協助我核對從大學圖書館手抄錄的統計數字。

我在 1980 年獲選為胡佛戰爭、革命與和平研究所的訪問學人，馬若孟（Ramon Myers）教授從中出了大力，在此謹致謝忱。我在 1980 年和1983 年兩次獲東京大學社會科學研究所選為訪問學人，為此要感謝坂野潤治教授奔走。我在 1970 年代、1980 年代和 1990 年代多次獲中山大學選為訪問學人，感激胡守為教授幫助。香港大學亞洲研究中心在 1993 年選了我為訪問學人，對此我向王賡武教授申謝。多虧趙利濟和布雷齊爾（Ken Breazeale）兩位博士出力，我在 1996 年獲檀香山東西中心選為訪問學人；北京中國社會科學院在 1996 年 11 月選我為訪問學人，感謝張海鵬和楊天石兩位教授；台北中央研究院在 1996 年 12 月選我為訪問學人，感謝陳三井和呂芳上兩位教授。這些委任大有助於我在海外的研究工作。我每次到訪倫敦，聖安東尼學院師妹亨特（Janet Hunter）、師弟希基（Stephen Hickey）、師弟普爾基斯（Andrew Purkis）以及紐約我的好友阮祝能（Yuen Chuk-nang）和饒雅穗（Yiu Ngar-shui）總是親切、幫忙和款待。

二

不用說，在海外到處走訪尋找公共檔案、私人文件和其他與計劃相

2　　Pittsburgh, University of Pittsburgh Press, 1977.

3　　R. J. Gaivn, 'Palmerston's Policy towards East and West Africa, 1830-1865', Unpublished Ph.D. thesis, University of Cambridge, 1959.

關的資料，是很花錢的事，所以我感謝以下機構一再撥款提供資助：澳大利亞人文學院／邁爾基金會、英國國家學術院、澳洲研究撥款委員會、斯馬茨紀念基金會、新加坡李氏基金會（全賴陳文章大法官〔Judge Tan Boon Chiang〕大力幫忙）。它們接連撥款資助這項研究，我尤其感激它們對我的信任。把這二十五年研究成果寫成了篇幅達十八章的手稿後，我接到通知，把它們印刷成書所費不菲，書的定價將不是一般讀者所願意付出。這時候陳法官和李氏基金會再次伸出援手，慷慨補助印刷費。

雪梨大學多次協助，支付我參加海外會議的費用，令我可以到開會的地方，在會前或會後從事研究。我在休假期間慣常到處去進行調查，同事都以學者的了解和包容的態度對之，不用說我對他們甚為感激。

我想感謝雪梨大學聖約翰學院院長和院士，為我提供了一個方便的地方，使我能草擬和重寫一些早期章節。當時經濟學導師夏普（Kieran Sharpe）、法律導師奧利弗（Kyle Oliver）和英語導師奧爾（Warwick Orr）都不吝提供意見，我十分感謝。

三

世界各地的檔案館和圖書館人員，都為我提供了極大幫忙。在1970 年代和 1980 年代，我到倫敦公共檔案館蒐集資料時，歷任館長伊德（Jeffrey Ede）、馬丁（Geoffrey Martin）、羅珀（Michael Roper）和他們的同事，已故的蒂明斯（Kenneth Timings）、亨尼塞特（Roy Hunnisett）、埃文斯（Norman Evans）、沃爾福德（John Walford）和基欽（Christopher Kitching）都大力相助。我為這家檔案館整理了大量中文文件，[4] 因而獲准自由查閱館藏中文手稿，那是儲藏在法庭巷（Chancery Lane）C19 室附設的一個堅固房間內，我也可以使用 C19 室，從此能夠細閱全部檔案。若非有這種特別的照顧，我的研究可能要推遲十年才能完成。這些最近才開放給公眾查閱的中文文件，為重新探討關於第二次鴉片戰爭的藉口提供了額外資料。

4　最終整理成 *Anglo-Chinese Relations, 1839-1860*。詳見本章註 1。

北京中國第一歷史檔案館的劉桂林先生以另一種方式給予我大力協助。我在 1981 至 1982 年於北京經歷三個月的嚴冬日子後，蒙他鼎力相助，我在離開時旅行袋裏裝滿中文資料的微縮膠卷，如果要靠手抄，那可要花很多年才能抄完。台北故宮博物院院長秦孝儀教授十分親切和體貼周到。

在 1980 年，劍橋大學圖書館政府文件組的員工非常有耐心，為我搬來多冊英國國會文件，讓我可以抄錄相關統計數字。

經過長時間抄錄國會文件後，我很感謝澳大利亞新南威爾士國會圖書館館長科普（Russell Cope）博士及其同事克盧恩（David Clune）博士、貝克（Richard Baker）先生和蒂洛森（Greg Tillotson）先生，在 1990 年容許我使用他們的藏本。我獲准任意翻閱這些文件，並可以帶自己的電腦到那裏輸入資料。沒有他們出於學者之情的支持，我的研究大概要延後十年才能完成。這方面我還要感謝趙惠芝和陳衞東花時間在 1990 年為我讀出那些數字，以便輸入電腦，之後再讀一遍讓我核對。我也要感謝悉尼美國新聞處研究中心主任吉爾伯特（Peter Gilbert）先生仗義助我尋找資料，這些資料使我的歷史研究和現代發展之間有了啟發性的對比。

我也要特別感謝牛津大學博德萊安圖書館的羅伯茨（Adrian Roberts）先生；劍橋大學圖書館的歐文（A. E. B. Owen）先生和戈特雷（P. J. Gautrey）先生；大英圖書館的納爾遜（Howard Nelson）先生和伍德（Frances Wood）博士；科林代爾大英圖書館報紙分館的員工；倫敦印度事務部圖書館的薩頓（S. C. Sutton）先生；倫敦亞非學院圖書館的盧斯特（John Lust）先生、卡斯特羅（Angela Castro）太太和已故的奇伯特（David Chibbett）先生；皇家歷史手稿委員會的蘭傑（Felicity Ranger）小姐（她恩准我帶同打字機去抄錄巴麥尊文件）；曼徹斯特約翰·賴蘭茲大學圖書館的泰勒（Frank Taylor）博士和馬西森（Glenise Matheson）小姐（他們同樣准許我帶打字機到地下書庫去抄錄包令文件）；倫敦市政廳圖書館的庫珀（C. Cooper）先生；巴黎法國國家圖書館和外交部檔案館的職員；哈佛燕京圖書館的吳文津先生；華盛頓國會圖書館的居蜜博士和陸國鑫博士；香港大學圖書館的楊國雄先生；雪梨大學費希爾圖書館東亞館藏部的李（Magdalen Lee）太太；以及澳大利亞國家圖書館員工。

克拉蘭敦勳爵、凱瑟克（John Keswick）爵士和霸菱兄弟公司的董事，分別允許我查閱克拉蘭敦文件、巴夏禮文件和霸菱文件，在此一併致謝。事實勝於雄辯，我希望凱瑟克爵士原諒我對巴夏禮爵士的嚴厲批評。

我要感謝以下人士為我提供難得的二手資料：廣州中山大學的區鉷教授和胡守為教授；台北中央研究院近代史研究所的魏秀梅教授；北京中國社會科學院近代史研究所的楊天石教授；之前任職中山大學，現轉到廣州市社會科學院的駱寶善教授；合肥工業大學的趙惠芳教授；上海社會科學院歷史研究所已故的吳德鐸教授。有關俄國檔案的意見，我要感謝俄羅斯科學院遠東研究所的舍韋爾耶夫（Konstantin v. Schevelyeff）教授，以及中國社會科學院近代史研究所的李又寧教授。

廣州中山大學的胡守為、駱寶善、邱捷和周興樑諸位教授，或安排或親自陪同我實地考察，走訪與亞羅戰爭、鴉片戰爭和同時期的洪兵起事有關的地點，在此申致謝忱。

還有一些友好奉獻了不少時間助我處理技術事務。韋瑟伯恩（Hilary Weatherburn）小姐把《泰晤士報》、《遊戲人間》雜誌和其他刊物的文章從微縮膠卷印出。勒德洛（Christine Ludlow）小姐把這些文章重新印成 A4 紙大小，我再用這些 A4 紙影印和裝訂成冊，以便查閱。我在此必須感謝悉尼技術學院書籍裝訂組和悉尼裝訂匠協會提供設施，把這些文件和無數其他研究資料裝訂。多虧他們，我才沒有淹沒在累積超過二十五年的便條、影印文件和抄寫卡片的海洋之中。

四

對這樣的研究來說，了解商界行政人員或政府官員的心態十分重要。在我研究的時代，那種急欲打開中國市場的心態，和當今渴望擴大與中國貿易的心態如出一轍，這種渴望心態是中國在 1978 年起實行開放政策所激發的。結果，我在研究和寫作本書的過程中，參與了公營和私營部門的事務。我身為澳大利亞中國工商業委員會的名譽編輯，在 1987 年和 1988 年整理了每年一度中澳高級行政人員論壇的會議紀錄，又參與

商務談判，並編輯論壇論文集出版。[5] 我從這些論文了解到一些公司和政府的觀點，在它們眼中，中國市場潛力龐大，希望能加以開發；這些觀點和第二次鴉片戰爭時期的那些看法大同小異。

　　我也擔任政府出版物《新南威爾士州廣東省經濟委員會通訊》（*New South Wales-Guangdong Economic Committee Bulletin*）的名譽編輯。我甚至召開了一個國際會議討論孫中山的中國國際發展觀念，這個會議邀得政府公務員、商界行政人員、學者和學生互相交流討論。[6] 我一直是澳中工商會和香港澳洲商會的活躍成員。參與這些活動令我對相關政府部門和商界團體的術語、觀點和方法有所了解。這方面的見解影響了我對於第二次鴉片戰爭的整體研究取向，尤其是當中關於經濟的章節。

　　在 1980 年代我第五次到中國講學，已故秦咢生先生聽聞我對第二次鴉片戰爭的一些研究發現，把感想寫成詩。之後他在九十歲過身前，慨然為此書的書名題字。秦先生是馳譽華南的書法家，也是數一數二的歷史學家和古典文學家。

五

　　有關體例的事情，理所當然要稍作說明。關於書中所用的羅馬拼音，我在寫作初稿時，跟我撰寫 *Sun Yatsen* 時一樣，用了漢語拼音。但過了一段日子，我改為像寫 *Yeh Ming-ch'en* 一書時那樣，開始採用威妥瑪拼音，這是因為在我引用的資料中，許多名字都是採用威妥瑪拼音。最後為減少混亂，我決定總體上把全文改回漢語拼音，但保留一些通常用威妥瑪拼音的人名的官職名稱，因為那些是所有一手和大多數二手文獻慣常的用法。這些名稱包括南京條約、天津條約、北京條約、欽差大

5　見 J Y. Wong (ed.), *Australia-China Relations, 1987: Business and Management, with Messages from Prime Minister R. J. L. Hawke and Premier Zhao Ziyang* (Canberra, Australia China Business Cooperation Committee, 1987)；及 idem, *Australia and China, 1988: Preparing for the 1990s, with Messages from Prime Minister R. J. L. Hawke and Premier Li Peng* (Canberra, Australia China Business Cooperation Committee, 1988)。

6　見 J Y. Wong (ed.), *Sun Yatsen: His International Ideas and International Connections, with Special Emphasis on their Relevance Today* (Sydney, Wild Peony, 1987)。

臣葉名琛、恭親王、廣州、揚子江、白河、黃埔、沙面、澳門、舟山和香港。其他名稱參見名稱對照表。

　　我引用其他作者時，如果他們在自己的著作以威妥瑪或其他方式來翻譯，不用說我會照原文引用。在內文和註釋中，我會用先姓後名的方式稱呼華人。至於日本人名，儘管日本國內也是採用先姓後名的方式，但在西方用羅馬拼音標示時，都改成先名後姓。所以，以福澤諭吉為例，我把他的名字 Yukichi 放在姓 Fukuzawa 之前。參考書目中的所有姓名，都是以先姓後名方式按英文字母順序列出。

　　引文方面，英文著作首次出現時，會列出詳細資料。之後再引該書，只會寫簡化的英文書名。中文和日文著作首次出現時，全部中文或日文書名會以羅馬拼音加英文翻譯的方式列出。之後再引該書，只會寫簡化的羅馬拼音中文或日文書名。在參考書目中，就會以漢字和日文字取代羅馬拼音。

　　由於此書的研究和寫作橫跨二十五年，徵引報紙時會有體例前後不一的情況，這點懇請讀者見諒。我剛開始動筆時，認為只引報紙日期已經足夠。但我在倫敦做孫中山研究時，發覺為了方便查找，必須把頁碼和欄名都一併寫出。理想的情況當然是我回頭去核對所有引用過的報紙，補回頁碼和欄名，使徵引體例一致。但如果這樣做，這個延宕已久的出版計劃就會更遲完成，那顯然並不可取。

　　最後，所有我曾參考過的著作的學者，我也要在此申致謝忱。我受惠於他們耗費心血的成果，若非有他們已做的研究為基礎，我就無法提出進一步和不同的問題。

　　書中倘有任何錯漏，概由我一人負責。

澳洲雪梨大學

黃宇和

1997 年 9 月 28 日初稿

2020 年 12 月 6 日二稿

2021 年 1 月 15 日三稿

英文版作者原序之二

拙著 *Deadly Dreams: Opium, Imperialism, and the 'Arrow' War (1856—60) in China* (Cambridge University Press, 1998) 於 1996 年秋已定稿。定稿以後這幾年來，我又有了新的發現和新的想法，真可謂學無止境。同時，該書出版以後，我應邀到美國的哈佛、加州（柏克萊），英國的劍橋、倫敦，新加坡等大學，以及中國社會科學院與中央研究院，以拙著為專題作演講。唇槍舌劍交織着友好切磋，讓我更深刻地認識過去已經想過的問題，也啟發了我過去沒有想過的問題。收穫極豐，受的教訓也極大。

1998 年下半年我又承台灣政治大學盛情邀請，到該校任國科會客座教授，我就藉此機會把拙著作為討論中心，跟該校歷史研究所研究生班的同學們一起，結合有關漢語材料，逐章進行分析討論，這樣就讓我想得更多。同學們提出的問題，以及提供更多的漢語材料線索如李慈銘日記等，雖不是第一手史料，但都讓我更深刻地認識到當時中國的情況，準此又進一步體會到中國史學家在治史方面的困難，因而更加深了對他們同情的了解與敬重。政大和台北其他圖書館的漢語藏書不少，正好便利我參考。由於牽涉面太廣，如琢如磨之際，不覺半年已過。討論的結果，讓我覺得，第一，拙著是抓着帝國主義的一個案例，從橫切面分析了一場準世界大戰，既有橫則必須有縱，所以決定增寫一章，縱論英帝國主義用以侵華的「炮艦政策」始末（1839－1949）；此外，葉名琛在中國人心目中的形象，其實是英帝國主義塑造出來的，應作一個詳細交代，故又增一章，後來我又覺得這新增的兩章與原書格格不入，結果權充為《文明交戰・卷三・百年屈辱》。

一般來說，書成以後，都被各種原因逼得把該書課題拋到九霄雲外。但若有半年近乎隱居的日子，把研究成果安靜地重新來個鳥瞰，深思熟慮，並結合讀者、聽眾、研究生和師友等提問、建議、發難等等，對研究成果再來個全盤分析，應該能更上一層樓。我要感謝政大歷史研

究所所長林能士教授主動提出邀請我當客座，並提供優美的漢語學術環境，給了我這個重新構思和寫作的機會。

　　用中文電腦暨漢語拼音輸入法來寫作，對我來說是一種新嘗試。感謝國史館副館長朱重聖博士多方關懷，協助我購買電腦，找軟件，為我節省了大量時間。該館電腦室的盧正忠先生，政大研究生應俊豪同學，敝校雪梨大學電腦組的同仁等等，在技術上給予幫助，謹致謝忱。本書出版事宜，承中央研究院近代史研究所的呂芳上所長與張玉法院士關心，也致以衷心感謝。

　　本書所引材料，如原文是英語，則用英語作註解；如是漢語，則用漢語作註解，以便讀者查閱。

1998 年 12 月 6 日為譯稿序

卑理爵士院士前言

有關大英帝國建立的研究，焦點向來集中在兩大海外活動活躍時期。第一是發生在法國大革命和拿破崙戰爭期間的「第二大英帝國」時期。這時期發生了「向東方的擺蕩」和更廣大的印度帝國出現，還有英國在非洲沿岸取得據點。第二是十九世紀下半葉的「新帝國主義」時期，有關這個時期的著作已汗牛充棟，這時期以瓜分非洲和在中國爭設租界為高潮。自列寧（Lenin）和霍浦孫（J. A. Hobson）時代以來的帝國主義理論，都是根據後一個時期發展出來的。但是，帝國建設其實在十九世紀中葉的幾十年間已十分洶湧澎湃，此外，即使正式宣佈唾棄吞併領土的政府上台執政，這種勢頭仍不曾稍減。在 1850 年代和 1860 年代，帝國冒險尤其如火如荼，以英國在旁遮普和信德鞏固勢力，並在馬來亞半島擴大自治領為起始，而以與中國打的所謂「亞羅戰爭」為終結，這場戰爭打開中國大片土地，令歐洲列強得以進入建立勢力和剝削。

奇怪的是，歷史學家對於亞羅戰爭及其後果缺乏興趣，與另一場更早發生並較有名的戰爭—— 1839 年至 1842 年的鴉片戰爭——相比，問津者更少。因此，黃宇和博士這本出色的研究問世十分重要，不但對中國史學而言，對整體大英帝國史的研究也很重要。作者對中英文原始資料巨細無遺的分析，是寫作此書的基礎，令我們確切知道這些事件對中國的重要性。額爾金勳爵劫掠北京圓明園，是對中華帝國中心最終羞辱的標誌，另外，英國又強迫中國賠償大傷其元氣的巨款，並進一步開放中國讓歐洲傳教士、商人和外交人員進入。此後，改革中國政制的「自強運動」出現，以及中國現代民族主義的萌芽，就是必然出現之事了。

然而，黃博士的研究把我們的注意力集中在另一個作用因素——鴉片，它在 1860 年後在中國更加不受管制，早期研究也沒有對它給予足夠關注。1842 年或 1858 年簽訂的和約沒有直接提到鴉片，鴉片買賣最後是在 1860 年獲得批准。而賦予英國商人合法從印度進口鴉片權利的通商章程，是與額爾金的和約一同訂立的。本書以很有說服力的方式顯示了一

些經濟上的連鎖關係，而由於這些連鎖關係，英國須靠鴉片支持它在亞洲的帝國擴張。印度政府搖搖欲墜的財政狀況，在 1857 年至 1858 年的大起義之後更加陷入混亂，全靠鴉片買賣得到的收入來維持，在孟買、加爾各答和廣州之間做買賣的私人企業也是一樣。從普遍的層面看，鴉片對於協助英國維持與亞洲的貿易平衡愈來愈重要。

因此，黃博士此書還對帝國主義理論的研究貢獻很大。他把注意力從對於帝國擴張的籠統特點（即所謂的「自由貿易帝國主義」或近期所説的「紳士資本主義」）移開，改把焦點放在中心與邊緣的關注的聯繫。身在「邊緣」的人，不管是印度政府官員還是私人貿易商，都希望以武力打開中國市場。他們為此與外交使節結成不神聖同盟，這些外交人員很惱恨中國，因為中國在和英國打交道時，一再拒絕給予英國自認為應有的地位。「亞羅」號和船上英國國旗的遭遇微不足道，但卻為這兩個利益集團提供可資利用的開戰藉口。簡言之，黃博士的研究為英中歷史裏一個重要領域帶來啟迪，也能引起研究經濟帝國主義一般運作的學者討論。

劍橋大學

維爾·哈姆斯沃思帝國史與海軍史講座教授

克里斯托弗·卑理

1997 年 7 月 1 日

王賡武院士前言

我很高興黃宇和博士終於回歸十九世紀中葉，完成他在二十多年前開始研究的題目——第二次英中戰爭（即第二次鴉片戰爭）的起源。我興致盎然地讀了他有關兩廣總督葉名琛（劍橋，1976）和葉名琛總督衙門文件下落（牛津，1983）的精彩研究，知道他在探討 1856 年中英關係破裂的事件時，一定也能做出同樣權威的研究。他早在 1970 年代已宣佈要探索這個題目，但後來有幾年時間這方面的工作擱下了，因為他在 1980 年代初為另一個研究課題所吸引，就是追溯孫中山「英雄形象」的起源，而這項研究把他的歷史偵查技巧磨練得更爐火純青。該研究出版成書後（牛津，1986），他準備好回到他較早前擬定的課題，再次追根究柢，擒拿更龐大的獵物。這次他所要捕獵的對象，已久為人所追蹤，卻總是來去無蹤，這頭野獸名叫「帝國主義」。

黃博士深知這頭野獸形貌多變，擅於偽裝。在此書的故事中，它最早露出猙獰面目是在一個最令人想不到的地方——一艘名叫「亞羅」號的中國划艇。作者一認出它來，就從各個角度盯緊瞄準，直至這頭野獸原形畢露。本書各部份和各章的名稱已把故事說得很清楚：帝國主義的錯綜複雜，其藉口、悍將、邏輯、運作、外交、政治、游說、經濟和動力。熟知黃博士過往研究風格的人，必定知道這會是巨細無遺的調查。他沒有令我們失望。尋找始作俑者很刺激：巴夏禮、包令爵士、葉名琛和其他一些較次要的人物。書中有英國議院辯論的唇槍舌劍，報章上的針鋒相對，英國選民面前的互相辯難，以及最後在歷史裁判官面前的說理爭論。書中也有外交陰謀、政治現實，以及既得利益集團的游說，另外有嚴謹的會計賬：追蹤有關中國沿海、英國市場、印度鴉片生產地的煩瑣貿易數字，還爬梳了資產負債表。

我有一位人類學家朋友曾告訴我，人類的全部故事可以在南太平洋最小的島上最小的部落中最小的村莊中找到。這頭名叫帝國主義的巨獸的身影，當然可以在英國議會偉大辯論家冠冕堂皇的說話中見到，但只

要你懂得怎樣去找，顯然還可以在一艘划艇小小的甲板上見到，可以在虛假報告和姍姍來遲的理據中見到，可以在記賬員白紙黑字的賬目中見到。黃博士挖得很深，找出深藏於九地之下的骸骨。他從破碎和零散的碎骨，讓我們一窺這頭品種繁多的野獸究竟長什麼樣子。這樣的歷史學家不甘只做說故事者，還想成為科學家和解剖學家，他找到四肢、頭顱和胸廓各個部份後，準備把這頭動物心中所思和腦中所想都描畫出來。

　　在這項調查的最後，我不敢說我看到了帝國主義的全豹或知道它如何生存和死亡。但是黃博士的研究如此巨細無遺，令我確信這是它眾多次的現身之一，不管這是巴麥尊口中「原子的偶然集聚」，還是更加玄妙，是韓達德所說的「英中亂局」的結果。黃博士再次展現他把細小結構拆解，再組合構建出龐大體系的深厚功力。這是歷史學家應該不斷去做的工作之一。黃博士在這本偵查式的新著顯示，只要有耐心和堅持，即使耽擱了十幾年，仍然會帶來回報。

香港大學校長
王賡武

導讀

是什麼導致了第二次鴉片戰爭？

中方的解釋，可分為解放前、後兩大類。解放前的主流解釋是葉名琛昏聵無能，處理外交失當，並隨口高唱「六不總督」順口溜以證之。但是經過半個世紀的努力，筆者已經將其撕成片片，[7] 只有白癡仍會相信此說。

解放後主流的解釋說是第一次鴉片戰爭的延續，因為馬克思是這樣解釋的。既然第一次鴉片戰爭是由於道光皇帝禁煙，欽差大臣林則徐銷煙所引起，如此則在第二次鴉片戰爭前咸豐皇帝並沒有禁煙，欽差大臣葉名琛也沒有銷煙啊！

英方的說法更是多姿多彩，而主流的解釋則是中方在「亞羅」號船上扯下了英國國旗，此舉對英方來說是奇恥大辱。英方不得不採取報復行動，否則日不落的大英帝國顏面何存！但是中方確實曾侮辱了英國國旗？在此筆者可以預告讀者：答案是沒有！那麼是什麼導致了第二次鴉片戰爭？

美國學者諾德博士（Dr John J. Nolde）一口咬定葉名琛是個極端的仇外狂，不但其政策是仇外的，他還煽動廣東民眾仇外，結果挑起了第二次鴉片戰爭。[8] 諾德博士的高論，令到中國史學家疲於奔命，左支右絀地企圖自我辯護，結果當然焦頭爛額。焦頭爛額之處，也容老夫在本書娓娓道來。

究竟是什麼導致了第二次鴉片戰爭？就請讀者洗耳恭聽吧——若不聽老人言，吃虧在眼前。

對了，想當初，筆者把本書英文原稿呈劍橋大學出版社請求考慮出

7　見拙著《兩廣總督葉名琛》和《葉名琛與第二次鴉片戰爭》，最新版本均由廣東人民出版社於 2020 年 3 月出版。

8　John J. Nolde, 'Xenophobia in Canton, 1842 to 1849'. *Journal of Oriental Studies*, 13, no. 1 (1975), pp. 1-22.

版時，該社禮聘世界上頂兒尖兒的武林高手審稿，結果不具名審稿人忙不迭地將其槍斃！[9] 為何他如此害怕世人知道是什麼導致了第二次鴉片戰爭？若讀者諸君無意長期被當作傻瓜蒙在鼓裏，還不趕快指正拙著？

黃宇和 謹識

2021 年 6 月 17 日初稿

2021 年 6 月 18 日二稿

2021 年 6 月 19 日三稿

2021 年 6 月 21 日四稿

2021 年 6 月 22 日五稿

均於雪梨壯士頓灣青松院，時值罕有的嚴寒，冷得發抖。

9　詳見行將出版的拙著《文明交戰・卷二・地動三河鐵臂搖・死裏逃生》當中題為「鴆夢——在帝國主義的陰影下追查帝國主義的侵略本性」的一章。

上篇 歷史與治史

第一章
前言兩語：提煉全書精神

目前西方學術界、軍政界、外交界、金融界等流行的，由美國哈佛大學著名教授約瑟夫‧奈爾（Joseph Nye, 1937－）發明的術語「硬實力」、「軟實力」、「巧實力」、「銳實力」，可謂古老當時興。蓋二千多年前孫子（前 545－前 470 年）已經很清楚地說過：「上兵伐謀」！[1] 筆者自 1965 年開始研究兩次鴉片戰爭迄今的中國近現代史，常看到文明衝突中的「上兵伐謀」策略，現將研究心得呈獻給讀者。

其一是英國在十九世紀中葉用硬實力打敗中國的軀體後，繼而用「上兵伐謀」的策略試圖摧毀華夏的靈魂，終於導致五四運動時期的精英如胡適（1891－1962）與後來的陳序經（1903－1967）等人，毅然倡議「全盤西化」。故筆者將本書命名為猶太基督宗教混合（Judeo-Christian）文明與華夏文明的《文明交戰》。[2]

其二是兩次鴉片戰爭，只不過是該文明交戰的第一回合。第二回合，將是美國準備用硬實力打敗中國後，繼而又一次企圖征服中國人的靈魂——華夏文明，以便奴化炎黃子孫。所用的手段，是所謂的「自然而然」（natural process），不費吹灰之力。世界上竟然有如此神奇的武功？容筆者娓娓道來。但首先，為何筆者說美國試圖用硬實力打敗中國？

君不見，美國已經在 2018 年 7 月 6 日發動了貿易戰。準此，居安思危的中國當局，已經在 2018 年 8 月 10 日明確地告訴國人：「自 1894 年美國 GDP 世界第一以來，在美國的『戰略詞典』裏，哪個國家的實力全球第二，哪個國家威脅到美國地位，哪個國家就是美國最重要的對手，

1　對於孫子這句話，本書題為「本書視野和取材」的第四章，有較為詳盡的闡述。

2　鴉片戰爭當然並非源於文明衝突，筆者早在 1998 年由劍橋大學出版社出版的英文原著《鴆夢》已經充份證明了這一點。但是，當英國的猶太基督宗教文明用硬實力打敗了華夏的軀體後，就施展軟實力、巧實力甚至銳實力企圖摧毀華夏的靈魂，這就是百份之一百的文明交戰了。詳見《文明交戰‧卷三‧百年屈辱》當中題為「摧毀國魂」的一章。

美國就一定要遏制這個國家。」[3]

　　貿易戰只不過是現代戰爭的多樣組合之一。據中國戰略家喬良和王湘穗兩位在 1999 年 2 月出版的大作中分析，其他組合包括金融戰、網絡戰、心理戰、生化戰、外交戰、毒品戰、生態戰、經援戰、電子戰、經濟戰、游擊戰、思想戰、情報戰、媒體戰、心理戰、監管戰、資源戰、制裁戰、走私戰、太空戰、戰術戰、威脅戰、恐怖戰……等等的不同組合，其殺傷力比傳統武器諸如機槍大炮飛機導彈等，巨大得多！[4]

　　當然也可能包括傳統武器如機槍大炮飛機、火箭、導彈、核彈等。[5]談到火箭、核彈，則朝鮮的金正恩政府只不過擁有了核彈，並正在測試可以承載核彈的火箭，已經害得美國總統特朗普東奔西跑、忙個不亦樂乎：2018 年飛新加坡、2019 年飛越南會見金正恩。中國所擁有的火箭、導彈，不計其數。若美國動粗，中國當然有還手之力。兩敗俱傷之餘，美國哪怕慘勝也勝得慘極。

　　美國深知當中的利害關係，結果其「自然而然」的邏輯就粉墨登場。這邏輯是什麼？美國著名政治學家珍妮·柯派翠克（Jean Kirkpatrick, 1926－2006）曾一針見血地指出：「美國精英最堅定不移的信念是：無論在何時、何地、任何情況之下，任何一個政權都可以民主化。」[6]

　　難怪過去一名美國大學生來雪梨大學當交換生時，情不自禁地對筆者說：他衷心擁護美國推翻當前的中共政權，然後幫助中國人民建立起一個奉行美國式民主的政府。

　　正是基於這種霸權思維，美國訛稱伊拉克擁有大規模殺傷性武器，2003 年出兵推翻薩達姆·侯賽恩（Saddam Hussein, 1937－2006）；2011 年又策動利比亞內戰，推翻了穆阿邁爾·卡扎菲（Colonel Gaddafi,

---

3　《人民日報》評論員：〈美國挑起貿易戰的實質是什麼？〉，2018 年 8 月 10 日，《人民日報》，https://news.china.com/international/1000/20180810/33531936.html，瀏覽日期：2018 年 8 月 14 日。

4　見喬良、王湘穗：《超限戰》（北京：解放軍文藝出版社，1999 年）。

5　同上註。

6　英語原文是：'…no idea holds greater sway in the mind of educated Americans than the belief that it is possible to democratize governments, anytime, anywhere, under any circumstances'. Jeane Kirkpatrick, 'Dictatorships and Double Standards', *Commentary Magazine,* vol. 68, no 5 (November 1979), pp. 34-45: at p. 37.

1942−2011）；同年更策動敍利亞內戰，企圖推翻巴沙爾・阿薩德（Bashar al-Assad, 1965−）。

美國上述舉動的邏輯是，這些獨裁者像一隻壓力煲的蓋子；若掀起這蓋子，讓該國人民不再受壓，自然而然就會走向民主。美國精英這種信念，建築在一種用鐵鑄成般的思維方法，即歐美民主是人類發展自然而然（a natural progress）的結果。

我的天！他們通通忘記了珍妮・柯派翠克那句話的上文下理。上文是：歐美猶太基督宗教混合文明以外的「幾乎所有政權都是專制的」，人們需要「數十年以至數百年的光陰，才能養成〔民主必須具備的〕紀律和習慣」。[7]

所謂必須數百年的光陰才能養成民主必須具備的紀律和習慣，所指乃歐美的民主是一千幾百年以來，英國的盎格魯・薩克遜民族暨其他歐洲民族，長期與猶太基督宗教混合文明的神權和王權鬥爭的勝利果實。

在英國，從《大憲章》（1215 年）之將極權英王繩之於憲法，到《王位繼承法》（1701 年），再到一系列的《改革法令》（1832 年、1867 年、1885 年）連英國的中產階級也授予投票權，歷時共七個世紀。

美國的民主也來之不易，從抗拒王權的獨立戰爭，到一份流產的憲法，到南北戰爭，到延綿不斷地爭取民主憲政的漫長征途。當今最搞笑的是，長期以來不斷以輸出民主政治為己任的美國，其國內民主發展到今天，卻倒退到跌穿了全面民主（full democracy）的底線，世界排名第 21 ！[8]

長期以人權（human rights）自傲，並強烈指責其他國家人權記錄欠佳的美國，其當今的人權記錄如何？2019 年 4 月 17 日爆發了超過六十名美國醫務人員濫開鴉片類藥物（*Opioid*）的藥方和供應鴉片類藥物的醜

7　英語原文是：'… most governments in the world are, as they always have been, autocracies of one kind or another … Decades, if not centuries, are normally required for people to acquire the necessary disciplines and habits [of democracy]'. Jeane Kirkpatrick, 'Dictatorships and Double Standards', *Commentary Magazine,* vol. 68, no 5 (November 1979), pp. 34-45: at p. 37.

8　Briony Harris, 'These are world's most democratic countries, according to the Economist', 2 February 2918, https://www.weforum.org/agenda/2018/02/nordic-countries-top-democratic-rankings-2017/, retrieved on Monday 25 March 2019.

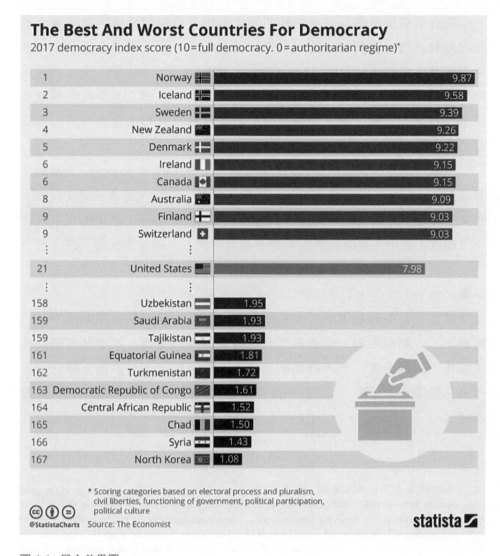

The Best And Worst Countries For Democracy

2017 democracy index score (10=full democracy. 0=authoritarian regime)*

1	Norway		9.87
2	Iceland		9.58
3	Sweden		9.39
4	New Zealand		9.26
5	Denmark		9.22
6	Ireland		9.15
6	Canada		9.15
8	Australia		9.09
9	Finland		9.03
9	Switzerland		9.03
⋮	⋮		
21	United States		7.98
⋮	⋮		
158	Uzbekistan	1.95	
159	Saudi Arabia	1.93	
159	Tajikistan	1.93	
161	Equatorial Guinea	1.81	
162	Turkmenistan	1.72	
163	Democratic Republic of Congo	1.61	
164	Central African Republic	1.52	
165	Chad	1.50	
166	Syria	1.43	
167	North Korea	1.08	

* Scoring categories based on electoral process and pluralism, civil liberties, functioning of government, political participation, political culture

@StatistaCharts Source: The Economist

statista

圖 1.1 民主差異圖

聞。[9] 那大批大批病人有權活下去啊！此案只是美國人權記錄欠佳的冰山
一角。

---

9   Sadie Gurman and Sara Randazzo, 'Dozens of Medical Professionals Charged in Opioids Sting', 17 April 2019, *The Wall Street Journal,* https://www.wsj.com/articles/dozens-of-medical-professionals-charged-with-illegally-prescribing-opioids-11555533761?mod=hp_lead_pos1, retrieved on 22 April 2019.

筆鋒回到民主這題目。法國的民主進程更是荊棘滿途：繼法國大革命而來的恐怖、獨裁、復辟、動盪、無能等等，令人不忍卒睹，卻到底滋潤了歷久不衰的兄弟情（fraternity）；終於到了二十世紀，廣大法國民眾才普遍地接受了民主原則。又等到二戰之後，才建立起能夠在穩定與民主、民權與政權之間，取得平衡的政治架構來調和來自各方排山倒海般的輿論壓力。[10]

所以，民主是過去歐美「歷史發展過程」（historical process）的結晶。若沒有這長期鬥爭所積累的經驗、知識、學養、哲理、習慣、明文以至不明文的規定，而以為在別的地方掀起該地壓力煲的蓋子，該地的民主就能一蹴即就，該地人民就自然而然地不勞而獲民主，確實是異想天開。君不見，非洲及中東流離失所的難民在 2015 − 2017 年甫一呼吸了德國的自由空氣之後，是如何地不奉公守法？[11]

其實，孫中山先生早在大約一個世紀之前，已經洞悉箇中奧妙，所以構思了「萬能政府」這個概念，以適應中國的國情，並讓其循序漸進地進化，以臻至善。若天假我年，筆者不揣冒昧，下一本拙著將進一步探索此概念的可行性。[12]若在中國行得通，則對其他非歐美國家或有參考價值。

10　英語原文是：'…In Britain, the road from the Magna Carta to the Act of Settlement, to the great Reform Bills of 1832, 1867, and 1885, took seven centuries to traverse. American history gives no better grounds for believing that democracy comes easily, quickly, or for the asking. A war of independence, an unsuccessful constitution, a civil war, a long process of gradual enfranchisement marked our progress toward constitutional democratic government. The French path was still more difficult. Terror, dictatorship, monarchy, instability, and incompetence followed on the revolution that was to usher in a millennium of brotherhood. Only in the 20th century did the democratic principle finally gain wide acceptance in France and not until after World War II were the principles of order and democracy, popular sovereignty and authority, finally reconciled in institutions strong enough to contain conflicting currents of public opinion'. Jeane Kirkpatrick, 'Dictatorships and Double Standards', *Commentary Magazine,* vol. 68, no 5 (November 1979), pp. 34-45: at pp. 37-38.

11　Soeren Kern, 'Germany's Migrant Rape Crisis Spirals out of Control', 9 August 2016, https://www.gatestoneinstitute.org/8663/germany-migrants-rape, retrieved on 15 October 2016.

12　其實，這項研究計劃，在 2012 年已經展開了。筆者並將其想法，傾囊相授予來自北京某大學歷史系的一名年輕講師。不料他順手牽羊之餘，在 2013 年 12 月 13 日黑色星期五竟然突擊筆者。詳見筆者的自傳《死裏逃生》當中題為「兩面三刀」的一章。筆者大命不死，決意快馬加鞭完成這項研究計劃。風物長宜放眼量，有關原始文獻，均藏廣東省檔案館名人檔，供後人鑽研，並以史為鑒，盼他回頭是岸。

　　當務之急卻是：若貿易戰真的發展成為包括實彈射擊的一場世界大戰，如何是好？容本書雙管齊下：既微觀徹查帝國主義侵略的本性與動力，也絕不迴避華夏的種種沉痾，以及由此而帶出新的問題。謹以此意獻予全球炎黃子孫，總祈知己知彼，爭取華夏文明與中華民族更大的生存空間。

　　我也藉此敬告全人類，美國在中東掀起幾個壓力煲的蓋子後，即造成歐洲空前的難民潮，天怒人怨。更觸發了英國的脫歐公投，而脫歐最大的理由是反對歐盟的人口自由流動政策：英國深恐中東和非洲的難民潮會對英倫帶來滅頂之災。英國的脫歐，雖然今天執筆時的 2019 年 4 月 24 日還未完全成為事實，但已經為歐美的經濟、政治以至社會帶來極大不穩定的因素。終於，英國在 2020 年 12 月 31 日正式脫歐了！[13]

　　從長遠看，後果更是不堪設想。歐洲過去近二千年的歷史，都是連綿不斷的戰爭史，什麼百年戰爭（Hundred Years War）、七年戰爭（Seven Years War）等等，終於導致慘絕人寰的兩次世界大戰。厭戰的歐洲思想家，終於構思了歐盟，試圖用合作來代替競爭。若英國的脫歐產生骨牌效應，歐盟解體後，最終又會導致另一場世界大戰？

　　若最終又如此這般地導致另一場世界大戰，則直接原因在於中東難民湧入歐洲。溯其根源，是什麼造成這種難民潮？是美國打垮了中東地區他們稱之為專制的政權之後，拍拍屁股就走人，事前與事後都完全沒有想到必須做的善後工作，諸如安置大批伊拉克的失業軍人。結果無數的伊拉克失業軍人參加了伊斯蘭國，而伊斯蘭國正是造成歐洲難民潮的罪魁禍首之一。

　　偽造戰爭藉口來攻打另一個主權獨立的國家，是「負責任的大國」應有的行為？拍拍屁股就走人，也是「負責任的大國」應有的行為？現在美國天天總是譴責中國的外交，非「負責任的大國」應有的行為。這種譴責，應該如何評說？

　　容筆者再次強調，猶太基督宗教混合文明與華夏文明交戰的第一回

13　BBC staff reporters, 'Brexit: New era for UK as it completes separation from European Union', British Broadcasting Corporation News. 31 December 2020. Retrieved 12 January 2021.

合，正是十九世紀猶太基督宗教混合文明的巨頭英國所發動的兩次鴉片戰爭。在兩次鴉片戰爭時代，英國的猶太基督宗教混合文明的軍隊可以輕而易舉地把清軍打得落花流水。到了今天，以美國為首的猶太基督宗教混合文明，同樣企圖打敗中國；但當下的中國已不是清朝，已經有還手之力，故美國及其盟友必須付出沉重的代價，殃及所有英國式的盎格魯‧撒克遜文明精英，值得嗎？

關鍵是：筆者把美國總統特朗普在 2018 年 7 月 6 日所發動的對華貿易戰解讀為下一輪文明交戰的第一槍，是否合理？如此則必須考量美國的全球戰略以及其作為全球霸主的地位，並認真分析哈佛大學已故教授亨廷頓教授的高見：亨廷頓認為，第三次世界大戰將會採取文明交戰的方式進行，包括美國的猶太基督宗教混合文明與伊斯蘭文明或華夏文明的交戰。[14]

美國與伊斯蘭文明交戰？

上述喬良和王湘穗合著並在 1999 年 2 月出版的《超限戰》，預言伊斯蘭恐怖份子會對猶太基督宗教混合文明國家發動武力攻擊，結果該預言在 2001 年 9 月 11 日應驗了！當天伊斯蘭恐怖份子劫持了四架美國民航客機，並把其中兩架撞向著名的美國紐約曼哈頓下城的摩天大樓——世界貿易中心。美國中央情報局屬下負責收集外國廣播信息的「外國廣播資訊處」（Foreign Broadcast Information Service，簡稱 FBIS），[15] 慌忙把《超限戰》翻譯成英語，並取書名為 *Unlimited War*，[16] 簡單明快地說明下一場「文明交戰」將是全方位的、無孔不入的、沒有敵前敵後、無處不

14   Samuel P. Huntington, 'The Clash of Civilizations?', *Foreign Affairs*, vol. 72, no. 3 (Summer 1993), pp. 22-49.

15   The Foreign Broadcast Information Service (FBIS) was an open source intelligence component of the Central Intelligence Agency's Directorate of Science and Technology. It monitored, translated, and disseminated within the U.S. government openly available news and information from media sources outside the United States. In November 2005, it was announced that FBIS would become the newly formed Open Source Center, tasked with the collection and analysis of freely available intelligence.

16   https://archive.org/stream/Unrestricted_Warfare_Qiao_Liang_and_Wang_Xiangsui/Unrestricted_Warfare_Qiao_Liang_and_Wang_Xiangsui_djvu.txt: FBIS (translator): Qiao Liang and Wang Xiangsui, *Unrestricted Warfare* (Beijing: PLA Literature and Arts Publishing House, February 1999), retrieved on Wednesday 12 December 2018.

是戰場的交鋒。

此外，自從 1993 年亨廷頓教授所預言的美國猶太基督宗教混合文明與伊斯蘭文明或華夏文明的交戰之後，[17] 到了 2015 年哈佛大學的另一位教授格雷厄姆‧艾利森（Graham Allison）更是把上述兩個可能性縮減為一個。他說：「當前對美國地緣政治最大的挑戰，並非伊斯蘭極端份子的暴力也非俄國的重新抬頭，而是中國的崛起。」[18]

既然美國視中國為頭號敵人，則其穩操勝券的一種作戰方式是金融戰，因為包括中國在內的全世界絕大部份國家都用美元作為儲備，蓋自從第二次世界大戰結束以來，美國的經濟是世界上最強勁者。在漢語世界美元曾有美金之稱，蓋戰後很長的一段時間，美國政府保證任何人、任何國家拿着 35 美元就可以向美國銀行換取一盎士黃金也。現在雖然好景不再，但美元還是各國政府最信任的貨幣。而中國政府對其信任的程度，見諸中國用歷年中美貿易順差而賺來的錢，購買了大量美元及美國債券。據了解，目前中國擁有 3.22 兆美元作為其外匯儲備，又擁有 1.063 兆美元的美國債券。而國際貿易中的重要貨品諸如原油和天然氣，都是用美元定價和交易。[19] 這使到美國可以肆無忌憚地大量印刷鈔票，若美國對華發動金融戰，中國金融的生存機會有多大？中國是以有限的美鈔來應付美國無限的紙幣啊！

除了無聲無息的金融戰與磨刀霍霍的貿易戰以外，論者謂「貿易戰可能只是美國系統性遏制中國崛起的一條戰線；此外，華府也在科技、印太地緣、台海問題等其他三個領域，對中國已悄然動手」。[20] 讀者諸君肯定注意到近來假新聞已經靜悄悄地充斥着傳媒，網絡上也謠言滿天飛，

17　同註 14。

18　'…… the preeminent geostrategic challenge of our times is not violent Islamic extremists or a resurgent Russia. It is the impact of China's ascendance.' Graham Allison, 'The Thucydides Trap: Are the U.S. and China Headed for War?', 24 September 2015, https://www.belfercenter.org/publication/thucydides-trap-are-us-and-china-headed-war, retrieved on 11 February 2019.

19　Amanda Lee, 'US debt to China: how big is it and why is it important', 3 December 2021, *South China Morning Post*, https://www.scmp.com/economy/china-economy/article/3112343/us-debt-china-how-big-it-and-why-it-important, retrieved on 8 February 2021.

20　香港信報：〈中美世紀角力系列之四：美系統性遏華崛起、啓 4 戰線〉，香港《信報》，2018 年 7 月 5 日，第 A3 版，第 1－3 欄：其中第 1 欄。

至於打擊中國的電訊巨頭華為，倒絕對不是靜悄悄而是大張旗鼓的。

打擊華為？是的。美國帶頭打擊華為，並軟硬兼施地命其同盟國聯手打擊華為，是正中要害。在上述各式各樣的戰爭中，美國似乎都佔上風，唯獨在網絡技術上落後於中國的 5G。這就難怪美國傾盡全力，甚至不擇手段地打擊華為了。

中國則「*丟掉幻想，準備鬥爭*」。[21]《人民日報》在 2018 年 8 月 19 日發表了評論員文章指出：「自 1894 年美國 GDP 世界第一以來，在它的『戰略詞典』裏，哪個國家的實力全球第二，哪個國家威脅到美國地位，哪個國家就是美國最重要的對手，美國就一定要遏制這個國家。」並舉例說：「當年，面對實力強大、意識形態相異的蘇聯，美國發動『冷戰』，『傾其所有，拿出所有的黃金，全部物質力量』，對蘇聯進行全方位打壓和遏制，成為導致蘇聯解體的重要外因，美國自詡贏得了『歷史的終結』。上世紀 80 年代，迅速崛起的日本，很快成為美國的『心病』。儘管那時的日本對美國亦步亦趨，社會制度也由美國設計，美國依然不斷製造貿易摩擦，頒佈『自願出口限制』專案，簽訂『廣場協定』，迫使日圓升值，最終讓日本陷入『失落的二十年』。」[22]

例子接踵而來。在歐盟愈來愈顯得強大之際，美國藉 2008 年的金融風暴，全力打擊歐盟的信貸市場（credit market），歐元馬上陷入主權債務危機（Euro Debt Crisis）。經此重創，歐元變成跛腳鴨，幾乎要依靠輸血來苟延殘喘（surviving on monetary blood transfusion.）。[23] 突然之間，美國又發覺中國的經濟快速增長，一轉眼已經超越美國那 60% GDP 的紅線，結果警鐘大鳴，全方位的各種作戰方式各就各位。

從這一角度看問題，則當今無論誰當上美國總統，美國都會傾盡

21　這是毛澤東在 1949 年 8 月 14 日所撰寫評論時政文章的題目。

22　人民日報評論員：〈美國挑起貿易戰的實質是什麼？〉，2018 年 8 月 10 日，《人民日報人民網》，https://news.china.com/international/1000/20180810/33531936.html，瀏覽日期：2018 年 8 月 10 日。該文轉載於《環球時報》：〈美國挑起貿易戰的實質是什麼？〉，2018 年 8 月 19 日，《環球時報》，https://m.huanqiu.com/r/MV8wXzEyNjg0NTkxXzEyNThfMTUzMzgyMDc0MA==，瀏覽日期：2018 年 8 月 10 日。

23　William Fang, 'Must We Be At War Against China？', unpublished article written in August 2018 and circulated among his American and Chinese friends.

全力壓制中國。且看 2018 年 10 月 4 日美國副總統邁克爾‧理查德‧彭斯（Michael Richard Pence）説了什麼話？他説：「超過半個世紀以來，美國在全球的領導地位照亮了世界邁向安全、繁榮和自由的道路。」（American leadership lights the way in 'advancing global security, prosperity, and freedom' [24]）《華盛頓郵報》駐北京辦事處主任將此言解讀為：「新一輪冷戰的徵兆。」（'Pence's China Speech Seen as Portent of a "New Cold War" '）[25]

　　從這個意義上説，美國和中國都掉進了「修昔底德陷阱」（Thucydides trap）。「修昔底德陷阱」這個歷史概念是哈佛大學格雷厄姆‧艾利森在 2015 年 9 月 24 日借用二千多年前古希臘歷史學家修昔底德對伯羅奔尼撒戰爭的論述提出來的。他過去曾擔任美國總統隆納‧列根（Ronald Regan）國防特別顧問，之後於美國總統比爾‧克林頓（Bill Clinton）任內擔任國防計劃助理部長。他認為 2,400 多年前，希臘雅典歷史學家修昔底德（Thucydides）已經一針見血地指出，「希臘雅典（Athans）之崛起，並由此而引起斯巴達（Sparta）的恐慌，使到戰爭無可避免。」艾利森教授繼而分析説：一方面，「希臘雅典強大起來了，自信心也相應地膨脹，再也受不了別人對它指手畫腳，故矢志改變現狀，以便反映新的權力分配……斯巴達則認為雅典所採取的新姿態不合理，忘恩負義，並威脅了斯巴達所建立起來的國際秩序，而希臘雅典正是受惠於這個國際秩序而興旺發達起來的。」[26] 無獨有偶，2014 年 11 月 29 日，習近平出席中央外事工作會議並發表重要講話，強調建立以合作共贏為核心的新型國

24　The Hudson Institute (Washington, D.C.), 'Remarks by Vice President Pence on the Administration's Policy Toward China', 4 October 2018, https://www.whitehouse.gov/briefings-statements/remarks-vice-president-pence-administrations-policy-toward-china/, retrieved on Monday 8 October 2018.

25　Jane Perlez, 'Pence's China Speech Seen as Portent of "New Cold War" ', 5 October 2018, *New York Times,* https://www.nytimes.com/2018/10/05/world/asia/pence-china-speech-cold-war.html, retrieved on Monday 8 October 2018.

26　Graham Allison, 'The Thucydides Trap: Are the U.S. and China Headed for War?', 24 September 2015, *TheAlantic,* https://www.belfercenter.org/publication/thucydides-trap-are-us-and-china-headed-war, retrieved on 11 February 2019. See also Graham Allison, 'The Thucydides Trap: When one great power threatens to displace another, war is almost always the result -- but it doesn't have to be', 9 June 2017, *Foreign Policy,* https://foreignpolicy.com/2017/06/09/the-thucydides-trap/, retrieved on Thursday 4 September 2018.

際關係。[27] 該講話所表現出來的自信，艾利森教授認為跡近「傲慢」（The display of self-confidence bordered on hubris）。[28]

2015 年 5 月 8 日，中國國務院頒佈《中國製造 2025》（英語：*Made in China 2025*）。這是中國政府實施「製造強國」戰略的首個十年綱領。根據計劃，預計到 2025 年，中國將從「製造大國」成為「製造強國」，而到 2035 年，中國的製造業將超越德國和日本等發達工業國家的製造業。[29] 美國可受不了，於是用此作為藉口，公然壓制華為的 5G 技術。

想當初，美國嶄露頭角時表現如何？1893 年，僑居夏威夷王國的美國商人發動政變，推翻了夏威夷國王的政府，並於 1898 年正式併吞了夏威夷。同年，美國「解放」了古巴；又用戰爭作為威脅逼使英國和德國從委內瑞拉撤退。1902 年，美國用同樣手段威逼英國跟加拿大達成符合美國利益的協議。1903 年，美國支持哥倫比亞的分離份子建立巴拿馬，並立即從新成立的巴拿馬政府取得建築並永遠擁有巴拿馬運河的權利。同年，又試圖推翻墨西哥政府，而當時的墨西哥政府是由英國所支持並得到倫敦銀行家的大量貸款的。在接下來的半個世紀，美國三十多次用武力干預北半球其他國家的事務甚至推翻其國家領導人，從中獲取經濟利益或殖民地。[30]

2017 年，艾利森教授在《注定一戰：中美能避免修昔底德陷阱嗎？》發覺在過去的五百年間，不同國家在不同時候掉進了「修昔底德陷阱」者共十六次（例如，十九世紀後期至二十世紀早期，中、俄兩國與日本在東亞地區海權與陸權爭奪中發生了戰爭；二十世紀中期，美國與日本在海權與亞太地區影響力競爭中引發了太平洋戰爭；只有四次避免了戰爭，十五

27　新華網：〈習近平出席中央外事工作會議並發表重要講話〉，2014 年 11 月 29 日，《新華網》，http://www.xinhuanet.com/politics/2014-11/29/c_1113457723.htm，瀏覽日期：2019 年 4 月 21 日。

28　Graham Allison, 'The Thucydides Trap: When one great power threatens to displace another, war is almost always the result -- but it doesn't have to be', 9 June 2017, *Foreign Policy*, https://foreignpolicy.com/2017/06/09/the-thucydides-trap/, retrieved on Thursday 4 September 2018.

29　中國製造 2025，https://zh.wikipedia.org/wiki/%E4%B8%AD%E5%9B%BD%E5%88%B6%E9%80%A02025，瀏覽日期：2019 年 4 月 21 日。

30　Graham Allison, 'The Thucydides Trap: When one great power threatens to displace another, war is almost always the result -- but it doesn't have to be', 9 June 2017, *Foreign Policy*, https://foreignpolicy.com/2017/06/09/the-thucydides-trap/, retrieved on Thursday 4 September 2018.

世紀後期，葡萄牙與西班牙在全球帝國與貿易競爭中避免了戰爭；二十
世紀早期，大不列顛聯合王國與美國在全球經濟主導地位與西半球制海
權問題上避免了戰爭；二十世紀四十至八十年代，美國與蘇聯在全球大國
競爭中避免了戰爭；二十世紀九十年代至今，英、法兩國與德國在歐洲的
政治影響力問題上避免了戰爭）。而該四次戰爭之所以能夠避免，有賴相
關國家領導人以「超人的能耐調整其態度與行動」。[31] 此說得到不少美國
猶太基督宗教混合文明精英的支持，其中有一位補充說：「中美戰爭並非
不可避免，關鍵是美國容許中國和平崛起，甚至歡迎一個『和平、穩定、
繁榮的中國』崛起。」[32] 前美國助理國務卿芮效儉（J. Stapleton Roy）大
使也說：「美國可能不贊同習近平處理事情的方式，但這並不意味着美國
會從中國的不穩定中獲益，因為中國變得不穩定的話，它會變得危險。」[33]
此說也得到不少英國猶太基督宗教混合文明精英的支持，例如英國前保
守黨黨魁彭定康勳爵（Lord Patten）也說過：「對我們來說，一個興旺發
達的中國遠遠比一個經濟低迷的中國來得更重要。」[34] 習近平在 2015 年
曾指出，世界上本無「修昔底德陷阱」，但大國之間一再發生戰略誤判，
就可能自己給自己造成「修昔底德陷阱」。

可惜當時美國總統特朗普拒絕「調整其態度與行動」以便「和平
共贏」：他選擇了壓制中國勢不可擋的和平崛起。但前車可鑒：當斯巴
達拒絕接受雅典的崛起後，接踵而來的就是玉石俱焚的伯羅奔尼撒戰
爭（Peloponnesian War，前 431－前 404 年）。斯巴達雖然慘勝，但國
力已一落千丈。希臘雅典雖然活下來，但元氣大傷，馬上遭受到波斯人

---

31 'When the parties avoided war, it required huge, painful adjustments in attitudes and actions on the part not just of the challenger but also the challenged'。- Graham Allison, 'The Thucydides Trap: Are the U.S. and China Headed for War?', 24 September 2015, https://www.belfercenter.org/publication/thucydides-trap-are-us-and-china-headed-war, retrieved on 11 February 2019.

32 '…welcome a peaceful, stable, and prosperous China.' Francis P. Sempa , 'How to Avoid the Thucydides Trap: The Missing Piece' , 7 March 2018, https://thediplomat.com/2018/03/how-to-avoid-the-thucydides-trap-the-missing-piece/, retrieved on Thursday 4 October 2018.

33 莉雅：〈美國資深外交官如何評價習近平？〉，2019 年 2 月 20 日，《美國之音》，https://www.voacantonese.com/a/4795754.html，瀏覽日期：2019 年 2 月 21 日。

34 'China doing well is one hell of a lot more important to us than China not doing well.'- Chris Patten's speech at the Hong Kong Foreign Correspondents' Club, 19 September 2017, http://www.fcchk.org/chris-pattens-fcc-speech-in-full/, retrieved on 20 September 2017.

（Persians）對他們生存所造成的重大威脅。

以此類推，若剛剛打響的美中貿易戰發展成為全面戰爭，則哪怕華夏活下來了，元氣大傷之餘，馬上會受到其他敵人對其生存的威脅。猶有甚者，慘勝了的美國猶太基督宗教混合文明精英必然步十九世紀英國猶太基督宗教混合文明精英的後塵，試圖摧毀華夏的國魂，這是一場不折不扣的「文明交戰」。筆者怎麼啦？貿易戰擺明就是經濟戰啊！怎麼又扯到文明戰了？敬請讀者垂顧《文明交戰・卷三・百年屈辱》中題為「摧毀華夏國魂」的一章。

假若讀者等不了，則容筆者在此簡單引述 2018 年 5 月 30 日走馬上任美國海軍亞太總司令的四星上將菲利普・斯科特・戴維森（Philip Scot Davidson）在 2019 年 2 月 12 日向美國國會所做的證詞：「光看到美國壓制中國崛起的人，沒有看到全局。全局的關鍵在於兩種不同的價值觀導致兩種截然不同的、對人類前途的憧憬。」[35]

兩種不同價值觀的交戰，不是文明交戰是什麼？

筆者鑒於美中文明交戰必然導致玉石俱焚，故目前不惜工本、不顧一切地日夜艱苦奮鬥的目標，是希望早日完成《文明交戰》各卷的漢語本，藉此促使炎黃子孫團結一致，共渡時艱。成稿後，再採用英美猶太基督宗教混合文明精英慣用的語言、表達方式、邏輯、幽默感和價值觀，用英文重新寫出來！

盼望藉此說服廣大西方猶太基督宗教混合文明的精英，運用其輿論壓力，制止以美國為首的西方列強再度對華動武，遏制一場有史以來最慘重的人類大屠殺！

別小看民情的壓力，1960 年代末到 1970 年代中，響遍全球的反越戰歌曲，終於迫使美國從越南撤兵。

---

35   Jamie McIntyre, 'China "greatest long-term strategic threat" to US, top admiral testifies', 12 February 2019, *Washington Examiner,* https://www.washingtonexaminer.com/policy/defense-national-security/china-greatest-long-term-strategic-threat-to-us-top-admiral-testifies，retrieved on 14 February 2019.

第二章
本書脈絡：錯綜複雜

一、本書結構

本書分為上篇和下篇。

上篇屬於導讀性質。內容包括：

第一章用三言兩語提煉了全書的精神；

第二章（即本章），追蹤本書脈絡；

第三章描述了筆者為了尋找本書主旋律的過程與邏輯；

第四章略述筆者從 1965 年開始為本書做研究的心路歷程，和取得的視野；

第五章談論本書的研究方法；

第六章略述中國史學界的頑疾八種；

第七章介紹筆者在帝國主義的陰影下追查帝國主義的侵略本性時，研究經費何來；

第八章追述《鴆夢》英譯漢過程長達 25 載的噩夢。

下篇的底稿是英文拙著 *Deadly Dreams*[1] 的中譯本，2013 年 7 月 19 日由當時在香港中文大學任職的林立偉先生譯畢。[2] 在這基礎上，筆者再花了長達八年光陰把此底稿更新、修訂、擴充，既納入英文原著出版以來的新史料、新著作、新觀點、新概念；又在必要時按照筆者的個人風

---

1   John Wong, *Deadly Dreams: Opium, Imperialism, and the 'Arrow' War (1856-1860) in China* (Cambridge University Press, 1998).

2   對於林立偉先生的辛勤勞動，筆者特致深切謝忱；對於他的博學多才，也深表欽佩。

格潤色行文。[3] 更融入英文原著在 1996 年初定稿後，筆者近四份之一個世紀以來進一步研究和觸類旁通的、新的和哪怕不成熟的想法。

此外，1998 年英文原著出版時，國際學壇褒貶得如火如荼。筆者也藉本書一一予以商榷。同時，特別邀請譯者林立偉先生，額外地把國際學壇之中的英國、美國、加拿大、法國、德國及澳洲等地的專家們所撰寫的外文書評，全部翻譯成中文，並把它們全文附錄在本書最後，讀者諸君可一睹全豹，自行裁判外國權威們的評論與筆者的回應是否合理。

本書是以第二次鴉片戰爭為個案，深入橫向地微觀剖析帝國主義面面觀，以及其實質的本性。展望將來，筆者擬宏觀地探索自從兩次鴉片戰爭迄今，帝國主義縱向發展的情況，並聚焦於帝國主義的侵略是否會捲土重來這個關鍵問題。國運有所繫焉。讀者諸君請拭目以待拙著《文

3　翻譯是一項非常艱鉅的任務。林立偉先生忠實的翻譯及行文的流暢，是筆者所見過的譯文當中最優越者之一。優越之處，常常令筆者驚喜不已。但要跨越兩個文明，非常艱難。茲舉幾個例子。（1）*Hansard* 在中國過去一般翻譯為《國會議事錄》，林立偉先生似乎就是沿用約定俗成的譯法。蓋清末民初都把諮議局及議會的討論和辯論稱之為議事錄，例如《廣東臨時省會議事錄》。但是，*Hansard* 不是《國會議事錄》，而是《國會辯論記錄》：議事與辯論，兩字之差，猶如天壤。國會不是議事的地方，卻是激辯的場所。（2）在法治社會，extraordinary general meeting 是司空見慣的用詞，若把它直譯成「不尋常的全體會議」，準確，但彆扭；公務員及律師會把它翻譯「非常會議」。（3）若把 he may indeed be proud of being at the head of a Small Tea Party 直譯為：「他實在應該為擔任小茶黨黨魁而自豪」，準確。但 1857 年的英國並沒有一個名字叫「小茶黨」的政黨，這完全是《遊戲人間》為了開玩笑而虛構的。技巧是用英語中的 pun（同字異義），即俏皮話。Party 的意思可以是政黨，也可以是派對；tea party 可以是茶黨，也可以是茶話會。故應該意譯為：「他實在應該為擔任一個小小的茶話會主持人而自豪」。（4）把 Civis Romanus sum 直譯成「我是羅馬公民」固然準確。若意譯成「你敢碰我？滾蛋！」，則更能體現出羅馬公民對其他國家民族的霸氣。（5）維多利亞女王時代的，某些對現代人來說幾乎是高深莫測的古雅英語，也會造成困難。例如當筆者讀到「如果沒有發生任何特殊事件而解散國會，各反對黨之間會有明顯區別」的譯文時，莫名其妙。查核英語原文，原來是：Than if … the dissolution had taken place without any particular event out of which a distinction between opposing parties could have been drawn. 於是改為「如果沒有發生任何特殊事件而解散國會，就無法凸顯各黨派之間立場的南轅北轍」。（6）把 British Raj for the Indians! 翻譯成「印度人買英國羅闍的統治」已經非常了不起；若改為「印度人從英國輸入騎在他們頭上的統治者！」就更為傳神。（7）把 British private merchants 翻譯為「英國的私人商人」，準確。若改為「英國數不清的散商」，更符合實際情況。（8）由於 1854 年前的數據並不代表相關貨物的真正價值，所以翻譯時不能用「實際數據」這樣的表達詞，筆者將其改為「具體數據」。（9）把美籍華裔學者張馨保（Chang Hsin-pao）誤作張歆保。（10）外交公文的格式，有嚴格規定。兩國代表之間的公文來往，稱照會。例如英國駐遠東公使包令爵士寫給欽差大臣葉名琛的信，稱照會。下級寫給對方上級的信，稱伸陳。例如，英國駐廣州領事巴夏禮寫給欽差大臣葉名琛信，就稱伸陳。葉名琛主動寫給巴夏禮的信，稱箚。回覆巴夏禮的信，稱箚覆。譯者把伸陳、箚、箚覆等，一律翻譯為照會，是不適合的。在此，萬望譯者及讀者體諒筆者是在追求準確，精益求精，絕無吹毛求疵之意。也只有作者本人，才會放膽這樣改，因為這樣改符合他的原意。

明交戰・卷三・百年屈辱》面世。再次可以預告讀者的，該卷三是：

1. 以分析帝國主義的動力做開始。

2. 繼而做短線追蹤，焦點是帝國主義如何摧毀廣東人民以至中國人
   民抵抗帝國主義侵略的意志。

3. 接着是中線追蹤，集中在於探索帝國主義如何摧殘華夏國魂，並
   藉此瓦解廣大中國人民抵抗帝國主義侵略的意志。

4. 再接下來是長線追蹤，焦點是帝國主義如何藉「炮艦政策」長期
   威迫炎黃子孫，企圖藉此強迫他們供其奴役，直到廣大中華民族
   在孫中山「喚醒民眾」的號召下，從 1927 年開始奮起反抗。

5. 以及接棒的中國人民解放軍在 1949 年把英艦「紫石英」號（HMS
   Amethyst）打得夾着尾巴逃跑為止。

6. 但是，若世界各大文明交戰不息，帝國主義還會捲土重來！是否
   如此？這是《文明交戰・卷三・百年屈辱》集中探索的問題。若
   帝國主義真的捲土重來，則炎黃子孫迎戰的準備做得怎樣？若準
   備得不足，則現在該如何亡羊補牢？

　　但諸如本卷試圖做的、光是微觀地橫向研究帝國主義的性質所得，
已經是五彩繽紛，讓人眼花繚亂。君不見：

1. 帝國主義的侵略藉口（包括故意虛構藉口也在所不惜）；

2. 帝國主義的悍將（諸如一名地位卑微的英國年輕駐穗代理領事，
   與尊貴的英國駐遠東全權公使的「為所欲為」種種）；

3. 帝國主義的邏輯（包括英國報界的唇槍舌劍，英國國會上議院裏
   的雄辯，英國國會下議院裏譴責政府的動議，英國首相悍然解散
   國會的駭人舉措，然後再舉行全國大選以熄滅反對燃眉火燄的玩
   意）；

4. 帝國主義的運作（包括外交、政治、游說集團）；

5. 帝國主義的經濟（包括英中貿易、中國的海上貿易、印度的經濟，
   英國整體的收支平衡、大英帝國的全球貿易網）等；

6. 當然還有帝國主義所殃及的、苦苦招架的中國官民和清朝皇帝。

　　筆者過去在撰寫本書的英文原著時，好不容易才為該書構思出一首
主旋律──評價各家各派對「帝國主義」性質的闡述。但隨着研究和思

考的深入，到再過了四份之一個世紀後的今天，筆者深感該主旋律太軟弱了，必須另外構思一首更為符合「經世致用」原則的主旋律。理由是：「帝國主義」乃最為現實不過的一種歷史現象；華夏必須正視現實，認真思考對策。現在年已古稀的筆者更發覺：西方學術界對「帝國主義」性質的各種闡述，大都是欲蓋彌彰的做法，多數脫離了歷史的現實。但這種發現只是個開始；在學術上，筆者下一步應該怎樣走？

　　若要替這五彩繽紛、各自為戰的《卷一》和《卷三》共五十幾章構思出一首共同的主旋律作為主心骨，貫穿全書兩卷以及後續各卷，難矣哉！唯一鼓舞着筆者仍然不斷苦追思索的是：經過超乎半個世紀鑽研帝國主義的性質之後，這樣的一首主旋律，似乎本來就是客觀地潛伏着的，而且經常若隱若現地浮上筆者的腦海中。只是它像幽靈般，無法捉摸；哪怕午夜夢迴之時，經常與它親切對話。

　　又哪怕終於譜寫出一首主旋律，但再按照此主旋律大修全書，則由於遭受到 2013 年 12 月 13 日黑色星期五、那件幾乎讓筆者喪命的「G 博士騙案」[4]之後，筆者的健康每況愈下，導致 2014 年 6 月 6 日清晨 6 時趕寫《孫文革命：聖經和易經》之際，眼前一黑，暈倒在地，倒地時大腦撼瓷磚。[5] 從此整天昏眩不止，腦海經常出現一片空白。

　　事後經醫院檢查，發覺左右耳石全被震碎；[6] 後來更發現頸椎骨節也受到重戳，從此頸椎骨重重地壓着中樞神經，[7] 難怪全身關節與肌肉日夜劇痛，苦不堪言。在如此痛苦的情況下，筆者仍然日夜趕寫《歷史偵探：從鴉片戰爭到孫中山》，因為時刻深恐該書稿要變成遺稿。所以筆者一直猶豫，是否要同時跳進科研和撰寫《文明交戰》這無底深淵。

　　適逢 2015 年 7 月下旬，筆者在牛津大學聖安東尼研究院的師弟、劍橋大學近代史皇家講座教授（Regius Professor of Modern History,

---

4　見拙著《文明交戰·卷二·地動三河鐵臂搖》之中題為「兩面三刀」的一章。有關該突發事件的大量原始文獻，全部藏廣東省檔案館，名人檔·黃宇和檔。待筆者升天堂後即開放，供世人鑽研。

5　詳見拙著《孫文革命：聖經和易經》（香港：中華書局，2014 年）的跋言。

6　詳見拙著《孫文革命：聖經和易經》（廣州：廣東人民出版社，2016 年）的跋言。

7　見 Report of Alfred Imaging CT Scan — cervical spine, 5 April 2016.

圖 2.1　酒逢知己千杯少，師兄弟暢談古今中外，2015 年 7 月 25 日與艾文斯爵士（左）攝於雪梨金唐海鮮酒家。

Cambridge）暨劍橋大學沃爾夫遜研究院（Wolfson College）院長、艾文斯爵士（Professor Sir Richard Evans）來雪梨探望筆者，於是筆者就此事向艾文斯爵士請教。他鼓勵筆者說：學術著作是留存萬世的，若在有生之年能讓其盡善盡美，死也瞑目。相反地，若出版了連自己也不稱心滿意的書稿，則遺憾終身。筆者完全同意，於是繼續日以繼夜地摸索《文明交戰》的主旋律。

　　從 2015 年 7 月 26 日艾文斯爵士離開雪梨之日，筆者開始入靜，兼程構思本書的主旋律。一位摯友聞訊，馬上說：身體已經這樣差了，早該入靜休養生息！為何終於入靜之時，還要如此勞累？無可避免的現實是：此次入靜是急於靜思己過——撫心自問為何遲至今天才醒悟到，必須為全書構思出一首主旋律！答案是：看來學問功夫必須等待成熟到某一個階段，才會開花、結果。順理成章的結論是：到現在仍然還無法休養生息，不全是自作孽，而是要等到思想成熟之時。

　　奈何入靜深思十天，竟然全無成效：主旋律依然遙不可及。被雪梨海灣隆冬的冷風一吹，不禁失笑：憑空構思，想穿腦袋也沒結果的，因為犯了「思而不學」的弊病。要「學」，就必須一字一句地，慢慢嘴嚼、消化在過去半個世紀以來，筆者為本書全稿所發掘出來的每一線金絲。若運用千千萬萬線金絲譜寫出來的主旋律，就能經得起考驗，甚至高攀「真

金不怕紅爐火」的階段。

因此，從 2015 年 8 月 4 日開始，筆者靜中從頭細讀《鴆夢》全稿：「雄關漫道真如鐵，而今邁步從頭越」。萬水千山，也必須為本書譜寫出一首主旋律。

皇天不負有心人，筆者終於達標！——詳見題為「本書的主旋律」的第三章。興高彩烈之餘，從 2016 年 3 月 22 日深夜自海外科研後回到家園，就迫不及待地按照此主旋律，開始大修全書。當 2016 年 5 月 8 日修改到本書題為「戰爭的導火線：那丟人的『亞羅』號事件」的一章時，突然發現本書至少患有三種毛病。

二、如何醫治本書稿的三種毛病，並化消極為積極因素

第一種毛病，是譯文所帶來的、無可避免的問題。譯文無論多麼流暢，終究是譯文，讀來總是多少有一種隔靴搔癢的感覺。想當初，筆者只打算出版《鴆夢》的中譯本。哪怕 2012 年 3 月 4 日筆者與香港中華書局簽訂的出版合約，書名也只是《第二次鴉片戰爭》，擺明白是英文原著《鴆夢》的中文版。既然是以中譯本的姿態面世，學壇以迎接譯本的心情去閱讀它，那倒沒什麼問題。

現在筆者以中文撰寫《文明交戰》的姿態出現，就希望竭力讓其漢語化。筆者曾懇求退休多年的香港三聯書店前總經理蕭滋先生閱稿，承其俯允，感激莫名。惟蕭滋先生甫一接觸譯稿的一章，馬上就在打印稿上批示曰：「譯氣太重！」結果再看了一章半，就看不下去了。經驗豐富的總經理尚且如此，廣大讀者諸君可知。如何是好？

筆者腦海曾閃過一個念頭，責任編輯是否有責任消除這毛病？可否依賴本書將來高明的責任編輯代勞？而且，中國大陸的出版界人多勢眾，總能找到適合人選吧？但是，後來的遭遇讓筆者大失所望。

2016 年 3 月 6 至 14 日，筆者就三番四次地遭遇到同樣的命運。一名地方性出版社的小小副總編輯，不但塗鴉拙稿，還對筆者指手畫腳：「本章我原來的設想是……。現在〔您〕的寫法有點偏離了〔我〕原來的

設想。」[8] 我的天！究竟誰是作者？作者擬寫什麼，有勞副總編輯來設計了？筆者用無比毅力把怒火強壓下去。無奈對方得寸進尺，其狂妄愈演愈烈，強詞奪理之處，終於在 2016 年 3 月 14 日的一次座談會上氣得老夫心率大亂，連忙高呼「送客！」以自救；仍嚇得大師兄林鉅成醫師慌忙從香港趕到廣州救命，並護送筆者到香港。結果筆者提前了十天坐飛機回澳洲老家，讓本來已經捉襟見肘的科研經費，再進一步損兵折將。[9]（正如老舍說過的一句話：「我寫的是垂楊柳，您硬要在裏頭找黃花魚。」編輯，編輯，愈編愈急，急功近利的急，讓作者着急的急。筆者苦心經營的，編輯卻看不懂。）

　　2019 年 3 月 31 日，有一位廣州市中山大學歷史系的摯友指出筆者「這類帶有個人情緒的批評，又有省略和添加字眼，我作為讀者就會覺得這樣截頭去尾的引用未必能完整準確地反映了那位編輯的本意；中國出版社小編輯要求外國學者按自己設想寫書的情節也太不合常理，我無法照此就相信」。説得好！恭請讀者諸君垂顧拙著《文明交戰・卷二・地動三河鐵臂搖——死裏逃生》當中題為「三顧草廬」的一章，該章提供了一個完整的故事。筆者大半生經歷過的、諸如該故事的情節，正是中西文明交戰不斷發生在筆者身上的縮影，乃本書不容或缺的強大支柱。

　　哪怕近如 2019 年 3 月 30 日星期六，在中山大學紫荊園餐廳晚膳席上，一位某社科院榮休研究員對筆者説：「過去我替您做了兩件好事，現在請您也替我做一件好事。」接着道出他的要求。筆者不假思索就答曰：「我是做學問的，不是做買賣的。」該教授厲聲譴責筆者是「假洋鬼子！」語驚四座，在龐大而空盪盪的餐廳不斷迴響，可謂繞樑三日。筆者毫不猶疑地答曰：「道不同不相為謀，從此我倆老死不相往來就是。」又是一場文明交戰，兩敗俱傷。

　　筆鋒回到《文明交戰》的本書下篇。筆者另有一個主意：禮聘一位中國大陸的中年講師閱讀《鳩夢》譯稿。他的正職是在大學任教，但兼任學術期刊的編輯，過去也曾在南京大學出版社當過全職編輯，亦看過不

8　筆者答某副總編輯電郵，2016 年 3 月 10 日。

9　見拙著《文明交戰・卷二・地動三河鐵臂搖》當中題為「三顧草廬」的一章。

少中文譯本，估計他可能對譯文有更多同情的理解。不料事後筆者通讀全稿時，發覺他刪掉了不少句子，甚至整段文字！可能他看不懂，同時認為其他大陸的學者也不會看得懂，於是乾脆刪掉了事。遺憾的是，他沒徵得筆者同意就刪掉，害得筆者必須頻頻把他編輯過的譯稿，對照原來的譯稿。費時失事，莫此為甚。而該講師兼編輯之狂妄與失責，不見得對他自己有何好處，結果又是一場兩敗俱傷的文明交戰。詳見《文明交戰·卷二·地動三河鐵臂搖——死裏逃生》當中題為「兩面三刀」的一章。

　　竊以為中國大陸某些編輯囂張狂妄，是當今華夏文明的一種癌症，其病源在於宣傳管理部門的強勢。哪怕學術地位崇高的老教授要出書，書稿的生殺大權卻操縱在年輕甚至不學無術的編輯手裏，結果造成出版部門的小廝也無比狂妄囂張。文化大革命已過去五十周年了，但文革時期的反智作風（anti-intellectualism），仍然氾濫神州大地！難怪，反智在華夏文明中有着非常深厚悠久的歷史傳統！[10]

　　第二種毛病，是表達的問題。本書上篇（本章即是上篇的一章）是筆者用漢語按照自己慣用的語氣、風格和思想感情寫出來的。下篇則是譯文，所體現的是譯者的特色，與上篇不太融合。故全書讀來，多少給人一種斷層的感覺。尤其是《鴆夢》的英文原著，是筆者按照自己慣用的維多利亞女王時代的所謂 high Victorian English，以及英國盎格魯·撒克遜文明的幽默，和猶太基督宗教混合文明《聖經》式的思想感情寫出來的。一旦譯為漢語，讀者可能一頭霧水不知宗。[11] 如何是好？

　　接受這殘酷的現實？筆者一直自我安慰：《鴆夢》譯本，比筆者看過的其他譯著暢順多了，不能苛求譯者林立偉先生。正如香港中華書局李占領前總編輯在 2016 年 4 月 25 日的覆示所説的：「一切全如『我意』很難很難（根本不可能）」。

　　但無論筆者如何千方百計地自我安慰，仍然甚感不快。一勞永逸之

10　見余英時：〈反智論與中國政治傳統〉，載余英時：《歷史與思想》（台北：聯經出版事業股份有限公司，1976 年），頁 1－46。

11　何淡如某日與友人乘船納涼，友人在船頭看風景，高吟唐詩一句：「四面雲山誰作主？」何淡如在他的後面即應以廣州俗諺云：「一頭霧水不知宗」。http://www.twghcmts.edu.hk/principal/article/article%20(9).htm，瀏覽日期：2019 年 1 月 19 日。

計，就是筆者親自動手，用自己的語言，採自己的風格，灌注自己的思想感情，把下篇從基本上用漢語重寫。但是，形勢比人強，甫一動手重寫，其他寫作計劃接踵而來，首先是拙著《從海角到天涯：我的研究歷程》。該書在 2018 年 5 月 4 日、五四運動一百周年之際（農曆計算），由台灣的聯經文化事業出版公司出版後，很快又構思出、在未來三年之內要出版四本拙著的計劃：

（1）自傳《地動三河鐵臂搖》（自傳必須具備「其人其事」，聯經選擇了出版「其事」即筆者的研究歷程而不及其餘，故筆者決定重整旗鼓，調整、優化「其人」部份的內容刊刻，與《從海角到天涯：我的研究歷程》相輔相成，互補短長。更佳的解決辦法是，待過了一段時候，出版一本「其人其事」兼備的《地動三河鐵臂搖》。

（2）《葉名琛與第二次鴉片戰爭》。

（3）《兩廣總督葉名琛‧修訂版》。

（4）《文明交戰》系列。

喜報讀者：上述《葉名琛與第二次鴉片戰爭》和《兩廣總督葉名琛‧修訂版》已由廣東人民出版社於 2020 年 3 月刊刻傳世，願讀者諸君指正為荷。

但歲月不饒人，筆者仍然被迫把《鴆夢》譯稿通讀、潤色再三就交卷。

第三種毛病也是最要命的毛病是：《鴆夢》原著的焦點是追查英帝國主義發動第二次鴉片戰爭的原因。故當時使用英國外交使節與中國欽差大臣公文來往的英語文獻，尤其是帝國主義的悍將、英國駐穗代理領事巴夏禮向欽差大臣葉名琛發出的伸陳，以及葉名琛對巴夏禮的剳覆等關鍵證據，至為恰當。因為，英國當局是戰是和的情緒，尤其是用來煽動英國民情以支持英帝國主義發動對華戰爭所根據的，乃英國外交使節發回倫敦的英文報告，以及英方發給中方照會或伸陳的英文本，和中方發給英方照會或剳覆的英文譯本。所以在探索英帝國主義發動第二次鴉片戰爭的原因之時，用英方文獻的英語原件，和中方文獻的英語譯本，至為恰當。

但是，《文明交戰》除了必須充份觀照英方的立場以外，也絕對不能忽視中方的思想感情和世界觀。如此，就必須重點分析英方發給中方的

外交文件的中譯本，以便衡量這批中譯本對中方所起到的刺激。此譯本是由英方翻譯的，當時的清朝官僚不懂英語，他們看不懂英方發給中方的外交文件的英語原文，也沒有翻譯人才！同時重點分析中方發給英方外交文獻的中文原件，而不是英方的譯本。

如此又帶出另一個問題。《鴆夢》中譯本，引用英方發給中方的外交文件，是由林立偉先生倒譯而成的中文本，並非當時中方所收到的、英方發給中方的官式中譯本。同樣地，《鴆夢》中譯本把當時英方翻譯成英文的中方外交文件，由林立偉先生倒譯成中文時，也非當時中方所發出的、當時英方收到的官式中文本。

準此，若《鴆夢》以中譯本的姿態面世，當讀者看到巴夏禮的伸陳用「您忠實的」等字樣結尾，就明白到那是英文書信用 Yours sincerely 來結尾的習慣，而不會大驚小怪。可是，《鴆夢》作為中文專著《文明交戰》卷一的姿態出版，當讀者看到「您忠實的」等字樣時，就會笑掉牙齒。因為，華夏文明當中「伸陳」這種官方文件，是用「須至伸陳者」等字樣結束的。

為了較深切地、更準確地了解華夏文明的封疆大吏對來自另一個文明的公文的反應，就必須以他們所收到的、該公文當時英國官方的中譯本為準。

同時，為了較深切地、更準確地了解華夏文明的封疆大吏如何處理外事的態度，也必須以他們當時發出的中文原件為準，而不能依賴當初的中譯英、後來再由林立偉先生倒譯為中文的版本。

上窮碧落下黃泉，也必須把當時中英外交文件當中，英方發給中方文件的中文譯本，和中方發給英方的中文原件，詳細鑽研、品嘗！猶幸筆者曾為這批外交文件做過提要，懂得往哪裏找。[12] 準此，筆者重新頻頻飛往英國，長駐英國國家檔案館。收穫如何？看本書是否引用了這批中文譯本和中文原件，就能真相大白。

12　詳見筆者的英文原著 *Anglo-Chinese Relations, 1839-1860: A Calendar of Chinese Documents in the British Foreign Office Records.* Published for the British Academy by Oxford University Press, 1983. (xv ＋ 398 pp). 漢語版先後見拙著《兩次鴉片戰爭與香港的割讓：史實和史料》（台北：國史館，1998 年）(iii ＋ 574 pp) 和拙著《葉名琛有照不覆？以至挑起第二次鴉片戰爭？》。

筆者在此可以預告的，是這批文件並不在廣東人民出版社出版的《葉名琛檔案》之中。其次，筆者在覓得有關文獻的中文原件後，把譯者倒譯的人名諸如李永勝、黃連開等，恢復其原名為李榮陞、黃聯開。另查得李榮陞的官銜是武弁，即英語所說的 officer，而非倒譯而成的「士兵」。

更有驚人發現者，包括一個彌天大謊。這個發現，是過去筆者撰寫《鴆夢》英文原著時還未偵破的。事緣 1856 年 10 月 10 日，英國駐廣州代理領事巴夏禮，向其上司包令公使作書面報告說，他已經給葉名琛送去一份清單，列出多項要求，當中有一項新要求是：中方要為他所稱的辱旗事件認錯道歉。[13] 現在筆者徹查了所有巴夏禮發給葉名琛伸陳的錄副，[14] 發覺這份所謂清單，純屬子虛烏有。在 10 月 8 日與 10 日之間，巴夏禮根本沒有發給葉名琛任何伸陳，遑論含有要求葉名琛為「辱旗事件認錯道歉」的清單。為何巴夏禮撒這個彌天大謊？容筆者藉本書解答。

三、技術性的問題

容筆者鄭重預告三個技術性的問題。

第一，本書在註釋中引用資料來源時，若是外文資料，則用外文出現。若把它翻譯成中文，中國的學者無法追閱，就變得毫無意義了。

第二，做前後交叉參照（cross-reference）時，一般來說，只引章碼即可。但本書底稿經過幾十年的進化，章碼不斷改變，前後參照跟不上。但鑒於章目是比較固定的，萬一章碼走錯地方，讀者還可以憑章目按圖索驥。故筆者在做交叉參照時，決定盡量把章目章碼一併列出，藉此減少混淆的機會。

第三，由於本書下篇的底稿，是英文拙著的中文翻譯增訂稿，絕大部份引文的英語原文均可在英文拙著中找到，讀者可以輕而易舉地核實，故本書不提供該等英語引文了。可是本書上篇是新作，所以除了在內文翻譯了引文之外，在註釋也盡量同時提供引文的英語原文和出處，

13　Parkes to Bowring, Desp. 153, 10 October 1856, para. 2, FO288/213.
14　巴夏禮與葉名琛之間，在 1856 年的公文來往中文正本錄副，全部收入 FO228/904。

以便讀者核實及追閱。

　　第四，孫中山的乳名叫「帝象」——求翠亨村北帝廟的北帝保佑其健康成長，非像皇帝。[15]「孫文」這個名字是他童年入讀翠亨村的村塾時，村塾老師給他起的。他在 1884 年領洗成為基督宗教徒時取名「日新」，用廣東話音譯為英語時是 Yat Sen。因此孫中山與洋人交往時，一律採 Sun Yat Sen（孫逸仙）這名字。

　　至於「孫中山」一名，最初是由於 1897 年秋，孫中山到了日本之後化名為中山樵。根據日本人平山周回憶他與孫中山在日本最初交往的片段時說：「總理來京日：『昨夜熟慮，欲且留日本』。即同車訪犬養，歸途過日比谷中山侯爵邸前，投宿寄屋橋外對鶴館，掌櫃不知總理為中國人，出宿泊帖求署名。弟想到中山侯爵門標，乃執筆書〔姓〕中山，未書名；總理忽奪筆自署〔名〕樵。日：『是中國山樵之意也』。總理號中山，蓋源於此」。[16]

　　後來章士釗將「中山樵」改為「孫中山」：「時先生名在刊章，旅行不便，因易姓名為『中山樵』，『中山』姓，『樵』名⋯⋯顧吾貿貿然以『中山』綴於『孫』下，而牽連讀之日『孫中山』。始也廣眾話言，繼而連章記載，大抵如此稱謂，自信不疑。頃之一呼百諾，習慣自然，孫中山云云，遂成先生之姓氏定形，終無與易。」[17]

　　鑒於他本人也從來不自稱「孫中山」，而且他在一切漢語公文以及書信上皆用「孫文」之名簽署，故筆者在本書適當的時候，仍會採「孫文」之名。

15　見拙著《三十歲前的孫中山》，章 3，節 2。

16　據《總理年譜長編初稿各方簽註彙編》（中國國民黨中央執行委員會黨史資料編纂委員會編，油印本）。該文是平山周在「追懷孫中山先生座談會」上的發言。後來全文收錄在陳固亭編：《國父與日本友人》（台北：幼獅文化事業公司，1977 年再版）。後來又轉錄於尚明軒、王學莊、陳松等編：《孫中山生平事業追憶錄》（北京：人民出版社，1986 年），頁 528－529。

17　見章士釗：〈疏《黃帝魂》〉，《辛亥革命回憶錄》（北京：文史資料出版社，1981－1982），一套八冊，第 1 集，頁 217－304；其中頁 243。

四、魚與熊掌

　　本書上篇共八章定稿後，筆者重新用英語寫出來，馬上發覺一個非常奇怪的現象。哪怕筆者是在中文原稿的基礎上，一段一段地用英語重寫，但是寫出來的東西，卻與原文大不相同：這是另一個思維方法，另一種表達方式，另一套學術系統，另一類文化傳統。幾乎可以説，是寫出了另一本新書，內容也隨着邏輯的需要及行文的走勢而略有增減。孰優孰劣？實在很難説，魚與熊掌，粵菜與西餐，風格不同，味道也不一樣。

第三章
本書的主旋律：
文明交戰是否合理的思維？

哈佛大學政治學家塞繆爾‧亨廷頓（Samuel Huntington）教授，在 1993 年撰文，謂此後的世界大戰，將是各大文明之間的衝突。[1]

一、從盎格魯‧撒克遜的角度看問題

若我們跳出政治學的「純理論」範疇，轉從「歷史實際」的角度看問題，則一千多年以來，文明交戰一直在大規模地進行。遠至 1095 年第一批從歐洲出發東征的「十字軍」，近至十九世紀英國發動的兩次鴉片戰爭，皆為顯著的例子。君不見，在英國國會激烈討論是否要發動第二次鴉片戰爭的 1857 年初，香港的 Colonial Secretary（輔政司，香港回歸後改名政務司司長）蒙哥馬利‧馬丁（R. Montgomery Martin）就建議英軍藉此佔領全中國。他的邏輯是：中國乃繼印度之後「不列顛文明發展的下一個廣闊舞台」。藉着不列顛「文明化」中國？來將華夏變成另一個印度式的英國殖民地？箇中邏輯何在？蒙哥馬利‧馬丁的邏輯是：「此乃天意安排：天命不可違」。[2]

當時英國報章《旁觀者》也說，必須讓「倔強的中國人屈服於我們的武力，向我們的西方意志低頭」[3]《晨報》更說：「要到達中國的心臟，除了揮動利劍直捅以外，別無他法」；又露骨地說：「為了促進商業和傳播文明，必須定期炮轟東方。每一次炮轟，每一份新的協議，都有助於

---

1   Samuel P. Huntington,'The Clash of Civilizations?', *Foreign Affairs*, vol. 72, no. 3 (Summer 1993), pp. 22-49.

2   Montgomery Martin to the British Foreign Secretary Lord Clarendon, 7 February 1857, FO17/279, p. 330.

3   *Spectator*, 7 March 1857.

達成這兩個目標」。[4] 藉着「炮轟」來「傳播」英國式的猶太基督宗教混合「文明」？這與伊斯蘭教的戰士，一手拿着《可蘭經》，一手揮舞利劍的傳道方式，在本質上有何區別？

早在「亞羅」號事件發生的前一年，即 1855 年，英國海軍少將、遠東艦隊司令員詹姆斯·賜德齡爵士（Rear-admiral Sir James Stirling），就曾頗費苦心地選擇了最敏感的時刻 —— 克里米亞英俄戰爭（Crimean War）進行得如火如荼之際——向英國海軍總部提出全面控制中國的建議。他的邏輯是：若然英國不併吞中國，俄國就會捷足先登。[5] 賜德齡少將早年曾帶兵佔領西澳洲並宣佈該地為英王陛下的殖民地。現在，他胃口大了，想把整個神州大地吞下去。[6]

繼詹姆斯·賜德齡少將之後，英國駐遠東公使包令爵士（Sir John Bowring）也曾於克里米亞戰爭期間試圖利用「沙俄威脅論」這個藉口，在 1856 年鼓動英廷併吞全中國。當時，沙俄是列強當中唯一在北京設有瞭望哨的國家，哪怕是穿上宗教偽裝的瞭望哨。包令公使認為清朝政府對此瞭望哨言聽計從，英國宜早日拔掉它，並進而佔領全中國。[7] 包令公使的計劃並沒有得逞，剛巧「亞羅」號事件於九個月後的廣州發生了，這給了他一個最華麗的侵華藉口，於是包令公使死死地抓住它不放，最終利用此藉口發動了不宣而戰的第二次鴉片戰爭。[8]

英國的前殖民地高官之中，諸如蒙哥馬利·馬丁、當時駐遠東公使包令爵士、海軍少將賜德齡爵士，以至普通報章如《旁觀者》、《晨報》等，在猶太基督宗教混合文明的鼎盛時期，由他們身上所呈現出來的帝國主義侵略本質；並藉武力征服華夏之後，用英國式的猶太基督宗教混合文明來「開化」華夏的野心，處處可見。

4　*Morning Post*, 5 January 1857.

5　Stirling, 'Memoir on the Maritime Policy of England in the Eastern Seas', written from the *Winchester,* Hong Kong, encl. in Stirling to Wood (Admiralty), Hong Kong, 15 November 1855, Adm. 1/5660.

6　見 *Dictionary of National Biography*, v. 18, pp. 1267-1268.

7　Bowring to Clarendon, Desp. 11, 5 January 1856, FO17/244.

8　詳見本書下篇題為「包令公使·像被鬼迷住了」的第十二章。

　　到了一百六十多年後的今天，美國早已取代英國而掌握了全球霸權。因此捲土重來的帝國主義，不會再是單純的英國式猶太基督宗教混合文明，而是英國的繼承者、美國式的猶太基督宗教混合文明。此話怎說？關鍵在於上述蒙哥馬利‧馬丁的邏輯：「此乃天意安排：天命不可違。」[9] 這一邏輯的歷史背景與文化邏輯是如何形成的呢？準此，容筆者從十九世紀英國的猶太基督宗教混合文明說起。

　　1882 年，英國劍橋大學著名歷史學家約翰‧西利爵士講座教授（Professor Sir John Seeley）說：大英帝國的建立，是漫不經意地「無心插柳柳成蔭」的結果。[10] 意思是英國的盎格魯‧撒克遜民族，像過去的羅馬人一樣，是天命注定要主宰這個世界的。

　　我們不要忘記：在十九世紀之前，大多數英國歷史學家都篤信中世紀作者、蒙茅斯的傑弗里（Geoffrey of Monmouth）那種毫無事實根據的說法：認為英國盎格魯‧撒克遜民族是羅馬人的後裔。[11] 按照這種邏輯，既然是羅馬人的後裔，那麼英國盎格魯‧撒克遜民族繼承甚至發揚光大羅馬帝國的威風，就變得順理成章了。難怪「創作《埃涅阿斯紀》（Aeneid）的詩人寫道：朱庇特預言羅馬的統治沒有時間界限，沒有地域疆界；身在冥府的安喀塞斯（Anchises）預見奧古斯都把羅馬帝國的勢力伸延至世界最遙遠角落的人們。李維（Livy）把他的城市描述為『世界的首都』（caput orbis terrarium），其人民則是『世界人類中最優秀者』（princeps orbister rarum populus）。賀拉斯認為羅馬帝國的偉大統治橫跨世界的兩端」。[12]

　　真是遠攀、高攀得緊！

　　更為遠攀、高攀的異常景象還在後頭。1896－1897 年孫中山旅居倫敦期間，就接觸到影響既深且遠的所謂「英以色列信仰」（British

9　　　Martin to Clarendon, 7 February 1857, FO17/279, p. 330.

10　　J. R. Seeley, *The Expansion of England* (London, Macmillan, 1883), pp. 8-10.

11　　見 Geoffrey of Monmouth, *The History of the Kings of Britain*, trans. by Lewis Thorpe (London: Penguin, 1966)。

12　　E. S. Gruen, 'The Imperial Policy of Augustus', in Kurt A. Raaflaub and Mark Toher (eds.), *Between Republic and Empire: Interpretations of Augustus and His Principate* (Berkeley and Los Angeles, University of California Press, 1990), pp. 395-416.

Israel）。¹³ 奇怪！英國就是英國，以色列就是以色列，怎麼來個「英以色列」這麼彆扭？還說是一種「信仰」？

原來過去的「以色列」這個名詞，不能以當今的「以色列國」這麼一個實體來解讀，而應該以基督宗教《聖經》中的「以色列民族」這樣的概念來理解。基督宗教《聖經》認為，「以色列民族」是上帝特殊挑選的、世界上最優秀的、將來會是世界上最強大的民族。十九世紀的大英帝國，強大無比，所以英國的一些思想家就認為，這種現象的唯一解釋，就是英國的盎格魯·撒克遜民族本來就是「以色列民族」的一支，是《聖經》上所描述的、公元前幾個世紀已經迷了途的一支以色列民族（the lost tribe）。該迷了途的一支以色列民族慢慢西移，終於定居在英倫，名字也因時間和地域的轉移而變成盎格魯·撒克遜民族。¹⁴

雖然這批信徒最初自稱是「英國以色列民族」（British Israelite），後來更因為當時在美國佔絕大多數的民族，也是從英國移民到美國的盎格魯·撒克遜人，於是他們把自我稱呼改為包括英國和美國的「盎格魯·撒克遜以色列民族」（Anglo-American Israelite），藉此表示英、美兩國共同接受那個由於與以色列民族對此概念的認同而帶來的一切責任和利益。¹⁵ 如此這般，英、美所發展起來的文明就成為猶太基督宗教（Judeo-Christian）混合文明了。

然而，箇中的問題是：基督宗教是與人為善的，教主耶穌甚至訓導信徒「愛敵如己」，¹⁶ 為何基督宗教《聖經》所孕育出來的猶太基督宗教混合文明，竟然如此殘酷地對待與之無怨無仇的華夏文明？關鍵是：《聖經》傳達的只是一種理想，而英美猶太基督宗教混合文明精英所追求的是全球性的經濟掠奪。¹⁷

這就難怪，哪怕是基督宗教《聖經》所孕育的英國「猶太基督宗教

13　見黃宇和：《孫文革命：聖經和易經》（香港：中華書局，2015 年），章 11。

14　見 M. H. Gayer, *The Heritage of the Anglo-Saxon Race* (Haverhill, MA: Destiny Publishers, 1941), pp. 139-142.

15　見 M. H. Gayer, *The Heritage of the Anglo-Saxon Race*, pp. 139-42.

16　Matthew 5: 44.

17　詳見本書下篇和卷三。

混合文明」，在英國工業革命導致國力空前強大的十九世紀中業到第二次
世界大戰，其思想中堅竟然是帝國主義，並藉此建立了號稱「日不落」的
全球性大不列顛帝國。

此外，又哪怕自稱是基督宗教徒的前美國總統唐納德．特朗普
（Donald Trump），當他作為共和黨總統參選人，2016 年 2 月 23 日在拉
斯維加斯勝出時，竟然發出如下豪言壯語：「我們要讓美國貪婪，我們搶
奪、搶奪、搶奪。」[18] 唐納德．特朗普當選美國總統後，構建出「華夏該
打」的二十一世紀版本，於 2018 年 7 月 6 日對華發動貿易戰了。其藉口
之一是中美貿易逆差太大。貿易戰距離包括實彈射擊的「文明交戰」只
是一步之遙。回顧十九世紀中葉，英國發動兩次鴉片戰爭，其藉口之一
同樣是中英貿易逆差太大，接着就炮轟廣州及搶掠、火燒圓明園了。

唐納德．特朗普只不過是美國列根總統（President Ronald Reagan,
1911－2004；總統任期 1981－1989）和英國首相撒切爾夫人（Baroness
Margaret Fletcher, 1925－2013；首相任期 1979－1990）的信徒，不謀
而合地全力推行的、從此改變了整個世界的所謂「新自由主義」（Neo-
Liberalism）最新湧現的代表。

「新自由主義」把十九世紀的「自由主義」重新定義，「把不平等
視為理所當然，市場保證了各得其所」。[19] 2020 年 11 月 3 日的美國總
統大選，唐納德．特朗普落敗，小約瑟夫．羅比內特．拜登（Joseph

---

18   'We're going to get greedy for the United States. We're gonna *grab* and *grab* and *grab*.' —
Quartz,'"I love the poorly educated"—Read Donald Trump's full Nevada victory speech', 23
February 2016, http://qz.com/623640/i-love-the-poorly-educated-read-donald-trumps-full-nevada-
victory-speech/, viewed 3 April 2016. For commentaries, see Freddy Gray, 'Donald Trump's angry
America: After the disappointment of Barack Obama, the country is turning mean', 5 March 2016,
http://www.spectator.co.uk/2016/03/donald-trumps-angry-america/, viewed 3 April 2016. See also
Bradford Richardson, 'Trump: "I'm very greedy"', 9 January 2016, http://thehill.com/blogs/ballot-
box/gop-primaries/265335-trump-im-very-greedy, viewed 3 April 2016.

19   'Inequality is recast as virtuous. The market ensures that everyone gets what they deserve.' —
George Monbiot, 'Neo-liberalism — the ideology at the root of all our problems'. The *Guardian*,
15 April 2016. http://www.theguardian.com/books/2016/apr/15/neoliberalism-ideology-problem-
george-monbiot, viewed on 16 April 2016. For a more detailed analysis of the problem, see George
Monbiot, *How Did We Get into This Mess?* (London: Verso, 2016). For more on neo-liberalism,
see David Harvey, *A Brief History of Neoliberalism* (Oxford University Press, 2007); and Andrew
Glyn, *Capitalism Unleashed: Finance, Globalization, and Welfare* (Oxford: Oxford University Press,
2007).

Robinette Biden Jr.）勝出，形勢可會改變？不會的，若亨廷頓教授的文明衝突理論能成立的話，則打垮中國是美國上下人等的共識，正是這種共識害得美國掉進了所謂修昔底德陷阱（Thucydides trap）[20] 所謂修昔底德陷阱，乃美國哈佛大學政治學者格雷厄姆·艾利森（Graham Allison）創造的一個概念，用來描述當新興強國威脅到現有強國的國際霸主地位時導致的一種明顯的戰爭傾向。此概念基於古代雅典歷史學者和軍事將領修昔底德的一段話，修昔底德認為雅典和斯巴達之間的伯羅奔尼撒戰爭是不可避免的，因為斯巴達對雅典實力的增長心生恐懼。為了證明這一理論，格雷厄姆·艾利森引用了哈佛大學貝爾弗科學與國際事務中心的一項研究，該研究結果表明：在近代歷史上新興強國與守成強國爆發的十六次衝突中，其中十二次導致了戰爭。[21]

　　其實，無論信奉猶太基督宗教的西方國家領導人，用《聖經》把自己喬裝打扮得如何光彩，都難掩其弱肉強食的真正面目。難怪早在日本明治時代，有一位學者、思想家福澤諭吉（1835－1901）構思了一套理論，稱為「麻疹」說，謂英國式的盎格魯·撒克遜文明，特別是其核心思想帝國主義，像「麻疹」般，從歐洲散播開來，誰也不能倖免。準此，他鼓吹日本應該擁抱「帝國主義學說」，並極力推崇、效行帝國主義，藉此企圖讓日本奴役全亞洲。若此，則日本文化必須脫胎換骨般「脫亞入歐」。[22] 結果是：後來日本帝國主義大舉侵華。十四年抗戰，廣大炎黃子孫固然付出了空前慘重的代價，但也喚醒了古老華夏文明強烈求生的意識。

　　但是，日本壹萬圓的紙幣，至今還印有福澤諭吉的肖像，這意味着什麼？

20　See Harvard professor Graham Allison's 2017 book entitled *Destined for War: Can America and China Escape Thucydides' Trap?* (Houghton Mifflin Harcourt, 30 May 2017).

21　'Thucydides Trap', Belfer Center for Science and International Affairs. Harvard Kennedy School, 8 July 2020.

22　見福澤諭吉：〈脫亞論〉，《時事新報》（東京），1885 年 3 月 16 日。又見 Carmen Blacker, *The Japanese Enlightenment: A Study of the Writings of Fukuzawa Yukichi* (Cambridge: Cambridge University Press, 1969), pp. 122-123。

二、從華夏的角度看問題

2015 年 9 月，筆者草擬本章初稿時，正值抗戰勝利七十周年，故把當今東亞局勢納進討論範圍，就更有現實意義。因為在九一八事件八十四周年翌日凌晨，日本國會竟然通過了「安保法案」[23]。明顯地，直至今天日本的核心價值仍然是「脫亞入歐」——骨子裏還是西方帝國主義那一套，摒棄東方的「王道」並推行西方的「霸道」。不同的是：現在日本再也無法妄想獨力把「猶太基督宗教混合文明」趕出亞洲以便自己稱王稱霸，而是與英國「猶太基督宗教混合文明」的繼承者、美國「猶太基督宗教混合文明」聯手對付華夏。[24]

第二次世界大戰結束後，尤其是蘇聯解體後，美國接替大英帝國而變成獨霸全球的超級大帝國。這個超級大帝國，無論其自由民主的口號喊得如何漫天價響，但聽其言而觀其行，歸根結柢還是帝國主義那一套。一葉知秋：筆者曾教導過一位來自美國的大學交換生，他毫不思索地對筆者說：他衷心擁護美國推翻當前的中共政權，然後幫助中國人民建立起一個奉行美國式的民主政府。此言與英國人蒙哥馬利·馬丁在 1857 年建議英軍佔領全中國，實有異曲同工之妙。

更厲害的美國言論還在後頭。2013 年 10 月 16 日，在美國 ABC 電視台的吉米金莫脫口秀（Jimmy Kimmel Live）節目中，吉米金莫問一名六歲大的白人男童如何解決美國的國債問題。該男童不假思索地回答說：「殺光中國人！」（Kill everyone in China！）[25] 這一案例曾被很多中國人解讀

23　童倩：〈日本參議院通過安保法允派兵海外〉，2015 年 9 月 18 日，英國 BBC 廣播電台中文版，http://www.bbc.com/zhongwen/trad/world/2015/09/150918_japan_legislation_tongqian，瀏覽日期：2015 年 9 月 19 日。

24　2015 年 11 月 11 日，筆者在台灣的中央研究院近代史研究所提出這種看法時，黃自進教授認為日本人口老化、禁止移民入境等等問題，都會造成日本人力不足，遑論對外擴張。這些都是現實的問題。但是，日本的領導人為何還是逐步走向軍國主義？

25　Laura Stampler, 'China Wants Jimmy Kimmel to Apologize… For a Third Time', 12 November 2013, http://entertainment.time.com/2013/11/12/china-wants-jimmy-kimmel-to-apologize-for-a-third-time/#ixzz2kUnj0kBi, accessed on 13 November 2013. 中文版見新聞頻道：〈脫口秀聊政治美國 6 歲男童：殺光中國人就不用還債〉，2013 年 10 月 20 日，https://www.youtube.com/watch?v=zZEK_qrmjAk，瀏覽日期：2015 年 6 月 4 日。

為小孩子不懂事而開玩笑的話。其實，六歲小孩為何會說出如此驚人之語？還不是成年人平日言論的潛移默化，使到小朋友自幼就有這種思維？

若說這兩個是孤立的案例，不能以一概全地認為這是美國普遍的現象。若如此，且看美國廣大民眾，如何對待總統特朗普於 2018 年 7 月 6 日正式啟動的對華貿易戰。中方原以為，貿易戰必然會給廣大的美國消費者和農莊主人帶來損失，故久而久之，必定會群起反對。結果呢？美國人民普遍支持他。又哪怕特朗普在西方世界是一個相當討厭的角色，惟其對華的貿易戰卻暢通無阻。

此外，若說上述那吉米金莫脫口秀的案例屬於童言無知，那麼深思熟慮的英美猶太基督宗教混合文明精英，卻頻頻隱喻地厲聲高呼「中國該打！」又應作何解釋？該等隱喻的高呼，在拙著《歷史偵探：從鴉片戰爭到辛亥革命》中已經稍露端倪。《文明交戰‧卷三‧百年屈辱》、尤其是當中題為「捲土重來」的一章中，更是集中呈現得深刻入微。

不久之前，日本為了響應美國前總統奧巴馬（Barack Hussein Obama，總統任期 2009–2017）的「亞洲再平衡」戰略，搞擴充軍備、修改憲法等等大動作，大搞軍國主義。後果會如何？日本以為有了美國這座靠山，將會萬無一失。但是別忘記，韓戰（朝鮮戰爭）、越戰都是美國與中國和蘇聯在暗中角力。中國人民志願軍是擺明白地入朝參戰，拒敵於門外。越共其實有不少都是解放軍戰士，參戰目的也是拒敵於門外。兩場戰爭中，對壘雙方無論在武器、裝備、訓練上，都極度懸殊。結果韓戰還是打了個平手，越戰更以美國敗北告終。對日本來說，美國這個盟友有多可靠呢？

哪怕在越戰以後，美國發動的多場戰爭，都是非常愚蠢的。例如 2003 年美國偽造了一個戰爭藉口——訛稱伊拉克藏有大殺傷性武器（weapons of mass destruction）——來推翻該國的薩達姆‧侯賽因總統，但不屑做好善後工作，諸如安排該國的官兵妥善復員等，拍拍屁股就離開，結果大批訓練有素的軍人加入了伊斯蘭國。伊斯蘭國的種種暴行，又導致歐洲多國空前嚴重的難民潮，天怒人怨，成為猶太基督宗教混合文明以至全人類的心腹大患。這場罕有的人間悲劇，很大程度是由於狂妄的美國小布什（George W. Bush，任期 2001–2009）總統為了大顯威

風所造成的。哪怕其後的美國總統唐納德・特朗普，在 2016 年的美國大選中，也盡情譏笑小布什無能，也謾罵越戰後美國曾深陷其他泥沼諸如阿富汗戰爭。[26] 據報道，截至 2018 年 1 月 18 日，美國在阿富汗已經燒掉一萬億美元，犧牲了 2,400 名官兵。[27] 到了 2021 年 8 月底美國倉皇從阿富汗撤走全部美軍時，已經燒掉二萬億元，撤退其間有十三名美軍被打死（詳見筆者目前正在撰寫的《文明交戰・卷六・瘟疫戰》）。

當然，在過去英、美猶太基督宗教混合文明把華夏文明打得落花流水之時，「全盤西化」、「取消漢字」等建議在中國紛紛出爐。林毓生院士的大作《中國意識的危機：「五四」時期激烈的反傳統主義》[28]，光是書名就讓人觸目驚心。五四那種特殊現象，徒增日本侵華的野心──國必自伐，而後人伐之。[29]

孫中山深明此理，故極力反對「全盤西化」、「取消漢字」等建議，並認為融匯中西，以臻大同，方為重振中華之道。[30] 但是，日本卻似乎認為過去曾經打敗過中國而自我膨脹，結果繼續低估華夏文明的生命力，妄想聯美就能重燃軍國主義的殘夢。那麼，炎黃子孫應該如何自處？

至於美國，則美帝國主義者似乎仍在拾十九世紀末二十世紀初美國史學家馬士（Hosea Ballou Morse, 1855－1934）的涎沫打掩護。馬士認為，導致兩次鴉片戰爭的主要原因是中英文化之間的差異，藉此埋沒鴉片曾起到過的關鍵作用。[31]

竊以為文化差異這樣一個籠統概念，難敵本書所提出的具體統計數字和具體實例。明顯地是一個文明為了奪取經濟利益而欺負、壓迫另一個文明所造成的「文明交戰」，卻輕鬆平常地把它淡化為文化的差異所引

26　Freddy Gray, 'Donald Trump's angry America: After the disappointment of Barack Obama, the country is turning mean', 5 March 2016, http://www.spectator.co.uk/2016/03/donald-trumps-angry-america/, viewed 3 April 2016.

27　楊佳：〈阿富汗總統：要是美國撤了政府 6 個月內必崩潰〉，《環球時報海外網》，2018 年 1 月 18 日，http://world.huanqiu.com/article/2018-01/11534133.html，瀏覽日期：2019 年 1 月 20 日。

28　林毓生著，穆善培譯：《中國意識的危機：「五四」時期激烈的反傳統主義》增訂再版本（貴陽：貴州人民出版社，1988 年）。

29　《孟子・離婁上》。

30　見拙著《孫文革命：聖經和易經》。

31　見 Morse, International Relations of the Chinese Empire, v. 1。

起的小摩擦，難道文化差異不能用互相體諒的方式來消融小摩擦並營造和諧？而必須炮轟廣州城及搶掠、火燒圓明園？甚至連小摩擦也是可忍孰不可忍，則何必賴在中國不走？捲起包袱回家就是！

為何堅決待在中國？那是受到掠奪中國經濟利益的強大引誘是也！

三、中國該打的呼聲高漲

此外，當時英國當局宣稱沒有鴉片，中國人就活不下去；欽差大臣林則徐則反過來相信，英國人一日不可缺少中國的大黃。這些看法是文化差異的表現嗎？英國人的看法，會不會僅僅反映出他們為了利潤豐厚的非法貿易，而找一個貌似合理的藉口？林則徐的觀點所反映的，會不會是其真正的閉塞以至無知？利益與無知當然會引起摩擦。但籠統地高談「兩種文化之間的差異終於引起戰爭」之類的含糊原因，對具體的經濟利益、戰略、霸權等問題避而不談，當然令筆者覺得是為了一場齷齪的戰爭尋找遮羞布而已。

總之，以美國為首的猶太基督宗教混合文明，為了奪取強大經濟利益與繼續稱霸全球，結果與華夏文明的另一場筆者所定義的、摧毀華夏國魂的「文明交戰」，似乎在所難免。準此，本書就以探索這樣一場戰爭的可能性，作為主旋律來觀照過去近二百年的歷史吧。冀望藉此鑒古知今。

此外，容筆者在此鄭重聲明，為了拋磚引玉，筆者曾預先抽出本書一些獨立性較強的片段，作為短小精悍的章節收入拙著《歷史偵探：從鴉片戰爭到孫中山》[32]中，敬請讀者垂顧。若讀者諸君覺得該等短小精悍的章節讀來不夠過癮，則可在本書一觀全豹。

為何抽出本書片段率先刊於《歷史偵探》？筆者有感近年「中國人的國際形象低落，盼能藉此書，引起炎黃讀者反思自身品格與行為」[33]也。

32　這是香港中華書局 2016 年 2 月版本的書名。後來廣東人民出版社的版本則取名《歷史偵探：從鴉片戰爭到辛亥革命》，台北聯經的版本又改名《孫中山：從鴉片戰爭到辛亥革命》，敬請讀者垂注。

33　筆者對中文傳媒說的話。見《星島日報》記者：〈促中華民族反思，避免國際糾紛：黃宇和新書《歷史偵探》破解民族英雄懸案〉，2016 年 4 月 27 日，澳洲《星島日報》，第四版。

必須「反思」的「品格與行為」的具體事例，詳見本書題為「本書脈絡」、「本書的研究方法」等各章，以及行將出版的拙著《文明交戰・卷二・地動三河鐵臂搖——死裏逃生》所列舉的實例，筆者在此不贅述。

待筆者喘過氣來之後，決意將來再接再厲，用英語把本書及《歷史偵探：從鴉片戰爭到孫中山》、《孫文革命：聖經和易經》等中文拙著，按照筆者所認識的猶太基督宗教混合文明精英特有的習慣與幽默感，重新寫出來。目標是勸諭英語世界的「讀者反思自身品格與行為」，反思其行為諸如採取似是而非的手法，瘋傳「鴉片戰爭與鴉片無關」、「林則徐乃製毒巨梟」、「鴉片有益」、「孫中山乃花花公子」等謠言，是否有利於世界和平？

筆者絕對無意護短：君不見，筆者早在 2016 年 2 月，已經利用《歷史偵探》的中文本，公開呼籲華夏「反思自身品格與行為」！[34]

對！就這樣決定吧——用筆者所定義的、摧毀華夏國魂的「文明交戰」這個概念作為本書的主旋律吧！悠久的人類歷史告訴我們，一個文明要徹底打敗另一個文明，首先用硬實力摧毀對方的自衛能力，繼而用軟實力、巧實力和銳實力瓦解對方的精神力量，讓其變成一具沒靈魂的行屍走肉，供其奴役。中國五四運動時期「全盤西化」的呼聲，至今令人觸目驚心。筆者把兩次鴉片戰爭以及迄今的帝國主義侵華史，從概念中的「文明交戰」這個宏觀角度來考察，是否會有一個比較好的理解？

34　《星島日報》記者：〈促中華民族反思，避免國際糾紛：黃宇和新書《歷史偵探》破解民族英雄懸案〉，2016 年 4 月 27 日，澳洲《星島日報》，第四版。

第四章
本書視野和取材：
1965 年迄今的心路歷程

一、上兵伐謀

華夏對戰爭的思索與研求，傳統深厚，成果卓異，令世界矚目。《孫子兵法·謀攻篇》說出如下至理名言：「上兵伐謀，其次伐交，其次伐兵，其下攻城」。[1] 中國的先哲早已認識到，軍戰克敵制勝的上策是戰略謀劃，其次是外交方略，其次是武器裝備，最笨拙的是蠻力攻城。因此，中國歷代史書慣於長篇描摹戰爭之前醞釀、積蓄的漸進過程，而往往略於對戰爭場面的平鋪直敘。

以傳誦千古的經典《春秋左傳》首年（魯隱公元年）記載的「鄭伯克段於鄢」一則史事為例，[2] 詳記共叔段私慾一步步膨脹、地盤一步步擴展的五個階段，這是戰爭爆發深層次的緣由。而關於戰場，《左傳》僅以鄭莊公「伐京」、「伐諸鄢」，共叔段「出奔」三個動詞一筆帶過。[3] 詳於彼而略於此，形成了中國史學的經典筆法。史家若能抓住這一契機，以史為鑒的良苦用心便寓於史書之中。

筆者不揣冒昧，嘗試繼承中國史學這一基本原則，融合西方的實證史學，藉本書下篇，探索英國猶太基督宗教混合文明的帝國主義者，發動第二次鴉片戰爭的深層次原因；又藉系列卷三追蹤英、美帝國主義發展至今的歷程，兩者共同的最終目標，是評估帝國主義捲土重來的可能性。這個可能性，從宏觀的角度看世界史，正是猶太基督宗教混合文明與華夏下一場「文明交戰」的可能性。準此，無可避免的結果是，筆者

---

1   李零：《〈孫子〉十三篇綜合研究》（北京：中華書局，2006 年），頁 22。

2   《左傳》此例為歷代古文選本所必選，如清代所編《古文觀止》即以此例居首，影響深遠。

3   楊伯峻：《春秋左傳注》（北京：中華書局），頁 14－16。

在全力分析猶太基督宗教混合文明的帝國主義性質以外，也絕不能迴避華夏文明的沉痾，蓋國必自伐，而後人伐之。[4]

第二次鴉片戰爭的導火線是 1856 年 10 月 8 日發生的「亞羅」號（*Arrow*）事件；半個月之後的 10 月 23 日，英軍炸燬虎門內口的炮台四座；27 日，開始炮轟廣州城，戰爭爆發。

從時間上看，1856 年 10 月 23 日之後英方在軍事上步步進逼，炮火愈轟愈烈，從此可以說英中雙方進入了交戰狀態；從地點上看，中國境內從廣州蔓延至北京是搏鬥的戰場。筆者將略於此，而將詳於在 1856 年 10 月 23 日，甚至是 1856 年 10 月 8 日之前，在中國大陸之外，從香港至英國的首都倫敦、英屬印度以及法國的首都巴黎、美國的首都華盛頓、俄國的首都聖彼得堡等地，與之發生的千絲萬縷的聯繫；尤其是作為戰爭發動機的倫敦政界，其運籌帷幄的每一步，緊密地遙控着一萬公里之外的廣州戰場。若把不到這一脈搏，第二次鴉片戰爭的研究就始終在外圍兜圈子。

從宏觀轉入細緻。本書下篇之局部目的在於：逐層分析引發第二次鴉片戰爭的英國猶太基督宗教混合文明之中帝國主義的侵略藉口、悍將心理、外交手段、政治邏輯和運作方式，直趨經濟利益層面，由此展現出英帝國主義為了發動此次侵略戰爭所積極謀劃的每一個步驟，以及每一個步驟背後的動機。

同時，對中外學術界由於未能掌控住戰爭的引發動機，而提出的各種有關戰爭起因的解釋方案作出比較，詳辨其間闕誤及由來，分析其如何在外圍兜圈子，繼而探索為何其樂於長期在外圍兜圈子。要做到這一步，必須蒐集到豐富的第一手史料，並鍛練充份的史識來鑒別清楚每一條史料的疏密相關度，否則一切均屬空談。為此，筆者前後共付出了超乎半個世紀的心血（1965 年 —2021 年）。

事緣 1965 年筆者進入香港大學，專修近代史時，就對兩次鴉片戰爭有濃厚的興趣。蓋香港的開埠，是由於鴉片戰爭帶來了香港之港島的割讓；而香港的九龍半島之割讓，又正是第二次鴉片戰爭的結果。故筆者特

4　《孟子·離婁上》。

別注重閱讀有關兩次鴉片戰爭的中外史料：除了第二手史料（即學術著作）以外，還積極鑽研第一手史料（即原始文獻），並深入思考。

1968 年，筆者在牛津大學聖安東尼研究院（Saint Antony's College, Oxford）當博士研究生，展開了第二次鴉片戰爭的檔案鑽研，並以葉名琛為敲門磚。後來又專題研究「亞羅」號上的所謂辱旗事件，使筆者覺得英國只不過是借該事件作為攻打中國的一個藉口，背後的真正原因隱而未發，於是下定決心，全面探索戰爭爆發的原因，作為鑽研帝國主義的切入點。

二、檔案鑽研

首先，筆者研讀了英國上下議院在辯論是否要發動該場戰爭時，提交各議員閱覽的文件。事緣英國執政黨為了爭取議院支持其對華開戰，搜集並印刷了大量有關原始文獻，共 639 頁，[5] 分幾個部份。

第一部份題為「在華被辱」。美國史學家約翰·諾德（John Nolde）博士據此提出了一個「廣東群眾仇外」的概念來解釋戰爭起因。[6] 但細閱該批文獻，則所謂英人在華被辱的事件在 1849 年以後就差不多已經銷聲匿跡，距離戰爭爆發時的 1856 年底，前後八年，所謂受辱與開戰兩者之間可謂風馬牛不相及。而且，每一件所謂英人被辱的案件，均已由中方作出彌補。[7] 何來憤怒？

第二部份文件是廣州進城問題，尤其是 1849 年到戰爭爆發時的 1856 年，中英這八年之間的相關談判。諾德博士將此批文件昇華為中國「官方仇外」的概念，來解釋戰爭起因。[8] 按照這一邏輯，説英國政府因不得進入廣州城便發動戰爭，那實在太小看英皇陛下政府了！能創建起日不落大帝國的政治家，相信胸襟不會是諾德博士所暗示的那麼狹隘、眼光如此短淺。如果我們不認為英國政府心胸如此狹隘、眼光如此短淺，那麼

5　　Parl. Papers 1875, v. 12, "China".

6　　John J. Nolde, "Xenophobia in Canton, 1842-1849", *Journal of Oriental Studies*, 13, no. 1 (1975), pp. 1-22.

7　　Malmesbury, 26 February 1857, Hansard, 3d series, v. 144, cols. pp. 1346-1347.

8　　Nolde, "Xenophobia in Canton", p. 1.

其發動戰爭恐怕自有其深謀遠慮之處。但哪裏得覓此謀慮？

第三部份文件收集了「亞羅」號事件發生以後，中英之間種種摩擦的有關文獻。像廣州進城問題一樣，很難令人相信英國政府會因為這種雞毛蒜皮的摩擦，而炮轟廣州城。

第四部份文件與「亞羅」號的牌照有關，題為「船隻在香港註冊的有關文獻」。

第五部份亦與「亞羅」號有關，題為「干預在華走私的有關文獻」。

第六部份為英國「外交部與利物浦的東印度及中國商會的來往信件」。

筆者咬文嚼字地看了這一批又一批文獻後，對於戰爭爆發的主因，仍然茫無頭緒。換句話説，雖然當時的英國政府是希望通過這大批文獻，引導世人相信他們發動戰爭是為了報復「在華被辱」、「中國官民均仇外」、「『亞羅』號上的英國國旗被侮辱」、「英國人被拒進入廣州城」等等，雖然説服了諾德博士，卻令筆者堅信這個能橫掃天下的英國猶太基督宗教混合文明精英所組成的政府，是在欲蓋彌彰。但其發動戰爭之真正目的往哪裏找？

筆者翻閱漢撒（*Hansard*）所記錄的英國議院辯論，希望從字裏行間找到蛛絲馬跡。可是，筆者同樣失望了。不過，那不能怪漢撒，只怪筆者自己工夫未到家。直到多年以後，當筆者參閱過大量其他原始檔案之後，回過頭來再細細咀嚼漢撒所記錄下來的文字時，才慢慢察覺出箇中玄妙。

既然議院文書與各議員在辯論時的發言筆錄均幫不上忙，筆者想起議院文書是印刷品，在編輯過程中可能經過加工，應該看原始手稿。該批文稿絕大部份來自英國外交部中國司的檔案，主要分兩大部份：FO17和 FO228。前者是外交部與其駐遠東公使（兼任香港總督，府轄在香港）的公文來往，後者是該公使與駐紮在中國沿海五口通商口岸（廣州、廈門、福州、寧波、上海）諸英國領事的公文來往。

這兩批文件都曾經由英國史學家、牛津大學的柯士丁（William Conrad Costin）先生充份利用來撰寫其於 1937 年面世的經典著作《英國與中國：1833－1860 年間的外交關係》。[9] 筆者研讀該書時，對柯士丁先

---

9   W. C. Costin, *Great Britain and China, 1833-60* (Oxford: Clarendon Press, 1937).

生的一些觀點雖不敢苟同，但也覺得無法超越他多少。更重要的是，筆者在該兩批英國外交部的原始文件中，也無法找到第二次鴉片戰爭爆發的原因。當然，這也只怪筆者的工夫還未到家。直到後來看過大量其他原始文獻之後，回頭再讀自己的有關筆記與文獻複印件時，才恍然大悟。

從英國外交部的檔案轉到英國海軍部的文獻，且看英國皇家海軍的前線人員，曾否像後來 1931 年日本的關東軍那樣擅自發動「九一八」事件，企圖藉此把自己的政府拖進一場侵華戰爭。著名的倫敦大學國王學院（King's College, London）的羅茲帝國史講座教授（Rhodes Professor of Imperial History）傑拉爾德・格雷厄姆（Gerald S. Graham）先生，大半生鑽研這批史料；1970 年退休後，更藉此全力撰寫了其影響深遠的《英國皇家海軍駐華艦隊》（牛津大學出版社，1978 年）[10]。這批史料讓筆者眼界大開，但依然無法解答筆者的疑難。格雷厄姆教授在其大作中，竟然有意無意之間隱喻地高喊華夏該打，卻提不出能讓筆者信服的理由與證據，結果加倍堅定了筆者無論上窮碧落下黃泉，也要查清楚第二次鴉片戰爭起因的決心。

另一方面，細讀格雷厄姆教授的大作，又確實讓筆者想得很多。例如，他發現英國皇家海軍駐華艦隊的司令員詹姆斯・賜德齡爵士少將（Rear-Admiral Sir James Stirling），和英國駐遠東公使包令爵士（Sir John Bowring），均曾先後利用俄羅斯對英國在華利益所構成的威脅為藉口，試圖遊說英國政府對華用兵。他倆強調，必須在中國淪為沙俄附庸之前捷足先登。[11] 在漫長的研究歲月和思考過程中，筆者曾多次懷疑英國發動侵華戰爭是否與其全球戰略有關。格雷厄姆教授的思路，啓發了筆者開始部署系統地探索大英帝國全球戰略的方案。[12]

1972 年，筆者專程到蘇聯一趟，可惜當時的蘇聯當局對外來學者非常猜疑，不讓看檔案，結果無功而返。幸好在第二次鴉片戰爭初發時並沒有俄國的份兒，探索戰爭起因，俄國檔案並非關鍵，關鍵是發動戰爭

10　Gerald S. Graham, *The China Station: War and Diplomacy, 1830-60* (Oxford: Clarendon Press, 1978).

11　Graham, *China Station*, pp. 289-290.

12　至於格雷厄姆教授在其大作中力竭聲嘶地高喊中國該打，則筆者將仕本書內文中處理。

的英國把俄國作為假想敵的程度如何。如今，俄國檔案已經解密多時，大批中國大陸的學者亦曾先後前往鑽研，但似乎仍然沒有關於第二次鴉片戰爭的重大發現。

但筆者仍不死心，1997 年 5 月，在中國社會科學院近代史研究所的中俄關係史專家李玉貞教授熱情幫助下，代筆者函詢俄國各大檔案館，仍然毫無所得。同年 7 月，筆者在英國科研時，承倫敦大學亞非學院遠東史講座教授比史理（William G. Beasley）先生介紹，有幸認識來自俄國科學院遠東研究所的舍維廖夫（Constantin V. Schevelyoff）教授，他自己設計了一個中文名字叫石克強。他回國後為筆者查閱有關目錄，所得只有三種後人所發表的印刷品。難怪，沒有證據顯示俄國乃第二次鴉片戰爭的始作俑者；只不過是在戰爭爆發以後，來華渾水摸魚而已。因為大量英國、法國、美國及中國的原始史料皆已證明，發動第二次鴉片戰爭的主謀是英國。

筆者在法國外交部檔案館和美國國會圖書館就幸運得多。那兒的檔案資料任由學者查閱。筆者看後，進一步證實了原來的想法，那就是：英國是侵華主謀，邀來法國做幫凶。對於如何透徹了解整個事情的來龍去脈、主從關係，法、美之行收穫很大。但要探討第二次鴉片戰爭爆發的主要原因，看來還得返回英倫繼續努力。

筆者遍閱當時英國的各種報章，希望能從中得到一些啟示，例如施政報告等。而且，英國報章享有很大程度的言論自由，不時大爆各種內幕秘聞，對政府的批評也經常一針見血，有時還能一語道破政府那些見不得光的意圖。當時英國大小報章數目很多，各家各派言論紛出，熱鬧非凡。後來筆者得悉馬來西亞的華裔學者郭孝謙先生和澳大利亞的意大利裔學者戈登・比阿津倪（Gordon Biaggini）博士，均曾利用過這些報章，並分別寫成碩士和博士論文。[13] 他們的研究焦點是英國報界對發生在中國種種大事的反應。雖然與筆者的目標不同，但他們的成果仍很有參

13　郭孝謙先生的碩士論文見 Koay Shiaw-chian, 'British Opinion and Policy on China between the First and Second Anglo-Chinese Wars, 1842-1857'. Unpublished M.A. thesis, University of Leeds, 1967。比阿津倪先生的博士論文，見 E. G. Biaggini, 'The Coercion of China, 1830-1860: A Study in Humbug'. Unpublished D. Litt. thesis, University of Adelaide, Australia, 1944.

考價值。而且研讀報章，對筆者有很大的間接幫助，它們讓人更深切地
理解到當時英國的政治氣候、價值觀等等。因為，正是在這樣的政治氣
候和價值觀底下，英國政府發動了侵華戰爭。

看遍幾十年的英國大小報章之後，筆者接着再鑽研幾十年的英國
駐香港的遠東公使，與清朝駐廣州的欽差大臣兼兩廣總督之間的來往照
會，以及欽差大臣札英國駐廣州領事的公文和該領事的伸陳。這些照
會、札和伸陳的原文都是漢語。當時欽差大臣的幕僚鮮懂英語，而駐遠
東公使卻有一位專職的「漢文秘書」（Chinese Secretary）。更由於欽差大
臣駐守廣州，故廣州原來也藏有一套來往照會、札和伸陳。可惜廣州幾
經戰亂，以至中方擁有的一套來往照會、札和伸陳早已失散。[14] 英方的一
套則完整地保存下來了，但資料未經整理，非常紊亂。

承英國國家檔案館館長力邀，1972 年起筆者當了該館的榮譽編輯，
義務整理這批文件。哪怕後來筆者移居澳大利亞並在雪梨大學執教，仍
是十年（1974–1983）如一日，無論寒假和暑假都飛回英國，盡花精神
在這一文獻寶庫的鑒定、撮要和編排上。通過對這批中英來往照會逐一
閱讀和作出摘要，[15] 筆者深深地體會到，由於語言的隔膜、文化的差異、
利益上的不一致等，曾引起外交上的誤會甚至摩擦。但足以構成戰爭的
主要因素，卻仍然未能捉摸到。

另一個文獻寶藏是葉名琛檔案：事緣 1858 年初，英法聯軍俘虜了兩
廣總督葉名琛後，把他身邊的公私檔案全部帶走，後來藏於英國國家檔
案館，共七十七箱。此寶藏從 1968 年起便成為筆者奮鬥的對象。經過多
年鑽研，它讓筆者深切了解到廣東地區當時的軍事形勢、社會情況、經
濟狀態、政治氣候、風土人情，尤其是十九世紀中葉廣東紅兵起義及其

14　按理論，葉名琛的兩廣總督衙門應該保留了該整套照會，但當他在英方炮火轟炸其衙門時倉猝
　　出走之際，隨身帶備的幾十箱文案卻不包括照會，只帶了各種條約。結果是，他隨身帶備的幾
　　十箱文案隨他被英方擄走而保存下來。沒有隨身帶備的照會就湮沒在炮火中。詳見拙著《葉名
　　琛與第二次鴉片戰爭》。

15　這大批提要後來作為英國皇家學會的叢書，由牛津大學出版社出版了。見拙編 *Anglo-Chinese
　　Relations, 1839–1860*。這批提要後來由區鉷教授翻譯成中文，收進拙著《兩次鴉片戰爭與香港
　　的割讓：史實和史料》（台北：國史館，1998 年）。最新的增訂本見拙著《葉名琛與第二次鴉片
　　戰爭》（廣州：廣東人民出版社，2020 年）

對清政府的打擊所引起外交上的反響。寶藏更讓筆者佐證了某些觀點和推翻了另一種理論，[16] 但第二次鴉片戰爭爆發的原因仍如漏網之魚。

從 1981 年冬起，筆者到北京的中國第一歷史檔案館展開研究，並購買了大量有關第二次鴉片戰爭的縮微膠卷帶返澳洲慢慢鑽研。此外，又承當時中國社會科學院近代史研究所余繩武教授，慨贈一套故宮博物院明清檔案館檔案部編的《清代中俄關係檔案史料選編》[17]，加上台灣出版的《四國新檔：俄國檔》，[18] 部份填補了筆者早年俄國之行空手而歸所造成的空白。以後幾年筆者又多次到廣州、南京、上海等地搜集地方性的史料。

從中國又回到英國，搜集當時英國各政要、外交官、軍官等的私人文書，且看能否找到一些未被公開的秘密。沒想到收穫甚豐。其中英國駐遠東公使包令爵士寫給外相克拉蘭敦伯爵（Earl of Clarendon）的一封私人信，終於提供了一條重要線索。在該信中，包令公使提到「在華貿易」對印度殖民地政府的重要性。[19] 包令公使一句無心之言，完全改變了筆者的研究方向。包令公使又在給其下屬——英國駐廣州代理領事巴夏禮（Harry Parkes）——的一封私人信中誇誇其談地說：要利用「亞羅」號事件「寫下光輝的一頁」。[20] 筆者把兩封信並排一起——終於找到了包令公使這名帝國主義悍將掀起戰爭的真正動機——距離中國甚為遙遠的西天——印度因素！

準此，筆者必須長駐的下一個檔案館，順理成章的就是英國印度部圖書館（India Office Library）。該館所藏的有關檔案曾被美國耶魯大學的大衛‧歐文（David Owen）教授充份利用，而寫成《英國在印度以及在中國的鴉片政策》（耶魯大學出版社，1934 年）[21]。筆者在新的知識領域裏重讀 1965 年就初次拜讀過的這本書，興味無窮；對歐文教授所描繪的

16　見本書第六章。

17　故宮博物院明清檔案館檔案部編：《清代中俄關係檔案史料選編》（北京：中華書局，1979 年）。

18　中央研究院近代史研究所編：《四國新檔：俄國檔》（台北：中央研究院近代史研究所，1966 年）。

19　Bowring to Clarendon, 4 October 1855, MSS Clar. Dep. C37 China.

20　Bowring to Parkes, 21 October 1856, Parkes Papers, Para. 11.

21　David Owen, *British Opium Policy in China and India* (New Haven, Conn.: Yale University Press, 1934; Archon reprint, 1968).

印度鴉片產量急劇上升那幅歷史圖畫，更是刻骨銘心。他的結論再度轉移了筆者的追查方向：歐文教授認為，鴉片與第二次鴉片戰爭毫無關係，戰爭爆發的原因完全在於英國要擴大對華貿易。筆者對他的結論暫時存疑，卻不放過他的重要提示：英國矢志擴大對華貿易。

擴大對華貿易！筆者通過各種渠道，獲得了英國對華貿易舉足輕重的公司諸如怡和洋行（Jardine Matheson and Co.）、[22] 霸菱兄弟公司（Baring Brothers and Co.）[23] 等領導的批准，參閱他們的內部檔案。這大批新鮮材料，讓筆者感受到當時英國大商家那種開拓中國市場的迫切心情，耳目為之一新。但是，個別公司的商業行徑，不能與大英帝國用武力開拓市場混為一談。

按照「運用國力開拓海外市場」這種邏輯，筆者接着要追閱的檔案就進入了英國商務部（Board of Trade）的範圍：不單要鑽研中英貿易的有關檔案，而且還要羅列英國全球貿易的數據以便作比較；不單是鴉片貿易，而且還要把英國印度殖民地政府的全盤收支拿來作比較；不單是中印貿易，而且要把中國與列強的有關貿易數字拿來作比較。所有相關數據，英國政府每年都分別印刷成冊，以國會的《議院文書》（*Parliamentary Papers*，或稱《藍皮書》）的方式，提交上下議院各議員審視及辯論。

這些單行本後來又裝訂成合訂本，靠近書脊部份的數字已無法複印，就必須耐心地動手慢慢抄，然後複核。尤記 1980 年代初，筆者花了整整一年的學術假期（sabbatical leave），日以繼夜地蹲在劍橋大學圖書館，分類抄錄各種數據。哪怕清晨進入圖書館時陽光燦爛，到晚上 10 時出來往往已是寒風凜冽，寸步為艱。以後的十多年，雪梨大學的學期甫一結束，就再飛英倫抄數字，以便在雪梨大學的課餘時間整理、分析、比較已抄來的各種數據。

在漫長歲月中，給筆者帶來窮追不捨的勇氣者，是一種堅定不移的

22　怡和洋行（Jardine Matheson and Company）檔案現存劍橋大學圖書館。Michael Greenberg 曾用過這批檔案寫下他的名著 *British Trade and the Opening of China, 1800-42* (Cambridge University Press, 1951)。

23　霸菱兄弟公司（Baring Brothers and Co.）文件存於該公司倫敦總部。筆者有幸在 1980 年代被獲准鑽研該批檔案。該公司在 2009 年的金融風暴中破產，被一家荷蘭銀行收購，檔案有否倖存，尚不可知。

信念：筆者深信，在一批又一批讓人眼花繚亂的、複雜繁瑣的數據中，若能理出一個頭緒來，解釋第二次鴉片戰爭爆發的真正原因，就為時不遠了。因為，英國統治者是按照這一批又一批強而有力的數據來制定國策的，而議院又是根據此數據進行辯論是否要支持政府發動第二次鴉片戰爭的。

筆者環球飛行數十年，放假時長駐各國檔案館、圖書館，既博覽群書，又努力不懈地參閱各國學者的研究成果，借鑒其他治學方法，一次又一次地重溫筆記，於是新的想法、新的觀點、新的思路就接二連三地湧現出來，把本來自以為已經想通了的問題重新質疑，把剛建立起來的觀點逐一推翻，一套本以為相當完整的理論，一幅原以為甚為美好的學術構圖，一次又一次地被新發現的史料與新的想法打得七零八落。寫作大綱無休止地新陳代謝。人生幾十年光景，就如此這般地消逝了。當筆者最後把所有新的發現、各種觀點，合理地組織成一套符合邏輯、貼切歷史發展規律、逼近歷史真實的理論，來解釋第二次鴉片戰爭爆發的原因時，已然白髮蒼蒼，走路時跌跌撞撞。

難怪。一代宗師諸如牛津大學的柯士丁教授，耶魯大學的大衛・歐文教授，倫敦大學的傑拉爾德・格雷厄姆教授，分別鑽研這個時期英國外交部、印度殖民地部、海軍部的原始檔案，即各自寫就不朽名作。筆者不自量力，除了鑽研這三大批檔案以外，還徹查英國的其他浩瀚如海的公、私檔案，更頻頻跑法國、美國、中國以至俄國的檔案，當然就曠日持久了。但非皓首窮經則無法宏觀地看問題，並融會貫通，最終鎖定戰爭爆發的原因。

1998 年，《鴆夢》英文原著（即本書下篇的底稿），終於由劍橋大學出版社出版。

可是，英文原著的問世，並未了卻筆者的心事。《左傳》的作者在撰寫「鄭伯克段于鄢」時，到了共叔段出奔，戰事已然結束，理當截止，但他卻增入鄭莊公與其母親武姜（助共叔段謀逆）黃泉相見，母子和好如初的一段場景。由此戰爭的影響躍然紙上，首尾相融，鑄成經典。同理，第二次鴉片戰爭的發動昭示了帝國主義的本性，這一本性並未因戰事的結束而終止，在利用炮彈轟開廣州城門之後，甚至火燒圓明園之後，仍

然不斷延續：毀滅葉名琛的形象，摧殘華夏的國魂，打擊炎黃子孫抵抗外來侵略的意志，結果對華的「炮艦政策」延綿不斷地推行了一百多年，虎視眈眈的帝國主義氣燄比過去任何一個時候更囂張。筆者必須再接再厲地進行追溯：本書下篇必須進行增訂，《文明交戰》卷三必須撰寫。

三、實地調查

孟子早已説過：「盡信書則不如無書。」[24] 除了博覽群書和鑽研檔案以外，實地調查也非常重要。在第二次鴉片戰爭這個研究領域裏，長期以來薛福成（1838－1894）的〈書漢陽葉相廣州之變〉，是權威的史料；以至黃延毓先生即採薛福成之言作為骨幹，寫就其哈佛大學博士論文。[25] 其重要性可知。

對於當時中英關係重大事件之一的廣州入城問題，薛福成是怎麼説的？他説：1847 年耆英總督兩廣時，英人復以入城請，耆英期以二年後踐約。1849 年徐廣縉繼任，自乘扁舟赴英船。「英酋方謀留總督為質，兩岸呼聲震天，英酋懼，請仍修舊好，不復言入城事。」[26]

可是，英國保存下來的原始文獻卻説，當年徐廣縉是前往停泊在虎門的英艦「黑斯廷斯」（HMS *Hastings*）號上會見英使文翰的。[27] 從地圖上，虎門在珠江快入海處，兩岸相隔甚遠。不過看圖不如親歷其境。筆者承廣州市中山大學歷史系胡守為代主任熱心安排，駱寶善先生陪同，早在 1979 年 12 月即有幸親臨虎門考察。此後在廣東省檔案局張平安副局長、廣東省外事辦公室區少武處長、翠亨村孫中山故居紀念館蕭潤君館長等領導熱情安排下，也曾先後多次重臨虎門海面，均只見汪洋一片，在「上橫檔」島以西，還有更寬闊的海面。薛福成之所謂「兩岸練

24　《孟子‧盡心下》。

25　Huang Yen-yü, 'Viceroy Yeh Ming-ch'en and the Canton Episode, 1856-1861', Ph.D. thesis, Harvard University, 1940. This thesis was subsequently published in full with the same title in *Harvard Journal of Asiatic Studies*, no. 6 (1941), pp. 37-127.

26　薛福成：〈書漢陽葉相廣州之變〉，《庸盦全集續編》，收入《中國近代史資料叢刊‧第二次鴉片戰爭》（一），頁 227－235：其中頁 227。

27　HMS *Hastings* 是主力艦. Parl. Papers 1875, v. 12, pp. 205-267。

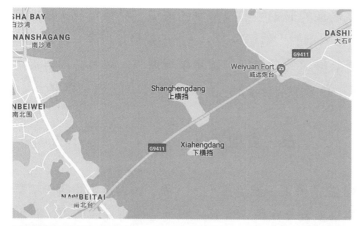

圖 4.1 上　從毗鄰虎門威遠炮台的海戰博物館往西看珠江河面：圖中所顯示的山丘，不是對岸，而只是珠江河中心的「上橫擋」島。在「上橫擋」島以西還有同樣寬闊的河面。若文翰與徐廣縉在停泊於橫擋島以東河面的船艙內，他能聽到兩岸練勇呼聲震天？

下　威遠炮台是虎門炮台群之一。（2009 年 4 月 14 日筆者攝）。

勇呼聲震天」云云，真是天方夜譚。

其實，中方的原始文獻也是說徐廣縉與文翰是在虎門會面的。1849 年 3 月 11 日北京收到徐廣縉的奏稿曰：「臣於正月二十三日（即 1849 年 2 月 15 日），行抵虎門……連日接見該酋。」[28] 若說薛福成公務繁忙，無法分身到虎門走走，嚴謹的後世史家，總該凜遵太史公「讀萬卷書，行萬里路」遺訓，到虎門實地考察一番吧。

薛福成曾當過英、法、意、比公使（1890－1893），固然是知名的士

28　徐廣縉奏稿，1849 年 3 月 11 日到達北京，《籌辦夷務始末（道光朝）》，卷 79，頁 36b－37a。有關中文史料，見葉名琛檔案，FO931/778-810

大夫。其著述更被趙爾巽的《清史稿》、蕭一山的《清代通史》等名著廣為引用；又被左舜生先生（1893－1969）收入《中國近百年史資料》中，供研究生使用；更被《清朝野史大觀》大眾化了，影響深遠。可惜薛福成雖然讀了萬卷書，卻沒行萬里路，以至一子錯、滿盤皆落索。

圖 4.2　息帆的英艦「黑斯廷斯」號（HMS *Hastings*）[29]

　　蕭一山（1902－1978）在撰寫《清代通史》時，恐怕已經覺得徐廣縉和文翰的會談，若是在停泊於虎門的兵艦上舉行的話，確實是無法聽到所謂「兩岸練勇呼聲」的；於是乾脆把歷史改寫為「越日，英艦闖入省河」，[30] 所謂省河者，當時一般理解為省會河面，即廣州市區之內的珠江河面。那裏的河面雖然也很寬，但若是十萬練勇在兩岸齊呼，而英艦又的確是泊在該江面的話，那麼徐廣縉和文翰儘管在船內會談，相信還是能聽到呼聲的。無奈蕭一山教授在改寫此段歷史時忽略了一點：英艦「黑

29　https://www.google.com/search?site=&tbm=isch&source=hp&biw=1093&bih=520&q=HMS+Hastings+...+from+Hastings+fought+Chinese+pirates+at+the+Battle+of+Tonkin+River+in+1849&oq=HMS+Hastings+...+from+Hastings+fought+Chinese+pirates+at+the+Battle+of+Tonkin+River+in+1849&gs_l=img.3...1012.1012.0.2142.1.1.0.0.0.0.208.208.2-1.1.0......0...1ac.1.64.img..1.0.0.BUsD3sFNm50#tbm=isch&q=HMS+Hastings+1849&imgrc=6AY9pgm3XISBkM%3A.

30　蕭一山編：《清代通史》第 3 冊，中華印刷局 1925 年版，頁 460。

斯廷斯」號（HMS *Hastings*）是遠洋船，吃水甚深，頂多能駛到黃埔，但無論如何駛不進河床較淺的廣州河面。無數的英國原始文獻均可證明這一點。

其他應該實地考察的關鍵地點，包括 1839 年林則徐的銷煙池，1841年三元里抗英的戰場牛欄崗，1856 年「亞羅」號事件的現場（即今天廣州市海關博物館對開河面）等，都是筆者多次實地調查的、有形的實物。至於無形的實地調查，即頻頻身處中國和英國兩地，感受其不同的風土人情，呼吸其不同的空氣，品嘗其不同的潛規則，則筆者在退休前，每逢放假即飛往兩地。在檔案鑽研和實地調查之外，與人交往之際，買菜做飯之時，擠擁公共汽車與地鐵之餘，持久地頻頻領略兩個文明的差異。

然而具體地說，如何替帝國主義的研究做實地調查？關鍵是如何深切了解猶太基督宗教混合文明國家的政府官員心態，以及商界、行政界的人員與行事方式。在十九世紀，英國那種急欲打開中國市場的心態，與 1979 年起鄧小平在實行改革開放政策所激發的西方列強渴望擴大與中國貿易的心態，如出一轍。因此，筆者在研究和寫作本書的過程中，積極參加了澳大利亞公營和私營部門的事務。

因緣際會，1987 年 3 月 20 日，澳大利亞的澳中商業協作會（Australia-China Business Co-operation Committee），力邀筆者擔任名譽編輯。該會是當時澳中兩國關係當中最高級別的民間組織。它的名譽會長有兩位，澳方的名譽會長是當時澳大利亞聯邦政府的霍克總理（Robert James Lee 'Bob' Hawke, 1929 – 2019）。中方的名譽會長是趙紫陽總理（1919 – 2005）。

作為名譽編輯，筆者當時的首要任務是整理和編輯行將舉辦的「第四屆中澳企業高級行政人員論壇」（Fourth China-Australia Senior Executive Forum）澳中雙方眾多代表提交大會討論的論文，並出版論文集。過去，第一及第二屆的論壇沒出版論文集，澳方代表深感不足。第三屆斥巨資禮聘澳洲國立大學一位全職研究員當編輯，折騰了一年還出不了論文集，而相關信息很快就已經全部過時了。

第四屆論壇於 1987 年 4 月 3 日至 4 日在雪梨舉行。澳方代表都凜遵慣例，提交完整的論文打字稿。中方則絕大部份代表沒有準備演講稿，

能提交三言兩語的大綱已經相當不容易了。筆者逐一到他們的客房拜訪他們，終於說服他們遵從國際慣例，在離開雪梨之前，把論文交筆者以便展開編輯。他們也從善如流，深以為慰。

編輯的文章，除了兩位總理致大會的賀辭，以及澳大利亞貿易部長約翰・道金斯（the Hon. John Dawkins）和中國國家經濟改革委員會呂東主任的現場致辭以外，其他都必須加工。當然也必須把中方的全部文章翻譯為英語。澳方代表普遍怨聲載道者，乃中方帶來的現場翻譯員，誰也聽不懂他們在說什麼。中方代表也常常抱怨說，澳方的口頭禪打得他們昏頭轉向。

經過三個星期的日夜奮戰，論文集終於出版了！[31] 這是學術界和工商界攜手合作取得的成果：由工商界所提供的資源，在學術界發揮了積極作用。澳中雙方代表都能看懂論文集的內容。更重要的是：它所帶來的信息非常及時，大家都能趕上事態變遷之前制定合適的工商策略。

1988 年 7 月 9 日，澳中商業協作會邀請筆者隨團飛北京，參加「第五屆中澳企業高級行政人員論壇」。出發前的 1988 年 6 月 21 日，筆者即飛澳洲首都堪培拉，隨團拜會聯邦政府各有關部門，聽取他們的忠告。抵達北京後，又於 1988 年 7 月 10 日到澳大利亞駐華大使館，聆聽大使大衛・撒特勒阿（David Marshall Sadler, 1936-）對當時中國局勢的分析。回到旅館後，就是澳大利亞兩個大企業 CRA 及澳大利亞國民銀行（National Australia Bank）聯合舉辦的酒會和自助晚餐，暨為澳中雙方的代表提供一個寒暄的場合，筆者也藉此良機觀察兩個截然不同的文化如何交融。

1988 年 7 月 11 日，在中國的田紀雲副總理（1929-）主持下，澳大利亞外交兼貿易部部長海登（William George 'Bill' Hayden, 1933-）先生致開幕辭，同時宣讀了澳大利亞霍克總理（'Bob' Hawke）的賀辭。接着中國國家經濟改革委員會張彥寧副主任致辭，並宣讀了李鵬（1928-2019）總理的賀辭。中央電視台現場直播開幕儀式。

31　John Y. Wong (ed.), *Australia-China Relations, 1987: Business and Management, with Messages from Prime Minister R. J. L. Hawke and Premier Zhao Ziyang* (Canberra: Australia China Business Cooperation Committee, 1987).

　　經過兩天的宣讀論文及討論後，中方應澳方要求，安排澳方代表團在 7 月 13 日直飛廈門經濟特區，藉此了解中國對沿海發展的策略和實踐情況，探索澳洲工商界在此有何商機。

　　廈門特區政府熱烈歡迎，特設宴會為澳洲代表團洗塵。宴會之前是酒會。這個酒會甚具東方色彩。在西方的酒會，大家是站着的。廈門的東道主則安排大家分坐各小桌，結果澳方代表爭先恐後地坐在靠近窗戶的小桌。此舉讓筆者大感詫異，西裝筆挺的貴賓搶先入座？筆者當初以為是這邊風景特別好──他們是為了欣賞窗外的花圃。

　　當他們禮貌地接過服務員端來一大批放了冰塊的一杯一杯啤酒後，都不喝。筆者更感奇怪，澳洲男士不是以喝啤酒馳名嗎？不過，啤酒加冰是暴殄珍物，在澳洲，從來沒人在啤酒加冰的，可能當時的廈門人有這個癖好吧。但好戲還在後頭：他們等待主人家的視線不在他們身上一剎那，紛紛把啤酒倒到窗外的花叢裏。筆者用英語輕聲詢問身旁的一位澳方代表何故？不錯，加冰是釋稀了酒味，但不至於把它倒掉吧。他細語回答說：恐怕中方沒有用預先煮沸的食水結冰，冰塊在啤酒融化後，喝下去要害病的！

　　物換星移，二十一年過去了，筆者對此事的反應也在不斷變遷。當時的反應是，澳大利亞的澳中商業協作會乃當時澳中兩國關係當中最高級別的民間組織，已如前述。澳中兩方的名譽會長分別是澳中各自的總理，這次在北京舉行的年會，由澳方的外交兼貿易部長和中方的田紀雲副總理共同主持，兩國政府對此會的重視可知。澳方的領隊是澳洲最財雄勢大的礦業公司 BHP（Broken Hill Propriety Ltd）的總裁，團員包括同樣勢力龐大的採油公司 CSR（Colonial Sugar Refinery），澳洲四大銀行的副行長，跨國的律師事務所諸如 Minter Ellison，跨國的會計師行諸如 KPMG……皆澳洲工商界的頭頭，是猶太基督宗教混合文明的精英，極有身份的人，不會隨便說話的。啟程前，團員們專程飛首都坎培拉接受政府各有關部門諮詢，抵達北京後又專程赴駐華大使館問計，交換信息。啤酒加冰的信息，很可能就是如此這般地交換了，結果所有團員都不喝。

　　但事後回想，澳方代表團對啤酒可能加冰之事分析不夠，若廈門

東道主不用冷開水造冰，其動機是什麼？想害死他們大費周章地邀請到廈門探討投資、設廠、轉讓技術的貴賓？廈門政府甚至派了一個小團隊飛北京歡迎貴賓，並同機陪伴貴賓飛廈門啊！可見重視的程度。惟加冰的啤酒一杯一杯地端到他們面前時，喝還是不喝？他們唯一能當機立斷者，是遵照指引不喝。但老是不喝是不禮貌的；為了尊重東道主，就趁他不注意時，倒個清光，假裝喝了。

　　筆者繼而想到，另一個因素是澳方代表團在以己度人，因為澳洲的自來水是可以直接製冰的，所以妄猜臆說東道主也是用自來水製冰。若真如此，筆者則不寒而慄，治史甚至做人最忌不作實地調查就下結論。若沒有確鑿證據就指責廈門的官員用自來水製冰給他們喝啤酒，就等同造謠了。可是，團隊出訪彷如行軍打仗，一切服從指引，無暇細想。

　　結果是後來在 2019 年 4 月 2 日至 4 日連續三日，剛讀完本章的一位中國教授與筆者討論此事時，斥責那位向筆者解釋為何用啤酒淋花的澳方代表撒謊！更嚴斥整個澳洲代表團都保留了天津教案時的「中國思維」！筆者百般解釋也無法說服他，而筆者愈是解釋他愈是反感，到頭來他甚至認為筆者虛構了這個冰啤酒故事。我的天！此言是誣告筆者撒謊了！

　　筆者大半生在猶太基督宗教混合文明中研究、教授中國史，深感該文明精英總是用自己的物質條件和價值觀來評價、教授華夏歷史，結果不斷造成大量不必要的誤會。該中國大陸教授同樣是用自己的物質條件和價值觀來評價筆者那冰啤酒的故事，結論是筆者撒謊。原來自從鴉片戰爭以來的文明交戰其實長期潛伏着！只不過在所謂和平時期是低調地噼啪響，待將來高調地打起來時就炮聲隆隆了。

　　1988 年，筆者幸虧沒有遭到這種感情上的重大衝擊，結果當晚仍能挑燈夜戰，繼續編輯與會者的文章。最後，論文集在 1988 年 7 月 22 日出版了。[32]

　　除了在 1987 年和 1988 年先後整理了每年一度澳中高級行政人員論

32　John Y. Wong. *Australia and China, 1988: Preparing for the 1990s, with Messages from Prime Minister R. J. L. Hawke and Premier Li Peng.* Canberra: Australia China Business Cooperation Committee, 1988.

壇的會議紀錄以外，筆者又義務參與商務談判，更藉此竭力協助澳中雙方溝通。筆者從中體會到文化差異可能造成的誤會，又從這些論文及談判過程中，了解到公司和政府的立場與觀點。在澳大利亞公私領導層的眼中，中國市場潛力龐大，希望能搶先開發。這種取態，均與第二次鴉片戰爭時期英國政府暨工商界的看法如出一轍。從政治角度看，該會澳方的首任榮譽會長是霍克（Bob Hawke）總理，中方則先後是趙紫陽總理和李鵬總理，已如前述。朱鎔基總理訪澳時，筆者也參加澳方的接待工作。

筆者又當上澳中工商總會（Australia-China Chamber of Commerce and Industry）幹事，遞升為副主席。也當選為香港澳洲商會（Hong Kong－Australia Business Council）的執行幹事。參與這些活動，同樣令筆者對相關政府部門和商界團體的術語、觀點、心態和行事方式取得了一定程度的了解。這方面的認識直接影響了筆者對於第二次鴉片戰爭的整體研究取向，尤其是當中關於外交、條約談判與經濟的章節。

筆者亦應邀擔任澳洲的新南威爾士州政府雙語刊物《新南威爾士州暨廣東省經濟委員會通訊》（New South Wales-Guangdong Economic Committee Bulletin）的名譽編輯。此刊物是新南威爾士州州政府，與廣東省人民政府，簽訂協議建立州、省姐妹關係之後的產物，主要刊登兩地的經貿信息與商機。筆者原籍當今的廣東省的省會、大廣州市內的番禺區，又長期在新南威爾士州的首都雪梨市生活，編輯此《通信》，駕輕就熟。筆者更藉此機會廣結善緣，深入了解澳中雙方的動機與策略，對於筆者日思夢想欲進行的、以今況古的實地調查來說，如魚得水。《通信》的內容，與鴉片戰爭前的《廣州紀事報》比較，總是引發無比遐思。

筆者更主動創造機會，以便進一步做以今況古的實地調查。於是充份利用其在澳大利亞工商界政府部門所廣結的善緣，籌款、主持和召開了一個國際會議，來討論孫中山的中國國際發展概念，這個會議邀得政府公務員、商界行政人員、學者和學生濟濟一堂，互相交流討論。[33]

謹記着本書的主旋律是未來可能發生的文明交戰，而隱喻地合唱此

---

33   見拙編：J. Y. Wong (ed.), *Sun Yatsen: His International Ideas and International Connections, with Special Emphasis on their Relevance Today* (Sydney: Wild Peony, 1987)。

主旋律的高音和低音是帝國主義的性質與華夏文明的沉痾，故實地調查也必須朝華夏沉痾這個方向進行。

提到華夏文明的眾多沉痾，則不待筆者特意去做實地調查，筆者自身活生生的人生經歷，就是現成的實地調查結果。首先，在 1986 年籌備及召開上述討論「孫中山國際發展概念」的國際學術研討會時，華夏文明的沉痾之一就幾乎害得筆者喪命：在雪梨的地鐵上暈倒在地，由救護車送醫院急救。[34] 猶幸當時筆者還是年富力強，過不了幾年就恢復元氣，繼續奮戰。不料到了垂暮之年的 2013 年 12 月 13 日黑色星期五，筆者又一次親身經歷了一件幾乎導致筆者喪命的突發事故。這兩椿事件都是不折不扣的華夏沉痾個案！讓筆者取得刻骨銘心的認識，[35] 以至本書的每一字、每一句，都是打心底裏鄭重地書寫的，若說是血書也不誇張。資中筠教授曾説過，在某一個意義來説當今的華夏是「一個病入膏肓的人，連五臟六腑都在潰爛的人」。[36] 什麼？華夏文明已經病入膏肓？

1986 年的沉痾事故且不説，2013 年 12 月 13 日黑色星期五的突發事故，首先害得筆者必須把原擬再用三年時間完成的《孫文革命：聖經和易經》手稿，壓縮在九個月竣工。心力交瘁之餘，還強迫大腦超負荷地勞動。大腦細胞紛紛屍諫，終於在 2015 年 1 月 8 日，該書在香港正式出版並舉行新書發佈會時，筆者突然腦海一片空白，答非所問。急送醫院做大腦掃描，證明筆者的大腦千瘡百孔。難怪香港基督教廣播網絡的領導林浩然先生，當場力邀筆者擇吉接受採訪，做一個獨立的節目，在節

34　見行將出版的拙著《文明交戰・卷二・地動三河鐵臂搖——死裏逃生》當中題為「眼前一黑」的一章。

35　見行將出版的拙著《文明交戰・卷二・地動三河鐵臂搖——死裏逃生》當中題為「兩面三刀」的一章。有關該突發事故的大量原始文獻，筆者已於 2013 年 12 月 20 日下午，連同及本書下篇（即原名《鳩夢》中文本）及《孫文革命：聖經和易經》的初稿電子檔，拷貝進光碟，正式移交廣東省檔案館，並領取鈐印收據。此等文獻，也藏澳大利亞檔案館，待筆者升天堂後即開放，供後人鑽研此華夏沉痾的個案。有關此個案的電郵通信，在該突發事故的肇事者所任教的大學的服務器以及雪梨大學的服務器，都永遠存檔，可以與 2013 年 12 月 20 日筆者交廣東省檔案館的電子檔，以及筆者交澳大利亞檔案館的電子檔，互相印證。筆者至今不點肇事者的名字，是凜遵華夏「人誰無過，過而能改，善莫大焉」（《左傳・宣公二年》）的古訓。同時，華夏也有「負荊請罪」（《史記・廉頗藺相如列傳》）的佳話。若該肇事者從今天起，認真嚴肅地履行他與雪梨大學的成約，則必然流芳百世。

36　資中筠在「公民憲政講壇第 20 期：國家觀與法治」上的發言，升平頤和會議中心，2013 年 10 月 15 日，http://bbs.tianya.cn/post-972-88320-1.shtml。筆者 2014 年 7 月 27 日上網閱讀。

目眾多提問中，回應包括筆者已經替自己的喪禮做了什麼安排，遺囑裏
說些什麼等。

筆者與死神擦身而過，淺嘗死亡的味道之後，理應秉承醫生嚴命
全休。但是筆者就是抗命，每天待精神稍微好轉，即頻頻從病榻中爬起
來，撰寫《歷史偵探：從鴉片戰爭到孫中山》。何苦？因為筆者發覺外國
與中國的敵對情緒讓人窒息。無他，若某些中國人，像 1986 年及 2013
年筆者從中國大陸邀請到雪梨大學的客人那樣，恩將仇報地對待外國
人，必然到處樹敵！以至當今外國不少文化精英，藉故隱喻地高喊：「中
國該打！」

藉故者，甚至不惜訴諸謊言。是可忍孰不可忍，於是決定盡快拆穿
其賴以高喊「中國該打」的種種謊言，諸如「鴉片戰爭與鴉片無關論」、
「林則徐是製毒巨梟」、「鴉片有益」等。在介紹與拆穿謊言的過程中，筆
者深切理解到，帝國主義當然不願意見到中國和平崛起；現在中國果然
慢慢強大起來了，妒忌之餘，自然就惡人先告狀地隱喊「中國該打」。但
是，當今國人在國際上的種種行徑，就是那麼「溫良謙恭讓」[37]？若不，
則筆者冀盼喚醒國人，快快反省！

反省什麼？承一位華裔的生死之交建議，借用十九世紀中葉，英國
猶太基督宗教混合文明的精英對某些華夏文明精英的評價，來反省 2013
年 12 月 13 日黑色星期五的肇事者：

'These half-civilized barbarians, like the Chinese …'[38]「這些半開化
的野蠻人，像中國人……」——巴麥尊子爵。

'…a half-civilized empire'[39]「半開化的帝國」——《泰晤士報》

'…a semi-barbarous race'[40]「半開化的民族」——《每日新聞》

---

37   毛澤東：《湖南農民民運動考察報告》，1927 年 3 月。

38   Palmerston's minutes on 'Mr. Bonham's 65, 67, 72', following an application for consular positions as Ningpo and Foochow, and signed 'P. 29-9-50', FO17/173 (domestic various). 柯士丁（W. C. Costin, *Great Britain and China*, p. 150）和費正清（John King Fairbank, *Trade and Diplomacy*, p. 380）都在著作中引述了這句話。費正清根據巴麥尊的批示，把書的其中一節題為「巴麥尊的戰爭思想」（ibid., p. 379）。

39   *The Times*, 2 January 1857, p. 6, col. 4.

40   *Daily News*, 25 March 1857.

就是説，早在第二次鴉片戰爭醞釀初期，英國政要諸如外相巴麥尊子爵；以及「亞羅」號事件發生後，英國傳媒之泰山北斗《泰晤士報》等，均認為華夏文明只不過是 half-civilized 或 semi-barbarous。

若把 half-civilized 直譯為半開化，以及把 semi-barbarous 直譯為半野蠻，固然準確，但傳遞不出神韻。因為華夏文明當然是「開化」的，也不「野蠻」，否則如何解釋華夏優美的詩詞歌賦、超塵脱俗的哲理，筆者賴以活命的太極拳內勁，地球上唯一至今仍然活着的、延綿了五千年的古老文明等等？歸根結柢，只是中西文明的性質不同，發展方向亦異而已。

但是，若意譯成「學蠹式市儈」，就不遠矣。事緣「學蠹式市儈」所指正是肚子裏喝了點墨水的人，與一般的村野莽夫不同；但是，他們身上卻仍然擺脱不掉凶殘的（barbarous）市儈強盜特性。

本《文明交戰》系列的卷二將會提到，孔子説：「質勝文則野」[41]——即「如果一個人的品質勝過文彩就會粗野，文彩勝過品質就會浮華」。如何浮華？張嘴「之乎者也」，滿口「仁義道德」。如何粗野？在這種人的內心，讀書變成了一種特有的工具，用來爭名奪利。為了爭名奪利，不惜恩將仇報。就連那位專講權術的韓非子，也將「學蠹式市儈」永久地釘在「五蠹」[42] 之首的恥辱柱上！

孫中山同樣地把他們批判得體無完膚，説他們是「數千年偽善者」，[43]「一切以自我為中心，完全不考慮別人，甚至對朝廷也不忠心的價值觀，更遑論有任何公德心。」[44] 柏楊筆下「醜陋的中國人」，同樣是令人不忍卒讀。可見自古至今，華夏精英都一致指責「學蠹式市儈」是炎黃子孫當中

41　《論語‧雍也》，6.16 章。參見朱熹：《四書章句集注》（北京：中華書局，1983 年），頁 89。

42　《韓非子‧五蠹》：「事故亂國之俗：其學者，則稱先王之道以籍仁義，盛容服而飾辯説，以疑當世之法，而貳人主之心。其言談者……其帶劍者……其患禦者……其商工之民，……此五者，邦之蠹也。」《韓非子校注》（南京：鳳凰出版社，2009 年），頁 564。

43　孫文：〈致吳敬恒書〉，1914 年，《孫中山全集》，卷 3，頁 150－152：其中頁 151。孫文被傳統讀書人欺騙得最慘的例子之一，莫如 1899 年梁啓超奉康有為命赴壇島開辦保皇會時，騙取了孫文的介紹信，把興中會變成保皇會，更騙取了華僑大量捐款。見馮自由：〈檀香山興中會〉，《革命逸史》，一套 6 冊（北京：中華書局，1981 年重新排版印刷），初集，頁 14－17。

44　原文是 "The official class by whom the country is governed is entirely selfish, and neither loyal to the Reigning House nor public spirited." 見 Sun Yatsen and Edwin Collins, 'The Chinese Rebellion', Subsection 5, "The Official Class", *The Morning Post,* 22 July 1898, p. 3, cols. 5-6, para. 6. 感謝英國學者安德遜（Patrick Anderson）君發來此件。

的敗類。是什麼產生了這種斯文敗類？華夏文明是否要負上部份責任？

此外，巴麥尊子爵那句「這些半開化的野蠻人，諸如中國人」[45] 的話，是他任英國外相批示公文時，衝口而出的。巴麥尊外相的這個見解，待他擔任首相後，便成為英國猶太基督宗教混合文明發動第二次鴉片戰爭的必然性心理機制。這就是為什麼，本書除了在下篇傾力於十九世紀英國猶太基督宗教混合文明精英欺負華夏種種，以及本《文明交戰》系列卷三進而追查鴉片戰爭以來帝國主義之繼續奴役炎黃子孫超過一百年以外，兩卷皆絕不迴避華夏文明的沉痾。

結果是，對十九世紀兩廣總督葉名琛與廣州將軍穆克德訥的失禮於外人，[46] 以及二十一世紀的「病入膏肓」[47] 案例，諸如 2013 年 12 月 13 日黑色星期五的華夏沉痾個案，也予以曝光，決不姑息。對於那些阿諛奉承侵略者的民族敗類，諸如那批惡意中傷抗外英雄，偽造並散播「六不總督順口溜」的斯文敗類，本系列更是上窮碧落下黃泉，也要把他們全部「緝拿歸案」，以利救亡。正所謂反求於己：一個民族不反省，是沒有前途的。

人類在優勝劣汰的進化過程中，將會是英美的猶太基督宗教混合文明又一次勝出，華夏文化再一次敗退甚至滅亡？華夏前一次敗退發生在十九和二十世紀，並從基本上動搖了華夏精英對自己文明的信心，以至胡適提出了「全盤西化」的想法，1950 年代全面模仿蘇聯模式，試圖全盤「馬克思主義化」。[48] 華夏絕不能重蹈此覆轍！讀者諸君會帶着與筆者

45　Palmerston's minutes on 'Mr. Bonham's 65, 67, 72', following an application for consular positions as Ningpo and Foochow, and signed 'P. 29-9-50', FO17/173 (domestic various). 柯士丁（W. C. Costin, *Great Britain and China*, p. 150）和費正清（John King Fairbank, *Trade and Diplomacy*, p. 380）都在著作中引述了這句話。費正清根據巴麥尊的批示，把書的其中一節題為「巴麥尊的戰爭思想」（ibid., p. 379）。

46　見拙著《歷史偵探：從鴉片戰爭到孫中山》（香港：中華書局，2015 年），第 20 章。

47　資中筠在「公民憲政講壇第 20 期：國家觀與法治」上的發言，升平頤和會議中心，2013 年 10 月 15 日，http://bbs.tianya.cn/post-972-88320-1.shtml。筆者 2014 年 7 月 27 日上網閱讀。

48　承香港學者張頌仁先生賜教，筆者第一次聽到「自我殖民」這個名詞，覺得非常新穎，並有其獨到之處，值得思考。更承張先生惠贈其主編的《後殖民與歷史的詭計》、《歷史認識與國族認同》等書，讀後深受啓發，特此致謝。至於「全盤西化」及「馬克思主義化」，筆者在其《孫文革命：聖經和易經》第十七章，以及本書開宗明義第一章「前言兩語」，均有所及，敬請讀者留意。

同樣沉重心情，閱讀本書？

　　積極地說，若世界各大文明都能剗去各自糟粕，融合各自的精粹為一體，讓人類共同合作，以臻世界大同，該多好！

第五章
本書的研究方法：
實證史學兼歷史想像與歷史的延續性
——兩次鴉片戰爭、太平天國、孫中山

一、剪不斷，理還亂

筆者研究歷史的方法，2006 年 11 月 6 日至 9 日在中國廣東省中山市舉行的一次大型國際學術研討會上，曾引起與會學者極為激烈的反響（詳見下文）。研究方法與著作內容，密不可分，種瓜不會得豆，其理至明。故在介紹本書內容之前，容筆者首先闡明本書的研究方法。

筆者畢生追求的是實證史學。若對某一課題，感到有必要探索時，筆者的做法如下：[1]

第一步是博覽群書，把該領域之內的有關著作盡量看齊，以便了解前人做過些什麼功夫，取得什麼成績，有什麼問題還亟待解決。

第二步是廣為蒐集有關史料（證據），無論是第一手的還是第二手的，見諸文字的還是口碑；無論是正面的還是反面的，都多多益善。蒐集得愈是齊全愈好，既可互相比較，亦可互相印證。

第三步是鑒定史料，並作實地考察，明查暗訪；目標是驗證史料的真實性和可靠性。

第四步是分析這大批史料的性質，嘗試解讀這些正、反史料究竟有什麼意義，代表了什麼，還原了什麼逼近真貌的歷史。

第五步是在已還原的、逼近歷史真貌的基礎上，運用歷史想像而成史論，並把這史論凝聚到特定的焦點上。例如，以本書下篇而言，這個特定的焦點就是第二次鴉片戰爭中帝國主義所呈現出來的性質。

1　如本書所集中鑽研的第二次鴉片戰爭中帝國主義所呈現的性質即屬一例。

第六步是在帝國主義性質這個特定焦點上，思考如何從中吸取教訓，並以此為鑒，最終達到經世致用之目標。

與實證史學剛剛相反，十九世紀甚至民國初年中國讀書人所撰寫有關第二次鴉片戰爭、尤其是有關葉名琛的歷史，與本書的取態及取材均有天淵之別。其中的代表作諸如華廷傑的《觸藩始末》[2]，筆名「七弦河上釣叟」的《英吉利廣東入城始末》[3]，李鳳翎的《洋務續記》[4]，薛福成（1838－1894）的〈書漢陽葉相廣州之變〉[5]，蕭一山（1902－1978）的《清代通史》有關部份等，大都是沒有經過嚴謹的檔案研究，遑論實地調查與歷史想像就動筆。動筆時，華夏文明那種「文人多大話」的癌症又溢出無限劇毒，由此而造成的荒謬結論，誤導了世世代代炎黃子孫，殃及西方學壇。

從一個極端走向另一個極端。目前中國甚為普遍的一種治史方法是：作者先有一個自以為很聰明的主意，然後廣為挑選能證明此主意的真實性的正面史料；反面的史料就棄如敝屣，甚至踐踏它。這是一種很快就能成書的辦法，一般三年、頂多五年就可以。中國政府批出的研究經費，一般都是以三年為期，特殊情況可能延長至五年，這更助長了這一風氣。

由此而帶來的不良後果包括肆意攻擊不同意見；不管對方所據為何，甚或有理無理，一於攻擊；如此既容易一鳴驚人，又充滿快意和刺激。

當代中國政府這種批出研究項目的辦法，明顯是仿效目前西方政府批出研究經費的模式。這種模式，本來是施諸應用科學和自然科學的，後來把它搬到社會科學和人文科學，結果就變成追求「量」而不是「質」了。筆者卻選擇運用實證史學這麼笨拙的治史方法，後果必然是曠日持久。所以，從一開始筆者就本着拿不到澳洲政府批出的研究經費的心情展開科研，節衣縮食、甚至押掉房子向銀行貸款也在所不惜。而實踐也證明，筆者自從 1965 年開始專注兩次鴉片戰爭研究，到現在《文明交

2　收入齊思和等編：《中國近代史資料叢刊・第二次鴉片戰爭》（一），頁 163－196。

3　同上註，頁 211－221。

4　同上註，頁 222－226。

5　薛福成：《庸盦全集續編》，收入《中國近代史資料叢刊・第二次鴉片戰爭》（一），頁 227－235。

戰》面世，確實是皓首窮經！果然又與澳洲政府批出的研究經費無緣，[6]
何苦？為了調研一個既複雜又沉重且對筆者來說是危及本身的歷史現象：
帝國主義。危及本身？在帝國主義的勢力範圍內研究帝國主義，不想活
了！何苦？

事緣筆者從小學四年級開始直到大學畢業（1956－1968 年），全在
當時還是英國殖民地的香港受教育，目睹殖民主義的橫行霸道，結果對
帝國主義曾一度操縱着炎黃子孫命運的歷史有切膚之痛，矢志深入探索
帝國主義的性質、發展規律、來龍去脈以及捲土重來的可能性。

可是，當時香港的中學是不教中國近代史的。猶幸在 1965 年甫一進
入香港大學唸歷史本科時，就如魚得水，於是如飢似渴地博覽中西有關
著作，並做初步的基礎研究。1968 年更有幸進入牛津大學聖安東尼研究
院當研究生，在極其優越的多元學術環境中調研，以及與來自世界各地
的同儕天天深入切磋學問，互相學習，增廣見聞，更是如虎添翼。於是
把第二次鴉片戰爭時期的關鍵人物葉名琛作為個案切入，從此對帝國主
義的研究，一直沒有休止。

由此而面世的專著包括漢語的：（1）《兩廣總督葉名琛》[7]；（2）《兩次
鴉片戰爭與香港的割讓：史實和史料》[8]；此書用很大的篇幅附錄了筆者的
英文原著《鴉片戰爭時代中英外交文件提要》[9]，後來又增訂為《葉名琛與
第二次鴉片戰爭》；[10]（3）還有即將出版的《文明交戰·卷二·地動三河鐵
臂搖——死裏逃生》和（4）本書《文明交戰·卷一·帝國主義的鴆夢》。

1979 年，筆者深感近代史猶如一塊銅板，帝國主義只是銅板兩面
之中的一面，若要較為全面地了解近代史及其結癥，必須同時鑽研銅板

---

6   見本書第七章。

7   英文原著由劍橋大學出版社 1976 年出版。英語原文的出版細節是 John Y. Wong, *Yeh Ming-ch'en: Viceroy of Liang-Kuang, 1852–58* (Cambridge University Press, 1976)。中譯本由北京中華書局在 1984 年出版，上海書店出版社在 2004 年再版。增訂本由廣東人民出版社 2020 年出版。

8   台北：國史館 1998 年 8 月出版。增訂本由廣東人民出版社 2020 年出版，書名改為《葉名琛與第二次鴉片戰爭》。

9   牛津大學出版社，1983 年出版。英語原文的出版細節是 John Y. Wong, *Anglo-Chinese Relations 1839–1860: A Calendar of Chinese Documents in the British Foreign Office Records* (London: Published for the British Academy by Oxford University Press, 1983)。

10   廣州：廣東人民出版社，2020 年。

的另一面、即民族主義，故以華夏的民族英雄 [11] 孫中山作為個案切入研究。結果專著包括漢語的（1）《孫逸仙倫敦蒙難真相：從未披露的史實》[12]，（2）《中山先生與英國，1883－1925》[13]，（3）《孫逸仙在倫敦：三民主義思想探源》[14]，（4）《三十歲前的孫中山》[15]，（5）《孫文革命：聖經和易經》[16]，（6）《孫中山：從鴉片戰爭到辛亥革命》。[17]

到了晚年，則試圖融匯帝國主義與民族主義——即上文譬喻的所謂一塊「銅板」的兩面，藉此探索這兩大現象交織而成的近代史。也嘗試貫通古今，盼望藉此較為全面地理解歷史真相。本書是為一個試點。

在此之前，筆者已經做過初步的嘗試，即藉着替史蒂芬‧普拉特（Stephen R. Platt）教授的《太平天國之秋》[18] 中譯本寫〈導讀〉作為橋樑，[19] 談論過「雙面銅板」這個問題。準此，筆者在這裏也藉該〈導讀〉切入，集中淺談當前筆者的治史方法。怎麼？第二次鴉片戰爭與太平天國能扯上什麼關係？關於近代史上華夏這兩樁重大的內憂外患，中國學者曾花

11　筆者很高興地得悉，在 2016 年孫中山誕辰 150 周年之際，中國人民政治協商會議發表公告時，再不是簡單地稱孫中山為「革命先行者」，而是尊稱他為「偉大的民族英雄、偉大的愛國主義者、中國民主革命的偉大先驅」。見〈新華社北京 11 月 8 日電關於舉辦紀念孫中山先生誕辰 150 周年活動的決定〉，2015 年 11 月 8 日政協第十二屆全國委員會常務委員會第十三次會議通過，《騰訊新聞》，http://news.qq.com/a/20151108/023713.htm?tu_biz=1.114.1.0，瀏覽日期：2015 年 12 月 6 日。

12　英文原著由牛津大學出版社在 1986 年出版。英語原文的出版細節是 John Y. Wong, *The Origins of an Heroic Image: Sun Yatsen in London, 1896-1897* (Oxford University Press, 1986)。中文增訂本由台北聯經出版事業公司在 1998 年出版繁體字本，上海書店出版社 2004 年出版簡體字本。

13　該書從一開始就是用華語撰寫，並由台北的學生書局在 2005 年出版。

14　同樣，該書從一開始就用華語撰寫，並由台北的聯經出版事業公司在 2007 年 11 月出版。

15　此書也是從一開始就是用漢語撰寫，並由香港的中華書局在 2011 年 9 月出版了繁體字本，以資紀念辛亥革命一百周年。由於審查關係，北京的三聯書店遲至 2012 年 4 月才出版簡體字本。

16　此書也是從一開始就是用漢語撰寫，並由香港的中華書局在 2015 年 1 月出版了繁體字本。由於審查關係，廣州的廣東人民出版社遲至 2016 年 11 月才出版簡體字本。

17　台北：聯經文化出版事業公司，2018 年 5 月 4 日。此書也是從一開始就是用漢語撰寫，並最先由香港的中華書局在 2016 年 2 月出版了繁體字本，書名為《歷史偵探：從鴉片戰爭到孫中山》。由於審查關係，廣州的廣東人民出版社遲至 2018 年 4 月才出版簡體字本，並將書名改為《歷史偵探：從鴉片戰爭到辛亥革命》。

18　Stephen R. Platt, *Autumn in the Heavenly Kingdom: China, the West, and the Epic Story of the Taiping Civil War* (New York: Knopf, 2012), 512 pages。中文本由台灣衛城出版公司於 2013 年出版，名叫史蒂芬‧普拉特著，黃中憲譯：《太平天國之秋》。簡體字版見裴士鋒著，黃中憲譯：《天國之秋》（北京：社會科學文獻出版社，2014 年）。

19　待該書在中國大陸出版時，出版社竟然把筆者的導讀刪掉，中國史學界害怕什麼？

費大量筆墨，分別將其作為獨立研究的對象。問題就出在這裏：他們把
這兩樁大事分割開來孤立地研究；結果探索兩者之間關係者，幾乎絕無
僅有。

　　過度分工、過度細化的歷史研究，把近代史分割得支離破碎。這種
現象導致一個領域的專家難以與另一領域的學者對話，後果必然是見樹
不見林。在這種情況下，若進一步讓十九世紀中國近代史上之四樁大事
——鴉片戰爭（1839－1842）、太平天國（1850－1864）、第二次鴉片戰
爭（1856－1860）與乙未廣州起義（1895）—— 同時展現在面前，不僅
讓人眼花繚亂，更會使到不少學者以發出「超乎鄙人專業範圍」的感歎
來自辯。

　　筆者之所以選定《太平天國之秋》作為橋樑來切入治史方法的討
論，事緣台灣衛城出版公司的莊瑞琳總編輯，於 2013 年邀請筆者替該書
寫〈導讀〉時，囑咐筆者必須從「國際關係的格局」，來觀照英國在太平
天國運動中所扮演的角色。[20] 從這一視角看，差不多同時期發生的兩件大
事——第二次鴉片戰爭與太平天國，自然不可各自孤立地看待。不但如
此，從歷史發展的長河看，竊以為上述十九世紀中國近代史上的四樁大
事，其實是一氣呵成的。

二、四樁大事一氣呵成

　　如何一氣呵成？鴉片戰爭誘發太平天國。太平天國給予英國政府發
動第二次鴉片戰爭的理由與契機（見下文）。清朝在第二次鴉片戰爭中
的慘敗、火燒圓明園的創傷、《北京條約》的喪權辱國，難道與孫中山在
1895 年發動的乙未廣州起義毫無關係？且看拙著《三十歲前的孫中山》
發掘了些什麼嶄新的史料，以及激發本章作為開宗明義的，2006 年 11 月
6 日在中國廣東省中山市舉行的大型國際學術研討會上曾引起與會學者極
端劇烈反響的新見解。

20　2013 年 3 月 19 日莊瑞琳女士電函本人。她來信邀請筆者替該書寫導讀，由此啓發筆者撰寫此
　　章，特致謝意。

　　1895 年由孫中山策劃的乙未廣州起義，又一環接一環地開啟了中國近代史上另一系列事件：辛亥革命、袁世凱稱帝、日本對華開出的二十一條、軍閥混戰、北伐……筆者從當初集中精力鑽研兩次鴉片戰爭，到 1979 年開始兼研孫中山，正是繼承了本人對兩次鴉片戰爭、太平天國等所做過的努力，來開拓接下來的，從孫中山開始的另一系列事件的探索。如此宏觀審視歷史發展的各個系列事件，所賴以貫穿各系列事件的紐帶是邏輯的聯想，即治史方法當中所謂的歷史想像（historical imagination），以求發掘歷史之延續性。

　　普拉特的著作值得中國學者借鑒者有兩大端：靈活的歷史想像和優美的文筆。相比之下，目前主宰中國史學界的方法與文風，大致也有兩種指導思想：

　　一是披着西方實證派薄薄的一層外衣，但骨子裏幾乎全盤繼承了清朝乾嘉時代的考據學，由此自稱為考證。專門從事考證者認為：治史必須「有一分證據說一分話，沒有證據不說話」。此說發展到極端，就變成毫無思想的純考據，與清朝乾嘉時代的考據沒多大分別，遑論靈活的歷史想像。結果是，思想僵化到連最明顯的道理也不敢說，更糟糕的是不容許別人說出來，對於斗膽說出來者則對其亂打棍子。

　　二是自命為學院派的文風。此派一般不苟言笑，行文力求嚴謹。但發展到極端，作品就變成乾澀無味，讀來枯燥得讓人要哭。

　　兩個極端集合在一起，就把作品與廣大讀者遠遠地隔離開來，害得它可望而不可即，埋葬了「史以載道」的功能，遑論經世致用的目標。如此則浪費國家大量資源。這種現象，在中國的太平天國與孫中山研究中表露無遺。筆者茲集中列舉一些有關太平天國的例子以闡明之。筆者在該〈導讀〉中捨孫中山而取太平天國，是由於導讀的使命乃專注於太平天國研究。

　　民國時期的史學名家簡又文先生（1896 - 1978），畢生從事太平天國研究，其一套三冊的洋洋巨著《太平天國全史》[21]，以及同樣是一套三冊

21　簡又文：《太平天國全史》（香港：猛進書屋，1962 年）。

的《太平天國典制通考》[22]，皆為其代表作，並分別蒙胡適、董作賓等先生
題詞。他集大成而用英文寫就的《太平天國革命運動》[23]，更由美國耶魯
大學出版社出版。簡先生感動之餘，把畢生蒐集到的太平天國史料、文
物等，捐獻給耶魯大學珍藏。此外，郭廷以先生（1904 – 1975）所編著
的《太平天國史事日誌》[24]，同樣是研究太平天國不可或缺的工具書。工具
書！工具書！嚴格來説，簡又文先生的大作何嘗不是止於具備「工具」功
能的資料彙篇？

　　1949 年中華人民共和國成立以後，傾全國之力替中國近代史上各大
事件編輯了大型的《中國近代史資料叢刊》。首先推出的正是《太平天
國》，1952 年面世，共八冊；[25] 2004 年推出續編，共十冊。[26] 蒐集資料以
外就是考證。而考證方面，有羅爾綱先生（1901 – 1997）的《太平天國
史料辨偽考》（1955 年）、《太平天國史事考》（1955 年）、《太平天國史
記載訂謬集》（1955 年）、《太平天國史料考釋集》（1956 年）、《太平天
國史跡調查集》（1958 年）、《太平天國史叢考甲集》（1981 年重印）等。[27]
最後是專著，有酈純的《太平天國軍事史概述》上、下編共五冊（1982
年），[28] 郭毅生的《太平天國經濟制度》（1984 年），[29] 茅家琦的《太平天
國對外關係》（1984 年），[30] 王慶成的《太平天國的歷史和思想》（1985
年）[31] 等。

　　當然，還有廣西人民出版社，由於其位於太平天國的發源地，更奮
力組織全國專家撰成一套大型寫作計劃《太平天國叢書》，書名分別為太

22　簡又文：《太平天國典制通考》（香港：猛進書屋，1958 年）。

23　Jen Yu-wen, *The Taiping Revolutionary Movement* (New Haven: Yale University Press, 1973).

24　郭廷以：《太平天國史事日誌》（上海：商務印書館，1949 年）；幾經修訂後又由台灣商務印書館
　　於 1976 再版。

25　《太平天國》（上海：上海人民出版社，1952 年）。

26　《中國近代史資料叢刊續編——太平天國》（桂林：廣西師範大學出版社，2004 年）。

27　均由北京三聯書店先後出版。

28　均由北京中華書局出版。

29　郭毅生：《太平天國經濟制度》（北京：中國社會科學出版社，1984 年）。

30　茅家琦：《太平天國對外關係》（北京：人民出版社，1984 年）。

31　王慶成：《太平天國的歷史和思想》（北京：中華書局，1985 年）。

平天國的：《地主階級》（1991 年），《地理誌》（1991 年）、《經濟史》（1991 年）、《開國史》（1992 年）、《與列強》（1992 年）、《避諱》（1993 年）、《軍事史》（1994 年）、《經籍志》（1993 年）、《綜論》（1993 年）、《政權建設》（1995 年）、《刑法、曆法》（1993 年）等。

　　位於前太平天國首都南京的太平天國歷史博物館也不甘示弱，獨力編輯了一套兩巨冊的《太平天國文書彙編》（1979 年）。北京中華書局更慨然負責出版《太平天國學刊》，便利廣大專家投稿。筆者手頭就擁有五輯，平均每輯 500 頁……有關太平天國各式各樣的書籍，堪稱汗牛充棟。

　　在這浩瀚如海的刊物當中，成就最突出的專家當數羅爾綱先生。他考證並澄清了很多雜亂無章甚至以訛傳訛的說法，精確地梳理了一大批史料，功勞至鉅。但哪怕是羅先生，他的研究均僅僅局限在考據範圍，至於如何把這些史料昇華到史論的階段，尚待後來人努力。一天未達史論階段，則以史為鑑云云，永遠顯得高不可攀。

　　耶魯大學以研究中國近代史著名的講座教授史景遷先生（Jonathan Spence, 1936 - ），近水樓台，率先充份利用了簡又文先生所捐獻的史料、文物。進而深入檔案鑽研，又通讀大量的現成著作。更親自到金田等地做實地調查。最後用其生花妙筆，寫就了不朽名著《上帝的中國兒子》。[32] 學術界對此著毀譽參半，可是無論某些中國人如何毀、某些外國人怎樣譽，都不能否定它是一部不朽名著。著名之處至少有二方面：活潑的歷史想像和優美的文筆。這兩端都是中國研究太平天國的專家們望塵莫及的。

　　普拉特師承史景遷先生的史學傳統。加上唸大學本科時主修英國文學，文筆極好。畢業後曾因緣際會，到過平定太平天國名將曾國藩的老鄉湖南生活了兩年。故能駕輕就熟，像他的老師史景遷先生一樣，既採取優美的文學風格，用生動翔實的寫法，把枯燥乏味的史料用怡人的語言展現給讀者；又由於他做過實地調查，因此故事道來，娓娓動聽，倍

32　Jonathan Spence, *God's Chinese Son: The Taiping Heavenly Kingdom of Hong Xiuquan* (New York: W. W. Norton & Company, 1996)。中文繁體版書名為《太平天國》（台北：時報出版，2003 年）。

感親切。

史景遷先生與普拉特教授先後兩位學者，正是西方學院派優美文風的佼佼者。比起海峽兩岸暨香港地區自命為學院派的那種乾澀無味，讀來枯燥得讓人要哭的文風，猶如天壤。

必須強調的是，要寫就歷史名著，生花妙筆、檔案鑽研與實地調查，只是滿足了基本的要求。更重要的是，還必須有豐富的歷史想像力，把辛辛苦苦蒐集而來的大批史料昇華為史論。牛津大學前皇家歷史講座教授（Regius Professor of History）休‧崔姆－路普（Hugh Trevor-Roper）甚至說：沒有想像力的人不配治史。[33]

三、「沒有想像力的人不配治史」[34]

普拉特正是運用了他豐富的歷史想像力，從美國歷史的角度宏觀察看太平天國與當其時世界局勢的關係，成就非同凡響。他寫道：「一八六一年美國內戰的爆發，迫使英國有所行動，從而使美國內戰從旁影響了中國內戰的結局。中國與美國是當時英國最大的兩個經濟市場，為了解英國在這兩場戰爭中的角色，我們得記住，英國面臨了同時失去這兩大市場的風險。英國得想辦法恢復其中一個的秩序……英國本可能介入美國以重啟棉花貿易，但卻選擇投入中國的內戰。事後英國首相會把介入中國一事，當作英國為何得以在不干預美國內戰下仍能熬過經濟崩潰的原因。或者換句話說，英國靠着對中國內戰放棄中立，才得以對美國內戰保持中立。」[35]

普拉特從國際市場上着眼，這是何等的新穎！到目前為止，海峽兩岸暨香港地區還沒有一位學者曾作過這種嘗試。普拉特靠的是什麼？豐

33　這是路普在牛津大學退休演說會上所說的話，可以說是總結了他一生教研歷史的經驗。演講全文刊 Hugh Trevor-Roper, *History and Imagination* (Oxford: Clarendon Press, 1980)。

34　筆者在拙著《歷史偵探：從鴉片戰爭到孫中山》（香港：中華書局，2016 年），第一章開宗明義就是以「沒有想像力的人不配治史」為題，展開了全書共七十一章的討論。筆者在該章中從詳；本節從略，並集中在普拉特的科研中對太平天國的歷史想像，敬請讀者垂注。

35　普拉特著，黃中憲譯：《太平天國之秋》（台北：衛城出版公司，2013 年），第 24 頁。

富的歷史想像！其實，中國史學名家陳寅恪先生（1890－1969）早已指出歷史想像的重要性。他說：「必神遊冥想，與立說之古人處於同一境界。」[36]可惜的是，陳寅恪先生的話並沒有受到中國史學界的充份注意，遑論實踐。

當然，竊以為普拉特的這一見解仍然有進一步拓展甚至商榷的餘地。

四、第二次鴉片戰爭與太平天國

筆者藉先後研究而寫就的各種中英文拙著，從國際關係的格局出發，藉本章來擴大普拉特的宏觀視野，並觀照英國當時所扮演的角色。

當時雄霸全球者，乃日不落的大英帝國，而支撐着這超級大帝國的支柱，正是其全球性的貿易網。貿易網當中重要的一節，也正是普拉特所說的美國棉花，它替英國工業革命之中流砥柱——棉紡業——提供了不可或缺的原材料。雖然當時英國已經在印度開拓了殖民地，而印度又盛產棉花；可惜印棉纖維太短，只宜手紡而不能機紡，甫一機紡，棉紗就斷，因此英國必須高價向其前殖民地之美國購買全世界纖維最長的優質棉花。英國人憑什麼取得大量的美國棉花？憑一紙匯票。如此種種，均見本書題為〈中國的海上貿易：「中國能多買英貨！」〉的第二十三章。

美國人把售賣棉花得來的英國匯票，兌換後到中國去購買茶葉，同樣開出自己的匯票付款。中國人把售賣茶葉取得的美商匯票，兌換後用來購買英商的鴉片。英商把售賣鴉片所得，向華商購買茶葉運回英國售賣。售賣鴉片所得遠遠超過用來購買茶葉的款項，於是把所得的多餘白銀運走。就是說，英國借助鴉片，無形之中不但免費取得美國棉花，又免費獲得中國茶葉，更免費拿走大量中國白銀。鴉片對於大英帝國的經濟命脈，確實舉足輕重。

英國人把大量中國白銀運走，造成中國白銀嚴重短缺。當時中國老百姓繳稅必須用白銀，但日常使用的卻是銅板。繳稅時用銅幣買白銀，

36　陳寅恪：〈馮友蘭中國哲學史上冊審查報告〉，《金明館叢稿二編》（上海：上海古籍出版社，1982 年），第 247 頁。

卻由於白銀外流而奇缺，一年遞一年必須用愈來愈多的銅幣才能購得足夠的白銀繳稅，無疑等於賦稅倍增！結果民不聊生。白銀嚴重短缺又導致通貨膨脹，對中國的民生來說，更是雪上加霜。林則徐雷厲風行的禁煙以至銷煙，直接導致英國人發動鴉片戰爭。中國在鴉片戰爭中敗下陣來，鴉片就更為猖獗地氾濫華南地區，殃及華中：愈演愈烈的通貨膨脹、賦稅倍增、民不聊生，直接導致太平天國的爆發。這就是鴉片貿易和鴉片戰爭與太平天國之間的直接關係。

必須補充和強調的是，英國人不用花什麼大錢，就從美國取得工業革命最需要的原材料——美國棉花。因為英國售賣給中國的鴉片，是在其印度殖民地用各種威逼利誘的手段榨取農民的勞動力來生產的，故成本微不足道。鴉片的成本與其獲利的比例，比諸把海水引進低窪地帶曬乾成鹽的成本與其獲利的比例還要低！[37]

英商把中國茶葉運回英國售賣，結果徹底改變了英國上下人等的飲喝習慣：英國人深深地愛上了熱茶，因為它具有取暖及調劑精神等功能。茶葉成了英國人日常生活的必需品，至今依然。[38] 於是，英國政府向茶葉徵收 100% 的進口稅。每年所得，幾乎足以支付那強大的、替英國打天下守天下的、兵艦遍佈全球的英國皇家海軍（Royal Navy）的開支。所以，對英國政府來說，維護中國茶葉穩定出口供應，無比重要。若中國由於內亂而減少甚至停止出口茶葉，周而復始地不斷運轉的英國全球經濟網（當中最重要的是英、美、中〔包括印度〕網絡）就會受阻，以致整個經濟網都要塌下來，大英帝國也會散架。

例如，光是在英國本土，若沒錢買美國棉花，工廠就倒閉，失業大軍會衝擊政府；若沒錢支付海軍開支，軍艦就停駛，整個大英帝國就癱瘓，散兵遊勇同樣會衝擊政府。所以對英國政府來說，中國比美國重要得多。至於干預美國內戰，有什麼好處？無論南北誰勝誰負，美國人還

37　詳見本書題為〈「中國必須多買英國貨！」：印度的問題〉的第二十四章。

38　普遍之處，非已刊文字能表達其萬一，但 BBC One 在 2013 年 4 月 10 日星期三晚間九點播出的專題節目 "Victoria Wood's Nice Cup of Tea"，則通過實地採訪英國男女老少的上下各階層人士，把這種現象表現得淋漓盡致。筆者也在該節目中接受過訪問。必須強調的是，今茶非昔比，英國人早已把印度的茶葉取代中國的茶葉，這能怪誰？

是要賣棉花的。這與干預中國的太平天國運動，首先是為了維持中國茶葉大量穩定出口，其次是為了保持中國大量輸入鴉片，自然不能像普拉特所說的那樣：同日而語。

太平天國早在 1853 年已經定都南京，其周邊的長江中下游正是盛產茶葉的地方。故太平天國早已干擾了茶葉的正常出口，英國為何遲至 1860 年才幫助清廷對付太平軍？因為英國的如意算盤是：首先發動第二次鴉片戰爭，待等到 1860 年把清廷打敗之後，在北京強迫其簽訂城下之盟，才幫助清廷鎮壓太平軍。英國此舉可謂一箭雙鵰：既消滅太平天國這股長期干擾茶葉出口的勢力，又穩定清朝政權以便自己繼續發大財，真是聰明絕頂。因此，英國插手中國內戰的時機，也不是普拉特所說的那麼單純。

太平軍興起之時，清廷早已國庫空虛，無力應付。曾國藩在湖南辦團練（後稱湘軍）對付太平軍，同時在湖南各地設置關卡，向過路的貨物抽取百份之一的關稅，稱為釐金，以支付軍費。繼而李鴻章也依樣畫葫蘆般，在安徽設卡抽取釐金舉辦團練（後稱淮軍）。從此茶葉由出產地運到上海外銷，沿途抽取釐金無數，茶葉成本大漲，直接影響其在英國的售價，傷害到英國上下人等的生計！英國事前通過談判來企圖迫使清廷取消釐金的嘗試，徹底失敗了。因此，那場第二次鴉片戰爭，英國是非打不可的。這就是太平天國導致第二次鴉片戰爭最關鍵的原因。

待英國打敗清軍，強迫清廷容許英商在茶葉原產地採購後，運往出口港時不再被中國的地方政府抽取釐金，就保障了英國的經濟命脈。誰會想到，在中國並不如何驚天動地的小小地方性釐金，在國際間竟然引起一場準世界大戰！[39] 如此種種，也是普拉特無法考慮進去的。

五、一場準世界大戰

一場準世界大戰？第二次鴉片戰爭是一場複雜無比的戰爭。其複雜的程度，絕非中國史學界在 1949 年前所稱之為「英法聯軍」，或 1949

39　為何稱之為一場準世界大戰？見本章下一節。

年後所稱之為「第二次鴉片戰爭」能表達其萬一。它所牽涉的國家與地
區，包括中、英、美、法、俄、南非、南亞、東南亞、澳洲、南美洲及
西印度群島。所牽涉的貨物有中國的茶葉和蠶絲，英國的印度殖民地所
產的鴉片，和南亞次大陸還未淪為英國殖民地的土邦所產的鴉片，美國
的棉花，南美洲的白銀，加勒比海諸島盛產的蔗糖，以及英國的工業
製成品。所牽涉的學術專業有此等國家與地區的政治史、外交史、經濟
史、軍事史、航海史、移民史、勞工史、思想史、社會史、科技史和文
化史。當然還有國際關係、國際金融、國際運輸、國際保險和國際法。
上至國家元首、五星上將、大法官，下至貪官污吏、走私毒梟、販夫走
卒、無賴流氓，無不涉及。

　　如何替這樣複雜的戰爭定名，才算合理？筆者的摯友、英國劍橋大
學近代史學前欽定皇家講座教授帕特里克·科林遜（Patrick Collinson,
1929－2011）先生，讀過本書下篇的英文原著《鴆夢》定稿後，認為或
可稱之一場準世界大戰（a virtual world war）。理由之一是當時世界上
最著名的大國——中、英、法、美、俄——都牽涉進去，並採取不同形
式從中國掠奪了重大利益；唯一沒有染指的大國是奧地利帝國（Austrian
Empire）。而且，當時俄國在中國東北的邊疆早已駐紮了重兵，並趁英法
聯軍佔據北京時，揮軍闖入中國東北並予以佔據，作為榨取土地和利益
的重要籌碼。

　　但是，之所以不能稱之為嚴格意義上的世界大戰，理由之一是：世界
大戰一般由多國各自組成兩大陣營廝殺，可是當時中國是孤零零地奮力
抵抗眾多帝國主義國家的侵略，以致單方面地腹背受敵：屍橫遍野，血流
成河。權衡輕重，筆者最後在英文原著中，以該場戰爭的導火線——「亞
羅事件」，為該場戰爭定名為「亞羅戰爭」，並在該英文原著的副標題和
內文也作如此稱謂。此舉雖然符合歷史寫作的慣例，卻遠遠不能表達出
該場戰爭真正的性質和複雜性。

　　此外，筆者的英文原著在 1996 年定稿後再經過接近四份之一個世紀
的進一步科研和深思熟慮，筆者反而認為「第二次鴉片戰爭」這稱謂，
更能有效地反映帝國主義的侵略本性。其次，鑒於本書的廣大讀者是中
國人，筆者甚宜在不違反原則的情況下入鄉隨俗，故決定在本書內文按

照中國讀者的習慣而沿用「第二次鴉片戰爭」這名字。

　　總之，筆者之所以能夠從太平天國運動中，局部地方性的抽取釐金這一微觀研究，發展到放眼全世界，甚至視第二次鴉片戰爭為一場準世界大戰，關鍵在於從搜集到大量堅實史料的基礎上，充份運用歷史想像，以具體的微觀實例透視當時的世界大勢。這種研究方法，是牛津大學專攻近代史與近代國際關係的聖安東尼研究院（Saint Antony's College, Oxford）的強項。且看那位與筆者同時期在該院攻讀博士學位，年齡大筆者三歲的師姐瑪格麗特・麥克米倫（Margaret MacMillan）講座教授的輝煌成就。她後來當了聖安東尼研究院的院長，她的名著《和平締造者：1919 年的巴黎和平會議及其終止戰爭的努力》[40]，獲得多項加拿大國內外書獎。[41] 該書再版時改了一個更為切合其內容的名字，叫《1919 年的巴黎：改變了的世界的六個月》。[42]

　　有一位與筆者同時期在聖安東尼研究院攻讀博士學位，年齡少筆者一歲的師弟理查德・艾文斯（Richard Evans）講座教授，專攻德國史。他的多種權威著作，把大批德國專家駁得啞口無言。所依賴的，除了堅實的史料以外，同樣是他豐富的想像力，見人所未見，言人所未言。結果劍橋大學禮聘他為近代史欽定皇家講座教授（Regius Professor of Modern History）、沃爾夫遜研究院（Wolfson College）院長，亟望他把他那極富想像力的治史方法，在劍橋大學發揚光大。

　　年輕的普拉特教授，加油！

40　Margaret MacMillan, *Peacemakers: The Paris Peace Conference of 1919 and Its Attempt to End War* (London: John Murray, 2003).

41　該等書獎包括 the Duff Cooper Prize for outstanding literary work in the field of history, biography or politics; the Hessell-Tiltman Prize for History; the prestigious Samuel Johnson Prize for the best work of non-fiction published in the United Kingdom and the 2003 Governor General's Literary Award in Canada。

42　Margaret MacMillan, *Paris 1919: Six Months that Changed the World* (New York：Random House, 2007).

六、想像鴉片戰爭、太平天國、第二次鴉片戰爭及 孫中山的連鎖反應暨延續性

首先，太平天國運動本身，也與英國推動其全球經濟網有着密切聯繫。自從英國由中國進口大量茶葉，而熱茶又成為英國上下酷愛的飲品之後，英國就決意打破當時清朝政府把其所有對外通商限制在廣州的政策。又由於當時英國自由貿易思想盛行，並率先廢除英國東印度公司在華貿易的專利，隨後決意摧毀清朝在廣州執行一口通商專利的所謂「公行制度」（Co-hong System）。更重要的是，英國要強迫清朝把鴉片貿易合法化，以便擴大鴉片在中國的銷售量，於是最終發動了鴉片戰爭。

《南京條約》開闢了上海為通商口岸，從此在長江流域盛產的茶葉，就可以順流而下，不費吹灰之力運到上海出口。比起過去必須從長江流域翻山越嶺地運到珠江流域的廣州去出口，成本銳減何止百倍！英國人喜出望外，但由此卻給廣東造成了成千上萬的失業大軍——那些肩挑背負一籮一籮茶葉，從長江流域翻山越嶺到珠江流域的運輸工人，又肩挑背負一籮一籮洋貨從珠江流域翻山越嶺回到長江流域的運輸工人，大部份失去生計；沿途的服務行業，諸如旅舍、食肆、縫衣補鞋以至娛樂場所等，隨之紛紛倒閉。[43] 筆者曾多次翻越那批分隔珠江流域與長江流域的崇山峻嶺——贛粵邊界的大庾嶺，以及湘粵邊界的金雞嶺，[44] 神遊冥想當時龐大的失業大軍之苦況，深切體會到為何他們在走投無路之餘，最後紛紛參加太平軍及廣東紅兵！[45]

湖南省與廣東省交界的崇山峻嶺，其最高峰稱金雞嶺。湖南盛產的

43　見拙著 *Yeh Ming-ch'en: Viceroy of Liang Kuang, 1852-1858* (Cambridge University Press, 1976)；中文版見《兩廣總督葉名琛》（北京：中華書局，1984 年；上海：上海書店出版社，2004 年）。

44　黃宇和：〈南雄實地調查報告〉（手稿），2009 年 2 月 10 日，2009 年 2 月 11 日，2009 年 12 月 20 日，2009 年 12 月 21 日，2009 年 12 月 22 日；〈樂昌實地調查報告〉（手稿），2009 年 12 月 23 日，2009 年 12 月 24 日。衷心感謝廣東省人民政府外事辦公室以及韶關人民政府外事處，協調並幫助筆者三番四次的實地調查。

45　見拙文〈太平軍初起是北上還是東進的問題初探〉，《太平天國史譯叢》，第一輯（北京：中華書局，1981 年），頁 258－280。又見拙著《兩廣總督葉名琛》第三部份及拙著《三十歲前的孫中山》實地調查部份。

圖 5.1　筆者翻越粵贛交界的梅關古道抵梅嶺巔峰時攝，2009 年 2 月 11 日周旭攝。

圖 5.2　毗鄰湖南的廣東樂昌縣武江三星坪碼頭。2009 年 12 月 24 日筆者攝。

茶葉，同樣必須翻越此崇山峻嶺到達廣東的樂昌，然後再沿武江途經韶關進入北江順流而下到廣州出口。[46]

　　因此，英國發動第一次鴉片戰爭的後果，正是導致太平天國爆發的重要原因之一。而曾國藩、李鴻章等，先後在湖南、安徽等省之內到處設置關卡，對過路的貨物抽取百份之一的關稅（釐金）以辦湘軍、淮軍來鎮壓太平軍，又正是導致英國發動第二次鴉片戰爭的關鍵原因之一。三者之間的連鎖反應，密切如此。

　　此外，三者與後來孫中山之決定投身革命，同樣緊密相連。蓋孫中

46　黃宇和：〈韶關、樂昌調查報告〉，2009 年 12 月 20－24 日。

山從老家翠亨村以南的金檳榔山山頂，或以北的犁頭尖山山腰，都能清楚看到鴉片煙船雲集的金星門！他當年就讀村塾的老師，竟然是位癮君子，一天老師煙癮大發卻無法及時取得鴉片，結果慘死村塾之中，把孫中山等一眾學童嚇得魂飛魄散。對於鴉片煙的毒害，孫中山耳聞目睹，深有感觸。關於這一點，筆者在拙著《孫中山：從鴉片戰爭到辛亥革命》（台北：聯經，2018 年）[47] 中題為「鴉片激勵孫中山成龍」的第三十一章，已有較為詳盡的闡述，在此不贅。

有一位中國的研究生讀到該章初稿此處時，不禁這樣想像當時孫中山的處境：

　　烟霧蒙蒙，放眼皆是鴉片船，像一隻隻鯊鯨從海上飄過，懷着敵意，危險而讓人不安。每到此時，孫中山便想起某日煙癮大發慘死的私塾先生，那可怖的景象一直如噩夢般纏繞着他。那許是他第一次直面死亡，年幼的心如何震撼！夜晚做夢的時候，那私塾先生可怖的死與山頂看到的鴉片船神秘地結合在一起，像是一個隱喻，可怖地纏繞着他的童年。他夢見自己一直在奔跑，逃開老師的鬼魂和那些鴉片船。[48]

逃往哪裏？無路可逃的，只有奮起反抗！孫中山反抗的方式，初期是積極鼓勵本地農民種植罌粟，甚至在 1894 年 1 月草擬、同年 6 月正式上書李鴻章要求見面，共商廣植罌粟的大計。什麼？筆者是否妙想天開，扯得太遠了？不！筆者發現，孫中山之上書李鴻章，並非如世人一直以來所強調的、要說服李鴻章必須「人能盡其才，地能盡其利，物能盡其用，貨能暢其流」[49]。

47　2018 年廣東人民出版社將本書簡體字版定名為《歷史偵探：從鴉片戰爭到辛亥革命》。

48　北京大學歷史系邢承吉同學致黃宇和電郵，2013 年 10 月 9 日。筆者曾經衝到口邊又強吞回去的話，她說出來了。在同一封電郵中的聲明，她也道出了本章不言而喻的道理：「讀者先生請注意，這是筆者在想像！真實無法抵達，只有逼近，而筆者正是在逼近真實的道路之上。」

49　孫中山：〈上李鴻章書〉，1894 年 1 月初稿〔同年 6 月正式上書〕，《孫中山全集》，卷 1，頁 8－18：其中頁 8。

　　這些空洞無物的陳腔濫調，只是該〈上李傅相書〉的引子，而且很有可能是那位替他潤色文字的、慣於寫八股文的王韜（1828－1897）加上去的，因為孫中山是不懂寫八股文。而且，務實的孫中山，恐怕平日也不屑這麼八股。

　　筆者特別屬意〈上李傅相書〉當中鮮為世人注意的一段話：「近以憤於英人禁煙之議難成，遂勸農人栽鴉片。」孫中山勸農民種植鴉片？是！結果如何？「舊歲於農隙試之，其漿果與印度公土無異，每畝可獲利數十金。現已群相仿效，家家試栽，今冬農隙，所種必廣。此無礙於農田而有補於漏卮，亦一時權宜之計也。他日盛行，必能盡奪印煙之利，蓋其氣味較公土為尤佳，迥非川滇各土之可比。去冬所產數斤，凡嗜阿芙蓉之癖者爭相購吸，以此決其能奪印煙之利也必矣。印煙之利既奪，英人可不勉而自禁，英人既禁，我可不栽，此時而申禁吸之令，則百年大患可崇朝而滅矣。」[50] 孫中山的志氣可真不小！

　　孫中山的結論是：「勸種罌粟，實禁鴉片之權輿也。」聰明！並由禁煙這具體事例，衍生出關照整個大局：「由栽煙事觀之，則知農民之見利必趨，群相仿效，到處皆然，是則農政之興，甚易措手。其法先設農師學堂一所，選好學博物之士課之，三年有成，然後派往各省，分設學堂，以課農家聰穎子弟。又每省設立農藝博覽會一所，與學堂相表裏，廣集各方之物產，時與老農互相考證，此為辦法之綱領也。至其詳細節目，當另著他編，條分縷晰，可以坐言而起行，所謂非欲徒託空言者此也。」[51]

　　孫中山確實是「非欲徒託空言者」。首先，孫中山從實踐開始，「勸農人栽鴉片」，待有成就之後，總結了經驗，才按照此經驗展開進一步發展中國農業的藍圖。當時中國以農立國，若農業總是落後不前，則永遠挨打。若要革新農業，光靠本地力量還不夠，還必須參考外國先進經驗：「文之先人躬耕數代，文於樹藝收〔牧〕畜諸端，耳濡目染。」在這個基礎上，孫中山擬盡快訪問歐洲那個同樣是以農立國的先進國家法國，「從遊其國之蠶學名家，考究蠶桑新法，醫治蠶病。並擬順道往遊環球各邦，觀其農

50　同上註，頁 8－18；其中頁 17－18。
51　同上註，頁 8－18；其中頁 18，段 1。

事。如中堂有意以興農政，則文於回華後可再行遊歷內地、新疆、關外等處，察看情形，何處宜耕，何處宜牧，何處宜罿，詳明利益，盡仿西法，招民開墾，集商舉辦，此於國計民生大有裨益。所謂欲躬行實踐，必求澤之沾沛乎民人者此也。惟深望於我中堂有以玉成其志而已。」[52]

孫中山從微觀考察鴉片如何毒害華夏；到試驗禁煙之具體辦法，諸如首先鼓勵農民試種鴉片以取代進口的印度鴉片，然後華夏自己屬行禁煙；到宏觀思考華夏立國之本的農業；到籌劃出一套革新華夏農業的具體辦法，包括在國內實地調查和到外國爭取先進經驗。如此種種，都是這麼有條不紊，按部就班；一切都是那麼科學，孫中山真不愧是一位西方醫學的畢業生！更不愧是憂國憂民的優秀中華兒女。這一切同時也證明這個時期孫中山日夜認真思考的，正是如何振興中華的長遠計劃。

孫中山不但在 1894 年 1 月草擬上書李鴻章時，是這麼從微觀鴉片的毒害深思熟慮到宏觀的國運；之前很長的一段時間已經是這樣做和這樣想了。君不見，孫中山在此三年前的 1891 年左右撰寫的〈農功〉，已經有這麼一句話：「今吾邑孫翠溪西醫頗留心植物之理，曾於香山試種罌粟，與印度所產之味無殊。猶恐植物新法未精，尚欲遊學歐洲，講求新法，返國試辦。惟恐當道不能保護，反為之阻遏，是以躊躇未果。」[53] 這位「孫翠溪西醫」正是翠亨村蘭溪之畔生長的孫中山；而且其中「保護」之詞，一語道破天機：孫中山上書李鴻章的主要動機之一，是希望在國外考察時得到中國政府的「保護」。可惜後來孫中山雖然拿到了護照，卻沒有見到李鴻章，無法親陳抱負。反而是迫在眉睫的甲午中日戰爭搶先把孫中山逼上梁山了！他馬上轉而跑到夏威夷召集舊友共組興中會，是為中國近代史上第一個革命團體。從此孫中山就義無反顧地從事革命了！[54]

筆者憑着歷史想像，如此這般地從鴉片戰爭以至鴉片毒害華夏而聯想到孫中山如何走上革命的道路，似乎是空前的。但萬望不是絕後：筆

52　同上註。

53　孫文：〈農功〉，1891 年前後，《孫中山全集》，卷 1，頁 6：其中頁 5。

54　如此種種，在拙著《歷史偵探：從鴉片戰爭到孫中山》（香港：中華書局，2015 年）中，題為「鴉片激勵孫中山成龍」的第三十一章，和「外患激勵孫中山成龍」的第四十一章，已有詳細闡述及分析，在此不贅。

者盼望着長江後浪推前浪，盼望着歷史想像這種治史方法在神州大地生根結果。

下面再舉兩個實例，以證明歷史想像乃治史不容或缺的重要方法。

七、歷史想像的兩個實例

實例之一，是如何解讀虛齡十三歲時的孫中山，在 1879 年 5 月 21 日人生第一次乘坐火輪船出洋之歷史片段。[55] 孫中山本人對自己在該船上所取得的不尋常觀感昇華如下：「始見輪舟之奇，滄海之闊，自是有慕西學之心，窮天地之想。」[56] 筆者對此言的解讀是：孫中山似乎已經隱約地感覺到，該火輪船所代表的外來文明，對華夏文明的生存構成了重大威脅。[57] 茲事體大，必須深究這外來文明具體是哪國的文明：德國？法國？英國？美國？俄國？西班牙？還是澳門大學霍啟昌教授，在一個大型的國際學術研討會上所力稱之葡萄牙？[58]

筆者經過多年追蹤史料，並詳作分析研究，證實孫中山所乘坐的火輪船，乃英國式的猶太基督宗教混合文明精英所製造並經營者。船長、水手、設備等全部是英國的。孫中山所讚嘆的船樑，是英國人製造的。孫中山所驚嘆的、推動該船乘風破浪前進的水蒸機器，是英國人發明並製造的。孫中山所驚駭的海葬水手禮儀，同樣是英國猶太基督宗教混合文明的一部份。該船的每一寸甲板，每一口釘，都是英國人的工藝。於是筆者進一步收窄孫中山所言「西學」的範圍，證明其具體所指實乃「英學」。

換而言之，孫中山所仰慕的，正是當時雄霸全球、如日中天的大英帝國的猶太基督宗教混合文明，是在兩次鴉片戰爭中把中國打得一敗塗地的大英帝國猶太基督宗教混合文明。孫中山熱切盼望中國強大起來，

55　見拙著《三十歲前的孫中山》（香港：中華書局，2011 年），頁 5。

56　孫中山：〈覆翟理斯函〉，手書墨蹟原件，藏中國國民黨中央黨史委員會，刊刻於《國父全集》（1989），第二冊，頁 192－193。又載《孫中山全集》，第 1 卷，頁 46－48：其中頁 47。又見〈孫中山學術研究資訊網—國父的求學〉，http://sun.yatsen.gov.tw/content.php?cid=S01_01_02_03。

57　見本書題為「本書的主旋律」的第三章。

58　見拙著《三十歲前的孫中山》當中題為「檀島西學：英耶？美耶？——耶穌」的第四章。

不再受列強等諸如英帝國主義的欺負，就必須努力進行改變中國的工作。如此這般，筆者基於孫中山在這次旅行細節及其由此而爆發的思想感情，運用歷史想像，就深刻地感覺到它是眾多誘發孫中山革命思想的強大因素之一，就像上述所言的鴉片這個例子一樣。

不料堅持絕對的純考證史觀者，卻認為不能作如此的歷史想像：「黃宇和最大的問題之一，也出在對實證史學的態度上。簡言之，黃先生似乎沒有認識到實證史學的界限所在。考證史事是一回事，但是從這些史事上升到尋求其背後的意義則是另一回事了……由此而證明孫中山仰慕的，是當時如日中天的英國文明……豈有此理？」[59]

就是說：黃宇和證實了孫中山所乘坐的火輪船乃英國人所製造及經營之船，是一回事；但是，從這史實昇華到更高階段，即把孫中山自言其由此而仰慕的「西學」，收窄其範圍並證實其為「英學」，則是另一回事——只能仍然依書直說是「西學」，不能說是「英學」，因為孫中山自己沒有說過「英學」這樣的話。這種觀點正是本章甫一開始所說的、當今華夏文明精英繼承乾嘉時代的考據學風，而自成一家之言的所謂現代考證。這種現代考證發展到極端，就蛻變成為毫無思想的純考據，僵化到連最明顯的道理也不敢說，甚至無法容忍別人說出來。

又有評者說：黃宇和「對孫中山內心的揣測，大膽到了驚人的程度。比如因孫是乘英國輪船出洋就斷言他必仰慕英國文化」。[60] 這位讀書人可能忘記了「慕西學之心」這句話不是黃宇和說的，而是孫中山抒發自己抱負的話，[61] 黃宇和只不過是藉科研所得，將孫中山所說的「西學」範圍，收窄為英國式的猶太基督宗教混合文明而已。這麼穩打穩紮的一道循序

59　　詳見 Yrh：〈碎碎念——《三十歲前的孫中山》的評論〉，2012 年 2 月 3 日，豆瓣書評網，http://book.douban.com/review/5291552/。瀏覽日期：2012 年 2 月 3 日。這位筆名 Yrh 的學者，後來自我介紹，乃中國內地某著名大學歷史系的高材生，當時作為交換生在新加坡國立大學學習。

60　　錫兵：〈黃生探案〉，2012 年 12 月 2 日，http://book.douban.com/review/5679382/，2012 年 12 月 3 日上網。

61　　孫中山：〈覆翟理斯函〉，手書墨蹟原件，藏中國國民黨中央黨史委員會，刊刻於《國父全集》（1989），第二冊，頁 192－193。又載《孫中山全集》，第 1 卷，頁 46－48：其中頁 47。又見〈孫中山學術研究資訊網—國父的求學〉，http://sun.yatsen.gov.tw/content.php?cid=S01_01_02_03。

漸進的研究過程，就是「大膽到了驚人」？[62]

上述兩位評者所死死堅守的、「有一分證據説一分話，沒有證據不説話」的教條，不會是他們自己發明的，而極可能是師承有自。若果真如此，則他們的老師輩對治史的態度又如何？由此，話題就轉到第二個實例。

實例之二，是筆者發現 1884－1886 年間，孫中山在香港中央書院讀書期間，大考時有下列這道漢譯英的考試題目：「水為朝夕烹飪之需必求清潔方合飲食之宜鄉村近山之地水多不潔飲之輒易生病此其故亦緣中國以近山附郭之區為墳墓所在掩埋淺薄猝遇暴雨沖刷葉多積屍穢水不免混注於溪澗之中人所食之癘疾遂起。」[63]

這個發現，非同小可。筆者連忙再次趕往翠亨村實地調查，考察孫中山童年汲水回家飲用的山水井。結果發覺該井就在金檳榔山的山腳，且赫然看到山上有多穴墳墓。後來楊鶴齡去世，同樣是葬在這山水井之上的金檳榔山山腰！[64]

當孫中山讀到上述引文，突然想起他多年以來從金檳榔山山腳的水井中挑回家中飲用的山水，原來滲有死屍水！心裏會怎麼想？接下來會產生怎樣的情緒？他憤怒地對翠亨村的同鄉説：「天子替你們在這翠亨村幹了什麼事呢？沒有！」[65]

怎麼可以把翠亨村的污水，怪罪於遠在北京的皇帝？因為孫中山在香港所喝的水是乾淨的，來自水塘，而水塘是以英女王的名義修建的。[66]此王與彼皇，猶如天壤！把這平淡無奇的日常生活細節，甫一運用歷史

62　當然，隨着歲月遞增，孫中山增廣見聞，對西學的視野，終於跳出英學的框框，他説：「吾國建設，當以英國公正之態度、美國遠大之規模，以及法國愛國之精神為模範，以樹吾民國千百年永久之計。」（孫中山：〈在摩軒號艦對幕僚的談話〉，1922 年 8 月 9 日，《孫中山全集》，卷 6，頁 516－517：其中頁 516。）又説：「今日中國之外交，以國土鄰接、關係密切言之，則莫如蘇維埃俄羅斯。至於以國際地位言之，其與吾國利害相同，毫無侵略顧忌，而又能提攜互助策進兩國利益者，則德國是也。」（同上，頁 517）。

63　Translation from Chinese into English, First Class Examination, January 1888, Tables and Papers connected with the examination of the First Class at the Government Central School, Government Notification No. 37, *The Hong Kong Government Gazette*, 28 January 1888, pp. 89-93: at p. 93.

64　黃宇和：〈翠亨調查報告〉（手稿），2007 年 9 月 28 日。

65　林百克著，徐植仁譯：《孫逸仙傳記》（上海：三民公司，1927 年），頁 137。更詳細的分析，見拙著《三十歲前的孫中山》，章 5，節 23「『推』、『拉』之間」。

66　見拙著《三十歲前的孫中山》，章 5，節 14－15。

想像，立即能感受到它又是誘發孫中山革命思想的巨大威力之一，勝過太平老兵藉洪楊故事來對孫中山說教千倍萬倍！[67] 關於此節，上述的拙著《孫中山：從鴉片戰爭到辛亥革命》之中、題為「污水激勵孫中山成龍」的一章，有更為詳盡的闡述和分析，敬請讀者垂注。

令人震驚的是，筆者將此研究成果寫成學術論文，提交 2006 年 11月 6 日在廣東省中山市舉行的「紀念孫中山誕辰一百四十周年國際學術研討會」討論，結果竟然有位七十多歲的中國近代史資深教授、台灣中央研究院近代史研究所前所長、中央研究院張玉法院士，指責筆者做這種歷史想像，會帶領同學們「走火入魔」。[68]

我的天！不單孫中山研究，筆者的《鴆夢》同樣是以一種嶄新的，世界學壇前所未有的思維進行自費科研與撰寫。不料張玉法院士卻稱之為走火入魔，香港的李金強教授與中國大陸的林家有所長又舉雙手贊同，絕大多數在場中國學者更哄堂大笑。若海峽兩岸暨香港的學者皆認為《鴆夢》的作者走火入魔，則該書不出版也罷！

其實《鴆夢》賴以科研與撰寫的思維不但前無古人，也可能是後無來者。蓋筆者花了三十個寒暑，才初有小成而見諸《鴆夢》英文版。再花二十年繼續自費作進一步科研和思考，才見諸《鴆夢》中文版。在當今急功近利的世界，試想有誰願意作這個付出？哪怕願意，客觀環境也不容許，蓋當今的大學計量不計質，若三年無所出就可能遭解僱了，遑論花半個世紀才完成《鴆夢》中文版！

筆者有幸，在中西文化交匯的香港成長，故在大學時代就異想天開地萌芽了一個在歷史上文明交戰的宏觀構思。[69] 再隨着科研的深入而慢慢編織出一幅細緻入微的文明交戰藍圖，然後像砌積木般，一塊一塊地堆切起來：首先是《兩廣總督葉名琛》（劍橋，1976 年），繼而是《鴉

67　見拙著《三十歲前的孫中山》，章 4，節 5。

68　中央研究院張玉法院士的發言，保留在「紀念孫中山誕辰 140 周年國際學術研討會」官方現場錄音，廣東省中山市 2006 年 11 月 6 日。該錄音現存廣東省檔案館「名人檔」。筆者自己也有一份。走火入魔，語驚四座。為免斷章取義之嫌，經過十餘年的思考，筆者毅然決定一字一句地把該官方錄音，全文筆錄下來，反覆核對，也請朋友幫忙核實再三，以求準確，並全文收入拙稿《地動三河鐵臂搖》當中題為「下命令了」的一章，讓讀者觀賞全豹，悉心討論。

69　詳見行將出版的拙稿《地動三河鐵臂搖》當中題為「苦父慈母與香港求學」的一章。

圖 5.3　筆者出版之著作

片戰爭時代中英外交文件提要》（牛津，1983），《有志竟成》（牛津，1986），《澳中關係—貿易與管理》（ACBCC,1987）……詳見上圖。如此筆者既可以向其任教的雪梨大學有所交代出版的成績，也一步一步地實踐其《文明交戰》的巨型寫作計劃。

　　筆者果然是張玉法院士所說的「走火入魔」？猶幸筆者承上天眷顧，至今神志清醒，而同學們更是爭氣，他們畢業後不少在澳大利亞國防部、外交部、財政部、中央銀行等機要部門工作，並升任要職，獨當一面。這些部門的主要功能之一正是預警（threat perception）。沒有超乎常人的想像力，怎能預警？這位資深院士不但反對別人藉歷史想像解讀史料並說出箇中道理，還咒罵能夠說出箇中道理者為走火入魔，是遠離思想的、披着西學外衣的所謂中國式的現代考證學的另一個典型例子。

　　面對諸如此類的嚴師，學生哪敢吭一聲？除非準備捲鋪蓋走人，或改讀其他科目。否則，要想取得好成績，誰敢不乖乖地凜遵？馬上熄滅

一切想法！依樣畫葫蘆地「學而不思」，並以此師承自傲！憑什麼自傲？憑老師天天斥責那些富有思想的同學不務正業，不願意坐冷板櫈做考證。慢慢地，染上「學而不思」的年輕學子反而變得振振有詞。這就難怪上述兩位年輕評論者，表現得如此這般的盲目自信了！

在這盲目自信的背後，是非常脆弱的實體。蓋一切惟師命是從，當然一切似乎就顯得那麼安全，因為老師的保護傘像溫室，長期保護着他們成長。可是在溫室裏是長不出大樹的。在未來可能發生的文明交戰中，溫室會馬上經不起考驗而倒塌，玻璃撒滿一地，溫室內的大批大批幼苗也經不起風雨，馬上死亡。

更悲哀的是，撥亂反正似乎遙遙無期。錢學森先生在生前曾問溫家寶總理：「為什麼我們的學校總是培養不出傑出人才？」溫總理為之語塞。於是筆者不揣冒昧，撰成〈大學所為何事〉一文，[70] 試圖回答錢學森先生之提問，佇候國人賜教。茲事體大，再經過多年思考，筆者不揣冒昧，把該文擴大改寫，融入行將出版的拙著《文明交戰·卷二·地動三河鐵臂搖——死裏逃生》，敬請讀者垂注。

為何說是茲事體大？充滿這股盲目自信的人，將永遠無法像達爾文（Charles Darwin）般，「考察一切動物，過細推測，便推出進化論的道理」，[71] 卻可媲美過去科舉八股孕育出來的傳統士大夫之狂妄與狹隘。清末科舉制度之扼殺人才，早已被批判得體無完膚。孫中山就曾嚴厲地批判過它說：「士人當束髮受書之後，所誦者不外於四書五經及其箋註之文字；然其中有不合於奉令承教，一味服從之義者，則且任意刪節，或曲為解說，以養成其盲從之性。」[72]

若不盲從，後果會怎樣？來自北京某名校的一位年輕講師 G 博士對筆者說，中國某些教授對學生的態度是：「我可以成就你，也可以毀滅你！」我的天！詳見行將出版的拙著《文明交戰·卷二·地動三河鐵臂

---

70   北京清華大學禮學研究中心編：《禮樂 01：大學之道》（北京：金城出版社，2013 年），頁 82－107。

71   孫中山：〈在廣州嶺南學生歡迎會的演說〉，1923 年 12 月 21 日，《孫中山全集》，卷 8，頁 533－542：其中頁 537。

72   孫中山：《倫敦被難記》，1897 年 1 月 21 日，收入《孫中山全集》，卷 1，頁 49－86：其中頁 51。

搖——死裏逃生》當中題為「兩面三刀」的一章。

　　當今中國某些名牌教授、資深院士，竟然強迫學子回到清朝快崩潰前的士子那種「學而不思」的盲從習性，難道不怕亡國滅種的險境重至？果不其然，不久前聽聞北京有位著名國學教授，甚至命令其研究生及年青同事向其跪拜獻茶，美其名曰恢復拜師禮。我的天！他可明白到，他並非活在公元前廿一世紀，而是公元廿一世紀？

　　針對科舉制度的盲從性，孫中山早在 1896 年即倡議，教育必須引起學子學習的興趣（awakening of a delight in studies），按照學生的提問施教（teaching in response to pupils' questions），鼓勵聯想（correlation in studies）；而更重要的（above all things）是着意培養學生的身體健康（care for the physical health of schoolboys），培養學生思考的能力（the training of the power to think），培養學生思考的獨立性格（and of their individuality）。[73]

　　筆鋒一轉，既然筆者服膺建築在實證史學基礎上的歷史想像，那麼實證史學又是怎麼回事？它與當今中國史壇所繼承清朝乾嘉時代的考據學、但披上現代西學外衣的所謂考證，又有什麼分別？

八、實證史學的來龍去脈

　　近代實證史學的創始人是蘭克（Leopold von Ranke, 1795－1886）。他乃十九世紀德國最重要的歷史學家，也是西方近代史學的重要奠基者之一，被譽為「近代史學之父」。他主張研究歷史首先必須客觀地搜集、研讀檔案資料，之後的重要任務就是如實地還原歷史面貌。他的這種史學主張，被稱作蘭克史學，對東、西方史學都有重大的影響。可惜發展到後來，在東、西方史學界都各自呈現出僵化趨勢。以至部份西方學者從 1970 年代起，就提出後現代主義（Post-modernism）以抗衡近代史學

73　Anon, 'Dr Sun Yat Sen—Bedford Gentleman's Intimacy with the Chinese Revolutionary. Collaborators and Bosom Friends — Special Interview with Mr. Edwin Collins', *The Bedfordshire Mercury*, Friday 24 November 1911, p. 2, cols. 2-3. 英國倫敦南岸大學 Patrick Anderson 教授發來此件，謹致謝忱。

之僵化。

後現代主義的出現，在積極方面是啓發了近代西方實證史學進行反思。但在消極方面，則待發展到極端時，就變成「思而不學」：在沒有任何證據的情況下作長篇大論，甚至無中生有。它像狂風暴雨般衝擊了上文提到的，瑪格麗特·麥克米倫講座教授、理查德·艾文斯爵士講座教授與筆者等這個年代的歷史工作者。筆者的這兩位舊同窗成名以後，分別以著述來闡明歷史想像在實證史學中不容或缺的功能。艾文斯教授的大作名叫《捍衛歷史》，[74] 其中討論得最多的是：有人利用後現代主義那種「思而不學」的做法，來否認希特勒曾屠殺猶太人。當然也有日本學者藉這種「思而不學」的方法，來否認南京大屠殺。華人痛恨日人否認南京大屠殺，於是趕忙把《捍衛歷史》翻譯出版，[75] 以便固本清源。麥克米倫教授的大作則名為《善用與濫用歷史》，[76] 再版時的書名更增加了傳神的主標題而變成《危險的遊戲：善用與濫用歷史》。[77]

其實，1970 年代在英語世界興起的後現代學說，對中國人來說應該不會陌生。早在 1930 年代，陳寅恪先生已經注意到：在中國「今日之墨學者，任何古書古字，絕無依據，亦可隨其一時偶然興會，而為之改移，幾若善博者能呼盧成盧，喝雉成雉之比；此近日中國號稱整理國故之普通狀況，誠可為長歎息者也」。[78]

而 1930 年代中國的墨學者，是承上啓下的：上承魏晉南北朝的清談，下啟 1970 年代在中國大陸開始的「假、大、空」學風，都是與當時中國的政治氣候有着密切的關係。結果，不但沒有像西方後現代學說之啓發了對已經僵化的所謂考證史觀進行反思，卻反而變本加厲地蛻變成為上述般、當今另一個極端的「學而不思」的純考證。為什麼？

74　Richard Evans, *In Defence of History* (New York: Norton, 1997).

75　理查德·艾文斯著，張仲民、潘瑋琳、章可譯：《捍衛歷史》（桂林：廣西師範大學出版社，2009 年）。

76　Margaret MacMillan, *The Uses and Abuses of History* (Penguin Canada, 2008).

77　Margaret MacMillan, *Dangerous Games: the Uses and Abuses of History* (Modern Library, 2010).

78　陳寅恪：〈馮友蘭中國哲學史上冊審查報告〉，《金明館叢稿二編》（上海：上海古籍出版社，1982 年），頁 247。

　　這恐怕與中國的特殊學術傳統——即清朝乾嘉時期的考據學風——有關。清代的考據學風，有功有過。但愈發展到後來，則流弊愈甚，章學誠在《文史通義》（1801）中曾大加批斥，但積重難返。結果到了民國時期，這種考據學風已擁有悠久歷史，而變成堅實的傳統。

　　哪怕孔子在兩千多年前已經告誡國人不能「學而不思」，孟子也提出警示：「行之而不著焉，習矣而不察焉，終身由之而不知其道者，眾也。」[79] 但聽者寥寥，以致「學而不思」的惡習，愈來愈積非成是。孫中山為之痛心疾首：「中國人讀書，越讀越糊塗。」[80] 為什麼？「述而不作，坐而論道，把古人言行的文字，死讀死記，另外來解釋一次，或把古人的解釋，再來解釋一次。你一解釋過去，我一解釋過來，好像炒陳飯一樣，怎麼能夠有進步呢？」[81]

　　當然，中國歷代文人當中，不乏絕頂聰明之士；但是，他們的聰明才智，用在什麼地方？孫中山說：「夫中國之文章富矣麗矣，中國之文人多矣能矣，其所為文，誠如揚雄所云『深者入黃泉，高者出蒼天，大者含元氣，細者入無間』者矣。然而數千年以來，中國文人只能作文章，而不能知文章。」[82]

　　有關孫中山的著作，浩瀚如海，研究孫中山的隊伍，歷來都比研究兩次鴉片戰爭、太平天國的人數，龐大得不知多少倍；可是至今海峽兩岸暨香港、澳門似乎仍然沒有一位研究孫中山的專家，充份重視中山先生所說過的話。這就難怪，雖然中國學者對其尊敬的民族英雄孫中山，付出了大量心血進行研究；但其成果卻仍然被法國學者白吉爾教授認為是「不值西方學者一顧」。[83]

79　《孟子·盡心上》，卷 13。

80　孫中山：〈在中國國民黨本部特設駐粵辦事處的演說〉，1921 年 3 月 6 日，《孫中山全集》，卷 5，頁 472－481：其中頁 477。

81　孫中山：〈在桂林學界歡迎會的演說〉，1922 年 1 月 22 日，《孫中山全集》，卷 6，頁 67－79：其中頁 69。

82　孫中山：〈建國方略之一：孫文學說——行易知難〉，1919 年 5 月 20 日，《孫中山全集》，卷 6，頁 157－246：其中頁 185，引揚雄〈解嘲〉，見《漢書·揚雄傳下》，卷 87 下。

83　見拙著《歷史偵探：從鴉片戰爭到孫中山》（香港：中華書局，2016 年），其中題為「論中國的孫中山史學不值西方學者一顧」的第 71 章。〔大陸版與台灣版是第 74 章〕。

在這裏重溫華夏古聖賢孔子（公元前 551 年－公元前 479 年）的話，就特別有意思。他説：「學而不思則罔。」[84] ──這是警告僵化了的實證派。「思而不學則殆。」[85] ──這是警告那些醉心於「假、大、空」的學者。可惜，縱觀華夏幾千年的學術精英，不少都是反反覆覆地被「學而不思」與「思而不學」纏得死死的。華夏文明在未來可能發生的「文明交戰」中，能否避免又一次慘敗的厄運？

九、小小建議

容筆者不厭其詳地追溯中外實證史學與歷史想像相輔相成的發展，是有感孟子（公元前 372 － 公元前 289）早説過：「盡信書，則不如無書。」[86] 據云太史公司馬遷（公元前 145 年或公元前 135 年－公元前 86 年）用以補救圖書不可盡信的辦法是：「讀萬卷書，行萬里路。」[87] 即用實地調查的方法，核實寫書的前人可曾説謊，也藉此增廣見聞。

在這個問題上，承余英時先生音譯為柯靈烏[88] 的英國牛津大學史學名家羅賓・喬治・科林伍德（Robin George Collingwood, 1889－1943）教授，[89] 也認為歷史工作者科研的第一步，猶如偵探破案。[90] 偵探要破案，卻不到案發現場蒐集證據，是不可思議的。科林伍德是西方歷史學理論的鼻祖，司馬遷則是華夏文明的太史公，可知古今中外的大師，皆強調偵探般的實地調查是不容或缺的治史方法。若不具備偵探般的行事

84　《論語・為政》。

85　《論語・為政》。

86　《孟子・盡心下》。

87　對於這句風行的話，經多人查證也找不到出處。某網友努力不懈的結果是查出西漢劉向（前 77 年－前 6 年），在其《説苑》當中轉述春秋時代的一個「炳燭夜讀」的故事，曰：「惟平生有三願：登萬重山，行萬里路，讀萬卷書」。見：https://hk.knowledge.yahoo.com/question/question?qid=7008083101469，2015 年 6 月 9 日上網閱讀。

88　余英時：〈章實齋與柯靈烏的歷史思想──中西歷史哲學的一點比較〉，載余英時：《歷史與思想》（台北：聯經出版事業股份有限公司，1976 年），頁 167－222。

89　他是牛津大學的形而上學教授（Professor of Metaphysical Philosophy）。

90　Robin George Collingwood, *The Idea of History* (1945; Oxford Paperbacks, 1994).

方式、邏輯思維和實地調查的毅力，確實不配治史。[91]

　　而且，治史的要求，比諸偵探更高。因為，若要偵破幾十年前、幾百年前甚至幾千年前所發生的歷史懸案，比當代偵探當場破解當代的案件，要困難得多。君不見，司馬遷的《史記》仍然是從其他書籍中如實般轉載了不少離奇怪誕、明顯是虛構的故事。當代的中外史學著作也有類似的情況。

　　為何如此？容筆者進一步引述近世史學大師陳寅恪先生的解釋：「古人著書立説，皆有所為而發；故其所處之環境，所受之背景，非完全明瞭，則其學説不易評論。而古代哲學家去今數千年，其時代之真相，極難推知。吾人今日可依據之材料，僅當時所遺存最小之一部；欲藉此殘餘斷片，以窺測其全部結構」，難以哉。如何是好？解決辦法是：治史「必須備藝術家欣賞古代繪畫雕刻之眼光及精神，然後古人立説之用意與對像，始可以真了解。所謂真了解者，必神遊冥想，與立説之古人處於同一境界，而對於其持論所以不得不如是之苦心孤詣，表一種之同情，始能批評其學説之是非得失，而無隔閡膚廓之論。否則數千年前之陳言舊説，與今日之情勢迥殊，何一不可以可笑可怪目之乎？」。[92]

　　陳寅恪先生此言是經驗談，因為他本人就曾利用「神遊冥想」的治史方法來破解了不少今人目之為「可笑可怪」的歷史懸案。例如他藉此而對魏晉南北朝「宇文泰蘇綽不得不創立關隴文化本位政策之苦心孤詣」喜獲同情的理解；又例如，他能「論唐太宗對魏徵之所以恩禮不終」，「不得不斥責魏徵於已死之後」，也「是他運用神遊冥想真了解之法治史的又一例」。[93]

91　在此，回顧陳福霖（Gilbert Chan）教授在《哈佛亞洲研究學刊》中，寫書評批判筆者英文拙著 *The Origins of an Heroic Image: Sun Yatsen in London，1896-1897* (Oxford University Press, 1986) 時説，黃宇和「摒棄了歷史學家的研究方法而選擇扮演一個偵探的角色」(He forsakes the craft of a historian and chooses to play the role of a detective), *Harvard Journal of Asiatic Studies*, vol. 49, no. 1 (June, 1989), pp. 229-241: at p. 235，真是癡人夢囈。為何堂堂教授，竟然發出此癡人夢囈？箇中奧秘，請看筆者自傳《死裏逃生》當中題為「奪命書評」的一章。

92　陳寅恪：〈馮友蘭中國哲學史上冊審查報告〉，《金明館叢稿二編》（上海：上海古籍出版社，1982 年），頁 247。

93　王永興：《陳寅恪先生史學述略稿》（北京：北京大學出版社，1998 年），其中第四節：「陳寅恪先生的治史方法——神遊冥想真了解之法」，頁 126－131：其中頁 128、130、131。

　　陳寅恪先生所說的「神遊冥想」，正是西方史學界所強調的「歷史想像」（historical imagination）。眾多運用此法中的表表者、牛津大學前皇家歷史講座教授（Regius Professor of History）休・崔姆－路普（Hugh Trevor-Roper, 1914 − 2003）甚至說：沒有想像力的人不配治史，[94] 已如前述。

　　著名科學家愛因斯坦（Albert Einstein, 1879 − 1955）更說，邏輯可以把你從 A 帶到 B，而想像力則可以把你帶去任何地方（Logic will get you from A to B. Imagination will take you everywhere）。[95] 不是說想像優於邏輯，邏輯是證明真假的必須手段，但邏輯很難讓人有所發明。若要發明，思想就必須有所飛躍。若要思想有所飛躍，就必須靠超人的想像力。想像所得是否可行，又倒過頭來必須靠邏輯及實踐來驗證，否則就是想入非非，變成純粹的天馬行空了。

　　近代著名的上古歷史學家郭沫若先生，就是以超人的想像力做出驕人的成績。對於郭沫若先生的治學方法與成就，當今儒學大師余英時先生曾作過如下精闢的評價：「郭沫若以新詩人一變而為甲骨、金文的專家，大家都說他聰明絕頂。他的聰明自是不在話下。甲骨、金文在門外漢看來好像是一個一個字地辨認出來的，非日積月累不能為功。事實上治此學的人在具備了關於古史和古文字的基礎知識之後，最重要的是要有豐富的想像力，把初看毫不相關的東西聯繫起來，從而展示出全新的意義。」[96]

　　且別說古代史研究，哪怕是當代探案，若偵探缺乏想像力，也很難在大量證據面前有效地推測，並準確地鎖定犯案的嫌疑人。筆者視本身第一要務是必須當好偵探，故凜遵古今中外前賢的教導，上窮碧落下黃

94　這是路普教授在牛津大學退休演說會上所說的話，可以說是總結了他一生教研歷史的經驗。演講全文刊 Hugh Trevor-Roper, *History and Imagination* (Oxford: Clarendon Press, 1980)。

95　這句風行西方的名句，學者至今無法找到其出處。它可能出自 *Autobiographical Notes* in *Albert Einstein: Philosopher-Scientist* (translated and ed. Paul Arthur Schilpp, 1949), 或 *Ideas and Opinions* (1954) 和 *On Science and Religion* (in *Nature*, 1940). Xn4 02:32, 29 September 2007 (UTC)。見 http://en.wikipedia.org/wiki/Wikipedia:Reference_desk/Archives/Humanities/2007_September_29。

96　余英時：〈談郭沫若的古史研究〉，香港《明報月刊》，總 322 期（1992 年第十期），頁 28 − 35 中之 29。

泉也要環球飛行，目的是發掘原始檔案的嶄新資料，配以世界各大圖書館的珍貴藏書，以便融會貫通前人智慧。同時竭盡所能進行實地調查。更在收集到的堅實史料基礎上努力做好「歷史想像」，效應果然妙用無窮。在 1970 年代研究兩廣總督葉名琛時，推翻了當時已經蓋棺定論了大半個世紀的「不戰、不和、不守、不死、不降、不走」之所謂「六不總督」的順口溜，偵破了此百年冤案，為葉名琛平反了——原來他雖然有不少缺點，卻是一位有氣有節的士大夫。[97]

接着，在 1980 年代研究孫中山倫敦蒙難，也破解了他是被綁架還是自投羅網此百年懸案：他確實是被綁架進入公使館的。[98] 如此又為孫中山洗脫了「愚蠢到自投羅網」的冤屈。事緣罕有地暢銷的，斯特林·西格雷夫（Sterling Seagrave）所著的《宋家王朝》，就曾力竭聲嘶地指責孫中山愚蠢地跑到公使館宣傳革命，結果鋃鐺入獄。[99]

在 1990 年代完成的《鴆夢》（即本書下篇的英文原著），推翻了當時雄踞西方學壇垂半個世紀的所謂「自由貿易的帝國主義」理論，證明鴉片確實是促使英國發動兩次鴉片戰爭的罪魁禍首，而並非「自由貿易的帝國主義」這種籠統概念發動了戰爭。[100]

2000 年代出版的《中山先生與英國》，澄清了所謂「聯俄容共」（國民黨語）或「聯俄聯共」（共產黨語）的真相，以及廣州商團事變究竟是怎麼回事等。[101]

97　John Y. Wong, *Yeh Ming-ch'en: Viceroy of Liang-Kuang, 1852-1858* (Cambridge University Press, 1976). 漢語增訂本見《兩廣總督葉名琛》（北京：中華書局，1984 年；上海：上海書店出版社，2004 年）。最新的增訂本見《錯把英雄作敗類：昭雪千古奇冤六不總督》。

98　John Y. Wong, *The Origins of an Heroic Image: Sun Yatsen in London, 1896-1897* (Oxford University Press, 1986). 漢語增訂本見《孫中山倫敦蒙難真相：從未披露的史實》（台北：聯經文化事業出版公司，1998 年；上海：上海書店出版社，2004 年）。

99　「他認為他喬裝得如此天衣無縫，他相信公使館內沒有任何人會認出他，他可以大搖大擺地進出公使館，視該館職員如無物……若無其事地，孫逸仙向該館職員述說清朝如何不穩定。」（He believed that his disguise was so effective that nobody at the legation would recognise him. He could walk right in and chat, and stroll out again without anyone's being the wiser……Coolly, Sun discussed the instability of the Manchu regime）。Sterling Seagrave, *The Soong Dynasty* (New York: HarperPerennial, March 1986), p. 80.

100　John Y. Wong, *Deadly Dreams: Opium, Imperialism, and the Arrow War (1856-1860) in China* (Cambridge University Press, 1998). 漢語增訂本見本書下篇。

101　見拙著《中山先生與英國》（台北：學生書局，2005 年）。

2010 年代出版的《三十歲前的孫中山》，破解的懸案包括中國史學界長期以來爭論不休，甚至曾引發法律訴訟以及三起政治風波的所謂「孫中山祖籍問題」。[102]

在 2015 年用這種實證的治史方法，藉拙著《孫文革命：聖經和易經》探索學術界長期以來避而不談的孫文與基督宗教《聖經》的密切關係。[103]

2016 年出版的拙著《歷史偵探：從鴉片戰爭到孫中山》，[104] 更破解了近代史上七十多宗懸案。

必須補充的是，發掘了堅實的史料之後，如何解讀這些史料來重建歷史，則古今中外的歷史學家們從來都有爭議。就以中國史學界的後起之秀茅海建教授為例，他與房德鄰及賈小葉兩位教授的筆戰，就很有意思。茅海建教授開宗明義地說：這場辯論「真是一件應該張開臂膀來歡迎的好事」。他殿後的一句話是，若其他「史林高手們果能新入，也必將綻放絢爛之花。歷史學家的最終目的，不在於證明了自己的正確，而是使人觸摸到歷史的真實」。[105]

年已古稀的筆者深深地贊同此言。而且，哪怕「史論」無可避免地浸入了作者的個人見解，但先賢陳寅恪先生的高論可作為座右銘：「史論之作者，或有意或無意，其發為言論之時，即已印入作者及其時代之環境背景，實無異於今日新聞紙之社論時評，若善用之，皆有助於考史。故蘇子瞻之史論，北宋之政論也；胡致堂之史論，南宋之政論也；王船山之史論，明末之政論也。今日取諸人論史之文，與舊史互證，當日政治社會情勢，益可藉此增加了解，此所謂廢物利用，蓋不僅能供習文者

102　見拙著《三十歲前的孫中山》（香港：中華書局，2011 年；北京：三聯書店，2012 年）。

103　見拙著《孫文革命：聖經和易經》（香港：中華書局，2015 年；廣州：廣東人民出版社，2016 年）。

104　此書有三個版本。黃宇和：《歷史偵探：從鴉片戰爭到孫中山》（香港：中華書局，2016 年）。黃宇和：《孫中山：從鴉片戰爭到辛亥革命》（台北：聯經文化出版事業公司，2016 年）。黃宇和：《歷史偵探：從鴉片戰爭到辛亥革命》（廣州：廣東人民出版社，2018 年）。

105　茅海建：〈史料的主觀解讀與史家的價值判斷——覆房德鄰先生兼答賈小葉先生〉，《近代史研究》，2007 年第 5 期，頁 91－107，回應了《近代史研究》2007 年第 1、2 期連載的房德鄰先生論文〈康有為與公車上書——讀《「公車上書」考證補》獻疑〉，和第 3 期上刊出的賈小葉先生論文〈也談劉坤一、王文韶的兩件電奏〉。

之摹擬練習而已也。」[106]

　　此言與當今西方史學界的最新理論，有異曲同工之妙。蓋當今西方史學界強調歷史是文化的一部份，而文化本身就是一件不斷發展的事物（culture is a process），它應該是充滿活力（dynamic）而不是凍結了（frozen）的。[107] 它是當今與過去的對話（culture is a product of interchange between past and present）。[108] 竊以為認真地與過去對話，本着求真的態度，禮貌地與同儕辯論，以臻「道理愈辯愈明」的文明境界，正是「使人觸摸到歷史的真實」[109] 的最佳途徑。願與讀者諸君共勉之。

　　鴉片戰爭、太平天國、第二次鴉片戰爭、孫中山生平等四段中國近代史，像瀑布一樣飛流直下──抽刀斷水水更流，故有必要作為一個整體來研究。它們之間千絲萬縷的關係之中的冰山一角，見諸太平天國老兵馮觀爽經常向童年的孫中山說洪楊造反的故事。[110] 又見諸1895年與孫中山一起策劃乙未廣州起義的楊衢雲，他竟然是販賣鴉片的沙宣洋行（David Sassoon & Co）買辦。至於準備用於起義的軍火，更是楊衢雲通過該行的海外商業網絡購買後偷運進香港，[111] 再通過該行在內地的灰色渠道，首先把其中一小部份洋槍預先秘密託運到廣州，藏於基督宗教王質甫牧師在南關雙門底的聖教書樓及南關鹹蝦欄的張公館。[112] 其餘大部份的軍火則藏在準備開往廣州的夜渡「保安」號上。[113] 如此種種的內外互動、一環扣一環的連鎖反應，黑道白道與灰色地帶交織在一起的歷史，千絲

106　陳寅恪：〈馮友蘭中國哲學史上冊審查報告〉，《金明館叢稿二編》（上海：上海古籍出版社，1982年），頁247。

107　Raymond Williams, *Keywords: A Vocabulary of Culture and Society* (London: Croom Helm, 1984), p. 90.

108　Lawrence W Levine, *Highbrow Lowbrow: The Emergence of Cultural Hierarchy in America* (Cambridge, MA: Harvard University Press, 1988), p. 33.

109　同註105。

110　均見拙著《三十歲前的孫中山》，章3。

111　Memorandum by the Acting Assistant Colonial Secretary F. J. Badeley on the Canton Uprising of October 1895, enclosed in Robinson to Chamberlain, 11 March 1896, CO129/271, pp. 437-445.

112　香港《華字日報》，1895年10月30日星期三，第2版，第2欄。

113　Memorandum by the Acting Assistant Colonial Secretary F. J. Badeley on the Canton Uprising of October 1895, enclosed in Robinson to Chamberlain, 11 March 1896, CO129/271, pp. 437-445.

萬縷的合法及非法因果，正是孤立地專治內政史諸如太平天國，或孤立
地專治外交史諸如鴉片戰爭，或孤立地專治人物傳記諸如孫中山，而不
及其餘者，難以企及的。

　　總之，本章的宗旨是介紹本書的研究方法，結果無可避免地牽扯到
之前的鴉片戰爭與太平天國，以及接踵而來的孫中山。孫中山本人更比
喻兩次鴉片戰爭所帶來的屈辱，像颶風和泥石流般，幾乎把中華民族全
沖走了。

　　上一輪猶太基督宗教混合文明與華夏的文明交戰幾乎把中華民族全
沖走了！在未來的文明交戰中，中華民族會否全被沖走？為了評估這個
問題，本書下篇的目標集中在徹查上一輪猶太基督宗教混合文明與華夏
的文明交戰當中的一場深具關鍵性的戰役──第二次鴉片戰爭──爆發
的原因；《文明交戰》後繼各卷的焦點則是探索下一輪猶太基督宗教混合
文明與華夏的文明交戰，發生的可能性；藉此提供一個討論華夏文明前
景的平台，國運有所繫焉。

第六章
中國史學界的八種頑疾

一、頑疾之一：「述而不作」

筆者的歷史研究生涯，是從 1968 年在牛津大學聖安東尼研究院（St Antony's College, Oxford）開始，切入點是兩廣總督葉名琛。在此後的半個世紀中，頻頻遭到中國同行的衝擊。為什麼？除了上一章談到的問題以外，容筆者在此引述其行將出版的《文明交戰‧卷二‧地動三河鐵臂搖——死裏逃生》內題為「警世鐘」一章關鍵的一句話，細說中國史學界頑疾之一：「述而不作」。在該章中，筆者開宗明義就寫道：

近三個甲子以來，在國人心目中，林則徐乃民族英雄，葉名琛是民族敗類。而斥責葉名琛乃民族敗類的根據，正是那首膾炙人口的「六不總督」順口溜。該溜譏諷他：

> 不戰、不和、不守、不死、不降、不走；
> 相臣度量，疆臣抱負，古之所無，今亦罕有。

該順口溜之所以能夠歷久不衰地膾炙人口的原因之一，是因為國人崇尚「述而不作」。

「述而不作」者，國人長期用以嚴拒獨立思考的擋箭牌也。孫中山先生就曾一針見血地指出：「不是好讀書不求甚解，便是述而不作，坐而論道，把古人言行的文字，死讀死記。」[1] 何謂長期以來？二千多年前，這種現象已經甚為普遍，以至孔子警醒世人說：「學而不思則罔」[2]。毛澤東

1　孫中山：〈在桂林學界歡迎會的演說〉，1922 年 1 月 22 日，《孫中山全集》，卷 6，頁 67－79：其中頁 69。

2　《論語‧為政》。

也苦心孤詣地敦促國人「凡事問個為什麼？」。[3] 但言者諄諄，聽者藐藐；可見國人普遍缺乏獨立思考的症狀已經病入膏肓。

歐洲也曾「述而不作」。十四世紀到十六世紀發生了「文藝復興」，歐洲人開始「凡事問個為什麼？」，不再把一切歸功（或歸咎）於神。結果科技、文藝等各個領域都突飛猛進。

1957 年初筆者十歲時，從廣東省番禺縣茭塘鄉移民香港後，從此接受的小學、中學、大學教育，核心思想都是「凡事問個為什麼？」。當遇到「六不總督」這首完全違反常理的順口溜時，馬上「問個為什麼」？

此問的結果，是筆者從香港到牛津大學科研和撰寫的博士論文《兩廣總督葉名琛》，並於 1976 年由劍橋大學出版社出版，從此國際學壇對葉名琛刮目相看。為什麼？因為筆者發掘了大量中英原始檔案，用鐵一般的事實，徹底推翻了「六不總督」順口溜對葉名琛的指控：

不戰——不對！葉名琛調動了所有他能調動的人力物力以及其他資源，與英軍打持久戰。還出擊英軍的老巢香港，弄得該英國殖民地雞犬不寧，香港總督包令爵士的夫人，因為吃了毒麵包而不久病逝。

不和——對！葉名琛不與英方講和。因為英方開出息兵的條件，酷似後來 1860 年英方強加於中方的《北京條約》那麼喪權辱國。任何有血性的炎黃子孫，都不會接受。罵葉名琛「不和」的人，居心何在？

不守——錯了！葉名琛堅守城池到最後一刻鐘。

不死——大錯特錯！誠然，當葉名琛被囚於停泊在廣州河面的英艦時，沒有投河。當該英艦停泊在香港時，他沒有蹈海。他志不在此。他認為英軍把他送上遠航的英國兵艦，是要把他送到英國去。如此，他就有機會與英王理論，闡明鴉片貿易是極為不道德的行為。無奈英軍把他送到印度的加爾各答，就讓他上岸。他耐心地一天一天等待。一年過後，他隨身帶備的糧食吃光了，於是就效伯夷、叔齊之志，靜悄悄地把自己活活餓死！絕食而死，是最痛苦、最難受的死法之一。

不降——豈有此理！葉名琛堅決不投降也成為笑柄？

不走——豈有此理！葉名琛堅決不逃跑也成為恥笑的目標？

---

3   《毛主席語錄》。

　　説穿了，譏笑他「六不」是指責他什麼也不幹、坐以待斃也。拙著《兩廣總督葉名琛》，考證出他做了大量工作，鐵證如山，他能力所及的都全做了。譏笑、謾罵、誣衊他「六不」，真是千古奇冤。竊以為順口溜的下半部：「相臣度量，疆臣抱負，古之所無，今亦罕有」這美譽，葉名琛當之無愧！他是民族英雄，絕非民族敗類。

　　1979 年，北京中華書局的李侃副總編輯毅然決定出版拙著《兩廣總督葉名琛》中譯本，結果 1984 年發行了 9,100 冊，很快就售罄。但是中國史學界似乎沒有什麼反應。與西方學壇之好評如潮相比較，猶如天壤。

　　二十年後的 2004 年，上海書店出版社的金良年社長，出版了拙著《兩廣總督葉名琛》增訂本。網民反應熱烈，該書不久售罄。有些熱心的網民把全書掃描放在網絡上，任人下載。但是中國史學界，似乎還是沒有多大的反應。

　　除了「六不」以外，國人又譴責葉名琛「有照不覆」[4]，進而又說他因此而激怒了英人，更妄下結論説憤怒的英國人由此大興問罪之師。結果，又如此這般地把挑起第二次鴉片戰爭的責任，全部推到葉名琛的頭上。筆者在 1970 到 1980 年代，共花了十多個寒暑，替英國國家檔案館整理其珍藏的文獻，整理出《鴉片戰爭時代中英外交文件提要》英文稿，發覺葉名琛絕非「有照不覆」，而是「有照必覆」，好冤枉啊！

　　筆者的《鴉片戰爭時代中英外交文件提要》作為英國最高的學術機關、「英國學術院」（British Academy）的學術叢書，由牛津大學出版社在 1983 年出版了。中譯本也由台灣國史館在 1998 年出版了，書名是《兩次鴉片戰爭與香港的割讓》。海峽兩岸的史學界，似乎仍然沒有什麼反應。

　　筆者且不管他們，依然我行我素，鍥而不捨地追查「六不總督」順口溜的來源。經過前後共五十年（1968－2019）的努力，終於發覺「六不總督」順口溜是英國人授意漢奸編寫及傳播的。可惜不少國人仍然不由分説，堅守「述而不作」的陣地，愈「述」「六不總督」順口溜愈是興

4　七弦河上釣叟：〈英吉利廣東入城始末〉，載齊思和等編：《第二次鴉片戰爭》（第一冊），頁 212。

高彩烈，肆意替敵人踐踏自己的民族英雄。[5]

堅決「述而不作」的意識形態，似乎能夠解釋下面現象：2002 年，筆者擬就論文〈林則徐與葉名琛比較〉，投稿《歷史研究》，結果被退稿。我的天！該死的「述而不作」，害得國人至今還隨着英國人的指揮棒，手舞足蹈地高聲朗誦「六不總督」。樂得英、美的猶太基督宗教混合文明精英在旁掩嘴竊笑。

如是者又過了十六年，筆者都快走了，不少華夏文明的精英，似乎還在那裏手舞足蹈地高聲朗誦「六不總督」。確實是吾不欲觀之矣。猶幸《葉名琛與第二次鴉片戰爭》於 2020 年由廣東人民出版社出版發行，希望用鐵一般的證據來說服國人葉名琛有照必覆。

二、頑疾之二：「人云亦云」，缺乏獨立思考

「述而不作」的後果，難免是人云亦云，缺乏獨立思考。準此，容筆者全文引述中國史學界中罕有地獨立思考者的高見。他是中國史學前輩駱寶善先生，他在 2002 年金秋 10 月，為拙著《兩廣總督葉名琛》的上海增訂本慨賜序言，其中的警句是：

> 黃宇和院士對薛福成綜合時人記述所做的葉名琛「不戰不和不守，不死不降不走」的著名概括，逐項進行了深入的檢討，依據翔實的史料，得出了完全相反的結論。與中國傳統史籍不同，本書基本上全面肯定了葉名琛的對外交涉，以及他在第二次鴉片戰爭中的部署、策略運籌和悲壯的結局等等⋯⋯
>
> 對於時人對葉名琛的記述之失實之處，黃宇和院士花了很大精力去探求它們的來源，認為諸如李鳳翎《洋務續記》、趙沅英《平夷策》、七弦河上釣叟《英吉利廣東入城始末》等，多係出自英國人的誘導，乃至英國人同已經投降的廣東當局如柏貴等合謀下，有意嫁禍葉名琛，並從而消除其積極影響的產物。史家面前無定論。黃宇

5　　見拙著《歷史偵探：從鴉片戰爭到辛亥革命》（廣州：廣東人民出版社，2018 年）。

和院士不隨俗流，重建歷史真實的不懈努力，十分令人讚賞。

在當時中國的歷史條件下，士人獨具特殊的社會地位和條件，輿論導向是他們的專利。除了檔案以外，他們對時事的記述和時人的臧否，就成了那個時代最生動的史料。在檔案史料不易獲得的情況下，它們就成了後世著述的史料依據……

士人們依據傳統的社會倫理觀念和文化情結所做的記述，再加上道路傳聞，甚難完全客觀真實。以薛福成所概括的「不和」來說，在朝廷和外國強敵之間，葉名琛就沒有抉擇的主動權。……

史家有責任釐清這些史實，並探求這些記述的思想與文化背景，而不應根據這些記述簡單地冠上一頂投降派頑固派的帽子，就算完事。[6]

「就算完事」還是小事，一百五十多年以來華夏舉國上下做了帝國主義的幫凶，異口同聲地譴責抵禦外侮的葉名琛，才是中華民族的悲哀！稍具獨立思考的人都會發出疑問？布衣出身的漢人葉名琛能夠官至「一人之下，萬人之上」——冷眼旁觀的英國《泰晤士報》的戰地記者評語——竟然是如此庸碌的嗎？

容筆者另舉一個缺乏獨立思考的例子。關於 1879 年孫中山首次出國時所坐的是英國人還是葡萄牙人的船而仰慕哪個文化的問題時，廣州市中山大學歷史系本科生葉銳洪說：「豈有此理！坐哪國的船就會產生仰慕哪國文化的心？」香港的梁文道先生也提出過同樣的質疑。兩位可忘記了：「慕西學之心」這句話是孫中山自己說的。[7] 若兩位先獨立的思考一下，就不會說這種話了。

6　駱寶善：〈修訂版序言〉，2002 年金秋 10 月，載黃宇和著：《兩廣總督葉名琛》（上海：上海書店出版社，2004 年），頁 3–6。

7　孫中山：〈覆翟埋斯函〉，載《孫中山全集》，第 1 卷，頁 46–48；其中頁 47。

三、頑疾之三：「文史不分」

中國有一個非常別緻的學術組織，稱「文史館」。有國家級、省級、市級、縣級等層次。據云國家級的文史館館員，其學術地位等同西方國家級的人文科學院院士。究竟兩種「院士」，本質上有何區別？

在這個問題上，容筆者現身說法。筆者是英國皇家歷史學院院士，該院的院士，沒有一位不是專研歷史的。搞文學的，則屬於另一個學術組織。

筆者又是澳大利亞國家社會科學院的院士，該院的院士，沒有一位是搞文學的。蓋該院全體院士均認為，歷史這門科學，是社會科學的一種。而文學，則不屬於社會科學。

筆者又是澳大利亞國家人文科學院的院士。在該院的組別當中，歷史與文學屬於兩個截然不同的組別。

西方學壇，楚河漢界般把歷史與文學的界限，劃的如此清清楚楚！理由是：歷史科研憑證據；文學優美靠感情動人。治史絕對不能感情用事，否則對歷史的分析與判斷就流於主觀，至低限度是不夠客觀。但缺乏感情的文學作品，噓！猶如乾屍一具。

中國文史不分的做法，後果如何？容筆者引述中國史學界另一位眼光罕有地獨到的學者──王曾瑜先生──的話。2007 年王曾瑜先生在《中華文史》網上，發表了一篇書評，題為〈空頭主編與南郭先生合作的等外品──評戴逸、龔書鐸主編《中國通史》彩圖版〉。在他書評中，具關鍵性的幾段話如下：

此書第 1 卷 233 頁題為「華佗為關羽刮骨療毒」，還有其旁的畫，無疑是依據《三國演義》的。《後漢書》卷 82，《三國志》卷 29〈華佗傳〉均不載此事，而《三國志》卷 36〈關羽傳〉確有他「刮骨去毒」的記載，但並無醫生姓名。《三國演義》將兩事捏合，固然是小說家的巧妙，卻非歷史。

第 2 卷第 10 頁的「蜀漢桓侯張飛像」，又是仿照小說《三國演義》中的形象而畫，黑臉虬髯，腳踏馬鐙，躍烏騅馬，手挺丈八蛇

矛，給人一種勇猛威武、所向披靡的古代英雄形象。

然而《三國志》卷36〈關羽傳〉和〈張飛傳〉只是說關羽「美鬚髯」。至於關羽紅臉、臥蠶眉、丹鳳眼，張飛黑臉、豹頭環眼、燕頷虎鬚之類，又屬後世小說家流的藝術虛構。

作畫者顯然不知三國時至少還未發明馬鐙。至於丈八蛇矛、青龍偃月刀之類兵刃，也是後世小說家按元、明時代的冷兵器杜撰者。……

最荒唐可笑的也許還是宋代部份。第3卷第26頁有一標題稱「儒將曹彬」，這是筆者聞所未聞的新發明，然而查遍《宋史》卷258〈曹彬傳〉，也未見有他喜讀儒經的記錄，「儒」字又從何而來？

第30頁特別記載了楊宗保與穆桂英喜結良緣，破天門陣，作為信史，介紹給讀者。其實，已故前輩學者余嘉錫和聶崇岐先生早已作了考證：……歷史上本無楊宗保和穆桂英一代，更沒有荒誕離奇天門陣。〔王曾瑜又評曰：〕楊業是一員勇將。……其妻折氏，後世訛為佘氏，杜撰了佘太君百歲出征的離奇故事。人類史上至今還未出現過百歲老將出征的吉尼斯世界記錄。

第37頁上有「宋代開始恩蔭制度」，其中說恩蔭始於宋真宗大中祥符八年。我倒願意在此考問一下兩位主編先生，依你們的學識，歷史上的恩蔭制度應始於何時？

第93頁上有「梁紅玉的傳說」，書中還特意為所謂「梁紅玉」畫像。其中一位主編的老師，也是筆者的先師鄧廣銘先生早已考證，韓世忠妻梁氏史書無名，紅玉係後人杜撰。……

第94至97頁是岳飛事蹟，也多半是傳說，什麼岳母刺字、風波亭之類，全不見於宋代史籍。他書寫的出師表、還我河山之類，又屬後人偽託。「大鬧朱仙鎮」竟全抄《說岳全傳》的虛構故事，竟將「八大錘」作畫……

以上的一些簡單舉例，說明此書往往將傳說誤作歷史，甚至連傳說也無據，如曹彬是儒將之類，實為信口雌黃。傳說與歷史必須嚴格區分，不過是現代史學的啟蒙常識。可知作者並未踏入現代史

學的門檻，卻大膽地任意創作，信口胡謅，誤導讀者。[8]

　　真是一針見血的評論！「未踏入現代史學的門檻」者，從未接受過現代「治史方法」（Historical Methodology）的訓練也。這樣的歷史工作者只能稱之為「說書人」，而非史學家。難怪 1986 年 10 月筆者在雪梨大學召開「紀念孫中山誕辰 120 周年國際學術討論會」時，一位澳大利亞國立大學剛博士畢業不久而受聘於墨爾本大學執教的年輕講師，甫一拜讀了那四位來自中國大陸的客人戴逸、章開沅、金沖及、林家有的學術報告後，即撤回其論文而不讓筆者收進討論會的《論文集》，理由是「恥與為伍」。筆者將該討論會全部有關通信裝釘成冊如下圖所示。為存厚道，筆者不宜將這位墨爾本大學的年輕講師名字公開。若讀者決意探知，可把當時公佈了的學術報告人名單與後來出版了的論文集供稿人的名單比較，就會得到答案。又讀者諸君欲知道那四位中國學者在研討會期間的表現，可見拙著《文明交戰．卷二．地動三河鐵臂搖——死裏逃生》當中題為「眼前一黑」、「兩面三刀」、「奪命書評」等三章。

　　一位筆名沙彌的樓主，在轉載王曾瑜先生書評的同時說：

　　　　史學界的荒疏，作為門外漢向來僅有耳聞，而未能深知。然而，借助這些年的「盛世修史」熱以及「國學熱」，歷史學的熱鬧卻是蒙童小兒都能感受到的。各種各樣的通史類、細說類、解密類以及小說類的歷史著作層出不窮，不僅歷史學界、出版界的掮客們樂此不疲，就是普羅大眾中也常為所惑，為人父母者往往樂意替自家小孩灌輸種種傳統文史知識。然而，王曾瑜先生的這篇文章充份說明，不僅那些二三流的掮客所炮製的東西不可信，即使如戴逸之流號稱「清史權威」的人物所領銜的著作，同樣可以荒謬得難以置信。如此一來，名義上的弘揚傳統、普及文史，其實真可「謬種流傳，

8　　王曾瑜：〈「盛世修史」修出了什麼文化垃圾？〉，2009 年 6 月 25 日全文轉載於《網易新聞》，http://history.news.163.com/09/0625/22/5CMH9EK900013FL3_all.html，筆者於 2018 年 7 月 22 日上網閱讀。

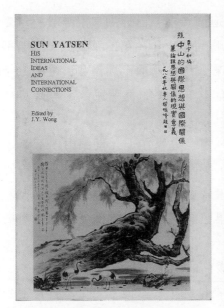

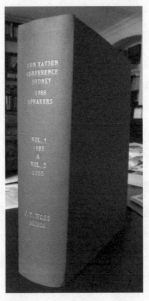

圖 6.1a 「紀念孫中山誕辰 120 周年國際學術討論會」的論文集封面。

圖 6.1b 1986 年，筆者在雪梨大學召開的紀念孫中山誕辰 120 周年國際學術會，眾多文獻當中，光是與出席學者 1985－1986 年的通信。

遺毒無窮」。[9]

沙彌的樓主的結論是：

　　從培養一個具有健全通識的現代公民角度而言，《牛津通識讀本系列》、《哈佛百年經典》之類要遠勝於當下各類烏七八糟的各類國學著作。[10]

牛津、哈佛者，英美猶太基督宗教混合文明精英聚集的地方。萬一將來現在該文明與華夏文明已經用冷兵器沙場見面，誰生誰滅？再也明

9　感謝中山大學外語系，從資深榮休教授區鉷先生，在微信中下載了此文擲下。

10　感謝中山大學外語系，從資深榮休教授區鉷先生，在微信中下載了此文擲下。

顯不過。一句話,「文史不分」這個頑疾,已經洪水氾濫般替華夏的下一代製造了精神上的「毒奶粉」,毒害了千千萬萬的華夏兒童!君不見,戴逸、龔書鐸主編的《中國通史》彩圖版,目前已經售賣了超過 15 萬套![11] 按照這個暢銷的勢頭,恐怕還有千千萬萬的炎黃兒童,等待着被精神毒害!

必須指出的是:如上所述,實證史學在十九世紀中、下葉才在歐洲興起。在其取得領導地位之前,英國人寫巴夏禮、巴麥尊等的傳記,其離奇怪誕之處也酷似戴逸、龔書鐸主編的《中國通史》彩圖版。但是英美猶太基督宗教混合文明精英早已糾正了這種錯誤,華夏文明精英還沉淪在其中!

一位網友讀了拙著《三十歲前的孫中山》的北京三聯版後,在豆瓣讀書網上寫道:「終於知道學界為什麼不喜歡他了。」本書肯定令中國學界更不喜歡、甚至憎恨筆者,因為本章接下來的不少篇幅,都如實地報道了上述諸頑疾發作時,在國際上產生了如何讓人不忍卒睹的尷尬場面。

至於中國的文史館,原來是中國共產黨和政府為團結和安排老年知識份子而設立的、具有全國統戰性和榮譽性的文史研究機構。它的宗旨是「敬老崇文」。中央文史館館長、副館長、館員由國務院總理聘任。受聘者都是耆年碩學之士、社會名流和專家學者。[12] 如此,就加倍模糊了文學與歷史之間的區別。

四、頑疾之四:「無中生有」

「文人多大話」,聽起來有點搞笑,大部份中國人也一笑置之,不以為意。但發展到極端,就變成在毫無證據之下羅織罪名來誣告無辜了。對於這一點,筆者是嘗盡苦頭的。君不見,拙搞《地動三河鐵臂搖》,當中題為〈三顧草廬〉、〈奪命書評〉、〈下命令了!〉、〈兩面三刀〉等講了什麼經歷?當然這只是筆者的個人生死問題,不足掛齒。但發展到大

---

11   http://www.china.com.cn/chinese/RS/904165.htm,2018 年 7 月 22 日上網閱讀。

12   https://baike.baidu.com/item/%E6%96%87%E5%8F%B2%E9%A6%86。

局，那可不得了，1966—1976 年的無產階級文化大革命當中，在毫無證據之下羅織罪名來誣告無辜所造成的大量冤案、錯案。

對於中國文人多大話此頑疾，本《文明交戰‧卷三‧百年屈辱》當中、題為〈摧毀抗外英雄形象〉的一章，還會提出更多駭人聽聞的實例，敬請讀者垂顧。那是發生在十九世紀中葉的事情，在當今的二十一世紀，在中西交融的國際大都會香港，情況又如何？2018 年 9 月 2 日，針對當前美國發動的對華貿易戰，評論員陶傑先生在一篇題為〈只是小一課程〉的文章中說：

> 　　南京條約簽訂，規定開放五口通商，尤其是廣州，清政府答應英國商人入城開辦公室，而不是再像以前一樣的「十三行」，隔在城外。但〈南京條約〉簽訂之後，兩廣總督葉名琛，買通廣州城內的五毛式流氓，要他們一見洋人就毆打殺傷。葉名琛然後告訴英國人：廣州城內仇英情緒濃厚，為了你們的安全，我不能讓你們進城。這就是亞羅號事件第二次貿易戰爭的因由。[13]

「清政府答應英國商人入城開辦公室」？「葉名琛，買通廣州城內的五毛式流氓」？「這就是亞羅號事件第二次貿易戰爭的因由」？真相請看拙著《兩廣總督葉名琛》（北京：中華書局，1984 年；上海：上海書店出版社，2004 年；廣州：廣東人民出版社，2020 年）。當然還有本書下篇當中，題為〈戰爭的導火線：「那丟人的『亞羅』號事件」〉的第十章，以及題為〈欽差大臣葉名琛：是洪水猛獸？〉的第十三章和題為〈外交上瞞天過海〉的第十九章。為何陶傑先生的「史論」與筆者幾十年前已經發掘出來、「逼近真相」的歷史，猶如天壤？陶傑先生的大文，同樣是犯了文史不分的毛病。文學，可以充滿幻想，甚至可以無中生有——像佘太君百歲出征。論史則必須憑證據。筆者所重建的、「逼近真相」的歷史，乃 1965 年迄今共五十多個寒暑的檔案鑽研和實地調查所得。陶傑先生看

13　陶傑：〈只是小一課程〉，2018 年 9 月 2 日，香港《蘋果日報》，https://hk.lifestyle.appledaily.com/lifestyle/realtime/article/20180902/58633185, 2018 年 9 月 2 日上網閱讀。

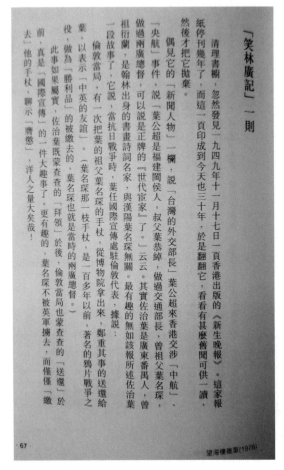

「笑林廣記」一則

清理書櫥，忽然發見一九四九年十一月十七日一頁香港出版的《新生晚報》。這家報紙停刊幾年了，而這一頁印成到今天也三十年，於是翻翻它，看看有甚麼舊聞可供一讀，然後才把它拋棄。

偶見它的「新聞人物」一欄，說「台灣的外交部長」葉公超來香港交涉「中航」、「央航」事件，說「葉公超是福建閩侯人，叔父葉恭綽，做過交通部長，曾祖父葉名琛，做過兩廣總督，可以說是正牌的『世代宦家』了。」云云。其實佐治葉是廣東番禺人，曾祖衍蘭，是翰林出身的書畫詩詞名家，與漢陽葉名琛無關。最有趣的無如該報所述佐治葉一段故事了，它說，當抗日戰爭時，葉任國際宣傳處駐倫敦代表，據說：

倫敦當局，有一次把葉的祖父葉名琛的手杖，從博物院拿出來，鄭重其事的送還給葉，以表示「中英的友誼」。（葉名琛那一枝手杖，是一百多年以前，著名的鴉片戰爭之役，做為「勝利品」的被繳去，葉名琛也就是當時的兩廣總督。）

此事如果屬實，佐治葉既蒙查查的「拜領」於前，真是「國際宣傳」的一件大趣事了。更有趣的，葉名琛不被英軍擄去，而僅僅「繳」去，他的手杖，卻示「膺懲」，洋人之量大矣哉！

·67·

望海樓雜筆(1978)

圖 6.2　高伯雨《望海樓雜筆》
中一文

來沒有讀書的習慣，他把自己的妄猜臆說發表，繼而在網絡上散播，恐怕要毒害不少讀者以及他們的下一代。

2021 年 2 月 14 日接香港摯友關家雄牙醫傳來上面剪頁，又是一則道聽途說掩蓋了真實歷史的典型。筆者也曾遭其毒害：猶記 1968 年筆者開始正式研究葉名琛時，受到該坊間傳聞的影響，曾函葉公超討教，不獲垂顧，原來內裏乾坤在這兒！上面複印件出自高伯雨：《望海樓雜筆》（牛津大學出版社，1978 年），頁 67。

筆者發覺，猶太基督宗教混合文明的精英，也有「文人多大話」的毛病。這種情況，大多發生在受僱的文學作家替別人寫歌功頌德的傳記。一般來說，當某顯貴去世後，其孝子賢孫馬上僱請某些作家替其先人寫

傳記。[14] 由於這些作家大多數沒有受過歷史學的訓練，其所寫的傳記只能作為文學作品來欣賞。鑒於歷史與文學的楚河漢界，歷史學家極少將其作為嚴謹的歷史著作來引用。

當然，也有僱主嘗試聘用歷史學家寫傳記。1980 年筆者回到母校牛津大學聖安東尼研究院時，承拉丁美洲史講座教授 D. C. M. Platt 教授賜告，倫敦一家規模極大的金融公司 Baring Brothers，聘請他為該公司寫其歷史。他就非常認真地鑽研該公司的檔案。不料該公司負責人告訴他，公司需要的是一本娛樂性強的，一本能放在家家戶戶客廳咖啡桌上的大眾讀物，不需要一本嚴謹的歷史著作。雙方談不攏，寫作合同取消。

五、頑疾之五：「以己度人」

筆者大半生在猶太基督宗教混合文明的世界中做學術研究、教書，所碰到極為頭痛的問題之一，是該文明的洋人精英所寫的有關中國歷史的專著：作者們大都是以己度人，即用猶太基督宗教混合文明的價值觀和行事方式來評價華夏文明的其人其事，結果常常差之毫釐，謬以千里。當筆者指出該等荒謬時，自然就樹敵無數了。

以己度人此頑疾，當然非猶太基督宗教混合文明所獨有，華夏文明亦如是。謹舉兩例以證之。

大約三十年前吧，筆者鑽研夏威夷檔案館的原始檔案時，發覺孫中山的兄長孫眉在夏威夷的茂宜島所購買之牧場，是通過律師事務所向銀行貸款的。中國大陸某資深教授聞言，衝口而出地說：「銀行哪會貸款給他的！肯定是孫眉賭博贏了錢，於是就買牧場了！」難怪，三十年前在中國大陸確實是沒有銀行貸款予個人以便其置業者。

2019 年 4 月 2 日，承該教授斧正本書題為「本書視野和取材」的第四章時，他對 1988 年 7 月 11 日廈門政府熱情款待澳大利亞貴賓時在啤酒加冰的追憶，反應既快速也激烈：

14　詳見本書題為「帝國主義的悍將」的下篇第三部份。

　　澳方代表怎麼知道用不是用冷開水造的冰？難道他跑去廚房親眼看到用自來水造冰塊？除了在極貧窮的鄉村地區，其時多數中國人並沒有飲用生水的習慣，中國人的腸胃也不比外國人強，誰都知道中國的自來水不能直接飲用。參與會議的中國官員、學者不會另外有冷開水製作的冰塊，他們的健康不必考慮？何況用自來水也省不了多少錢。中國東道主這樣做的理由是什麼？想害外國人？想不到二十世紀末澳洲人還有天津教案時期中國人的思維。

　　我的天！這個誤會可大了！筆者慌忙解釋該事件的時代背景與澳洲的生態環境，結果愈是解釋而誤會愈深，終於導致該教授指責筆者虛構了那個啤酒加冰的故事。我的天哪我的天！他是用華夏文明那種「文人多大話」的價值觀來解讀筆者所講的、真實的歷史故事了。嗚呼哀哉！筆者把一位富有幾十年交情、耿直之華夏學者也開罪了！對於此案，筆者還有進一步的陳述與分析，詳見題為「本書視野和取材」的第四章。總之，筆者一輩子試圖溝通中西文化，竟然落得日夜腹背受敵的下場。

　　可惜這場鬧劇沒完沒了，2019 年 4 月 22 日，該教授來函說：「我對您勤奮治學很欽佩，也贊同您一些學術觀點，我說的『您做的研究是絕大部份中國學者沒有條件和能力做的』指的是您利用英國檔案進行的學術研究。」言下之意，若他也懂得英語而又有機會到英國利用英國檔案的話，他也能寫出像《文明交戰》系列這樣的書。

　　筆者敢保證，他絕對寫不出像《文明交戰》這樣的系列。原因之一是他從來沒有接受過現代史學治史方法（Historical Methodology）的訓練，連他的授業恩師也沒有，他恩師的恩師也沒有。就像沒有受過駕駛飛機訓練的人，如何能駕機起飛？其二是他對猶太基督宗教混合文明一竅不通，只能以己度人般，按照華夏文明的價值觀來解讀猶太基督宗教混合文明檔案的微言大義，結果就像上文所述的、他堅說孫眉是由於賭博贏了錢來購買牧場一樣，也把澳洲人喝啤酒之事鬧得沸沸揚揚。他頂多只能說是一位中國傳統式的說書人，儘管是一位口齒伶俐、七情上臉的說書人，但談不上是現代意義的史學家。

　　正如一位香港學者在 2019 年 4 月 27 日來函筆者中所說的：「竊以為

許多國內所謂學者，學術訓練不足，缺乏求真與科學精神，道德觀念薄弱，想他們挽救華夏文明，恐怕是緣木求魚的。教授能指正他們的弊病，是發人深省的。希望讀者中，有一二有識之士，能思考力挽狂瀾之法。」

六、頑疾之六：「抄襲剽竊」

華夏悠久的歷史皆由一句名言陪伴着成長：「天下文章一大抄」。既然是抄襲別人的著述，自然就不能註明出處了，否則就會被人批評說抄襲。結果是 1981 年中山大學外語系的區鉷先生譯畢英文拙著《兩廣總督葉名琛》後說：「值得一提的是譯本附了詳盡的參考資料目錄，這在當時中國大陸出版的學術著作中不多見。」[15]

由於長期以來，中國文人你抄我的，我抄你的，自得其樂。發展到今時今日，就變成瘋狂地剽竊，以至因為剽竊別人論文的法律訴訟，沒完沒了。

尤有甚者，竟然有人騙取了華裔學人的熱情贊助而跑到外國作學術交流時，恩將仇報，企圖剽竊恩公三院院士的研究成果！[16]難怪資中筠榮譽學部委員哀嘆曰：當今中國道德淪亡之烈，「連五臟六腑都在腐爛」了。[17]

七、頑疾之七：「假大空地以論代史」

關於這個問題，筆者在本書其他地方以及其他拙著都闡述過了，並指出其荒謬與危害之處。在此只補充一條信息。猶太基督宗教混合文明精英也開始注意到此華夏癌症了。見魏格林（Susan Weigelin-

---

15　區鉷：「譯書識宇和」，2019 年 4 月 25 日。由於筆者與區鉷教授對於如何處理該稿的問題，意見出現分歧，結果區鉷教授撤回該稿。詳見本書題為「《鳩夢》中譯本的噩夢」的一章。像筆者的其他文書一樣，該稿已經移交廣東省檔案館珍藏，待筆者升天堂後，讀者可到該館閱讀。

16　詳見行將出版的拙稿《文明交戰・卷二・地動三河鐵臂搖——死裏逃生》當中題為「兩面三刀」的一章。

17　資中筠在「公民憲政講壇第 20 期：國家觀與法治」上的發言，升平頤和會議中心，2013 年 10 月 15 日，http://bbs.tianya.cn/post-972-88320-1.shtml。筆者 2014 年 7 月 27 日上網閱讀。

Schwiedrzik）等主編《中國史學史研討會：從比較觀點出發論文集》（台北：稻鄉出版社，1999 年）。

八、頑疾之八：「先入為主」

　　筆者在「本書的研究方法」一章中寫道：目前中國甚為普遍的一種治史方法是作者先有一個自以為很聰明的主意，然後廣為挑選能證明此主意的真實性的正面史料；反面的史料就棄如敝屣，甚至踐踏它。中國政府批出的研究經費，一般都是以三年為期，特殊情況可能延長至五年，這更助長了這一風氣。

　　這種行事方式替史學界帶來的傷害已經夠屬害了。但是，若被那些在報章當專欄作家的所謂公共文化人，遺害更是既深且遠。2020 年 12 月 25 日，筆者接到畢生擁抱愛國情懷的大師兄、香港聖母醫院榮休院長林鉅成醫師附來如下香港《蘋果日報》剪報，並俯詢愚見。

圖 6.3 〈國賊孫文〉剪報

　　筆者即覆曰：

　　鉅成大師兄尊前，敬覆者：
　　　痛心！確實令人痛心！不僅是為了古德明歪曲歷史而痛心，更為他禍國殃民而痛心疾首！

禍國殃民之處，在於他挑撥離間以至造成民族分裂而無法團結一致對外。當前中華民族面對的最大危機，是美國發動的對華戰爭，美國把所有能用得上的冷兵器都用上了，這包括拉攏在台灣搞台獨的民進黨對付中國大陸。

在台灣的國民黨追求國家統一，而該黨的靈魂正是畢生追求國家統一、民族團結的中山先生，古德明誣衊孫中山為賣國賊，就是打擊台灣的統派，古德明他自己才是賣國賊。

痛心！確實令人痛心！

小師弟黃宇和八拜。

若歷史學家指責古德明胡來，古德明則大可振振有詞地反駁曰：「你們正規的歷史工作者可以如此胡來，為何我這半瓶醋的歷史工作者不能依樣畫葫蘆？」

九、小結

筆者大半生科研的體驗，讓他深刻地了解到上述王曾瑜先生所言、中國史學界「並未踏入現代史學的門檻，卻大膽地任意創作，信口胡謅，誤導讀者」所能造成的重大傷害；更不要說剽竊成風而不知創新的癌症。故特別設計了這一章，期望警醒國人；更盼望着炎黃子孫，有勇氣和魄力，根治自身的頑疾。如何說服他們？恭請他們慢慢閱讀本書，細細嚼筆者的治史方法，並以此比較他們自己的辦法有何分別。

忠言逆耳的後果將會是怎樣？像十九世紀發生過的猶太基督宗教混合文明與華夏文明的第一場文明交戰那樣，炎黃子孫瀕臨亡國滅種的邊緣，華夏文明幾乎遭到滅頂之災！這麼嚴重？君若不信，請看本《文明交戰‧卷三‧百年屈辱》當中題為「短線追蹤帝國主義的發展」的部份。

第七章
不想活了！斗膽在帝國主義的陰影下追查帝國主義的侵略本性？研究經費何來？如何活命？

　　一般來說，研究經費的來源等屬於鳴謝之事項，都放在著作內文以外。筆者卻特意把本書有關研究經費的來源及鳴謝，作為正文的一章，何故？—— 研究經費及鳴謝摯友與本書主旋律「文明交戰」，尤其是文明交戰的罪魁禍首「帝國主義」，有着極其密切的關係。

一、研究經費

　　筆者從 1968 年在牛津大學的聖安東尼研究院開始鑽研「帝國主義」，此後雖然到了澳洲執教仍頻頻雲遊四海蒐集史料，更長期義務替澳中工商總會等組織服務。「研究經費何來？」——不少朋友提問。筆者總是微笑不答，總是期待着終有一天，有幸拿到一筆豐厚的「研究經費」，及早完成《文明交戰》這項曠日持久的研究項目，早日放下心頭大石。現在拙著終於定稿，可以揭秘了。

　　在這超過半個世紀的漫長歲月當中，最初三年（1968－1971），沒有大家所理解的所謂「研究經費」。有的是牛津大學聖安東尼研究院頒發給予筆者的獎學金（studentship），每年六百英鎊，支付所有生活費、交通費、研究經費、資料費、醫療費等，藉此寫就博士論文《兩廣總督葉名琛》，作為研究帝國主義的敲門磚。

　　接下來的三年（1971－1974），也沒有大家所理解的所謂「研究經費」，有的是牛津大學聖安東尼研究院給筆者的「博士後」（junior research fellowship）職位，每年生活費（stipend）一千英鎊，用來整理、修改、

進一步科研以及出版博士論文《兩廣總督葉名琛》，[1] 藉此深化筆者對帝國主義的研究。

　　1974 年筆者應雪梨大學的聘請任講師。接下來漫長的二十五年（1974－1998），曾蒙澳大利亞國家研究撥款委員會（Australia Research Grants Committee，簡稱 ARGC），在 1976 年一次性給予筆者一張飛機票，坐經濟艙從雪梨往返倫敦科研一次，為當時筆者正在編著的《中英關係，1839－1860：鴉片戰爭時代中英外交文件提要》[2] 做科研，如此而已。其餘的，全靠雪梨大學發給筆者作為講師的薪金，趁每年四次假期（暑假、寒假、兩次學期中的小休短假），飛返英國鑽研原始檔案。當時雪梨大學年輕講師的年薪是八千元澳幣。

　　《中英關係》這本書之最終能夠面世，必須感謝當時英國學術院（British Academy）力邀筆者當無薪的榮譽編輯，替其東方文獻組（Oriental Documents Committee）鑒定、整理以及編排英國國家檔案館珍藏之鴉片戰爭時代中英外交的漢語原始文獻，並做英語提要，因而得到該院以及澳大利亞國家人文科學院暨邁爾基金會（Australian Academy of the Humanities／Myer Foundation），各資助筆者坐經濟艙飛英一次；其中一次訪英期間，又蒙英國斯馬茨紀念基金會（Smuts Memorial Fund），資助筆者自劍橋往倫敦的來回火車經濟艙月票。最後，承新加坡陳文章大法官（Judge Tan Boon Chiang）鼎力支持，得獲新加坡李氏基金會資助再坐經濟艙飛英一次，促成了筆者用英語編著的《中英關係，1839－1860：鴉片戰爭時代中英外交文件提要》一書 [3]，在 1983 年作為英國學術院（British Academy）的叢書，由牛津大學出版社出版，深化了筆者對帝國主義的了解。

　　此後的十五年（1983－1998），一切外援都枯竭了。這倒沒什麼，節

1　此書終於由劍橋大學出版社在 1976 年出版了。

2　John Y. Wong, *Anglo-Chinese Relations, 1839-1860: A Calendar of Chinese Documents in the British Foreign Office Records* (Published for the British Academy by Oxford University Press, 1983). 見下文。

3　John Y. Wong, *Anglo-Chinese Relations, 1839-1860: A Calendar of Chinese Documents in the British Foreign Office Records* (Published for the British Academy by Oxford University Press, 1983). 見下文。

衣縮食就是了。終於，英文原著《鳩夢》（即本書下篇），在 1998 年由劍橋大學出版社出版了！

但英文版《鳩夢》只是橫向、即切面地分析帝國主義侵華的性質，筆者還決心縱向追蹤帝國主義自鴉片戰爭迄今的發展。然而經費從何而來？2011 年筆者向香港衛奕遜文物信託申請每年十萬元港幣研究經費，為期四年，卻遭拒絕。沒關係，進一步節衣縮食就是了。筆者在 2014 年 2 月底從雪梨大學退休後，在沒薪金的情況下，於 2015 年 8 月再向該香港文物信託申請補助，以便研究與文明交戰息息相關的孫中山「萬能政府」概念，又一次遭拒。[4] 那也沒有關係，更進一步節衣縮食就是了。

其實幾十年來，筆者承家母從香港把弟妹及子姪們不合穿的衣物寄贈；後來她更在每天清晨 3 時就起來撿破爛，當撿到沒破沒爛的衣服就高興得不得了，小心翼翼地洗乾淨後就打包郵寄予筆者。筆者及內子、女兒們畢生感激。近年筆者頻頻路經香港轉中國大陸或英國科研，更承胞弟黃宇良暨襟弟申宗仁先生、曾昭屏賢伉儷熱情款待，不辭勞苦地接送，銘感於心。

為何筆者總是與政府撥款機關的研究經費無緣？若說初出茅廬之際，當時的撥款機關不願意在一名寂寂無聞的小伙子身上投資，雖然不能自圓其說，但也可以說是不成理由的理由。自從筆者著作源源面世以後，又好評如潮，還是拒絕給予研究經費，自有其深層次的矛盾。這深層次的矛盾在哪？與本書的主旋律可有關係？容筆者在下一節，提供一兩個實例聊作解釋，謹供讀者參考。

當筆者為了《文明交戰》的研究和實地調查，到 2018 年本來捉襟見肘的科研經費已經到了山窮水盡的時刻，蒙武漢健民藥業集團贊助筆者在當年 9 月再度飛英做檔案鑽研的飛機票和生活費，在穗又多次幫助筆者前往番禺蓮花山實地調查的蓮花城，這是第一次鴉片戰爭中、英國公使義律與欽差大臣琦善會面商討割讓香港的地點，筆者特此致謝。

4　該基金會曾以少量研究經費，補助拙著《三十歲前的孫中山》和《孫文革命：聖經和易經》的科研。為何厚此薄彼？

二、五次死裏逃生

筆者頻頻飛倫敦科研，但無論筆者一家數口如何節衣縮食，均不敵倫敦昂貴的生活費。可是，自從 1974 年筆者移居澳洲之後，至今快半個世紀了，每年都飛倫敦作數次科研，而在南半球 11 月底到翌年 2 月底的三個月暑假中，更常駐倫敦，光是付最廉宜客棧的宿費，就足以令筆者這樣的窮書生破產。猶幸在聖安東尼研究院的舊同窗 Professor Janet Hunter 和 Dr Stephen Hickey 賢伉儷熱情接待，像家人一樣，數十年如一日，筆者畢生感激。

尤記同窗時代，筆者的博士論文由於譴責帝國主義侵華而被判死刑時，猶如世界末日！幸得 Janet Hunter、Stephen Hickey 及其他研究生，尤其是 Richard Miller、Andrew Purkis 和 Claudia Elliot 等，既向我們所屬的聖安東尼研究院的院長請願，解釋筆者「在齊太史簡、在晉董狐筆」的立場；又日夜幫助筆者修訂論文，遂成為生死之交，戲稱為 The Old Gang。筆者的個人得失還是其次；從大局看，The Old Gang 全力支持筆者優化譴責帝國主義的博士論文，代表了英國猶太基督宗教混合文明精英強大的自信心和高度的自我反省能力。這正是為何英國猶太基督宗教混合文明有如此堅韌的生命力。[5]

後來本書下篇《鴆夢》的英文原著，鑽研帝國主義更深，譴責帝國主義更切，結果被劍橋大學出版社所禮聘不具名的英國專家審稿人宣判死刑。筆者再一次瀕臨精神崩潰邊緣，熬過近一年恍如地獄般的生涯後，適逢筆者聖安東尼研究院時代、高筆者兩年級的一位師兄，當時已經當上劍橋大學帝國史暨海軍史講座教授的卑理院士爵士（Professor Sir Christopher Bayly, FBA, FRSL, Kt.）訪澳，筆者向其盡吐苦水。結果劍橋大學出版社邀請他當第三位審稿人，他讀後認為是實事求是、擺事實講道理的優秀著作，《鴆夢》的英文原稿終於起死回生。[6]筆者謹以本書紀念卑理院士爵士講座教授，藉此表達筆者對他的崇高敬意與深切懷念。

5　詳見英文自傳 *Keeping the Faith* 當中題為 'Shot! Oxford *DPhil* Thesis' 的一章。

6　詳見英文自傳 *Keeping the Faith* 當中題為 'Shot! *Deadly Dreams* Manuscript' 的一章。

筆者與劍橋大學出版社簽署了出版協定後，馬上向雪梨大學當局報告此好消息。不料很快就接到雪梨大學歷史系系主任接二連三的公函，不斷用莫須有的罪名，企圖把筆者趕走。[7] 若他們的陰謀得逞，則哪怕《鴆夢》後來果真出版了，又有誰會垂顧一本其作者已被其僱主搞得聲名狼藉的書。下面是筆者英語自傳 *Keeping the Faith* 當中第二部份的全部章目，夠嚇人吧！

Part Two *My Life in the Judeo-Christian World*

1. Where has John Wong come from?
2. Shot! BA (Honours), 1968
3. Shot! Oxford *DPhil*, 1971
4. The Sydney Trio: Marjorie Jacobs, Patrick 'Pat' Collinson and Grahame Harrison, 1974–1993
5. Shot! *Deadly Dreams* Manuscript, 1993
6. Shot! Senior Lecturer, Part I: 1994–1995
7. Shot! Senior Lecturer, Part II: 1996–1998
8. Shot! Personal Chair Application, 2004
9. Chair Professor of Modern History: Inaugural Lecture, 21 October 2010
10. Hindsight from the Vantage Point of 2019
11. Two Sides to the Picture of Opium War Studies
12. Rejected and Accepted–My article on Commissioner Yeh and comparisons with Commissioner Lin

此外，劍橋大學出版社雖然承諾出版《鴆夢》，但如此大型的學術著作，所需的出版費用，遠遠超越該社給予每一本學術專著的津貼好幾倍。欠缺出版經費，無法刊刻《鴆夢》啊！劍橋大學出版社也愛莫能助。猶幸新加坡陳文章大法官（Judge Tan Boon Chiang）鼎力支持，再次出面向新加坡李氏基金會的李成智先生求助。承李成智先生慷慨解囊，補

7　詳見英文自傳 *Keeping the Faith* 當中題為 'Shot! Senior Lecturer, Part I: 1994-1995' 和 'Shot! Senior Lecturer, Part II: 1996-1998' 的兩章。

助出版費八千美元，《鴆夢》才得以順利面世。阿門。

　　筆者上述的學術生涯，稱得上是五次死裏逃生，但那只是學術範疇內的悲劇。在筆者生命中其他領域的死裏逃生例子，見行將出版的拙稿《文明交戰・卷二・地動三河鐵臂搖——死裏逃生》，尤其是當中題為「眼前一黑」、「兩面三刀」、「落井下石」等令人震驚的章節。兩者加在一起，是名副其實地不斷發上在筆者身上的文明交戰。

三、鳴謝摯友

　　筆者頻頻飛英國，也常飛美國、日本，以及香港、中國大陸、台灣和東南亞等地區；既做檔案鑽研，也做實地調查，更與當地的學者做學術交流。但由於身體過度勞損，從 1996 年開始，筆者再也沒有坐飛機經濟艙的福氣了，飛行時必須平躺，否則腰痛難當。衷心感謝國泰航空公司的朱國樑先生，頻頻為筆者升艙，筆者的學術生涯得以延續：再生之德，沒齒難忘。筆者退休之後，利用飛行積分贖票益形重要：感謝朱國樑先生暨同仁黃美詩女士和陳倩瑜女士，多次提供方便。

　　健康每況愈下，承華仁書院時代的大師兄林鉅成醫師，多次拯救筆者性命，避免了草稿成為遺稿，恩同父母，同樣沒齒難忘。另一位華仁書院時代的大師兄李柱銘資深大律師，義務提供法律諮詢，省卻筆者精神負擔，對筆者脆弱的身心大有裨益，銘感於心。李傳智骨科專家多次看護筆者腰骨，廖壽如耳鼻喉科專科醫生看護筆者的寶貝耳朵，關家雄醫生看護筆者的牙齒。黃健醫生、羅煦英醫生、蔡士雄醫生多次贈醫施藥，亦致深切謝意。

　　在雪梨方面，Royal Prince Alfred Hospital 的 Dr Michael Crawford、Dr Rebekah Ahmed 和 Dr Nari Ahmadi；Chris O'Brien Lifehouse 的 Dr Kerwin Shannan；Brain and Mind Research Institute 的 Dr Todd Hardy；好友許保華醫生；當然還有雪梨大學醫務處的群醫，尤其是當中的 Dr Yael Cohen、Dr Susan Willis 和 Dr Myra Cowell；筆者鄰居的一雙醫生伉儷 Dr Geoffrey Heber 和 Dr Deborah Davis，幾十年來隨時隨地看護筆者：「遠親不如近鄰」，於茲信焉。

　　此外，從 1975 年開始，筆者每年都三番四次地訪華，承陳裕華舅舅介紹，有幸認識當時已經八十高齡的書法家秦咢生先生，以及當時還只有六十來歲的關曉峰先生。秦老聽聞筆者對第二次鴉片戰爭研究有新發現，感嘆之餘，慨然成詩。

　　感謝香港大學時期的舊同窗曾鈺成先生推介予愛國港商人鍾惠明先生與筆者認識；承鍾先生斥資翻譯費港幣六萬元正，將英文原著翻譯成中文，作為本書下篇的底稿，筆者不勝感謝。當然也衷心感謝譯者林立偉先生的辛勤勞動，他翻譯之準確與行文之流暢，是筆者所見過的譯文當中最優越者之一，而且常常令到筆者驚喜不已。但要跨越兩個文明，非常艱難；捉摸作者的原意（intention）同樣困難。若筆者有改動譯文的地方，萬望譯者體諒筆者是在精益求精，絕無吹毛求疵之意。

四、學術生涯的寫照

　　在雪梨大學的中國留學生群體當中，流傳着這麼一個佳話。年輕時，「黃老師蹬部破自行車，自得其樂。」年邁體衰後，「黃老師走路上班下班，跌跌撞撞；來回各一小時，風雨不改，晝夜一樣。」心思敏銳的年青學者，三言兩語可以作為筆者一生學術生涯的寫照。

第八章
《鴆夢》中文版的噩夢：1996 年迄今

本卷的「下篇·微觀探索十九世紀帝國主義性質」，其底稿乃英文原著《鴆夢》（*Deadly Dreams*）漢語譯稿。在該原著定稿的 1996 年，筆者已經開始物色譯者，惟整整二十五年過去了，為何遲至今天中文版才面世？本章試圖向讀者交代這個問題。

在這二十五年裏，筆者的科研與思考沒有停下來，而是再接再厲，不斷向前發展，成績就是《文明交戰·卷一·帝國主義的鴆夢》，其中的上篇，是新增的八章；而下篇共十七章，每一章的結尾部份都增寫了一節，恭候賢達賜正。此外，若《鴆夢》英文原著出版後曾蒙書評者垂顧的章節，筆者也會增寫一節，題為「反響」，藉此回答書評者的提問，甚至排難解紛，進一步查清楚關鍵問題，力圖避免第三次世界大戰的發生。

一、一鳴驚人，鴆夢開始

1997 年 7 月 1 日，在中國全國上下熱烈慶祝香港回歸的同一日，中國社會科學院近代史研究所編輯和出版的《近代史研究》，刊登了拙文〈帝國主義新析——第二次鴉片戰爭探索〉[1]。接着《新華文摘》摘要刊登。[2] 繼而中國社會科學院科研局編輯和出版給全院研究員參考的《學術動態》，也摘要報道[3] 為何如此轟動？拙文是筆者把當時行將由劍橋大學出版社刊刻的英文拙著《鴆夢》[4] 的第一章，重新用中文寫出來刊登，藉此扼要介紹了全書共十八章的內容。

1　黃宇和：〈帝國主義新析——第二次鴉片戰爭探索〉，《近代史研究》，總 100 期，頁 22–62。

2　《新華文摘》（北京：人民出版社，1997 年 11 月），頁 76–82。

3　《學術動態》（北京：中國社會科學院研究局，1998 年 1 月 20 日），總 942 期，頁 16–19。

4　John Y. Wong, *Deadly Dreams: Opium, Imperialism, and the 'Arrow' War in China* (Cambridge University Press, 1998).

　　國內學術界如此熱烈的反應，倍增筆者的渴望，渴望國人通過拙著，能深切了解帝國主義的性質。否則天天譴責帝國主義，多流於口號。於是迫切尋找譯者，但事與願違，《鴆夢》中文版成了筆者的噩夢。奈何！

　　一鳴驚人，噩夢開始。不正是《道德經》所云：「福兮禍所伏」？

二、歲月蹉跎

　　1998 年初，西北大學某教授（名字忘了）在《近代史研究》看了上述拙文，即向《近代史研究》編輯部索取筆者的通訊地址，並寫信向筆者表示願意翻譯《鴆夢》。由於筆者對他的翻譯功夫一無所知，故婉謝了。同時趁 1998 年下半年應邀到台灣政治大學當客座教授時，就曾經有過如下想法：親自動手，把全書共十八章餘下的十七章，每週重新用中文寫一章，作為該週的講義和閱讀材料，發給同學們參考，並與他們深入討論。然而，實踐證明，筆者是過份樂觀了。雖然當時中文電腦在台灣已經非常普遍，政大歷史系也為筆者提供了一台座桌電腦，放在筆者的辦公室。惟筆者的中文輸入速度，比蝸牛爬行更慢！結果沒有如期完成用中文重寫《鴆夢》的計劃。[5]

　　未能如期完成的另一原因，是筆者翻譯了《鴆夢》第二章後，竟然分心用漢語撰寫特長論文〈英國對華「炮艦政策」剖析：寫在「紫石英」號事件 50 周年〉。[6] 接着又用中文撰寫了更長的〈葉名琛歷史形象的探究——兼論林則徐與葉名琛的比較〉作為學術報告，在香港的一個國際會議上宣讀。[7] 現在回想，這是筆者所犯的第二個錯誤——當時沒有打鐵趁熱，集中火力用中文把《鴆夢》重新寫出來。

5　詳見行將出版的拙著《文明交戰・卷二・地動三河鐵臂搖——死裏逃生》當中題為「政大客座半年」的一章。

6　出版細節是黃宇和：〈英國對華「炮艦政策」剖析：寫在「紫石英」號事件 50 周年〉，《近代史研究》，總 112 期（1999 年 7 月），頁 1－43。

7　該文後來刊登於《九州學林》（香港城市大學和上海復旦大學合編），第 2 卷（2004），第 1 期，頁 86－129。

為何一錯再錯？當時是筆者有生以來第一次用電腦作如此大型的漢語寫作，氣勢如虹。1998 年 12 月筆者訪問北京時，雖蒙中國社會科學院近代史研究所張海鵬所長熱情表示，該所願意把《鴆夢》翻譯成中文，筆者還是說希望自己重新用漢語寫出來而婉謝了他的好意。這是筆者所犯的第三個錯誤——過份自信。

三、在上海的嘗試

2002 年，在中國大陸出版《鴆夢》中文本的機緣再現。該年 7 月 29 日，筆者發航空信去上海的上海書店出版社的金良年社長曰：

> 欣悉閣下願意出版拙著……閣下在滬如有熟悉可靠的適當人選，像退了休的老教授，請閣下出面邀請翻譯。是否可行，賜覆為禱。

2004 年 4 月 15 日，金良年社長來郵說：「大作翻譯一事，我再與〔上海的〕譯者聯繫一下。如果此譯者不合格，將按先生建議，與清史編委會聯繫翻譯。」

清史編委會？

四、清史編委會

中國社會科學院近代史研究所的夏春濤研究員，專治太平天國歷史，乃筆者舊識。2004 年夏春濤接受清史編委會的委託，在其《清史‧通紀》第 6 卷中，撰寫有關第二次鴉片戰爭的專文。此事促使我倆重通電郵。

（一）2005 年 4 月 12 日，夏春濤研究員電郵曰：

> 接奉 11 日來函。清史編委會下設一些專門的機構，其一便是編譯組。當初的計劃之一便是翻譯海外有影響的清史各專題研究著

作。當時曾經廣泛徵求內地學者的意見，包括推薦書目。該計劃究竟進展如何，具體列了哪些書，是否包括您的大著，我並不清楚。待聯繫了解後，再將具體情況稟告您。如果尚未列入，同時又有繼續編譯的計劃，我將竭力推薦。謝謝您所提供的購書線索。在《清史‧通紀》第 6 卷中，第二次鴉片戰爭所佔的篇幅不算多，大約 6 萬字左右，只能勾勒出一個大體的線索，力求寫出新意。您的大著對此應很有幫助，尤其是其中的外文資料，內地很難見到；您的研究也會很有啟發意義。

（二）2005 年 4 月 13 日，夏春濤研究員電郵再覆：

　　今天上午進行聯繫，了解了相關情況。清史編委會編譯組的確有翻譯海外研究清史專著的計劃。具體程序是由譯者直接與他們聯繫，需要報送的資料是對該書的內容評介（附上已發表的權威評論更好），該書的目錄（譯文）。編譯組再進行評審，決定是否列入翻譯出版計劃。對於譯稿的品質等，將有專家進行嚴格的把關和評審，包括請專家進行校對。翻譯的計劃一直在持續進行之中，隨時可以受理。具體詳情，包括英文原著的版權問題之類，可以直接與對方聯繫、詢問。編譯組的通訊位址是：北京市海淀區中關村大街 45 號興發大廈 608 室（國家清史編纂委員會編譯組）。

（三）2005 年 4 月 17 日，夏春濤研究員電郵三覆：

　　本月將拜見戴逸先生，屆時將向他面稟建議翻譯您的大著一事。金先生處若有此意，請他相機處理。

（四）2005 年 6 月 5 日，夏春濤研究員電郵四覆：

　　昨天，戴逸先生召集《清史‧通紀》組的主持人開會，大家逐一彙報寫作思路和主要內容，並就一些問題進行討論。我在發言時，

談到了您的大著，表示我與您均有將此書納入翻譯組出版計劃的想法。戴先生當即表示贊同。

戴逸先生乃清史編委會的最高統帥，掌生殺大權。既然他同意了，筆者可安枕無憂！

惟翻譯拙著《鴆夢》之事，從此也不了了之。為什麼？讀者諸君欲尋幽探秘，恭請稍移玉步，到拙著《文明交戰・卷二・地動三河鐵臂搖——死裏逃生》當中題為「眼前一黑」的一章，探個究竟。又若讀者參閱王曾瑜先生的大文，則更為直截了當。[8]

此路又不通，該如何是好？金良年社長早在 2004 年 4 月 17 日就一語道破天機，只怪筆者遲鈍，當時沒有準確地理解他的意思。當時他說：「清史編委會也是官僚機構，就是錢多，當然，能有他們資助更好，然沒有他們介入我也一樣會出書。」筆者歎服之餘，哪怕老大不願意，也只好讓金良年社長恢復聯繫那位筆者認為不及格的譯者——金良年社長所物色到的一位華東師範大學歷史系的博士研究生。結果如何？

五、華東師大博士研究生

首先，為何筆者認為該譯者不及格？且看筆者在電郵上向金良年社長傾訴的衷曲：

（一）2005 年 5 月 11 日深夜，黃宇和電郵金良年社長曰：

《鴆夢》的譯者，在 2004 年說，已把該書全部翻譯完畢。我在 2004 年 4 月底（4 月 28 日在上海與您一道晚膳席上），聽您複述他話時，幾乎捧腹。只是在您面前不好失態而已。一年就把《鴆夢》翻譯完畢？我自己不教書而用全部時間去翻譯也辦不到！又是一年過

8　見王曾瑜：〈空頭主編與南郭先生合作的等外品——評戴逸、龔書鐸主編《中國通史》彩圖版〉，2007 年發表於中華文史網，2017 年 8 月 18 日轉載於 http://www.sohu.com/a/165511366_488124，2018 年 6 月 18 日上網閱讀。

去了，從附件中可知他只翻譯了王賡武教授的前言一頁半，俾理教授的前言一頁半，我簡短的序言，以及第一章的三節不到。全書共18章，還有參考書目等等，長征還未邁出半步，就奢言勝利結束！讓人極度反感。他把拙著《鴆夢》的複印件丟掉，那種不負責任的態度，若在外國，早被撤職。在拙著短短的序言中，他把世界著名的英國棉紡重地蘭開夏（Lancashire）翻譯成蘭開復山區，把《經濟脈搏》（Econocide）翻譯成《廢奴時代的英國奴隸》（英國本土從來沒有奴隸！），把 Palmerston 棄而不理（他不知道 Palmerston 正是著名的巴麥尊首相），把澳大利亞人文科學院（Australian Academy of the Humanities）翻譯成「澳大利亞人類學會」，把廣東十九世紀的紅巾軍叛亂（Red Turban Rebellion）翻譯成太平天國，把行會（guild）翻譯成指南，其他翻譯不了的包括 Prince Kung, Canton, Yangtze, Peiho, Whampoa, Shameen, Chusan（它們分別是恭親王、廣州、揚子江、白河、黃埔、沙面、舟山群島）。如此這般就能當中國近代史的博士研究生，讓我不禁失聲痛哭。

（二）2005 年 5 月 13 日，黃宇和電郵金良年社長轉譯者曰：

　　這一段是對譯者說的，請您適量地轉告他下面實際情況：知你丟掉《鴆夢》英語原著複印本，為憾！雪梨大學有嚴格規定，複印機首先為行政服務，教學次之、科研又次之。把 542 頁的《鴆夢》英語原著重新複印，要佔用一台複印機一整天的時間，不可能在週日進行。同時，要準確無誤地複印，也不是一個人在一天之內能辦妥。已聘請了一位研究生，在 2005 年 5 月 15 日星期天，與我一起並肩作戰一整天。我負責複印，把每頁擴大以減輕譯者眼睛的負擔；研究生負責檢查每一頁是否有印漏文字，頁數是否齊全等。估計需要八個小時才能竣工。由於是週末，工資加倍算。我的工資加倍算，每小時是五百澳元。研究生工資加倍算是每小時五十澳元。兩人八小時共四千四百澳元。若複印機不發脾氣，讓我們順利地在 2005 年 5 月 15 日星期天把 542 頁的《鴆夢》全部複印好，則我將於 2005 年

5 月 16 日星期一把複印件交國際快遞公司以最高速度遞交金良年先生，以爭取最快出書。已電該公司估價，快遞該件的費用大約是澳幣一百塊錢，加上複印的人工費，機器保養費，紙張等，總共大約是五千元澳幣。

（三）2005 年 5 月 15 日，金良年社長電覆黃宇和曰：

非常抱歉又要先生承擔一次複印、郵寄的費用，俟收到後，我準備在我社的複印機上再複印一份，以備不測。對譯者，擬將先生對樣稿的批評意見，以及對他失落原稿的批評，一併面談一次，以策其認真工作。

（四）2005 年 5 月 16 日，黃宇和電郵金良年社長曰：

我很高興地告訴您，昨天，2005 年 5 月 15 日星期天，在敝系複印機旁與研究生並肩戰鬥了一整天的成績是令人滿意的：已把《鴆夢》英文原版複印完畢。是雙面。複印過程中，複印機只發了六次脾氣，只有三位同事來複印時我們禮貌上必須讓出複印機以便他們優先複印，錯漏的頁數前後也只有 20 頁左右，經核對補印，整個工程在九個小時之內完成，如釋重負。包紮妥善後，今天（2005 年 5 月 16 日）早上電國際快遞公司來取去了，想先生日內就會收到。一切費用由我負責好了，講錢真傷感情。但請您忠告譯者，若再次丟失原文，他必須加倍賠償。

筆者既鄙視該研究生的為人，又憂將來譯稿的質量，更愁華夏的命運，蓋中國年輕的一代，對工作竟然是如此不負責任。準此，筆者情不自禁在 2005 年 5 月 20 日，又對金良年社長大吐苦水。事緣中山市政府為了在 2006 年舉行孫中山誕辰 140 周年紀念活動，力邀筆者撰文，敍述 1986 年筆者在雪梨大學召開「紀念孫中山誕辰 120 周年國際學術研討會」的盛況。於是：

（五）2005 年 5 月 20 日，黃宇和向金良年社長大吐苦水曰：

　　我把該研討會論文集一本送他們，說序言已經把事情說清楚。他們請了一位年青同事、廈門大學歷史系本科生兼六級英語畢業生來翻譯。他翻譯出來的東西與該序言風馬牛不相及，大部份是他聽了我們閒談後，憑空杜撰出來的，真要命！不得已，只好應他們力邀，自己撰寫，雖然目前我為了撰寫《中山先生與英國》已經忙到廢寢忘餐。眼睛也疼得撐不開。

雖然眼睛疼得撐不開，仍念念不忘《鳩夢》的翻譯事宜。
（六）2005 年 5 月 22 日，黃宇和向金良年社長指出譯者虛報戰功曰：

　　週末期間，把您轉發來譯者的譯文重看一遍，發覺其中所謂第二章，其實也只是第一章，不過比題為第一章者長半頁而已。如此這般，怎能把它稱為第二章！

（七）2005 年 5 月 23 日，金良年社長覆黃宇和曰：

　　《鳩夢》影本已經妥收，正在再複印一個副本交譯者，然後將先生寄來的裝訂成冊留存。關於翻譯、審訂事，鄙意，譯者似不再更換為好，但審訂者可以請近代史所承擔，既然海鵬所長有意，想來安排審訂者應無大問題。如先生同意，我當趁有機會去北京時，與海鵬所長商談。

金良年社長與張海鵬所長商談結果如何？筆者焦慮之餘，八天後不禁函近代史所的好友夏春濤研究員。
（八）2005 年 5 月 31 日，黃宇和函夏春濤研究員曰：

　　目前我的感受是：從 1997 年 7 月到目前為止，花在《鳩夢》漢語本的時間和精力已經太多，我無法繼續承擔，故決定把自己調離

這個工作崗位。若海鵬所長最後還是幫不了忙，就讓我升了天堂以後，再親自把《鴆夢》重新用中文寫出來吧。

終於，在 2005 年 6 月 17 日，接金良年社長來函曰：「近代史研究所也是官僚機構，做事情不易。」怎辦？

（九）2005 年 6 月 17 日，金良年社長覆黃宇和曰：

鄙意，與其等待不如先幹起來，有一個文本譯出來總比沒有好。我們對於品質已經有所警惕，操作自然會小心，實在找不到，哪怕先生自己抽時間慢慢審讀，也還是殺青有期。總之，還是退而結網。我下週就聯繫原譯者，讓他先翻，以後的工作再逐步考慮。

筆者勉從。

（十）2005 年 7 月 14 日，金良年社長電郵黃宇和曰：

大作翻譯已經佈置下去，並將應注意的問題和應參考的工具書和材料（如《第二次鴉片戰爭》、《籌辦夷務始末》、《近代來華外國人名辭典》）等介紹給他，並確定為時一年的工作期限，即到明年 6、7 月交稿。我還擬定期（一季度）檢查他的進度。特此報告。」

結果呢？兩年又過去了，音訊全無。

（十一）2007 年 4 月 2 日，筆者電郵金良年社長曰：

2007 年 2 月 22 日路過香港，承香港城市大學鄭培凱教授慨賜午宴。席上他說您已退休。我返澳後一直想寫信向您問好，可惜忙不過來（前晚我只睡了四個小時，昨晚五個）。您退休後，您的繼承人是否會像您一樣熱心學術？甚念。

《鴆夢》的譯者，至今毫無音信。最初堅稱已全部譯完，當您要他交卷時，原來只譯了 20 來頁，他甚至說把 542 頁的原文丟了，害得我又花了一整天的時間複印給他。如此又過了三年。在兩年前您

再催他，他說當年年底交卷，但至今如石沉大海。

我覺得應該是與他斷絕關係的時候了。從 1997 年我把《鴆夢》的清樣交區鉷時算起，整整十年過去了，寧不讓人感嘆。

頃接中華書局（香港）主動來函，提出他們願意考慮找人翻譯出版《鴆夢》。如貴社願意與他們合作出版，我就請他們考慮是否與貴社合作。因為現在他們願意承擔翻譯和出版的風險，我就得把主動權交他們。尊意如何，賜覆為禱。若您退休之後此事後繼無人，也正是與譯者正式斷絕關係的時候了。

金良年先生又重新聯繫了那位博士生，其一如既往地不屈不撓，令人肅然起敬。

（十二）2007 年 6 月 4 日金良年先生電郵曰：

請看最近譯出的第三章樣稿，希望聽到你的評估，再決定是否繼續讓其譯下去。

（十三）2007 年 6 月 4 日黃宇和電覆金良年先生曰：

今天來示敬悉。我不願意與這位譯者再有任何瓜葛。我在 2007 年 4 月 2 日的信中，表示要「與譯者正式斷絕關係」，同月 4 日的信中用更強硬的語氣說要「馬上斷絕關係」。可能我的措辭文縐縐的，沒有引起他足夠的重視。

最近我寫了一封絕交的覆信，有位朋友看後，認為那麼溫文爾雅，恐怕接到覆信的人，發夢也不會想到這是一封絕交信。我則認為君子絕交，不出惡言。

在過去的幾年，譯者已經把我的忍耐以及我對他的信心消磨殆盡。來日無多，我希望集中精神做學問功夫，不願意為這位譯者再浪費有限的精力。

謝謝您多年來關心拙著的翻譯及出版事宜。由於譯者不負責任，害得貴社翻譯拙著的事情，就此劃上句號。

　　金良年先生多年以來，耐着性子鍥而不捨地精心策劃出版拙著，是
對《鴆夢》的肯定。感激之餘，在南半球朝北肅立，遙向金良年先生鞠
躬敬禮。

六、香港老友慨予援手

　　山窮水盡疑無路，柳暗花明又一村。上文提到，香港中華書局樂意
物色適合的翻譯人員，並出版拙著《鴆夢》中文版。萬事俱備，只欠東
風。所欠的東風，是翻譯費港幣六萬大元。

　　歲月蹉跎又五年。終於繼2011年10月，拙著《三十歲前的孫中山》
趕上了該年的辛亥革命一百周年，由香港中華書局出版誌慶之後，2012
年4月又由北京三聯書店出版了增訂本，筆者鬆口氣之餘，即修書懇求老

圖 8.1　曾鈺成先生在香港立法會附近的北方菜館宴請黃宇和伉儷等，2012年10月9日。
前排從左至右鍾惠明、黃宇和、曾昭蓮。
後從排左至右蔡迺捷、曾鈺成、鍾迪康（鍾惠明的兒子）、黎耀強（香港中華書局當時的
策劃編輯、拙著《三十歲前的孫中山》責任編輯）。

朋友、香港立法會主席曾鈺成先生，幫忙找人贊助翻譯費。曾鈺成先生轉求蔡遒捷先生。蔡遒捷先生過去是曾鈺成先生當香港培僑中學校長時，該校的教師之一，後轉中央駐香港聯絡辦公室工作，人脈極廣。結果覓得愛國商人鍾惠明、鍾迪康父子，慷慨贊助翻譯費港幣六萬大元，大慰！

時值內子的健康每況愈下，亟盼與香港的姐妹再見面，於是筆者購買了飛機票並陪她前往。剛巧喜獲鍾惠明、鍾迪康父子贊助翻譯費，轉賬進入香港中華書局有限公司的信託賬戶，並由該局直接支付譯者，省卻筆者不少麻煩，更是令人雀躍。訪港期間，蒙曾鈺成先生宴請，內子借此機會又可以與老朋友見見面，喜上加喜。

香港中華書局物色到的翻譯人員是林立偉先生，香港長大，中學畢業後，考進台灣政治大學，攻讀中英翻譯本科四年後以優異成績畢業，是受過翻譯專業訓練的人才。1998 年筆者曾應邀當過政大客座半年，對該校嚴謹的學術作風、法治精神、高尚的情操，至今印象深刻。林立偉先生在政大畢業後，返回香港任職於香港中文大學中國文化研究所當編輯多年，有相當的工作經驗。香港中華書局的黎耀強策劃編輯，過去也曾任職於香港中文大學中國文化研究所，對林立偉先生有較深的認識，於是邀請他翻譯。林立偉先生出於友情，又鑒於翻譯《鳩夢》均在工餘時間，故收費是市價的一半。筆者銘感於心，並向黎耀強策劃編輯表達了面謝林立偉先生的願望，可惜至今緣慳一面。

林立偉先生的工作能力，果然高強。筆者自認不教書而用全部時間去翻譯也辦不到的事情，他辦到了，而且不出一年！即在 2013 年 7 月 19 日，將餘下的十六章全部譯畢！不久，又將有關《鳩夢》的書評，也全部翻譯出來。筆者大喜過望。五四運動一百周年，《鳩夢》中文版還是不見蹤影，究竟發生了什麼事？

七、翻譯的困難

筆者收到香港中華書局轉來林立偉先生的全部譯稿後，即懇求香港的另一位老朋友蕭滋先生幫忙閱稿。蕭滋先生退休前，曾任香港三聯書店總經理多年，有豐富的編輯和出版經驗。蒙其俯允，不勝感謝。老先

生不慣用電腦看稿。於是筆者逐章列印出來，分批空郵寄呈。蕭滋先生閱讀時，在列印件上批註後，再郵寄饋還。第一章、第二章沒問題，那是筆者自己用中文重寫的。但到了第三章，問題就來了，蕭滋先生認為「譯氣太重！」——承麥志強先生賜告，普通話通稱「翻譯腔」。

下面是筆者 2013 年 9 月 19 日對蕭滋先生來示的反應及後續通信：

（一）「譯氣太重了！」——蕭滋

黃宇和覆曰：

1. 我早有見及此，並準備親自把全書重新用中文寫出，結果只寫了第一章（今第二章）及第二章（今第三章）的一半，結果就被迫停下來了。您剛閱校過的第三章，後半部是林立偉先生翻譯的，譯氣真不可耐！

2. 林立偉先生要求翻譯費港幣五萬。我請鍾惠明先生慨捐六萬，其中額外的一萬是請林立偉先生把譯稿改為中文稿，他也信誓旦旦地說已經把譯稿改為中文稿了。現在看來是沒改動。

3. 附上的第四章，竊以為譯氣更是不可耐！我用紅字試圖糾正譯氣，但最後還迫得放棄，否則就定稿無期。

4. 我同時用紅字改正了不少錯譯，唉！林立偉先生專職翻譯，在翻譯名字等方面了不起，所以對我不規則的譯名嗤之以鼻。但他到底不是歷史學家也不是文學家！我只好接受這個現實。

5. 若先生能想到其他補救方法，晚生感激不盡！

（二）蕭滋先生 2013 年 9 月 25 日的跟進函曰：

多次電郵，藉悉　尊著中譯本的問題所在。但事已至此，惟有你親自修改才能完全符合你的設想完成編印工作了。這樣會打亂你的工作步驟，也只能如此。因為我也好，黎兄也好，都不能代替的，希諒解。

第四章閱畢即寄回。

（三）2013 年 9 月 28 日黃宇和再函蕭滋先生曰：

　　今天繼續更新、修訂《鴆夢》。收穫甚豐，並精選一些例子，供先生娛樂。一如既往，宋體是譯文，楷體是我替原文的翻譯。其它部份，林立偉先生翻譯得實在精彩！尤其是那些詩詞歌賦，以及具戲劇性的描述。

　　注意你的言詞！

　　別胡言亂語！

　　你是真命天子

　　您是出將入相（巴麥尊是首相，若把他說成是天子，要殺頭的！）

　　親華聯盟的號角吹響。

　　親華聯盟望風披靡。

　　他們來勢洶洶，

　　大選結果快宣佈了！

許多席位因焦慮恐懼而顫抖，

　　多少人擔心其議席不保而焦慮得發抖

「親華同盟」沉淪

　　打倒「親華同盟」！

　　為了煽起「巴麥尊狂熱」，報界對於反對派領袖極盡詆毀之能事，如引述多點這類攻訐，就看不清故事的全貌了。

　　另一方面，為了進一步煽起「巴麥尊狂熱」，報界盡情詆毀反對派諸領袖。

　　令老英國的旗幟躺倒，

　　弟兄們，卑躬屈膝的樣子。

　　令老英國的旗幟躺下，

　　弟兄們，通通乖乖地躺下！躺下！

「約翰」低頭屈膝了

正義屈服於淫威

要求解散國會只是藉口

巴麥尊之解散國會，只是掩耳盜鈴的鬼蜮伎倆

接替

取代

非常合適

非常不適合（原文是 is severely qualified）

棉花產業

棉紡業

被拒絕

被摒棄（原文是 rejection）

不禁令人懷疑這陰謀論

不禁令人懷疑這陰謀論能否成立

又走進了死胡同！

筆者忽發奇想。當時筆者已經捐了二萬元澳幣給雪梨大學，以便雪梨大學邀請北京某大學的年輕講師 G 博士，來當訪問學者，為期兩月：即 2013 年 10 月 20 日到 12 月 15 日。主要目的是讓他體驗法治社會的運作，體會基督宗教侍人精神。但不能讓他天天無所事事。既然他曾在南京大學當過編輯多年，大可幫助筆者降低《鳩夢》譯稿過重的譯氣。不料 G 博士離開雪梨前兩天來電郵說：「《鳩夢》一書修改過頭了，加入了很多我個人的想法，做了大量的刪、增、移，還擬寫了緒論。由此使全書失去了黃先生的風格。如今想來，殊為歉疚。」

我的天！

八、與香港中華書局簽署的合約，逾期作廢

筆者再也寫不下去了。就一如既往地，讓原始文獻自己講故事吧。

（一）2016 年 5 月 18 日黃宇和公函蕭滋先生暨李占領總編輯曰：

蕭滋先生：.

2013 年承讀《鳩夢》譯稿，接觸了半章馬上就慨歎譯氣太重。我也深有同感！但責有攸歸，故強迫自己三番四次地通讀全稿，目的是（1）找錯字（2）檢查是否有錯譯。惟每次通讀都找到新的錯字，錯譯，苦不堪言。

有些譯文，我根本看不懂。找來英語原文核對，細細比較，反覆思量，又覺得沒錯呀，是可以這樣翻譯的。無奈從中文讀者的角度出發，則讀者的思路，壓根兒不會朝這樣的方向想，結果當然看不懂。

後來鑒於 G 博士的正職是在 XX 大學教書，又兼任學術期刊的編輯，過去也曾在南京大學出版社當過全職編輯，亦看過不少中文譯本，相信他對譯文有更多同情的理解，在處理譯文時比我更為駕輕就熟。於是請他編輯譯稿。

可惜事後我再通讀 G 博士編輯過的譯稿時，發覺他把很多關鍵的詞句甚至整段文字刪掉了！此事前已奉聞。

經過三十個月以來的思考，覺得很可能 G 博士根本看不懂，同時認為其他大陸的學者也會同樣看不懂，於是乾脆刪掉了事。

遺憾的是 G 博士沒徵得我同意就刪掉，害得現在我必須頻頻把他編輯過的譯稿，對照林立偉先生原來的譯稿。費時失事，莫此為甚。

同樣令人遺憾的是，他把原文的四字成語諸如「米已成炊」擅自改為「米已煮成飯」，既完全沒此必要，又把譯稿弄得庸俗不堪，是可忍，孰不可忍！把它們逐一撥亂反正要花多少時間！

猶記 2014 年 7 月 7 日星期一，我與先生聯袂拜訪中華書局（香港）趙東曉總經理時，承其賜告，北京某著名出版社的一位年輕編輯，任意把一位老教授的手稿胡亂塗鴉。當時我簡直不敢相信自己的耳朵，世界上竟然有如此狂妄無知的小混蛋？真是駭人聽聞。現在回想 G 博士的行徑，其實如出一轍。

但我一直認為，既然《鳩夢》中文版是以譯文的姿態出現，華語世界只能用譯本的心態來看待它，不能苛求它是黃宇和按照自己慣用的華語、華人的風格，及其華夏的思想感情寫出來的。

哪怕 2012 年 3 月 4 日我與中華書局（香港）簽訂的出版合約，書名也只是《第二次鴉片戰爭》，擺明白是英文原著《鴆夢》的中文版。

惟殘酷的現實是，《鴆夢》的英文原著，是黃宇和按照自己慣用的維多利亞女王時代的所謂 high English，英國盎格魯・撒克遜民族的幽默，及其基督宗教《聖經》侍人的思想感情寫出來的。一旦用華語翻譯出來，讀者當然莫名其妙。如何是好？

接受這殘酷的現實？我一直自我安慰：《鴆夢》譯本，比我看過的其他譯著，暢順多了，不能苛求譯者林立偉先生。正如李占領總編輯 4 月 25 日的覆示所說的：「一切全如『我意』很難很難（根本不可能）」。

但無論我如何千方百計地自我安慰，仍然徹夜難眠。事緣我的學術發展，已經遠遠超越 1996 年《鴆夢》英文原著定稿之時。現在對我來說，光是出版《鴆夢》譯本，已經沒有多大意義。此事亦前已奉聞。

此外，拙著的主旋律，也已經從《鴆夢》的研究帝國主義，猛地昇華為更宏觀的《文明交戰》，篇幅亦激增為上篇和下篇；《鴆夢》之作為底稿，只是其中的下篇。至於本書面世的姿態，也從譯本改為黃宇和親筆用華語撰寫的《文明交戰》；如此，譯本就再也沒有生存空間了。

回頭看 2012 年 3 月 4 日，我與中華書局（香港）簽訂出版書名為《第二次鴉片戰爭》的合約，則無論從哪個角度看，都已經名副其實的逾期作廢了。

如此種種，譯文之事確實令我苦不堪言。一勞永逸之計，就是我親自動手，用自己的語言，採自己的風格，灌注自己的思想感情，把下篇從根本上重新再修，今次是一字一句地繡花般慢慢細修。這個工程就浩大了。但責無旁貸！哪怕由於曠日持久慢慢細修，而害得書稿變成遺稿，也在所不惜。《文明交戰》！《文明交戰》！國運有所繫焉。

當然，有譯文作為底稿，為咬文嚼字的細修提供了很大的方便，所以我是衷心感謝林立偉先生的。

　　同樣嚴重的問題是,《鳩夢》原著的焦點是追查英帝國主義發動第二次鴉片戰爭的原因。故當時使用英國外交使節與中國欽差大臣公文來往的英語文獻,尤其是帝國主義的悍將、英國駐穗代理領事巴夏禮向欽差大臣葉名琛發出的申陳,以及葉名琛對巴夏禮的札覆等關鍵證據,至為恰當。

　　因為,英國當局是戰是和的情緒,尤其是用來煽動英國民情以支持英帝國主義發動對華戰爭所根據的,乃英國外交使節發回倫敦的英文報告,以及英方發給中方照會或申陳的英文本,和中方發給英方照會或札覆的英文譯本。所以在探索英帝國主義發動第二次鴉片戰爭的原因之時,用英方文獻的英語原件,和中方文獻的英語譯本,最為適合。

　　但是,現在我正撰寫的《文明交戰》,除了必須充份觀照英方的立場以外,也絕對不能忽視中方的思想感情和世界觀。如此,就必須重點分析英方發給中方的外交文件中譯本,以便衡量這批中譯本對中方所起到的刺激。當時的清朝官僚是不懂英語的,他們看不懂英方發給中方的外交文件的英語原文。同時重點分析中方發給英方外交文獻的中文原件,而不是英方的譯本。

　　如此又帶出另一個問題。《鳩夢》中譯本,引用英方發給中方的外交文件所倒譯而成的中文本,並非當時中方所收到的、英方發給中方的官式中譯本。

　　同樣地,《鳩夢》中譯本把當時英方翻譯成英文的中方外交文件,倒譯成中文時,也非當時中方所發出的、當時英方收到的官式中文本。

　　準此,若《鳩夢》以中譯本的姿態面世,則當讀者看到巴夏禮的申陳用「您忠實的」等字樣結尾,就明白到那是英文書信用 Yours sincerely 來結尾的習慣,而不會大驚小怪。

　　可是,《鳩夢》作為中文專著《文明交戰》分卷二的方式出版,則當讀者看到「您忠實的」等字樣時,就會笑掉牙齒。因為,華夏文明當中「申陳」這種官方文件,是用「須至申陳者」等字樣結束的。

　　為了較深切地、更準確地了解華夏文明的封疆大吏，對來自另一個文明的公文的反應，就必須以他們所收到的、該公文當時英國官方的中譯本為準。

　　同時，為了較深切地、更準確地了解華夏文明的封疆大吏，如何處理外事的態度，也必須以他們當時發出的中文原件為準，而不能依賴當初的中譯英、後來再由學者倒譯為中文的版本。

　　上窮碧落下黃泉，也必須把當時中英外交文件當中，英方發給中方文件的中文譯本，和中方發給英方的中文原件，發掘出來！但往哪裏找？我翻查過手頭筆記及參考書，證實這批文件並不在葉名琛檔案之中。

　　事不宜遲，擬在 5 月 30 日我在新州議會的學術講座暨新書發佈會結束後，盡快直飛英國，不會再繞道香港了。緣慳一面，至以為憾。

　　經費是最頭痛的問題。2011 年為了趕上當年出版《三十歲前的孫中山》，以資紀念辛亥革命一百周年，已經用房子作為抵押，向銀行貸款。前已奉聞。

　　債台高築之餘，承香港衞奕遜信託慨允分四年補助共 40 萬元港幣，以便研究孫中山與基督教的關係，即後來出版的《孫文革命：聖經和易經》。於是我放膽展開科研，飛這飛那蒐集資料及實地調查。無奈中途 G 博士把拙稿順手牽羊帶走了，害得我提前兌現養老金，以便自費提前兩年竣工。前亦已奉聞。

　　此後鑽研及撰寫《歷史偵探：從鴉片戰爭到孫中山》，飛英國飛台灣蒐集資料。把棺材錢也用上了。

　　現在為了細修《文明交戰》下篇（即原來的《鴆夢》譯稿），而飛英國蒐集、複印資料，錢從何來？

　　折中辦法，是像 2011 年撰寫《三十歲前的孫中山》那樣，請求倫敦經濟學院我師妹 Professor Janet Hunter 代我物色助手，往英國國家檔案館代我複印資料。當時也請求了在夏威夷大學東西研究中心任事的我師弟 Dr Kennon Breazeale 代我物色助手，往夏威夷政府檔案館代我複印資料。

　　問題是，2011 年我要追查的史料，我手頭是有文件編號的。哪怕沒有具體的文件編號，也大致知道往哪裏找。現在要追尋的文件在英國國家檔案館內哪個全宗號，我都漫無頭緒。哪怕高價僱請了助手，但在英國國家檔案館浩瀚如海的文件中，助手往哪裏找？

　　敬頌時祺

黃宇和鞠躬

中華書局（香港）李占領總編輯賜鑒：

　　基於上述原因，2012 年 3 月 4 日，我與中華書局（香港）簽訂出版、書名為《第二次鴉片戰爭》的合約，現在無論從哪個角度看，都已經名副其實的逾期作廢。

　　若貴局有意出版《文明交戰》，待定稿後再協商不遲。

　　若成功簽約，則容我恭請您當責任編輯。我相信，在貴局同仁當中，沒有別人讀過《葉名琛》。哪怕讀過，也絕對不會像您那樣，在李侃先生親切指導下，每週深入討論一章。……

（二）2016 年 5 月 24 日李占領總編輯公函覆黃宇和曰：

黃院士：

　　您好。多謝您的誇獎。本人學識尚淺，恐無資格擔任大作的責任編輯，只希望能抽空多拜讀一些閣下的著作，接受更多的學術薰陶。

　　另外，因本人近期將返京工作，可能沒有機會擔任大作的責任編輯。

　　閣下著作今後如仍欲交給中華書局（香港）出版，仍請與黎耀強助理總編輯和其他同事聯繫商洽。

　　順祝身體健康、萬事順意！

李占領謹覆
2016-5-24

九、不了情

為了《文明交戰》的科研，筆者終於籌足飛機票所需，2017 年 3 月 13 日飛香港轉廣州實地調查，並擬 4 月 15 日 Good Friday 轉飛英國做檔案鑽研。不料留守雪梨的老妻，2017 年 4 月 10 日被醉駕撞到，送院急救，在深切治療部過夜。筆者被迫半途而廢，慌忙趕回雪梨，看護愛妻。詳見行將出版的拙著《文明交戰·卷二·地動三河鐵臂搖——死裏逃生》當中題為「老驥也懷千里夢」的一章。《鵃夢》中文版——不！《文明交戰·卷一》——又一次被迫押後了。

十、負責與不負責

本章所提及的譯者當中，在香港成長、在台灣政治大學畢業後，返回香港做事的林立偉先生，工作能力強，態度認真負責，結果翻譯《鵃夢》時，效率極高，提前達標。華東師大某博士生做事拖拉，推搪塞責，而且屢屢食言；結果翻譯《鵃夢》云云，至今一事無成，卻浪費了筆者和有關方面大量金錢、時間、精力和好感（goodwill）。這是否海峽兩岸暨香港的師生做人處世態度、行事方式的縮影？

難怪錢學森先生死前的哀嘆是：「我們的學校總是培養不出傑出人才！」如此下去，國運如何？華夏文明的前途又怎樣？在當前與猶太基督宗教（Judeo-Christian）混合文明的交戰，將鹿死誰手？

下篇
微觀探索十九世紀帝國主義性質

錯綜複雜的帝國主義：
八面受敵

　　1856 年至 1860 年間，英、法、美、俄等四國與中國爆發了一場國際衝突。除了從英國本土出發的海陸部隊以外，遠駐在西非洲的毛里裘斯、印度和新加坡的英國軍隊都被派往中國攻打清軍。

　　該場戰事所牽涉到的地域以及參戰國的數目來看，它都算得上是一場世界大戰。之所以沒有人稱它為世界大戰者，重要的原因之一，是這些參戰國各自的歷史學家深感興趣的，只不過是這場戰爭對他們本國的影響。結果是：英國人稱之為第二次對華戰爭，[1] 法國人說是遠征中國，[2] 美國人形容為伯駕（Peter Parker）公使與中國的門戶開放，[3] 俄國人稱為海參崴的建立，[4] 甚至中國人在 1949 年之前竟然也只稱之為英法聯軍之役，1949 年後則改稱為第二次鴉片戰爭。[5]

　　事實上，戰爭的重頭戲──1860 年英法聯軍搶掠北京圓明園並將其付諸一炬──比戰事本身更為世人所熟知。如此種種，不免令人產生一種錯覺，誤認為該場戰事是局限於中國的地方性摩擦。自該戰事爆發的 1856 年起至今，各國史學家的眼界與識見，蒙蔽了世界學壇對於這場戰爭的真實的認識：這場戰爭實質上是一場準世界大戰。

　　有鑒於此，容筆者在本書提出一種與眾不同的觀點以及治史方法：對於任何歷史事件（無論是地方性的、區域性的還是國際性的），如想獲得較為全面而適當的理解，理應衝破國界和學科的界限。故本書卷一就曾集中闡述此問題，兼論什麼是較為令人滿意的研究方法。至於該場戰爭究竟應該如何命名，筆者在本書題為「什麼是帝國主義？抽絲剝繭」的一章中，將有所交代。

　　導致這場戰爭的原因是什麼？許多中國人會不假思索地說：帝國主

1　　見 D. Bonner-Smith and E. W. B. Lumby (eds.), *The Second China War, 1856-1860* (London: Navy Records Society, 1954)。

2　　見 Henri Cordier, *L'epedition de Chine de 1857-1858: Histoire diplomatique. Notes et documents* (Paris: Félix Alcan, Éditeur, 1905)；另見其 *L'expedition de Chine de 1860: Histoire diplomatique. Notes et documents* (Paris: Félix Alcan, Éditeur, 1905)。

3　　Edward V. Gulick, *Peter Parker and the Opening of China* (Cambridge, MA: Harvard University Press, 1973), chapter 12. 這個書名令大家想起佩里（Commodore Perry）和日本開關。

4　　見 Rosemary K. I. Quested, *The Expansion of Russia in East Asia, 1857-1860* (Kuala Lumpur, University of Malaya Press, 1968)。

5　　見中國史學會編：《第二次鴉片戰爭》，全六冊（上海：上海人民出版社，1978 年）。

義的侵略本性。但什麼是帝國主義？牛津字典對它的定義是「推進帝國利益（advocacy of imperial interests）」。[6] 若我們把這場戰爭作為一宗個案來研究，那麼本書下篇的目標，正是要探索什麼力量推動了「大英帝國的利益」。具體的研究方法，是深究十九世紀中葉大英帝國侵略中國時，在其藉口、外交、措詞、政治、經濟、戰略、軍力與意識形態的理論各個方面的相關原始檔案資料，配以實地調查，由此剖析其所蘊藏着的特徵，以及這些特徵所代表的帝國主義性質。準此，當然也同樣會觸及法國、美國和俄國的帝國主義行為。

為何到了當今，十九世紀中葉英帝國主義的性質還是那樣「剪不斷，理還亂」？答案是：連串事件的本質和相關記錄極為混亂，而牽涉的諸多問題交織起來，更足以令人眼花繚亂。難怪英國政府高層暨歷史學家、前外相韓達德（Douglas Hurd）[7] 說此戰事乃「一場中英混亂」；[8] 而中國社會科學院的專家們集體智慧的結晶，則取名為《帝國主義侵華史》。[9] 合而觀之，只能得到「錯綜複雜的帝國主義」的強烈感受。這就是為什麼本書下篇的英文原著花了三十年（1968－1998）才完成；而中文版的更新、修訂及增補則再花了二十多個寒暑（1998 年迄今）總共五十年方能面世。

如此「錯綜複雜」的歷史，必須相應地運用同樣「錯綜複雜」的思維與方法進行探索。而蘇東坡的「八面受敵」治史方法正派上用場。[10] 隨着研究的深入與發展，筆者愈來愈覺得該場戰爭是一場準世界大戰。蓋介入的國家有中、英、法、美、俄；兵源來自四大洲：歐、亞、美、非；涉及的專業包括各國的內政、法律、法規、風俗、習慣、國計、民生、外交、軍事、經濟、外貿、金融、航運、保險、科技、訊息、宗教、道德觀、價值觀、當時的意識形態；還有英國的全球戰略，複雜的人際關係，

6　*The Shorter Oxford English Dictionary, on Historical Principles* vol. 1 (Oxford: Clarendon Press, 1983), p. 1030.

7　韓達德曾在 1989 至 1995 年出任英國外交大臣。

8　D. Hurd, *The Arrow War: An Anglo-Chinese Confusion, 1856-60* (London: Collins, 1967).

9　丁名楠等：《帝國主義侵華史》，第一冊（北京：人民出版社，1958；1972 年再版）。

10　毛澤東：〈關於農村調查〉（1941 年 9 月 13 日），《毛澤東文集》，卷 2（北京：人民出版社，1993 年），頁 378－384：其中頁 381。

國際間的明爭暗鬥；中國的茶葉和生絲、印度的鴉片和棉花、英國的工業革命、美國的農產品諸如棉花、西印度群島的蔗糖業、南美洲的白銀、法國的天主教會、英國的基督宗教聖公會、帝國主義者在全球各地新闢的殖民地對中國人力的需求，如此種種，均與第二次鴉片戰爭息息相關。

筆者進而認為第二次鴉片戰爭正是全球一體化的開端。誰能想到，清朝的地方大吏為了鎮壓太平軍而設卡抽取百份之一的釐金，竟然成為這場準世界大戰關鍵性的導火線之一！由此又牽涉到人類發展史上一個重大的理論問題：那就是帝國主義的性質。中國史學家譴責第二次鴉片戰爭是一頁帝國主義侵華史，固然不錯；但帝國主義究竟是什麼回事？則國人直斥其非者多，而深切明瞭其真相者少。準此，筆者就試圖以導致第二次鴉片戰爭的各種微觀細節入手，由淺入深地鑽研帝國主義的性質，由此希望見微知著，抽絲剝繭般探索帝國主義者不惜發動這場準世界大戰的錯綜複雜的動機。

帝國主義是一種理論。然而，學術界高手對此理論的詮釋就見仁見智了。更由於帝國主義所代表的歷史現象，在不同時期、不同地方以不同的形式出現，顯得五花八門，令人目眩，既引起歷史學家各具心思，分別力圖解釋各種不同現象，因而又湧現出更多的、各式各樣的概念，把帝國主義描述得好像一頭高深莫測的怪物。

筆者在參考各家各派的高見後，決定採牛津字典簡單而明確的意思：帝國主義即推進帝國的利益。[11] 同時集中鑽研特定的具體歷史現象：第二次鴉片戰爭。通過探索這場戰爭的起因，來闡明在十九世紀中葉英帝國主義侵華時所表現出來的特殊性質；如此企望反過來達到見微知著、舉一反三之目的。

因此，本書下篇其餘的篇幅就集中在微觀探索第二次鴉片戰爭各個關鍵細節。

劍橋大學歷史學院（Faculty of History）畢業的英國前外相韓達德（Douglas Hurd，外相任期為 1989－1995 年）先生，對筆者在本書下篇的

---

11   *The Shorter Oxford English Dictionary on Historical Principles*, v. 1 (Oxford: Oxford University Press, 1973) p. 1030.

英文原著《鴆夢》中，只談起因不及其餘，表示困惑：「黃博士的書最奇怪的地方就是它有點虎頭蛇尾。亞羅戰爭由 1856 年持續至 1860 年，但 1857 年春天之後的事件他幾乎不提。也沒有深入分析 1858 年簽訂的《天津條約》；更沒有提到卜魯斯（Frederick Bruce）在 1859 年前往北京換約之時，中途在大沽口被中國人擊退。而對於 1860 年發生於北京周邊、為戰爭畫上句號的戰役，也只是輕輕帶過。」[12]

　　韓達德先生雖曾任英國外相，在英國政壇聲名顯赫；但顯然未讀過哪怕是英譯的《孫子兵法》，不懂得「上兵伐謀，其次伐交，其次伐兵，其下攻城」的道理；[13] 也肯定不了解《史記》「運籌策帷帳之中，決勝於千里之外」[14] 等至理名言，故斤斤計較於戰爭場面的平鋪直敍。反觀 1850 年代先後當過英國外相和首相的巴麥尊，在發動第二次鴉片戰爭時，就非常懂得「上兵伐謀」、「運籌策帷帳之中」等道理，所以能打天下，並在兩次鴉片戰爭中都取勝。[15]

　　其實，哪怕純粹用實證史學的標準衡量，筆者撰寫《鴆夢》英文原著之目標，在該書開宗明義就宣佈：探索帝國主義發動戰爭的動機，並非要描述整個戰役的過程。由此而導致所謂「虎頭蛇尾」，就不在話下。韓達德前外相採取帝國主義的立場，對筆者加諸莫須有的罪名以混淆視聽，可視為帝國主義者的侵略本性；與 1856 年 10 月 8 日英國駐穗代理領事巴夏禮（Harry Parkes）用莫須有的罪名——硬指本來就沒有升起的英國國旗被廣東的內河水師扯下來，由此發動第二次鴉片戰爭，如出一轍。關於此點，下文將有進一步分析。

　　至於韓達德先生所說，筆者的英文原著《鴆夢》（即本書下篇），輕輕帶過「1860 年發生於北京周邊、為戰爭畫上句號的戰役」，將在本書卷三中，題為「中線追蹤帝國主義發展：摧毀華國魂」的一章作重點探索，以觀全豹。筆者選擇在《文明交戰‧卷三‧百年屈辱》「龍尾」，絕

12　中文譯本見本書附錄。

13　李零：《《孫子》十三篇綜合研究》（北京：中華書局，2006 年），頁 22。

14　〈高祖本紀〉，《史記》（北京：中華書局，1959 年），頁 381。

15　見本書卷二第四、五、六等部份。

非接受了韓達德外相「蛇尾」的批判，而是因為《文明交戰‧卷三‧百年屈辱》的焦點是追蹤帝國主義發展迄今，而對華夏文明所做成的新的、更大的威脅，藉此探索再次發生猶太基督宗教混合文明與華夏文明「交戰」的可能性。韓達德前外相若能看懂該章所做的、再度發生「文明交戰」的預警，恐怕要頓足不已！——謝謝韓達德先生的挑戰。

韓達德前外相的大作《亞羅戰爭》[16] 的副標題，將此場戰爭定性為「一場中英混亂」。此言固然反映了該戰爭錯綜複雜到近乎「可遠觀而不可褻玩焉」的地步，但亦可見韓達德堅決迴避帝國主義侵略性質的本意。筆者在 1967 年還在香港大學唸歷史本科而讀到他的大作時，不服氣之餘，矢志排除萬難，也要澄清這潭渾水，結果幾乎無法畢業。[17] 筆者當時已經不畏懼帝國主義的陰影了，到現在行將入木，更是不怕。

16　*The Arrow War: An Anglo-Chinese Confusion 1859-60* (London: Collins, 1967).

17　見筆者題為 *Keeping the Faith* 的英文自傳當中題為 'Shot BA Honours" 的一章。

第九章
什麼是帝國主義？
——抽絲剝繭 [1]

一、費解的史實

事情發生在 1856 年 10 月 8 日，一艘名為「亞羅」（*Arrow*）號的華艇（lorcha）上。該船的船主是中國人，卻在香港為其船註冊，由此而領取了英國殖民地之船舶執照，又憑此船照在其船上懸掛着英國國旗；並聘請了一名年輕的愛爾蘭人當船長。這一番做作，目的完全是為了借助其碧眼紅鬚來狐假虎威：藉此阻嚇中國當局，免得受其監管。[2] 對此，一位旅華多年的英國人深明其理：「這些華艇均從事走私，故皆全副武裝。又經常欺壓沿岸居民，但因為它們懸掛着英國國旗，故中國官民均沒其奈何。」[3] 可見當時帝國主義橫行霸道，已經到了什麼程度。

事實證明，「亞羅」號所幹的至少是為海盜接贓的勾當。[4]

怎麼英國國旗如此輕而易得？原來當時香港的殖民地法律規定，若

1　筆者曾將本章用論文方式以漢語寫出來，題為〈帝國主義新析——第二次鴉片戰爭探索〉，刊於《近代史研究》創刊 100 期紀念號（1997 年 4 期），頁 22–62，以期拋磚引玉。拙文出版後，《新華文摘》（北京：人民出版社，1997 年 11 月），頁 76–82，及中國社會科學院院刊《學術動態》（北京：中國社會科學院科研局，1998 年 1 月 20 日），總 942 期，頁 16–19，均摘錄轉載，筆者深受鼓舞。惟之前《近代史研究》編輯部未徵詢筆者同意，就增改一些內容，例如把原文的「全文刊登」增寫為「全文刊登於《憲報》」（見頁 24）。從上下文可知，英國國會為了便利議員辯論，把有關文獻結集起來印刷並裝釘成冊，因以藍色為封面，故俗稱《藍皮書》（*Blue Books*），正規的名字叫《國會文書》（*Parliamentary Papers*），以此命名是因為該等冊子是提供國會議員參考，作為辯論的根據。諸如此類失誤，今皆予以更正。

2　Parkes to Bowring, Desp. 153, 10 October 1856, FO228/213.

3　Robert Fortune, *A Residence among the Chinese: Inland, On the Coast, and At Sea: Being a narrative of scenes and adventures during a third visit to China, from 1853-1856,* including notices of many natural productions and works of art, the culture of silks, &c, With suggestions on the present war (London: John Murray, 1857), pp. 425-426.

4　Bowring to Clarendon, Desp. 169, 8 April 1857, FO17/276; and enclosure, C. J. Antonio do Rozario's deposition, 16 November 1856.

內地華人與香港居民在香港合伙租地，便可變成香港居民而向香港政府
領取船照並僱請英人為船長。結果招徠不少內地華人到香港弄虛作假。
此外，應聘為船長的是什麼腳色？不管是跳船水手、逃跑學徒、懶漢無
賴，均無不可，只要是碧髮藍眼就行！因為船上的事情不用他們操心，
船主只不過是借他們的外貌來嚇唬清吏而已。[5] 由於他們整天無所事事，
酗酒就司空見慣。

　　那艘「亞羅」號船，1856 年 10 月 8 日停泊在廣州河面時，洋人船長
並不在場，他早跑到另一艘華艇上與其他洋人船長共進早餐去了。廣東
內河水師接獲線報，說該船上藏有海盜，於是趕往執法。當他們抵達該
船時，看到船上全是中國水手，於是登船拘人。憤怒的英國駐穗年輕代
理領事巴夏禮（Harry Parkes, 1828 － 1885）聞訊後，氣鼓鼓地跑來索人。
中國水兵反唇相譏，一言不合，雙方爭執得面紅耳赤。不想英方竟然馬
上控告中方侮辱了其國旗，並將此指控製造成開戰的藉口。

　　該洋人船長早已聲明事發時他不在場，但巴夏禮代領事仍然硬說該
船長當時身在船上並目睹了辱旗事件。[6] 巴夏禮又先斬後奏，公函向中方
提出各項明知中方無法接受的要求，企圖藉此騎劫其上司、英國駐遠東
公使兼香港總督包令爵士（Sir John Bowring, 1792 － 1872），使其迫不得
已出手干預。不料包令公使竟然甘心情願被其下屬牽着鼻子走，公函追
認巴夏禮向中方開出之種種無理要求為合理，結果把是非黑白顛倒得讓
人不忍卒睹。[7]

　　後來包令公使又竟然發覺，「亞羅」號的船照其實早已過期無效。但
他又罔顧此事實，反過來伙同巴夏禮，向中方隱瞞其事，[8] 甚至向中方堅
稱該船照仍然有效。[9] 真是豈有此理！

　　包令公使可不敢蒙騙上司：他除了將逾期船照之事如實報告英

5　　此為美國駐黃埔管事 Mr Cook 所見所聞。見 Cobden, 26 February 1857, *Hansard,* 3d series, v. 144, col. 1400.

6　　見本書下篇第十章，題為「戰爭的導火線：『亞羅』號事件」。

7　　見本書下篇第十一章，題為「巴夏禮，『為何你不讀點國際法！』」。

8　　Bowring to Parkes, 11 October 1856, Parl. Papers 1857, v. 12, pp. 64-65, para. 4.

9　　Bowring to Yeh, 14 November 1856, Parl. Papers, v. 12, pp. 143-144, para. 2.

國外交部之外，還附上有關照會與札文。外相克拉蘭敦伯爵（Earl of Clarendon，外相任期為 1853－1858）接信大驚，立即命令包令公使以後再不必多附文件，免招無謂煩惱。[10]

可惜太遲了，這批文件抵英不久即全文刊於《國會文書》（*Parliamentary Papers*）（俗稱《藍皮書》）中，以便提供國會上下議院的議員們辯論。英國上下議院諸議員們從《國會文書》中得悉真相後，可不放過包令公使，在議院辯論時把他批評得體無完膚。[11]

另外，包令公使又與巴夏禮代領事串謀把船照逾期之事，瞞着英國皇家海軍駐遠東艦隊的司令員西摩爾爵士少將（Rear-admiral Sir Michael Seymour, 1802－1887），目的是促使這位軍官向中方開火。馬姆斯伯里伯爵（Third Earl of Malmesbury, 1807－1889）在細閱《國會文書》的有關文件時，發現了這個秘密。連同袍也欺騙！這還了得？伯爵大人不禁在議院辯論遙罵包令公使無恥。[12]

英方另一宗見不得光的勾當，是包令公使與巴夏禮代領事串謀，既瞞着海軍司令員，卻又未被各議員察覺者，則詳見本書題為「上議院裏的激辯」的一章。該司令員曾在 1854 年的克里米亞戰爭（Crimean War）中被打瞎了一隻眼睛，結果這位獨眼將軍似乎只看到獨一無二的談判方式──炮轟廣州城。由此，穗民大量傷亡，[13] 引起英國議院激辯。執政黨在辯論中理窮詞屈，敗下陣來；首相巴麥尊子爵（Viscount Palmerston,

---

10　Clarendon to Bowring, Desp. 248 (draft), 10 December 1856, FO17/243.

11　詳見本書下篇第十六章題為「上議院裏的辯難」；和題為「解散下議院！」的十七章。

12　Malmesbury, 26 February 1857, *Hansard*, 3d series, v. 144, col. 1345.

13　詳見本書下篇第三部份，題為「帝國主義的悍將」。

任期為 1855 － 1858)[14] 惱羞成怒，悍然解散議會，重新舉行全國大選。大
選結果，前執政黨大勝而再度上台，馬上調兵遣將，大舉侵華。戰爭打
了一半，執政黨再度垮台，在野黨上台後，竟然一改過去的反戰立場，
加速步伐攻打中國。

這一切，都是那麼出人意表。

中方官吏的一些做法也令人咋舌。事緣英方藉着「亞羅」號事件，
提出進入廣州城的要求。此項要求英方早在 1843 年即已提出。此後喋喋
不休，而於 1847 年竟然出動海軍迫使兩廣總督耆英（1787 － 1858）簽訂
城下之盟：耆英答應兩年之後讓英人進城。[15] 兩年期滿時，耆英明知無法
履行諾言，故早已借故奏請皇上將其調回北京。結果繼任兩廣總督的徐
廣縉（1797 － 1869）假冒聖旨來推翻前人協議。為了未雨綢繆，徐廣縉
和巡撫葉名琛（1807 － 1859）更加預告道光皇帝他們正準備偽造聖旨以
拒英人於城門之外。其實，如果計謀失敗，不見得預先向皇帝打個招呼
就能撈到什麼便宜。但他們計謀得逞，蒙騙了英國公使兼香港總督文翰
爵士（Sir George Bonham, 1803 － 1863）。從此也蒙騙了一代又一代的中
外學者。[16]

道光皇帝還未知到徐廣縉和葉名琛的計謀得逞就改變初衷：本來他
已下了一道聖旨，批准英人進入廣州城一遊。待接到徐廣縉和葉名琛的

14　按 Palmerston（巴麥尊）是封號，不能作姓氏處理，就像不能把恭親王（1833 － 1898）的姓氏
　　視為恭，因為他並不姓恭，而是姓愛新覺羅，名奕訢。同樣地，Viscount（子爵）是爵階。稱
　　巴麥尊為 Viscount Palmerston（巴麥尊子爵），是對的。若稱他為 H. J. T. Palmerston，就是誤
　　認他姓 Palmerston，同時誤認 H. J. T. 是他名字的縮寫。H.J.T. 代表什麼？它代表 Henry John
　　Temple，代表了他的真實姓名。他的名字叫 Henry John，姓 Temple。因此，若稱他為 H.J.T.
　　Palmerston，第一是改了他的姓，第二是誤把他的真實姓氏縮寫作名，第三是把他的姓名與爵
　　號混淆了。長期以來，不少中國史學家誤稱他為 H. J. T. Palmerston，已經到了堅定不移地指鹿
　　為馬的地步。竊以為是徹底改正的時候了，於是在 1999 年趁投稿《近代史研究》之便，特別設
　　計了一個短註以作澄清。不料編輯未徵得筆者同意，就把筆者正確的 Viscount Palmerston 擅自
　　改為 H.J.T. Palmerston。同時，又把筆者解釋為什麼對與錯的註解刪掉。筆者要求更正，但《近
　　代史研究》的更正不倫不類，不想時至 2012 年 11 月，馬克思主義理論研究和建設工程重點教
　　材《中國近代史》（北京：高等教育出版社暨人民出版社）在頁 615 又不倫不類地稱他為 H.P.T.
　　Lord Palmerston，須知該套教材乃中國教育部規定各大學必須採用的教科書。為免中國學術界
　　繼續以訛傳訛，貽笑大方，筆者迫得在此再一次正誤。累贅之處，敬請讀者鑒諒。

15　Davis to Palmerston, Desp. 53, 5 April 1847, FO17/125.

16　如此種種，均詳見本書下篇、題為「巴夏禮，『為何你不讀點國際法！』」的一章。

奏摺後又假戲真做：拒絕英人進入廣州城。[17] 假旨操筆人之一、兩廣總督徐廣縉，在其《思補齋自訂年譜》中假旨真錄。其同謀者、廣東巡撫葉名琛，依樣畫葫蘆，事後向咸豐皇帝假旨真援。[18] 後人百思不解英人為何如此輕易就範，於是乾脆虛構了文翰與徐廣縉的第二次約會，並把佈景從大海茫茫的虎門海面搬到廣州內河，如此這般，該史學名家接着編造的故事就順理成章了：「兩岸練勇呼聲震天，英人懼，請仍修和好。」[19] 的確，若在當今廣州市內的珠江河兩岸結集了十萬練勇齊聲呼喊，在內河船上的英人當然能聽到呼喊並為之變色！如此這般，歷史就被打扮得面目全非了。[20]

　　1856 年 10 月 8 日「亞羅」號事件發生後，英人藉此事件炮轟廣州城，把城牆打開一個缺口後，衝進了廣州城內。接着，美國國旗竟然莫其妙地在廣州城頭飄揚。[21] 怎麼回事？原來美國駐香港領事詹姆斯．基南（James Keenan）[22]，跑到廣州來湊熱鬧；這名好事之徒甚至命令一名美國水兵高舉美國國旗，隨他一起跟着「英國水兵屁股後面團團轉」，最後跑進廣州城。[23] 此舉引起中國歷史學前輩魏建猷先生（1909－1988）指責「美國對滿清政府加以壓力甚至付諸戰爭」。[24]

　　詹姆斯．基南的鬧劇發生幾個小時後，美國海軍駐穗司令員富特中

17　詳見本書下篇當中題為「巴夏禮，『為何你不讀點國際法！』」的一章。

18　《籌辦夷務始末》（咸豐朝），第二冊（北京：中華書局，1979 年），頁 610－619。

19　見薛福成撰〈書漢陽葉相廣州之變〉，轉錄於中國史學會主編：《中國近代史資料叢刊．第二次鴉片戰爭》，第一冊（上海：上海人民出版社，1978 年），頁 227。

20　詳見本書上篇當中題為「本書視野和取材：1965 年迄今的心路歷程」的一章。

21　Notification by Commander Foote of the United States' Navy, 29 October 1856, Parl. Papers 1857, v. 12, pp. 100-101.

22　美國北德州州立大學有一篇關於基南的碩士論文，惟沒列出其生卒年份。但從她論文第五章的最後一句話，可猜測基南大約在 1862 年去世：'Early in 1862, suffering from a "hemorranging of the lungs", Keenan sailed from Hong Kong for New York. He died while *en route*'. 見 Amelia Kay King, 'James Keenan: United States Consul to Hong Kong' (North Texas State University, August 1978), pp. 105-106. (http://digital.library.unt.edu/ark:/67531/metadc504604/m2/1/high_res_d/1002772586-King.pdf), retrieved on 27 September 2021.

23　Parkes to Bowring, 31 October 1856, Parl. Papers 1875, v. 12, p. 100.

24　魏建猷：《第二次鴉片戰爭》（上海：上海人民出版社，1955 年），頁 49。

校（Commander A. H. Foote, 1806 − 1863）即刻發出告示直斥其非。[25] 究竟是領事的行動正確，還是軍人的話説了算數？

　　中英交惡不斷升級，以致美國的富特中校與美國駐穗領事皮利（Oliver H. Perry）、美國殷商等都紛紛接受兩廣總督葉名琛的勸告，於 1856 年 11 月 15 日同時撤離廣州。[26] 不料同日駐守臘德炮台的清兵竟然向一艘乘撤退之便而正在附近水域探測河床深淺的美國兵艦開火。美國駐遠東艦隊的司令員詹姆斯・阿姆斯特朗準將（Commodore James Armstrong）接報後，以國旗受辱，派兵艦把臘德炮台夷為平地。[27] 此舉更讓史學前輩魏建猷先生振振有詞地譴責美帝國主義侵略中國。[28] 而中國《近代史叢書》編寫組竟然直接了當地指責美國政府「全力支持英國軍艦的進攻」中國。[29] 殊不知駐外人員，無論文武，其説話和行動不一定完全代表本國政府的意圖，在那火輪船載信的時代，信息是很不靈通的。[30] 美國政府本身的意向是什麼？

　　至於中方又怎麼搞的？竟然在美國駐穗人員撤離廣州當天，炮轟美國國旗，以至葉名琛離間英美的策略功敗垂成。是否上情不下達？還是當時中方官兵的素質低劣？為什麼會出現這種亂子？難道連美國國旗與英國國旗也搞混了？

　　法國駐穗人員亦步美國駐穗人員及商人後塵，於五日後撤離廣州，撇下英人不管。[31] 但過了沒幾個月，巴黎又竟然決定派兵與英軍並肩攻打中國。是中方又一次出錯，還是法國人在玩什麼把戲？

　　沙俄自始至終均與此事無涉，卻竟然派全權公使跟着英法聯軍屁股後面團團轉，其居心何在？

25　Notification by Commander Foote of the United States' Navy, 29 October 1856, Parl. Papers 1875, v. 12, pp. 100-101.

26　Tong Te−kong, *United States Diplomacy in China, 1844-1860* (Seattle: University of Washington Press, 1964), p. 186.

27　Tong, *United States Diplomacy in China*, pp. 186, 187.

28　《第二次鴉片戰爭》，頁 49。

29　中國近代史叢書編寫組：《第二次鴉片戰爭》（上海：上海人民出版社，1972 年），頁 15。

30　詳情見本章第五節。

31　Tong, *United States Diplomacy in China*, pp. 186.

最後，葉名琛奏稱：「〔咸豐六年十月初九日〕該夷由十三行河面駛至，直撲東定台，經兵勇轟壞兵船，並斃其水師大兵頭哂嗎摩咯喱，夷匪傷亡四百餘名」。[32] 我的天！該「大兵頭」正是英國駐遠東海軍司令員西摩爾爵士少將。查核英國文獻，則該少將向皇家海軍英國總部報道其當天活動時說：1856 年 11 月 6 日，皇家海軍直趨東定炮台，中國水師早已佈置好陣勢迎戰，經過三十五分鐘激烈交火，中國師船潰退擱淺，水兵逃亡。英軍放火燒毀師船無數，只有兩隻師船逃脫，而其中一隻後來亦遭英軍擄獲燒毀。接着英軍攻佔東定炮台，英軍總計一死四傷。西摩爾少將本人沒有參加此場戰事，他在英軍早已佔領了的海珠炮台上觀戰。[33] 葉名琛不知是誤信戰報還是自己虛報軍情：如果他堅信自己奏摺裏所說屬實，那麼一年後當他已成為階下囚，被帶到這位獨眼將軍面前之時，必定大喊活見鬼。

二、棘手的疑案

在這些林林總總的控訴、激辯、爭執、交手、炮火、謊話、污言、穢語、陰謀、詭計等等的幕後，究竟隱藏着些什麼不可告人的秘密，何處得覓第二次鴉片戰爭爆發的原因？

英國人一直指稱葉名琛是罪魁禍首。例如，英國首相巴麥尊子爵就曾公開地把葉氏描述為「最粗野的蠻人之一，所有不齒於人類的罪惡勾當他都幹出來了」。[34] 英國軍官克利樂上校（Colonel Crealock）為葉氏所繪的速寫，給人的印像是葉名琛乃洪水猛獸般，恐怖極了！該速寫在香港被英國人製成金屬片來複印了一批又一批的印刷品，附在成百上千的家書中寄回歐美，從此傳遍全球。[35] 真正的葉名琛究竟是什麼模樣？一批英國記者於葉氏被俘後，前去看他，得出的結論是，那位速寫的畫家克利

32　《籌辦夷務始末》（咸豐朝），第二冊，頁 499－500。

33　Seymour to Admiralty, 14 November 1856, Parl. Papers 1875, v. 12, pp. 94-100, para. 12.

34　Palmerston, 3 March 1857, *Hansard*, 3d series, v. 144, col. 1830.

35　George Wingrove Cooke, *China: Being 'The Times' Special Correspondence in China in the years 1857-8, with corrections and additions* (London: Routledge, 1858), p. 398。

樂上校肯定是事前吃了大量的生洋蔥、生牛肉，引起無窮幻象，才會畫出那幅完全脫離事實的速寫圖。[36] 無奈這些記者的實地報道很快就被湮沒了，而那幅惡人惡相的葉名琛速寫卻被作家們爭相複製，代代相傳，[37] 由此永恆地佐證了巴麥尊子爵關於葉氏是「最粗野的蠻人之一」、是第二次鴉片戰爭罪魁禍首的指責。

天淵之別的兩幅葉名琛寫真

圖 9.1a　葉名琛被囚印度時，曾賦詩曰「任他日把丹青繪」，倫敦印度殖民部圖書館藏《秘密來信》，證明葉名琛被囚於威廉炮台時，確實有畫家來為他畫像如上。[38] 感謝牛津大學出版社提供此繪圖。[39]

圖 9.1b　1858 年 1 月，被英國記者譏笑為吃了「生洋蔥生牛肉而產生無窮幻象」的英國軍官克利樂上校（Colonel Crealock）所繪成的葉名琛畫像。此位畫家連葉名琛的頂戴也搞錯了。

36　*Hong Kong Register*, 16 February 1858, Ryl. Eng. MSS1230/84.

37　上述的韓達德就把該速寫複印於其大作。見 Hurd, *Arrow War*, opposite p. 33.

38　倫敦印度殖民部圖書館藏《秘密來信》L／PS／5 第 167 卷，赫爾博特致畢頓的信，1858 年 4 月 5 日。

39　John Y. Wong, 'Acknowledgements', *Yeh Ming-ch'en: Viceroy of Liang-Kuang, 1852-8* (Cambridge University Press, 1976), p. xiv.

惡果還不止此，巴麥尊首相的高論與那幅速寫讓一家英國報章評論說：向葉名琛「這樣的野蠻人低頭，就不但會斷送了我們在東方的一切利益，而且會危害到我們全球的利益」。[40] 大英帝國的全球利益？是耶非耶？難道葉名琛真的有如斯本領，一手支配全球？若果真如此，則後來長期被中國人痛斥為昏聵無能的葉名琛，一轉眼竟然在某些英國領導人的眼中，變成一位能力超凡的蓋世猛將！歷史果真是如此這般地任人打扮的小姑娘？真正的葉名琛究竟怎生模樣？

但是，容筆者向讀者諸君保證，經過五十年抽絲剝繭之後，筆者發覺克利樂上校的寫真，確實是寫了他親眼目睹的真實的葉名琛！此話怎說？請參閱拙著《文明交戰·卷三·百年屈辱》其中題為〈錯把英雄作敗類：昭雪千古奇冤六不總督〉的一章，當中開宗明義的、題為「兩幅天淵之別的葉名琛繪畫」的說明。逼近真實的歷史真是無比的錯綜複雜，等待着史家去發掘啊！

有些西方學者認為，退一步說，儘管葉名琛不是洪水猛獸，但也是一個極端的仇外狂，不但其政策是仇外的，他還煽動廣東民眾仇外。至少有一位美國史學家諾德博士（Dr John Nolde），一口咬定葉氏正是如此這般地挑起了第二次鴉片戰爭。[41] 諾德博士甚至進而把發動第二次鴉片戰爭的責任全部推到葉名琛頭上，如此這般又把帝國主義發動第二次鴉片戰爭的責任推卸得無影無蹤，更藉此高喊中國該打！真相是否如此？還是歐美學者諸如諾德博士在惡人先告狀？

歐美學者諸如諾德博士等的批評，令中國史學家疲於奔命，左支右拙地自我辯護，結果當然焦頭爛額。為什麼就沒有中國學者反問：難道錯不會在英方？英國人的行為歷來就公正持平？筆者作出如此反問之後，馬上開始追尋史料，赫然發現善於捫心自問的英國人當中，國際法權威林德赫斯特男爵（Earl of Lyndhurst，原名 John Singleton Copley the younger, 1772－1863）早就譴責過英國公使包令爵士是挑起戰爭的罪魁

40　*Morning Post*, 3 February 1875.

41　James Polachek, *The Inner Opium War* (Cambridge, Mass.: Harvard Council on East Asian Studies, 1992), p. 5.

禍首。他認為，在中方已交還了「亞羅」號的全部水手，英方又已劫持了中方官船並拿下了幾座炮台後，該報的仇都報了，包令公使就應該適可而止；但相反地，以他小小一名公使，竟然自以為有權代表英王陛下對華宣戰，既篡奪了英國君王宣戰的權力，又拿如此微不足道的藉口開戰，簡直是人類有史以來最荒唐的行徑！[42]

荒唐的行徑自有其荒唐的起因，而荒唐的起因正是那荒唐的「亞羅」號船上的、所謂英國國旗被扯下來的事件。按筆者追查所得：英國航海慣例規定，英船在航行期間才懸掛本國國旗，以識國別；進港停泊後即下旗，以表示客國對東道國主權的尊重，直至啟碇時再重升國旗。事發時該船已在廣州內港停泊了好幾天，按情理是不可能仍然懸掛着國旗的。[43]

而且，像「亞羅」號那些在香港領照懸旗的華艇，都小心翼翼地按英國的航海慣例行事，以顯示它們是真正的英籍船，藉此阻嚇中方的正常執法。關於這一點，就連貴人善忘的葉名琛都很清楚。[44] 既然「亞羅」號根本沒有懸掛英國國旗，該國旗何來被扯下？

但是，巴夏禮代領事卻一口咬定中方曾扯旗，並不斷把事情擴大化，意欲何為？其上司、堂堂公使包令爵士，竟然樂於被其小小下屬巴夏禮牽着鼻子走，動機又何在？英國皇家海軍駐中國艦隊司令員西摩爾爵士少將未獲本國批准，就爽快地接受了包令的建議：向中國開火！其爽快的程度讓包令公使都感到意外。拿人命開玩笑？瘋了？

此外，歷任英國外相均曾嚴詞禁止包令公使在廣州進城的問題上向中國嘮叨，但仍阻止不了包令公使藉「亞羅」號事件向中方提出進城要求。此舉無疑公然抗命，不想活了？更奇怪的是，當米已成炊時，英國外相克拉蘭敦伯爵竟然自食其言，不但不責備包令公使抗命，甚至大讚其幹得好！[45] 難道有地動山搖般的理由促使這位英國外相不得不自食其言？

42　Lyndhurst, 24 February 1875, *Hansard*, 3d series, v. 144, cols, 1217-1218. Sir Janes Graham expressed the same view. See Graham, 27 February 1857, ibid, col. 1561.

43　W. C. Costin, *Great Britain and China 1833-60* (Oxford: Clarendon Press, 1937), p. 207.

44　Yeh to Parkes, 24 October 1856, Parl. Papers 1857, v. 12, p. 89; cf. Yeh to Seymour, 31 October 1856, ibid, p. 103.

45　Clarendon to Bowring, 10 December 1856, Parl. Papers 1857, v. 12, pp. 69-70; and Clarendon to Bowring, 10 January 1856, ibid, p. 157.

令人吃驚的事情還在後頭。1857 年 1 月 6 日，英國政府公開在報章上刊行了西摩爾少將有關在華軍事行動的報告，其中包括了相關公文往來。[46] 要知道，所有政府都極度注意保密，且不說公文，就是私人信件也要嚴守秘密。包令公使本人就曾因為其漢文秘書在私人信件中談論中國事務而受到英國外交部嚴厲斥責。[47] 怎麼突然之間英國政府本身卻反過來把軍事行動的秘密公開發表？目的何在？

在這以前的 1856 年 12 月 14 日，一場起因不明的大火燒毀了廣州洋行區，美法兩國商人的存貨和其他財產付諸一炬。當時洋行區是由英軍三步一崗五步一哨地看守着的，怎麼也會起火？誰放的火？縱火目的是什麼？

另一方面，1949 年以來，中國大陸學者都慣稱這場戰爭為「第二次鴉片戰爭」，鴉片跟這場戰爭有着什麼樣的關係？西方學者則堅稱沒有關係，有的甚至稱鴉片跟第一次鴉片戰爭也毫無關聯。[48] 按照這種西方學術界的説法，沒有第一次鴉片戰爭，自然不能接着有第二次鴉片戰爭。中國大陸的學者雖然在鴉片戰爭中擺出了有關鴉片的真憑實據，卻沒法具體地道出第二次鴉片戰爭與鴉片的關係，為什麼仍要稱之為「第二次鴉片戰爭」？過去的理由是因為馬克思曾指稱第二次鴉片戰爭是第一次鴉片戰爭的延續。[49] 持這種理由的學者，大有凡是派的味道：凡是馬克思説過的話都奉為金科玉律。當今的中學教科書則改為説，第二次戰爭延續了第一次戰爭的不平等條約，但那又變成是因為條約而不是鴉片而導致戰爭了，此説怎能服人？

換一個角度看：直到 1860 年為止，鴉片在華仍屬違禁品，對於相關的法律、道德、經濟及其他方面的問題，號稱法治、以基督宗教道德自

46　*Gazette*, 6 January 1857, enclosed in FO draft circular to H. M. Representatives abroad, 7 January 1857, FO17/261.

47　Clarendon to Bowring Draft 64, 6 March 1875, FO17/261.

48　See for example, A. J. Sargent, *Anglo – Chinese Commerce and Diplomacy* (Oxford: Clarendon Press, 1907); Peter Ward Fay, *The Opium War, 1840-1842* (Chapel Hill: University of North Carolina Press, 1975); and Frank Welsh, *A History of Hong Kong* (London: HarperCollins, 1993).

49　陳志根：〈如何理解第二次鴉片戰爭是第一次鴉片戰爭的繼續和擴大〉，《中學歷史教學》，1984 年第四期，頁 36－38。

傲、以善於理財著名的英國，態度又如何？

在「亞羅」事件所引起的爭執中，美國經常站到英國一邊，它與英國的利害關係是什麼？此時的美國，是中國茶葉的第二大買家，僅次於英國。美商憑什麼來平衡對華貿易的逆差？ [50]

中國史學家普遍認為，英國人發動鴉片戰爭是為了對中國進行「征服、奴役、劫掠、殺戮」。[51] 用這種說法描述元朝蒙古人征服中國時犯過的種種罪行，倒是非常貼切。十九世紀的英國人是否能跟十三世紀的蒙古人劃上等號？顯然不能，故中國史學家何出此言？

三、相關的研究成果

英國前外相韓達德先生在其大作《亞羅戰爭》[52] 中，竭力替英方的所作所為辯護，但對疑案重重則避而不談，屬意料中事。之前的另一位英國作者查理斯・理芬沃夫（Charles Leavenworth）的大作《對中國的亞羅戰爭》，[53] 對於闡明戰爭爆發的原因，也不見得高明多少。

有關第二次鴉片戰爭的英文專著，按照其面世先後計算，則有：

1853－1860 年，馬克思：《馬克思論中國：1853－1860 年間馬克思在紐約每日公論發表過的有關文章》[54]；

1876 年，特納：《英國的鴉片政策》[55]；

1893 年，李泰國：《有關鴉片問題的筆記：我們與中國關係簡述》[56]；

1905 年，柯地亞：《對華用兵：1857－1858 年間的有關外交、筆記

---

50   See H. B. Morse, *The International Relations of the Chinese Empire* (Shanghai: Kelly and Walsh, 1910-1918), 3 vs.

51   屈辱與抗爭編輯組：《屈辱與抗爭——鴉片戰爭 150 周年文集》（北京：中國社會科學出版社，1990 年），頁 36。

52   Douglas Hurd, *The Arrow War An Anglo-Chinese Confusion* (London, Collins, 1967).

53   Charles Leavenworth, *The Arrow War with China* (London: Low, Marston & Co., 1901).

54   Karl Marx, *Marx on China: Articles from the 'New York Daily Tribune', 1853-1860* (London: Lawrence & Wishart, 1968).

55   F. S. Turner, *British Opium Policy* (London, 1876).

56   Horatio Nelson Lay, *Note on the Opium Question, and Brief Survey of Our Relations with China* (London, Effingham Wilson & Co., 1893).

和文獻》[57]；

　　1909 年，赫爾利：《鴉片貿易：歷史，商業，社會，政治等層面》[58]；

　　1937 年，柯士丁：《英國與中國：1833－1860 年間的外交關係》[59]；

　　1938 年，埃爾登·格理芬：《帆船與領事：1845－1860 年間美國與東亞外交與商業》[60]；

　　1951 年，史克偉瑟：《中美關係：1841－1861（附文獻）》[61]；

　　1964 年，唐德剛：《美國對華外交：1844－1860》[62]；

　　1964 年，霍爾特：《兩次鴉片戰爭》[63]；

　　1966 年，魏斐德：《門前怪客：1836－1861 年間的華南動亂》[64]；

　　1967 年，韓達德：《亞羅戰爭：一場中英混亂》[65]；

　　1968 年，昆士達：《俄國向東方的擴張：1857－1860 年》[66]；

　　1968 年，傑克·比欽：《兩次鴉片戰爭》[67]；

　　1968 年，大衛·歐文：《英國在印在華的鴉片政策》[68]；

57　Henri Cordier, *L′ Expedition de Chine 1857-1858: Histoire Diplomatique, Notes et Documents* (Paris, 1905).

58　R. C. Hurley, *The Opium Traffic. Historical, Commercial, Social, and Political Aspects etc* (Hong Kong, Hong Kong Printing Press, 1909).

59　W. C. Costin, *Great Britain and China*, 1833-60 (Oxford University Press, 1937).

60　Eldon Griffin, *Clippers and Consuls: American Consular and Commercial Relations with East Asia* (Ann Arbor, Mich.: Edwards Brothers, 1938).

61　Earl Swisher, *China′s Management of the American Barbarians, A Study of Sino-American Relations, 1841-61* (New Haven, Conn.: Yale University Far Eastern Publications, 1951).

62　Tong Te-Kong, *United States Diplomacy in China, 1844-60* (Seattle: University of Washington Press, 1964).

63　E. Holt, *The Opium Wars in China* (London: Putnam, 1964).

64　Frederic Jr., Wakeman, *Strangers at the Gate: Social Disorder in South China 1836-61* (Berkeley and Los Angeles: University of California Press, 1966).

65　Douglas Hurd, *The 'Arrow' War: An Anglo-Chinese Confusion 1856-60* (London: Collins, 1967. New York: Macmillan, 1967).

66　Rosemary Quested, *The Expansion of Russia in East Asia, 1857-60* (Kuala Lumpur: University of Malaya Press, 1968).

67　Jack Beeching, *The Chinese Opium Wars* (London: Hutchinson, 1975).

68　David Owen, *British Opium Policy in China and India* (New Haven, Conn.: Yale University Press, 1934; Archon reprint, 1968).

　　1973 年，愛德華‧故歷：《伯駕與中國的開放》[69]；

　　1976 年，沙若斯卡亞：《1856－1860 年間中國的外交：與英法之關係》[70]；

　　1976 年，黃宇和：《兩廣總督葉名琛：1852－1858》[71]；

　　1978 年，傑拉爾德‧格雷厄姆：《英國皇家海軍駐華艦隊：1830－1860 年間的對華戰爭與外交》[72]；

　　1979 年，羅伯特‧莊遜：《駐華艦隊：1800－1898 年間美國海軍在亞洲水域的活動》[73]；

　　1983 年，黃宇和：《鴉片戰爭時代中英外交文件提要》[74]；

　　1998 年，黃宇和：《鴆夢：鴉片煙，帝國主義，亞羅戰爭》[75]；

　　1999 年，巴巴拉‧霍奇森：《鴉片：天堂的魔鬼》[76]；

　　1999 年，卡爾‧特洛基：《鴉片，帝國與全球的政治經濟：對亞洲鴉片貿易的研究，1750－1950》[77]；

　　2003 年，鄭揚文：《鴉片在中國的社交生活》[78]；

69　　Edward V. Gulick, *Peter Parker and the Opening Of China* (Cambridge, Mass.: Harvard University Press, 1973).

70　　S. I. Zaretskaya, *China's Foreign Policy in 1856-1860: Relations with Great Britain and France* (Moscow: Nauka, 1976).

71　　John Y. Wong, *Yeh Ming-ch'en: Viceroy of Liang-Kuang, 1852-58* (Cambridge University Press, 1976).

72　　Gerald S. Graham, *The China Station: War and Diplomacy, 1830-60* (Oxford University Press, 1978).

73　　Robert Johnson, *Far China Station: The U. S. Navy in Asian Waters 1800-98* (Marylands: Naval Institute Press, 1979).

74　　John Y. Wong, *Anglo-Chinese Relations, 1839-60: A Calendar of Chinese Documents in the British Foreign Office Records*. Published for the British Academy by Oxford University Press, 1983. 過去凡是有關中英關係的英語著作，用字遣詞均採用「英中關係」'Anglo-Chinese relations'。自從 1984 年《中英聯合聲明》簽訂，英國承諾把香港歸還中國後，有關著作在用字遣詞之時多改為採用「中英關係」'Sino-British relations'，可見兩國國力之此消彼長。

75　　John Y. Wong, *Deadly Dreams: Opium, Imperialism, and the 'Arrow' War (1856-60) in China*. for the Cambridge University Press, 1998.

76　　Barbara Hodgson, *Opium: A Portrait of the Heavenly Demon* (London: Souvenir Press, 1999).

77　　Carl A. Trocki, *Opium, Empire and the Global Political Economy: A study of the Asian Opium Trade, 1750-1950* (London: Routledge, 1999).

78　　Zheng Yangwen, *The Social Life of Opium in China* (Cambridge University Press, 2003).

2003 年，特拉維斯‧漢斯與佛蘭克‧桑訥咯（合著）：《兩次鴉片戰爭：一個帝國的毒癮與另一帝國的腐敗》[79]；

2004 年，馮客：《毒品的文化：中國毒品史》[80]。

詹姆斯‧波拉切克：《鴉片內戰》[81] 所述，雖然多屬第一次鴉片戰爭前後的事情，但由於他亦論及葉名琛，所以他的書也可計入。

博士論文則有蔣百幻：《中英外交關係：1856－1860》；[82] 黃延毓：《葉督名琛與廣州之變：1856－1861》；[83] 比亞畿尼：《強迫中國：1830－1860》；[84] 以及富蘭克林‧伯卡拉：《印度鴉片和中印貿易：1801－1858》。[85]

碩士論文則有郭孝謙：《鴉片戰爭時代英國對華的言論和政策：1842－1857》；[86] 米高‧史拜沙：《英國對華態度：1834－60，以三種期刊為例》。[87]

上述專著和論文的作者，各有明確的目標，但除了黃宇和的《鴆夢》

79　Travis Hanes and Frank Sanello, *The Opium Wars: The Addiction of One Empire and the Corruption of Another* (London: Robson Books, 2003).

80　Frank Dikotter, Lars Laamann and Zhou Xun, *Narcotic Culture: A History of Drugs in China* (London: Hurst & Company, 2004).

81　James Polachek, *The Inner Opium War* (Cambridge, Mass., Harvard Council on East Asian Studies, 199).

82　Chiang Pei-huan, 'Anglo-Chinese Diplomatic Relations, 1856-60' (Unpublished Ph.D. thesis, London School of Economics, 1939)。筆者於 1979 年承茅家琦先生邀請，到南京大學交流，慕名前往拜訪該系蔣孟引先生，蒙蔣孟引先生賜稿，是他在戰前用蔣百幻的名字，在英國的倫敦大學經濟學院（London School of Economics）唸博士時，撰寫的博士論文。解放後用漢語重寫出版，書名為《第二次鴉片戰爭》（北京：三聯書店，1965）。

83　Huang Yen-yü, 'Viceroy Yeh Ming-ch'en and the Canton Episode, 1856-61' (Ph.D. dissetation, Harvard University, 1940. 此博士論文後來發表在《哈佛亞洲研究》*Harvard Journal of Asiatic Studies*, 6 (1941), pp. 37-127.

84　E. G. Biaggini, 'The Coercion of China, 1830-60' (Unpublished D.Litt. thesis, University of Adelaide, 1944).

85　Franklin Bakhala, 'Indian Opium and Sino-Indian Trade Relations, 1801-58 (Unpublished Ph.D. thesis, School of Oriental and African Studies, University of London, 1985). 此博士論文集中描述印度曼加拉地區鴉片出產與銷售予中國的情況，並不嘗試解釋第二次鴉片戰爭爆發的原因。

86　Koay Shiaw-chian, 'British Opinion and Policy on China between the First and Second Anglo-Chinese Wars' (Unpublished M.A. thesis, University of Leeds, 1967).

87　Michael Spicer, 'British Attitudes towards China, 1834-60, With Special Reference to the *Edinburgh Review, the Westminster Review, and the Quarterly Review*' (M.A. thesis, University of Sydney, 1985).

以外，均非以探索第二次鴉片戰爭的起因為主。[88] 本書卷二英文原著《鴆夢》出版以來，有關著作當中最具影響力的，自然是詹姆士‧何偉亞的名著《改造中國：十九世紀帝國主義的教化大業》。[89] 但何偉亞撰寫該書的目標亦不在於探索第二次鴉片戰爭的起因，而是細緻入微地述説火燒圓明園對中華民族心靈上所造成的嚴重創傷。

中文的有關書目有蔣孟引：《第二次鴉片戰爭》；[90] 魏建猷：《第二次鴉片戰爭》；[91] 方詩銘：《第二次鴉片戰爭史話》：[92] 以及一本集體創作的大眾讀物《第二次鴉片戰爭》。迨 1978 年，齊思和等又編輯了一套六冊的《第二次鴉片戰爭》資料篇。[93]

《第二次鴉片戰爭》資料篇的出版，是史學界的一件盛事。當其姊妹篇《鴉片戰爭》資料篇在 1954 年由上海人民出版社刊刻時，[94] 美籍華裔學者張馨保先生即充份利用它來寫就其哈佛大學博士論文，並於 1964 年作為哈佛大學出版社的東亞研究系列（Harvard East Asian Series）出版了。[95] 中文學術界不甘後人，牟安世先生的《鴉片戰爭》也在 1982 年由上海人民出版社出版了。茅海建教授的《天朝的崩潰》（北京：生活、讀書、新知三聯書店，1995）更是一鳴驚人，原因之一是他採用了更多的、該資料篇沒有的故宮原始檔案資料。

可是，《第二次鴉片戰爭》資料篇出版半個世紀都過去了，除了英文拙著《鴆夢：鴉片煙，帝國主義，亞羅戰爭》（英國：劍橋大學出版社，

88　據筆者所知，名作家 Brian Inglis 先生曾作嘗試。後以工程太大，又不摸底，很快就放棄了。

89　James Hevia, *English Lessons: The Pedogogy of Imperialism in Nineteenth-Century China* (Durham, NC: Duke University Press. 2003). 該書曾由劉天路、鄧紅風翻譯為漢語，書名為《英國的課業：19 世紀中國的帝國主義教程》（北京：社會科學文獻出版社，2007）。筆者引用該書時，仍援用英文原著，需要翻譯其內容時，也是筆者自己動手，免卻譯文之隔膜。

90　北京：三聯書店，1965 年。此書之英文原著是蔣孟引先生戰前用蔣百幻的名字，在英國的倫敦大學經濟學院寫就之博士論文，即 Chiang Pei-huan, 'Anglo-Chinese Diplomatic Relations, 1856-60' (Unpublished Ph.D. thesis, London School of Economics, 1939)。

91　上海：上海人民出版社，1955 年。

92　上海：新知出版社，1956 年。

93　上海：上海人民出版社，1978 年。

94　翌年再版。詳見上海：新知識出版社，1955 年再版。

95　Chang Hsin-pao. *Commissioner Lin and the Opium War* (MA: Harvard University Press, 1964).

1998）⁹⁶ 以外，中文世界似乎還沒有人利用過該資料篇寫成專著。為什麼？

因為，如果中國有人像法國學者白吉爾教授的洋洋巨著《孫逸仙傳》⁹⁷ 一樣，「除了《國父全集》以外，白女士就沒有利用過任何中文的第一手原始文獻，滿眼望去都是『轉引自』某某英文〔專著〕，其中以史扶鄰的名著《孫中山與中國革命的起源》使用頻率最高。試想一下吧，有個中國學者寫本洋洋幾十萬字的《華盛頓傳》，只用《華盛頓文集》一種英文文獻，其它資料全部來自中文著述曾引用過的片斷，會被能人們嘲笑到什麼地步？」⁹⁸

茅海建教授的《天朝的崩潰》過人之處，正如前述的、在於它除了充份利用了《鴉片戰爭》資料篇以外，更多的是採用了該資料篇所闕如的故宮原始檔案資料。而且，它的焦點是天朝的崩潰，不是中英外交以至更廣闊的國際關係；若能用上更多的英國原始材料固然好，用不上也沒有對其特定的選題造成嚴重的缺陷。

但是，英國前外相韓達德（Douglas Hurd, b. 1930）先生，就是完全根據英國的英文史料來寫就一本有關第二次鴉片戰爭的專著了，書名挺有意思的，叫《亞羅戰爭：一場中英混亂》。⁹⁹ 筆者不具備白吉爾教授與韓達德外相般膽色，不敢貿然動筆，因為深感事情太過錯綜複雜，不找個水落石出誓不罷休也。

事緣單從史料上說，該中文《第二次鴉片戰爭》資料篇所收集的、哪怕甚具權威性的史料，也確實雜亂無章，甚至互相矛盾。矛盾的例子諸如咸豐皇帝於 1858 年 1 月 27 日指責葉名琛，在英國「兩次投遞將軍督撫副都統等照會，該督並不會商辦理，即照會中情節，亦秘不宣示，遷

---

96   John Y. Wong, *Deadly Dreams: Opium, Imperialism, and the Arrow War (1856-1860) in China* (Cambridge University Press, 1998).

97   Marie-Claire Bergère, *Sun Yat-sen* (Stanford: Stanford University Press, 1998).

98   學海無涯：〈孫中山為何要上書並求見李鴻章？〉，2012 年 8 月 1 日，http://book.douban.com/review/5529660/，2015 年 6 月 20 日上網閱讀。

99   Douglas Hurd, *The 'Arrow' War: An Anglo-Chinese Confusion 1856-60* (London: Collins, 1967. New York: Macmillan, 1967).

延日久，以致英人忿激，突入省城」。[100] 可是，當筆者查核該兩道照會，發覺它們分別於 1857 年 12 月 24 日和 28 日送到葉名琛處的時候，已是「亞羅」號事件發生之後近十四個月的事情了。[101] 當時已是英法聯軍兵臨城下，該兩道照會乃是最後通牒，命令葉名琛舉城投降，葉名琛無論怎樣回答（除了同意投降以外），都難免戰火。況且，咸豐皇帝從何得悉葉名琛不曾會同將軍督撫等商辦？這顯然是葉名琛的同僚在 1858 年 1 月 5 日葉名琛被俘後，把一切責任都推卸到他身上，並且無形中藉此指責他乃挑起戰爭的罪魁禍首，以便為自己推卸責任。

又例如，葉名琛的部下南海縣令華廷傑，事後亦撰書指責葉名琛，說他「待外人不好挑釁，亦少恩撫，每遇諸國照會，或略覆數語，或竟不答，數年來雖幸無事，而憤懣愈積愈深矣」。[102] 區區縣令，怎會知道中堂隱秘？華廷傑看過欽差大臣葉名琛的照覆嗎？筆者在編寫《鴉片戰爭時代中英外交文件提要》[103] 時，把當時中英發予對方的每道照會都細閱、比較，並作出提要。葉名琛有來必有往，而且都回答得很詳盡；有時回答得稍遲，英國駐遠東公使包令爵士就大發雷霆。但是，當時葉名琛總理五省軍務，生死存亡之秋，包令卻像一隻蒼蠅般，總是在那裏嗡嗡地嚷着要進入廣州城。對當時總理五省軍務的葉名琛來說，入城相對地並非當務之急，也難怪葉名琛有時遲覆。

諸如此類的細節，拙著《兩廣總督葉名琛》已有所交代。現在再花上幾十年時間，進一步深入探索，更覺得從當時英國的政治、經濟、軍事、殖民地（印度）、全球貿易、全球戰略等等角度全盤考慮時，英國猶太基督宗教混合（Judeo-Christian）文明精英之揮軍犯華是勢在必行的。這一切，華廷傑做夢也不會知曉，卻竟然斤斤計較於葉名琛的照會字數有多少，更錯誤地認為葉氏有照不覆。其實，英國公使包令爵士不覆葉氏照會的次數，算起來要比葉氏不覆的多。不想，華廷傑的妄猜臆說卻

100　1858 年 1 月 27 日上諭，《咸豐朝實錄》卷二四一、頁二十六。

101　《籌辦夷務始末》（咸豐朝）二，頁 621－622。

102　華廷杰撰：《觸藩始末》，《中國近代史資料叢刊‧第二次鴉片戰爭》（一），頁 164。

103　John Y. Wong, *Anglo-Chinese Relations, 1839-1660: A Calendar of Chinese Documents in the British Foreign Office Records* (Oxford University Press, 1983).

成為中國史學界重點依託的史料之一，並隆而重之地收入《第二次鴉片戰爭》資料篇，結果不少華夏精英又據此大事鞭撻一位名副其實的華夏文明精英葉名琛。

　　收入該資料篇的，還有筆名「七弦河上釣叟」的大作，該叟比華廷傑更離譜：認為葉名琛若「能畏夷，惟夷言是從，或相安至今，未可知也」。[104] 讓葉名琛不顧一切地，對帝國主義侵略者的要求全部都無條件接受下來？該叟真是個奴顏婢膝的投降派。而且，如果該叟有機會看到英國內部的機要文件，清楚地了解到英國當局胃口之大，恐怕要嚇得發抖——假設該叟還有一點點炎黃子孫的骨氣的話。

　　收入該《第二次鴉片戰爭》資料篇的，也有李鳳翎的鴻文。李鳳翎認為：「賊首關巨、梁棖等，堅請夷酋巴夏禮，先攻廣東，則眾夷可制。因師出無名，留香港數月，日夜訓練。」終於，「亞羅」號事件提供了出師之名，巴夏禮於是便「聽降賊慫恿，遂於九月二十八日，開仗攻城」。[105] 真是典型的妄猜臆說！筆者曾閱讀過的所有中、英、法、美等國的原始文獻，沒有一道佐證李鳳翎所謂巴夏禮曾接受過紅巾軍（又名廣東紅兵）首領關巨、梁棖等投降；更不要說什麼巴夏禮後來又聽其慫恿攻城。自以為是般高高在上的巴夏禮聽取華賊的慫恿？李鳳翎虛構故事，已經到了信口雌黃的地步。

　　遺憾的是，薛福成（1838－1894）在其〈書漢陽葉相廣州之變〉一文中，照抄照搬李鳳翎之言。[106] 結果不單在「亞羅」號的所謂辱旗事件上犯了不可饒恕的重大錯誤，哪怕在論述 1849 年廣州進城的中英爭執上同樣出了問題。筆者從英國國家檔案中發現，當年徐廣縉是前往停泊在虎門的英艦「黑斯廷斯」號（HMS Hastings）上會見英使文翰的。[107] 從地圖

104　七弦河上釣叟：《英吉利廣東入城始末》，《中國近代史資料叢刊·第二次鴉片戰爭》（一），頁 220。

105　李風翎：《洋務續紀》，《中國近代史資料叢刊·第二次鴉片戰爭》（一），頁 222－226：其中頁 223。

106　薛福成：〈書漢陽葉相廣州之變〉，《庸盦全集續編》，收入《中國近代史資料叢刊·第二次鴉片戰爭》（一），頁 228。

107　HMS Hastings 是主力艦．Parl. Papers 1875, v. 12, pp. 205-267。有關中文史料，見 FO931/778-810。

上，虎門在珠江快入海處，兩岸相隔甚遠。不過看圖還不如親歷其境。筆者承廣州市中山大學歷史系同仁熱心安排，並在駱寶善先生陪同下，早在 1979 年 12 月即有幸親臨虎門考察，此後在廣東省檔案局、廣東省外事辦公室、翠亨村孫中山故居紀念館等領導熱情安排下，也曾先後多次重臨虎門海面，均只見汪洋一片，僅能依稀看到對岸，薛福成之所謂「兩岸練勇呼聲震天」云云，真是天方夜譚。

薛福成曾當過駐英、法、意、比公使（1890－1893），更是知名的士大夫，其著述被趙爾巽的《清史稿》、蕭一山的《清代通史》等名著廣為引用，又被左舜生先生（1893－1969）收入《中國近百年史資料》中供研究生使用，更被《清朝野史大觀》等大眾化，其不良影響，可謂深遠。

回顧本書卷一第五章和第六章所論及之治史方法，則中國傳統讀書人諸如華廷傑、「七弦河上釣叟」、李鳳翎、薛福成、趙爾巽、蕭一山、左舜生等先生之治史，似乎皆欠缺實證史觀的概念，結果要麼是無中生有，要麼是人云亦云。這是否可以解釋收進該等胡說八道的逸聞之《第二次鴉片戰爭》資料篇出版快半個世紀了，中文世界還沒有一本像樣的專著？

華夏文明等不了，因為第二次鴉片戰爭的結果是，帝國主義搶掠圓明園後付之一炬，喪權辱國的《北京條約》、《中俄條約》，幾乎摧毀了華夏國魂，是華夏文明慘敗於英國猶太基督宗教混合文明的典型例子。一百六十多年過去了，而有關第二次鴉片戰爭的華文專著至今欠奉，這是否因為拙著《兩廣總督葉名琛》在 1984 年由中華書局出版了中譯本後，有所比較，中國的史家再不也敢隨便動筆？又是否反映了炎黃子孫缺乏反省能力？

若是缺乏反省，則在當前英、美的猶太基督宗教混合文明再次隱喻地高呼中國該打之際，應該是反省的時候了。反省些什麼？曾子曰：「吾日三省吾身：為人謀而不忠乎？與朋友交而不信乎？傳不習乎？」[108] 當前中國人在國際上的誠信有多高？是否仍然只傳而不習？儘管既「傳」又「習」，還不如創新啊！如何創新？容本《文明交戰》系列的卷三《百年

108　《論語・學而》。

屈辱》當中題為「救亡從教育入手」的一章娓娓道來。

四、通訊技術與帝國主義的決策機制

「亞羅」號事件之所以能演變成第二次鴉片戰爭，先後取決於兩個關鍵人物。首先，巴夏禮代領事在處理該事件時，本可息事寧人，但他反而故意把事態擴大。第二，包令公使本可制止巴夏禮胡鬧，命他不要再惹事生非；但包令公使反而加倍縱容巴夏禮。他倆的最高上司──倫敦英王陛下政府的外交部，為何不及時制止他倆胡鬧？若從當時通訊技術的角度看，是什麼溝通上的困難縱容了他倆為所欲為？

如此，探討的方向就轉到當時通訊技術發達到的程度，以及通訊技術與帝國主義者所面臨的各種挑戰之間的關係。在這方面，丹尼爾‧希迪格（Daniel Headrick）教授所做過極其深入的研究，就非常貼題。他發現，在有線電報網絡建成之前，世界各地事態的急劇發展，經常把帝國主義者蹲在首都所作出的決策遠遠拋在後頭。[109]

直到十九世紀中葉，還是帆船稱霸的時代。1837 年，第一艘汽輪遠洋船剛剛問世，由此導致大英火輪船公司的成立。這家公司，通稱 P&O 遠洋輪船公司，香港俗稱鐵行火船公司。1840 年，英國政府與該公司訂立合同，把自英國至埃及北臨地中海的亞歷山大港的郵務全部交給該公司營運。1845 年又將該合同的地域延伸至印度和中國。[110] 1851 年 P&O 遠洋輪船公司的汽輪自英國南部的南咸頓港（Southampton）開往印度的加爾各答，最佳航程記錄為三十七天，被讚為「決然比過去用帆船繞好望角優勝得多」。[111]

當 1856 年「亞羅」號事件在廣州發生時，廣州與香港及倫敦之間

109　見其兩本名著，*Tools of Empire: Technology and European Imperialism in the Nineteenth Century* (New York: Oxford University Press, 1981) 及 *Invisible Weapon: Telecommunications and International Politics, 1851-1945* (New York: Oxford University Press, 1991)。

110　見 Freda Harcourt, "Black Gold: P&O and the Opium Trade, 1847-1914", *International Journal of Maritime History*, 6, No. 1 (June 1994), p. 10，引用了 Parl Papers 1847, v. 36, "Peninsular & Oriental Sream Packet Company", p. 6ff。

111　如前引 Harcourt, "Black Gold", p. 11。

通訊的速度是個關鍵。當時穗港之間還未鋪設有線電報，但已有汽輪郵船，每日兩班，早晚對開，單程約十二小時。[112] 在廣州若錯過一趟郵輪，則哪怕是十萬火急的公文，也要等待下一趟郵輪，連等候加上船載共二十四小時。若要等待對方答覆，則等到對方擬好覆文再投下一趟郵輪時，最快也要三十六至四十八個小時以後。當發生了像「亞羅」號事件這種重大事故後，事態發展的每一階段，英國駐穗代理領事巴夏禮都有至少三十六個小時的時間，不受其在香港的上司的掣肘，可以任意地採取主動。當米已成炊時，其上司只好迫得追認。若不追認，下屬就會失去主動，對華外交也將陷於癱瘓。

　　至於倫敦與香港之間的電報，從倫敦到達地中海意大利的一個城市名叫的里雅斯特（Trieste）之間，已鋪了電線，可以傳遞有線電報。自的里雅斯特到紅海之間是陸路傳遞，[113] 然後自紅海至印度和中國就用遠洋汽輪。當時各大通訊社的記者都是採取這條路線。但英國官方的公文則絕對不能通過這種渠道，以防洩密，而只能倚重那「一月一趟的郵輪」。[114] 包令公使向倫敦報告 1856 年 10 月 8 日發上的「亞羅」號事件的第一道公文，於接近兩個月後的 1856 年 12 月 1 日才抵達倫敦。[115] 如此，無論倫敦對香港作出任何指示，或香港向倫敦請示，覆文最快都要四個月後才能到達目的地。

　　順帶一提：英國記者所發佈有關「亞羅」號事件的信息就不那麼幸運了，他們錯過了 10 月那一趟郵輪，雖然最後一段路用上了有線電報，他們的信息要等到 12 月 29 日才抵達倫敦，[116] 即事發之後大約三個月才到達倫敦。算包令和巴夏禮走運，若傳媒的消息快過公文到達倫敦，把英國政府打個措手不及，後果可知。

　　在這種情況下，遙控是不切實際的。因此，在首都倫敦的大英帝國掌舵人，只好放手讓散佈於世界各地的駐外官員便宜行事。萬一這些官

112　見本書下篇第十一章。
113　當時蘇伊士運河還沒有建成。
114　如前引 Harcourt, "Black Gold", p. 12。
115　見 Bowring to Clarendon, Desp. 326, 13 October 1856, FO17/251。
116　見 *The Times*, 29 December 1856。

員犯了錯誤，也要堅決地支持（至低限度表面上如此）他們的先斬後奏，以保存他們的面子，並盡量為他們開脫，否則官員們便不敢勇於任事了。

相反地，如果他們凡事都向倫敦請示，待數月後接到指示才凜遵，繼而採取行動；那麼，日不落的大英帝國行將癱瘓。「亞羅」號事件之所以能被英國駐外使節任意地把這小小風波擴大成兩國兵戎相見，正是由於掌舵人幾乎不可能有效地遙控駐外官員。而駐外官員之失控，又正是由於當時科技不如今天發達所造成的。治史不能以今況古，其理至明。

至於中方信息傳達的速度如何？當時廣州與北京之間就連那蝸行的汽輪郵船也沒有，遑論有線電報。奏摺與諭旨的往來全靠陸路，並分輕重緩急，嚴限驛差日行（採騎馬接力方式日夜奔馳）400、500及600華里不等。雖十萬火急的聖旨，最快也要十五天左右才能到達廣州，而普通的奏摺，則需時三十二天左右才能到達北京。因此，駐穗的欽差大臣也能伺機先斬後奏。如果穗京之間和香港與倫敦之間早已建立起電報網的話，遑論今天的電郵以至 WhatApp，則相信徐廣縉和葉名琛絕對不敢假冒聖旨。而同樣以此假設，包令公使儘管有膽向倫敦建議炮轟廣州城，恐怕也不會得到批准。

當英國外交部（俗稱白廳）首聞「亞羅」號事件之時，駐廣州、香港等外交官員已然單方面對華不宣而戰了。首相巴麥尊子爵無論在議院中的激辯，或是在後來大選中的各種公開演說，都極力維護這批官員。他的做法得到大多數議員的支持。無論是上議院的議員如梅休因勳爵（Lord Methuen），或下議院的議員如勞埃德・戴維斯（Lloyd Davies），都認為除非英國政府支持包令公使早已採取了的行動，否則大英帝國無法指望其官員死心塌地般為它服務。[117] 英國的選民通過接下來的全國大選，也以實際行動來表示他們支持這種立場。[118]

作為一般常理，英國政府要授予其駐外使節便宜行事之權力，以當時通訊不太發達的實情來看，當然可以成立。但這是否意味着所有闖了

117　Methuen, 26 February 1857, *Hansard*, 3d series, v. 144, col. 1322; Davies, 26 February 1857, ibid, v. 144, col. 1448.

118　下面的報章評論很有代表性：" … 'the necessity of upholding our representatives at a distance' carried a great deal of weight with the constituencies", commented the *Guardian*, 18 March 1857。

禍的使節都會受到堅決支持？而且，像「亞羅」號事件這種個別情況，英國政府是否真的非支持包令公使及其部下巴夏禮代領事不可？

在這個問題上，美國政府的做法與此形成鮮明的對照。「亞羅」號事件發生後不久，由於英軍以此作為藉口炮轟廣州城，繼而進攻內河水師鎮守的炮台；守台清兵在自衛還擊中打得紅了眼，便把炮火指向一艘正在附近水域探測河床深淺的美國兵艦。這艘兵艦高懸着美國國旗，仍遭炮轟，美國海軍駐華艦隊司令員聞報後以國旗受辱，於是調集麾下兵艦，諸炮齊轟中方炮台，趕跑守軍後把該炮台用炸藥爆破，把炮架燒掉，就心滿意足地鳴金收兵了。[119] 由此可見美國政府沒有因為國旗受辱而下令採取進一步報復行動。為什麼英國政府不可以如法炮製，而偏偏要將清朝政府逼上絕路？

曾兩度當過英國海軍部部長的詹姆斯‧格雷厄姆爵士（Sir James Graham）便曾公開表示，英國政府應該採取完全與美國相同的做法，來解決「亞羅」號這場風波，即先向包令公使表示同情，又表示理解他在華所處之困境及工作之棘手，然後命令他息事寧人。[120] 可見，謂巴麥尊首相除了硬着頭皮支持包令公使而別無他法的觀點，未必站得住腳。果真如此，則為何巴麥尊首相仍然硬着頭皮支持包令公使？箇中緣由，本書卷二題為「外交上瞞天過海」的一章自有分解。

五、尋幽探秘，反覆思量

由於整個事件錯綜複雜，為了讓讀者對事情始末有一個比較清晰的印象，作者特別整理出一個大事表，藉此換一個角度看問題，結果又有更多新發現。例如，1857 年香港毒麵包案，一直讓人撲朔迷離。現在大事表清楚顯示，毒麵包案發生前的三天，即 1857 年 1 月 12 日，英國駐華艦隊司令員、海軍少將西摩爾，命令其部隊於當天清晨 6 時 50 分開始，在廣州市著名的廣東十三行當中的洋行地區周圍有系統地、有步驟

119　Seymour to Admiralty, 24 November 1856, Parl. Papers 1857, v. 12, pp. 170-171, paras. 4-5.

120　'Sir James Graham', *Globe*, 19 March 1857, p. 1, col. 6.

地進行放火，目的是清除洋行周遭的中國民房，以便更有效地保護洋行區的安全。當時正颳着乾燥的西北風，火勢一發不可收拾，焚燒民房無數。而廣州民眾不顧英兵強行阻止，仍然「在英兵發射的槍林彈雨中，奮不顧身地整天前赴後繼地救火」。[121] 行動不便的老弱婦孺被燒死無數。

試想，老父或老母甚或雙親皆被活活燒死的孝子賢孫，悲痛之餘會幹出些什麼？又設想，兩廣總督葉名琛早在 1856 年 10 月 28 日已懸賞殺敵，為何遲至 1857 年 1 月 15 日才有人不顧一切地深入虎穴，在香港的麵包店中投放砒霜？放毒的人顯然不是單純為了領賞而冒這個天大風險。沿着這個線索考慮問題，兼顧到英方堅稱是葉名琛派人放毒，若把兩條線索放在一起思考，則平時不會因為領獎而冒險遠赴香港殺敵的孝子賢孫，現在誓報不共戴天之仇，也會冒死成行，下毒之後返穗領來獎金祭祖，也順理成章。

有了這個新發現，再倒過頭來衡量英國《晨報》之斥責下毒之人是「人面獸心」的社論，[122] 則故意放火把老弱婦孺活活燒死，同時又開槍射殺救火的人，難道全是英雄好漢？難道「以牙還牙」來報復不共戴天之仇的孝子賢孫反而全是「人面獸心」？《晨報》顯然忘記了猶太基督宗教混合文明的金科玉律：「易地而處」（Put yourself in the shoes of the other party）！

歸根結柢，各種千奇百怪的謊言、違心的高論、殺人放火的勾當、神推鬼擁的動力是什麼？發財的美夢和毒品的魅力——是英王陛下特許的美夢和魅力。諸如此類的事情，驟眼看來似乎不可思議，但若耐心地把它們集中在一起分析，則各式各樣費解的問題，慢慢都能理出一些頭緒。對此，容筆者預告本書的一些新發現和新見解。

首先，所謂辱旗事件，其實是子虛烏有。「亞羅」號的船長鑒於其船員被捕，深恐被捕水手在中方嚴訊之下，供出該船替海盜接贓的不法行徑，情急之下，便編出了一番鬼話：一番唯一能促使到那名以急躁魯莽見

---

121 J. Mongan's Memorandum of Operations at Canton, 5-13 January 1856, dated 14 January 1857, Parl. Papers 1857, v. 12, pp. 313-315, para. 7.

122 *Morning Post*, 3 March 1857.

稱的英國年輕代理領事巴夏禮，馬上採取行動替其截回船員的鬼話——
誣告中方曾扯下飄揚在該船桅杆上的英國旗。巴夏禮本來就不肯相信這
連篇鬼話：作為代領事的他，非常清楚，英船進港按慣例必須下旗。國
旗既已降下多日，何來再被扯下？但姑且赴中方師船要求放人。不料一
言不合，雙方便大打出手。巴夏禮氣瘋了，於是拾「亞羅」號船長牙慧，
一口咬定該批中方師船的差役曾侮辱英國旗。

　　為何巴夏禮的上司包令公使故意偏聽巴夏禮一面之詞？事緣包令公
使擬利用這個事件作為藉口，來威脅兩廣總督葉名琛打開廣州城門恭迎
其進府。不料葉名琛斷然拒絕，因為五羊城的廣大民眾誓死不從。包令
公使勢成騎虎，因而決定孤注一擲。如此種種，容本書卷二當中，題為
「戰爭的導火線：『亞羅』號事件」的一章，至題為「以霸道壓制王道」
的一章，按照筆者所發掘出來的真憑實據，詳細交代。

　　辱旗之控在英國炸開了鍋。不少有識之士憑良心與常理講話，替中
方打抱不平。反對黨的袞袞諸公，更紛紛指責巴夏禮代領事和包令公使
強詞奪理，橫行霸道，有失大國風度。正、反雙方就此事在各大報章，
在國會上、下議院，和在接着舉行的全國大選中進行激辯。其激烈的程
度，以及由此而產生的一種盲目的愛國狂熱，與嶄露頭角的輿論威勢，
在英國是史無前例的。

　　圍觀者之中包括當時僑居倫敦，並替《紐約每日公論》（ *New York Daily Tribune* ）撰寫評論員文章以賺取稿費糊口的馬克思先生。他在該報
發表的文章，後來被收集起來編輯成冊，作為單行本出版，[123] 並長期被大
批馬克思主義者奉為研究第二次鴉片戰爭的經典文獻。

　　竊以為馬克思無疑是一位很有見地的思想家，他在萬象紛擾之中，
仍然敏銳地嗅覺出鴉片其實是導致該場戰爭最關鍵的因素，並因而稱之
為第二次鴉片戰爭。但他既不是千里眼也不是順風耳。他能看到的、聽
到的，只是台前各人所演的戲，無法得知台後英國政府各要員秘而不宣
的幕後交易。若總是以他的片言隻字來替第二次鴉片戰爭研究一錘定

123　Karl Marx, *Marx on China: Articles from the 'New York Daily Tribune', 1853-1860* with an introduction and notes by Dona Torr (London: Lawrence & Wishart, 1968).

音，而不作具體論證，是不科學的。這些幕後交易是什麼？猶幸一百多年後的筆者探索了這些幕後交易，寫就本書下篇當中，題為「英國報界的唇槍舌劍」的一章及題為「侵華大選」的一章。

筆者更有幸能夠全球性地追蹤鴉片及其替身的來龍去脈，結果發現：大英帝國在印度出產及賣掉了鴉片給中國，所得暴利既支撐了英國在印度的殖民地政府，又匯回大量款項到倫敦，其中部份作為匯票向美國購入大量棉花以鞏固英國工業革命的支柱──棉紡業。美國人賣掉棉花並拿了英國人的匯票後，兌換成自己的匯票到中國購買茶葉。中國人賣掉茶葉換取了美國人的匯票兌現後，又用來買進鴉片。英國人的鴉片交易除了把美國人用來買茶葉的匯票的等值回收以外，又賺取更多的白銀在中國購買大量的茶葉和生絲，可謂一本萬利。英商在把中國的茶葉和生絲運回本國賣好價錢之餘，也使英國政府發了大財。因為，英國政府特別規定，抽茶葉 100% 的進口稅，即來價 100 鎊即抽 100 鎊的稅，大量金錢得來全不費工夫。而稅收之可觀，每年足以維持肩負大英帝國全球戰略之責的皇家海軍的大部份開支！如此種種，均詳見本書下篇當中，題為「帝國主義的經濟」的第六部份共四章所發掘出來的真憑實據。

鴉片有如斯妙用，對大英帝國的經濟命脈是如此舉足輕重，但在英廷眼中，清朝政府卻是那麼不識抬舉，雖然在 1839－1842 年的鴉片戰爭中已把它打得丟盔棄甲，但到了如今的 1856 年，卻仍然固執地拒絕把鴉片交易合法化；不僅如此，還經常不服氣地揚言要再度禁煙。萬一中方果然再度禁煙，英方就百貨難轉，如此則不單成千上萬的英國綿紡機器要關機，成百上千的皇家兵艦要停航，而且英國的印度殖民政府恐怕也要因入不敷出而垮台，後果不堪設想。倒不如先下手為強，以修約為藉口，勸說清廷將鴉片貿易合法化，如此英廷便可安寢無憂。不料那葉名琛好不識趣，以公函代表清帝於 1856 年 6 月 30 日堅決拒絕將鴉片貿易合法化。時距 1856 年 10 月 8 日發生的「亞羅」號事件只剩下三個月多八日。

「修約不成。到了這個地步，讓我怎辦!?」[124] ──巴麥尊首相這句貌

---

124 Palmerston, 3 March 1857, *Hansard*, 3d series, v. 144, col. 1828.

似沒頭沒腦的話，就是在這樣的情況下冒出來的。馬克思在國會辯論中似乎是聽到了這句儘管對一般人來說是沒頭沒腦的話，便敏銳地指出，這場戰爭是鴉片戰爭的延續。而本書卷二所發掘出來的眾多真憑實據，也證明了馬克思之言確實事出有因。

筆者的另一重大突破是，發現了一批珍貴的第一手資料，證明早在「亞羅」號事件發生之前，英國已主動地接觸法國，密謀對華用兵！就是說，即使沒有「亞羅」號的風波，英國當局也要發動侵華戰爭！「亞羅」號事件之從天而降，對英國當局來說乃及時雨，既可用作為發動戰爭的藉口，又可把本來進行已久的秘密骯髒交涉掩蓋得天衣無縫。如此種種，均見本書下篇當中，題為「外交上瞞天過海」的一章。結果當然是巴麥尊首相額手稱慶，眉飛色舞地縱聲高歌英王陛下政府必須全力支持其駐外使節。而其御用文人，雖不明箇中玄機，亦唾沫橫飛地隨歌起舞，把整個學術界瞞騙了近一百六十多年，真可謂「嘆為觀止」。

六、「經濟主導論」與「戰略需要論」之爭

正如本書卷一所述，英國海軍少將、遠東艦隊司令員西摩爾爵士少將的前任詹姆斯‧賜德齡爵士海軍少將，早就於「亞羅」號事件發生的前一年，即 1855 年，向英國海軍總部提出全面控制中國的建議。他頗費苦心，選擇了最敏感的時刻──克里米亞英俄戰爭（Crimean War）進行得如火如荼之際──提出他的建議。理由是若然英國不併吞中國，俄國就會捷足先登。賜德齡爵士早年曾帶兵佔領西澳洲並宣佈該地為英王陛下的殖民地。[125] 現在，他胃口大了，想把整個神州大地吞下去。倫敦政府還是比較冷靜的：哪怕賜德齡少將的理論根據是沙俄正在虎視眈眈着中國，英國出於戰略需要不能落於人後，否則將會後患無窮；但倫敦政府仍然對他的狂呼不予理睬。歷史發展到了二十世紀中葉，終於證明賜德齡少將的「沙俄威脅論」是頗有見地的，但十九世紀中葉的英國政府卻未予採納。

125　見 *Dictionary of National Biography*, v. 18, pp. 1267-1268。

　　包令公使也曾於克里米亞戰爭期間試圖利用「沙俄威脅論」來鼓動英廷在華捷足先登。時間在詹姆斯・賜德齡少將之後，「亞羅」號事件發生之前九個月。當時，沙俄是列強中唯一在北京設有瞭望哨的國家，哪怕是穿上宗教偽裝的瞭望哨。包令公使認為清政府對此瞭望哨言聽計從，英國宜早日拔掉它，並進而佔領全中國。[126] 但英廷對其呼叫同樣無動於衷。

　　相反地，倒是包令公使後來採取的另一個藉口——修訂《南京條約》——打動了外相克拉蘭敦伯爵。時間是「亞羅」號事件發生前約三個月。[127] 在收到包令公使這個建議的當天，即 1856 年 7 月 17 日，外相克拉蘭敦馬上指示：「同意。錄副給海軍部……我相信〔駐華艦隊〕有足夠的兵力陪同包令爵士北上修約……」。[128] 22 日（即五天之後），更諮海軍部要求該部指示駐華艦隊司令員西摩爾爵士少將，務必派遣兵艦護送包令北上京師，強迫清廷修約。[129] 他可沒想到，包令公使還來不及北上京師，而當葉名琛收到包令公使的修約要求時，已於 6 月 30 日照覆嚴拒。[130] 當這個消息於 8 月 30 日抵達倫敦時，外相克拉蘭敦怒不可遏，聲稱再不能等待了，中國的「廣大資源一定要開發」！[131] 在這種形勢下，內閣舉行會議，通過了聯手法國和美國來對華用兵的動議。[132]

　　由是觀之，在「亞羅」號事件還未發生之前的兩個月，英廷已作出了對華用兵的決定，並因此而積極備戰，準備糾集法國和美國以便聯手行動。準此，案情大白：戰略防俄論並沒有促使英廷對華先下手，而是修約之事令其下了最後決心。如此種種，均詳見本書卷二當中，題為「帝國主義的運作」的第五部份共三章所發掘出來的嶄新的真憑實據。

　　英廷的修約要求，到底又是什麼回事？且看其開列的清單，就可知

126　Bowring to Clarendon, Desp. 11, 5 January 1856, FO17/244.

127　Bowring to Clarendon, Desp. 11, 5 January 1856, FO17/247.

128　Clarendon's minutes of 17 July 1856 on Bowring's Desp. 166, 16 May 1856, FO17/247.

129　見英國海軍部檔案，Hammond to Admiralty, 22 July 1856, Adm. 1/5677。

130　Yeh to Bowring, 30 June 1856, FO682/1989/9.

131　FO endorsement, dated 30 August 1856, on Bowring to Clarendon, Desp. 202, 3 January 1856, FO17/248.

132　見本書卷二，第十九章，題為「外交上瞞天過海」。

並非是在《南京條約》五口通商的範圍內修修補補，而是要求簽訂一份
全新的條約，內容包括（按原文的輕重緩急次序排列）：

1. 開放全中國的腹地給外商貿易；

2. 外國商船兵艦在長江流域自由航行；

3. 鴉片貿易合法化；

4. 外貨在進入中國各港口並付過入口稅後，中國地方政府在內陸不
得再抽子口稅諸如釐金；

5. 剿滅沿海海盜；

6. 華工出國合法化；

7. 英廷派遣公使長駐北京，若清廷不允，則建立正常渠道以便英國
公使能與清廷溝通；

8. 容許英國駐華各口岸之領事直接拜會該省巡撫；

9. 若對條約之文詞有不同解釋，一切以英文的條約內容為依歸。[133]

由此可見，英方要求修約的中心是要在華奪取更大的經濟利益。當
英國議院辯論「亞羅」號事件時，蘇格蘭律政司（The Lord Advocate）
就一針見血地說：「為了取得如斯龐大的利益，儘管戰爭藉口是那麼站不
住腳，這場戰爭還是非打不可的了。」[134] 他沒具體說出這些龐大利益是什
麼，反而由下議院議員理查德・科布登（Richard Cobden，生卒 1804－
1865 年）道破了其中一條，他說：「自 1842 年以來，我國對華的工業製
成品的輸出並沒有任何增長，只是大量增加了進口中國的茶葉，如此而
已。」[135] 厄金斯・佩里爵士（Sir Thomas Erskin Perry）表示同意：「我們
對華政策的主導思想應該是互利。」[136] 既然英國議會的議員們都認為對華
貿易長期逆差，很自然地就認為五口通商之後再開放全中國，有利於增
加英國貨物在華的銷路。這就是為什麼蘇格蘭律政司為「亞羅」號事件
而雀躍，也就是為什麼反對黨的迪斯累里（Benjamin Disraeli，生卒 1804

133　Clarendon to Bowring Desp. 2, 13 February 1854, FO177/210.

134　The lord advocate, 27 February 1857, *Hansard*, 3d series, v. 144, col. 1517.

135　Cobden, 26 February 1857, *Hansard*, 3d Series, v. 144, col. 1412.

136　Perry, 26 February 1857, *Hansard*, 3d Series, v. 144, col. 1460.

年－1881 年）指責巴麥尊首相「用武力來增加我們對東方的貿易」。[137]

一語道破天機：英國發動第二次鴉片戰爭，完全是為了擴大其在華以至全球的經濟利益。找到了這條重要線索，筆者就在下篇當中題為「帝國主義雄辯滔滔」的第四部份，把英國各政要的有關公私言論，系統地整理出來加以分析；並在題為「帝國主義的運作」的第五部份，探索這些言論落實到政策上的來龍去脈；又在題為「帝國主義的經濟」的第六部份中，把大量經濟數據集中起來分析研究，且看這些政策在實踐過程當中，是否如英廷諸公預料的那樣，替英國帶來了巨大的經濟利益。正是這些逐年提交國會辯論的經濟數據，像每年的收支平衡、年度預算、貿易順逆等，讓英廷諸公用作制定對華政策在觀感上的基礎。他們在國會激辯「亞羅」號事件時，也曾零星地引用過，包括巴麥尊首相在內。[138]

英、美相繼強大，主要是由於其生財有道，理財有方。

生財有道，除了發展本國經濟以外，還從海外奪取大量資源和財富，這都是英廷和華府決策諸公津津樂道的。只是由於馬克思曾指責帝國主義發動侵略戰爭的主要動機在於奪取別國資源，很多英、美御用文人便刻意地顧左右而言他。像第二次鴉片戰爭這樣關鍵性的一段歷史，也特意選擇「戰略需要」等概念來把它故意曲解成是為了防俄的需要。[139]所以本節開宗明義就特別把「戰略需要」論提出來加以分析，並用原始文件證明：英廷決策諸公對「戰略需要」一度是無動於衷的，反而是修約以便鴉片貿易合法化等理由，才打動了他們。其實，儘管有「戰略需要」，也不會是純粹地為了防俄而防俄，而是為了防止俄國奪去英國垂涎已久的中國廣大市場和資源這塊肥肉。說穿了，還不同樣是「經濟主導」嗎？

奪取了這塊肥肉之後，如何永遠佔有它？那就必須繼而征服華夏的靈魂，讓世世代代的炎黃子孫都「聽教聽話」。這正是文明交戰的精粹。這就是為什麼，筆者在其英文原著《鴆夢》（即本書下篇）中，分析了英

---

137 Disraeli, 3 March 1857, *Hansard*, 3d Series, v. 144, col. 1836.

138 Palmerston, 3 March 1857, *Hansard*, 3d Series, v. 144, col. 1828.

139 例如本書英文稿的審稿人（不具名）之一就曾堅持是說，並建議筆者按他那一套重寫才讓出版。在筆者抗議下出版社另請公正審查，拙稿才得見天日。否則，一家出版社退稿，很難有別家出版社接收「二手貨」。三十多年苦功，也因此被埋葬。

國猶太基督宗教混合文明的精英如何用硬實力征服了華夏的軀殼之後，繼而追蹤該文明精英如何千方百計地運用軟實力，試圖降伏華夏的靈魂（見本系列《文明交戰‧卷三‧百年屈辱》其中的第七部份）。本書成全了筆者五十多年來未完的心願。

七、各家各派的高見之比較

在西方，對於第二次鴉片戰爭，各家各派言論甚多。若結合第一次鴉片戰爭，則更是眾説紛紜。

對第二次鴉片戰爭最為流行的解釋是「辱旗」導致戰爭之説。

另外，有些西方學者又跟隨中國大陸學者之命名「第二次鴉片戰爭」的習慣，把兩場戰爭合稱為「兩次鴉片戰爭」，[140] 此舉似乎認同兩次戰爭均由鴉片所引起。竊以為林則徐銷毀鴉片煙引發鴉片戰爭，故以導火線為戰爭命名，順理成章。但第二次戰爭的導火線就不是這回事了。而這些中國學者其實也從未深究鴉片與第二次戰爭的關係，結果總是含糊其詞，以馬克思之言馬首是瞻。筆者在 1996 年為本書下篇的英文版《鴆夢》定稿時，曾按照西方學術界的慣例，以第二次戰爭導火線的「亞羅」號事件為理由，將該場戰爭命名為「亞羅戰爭」（*Arrow* War）。但此後再經過二十多個寒暑的進一步科研和反覆思量，反而認為「第二次鴉片戰爭」這名稱，更能有效地反映帝國主義不擇手段的侵略本性，故本書的書名及內文均稱之為「第二次鴉片戰爭」。必須強調的是，筆者採用此名的邏輯，與過去中國大陸跟隨馬克思的説法而命名該場戰爭為「第二次鴉片戰爭」那種「凡是派」的做法，不能相提並論。

另一批西方學者又認為英方是為了爭取「外交平等」而發動第二次鴉片戰爭的。[141] 這種説法，其實無非是發揮了過去另一批西方學者把第一

140　如 Jack Beeching, *The Chinese Opium Wars* (London: Hutchinson, 1975)。

141　見 Douglas Hurd, *Arrow War*, p. 27。

次鴉片戰爭説成是「叩頭戰爭」[142]——為了拒絕向中方叩頭而戰。

比較近代的一種觀點是「自由貿易戰爭」；[143] 有人又將此觀點昇華到飄然欲仙的階段，而提出了「糖蜜戰爭」論，[144] 還有「穗人仇外」説，[145] 「在華被辱」説、[146]「文化摩擦」説，[147] 以及「麻疹」説[148] 等等，形形色色，五花八門。

準此，首先讓我們評價所謂「辱旗説」：即英國人為了維護國家尊嚴，出兵報復其在「亞羅」號船上國旗被辱之説。本書發掘出了大量史料，證明辱旗之控缺乏真憑實據，完全是一種無中生有的誣告。更重要的是，本書發現事發之前的兩個多月，英廷已決定了對華用兵，並因此而與法國進行了秘密外交，共商聯手對付中國。如果倫敦沒有先露殺機，區區「亞羅」號事件，在現實利益面前，小不忍則亂大謀。

其次是「文化摩擦」論。持此説者羅列了中西兩種文化在語言、風俗、習慣、法律、價值觀等各方面的差距，並由此而引起的一系列摩擦，據此又斷言戰爭是必然的。這種觀點，當初是用來解釋鴉片戰爭爆發的原因，後來又被人利用來解釋第二次鴉片戰爭的起因。[149] 筆者曾花了十餘個寒暑整理兩次鴉片戰爭期間共二十二年（1839－1860）的中英外交文件，[150] 確實看到當時的中英爭端無日無之，讀來已夠煩惱，更不要説當事者了。但反過來説，二十世紀八十年代中英文化的巨大差距同樣存

142　John Quincy Adams, "Lecture on the War with China", Delivered before the Massachusetts Historical Society, December 1841, and reprinted in *Chinese Repository*, 11 (January-December 1842), pp. 274-289.

143　見 J. Gallagher and R. Robinson, "The Imperialism of Free Trade", *Economic History Review*, 2d series, 6, no. 1 (1953), pp. 1-15. 又見 D. C. M. Platt, *Finance, Trade, and Politics: British Foreign Policy 1815-1914* (Oxford: Clarendon Press, 1968), pp. xxx-xl and 265-267。

144　見 Chang, *Commissioner Lin*, p. 15。

145　見 Nolde, "Xenophobia in Canton"。

146　見 Parl. Papers 1857, v. 12, pp. 325-560, 題為 "Correspondence respecting insults in China"。

147　見 H. B. Morse, *The International Relations of the Chinese Empire, v. 1. The Period of Conflict 1834-60.*, chapters 3-7。

148　見 Carmen Blacker, The Japanese Enlightenment: *A Study of the Writings of Fukuzawa Yukichi* (Cambridge University Press, 1969)。

149　見 Morse, *International Relations*, v. 1, chapters 3-7。

150　見拙編 *Anglo-Chinese Relations*，中文本則見我編著的《兩次鴉片戰爭與香港的割讓：史實和史料》（台北：國史館，1998 年），第四章。

在着，甚至更大；而 1984 年英國卻同意雙手奉還兩次鴉片戰爭中用鮮血換來的戰利品——香港殖民地。如此則我們能説，「文化摩擦」導致英人歸還香港嗎？這麼一比較，就馬上顯出此説之無稽。無稽之處，首先在於其漠視實力對比的問題。而實力對比還只是表面現象，深層次的矛盾在於英國的猶太基督宗教混合文明要征服華夏文明：先用硬實力打敗其軀殼（見本書卷二），繼而用軟實力降伏其靈魂（見本系列《文明交戰‧卷三‧百年屈辱》其中的第七部份）。

　　至於那「麻疹」論，簡直豈有此理。該説為十九世紀日本理論家福澤喻吉先生所首倡。他的著作甚豐，作品被日本教育廳採納為教科書，故影響深遠。簡單來説，他認為英國式的盎格魯‧撒克遜文明像麻疹瘟疫般，亞洲人是絕對無法抵擋的。他不認為兩次鴉片戰爭是由鴉片所引起，反而認為是由於中國人決定抵抗他所説的「麻疹」所導致，並招來慘敗。[151] 他將英國式的盎格魯‧撒克遜文明比作瘟疫之一的麻疹，從哲學上來説，本無可厚非。但他卻偏偏要用這種哲學上的空洞比喻，來解釋鐵一般的歷史事件諸如兩次鴉片戰爭，實屬混淆視聽。

　　又至於英方為了爭取「外交平等」而開仗之説，則由英國前任外相韓達德先生集大成。而此説之始作俑者，為美國第六任總統亞當斯（John Quincy Adams，任期為 1825－1829）。當鴉片戰爭爆發時，這位卸任總統不甘寂寞，到處演説：「戰爭為什麼爆發？因為要叩頭，因為那狂妄自大的中國強迫世界各民族向其叩頭，才容許通商。」[152]

　　鴉片戰爭期間從廣州搬到澳門出版的《中國叢報》（*Chinese Repository*）的主編，把該總統的演説摘錄轉載後，加按語説：「我們不同意該演講者撇開鴉片不談的做法；因為，毫無疑問，鴉片是導致這場戰爭最直接的原因。我們只同意他所説的，引起戰爭的原因包括中方的自

151　見 Yukichi Fukuzawa, "Datsu-A-ron"(Dissociation from Asia), *Jiji shinpo* (News of the times), 16 March 1885, reprinted in Bunso Hashikawa, "Japanese Perspectives on Asia: From Dissociation to Coprosperity", in Akira Iriye (ed.), *The Chinese and the Japanese: Essays in Political and Cultural Interactions* (Princeton: Princeton University Press, 1980), p. 328-329, 又見 Blacker, *Fukuzawa*。

152　見 Adams, "Lecture on the War with Chian"《中國叢報》v. 11 (1842), p. 288.

大、自欺欺人和無知；但是我們認為這些原因都是次要的。」[153] 遠在天邊的過氣老官認為該場戰爭是英方為了爭取「外交平等」而戰，而近在眼前的澳門編輯卻認為這只是次要的，主要的原因是鴉片。該編輯既不是中國人也不是英國人，故談不上當局者迷；他是來自美國的洋人傳教士，說得上是旁觀者清。

當然，筆者毫不否認英方有爭取「外交平等」的決心。的確，當時清政府以天朝上國自居，要求萬邦來朝，可謂無知而狂妄。在鴉片戰爭中被英國打敗後，清方在兩國照會來往中言詞有所收斂，但內部的奏稿與諭旨仍然是滿紙「英夷」。至於廣東民眾，他們又出於恐懼和憎恨英兵在鴉片戰爭期間的暴行，而堅拒英人進入廣州城，此舉也讓英國人認為是被視作二等公民，益增其硬闖廣州城池的決心，藉此給穗民一個下馬威。[154] 英國官民的反應並不局限於面子問題，骨子裏是要掃蕩粵民抵抗外來侵略者的決心，讓其當順民，以便保護及肆意擴大英帝國的在華利益。說穿了，爭取「外交平等」只是一種手段，最終目的是要順利地奪取在華更大的經濟利益，尤其是鴉片貿易所能帶來的暴利。[155]

又至於所謂「極端仇外」的病態論，則事緣有些學者認為，廣東的「官方」和「民間」兩方面的「極端仇外」的情緒，導致了第二次鴉片戰爭爆發。[156] 從本書題為「以霸道欺負王道」的一章可見，自從鴉片戰爭英兵在廣州附近的三元里等地幹過傷天害理的事情以後，粵民的確產生了普遍的戒懼心理，但不能把它說成是民間「極端仇外」的病態，因為該戒懼心理是防備性的，並非侵犯性的。而且，平時依然相安無事，只有被惹事生非的英人無賴諸如金頓（Charles Compton）等草菅人命的行為所激發，才自然而然地爆發。[157]

所謂官方的「極端仇外」論的根據，則持這種論調的學者認為見諸

153　《中國叢報》，v. 11 (1842), p. 289 該報編者按語。

154　見本書第三部份。

155　見本書第六部份。

156　見 Nolde, "Xenophobia in Canton"。

157　Memorandum on interview between Lord Palmerston and the China Deputation, 28 June 1847, FO17/135.

駐穗的封疆大吏堅拒外人進城。孰不知駐穗各大吏對於是否開放城門均
認為無關宏旨，只是鑒於粵民激烈反對，並曾據此而多次鬧事，各大吏
害怕激成民變，清廷追究起來就要丟掉烏紗帽，所以才無可奈何地緊閉
城門。關於這一點，有大量的兩廣總督葉名琛衙門的原始檔案足以證明
其不假。官方反對外人進城是由於民間反對；而民間反對則源自鴉片戰
爭時期英兵的暴行，以及該場戰爭結束後英國歹徒諸如金頓之流的橫行
霸道──「是西方國力上升時所隨時隨地表現出來的那種負面影響」。[158]

終於，在「強權即公理」的心態作祟下，1857 年底英國皇家海軍用
炮火轟開廣州城牆，強行入城：粵民天真地希望關起門來安居樂業，英方
則一定要強迫其笑臉歡迎。因此，指稱粵民那莫須有的「極端仇外」心
理導致戰爭，恰恰是本末倒置。其實，用「極端仇外」這名詞反贈那炮
轟廣州城、造成無數平民傷亡的英方，倒是十分貼切。

同樣地，主張英人為了報復「在華受辱」[159]而攻打中國之說，也是站
不住腳的。本書下篇當中題為「以霸道欺負王道」的一章中擺出來的大
量正、反事實，均足以證明這一點。而題為「解散下議院」的一章所披
露的史實更證明，當時理查德·科布登在國會下議院辯論中，早已把這
種謬論化為碎片。

近期影響較大的學說就是所謂「自由貿易的帝國主義」，簡單地說，
就是指帝國主義者侵略別國是為了爭取自由貿易。這種學說的倡導人是
英國劍橋大學約翰·加拉格爾（John Gallagher）教授和羅納德·魯賓遜
（Ronald Robinson）教授，他倆合作撰文論述他們的觀點，並於 1953 年
發表。[160] 接着克里斯托弗·普拉特（D. C. M. Platt）教授於 1968 年又把
這種學說提到更高的階段。[161] 誠然，正如普拉特教授所說的，「英國國策
無疑就是對外貿易政策」；[162]「英國各主要政府部門都優先考慮和處理商

---

158 Davis to Palmerston, Desp. 10, 26 January 1847, FO17/123; Palmerston to Davis, 11 March 1847, FO17/121.

159 Parl. Papers 1857, v. 12, pp. 325-560.

160 Gallagher and Robinson, "Imperialism of Free Trade".

161 Platt, *Finance, Trade, and Politics*, pp. xxx-xl and 265-267.

162 Platt, *Finance, Trade, and Politics*, pp. xiii，引用了前首相 Pitt the Younger 的話。

務事件」；[163]「自由貿易」這種思潮在十九世紀中葉幾乎成了英國舉國上、下的教條，是英國外交政策的指導思想。但若像普拉特教授那樣把廣義的自由貿易主義，籠統地用來解釋具體的事件諸如第二次鴉片戰爭，就顯得不着邊際了。尤其是當普拉特教授堅稱英國發動兩次鴉片戰爭的目的完全是為了廣義的打開中國貿易之門，並據此而矢口否認兩場戰爭與再也具體不過的鴉片有過任何關係時，[164] 就更顯得玄乎其玄了。遺憾的是，這種似是而非，目的在於隱密帝國主義侵略本性的說法，在西方學術界有着廣大的市場，甚至 1980 年代和 1990 年代上半葉的香港教科書也盲從，可見其欺騙性之大，影響之深遠。

其實，如果英國上、下果真如此忠誠地奉行自由貿易主義的話，那麼，他們堅定不移地在印度執行鴉片壟斷政策，並全力以赴地壟斷中國的鴉片市場，[165] 這種明顯的矛盾又應如何解釋？只能如此解釋：在印壟斷鴉片出產，在華壟斷鴉片貿易，便可牟取暴利，反之則失利。為了擴大這專利，英國不惜對華用兵，強迫清廷將鴉片貿易合法化，如此就更方便英商壟斷中國的鴉片市場。[166]

英國發動侵華戰爭從廣義上說，固然有其打開中國廣大市場的願望，但具體的主要原因，還是那該死的鴉片貿易。關於這一點，無論西方各學術權威如何刻意將其喬裝打扮，或顧左右而言他，或暗地裏粗暴打壓，都是無法抹殺的。如此種種，本書卷二當中，題為「中國能多買英國貨」的一章和「中國必須多買英國貨」的一章，所發掘出來的數據，再也容不得任何狡辯。

當「自由貿易的帝國主義」這種學說鑽入牛角尖時，就演變成為美國華裔學者張馨保教授所倡議的所謂「糖蜜戰爭」論。張氏乃美國哈佛大學教授費正清（John King Fairbank）先生的高足。費正清先生是牛津

---

163 Platt, Finance, *Trade, and Politics*, pp. xvi，引用了張伯倫（Joseph Chamberlain）在 1896 年說過的話。

164 Platt, Finance, *Trade, and Politics*, p. 265.

165 見本書下篇，第二十三章，題為「中國的海上貿易：『中國能多買英國貨！』」。

166 見本書下篇，第二十三章，題為「中國的海上貿易：『中國能多買英國貨！』」，和題為「『中國必須多買英國貨！』：印度的問題」的第二十四章。

大學博士，承繼了英國醞釀已久「自由貿易的帝國主義」學派的衣鉢，在自己指導研究生時，也奉為金科玉律。張馨保教授青出於藍，竟寫下如此之宏論：「自由貿易者背後的經濟力量是這般強大，是任何勢力都不能遏制或阻擋的⋯⋯如果當時戰爭的導火線不是鴉片而是糖蜜或大米的話，那場戰爭很可能就被命名為糖蜜戰爭或大米戰爭。」[167]

我的天！糖蜜和大米怎能與鴉片相提並論？後者是毒品，能帶來暴利的毒品！而該暴利又是能促使利令智昏者發動戰爭的。「自由貿易的帝國主義」自有其吸引之處，但不能把鴉片煙也牽強附會進去。歸根結柢，「自由貿易的帝國主義」這種學說雖然從者極眾，但絕對解釋不了第二次鴉片戰爭爆發的原委。[168]

該學說又曾以較溫和的姿態出現過，那就是所謂「三角貿易」說，即從印度發印貨往中國，從中國發華貨到英國，再從英國發英貨到印度。[169] 此說固然有理，但流於片面。筆者發現，相反方向的三角貿易同樣存在。如果我們忽視這三角共六邊貿易的總和，又不把其放諸英帝全球貿易網中去考量，便無法解釋第二次鴉片戰爭戰爭爆發的真正原因。

「自由貿易的帝國主義」之說，在雄踞史壇近半個世紀之後，接踵而來的是另一種學說「紳士資本主義」（gentlemanly capitalism）。[170] 若有人用這種學說來解釋第二次鴉片戰爭的話，同樣地會流於顧左右而言他。該學說認為，英國發動對外戰爭，是因為主要活躍在倫敦的所謂「紳士資本家」遊說政府所致。筆者發掘了大量史實證明恰恰相反，在第二次鴉片戰爭這件大事中，英廷率先策劃戰爭，並為此而發動了秘密外交拉伙。到了大局已定時，才放出空氣說準備攻打中國。各路紳士資本家到了這個時候才聞風而起，紛紛向英國政府建議要在華奪取這樣、那樣的

167　Chang, *Commissioner Lin*, p. 15.

168　糟糕的是，該學說竟然被收進教科書裏。見費正清的另一位高足徐中約（I. C. Y. Hsu）寫的教科書，*The Rise of Modern China* (New York: Oxford University Press, 1995), p. 192.

169　見 Alexander Michie, *An Englishman in China during the Victorian Era* (Taibei 1966 reprint of an edition published in Edinburgh in 1900), v. 1, p. 196; Owen, *British Opium Policy*, p. 207; Greenberg, *British Trade*, chapter 1。

170　見 P. J. Cain and A. G. Hopkins, *British Imperialism: Innovation and Expansion*, 1688-1914 (London and New York: Longman, 1993)。

利益。有些過火的建議，政府甚至斷然拒絕考慮。[171] 竊以為「紳士資本主義」這一學說適用的領域主要是歐洲，其延伸到亞洲之處，則顯得答非所問。[172]

至於中國大陸史學界以馬克思主義為指導思想，而冠以第二次鴉片戰爭之名，則竊以為應該視為僅僅是指導性質，而不能說馬克思的任何結論都是不能逾越的。十九世紀中葉的英國社會非常複雜，處處反映在對第二次鴉片戰爭的激辯中。在其形形色色的爭論中，除了憑良心主持正義的所謂自由主義（liberalism）以外，既有極端的愛國主義情緒，也有政治上投機取巧、經濟上唯利是圖、個人的政治野心等等，雖然其言詞都是冠冕堂皇的。若我們通通以這種堂而皇之的公開發言——那是馬克思在英國國會辯論中聽過的話及閱讀報章時看過之語——作為了解英國猶太基督宗教混合文明以及其孕育出來的帝國主義，恐怕失之毫釐，謬以千里。

儘管英國的反對黨攻擊政府的言詞有其虛偽性——因為反對黨上台後總是順理成章地繼續執行前政府的侵略政策，但是，那眾多的執政黨內的議員，在國會辯論後付諸投票時，紛紛投反對自己黨魁巴麥尊首相的票，很可能都是受了良心和「自由主義」價值觀所驅使。

此外，雖然中國大陸的史學界根據馬克思所言，而把第二次鴉片戰爭說成是鴉片戰爭的延續，但在研究兩次戰爭時又總是把它們分割開來，絲毫談不上有任何延續性。竊以為馬克思那句話是很有眼光的，接着鴉片戰爭而來的正是英國對中國無休無止的索求，卒致再度出兵攻打中國，直至英方的要求在 1860 年《北京條約》中全部得到滿足之後才罷休。從這個意義上說，1842 年《南京條約》不是什麼萬年和約，而只不過是個暫時的停火協議而已。清朝高官總是堅稱其為萬年和約，是一廂情願的想法。

英法聯軍攻陷北京後，清廷求和。恭親王「趨向前英使額爾金合十致禮，額爾金高傲地、非常鄙視地、只把身子微彎作覆，使可憐的恭親

171　見本書下篇，第二十一章，題為「游說團體巧舌如簧」。
172　見本書下篇，第六部份，題為「帝國主義的經濟」。

王汗流浹背」。¹⁷³ 比較而言，在 1842 年簽訂《南京條約》時，中國還是相當獨立自主的。比方說，無論英方施加多大壓力，中方還能堅拒英國對於鴉片貿易合法化的要求。但在簽訂《北京條約》時，清帝蒙塵，中方對英方只能唯命是從。因此，竊以為孫中山所說的、中國「次殖民地」¹⁷⁴的苦難日子，嚴格來說不應該從鴉片戰爭算起，而是從第二次鴉片戰爭結束時才正式展開。

最新的理論是 2009 年由牛津大學的約翰‧達爾文（John Darwin）教授所提出的「消極的帝國主義」（passive-imperialism）。他認為英國其實是無意對外擴張的，只是由於三種地緣政治的因素（three geopolitical conditions），促使英國無心插柳柳成蔭。該三種地緣政治因素是：一個消極的東亞（a passive East Asia），一個勢力平衡的歐洲（a balanced Europe），一個中立的美國（a neutral USA）。¹⁷⁵ 在第二次鴉片戰爭時代，這三種因素的確存在。但筆者同時必須指出，英國是非常積極地策劃並發動第二次鴉片戰爭的！

總之，本書發掘出來的確鑿證據顯示，鴉片是導致第二次鴉片戰爭的主要原因：本書卷二共十七章，從眾多不同的角度探索都證明了這一事實。所以，若稱之為第二次鴉片戰爭，可以說是有理有據。至於筆者過去曾屬意「亞羅戰爭」這名詞，是由於「亞羅」號事件是該場戰爭的導火線，並且由於它充份說明帝國主義為了達到侵略目的而總是故意無理取鬧來製造侵略藉口的本質。

正因為「亞羅」號事件只是藉口，更因為它是見不得光的藉口，所

173　Sir James Hope Grant, *Incidents in the China War of 1860*, compiled from the private journals of Sir Hope Grant by H. Knollys (London: William Blackwood and Sons, 1875), p. 209.

174　孫中山語，意思是比殖民地更差的意思。就殖民地而言，像安南是法國的殖民地，高麗是日本的殖民地，人民都成了奴隸。但他們都是亡於一國，只有一個主人。萬一遇有水旱天災，作主人還有來救濟的責任。中國所受到列強的壓迫，也就是作許多國的奴隸。主人太多，遇有災難，他們都沒有救濟的責任。這樣看，比較起來，還不如安南、高麗。所以他們叫殖民地，中國就應該叫「次殖民地」，連半殖民地都不如。

175　John Darwin, *The Empire Project: The Rise and Fall of the British World-System 1830-1970* (Cambridge University Press, 2009。他的最新著作 *Unfinished Empire: The Global Expansion of Britain* (London: Bloomsbury Press, 2013)，試圖解釋為何大英帝國末落後的英國人，如此不習慣縮回歐洲的一角。

以包令公使抓住此事件而發動了戰爭以後，馬上就把該事件拋到九霄雲外，從此不再提起。[176] 相反地，葉名琛則自始至終都緊緊抓住該事件跟英方理論，[177] 這可能是因為葉名琛沒有看穿帝國主義的真正目標。其實哪怕看穿了，又管什麼用？總不能處處遷就英方各種無理要求。只能在英方改為公說公理時，葉名琛繼續婆說婆理而已。

正如前述，「亞羅」號事件及第二次鴉片戰爭本身就異常詭秘，不料西方學術界中，自作聰明或牽強附會者，大不乏人：英美猶太基督宗教混合文明的精英為先人諱，有意無意之間把這池禍水攪得更加混濁不堪。就像「亞羅」號船長的辱旗之控，巴夏禮代領事的蠻幹，包令公使的私隱，葉名琛與徐廣縉的假冒聖旨，英商那「不列顛主宰天下」（*Rule, Britannia*）的豪言，粵民那「天聽自我民聽」的壯語，巴麥尊首相玩弄輿論的把戰，克拉蘭敦外相那「武力規律」論，理查德‧科布登議員的「仁義道德」，還有巴麥尊首相那「國家利益、國家權利、國家尊嚴」的狂呼，[178] 再加上那羞人的鴉片貿易，這一切一切，似假還真！

如何撥開迷霧見太陽？筆者已經在本書題為「本書的研究方法」的一章中，娓娓道來。

176　見本書下篇第十二章。

177　見本書下篇第十三章。

178　見報章 Lord Palmerston's election speech at Tiverton, as printed in *The Times*, Monday, 30 March 1857。

帝國主義的侵略藉口

　　英國駐廣州代理領事巴夏禮宣稱，在 1856 年 10 月 8 日，一艘名為「亞羅」號的華艇船桅上飄揚着的英國國旗，被中國水兵扯落了。[1] 這就是著名的所謂「亞羅」號上侮辱英國國旗（辱旗）事件。兩廣總督葉名琛否認巴夏禮的指控，[2] 不過採取期求息事寧人的態度，一再退讓，但未能阻止英國大動干戈。因此，查明該事件的真相極為重要。準此，讓我們先回顧一下「亞羅」號的歷史和「亞羅」號事件發生的過程，然後探討該事件的所有有關原始證供的記錄，是在什麼情況下記載下來的，從而判定每一份證供的價值及其可信的程度。這樣，我們就可以清楚地評估這個被英國作為發動第二次鴉片戰爭理由的真偽與來龍去脈。

1　　Parkes to Bowring, Desp. 150, 8 October 1856, FO228/213; see also Parkes to Yeh, 8 October 1856, enclosed in ibid.

2　　Yeh to Parkes, 24 October 1856, Parl. Papers 1857, v. 12, p. 89; see also Yeh to Seymour, 31 October 1856, Parl. Papers 1857.

第十章
戰爭的導火線：
「那丟人的『亞羅』號事件」

長期以來，英國史學家都信誓旦旦地說，英國發動第二次鴉片戰爭，是為了報復中國水兵侮辱了在「亞羅」號上飄揚着的英國國旗。本章證實此指控純屬子虛烏有。

一、「亞羅」號的歷史

「亞羅」號是一艘華艇。所謂華艇，是一種中西合璧的帆船：船身葡萄牙式，帆纜中國式，是澳門華人把葡萄牙船本地化的一種造船模式。它於 1854 年由一位名叫蘇阿成的華人在中國境內建造。[1] 翌年，蘇阿成把這條船賣給了另一位華人方阿明。[2]

在 1842 年香港被英國奪取作為殖民地後不久，方阿明就前往那兒謀生，到他購買「亞羅」號的時候已經在香港居住了十年。因此，他把船買下以後就向香港政府註冊，領取船照。船照的有效期為一年，從 1855 年 9 月 27 日開始。英國駐廣州代理領事巴夏禮認為，「亞羅」號既然擁有香港政府所發出的船舶執照，該船就擁有了英國國籍。[3]

在此首先必須澄清該船與其船主各自的國籍問題。方阿明本人並未

1　Yeh to Parkes, 14 October 1856, enclosed in Parkes to Bowring, Desp. 158, 14 October 1856, FO228/213.　英文原文對華人的姓名只有英語音譯（即 Su Acheng），沒附原來的漢文姓名。看來 Su Acheng 是廣東音，姑且倒譯作蘇阿成。

2　Extract from the *China Mail*, 11 December 1856, Parl. Papers 1857, v. 12, pp. 190-191. 英文原文對華人的姓名只有英語音譯（即 Fong Aming），沒附原來的漢文姓名。看來 Fong Aming 是廣東音，姑且譯作方阿明。中方的記載如《南海縣志》（2.60b）、《番禺縣志》（22.32b）、《廣州府志》（82.311），則說船主是蕭成，看來是蘇阿成的別名。如果這推測屬實，則中文文獻似乎只記載了建船的人而沒有記載買船的人。

3　S. Lane-Poole, *The Life of Sir Harry Parkes* (London: Macmillan, 1894), v. 1, p. 228, quoting one of Parkes's private letters dated 14 November 1856.

擁有英國國籍。按照當時大英帝國法律，只有在英國本土或者英國殖民
地出生的人才有資格領取英國國籍。方阿明不是在香港而是在中國內陸
出生，所以只能擁有中國國籍。

為什麼一個擁有中國國籍的人卻能為他的船隻領取一張可以被解釋
為英國國籍的船照？矛盾就在這裏。以後有關「亞羅」號事件的諸多糾
紛，也就從此開始。

製造這個矛盾的不是別人，正是當時香港政府的頭頭，港督包令爵
士。他有鑒於當時中國沿海的船隻都沒有船照，混亂不堪，更沒法鑒別
從事的是正業還是走私，於是他在香港立法局動議，經立法局討論並通
過一條殖民地法例，規定所有香港的船隻必須向香港政府註冊，交費後
領取船照，有效期為一年，期滿前必須重新申請，領取新照。船照有效
期間，該船享有懸掛英國國旗的權利，並受到英國政府的保護。[4]

如此這般，「亞羅」號便取得了懸掛英國國旗的資格。

它的船長是一位英國籍的北愛爾蘭青年，名叫托馬斯‧肯尼迪
（Thomas Kennedy），剛滿二十一歲，他很坦然地自認只是一位掛名船
長，因為船上的任何事情都不用他操心。而船主之所以僱用他，主要是
看上他的藍眼睛紅鬍子，外表能為該船作英國式的裝飾。[5] 至於該船的其
他人員共十四名水手，全部都是中國籍的華人。[6]

就這樣，一條在中國境內建造，由一位中國籍的華人擁有，水手全
部是中國籍，並在中國水域內游弋的船隻，卻受到英國國旗的保護。這
種矛盾，最容易引起誤會。如果該船正在航行中並升起了英旗，那當然
大家都可以看出它是一條擁有英國籍的船。但是，一旦它駛進中國的任
何一個海港，拋錨後按照英國航海慣例即降下國旗，[7] 以表示客國對東道
國主權的尊重。如果此時洋人船長又不在船上，而剩下清一色的華人水

4   See blue book no. 2166, entitled 'Correspondence Respecting the Registration of Colonial Vessels
     at Hong Kong', in Parl. Papers 1857, v. 12, pp. 579-594. See also *Hansard*, 3d series, v. 144, col.
     1160.

5   Parkes to Bowring, Desp. 153, 10 October 1856, FO228/213.

6   同上註。

7   Costin, *Great Britain and China*, p. 207.

手，那麼它很容易就會被誤認為是一條中國籍的船。

「亞羅」號事件，就是在這種情況之下發生的。按英國駐廣州領事館的記錄，「亞羅」號於 1856 年 10 月 3 日駛進廣州市內的珠江河面，在現今廣州海關博物館附近停泊。[8] 按照英國航海慣例，須馬上降下英旗。而看該船上、下人等如此重視它英國式的喬裝打扮，也應該是遵守英國慣例，馬上降下英旗才是。或許萬一當時沒有及時降旗，相信很快就會降旗的。而到了五天以後，即 1856 年 10 月 8 日，該船上的英旗自然是早已降下了。否則要引人猜疑：怎麼一條自稱是英國籍的船，連最基本的英國航海禮節也不懂？是不是冒牌的假貨？同時，在 10 月 8 日當天早上，該船的洋人船長又離開了該船而轉到別的華艇上，跟其他碧眼紅鬚的掛名船長共進早餐，[9] 剩下清一色的華人水手在船上。既沒外國國旗又沒白人船長，這條不倫不類的中葡合璧船，真的很難讓人辨別它是否擁有外國國籍。就是在這種情況下，廣州內河水師因接獲線報而登船逮盜。[10]

線報是由一位名叫黃連開的華人股商所提供的。1856 年 9 月 6 日，黃連開與他親自駕馭的兩艘貨船遭到海盜攻擊，雙方從清晨七點打到下午四點，由於這麼長時間的近距離打鬥，他對這批海盜中的一些臉龐都認識得很清楚。其中一名缺了一隻門牙，頭戴紅巾，腰纏紅帶，不斷高呼其同袍加油，更是讓他畢生難忘。最後，黃連開這方的人後勁不繼，結果四人被殺，其他被制服，黃連開本人跳水逃亡，幸免於難。一個月後的 10 月 8 日清晨，他來到廣州，馬上從「亞羅」號的水手當中認出那個崩牙海盜。於是火速報告內河水師。[11] 其實這個崩牙水手，名叫李明太，是在打劫過黃連開的貨船後，於 1856 年 9 月 27 日剛剛加盟「亞羅」

8　　Parkes to Bowring, Desp. 153, 10 October 1856, FO228/213.

9　　Kennedy's deposition, 9 October 1856, enclosed in Parkes to Bowring, Desp. 155, 11 October 1856.

10　　Yeh to Parkes, 14 October 1856, enclosed in Parkes to Bowring, Desp. 155, 11 October 1856, FO228/213.

11　　Yeh to Parkes, 10 October 1856, enclosed in Parkes to Bowring, Desp. 154, 10 October 1856, FO228/213. In Yeh's despatch was transcribed Huang Liankai's testimony.

號，當助理領航員。[12]

內河水師接報後，立即派守備梁國定帶領屬下趕往「亞羅」號逮人。梁國定事後被傳作證説，他到達現場時，既沒看到該船桅桿上懸有任何旗幟，船上也沒有任何外國人，有的只是華人水手，於是按中國規章辦事，把全部水手均當作嫌疑人犯帶走。[13]「亞羅」號的年青洋人船長事後也作證，説當他趕回該船時，發現所有水手都已被帶離，於是他懇求留下兩名水手看守該船，並得到中方同意。[14]

雙方的共識還不只這一點。梁國定説他到達現場時沒有看到該船上有任何外國人，「亞羅」號的船長事後也作證説他當時的確不在場，反而是在另一條名叫「達特」號（Dart）的船上跟其他洋人船長共進早餐。[15]同桌的「達德」號船長約翰·利奇（John Leach）和「舟山」號（Chousan）船長查爾斯·厄爾（Charles Earl），事後作證時都異口同聲地證明「亞羅」號船長在事發時確實早已離開了他自己的「亞羅」號船，並來到「達特」號跟他們一同用早餐。[16]

但是，這三位洋人船長卻先後堅稱事發時「亞羅」號的桅桿上飄揚着英國國旗，並被中方扯了下來。「亞羅」號的洋人船長更補充説，他們吃早餐的船停泊的地方距離「亞羅」號大約在 50 碼到 100 碼之間，所以都能看到在「亞羅」號甲板上發生的事情。[17]據英國駐廣州領事巴夏禮説，

---

12   Yeh to Parkes, 10 October 1856, enclosed in Parkes to Bowring, Desp. 153, 10 October, 1856, and containing the deposition of Wu Aren. The Chinese characters for Huang Liankai and Mingtai may be found in Yeh to Seymour, 31 October 1856, FO682/1989/15.

13   Yeh to Parkes, 10 October 1856, enclosed in Parkes to Bowring, Desp. 154, 10 October 1856, FO228/213. In Yeh's despatch was transcribed Huang Liankai's testimony.

14   Kennedy's deposition, 9 October 1856, enclosed in Parkes to Bowring, Desp. 155, 11 October 1856, FO228/213.

15   Kennedy's deposition, 9 October 1856, enclosed in Parkes to Bowring, Desp. 155, 11 October 1856, FO228/213.

16   Kennedy's deposition, 9 October 1856, enclosed in Parkes to Bowring, Desp. 155, 11 October 1856, FO228/213; Leach's deposition, 9 October 1856, enclosed in Parkes to Bowring, Desp. 155, 11 October 1856, FO228/213; Earl's deposition, 16 October 1856, enclosed in Parkes to Bowring, Desp. 160, 16 October 1856, FO228/213.

17   Leach's deposition, 9 October 1856, enclosed in Parkes to Bowring, Desp. 155, 11 October 1856, FO228/213; Earl's deposition, 16 October 1856, enclosed in Parkes to Bowring, Desp. 160, 16 October 1856, FO228/213.

這三位洋人船長所言，得到那兩名經「亞羅」號船長懇求而留下來看守該船的華人水手的佐證。奇怪的是，巴夏禮從來沒有出示過這兩名華人水手作證的自述記錄和簽字或畫押，而他本人卻向其上司包令公使堅稱這兩人確實說過這樣的話。

既然中、英雙方爭論的焦點在於是否曾發生了扯旗事故，那我們就按部就班，先研究一下雙方的證詞是在怎樣的情況下取得的，再分析這些證詞的內容及其可靠性。

二、中英雙方在怎樣的情況下提供證詞

1. 先審視英方的證詞

英方的第一道證詞，是「亞羅」號的船長肯尼迪向英國駐廣州領事館的口頭報告。[18] 當他的十四名水手中有十二名被中方帶走後，他馬上跑到英領事館，告訴巴夏禮領事說，中國水師登上他的船，逮捕了他的十二名水手，扯下了當時飄揚在該船桅桿上的英國國旗。[19] 巴夏禮聽後，深表懷疑。[20] 懷疑的原因不難找：身為領事，重點管制英船到埠後的行為，巴夏禮對英國航海慣例當然很清楚；英船在中國海港停泊期間，怎麼桅桿上會有國旗飄揚？

但是，既然擺出了扯旗的指控，茲事體大，巴夏禮說他馬上派人去查詢。查詢的結果可以被視為英方的第二道證詞。但這道證詞讓人疑竇頓生。第一、巴夏禮派去調查事件真相的是什麼人？是他的華人下屬，還是初級的英國領事人員？第二，他派出的調查人員查問了哪些人？是旁觀的中國民眾（如果有的話），還是像利奇這些英國船長？第二個疑問和第一個疑問直接相關，因為當中牽涉到重要的語言和溝通問題。可是，在巴夏禮的文件中，無論是官方的或是私人的，都找不到這些問題

18　這個口頭報告，後來被巴夏禮引述於其向包令爵士的書面報告中。見下一個註解。

19　Parkes to Bowring, Desp. 150, 8 October 1856, para.1, FO228/213.

20　巴夏禮的原文是 'hesitate to rely soley on the master's account'. 見 Parkes to Bowring, Desp. 150, 8 October 1856, para.1, FO228/213。

的答案。此外，那些巴夏禮聲稱曾由其手下所查問過的「證人」，他自己卻從沒有召見過，也從未把這些調查人員在調查現場所做的書面報告呈交上級。若果真有這樣的報告，看來也只是一個口頭報告，因為英方至今無法出示有關文件，也沒有披露查詢人或被查詢人的名字及其簽名或畫押，而只是巴夏禮在向其上司的書面報告中提到。同時，也只是提到查詢之事，沒有明確查詢報告的內容。這個虛無的查詢報告卻讓巴夏禮得出這樣一個結論：「英船『亞羅』號，當停泊期間國旗飄揚之際，竟然被中國水師登船逮走幾乎全部水手；這還不算數，中國水師居然扯下英國國旗，真是奇恥大辱！」[21] 這樣的結論顯然自相矛盾，既說該船處於停泊狀態，又說英旗被扯下，處於停泊狀態的船隻怎又會有國旗被扯下？不過，這個結論所含的火氣卻不小，跟同一天早上前一陣子巴夏禮對扯旗之控大表懷疑的冷靜態度，形成強烈的對照。是什麼讓他的態度作了一百八十度的大轉變？

要弄明白這個問題，讓我們看看巴夏禮在給上司的書面報告裏還說了些什麼話。其中有一段提及他在接到上述的查詢結果後，知道中方把逮到的十二名水手拘留在廣東內河水師的一條水師戰船上，於是他就前往該水師戰船要求放人。沒想到中方不但拒絕，而且，巴夏禮說，「如果我親自動手為水手解綁的話，他們也會動手制止」。[22] 這短短一句話，讓人懷疑事情毫不簡單。如果巴夏禮不首先威脅說要動武，相信中方不會回答說要動手抵抗。盛氣凌人者若遭到反唇相稽，下不了台之餘，只會更為光火。這句話是他寫給上司看的，火氣尚且如此之猛，實際情況肯定比他的書面報告糟糕得多。

他寫給葉名琛的照會就肆無忌彈地大發雷霆了。且看他是怎麼樣說的：他說他勒令 [23] 該船的中國水師軍官（即該水師戰船的船長），名叫李永勝的，把抓獲的人犯「送往英領館，等我來親自審訊，那軍官居然拒

---

21   Parkes to Bowring, Desp. 150, 8 October 1856, para.1, FO228/213.

22   Parkes to Bowring, Desp. 150, 8 October 1856, para. 2, FO228/213.

23   原文是 require，一般是必須的意思。在某種情況下也有命令的意思，以當時巴夏禮用詞的環境與用意，若要用漢語表達的話，則「勒令」最為貼切。

絕；而當我堅決要人時，該軍官竟然表示要用武力抵抗武力」。[24] 這一段文字添加了一條細節，那就是，巴夏禮從一開始就採取高壓手段，勒令李永勝交人，而不是像他跟他上司所說的、禮貌地要求放人。軍人有軍人的尊嚴，那容得一個外國的小年輕來指手畫腳地威逼勒令？肯定要拒絕！這一點，巴夏禮作為哪怕是年青的外交人員，應該很明白，但他偏偏要這樣做。為什麼？是他故意這樣做來製造麻煩，還是生性如此？

結果，他遭到嚴拒了，下不了台。怎麼辦？此節巴夏禮甚至在其肆無忌憚地照會葉名琛時也沒交代。筆者能找到的、巴夏禮寫過的所有其他公文裏也沒有，於是轉移方向，追查巴夏禮的私人文書和有關著作。結果發現他在一封私人信中這樣寫道：「他們不單拒絕我，還嘲笑我……甚至要打我，後來我真的給他們打了一拳，雖然我在所有的公文裏，對這一點都避而不談，因為我不想公開私人的事。」[25] 巴夏禮在執行公事時因為行為不檢而公開出醜，竟然反而把它說成是私人的事。無他，巴夏禮在假公濟私，當然不能把私事公開。

在上述史料的基礎上，我們可以試圖重構這一段歷史：巴夏禮從一開始就採取高壓手段，勒令中方軍官李永勝把人犯送到英領事館拱手奉獻，這無疑是有意羞辱中國軍方。李永勝公開反駁，巴夏禮怒不可遏，衝到人犯面前要親手為他們解綁。李永勝麾下的士兵出手制止。雙方交手當中，誰先打了誰一拳，不清楚。相信誰是最憤怒的人必定就是最先出拳的人。李永勝克制有加，他的部下也止於反唇譏諷，都不是憤怒的表現。怒不可遏的，只有巴夏禮本人。既然巴夏禮不顧身份而竟然大打出手，但又苦於孤掌難敵眾手，結果下不了台還要加緊硬闖。丟人現眼且不說，更要命的是有辱國體：巴夏禮愈想愈氣，怒上加怒。

他的憤怒，在他當天寫給兩廣總督葉名琛的照會中，表露無遺。茲全文翻譯如下：

24　Parkes to Yeh, 8 October 1856, para. 3, enclosed in Parkes to Bowring, Desp. 150, 8 October 1856, para. 2, FO228/213.

25　Lane-Poole, *Parkes*, v. 1, p. 229, quoting one of Parkes's private letters dated 14 November 1856.

英國領事館

廣州，1856 年 10 月 8 日

閣下，

1. 急啟者，彌補辱國之事，刻不容緩。

事緣今晨剛過 8 點鐘左右，中國水師登上停泊在海珠炮台附近的一艘英國船名「亞羅」號者，雖有該船的英人船長在場勸阻，仍然拘捕，捆綁並帶走該船的十二名華人水手，並扯下該船桅桿上飄揚着的英國國旗。我聽了該船船長的報告後，覺得茲事體大，不宜偏聽，忙派人查詢，方知屬實。探報又說，守備梁國定把「亞羅」號的水手帶到他的水師戰船後，即把水師戰船移泊永靖門附近。

2. 於是我在副領事陪同下，親自到該水師戰船。接見我們的是一位名叫李永勝的軍官。我對他說，中方登上英船，用武力帶走船員，扯下英國國旗，已構成嚴重事故。我命他必須把擄去的人送到英領事館等待審訊。他拒絕。而當我一定要他把人交我時，他耍了一下功夫，然後告訴我說：他會用武力抗拒。

3. 準此，我敬告閣下：以閣下的英明，一定會認識到並承認，這種公開的侮辱必須得到同樣公開的彌補。所以，我認為閣下必須命令梁國定把擄去的水手帶回「亞羅」號，在我面前，「人歸原主」。如果發現他們其中有任何嫌疑犯，到時再送到英事領館，等候閣下派人與我共同審訊。

4. 在我照會閣下的同時，我已另行咨會英國駐華公使以及英國皇家海軍駐珠江河艦隊的司令員。此外，「亞羅」號由於水手被扣留而不能啟航所引起的一切損失，皆由貴國負責。

您忠實的，

巴夏禮[26]

這道照會的第二段結束得很突然：巴夏禮沒有交代雙方在劍拔弩張的情況下是如何收場的。但正如筆者所揭示，結果是雙方大打出手，巴夏

---

26   Parkes to Yeh, 8 October 1856, para. 4, enclosed in Parkes to Bowring, Desp. 150, 8 October 1856, FO228/213.

禮挨了一拳（至於中方挨多少拳腳就不知道）後，苦於寡不敵眾，在眾多華人人犯的眼前，華人水兵的嘲笑聲中，丟盡了面子，悻悻然離去。懷恨之情愈深，報仇之心愈切，這可以解釋為什麼在這道照會的第二段，即打鬥之前，巴夏禮只要求中方水師戰船的船長李永勝把人犯送往英領事館。在第三段，即打鬥之後，他強逼中方公開認錯和彌補，而且具體規定認錯和彌補的方式：要求李永勝的上司、最初帶兵登船抓人的守備梁國定，把人犯帶回到事發現場「亞羅」號，在同樣的眾多人犯面前，羞辱守備梁國定及其所代表的中國軍方。

現在事情比較清楚了：整個「亞羅」號事件的關鍵在於後來發生在中方水師戰船上的這場打鬥，巴夏禮誓報丟臉之恥，一拳之仇。為了雪恥，巴夏禮對中方的要求猛升了一級，從羞辱中方的水師戰船船長李永勝暴升到羞辱其上司梁國定守備。守備者，將軍也，位於千總之上，千總帶一千兵，守備該帶多少？在打鬥的時候，梁國定在不在場，文獻失載。看來他不在場，而是讓部下李永勝率領水兵在水師戰船上看管逮到的人犯後，回衙辦公去了。他到底是將軍之尊，成功地抓到人犯就交了差，哪會整天呆在水師戰船上看守人犯？巴夏禮是在李永勝手上吃過虧，按理應該羞辱李永勝才是，為什麼要羞辱那位跟他毫無過節的將軍？須知道要當眾羞辱地位愈高的人愈困難，而地位愈高的軍官愈是象徵式地代表了中國軍方，如此更是難上加難。巴夏禮是故意給中方出難題！

從這個角度分析，那麼巴夏禮照會的最後一段就好解釋了：他已經準備好中方不答應，所以同時間通知了英國軍方。區區一個年輕的代理領事，採取如此高壓的手段來對付欽差大臣兩廣總督，竟然斗膽挑戰當時英國人稱為「一人之下，萬人之上」[27] 的葉名琛，[28] 巴夏禮的背後必定有人為他撐腰。他是誰？此節容本書第十二章分解。

有一個問題急待解決：紳商黃連開從「亞羅」號的十四名水手當中只認出其中一名是海盜，為什麼中方卻要大張旗鼓地派一員將軍率領

27　George Wingrove Cooke, *China: Being 'The Times' Special Correspondence from China in the Years 1857-8*, with Corrections and Additions (London: 1858).

28　George Wingrove Cooke, *China: Being 'The Times' Special Correspondence from China in the Years 1857-8*, with Corrections and Additions (London: 1858).

幾條水師戰船浩浩蕩蕩地去抓區區一名海盜？即使全船水手通通都是海盜，也不用那麼勞師動眾！君有所不知，從 1850 年開始，廣西興起了太平軍，廣東爆發了紅巾軍（又稱紅兵），都是在兩廣總督轄下的地方搗亂的。葉名琛頂住了太平軍不讓它從廣西進犯廣東，[29] 卻控制不住廣東本地的紅巾軍，結果在 1854 年底紅巾軍打到廣州城，並把該城重重圍困，驚險萬狀。葉名琛親上觀音山督戰，幾經艱苦，才把陸上的紅巾軍打退。不料大批紅巾軍又改為從水路進犯廣州，雖然最後也給葉名琛打退了，但是 1856 年秋的廣州還是風聲鶴唳，[30] 對頭戴紅巾的人是絲毫不敢掉以輕心的。剛好那李明太在打劫黃連開的貨船時頭戴紅巾腰纏紅帶！[31] 廣東水師接獲線報，哪敢怠慢！誰知道一個李明太的背後究竟還隱藏着多少個不戴紅巾的紅巾軍？

對於葉名琛的苦況，巴夏禮最是清楚不過。「亞羅」號事件發生後不久，巴夏禮特別寫了一篇很長的報告，活靈活現地描述葉名琛當時不單受到本省叛亂的困擾，還遭到北鄰省份湖南和江西的太平軍極大的壓力。[32] 葉名琛剛剛從死裏逃生，全靠將士賣命。現在巴夏禮強逼他公開地羞辱手下愛將，若屈服的話恐怕軍心會瓦解。為什麼巴夏禮偏偏要強逼葉名琛幹那明知是他絕不會幹的事兒？巴夏禮的動機值得深思。究竟有誰在背後為他撐腰？

正由於整個「亞羅」號事件的關鍵不在於扯旗而在那場丟人的打鬥，所以巴夏禮才會提出與扯旗完全無關的彌補方式。因為，如果扯旗的指控屬實，那麼認錯與彌補的正確方式應該是讓扯旗人在「亞羅」號的甲板上重新升旗致敬。這樣做中方軍心就不至於瓦解：因為，若真的誤扯了外人的國旗，鞠躬表示歉意沒什麼了不起，即使鳴炮致敬也無妨。但是，當着已被抓的叛賊面前羞辱中國軍方負責勦賊的將領，軍心恐怕真

29　見拙文〈太平軍初起是北上還是東進的問題初探〉，《太平天國史譯叢》第一輯（北京：中華書局，1981 年），頁 258－280。

30　見拙著《兩廣總督葉名琛》（北京：中華書局，1984 年）。

31　Yeh to Parkes, 10 October 1856, enclosed in Parkes to Bowring, Desp. 154, 10 October 1856, FO228/213. In Yeh's despatch was transcribed Huang Liankai's testimony.

32　Parkes to Bowring, Desp. 157, 13 October 1856, FO228/213.

的要瓦解。巴夏禮向自己同胞揚言要報復辱旗之仇，但他指定的彌補方式卻與國旗毫無關係。不單如此，巴夏禮還用調動軍隊的高壓方式來逼迫葉名琛就範於這個彌補方式。為什麼？

　　導致筆者的思路往這方面發展的，不只是上面用過的原始史料，還有當時英國記者從香港發回英國的有線電訊報道。電文曰：「10月8日，一艘停泊在廣州的，受英國國旗保護的華艇，被中國軍方登上，逮走了十二名船員。巴夏禮前往理論時，中方竟然對他百般凌辱，甚至要毆打他。」[33] 這封電文重要之處有四：

　　第一，它把事發之時英國國旗究竟在什麼地方，說得很含糊。原文是 'a lorcha under the British flag'，這一句話絕對表達不了「國旗在該船桅桿上飄揚」的意思，而頂多是表達了「一艘受英國國旗保護的華艇」的意思。那是說，英國駐香港記者對於英國航海慣例也是非常清楚的：船泊外國的港口期間，不得懸掛英旗。既然該船在廣州已停泊了多日，無論如何是不可能懸掛英國國旗的，所以只好含糊其辭。

　　第二，若是英旗真的曾受辱，則按照十九世紀英國強烈的民族意識（見本書下篇第十四至十八章），任何英國人都會感到極端憤怒，記者肯定會在電文中譴責。但電文沒有。

　　第三，到了該通訊從香港發出時，英國皇家海軍已經炮轟廣州城了，聲言是為了報復辱旗之仇。[34] 茲事體大，若是英旗真的曾受辱，記者一定會重點指出，但該電文隻字沒提。是否記者認為辱旗之控無稽，不肯昧着良心說話。

　　第四，記者反而是重點描述巴夏禮的遭遇，字裏行間強烈流露出為他憤憤不平：「中方竟然對他百般凌辱，甚至要毆打他。」[35]

　　當這封電文，以及「亞羅」號事件爆發以後一個多月以來所發生的種種事情的有關報告到達倫敦後，英國當時最權威的報章《泰晤士報》的總

33　*The Times*, 29 December 1856.

34　正如在上一章說過的，當時從香港發出的通訊，要坐船到了地中海的的里雅斯特（Triest）才能從那裏通過有線電報傳往英國。有關「亞羅」號事件的通訊，在香港時就錯過了第一趟郵船，坐上第二趟時，已是一個月後的事情。同時見本書附錄的大事記裏的日期。

35　*The Times*, 29 December 1856.

編輯對辱旗之控的分析更值得注意。他寫道:「該案令人疑慮之處甚多,包括該船是否真的懸掛了英國國旗,該領事的所作所為是否合理得體等等。」[36] 看來這位總編輯也不肯昧着良心説話。

　　就這樣,無論是遠在天邊的總編輯,還是近在眼前的記者群,都能看出,巴夏禮是在公報私仇。無論巴夏禮如何大聲疾呼要算辱旗的賬,明眼的英國人都看穿了他是在拼命地搬弄是非。但退一步説,無論是侮旗還是辱人,從當時如日中天的大英帝國心態來考慮,則後果都一樣。首相巴麥尊子爵不是早已説過嗎:「英國人,哪怕他是最卑鄙無恥的英國小人,無論他在那裏遇到危險,我們的兵艦就會打到那裏。」[37]

　　巴夏禮的卑鄙行徑尚不止這些。筆者又發現了他發給葉名琛那道照會的中文正本(上面筆者須要準確地表達當時巴夏禮憤怒的程度,故全文翻譯了他的英文原稿,若上面採用他自己的中文譯稿,反而隔靴搔癢),其中有兩句話非常具體,而在英文原稿裏卻模稜兩可。因為巴夏禮附給其上司包令爵士以及英國皇家海軍遠東艦隊司令員西摩爾少將的錄副,只是英文原稿,而不是正式發給葉名琛的中文照會,所以這兩位大人都沒法看到這兩句非常具體的話。

　　其一曰:「今晨八點半鐘,中國水師官兵駕船到了海珠炮台附近,登上我國一條華艇。該船船長在船上當場制止無效,結果讓中國水師逮走了該船十二名船員。」[38] 巴夏禮竟然説中國官兵甫一登上「亞羅」號就馬上遭到在船上的洋人船長制止?該船的洋人船長不是不在場嗎?相信巴夏禮不是從該船船長那裏聽來的。因為第二天,1856 年 10 月 9 日該船長親筆作證的證詞裏還發誓説,事發當時他不在場,當他趕回船上時,所有船員均已被逮走,幽禁在旁邊的一條水師戰船上;後來經他懇求,梁國定才釋放了其中兩名水手回到該船以資看守。[39] 又如果説,巴夏禮在事發

36　*The Times*, 2 January 1857.

37　Palmerston to Davis, Draft 37, 10 December 1846, FO17/108.

38　巴夏禮照會葉名琛中文正本錄副,8 October 1856, FO228/904, pp. 316a-317b: here, p. 371a. 所引皆為原文文字。

39　Kennedy's deposition, 9 October 1856, enclosed in Parkes to Bowring, Desp. 155, 11 October 1856, FO228/213.

當天寫照會給葉名琛時情緒激動，記錯了該船長是否在場；那麼，當第二天他親自錄取過該船長的證詞之後，就再不能這樣說了。但是，在十三日後（即 1856 年 10 月 21 日）他再照會葉名琛時，英文原稿裏卻仍堅稱「該船的英人船長當場制止無效，結果船員通通被抓住，捆綁，帶走」，[40] 而這英文原稿是錄副給他上司看的。為什麼在事發當天巴夏禮不敢跟他上司打的誑話，十三天後居然肆無忌憚地載入公冊存檔？

其二曰：「當眾逮走該船的水手和扯下它的國旗，有目共睹。這種公開的侮辱必須得到同樣是公開的彌補。」[41] 有關辱旗的指控，巴夏禮在附給他上司的、該照會的英文原稿裏，則只有「這種公開的侮辱必須得到同樣是公開的彌補」這麼模糊的一句。怎麼他發給葉名琛的照會，除了這句話以外，還增加了「當眾逮走該船的水手和扯下它的國旗，有目共睹」如此具體的一句話？為什麼巴夏禮總是對葉名琛無中生有？這一指控，是不是真的無中生有？若如上一句話所顯示的，該船船長根本不在場而巴夏禮竟然堅稱該船長在場，則證明他確具備無中生有的本領。

上面兩句具體的話，巴夏禮當初都不敢跟他的上司包令爵士說，很可能是怕包令會像香港的記者群，以及倫敦《泰晤士報》的總編輯一樣，不肯昧着良心辦事。但結果包令竟然出人意外地支持他的行動。[42] 所以，後來巴夏禮就有恃無恐，對其上司也謊話連篇了。不過，有一點已經很清楚：既然巴夏禮可以把本來不在場的船長說成在場，那麼同樣把本來沒有升起的英旗一口咬定是被扯下來的，也就毫不奇怪了。

令人震驚的是：後來英國帝國主義者竟然把扯旗之謊言，作為千真萬確的史實，圖文並茂地寫入正史！下面插圖，採自英國盛世修史時代的《船隻圖畫史》Richard H. Stuart（ed.), *Pictorial History of Ships*（London: New English Library Ltd., 1977），頁 144。而該圖又是轉載了更為權威的《卡塞爾斯英國史系列》(*Cassell's History of England*) 中的插圖。該圖

---

40 Parkes to Yeh, 21 October 1856, enclosed in Bowring to Clarendon, Desp. 76, 27 October 1856, FO17/251.

41 巴夏禮照會葉名琛中文正本錄副，8 October 1856, FO228/904, pp. 316a-317b: here, p. 371a. 所引皆為原文文字。

42 見下文。

杜撰了中國將軍梁國定守備扯下英國國旗、「亞羅」號船長企圖阻止但被中國水手攔截、「舟山」號（*Chousan*）船長查爾斯・厄爾（Charles Earl）企圖幫忙「亞羅」號船長卻同樣被中國水手阻止的場面。

巴夏禮那種同樣讓人吃驚的行徑，還不止上述種種。筆者發現，事發後第二天，巴夏禮在錄取過「亞羅」號船長肯尼迪的證詞後，繼續錄取「達德」號船長約翰・利奇的證詞時，居然先把肯尼迪剛作過的證詞宣讀給利奇聽，並聲稱此舉之目的是為了讓後者佐證前者之言。這種違反取證戒律的做法應該如何解釋？可能性之一，是利奇不願意作證。但是，如果利奇的船所幹的，也是像美國駐黃埔管事所說的，是見不得人的勾當，[43] 而若巴夏禮又抓着此把柄，表示要在船照或其他方面跟他諸般刁難；那麼很可能利奇心虛之餘，被巴夏禮一嚇，於是勉強從命。但利奇猶抱琵琶半遮面，吞吞吐吐的。巴夏禮不耐煩之餘，乾脆把肯尼迪的證詞唸給他聽，命其佐證。[44] 巴夏禮之故意枉法，莫此為甚！巴夏禮錄取證詞的目的很明顯，他不在乎求真，而是要別人作證來支持本來就令人無法相信的、「亞羅」號船長肯尼迪的鬼話──他那英國國旗被扯下來的鬼話。巴夏禮在與中國水兵一輪打鬥後，把本來他自己也不相信的鬼話，一口咬定屬實。

巴夏禮錄取證詞的第三個人是那兩名經「亞羅」號船長向中方懇求而留下來看船的船員中的一名。他的證詞內容在下節會和其他證詞一道分析。繼續下來就是另外一名船員的證詞。這份所謂證詞很特別──不是該船員親自作證的言詞，而是巴夏禮自導自演的一齣戲，全文翻譯如下：「梁阿用，當受到領事盤問時，所作證詞一如錢阿成，他的確看到其中一名中國水兵把英國國旗扯下。當中國水師的官兵登船時，他本人正在跟另外一名船員在舢板中準備為華艇起錨。」[45] 為什麼巴夏禮不一字一句地

43   Cobden, 26 February 1857, *Hansard*, 3d series, v. 144, col. 1400.

44   Leach's deposition, 9 October 1856, enclosed in Parkes to Bowring, Desp. 155, 11 October 1856, FO228/213.

45   Parkes's account of his interrogation of Leung A-yung, 9 October 1856, enclosed in Parkes to Bowring, Desp. 155, 11 October 1856. 其中梁阿用、錢阿成等名字是從英文原文（似乎本來就是用廣東音音譯的）用廣東音倒譯過來。踏破鐵鞋無覓處，至今我還沒有找出他們原來的中文名字。

圖 10.1　英國帝國主義者竟然把扯旗之謊言，作為千真萬確的史實，圖文並茂地寫入正史。
Richard H. Stuart (ed.) *Pictorial History of Ships* (London: New English Library Ltd., 1977），p. 144.

錄下該水手所説的話？他這樣代筆不嫌太露骨嗎？是不是該水手不願意作出巴夏禮所需要的證詞，巴夏禮才出此下策？

　　其中有一個破綻。有關證人包括兩名看船的華人水手和三位同桌共進早餐的白人船長，但是為什麼第三位白人船長，就是那位「舟山」號的船長查爾斯·厄爾，不跟其他兩位船長一道作證？他作為重要的目擊證人之一，在其他兩位船長的證詞中倒説得很清楚。是他的船在事發當天不久就離開了廣州嗎？看來不是，巴夏禮似乎一直在等待他作證。事發後的第二天，厄爾不幹。第三天，厄爾不幹。第四天，厄爾還是不幹。巴夏禮在事發後的第二天和第三天都有向上司發報告，[46] 偏偏就沒有附上那批證詞，如果不是在等厄爾作證，那在等什麼？

　　為什麼巴夏禮不給他下命令？《南京條約》賦予英國駐五口通商的英

46　Parkes to Bowring, Desp. 151, 9 October 1856, FO228/213; Parkes to Bowring, Desp. 152, 10 October 1856, FO228/213.

國領事「領事裁判權」，結合英國的法律又賦予該領事等裁判本國僑民的權力，巴夏禮便有權命令具有英國籍的船長作證。無奈「舟山」號的船長查爾斯・厄爾，是位美國人！

看來，無論巴夏禮如何勸導厄爾，厄爾就是不幹。要不要繼續勸導、繼續等待？不等吧，三缺一，太刺眼了！等吧，拖到何時何日，上司才不起懷疑？結果在第四天，即 1856 年 10 月 11 日，巴夏禮收到上司的回信。[47] 得悉上司支持他已採取過的行動，膽子馬上大了起來，不管什麼三缺一，把證詞全發了！對於缺少了厄爾的證詞，巴夏禮當然絕口不提，也不作任何解釋。[48] 如果厄爾和他的船確實是在事發當天或第二天就離開了廣州，巴夏禮大可以作如是交代。巴夏禮的沉默進一步證明厄爾還在廣州，但厄爾堅拒作證。

為什麼厄爾堅拒作證？要回答這個問題，首先讓我們試着重構中方逮走「亞羅」號的十二名船員後，英方採取了些什麼行動。

「亞羅」號的船長肯尼迪跑到英領事館說，飄揚在他船桅桿上的英國國旗被中國水師扯下來了。[49] 接着，巴夏禮到中方水師戰船理論，肯尼迪很可能也跟着去了，目擊打鬥場面。巴夏禮寡不敵眾，好漢不吃眼前虧，悻悻然離去。肯尼迪怎麼辦？可能跟着巴夏禮回領事館等候消息，看巴夏禮怎麼辦。所以，巴夏禮報告上司，知會皇家海軍，照會葉名琛等事情，他可能都知道。就是說，最初巴夏禮不相信肯尼迪的扯旗指控，[50] 現在經過打鬥以後，巴夏禮反而一口咬定英旗被辱，並以此作為理由，咨會皇家海軍，爭取上司支持，企圖強逼葉名琛道歉。巴夏禮本來就不相信扯旗之事，當然也難保上司會同樣不信，所以很可能巴夏禮就命令肯尼迪在第二天到領事館來正式作證，並吩咐他把另外兩位船長也帶來，先後分別作證。

肯尼迪去找另外兩位船長時，怎麼樣跟他們說？讓他們按照自己親

47　Bowring to Parkes, Desp. 127, 11 October 1856, FO228/213.
48　Parkes to Bowring, Desp. 155, 11 October 1856, FO228/213.
49　Parkes to Bowring, Desp. 150, 8 October 1856, FO228/213.
50　Parkes to Bowring, Desp. 150, 8 October 1856, FO228/213.

眼看到的情況說實話，還是為了統一口徑，勸他們學他那樣，指控中方曾把英旗扯下來？

　　第二天肯尼迪只帶來了一位船長。三缺一。肯尼迪本人作證：他宣誓說中方曾把英旗扯了下來。第二位船長，「達德」號的約翰・利奇，也佐證了肯尼迪之言。現在讓我們回顧一下這第二位船長的證詞。這證詞很古怪，從一開始就說，領事巴夏禮先把「亞羅」號的船長肯尼迪的證詞唸了一遍給他聽後，他才作佐證，佐證肯尼迪曾作過的證詞。[51] 這一句話，對巴夏禮是非常不利的，因為這是巴夏禮又一次枉法的證據。看來這第二位船長同樣是不願意作出肯尼迪所要求的那種證詞。不過，在巴夏禮堅邀他作證後，才作出這樣一份古裏古怪的佐證。他白紙黑字地寫下這句話，並宣誓簽署，可能是在賭博，他賭巴夏禮不敢公開用他如此明目張膽地枉法的證詞。

　　我們不禁要問：巴夏禮憑什麼對這第二位船長強人所難？看來，這「達德」號的船長利奇，跟「亞羅」號的船長肯尼迪一樣，是一位英國國籍的掛名船長，受到英領事的管制。英領事若命令他做佐證，他哪敢不俯首聽命？抗命，就是違法，罪名是藐視法庭，要坐牢。因為，按領事裁判法例，領事就是法官。但是，如果發假誓，作假證，罪名同樣是藐視法庭，而且罪情更重，坐牢更長。權衡兩害取其輕，於是這第二位船長決定先不吃眼前虧，做佐證好了。但是，作假證——哪怕是佐證——總是後患無窮。補救的方法是，最好讓這假證永遠不能重見天日。利奇船長很可能裝懵作傻，總是嚷着不知道該說些什麼，巴夏禮按捺不住，便把「亞羅」號船長剛作過的證詞唸給他聽，然後利奇船長在做佐證時直書其事，並宣誓簽署，巴夏禮也拿他沒奈何。

　　至於第三位船長查理斯・厄爾，終於在事發八天之後的 10 月 16 日，同意作證。[52] 巴夏禮大喜過望，馬上錄取證詞，並在當天就呈遞上

51　Leach's deposition, 9 October 1856, enclosed in Parkes to Bowring, Desp. 155, 11 October 1856, FO228/213.

52　Earl's deposition, 16 October 1856, enclosed in Parkes to Bowring, Desp. 160, 16 October 1856, FO228.213.

司。[53] 為什麼厄爾最後還是同意作證？關於這個問題，本章第四節再深入探索，不過在這裏可以先説明兩點。

第一，到了事發後的第八天，巴夏禮的上司以及英國皇家海軍的態度已明朗化。上司表示支持巴夏禮，英國皇家海軍甚至出兵擄走中方的一條「官船」作為要挾。[54] 如果過去厄爾曾對中國官方存有顧忌而不願作證的話，到了這個地步也大可放心地支持他的船長朋友、「亞羅」號的肯尼迪。因為，英國在鴉片戰爭中已經把中國打敗，《南京條約》甚至逼使中方赦免所有曾經幫助過英軍的漢奸。這次中、英再度衝突，中方肯定再敗，他幫助勝方，不會吃虧，反而贏得了巴夏禮和肯尼迪的好感，何樂而不為？若將來他們投桃報李，更是賞心樂事。

第二，是他在英國的法庭，為英國人説話而作假證，美國的法庭不一定會追究他，英國的法庭更不會追究他，他可以安枕無憂。關於這一點，從一開始就成立，只不過他似乎非常顧忌中方而已。

應該鄭重聲明，這一節，筆者推理英方是在怎樣的情況下取得證詞種種，都只不過是筆者個人在目前已掌握到的史料的基礎上，重新建立起來的一幅構圖。雖然是經過近五十年不斷收集資料和苦苦思索的結果，但當時實情是否完全如此，則不能絕對肯定。

2. 再説中方的證詞

中方又是在怎樣的情況下取得證詞的？中方的證詞，都是由葉名琛在劄覆巴夏禮的公文裏複述的，沒有附上各人作證以及簽署的證詞。按照中方當時嚴重缺乏法治的作風，為了給守備梁國定以面子，很可能就沒有命令他獨立作證和畫押，而只是聽了他一面之詞就了事。葉名琛在照會裏複述的另外一道證詞，是紳商黃連開所作的。但黃連開的證詞都是關於他如何辨認出海盜的過程，沒有提到後來中方登船逮人之事，所以不能作數。總之，中方的證詞，只有守備梁國定的一面之詞。而這證詞又不是按法律程序（當時的天朝上國根本沒有任何西方式的法律程序）

---

53   Parkes to Bowring, Desp. 160, 16 October 1856, FO228.213.

54   Parkes to Bowring, Desp. 158, 14 October 1856, and Desp. 159, 15 October 1856, FO228/213.

錄取的，難具法律效力。

守備梁國定信誓旦旦地向葉名琛保證沒有辱旗，我們同樣可以予以質疑。如果肯尼迪說的是實話，那麼梁國定及其部下就是在撒謊。在此有三個關鍵問題：第一，自《南京條約》（1842）簽訂以來，中國水師都在廣州河面檢查船隻，一直相安無事。他們會在明知的情況下登上英國船嗎？[55] 如果「亞羅」號當時懸掛着英旗，他們是不大可能這樣做的。第二，假設「亞羅」號當時懸掛着英旗，這些經驗老到的官兵會否故意將之扯落？第三，若他們真曾辱旗，那麼是出於什麼動機？筆者想不出他們會有任何能令人信服的動機。不同於 1920 年代參與示威的愛國學生，或者 1960 年代頭腦發熱的紅衛兵，這些水師官兵既非愛國主義份子，也不是傻瓜。就算在英國人眼中哪怕是仇外的廣東人，也不過是在受到外國人挑釁或凌辱時才用行動來表達他們的不滿。而且，廣東官府素來要求官兵在麻煩事件尚在醞釀時，首先要做的是彈壓群眾（參見本書下篇第十四章）。壓根兒沒有證據顯示廣東水師是排外主義的急先鋒，有的都是息事寧人的態度。因此，權衡各種可能性，中國官兵極不可能會在已然知情之後貿然登上「亞羅」號，更不可能故意侮辱英國國旗。

英國牛津大學著名史學家柯士丁（W. C. Costin）教授質疑中方的論據，他說：「葉名琛總督提出關於（「亞羅」號的）擁有權的證據，是來自一名船員的供詞，而他在向那些有偏袒之嫌的審問者招供時，是被五花大綁後躺於地上的。」[56]

竊以為柯士丁這項懷疑不能成立。「亞羅」號的擁有權屬中國人，這點無論英國文件或英國史學家都沒有異議。那麼，為什麼柯士丁要用一件無庸置疑的事實來貶抑中方證據的公信力？他是否想藉此混淆視聽？如果是這樣，我們不要忘記，中方所提出英旗沒有懸掛的說法，是來自帶隊的中國軍官自願提供的證詞，而不是出自被五花大綁的船員之口。[57]

55　1843 年，英國和中國簽定《五口通商附粘善後條款》（即《虎門條約》）作為對《南京條約》的補充條款。根據這份條約，中國不能在中國水域搜查英國船緝拿犯法華民。如要緝捕這些疑犯，官廳必須要求英國領事代為捕拿轉交。

56　Costin, *Great Britain and China*, p. 207. Emphasis added.

57　這點在葉名琛關於此事件的外交照會中俯拾可見。見 FO228/213 passim。

　　至此，對於英國國旗是否有懸掛，以及是否有被扯下之爭，重點在於斷定誰說了真話，是英國船長（肯尼迪）還是中國守備（梁國定）。

　　柯士丁說：「該船是有可能懸掛着英國國旗的，因為它似乎也掛起了啟航旗（Blue Peter）——表示它即將啟碇。因為如果按照慣例，靠港時是不會升起國旗的。」[58] 在此，柯士丁一方面承認「按照慣例，靠港時不會升起國旗」，但另一方面，他又說英旗很可能是懸掛着，理由是啟航旗「似乎」升起了。

　　柯士丁的牽強辯解，令人更加懷疑英方理據的可靠性，並且佐證了葉名琛的觀察：「貴國華艇灣泊下碇後，向來都將旗號收下，俟開行時再行扯上，此貴國一定之章程也。到艇拿人之際，其無旗號，已屬明證，從何扯落？」[59] 對於葉名琛的這一質疑，巴夏禮、包令、西摩爾都沒有、也沒法回應。[60]

　　因此，正如葉名琛所說的，除非「亞羅」號已準備啟碇離港，否則不大可能會懸掛英旗，這點柯士丁是承認的，英國當局也沒有否認的。事實上，「亞羅」號連準備啟碇也談不上，因為，如果說該船正準備離港，但船長肯尼迪卻不在船上，不是很奇怪嗎？而且肯尼地、利奇和厄爾的供詞中從沒有提過「亞羅」號正準備啟航。但是，據云是梁阿勇的證詞卻說，中國水師登船時，他和另一船員正在為「亞羅」號起錨。這個說法實在太匪夷所思了！船長不在船上，船員就起錨準備開船，豈不是要撇下船長不顧？[61] 此舉在英國航海法例中等同叛變（mutiny）。我們幾乎可以肯定的是，事後有人指使第二名水手，命他說英旗被扯下時他正在起錨，藉此給人一種錯覺，認為「亞羅」號正準備開航，所以國旗也已經升起來了。但肯尼迪在供詞中說，事件發生時「亞羅」號仍然「下錨停泊」於江上，與此水手的說法完全矛盾。

58　Costin, *Great Britain and China*, p. 207.

59　Yeh to Parkes, 24 October 1856, Parl. Papers 1857, v. 12, p. 89; see also Yeh to Seymour, 31 October 1856, in ibid.

60　Derby, 24 February 1857, *Hansard*, 3d series, v. 144, col. 1166. See the preceding note.

61　唯一可能的解釋是船員一見到中國水師，就試圖起錨。但這個可能也不大，因為船員不可能預先知道水師是來抓他們的。

可見，該船並非正在離港。若該船並非正在離港，則在正常情況下不會掛旗。這就解釋了外交大臣克拉蘭敦伯爵（Earl of Clarendon）在接到「亞羅」號事件的報告時，情不自禁地説出這樣的話：「就算當時沒有掛旗，但當局顯然很清楚該華艇的國籍。」[62] 如前所述，這也解釋了為什麼巴夏禮最初聽了肯尼迪的話後感到懷疑，因而沒有立即發難，而是一方面派人查探，另一方面自己去翻查該船的執照，結果發現「亞羅」號的船照仍待在領事館裏。[63] 所以他能得出的結論只有一個：該船不可能正在起錨。根據法律，英國船長在船入港後，必須將船照呈交當地的英國領事館保存。待再度啓航前，才能到領事館蓋印並領回船照，否則無法離港。領事可以藉此監控船舶和查緝不法行為。「亞羅」號的船照仍在領事館裏，該船怎敢開航？若硬着頭皮啓航，就變成「無牌駕駛」，在英國法律中是嚴重的違法行為。

此外，肯尼迪説事件發生在早上八時至八時三十分之間。[64] 但是，筆者發現，領事館要到早上十時才開門辦公。[65] 即使肯尼迪計劃準時十時到達領事館辦理手續，最快也要到十時過後才能離開領事館，再走路回「亞羅」號，則最快也要到十時半才能夠回到船上。因此，若該船在早上八時——他正和其他船長吃早餐的時候——就起錨，是不可思議的。筆者更查證到，當時河水正值退潮，[66] 退潮時份，潮水愈退愈猛。如果當時起錨，等到肯尼迪領了船照回來時，該船已經在江上漂流了幾個小時，漂流到了早就連廣州也看不見的地方去了。

廣州當地報紙《華友西報》（Friend of China）報道説，八十三號華艇的葡萄牙船長和船員在附近目擊「亞羅」事件，他們佐證了中國軍官的説法：「亞羅」號當時沒有掛旗。[67] 這點在英國國會中被提出來，外相

62　Clarendon to Bowring, 10 October 1856, Parl. Papers 1857, v. 12, pp. 169-170.

63　Lane-Poole, *Parkes*, v. I, p. 228, quoting Parkes's letter to his wife, 14 November 1856.

64　Kennedy's deposition, 9 October 1856, enclosed in Parkes to Bowring, Desp. 155, 11 October 1856, FO228/213.

65　Parkes's letter to Patterson, 27 October 1852, quoted in Lane-Poole, *Parkes*, p. 169.

66　Earl's deposition, 16 October 1856, enclosed in Parkes to Bowring, Desp. 160, 16 October 1856, FO228/213.

67　Derby, 24 February 1857, *Hansard*, 3d series, v. 144, col. 1166.

克拉蘭敦伯爵在回答質詢時沒法推翻這個說法，只能唐塞：「『亞羅』號是在海上航行，啟航旗升起了，英國國旗懸掛着。有人蓄意侮辱該船和英旗，這是毋庸置疑的。」[68] 但正如我們所見，這種說法疑點重重。英國史學家柯士丁除了堅守「肯尼迪宣誓所作」[69] 的供詞以外，再也提不出任何證據，卻硬着頭皮說粵海關監督（Hoppo）[70] 肯定已得到英領館告知「亞羅」號的英籍身份，因為英領事館手上有它的船照。[71] 由此可見柯士丁並不了解中國官方的運作情況。派水師去「亞羅」號拿人的部門當然不是粵海關。因為負責抽稅的粵海關，與維持治安的內河水師，是各相獨立、互不隸屬的兩個部門。[72]

巴夏禮有沒有履行責任通知中國當局「亞羅」號的英籍身份，也成疑問。因為，他在 10 月 3 日拿到「亞羅」號的船照時，該船照已經過期六天，待到 10 月 8 日就過期共十一天了。雖然由廣州到香港循水路的話只需十二小時，但巴夏禮沒有勒令「亞羅」號的船長馬上回香港辦理續簽，為什麼呢？

巴夏禮更發覺香港殖民地發給「亞羅」號的船照已經過期，但他仍然強迫中方放人，顯然是在他與中國官兵打了一場莫名其妙的架之後，態度丕變。結果，他在其後寫給包令的那份報告，就難免自相矛盾了。他說：中國水師登上停泊着的「亞羅」號時，「它的旗幟是飄揚着的」。[73]

三、為什麼要作偽證？

把英國國旗扯下，是不合法而且令人髮指的行為。所以在史學家看來，如果中國軍官有其理由作偽的話，也是很容易理解的。在此之前發

68　Clarendon, 24 February 1857, *Hansard*, 3d series, v. 144, col. 1200.

69　Costin, *Great Britain and China*, p. 207.

70　海部是指粵海關監督。這個稀奇古怪的名稱顯然是戶部之音轉，但海關監督並非由戶部派遣，而是由北京內廷委任。

71　Costin, *Great Britain and China*, p. 207.

72　見拙著《兩廣總督葉名琛》（北京：中華書局，1984 年），第三章。

73　Parkes to Bowring, Desp. 150, 8 October 1856, para. 1, FO228/213.

生過的一些事件中，曾有類似於「亞羅」號的華艇被中國水師戰船截停檢查，揭發它們販運私鹽——這在中國是大罪，因為鹽是政府專賣的。這些華艇是在航行期間被截停的，所以懸掛着英旗，但中國官兵的行動只限於把船扣留，並沒有對國旗有任何不敬。[74] 因此我們可以推斷，中國官兵一般不會對外國國旗有所不敬。

　　另一方面，如果認為巴夏禮一方的證詞已經被證明不可信，就有必要探索為何堂堂領事竟然提供不可靠的證據，而順藤摸瓜，就變成追查肯尼迪等人撒謊的原因。在這裏，有兩條線索：第一、「亞羅」號執照的有效期；第二、它所從事的活動性質。如前所述，它的執照在 1856 年 10 月 3 日交到巴夏禮手上時已經過期。直到「亞羅」號事件發生後第三天，即 10 月 10 日，巴夏禮才漫不經意地提到執照的事：「應該一提的是，『亞羅』號的執照是由殖民地發出的，需要每年續簽，而該執照是 1855 年 9 月 27 日由香港發出的。」即使如此，巴夏禮仍然沒有明言執照已經過期，反而稱讚肯尼迪是「他所屬階層中非常可敬的人」。[75] 言下之意，他所屬的階層不怎麼可敬，但肯尼迪則是例外。

　　那麼，這個「掛名船長」的階層都是什麼樣的一些人呢？他們「幾乎都是半途放棄的學徒或無所事事的水手」，他們「酗酒終日，游手好閒」。[76] 何以見得肯尼迪卻是這幫人當中的例外？巴夏禮沒有細表。但我們知道「肯尼迪船長和另一位證人〔利奇〕兩人都〔說〕，他們的年紀不超過二十一歲。大家聽到二十一歲的年輕人卻承擔如此重任時，都心照不宣」。[77] 事實上，肯尼迪的船長職位是掛名的，他甚至連「亞羅」號的船主是誰都不知道。[78]

　　包令接到巴夏禮的信後，立即向香港船政廳查核，結果發現「亞羅」

74　See, e.g., Bowring to Yeh, 21 November 1855, FO682/1987/46; and Yeh to Bowring, 12 December 1855, FO682/1988/31. Both documents are in Chinese.

75　Parkes to Bowring, Desp. 153, 10 October 1856, para. 3, FO228/213.

76　Cobden, 26 February 1857, *Hansard*, 3d series, v. 144, cols. 1399-1400. Cobden 做此陳述時，自言所據乃他與一位美國船長的談話。

77　Ibid., col. 1400.

78　Derby, 24 February 1857, *Hansard*, 3d series, v. 144, col. 1165.

號的執照已過期，他將此事寫信告知巴夏禮。[79] 巴夏禮把肯尼迪召來解釋，之後這樣回覆包令：「如果船長的話是可信的話，該船那時一直在海上航行，自 9 月 1 日起就不在殖民地水域，所以沒能及時申請續簽。」[80] 這個回覆中所用的字眼，再次顯示巴夏禮對肯尼迪的誠信有所懷疑。但他仍在信中向上司保證，「亞羅」號是從事正當生意——在香港、澳門和廣州之間運輸大米。[81]

但這個保證使他的說法更令人生疑。因為這三個地方近在咫尺。澳門與香港之間航程只需「三或四小時」，[82] 至於廣州則「水路十二小時內」可抵。[83] 如果按照船長所說，「亞羅」號在 1856 年 9 月 1 日離開香港，並在 10 月 3 日抵達廣州，那麼在中間的三十二天內，它做了些什麼？後來包令最終找到了答案。事緣 1857 年 4 月 1 日，包令應葡萄牙駐澳門總督邀請，到澳門作客三天。他在當地一份法文報紙上讀到報道，說「亞羅」號和海盜有瓜葛，而此事也為澳葡政府所知悉。包令於是向澳督求證，得到的答案是確有其事，他大為驚愕。澳督還向他提供了一份記錄於 1856 年 11 月 16 日的證詞副本，大意是說葡萄牙二十七號華艇遭海盜襲擊和劫持。該文件沒有說明事件發生的日期，但給人的印象是 1856 年 9 月或不久前發生的。其中一名水手羅薩里奧（Jose do Rosario）被海盜擄走並關了起來，期間數次目睹「亞羅」號從海盜處接贓，還聽到海盜和「亞羅」號船員的對話，得知「亞羅」號將要到澳門。他最後逃脫返回澳門，發現「亞羅」號赫然就在那裏。那時已經是 1856 年 9 月 30 日晚上 10 時，他在第二天早上報告有關當局。當局派出戰船到「亞羅」號的停泊處，但它卻已在前一天的晚上離開了。[84]

「亞羅」號的不法活動曝光，令包令尷尬萬分。他足足等了一個星期

79   Bowring to Parkes, Desp. 127, 11 October 1856, para. 3, FO228/213.

80   Parkes to Bowring, Desp. 156, 12 October 1856, para. 3, FO228/213.

81   Ibid.

82   Palmer, 3 March 1857, *Hansard*, 3d series, v. 144, col. 1736.

83   Derby, 24 February 1857, *Hansard*, 3d series, v. 144, col. 1170.

84   Bowring to Clarendon, Desp. 169, 8 April 1857, FO17/267; and enclosure: C. J. Antonio do Rozario's deposition, 16 November 1856.

之後才鼓起勇氣向倫敦報告這個新發現，並且強調他會「懲罰任何犯了法的女王陛下的子民，並且對於藉着英國國旗的掩護來幹如此卑劣勾當的人，定必嚴懲不貸」。[85]

巴夏禮曾説「亞羅」號船長是「他所屬階層中非常可敬的人」，[86] 這句話常被引述來證明肯尼迪的供詞可信，但上述促使包令勃然大怒的發現，更使巴夏禮的説法顯得荒唐。如果「亞羅」號的船員一直在為海盜接贓，那麼，儘管中國水師其實並非衝着「亞羅」號接贓之事而來，肯尼迪甫一看到水師拘捕船員而大為緊張，並極力避免他們被捕，就一點也不讓人意外了。[87] 因此，當肯尼迪遠遠看到水師登上他的船，就馬上趕回去，試圖行使治外法權。[88] 肯尼迪告訴水師官兵自己是船長，並且如他之後所説的那樣，「再度」升起英旗，[89] 藉此要水師官兵相信「亞羅」號是艘外國船，但官兵不為所動。那麼，他唯一能做的就是通過外交途徑，盡快索回水手，避免他們被審訊時把接贓之事曝光。在這種情況下，他完全可能無中生有地捏造國旗曾經受辱，以促使巴夏禮認為事態極端嚴重，並希望巴夏禮在船員受審之前，及時採取行動。正如巴夏禮所説的，肯尼迪極力試圖「在那些人被帶走之前，把他們要回來」。[90]

從肯尼迪的證詞進而深入檢視利奇和厄爾的供詞，對我們的分析可能更有助益。他們似乎和肯尼迪一樣是掛名船長。利奇那份虛應敷衍的佐證是在 1856 年 10 月 9 日所作的；厄爾卻在同一天保持緘默，兩人都可以視為不情願。事實上，如果厄爾跟利奇和肯尼迪一樣，都在從事不法勾當，他們不願作供的原因就不難理解——遏力避免自己的活動被曝光。

如前所述，包令在 10 月 11 日告訴巴夏禮「亞羅」號的執照已經過

85　Ibid. 事件發生後不到兩個月，在 1856 年 11 月肯尼迪被勒令向有關當局「呈交他的證明文件」，也許就一點也不令人奇怪了。Parkes Papers, Bowring to Parkes, 28 November 1856。

86　Parkes to Bowring, Desp. 153, 10 October 1856, FO228/213.

87　Kennedy's deposition, 9 October 1856, enclosed in Parkes to Bowring, Desp. 155, 11 October 1856, FO228/213.「亞羅號」不久前招攬為水手的一名海盜，是引致船員在廣州被捕的原因。

88　這些權利是 1843 年中英簽定的《五口通商附粘善後條款》賦予的。根據該約，中國當局無權逮捕為英國人做事的華人罪犯，而只能通過英國領事抓人。

89　Kennedy's deposition, 9 October 1856, enclosed in Parkes to Bowring, Desp. 155, 11 October 1856, FO228/213.

90　Parkes to Bowring, Desp. 153, 8 October 1856, FO228/213.

期，因此再沒資格懸掛英國國旗。[91] 嚇了一跳的巴夏禮仍然試圖維護肯尼迪，並藉此為自己掩飾，他說：「如果船長的話信得過的話，該船那時一直在海上航行。」[92] 到了 10 月 16 日，駐紮在香港的英兵已開始對華動武，[93] 而戰爭行動的策劃者正是巴夏禮，所以他必須向上司證明英旗確實曾經受辱。在這種情況下，巴夏禮很可能千方百計地企圖說服厄爾作供，以便佐證肯尼迪的說法。厄爾終於同意了，可能由於他認為現在自己不會受中國當局為難了，因為英國已開始對華用兵，而中國曾是英國的手下敗將，他似乎相信歷史必然重演。令人毫不訝異的是，厄爾在供詞中更是添油加醋；下面這些連肯尼迪自己的供詞也沒有的細節，似乎是厄爾專為確證英旗曾受辱而專設的：

> 我看到他們〔中國的水師戰船〕泊在「亞羅」號旁邊。我告訴肯尼迪，中國官員泊在他的船旁邊。他答道：他認為他們像乘客般走下船。之後我看見他們上了船，馬上有一個中國軍官扯下英國國旗，啟航旗也被扯下。我跟肯尼迪說：「你的旗掉下來了。」他答道：「我得回到船上了。」我和利奇跟他一道去，我到達「亞羅」號時，發現甲板上滿是中國官員和他們的部下，而華艇的船員除了一人之外已經全部被帶到中國的水師戰船上。肯尼迪叫他那名手下把旗升起來，但我不知道它是在船艙內還是甲板上。那人咕嚕着回答，我估計是不肯升旗，其後肯尼迪就自己把旗升起來。我不懂中文，但那人和他說話時，我問肯尼迪，他回答說：那名手下告訴他，旗是中國官員扯下的，所以他不敢再升起。[94]

值得注意的是，在接受訊問時，厄爾竟然加了一句：「他不知道那面

91　Bowring to Parkes, Desp. 127, 11 October 1856, para. 3, FO228/213.

92　Parkes to Bowring, Desp. 156, 12 October 1856, FO228/213.

93　這些用兵行動包括：英國王家海軍根據巴夏禮的主意，擄去一艘中國戰船。參閱 Parkes to Bowring, 15 October 1856, Parl. Papers 1857, v. 12, pp. 70-71, para 2。

94　Earl's deposition, n.d., enclosed in Bowring to Clarendon, Desp. 224, 7 May 1857, FO17/268. Emphasis added.

旗是在船艙內還是甲板上。」如果英旗真曾被扯下，它應該像錢阿成所說的那樣，掉在甲板上，但為何竟有仍然在船艙內這個可能？柯士丁在為英方的説法辯護時，隻字不提肯尼迪叫手下升旗一事。[95] 為什麼？

四、上議院常任法官：英國國旗懸掛了嗎？

大英帝國以往的最高司法機構上議院法律委員會，在看到包令的報告（包括附件）後，對於英國國旗是否懸掛的問題有何見解？

卓越的國際法專家林德赫斯特伯爵（Earl of Lyndhurst）認為，英旗是否懸掛無關宏旨。重點是「亞羅」號無權掛旗，因為它的船照已經過期。包令也承認確是如此。[96]

代表執政黨利益的首席大法官[97]斷言英旗是懸掛着的，並説英中兩方證據都指向這一結論。這個説法有幾點不同尋常。第一，它宣稱連中國官員都指英旗是懸掛着的。第二，從中可見該首席大法官竟然不知道在正常情況下，船舶泊港時要降下旗號；哪怕他知道，恐怕也在裝作不知。他接着補充説，葉名琛首次接到有關辱旗的投訴後，並沒有在1856年10月的回覆中否認。[98] 他完全無視了葉名琛其後一再否認的事實。如果我們將他的觀點與一份呈交給外相克拉蘭敦伯爵的未具名文件中的觀點相比較，[99] 會發現兩者極為相似，該文件很可能出自該首席大法官的手筆。本書下篇第十四和十五章會談到，克拉蘭敦在國會上、下議院的辯論中，似乎非常依賴這份文件，但對於反對黨提出的許多問題，克拉蘭

---

95 Costin, *Great Britain and China*, p. 207.

96 Lyndhurst, 24 February 1857, *Hansard*, 3d series, v. 144, col. 1217.

97 他原名羅伯特・蒙塞・羅爾夫（Robert Monsey Rolfe, 1790－1868），1834年被委任為副檢察總長，1850年被封為克蘭沃思男爵（Baron Cranworth），在1852年12月阿伯丁勳爵（Lord Aberdeen）組閣時被委任為大法官。儘管他的國會演説既無文采又無真知灼見，但人們還是必恭必敬地聆聽着。*DNB*, v. 17, pp. 158-161.

98 The lord chancellor, 24 February 1857, *Hansard*, 3d series, v. 144, col. 1222.

99 見 Doc, 22，這份文件沒有標題，沒有作者名字，也沒有日期，但可視為1857年2月底寫的，載 *British Documents on Foreign Affairs: Reports and Papers from the Foreign Office Confidential Print, Part 1, Series E, Asia, v. 17. Anglo-French Expedition to China, 1856-1858*, ed. Ian Nish (Frederick, Md., University Publications of America, 1994), pp. 18-19。

敦卻回答不上來。

結果，格雷伯爵（Earl Grey）[100] 認為，由於證據互相矛盾，事件並非像首席大法官所說的那麼黑白分明。權衡之下，他較為相信英旗並沒有懸掛。[101] 卡那封伯爵（Earl of Carnarvon）[102] 同意該觀點，他說政府只不過「假設旗是升起了，真相到底是怎樣，卻完全得不到令人滿意的證實」。[103] 聖萊昂納茨勳爵（Lord St Leonards）[104] 重申，英旗有否升起，眾說紛紜，而他較為相信沒有懸掛。[105]

企圖為政府解脫的人則另有一番風月。溫斯利戴爾勳爵（Lord Wensleydale）[106] 重複首席大法官的看法，稱懸掛着的英旗被人扯落了，「因為此說得到三名證人證明，而葉名琛並沒有立即否認」。[107]

---

100   他原名亨利‧喬治（Henry George, 1802－1894），是第三任格雷伯爵，在劍橋大學三一學院受教育。最初他在政黨政治中屬無黨派身份，出任過殖民地事務大臣（1846-1852），並且在上議院為政府進行辯論。在 1852 年 3 月阿伯丁的聯合內閣中，格雷並沒有包括在內。之後他對兩黨時有批評，因而兩黨都沒有人支持他。最為人熟悉的是他的殖民地事務工作。見 J. M. Ward, *Earl Grey and the Australian Colonies, 1846-1857: A Study of Self-Government and Self-Interest* (Melbourne, Melbourne University Press, 1958)。

101   Earl Grey, 24 February 1857, *Hansard*, 3d series, v. 144, col. 1228.

102   他名叫亨利‧霍華德‧莫利紐克斯‧赫伯特（Henry Howard Molyneux Herbert, 1831－1890），第三位卡那封伯爵。1858 年 2 月，他在德比勳爵（Lord Derby）的第二屆政府中出任殖民地次官。1866 年 6 月，他再次加入德比的內閣，擔任殖民地大臣。1867 年他反對德比的改革法案，並且辭職。及至 1874 年，他再次出任殖民地大臣。*DNB*, v. 9, pp. 646-653。

103   Carnavon , 26 February 1857, 3d series, v. 144 col. 1317.

104   他原名愛德華‧伯滕蕭‧薩格登（Edward Burtenshaw Sugden, 1781－1875），1829 年 6 月 4 日獲委任為副檢察總長並冊封為騎士。他在羅伯特‧皮爾（Robert Peel）的第一和第二屆政府中，出任愛爾蘭大臣。1852 年在德比的第一屆內閣出任大法官，並升為貴族（1852 年 3 月 1 日），冊封為聖萊昂納茨男爵（Baron St Leonards of Slaugham, Sussex）。據說他是幾近理想中完美的法律宣諭者，「他總是輕易而舉就能作出判決，令人十分驚訝，而且極少會被推翻；他在其教科書中闡述的意見，更被奉為圭臬。」*DNB*, v. 19, pp. 152-154。

105   St Leonards, 26 February 1857, *Hansard*, 3d series, v. 144, col. 1329.

106   詹姆斯‧帕克（James Parke, 1782－1868）。他在 1813 年當上律師，1833 年加入樞密院，並成為司法委員會的一員。1834 年他從王座法庭調任到財政法庭。他的判決敍述清晰、理據充份，被視為典範。1856 年 7 月 23 日被升為貴族爵位，冊封為溫斯利戴爾男爵（Baron Wensleydale of Walton）。「溫斯利戴爾不是政黨政治家，除了有關法律的議題外，很少在國會發言。」*DNB*, v. 15, p. 226。

107   Wensleydale, 26 February 1857, *Hansard*, 3d series, v. 144, col. 1337.

格蘭維爾伯爵（Earl Granville）[108] 對這三名證人進一步說明：「兩位我國同胞，〔他們的〕證據得到一名『亞羅』號上的華人水手所佐證。」[109] 與此證據相左的是「一名中國水手的供詞，此人是罪犯，被葉名琛下令綁了起來，而佐證他的供詞的，正是這位中國大官自己的證詞」。[110] 他隨即指出中國人過去是多麼的不可信任。[111] 他的結論說：「無論如何，有兩名我國同胞宣誓所作的證供，我只能說，除非這些人被證明不可靠，否則，以我來說，我仍然願意相信我自己的同胞。」[112] 對此，我們不能用今天的標準來看，反而應該用他的時代白人高高在上、目空一切的背景來衡量。[113] 上文已證明他所信賴的兩位同胞其實非常不可靠。如果格蘭維爾伯爵得以親自訊問該兩位同胞，他的看法會否改變？可能會，因為維多利亞時代瀰漫著自由主義良知（liberal conscience）；但是，身為樞密院大臣的他，就算改變了看法，也許也不會公開地這麼說。因此，本書特別設計了在下篇第二十一章來探討自由主義良知對首相巴麥尊子爵內閣成員的影響。

總之，對於英旗問題，這群貴族法官沒有得出一致的判決。

本章之所以花費大量筆墨分析這個據稱曾發生過的辱旗事件，是因為英國政府把戰爭的起因歸咎於它，不然的話，它其實不值得那樣大書特書。

---

108 他原名格蘭維爾‧喬治‧萊韋森－高爾（Granville George Leveson-Gower），是第二位格蘭維爾伯爵（1815－1891），他在 1840 年成為外交事務次長。1846 年他父親去世，他繼承爵位；1848 年出任貿易局副局長和軍隊主計長，並於 1851 年秋天加入內閣。1852 年 12 月，他出任阿伯丁勳爵政府的樞密院大臣。1855 年起，自由派當權，他則成為上議院領袖。見 Lord (Edmond George) Fitzmaurice, *Life of Granville George Leveson Gower, Second Earl Granville*, 2 vs. (London, 1905)。

109 Granville, 26 February 1857, *Hansard*, 3d series, v. 144, cols. 1366-1367.

110 Ibid., col. 1367.

111 Ibid., cols. 1367-1368.

112 Ibid., col. 1368.

113 對於那個時代的心態的深入研究，請參 Victor G Kiernan, *The Lords of Human Kind: European Attitudes towards the Outside World in the Imperial Age* (London, Weidenfeld & Nicolson, 1969)。

五、結語及反響

　　儘管對於「亞羅」號事件的任何結論都不可能是最終定案，因為它所根據的只不過是一些互相矛盾的口供。但是正如上文所説，巴夏禮的論據是有硬傷的，完全沒有確切證據能證明當時確實懸掛着英國國旗；相反地，真正獨立的證人──八十三號華艇的葡萄牙水手──説它沒有掛出。此外，「亞羅」號的船照過期無效，而且曾從事不法活動，這些都是確鑿的事實。它的船長因此有足夠理由進行撒謊。事實上，圍繞着「亞羅」號的紛爭，若不是迅速演變為侮辱和道歉之爭（無論這是對巴夏禮個人的侮辱，還是如時人和後人所以為的那樣，是對英旗的侮辱），中國當局遲早會發現有關「亞羅」號的不法行為。那麼，巴夏禮的指控就再也站不住腳了。即使外相克拉蘭敦伯爵支持巴夏禮和包令的行動，並且在國會極力為他們開脱，但也公開形容説「亞羅」號事件是「不堪的事件」。[114]

　　上文説過，從香港發往倫敦的有關電訊報道中，沒有提到辱旗之事，[115] 這有違記者的天性。如果確實發生了這麼聳人聽聞的事件，他們是絕對不會放過的。其後，當有關事件更詳盡的報道寄達倫敦之後，《泰晤士報》僅僅説，「亞羅」號是否「懸掛着英國國旗」存有爭議，[116] 而沒有説該爭議在於英旗曾否受辱。看來這份報紙也不肯像巴夏禮和包令那樣輕信肯尼迪的故事。

　　巴夏禮傳記的作者，對於此事有簡短、深刻而耐人尋味的評語。他在廣為人所參閱的《〔英國〕國民傳記詞典》（*Dictionary of National Biography*）中寫道：「扣留『亞羅』號和拘捕其船員，毫無疑問是對英國國旗的冒犯。」[117] 其中沒有片言隻語提及懸掛着的國旗被人扯落。不過他説扣船捕員就是冒犯國旗，這邏輯又何在？同一本書中有關包令的傳記，同樣完全不提辱旗之事。

114　Clarendon, 24 February 1857, *Hansard*, 3d series, v. 144, col. 1196.

115　*The Times*, 29 December 1856.

116　*The Times*, 2 January 1857.

117　*DNB*, v. 15, p. 299.

　　額爾金伯爵(Earl of Elgin)在 1857 年 12 月 9 日寫給妻子的信中,扼要地描述了本案的精髓。他提到將要發給葉名琛總督的最後通牒時說:「我在最後通牒中幾乎不提那丟人的『亞羅』號事件,它對我們來說是一椿醜聞,我有理由相信,除了少數幾個捲入其中的人之外,所有人都認為它是醜聞。」[118] 這裏的「所有人」,可以用香港出版的《孖喇西報》(Daily Press)作為註腳:「額爾金伯爵肯定能與那令人遺憾的侵略行動撇清關係……『亞羅』號的話題已經無以為繼──它的守護者早已棄甲曳兵了。」[119]

　　但在為「它的守護者」棄甲曳兵之前,巴夏禮和包令已經利用這個事件對中國不宣而戰。哪怕英旗曾被扯落只不過是英國政府的假設,但這個假設也普遍為西方史學家所接受。比如,倫敦大學著名的羅茲帝國史講座教授(Rhodes Professor of Imperial History)格雷厄姆(Gerald Graham)先生,就視之為毫無疑問:「亞羅」號「懸掛着英國國旗,下錨停泊,突然被中國水師官兵登上船」。[120] 甚至著名美籍華裔學者徐中約教授,也在其所著並被美國廣為採用的大學教科書中說:「亞羅」號「懸掛着英國國旗」泊於江上,在之後的「混亂中,英國國旗被扯落」。[121] 兩位都堪稱是學而不思的權威。準此,重溫本書第一章有關中西史學界那種學而不思的闡述,就特別有意思。

　　在此,有必要區分作戰士兵和專職維持廣州河面船務治安的士兵,前者是從廣州調來增援炮台,準備作戰的士兵。我們不要忘記,美國駐香港領事詹姆斯・基南(James Keenan)做了一些大大挑釁中國士兵的舉動。事緣 1856 年 10 月 24 日,基南參與了英國人對廣州的進攻。10 月 29 日城牆被攻破,他打着美國國旗與英軍一道攻入廣州城內。據說,「他入城最深,撤出最後」。他在城牆上和葉名琛的官府上展開星條旗,撤退

118　T. Walrond (ed.), *Letters and Journals of James, Eighth Earl of Elgin* (London, John Murray, 1872), p. 209.

119　6 January 1858 (newspaper clipping), Ryl. Eng. MSS 1230/67.

120　Graham, *China Station*, p. 300.

121　Immanuel C. Y. Hsü, *The Rise of Modern China* (New York, Oxford University Press, 1990), p. 205.

時還向中國人開火。[122] 這種荒唐的做法，很自然地讓許多中國士兵誤以為美軍與英軍聯手進犯。[123] 因此，兩個星期之後，當該艘美國船在他們周圍水域測量時，中國士兵馬上就認出船上的美國國旗，於是向它開火。[124] 因此，戰事爆發後中國士兵向星條旗開火是可以解釋的。[125] 但在和平時期，負責維持港口治安的士兵，是不大可能扯下英國國旗的。[126] 但為了討論的需要，姑且假設中國水師真的扯下了英旗，那需要探討的是，他們出於什麼動機，這點將在下篇第十七章再論。

在結束本章之前，請看賈斯珀斯·里德利（Jasper Ridley）為巴麥尊子爵所寫的傳記中的一段文字，或許會對我們有所啟發。他竟然說「亞羅」號是：

由一個惡名昭彰的中國海盜擁有。這個海盜找來一個從來未做過海員的二十四歲北愛爾蘭人，充當「亞羅」號的掛名船長。該船載着這名北愛爾蘭人和十二名華人，並在桅桿掛起英國國旗，劫掠往來於珠江的船隻。中國水師在中國領海把它攔截並登船，他們扯下英國國旗，拘捕船上十三人。該名北愛爾蘭人馬上獲釋，而那十二名華人則被囚於廣州。[127]

122　Parker to Lewis Cass, Macao, 22 May 1857, U.S. Senate Executive Documents, no. 22, 35th Congress, 2d Session, 'Peter Parker Correspondence', pp. 1385-6, quoted in Tong, *United States Diplomacy in China*, p. 186.

123　See Yeh's letters to Armstrong on 20 and 28 November 1856, quoted in Tong, *United States Diplomacy in China*, p. 186, n. 47.

124　該事件對葉名琛來說尤其是一次打擊，因為他當時已成功勸說美國駐廣州領事奧利弗·佩里（Oliver Perry）和駐廣州美國海軍指揮官安德魯·富特上校（Andrew H. Foote），把所有美國人員從日益危險的黃埔港撤走。該艘美國軍艦從澳門開赴廣州測量河道，並受到戍守炮台的中國士兵開火攻擊的當天，美國人正在撤離廣州。See Tong, *United States Diplomacy in China*, pp. 185-187。

125　就算當時，葉名琛不敢冒險，他指示屬下把廣州水域所有外國船的旗幟繪成畫像，大概是為教導士兵。其中一幅這類圖畫，可參見附有英國和法國旗畫像的情報報告（以及另一張沒有標示的圖畫），c. 1857, FO931/1873 (old reference FO682/327/5/34)。

126　1990 年代初，香港曾出現類似情況。當時香港和中國大陸之間走私活動猖獗，中國巡邏艇經常闖入香港水域追截走私客。深入調查後發現，那些犯禁越境的全都是從農村招募的中國士兵，中國海關執法人員曾受正規訓練，擁有國際法知識，所以無論緝私過程多麼激烈，他們都沒有闖入香港水域。見《明報》，1992 年 10 月 1 日

127　Jasper Ridley, *Lord Palmerston* (London: Constable, 1970), pp. 464-465. 作者對帕默斯頓和英國政治似乎瞭如指掌，但在寫中國的事件時卻不得要領。

　　儘管「亞羅」號曾涉及海盜活動（為海盜接贓），但其船主是海盜之說並無憑據；我們也知道該船的北愛爾蘭裔船長不是二十四歲，更沒有和船員一同被捕；而且「亞羅」號並非在海上遭攔截，也沒有在珠江上幹海盜劫掠的勾當。

　　在敍述「亞羅」號事件時，里德利又說：「中國地方當局拘捕中國海盜，海盜升起他們無權懸掛的英國國旗，試圖藉此逃脱。」[128] 殊不知，無論英方或中方的資料都沒有指「亞羅」號的船員曾想逃走，遑論想藉着升起英旗而逃走。由此可見，英文著述中有關第二次鴉片戰爭那種匪夷所思的子虛烏有情節，俯拾皆是。此例同樣證明，類似本書第一章所言華廷傑、「七弦河上釣叟」、李鳳翎、薛福成、蕭一山等有關第二次鴉片戰爭的無稽之談，並非中國史學界所獨有。難怪韓達德要把「亞羅」號事件稱為「一筆糊塗賬」了。當時中英史學界糊塗之處，在於現代的實證史學（evidence-based or empirical），要到十九世紀末才興起並慢慢主導了歷史研究。之前的所謂歷史著作，不少是無中生有者。

　　所有這些恩怨糾紛的始作俑者，似乎正是「亞羅」號的船長肯尼迪。他的下場如何？正是由於他信誓旦旦地聲稱可信的故事，英國王家海軍炮轟廣州城了。在一片震耳欲聾的炮火聲中，在人們不知不覺之時，他被勒令向香港當局「無條件地交出他的身份證明書」，時為 1856 年 11 月，即「亞羅」號事件發生後一個月。[129]

　　本章旨在調查英國政府發動第二次鴉片戰爭的理由，即其所聲稱中方在「亞羅」號船上侮辱了英國國旗。事實證明，這種指責純屬子虛烏有的可能性極大。筆者這個結論發表後，能找到的評論，無論是英國人、美國人、加拿大人、法國人、德國人、澳大利亞人所寫的書評，不但沒有提出商榷，反而一致贊同筆者的結論，均請參閱本書附錄。茲摘錄出四家之說如下：

　　英國巴斯思帕大學學院（Bath Spa University College）的約翰·紐

128　Charles Parker, *Life and Letters of Sir James Graham, Second Baronet of Netherby, 1792-1861*, 2 vs. (London, John Murray, 1907), v. 2, p. 302.

129　Bowring to Parkes, 28 November 1856, Parkes Papers.

辛格（John Newsinger）教授說：「英國攻打中國的藉口是中國水師拘捕
『亞羅』號船員時，扯下和侮辱了英國旗，而中國水師官兵不但沒有道
歉，還否認有辱旗之事，因此不得不由皇家海軍來施以懲罰。但黃宇和
指出，『亞羅』號當時極不可能升起英國旗，因為船舶只在航行時掛旗，
下錨靠港時是不掛旗的。中國人方面肯定沒有挑釁的意圖，英國人卻非
常有可能在積極尋找藉口挑起戰事。」[130]

德國柏林大學的科德·埃貝施佩歇爾（Cord Eberspächer）教授說：
黃宇和「由戰爭的最初起因開始。此事最後釀成『亞羅』號華艇的英國
國旗被扯下。黃宇和仔細檢視此事件，並令人信服地顯示：英國領事巴
夏禮無中生有地把此事化為開戰原因」。[131]

加拿大的卡爾加里大學（University of Calgary）的道格拉斯·皮爾
斯（Douglas M. Peers）教授說：「黃宇和指出了一點不令人驚訝的事實
──『亞羅』號事件只是藉口，英國有更深層的動機。」[132]

那位替英國辯護最力的韓達德，在其書評中開宗明義就說：「1856 年
10 月 8 日早上，停泊在廣州的『亞羅』號華艇上的英國國旗，有否被中
國官兵扯落？英國和美國的目擊證人說有，中國人經過一陣子的猶豫後
說沒有。史學家眾說紛紜。黃宇和博士遍蒐所有證據後認為，扯旗之事
不曾發生過。」[133]

130　John Newsinger's review, *Race & Class*, vol. 42, no. 101(2001), pp. 107-109.

131　Cord Eberspächer's review in *Viewpoints-Journal of reviews for the historical sciences*, http://www.sehepunkte.de/2006/09/7982.html.

132　Douglas M. Peers's review, *Economic History Review*, vol. 52, no. 4 (November 1999), pp. 758-759.

133　Douglas Hurd's review, *Asian Affairs*, vol. 31, no. 1 (2000), pp. 64-66.

帝國主義的悍將

　　不管是英國政府還是中國政府，當初都沒有估計到「亞羅」號事件會引發英國大動干戈。因此，本部份將探討相關人士巴夏禮、包令以及葉名琛的人品與行事作風，以及他們所處的特殊環境，對於他們在處理該事件時曾起到過什麼樣的關鍵作用。一般來說，駐紮在香港的英國官員所發出的報告，約需時四個月才能收到倫敦發回的覆文（見本書第十章）。因此，在倫敦的中央政府大有「將在外，君命有所不受」之慨，常常只能事後追認其駐外人員的所作所為。這種「遠距離的暴虐」，[1] 讓帝國主義悍將諸如巴夏禮、包令等有機可乘，甚至為所欲為。

　　興風作浪的人物不止英國官員，還有在廣州的英國僑民，當中包括蠻橫無理的英國商人、嗜酒如命的英國水手和好勇鬥狠的英國無賴。英國崛起成為世界強國，使得某些英國僑民野心膨脹，變得特別好鬥，以致英國當局常常感到十分頭疼。不少英國僑民的胡作非為，堪稱是「不列顛主宰天下」（*Rule, Britannia*）心態的最惡劣體現。事有湊巧，英國無賴僑民遇到的竟然又是民風獷悍的廣東人。自從鴉片戰爭中，英兵打開三元里粵人棺材、奸侮粵婦之後，廣東民憤就一發不可收拾，連中國官員也已無力管束，迫不得已要服膺「天聽自我民聽」的理念。這種不尋常的情況將在本書第十五章述及。

　　如要逐一審視這批帝國主義悍將——上至外交官員，下至流氓無賴，難免每樁事件都要重頭說起，重沓累贅之處，萬望讀者鑒諒。

1　這個詞借用自 Geoffrey Blainey, *Tyranny of Distance: How Distance Shaped Australia's History* (Melbourne: Macmillan, revised edition, 1982)。

第十一章
巴夏禮，
「為何你不讀點國際法！」

長期以來，西方史學界堅信巴夏禮指控中國水兵侮辱了「亞羅」號的英國國旗。本章證實巴夏禮此說為無中生有。

一、巴夏禮其人

並非所有國際糾紛都會引發武力衝突，但「亞羅」號事件卻釀成了一場戰爭。一定程度上，這與當時牽涉在內的人物的處理手法有關，首先脫不了關係的，當然是那位年輕的英國駐廣州代理領事——巴夏禮。

巴夏禮生於 1828 年，五歲時成為孤兒，十三歲即乘船到中國投靠他的兩個姐姐，她們早已隨表姐——郭士立牧師（Reverend Charles Gutzlaff）的妻子——定居中國澳門。巴夏禮在 1841 年 10 月抵達澳門後立即修讀中文。鴉片戰爭期間，他被編派為璞鼎查爵士（Sir Henry Pottinger）[1] 的隨員，儘管他當時只不過是個十四歲的少年，但因為能說一些漢語，常被派到岸上去張羅餵牛飼料和其他必需品，因為當時英國海軍後勤需帶備奶牛，以便天天供應鮮奶。1842 年 8 月 29 日簽訂《南京條約》時他即在現場，目睹中國官員簽下那喪權辱國的城下之盟。1843 年 9 月他加入英國駐廣州領事館工作，當年 10 月 8 日，中英簽署《虎門條約》時他也在場。

巴夏禮除了在 1849 年和 1855 年兩次短暫回過英國老家以外，一生

1　璞鼎查（1789－1856）擔任過印度殖民地信德（Sind）地區的行政官（1836－1840），曾與信德的埃米爾（amirs）斡旋，讓孟買軍隊借道當地前往阿富汗，並因功獲賜封為準男爵（baronet）。1840 年巴麥尊外相委任他為駐中國全權公使，並在鴉片戰爭中擊敗中國。1843 年出任首任香港總督。1846 年成為好望角總督，1847 年擔任馬德拉斯（Madras）總督，直至 1854 年因健康欠佳辭職返回英國。*DNS*, v. 16, pp. 224-226。

都在東方。正如英諺所言:「任何遠離於祖國文化和影響的群體,都會染上一切奇怪偏見、古怪念頭和偏執思想」。[2] 結果巴夏禮認為,「若要在中國有所成就,一言一行都不能示弱」。[3] 他第一次回到英國時,就抱怨「沒有苦力替他收拾」和搬運行李。[4] 第二次回國時,他帶回一份與暹羅簽署的商務條約,是他協助香港總督包令爵士達成的。[5] 他還親自把條約呈給女王。[6] 1856 年他再度出發到中國之前,巴麥尊子爵破天荒地接見了他。[7] 此事不同尋常。科布登對巴夏禮有如下印象:「這位兄台能力不俗,無疑也擁有出色的語言天份(不久前他帶着那份暹羅條約回國,我相信我們當中有些人曾與他有一面之緣),不過畢竟仍是個年輕人,經驗不足。」而更重要的是,「欠缺文官工作的歷練,有了這些歷練,他才會懂得分寸、謹言慎行和深思熟慮」。[8]

1856 年 6 月,巴夏禮抵達廣州出任代理英國領事。三個月後,「亞羅」號事件爆發。本書上一章已說過,他有操縱證人以獲取他想取得的證供的嫌疑。現在讓我們來看看他如何擺佈他的直屬上司——包令,以取得他想要的授權。

二、巴夏禮擺佈上司包令

返回「亞羅」號事件發生的現場,藉此回顧其中的若干個案可能會對我們有所啟發。「亞羅」號的船舶執照、要求葉名琛道歉、巴夏禮對葉名琛札覆的詮釋,以及包令的指示,都是值得分析的元素。

---

2   Daniels, 'Parkes', pp. 3-4.

3   Ibid., p. 10.

4   Lane-Poole, *Parkes*, v. 1, p. 143.

5   G. F. Bartle, 'Sir John Bowring and the Chinese and Siamese Commercial Treaties', *Bulletin of the John Rylands Library*, 44, no. 2 (March 1962), pp. 286-308; N. Tarling, 'The Mission of Sir John Bowring to Siam', *Journal of the Siam Society*, 50, no. 2 (December 1962), pp. 91-118; and idem, 'Harry Parkes's Negotiations in Bangkok in 1856', in ibid., 53, no. 2 (July 1965), pp. 153-180.

6   Lane-Poole, *Parkes*, v. 1, p. 195.

7   Ibid., p. 223.

8   Cobden, 26 February 1857, *Hansard*, 3d series, v. 144, col. 1401.

　　首先，我們來看「亞羅」號的船舶執照。巴夏禮説「亞羅」號的船舶執照在 1856 年 10 月 3 日交到他手上。[9] 他這一説法其實為自己帶來了麻煩，因為船舶執照在五天前，即 9 月 27 日，已經到期。[10] 因此，他接納已過期的船舶執照，若不是疏忽職守，就有包庇縱容之嫌，[11] 但以前者的可能性較為大。[12] 他在 10 月 8 日和 9 日呈交包令的報告中沒有提及此事，在 10 月 10 日雖然提及船舶執照的事，但沒有指出它已經過期。[13] 他在 10 月 11 日再次提及該船舶執照，同樣沒有説明它已經過期，反而還為「亞羅」號説好話：「我要在此指出，『亞羅』號是法定港口人人皆知的商船。它於 3 日從澳門載運大米入港，並向領事館通報及交出船舶執照，這船照直至現在還在我手上。」他補充説，「亞羅」號「準備在 8 日啟程前往香港，但當天船員即被抓走」。[14] 這暗示了若不是發生變故，它會到香港為船舶執照續期。

　　最後一句話顯示，巴夏禮在那時（若不是更早）已經發覺「亞羅」號的船照已經過期，並意味着它已經無權懸掛英國國旗。巴夏禮是否應該

9　見 Parkes to Bowring, Desp 155, 11 October 1856, para. 5, FO228/213; and ibid., Desp. 156, 12 October 1856, para. 3. 柯士丁寫道：「『亞羅號』的船照在 1856 年 10 月 12 日早上，依據法例交到英國領事館存放。」(*Great Britain and China*, p. 206) 從兩點可以判斷這個日期是筆誤。第一，巴夏禮自己兩次説「亞羅號」的船照在 1856 年 10 月 3 日送達。第二，如果柯士丁認為「亞羅號」已在廣州港口多日，但直至事件發生前，船照一直沒有送到英國領事館，也不為巴夏禮所知悉，那麼柯士丁等於是在指摘這位領事失職。這顯然不是他的原意。柯士丁沒有列出他的資料來源，他的意思似乎是指船照當天在領事手上，但沒有説是在哪天交到他手上。

10　Bowring to Parkes, Desp. 127, 11 October 1856, para. 3, FO228/213.

11　為巴夏禮作傳的萊恩－普爾認為，「亞羅號」正準備回香港為執照續期。而且，一艘船在它為期一年的執照屆滿之際，可能恰巧在海上或在其他港口，如果僅僅因為它在遠洋航行，就執着日期這區區小事情吹毛求疵，剝奪它受國旗保護的權利，是荒謬絕倫的。(Lane-Poole, *Parkes*, v. 1, pp. 233-234)。這種試圖維護巴夏禮的説法，反而陷他於不義。按照這個説法，巴夏禮其實上知道執照的有效日期，因此有包庇縱容之嫌。此外，「亞羅」號的執照到期時，它並非在遠洋航行。如前所述，它在 9 月 1 日離開香港，之後只到過澳門和廣州，而這三個港口城市近在咫尺，要為執照續期是輕而易舉的。而且巴夏禮應當在准許「亞羅號」離港之前，指令船長這樣做。

12　巴夏禮以「動如流星」聞名（Bowring to Parkes, 19 July 1851, Parkes Papers）。他之前在 1852 年在廣州出任代理領事時，不斷抱怨那裏生活單調沉悶，還説靠岸的英國戰船上的官兵，是生活中少有的調劑（*Parkes*, v. 1, pp. 169-170）。「亞羅號」事件發生前，剛巧有一批軍官抵粵，其中一人是他的好友貝特（Bate）中校（見 Parkes's correspondence with Bate, in Parkes Papers）。因此，巴夏禮出於疏忽的可能性似乎大於故意包庇。

13　Parkes to Bowring, Desp. 153, 10 October 1856, para. 3, FO288/213.

14　Parkes to Bowring, Desp. 155, 11 October 1856, para. 5, FO228/213.

馬上稟告上司：英方理虧？顯然他決定不這樣做，他在 10 月 13 日寫了一封很特別的信，通篇強調由於廣東一帶有叛亂，加上太平軍壓境，葉名琛承受巨大壓力。巴夏禮寫道：葉名琛已經把廣東陸路提督調到廣西省的梧州，以阻止廣西叛軍進犯廣東。他補充説，在北方，江西省十三府中有十個已被太平軍攻克，廣東省風聲鶴唳，每天都受到太平軍南下的威脅。在此，巴夏禮只是重複了他過去曾向包令報告過的情報，而且在信首就説：「最近似乎沒有收到重要情報。」[15] 但這封信的意義不容忽視，它強調葉名琛四面楚歌，顯然是試圖令上司相信，對葉名琛施展強硬手段將萬無一失，因為葉名琛在目前的困境下將無力抵抗。巴夏禮為什麼硬要把「亞羅」號事件作為開戰藉口？因為他要把水師守備梁國定將軍羞辱一番，以雪個人受辱之恨；但那只是一個方面（見第十章），更重要的一個方面是他矢志偽造一個開戰理由，以便從中國掠奪更大的利益：此節隨着本書的探索愈來愈深入，就愈來愈明顯。

其次，必須分析的問題是巴夏禮要求葉名琛道歉一事。在巴夏禮 10 月 8 日致葉名琛的伸陳中，完全沒有「道歉」一詞。葉名琛對此作出回應：在 10 月 10 日送回被捕十二名船員中的九人。[16] 巴夏禮拒收，但又沒有書面告知葉名琛，他拒絕接收這些人的原因；[17] 反之，他給葉名琛送去一份清單，列出多項要求，當中有一項新要求是：中方要為他所稱的辱旗事件認錯道歉。[18] 同時，巴夏禮向包令暗示他要求葉名琛道歉。他擔心包令察覺不到他的暗示，於是在第二天又重複了一遍。[19] 他的擔心其實是多餘的。包令已經注意到他的暗示，並在 10 月 11 日回覆説：「你要通知欽差大臣，我要求他為事件道歉。」[20] 巴夏禮對此還不滿意：「如我對閣下的意思理解無誤的話，我相信它的意思是，我應該要求欽差大臣就曾

15　Parkes to Bowring, Desp. 157, 13 October 1856, FO228/213.

16　Parkes to Bowring, Desp. 153, 10 October 1856, para. 1, FO228/213.

17　這一回覆在巴夏禮給包令的附件中沒有附入，在現有的資料中也沒有提到這份文件。

18　Parkes to Bowring, Desp. 153, 10 October 1856, para. 2, FO288/213.

19　Parkes to Bowring, Desp. 155, 11 October 1856, para. 3, FO228/213.

20　Bowring to Parkes, Desp. 127, 11 October 1856, para. 5, FO288/213.

發生的事情，以書面道歉。」[21]

　　在道歉這個問題上，那位應巴夏禮家族之委託，為巴夏禮作傳[22]的作者斯坦利‧萊恩－普爾（Stanley Lane-Poole）認為，要求道歉是包令的主意。[23]有鑒於萊恩－普爾的這一身份，他這樣說的動機不難理解，因為這項新的要求成為解決「亞羅」號紛爭的重大障礙。[24]因此，筆者必須追問：巴夏禮為何不斷遞增他的要求，以至令到葉名琛無法體面地全身而退？

　　第三，巴夏禮堅稱「當時該師船在華艇拿人扯旗之時，人所共見，其辱於國，自應當眾洗雪其恥」。[25]正如本書上一章所說，所謂侮辱，是指梁國定將軍的部下，把「亞羅」號的水手帶到師船上之後，為了抵抗追蹤而來強行索人的巴夏禮，雙方交手中還擊了巴夏禮一拳，令他當眾受辱。這似乎是巴夏禮要求梁國定將軍把「亞羅」號的船員，當着他的面交回該船的原因。[26]這項要求，巴夏禮在「亞羅」號事件發生當天他致葉名琛的伸陳中已經列明。巴夏禮也在呈交包令的報告中附有該伸陳的英文副本，但他提出這項要求的同時，並沒有請包令給予事後授權他向葉名琛提出道歉的要求。[27]也許他覺得自己已經先斬後奏了，因此指望包令會自動給予事後授權。但包令沒有，巴夏禮仍然不肯罷休。他把包令的回覆逕自詮釋為包括「我在 8 日給欽差大臣的信中所作的」這項額外要求，即要求「在眾目共睹之下被擾亂的事情，也要在眾目共睹之下恢復原樣」。[28]未覺有詐的包令回覆說：「要求嚴格履行條約規定，也即意味着把被捕的中國人歸還船上⋯⋯至於其『執行方式』，我讓〔西摩爾〕少將

21　Parkes to Bowring, Desp. 156, 12 October 1856, para. 2, FO228/213.

22　Ibid., p. v.

23　Lane-Poole, *Parkes*, v. 1, p. 237.

24　Ibid., p. 244.

25　Parkes to Bowring, Desp. 150, 8 October 1856, FO228/213, and encl.: Parkes to Yeh, 8 October 1856, para. 4.

26　同上註。

27　Parkes to Bowring, Desp. 150, 8 October 1856, FO228/213.

28　Parkes to Bowring, 12 October 1856, para. 2, Parl. Papers 1857, v. 12, pp. 65-66.

和你去作安排。」[29] 樂不可支的巴夏禮接着就去找艦隊司令西摩爾少將，對他說這項特別的要求已得到「女王陛下的全權公使授權」。[30]

第四，巴夏禮向上級解釋廣州形勢的方式，以及他如何任意詮釋包令的訓令以便增入自己的主意。準此，我們就從「亞羅」號的擁有權來展開探索，並從巴夏禮在 1856 年 10 月 8 日致葉名琛的第一份伸陳入手。根據條約規定，中方若想逮捕受到英國保護的華人疑犯，必須由英國領事代為拘拿轉交，但巴夏禮並沒有根據此條來要求領回船員，反之，他要求中國水師軍官當着他的面把船員送回「亞羅」號。我們必須注意，這份伸陳壓根兒沒有提及「條約」二字。巴夏禮要求領回船員時所持的理由是：他們是一艘英國船的船員。這從一開始就把葉名琛引導到錯誤的方向思考。顯然，葉名琛首先要是去弄清楚「亞羅」號究竟是中國船還是英國船。他在分別訊問過水手之後發現，儘管該船有一名英國籍的掛名船長，但船主是中國人。[31] 從葉名琛劄覆巴夏禮時所持的理據可見，在他的概念中，船的國籍是根據它的擁有權而定。持這種觀點的不只他一人，我們將會在本書第十七章看到，英國法律同樣將擁有權視為判斷一艘船國籍的主要因素。

但是，巴夏禮竟然將葉名琛的立場任意曲解，說這等於「明言在他〔葉名琛〕看來，只要隨便有個中國人跟他說，船不屬於英國人所有，他就不會尊重英國的船舶執照甚至英國國旗」。[32] 包令一聽，就對巴夏禮說，他要求中方保證「英國國旗日後會得到尊重」。[33]

如此這般，巴夏禮就成功地獲得授權來對葉名琛提出愈來愈多的要求：道歉、保證尊重英國國旗（即確保受它保護的人的安全）、恪守條約規定、賠償「亞羅」號因被羈留航程耽延的損失，以及當眾羞辱水師守備梁國定將軍。這些要求的提出，構成了「亞羅」號糾紛的第二階段。

29　Bowring to Parkes, 13 October 1856, para. 1, Parl. Papers 1857, v. 12, pp. 66.

30　Parkes to Seymour, 22 October 1856, para. 3, Parl. Papers 1857, v. 12, pp. 85-86.

31　見第十章。

32　Parkes to Bowring, Desp. 155, 11 October 1856, para. 3, FO228/213.

33　Bowring to Parkes, Desp. 127, 11 October 1856, para. 5, FO228/213.

三、貪得無厭的要求

葉名琛力陳中方沒有違反條約。根據條約規定，任何為英方服務或在英國領土內的中國人，如干犯中國法律，中方須通過英國當局拘拿。但倘若「亞羅」號如葉名琛所說，根本不是英國船，那麼條約就不適用。葉名琛按照這一思路，力陳要中方賠償它航程耽延的損失絕無可能，因為中國從未因為依法扣留中國船而向其賠償什麼損失。他堅信辱旗之事並未發生；而且，顯然認為沒有犯錯而去認錯，是沒有骨氣和不恰當的。因此他在 10 月 21 日這樣回答：

> 九月十七日（1856 年 10 月 15 日），接據伸陳，內稱未按照所請辦理等語。本大臣查，前日係被劫事主，在中國自置之艇，拿中國之人，與外國原無干涉，當日艇上並無掛有外國人旗號，亦無外國人在艇內，是以解案。嗣後如有匪徒，藏在外國艇內，自應筍知該領事官，一同辦理。[34]

葉名琛在此已作了重大讓步，甚至已經近乎道歉了。儘管他知道「亞羅」號像許多同類華艇一樣，以取得英國發出的船照作掩護，從事非法勾當，但他也打算睜隻眼閉隻眼，並重申會透過領事履行國際引渡原則。

他這樣委曲求全，巴夏禮卻作出如下回答：十二名水手仍然被扣留，顯示違約之舉得到欽差大臣的首肯。[35] 葉名琛看不出當中有任何道理可言，但為了避免與外國衝突加劇，他還是把十二名水手全部送回。但巴夏禮拒絕接收，理由是他們沒有如「我在 8 日所寫的信中要求」。[36] 在葉名琛眼中，最後這個條件完全是莫名其妙的，他一定很奇怪，這位領事為什麼非要堅持張揚他的權威以羞辱中國軍方不可。

如本書上一章所述，巴夏禮明知肯尼迪船長在事發時不在「亞羅」

34　Yeh to Parkes, 21 October 1856, FO228/904, pp. 332a-b.

35　Parkes to Yeh, 21 October 1856, Parl. Papers 1857, v. 12, p. 27.

36　Parkes to Seymour, 22 October 1856, Parl. Papers 1857, v. 12, p. 32.

號船上，但一再向葉名琛堅稱肯尼迪當時在船上。事實上，肯尼迪等人證供中的細節，包括肯尼迪船長要求手下重新升起英旗，而那名手下因為害怕守備梁國定而不從等細節，很可能都是巴夏禮精心設計來延長「事件」發生的時間，以便把肯尼迪終於回到船上這段時間也涵蓋在扯旗事件之內。

巴夏禮一次又一次地重複他自導自演的說法，所用的言詞也一次比一次咄咄逼人。然而，葉名琛「始終冥頑不靈，不肯就範，我們全都對此感到訝異，結果使得艦隊司令別無選擇，只能進行他業已展開的策略」。[37]這個策略就是：道理講不勝就動武。

後來巴夏禮寫了一封耐人尋味的私人信：

> 我最熱切盼望的是事件能夠迅速得到解決，因為現在落在我身上的擔子非常沉重，我感到非常焦慮：要麼是葉名琛讓步，要麼是我們退縮。可惜他的腰板挺得愈來愈直，實在讓我無法忍受。在過去，中國高官故意翹起尾巴是為了在開戰前鼓舞同袍的士氣。若要他終於夾着尾巴低下頭來，就非狠狠揍他一頓不可！ [38]

巴夏禮是否真的希望事件很快解決？大概未必。他只是試圖令人覺得他是受害者，但其實是在煽風點火。他將葉名琛形容得那麼妄自尊大，意思是無法再予以容忍了。他指出鴉片戰爭曾經大殺傲慢的中國官員的威風，又以力指新的戰爭非打不可來收筆。這段話堪稱口是心非的典範。

四、唆使皇家海軍開火

巴夏禮就「亞羅」號事件致葉名琛的首份伸陳中，有一個顯著特點，即他毫不掩飾地以武力相威脅，他說自己已經同時向上司包令爵士，以

37　　Lane-Poole, *Parkes*, v. 1, p. 231.

38　　Ibid., pp. 232-233.

及英國皇家海軍駐華艦隊當中駐守珠江的分遣艦隊指揮官艾略特准將（Commodore Elliot）報告了此事。由此可以看出，他既沒有等待葉名琛回覆，也沒有要求包令授權，就逕直寫信給艾略特准將要求海軍協助。[39]如此先斬後奏，使得包令就算想要拒絕事後授權都不能。

　　葉名琛及時派遣廣州知府提審「亞羅」號十二名船員，發現其中兩人有海盜嫌疑，另外一人是重要證人。葉名琛決定扣留這三人，其餘九人則下令送回原船。[40] 他通報此事的劄覆在 1856 年 10 月 10 日交到巴夏禮手上。[41] 但此時巴夏禮已接到艾略特准將的回覆，說他準備「馬上把英國戰艦『西比爾』（Sybille）號開到黃埔」，[42] 艾略特准將在未得艦隊司令西摩爾少將批准的情況下，就擅自這麼做，好勇鬥狠的本性暴露無遺。有了槍桿子撐腰的巴夏禮，立即拒絕接收該九名船員，「因為他們不是按我所要求的方式送還」。[43] 我們要注意，巴夏禮拒收這些人，並非因為交還的船員數目不足，而是因為缺乏公開羞辱中國軍人的莊重儀式。

　　但因為河道水淺，「西比爾」號無法通過獅子洋的蠔墩淺（Second Bar）。艾略特准將改為乘坐小汽船，於當天黃昏抵達廣州。巴夏禮與艾略特准將見面時談了些什麼，不得而知，但卻向包令說，他相信艾略特完全同意他的意見：「若想洗雪這種奇恥大辱，我方就必須採取果斷措施，才能獲得相應的補償。」此外，他還對應該採取什麼措施提出了建議：「報復中國軍隊的師船，因為惡行是它們幹下的」。[44] 巴夏禮再一次自作主張，事後也未必會徵求包令授權。

　　包令把巴夏禮的要求轉告西摩爾少將，西摩爾少將責成艾略特准將

39　Parkes to Elliot, 8 October 1856, enclosed in Parkes to Bowring, Desp. 150, 8 October 1856, FO228/213.

40　Yeh to Parkes, 10 October 1856, enclosed in Parkes to Bowring, Desp. 153, 10 October 1856, FO228/213.

41　Parkes to Bowring, Desp 153, 10 October 1856, para. 1, in ibid.

42　Ibid., para. 5.

43　Ibid., para. 2.

44　Parkes to Bowring, Desp 155, 11 October 1856, FO228/213.

執行。[45] 1856 年 10 月 14 日，即四十八小時限期的最後通牒屆滿後，[46] 艾略特准將馬上採取行動，擄去一艘中國政府租用的商船。[47] 但此舉並未能如他們所願，令葉名琛屈服。巴夏禮再去見艾略特准將，但得到的答覆是，未獲香港方面批准前，不會再有其他軍事行動。

巴夏禮實在等得不耐煩了，乾脆動身前往香港[48] 去探尋上司的「真正意圖」，以及表達他自己「對目前形勢的見解」。[49]

巴夏禮代理領事、包令總督和西摩爾少將開了一次會議，會上巴夏禮慷慨陳詞，力主必須施以高壓手段。他制定出行動方案：首先，擊毀黃埔和廣州之間四座沿江炮台。如果葉名琛仍不回應，則攻取廣州周遭的炮台。如果葉名琛還是冥頑不靈，則炮轟他的兩廣總督府。巴夏禮的建議獲准採納。[50] 艦隊司令西摩爾少將甚至派遣一艘炮艇連夜把巴夏禮專程送回廣州。[51] 為什麼包令總督和西摩爾少將這麼容易就聽信人微言輕的巴夏禮代理領事之語，認為非動武不可？艦隊司令西摩爾少將還特別派炮艇為這名地位低微的代理領事效勞，是否太不尋常了？

巴夏禮甫一回到廣州，即向葉名琛遞交最後通牒，限他二十四小時內答應全部要求。[52] 葉名琛仍想和他講道理。[53] 結果巴夏禮直截了當地說：「接奉廿三日貴大臣來劄，以當日艇上並無掛有外國人旗號，亦無外國人在艇內，是以解案⋯⋯查此事，當日艇上，果有升掛英國旗號，果

---

45   Seymour to Elliot, 11 October 1856, enclosed in Bowring to Clarendon, Desp. 326, 13 October 1856, FO17/251.

46   Parkes to Bowring, Desp 158, 14 October 1856, and Desp. 159, 15 October 1856, FO228/213. 最後通牒沒有說明會採取什麼行動，只說如果葉名琛不屈從要求的話，巴夏禮會「與海軍方面共同採取必要之行動，強力爭取補償」。

47   Bowring to Parkes, 17 October 1856, Parkes Papers. 顯然在這封私人信中，巴夏禮和包令承認所擄的帆船是商船，不過他們在官方函件中仍然說它是清軍水師船。

48   巴夏禮抵達香港的日期說法不一。有指是 1856 年 10 月 20 日，見 Bowring to Clarendon, 23 October 1856, Parl. Papers 1857, v. 12, pp. 73-75。另一出處說是早一天，即 10 月 19 日。見 Bowring to Parkes, 19 October 1856, Parkes's Papers。這兩個日期的出入有何重要意義，見第十二章。

49   Parkes to Bowring, 20 October 1856, Parl. Papers 1857, v. 12, pp. 78-79, para. 2.

50   同上註。這是巴夏禮跟西摩爾和包令在香港開會的會議備忘。

51   見 Bowring to Parkes, 20 October 1856, Parkes Papers。

52   Parkes to Yeh, 21 October 1856, Parl. Papers 1857, v. 12, p. 81.

53   Yeh to Parkes, 21 October 1856, Parl. Papers 1857, v. 12, p. 82.

有英國人在艇內，皆有確實憑據，分毫不容置疑。」[54] ——全部是鐵錚錚毫無根據的強詞奪理。

上一章曾說過，事件初起時，巴夏禮只在發給葉名琛的中文伸陳中，堅稱事發時肯尼迪身在「亞羅」號上，在英文本中則故意含糊其辭。現在他在英文本中也用上了這個說法，並把副本發給了西摩爾少將。由此推斷，巴夏禮很可能兩天前在香港與包令和西摩爾的會議上向他們兩人訴說，葉名琛蓄意破壞條約，派遣內河水師侵犯一艘英國船，而當時英國國旗正於該船的桅杆上飄揚，英籍船長也在船上。巴夏禮清晰無誤地展示出了該船的英國國籍。在這種情況下，西摩爾派出戰船送巴夏禮回廣州的不尋常舉動，就可以解釋了：這位艦隊司令聽了巴夏禮一面之詞後，一定覺得中國當局的蠻不講理，已經到了匪夷所思的地步。而巴夏禮這小伙子敢於挺身對抗中國當局的暴行，其志可嘉，必須好好保護。

如前所述，事發時「亞羅」號上肯定沒有英國人，而且不太可能懸掛着英旗。儘管如此，1856 年 10 月 22 日早上 8 時 30 分，葉名琛還是提出送回「亞羅」號十二名水手中的十人，只扣留兩名海盜疑犯。但巴夏禮堅持「所有被帶走的人必須悉數歸還」。[55] 中午過後不久，十二人全數送還，但巴夏禮再次拒收，這次的理由就改為水手並不是以他所要求的方式送回。[56] 葉名琛愈是低聲下氣，巴夏禮就是愈是得寸進尺。為什麼？他的最終目標是什麼？

巴夏禮也充份利用英國軍人的榮譽感和好戰心理。例如，他寫給艾略特准將的第一封信，開頭是這樣寫的：「發生了一樁令人髮指的事件，我國旗幟遭受了奇恥大辱⋯⋯」[57] 這當然就引起英國軍官的激烈反應。其中一人是海軍中校貝特（Bate），他說：「我對此事感到極為憤慨，⋯⋯我們是否已準備好狠咬他們一口？如果我們這次失敗，就要向我們在廣州

54　Parkes to Yeh, 22 October 1856, Parl. Papers 1857, v. 12, p. 83, para. 2.

55　Parkes to Bowring, 22 October 1856 at 7 P.M., Parl. Papers 1857, v. 12, pp. 80-81, para. 5.

56　Ibid., para. 6.

57　Parkes to Elliot, 8 October 1856; enclosed in Parkes to Bowring, Desp. 150, 8 October 1856, FO228/213.

僅有的一點點權利說再見了。」[58] 巴夏禮隨後與艾略特准將一同擄去一艘他們認為是中國的水師戰船。在其後的對華軍事行動中，他總是走在前線。有一次差點被炸死，連鬍子都燒掉了。他的勇猛博得海軍軍官的讚賞，西摩爾少將對他刮目相看。[59] 英兵攻佔廣州周遭的中方炮台後，仍未能產生他們預期的結果，西摩爾少將就準備執行巴夏禮進一步的意見：炮轟葉名琛的總督府。

有兩點值得注意：其一是巴夏禮之建議摧毀廣州周遭的炮台，是很清楚炮台四周都是民居，轟炸炮台會危及平民的生命和財產。其二是總督府位於廣州新城城內，[60] 炮轟同樣勢必造成平民傷亡無數和財產的嚴重損失，這點巴夏禮也很清楚。

葉名琛極力想避免交戰，下令戍守炮台的官兵不可還擊。[61] 另一方面，在廣州新城遭炮擊的頭兩天（1856 年 10 月 27 日至 28 日），他自己拒絕撤離總督府，以便向屬下顯示無須惶恐。到了第三天，英國水兵突破城牆，打退狙擊手的襲擊，直攻至葉名琛的府邸。[62] 他們在那裏發現他桌子上還擺滿了公文，杯子裏的茶還是熱騰騰的。[63] 各種跡象顯示欽差大臣剛剛離開不久。可見無論葉名琛如何老大不願意，最後還是撤離了總督府。正是由於在這之前的一天傍晚，英國水兵故意在總督府周遭的民房放火，目的是清除攻打總督府的道路。結果小火變成大火，差點把總督府燒掉。有鑒於此，在 10 月 29 日英軍再度進攻時，葉名琛自知若像過去一樣歸然不動，要麼被活活燒死，要麼被生擒，智者不為。於是他倉猝離開了。[64]

---

58   Bate to Parkes, 18 October 1856, Parkes Papers. 貝特當時是海軍中校，之後晉升為上校。很可惜英國海軍部的記錄和巴夏禮往來文書不同，沒有存有任何資料可以讓我們了解當時軍人對「亞羅號」事件的態度，但貝特的反應可能是當時英國軍官的典型。

59   Bowring to Parkes, 18 April 1857, Parkes Papers. 包令在信中附有一封寫於同日的信的副本，說是「海軍總司令所撰，表達他對你在幾次任務中，置自己生死於不顧的讚賞」。

60   廣州城分為老城和新城兩部份。

61   華廷傑：〈觸藩始末〉，載《第二次鴉片戰爭》，頁 165。

62   衙門是官署，有辦公廳、公堂、幕僚辦公室、官邸和僕人住處。

63   Mrs. Parkes to Mrs. McClatchie, 11 December 1856, in Lane-Poole, *Parkes*, v. 1, p. 254.

64   華廷傑：〈觸藩始末〉，載《第二次鴉片戰爭》，頁 166。

可是，葉名琛並未因府邸受轟而被嚇倒。

英軍也並未罷休，從 1856 年 11 月 3 日起，炮擊廣州老城區的其他官署。結果是，平民傷亡劇增，百姓怒不可遏。氣憤填膺的民眾在城裏遊行表達憤慨。葉名琛開始調動兵勇進行長期抗戰。[65] 他的堅韌不屈，大出敵人意料之外。當巴夏禮制訂高壓行動的方案時，滿以為單靠佔領炮台就足以令葉名琛俯首臣服。他胸有成竹地向上司估計說：「我難以想像到時候總督大人還能不順從我們的要求。」[66] 但他料錯了，他大大低估了對手。到了 11 月中旬，身在廣州的三百名英國水兵發覺自己孤立無援，境況大為不妙。1856 年 11 月 14 日，巴夏禮不得不承認：「我們的處境確實是進退維谷，但我們不能退讓，只有堅持下去，不斷增加中國人的恐懼，才有望成功或者避免失敗，否則我們的利益將大大受損。」[67]

因此巴夏禮建議派出使節到北京。包令出於兩個原因表示反對。第一，他認為北京不會相信英方的說法；第二，他認為 11 月不是北上的合適時間。因為 1854 年 11 月他前一次北上時，由於白河[68] 即將冰封而被迫離開。[69] 他說，「不過，若有與我的看法相反的強烈意見，我也不會反對。」[70] 巴夏禮的建議最終沒有實行，因為艦隊司令顯然擔心北方的天氣對他不利。

因為北征無望，巴夏禮建議佔領廣州，為此他要求上司從新加坡和印度調兵增援。包令和西摩爾似乎暫時還不想走這一步。但到了 1857 年 1 月，單靠他們手上的少量兵力，顯然已不可能壓服葉名琛，因此他們同意要求增兵。[71]

由以上情節可知，對華用兵的始作俑者顯然是巴夏禮無疑，這在 1856 年 10 月 8 日他給葉名琛的第一封信中已初見端倪，他在同日致艾

65　同上註。另見 Seymour to Admiralty, 14 November 1856, Parl. Papers 1857, v. 12, pp. 94-100.

66　Parkes to Bowring, 20 October 1856, Parl. Papers 1857, v. 12, p. 27.

67　Parkes to his sister, 14 November 1856, in Lane-Poole, *Parkes*, v. 1, p. 232.

68　白河由北京流經天津入海。

69　Bowring to Parkes, 12 November 1856, Parkes Papers; see Bowring to Clarendon, Desp. 173, 10 November 1854, FO17/271.

70　Bowring to Parkes, 14 November 1856, Parkes Papers.

71　Lane-Poole, *Parkes*, v. 1, p. 257.

略特准將的信中，更努力推動實現此意圖。[72] 他在 10 月 11 日致包令的信中，提出第一項具體建議——擄奪一艘中國水師戰船。後續的所有對華用兵方案，都是由他策劃並大多親身參與的。他一步一步地把大英帝國推向對華不宣而戰的侵略境地。

五、上議院如何看待巴夏禮的所作所為

現在讓我們來聽一聽上議院高級法官，在閱讀過相關公文後，對巴夏禮的所作所為有何看法。

德比伯爵（Earl of Derby）[73] 發覺巴夏禮行事很急速利落；在「亞羅」號事發當天，巴夏禮首先向包令匯報，之後向葉名琛投遞伸陳，接着不待中方作任何解釋，就通知艾略特准將這位珠江分遣隊指揮官採取高壓手段。[74] 葉名琛無疑沒有道歉，但已盡可能有禮貌地作出解釋，並且「近乎致歉地表示並未違約」。[75]「但巴夏禮領事對葉名琛的解釋堅拒不納」，[76] 反而跑到香港擬定出「整個行動方案，似乎如果中國政府繼續拒絕從命，就要訴諸武力」。[77] 巴夏禮冷酷無情地蓄意首先炮轟沿江炮台，其次炮轟周遭有密密麻麻民居的廣州護城炮台群，其三炮轟位於市區人口稠密地帶的總督府。而炮轟這些地方的建議，是在紛爭發生後僅僅十二天就提出來了。[78]

有一個很明顯的問題，德比勳爵沒有提出來：誰授權巴夏禮不宣而戰？不過外交大臣克拉蘭敦伯爵差不多給出了答案：「恐怕我們必須要明

---

72   萊恩－普爾的看法正好相反，同上，p. 237。

73   他原名愛德華‧喬治‧傑弗里‧史密斯‧斯坦利（Edward George Geoffrey Smith Stanley），是第十四代德比伯爵（1799－1869）。他曾在 1852 年出任首相。現在是反對黨保守黨的黨魁。他其後在 1858 年和 1866 年再次拜相。見 Wilbur Devereus Jones, *Lord Derby and Victorian Conservatism* (Oxford, Basil Blackwell, 1956)。

74   Derby, 24 February 1857, *Hansard*, 3d series, v. 144, col. 1181.

75   Ibid., col. 1183.

76   Ibid., col. 1184. 德比在這裏逐字逐句地引用葉名琛的說話。

77   同上註。

78   Ibid., col. 1185.

白：和中國人這樣的民族打交道，如果想要與他們和睦共處，維持一種有益的關係，就必須令他們認識到『力強者勝』的規律。」[79] 格雷伯爵聽了外交大臣這赤裸裸的宣言顯然很不是滋味，他說：「聽了這樣話我感到非常心痛……我在上議院大門之外聽過這種主張，但沒有想到會在上議院內再次聽到這種言論，甚或是支持這種想法的暗示。」[80] 格蘭維爾伯爵（Earl Granville）馬上插話：「我記憶所及，從沒聽過尊貴的議員朋友們曾鼓吹過這種主張。」[81] 格雷伯爵說，他原諒克拉蘭敦外相竟然把這樣駭人聽聞的主張赤裸裸地宣之於口。[82]

聖萊昂納茨勳爵（Lord St. Leonards）的反應也相當強烈。他說，中方抓了那十二人後不久就全部放回，葉名琛總督又答應不會再犯，並且承諾以後若遇有同類情況，會交付英國領事館處理。「但巴夏禮卻要求那些人當眾送回，這種對形式的要求，顯然刻意要令問題變得複雜化，正是由於這項要求致使雙方決裂。」[83] 聖萊昂納茨勳爵總結說：「如果告訴英國人民，巴夏禮先生拒收這些人，把他們送回，並因而採取他所謂的『積極措施』，有常識的英國人民會大嚇一跳。」[84]

孟斯勃理勳爵（Lord Malmesbury）[85] 的措辭更為強烈：「巴夏禮領事在這連串交涉中處事手法之荒唐，我從沒有見過」，[86] 把中國水手當人球拋來拋去，在他看來「就像從雜貨店買了貨物，發覺它們短斤缺兩而送回一樣。巴夏禮先生應該記着，他們是人啊」。[87] 他的結論是：巴夏禮不

---

79 Ibid., col. 1203.

80 Grey, 24 February 1857, *Hansard*, 3d series, v. 144, col. 1233.

81 Granville's interjection, 24 February 1857, *Hansard*, 3d series, v. 144, col. 1223.

82 Grey, 24 February 1857, *Hansard*, 3d series, v. 144, col. 1233.

83 St Leonards, 26 February 1857, *Hansard*, 3d series, v. 144, col. 1331.

84 Ibid., col. 1332.

85 他名叫霍華德·哈里斯（Howard Harris），是第三代孟斯勃理伯爵（1807－1889）。他在1852年出任外交大臣，1858年再次擔任此職。1866年6月德比第三次組閣時，他以健康欠佳為由而辭任外相，改任掌璽大臣。他著有 *The Memoirs of an Ex-Minister*（London, Longmans, Green, 1884）。

86 Malmesbury, 26 February 1857, *Hansard*, 3d series, v. 144, cols. 1350-1351.

87 Ibid., col. 1351.

勝任此職，政府應該馬上將他革職。[88]

六、結語及反響

英國眾議院議員理查德·科布登曾懷疑巴夏禮和首相巴麥尊子爵之間達成了默契，如遇適合時機，就採取更為激進的對華政策。他說：「我察覺到，巴夏禮在和其他需要與之打交道的大臣通信時，語調出現極大變化。克拉蘭敦勳爵上台後，控制似乎放鬆了。」[89] 如果巴麥尊首相和巴夏禮之間確有這樣的默契的話，那麼是在何時，並且是怎樣達成的？據巴夏禮官方傳記的作者斯坦利·萊恩－普爾所說，1856 年初巴夏禮身在倫敦時，巴麥尊首相破格接見了這名地位低微的小年輕。在會面中，「巴麥尊子爵扮演了赫菲斯托斯（Hephaistos）之於阿喀琉斯（Achilles）的角色」，[90] 因此當巴夏禮在同年 6 月回到中國出任駐廣州代理領事，他已「身披諸神的鎧甲──這是唐寧街為他鍛造的」。[91] 在希臘神話中，火神赫菲斯托斯曾為阿喀琉斯鍛造了一襲鎧甲。萊恩－普爾引用這一典故，意思可能是指巴夏禮是帶着巴麥尊首相的意旨回到中國的。試想，堂堂維多利亞女王的首相巴麥尊子爵，在日理萬機中抽空接見一名在「無人垂青的部門」（Cinderella service，時人對英國領事部的戲稱）工作的年輕人，[92] 是很不尋常的事，巴夏禮當時連領事都還沒有當上呢！巴麥尊首相和巴夏禮的對話內容，我們永遠無法得知，但萊恩－普爾告訴我們，1847 年，當時任外相的巴麥尊給了駐遠東公使、香港總督德庇時爵士（Sir John Davis）一道訓令，他把這道訓令的副本也給了巴夏禮。巴麥尊在訓令中說：「如果我們示弱的話，就會失去在中國一系列戰事勝利所獲得的優勢……我們必須格外留意，不要從我們所獲得的相對有利的位

---

88   同上註。

89   Cobden, 26 February 1857, *Hansard*, 3d series, v. 144, cols. 1416-1417.

90   Lane-Poole, *Parkes*, V. 1, p. 223.

91   同上註，見 pp. 144-145, 195-196。

92   這個詞借用自普拉特（D. C. M. Platt）的書名 *The Cinderella Service: British Consuls since 1825* (London, Longman, 1971)。

置滑落下來……必須令中國人明白和相信，如果他們攻擊我國人民和商館，就格殺勿論。」[93]

萊恩－普爾確認巴夏禮是「攻擊行動的魁首」，而官邸在香港的英國駐紮在遠東的所謂全權代表，卻是「外交上空有其表」。[94] 巴夏禮的朋友貝特中校更恭賀他「在上帝的庇佑下，擔當了攻破古老政權的媒介」。[95] 額爾金伯爵索性把巴夏禮與這場爭端畫上了等號，稱他為「『亞羅』號事件的化身」。[96]

當增援的英兵到達後，廣州最終淪入英人之手，由一個三人委員會統治，而巴夏禮就是其中一名委員。香港《孖喇西報》評論說：「他〔巴夏禮〕是那場不明智的衝突的主事者……而獲任命為委員的，正是那場爭端的始作俑者，以這種方式來令他們〔廣東人〕相信自己現在處於水深火熱的境地，是由於葉名琛昧於現實的固執所致，真是最拙劣不過了。因為，儘管我們現在已不再提那場爭端，並撇清了和它的關係，但我們卻從中找到了開戰的理由。」[97] 因此，巴夏禮是利用「亞羅」號事件製造戰爭藉口的人，這點無論是他的朋友還是批評者都沒有異議。但萊恩－普爾卻還要聲稱：巴夏禮「給予中國欽差大臣葉名琛一切機會，讓他不用道歉，無須賠償，免於受辱，就能從站不住腳的位置上全身而退」。[98] 真是與事實恰恰相反的語無倫次。

有些歷史學家試圖為巴夏禮辯護，他們的評論讀起來也很有意思。如馬士（H. B. Morse）稱讚巴夏禮具有「英國最優秀官吏的特質——思路清晰，決斷如流，行事有魄力，他集於一身」。[99] 韓達德說：「他金髮藍眼，外表俊朗。雖然個子不算高大，但勇敢無畏。說話直截了當，並饒

93　Ibid., p. 223. 這份文件的原稿分類號為 FO17/121, Palmerston to Davis, Desp. 1, 9 January 1847, 藏於倫敦公共紀錄處（Public Record Office）。

94　Lane-Poole, *Parkes*, V. 1, p. 249.

95　Bate to Parkes, 23 February 1856, Parkes Papers.

96　Elgin to Clarendon, 14 January 1858, MSS Clar. Dep. C85.

97　*Daily Express*, 6 January 1858 (newspaper clipping), Ryl. Eng. MSS 1230/67.

98　*DNB*, v. 15, p. 299.

99　Morse, *International Relations of the Chinese Empire*, v. 1, p. 426.

富宗教意味。」[100] 所有這些顧左右而言他的溢美之辭，顯然無法開脫巴夏禮製造戰爭的罪行。其不着邊際與妄猜臆說之處，不亞於本書第十章所及的中國傳統讀書人諸如華廷傑、「七弦河上釣叟」、李鳳翎、薛福成、趙爾巽、蕭一山、左舜生等有關第二次鴉片戰爭的描述。

本章的特定目標是調查英國駐廣州代領事巴夏禮偽造了「亞羅」號上英國國旗被侮辱作為戰爭藉口。結論發表後，筆者能找到的評論，無論是英國人、美國人、加拿大人、法國人、德國人、澳大利亞人所寫的書評，一致認同筆者的結論。茲將他們的看法摘錄四家如下：

英國倫敦大學的彼得·伯勒斯教授（Peter Bourroughs），從一開始就指出「巴夏禮發動了劍拔弩張的事態，並策劃後續行動，把英國拖進一場對華戰爭」。[101]

美國加州理工大學的彼得·沃德·費伊（Peter Ward Fay）教授說：「在巴夏禮眼中，辱旗事件是迫使中國開放和全面接納外國人的機會，那是 1840 至 1842 年的鴉片戰爭所未能達到的目標。但中國人肯定不會同意，巴夏禮的許多同胞都急欲以武力解決，所以戰爭就開打了。」[102]

澳大利亞莫道克大學的韋立德教授說：「作者在推導出其基本結論的過程中，更清晰地闡明一系列重要的具體論點，例如，巴夏禮和包令在『亞羅』號事件的一些關鍵情節上撒謊，尤其是關於懸掛英國國旗之事。」[103]

最重要的是，那位替英國辯護最力的韓達德，在其書評中也坦承巴夏禮「肯定誇大了英國在『亞羅』號事件中的理由。黃博士嚴厲批評其如此歪曲事實，他的批評是正確的」。[104] 這再一次讓筆者深為佩服韓達德能夠如此勇敢地面對史實。

100　Hurd, *Arrow War*, p. 13.

101　Peter Burroughs's review, *Journal of Imperial and Commonwealth History*, vol. 28, no. 1 (January 2001), pp. 139-142。中文譯本見本書附錄。

102　Peter Ward Fay's review, *American Historical Review*, vol. 104, no. 4 (Oct 1999), pp. 1226-1227。中文譯本見本書附錄。

103　Tim Wright is review in *Journal of the Oriental Society of Australia*, vol. 30 (1998), pp. 144-146.

104　Douglas Hurd's review, *Asian Affairs*, vol. 31, no. 1 (2000), pp. 64-66。中文譯本見本書附錄。

第十二章
包令爵士，「像被鬼迷住了」

長期以來，西方史學家堅信英國駐遠東全權公使包令爵士，為了報復所謂中方侮辱了「亞羅」號上的英國國旗，發動了第二次鴉片戰爭。本章證實包令爵士的真正目的，在公是為了擴大英國在華貿易，在私則像巴夏禮一樣是為報一箭私仇。

一、包令為什麼被他的年輕領事牽着鼻子走？

由本書上一章可知，包令爵士如何被年輕的代理廣州領事巴夏禮牽着鼻子走，以致「亞羅」號事件演變為不宣而戰，令廣州十三行毀於兵燹，英國人撤退至香港。[1]

包令對此懊悔不已，尤其擔心的是英國方面的反應。他在一封寫給外相克拉蘭敦的私信中憂心忡忡地説：「我希望交上好運，可以圓滿了結廣州的戰事，就像在暹羅達成的和平一樣」，「最重要的是，我希望得到你的支持」[2] 包令向自己兒子寫信説，英國政府將會對他採取什麼行動，他一直惴惴不安。他甚至慨嘆：「他們會否無法及時和有效地幫助我們渡過這個巨大難關？」[3] 他擔憂到甚至變得異常緊張，以致開始懷疑自己會否「烏紗」不保：「我總是擔心英國方面會傳來什麼性質的訓令。」[4]

包令把自己的困境歸咎於巴夏禮；因此，他和巴夏禮之間的關係急轉直下。他對巴夏禮説，現在代理廣州領事職務已是多餘的了，因為「廣州的貿易要過一段長時間才能恢復」，因此命令巴夏禮回到廈門當領事。

1　見拙著：《兩廣總督葉名琛》，第十章。

2　Bowring to Clarendon, 14 November 1856, MSS Clar. Dep. C57 China.

3　John Bowring to Edgar Bowring, 22 December 1856, Ryl. Eng. MSS 1228/169; John Bowring to Edgar Bowring, 10 January 1857, Ryl. Eng. MSS 1228/171.

4　John Bowring to Edgar Bowring, 28 February 1857, Ryl. Eng. MSS 1228/176.

他還補充説:「在你出掌廣州領事館期間,發生了種種刺激並且往往令人尷尬的事件。對於你在這些事件中貢獻殊大,我藉此機會致以由衷的謝忱。」[5]

巴夏禮對包令的決定提出抗議,但包令堅持己見,還以廈門愈來愈重要為由,命令他前往履職。[6]巴夏禮採取拖延策略,遲遲不肯動身,等到拖無可拖時,就請假一個月。[7]巴夏禮很清楚,若離開了香港,就再沒有立功的機會,所以一方面賴着不走,一方面求艦隊司令西摩爾少將介入替他説情。包令終於收回成命。[8]

問題是:為什麼包令竟然會讓自己被這位年輕下屬牽着鼻子走?而且走得那麼遠?

有些歷史學家曾暗示,這是由於包令的性格使然。根據斯坦利·萊恩−普爾的判斷,這位全權公使天性緊張兮兮,誠惶誠恐,結果非常倚重巴夏禮的意見。[9]但包令的性格怎樣會造成這種依賴?萊恩−普爾語焉不詳。

其他史學家也提出類似的論斷。比如傑拉爾德·格雷厄姆(Gerald Graham)讀了包令的《自紋憶舊》(Autobiographical Recollections)[10]之後認為,包令「反覆無常、學究氣、自負和浮誇」。[11]巴特爾(G. F. Bartle)則形容包令自負和傲慢。[12]

包令的同輩人物似乎特別留意到他一意孤行,有時甚至衝動得不顧一切的性子。當文翰爵士(Sir George Bonham)推薦包令接替自己出任英國駐遠東全權公使時,他覺得有必要向克拉蘭敦伯爵保證,只要包令

5　　Bowring to Parkes, 10 March 1857, Parkes Papers.

6　　Bowring to Parkes, 11 March 1857, Parkes Papers.

7　　Bowring to Parkes, 18 April 1857, Parkes Papers.

8　　Bowring to Parkes, 1 and 4 May 1857, Parkes Papers, see also Bate to Mrs. Parkes, Monday (c. 27 April 1857), Parkes Papers.

9　　Lane-Poole, *Parkes*, v. 1, p. 248.

10　London, 1877.

11　Graham, *China Station*, p. 282.

12　見 G. F. Bartle, 'The Political Career of Sir John Bowring (1793-1872) between 1820 and 1849', unpublished M. A. thesis, University of London, 1959。

得到適當的指示，加諸合宜的約束，包令必能「把事情辦得像現在一樣妥當」。[13] 當包令的任命送抵外交部審批時，外交部常務次長亨利‧阿丁頓（Henry Addington）[14] 提醒克拉蘭敦，包令是否足夠穩重，以抵消他總是奢望揚帆遠颺的意志：「待我們有暇四顧時，他可能已越過長城之外了。」[15] 諷刺的是，巴夏禮對包令也持類似意見。當他聽到 1854 年包令北上白河的事，[16] 就批評此舉「幾近異想天開，他想做的太多，到頭來做到的卻太少」。[17] 是不是巴夏禮的輕蔑，使他的膽子大起來，把這位全權公使玩弄於股掌之中？

包令還有另一面。他似乎是虔誠的基督教徒，寫過一些聖詩，其中最為人熟知的叫做《榮耀寶架》（In the Cross of Christ I Glory）。此外，他又在 1824 年參與創辦《威斯敏斯特評論》（Westminster Review），提倡自由貿易主義不遺餘力。[18] 更編輯了邊沁（Jeremy Bentham）的十一卷本《生平與著作》（Life and Works）。邊沁不信上帝，他的道德觀所依據的並非宗教所啟示，而是功利主義的避苦求樂原則。[19] 因此，包令一邊寫聖詩，一邊又衷心信奉邊沁的功利主義學說。他是個如此複雜的人，理性的一面和神秘的一面互相呼應，又互相衝突。用中國的語言表達，他是一位名副其實的「道學先生」。

英國武力征服了印度之後，信奉邊沁學說的英國人試圖「改革」他們

13　Bonham to Clarendon, 5 August 1854, MSS Clar. Dep. C8 China.

14　亨利‧昂溫‧阿丁頓（Henry Unwin Addington, 1790－1870），外交事務常務次長（1842－1854），退休後獲任命為樞密院委員。*DNB*, v. 1 p. 121.

15　Addington to Clarendon, 26 August 1854, MSS Clar. Dep. C8 China.

16　白河，天津附近的出海口。

17　Parkes to Mrs Lockhart, 18 October 1854, in Lane-Poole, *Parkes*, v. 1, p. 189.

18　See David Todd, 'John Bowring and the Global Dissemination of Free Trade', *Historical Journal*, vol. 51, no. 2 (2008), pp. 373-397.

19　邊沁（1748－1832），著名法學家。1760 年他入讀牛津大學女皇學院，曾被人說服簽署了《三十九條信綱》（*Thirty-nine Articles*），他因有所猶疑而被指責為傲慢。1763 年，他十六歲時學士畢業，同年進入林肯法律學院攻讀法律，1817 年當上律師。他沒有從事法律事業，反而鑽研政治和法學，成為他一生的職志。某方面來說他最偉大的著作是《道德與立法原理》（*An Introduction to Principles of Morals and Legislation*），他在此書中清晰地闡述了功利主義原則。*DNB*, v. 2, pp. 268-281.

眼中野蠻的當地習俗，如殉夫自焚之類，結果引發了高漲的反英情緒。[20] 包令在中國，念茲在茲執意要做的，不是移風易俗，而是進入廣州城，這同樣導致了廣東人的強烈憤慨。

包令語言天份出眾，據說精通六種歐洲語言。他到達中國以後，曾花一番工夫學習漢語。[21] 巴特爾這樣評價他：「他試着去了解他將要與之一同生活的人的風俗和語言。就這點而言，在英國出使東方的官員中，沒有幾個人能與他媲美。」[22] 不過，他仍要依賴比他更為通曉中文的巴夏禮。包令的漢語造詣，似乎僅限於在私人信件中偶爾寫上幾個中文字而已。[23] 1858 年他與在第二次鴉片戰爭中被俘的葉名琛會面，據説他「笨口拙舌地蹦出幾個他自以為是漢語的字來，但最終還是要靠翻譯員傳話」。[24] 歐津倪奧‧比阿津倪（Eugenio G. Biaggini）認為，包令雖然頭腦不大靈光，不過是位正人君子。[25] 柯士丁（W. C. Costin）形容他「遊歷豐富，見多識廣」，「克盡己職，敬業樂業」，[26] 看來見仁見智。

1831 年包令應邀參與了一個官方調查委員會，負責研究法國公共財政，並提交報告，為此出訪了巴黎、海牙、布魯塞爾，研究這些地方的不同政府的財政部門。該委員會的第一份報告促使了英國財政部全盤改革，並為往後所有的改善措施奠下定了基礎。第二份是處理軍事賬目的報告，立竿見影。同年他又和喬治‧維利耶（George Villiers，後來繼承父親成為克拉蘭敦伯爵）獲任命為調查專員，負責調查英國和法國之間

---

20   如見 Nancy G. Cassels, 'Bentinck: Humanitarian and Imperialist-The Abolition of Sutttee', *Journal of British Studies*, 5, no. 1 (November 1965), pp. 77-87. 卡斯爾斯之後更把這些反感視為 1857 年印度反英起義的原因之一。對於該次起義的最新解釋，見 C. A. Bayly, *The New Cambridge History of India, vol. 2, part 1, Indian Society and the Making of the British Empire* (Cambridge: Cambridge University Press, 1988)。

21   在巴夏禮往來書信中，有一些包令寫給巴夏禮的信，裏面偶爾會夾雜一些古怪的漢字，顯示他曾嘗試去學中文。雖然成績不怎麼樣，但至少曾經嘗試過。我們還是要佩服他的勇氣，尤其與他同時代的中國官員，似乎沒有人像他一樣嘗試去學習英文。

22   G. F. Bartle, 'Sir John Bowring and the *Arrow* War in China', *Bulletin of the John Rylands Library*, 43, no. 2 (1961), pp. 293-316.

23   見他寫給兒子、克拉蘭敦勳爵和巴麥尊勳爵的私人信件。

24   *Hong Kong Register* (newspaper clipping), 16 February 1858, Ryl. Eng. MSS 1230/84.

25   Biaggini, 'Coercion of China'.

26   Costin, *Great Britain and China*, p. 134.

的商務關係，並向國會提交了兩份報告。

在政治和外交經驗方面，包令在 1833 至 1837 年以及 1841 至 1849 年兩度當選為國會眾議院議員。在後一段任期，他負責調查英國和中國的商務關係。由於他具備這一經驗，巴麥尊子爵在 1849 年任命包令為駐廣州領事。此舉同時也出於他與包令的私交，因為當時包令生意失敗，於是巴麥尊藉此機會幫助包令渡過經濟難關。1853 年包令擢昇為代理英國駐遠東全權公使，1854 年正式被委任為英國駐遠東全權公使。因此，到了 1856 年 10 月 8 日「亞羅」號事件發生時，包令除了原有的政治背景外，也已經有了相當的外交經驗。[27] 沒有人會想到，像包令這樣有地位、經驗、榮譽感、責任感和職權的人，會被一個年輕下屬牽着鼻子走。但事實卻果然如此。原因之一，可能也與巴麥尊子爵有關。這倒並不是說巴麥尊有具體的「密令」傳給巴夏禮（見本書第十一章），只是難保巴夏禮沒有狐假虎威。而且，從官場上普遍存在着的猜測上司的心理看，包令自以為心領神會巴麥尊的想法並震懾於其威望，加上巴夏禮毫無節制的亢奮，導致了這位比巴夏禮年長識廣的包令很可能受他擺佈，並且最終被他左右了大局。

二、「亞羅」號事件和進入廣州城

當包令接到巴夏禮關於「亞羅」號事件的報告後，馬上派人就近在香港查證，發現「亞羅」號「無權懸掛英國國旗，因為賦予它這一權利的執照已在 9 月 27 日到期」。[28] 包令於是指示巴夏禮「把船照送回香港，以便交予香港殖民地部註銷」。[29] 接着包令更發現「亞羅」號的船照甚至沒有遵照規定按期送呈船政廳接受檢查。[30] 由於違反了這一規定，該船理應早被充公，遑論得到英國女王陛下政府的保護。因此，包令面臨的抉擇

---

27 見 Bowring, *Autobiographical Recollections* (London, privately printed, 1877)。

28 Bowring to Parkes, Desp. 127, 11 October 1856, FO228/213.

29 同上註。

30 Bowring to Parkes, Desp. 126, 13 October 1856, FO228/213.

是：就此罷休，還是要繼續擴大爭端，因為英國介入爭端的理據已經站不住腳。結果包令竟然選擇了擴大爭端，並通知巴夏禮，如果收到申請，他願意考慮向「亞羅」號續發船舶執照，但補充説：「毫無疑問，原有的船舶執照已經過期，法律上不能再給予保護。」[31] 但他卻向葉名琛説：「查華艇『亞羅』一事，向貴大臣不拘所稟如何，其實該船定為前向本院轅前稟領本港牌照，即升豎英旗，亦屬例所准為。」[32] 包令明知該船照已過期無效，卻説出這種話，也就是撒了個彌天大謊，為英國紳士所不齒。他為什麼這樣做？

在包令的私人信函中，有一條重要線索。1856 年 10 月 16 日，包令接連寫了一封私信[33] 和三封公文。[34] 私信是寫給巴夏禮的，公文則是給克拉蘭敦伯爵和葉名琛總督的。那封私信含有一些公文所無的資料。包令在信中密令巴夏禮：「你可以説，我認為事態非常嚴重，因此準備進城到欽差大臣的府邸去與他商討。」[35] 包令在此把英國人爭取進入廣州城的權利這個毫不相關的問題，強行加進「亞羅」號爭端之中。

包令繼而説：「我們能否趁此機會提出入城問題？如果可以，我會出動整個艦隊。我想我們現在已經有了一個墊腳石，如果運用得宜，也許可以產生一些重要成果。」[36]

既然這樣，包令當然就沒有把那份當天巴夏禮所錄取得到的厄爾船

31　　Bowring to Parkes, Desp. 130, 13 October 1856, FO222/213. 這是他當天寫巴夏禮的第二封信。

32　　包令照會葉名琛，1856 年 11 月 14 日，〈丙辰粵事公牘要略〉，收入齊思和等編：《第二次鴉片戰爭》（一），頁 206－207：其中頁 206。英文原文見 Bowring to Yeh, 14 November 1856, Parl. Papers 1857, v. 12, pp. 143-144, para. 1. 此句漢語甚為不通，為何如此，參見本書第二十章。此外，沒有證據顯示 1856 年 11 月 14 日「亞羅」號的船照有續期。就算有，包令説這樣的話仍然是不老實，因為如果該船在 1856 年 10 月 8 日有懸掛英國國旗的話，也是不合法的——該照在當天已經過期。

33　　Bowring to Parkes, 16 October 1856, Parkes Papers.

34　　Bowring to Clarendon, Desp. 337, 16 October 1856, FO17/251; and encl. 3: Bowring to Parkes, 16 October 1856; and encl. 5: Bowring to Yeh, 16 October 1856.

35　　Bowring to Parkes, 16 October 1856, Parkes Papers.

36　　同上註。

長關於「亞羅」號事件的證詞，[37] 按例立即上呈倫敦，[38] 因為此證詞不利他堅要進入廣州城的圖謀。

在正常情況下，英方在 1856 年 10 月 14 日擄去一艘中國船，已足以挽回包令的面子。這一點後來英國上議院林德赫斯特伯爵和下議院的格雷厄姆爵士，在國會辯論時都公開表示過。[39] 但在這個重要的節骨眼上，包令卻決定要求進入廣州城，從而改變了整個爭端的性質，「亞羅」號一詞從此在包令的書信中消聲匿跡。因為包令醉翁之意不在酒，「亞羅」號事件只不過是包令利用來達到另外目的之「踏腳石」而已。[40]

巴夏禮在接到包令的密令後，膽子頓時大了起來了，但因上司沒有後續行動予以進一步支援，又感到氣餒。在苦等無果的情況下，他決定從廣州到黃埔去見艾略特准將。艾略特對他說，在沒有接到香港方面的指示前，無法採取進一步的行動。[41] 這時的巴夏禮沒有從黃埔返回廣州，而是在沒有預先知會也沒有得到批准的情況下，直接從黃埔動身到香港，到去港督府面見包令。[42]

巴夏禮是什麼時候抵達香港的？包令向克拉蘭敦伯爵報告說，是在 1856 年 10 月 20 日。他寫道：「領事巴夏禮認為，與海軍總司令和我一同開一次會是非常有用的，這是個明智的判斷，所以他在 20 日早上來到香港」，同日與艦隊司令西摩爾少將開會。[43] 但根據一封 1856 年 10 月 19 日寫於香港、列為「機密」的私人短信中所顯示，巴夏禮其實是在前一天即已到達。這封短信更證明，巴夏禮和包令在前一天曾詳細密談，後來包令又去見西摩爾少將。包令寫給巴夏禮的這封機密短信，開首寫道：「我剛見過艦隊司令」，「我們務必小心謹慎，因為如果稍越分寸，我們將無

37　Bowring to Parkes, Desp. 160, 16 October 1856, FO228/213, and encl: Earl's deposition, 16 October 1856. 這個問題本章下文會探討。

38　Bowring to Clarendon, Desp. 224, 7 May 1857, FO17/268.

39　Lyndhurst, 24 February 1857, *Hansard*, 3d series, v. 144, cols. 1217-1218; Graham, 27 February 1857, *Hansard*, 3d series, v. 144, col. 1561.

40　Bowring to Parkes, 16 October 1856, Parkes Papers.

41　Parkes to Bowring, 20 October 1856, Parl. Papers 1857, v. 12, pp. 78-79, para. 2.

42　同上註。

43　Bowring to Clarendon, 23 October 1856, ibid., pp. 73-77, para. 2.

法獲得海軍當局的協助。我覺得海軍艦隊司令不想開戰，我們須要考慮的，不是我們想要做些什麼，而是我們能夠做些什麼。」接着又說:「我們明天要開一次會。」[44]

這就是陰謀所在。包令在 10 月 20 日與巴夏禮、西摩爾召開三人會議前，曾與巴夏禮秘密詳談，他對倫敦的上司克拉蘭敦伯爵隱瞞此事，也把香港的同僚、艦隊司令西摩爾少將蒙在鼓裏。[45] 他的合謀者巴夏禮，同樣在公文中小心隱藏，不曾透露自己是在 10 月 19 日到達香港的，結果在 10 月 20 日致包令的官方文件中，只說自己是「昨天傍晚」才從廣州起程到黃埔的，[46] 這樣故佈疑陣，給人的感覺是他最快也要到 10 月 20 日早上才能抵達香港。

為什麼要如此鬼鬼祟祟？可能包令擔心西摩爾少將會起疑心，察覺被巴夏禮利用去公報私仇，以及被包令利用去借故挺進廣州城。

在這個三方會議中，巴夏禮在包令暗助下，令西摩爾少將相信必須對葉名琛施加更強硬的壓制手段，並明確地建議應該採取哪些具體行動。[47] 於是「會上決定，由巴夏禮領事就所發生的事件，呈交簡略的書面報告。此外，這書面報告所列舉的建議，得到邁克・西摩爾爵士少將和我一致同意。這些建議由我予以正式認可後，會作為往後採取行動的綱領」。[48]

包令行事如此精心計算，步步為營，似乎顯示他害怕這種激烈行動可能帶來的嚴重後果，於是把日後可能受到的指責盡量推卸給制訂計劃的始作俑者——巴夏禮。不過，其後受到英國報界和國會抨擊最猛烈的，無疑還是包令自己。[49] 此外，他沒有命秘書去為這個會議撰寫會議記錄，而是讓巴夏禮來做這件事。可能包令擔心圖謀曝光，所以不想有人

44　Bowring to Parkes, 19 October 1856, Parkes Papers.

45　Seymour to Bowring, 23 October 1856, at 9 A.M. on *Coromandel*, off the barrier forts, Parl. Papers 1857, v. 12, pp. 86-87. 信件特別提到，會上「女王陛下派駐廣州的領事也在場」。

46　Parkes to Bowring, 20 October 1856, Parl. Papers 1857, v. 12, pp. 78-79, para. 1.

47　Ibid., para. 9. See also Seymour to Bowring, 23 October 1856, Parl. Papers 1857, v. 12, pp. 86-87.

48　Bowring to Clarendon, 23 October 1856, Parl. Papers 1857, v. 12, p. 73, para. 2.

49　見本章第四節。

直接知道會議的任何內容，包括他的秘書伍德蓋特（W. Woodgate）。[50] 他又似乎擔心西摩爾少將過後會不認賬，所以極想得到書面協議。因此，當巴夏禮提交書面建議時，包令就「當着海軍總司令大人面前」宣讀，以獲取他的「一致同意」。[51]

包令待獲得西摩爾少將的同意後，大喜過望，忍不住寫了另一封私人短信給巴夏禮，說：「如果葉名琛冥頑不靈，則我們攻打中方炮台就必定奏效；對此我是毫無懷疑的。現在我們幾乎是盼望他會挑起釁端，因為我們的武力是如此強大，我們是如此理直氣壯。」[52] 他繼續說：「我希望你不要忽略進城問題。當然，你不必去請求，但甫一有機會時就必須提出，並強調如果我能進城的話，將有助於解決『亞羅』號的爭端。我已準備好進城去。如果葉名琛辦好官方儀式接見，我會負責保護自己的安全。不過，你要向他們暗示，如有發生侮辱英國駐遠東最高權威人員之事，其結果將會極其嚴重。」[53]

他的結論是：「艦隊司令給了我絕佳的部署，而我們必須為我們的歷史寫下光輝一頁。」[54] 為什麼艦隊司令西摩爾少將會採納巴夏禮把攻擊行動升級的方案？巴夏禮和包令刻意對他隱瞞「亞羅」號船舶執照已經過期的事。[55] 因此，如果巴夏禮和包令信誓旦旦對他說：中方曾侮辱英國國旗，又罔顧條約逮捕了受到英旗保護的水手，西摩爾少將出於天職，自然會採取行動。巴麥尊不是曾經指示過前公使德庇時爵士說，如果中國人「攻擊我國人民和商館，就格殺勿論」嗎？[56]

10 月 23 日早上，英軍不損一兵一卒就攻陷了四座炮台。西摩爾少將

50　伍德蓋特是英國商務總監的登記官，他是前任總監文翰的親戚，經文翰舉薦出任此職，三十七歲時死於任內。見 P. D. Coates, *China Consuls* (Hong Kong: Oxford University Press, 1988), p. 499。

51　Bowring to Parkes, 22 October 1856, Parl. Papers 1857, v. 12, p. 80.

52　Bowring to Parkes, 21 October 1856, para. 2, Parkes Papers. 信中「挑起釁端」一詞用的是法文 *chercher querelle*。

53　Ibid., para. 3.

54　Ibid., para. 11.

55　第一個發現這件事的是馬姆斯伯里伯爵。見 Malmesbury, 26 February 1857, *Hansard*, 3d series, v. 144, col. 1344。

56　Palmerston to Davis, Desp. 1, 9 January 1847, FO17/121.

立即通報包令,公文在同日傍晚送抵香港。[57] 在這個消息送抵之前,包令又已經寫了一封私信給巴夏禮,該信開宗明義就説:「葉名琛給我的信,性質和寫給你的並無二致,所以我理所當然地相信艦隊司令會『按照既定計劃辦事』。」信末説:「我希望能夠提出進城問題——就本地事務而言,那是頭等大事。」[58] 英軍攻陷炮台的消息傳到包令那裏後,他當下的反應,不是回信給發來消息的西摩爾少將,而是再寫了封私信給巴夏禮:「艦隊司令傳來消息,獵德四座炮台均已順利奪取。」接着説:「葉名琛現在肯定快要就範了。但我希望你能好好利用我們的優勢。如果你能為我安排在廣州城內與葉名琛舉行官方會面,我當馬上動身。」[59] 這一點很重要,因為包令顯然盼望,葉名琛千萬別在巴夏禮把進入廣州城的權利列入和解條件之前,就屈服了。否則,包令夢寐以求的進城願望,將再次落空。

包令琢磨了一個晚上,權衡輕重,覺得自己必須迅速行事,於是向西摩爾少將透露了他的如意盤算——要求進城,並冠冕堂皇地把此項要求説成是條約的規定:「我認為現在情況有利於要求履行有關進入廣州城的條約規定,並且適合安排與欽差大臣在城內舉行官方會晤。如果總司令大人和領事都同意我的看法,我很樂意親赴廣州。」[60]

包令彷彿擔心西摩爾少將會不同意,所以給巴夏禮寫了一封正式公文,試圖直接尋求他的支持:「我向邁克・西摩爾爵士少將表達了我的意見,且看艦隊司令大人和你是否都認同目前是解決我們進入廣州城問題的適當時機。如果能解決這個長期懸而未決的問題,就最好不過,但至少也應爭取在城內為我們舉行官方會面。」接着説:「這個官方會面將為

57　Bowring to Clarendon, 23 October 1856, Parl. Papers 1857, v. 12, p. 73, para. 5. For the actual dispatch, see pp. 86-87, Seymour to Bowring, 23 October 1856, at 9 A.M. on *Coromandel*, off the barrier forts; or see Adm. 125/97 for the same dispatch.

58　Bowring to Parkes, 23 October 1856, Parkes Papers. 這是包令當天寫給巴夏禮的第一封信。在原件中,「本地」一詞之下劃了線,顯示包令可能與巴夏禮一同策劃了佔領廣州後的事宜。

59　Bowring to Parkes, 23 October 1856, Parkes Papers. 這是包令當天寫給巴夏禮的第二封信。

60　Bowring to Seymour, 24 October 1856, Parl. Papers 1857, v. 12, p. 87.

女王陛下海軍的大捷錦上添花。」[61]

包令草擬了這兩份公文之後，又寫了一封私人短信給巴夏禮，於開首處寫道：「我希望伍德蓋特秘書會及時送出那兩份公文，公文的主旨是，我們應趁現在這個千載難逢的有利時機，解決廣州進城問題。無論如何也應要求欽差大臣在他的官邸接待我們。」包令在「我們」一詞下劃了線，顯示他想帶着巴夏禮一起去。他的第二段說：「如果這不獲應允，我理所當然會感到極為失望。」他繼續說：「當然，一旦你把官方會面的事情安排妥當後，我馬上前來。我還希望艦隊司令會派船來接我前往。」[62]

伍德蓋特秘書馬上為包令的那兩份公文抄寫了副本。之後，包令又寫了第二封私信給巴夏禮：「我認為，現在是迫使他們解決進城問題的適當時機，我很想知道，艦隊司令和你是否都認同我的看法。當然，我們一旦提出進城要求，就要下定決心，鍥而不捨。」[63]

10 月 24 日包令疾書這些公文和私信時，西摩爾少將正在執行巴夏禮制訂的第二階段的壓制方案。到了當天中午，廣州港內的一些炮台已經陷落。[64] 興奮不已的巴夏禮，在晚上 8 時收到包令早上發來的公文，立即回覆：「閣下今天發來公文所指懸而未決的難題，以和平講理方式予以解決之時機，至今仍然高不可攀。」[65] 讓包令乾焦急的是：攻佔炮台的消息和巴夏禮的回覆，未能趕上當晚開往香港的輪船。[66]

到了第二天，即 10 月 25 日，包令再給巴夏禮寫私信說：「今天到達的輪船，沒有傳來你的片言隻字。」但他補充說：「關於廣州城內的會面，我認為應該向百姓指出，如果當初允許我們進城，他們就不會遭逢目前的劫難，而唯一能避免再次發生這些禍患的方法，就是建立友好的互相往來。」剛剛發動了侵略戰爭，竟然又大言不慚地談起友誼來，實在諷

61　Bowring to Parkes, 24 October 1856, Parl. Papers. Roughly translated from Latin, vexata question means 'vexing question'.

62　Bowring to Parkes, 24 October 1856, Parkes Papers. 這是包令當天寫給巴夏禮的第一封信。

63　Bowring to Parkes, 24 October 1856, Parkes Papers. 這是包令當天寫給巴夏禮的第二封信。

64　Parkes to Bowring, 24 October 1856, Parl. Papers 1857, v. 12, p. 88; Seymour to Bowring, 25 October 1856, Parl. Papers 1857, v. 12, p. 91, para. 1.

65　Parkes to Bowring, 24 October 1856, Parl. Papers 1857, v. 12, p. 91 para. 2.

66　見 Bowring to Parkes, 25 October 1856, Parkes Papers.

刺得很。包令接着説：「艦隊司令沒有理由不可以跟葉名琛見面，舉行一次會晤是有好處的。」[67] 包令在這裏流露出一絲憂慮，他擔心西摩爾少將會捷足先登，早於他進入廣州城，那麼，第一個進城的英國官員的罕有榮耀，就輪不到他了。

同日，巴夏禮近乎赤裸裸地向葉名琛提出了進城要求：「貴大臣辦事失當，水師軍門不得不興戎動武，以糾其失。為免覆蹈前轍，必須安排貴大臣和我國大員會晤，任便往還商討。」[68] 當然，他也告訴了包令他已提出這項新要求。但同時似乎為了保護其上司免受國內批評，所以補充説：「省垣城門緊閉，堅拒我國諸人於門外，堵塞我國官員與粵官溝通之途，今之亂局肇端於此。」[69] 的確，亂局的起因，再也不是什麼「亞羅」號事件了！

10 月 26 日，奪取廣州炮台的捷報和巴夏禮所提出新要求的消息均送抵香港。包令雀躍不已，馬上致信巴夏禮：「進城問題現今和日後都會是公眾關注之焦點。如果我們大家都能夠辦理好此事，結果將是獲得無上光榮和辦成一椿了不起大事的自豪。艦隊司令的來函，勇武與智慧同樣躍然紙上，閱之我心甚慰。」[70] 他嘗試自我辯解：「隨着我們愈來愈成功，我們所提出的要求的份量，當然隨之而增加。所有外交折衝，都應以西比爾（Sybil）的故事為圭臬 [71]——所有明智的外交皆當如是。」[72] 包令一如既往地推遲到第二天才回信給艦隊司令西摩爾少將。[73]

67　　Ibid.

68　　Parkes to Yeh, 25 October 1856, Parl. Papers 1857, v. 12, p. 90, para. 3.

69　　Ibid., para. 2.

70　　Bowring to Parkes, 26 October 1856, para. 1, Parkes Papers.

71　　包令所説西比爾的故事，是古羅馬傳説。西比爾即女先知之意，古羅馬時代，一位來自庫梅 [Cumae] 的女先知面見羅馬末代君王塔爾坎（Tarquin），提出以天價把九本預言書賣給他。塔爾坎不以為然。女先知燒掉其中三本，再提出以原價把餘下六本賣給他。塔爾坎仍覺得索價過高，再次拒絕。女先知又燒毀三本，然後再提出以最初九本的價格，把餘下三本賣給他。這一次，塔爾坎眼見有利於國家前途的預言書只剩三本，擔心又被女先知燒毀，乖乖就範買下。包令以此典故比喻，只要自己手握重要籌碼，就能予取予求。

72　　Bowring to Parkes, 26 October 1856, para. 1, Parkes Papers., para. 2.

73　　Bowring to Seymour, 27 October 1856, Parl. Papers 1857, v. 12, pp. 91-92.

但 10 月 26 日是星期天，皇家海軍休戰一天。[74] 包令又熬過了心焦如焚的一天。可惜 10 月 27 日仍然沒有消息經輪船傳給包令。包令愈來愈感到難以待在香港，故忍不住又寫了另一封私信給巴夏禮，説：「儘管在艦隊司令完成任務之前，我應當留在此地，但我時常盼望能身在領事館。」[75] 他無疑在擔心，這首位進入廣州城的英國官員的殊榮，會被他人捷足先登。

對於不信上帝的葉名琛來説，星期天與平時沒有什麼分別——他如常工作，回覆巴夏禮那近乎赤裸裸的進城要求説：「本大臣亦深知該領事官之意，無非欲效道光廿七年春間德公使之所為而已。」[76] 道光二十七年春，即 1847 年的春天，德庇時公使（Sir John Davis）率領艦隊硬闖廣州城，獲當時的兩廣總督耆英[77] 的許諾，兩年後允許英人進城（詳見本書第十四章）。

葉名琛堅決不肯履行耆英的承諾。巴夏禮怒不可遏：「補償『亞羅』號事件之請，貴大臣置若罔聞。而本領事官在 25 日所伸，水師軍門欲親晤貴大臣一節，又拒不答應。」[78] 巴夏禮在這裏的説法並不準確。他在「25 日的伸陳」沒有明言提出會面要求的人是西摩爾少將，而只是含糊其詞説「有必要……」[79] 一般人讀到此信，都會以為要求會面的是寫信者，即巴夏禮本人。現在提議遭到拒絕，巴夏禮就試圖抬出艦隊司令西摩爾少將的威望來鎮懾葉名琛。他向包令報告了這個始料不及的事態發展。[80]

突然間，包令發現自己被殺了個措手不及。他曾信心十足地預言，廣州炮台被攻陷，葉名琛就會俯首就範。因此才公開提出進城要求，現

74　Seymour to Bowring, 26 October 1856, Parl. Papers 1857, v. 12, p. 92.

75　Bowring to Parkes, 27 October 1856, Parkes Papers.

76　Yeh to Parkes, 26 October 1856, Parl. Papers 1857, v. 12, pp. 93-93.

77　耆英（？－1858）是滿人。他有份簽署《南京條約》，素以撫綏羈縻辦理外交而著稱，1844 至 1848 年間出任辦理外交事務的欽差大臣。見 J. K. Fairbank, *Trade and Diplomacy on the China Coast: The Opening of Treaty Ports, 1842-54* (Cambridge, Mass., Harvard University Press, 1953).

78　Parkes to Yeh, 27 October 1856, Parl. Papers 1857, v. 12, p. 93.

79　Parkes to Yeh, 25 October 1856, Parl. Papers 1857, v. 12, p. 90, para. 3.

80　Parkes to Bowring, 27 October 1856, Parl. Papers 1857, v. 12, p. 92.

在竟然換來「恕難從命的回覆」，[81] 包令進退維谷，最後迫得把這個令人不快的消息報告外交部。但他推説葉名琛是首先提出這個問題的人：「1856 年 10 月 27 日將近午夜時分，我接到巴夏禮領事寫於同日的公文，轉述了欽差大臣的照會和領事的回覆。如附件所見，我回覆了巴夏禮領事，要求他在適當時機提醒欽差大臣，他提到過約翰‧德庇時爵士在 1847 年的行動，如果中國當局能信守之前所許承諾，而不是無恥地違反約定，那麼，現在所遭遇的災厄將不會發生。」[82]

包令這種企圖矇混過關的文字遊戲，欺騙不了英國的國會議員。約翰‧羅素（John Russell）[83] 抓住包令在 1856 年 10 月 24 日致西摩爾少將的公文緊緊不放——包令曾在該公文中正式提出他想把廣州進城問題與「亞羅」號事件綑綁在一起。羅素觀察到在那個階段，葉名琛已提出了善後安排，而在巴夏禮 10 月 22 日的公文中認為這個安排「非常恰當」，所有事情似乎快要圓滿調解。但在這個關鍵時刻，包令卻提出額外的進城要求，令「本可和平解決」的紛爭急劇惡化。[84]

包令的所作所為，違反了其上司曾發給他的指令，對此他心知肚明。他在過去已明知故犯（詳見本書第十四章）；現在只不過是又一次地明知故犯，並且決心一意孤行到底。

三、進入廣州城和不宣而戰

包令一意孤行的結果是，1856 年 10 月 29 日早上他又寫了一封私信給巴夏禮：「如果事情進行順利，那就非安排我（在城內）與葉名琛的官

81　Parkes to Bowring, 27 October 1856, Parl. Papers 1857, v. 12, p. 92.

82　同上註。

83　約翰‧羅素（1792－1878），第六代貝德福德公爵（duke of Bedford）約翰‧羅素的第三子。1853 年出任內務大臣，1839 年出任殖民大臣。他在殖民地部任內的顯赫工作，是把新西蘭變為英國殖民地，並且正式佔據整個澳大利亞。1846 年 7 月，他第一次組閣。1852 年辭職。1865 年他第二次出任首相。見 John Prest, *John Russell* (London, Macmillan, 1972)。

84　Russell, 'John Russell's Address to the Electors of London', *Globe*, Thursday 12 March 1857, p. 2, col. 6. 羅素以為 1856 年 10 月 22 日巴夏禮的文件意味着事件調解在望，他低估了巴夏禮想羞辱葉名琛的決心。當然，他這種誤解是可以原諒的，因為他無從得知我們在第十一章所論述的巴夏禮的私怨所在。

方會晤不可。」他在附筆中補充説：「如果你安排我與葉名琛會面，你當
然要做好所有適當的安排。」[85] 不久，帶着郵件的輪船自廣州抵達香港。
包令説：「你寫於昨天的函件送到，我剛發出今早所寫的短信。」又説：「無
論多頑強的人，在這麼強硬的措施面前，看來都不得不低頭。」[86] 他所説
的強硬措施包括英國軍艦「遭遇」（HMS *Encounter*）號每隔十分鐘就炮
轟葉名琛的總督府一次，直至 10 月 27 日下午 5 時。[87]

第二天早上，葉名琛下令全民總動員抗敵，有殺英人並獻出首級
者，賞勵三十銀元。[88]

英方的反應是於當天再度開火，「大約在下午 1 時，艦隊司令架設在
海珠炮台的大炮，向炮台對面的城牆開火，這道城牆橫亘在炮台與總督
府之間。」[89] 包令很有信心，採取如此激烈的武力行動之後，葉名琛必將
屈服，他在一封公文中，重申之前曾私下和巴夏禮講過的一點：「當女王
陛下的軍隊取得勝利，為適當的官方接觸鋪平道路後，我非常樂意動身
到廣州去，這點毋庸贅言。」[90]

就在包令揮筆疾書之際，皇家海軍也忙着開火。10 月 29 日恢復炮轟
廣州城。到了下午 1 時，城牆被攻破。巴夏禮一聽到消息，立即於下午 2
時找到西摩爾少將，並緊跟在他身邊。因此，英軍攻進廣州城時，巴夏
禮興奮地寫信告訴包令説，他「與艦隊司令大人一同分享進入欽差大臣
府第的喜悦」，[91] 並為此極感滿足。

包令為之語塞。

包令向巴夏禮簡單地回覆説，來函收悉，但沒有片言隻字的評語。[92]
這種反應與之前他對這位下屬的誇讚大相逕庭。此前當獵德炮台被毀

85　Bowring to Parkes, 29 October 1856, Parkes Papers. 這是包令當天寫給巴夏禮的第一封信。

86　Bowring to Parkes, 29 October 1856, Parkes Papers. 這是包令當天寫給巴夏禮的第二封信。

87　Parkes to Bowring, 28 October 1856, Parl. Papers 1857, v. 12, p. 93, para. 1.

88　Ibid., para. 4; 和葉名琛的告示, 28 October 1856, Parl. Papers 1857, v. 12, p. 94.

89　Parkes to Bowring, 28 October 1856, Parl. Papers 1857, v. 12, p. 93, para. 5.

90　Bowring to Parkes, 29 October 1856, Parkes Papers 1857, v. 12, p. 95.

91　Parkes to Bowring, 29 October 1856, Parl. Papers 1857, v. 12, p. 98-99.

92　見 Bowring to Parkes, 30 October 1856, Parkes Papers 1857, v. 12, p. 87。

後，[93] 包令説：「一切都做得那麼出色。」[94] 在攻佔海珠炮台後，[95] 説：「看到你把每件事情都處理得那麼有聲有色，我甚感欣慰。」[96] 當皇家海軍炮轟葉名琛總督府後，[97] 説：「你還有許多事情必須籌劃，還有許多事情必須處理，不管你有任何需要，我都會全力協助。」[98]

可是，當巴夏禮「成功入城」的消息傳來之後，包令不能不説點什麼，所以他在官方回信的附筆中説：「我收到你昨天發出的公文，當中提及皇家海軍陸戰隊攻入廣州城這令人振奮的消息；還説到艦隊司令與你到訪欽差大臣府第之事；至此，我們的戰鬥的偉大目標，業已圓滿達成。」[99] 戰鬥的偉大目標昭然若揭——並非為了報復「國旗受辱」，而是為了進入廣州城！

艦隊司令西摩爾少將也寫信告知包令他破城並攻入總督府之事。[100] 包令收到後，簡短回覆：「所有這些大張旗鼓的行動，都未能迫使欽差大臣與我們來一次適宜的當面談判，我對此實感遺憾。」[101] 包令向外交部報告了事件，但沒有加上任何評語：「30 日，接到巴夏禮領事的第二份公文（也是寫於 29 日），報告皇家海軍陸戰隊攻入廣州城，並且進入一些官府，僅有五名陸戰隊員受傷。」[102] 不想，他同時卻順帶着數落了一下登陸部隊的指揮官：「將軍是個令人討厭的人，一個自吹自擂的英雄。如果他竟然聲稱自己攻破城牆，並視死如歸，身當矢石，我也不會感到驚訝。」[103] 他寫給兒子的信卻又是另一版本：「我已經成功解決我所有前

93　Parkes to Bowring, 23 October 1856, Parl. Papers 1857, v. 12, p. 87.

94　Bowring to Parkes, 24 October 1856, Parkes Papers.

95　Parkes to Bowring, 25 October 1856, Parl. Papers 1857, v. 12, pp. 88-89.

96　Bowring to Parkes, 26 October 1856, Parkes Papers.

97　Parkes to Bowring, 28 October 1856, Parl. Papers 1857, v. 12, pp. 93-94.

98　Bowring to Parkes, 29 October 1856, Parkes Papers. 這是當天他所寫的第二封信。

99　Bowring to Parkes, 28 October 1856 (postscript), Parl. Papers 1857, v. 12, p. 98.

100　Seymour to Bowring, 20 October 1856, Parl. Papers 1857, v. 12, pp. 98-99.

101　Bowring to Seymour, 31 October 1856, Parl. Papers 1857, v. 12, p. 157.

102　Bowring to Clarendon, 30 October 1856, Parl. Papers 1857, v. 12, p. 74.

103　Bowring to Parkes, 29 October 1856, Parkes Papers. 這裏的將軍是指阿什伯納姆少將（Major General Thomas Ashburnham）（見 Clarendon to Elgin, Draft 4, 20 April 1857, FO17/274）。DNB 沒有刊載其生平。

任都未能解決的那個惱人難題——進入了廣州城——海軍部隊傷亡極輕微。」[104]

由此，我們找到了在「亞羅」號事件中，包令甘心讓巴夏禮牽着鼻子走的真正原因。那就是包令對於進入廣州城的態度是那樣的執着，並蓄意利用「亞羅」號事件作為達成這一宿願的藉口。但是，包令為何如此固執地要進城，並堅決要在城內舉行官方會晤？葉名琛又為何堅絕不遂其所願？這些問題將在下一章論及。西摩爾少將的短暫進城，遠未能滿足包令想讓中國高官在城內隆重接待他的強烈慾望。

西摩爾少將在葉名琛不在場的情況下，跑到已遭炮火破壞的總督府匆匆地走了一趟，能否令爭議就此結束？

四、形勢急轉直下

西摩爾少將寫信給葉名琛說：「省垣通座居業生命，實懸於吾掌中，設若不得已而興此舉，烈焰毀燒，頃刻間為之而何難」，並強調除非葉名琛答應接見他，否則廣州城將遭逢大殃。西摩爾少將的照會通篇沒有提過「亞羅」號事件。[105]

葉名琛沒有馬上回應。包令指示巴夏禮：「如果欽差大臣答應與艦隊司令進行官方會面，我授權予你進行適當的安排，讓總督為我舉行官方會晤。」[106] 總督和欽差大臣指的是同一個人——葉名琛。[107] 但是葉名琛在照覆中還是在喋喋不休地琢磨「亞羅」號事件的誰是誰非，並堅決拒絕在城內舉行與英方的官式會面，在他看來這是風馬牛不相及的要求。[108] 由此使得無限尷尬的西摩爾少將說：「華艇『亞羅』號一層，所有各等情

104　Bowring to Edgar Bowring, 31 October, Ryl. Eng. MSS 1228/162.

105　西摩爾照會葉名琛，1856 年 10 月 30 日，《丙辰粵事公牘要略》，收入齊思和等編：《第二次鴉片戰爭》（一），頁 200－201：其中頁 201。英文原文見 Seymour to Yeh, 30 October 1856, Parl. Papers 1857, v. 12, p. 101, para. 4. 此照會中諸如「省垣通座居業生命」之句，漢語甚為不通，為何如此，參見本書第二十章。

106　Bowring to Parkes, 1 November 1856, Parkes Papers 1857, v.12, pp. 101-102, para. 4.

107　見拙著：《兩廣總督葉名琛》，第三章。

108　Yeh to Seymour, 31 October 1856, Parl. Papers 1857, v. 12, pp. 101-102, para. 7.

節，已經由巴領事官先後伸陳貴大臣知照在案。所陳一切確實，本軍門熟知，自不肯再以其義重置辯論……若閣下仍執舊見，則本軍門只得由一道而行，使貴大臣曉然本國凡所興舉，決是力所能為，知之惜不早也。」[109]

西摩爾少將說到做到，當天再次展開攻勢，「從『遭遇』號、『桑普森』（Sampson）號和海珠炮台發炮攻擊城內衙署」。[110] 此後，皇家海軍每天「槍擊和炮轟及至城內最遠處的炮台和衙署」。[111] 11 月 6 日，「巴拉考塔」（HMS *Barracouta*）號和「科羅曼德爾」（HMS *Coromandel*）號聯同一隊武裝小艇，擊潰二十三艘中國水師戰船，佔領附近的東炮台。[112] 戰事持續接近一小時，中國守軍「猛烈抵抗」。[113] 就連巴夏禮也承認戰事中「不僅我軍英勇值得大事稱道，中國人的勇猛表現，也堪讚賞」。[114] 他接着向包令補充說，英方現時的處境，「如果要撤退的話，會危險萬分」。[115]

包令當然同意採取進一步行動，於是他向西摩爾少將建議，如果葉名琛仍然拒不屈服，那就必須摧毀扼守珠江口的虎門炮台。[116] 此舉的激烈程度，已經遠遠超乎巴夏禮原先在香港所制訂的計劃。

虎門炮台是廣東水師提督府第所在，由兩個要塞組成，扼守住珠江河口。西邊的橫檔島炮台，[117]「配備逾二百門大炮」。[118] 東邊的阿娘鞋炮台，[119] 同樣設有二百門大炮。[120]

109　Seymour to Yeh, 1 November 1856, Parl. Papers 1857, v. 12, p. 106.

110　Seymour to Bowring, 3 November 1856, Parl. Papers 1857, v. 12, p. 108. 英軍佔領海珠炮台後，一直用它來炮轟廣州。

111　Seymour to Bowring, 6 November 1856, Parl. Papers 1857, v. 12, p. 119.

112　Ibid. 另見 Seymour to Admiralty, 14 November 1856, Parl. Papers 1857, v. 12, pp. 148-154, sect. 22。

113　Parkes to Bowring, 6 November 1856, Parl. Papers 1857, v. 12, pp. 118-119, para. 2.

114　Ibid., para. 3.

115　同上註。

116　Bowring to Seymour, 8 November 1856, Parl. Papers 1857, v. 12, pp. 119-120.

117　Military map, Parl. Papers 1857, v. 12, p. 281.

118　Seymour to Bowring, 14 November 1856, Parl. Papers 1857, v. 12, pp. 144-145, para. 3.

119　我在 1979 年造訪過這些炮台舊址。我對於廣州中山大學校方為我安排這一趟旅程，深致謝忱。

120　Seymour to Bowring, 14 November 1856, Parl. Papers 1857, v. 12, pp. 144-145, para. 4.

　　艦隊司令西摩爾少將接納包令的提議。他坐鎮「尼日爾」（HMS *Niger*）號，聯同「加爾各答」（HMS *Calcutta*）號、「南京」（HMS *Nankin*）號、「遭遇」號、「巴拉考塔號」號、「大黃蜂」（HMS *Hornet*）號和「科羅曼德爾」號進攻橫檔島炮台，並在 11 月 12 日攻陷。西摩爾少將在報告中說：「我軍攻至炮眼時，中國軍隊仍緊守在大炮旁邊。」第二天，虎門水道對面的阿娘鞋炮台也被攻陷。[121] 巴夏禮以為葉名琛會「因為我們所展示的驚人力量，而為之懾服」。[122] 包令也本想這樣展示實力，必定會「迫使那位桀驁不馴的官員俯首稱臣」。[123] 但葉名琛卻仍然紋絲不動。

　　無可奈何的西摩爾少將，迫得告訴包令和倫敦海軍部，他「此刻沒有盤算其他行動」。[124] 因此，西摩爾少將和巴夏禮兩人寫信給包令，建議他「最好能親臨廣州」。[125] 包令連夜動身，在 11 月 17 日早上 9 時抵達廣州。葉名琛的一份照會已在等着他。包令向克拉蘭敦報告說：「那是把之前多次重複的話老調重彈，並且再次聲明他〔葉名琛〕不願順從艦隊司令的要求。」[126] 所謂老調重彈，是葉名琛仍在辯說「亞羅」號事件的是非曲直！所謂「艦隊司令的要求」，正是包令夢寐以求的進入廣州城。

　　包令為了竭力達成他的目標，再一次照會葉名琛說：「仍願到貴署面晤，……貴大臣允許如議面晤，本公使即請水師軍門西（西摩爾少將），息兵可也。」[127] 但葉名琛完全不為所動。不知所措的包令向英國外交部報告說，在對付葉名琛時，「外交層面上所能採取的方法，或訴諸他的希望，或引發他的恐懼，我都已經用盡。往後的行動，必須交由女王陛下的海軍當局處理。」[128]

121　Ibid.

122　Parkes to Bowring, 14 November 1856, Parl. Papers 1857, v. 12, pp. 146-147, para. 5.

123　Bowring to Seymour, 15 November 1856, Parl. Papers 1857, v. 12, pp. 148.

124　Seymour to Bowring, 6 November 1856, Parl. Papers 1857, v. 12, pp. 144-145, para.6; and Seymour to Admiralty, 14 November 1856, Adm. 125/97, pp. 185-225, sect . 27.

125　Bowring to Clarendon, 18 November 1856, Parl. Papers 1857, v. 12, pp. 157-158, para. 1.

126　Ibid., para. 2.

127　Bowring to Yeh, 18 November 1856, Parl. Papers 1857, v. 12, p. 161.

128　Bowring to Clarendon, 18 November 1856, Parl. Papers 1857, v. 12, pp. 157-158, para. 4.

　　葉名琛的心結是，仍然想就「亞羅」號事件的是非與英方作理論。[129]
包令當然宣稱「繼續通信毫無意義，不會有什麼結果」，並立即離開廣
州。[130] 他在寫給兒子的信中，就沒有那麼克制了：「我是應艦隊司令和領
事的要求來到這裏的……但卻不得其門而入，這真是奇恥大辱！」[131]

　　12 月 4 日，英軍重奪東炮台，並將之拆毀。當天繼續炮轟廣州城，
炸毀兩座軍火庫。[132]

　　這樣的炮擊必定會造成火災，早在 10 月 28 日，那就是開始炮轟廣
州的第二天，「當場發生了大火」。西摩爾少將恐怕大火會殃及江邊的
十三行外國商業區，下令強行拆掉與之毗鄰的中國民居。[133] 10 月 29 日傍
晚，英軍的炮轟又引發第二場大火，「大量民房」化為灰燼。[134] 但 12 月
14 日晚上 11 時，外國商館區的美國商館離奇着火，燒毀了美國、法國和
其他外國商館。這個地區有英軍嚴密防守，並與廣州其他區域隔絕，沒
有人知道怎麼會引發大火。起火後，廣州市民由附近街道召來水車，但
英兵趕走這些自願的救火人員，並射殺其中幾人，傷幾十人。更離奇的
是，「所有外國樓房都付之一炬，獨英國商館倖免」。[135] 但是，全屬華商
擁有的著名「廣東十三行」，卻盡化為灰燼（本書第十一章將詳述這場大
火的蹺蹊）。死灰可能會復燃，波及到倖存的房屋。

　　果然：第二天英國商館也着火燒毀，只有一座樓房、會所（用作軍營
和貯藏庫）和教堂仍然屹立不倒。[136] 英國領事館的萊恩（O. T. Lane）站
在靠近一座被燒掉的房子的後邊角落，屋牆突然倒塌把他壓個正着。西

129　葉名琛遲至 1856 年 11 月 21 日才做這件事。見 Yeh to Bowring, 21 November 1856, Parl. Papers 1857, v. 12, p. 167。

130　Bowring to Clarendon, 18 November 1856, Parl. Papers 1857, v. 12, pp. 159, paras. 1-2.

131　Bowring to Edgar Bowring, 21 November 1856, Ryl. Eng. MSS 1288/163.

132　Seymour to Bowring, 4 December 1856, Parl. Papers 1857, v. 12, p. 181, paras. 2-4.

133　Parkes to Bowring, 28 October 1856, Parl. Papers 1857, v. 12, pp. 93-94, para. 6.

134　Parkes to Bowring, 31 October 1856, Parl. Papers 1857, v. 12, p. 100, para. 6.

135　Seymour to Bowring, 15 December 1856, Parl. Papers 1857, v. 12, pp. 194-195, para. 1.

136　Seymour to Admiralty, 29 December 1856, Parl. Papers 1857, v. 12, pp. 287-291, paras. 4-5.

摩爾少將當時也在附近，差點也被活埋；[137] 他報告：「我將撤走部隊，日後會在船上策劃行動。」[138]

西摩爾少將第二天重新衡量形勢。「顯然，緊守我們在廣州的據點極為重要。」[139] 他下令在商館花園（Factory Gardens）四周開挖戰壕，作為手下三百名守軍的防禦工事。[140] 為了保護他泊於江上的船艦，他以圓木築成欄柵，以鐵鍊加固，伸延出水上和水下，以保護船艦免受無人駕駛的火筏襲擊。所有中國船都被擋於欄柵以外，欄柵以內的支流都攔截起來。他還派一百四十名水兵戌守在海珠炮台，[141] 偶爾從這炮台「向城內放幾槍發幾炮」。[142] 皇家海軍則忙於巡邏河道，以保持與香港的通訊暢通無礙。[143]

這一策略使皇家海軍成為易受攻擊的靶子。中國人向英國船艦投擲火箭和惡臭彈，西摩爾少將為了制止這種襲擾，把商館花園附近的民房一把火全燒掉。[144]

這場英方故縱的大火是在 1857 年 1 月 12 日早上 6 時 50 分左右發生的。[145] 火勢乘着乾燥的冬風迅速蔓延：

> 廣州的整個天空化成一團濃煙，太陽被黑煙籠罩着，恍如一顆黃色的大球。接近傍晚時份，多虧中國人整天用水車，冒着〔皇家海軍發射的〕槍炮竭力撲救，花園西邊的火勢部份受到控制；但東邊的火勢卻一發不可收拾。[146]

---

137 Winchester to Bowring, 16 December 1856, Parl. Papers 1857, v. 12, p. 293, para. 10. 溫徹斯特是英國駐廣州副領事。

138 Seymour to Bowring, 16 December 1856, Parl. Papers 1857, v. 12, p. 293, para. 2.

139 Seymour to Admiralty, 29 December 1856, Parl. Papers 1857, v. 12, pp. 287-291, paras. 7.

140 Ibid., para. 8.

141 Ibid., para. 9.

142 Ibid., para. 12.

143 Ibid., para. 10.

144 Seymour to Admiralty, 14 January 1857, Parl. Papers 1857, v. 12, p. 313, para. 1.

145 J. Mongan's Memorandum of Operations at Canton, 5-13 January 1856, dated 14 January 1857, Parl. Papers 1857, v. 12, pp. 313-315, para. 6.

146 Ibid., para. 7.

　　結果不但花園下方的樓房完全被燒光，而且這一帶的火勢直燒至新城區的城牆，火乘風勢，一直往城內燒了一段距離。花園上方，沿江而建的樓房也被夷為平地。[147] 儘管西摩爾少將下了這麼多工夫，最後還是不得不從位於廣州城前沿的 [148] 海珠炮台和商館花園撤軍，[149] 轉移至鳳凰崗炮台和大黃滘炮台，以憑藉它們「居高臨下的態勢」，[150] 應付中國水師戰船的攻擊。[151] 更糟的是，他覺得愈來愈難以保持與香港的交通無阻。[152] 所以他接受新加坡總督提供的五百名士兵，並要求印度總督增撥五千人馬。[153]

　　此時，香港本身也風雨飄搖。包令對外相克拉蘭敦伯爵說：「綁架、暗殺和縱火，令我們必須時刻警惕提防。」[154] 他等不及新年假期結束就在 1857 年 1 月 3 日召集行政局會議，會上通過決議：「殖民地現在的保安情況並不理想，受到了敵方進逼的威脅，令人甚為憂慮，因此要求海軍總司令大人馬上增強海軍，以鞏固防務。」[155] 有了這項決議，包令就寫信催促西摩爾少將返回香港開會。[156] 為了加重這個要求的份量，包令引述前殖民大臣斯坦利勳爵（Lord Stanley）在 1843 年 11 月 15 日寫給前任港督璞鼎查的公文：「女王陛下政府大致同意你的意見，即我們必須仰賴我們海軍的優勢，保障我們在這個海島（香港）上的商業安全無虞。」[157] 西摩爾

147　Ibid.

148　海珠炮台「距離城牆僅四百碼，是發動攻勢的要衝」（Seymour to Admiralty, 29 December 1856, Parl. Papers 1857, v. 12, pp. 281-291）。Factory Gardens 更近一些。

149　Seymour to Admiralty, 14 January 1857, Parl. Papers 1857, v. 12, p. 313, para. 2.

150　Seymour to Admiralty, 14 January 1857, Parl. Papers 1857, v. 12, p. 313, para. 2.

151　J. Mongan's Memorandum of Operations at Canton, 5-13 January 1856, dated 14 January 1857, Parl. Papers 1857, v. 12, pp. 313-315, para. 4.

152　Seymour to Admiralty, 14 January 1857, Parl. Papers 1857, v. 12, p. 313, para. 2; see also Seymour to Bowring, 23 January 1856, Parl. Papers 1857, v. 12, p. 320.

153　Seymour to Admiralty, 14 January 1857, Parl. Papers 1857, v. 12, p. 313, paras. 14-15.

154　Bowring to Clarendon, 30 December 1856, MSS Clar. Dep. C57.

155　Hong Kong Executive Council Resolution, 3 January 1857, FO17/280, p. 61, enclosed in Bowring to Seymour, 3 January 1857, FO17/280, p. 60. 這些文件其後提交國會，見 Parl. Papers 1857, v. 12, pp. 319-320。

156　Bowring to Seymour, 3 January 1857, v. 12, pp. 319-320.

157　Ibid., para. 3.

少將不得不遵從。當他甫一抵達香港，馬上就「發現這個殖民地人心惶惶。中國官吏命令那些德高望重的華人離開，否則處死他們在內地的親人。留下來的龐大人口中，有許多人是受僱於中國政府，我們擔心他們有人會縱火」。[158]

1857 年 1 月 15 日，「香港發生企圖毒害歐裔居民的歹毒事件，有人在麵包中混入砒霜。可幸的是，毒藥份量太多，人一吃下就馬上嘔吐出來」。[159] 公眾甚為恐慌，幸虧挽救及時。[160] 雖然無人死亡，但卻有許多人受害。連包令夫人都中了毒，以致身體變得極為衰弱，終於在 1858 年去世。[161] 包令在英國的姑母極為焦慮，寫信給他說：「我相信，以往一直庇佑你的上帝，今後仍與你同在，使你免受任何傷害。倘若天假以年，讓我看到你們一家平安返歸故里，那就太感謝上帝了。」[162]

形勢急轉直下。一場不宣而戰的衝突爆發了，使得包令擔憂異常。正如西德尼·赫伯特（Sidney Herbert）之後在下議院所說的，包令過去接到的命令是不要急於要求進入廣州城，但他卻故意抗命。在這整段時期，每一任外交大臣都施展睿智，發出最具強制性的指示，對這位蠢蠢欲動的香港總督加以約束。巴麥尊子爵寫了兩三封滿溢智慧的長信，諄諄告誡不要為一些幾乎毫無價值的事情，而甘冒損失重大利益的風險，並付上巨大代價。接着是格蘭維爾伯爵，然後是馬姆斯伯里伯爵，繼而是呈上格雷伯爵的紐卡斯爾公爵（Duke of Newcastle）的信，之後又是克拉蘭敦伯爵，他們每一位外相所寫的信，措辭都是比前一位更為強烈嚴厲，敦促這位香港總督放棄他的計劃。[163] 但他就是聽不進去？

為何包令總是聽不進去？為何他堅持要葉名琛在城內接見他？甚至

158 Seymour to Admiralty, 14 January 1857, Parl. Papers 1857, v. 12, p. 313, para. 9.

159 Ibid., para. 4.

160 Bowring to Edgar Bowring, 20 January 1857, Ryl. Eng. MSS 1228/172.

161 Ibid.; see also Bowring to Edgar Bowring, 16 and 24 July; 1 and 7 August; 9 September; 13, 16, and 25 October; 25 November 1857; and 14 January 1858—all in Ryl. Eng. MSS 1228/172. See also Bowring to Clarendon, 19 May 1858, MSS Clar. Dep. C85; and the draft biography of Sir John Bowring, Ryl. Eng. MSS 1230/262.

162 Lane to Bowring, 30 March 1857, Ryl. Eng. MSS 1230/211.

163 Herbert, 2 March 1857, Hansard, 3d series, v. 144, cols. 1671-1672.

此事對他帶來嚴重損害也在所不惜？另外，葉名琛何以那麼堅決不肯遂包令所願，以至最終招致滅頂之災？真是耐人尋味。

五、上議院對包令操守的看法

德比伯爵發現包令的處事程序大有問題，包令告訴巴夏禮「亞羅」號無權懸掛英國國旗，因為賦予它這一權利的執照，早已在 1856 年 9 月 27 日到期。[164] 他還補充説：「但中國人不知道過期的事。」[165] 之後包令做了一件更為愚蠢的事：他致函葉名琛説「該船定曾向本院轅稟領本港牌照，並因而升豎英旗，屬例所【准】為」，[166] 由此德比伯爵雷霆大怒：「約翰・包令爵士的這些話，豈是高尚之人和正直之士寫得出來或能説得出口的？」[167] 他接着説：「你的對手或許昧於事實，但這樣你就可以隱瞞實情了嗎？」「是的，中國當局不知道這件事。但約翰・包令爵士知道。」[168] 對於這個問題，外相克拉蘭敦伯爵變成啞巴──無法維護其下屬包令。[169]

林德赫斯特伯爵對這件事窮追猛打。包令等於是説：「我們知道中國人沒有違反條約，但我們不會告訴他們，反而堅持要他們道歉。」[170] 林德赫斯特伯爵問道：「為英國政府效力的公務人員，有做過比這更可鄙、更卑劣的行為嗎？有説過比這更虛偽的託辭嗎？我已無法用不誠實來形容這種行為，這在我國簡直等同於欺詐。」[171] 卡那封勳爵（Lord Carnarvon）[172] 也抨擊包令：「難以明白包令爵士憑什麼詭辯之術，令這些

164　Bowring to Parkes, 11 October 1856, Parl. Papers 1857, v. 12, pp. 64-65, para. 3.

165　Ibid., para. 4.

166　Bowring to Yeh, 14 November 1856, Parl. Papers 1857, v. 12, pp. 143-144.

167　Derby, 24 February 1857, *Hansard*, 3d series, v. 144, col. 1169.

168　Ibid., col. 1170.

169　Ibid., cols. 1195-1212.

170　Lyndhurst, 24 February 1857, *Hansard*, 3d series, v. 144, col. 1216.

171　Ibid., col. 1217.

172　他原名亨利・霍華德・莫利紐克斯・赫伯特（Henry Howard Molyneux Herbert），是第四代卡那封伯爵（1831－1890）。1858 年德比成為首相，任命他為殖民地次官，由此開展仕途。*DNB*, v. 9, pp. 646-653.

自相矛盾的説話，符合他身為紳士的情感、他作為君主代表的職位，以及最重要的，他時刻掛在口邊的國家榮譽。他提及國家榮譽只會令之蒙羞。」[173] 但是，「女王陛下政府的成員，至今沒有人説過半句話，沒有人曾花半刻去思考、去稍微提及或暗示包令的這種見不得光的行徑」。[174]

辯論進入第二天晚上。終於有人出來替包令説一兩句話。例如，梅休因勳爵（Lord Methuen）[175] 對於包令被這樣嚴詞厲色地批評感到不安，因為這樣必會令中國人對他生發輕蔑之心。他要求上議院議員支持身在遠方的英國官員，因為如果不這樣做，就難以期望他們全心全意地為國效力盡忠。[176]

但是，批評包令之聲仍然不絕於耳。聖萊昂納茨勳爵説，葉名琛總督希望包令把「亞羅」號事件和進入廣州城問題分開處理，但遭到包令拒絕。聖萊昂納茨勳爵繼而指出：「如果我們所要求的，僅僅是為『亞羅』號事件中的冒犯作出補償，那麼，艦隊司令毫無疑問應該早已得到滿足」，英國所據以發動戰爭，並持續至今，是憑藉着另一項風馬牛不相及的緣由。[177]

馬姆斯伯里伯爵的措辭更為尖鋭，因為他察覺到包令沒有告訴艦隊司令西摩爾「亞羅」號執照過期的事。包令公使、西摩爾少將和巴夏禮領事，是「代表英國政府的三人集團，這三人中只有兩人知道這個指控是有漏洞的」。[178] 光是向葉名琛隱瞞這個漏洞已經夠可恥了，但他們竟然把艦隊司令也蒙在鼓裏，並藉此誤導他使用武力來為據稱曾發生過的辱旗事件索取補償，更是是徹頭徹尾陰險之舉。[179]

173　Carnarvon, 26 February 1857, *Hansard*, 3d series, v. 144, col. 1316.

174　同上註。

175　他名叫弗雷德里克‧亨利‧保羅‧梅休因（Frederick Henry Paul Methuen）。見 *Hansard*, 3d series, v. 144, 'Rolls of the Spiritual and Temporal'. *DNB* 並沒有記載他的生平。

176　Methuen, 26 February 1857, *Hansard*, 3d series, v. 144, col. 1322.

177　St Leonards, 26 February 1857, *Hansard* series, v. 144, col. 1333.

178　Malmesbury, 26 February 1857, *Hansard* series, v. 144, col. 1344.

179　Ibid., col. 1345.

　　埃倫伯勒伯爵（Earl of Ellenborough）[180] 說他不能理解外交大臣在察覺到這種矛盾之後，為什麼「沒有立即知會女王，並且建議女王發出指示，讓他告訴包令博士，女王陛下不容許為她效力的人，會將如此這般的謊言宣之於口」。[181]

　　終於又來了一位罕有地維護包令的人，他是格蘭維爾伯爵（Earl of Granville），他說：「約翰・包令爵士可能對『亞羅』號受保護權利有過短暫的疑惑，他的言詞可能看起來也有少許矛盾，但他察覺並確知自己有充份和恰當的理據，去要求中方為他們所做出的侮辱進行補償。」[182] 他認為包令把「亞羅」號視為英國船是有道理的。[183] 至於道理在哪兒，他就說不出來了。

　　儘管格蘭維爾如此公開地為包令竭力辯護，但是私下裏，1857 年 3 月 10 日在給他的朋友兼政治盟友——英國駐君士坦丁堡（Constantinople）大使斯特拉特福德勳爵（Lord Stratford de Redcliffe）[184] 去信時卻說：「你可能會同意反對派對於包令博士在廣州的處事行為所作的猛烈批評。」5 月 4 日坎寧的回信說：「我認為你的演說確實非常精彩。但若換作我，就不會替包令辯護。這個議題看上去並不討好。」他認為包令在「亞羅」號問題上犯了錯誤，但在進入廣州城問題上則處理正確。至於如何正確，他同樣說不出個道理來。最後，他認為包令耍了個把戲獨斷專行，把一樁小事化大，則不可原諒。他也認為「在這種情況下，除了支持包令，或者說支持戰爭，別無他法，這確實是個很棘手的問題」。[185]

　　由此可見，似乎上議院正反雙方的議員，無論是公開地或在私下裏，均認為包令的行為是導致第二次戰爭的關鍵原因之一。而他們更認

180　他原名愛德華・勞（Edward Law），獲冊封為埃倫伯勒伯爵（1790－1871），之前曾任印度總督（1840－1844）。他由於曾服務印度，被賜封埃倫伯勒伯爵和索滕子爵（Viscount Southan）。1858 年他隨着德比上台，第四度出任印度事務管理委員會主席。*DNB*, v. 11, pp. 662-668。

181　Ellenborough, 26 February 1857, *Hansard*, 3d series, v. 144, col. 1362.

182　Granville, 26 February 1857, *Hansard*, 3d series, v. 144, cols. 1372-1373.

183　Ibid., col. 1371.

184　他名叫斯特拉特福德・坎寧（Stratford Canning），是第一代斯特拉特福德子爵。

185　Quoted in Edmond George, *Life of Granville George Leveson Gower, Second Earl Granville* (London, Longmans, 1905), v. 2, p. 245.

為，以一個負責任的政府的問責標準來看，包令的所作所為是應當受到非議的。

六、議員眼中的廣州進城問題

德比伯爵尖刻批評包令利用「亞羅」號事件，提出進入廣州城這個毫不相關的要求。他憑包令的公文斷定此人犯了偏執狂。他說：「依我看來，他做夢也想進入廣州。」「我想，他每天早上醒來的第一個念頭，就是這件事；晚上入睡前最後所想的，也是這件事，如果他碰巧半夜醒來，也會想着這件事。」他繼續說：「我相信，約翰·包令爵士只要能在廣州衙門受到官方接待，在他看來，同這件事所得到巨大利益相比，任何犧牲都不過份，商業貿易中斷都不足惜，就算流血也毋須慨嘆。」[186] 他認為包令提出進城要求尤其應當受到指責，因為這與之前英國外相發給他以及歷任公使的強烈訓令背道而馳。包令每次都抗命行事：「包令博士說，他當然會遵從歷任外相的指示，但之後他就會用兩頁的篇幅爭論，說最好還是不予遵從為好。」[187] 他又認為，包令要求進入廣州城似乎是多餘的事，因為這不會帶來實質好處。此外，強迫中國接受這項要求，意味着英國「必須常備一支軍隊，以迫使對方為進城之後第一次的侮辱行為作賠償，或應付日後可能發生的暴力事件」。[188] 德比伯爵觀察到，從這個毫不相關的要求提出之日起，「亞羅」號事件和據稱曾發生過的辱旗事件都被人遺忘了。更糟的是，在包令的誤導下，西摩爾少將把進城視為中國非答應不可的事，堅持如果不就範，將招致更猛烈的軍事行動。[189]

對於包令藐視歷任前外相曾發出的指令，克拉蘭敦所能為包令做的辯護，也就僅僅是：「我倒想看看，誰有能耐列出一道清單，囊括所有可

---

186 Derby, 24 February 1857, *Hansard*, 3d series, v. 144, col. 1177. 德比單靠閱讀包令的公文，就能夠得出這樣的結論是很了不起的，因為相較於他的私人信件，公文的資料沒有那麼昭然若揭。

187 Ibid., col. 1177.

188 Ibid., col. 1173.

189 Ibid., col. 1188.

能違反規定的情況。」[190] 若克拉蘭敦伯爵自己也曾向包令發出禁止要求進入廣州城的指令，則可能連這樣的辯護也說不出口。

林德赫斯特伯爵認為，文件清楚地顯示，自從 1854 年包令被任命為全權公使起，他就野心勃勃地要做到其前任公使未能達成的事——進入廣州城。[191] 林德赫斯特伯爵再次強調，靠武力威迫強行進城，是得不到任何好處的，有哪個心智正常的人會無視這個忠告，並為達到這個目的而把自己的國家推向戰爭。[192]

司法大臣無論在其他論點上如何雄辯滔滔，都找不到合適的理據為包令辯護。[193]

格雷伯爵仍然窮追不捨。他注意到：「約翰・包令要求與欽差大臣葉名琛會晤，欽差大臣也很樂意接見他。」葉名琛曾建議在伍崇曜的仁信棧房會面。但「包令爵士自恃尊貴，除了欽差大臣的總督府外，哪裏都不願意去。因此，強行取得進入廣州城的權利，除了滿足包令的虛榮以外，是沒有任何實惠的」。[194]

終於又來了一位願意為包令說句好話的人：阿蓋爾公爵（Duke of Argyll）[195] 雖然承認包令「可能過份執着於我們進入廣州城的問題」；但仍然替他辯護說，決裂發生後，包令自然急於解決這個延宕多時的問題，因為它可能會引發日後的爭議。為了進城而挑起事端肯定是無道理的，但「文件中沒有跡象顯示他有這種意圖」。[196] 文件當然顯示出他有這種意圖，否則其他議員就不會那麼光火了。

阿蓋爾公爵脆弱無力的辯護，惹得聖萊昂納茨勳爵雷霆大怒。他說包令的行為完全不堪作為文明國家的代表，儘管打交道的，是他所稱的

190　Clarendon, 24 February 1857, *Hansard*, 3d series, v. 144, col. 1212.

191　Lyndhurst, 24 February 1857, *Hansard*, 3d series, v. 144, col. 1219.

192　Ibid., cols. 1219-1220.

193　見 the lord chancellor, 24 February 1857, *Hansard,* 3d series, v. 144, cols. 1220-1225.

194　Grey, 24 February 1857, *Hansard*, 3d series, v. 144, col. 1235.

195　他是巴麥尊內閣的郵政大臣。見 Duke of Argyll, *George Douglas, Eighth Duke of Argyll, KG. K.T. (1823-1900): Autobiography of Memoirs*, ed. Dowager duchess of Argyll, 2 vs. (London, John Murray, 1906)。

196　Argyll, 24 February 1857, *Hansard*, 3d series, v. 144, col. 1241.

所謂「半野蠻」民族。[197]

　　馬姆斯伯里伯爵同樣光火，他説：「若非『亞羅』號事件提供了可乘之機，讓約翰‧包令爵士藉此實行更進一步的行動，以滿足他的偏執狂，我們就不會聽聞到這個事件。我方最初要求的補償，遠少於其後所索取的，如果接受了當時的補償，『亞羅』號事件早就已經解決了。」[198]就此而言，擄奪中國水師船，或者摧毀炮台，無論如何都把那「糾纏不清的『亞羅』號事件」的仇報得乾乾淨淨。[199]「在美國人的事例中，他們把向他們開火的炮台摧毀後，情況就沒有再惡化下去。」[200]

　　埃倫伯勒伯爵認為，如果包令真心想與葉名琛會面，就應該接受邀請到伍崇曜的大宅。伍氏是廣州商界頭領，他的大宅「肯定是心平氣和地討論商貿問題的合適地點」。[201]反之，包令卻堅持「點燃火線，子彈上膛」，要荷槍實彈地進城，強令葉名琛在總督府內公開接待他。[202]

七、結語、反響及反思

　　包令到香港履任全權公使之前，曾在英國國會當過多年議員，對國會的辯論和程序瞭如指掌，知道自己的決定和行動將受到監督。但他還是敢冒天下之大不韙，以致招來了國會的種種責難。[203]

　　他之被抨擊可以説是咎由自取。身為外交人員，他真是糟透了，問題主要是由於他執着於要進入廣州城而引發的。耐人尋味的是，英國外交部何以沒有重視阿丁頓對於包令那一意孤行的性格的警告？也許是當時任外相的巴麥尊子爵漠視了他這位常務次官的意見。

　　這讓眾議院議員理查德‧科布登懷疑包令和巴麥尊之間曾達成了某

197　St Leonard, 26 February 1857, *Hansard*, 3d series, v. 144, col. 1331.

198　Malmesbury, 26 February 1857, *Hansard*, 3d series, v. 144, col. 1343.

199　Ibid., col2. 1343-1344.

200　Ibid., col. 1344.

201　Ellenborough, 26 February 1857, *Hansard*, 3d series, v. 144, col. 1361.

202　同上註。

203　他不但在上議院被嚴厲抨擊，在下議院也備受指責，第十六至十九章會述及。

種默契。科布登發現，包令在和其他需要打交道的大臣通信時，語調出現極大變化。克拉蘭敦勳爵上台後，控制似乎放鬆了，使人覺得：從前加諸包令身上的約束已經撤除，結果「不知不覺間」走上了與中國開戰之路。科布登回想起格雷伯爵的訓令，並反覆研究往來通信，不禁推斷一定發生過某種事情，令包令公使認為，為了廣州進城問題即使與中國開戰，國內一定不會有反對意見。[204]

　　本章所發掘出來的史料並在此基礎上建立起來的結論，現存的書評都表示贊同。如此法國科學院的巴斯蒂（Marieanne Bastid-Brugière）院士說在戰爭導火線的問題上，「英國駐遠東代表包令，向英國當局報告此事時又故意撒謊」。德國柏林大學的科德‧埃貝施佩歇爾（Cord Eberspächer）教授說，包令「懷着非常個人的動機」來處理外交。英國倫敦大學的彼得‧伯勒斯教授說得最透徹，在他眼中，包令「假公濟私」，「既無分寸又不正直」，「文過飾非」，「欺矇駐紮當地的英國艦隊司令西摩爾，挑撥他炮轟中國炮台和攻破廣州城，由此開啟戰端」，「不惜違反了自己所得到的訓令」，「執意要進入對英國人緊閉的廣州城」。[205]

　　筆者在閱讀過上述評論之後，又過了十八年的今天，想法更提升了一步。過去微觀分析帝國主義的性質時，所發掘出來的史料並得到的結論，止於「強行取得進入廣州城的權利，除了滿足包令的虛榮以外，是沒有任何實惠的」（筆者在此借用格雷伯爵語）。[206]

　　時至今天，若從宏觀分析帝國主性質的角度看，英國人成功地強行進入廣州城，就摧毀了廣東人抵抗外來侵略的意志，讓帝國主義更能為所欲為（見本書第二十章）。其實，在 1857 年 3 月英國下議院的辯論中，西德尼‧赫伯特（Sidney Herbert）已經看穿包令的個人癖好其實蘊藏着更高的戰略意圖，包令夢想着憑藉他強行進入廣州城的計劃，使英國在東方的勢力可以更形鞏固。[207] 倫敦東印度與中國協會會長塞繆爾‧格雷格

204　Cobden, 26 February 1857, *Hansard*, 3d series, v. 144, cols. 1416-1417.

205　均見本書附錄之書評中譯本。

206　Grey, 24 February 1857, *Hansard*, 3d series, v. 144, col. 1235.

207　Herbert, 2 March 1857, *Hansard*, 3d series, v. 144, cols. 1671-1672.

森（Samuel Gregson）更在致函外相克拉蘭敦時說：藉「亞羅」號紛爭與中國交涉時，必須取得進入廣州城的權利，以瓦解中國人對英國滲透中國的抵抗。[208] 克拉蘭敦批示：「向他們保證女王陛下政府會慎重考慮信中意見，因為他們提出的問題非常重要，政府非常重視。」[209] 諸君請看，克拉蘭敦支持包令蠻幹的真正原因在此！

---

208 Gregson to Clarendon, 6 January 1858, FO17/279. 同一文件的另一副本存於霸菱兄弟公司（Baring Brothers）的檔案中，Baring Papers HC6.1.20。

209 Clarendon's minutes on Gregson to Clarendon, 6 January 1858, FO17/279. 官方回覆可在上註的文件中找到，Foreign Office to Gregson, Draft, 8 January 1858，而由哈蒙德（E. Hammond）署名的原信，則存於霸菱兄弟公司的檔案中，Baring Papers HC6.1.20。

第十三章
欽差大臣葉名琛是「洪水猛獸」？

　　長期以來，西方史學家指責葉名琛是洪水猛獸，是挑起第二次鴉片戰爭的罪魁禍首。中國史學家也把他詆毀得體無完膚。本章證明事實完全相反，葉名琛既非罪魁禍首，亦非洪水猛獸。

一、葉名琛受誣

　　英方點燃戰火之後，中國兵勇不管英國平民還是軍人，一律予以襲擊，當然對落單的英軍更予以伏擊。1856 年 12 月 5 日，一名英國海軍陸戰隊員和一名水兵違令，擅自離開大黃滘炮台去買蔬菜，結果陸戰隊員被殺，水兵跳河淹死。[1] 12 月 30 日又發生大規模襲擊英國僑民事件：郵輪「薊」（*Thistle*）號在由廣州開往香港途中，被假扮乘客的中國鄉勇控制，十一名歐洲人被殺，當中還包括西班牙駐黃埔的副領事。[2]

　　那些為帝國開疆闢土的人，日復一日、每隔十分鐘就炮轟人口稠密的廣州城而絲毫不感到遺憾，也不認為把數以百計鱗次櫛比的民居一把火燒掉，百姓死傷不計其數有什麼不妥。但遇有幾名白人平民被殺害，幾個英國士兵被伏擊，他們就呼天搶地般大聲叫囂，難道中國人的性命就是如此不值錢？

　　巴夏禮領事把那名陸戰隊員之死描述為野蠻的暗殺，[3] 西摩爾少將則定性為謀殺。[4] 至於「薊」號遇襲事件，西摩爾形容為「令人髮指的大屠

1　Parkes to Bowring, 6 December 1856, Parl. Papers 1857, v. 12, pp. 185-186; Seymour to Admiralty, 14 December 1856, Parl. Papers 1857, v. 12, pp. 195-197, para. 7.

2　Bowring to Clarendon, 31 December 1856, Parl. Papers 1857, v. 12, p. 305; Seymour to Admiralty, 14 December 1856, Parl. Papers 1857, v. 12, pp. 195-197, para. 1.

3　Parkes to Bowring, 6 December 1856, Parl. Papers 1857, v. 12, pp. 185-186, para. 1.

4　Seymour to Admiralty, 14 December 1856, Parl. Papers 1857, v. 12, pp. 195-197, para. 7.

殺」[5]，包令公使則說它是「陰險的偷襲」。[6] 英國國會同樣予以譴責（將在下文探討），並由倫敦各大報章廣為傳播，日不落帝國各屬地的報章爭相轉載，以至同樣是說英語的美國報章也不甘後人，結果英語世界幾乎所有人都將葉名琛視為「野蠻」、「陰險」的洪水猛獸。[7]

問題是，這些襲擊是否葉名琛親自下令幹的呢？巴夏禮認為不是，但歸咎於葉名琛懸賞殺害英人、獻呈首級。[8] 葉名琛在發出告示獎賞獻上「英夷」[9] 首級時，可能沒有估計到會有這種後果。[10] 但更可能不曾預計到英國人的反應是把涉嫌發動襲擊的村莊全部燒光，藉以「向他們證明，為了欽差大臣的賞格而採取這種行動，其後果是多麼的得不償失」。[11]

對於英方力量，包括軍力和英國的意圖，葉名琛知之有多深？他顯然已經知道英國的種種發明，如火車和蒸汽輪。因為葉名琛被俘後，他的翻譯阿查利（Alabaster）發覺他都懂得這些，並在日記中曾寫道：「我們從火車談到蒸汽船，欽差大臣問了許多關於它們的問題，是誰發明的？他們怎麼會想出這樣的東西來？它們是多久以前發明的？製造它們要花多少錢？」[12] 中國在鴉片戰爭中曾被英國打敗，所以葉名琛很清楚英國的軍力遠遠超過他部下的冷兵器，並曾形容英軍炮彈「厲害」。[13] 上一章說過，葉名琛最初一直委曲求全，直至英國炮擊廣州城，百姓死傷無數，民憤沸騰，他的立場才強硬起來。

5　Seymour to Admiralty, 14 January 1857, Parl. Papers 1857, v. 12, pp. 315-317, para. 1.

6　Bowring to Clarendon, 31 December 1856, Parl. Papers 1857, v. 12, p. 305.

7　如見倫敦報紙《晨報》（Morning Post），17 March 1857。

8　Parkes to Bowring, 6 December 1856, Parl. Papers 1857, v. 12, pp. 185-186, para. 3. 如前所述，葉名琛知道己方遠不能與英國海軍的火力匹敵，故採取了非傳統的策略，例如獎賞獻上英人首級者。見葉名琛告示，28 October 1856, Parl. Papers 1857, v. 12, p. 94。

9　Yeh's public proclamation, 28 October 1856, Parl. Papers 1857, v. 12, p. 94.

10　例如南海知縣華廷傑對於中國鄉勇襲擊的對象不分英國人和非英國人，不分軍人和平民，均感到不可思議；更慨嘆對象不分英國炮艇和香港郵輪，一律不予放過。見華廷傑：《觸藩始末》，載《第二次鴉片戰爭》，第一卷，頁 169。華廷傑是南海知縣，職位相當重要。哪怕是他的副手，官階也相當於英國領事級官員。華廷傑寫下親歷「亞羅」戰爭的記述，有重要歷史價值。

11　Parkes to Bowring, 6 December 1856, Parl. Papers 1857, v. 12, pp. 185-186, para. 3.

12　Alabaster's diary, 12 January 1858. 1858 年 1 月葉名琛被英國俘虜後帶到印度，阿查利一路陪同為他作翻譯。

13　Ibid., 14 January 1858. 如何厲害之處，有比較方知高低，見茅海建：〈第二次鴉片戰爭中清軍與英法軍兵力靠〉，《近代史研究》，1985 年第一期，頁 196–217。

正由於葉名琛在很長的時間裏委曲求全，以至許多中國人指責他處理不善，進而把第二次鴉片戰爭的起因和責任都歸咎於他，影響深遠。[14] 但是根據筆者所掌握到的史料，這種譴責跡近莫須有。為了還原歷史真貌，有必要徹查葉名琛處理戰爭導火線的過程及原委。

二、葉名琛處理「亞羅」號事件的手法

對於巴夏禮最初就「亞羅」號事件所作的控訴，葉名琛的回覆很高明，他斷然否認巴夏禮特別提出的侮辱英旗事件。[15] 雖然當時的中國還沒有國旗，但幾千年來中國人都有軍旗，軍旗是神聖不可侵犯的。身為兩廣總督的葉名琛，是廣東、廣西兩省軍隊的最高統帥，在不久前曾領兵與各路起義軍殊死作戰，[16] 對於軍旗的重要象徵意義有切身體會。在此情況下，葉名琛認為他麾下久經戰陣的官兵，[17] 是不會侮辱英國國旗的，所以斷然否認指控。巴夏禮在同一封伸陳中還向葉名琛提出另外兩項指控，同樣匪夷所思，即「亞羅」號停泊在廣州港灣期間懸掛着英國國旗，[18] 以及中國官兵不理會「亞羅」號洋船長的阻止，仍然將水手拘拿。葉名琛憑常理和在廣東當官多年的經驗推斷，這兩件事都不大可能發生。因為他深知懸掛英國國旗的船隻都受到英軍保護，有英國人當船長的船隻一般都是英國船而同樣受到英軍保護，中國官兵哪會干預？

但巴夏禮為了公報私仇，鐵了心要當眾羞辱葉名琛手下的軍官（見本書第十一、十二章）。這種咄咄逼人的態度使葉名琛進退兩難。紅兵（又稱紅巾軍）遍及廣東全省，廣州還曾被長期圍城。他曾幾經艱險才安然

14　見七弦河上釣叟：《英吉利廣東人入城始末》，載《第二次鴉片戰爭》，第一卷，頁219；李鳳翎：《洋務續記》，同上書，頁222；薛福成：《書漢陽葉相廣州之變》，同上書，頁234；篠園：《粵客談咸豐十七年國恥》，同上書，頁236；蔣孟引：《第二次鴉片戰爭》，頁41–49；以及 Huang, *Viceroy Yeh*, pp. 93-94。

15　Parkes to Yeh, 8 October 1856, Parl. Papers 1857, v. 12, pp. 56-57, para. 3.

16　見拙著：《兩廣總督葉名琛》，第五至六章。

17　請注意，我們一直所指的水師，其實是綠營士兵。詳見拙著：《兩廣總督葉名琛》第三章。

18　葉名琛知道正常情況下這是不可能的。「貴國划艇灣泊下椗，向將旗號收下，俟開行時再行扯上，此貴國一定之章程也。到艇拿人之際，其無旗號，已屬明證，從何扯落？」（Yeh to Parkes, 24 October 1856, Parl. Papers 1857, v. 12, p. 89, para. 7）詳見本書第十二章。

渡過了紅兵的威脅。那些被他從廣州擊退的紅兵隨時可能捲土重來。[19] 他的軍隊曾被圍困過，包括那些之前和紅兵打水戰，現在負責巡港任務的水師，所以士氣非常脆弱。如果順應巴夏禮的要求，當眾羞辱梁國定將軍及其部下，軍隊將顏面無存，官兵士氣將馬上潰渙，他那搖搖欲墜的管治系統也將隨之垮台。

更為嚴重的是，這種羞辱不是一般的丟臉而已，而是一國應另一國的要求，當着外國人的面折辱本國軍隊。因此，就算葉名琛心裏想要順從巴夏禮以息事寧人，都無法付出這種不可思議的昂貴代價。

但巴夏禮下決心要將這個問題製造成戰爭的藉口，並且先斬後奏般挾制包令授權他提出了額外的要求——要求中方為據稱曾發生過的辱旗事件道歉。[20] 對於這個額外的要求，葉名琛斷然拒絕，因為其手下官兵業已信誓旦旦地否認曾冒犯過英旗。[21] 不過，葉名琛還是以近乎道歉的語氣保證：「嗣後中國員弁，斷未有無故向外國華艇緝拿之事。惟中國民人，自造船隻，外國人，幸勿賣給牌照，以致互相混淆，難以辨別。」[22]

一心要動武的巴夏禮完全不為所動，認為這個保證「不可靠」，並説服了艾略特准將認同他的看法。艾略特准將馬上準備採取突擊行動。[23] 葉名琛為免增添更多麻煩，於是下令「前幾天還停泊於廣州城的水師戰船通通駛離本區」。

最後，艾略特和巴夏禮在海關發現一艘帆船。[24] 他們把該船擄走。該船船員顯然遵照葉名琛的命令，並未抵抗。但也惹起相當的鼓譟，「中國船隊〔泊於對面的武裝民間船隻〕中出現一陣不小的騷動，〔葉名琛的〕官邸的直線距離相隔不超過二百碼，聲音必定會傳到官邸」。[25] 葉名琛裝

19　見拙著：《兩廣總督葉名琛》，第五至六章。

20　相關的文件包括 Parkes to Bowring, Desp. 153, 10 October 1856, FO288/213; Desp. 155, 11 October 1856, FO288/213; Bowring to Parkes, Desp. 127, 11 October 1856, FO288/213; Parkes to Bowring, Desp. 156, 12 October 1856, FO288/213。

21　Yeh to Parkes, 14 October 1856, Parl. Papers 1857, v. 12, pp. 68-69, para. 4.

22　Ibid., para. 5.

23　Parkes to Bowring, 14 October 1856, Parl. Papers 1857, v. 12, p. 67, paras. 2-3.

24　Ibid., para. 3.

25　Parkes to Bowring, 15 October 1856, Parl. Papers 1857, v. 12, pp. 70-71, paras. 2.

作沒有聽見。

怒不可遏的巴夏禮辱罵葉名琛罔顧「情理、公義和條約規定」。[26] 葉名琛還是不予理論。[27] 一個星期後，到 10 月 21 日，巴夏禮在黃昏 6 點時分向葉名琛發送伸陳：「將所拘水手，留不送回，係將應為公允查辦之處，及應為恪守成約之議，二者均棄置之不理，是即不但貴大臣允准此次犯違和約。」[28]

葉名琛馬上採取行動，放回十二名船員中的十人，只拘留兩名海盜疑犯。[29] 巴夏禮第二天早上回覆：「所拘去係十二人，亦必定齊將十二人，派官會同，送還艇上。如果缺少一人，本領事官，斷不能查收。」[30] 同一天早上，葉名琛即把全部十二人送回，但不是以巴夏禮要求的方式。[31] 葉名琛顯然想保護屬下官兵免於當眾受辱，並堅定維護中國對本國臣民的司法管轄權，故要求巴夏禮在收到那兩名海盜疑犯之後，馬上解送還給他。[32] 他這樣做無疑是給足了巴夏禮面子。可是，巴夏禮並不領情。

巴夏禮不肯接收那十二人，而且在回覆中隻字不提他們。[33] 同時，他立即寫信給艦隊司令西摩爾少將：「我別無選擇，只得把此事交託給閣下處理。」像是要西摩爾非出手不可那樣補充說：「我呈送欽差大臣的伸陳，昨晚在英國人和外國人社區流傳，他們業已得知，條約賦予我們的權利遭欽差大臣如此踐踏，將馬上導致武力行動。」[34] 巴夏禮卻沒法指出欽差大臣究竟踐踏了條約中的哪一款。

第二天，即 10 月 23 日，下午 4 時，巴夏禮得意洋洋地向葉名琛宣佈，艦隊司令西摩爾少將業已抵達廣州，他的艦隊剛攻佔和摧毀了獵德炮台四座和龜崗炮台，「若不立即盡照前伸所請辦理此事，則將省城各炮

---

26   Parkes to Yeh, 15 October 1856, Parl. Papers 1857, v. 12, p. 71, para. 3.

27   Parkes to Yeh, 15 October 1856, Parl. Papers 1857, v. 12, p. 81, para. 4.

28   Ibid., para. 3 and 5.

29   Yeh to Parkes, 21 October 1856, Parl. Papers 1857, v. 12, p. 82, para. 7.

30   Parkes to Yeh, 22 October 1856, Parl. Papers 1857, v. 12, p. 83, para. 5.

31   Parkes to Seymour, 22 October 1856, Parl. Papers 1857, v. 12, pp. 85-86, para. 6.

32   同上註。

33   Yeh to Parkes, 24 October 1856, Parl. Papers 1857, v. 12, p. 89, para. 7.

34   Parkes to Seymour, 22 October 1856, Parl. Papers 1857, v. 12, pp. 85-86, para. 9.

台，城內各衙署、河面各師船，併行焚燒」。[35]

葉名琛再度充耳不聞。

第二天，英國皇家海軍攻陷廣州濱江的炮台：大黃滘炮台的鳳凰崗炮台、商館區對面的永靖炮台和沙面的兩座炮台。他們遇到的抵抗很輕微，[36] 因為葉名琛早已下令士兵不作還擊。此時的葉名琛，仍盼望避免兵戎相向。[37] 最後，他在晚上 7 時劄覆巴夏禮，仍然力指侮辱英旗之事不曾發生。[38] 巴夏禮代表西摩爾再次去函說，葉名琛的劄覆是重複之前那些「全然失實」的論調，並暗示葉名琛應在廣州城內接見英國官員。[39]

葉名琛拒不答應。

四天後，英軍破城，並攻入葉名琛的官邸，隨之而來的是令人髮指的肆意破壞和搜掠。「英兵走後，一群游手好閒和好管閒事的外國無賴，開始洗劫督署，將一切能拿到手的物件當戰利品帶走。」[40] 這些無賴當中大部份是英國人，其次主要是美國人，他們「匆匆把〔葉名琛的〕房間和眷屬的房間劫掠一番」。[41] 如果葉名琛肯答應巴夏禮的要求，這種對他個人財產和尊嚴的損害完全可以避免。但他不願意這麼做。因此，我們必須探討為何葉名琛堅決不讓外國人進入廣州城。

三、廣州進城問題：早期階段

外國人進入廣州城，在歷史上的重要性，單就 1842 至 1849 年這段時期，美國人諾德（John J. Nolde）就曾寫成一篇博士論文來探討。[42] 筆

35　Parkes to Yeh, 23 October 1856 at 4 P.M., Parl. Papers 1857, v. 12, p. 88-89, para. 5.

36　Parkes to Bowring, 24 October 1856, Parl. Papers 1857, v. 12, p. 68, para. 1.

37　華廷傑：《觸藩始末》，載《第二次鴉片戰爭》，第一卷，頁 165。

38　Yeh to Parkes, 24 October 1856, Parl. Papers 1857, v. 12, p. 89, para. 7.

39　Parkes to Yeh, 25 October 1856, Parl. Papers 1857, v. 12, p. 89, para. 7.

40　Costin, *Great Britain and China*, p. 211.

41　Quai d'Orsay, Chine 19, no. 31, De Courcy to Walewski, 10 November 1856, quoted in Costin, *Great Britain and China*, p. 211.

42　John J. Nolde, '"The Canton City Question", 1842-1849: A Preliminary Investigation into Chinese Antiforeignism and Its Effect upon China's Diplomatic Relations with the West.' Ph.D. dissertation, Cornell University, 1956.

者在此則旨在對這段歷史作重大修正和補充，辦法是大規模擴展涉獵史料的範圍，並廣為引用事件的關鍵人物，包括葉名琛、德庇時、巴夏禮、包令、巴麥尊和克拉蘭敦的私人信件，以及諸如怡和洋行（Jardine Matheson and Co.）的公司檔案，加上已披露的、但諾德沒用上的中國官方和私人文書。至於探尋並分析的焦點，則是進城問題對於第二次鴉片戰爭的發生有多大的直接關係。

德庇時爵士在 1847 年硬闖廣州，要求進城。這個行動來得非常突然，大大出人意表，即使居住在廣州商館區的英國人社群都被嚇了一跳。大衛・渣甸（David Jardine）說：「凌晨一至兩點之間，馬額峨〔Macgregor，當時英國駐廣州領事〕先生把我叫醒，告訴我國艦隊已抵達黃埔，沿途摧毀了虎門各炮台的大炮（約五百門）。」[43] 儘管如此，渣甸還是要等到兩天之後才發覺，艦隊前來的主要目的是想「進城」。[44] 當時葉名琛只是廣東布政使。首當其衝的是他的上司欽差大臣耆英。渣甸觀察到，耆英在這次大軍壓境事件中「的處境十分尷尬。他不反對英人進城，但所有其他官員和百姓均持異議」。[45] 民眾爆發「一兩次騷動」表示反對，耆英不得不派兵彈壓。[46] 中英雙方毫無結果的談判持續了幾天，最後德庇時公使下令英兵於 1847 年 4 月 6 日早上攻城。到了這最後的關頭，耆英才作出讓步。他書面答應英國人，[47] 至兩年後，即 1849 年的 4 月 6 日，允許他們進城。渣甸認為，耆英的這個承諾，「將導致他被革職，並可能因而失寵，因為他此舉開罪了這裏所有其他官員和士紳」。[48]

正如渣甸所料，耆英第二年即被撤職。

英國人為什麼想進入廣州城？廣州居民又為什麼反對？《南京條約》英文本容許英國人在「廣州、廈門、福州、寧波、上海的城鎮」居住。[49]

43　David Jardine to Donald Matheson, 3 April 1847, Matheson Archives, B2/16, p. 1395.

44　David Jardine to Donald Matheson, 5 April 1847, Matheson Archives, B2/16, p. 1397.

45　同上註。

46　David Jardine to Donald Matheson, 4 April 1847, Matheson Archives, B2/16, p. 1396.

47　See Bonham to Palmerston, 23 April 1849, Parl. Papers s1857, v. 12, pp. 241-247, para. 17. 這份協議的英文本附於上述出處，第 283 頁。

48　David Jardine to Donald Matheson, 12 April 1847, Matheson Archives, B2/16, p. 1402.

49　Art. 2 of the Treaty of Nanking（1842）, in Parl. Papers 1857, v. 12, p. 269.

但中文本卻寫明，他們只可以在這些城市的港口居住。[50] 而所謂港口，一般是在城牆以外濱江的商業區。問題是，中國如果大開城門讓英人進入城內，英人可以得到什麼好處？中國人又有什麼損失？一位史學家曾指出，廣州的英商認為，「1844 年後，他們在廣州的貿易贏利欠佳，是因為英國官方無法迫使中方大開中門來歡迎其進入城內」。[51] 此說值得深究。

廣州買進外國貨品，不只是賣給港口後面廣州城內的居民，而是轉售到中國各地。英國商人自行把貨物拿到廣州城內狹窄逼仄的街巷販賣，與中國商人從他們那裏買下，再拿到廣州城內出售，兩者有很大分別嗎？該史學家所引用的原文是這樣的：「新近成立的廣州英國商會和曼徹斯特商會之間往來通信頻繁，後者因而相信貿易受到限制，是由於官方容忍廣州地方當局的敵意所致。」[52] 所以，在廣州英商眼中，問題所在並非英人被拒進城本身，而是以這種拒絕為象徵的官方敵意。這種觀點不完全準確。如上所見，在廣州的英商領袖大衛‧渣甸指出，至少中國官方的首領耆英並不反對英人進城，但「所有其他官員和百姓」卻表示反對。[53]

在約翰‧德庇時爵士的公文中，有一份文件闡明了其中原委。這是廣東巡撫致德庇時的官方回覆，顯示早在兩年前，即 1845 年，德庇時已要求進城。[54] 類似這樣的文案，英國國家檔案館多的是，大大有助於重建自鴉片戰爭以後的連串事件如下：

1843 年《南京條約》互換條約後不久，璞鼎查就向耆英詢問有關進

50　褚德新、梁德主編：《中外約章彙要：1689－1949》（哈爾濱：黑龍江人民出版社，1991 年），第一卷，頁 30。

51　Frederick Wakeman, Jr., *Strangers at the Gate: Social Disorder in South China, 1839-1861* (Berkeley and Los Angeles, University of California Press, 1966), p. 71.

52　Nathan A. Pelcovits, *Old China Hands and the Foreign Office* (New York, American Institute of Pacific Relations, 1948), p. 14.

53　David Jardine to Donald Matheson, 5 April 1847, Matheson Archives, B2/16, p. 1397.

54　Huang Entong to Davis, 31 December 1845, Davis Papers. 我得到德庇時爵士後人林德小姐（Miss Lind），惠允使用收於德庇時藏品總集（Davis collection）的這份及其他文件，謹此致謝。

入廣州城之事。耆英回覆，廣州人群起反對。[55] 璞鼎查決定不再催辦此事。但到了 1845 年 3 月，英國副領事和他的兩名同僚被廣州人搶劫，接替璞鼎查的德庇時，把此劫案歸咎於廣州人成功地拒絕英人進城，由此導致英國人遭到鄙視。[56] 德庇時利用一起普通劫案來強調這種敵意，似乎有些牽強。但他仍然藉此牽強的理由要求進城，可見他為達到目的而不擇手段。耆英馬上將匪徒緝拿歸案。[57] 德庇時隨即改變策略，指出在其他通商口岸，外國人皆可進城，惟獨廣州不可，豈有此理。[58] 耆英回覆曰，廣州的士紳均以外國人進城為不可。[59] 德庇時隨即向倫敦報告這個答覆，並通知耆英，[60] 耆英無言以對。

德庇時隱忍未發。八個月後，耆英通知他，鴉片戰爭最後一筆賠款已準備好交付給英方。[61] 英國人自戰後即佔據舟山群島，而根據和約，「迨及所議洋銀全數交清，而前議各海口均以開闢俾英人通商後」，英國即應撤軍，歸還舟山。[62] 可是，德庇時不理會耆英的通報，並且回訴，倫敦指示他繼續佔領舟山，直至英人得以進入廣州城為止。他的理據是，廣州城並未如其他通商口岸那樣向外國人開放。[63] 耆英大感驚訝，反駁說條約並未准許外國人可進入廣州城（以中文本來說確實如此），德庇時不能因為倫敦的指示而作進城要求；而且，如果條約的條款可以根據某人的指示就任意更改，條約就變得毫無意義。[64] 廣東巡撫黃恩彤加入辯論，反問德庇時為何那麼堅持要進城，這與英國來華通商從事貿易，有何關

55   Qiying to Pottinger, 9 July 1843, enclosed in Joint Declaration by Pottinger and Qiying re Exchange of Treaty, 26 June 1843, FO682/1967/92. 這份附件可能被璞鼎查的正翻譯官誤放到那裏，因為它的日期比聯合聲明晚。

56   Davis to Qiying, 22 March 1845, FO682/1978/17.

57   Qiying and Huang Entong to Davis, 29 March 1845, FO682/1978/20.

58   Davis to Qiying, 8 April 1845, FO682/1978/17.

59   Qiying and Huang Entong to Davis, 18 April 1845, FO682/1978/20.

60   Davis to Qiying, 24 April 1845, FO682/1978/22.

61   Qiying to Davis, 15 December 1845, FO682/1978/60.

62   Art. 12, Treaty of Nanking, in Parl. Papers 1857, v. 12, p. 271.

63   Davis to Qiying, 20 December 1845, FO682/1978/64.

64   Qiying to Davis, 21 December 1845, FO682/1978/65.

係？[65]

　　但是有些英國無賴已經按捺不住了。1845 年 11 月 28 日，以及 12
月 15 日和 16 日，幾夥英人揮舞着手槍試圖強行入城。耆英要求德庇時
加以約束。[66] 德庇時反而要求耆英發出告示，開導粵民理性對待英人進城
問題。耆英順應其要求。但告示貼出後，立即被穗民撕毀，而且屢貼屢
毀。廣州知府劉潯還因他的府衙傳聞藏有英人而被襲擊，群眾衝入衙門
搜掠後，放火將之燒毀。[67] 大受驚嚇的耆英與廣東巡撫黃恩彤共同向穗民
公開道歉，佯裝前舉只是體察民情，而非真想讓英人進城。[68] 顏面無存的
兩廣總督耆英上奏道光帝，説如果他繼續遷就英國人而激怒廣州人，「誠
恐變生肘腋」，但他又害怕如果太過拂逆英國人，將導致另一場外患。[69]

　　難怪有史學家問：「圓能變成方嗎？」[70]

　　1849 年 4 月，兩年之約行將屆滿，葉名琛發現自己處於同樣的困境
之中。此時耆英已被召回北京。徐廣縉繼任兩廣總督，葉名琛為廣東巡
撫。文翰則接替德庇時。因此，履踐耆英許諾的責任，就落在新一代談
判者的肩上。這次談判將以中方得勝告終。

四、廣州進城問題：1849 年的外交政變

　　中方得勝的因素之一，是諾德博士所稱的「偽詔」，即徐廣縉在
1849 年 4 月 1 日照會文翰時所附的上諭。[71] 在該上諭中，道光帝拒絕讓英
人進入廣州城，最後文翰同意將爭議暫時擱下。在諾德博士之前，黃延
毓博士已發現一道更早的聖旨，發出日期為 1849 年 3 月 11 日，該道聖

65　Huang Entong to Davis, 31 December 1845, FO682/1978/65.

66　Qiying to Davis, 21 December 1845, FO682/1978/65.

67　Qiying to Davis, 18 January 1846, FO682/1978/66.

68　英國人將耆英的告示翻譯成英文，附於 MacGregor to Davis, Desp. 13, 23 January 1846,
　　FO228/61。

69　Qiying to Emperor, 28 May 1846,《籌辦夷務始末・道光朝》，第七十五卷，頁 37b。

70　Wakeman, *Strangers at the Gate*, p. 80.

71　John J. Nolde, 'The False Edict of 1849', *Journal of Asian Studies*, 20, no. 3 (1960), pp. 229-315.

旨事實上已准許英人進城。[72] 前後兩道聖旨，促使諾德博士深入探究並得出兩個結論，第一、傳給文翰的聖旨是偽造的；第二、這是徐廣縉一手策劃的把戲。[73]

中國學者對諾德博士的著作不以為然。因為偽造聖旨是冒天下大不韙之事，徐廣縉這樣做，不但自己的性命財產不保，連與他有血緣和姻親關係的九族都將被誅連。[74] 亟盼推翻諾德結論的中國史學家不乏其人。第一位是北京故宮檔案專家酈永慶。儘管酈氏近水樓台地遍尋多年，依然無法找出徐廣縉附給文翰的那道聖旨。[75] 中國社會科學院研究員茅海建（現為澳門大學講座教授）則更擴大搜尋網，不只尋找該份聖旨，還爬梳了軍機處隨手登記檔、上諭檔，以及中央政府不同部門之間的公文往來記錄，就算該聖旨原件遺失，也希望能找到有關記錄，但可惜同樣毫無結果。[76] 最終，兩位學者都迫得承認，諾德的推斷很可能是正確的。

其實，諾德的結論雖然瘋靡了當時的西方學術界，但並非建築在直接的、堅實的史料上，而是間接地、採用比較相關文件的用詞而得出來的。更為關鍵的是，他用來比較相關文件用詞的文件並非中文本，而只是英文翻譯本，而該譯本又似乎是出自澳門《中國叢報》（*Chinese Repository*）的美籍編輯衛三畏（S. W. Williams）的手筆。[77] 筆者窮追中文原件多年，終於在英國國家檔案館所藏的兩廣總督葉名琛檔案中得償夙願，原來該原件附錄於徐廣縉致文翰的照會之中。[78]

這一發現，意義重大。

這份傳說中的聖旨的抄本，除了一些藻飾之詞外，關鍵的句子似乎

72　道光帝諭旨，1849 年 3 月 11 日，《籌辦夷務始末·道光朝》，第七十九卷，頁 39b－41a。

73　Nolde, 'False Edict', pp. 229 and 312.

74　即所謂「誅九族」。

75　酈永慶：〈關於道光二十九年的「偽詔」考析〉，《歷史檔案》，1992 年第 2 期，頁 100－106。重印於《中國近代史》1992 年第 6 期，頁 79－85。

76　茅海建：〈關於廣州反入城鬥爭的幾個問題〉，《近代史研究》，1992 年第 6 期，頁 43－70。

77　此外，在英國的檔案中有另一份譯本，兩者字眼不同但意思相似，見 Xu to Bonham, 1 April 1849, Parl. Papers 1857, v. 12, p. 237. 這是由德國傳教士郭士立所譯，他當時受聘為文翰的正翻譯官，這個職位後改稱漢文正使。

78　筆者把此件存入參考資料 FO682/1982/17, Xu to Bonham, 1 April 1849.

正是來自徐廣縉先前上呈道光帝的奏摺，說他將如何答覆英國人。[79] 這個發現，讓筆者相信徐廣縉偽造了他交給英國公使的所謂聖旨，如此可以順利解釋為何在故宮博物館沒有存檔，隨手登記檔和相關文件也沒有提及。在這更為直接、堅實的史料上，筆者認為諾德的「偽詔說」成立。

但諾德的另一個結論卻令人疑竇叢生：茲事體大的一個圖謀，若說只由徐廣縉一人單獨策劃和執行，是難以令人置信的。諾德尋遍所有已出版的中國第一手資料，均未找到能令他進一步佐證其「偽詔說」的真憑實據。[80] 然而，葉名琛的原始檔案中卻藏有關鍵文件。原來，除了兩廣總督徐廣縉以外，廣東巡撫葉名琛也曾上奏道光帝。葉名琛在奏摺中強烈反對讓英人進入廣州城，認為英國包藏禍心，想挑撥離間官民之間的關係，從而顛覆廣州政府。[81] 葉、徐的奏摺看來是同時於 1849 年 4 月 14 日送達北京，因為當天所發的一道上諭，說已收到這兩道奏摺。該道上諭還將葉名琛的說法原文照錄：「外患固屬堪虞，內變尤為可慮」。更將葉名琛奏摺的結論，換一個說法提出，變成新的指示：「以安民為撫夷之本」。[82] 由此撤回了之前准許英國人「入城一遊」的上諭。[83] 這一道較早之前發出的上諭，是回應徐廣縉更早之前報告他在 2 月 17 日和 18 日與文翰會面情況的奏摺[84] 徐廣縉在該奏摺中，要求皇帝「指授權宜」，[85] 以至諾德認為徐廣縉已「計窮智盡」。[86]

現在葉名琛似乎提出一個徐廣縉和道光帝都能接受的方案，藉以改變兩人的想法。諾德的結論因而需做修正——那就是：並非徐廣縉獨斷獨行，而是有葉名琛這位同謀者。

---

79 徐廣縉奏摺（1849 年 4 月 14 日送達北京），《籌辦夷務始末・道光朝》，第七十九卷，頁 44a－b。

80 Nolde, 'False Edict', p. 312, n. 88. 他爬梳的史料包括《籌辦夷務始末》、《大清歷朝實錄》和《東華續錄》。

81 葉名琛奏摺（1849 年 4 月 14 日送達北京），FO931/810。舊參考號是 FO682/112/3/19。見下註。

82 致徐廣縉、葉名琛等上諭，1849 年 4 月 14 日，FO931/787。舊參考號是 FO682/325/5。

83 道光帝諭旨，1849 年 3 月 11 日，《籌辦夷務始末・道光朝》，第七十九卷，頁 39b－41a。

84 致徐廣縉、葉名琛等上諭，1849 年 4 月 14 日，FO931/787。

85 徐廣縉奏摺（1849 年 4 月 14 日送達北京），《籌辦夷務始末・道光朝》，第七十九卷，頁 36b－38b。引自 Nolde, 'False Edict', pp. 308-309。

86 Nolde, 'False Edict', pp. 308.

　　魏斐德（Frederic Wakeman, Jr.）教授及其高足詹姆士‧波拉切克（James Polachek）教授曾相繼指出，徐廣縉和葉名琛之所以決定採取強硬態度對付英人，是因為 1848 年間，徐廣縉一直從商人那裏得到消息，指「英夷現與佛蘭西構釁，各存戒心，幾有不暇顧及貿易之勢」，據此進而忖測英國不會冒險與中國開戰。[87] 但是，大多數徐廣縉所得的「情報都傳到了北京」[88]，卻仍然無法令道光帝下決心拒絕英國人進入廣州城。徐、葉兩人就更不可能這樣做了，尤其是道光帝已經下諭准許英人進城一遊。因此，魏斐德和波拉切克的結論同樣不能成立。

　　關鍵是：葉名琛所建議的辦法被道光帝採入上諭之中而變成指示。更重要的是，葉名琛所建議的、嚴拒英人進城的策略在 1849 年反敗為勝。從此以後，葉名琛已勢成騎虎，不可能再改變立場了。結果，正如我們在前三章所見，他一直守恪着這一立場：嚴拒英人進城。

　　1849 年的葉名琛，為什麼要在這節骨眼上提出反對英人進城，並且是反對得如此堅決？道光帝之在 1849 年 3 月 11 日決定「暫准」英人進城後，似乎是因為擔心廣州會爆發嚴重民變。於是他在同一天發出第二道上諭，要求巡撫葉名琛及將軍、副都統、水陸各提督慎密嚴防，務必處處周匝，不令多事，否則嚴行懲治負責官員、將領。[89] 葉名琛非常清楚，如果讓英人進城，他就無法「不令多事」，因為暴亂必然會發生。退一步說，如果拒絕英人進城，而英人強闖，結果導致英國人與廣州人之間爆發衝突，葉名琛等人仍然要負責任。但是，若僥倖地阻止了英人進城，那就一切問題都解決了。於是葉名琛孤注一擲，決定阻止英人進城。而葉名琛這個決定，正是那道提出要嚴懲廣州大員的上諭，迫使葉名琛走投無路才作出的；自此以後更杜絕了他與英人妥協的路子，他必須義無反顧地堅持到底。

　　此外，造成葉名琛其後拒不讓步的原因，還有他曾採取過的另外一

87　見 Wakeman, *Stranger at the Gate*, p. 103; Polachek, *Inner Opium War*, pp. 252-253。

88　Polachek, *Inner Opium War*, p. 358, n. 29, 指《籌辦夷務始末‧道光朝》，第七十九卷，頁 15a－16b、17b－19a、23a－24a，以及特別是 31a－32b。

89　道光帝給廣東巡撫葉名琛、將軍穆特恩、副都統烏蘭泰、水師提督洪名香、陸路提督祥麟的上諭，1849 年 3 月 11 日，FO931/781。舊參考號是 FO682/325/4/4。

項措施：他和徐廣縉將 1849 年 4 月 1 日所發、附有偽詔的照會，「印刷刊行於整個廣州城」。[90] 他們的意圖很明顯，竭力爭取廣州人的支持，團結一致抗拒英人進城。葉名琛這樣做，確實是破釜沉舟之舉，從此以後，他怎麼還敢與廣為傳佈的「諭旨」背道而馳？

而且，他堅不妥協的態度，又被他事後所獲得的榮耀進一步鞏固強化了。道光帝加封他為男爵，高級官吏紛紛寫恭維詩詞給他道賀，廣州人樹立牌樓紀念他的功勳。[91] 如此這般，騎虎難下的葉名琛，還怎可能在 1856 年的「亞羅」號事件發生後，讓英國人進城！

五、廣州進城問題：特洛伊木馬

由於成功拒絕了英人進城而讓廣州人所滋生的意氣風發，讓那位時任英國駐廣州領事的約翰‧包令看在眼裏很不是滋味。包令本應在 1849 年 4 月 13 日才履任，[92] 但早在 3 月 28 日就已經抵粵。[93] 所以，當謠言紛傳說徐廣縉接到上諭，允許英人進城，令英人為之大為振奮，此時身在廣州的包令親耳聽聞之餘，也隨之振奮。[94] 到了 4 月 1 日，卻又傳來了文翰收到的第二道上諭（偽詔），[95] 冷水潑在熱情上，冷上加冷。英人罷議進城，粵人狂歡慶功，對於生意慘敗而落泊天涯的包令來說，更是雪上加霜。猶有甚者，他已五十七歲，[96] 1833 至 1837 年，以及 1841 至 1849 年，兩度成為尊貴的國會議員的他，已非初生牛犢，這次來廣州，並不是要經歷考驗和憂患以磨練自己。反之，他是有名的資深學者，擁有名實相符的國際聲望，結果對於各種侮蔑自然而然地特別敏感。

90　Bonham to Palmerston, 23 April 1849, Parl. Papers 1857, v. 12, pp. 241-247, para. 9.

91　見拙著：《兩廣總督葉名琛》，頁 168。

92　見 Fairbank, *Trade and Diplomacy*, p. 474。

93　包令在 1849 年 3 月 27 日離開香港赴廣州。見 Bowring to Palmerston, 27 March 1849, Broadlands MSS, GC/BO/83 (quoted here by permission of the trustees of the Broadlands Archives)。

94　Bonham to Palmerston, 30 March 1849, Parl. Papers 1857, v. 12, pp. 231-234, para. 在這份公文中，文翰說「代理領事顏士禮（Elmslie）在 28 日所寫的私人信」提及這點。

95　Xu Guangjin to Bonham, 1 April 1849, FO682/1982/17.

96　Coates, *China Consuls*, p. 498.

而且，他是初次到東方，又是剛剛從英國抵達，完全沒有在廣州城處理事務的經驗。[97] 此外，雖然他因為生意失敗，而欣然接受巴麥尊的任命，[98] 但對於被派往廣州領事館擔任這種相對低微的職位，頗有削足適履之感。他這個人又充滿自尊自傲，例如在離開英國前，便問巴麥尊他是否可以覲見維多利亞女王，他想藉此令中國人對他另眼相看。可是巴麥尊回答：「擔任全權公使以下職級的人，不會獲得女王特別接見。我不能破例。」[99] 更要命的是，包令信心十足地認為，他的上司文翰公使做不到的事，他一定能做得到。當他從英國抵達香港轉廣州履任時還在預計，他「強有力地與中國官員打交道，將會帶來令人欣喜的結果」。[100] 他更滿以為徐廣縉會親赴領事館去拜候他。[101]

他的上司文翰公使的期望就沒有包令那麼高了。當文翰收到徐廣縉 1849 年 4 月 1 日發出、附有偽詔的照會後，就曾做了最後一次的嘗試，企圖藉故進城——藉口正是剛上任的包令。他提出了帶領新領事到廣州城內的總督府作禮節性拜訪，他說：剛巧「此次有管事官包，由英國新來，本大臣引伊，同往拜會貴大臣，乃喜事也」。[102] 徐廣縉同意與文翰及包令兩人會面，但不是在他的總督府，而是在廣州城牆以外伍崇曜的仁信棧房。[103] 失意的文翰回覆曰：「所議之款，今如前未定，必須存候也。」他取消了此趙廣州之行，並補充說：「至本國新任管事官包，統候貴大臣隨便定期，致在仁信樓會拜。」[104] 滿心歡喜的徐廣縉，見全權公使文翰不

97   Bowring, *Autobiographical Recollections*, p. 216.

98   1841 年包令當選博爾頓（Bolton）議員後，把全部財產投資於格拉摩根郡（Glamorganshire）的鋼鐵廠，但 1847 年發生經濟大蕭條，他頓陷財務困境。Bartle, 'Political Career of Sir John Bowring', pp. 402-416。

99   Bowring, *Autobiographical Recollections*, p. 288.

100   Bowring to Palmerston ,27 March 1849, Broadlands MSS, GC/BO/83.

101   Bowring to Palmerston ,12 May 1849, Broadlands MSS, GC/BO/84.

102   Bonham to Xu, 4 April 1849, Parl. Papers 1857, v. 12, pp. 237-238. 中譯附於 FO682/1982/18，但文件的日期是 1849 年 4 月 2 日。

103   Xu to Bonham, 6 April 1849, FO682/1982/19. 此文件的英文本存於 Parl. Papers 1857, v. 12, p. 239。

104   Bonham to Xu, 9 April 1849, Parl. Papers 1857, v. 12, pp. 240.

來，也不願意單獨接見這名新領事，於是說「本大臣當飭委員相會」。[105]

徐廣縉的這個決定，可能是和葉名琛商議之後作出的，所謂督撫一體共進退也。他們最後究竟找了誰去接見新任領事？這個問題不大受人重視，因此與之相關的文檔也沒有收入英國國會文書，可是這對於本節所討論的問題卻極為重要，因為這使初到廣州的包令的自尊自傲大受打擊。好在這些文件是用中文寫成，當時被抄錄進記錄冊，因而保存於倫敦的英國國家檔案館。

在徐廣縉和葉名琛決定命下屬來接見包令之前，包令竟然又透過文翰提出接待他的中國官員的品秩必須與他相當。文官中的督糧道、知府，以及武官中的副將都是他心中的人選。[106] 三天後，包令再次透過文翰提出要求說：他自己有別於其他英國領事，因為他是由女王親自委任的。他的前任顏士禮（A. W. Elmslie）出任代理領事時，來接風的是一位布政使。因此，接待他的中國官員職級必須比布政使要高。[107]

包令搞不清楚中國官制的等級。行省布政使在九品中屬從二品。在他之上的就是巡撫葉名琛（正二品）。可是包令卻把他之前提出督糧道（正四品）和知府（正五品）接見他的要求，[108] 暴升至布政使。最後，徐廣縉和葉名琛派去接見包令的，是南海知縣和番禺知縣兩位，包令深覺受辱。因為他們屬從六品，職級遠低於包令所要求的布政使。徐、葉兩人似乎認為，包令的職位是領事，負責英國在廣州的外交事務，而這兩位通稱兩首縣（全廣東省以此兩縣為首）的知縣，共同負責省會的行政工作，因此是全省最高級的縣令。會面地點仍然定在伍崇曜的仁信樓，在那裏設宴為包令洗塵。傳達這個邀請的公函文末寫道：「本大臣待客之禮，不為不周矣。」[109]

包令拒絕邀請，並向巴麥尊投訴，「身為領事無可奈何，殊感屈

105　Xu to Bonham, 14 April 1849, in ibid. 中文原件，見 Xu to Bonham, 14 April 1849, FO682/1982/19.

106　Bonham to Xu, 20 April 1849, FO677/26.

107　Bonham to Xu, 23 April 1849, FO677/26.

108　見拙著《兩廣總督葉名琛》，表一，「廣東省官職表」，頁41。

109　Xu to Bonham, 30 April 1849, FO682/1982/22.

辱」。[110] 他表示，自己的尊嚴備受打擊，感到「創巨痛深」。[111] 他警告中國人，「這種倒退的政策會帶來危險」。[112] 但中方置諸不理。

讓包令更為惱火的是：廣州當局把皇帝因為徐、葉拒絕英人進城所立功勞、而冊封兩人的上諭加以印刷，廣為分發廣東全省。[113] 包令忍無可忍，請求巴麥尊把他派到中國的其他口岸，或者至少讓他休假，因為他覺得「為了保住健康，絕對有必要轉換環境」。[114]

但包令被迫留了下來，更要眼睜睜地看着廣州人歡騰慶功，他的心情痛苦不已。八年後，即 1856 年，他回首生命中的這一段光陰時，仍然咬牙切齒：「皇帝寫道，欽差大臣『不折一兵，不發一矢』，就成功令『英夷不敢進城』，『朕嘉悦之忱，難以盡述』。幾百人獲得擢升。皇帝下旨樹立六個牌坊，以表揚挫敗夷人圖謀的智慧與勇氣。」[115] 終於，1856 年 10 月 8 日所發生的「亞羅」號事件給包令帶來了一雪前恥的藉口，結果給予巴夏禮以下指示：「我認為應該把握這個機會，砸掉一個或更多花崗岩紀功碑，它們銘刻着徐廣縉成功地將我們拒諸城外的政策。我們必須借此機會好好地教訓他們一番。」[116]

這件波譎雲詭的事件也在北京上演，並且不只是在 1849 年。這宗後繼事件對於包令和葉名琛的影響更甚。1850 年 12 月 1 日，新皇帝咸豐[117] 懲辦前任兩廣總督耆英和曾經提拔他的軍機大臣穆彰阿。咸豐帝是以 1849 年徐廣縉、葉名琛成功地拒絕英人進入廣州城為證據，明文指責耆英在廣東時抑民以媚外，罔顧國家——暗指耆英在 1846 年 1 月公開勸導廣州人讓英國人進城，以及耆英的告示被撕毀，廣州知府府衙被破壞（上文已述）。咸豐帝指責耆英幾乎釀成民變，革除他文淵閣大學士職務（正

110　Bowring to Palmerston, 12 May 1849, Broadlands MSS, GC/BO/84.

111　Bowring to Palmerston, 23 May 1849, Broadlands MSS, GC/BO/85.

112　Bowring to Palmerston, 11 June 1849, Broadlands MSS, GC/BO/86.

113　該道 1849 年 5 月 7 日所發的上諭印刷本抄本，收於上書。

114　Bowring to Palmerston, 19 June 1849, Broadlands MSS, GC/BO/86.

115　Bowring to Clarendon, 14 November 1856, MSS Clar. Dep. C57 China (quoted here by kind permission of the present Lord Clarendon).

116　Bowring to Parkes, 21 October 1856, Parkes Papers.

117　咸豐帝於此年剛剛即位。

一品），降為六部員外郎候補（從五品）。穆彰阿也被革職，更受到嚴厲訓斥，永不敍用。[118]

發生了這樣的事情後，能不令葉名琛對於容許英國人進入廣州城這個問題，更膽戰心驚？同樣，包令豈不更加堅決地要搗破廣州城門，來強迫中方撤銷此「倒退的政策」[119]？

當包令繼而得悉，那受到 1849 年徐、葉大勝而歡欣鼓舞的新皇帝，竟然欲禁止進口和吸食鴉片，包令馬上警覺英國的國家利益將受到嚴重威脅。於是包令告訴外相巴麥尊，欽差大臣徐廣縉「接到停止鴉片貿易的諭旨」，「並且他有一個遠比『蠻夷問題』更重大的事情要處理」。[120] 在包令眼中，徐廣縉同樣因為其成功而大受振奮，以致變得「孟浪輕狂、剛愎自用」，如果不對他的政策予以制衡，將「釀成災難」。[121]

有關再次禁煙的謠言並非空穴來風。1849 年 4 月 1 日，就在徐廣縉向文翰傳遞偽詔之前幾個小時，他在給道光帝的奏摺中贊同其憂慮，即文翰可能趁機強迫中國開禁鴉片販賣。[122] 這種憂慮甚至可能是徐廣縉和葉名琛故意加諸道光帝心中的，言下之意是文翰若成功進城就會得寸進尺地提出開禁，藉以改變道光帝原先准許英人進城的決定。[123] 直到一旦扭轉皇帝決定的目的達到之後，徐、葉似乎就不願意推行這件過去已經失敗過的禁煙運動，以免賠上自己的仕途。但包令對於廣州與北京之間的幕後作業無從得知，而一道聲稱是由皇帝授權、兩江總督頒發的嚴禁鴉片告示又湊巧在此時出爐，使這個問題再度熾熱起來。這道告示被翻譯後

118　咸豐上諭，1851 年 12 月 1 日，《大清歷朝實錄・咸豐朝》，第二十卷，頁 28b－31a。有中國史學家極力為耆英辯護，指咸豐帝將耆英革職，是欲加之罪何患無辭。他顯然不清楚 1846 年和 1849 年的相關事件，因而也看不出表面和暗地裏的指控。見姚廷芳：《鴉片戰爭與道光皇帝：林則徐・琦善・耆英》（台北：三民書局，1970 年），下冊，頁 375－376。

119　Bowring to Palmerston, 11 June 1849, Broadlands MSS GC/BO/56.

120　Bowring to Palmerston, 23 May 1849, Broadlands MSS GC/BO/85. See also Bowring to Bonham, 19 May 1849, Parl. Papers 1857, Session 2, v. 43, p. 114.

121　Bowring to Palmerston, 12 May 1849, Broadlands MSS GC/BO/84.

122　Xu to Emperor, 1 April 1849, FO931/785 (old reference FO682/112.3.20).

123　同上，細讀這道奏摺肯定會給人這種印象。

刊於上海《北華捷報》（*North China Herald*）。[124]

誰將這個想法植入皇帝腦中？包令大概會以為是徐廣縉，有人可能認為是葉名琛，他們說葉名琛「冀雪大恥，尊國體」。[125] 翻閱中國原始文獻發現，其實應該負這個責的是江蘇省的蘇松太道麟桂。[126] 皇帝看了麟桂的奏摺後，命令該道的上司兩江總督陸建瀛體察情形，據實具奏。[127] 陸建瀛也不願意貿貿然斷送仕途，結果他圓滑地回覆說：現正雷厲風行緝捕盜賊鹽梟，遇有煙犯，必定認真查拿。[128] 皇帝硃批：「知道了。」[129] 但包令對南京與北京之間的內部政治同樣無從得知，以至他非常擔心中國政府自認為在廣州進城問題上挫敗了英國而意氣風發，馬上會發起禁煙運動。

包令為何如此擔心中國禁煙？因為他知道「印度三四百萬的財政收入」正是來自鴉片販賣。[130] 如前所述，包令曾兩度擔任英國國會議員，更是國會調查 1840 年代英、中兩國商務關係委員會的成員，[131] 身為國會議員的他，自然能看到每年呈交國會的年度統計報表。他在 1841 至 1842 年鴉片戰爭期間，定必十分留意這些統計數字。身為國會調查委員會成員的他，一定比平常更着力研究這些統計數字與大局的關係。所以，鴉片貿易對英國的重要性，包令是瞭若指掌。

因此，包令在考量廣州進城問題時，增添進去一項新的重要元素，即英國的經濟利益。在他看來，能否保護這些利益，就取決於能否搗破廣州城門，藉此搗毀廣州人、甚至全中國抵抗外來侵略的意志。因此，

124　Proclamation by the Viceroy at Nanjing, 17 August 1850, in *North China Herald*, 7 September 1850. 見 Morse, *International Relations of the Chinese Empire*, v. 1, pp. 548-549。

125　七弦河上釣叟：〈英吉利廣東入城始末〉，載《第二次鴉片戰爭》，第一冊，頁 212；薛福成：〈書漢陽葉相廣州之變〉，載《第二次鴉片戰爭》，第一冊，頁 228。

126　麟桂奏摺（1850 年 3 月 15 日到京），《籌辦夷務始末・咸豐朝・第四卷》，第一冊（北京：中華書局，1970），頁 126－129。

127　皇帝致陸建瀛廷寄，1859 年 3 月 15 日，《籌辦夷務始末・咸豐朝・第四卷》，第一冊，頁 129－130。

128　陸建瀛奏摺（1850 年 4 月 21 日到京），《籌辦夷務始末・咸豐朝・第四卷》，第一冊，頁 141－142。

129　皇帝對在 1850 年 4 月 21 日接到的陸建瀛奏摺（見前註）的硃批，見《籌辦夷務始末・咸豐朝・第四卷》，第一冊，頁 143。

130　Bowring to Clarendon, 4 October 1855, MSS Clar. Dep. C37 China.

131　見 Bowring, *Autobiographical Recollections*。

我們在探討第二次鴉片戰爭的起因時，有必要詳細考察一個重要因素：
帝國主義經濟學，當中不僅涉及中、英兩國，還涉及印度（將在本書第
六部份探討）。在此，我們要知道，「禁煙虛驚」發生後不久，朝中最有
影響力的穆彰阿和耆英就雙雙被撤職。英國人把此兩人被撤職之事視為
中國重新振作的跡象，連倫敦也受到了震撼。六年後，這件事在國會有
關第二次鴉片戰爭的辯論中又被人再提出來討論。[132]

　不幸的是，文翰罷議進城後，廣州官民誤以為英國的威脅已過而沾
沾自喜之時，卻完全沒意識到自己剛剛促使新領事包令變成了停靠在廣
州城門外的特洛伊木馬（Trojan Horse）。包令覺得蒙受了奇恥大辱，更
加上他對國家經濟利益的密切關注，演變成了一種強硬的執拗。他向巴
麥尊子爵剖白道：「誠然，如果光以進入廣州城城門的價值來考量，進城
權利本身是毫無意義的。但〔徐廣縉〕心中是有更遠大的圖謀，並且涉
及嚴重後果。他想要打敗，想要戰勝外國人。」[133]「亞羅」號事件發生後
包令把廣州之受到炮轟歸咎於「洪水猛獸葉名琛」的不肯妥協，也就絲
毫不奇怪了。

六、果真是洪水猛獸？

　葉名琛果真是洪水猛獸嗎？1858 年 1 月英軍俘虜了他之後，一名海
軍陸戰隊的上校叫 Colonel Crealock 的，為他畫了一幅速寫，迅速傳遍全
球。《泰晤士報》的戰地記者柯克（G. W. Cooke），固然在他的書《中國》
（China）[134] 中載入了這幅畫像，其他關於這個主題或時代的著作，也反反
覆覆地轉載這幅速寫。這幅速寫中的葉名琛惡形惡相，有如名副其實的
洪水猛獸。是否 Colonel Crealock 故意要把他畫成這樣？筆者堅持「盡信
書不如無書」的真理，上窮碧落下黃泉也要全面地發掘有關資料，結果

132　見如 Gladstone, 3 March 1857, *Hansard*, 3d series, v. 144, cols. 1792-1793。

133　Bowring to Palmerston, 27 March 1949, Broadlands MSS GC/BO/83/1.

134　W. G. Cooke, *China: Being 'The Times' Special Correspondent from China in the Years 1857-8, with Corrections and Additions* (London, G. Routledge, 1858).

有幸神交了一位當時的英國記者，他像筆者一樣矢志做實地調查。他的機會終於來臨了：那就是 1858 年 1 月，承載着葉名琛的英國皇家海軍的主力艦「不屈」號（HMS *Inflexible*），從廣州到達香港並暫作停留以便補給。於是該記者登船親往看望葉名琛，然後報道説：

> 　　我們的讀者之中，無疑有不少人都見過據稱是欽差大臣葉名琛的正面和側面像。過去，亨利·富澤利（旅英瑞士畫家）為了令自己腦海中浮現出恐怖事物，故意去吃生牛排和生洋蔥。繪畫葉名琛肖像的這位畫家，一定也是採用了同樣的飲食方式，並在腸胃翻騰的時候作畫。因為我們剛巧得以好好端詳真人，實在看不出他和那位畫家筆下那面目猙獰的惡棍有何相似之處。[135]

真實的葉名琛是什麼長相，該記者這樣描述：

> 　　他的頭很大，臉頰飽滿，看起來饒有智慧，比耆英長得好看多了，也不像 1845 年和耆英一起在這裏的那個魁梧的中國人黃恩彤那麼大塊頭。他身穿一襲寬鬆而褪了色的藏青色絲綢長袍，胸口處有兩大片鼻煙的污跡，頭戴小圓帽……偶然有其他人登艦，脱帽向葉致意，他就從椅上站起來，欠身脱帽還禮。

該記者繼續説：「非常英國氣的艦上官兵似乎都對這位階下囚頗有好感。他們敬重葉名琛之泰然處理自己的淪落和被囚，敬重他的沉着鎮靜、不亢不卑。在他們心裏，他是位才智兼備之人。」[136]

七、反響及反思

所有書評作者都不同程度地贊同筆者的結論。如此，美國加州州立

135　*Hong Kong Register* (newspaper clipping), 16 February 1858, Ryl. Eng. MSS 1230/84.

136　同上。

大學富爾頓分校托馬斯・賴因斯於教授說：「葉名琛廣受中國和外國史學家撻伐，有指他應付英國人不當，有說他不斷反對英國人進入廣州城，黃宇和卻認為葉名琛拒絕英國人進城，事實上是最能顧全大局的決定。葉名琛面對附近太平軍威脅，又接到必須維持治安的上諭，他了解到英國人進城將引發暴動，由此削弱他的軍事威信，並觸怒皇帝。」

而英國牛津大學科大衛（David Faure）教授的評論最為動人：「此書的讀者不會忘記書中論點，但他們的心卻會飄向被英國俘虜送到印度的兩廣總督葉名琛。他一路帶着廚子，攜同自己的糧食；最後所帶的糧食耗盡，他寧可餓死，也不食夷粟。」

在過了二十三年後的今天，筆者的想法又提升了一步。

經微觀探索，筆者建構出了一幅較為逼近歷史真相的圖畫——包令執着進入廣州城，葉名琛誓死抵制——之後，進一步宏觀地考量帝國主義的性質，結果上一章則發現包令之執着，目的除了報復個人私怨以外，還蘊藏着更高的戰略意義——摧毀廣東人抵抗外來侵略的意志。本章更發現包令矢志摧毀廣東抵抗外來侵略意志的最終目標，是要防止那位 1849 年成功制止英人進入廣州城而意氣風發的咸豐帝下諭禁煙。與此比較，葉名琛之誓死不讓英國人進城，所考慮的主要是為了防止民變，而防止民變的最終目標則是自保。他最後寧可餓死，不食夷粟，當然令人肅然起敬，但救不了國家。

若把包令與葉名琛視為當時英中兩國官員的縮影，無疑呈現出亦步亦趨的強烈對比——一個為了國家全力積極進取，一個為了個人考量而消極抵抗。

第十四章
霸道對王道

一、「仇外狂」？

英國政府一直堅稱，不但英國國旗曾經受辱，在華英國僑民也長期受辱，並說僑民受辱顯著的例子之一是廣州當局禁止他們進入廣州城。結果包令堅決要打開廣州城的城門；但無論他如何急速加劇施諸廣府的壓力，葉名琛仍然堅決不肯遂其所願。葉名琛堅定不移的立場，是建築在廣州民眾激烈反對英國人進城的普遍民意。不料英國政府卻把葉名琛堅定不移的立場歸咎為導致第二次鴉片戰爭的原因之一，並把所有相關的往來書信文件蒐集、刊印和派發給國會議員進行辯論。[1]

美國學者諾德鑽研了這批印刷品後，更把英國政府聲稱的這種所謂受辱，昇華為理論，稱之為「仇外狂」（xenophobia），[2] 並進而拾英國政府的牙慧進一步發揮，一口咬定中國人的「仇外狂」乃導致第二次鴉片戰爭的重要原因之一。

諾德博士採用了《牛津字典》（*Oxford Dictionary*）對「仇外狂」的定義曰：「對於外國人的病態恐懼和厭惡。」[3] 此外，他還把「仇外狂」區分為「民間仇外狂」和「官方仇外狂」兩大類，前者見於民眾，後者則體現於廣州政府的政策。

1　Parl. Papers 1857, v. 12, pp. 325-560，內附一本共有 236 頁的藍皮書，題為《在華受侮辱事件通信彙編》（*Correspondence Respecting Insults in China*），涵蓋自 1842 年 12 月 20 日至 1856 年 12 月 8 日的時段。大部份事件是發生在 1842 至 1849 年間的廣州。

2　John J. Nolde, 'Xenophobia in Canton, 1842 to 1849', *Journal of Oriental Studies*, 13, no. 1 (1975), pp. 1-22

3　Ibid., p. 1, col. 2.

二、「民間仇外」抑或「原初民族主義」？

諾德認為，遠在鴉片戰爭爆發之前，「激烈的排外思想已潛伏於大多數廣州人心中，因此，與他們生活在一起的歐洲人，是身處危險之中」。[4]

諾德引述馬士等人的觀點為證據，但沒有說明馬士等人如何得出他們的結論。他又引述三個有關當時廣州人行為不當的記載，但卻沒有交代事發的背景。因此，我們無法評論這些觀點是否準確或記載是否屬實。他又條列出鴉片戰爭爆發前一百五十年間發生的十八宗中外糾紛。其中，第一宗的起因是一些喝醉酒的水手「殺死了一名中國人」；第二宗的發生是因為「一群英國水手襲擊中國官員的隨員」；另外四宗是「中國當局針對外國人的司法事件」，例如美國水手因殺死中國婦人而遭處死；其餘十二宗「不過是參與人數不多的打群架，往往是外國人本身行為不端引起的」[5] 諾德列舉了這些事例之後，可能覺得這些事例確實不能證明中國人患有「仇外狂」的病態，但又不甘心放棄其「仇外狂」的理論，於是修正一下自己的說法——「仇外狂」在鴉片戰爭之前雖然已經存在，但並不普遍。[6]

鴉片戰爭期間的 1841 年，出現了一個轉捩點。在廣州城以北的三元里，英軍和憤怒的三元里及附近鄉民組成的團練爆發衝突。此後，事件變成一種民族傳奇。費正清和鄧嗣禹視此事件為「現代中國民族主義的萌芽」，[7] 並把它說成是「原初民族主義」（protonationalism），由此來解釋廣州人為何反對英人進城。[8] 這個看法所根據的，是三元里村民嚴詞厲色痛詆英國人的說帖。[9]

除了閱讀文獻以外，筆者承中山大學歷史系為筆者安排，分別在

4　Ibid., p. 2, col. 2. 同樣，魏斐德把廣東人對外國人的態度稱為「強烈的排外情緒」。

5　Nolde, 'Xenophobia at Canton', p. 2, col. 1, to p. 3, col. 2.

6　Ibid., p. 3. col. 2.

7　J. K. Fairbank and S. Y. Teng, *China's Response to the West* (Cambridge, Mass., Harvard University Press, 1954), p. 35.

8　同上註。

9　Ibid, p. 356.

1979 年 12 月和 1980 年 12 月參觀過三元里人民抗英鬥爭紀念館，館內蒐集和保存了相關文獻，還有地圖和模型顯示戰鬥爆發的地點，並展出鄉勇們使用的武器。筆者同時也造訪了鄉勇用作指揮部的三元古廟，以及戰鬥現場的牛欄崗。在此致以謝忱。

　　三元里村民的怒憤，似乎是因英軍佔據廣州以北的炮台並勒索該城而激起的。在中方繳付贖款之前，有些英國軍官在三元里附近閒逛，突發奇想，想看看中國人如何保存先人的遺體，因而開棺暴屍。另一些人則跟隨其後開棺盜墓。[10] 中國人對祖先的尊敬，是世界上數一數二的，先人墓棺遭到如此褻瀆糟蹋，自然引起民怨沸騰。不久又有英兵在三元里附近強暴中國婦女，英國人最初否認有強姦婦女事件，但八年後，德庇時委婉地承認有此事。[11] 強姦婦女！民眾義憤填膺。1841 年 5 月 29 日，約七十五名鄉民群起襲擊英兵。一場突如其來的雷雨，把一隊由英國軍官率領的印度兵淋成了落湯雞，他們走進了稻田，身陷泥濘，手上的火繩槍又被雨水淋濕，再也燒不響，由此被鄉民打殺，一人致死，十五人受傷。[12]

　　三元里村民奮起還擊的精神，能否昇華為「原初民族主義」？筆者認為大概算不上，因為它的重點是保護婦女和祖墳，關注層面僅限於直系親屬和本鄉，沒有牽涉到整個中華民族的命運。

　　另一方面，諾德卻把它稱之為「仇外狂」，[13] 更缺乏說服力，因為三元里鄉民並非天生就恐懼和厭惡英兵，而是被迫得忍無可忍才產生的。況且在 1841 年後的中英關係中，類似三元里事件的再也沒有出現過，怎能把一次過發生的個案，說成是普遍存在着的「仇外狂」病態？令人費

10　《廣州府志》，第八十一卷，頁 39a。這個中方記錄得到英方資料所佐證。見如 J. Elliot Bingham, *Narrative of the Expedition to China* (London, Colburn, 1842), v. 1, pp. 231-232; and D. McPherson, *Two Years in China: Narrative of the Chinese Expedition from Its Formation in April 1840 till April 1842* (London, Saunders and Otley, 1842), p. 148。

11　見 Davis to Palmerston, Desp. 23, 8 February 1848, FO17/140。

12　見 Frederick Wakeman, *Stranger at the Gate: Social Disorder in South China, 1839-1861* (Berkeley and Los Angeles, University of California Press, 1966), pp. 17-19。關於三元里抗英的史實，包括傷亡人數多少，三元里鄉勇的組織和性質等，茅海建教授都做過認真細緻的研究，見其〈三元里抗英史實辨證〉，《歷史研究》，1995 年第 1 期，頁 145－155。

13　Nolde, 'Xenophobia at Canton', p. 4, col. 1.

解的是，他聲稱中國人乃「仇外狂」的理論卻受到西方學術界的垂青。

至於諾德為什麼說 1841 年三元里事件所引發的情緒，竟然會影響以後廣州的一系列事件，乃至 1856 年的「亞羅」號事件的發生？把「亞羅」號那子虛烏有的所謂辱旗事件附會到 1841 年三元里事件，諾德是否在含沙射影地說：中國人本來就有根深蒂固的「仇外狂」，所以肆意侮辱英國國旗？對於這連串疑問，諾德都沒作任何解釋，所以他的立說只能存疑。但他如此砌詞加罪，隱忍未發的一句話呼之欲出：「中國該打！」

但無可否認的，三元里精神確實在以下各方面延續下來。

第一，這種精神像野火一樣蔓延到廣東其他鄉村，甚至省城。廣州被英國大炮的陰影所籠罩，並被英國軍官勒索，令廣州民眾丟盡了臉，現在三元里精神似乎扳回一城，由此強化了廣州民眾的抗英情緒。廣州民眾本來就不肯讓英人進城，現在更加鐵了心要把英人拒諸門外。在鄉郊地區，英軍在三元里附近開棺及強暴婦女的醜聞，令鄉民惶惶不可終日。包令觀察到，與廣州民眾相比，農民和鄉民在看到他時疑慮更大——婦孺一律趕緊逃跑，一面尖叫一面找地方躲藏。[14] 這種恐懼意味着，如果有外國人膽敢進入三元里一帶或其他地區的村莊，無論是否他首先挑釁，都難免受襲。英國商人自然痛恨這種反抗和敵意。但正如德庇時公使也認識到的：「即使殺掉幾百人或者幾千人，都無助於令活下來的人與我們和解。」[15] 僵局持續：臚列了 1842 年後「在華受辱事件」的英國國會藍皮書證明了這一點。[16] 外國人在這些村莊的「受辱」，無可避免地把廣東當局捲入到了外交角力之中。許多英國人把這些「受辱」事件歸咎於廣州城門對他們緊閉，卻漠視三元里抗暴精神的起源。連篇累牘關於廣州城問題的通信，一直在自欺欺人。[17]

第二，1841 年驅散三元里鄉勇的並非英軍，而是廣東當局，他們之後還支付英國人六百萬銀元贖城費。在葉名琛檔案中有一份授權知府余

14　Bowring to Palmerston, 12 May 1849, Broadlands MSS, GC/BO/84.

15　Davis to Palmerston, Desp. 23, 8 February 1848, FO17/140.

16　Parl. Papers 1857, v. 12, pp. 325-560.

17　Ibid., pp. 1-283.

保純談判贖城費的文件，[18] 趕到三元里驅散鄉勇領袖（即鄉紳）的，也正是余保純。余保純威脅這些鄉紳，如果他們的手下生事，就會嚴懲他們。於是鄉紳悄悄溜走，剩下滿心怒氣的群眾，也只得心不甘情不願地散去。[19] 廣東當局一時的勝利招致嚴重的反彈。之後，監察御史曹履泰巡視廣東，博採輿論，蒐集民情，發現當時粵人怨聲載道，對廣東政府極為憤恨。他們認為如非遭到地方官彈壓，三元里的鄉勇就能夠殲滅英兵，也就不用付出高昂的贖城費。而廣東政府不放一槍一炮就支付贖城費，恰恰是激起民憤的另一重大原因，因為羊毛出在羊身上：贖城費所需，最終由賦稅來填補。曹履泰認為，三元里事件是粵民與地方官結為仇讎的根源。[20]

第三，每次英國人要求進城，如在 1849 年和 1856 年，廣東士紳馬上敵愾同仇，他們除了招募省城工人為僱傭兵以外，也召集周圍鄉村的其他士紳率領團練進城防守。因此，鄉民守衛廣州城，就像守護自己的村莊一樣。廣州民眾和鄉民都認為，廣州古城象徵着粵人的獨立精神和尊嚴，無奈 1841 年的廣府官員卻屈服於英人的威脅，任其生殺予奪，令這種獨立精神和尊嚴受到重大損害，他們痛心不已。總之，他們因外國人強行要進城而萌生的敵意，完全是出於自衛，而且只有受到挑釁時才會顯現。儘管廣東人太過高估自己的長矛、弓箭等冷兵器的威力，低估了英軍的後膛槍、格林機槍、馬克沁機槍、布倫斯威克步槍和輕型野戰炮等熱兵器的威力，[21] 但應該看到他們確實珍惜自己的獨立自主。

第四，為了強化這種獨立自主的願望，當時的中國文人矢志在士人之間廣泛傳播所謂三元里精神，結果將三元里事件神化了。他們的行動

18　FO682/912. 欽差大臣給廣州知府余保純的一份文件，授權他商議廣州城的贖城費，1841 年 5 月 27 日。

19　Wakeman, *Strangers at the Gate*, p. 19.

20　曹履泰奏摺，1846 年 3 月 10 日，《籌辦夷務始末·道光朝》，第七十五卷，頁 13a－14b。

21　持這種看法的不限於十九世紀的廣東人。如見牟安世：〈從鴉片戰爭看勝敗的決定因素是人不是武器〉，《人民日報》，1965 年 10 月 11 日。對於這個時代歐洲火力革命的介紹，見 D. R. Headrich, *The Tools of Empire: Technology and European Imperialism in the Nineteenth Century* (Oxford, Oxford University Press, 1981), chapter 2。1996 年 11 月我造訪中國社會科學院，很高興終於見到茅海建所著的《天朝的崩潰》（北京：三聯書店，1995），作者在書中合乎實際地評價了中英兩軍的戰力差距。

包括：把三元里團練領袖警告「懷恨在心」的英國人不要再來的公啟，重新鈔錄，廣為傳播。這些加鹽加醋的版本，與其說反映了保衛鄉里的村民的關注，不如說是這些紙上談兵的戰略家過份地誇大了民氣的威力。還不止此，本來已被加鹽加醋的所謂三元里公啟，又轉而衍生了大量文藝作品，包括通過士人之間的交往而流傳於全國的動人詩詞，以及傳播至北京的民謠。一名士大夫甚至在私人通信中宣稱，鄉民包圍了千餘英軍，殺死八九十人，英人受傷無數。[22] 真是文人多大話，自欺欺人。

三、是愛國還是反叛？

1841 年 9 月 16 日，即三元里事件發生後三個半月，廣州府開考文童試，廣州知府余保純到場主考。他一進試場，文童立刻大嘩，群呼：「我輩讀聖賢書，皆知禮義廉恥，不考余漢奸試。」[23] 還向他擲墨硯，將他趕出試場。最後余保純只得託病去任。[24]

1844 年 5 月，三元里事件後三年，英國駐廣州領事發覺當地「民不畏官，而是官畏民」。[25] 又過了不足兩年，欽差大臣耆英在 1846 年 1 月 13 日貼出告示宣佈允許英人進城，憤怒的民眾馬上把告示撕毀。有傳言說新到任的廣州知府劉潯的府第藏有「英夷」，知府隨即受襲，府第被搜掠並燒毀。[26] 民眾認為：「官方清道以迎洋鬼，其以吾民為魚肉也。」他們對知府的意見是：「彼將事夷，不復為大清官矣。」[27]

官方雖然認為他們大逆不道，但卻不能如此赤裸裸地對這些憤慨的廣東民眾如此說，反而要曲意讚揚他們，以免動亂加劇。兩廣總督耆英

22　波拉切克細心追溯、辨別和分析那些似乎是衍生自三元里告示的文獻。見 Polachek, *Inner Opium War*, pp. 165-169。

23　Quoted by Wakeman, *Strangers at the Gate*, p. 73.

24　曹履泰奏摺，1846 年 3 月 10 日，《籌辦夷務始末 · 道光朝》，第七十五卷，頁 13a－14b。

25　Lay to Pottinger, Desp. 8, 1 May 1846, FO228/40.

26　Qiying and Huang Entong to Davis, 18 January 1846, FO682/1979/4a.

27　《中西紀事》，卷十三，頁 2、3。

和廣東巡撫黃恩彤為平息民憤，低聲下氣共同為此前發出的告示道歉。[28]
他們説：「若百姓均不願英人進城，本閣部堂、部院何肯大拂民情，曲
狗（當作徇）外國人所請。勿得各懷疑慮，競相怨讟，致本閣部堂、部
院一片苦心，無以共白於我紳民也。」[29] 至於那位廣州知府劉潯，又將如
何處置？他們建議皇帝將他暫行撤任。[30] 再三思考後，又覺得暫行撤任要
有個理由，所以匆匆於同日再發另一道奏摺，解釋説，如果讓劉潯知府
留任，粵民將更加敵視官府，難免有騷動之虞。[31] 須知知府乃朝廷命官！
但儘管粵民如此挑戰朝廷的權威，皇帝還是批准將劉潯知府暫行撤任[32]
——天聽自我民聽！[33]

　　波拉切克曾認為：「至少在 1850 年之前，中國外交和內政的重大決
策，都是由北京主導的，把目光投注於遙遠的東南方的事件，難有什麼
得益。」[34] 有鑒於上述不尋常的事態發展，這種看法大有商榷之餘地。

　　如上一章所説，1847 年 4 月，兩廣總督耆英是在英方下令英軍攻城
後，才答應在兩年後的 1849 年，而不是立即（他怎麼敢？）讓英人進入
廣州城。之後，接替耆英出任兩廣總督的徐廣縉，和接替黃恩彤出任廣
東巡撫的葉名琛，在 1849 年冒着被斬首的危險違抗聖命，甚至偽造詔旨
拒絕英人進城，以安撫粵民，奢望英國人相信他們的謊言，結果得計！
徐廣縉利用廣州民眾反對外國人進城的敵意，作為他向道光皇帝述説抗
命和偽造詔旨的理據，並認為這種敵意源於三元里事件。他繼續説：「提
及進城，無不立動公憤，群思食肉寢皮。縱至誠勸説，斷難望其曲從。

28　耆英、黃恩彤道光二十五年十二月十九日告示，錄自佐佐木正哉編：《鴉片戰爭後之中英抗爭》，
　　頁 31。

29　同上註。

30　耆英、黃恩彤奏摺（1846 年 2 月 26 日寄達北京），《籌辦夷務始末 · 道光朝》，第七十五卷，頁
　　9a－10b。這是他們當天發出的第一道奏摺。

31　耆英、黃恩彤奏摺（1846 年 2 月 26 日寄達北京），《籌辦夷務始末 · 道光朝》，第七十五卷，頁
　　11a－12b。這是他們當天發出的第二道奏摺。

32　道光帝上諭，1846 年 2 月 26 日，《籌辦夷務始末 · 道光朝》，第七十五卷，頁 12b。

33　非常諷刺的是，包令在他的私人信件中常引用這句話。

34　Polachek, *Inner Opium War*, p. 9.

即如近日城廂保衛壯丁已將及十萬人。」[35]

從所有這些證據看，粵民對外國人的敵意，似乎只限於阻止他們進入廣州城或周邊村落。既然敵意僅局限於某特定目標，而非普遍現象，難道可稱之為「仇外狂」？除非能證明在鴉片戰爭之前，特別是之後，廣東民眾普遍地對外國人有病態的恐懼或厭惡，[36] 而且不僅限於針對某些特定事件。

四、民間的仇外？「我是羅馬公民！」

讓我們先來看看那些與中國為敵的人是怎麼說的。1840 年向廣東開戰的義律（Captain Charles Elliot）[37] 曾認為，鴉片戰爭前，「世界上沒有任何其他地方比廣州更令外國人安心，更覺得自己的生命財產受到保障」。[38] 他的繼任人璞鼎查說，直至 1841 年 5 月三元里事件前，「老百姓對於英國人普遍沒有惡意或反感」，他在離開南京後所到過的中國各個地方，遇到的民眾都是這麼地文明和友善。[39] 我們還可引述一位獨立人士的觀察。在廣州居住了二十年（1825 年至 1844 年）的一名美國人說，鴉片戰爭前，「要是有外國人在街上遇上麻煩，幾乎可以肯定地說，這一定是他自己滋事作惡惹出來的」。他的說法與義律的話互相呼應：「世界上沒有其他地方的政府，比廣東政府更慎重地照顧外來者的人身安全，這些外來者自己選擇遠道而來，與這裏的民眾一同生活，而這裏的風俗習慣

35　徐廣縉奏摺（1849 年 4 月 14 日寄達北京），《籌辦夷務始末・道光朝》，第七十九卷，頁 43a－44b。

36　這是《牛津字典》對仇外心態（xenophobia）一詞的定義。

37　義律（1801－1875）在 1815 年加入海軍。1830 至 1833 年間，他到了圭亞那保護當地黑奴。1834 年，英國派遣監督到中國掌管商務，義律出任他們的秘書，1836 年成為商務總監和全權公使。1840 年 1 月，正是在他的主導下，英國向中國開戰。他在 1842 至 1846 年被派到得克薩斯共和國出任代辦，1863 至 1869 年出任聖赫勒拿島代辦。他在 1855 年晉升少將，1862 年晉升中將，1865 年官拜上將。見 Clagette Blake, *Charles Elliot, R. N.: A Servant of Britain Overseas* (London, Cleaver-Hume, 1960)。

38　*Digest of Despatches*, p. 70, quoted by J. Nolde, 'Xenophobia in Canton', p. 3.

39　Pottinger to British merchants, 16 December 1842, enclosed in Pottinger to Aberdeen, Desp. 71, 20 December 1842, FO17/59.

和思想看法是那麼迥然不同，每樣事物都是陌生的。」[40]

　　與此形成鮮明對照的，是諾德所說：1840 年前，「激烈的排外思想已潛伏於大多數廣東人心中，因此，與他們生活在一起的歐洲人，是身處危險之中」。[41] 當然，諾德同樣道不孤，更著名的歷史學家馬士在詳細描述了鴉片戰爭前外國人在廣州的生活後，[42] 在結論中列出一連串外國商人的投訴。我們在這個列表中，完全看不出一般老百姓對外國人有任何敵意。可是，他之後為什麼會說鴉片戰爭後廣州人民「仍然抱着不可調和的仇視態度」。[43] 此言令人百思不得其解，因為沒有任何邏輯可言。為何親歷其境的人，與後來撰寫歷史的西方權威，對中國民情的理解竟然是南轅北轍？

　　即使在鴉片戰爭後，廣東人也並非不分青紅皂白地敵視外國人。讓我們再看一看中國的死對頭們的觀察如何。1846 年，海軍少將科克倫（Sir Thomas Cochrane）[44] 在廣州市郊蹓躂了六小時，所得的印象是，除非恣意妄為的英國商人欺人太甚，否則這裏的居民都很和平友善。他觀察到，美國、法國、荷蘭和其他外國國民，似乎都能與廣東人和平共處。沒有什麼理由英國人卻不能。[45]

　　三年後，新任駐廣州領事包令也展開了尋找真相之旅。他在城外摩肩接踵的街道上與大群百姓擠在一起，他的忍耐和克制，對小孩的關顧，和盡量不擺出威脅人或侮辱人的姿態，營造出友善且頗為真誠的感覺。他說，中國人天性溫順有禮。即使男人和婦孺們擁擠在他和他的同伴四周，他們都展現了「有教養之人的周到禮數──就算是那些數不清

40　William C. Hunter, *The Fan Kwae at Canton before Treaty Days, 1825-44* (London, Kegan Paul, 1882), pp. 26-27.

41　Nolde, 'Xenophobia at Canton', p. 2, col. 2.

42　Morse, *International Relations of the Chinese Empire*, v. 1, pp. 86-87.

43　Ibid., p. 368. Emphasis added.

44　科克倫爵士（Sir Thomas John Cochrane, 1789－1872），1825 至 1834 年擔任紐芬蘭總督之前，在皇家海軍的西印度群島艦隊服役，1839 至 1841 年擔任代表伊普斯威奇（Ipswich）的國會議員，1842 至 1845 年升任少將，是駐中國的第二把交椅，1845 至 1847 年出任總司令。隨着資歷漸增，1850 年擢升中將，1856 年官拜上將，1865 年晉升艦隊總司令。*DNB*, v. 4, p. 631。

45　Cochrane to Admiralty, 21 January 1847, enclosing two letters to Sir john Davis in Hong Kong, 20 November and 3 December 1846, Adm. 1/5575, quoted by Graham, *China Station*, p. 241.

的密密麻麻的勞苦大眾，見到我們都紛紛讓路」。[46]

　　端午節期間，包令和兩名英國女士去看賽龍舟。「他們看到我們的船停下來觀看賽事，其中兩艘龍舟就掉頭回來，一再在我們面前划過，好讓女士們看個清楚。他們大聲吆喝，加倍賣力，卻又不失謙卑有禮。」[47]更重要的是，包令明白到「番鬼」這個詞「並不一定有貶義，我常常聽到叫化子行乞時，低聲下氣地使用這個字眼，而有時候人家畢恭畢敬，或者答謝英人的幫忙時，也會稱呼英人為『番鬼』」。[48]這些觀察，尤其是包令所揭示的事實，充份質疑了那些學術權威所聲稱廣東民眾敵視英國人是出於「仇外狂」的說法。[49]

　　進一步分析，用「仇外狂」來解釋廣東人反對英人進城，所持的證據是在鴉片戰爭後廣東人和英國人所發生的衝突。在這些衝突中，雙方互有死傷和嚴重的財物損失。[50]1842年12月至1849年春季之間，這樣的事件共有二十四起，其中五起尤為嚴重，諾德和魏斐德都詳細研究過。第一起嚴重事件是1842年12月7日，印度水手在廣州刺死一名中國水果小販。第二起發生在1844年6月16日，一群美國人在廣州商館區的花園玩九柱戲，玩得興起時竟然用棍棒毆打旁觀的廣州人，之後向人群開火，殺死一人。第三起發生在1846年7月8日，英國商人金頓（Charles Compton）在路上踢翻一個水果攤，還綁起果販毒打，惹起憤怒的民眾聚集。外國商人自行驅散民眾，槍殺其中三人。第四起發生在1847年12月15日，六個英國人走到廣州城外一個叫黃竹岐的村子去，村民聚集起來驅趕，英國人中有的不明所以，開槍殺死兩名村民。結果六個英國人全部葬身黃竹岐。第五起發生在1849年2月，文翰要求進入廣州城時，十萬廣州民眾拿起武器準備抵抗，直到文翰貼出告示禁止外國人進城才解除武裝。[51]

46　Bowring to Palmerston, 12 May 1849, Broadlands MSS, GC/BO84.

47　Bowring to Palmerston, 7 July 1849, Broadlands MSS, GC/BO87.

48　同上註。

49　如 Wakeman, *Strangers at the Gate*, p. 73 所說。

50　見 Nolde, 'Xenophobia at Canton'；Wakeman, *Strangers at the Gate*, chapters 1-8。

51　Nolde, 'Xenophobia at Canton'; Wakeman, *Strangers at the Gate*, chapters 2-9.

世人是否應該譴責這些事件的始作俑者，而不是奮起反抗的人？

讓我們再從頭說起。1842 年 8 月 29 日《南京條約》簽署。12 月 2 日，代表英國簽約的璞鼎查由南京回到香港。[52] 12 月 7 日，廣州爆發嚴重暴亂。是什麼引起暴亂？一些外國商人帶着妻子「在城外市郊散步，並渡過珠江到南岸去——這種大搖大擺的姿態，與中國高等階層眼中矜莊自守和得體合禮形成抵觸」。另一些人則「公然談論要在廣州鄰近地區選址，將來興建鄉郊住宅，為此也大模大樣渡江到南岸去，這些蓄意冒犯的輕率之舉令人心生反感」。[53] 簡言之，鴉片戰爭後英國商人回到廣州，滿心以勝利者的姿態出現——大剌剌地擺出一副「我是羅馬公民」（*Civis Romanus sum*）（誰敢碰我！）[54] 的惡心模樣。

甚至來自英國殖民地的印度水手也狐假虎威。1842 年 12 月 7 日，一百七十名印度水手在僱用他們的英國商船船長不在場的情況下擅自登岸，與一些中國果販發生爭執，並刺死其中一人。那天夜裏，外國商館區的英國、荷蘭和希臘建築物被廣州人一把火焚毀。[55]

廣州的英國商人聯合去信璞鼎查公使，聲稱襲擊外國商館是有預謀和有組織的，並指責廣東當局無能和不肯保護他們。他們要求「海軍和陸軍總司令大人出兵保護他們在廣州的安全」，否則他們就離開廣州。如此，則所有商業將盡入美國人之手，因為中國人不敵視美國人。[56] 璞鼎查回覆，中國人是受了挑釁才發起攻擊，事件不是有預謀的，如果英國商人不好好管束他們的印度水手，就要面對惡果。對於廣州暴民，他說：1841 年 5 月三元里事件發生前，這種暴民並不存在，他們變得激憤和狂

52　Pottinger to Qi Gong, 13 December 1842, enclosed in Pottinger to Aberdeen, Desp. 71, 20 December 1842, FO17/59.

53　Pottinger to Aberdeen, Desp. 71, 20 December 1842, FO17/59.

54　巴麥尊說過：「過去，羅馬人只要說一句：我是羅馬公民，就不會有人敢輕侮他。今天，英國的臣民也一樣，無論他在什麼地方，都可確信會得到英國關顧的目光和有力的臂膀保護，使他免遭任何不公和惡待。」*Hansard*, 3d series, v. 62, cols. 380-444, Lord Palmerston's speech, 25 June 1850. 引自 *Brewer's Dictionary of Phrase and Fable* (London, Cassell, 1963), p. 207。然而，廣州的英國商人濫用他們在關顧的目光保護下所享有的特權。

55　Sir Hugh Gough to Lord Stanley, 13 December 1842, encl. 3, in Pottinger to Aberdeen, Desp. 71, 20 December 1842, FO17/59.

56　British merchants to Pottinger, 13 December 1842, encl. 4, in Pottinger to Aberdeen, Desp. 71, 20 December 1842, FO17/59.

熱是「我們自己一手造成的」。璞鼎查剴切呼籲同胞要「緩和這種狂熱情緒」，而不是火上加油，並且要「像過去那樣，以和平與不冒犯別人的態度」通商。他有充份理由相信廣東當局並非不願意而是沒有能力控制暴民。無論在中國，還是「在英國和歐洲大多數文明國家」，暴民都一律是難以管束的。他拒絕英國商人提出「派出軍隊和戰艦」的要求，理由是以大軍壓境，「可能無可避免地導致進一步的惡意、仇恨和暴力，它帶來的唯一結果，必然更為失望，甚至可能引致英國和中國政府之間再度兵戎相見」。[57]

但言者諄諄，聽者藐藐，英國商人堅稱自己的行為一直是「和平和不冒犯別人的」。[58] 幸好外交大臣阿伯丁勳爵（Lord Aberdeen）支持璞鼎查的做法，並讚許他説：「女王陛下政府不會保護或賠償那些因自己胡作非為……而招致中國政府和人民厭惡的人。」[59]

接替璞鼎查的德庇時就沒有那麼幸運了。德庇時只是批准英國領事向那名作惡多端而導致三名中國人死亡的金頓罰款二百元。[60] 但這卻引起了新任外相巴麥尊子爵的憤怒。巴麥尊聲言，就算那些英國商人是偽裝成精英的社會渣滓，只要他們逢到危難，無論身在何方，「英國炮艇馬上就會開到該處」。[61] 結果，巴麥尊外相為在穗的英商提供了阿伯丁前外相所拒絕的東西——蒸汽炮艇，該炮艇會停泊在廣州下游幾英里外的黃埔。[62] 但英商仍不滿意，因為在廣州看不見那艘炮艇。他們要求把炮艇泊在十三行江濱之處。他們的居心很明顯，就是要用這隻噴着黑煙的鋼鐵猛獸來震懾粵民。於是巴麥尊也迫得拒絕他們的要求，因為太露骨了！結果他們就竟然自己租了一艘蒸汽輪船來替他們站崗，使得巴麥尊也被

57　Pottinger to British merchants, 16 December 1842, encl. 5, in Pottinger to Aberdeen, Desp. 71, 20 December 1842, FO17/59.

58　British merchants to Pottinger, 23 December 1842, encl. 4, in Pottinger to Aberdeen, Desp. 73, 23 December 1842, FO17/59.

59　Aberdeen to Pottinger, Draft 46, 1 April 1843, FO17/64.

60　Davis to Palmerston, Desp. 119, 26 September 1846, FO17/114.

61　Palmerston to Davis, Draft 37, 10 December 1846, FO17/108.

62　Davis to Palmerston, Desp. 27, 12 February 1847, FO17/140.

這種狂妄野蠻的行為所激怒。[63] 難怪德庇時抱怨：「我不得不承認，與我們在廣州的同胞打交道，比起與中國政府打交道更為棘手。」[64]

其實，巴麥尊本人對金頓等人為了自娛，將「水果攤踢翻，把中國人當足球來踢」，同樣感到憤怒，並予以譴責。[65] 較早之前揮舞着手槍試圖強行闖入廣州城的，正是這同一批英國無賴。[66] 可見巴麥尊雖然經常口出狂言以壯聲威，其實是心裏有數的。

1849 年的進城危機，是 1842 至 1856 年中英關係的分水嶺。兩廣總督徐廣縉和廣東巡撫葉名琛一反耆英的政策，與民眾聯手阻止英人進城。他們成功了！感恩的民眾獻上了書寫着「眾志成城」的匾額，[67] 並在一份印製的小冊子中說明：「各大憲體察民情，我粵士民，奮臂而起，故可眾志成城。」[68] 此後，廣東民眾就確信他們的兩廣總督（即當時的徐廣縉和 1852 年以後的葉名琛）能守住這個堡壘。這種事態發展帶來了戲劇性的效果：廣州突然平靜下來了。諾德再也找不到可供分析的事件，所以他對廣東人「仇外狂」的研究，做到 1849 年就戛然而止。[69] 可惜他心有不甘之餘，仍然把他那「仇外狂」的理論牽強附會到第二次鴉片戰爭的導火線——「亞羅」號事件身上。必須再一次強調的是，鴉片戰爭後廣州一帶所發生的事件，廣州人不是主動生事或者首先動武的，而全都是因為英國人闖入鄉村和不斷挑釁所導致。這些事件怎麼能用「仇外狂」的概念來解釋？

諷刺的是，諾德無法解釋為何在 1849 年的進城危機與 1856 年「亞羅」號事件之間漫長的八年，外國人和廣州人竟然相處得那麼和平與相安無事，雙方關係甚至很友好。諾德恐怕是視而不見，所以乾脆不作解

63　Palmerston to Bonham, Draft 107, 31 October 1849, FO17/152.

64　Davis to Palmerston, Desp. 158, 12 November 1846, FO17/115.

65　Memorandum on an interview between Lord Palmerston and the Chinese Deputation, 28 June 1847, FO17/135 (domestic various).

66　Qiying to Davis, 27 December 1845, FO682/1978/66.

67　*China Repository*, May 1849, quoted in Morse, *International Relations*, v. 1, pp. 397-398. 傳統社會紳士是社區領袖，組織獻匾的應該是紳士中有名望者。

68　Translated and enclosed in Bonham to Palmerston, Desp. 66, 18 May 1849, FO17/155.

69　Nolde, 'Canton City Question'. 另見他的文章 'Xenophobia at Canton'。

釋了事。更由於廣東民眾其實並沒有「對於外國人的病態恐懼和厭惡」，反而是當時狂妄自大的英國人處處顯露出這種心態；因此，諾德之說確實有一點「夫子自道」的意味了。

筆鋒再次回到 1849 年，文翰接到偽詔後馬上發出告示，要求「英國臣民暫時一概不得試圖進入廣州城」。他把告示在廣州的商館區傳閱，並刊登在報紙上。[70] 他實在擔心英商中的狂熱份子，可能會因道光帝拒絕履行耆英的承諾而再次嘗試強行進城。好在結果沒有。

不久廣西爆發太平天國起義，廣東的不滿勢力也開始零星動亂，迫使徐廣縉和葉名琛多次帶兵鎮壓。這些動亂日趨頻繁，規模日盛一日，及至 1854 年，變成遍及全省的紅兵起義，危及廣州，[71] 甚至連香港也受到威脅。[72] 此時英國商人的態度有了極大的轉變。他們現在需要廣東政府抵抗起義軍，以保護他們的貿易、生命和財產。如果他們咄咄逼人令廣東政府難堪，會削弱它的威信，那無異等於自殺。英商發覺，現在最妥當的做法是「謹言慎行，以便如果〔由於紅兵起義而〕受到什麼損失和不測，〔中國〕政府會給予有利他們的補償」。[73] 1849 至 1856 年間，廣州的英國商人顯得最為安份。

弔詭的是，包令對中方的憤懣卻在同一時期愈來愈大，最終在 1856 年竟然獲得巴麥尊子爵全力支持其藉「亞羅」號事件無限制地擴大爭端。更值得注意的是早在 1849 年，巴麥尊已經為廣州民眾的狂歡慶祝而雷霆大怒：「英國政府很清楚，如果形勢需要，英軍有能力摧毀整個廣州城，把所有房子夷為平地，嚴懲該城居民！」[74] 巴麥尊子爵的大發雷霆說明了什麼問題？誰在蓄意挑起戰火？

70　'No. 15 Government Notification', dated 2 April 1849. *Chinese Repository* 18 (1849), p. 211, quoted in Huang, 'Viceroy Yeh', p. 50, n. 29.

71　見拙著《兩廣總督葉名琛》（廣州：廣東人民出版社，2020 年），第五至六章。

72　見 Graham, *China Station*, p. 284。

73　Bowring to Clarendon, Desp. 21, 11 January 1855, FO17/226.

74　Palmerston to Bonham, Draft 68, 18 August 1849, FO17/152.

五、官方的仇外？不列顛主宰天下！

除了民眾「仇外狂」以外，美國學者諾德博士又發明另一個名詞——官方「仇外狂」來解釋為何爆發第二次鴉片戰爭。事緣英方編了另一本名為《廣州入城相關書信：1850 至 1855》的藍皮書，提供給 1857 年 2 月至 3 月期間就對華開戰而進行辯論的英國國會議員，作為參考資料。[75] 書中反覆出現的主題就是：煽動、培養和鼓勵民眾敵視外國人，是廣東政府的官方政策。

很明顯，英方的這種説法同樣顛倒黑白。廣東官員不是這種敵意的煽動者，而是受害者。由上文可知，所謂的英人在華受辱，並非源於所謂粵民「仇外狂」，而是因某些英國商人品行不端所致，這種惡行本身可以歸咎於英國人蔑視中國人。同樣地，第二次鴉片戰爭的肇因之一，並非所謂中國官方「仇外狂」，而是某些英國官員的輕率魯莽。準此，話題又回歸到 1856 年的英國駐遠東公使包令爵士。

正如上一章所説，包令在 1849 年走馬上任廣州領事時自取其辱，加上他出於愛國心而對於印度鴉片收入的關注，令他執着於打開廣州城門。他深信，如果想獲得中國人尊重，並且使中國禁制鴉片煙的命令繼續成為一紙空文，便不能讓廣東當局長久沉醉於他們在進城問題上的勝利。因此，包令覺得必須繼續猛踢廣州城門，警告裏面執意阻止英人進城者不要太囂張。由於他強求入城的提議不斷遭到廣東當局拒絕，令他接二連三地感到挫辱，直至最後「亞羅」號事件給了他一個可乘之機，使他不但舉起旗幟，還搬出槍炮。

1852 年 1 月 19 日，由格蘭維爾勳爵（Lord Granville）領導的英國外交部，在文翰的位置空缺後，任命包令為代理商務總監，但指示他避免一切會刺激廣東當局的討論。[76] 格蘭維爾顯然不想挑起另一場紛爭，令利潤豐厚的貿易受到損害。

包令接受任命，信誓旦旦表示遵從訓令，但隨即便抗議説：「現在的

75　Parl. Papers 1857, v. 12, pp. 1-55.

76　Granville to Bowring, Draft. 1, 19 January 1852, FO17/186.

欽差大臣徐廣縉成功阻止外國人的前進，使外國人的政策挫敗，他由此
贏得聲望，受到朝廷的賞識，更深得國內民心。徐廣縉已經對由廣州出
口的茶葉額外徵稅，並一定程度上整頓了貨倉壟斷。英國和印度財政收
入中，有九百萬英鎊是來自對華貿易。在如此排斥外國人的制度下，這
筆收入得不到足夠保障。」包令更指出，進入廣州城是有可能順利實現
的，而且現在是強迫中方答應進城要求的最佳時機。理由是：現在廣東到
處爆發叛亂，他們必定更想息事寧人，而且自 1849 年以後，已不再出現
公眾激烈反對政府的情況。事實上廣東民眾一直是友善對待外國人的，
包令說：

> 我素有散步習慣，會在方圓約二十至三十英里（避開城門的入
> 口）的範圍四處蹓躂，經常是獨自一人，我會探訪民眾並與他們交
> 往，一點也不覺得緊張，當地百姓也沒有絲毫不禮貌或要干涉我的
> 行止。我一直這樣自由自在地觀看了他們盛大的閱兵儀式，目睹他
> 們公開處決犯人，欣賞他們露天的戲劇表演，並旁觀他們的宗教、
> 民間與社會儀式。[77]

包令愈寫就愈深信自己的想法正確，他認為格蘭維爾伯爵也應該和
他一樣這麼想。他在信末幾乎是漫不經意地提到，他在知會中國欽差大
臣說自己獲得任命為代理商務總監時，已經希望「盡早獲得接見」。[78] 包
令的信在 1852 年 6 月 14 日寄到外交部。外交部的反應可想而知：

> 接到閣下 4 月 19 日來函，本人有必要回覆，女王陛下政府認
> 為，閣下應嚴格遵從格蘭維爾伯爵的訓令行事，該訓令指示閣下避
> 免一切刺激中國當局的討論，請務必遵從為此而傳上之規定，因此
> 閣下不宜提出英國臣民進入廣州城的問題。[79]

77　這段落中所引文字，均見 Bowring to Granville, Desp. 1, 19 April 1852, FO17/188。

78　同上註。

79　Malmesbury to Bowring, Draft 18, 21 June 1852, FO17/186.

同時，廣東當局回覆包令說：

> 我等甚願與閣下相見，以得暢敘。惟此刻實無暇時，欽差大臣〔徐廣縉〕現值督師高州，巡撫〔葉名琛〕於省城照理軍需糧餉，並統籌多方文移來往，公務殷繁。望閣下亮察，暫擱此事，俟戰事結束，欽差大臣返粵，當另行知會，以訂期會晤，首晤面敘，是所企慕。[80]

徐廣縉和葉名琛這樣答覆並非要迴避問題，而是他們真的忙於鎮壓廣東紅兵，[81] 這點包令本人也很清楚。[82] 可是，包令仍然知其不可為而為之，他告訴外交部他「相當期待獲得答覆」，繼而建議應當「展示武力」。[83] 這導致白廳發出一道更嚴厲的禁令：「女王陛下政府極不贊成擾亂現狀，因為擾亂容易，令它回復則困難。」[84]

包令在回覆時先說服從，繼而強烈反駁：

> 本人冒昧向大人傾力保證，本人久居廣州，熟悉此地情況，深知現在是實現這一目標的絕佳時機，並確信本人在推動它的實現時，不但不會破壞社會平靜，還能大大促進我們與中國的社會、政治和商貿關係，若非如此，本人就不會冒昧要求女王陛下政府授權，以着手解決我們廣州進城這個延宕已久的問題。[85]

包令似乎充份相信自己有過人的能力，能夠做到前人所做不到的事，可以在不遭受任何抵抗的情況下，順利地搗破廣州城門。外交部三

---

80   Xu and Yeh to Bowring, 25 April 1852, enclosed in Bowring to Granville, Desp. 12, 29 April 1852, FO17/188.

81   見拙著《兩廣總督葉名琛》，第五章。

82   Bowring to Granville, Desp. 1, 10 April 1852, FO17/188.

83   Bowring to Granville, Desp. 12, 29 April 1852, FO17/188.

84   Malmesbury to Bowring, Draft 18, 21 July 1852, FO17/186.

85   Bowring to Malmesbury, Desp. 120, 8 September 1852, FO17/192.

令五申制止他的行動，令他很不服氣。

　　一年之後的 1854 年 2 月 13 日，包令接替退休的文翰出任英國駐遠東全權公使。他肩負一項特別任務，即以修訂《南京條約》（簡稱修約）為幌子，與中國談判新條約。關於進城問題，他得到指示須「非常小心」處理。指示説不能「語帶威脅」，遑論使用「武力」，以免「危害我們在中國正在增長的龐大商業利益，如果得到恰當和溫和的處理，這些商業利益將會日益擴大」。[86] 包令很快就察覺到，這些指示並非像他一年前收到的禁令那麼不可違拗。當然，現在的首相已經是巴麥尊子爵，外相則是與巴麥尊看法相同的克拉蘭敦伯爵。

　　這些形勢的變化使包令的膽子頓時大了起來，以致敢於違反他收到的指示，顛倒行事的輕重緩急，把進城問題置於修訂條約之前。在他第一封發給葉名琛的照會中宣佈自己的新任命，並預告第二封照會將會處理「會晤接見之期」。[87] 葉名琛回覆：「會晤之期，另行知會一節，本大臣甚願相見，以昭和好，但現值辦理數省軍務，昕夕未遑，一俟稍暇，定當擇吉，以得暢敍也。」[88] 葉名琛當時確實正忙於應付太平軍和其他起義。[89]

　　就在葉名琛寫下這封照覆的同一天，包令發出另一封照會，列出令他感到苦惱之事，居首位的就是無法進入廣州城。他補充道：「至本公使之懷，於構具怨怒之詞，恐致禍端者，常所最嫌。」[90] 一如所料，葉名琛認為廣州民情不願英人進城，而包令的前任文翰亦深知此事難以強求，故而作罷。葉名琛同時提醒包令，他發來的照會「並未鈐印，自係遺忘」。[91] 在另一封同日所寫的照覆中，葉名琛建議 5 月 22 日（農曆四月二十六日）在商館區附近的仁信棧房會面，就是徐廣縉在 1849 年接見文翰的地方。[92]

86　Clarendon to Bowring, 13 February 1854, Parl. Papers 1857, v. 12, p. 15.

87　Bowring to Yeh, 17 April 1854, FO682/1987/13.

88　Yeh to Bowring, 25 April 1854, Parl. Papers 1857, v. 12, pp. 17-18. 中文本見於 FO682/1987/14.

89　見拙著《兩廣總督葉名琛》，第六章。

90　Bowring to Yeh, 25 April 1854, Parl. Papers 1857, v. 12, pp. 16-17.

91　Yeh to Bowring, 7 May 1854, Parl. Papers 1857, v. 12, p. 20. 中文原件為 FO682/1987/19。

92　Yeh to Bowring, 7 May 1854, Parl. Papers 1857, v. 12, p. 20. 中文原件為 FO682/1987/20。

　　此時包令有兩個選擇：第一是接受邀請而在 5 月 22 日與葉名琛會面，第二是處理照會未鈐印之事。他決定做後者，派遣翻譯官麥華陀（W. H. Medhurst）[93] 乘坐軍艦「巴拉考塔」號到廣州，把他的官印鈐到前照之上，並把他對葉名琛最新一封照會的回覆，親自呈送「欽差大臣，或交到有權代表他接收的高級官員手中」。[94]

　　包令顯然希望會説中文的外國翻譯官與吐出滾滾濃煙的軍艦會令中國官員感到相形見絀。結果呢？當麥華陀終於抵達廣州時，葉名琛如常派副手南海縣丞去接見，不料麥華陀卻認為，與如此品秩的官員會面有損身份。繼而，葉名琛又派知府頭銜的知縣去接見，麥華陀還是覺得貶低了他作為包令之代表的身份。此時「巴拉考塔」號軍艦必須離開廣州，麥華陀就隨船離粵。[95] 如此這般，葉名琛既拿不到補發的鈐印，又得不到何時會面的答覆。他的代表在總督府和英國領事館之間來回奔波，一無所獲。葉名琛火了：

　　　　本大臣已設法允准翻譯官麥之要求 …… 寂無回音，已逾十日 …… 所擬之日期臨近，盼貴公使立即知照是否如期會晤。本大臣正辦理數省軍務，實無閒暇，擬定之日錯過，恐再難抽空。順候近祉繁綏。[96]

　　至於「貴公使要求會面」之事，「本大臣已擇日相見，何以又延宕如斯？如此連番失約，於將來公務之辦理，有害無益」。[97] 包令決定不應約赴會，因為他「現在正安排馬上與艦隊司令大人以及幾艘英國戰船離開的事宜」。[98]

93　麥華陀生於巴達維亞（Batavia），原是印刷技師，後來成為派往中國的公理會傳教士，1840 年他加入英國商務總監的幕僚，其後成為領事，至五十四歲退休，之後獲冊封為爵士。見 Coates, *China Consuls*, p. 494。

94　Bowring to Yeh, 9 May 1854, Parl. Papers 1857, v. 12, pp. 20-21.

95　Medhurst to Bowing, 18 May 1854, Parl. Papers 1857, v. 12, p. 23.

96　Yeh to Bowring, 17 May 1854, ibid., p. 24. 中文原件見於 FO682/1987/25。

97　Yeh to Bowring, 17 May 1854, ibid., p. 24. 中文原件見於 FO682/1987/25。

98　Bowring to Yeh, 24 May 1854, Parl. Papers 1857, v. 12, pp. 24.

　　包令要往何處去？他早前曾告訴克拉蘭敦外相，如果葉名琛同意在城內與他會面，「我們將得到很重要的進展；如果他拒絕，我們則再一次大受委屈，那麼我就有動身赴京的理由了」。[99] 包令就這樣頭也不回地與艦隊司令坐軍艦往直上華北。到達上海後，他向兩江總督怡良抱怨説在廣州受辱，[100] 不想怡良答道：「貴公使責人以禮，諒能以禮待人。」[101] 這時的包令一定在想，早知道如此，待在廣州或許情況還好一些，葉名琛至少還願意和他會談。無論如何，修約的期限迫近，而怡良又告訴他曰：此事由廣東方面辦理。於是又坐軍艦掉頭回到香港。

　　回到香港後，包令馬上於 1854 年 8 月 22 日照會葉名琛，説《南京條約》下星期就到期要修訂了，故派麥華陀去廣州先行會商。[102] 他指示麥華陀把「在廣州城內官方會晤」的要求包括在內。[103] 結果談判觸礁，原因不是由於進城問題，而是葉名琛自承無權重行酌訂前約。[104] 於是包令又於 9 月坐軍艦去上海，繼而於 10 月北上到達天津附近的白河。[105] 惟當地官員告訴他必須回廣東辦理。這時候就算他想留下來繼續爭論也不行，因為冬季已經來臨，英國軍艦「響尾蛇」（HMS *Rattler*）號已被北風颳得嘎嘎作響。

　　包令再次回到香港，意外地接到葉名琛的照會，要求合作剿滅他所稱的河匪。[106] 當時葉名琛已肅清曾三面合圍廣州城的陸路紅兵，現在只須對付南方的，原本是橫行河上的紅兵。此前英國曾經幾次要求中方合

99　Bowring to Clarendon, 25 April 1854, ibid., pp. 15-16.

100　Bowring to Yi-liang, 10 July 1854, ibid., p. 28.

101　Yi-liang to Bowring, 18 July 1854, ibid., pp. 28-29.

102　Bowring to Yeh, 22 August 1854, enclosed in Bowring to Clarendon, Desp. 128, 5 September 1854, FO17/215.

103　Bowring to Medhurst, 22 1854, enclosed in Bowring to Clarendon, Desp. 128, 5 September 1854, FO17/215.

104　Yeh to Bowring, 1 September 1854, enclosed in Bowring to Clarendon, Desp. 128, 5 September 1854, FO17/215. 那些大改變包括開放中國整個內陸腹地，或至少長江盆地，那裏是中國盛產茶和絲的地區。見 Clarendon to Bowring, Desp. 1, 13 February 1854, FO17/210。

105　Bowring to Clarendon, Desp. 173, 10 November 1854, FO17/217.

106　Yeh to Bowring, 7 October 1856, enclosed in Bowring to Clarendon, Desp. 230, 11 December 1854, FO17/218.

作剿滅海盜，中方都一律無條件答應。[107] 葉名琛可能以為這次英方應該會投桃報李。但包令卻從此事猜度出一大堆信息：「情況必定是人心惶惶，窘迫異常，危險萬分，使得這位中國大官不得不乞援於外國。」[108] 於是他這樣回答葉名琛：「觀此情形急迫，茲即定於二十四日，與水師軍門並數艘軍艦起程，前赴省垣」。1854 年 12 月 12 日，包令回覆葉名琛之後的一天，艦隊司令賜德齡（James Stirling）爵士少將乘坐英國軍艦「溫徹斯特」（HMS *Winchester*）號和蒸汽輪「冥河」（HMS *Styx*）號開往珠江。第二天包令坐「響尾蛇」號緊隨其後。兩人同於 12 月 14 日抵達廣州。包令描述之後的情況如下：

> 我甫一抵達，即知會兩廣總督我已到來，他派了兩名知縣前來，依禮問候。中國當局風雨飄搖，周邊郊區的混亂動盪，戰火蜂起，廣州城每天都受到起義軍威脅，我原本盼望這種情況會逼使中國官員給予我官方和友善的接見，以詳細商討他們的切身問題。但很遺憾，即使現在身處如此窘境，四周危險萬分，他們仍然冥頑不靈，倨傲絲毫未減，其愚昧不可救藥，以致對我善意的建議置若罔聞。[109]

包令不了解的是，葉名琛如果開放廣州城門，就連城內居民對他的支持都喪失了。此外，廣州最困難的時刻——圍城——已經過去，葉名琛應付水路的殘餘紅兵綽綽有餘，只是由於他擔心夜長夢多，加上過去曾經有過與英方共同剿滅海盜的愉快記憶，才發出合作邀請。不料包令以為可以乘人之危，葉名琛當然拒絕包令有附帶條件的幫助。結果包令再次灰溜溜地折返香港。

六個月後，阿禮國（Rutherford Alcock）被任命為英國駐廣州領事。包令致信葉名琛：「如貴大臣現在願意接見，本公使樂於藉此機會引見

107　見拙著：《兩廣總督葉名琛》，第六章。

108　Bowring to Clarendon, Desp. 230, 11 December 1854, FO17/218.

109　Bowring to Clarendon, 25 December 1854, FO17/218.

領事官阿……如貴大臣不願如議與本公使相會，望貴大臣允許領事官阿〔禮國〕親自面呈國書。」[110] 葉名琛提醒包令，他之前曾拒絕在仁信樓面晤的建議，並補充說：「貴國領事官來華履新，並無接見之前例。貴公使擔任駐粵領事官多年，本大臣亦未嘗飭委代表接見。」[111] 葉名琛此說，無異往包令心中還未癒合的傷口上擦了一把鹽。

1856 年 10 月 8 日發生的「亞羅」號事件，是自 1849 年以來首宗外交事件。如本書第十二章所見，包令摩拳擦掌已久，此時乘機發難，不在話下。他寫信給兒子說：「我希望在這趟渾水中撈出一些療傷的食物來。」[112] 為了替包令尋找「療傷食物」，皇家海軍炮轟廣州城，但該城城門歸然不動。一年後，英軍連同大批援兵和法國盟軍捲土重來，破城而入，從四面八方搜逮葉名琛。到了這個地步，葉明琛仍堅持：「他事都可許，或給以銀錢都無不可，……獨進城一節斷不可許。」[113] ──天聽自我民聽！

葉名琛的斷然，再一次佐證了筆者四十年前首次提出，如今已廣為學界接受的一個觀點：令中國外交政策受到扭曲的最主要因素，並不是儒家的保守主義，而是地方性的爭執。[114]

六、結語、反響及反思

長期以來，西方史學家竟然用廣東官民「仇外狂」的理論，來解釋第二次鴉片戰爭的爆發，並煞有介事地把此所謂「仇外狂」劃分為「民眾仇外」與「官方仇外」兩大類。可是，所為「民眾仇外」中所牽涉的衝突，全都是因為諸如英人無賴金頓之類的膽大妄為，其他英國商人欺人太甚所引發的。要不是他們令廣東民眾忍無可忍，決不可能發生的。

110 Bowring to Yeh, 11 June 1855, Parl. Papers 1857, v. 12, p. 38.

111 Yeh to Bowring, 9 July 1855, ibid., p. 9.

112 Bowring to Edgar Bowring, 16 October 1856, Ryl. Eng. MSS 1228/161.

113 華廷傑：《觸藩始末》，載《第二次鴉片戰爭》，第一冊，頁 184。

114 對於清朝外交政策的解釋，見 Wong, *Yeh Ming-ch'en*。有關一般對該詮釋的承認和接受，見 Polacheck, *Inner Opium War*, p. 4，對於清朝外交政策的行為的分析，見本書第十九章。

相反地，這些事例始末顯示廣東人一般都很友善，並且樂於助人。如果一定要把這種摩擦視為第二次鴉片戰爭的起源，就必須把眼光擴大，不局限於摩擦本身，而是要找出引起摩擦的原因——英國人對中國人的挑釁。而英國人之所以惹是生非，可能源於「歐洲人優越感」。[115] 這種令人反感的優越感，恐怕正是戰爭的深層導因。

至於「官方仇外」，高調反覆重彈最烈者莫如包令，他天天抱怨欽差大臣葉名琛早在 1849 年當廣東巡撫時就對英國人心存敵意。但葉名琛厭惡英國人，無非是因為英國官員未經授權就提出種種他無法滿足的要求，如進入廣州城、藉修約之名而企圖獲取新約等等。從這個意義上說，包令、巴夏禮等英國官員的魯莽行事，才是導致第二次鴉片戰爭的原因之一，而不是中方對此所作出的反應。

事實上，如果我們根據本章提出的那些證據，反過來問：英國商人和外交人員是否仇外？相信大多數理性的人都會回答：是。我們不難理解這些由地球彼岸遠道而來的陌生人的心理。他們背井離鄉來到這個地方居住，覺得天氣難受，[116] 又感到無法理解、也不願意去理解的本地人之間有着極大的隔閡，很容易就萌發草木皆兵的心態。

對於筆者所發掘出來的新史料，並據此而下的結論，西方學術界似乎只有美國加州州立大學富爾頓分校的托馬斯·賴因斯教授提出異議，他說：「黃宇和也把中國人的敵意太過輕輕帶過：連一個仇外者都沒提……而對於 1850 年代的中國官員的描繪，仿如伏爾泰在一百年前所想像的一樣。」

先談筆者對中國官員的描繪，本章所述的耆英、黃恩彤、徐廣縉、葉名琛等的困境，均有大量中西原始檔案可據徵信。

再談中國民眾的敵意。本章的目標是鑒定英國政府所提供所謂「在華受辱」的證據。經鑒定這些證據，確實沒有發現一個仇外者，筆者根據這筆史料而做的論述，當然就無法提出一個仇外者了。

115　Davis to Palmerston, Desp. 10, 26 January 1847, FO17/123; and Palmerston to Davis, 11 March 1847, FO17/121.

116　對於酷熱和其他惡劣氣候的抱怨，在英國領事的報告中俯拾皆是。

　　筆者做這種鑒定的目的，首先是衡量美國學者諾德教授曾以同一批史料來發明的所謂廣東官民「仇外狂」的概念，又用此概念來解釋第二次鴉片戰爭爆發的原因。但經過本章驗證，諾德的發明與解釋皆不能成立。現在托馬斯・賴因斯教授無的放矢的指責，若其目的是要聲援其同胞諾德博士，或聲援近年來美國某些人士所鼓吹的「中國威脅論」，看來還要再下一番工夫。

　　猶有甚者，托馬斯・賴因斯教授把筆者在這大批堅實史料的基礎上所做的敘述與分析，說成是伏爾泰般的想像，難免讓筆者懷疑，賴因斯教授忍隱未發的一句話同樣呼之欲出：「中國人仇外，該打！」

　　筆者並不是說中國沒有任何個別人士患上「仇外狂」，這種個別的案例中外皆有，不足以說明問題。但若要說是一種普遍現象，就必須出示證據，不宜粗率地指桑罵槐。中國歷史上士大夫輕視外人的心理，在官員們的奏摺中不難找到眾多證據，當今中國知識精英敵視外人的心理，筆者也曾多次目睹，甚至深受其害。但不能用個別的病態倒過來解釋第二次鴉片戰爭為何爆發。

　　此外，廣東官民把外國商人和外交人員拒諸門外，雖然有他們自己的道理，但他們不知道這種行為對於外國諸如美國，也許不會有太大問題，因為當時尚未有大美盛世（*Pax Americana*），所以美國人還不大介懷。但在英國人看來，則是對大英盛世（*Pax Britannica*）的絕大冒犯。《泰晤士報》竟然曾認為葉名琛拒絕在城內接見女王陛下的代表，即意味着要斷絕友好關係（即開戰）。[117] 難怪有些歷史學家就把第二次鴉片戰爭視為一場爭取外交平等的戰爭。[118]

　　然而，如果要尋找第二次鴉片戰爭的起因，必須往廣州城門以外的地方去找。搗破城門只是手段而非目的，真正目的是要簽訂一份能擴大英國國家經濟利益的條約。以此來說，包令認為應先解決進城問題，再談修約，證明他是有眼光的。他深信若要令中方作出新的重大讓步，就

117　*The Times*, 2 January 1857.

118　例如韓達德寫道：「英國和法國，以及反應較沒有那麼激烈的美國政府，逐漸覺得僅僅維護現有條約的條款並不足夠；他們必須準備採取武力迫使北京政府承認它們在理論和實際上能與它平起平坐。」（*Arrow War*, p. 27）

非把以廣州城門緊閉為標誌的中國反抗精神擊垮不可。其後到了 1857 年，額爾金伯爵同樣認為應先攻陷廣州，然後才北上攻打北京，並付諸行動。

如此，在外的將士諸如包令爵士、額爾金伯爵與西摩爾少將均一致認為，要鎮服中國，搗破廣州城門是先決條件。

在英國首都的德比伯爵曾批評包令說：「依我看來，他做夢也想進入廣州。」[119] 他在 1857 年國會辯論中選擇微觀看問題：批評包令，目的是倒閣。1858 年巴麥尊政府倒台後，他接受英女王委任為首相，改為宏觀看問題，馬上增兵攻打北京。可見他也絕非平凡之輩。

---

119   Derby, 24 February 1857, *Hansard*, 3d series, v. 144, col. 1177.

帝國主義雄辯滔滔

本書下篇的第一部份分析了帝國主義是如何的錯綜複雜，第二和第三部份則具體觀察它的侵略藉口和悍將的霸道。在第四部份，我們將探討這些問題在英國如何被看待和公開處理，首先是報章的反應，之後是國會上、下議院分別舉行的辯論。通過這樣的分析，冀盼能進一步釐清第二次鴉片戰爭的根源。

此外，本書將分析今天的中華人民共和國對於第二次鴉片戰爭的主流解讀方式。這種看法認為，第二次鴉片戰爭與之前的鴉片戰爭一樣，是英帝國主義「征服、奴役、劫掠、殺戮」中國人民的手段。[1] 這種解讀方式顯然是來自馬克思（Karl Marx）的著作，馬克思的觀點則是根據他在英國報章所見，在英國國會辯論時所聞而形成的。1949 年後，中華人民共和國整個學術界深受馬克思學說影響，把慣稱的「英法聯軍之役」改為「第二次鴉片戰爭」，這顯然是因為馬克思在他的文章中創造了這個名詞。

中國史學家當中，沒有被馬克思主義緊緊地綑綁着的學者，似乎只有蔣孟引教授。他之所以能取得這種成就，主要是由於他的代表作《第二次鴉片戰爭》雖然在中華人民共和國成立十六年後出版，[2] 但其底稿本來就是他在 1939 年遞交倫敦經濟學院的博士論文。[3] 1930 年代他在英國當研究生的數年，有機會接觸到有關刊物諸如英國國會議事錄與《泰晤士報》，成果自然大別於當時絕大部份囿於中文史料的中國歷史工作者。可是，蔣孟引教授本人又無可避免地囿於他留英短暫幾年所能接觸到的有關刊物，諸如英國國會議事錄與《泰晤士報》。而且，《泰晤士報》和國會辯論所反映的那種複雜的政治對話，他過去在中國沒有接觸過，也是中國從來所沒有、並且至今都沒有過的。他只能按照自己的世界觀從字面上了解，走寶在所難免。

所以，研究國會辯論其實透露了什麼寶貴線索，以及馬克思和其他記者群不知內裏乾坤地旁聽國會議員表面化的辯論究竟能得出什麼結

---

1   見王笛：〈民族的災難與民族的發展〉，頁 36。

2   見蔣孟引：《第二次鴉片戰爭》(北京：三聯書店，1965 年）。

3   當時他是以蔣百幻的名字當博士生。其論文見 Chiang Pei-huan, 'Anglo-Chinese Diplomatic Relations, 1856-60'. Unpublished Ph.D. thesis, University of London, 1939。

論，就顯得十分重要。馬克思可不是千里眼順風耳，他是有其局限的。準此，本書第十五章設法另闢巧徑探討報界的爭論，第十六章研究上議院的辯論，第十七章則分析下議院的激辯。首相巴麥尊[4]輸掉下議院的辯論後解散國會舉行大選，[5]並在這場所謂「中國大選」（Chinese election）中獲勝，再度執政。[6]

這些題目至少有五位現代史學家做過不同程度的研究，他們是阿瑟‧西爾弗（Arthur Silver）、[7]傑克遜（C. E. Jackson）、[8]安格斯‧霍金斯（Angus Hawkins）、[9]斯蒂爾（E. D. Steele）[10]和近期的邁爾斯‧泰勒（Miles Taylor）。[11]但是，他們關心的重點是英國政治，而筆者則主要着眼於第二次鴉片戰爭的起因。本書下篇（即英文原著《鴆夢》）出版後，才促使最近的一位英國政治史專家大衛‧布朗（David Brown）教授關注在 1857 年英國舉行的這場所謂「中國大選」中的中國因素，並把巴麥尊

4　專門研究該時期巴麥尊的生平，見 Steele, *Palmerston and Liberalism*。

5　「大選」一詞要放到當時的背景來理解。在 1857 年，只有很少數英國人有選舉權，大部份男人由於不符合財產和居住地的資格規定而無權投票。1867 年和 1884 年兩次放寬資格。至 1918 年，所有年滿二十一歲的男性都有投票權。婦女則在 1918 年獲得投票權，但年齡限制高於男性，須年滿三十歲才能投票。因此，1857 年的政客和記者在大談民族、國家和大眾時，他們使用這些詞彙的含意是不同於現今的。詳見 Jenifer Hart, *Proportional Representation: Critics of the British Electoral System, 1820—1945* (Oxford, Clarendon Press, 1992)；另見 Francis Barrymore Smith, *The Making of the Second Reform Bill* (Cambridge University Press, 1966)。

6　就如選舉權問題一樣，大家不要把大選授予執政權的現代概念，套用到維多利亞時代中葉的現實情況。當時的內閣大臣仍視自己「主要是承擔行政責任，而非執行選民支持的政治方案」。這是受王室控制首相任命權的傳統的影響（見 Sir David Lindsay Keir, *The Constitutional History of Modern Britain since 1485*, London, Adam & Charles Black, 1969, p. 407）。女王對於內閣組成所發揮的重要作用，可見於少數派政府執政時期：1846 至 1847 年（羅素第一任內閣）、1858 至 1859 年（德比第二任內閣）、1866 至 1868 年（德比第三任內閣），以及 1852 至 1855 年的聯合政府（阿伯丁內閣）（見上書）。直至 1868 年（德比和迪斯累里 [Benjamin Disraeli] 內閣），政府才因大選失利而馬上總辭，以及 1892 年索爾茲伯里勳爵（Lord Salisbury）在下議院失利後辭職（同上書，頁 407，註 4）。

7　Arthur Silver, *Manchester Men and Indian Cotton, 1847—1872* (Manchester, Manchester University Press, 1966), pp. 82-84. 他的主要關注點是曼徹斯特的選民。

8　見 C. E. Jackson, 'The British General Elections of 1857 and 1859', unpublished D.Phil. thesis, University of Oxford, 1980。

9　見 Angus Hawkins, *Parliament, Party and the Art of Politics in Britain, 1855-59* (London, Macmillan in association with the London School of Economics, 1987), chapter 3。

10　見 Steele, *Palmerston and Liberalism*, pp. 74-76。

11　見 Miles Taylor, *The Decline of British Radicalism, 1847-1860* (Oxford, Clarendon Press, 1995)。

描述為「對外是一名橫行霸道的惡霸，對內是一位忠心耿耿的黑衣衛士」
（a bully abroad and a blackguard at home）。[12]

---

12   David Brown, *Palmerston: A Biography* (New Haven, CT: Yale University Press, 2010).

第十五章
英國報界的唇槍舌劍

在過去很長一段時候，中國學者普遍認為英國報章是政府控制的，像在中國一樣。由本章可見英國各報章都是獨立自主的，其中盲目支持政府的固然有，但更多的是幫理不幫親。

一、《泰晤士報》：是戰是和

1856 年 12 月 29 日星期一，英國公眾從經由里雅斯特（Trieste）傳來的電訊報道中首次獲悉「亞羅」號紛爭。[1] 到了元旦，從里雅斯特經陸路傳遞的報道也送達了，《泰晤士報》馬上在當天增加刊印第二版，摘要刊出該報駐香港記者的報道。[2] 第二天，又全文刊登整篇報道，詳述了 1856 年 11 月 15 日起發生的事件。[3] 1857 年 1 月 6 日，英國政府在《倫敦憲報》（London Gazette）刊登了駐華艦隊司令西摩爾少將致英國海軍部的公文，當中附有皇家海軍在珠江的作戰行動、摧毀中國炮台、炮轟廣州城等事件的報告。[4]

英國報界對這場不宣而戰的武力衝突有何反應？1857 年 1 月 2 日《泰晤士報》除了全文刊載其駐遠東記者的報道以外，更專門撰寫了社論警告讀者曰，若容忍葉名琛的行為，就等於放棄英國在鴉片戰爭（1839 至 1842 年）中取得的地位，並令中國人覺得大英帝國的臣民是一個沒有榮譽感和自尊心的民族。社論還說，葉名琛拒絕在城內接見女王陛下的代表，就等同斷絕了雙方的友好關係、等同宣佈至少就廣州而言，《南京條約》實質上已經作廢。《泰晤士報》更聲稱，廣州的英國商人與外面世

1　*The Times*, 29 December 1856.

2　同上註，1 January 1857，該則報道是 1856 年 11 月 29 日所發。

3　同上註，1 January 1857，該則報道也是 1856 年 11 月 29 日所發。

4　*London Gazette*, 6 January 1857.

界幾乎隔絕，身處一個半開化的帝國，被充滿敵意的人們包圍着，我們若不維護條約，他們的性命、財產將毫無保障。該編輯痛斥葉名琛，說他自始至終表現得傲慢無禮。[5]

如本書第十二章所發現，這正是巴夏禮想要向英國政府和公眾傳達的訊息，他為此曾不惜發佈有關辱旗事件的不實言論，並肆意歪曲葉名琛的原意。看來巴夏禮雖然沒讀過《孫子兵法》，但對其中「上兵伐謀」[6]之名言心領神會。

英國政府在 1 月 6 日的《倫敦憲報》上刊出英國駐中國艦隊司令西摩爾少將的報告後，《泰晤士報》總編輯的態度更形強硬。他說：真正的問題是，英國應否運用自然法和「我國軍事和文明優勢所賦予我們」的權利，去強迫葉名琛讓我們隨意進出廣州城與他會面。[7]該總編輯在這裏相當忠實地反映了艦隊司令西摩爾的態度，而西摩爾的這種態度，則是來自巴夏禮和包令故意給他的錯誤資訊，包括隱瞞了「亞羅」號船舶執照過期的事實。該總編輯最後說：「因此，我們實際上是在和中國打仗了」；為了「人類和文明着想，我們不應善罷甘休」；中國必須付出足夠賠償：「為了我們的光榮和利益，我國與中華帝國的關係必須建立在新的基礎上。」[8]換而言之，這位總編輯認為應該利用這場紛爭強迫中國簽訂新的、對英國更為有利的條約。

問題在於，《泰晤士報》是否如許多中國史學家所說那樣，受英國政府操控？假若如此，那麼該總編輯的言論就等同於首相巴麥尊子爵的意見。任何對於英國報業史稍有認識的人都知道，將「操控」一詞來加諸《泰晤士報》是言過其實的。事實上，巴麥尊和《泰晤士報》曾經是長期對着幹的：該報社論往往毫不留情地抨擊他，就是例證。巴麥尊甚至抱怨說，自從 1830 年他成為外相時起，不知何故，「《泰晤士報》就無論在

5　　*The Times*, 2 January 1857, p. 6, col. 4.

6　　李零：《〈孫子〉十三篇綜合研究》（北京：中華書局，2006 年），頁 22。

7　　*The Times*, 8 January 1857, p. 8, col. 2.

8　　同上註，col. 3。

個人還是政治事項上，都一直對我窮追猛打，樂此不疲」。[9] 原因之一可能是由於《泰晤士報》認為巴麥尊過於獨斷獨行，更沒有竭盡全力抑制俄國的對外擴張。[10]

但到了 1855 年，約翰・德萊恩（John Delane）[11] 成為《泰晤士報》總編輯後，兩者竟然變得非常友好。主動修好的似乎是德萊恩。他明白到，政府是傳統上不可或缺的消息和靈感的來源，若長期與政府對壘，對《泰晤士報》很不利。[12] 而且一旦新的印花稅法（Stamp Act）[13] 容許廉宜極了的便士報（penny press）發行，[14] 這種消息阻隔將對《泰晤士報》造成極大危害。因此，出於新聞工作者的審慎，德萊恩認為，應該以持平的態度看待巴麥尊那些獲得舉國認同的政策，並給予一定的支持。[15] 1855 年 8 月，威廉斯・莫爾斯沃思爵士（Sir William Molesworth）在其大宅安排了一次會面，讓「巴麥尊和德萊恩敘談。談話後雙方互相諒解。結果德萊恩認為巴麥尊出任首相，是人得其位，位得其人」。[16]

其後，巴麥尊在私人會面中主動與這位總編輯詳談國家政策，[17] 兩人關係愈來愈密切，直至 1865 年巴麥尊去世為止。為了籠絡德萊恩，外相克拉蘭敦曾向他宣佈：「我已吩咐下去，不管它們（電報）在晚上還是早

9　Palmerston to the Queen, October 1855, quoted in *History of the Times, v. 2, 1841-1884: The Tradition Established* (London, Office of *The Times*, 1939), p. 236. 巴麥尊與該報的恩怨，見上書，頁 236－258。

10　見 *History of the Times*, v. 2, pp. 236-237。

11　他的生平，見 Arthur Irwin Dasent, *John Thaddeus Delane, Editor of the Times: His Life and Correspondence*, 2 vs. (London, Office of *The Times*, 1908)。

12　見 *History of the Times*, v. 2, pp. 261。

13　詳見 C. D. Collet, *History of the Taxes on Knowledge: The Origin and Repeal*, 2 vs. (London, T. Fisher Unwin, 1899)。

14　這些便士報的市場是急速膨脹的技工群體，他們靠着閱讀這些報章，消息比以往的工人階級更靈通，也更有知識和更獨立。隨着鋼鐵、工程、造船、鐵路和建築等基礎工業大幅擴張，這些工人階級中的精英也壯大起來，他們包括造船工、工程師、煉鐵工、鐵匠、模匠、火車司機、細木工和裝修工人、油漆匠、木匠、砌磚匠、麵包師傅和屠夫。他們居住的房屋比工人的整潔，又住在不同的街道，加入不同的互助會，光顧不同的酒吧。見 F. B. Smith, *The Making of the Second Reform Bill* (Cambridge University Press, 1966), pp. 2-10。

15　見 *History of the Times*, v. 2, pp. 263。

16　同上註，pp. 263-264。

17　同上註，v. 2, p. 321。

上到達，都必須首先送到《泰晤士報》。」[18] 不過，大家必須留意區分新聞電報和官方文件的分別。比如，克拉蘭敦早在 1856 年 12 月 1 日接到包令關於「『亞羅』號事件」的公文，但當然沒有洩露給德萊恩，結果《泰晤士報》必須等到 12 月 29 日才接到經由里雅斯特傳來的電報之時，才得悉發生了「亞羅」號這宗事件。

到了 1857 年 3 月 3 日，在下議院關於「亞羅」號紛爭的辯論中，政府遭受挫敗，巴麥尊在第二天召開內閣會議，決議解散國會，之後他和克拉蘭敦都以第一時間將此事寫信告知德萊恩。巴麥尊在信首寫道：「鑒於閣下素來慷慨和大力支持本政府，有關我們即將開展的行動，閣下將是首個獲悉之人。」[19] 克拉蘭敦在他的信中說：「我們的公職人員結成不光彩的聯盟（按即群起反對政府的國會議員），他們的發言寡廉鮮恥，遺害無窮……如果他們不利用昨晚的投票結果來在中國的問題上跟我們作對，我會感到十分訝異。」[20] 據說德萊恩對克拉蘭敦的暗示心領神會，於是在報紙上警告說，新的反對政府的聯盟會「把一切弄成一團糟」，[21] 是一群不值得信任的烏合之眾。

因此，如果說第二次鴉片戰爭爆發時，由於《泰晤士報》與政府關係密切，結果該報社論大致反映了官方的思維，是切合實際的。從治史的角度看：在英國政府接到有關「亞羅」號糾紛的消息而必須決定是戰是和的關鍵時刻，《泰晤士報》之大力鼓吹開戰和強迫中國簽訂新約，是否暗示英國政府已經決定藉此開戰與強迫中國簽訂新約？對此，筆者將在下文梳理政府公文和其他文獻之後，再作探討。總的來說，儘管《泰晤士報》有時候相當準確地反映了英國政府的思維，但它仍然是獨立自主的，絕非英國政府囊中之物。

18　Clarendon to Delane, 28 December 1857, Printing House Square Papers (hereafter cited as P. H. S. Papers), D. 8/52, quoted in *History of the Times*, v. 2, p. 322.

19　信上的日期顯示它寫於 1857 年 2 月 4 日（P. H. S. Papers, D. 8/7; Dasent, I, 249），但毫無疑問，應當是寫於 3 月 4 日，即克拉蘭敦致信德萊恩的同一天，因為克拉蘭敦在他信中說，內閣剛開完會，巴麥尊「答應我他會給閣下寫信」。見 *History of the Times*, v. 2, p. 323。

20　Clarendon to Delane, 4 March 1857, P. H. S. Papers, D. 8/7; Dasent, I, 258, quoted in *History of the Times*, v. 2, p. 324.

21　引自上註。

　　我們若要通過《泰晤士報》來了解英國政府就「亞羅」號事件是戰是和的取向的來龍去脈與決策的關鍵時刻，就必須查明德萊恩與巴麥尊之間友誼有多深厚；這點相當重要，它有助解釋《泰晤士報》在 1 月 2 日和 8 日之間為何態度發生了變化。1 月 2 日的社論可能是巴麥尊到了布羅德蘭斯（Broadlands）大宅度假時寫的。1 月 8 日的社論則是巴麥尊返回倫敦並與德萊恩交談後寫的。因此，總編輯在 1 月 2 日說：「事實上有些事情尚有爭議，比如船員被抓走的那艘船，當時是否懸掛英國國旗。」[22] 這體現了他身為編輯獨立自主的判斷。但到了 1 月 8 日，他一改口風，斬釘截鐵地宣稱英旗曾被扯落了。此外，像是為了要消除他前一篇社論已經造成的反面影響，現在他把「亞羅」號事件說成是無關痛癢的了，「如同一般戰爭的情況那樣，敵對行動的導火線是無關宏旨的」。[23]

　　從這份英國最具影響力的報紙的觀點，讓我們能一窺英國政府的取向：它決定利用巴夏禮所杜撰的開戰理由來發動對華戰爭。但要探尋戰爭起因的線索，還須要從其他報紙來獲得啟示。

二、《晨報》：痛詆葉名琛

　　《晨報》（*Morning Post* ）[24] 聲稱，葉名琛「剛愎無禮」、「固執如騾」，[25] 是整場紛爭的罪魁禍首。如果大不列顛帝國縱容「野蠻的東方大國」對條約或國際法哪怕是最輕微的違反，或者姑息哪怕是最無關緊要的輕蔑或最微小的冒犯，多年經驗告訴「我們的海陸軍指揮官，干犯者將日益囂張，先是輕蔑，然後侮辱，從侮辱變成放肆挑釁，從放肆挑釁再發展為肆無忌憚地施暴」。該報還認為，與中國人打交道，最合乎人道，並且歸根到柢也是最和平以及代價最小的方法，是以霹靂手段加以懲罰，令

22　*The Times*, 2 January 1857, p. 6, col. 3.

23　同上註，8 January 1857, p. 8, col. 3。社論並不一定是出自總編輯手筆，但一定經過他審閱和批准才刊出。

24　關於該報的歷史，見 Reginald Lucas, *Lord Glenesk and the Morning Post* (London, Alston Rivers, 1910)。關於《晨報》當時地位的評價，見下文。

25　*Morning Post*, 2 January 1857.

他們引以為戒。該報的結論是：僅僅是陳兵中國，展現英國的實力並不足夠。英國必須果敢決斷地使用武力來對付這個「毫無誠意、不可信任和自大傲慢的民族，不這樣做，他們是不會講道理，也不會認錯的」。[26]

這份報紙沒有做過任何調查，也沒有衡量其他可能性，就妄下結論地認為錯在中方，還說如果中國人膽敢抵賴，就必須迫使他們認錯。我們在前幾章就深切認識到巴夏禮所持有的同類態度。在英帝國主義雄霸全球的時代，這種思維看來甚為普遍。

三天後，《晨報》氣焰更熾：「過去幾年的經驗告訴我們，想要觸及中國人的心臟，除了用劍之外，別無它途。」《晨報》嘗試令這種強暴的取態合理化：為了促進商業和傳播文明，必須定期炮轟東方。每一次炮轟，每一份新的協議，都有助於達成這些目標。商船得靠軍艦為它們開路，商人未到，艦隊司令先行；隨着商人之後而來的，還有傳教士和旅行家。這些人帶着文明進步的種子，沿路撒播，假以時日即會開花結果；他們還為新的必需品奠定根基，而經過一段時間之後，更需要其他事物來配合，蒸汽和天然氣，印刷報刊和電報，學校和教堂，鐵路和圖書館，以及「選舉權和下議院（有何不可？）」。[27]

這份報紙提出了它眼中當時先進文明的丈量標準——選舉權，它最終在二十世紀的英國發展為全民普選權。諷刺的是，該報眼中的英雄——巴麥尊子爵，當時卻不願意擴大英國選民的人數。[28]

無論如何，《晨報》相信捨戰爭以外別無他法：「姑勿論事件的起因是對還是錯，我們已經陷入一場紛爭之中，繼續這樣下去並無結果。它可能是因誤會所致，但事已至此，只能有一個結局。」[29] 大不列顛帝國不容許它的實質利益受到葉名琛的威脅：「向這樣的野蠻人低頭，不但會斷

26　同上註，2 January 1857。

27　同上註，5 January 1857。

28　見，如 Michael Bentley, *Politics without Democracy, Great Britain, 1815-1914: Perception and Preoccupation in British Government* (Oxford, Basil Blackwell in association with Fontana, 1984)；以及 Taylor, *The Decline of British Radicalism*。

29　*Morning Post*, 31 January 1857.

送我們在東方的利益，而且會危害到我們在全球的所有利益。」[30]

這種說法背後，顯然是帝國主義的邏輯。該報一方面承認爭執可能是出於誤會，另一方面卻認為是否誤會無關重要，因為不管怎樣，英國軍艦到了這個地步，已經無路後退，只有一往無前，直至戰勝敵人。有什麼是必須做的？第一，「我們必須炮轟和重擊廣州，得不到補償絕不罷休。」第二，「我們必須採取其他果斷的手段，力求速戰速決。」該報宣稱，這些訓令已經由「上一趟發往中國的郵件，傳達給了我們的海軍司令」。[31] 這位總編輯怎麼知道？他是否有渠道獲取政府內部消息？

筆者查閱了英國外交部記錄，果然發現克拉蘭敦在 1 月 24 日已經通過海軍部指示英國皇家海軍駐中國艦隊總司令西摩爾少將說，有必要採取「更多措施」，「讓中國當局一開眼界」，因此「女王陛下政府的意見是……廣州下游的所有炮台都必須徹底摧毀」。此外，「女王陛下政府認為，下一步應派遣艦隊到揚子江」，以「盡可能切斷經由大運河或其他內陸水道到北京的水路交通」，[32] 此行動可斷絕首都的供應補給。

這些指示與《晨報》社論的論調和細節若合符節，因此，很可能有些一般性質的消息洩露給了該報。學術界研究英國報界的成果顯示，《晨報》往往過分刻意迎合巴麥尊，以致有時候適得其反，牽累及這個它想竭力支持的人。這在以下事例中可見一斑。

《晨報》在不知情的情況下，抓住一個手民之誤對葉名琛大加撻伐。該手民之誤出現在一封經由巴黎傳來的電報中，該電報提到 *hongs*（原指廣州江濱商館區華人開設的「十三行」）被燒為平地；但當中某處把 *hong* 字誤寫為 Hong Kong（香港）。這就引起了軒然大波。《晨報》聲言，攻擊香港表示中方決心把事情鬧大，是中方在迫使包令公使和西摩爾少將別無選擇，只能繼續攻勢，直至摧毀廣州，令葉名琛就範為止。[33]

這是又一篇邏輯不凡的文章。該報顯然覺得，皇家海軍把廣州夷為

30　Ibid., 3 February 1857.

31　同上註。

32　Foreign Office to Admiralty (2d draft), 24 January 1857, FO17/279, pp. 220-223. 此指示是回覆 1857 年 1 月 17 日海軍部向白廳呈交西摩爾有關他在珠江軍事行動的進一步報告。

33　*Morning Post*, 31 January 1857.

平地並無不妥，但中國人卻不能動香港半分。不過，它關於香港受襲的報道是完全錯誤的。簡言之，《晨報》把「亞羅」號糾紛全部歸咎於葉名琛，認為他必須盡快受到懲罰，否則英國的利益將會受到危害。

三、《每日新聞報》等：揄揚葉名琛

《紀事晨報》（*Morning Chronicle*）在檢視過已公佈的公文後，決定要為葉名琛說句好話，它筆下的葉名琛是一位紳士：「如果持平公正地看他的行為，會發現他行事有尊嚴而不失克制，並且克盡己職。」該總編輯指責另外一些報紙把葉名琛的行為描述成野蠻無禮和冥頑不靈，該報更反躬自省：「我們並非說，迫使野蠻人與我們建立關係，是與政策不符，或者與抽象層面的高尚道德不符。」但是，一個自命為引領人類文明的偉大國家，靠着現有這個卑劣藉口來達到其目的，實在與其尊嚴不相稱。該總編輯認為，這比征服或掠奪行為本身更可鄙的，是試圖用沒有事實根據的道德理由來為它塗脂抹粉。[34]

更為珍貴的是，這份報紙在不知道開戰理由其實是由巴夏禮一手偽造的情況下，僅僅根據巴夏禮本人所提供的說法，就看出是可鄙的藉口。它的看法可能反映了維多利亞時代中葉正義和人道的價值觀，或者反映了與該報過從甚密的保守黨皮爾派份子的政治立場，[35] 甚或兩者皆有。無論如何，這與威廉・格拉德斯通（William Gladstone）[36] 的觀點非常相似，他在下議院公開抨擊巴麥尊（見本書第十七章），並且在私下稱，對巴麥尊的不信任投票「為下議院帶來的榮譽，是我記憶所及最多

34　*Morning Chronicle*, 8 January 1857.

35　見 Stephen Koss, *The Rise and Fall of the Political Press in Britain, v. 1, The Nineteenth Century* (London, Hamish Hamilton, 1981), p. 111.

36　威廉・尤爾特・格拉德斯通（William Ewart Gladstone, 1809－1898），曾任財政部大臣（1834）、殖民地部次官（1835）、貿易委員會副會長（1841）和會長（1843）、殖民地大臣（1845）和財政大臣（1852—1855）。他由 1868 至 1893 年四度出任首相。見 H. C. G. Matthew 的兩本著作：*Gladstone, 1809—1874* (Oxford, Clarendon Press, 1986) 和 *Gladstone, 1875－1898* (Oxford, Clarendon Press, 1995)。另見 *The Gladstone Diaries, v. 5, 1855-1898*, ed. M. R. D. Foot and H. C. G. Matthew, 14 vs. (Oxford, Clarendon Press, 1978)。

的」。[37]

《泰晤士報》最初把葉名琛拒絕接見英國代表視為斷絕雙方的友好關係，[38] 但經過一個週末的思考，該報漸漸同情地理解，並懷疑拘捕「亞羅」號船員是否如巴夏禮所暗示的那樣早有預謀及存心冒犯，尚難定論；但葉名琛的官方聲明顯示了他心中的主要想法：英國人再次為強行進入廣州城而捏造藉口。該報指出，儘管葉名琛堅決不肯打開城門，但至少為「亞羅」號事件作了補償。[39]

有少數觀察家通讀了相關的官方往來書信和報告，睿智地看出葉名琛已經幾乎為「亞羅」號事件道了歉，《泰晤士報》的總編輯就是當中之一。該報甚至因為包令抓着薄弱的藉口開戰，而同情起葉名琛來，希望包令和他的顧問以後要慎重，更盼望他們在下次再遇到這類事件時會處理得好一些。[40] 最後該報認為，既然葉名琛已幾乎道歉了，巴夏禮和包令也應該表現出風度，接受他的示好。

《旁觀者》（Spectator）[41] 認同這種意見。事實上，英國在中國的干涉行動，可能無助於促進文明，因為它展開的方式，「無論從理性角度來看，還是根據公法的條文看，都使得我們在中國人面前處於理虧的一方」。[42]

《每日新聞報》（Daily News）則更進一步，認為英國「現在責無旁貸，須以痛心的態度評論這一事件，其使用武力之輕率、專橫和霸道，是前所罕見的」。他慨嘆：「為了替一名自尊心受損而被激怒的英國領事〔巴夏禮〕復仇，為了懲罰一個愚昧的亞洲總督，我們竟濫用武力去幹邪惡的勾當，跑到安分守己的人們以及與世無爭的家園去殺人放火，令他們家破人亡。」[43]

37　*The Gladstone Diaries*, v. 5, p. 202, Tuesday, 3 March 1857.

38　*The Times*, Friday, 2 January 1857.

39　同上註。

40　同上註，5 January 1857。

41　《旁觀者》是週刊，1828 年創刊，其後成為哲學激進主義的平台。見 Koss, *Political Press*, v. 1, p. 48。

42　*Spectator*, 17 January 1857.

43　*Daily News*, 2 January 1857.

　　《每日新聞報》的總編輯認為，且不論這次轟擊廣州的後果如何，「為了虛妄的禮節和錯誤的政策所築成的聖壇而草菅人命，此種行為本身就是醜陋和卑劣的」。他痛心有些倫敦報刊對中國人極盡詆毀之能事，未經詳察事實就為「亞羅」號事件蓋棺論定。在他看來，在廣州的英國商人自始至終表現得跋扈自恣和心懷不軌。[44] 他譴責提出廣州進城這個額外和不相關的要求從而使糾紛擴大。他認為，迴避辨明原先爭議的是非曲直，並進而提出另一個爭議，是齷齪的，可以說卑鄙之極。[45]

　　《每日新聞報》還對葉名琛般的中國精英表示敬佩：他們這個民族細緻優雅，有歷史悠久的文明教化；對於何謂正確和恰當，有自己的一套觀念，而他們的一切關係都是由這套觀念主宰着。他們沒有封建制度，沒有土地貴族，「當戰斧菲茨（Fitz Battleaxes）的祖先還是遊牧部落時」，他們已經建立起帝國。在他們看來，想要平步青雲，就非有高潔的德行不可。他們不理家世，用人唯才，重視正心誠意，這對於行政改革者來說，是政治美德的最高境界。他們很早就重視全民競爭考試，而且遠較查爾斯·特里維廉爵士（Sir Charles Trevelyan）和斯塔福德·諾思科特爵士（Sir Stafford Northcote）更加熱衷。[46]《每日新聞報》持有這種立場，顯示了它的人道主義精神和批判階級的立場。

　　無論是褒是貶，如果我們想知道在溫和的英國輿論界中，什麼被認為是戰爭的真正起因，還得聽聽《遊戲人間》（Punch）怎麼說。

四、《遊戲人間》的英式幽默

　　《遊戲人間》這本週刊以旁觀者的身份，首先遍閱英國政府公佈了的

44　同上註，9 January 1857。

45　同上註，12 January 1857。

46　同上註，2 January 1857。查爾斯·特里維廉爵士（1807−1886）和斯塔福德·諾思科特爵士（1818−1887）所撰、題為《永久公務員制度的組織》（The Organisation of the Permanent Civil Service）（日期為 1853 年 3 月 20 日，載於 Parl. Papers 1853, v. 28, p. 161）的報告，最終促使英國當局採用考試來招募公務員。這些考試旨在考核考生對於希臘、羅馬經典和數學的知識，就像中國科舉考試考核考生的儒家經典知識一樣（分別見 DNB, v. 19, pp. 1135-1136；及 v. 14, pp. 639-644）。另參 Oliver MacDonagh, Early Victorian Government, 1830-1870 (London, Weidenfeld & Nicolson, 1977)。

有關「亞羅」號紛爭的官方書信。繼而假設所有這些書信原本都是中文的，然後該雜誌把它們翻譯成英文。在這個過程中，任意把關鍵事項濃縮成幾行，有時候裝作是官方照會，有時候設定為私人信函，用原作者的口吻進行陳述。這些想像出來的信件一同述說的故事，反映這本週刊對於那些書信原件的詮釋，以及它對這場紛爭的看法。[47]

《遊戲人間》改寫了巴夏禮就「亞羅」號事件致葉名琛的伸陳：「為伸陳事：貴大臣麾下水師營師船，於海珠炮台附近，登上本國華艇『亞羅』號，拘去華人水手十二名，並扯落英國旗幟。」該信繼續說：「本領事官親赴該師船，告知帶隊武弁，本領事官對此事斷難容忍，要求把所拘各人送回英國領事館。該武弁拒絕，並出言不遜，稱言若我不馬上離開，即將本領事官撞出去。」之後又說：

> 為免被人投入江中，本領事官只好離船，並致信請貴大臣馬上飭令守備梁國定把人送回「亞羅」號。**順帶一提，本領事官已將此事報告本國全權公使及海軍准將**（粗線條的着重號為筆者所加）。貴大臣不可不知，他們兩人斷難容忍推諉搪塞之言，如貴大臣不馬上把所拘人等送回，又不依禮雪辱認錯，之後任何後果，本領事官恕不負責。因此，盼能好自為之，以免大禍臨頭。。

用粗線條表達的着重號顯示，《遊戲人間》抓住了問題的核心。巴夏禮只是想恫嚇葉名琛令他屈服而已。

至於巴夏禮致海軍准將艾略特的信，則被改寫如下：

親愛的艾略特：

　　你大顯身手的機會來了。這些傢伙從一艘懸掛着英國國旗的華艇上抓走了一些人。我已去信要求葉名琛放人，至今還沒接到回覆，但他肯定是不會答應的。你也知道，他是個冥頑不靈的莽人。此外，那艘船在殖民地所領的執照無疑已經過期，又沒有換領新

照。他可以執着這點為法律依據，拒絕我們的要求，但當然，我懶得去跟他討論那勞什子的法律問題。我完全指望你的三十二磅炮能逼他跟我們講道理。所以，馬上把「西比爾」號開過來，這才是我的好朋友。

巴夏禮原本致包令的官方公文，被《遊戲人間》改成一封私人信：

　　隨函附上葉名琛的回覆。如我所料，他拒絕道歉，還利用「亞羅」號是否有權懸掛我國旗幟的法律條文來找碴，但幸好他沒有抓住那有力的把柄，就是該船的執照已在 9 月 27 日到期，又沒有依例辦理續期。有海盜藏身船上的說法我還是剛聽聞，是真是假很難確定，但無論如何我們可以堅稱，那些土著在逼供之下所作的供詞不足採信。我已致信艾略特，請他把「西比爾」號開過來，希望你不會反對。我認為愈早出動大炮愈好。這些中國佬要和我們講道理，將耗到天荒地老。

換句話說，《遊戲人間》看穿了巴夏禮先斬後奏的把戲，知道他未曾事先獲得包令授權，就去信要求派出「西比爾」號，藉此逼迫包令採取行動。至於他說「那些土著在逼供之下所作的供詞不足採信」，至少有一位英國歷史學家持有這種偏見；[48] 但正如本書第十一章發掘所得，指出事發時英旗沒有懸掛的人，並非「那些被逼供的土著」（即「亞羅」號船員），而是中國水師官兵。

在這封《遊戲人間》版的信件中，巴夏禮在附筆中說：「我忘了提及，葉名琛送回九人。我當然拒絕接收。他繼續扣留其餘三人的藉口是，他們正依法接受調查。這真是可笑。他憑什麼能以中國法律來拒絕英國領事官的要求？」《遊戲人間》眼中的巴夏禮，認為自己凌駕於中國法律之上。

在《遊戲人間》版的葉名琛覆函中，一開始就說「亞羅」號全體水手之被扣留查問，是因為發現有海盜疑犯受僱於船上。它的結論是：

48　Costin, *Great Britain and China*, p. 207.

　　拘拿此等人，乃因他們干犯重罪，故按中國律法，於中國船上依法拘捕，非為蓄意侮辱英旗。相信此回覆定可釋貴領事官疑慮。本大臣已速辦事件，望能令貴領事官確信，本大臣並沒有做任何須要道歉之事，更無任何過犯，致令本大臣與省垣必須惶恐擔憂會遭逢貴領事官所說之劫難。

　　像《泰晤士報》一樣，《遊戲人間》也看出葉名琛其實力圖息事寧人，而且葉名琛縱使否認中方曾犯了任何錯過，但也近乎道歉地低聲下氣了。《遊戲人間》繼而把包令發給巴夏禮的答覆打扮如下：

　　你想揮拳往葉名琛的頭上打，恐怕太操之過急了，但你已把我捲進這趟渾水，看來我必須保你過關。你在把事情鬧大之前，為什麼不先確定「亞羅」號是否有權懸掛英國旗？如果你有這樣做，我們就能夠理直氣壯。但事已至此，該船的執照已於上月 27 日到期，它全靠這張執照才有權掛英國旗，無論如何，它現在已喪失這一權利，這點就像二加二等於四那樣清楚。

　　這封私信隨後說：「幸好如你所言，葉名琛沒有抓住這點大做文章，讓我們有了可以脫身的漏洞。正如本國大法官威廉·諾伊（William Noy, 1577－1634）的法律格言：『一個未經證實的故事，其價值等如若無其事。』（*De non existentibus et non apparentibus eadem est ratio.*）我敢說你一定沒有讀過。順帶提一下，你最好還是去讀點國際法。」該信最後說：

　　不過，說實在的，如果你再三把我們捲進這樣的紛爭之中，我就難保可以光彩地把你或我自己帶出困境。說得明白一點，由於我方在法律上理虧，站不住腳，所以我下令西摩爾出動大炮……對於〔葉名琛〕無視其後果，我不禁有點同情他起來。

　　《遊戲人間》洞若觀火，在指出巴夏禮藉「亞羅」號事件渾水摸魚之

後，又演繹他覆包令說：

> 我完全感受到閣下信中要點。我們陷於窘境。葉名琛沒有抓住船照過期的事大做文章，實是萬幸。但他仍然拒不認錯，只是重申那艘華艇是中國船，不是英國船。雖然這是事實，但他拿不出法律依據來，因此我指示艾略特准將奪取一艘中國官船。

因此，巴夏禮寫信給葉名琛：「若貴大臣在二十四小時之內再不道歉，本領事官就要你的好看。為那艘船的擁有權和事件的法律作爭論，毫無意義。馬上道歉！否則你將大難臨頭。」巴夏禮也寫信給西摩爾少將：「葉老頭子仍然堅持自己的說法。如果閣下能夠奪取虎門炮台，或許可以迫使他認錯。」

葉名琛回覆：

> 貴領事官笱告，貴國水師提督攻取虎門炮台。本大臣得悉此事，遺憾之極，惟攻取二十四座炮台，亦難顛倒黑白，更不能迫使本大臣認錯，因本大臣深知並無過犯。貴國素敬天神，七日禮拜，重視公義。奪取虎門炮台之作為，是敬天神重公義之所為乎？

《遊戲人間》在這裏插入一段斜體字評語：「*26 日是禮拜天，連上帝也休息。儘管欽差大臣葉名琛語帶冒犯提出這一暗示，但英國人理所當然還是會守禮拜。*」

第二天，西摩爾寫信給巴夏禮：「如此痛擊這些毫無還手之力的中國佬，真令我感到汗顏，尤為重要的在於，有理的是他們，理虧的是我們。」他繼續說：

> 但是，如果你一定要我用更多的火藥、更多的炮彈轟擊他們，你不能找到一個說得過去的藉口嗎？比方說，你堅持要葉名琛接見我？如果他做不到，我就不反對狠狠炮轟他和他的衙門。你能否根據 1842 至 1846 年的舊條約來伸張我們的權利？

巴夏禮不得不說：「閣下是我們的捍衛者。我馬上堅決要求葉名琛接見閣下。我恐怕條約頗為陳舊，難以有效地重新發揮作用，但我仍會勉力一試。」葉名琛回覆：「你堅持要本大臣接見你們的艦隊司令。休想。」樂不可支的巴夏禮向包令報告：「終於找到有力的藉口了。葉名琛不肯接見西摩爾，你聽到這個消息肯定鬆一口氣。根據條約，我們明確有權要求葉名琛這樣做。他拒絕遵從條約的後果，將要一力承擔。」

《遊戲人間》的主編似乎以為，要求進入廣州城是西摩爾的主意，這當然不合真相。但有此誤解也情有可原，因為他無從得知巴夏禮的私人書信，如果看過這些書信，就會清楚地知道是包令在背後唆使慫恿。

《遊戲人間》演繹包令的回覆如下：「你和西摩爾終於找到法律根據，真令我開心，雖然我們如果能早一點強調要遵守條約就更好了。我恐怕英國國內有人會說，我們提出的法律條文受時效限制。」他補充說：「但我們走到這一步，已無法回頭。告訴西摩爾槍炮齊發吧，不過盡可能少殺一些人，如非絕對必要，也不要毀損私人財產。這些中國人快將大難臨頭了，他們還茫無所知。我的心為他們淌血。」最後下結論：

> 葉名琛在西摩爾的大炮面前還敢於對抗，真是叫我大惑不解，雖然我得承認，我們辯不過他。換了是我遇到類似情況，我在拒不認錯之前，必定會思量再三。葉名琛如果身處古時的斯巴達和現代的瑞士，他的行為可能會被視為英勇。但換了是在一個中國佬身上，這就叫冥頑不靈，不可饒恕，一刻都不能容忍。

《遊戲人間》用以下評語結束這一段落：「葉名琛將會再次知道拒絕接見英國艦隊司令會有什麼後果，這位司令主動提出會面，已經給他足夠面子了。」[49]

都說英國人比其他民族更擅長自嘲。誠哉斯言！由《遊戲人間》這篇諷刺文章可見，他們無疑知道巴夏禮和包令是罪魁禍首。文章毫不猶豫地指出，這些外交人員並沒有發動戰爭的正當理由。文章說，以報復

49　*Punch*, 24 January 1857.

國旗受辱為名興兵，並非教訓葉名琛的最佳方法，並建議把葉名琛和其他幾個中國官員送到英國，讓他們學習英國法律，觀摩代議政制，參觀政府部門和工廠。當然，這樣做的目的是要令他們知道，「我們這個國家打起仗來，可動用的資源是很驚人的」，並且「讓他們深刻感受我們的高尚道德和崇高情操」，[50] 從而可以不戰而勝。

　　最後一句大有挖苦的味道。

五、《紐約每日論壇報》：馬克思論「亞羅」號紛爭

　　馬克思在為《紐約每日論壇報》（*New York Daily Tribune*）當特約記者期間，其中十五篇文章刊於該報，有幾篇甚至用作社論。[51] 第一篇文章發表於 1857 年 1 月 23 日，馬克思在首段說：每一個公正無私的人，在仔細研究了香港英國殖民地當局與廣州中國當局之間往來的公函以後，一定會得出這樣的結論——在全部事件過程中，錯誤是在英國方面。就連《泰晤士報》也承認：「有些問題確有爭議，例如究竟該華艇……是否掛有英國國旗。」馬克思認為，《泰晤士報》這種自行招認的懷疑，屬於實情，因為《南京條約》的條款只適用於英國船，「而事情卻充份表明了，這隻華艇並不是任何正當意義上的英國船」。[52]

　　因此，馬克思轉載了他認為是巴夏禮發給葉名琛的第一封伸陳，說是「10 月 21 日所寫」，日期與該伸陳的內容相符，但巴夏禮給葉名琛的第一封伸陳其實寫於 1856 年 10 月 8 日。[53] 這是馬克思所犯的第一個無心之過。馬克思進而詮釋巴夏禮的信說：「英國領事就指控中國總督逮捕水手，扯下英國國旗，拒絕作任何道歉並將被逮捕者拘押起來。」他同意葉名琛對「亞羅」號國籍的看法：「……它是一隻中國船，而這是正確的，

50　　同上註，14 February 1857。

51　　三篇沒有刊登的文章寫於 1860 年，顯然一直未有發表。見 Karl Marx, *Marx on China: Articles from' New York Daily Tribune', 1853-1860* (with an introduction and notes by Dona Torr) (London, Lawrence & Wishart, 1968), p. 98, note.

52　　同上註，p. 11。

53　　該伸陳全文見第十一章。

因為這隻華艇是由一個中國人建造的，屬於一個中國人所有，船主把這隻船在英國殖民地船籍登記簿上註冊，騙取到了一面英國國旗。」[54]

馬克思也支持葉名琛所説的，英國船隻「灣泊下椗，向將旗號收下，俟開行時再行掛上」，這是「一定之章程」。中國水師登上「亞羅」號時，它正泊於港口，並未升起之旗，「從何扯落？」

馬克思更認同《泰晤士報》的看法，在那封巴夏禮不屑拆閲的劄覆裏，葉名琛可能已經道歉。[55] 他認為葉名琛滔滔雄辯，確實把全部問題揭露得清楚不過，以致西摩爾無從招架，只得拒絕再為華艇「亞羅」號事件的是非曲直作任何論辯。[56]

馬克思總結説，這齣外交兼軍事的大戲分成兩幕：第一幕，英方以中方破壞 1842 年的條約、不經英國領事自行逮捕英國船上的華人疑犯為藉口，炮擊廣州；[57] 第二幕，英方以葉名琛堅持 1849 年的協定（在這個協定中，文翰宣佈放棄進入廣州的權利）為由，擴大對廣州的炮轟。[58]

馬克思也評論了《泰晤士報》和《每日新聞報》的社論。《泰晤士報》説：「由於爆發這次敵對行動，現存諸種條約就此作廢，我們大可按照自己的意願，隨意重新捏塑我們和中華帝國之關係。」[59] 馬克思認為尼加拉瓜的華爾克將軍（General William Walker of Nicaragua）與這種態度相比都相形見絀。華爾克將軍是美國馬賊，曾率領一夥私人武裝的遠征隊到下加里福尼亞畫地為王，宣告獨立。之後在 1856 年又自封為尼加拉瓜總統。因此，《紐約每日論壇報》的總編輯替馬克思的文章寫按語説，在華的英國人「和我們一樣有着令人毛骨悚然的賊性」，還「和我們自己一樣，保留不少大家的共同祖先所有的那種搶劫、剽掠的古老精神」。[60]

馬克思讚許《每日新聞報》的態度。他大幅引述它的社論，並説該

54　Marx, *Marx on China*, p. 12.

55　同上註，p. 13。

56　同上註。引述了西摩爾的原話。

57　馬克思這裏寫錯了。這一條款並非載於 1842 年的《南京條約》，而是 1843 年的《五口通商附粘善後條款》（《虎門條約》）。

58　Marx, *Marx on China*, p. 16.

59　同上註。這段文字引自《泰晤士報》的社論，*The Times*, 2 January 1857, p. 6, col. 3。

60　同上註，p. 16, n. 1，引自 *New York Daily Tribune*, 17 April 1857。

報「恰當而合乎人情」。[61] 中國史學家如果能讀到《遊戲人間》的文章，較之馬克思可能會更喜歡它，因為它以風趣幽默、輕鬆巧妙和毫無保留的方式，撕破了英國政府各駐外代表的連篇鬼話，令這種揭露顯得更加透徹有力。

　　如果中國史學家可以輕易得讀英國報章和國會議事錄，就知道馬克思對於第二次鴉片戰爭的某些重要見解，其實並非原創，而是從別處借用過來的。這些看法的關鍵在於：「世界上的文明國家對於這樣以違背了無中生有的外交禮節為藉口，不先行宣戰就侵入一個和平國家的做法，是否贊同，或許還是一個問題。」[62] 馬克思使用「文明國家」一詞耐人尋味。當然，他在批判貪得無厭的資本主義時，背後的理念卻仍然是：西方國家是文明開化的——資本主義只存在於文明世界中。他的這種理念，應當會使到那些採取馬克思主義史觀的中國史學家感到不是滋味和非常納悶；中國作為世界上歷史最悠久的文明古國，在馬克思眼裏仍然尚未開化。

六、剖析英國報業的政治立場

　　由於本章大量依賴倫敦的報章資料，所以有必要探討一下因「亞羅」號紛爭而引起熱烈激辯的英國報業，背後是怎樣的狀況。

　　印花稅在 1855 年廢止，在此兩年之前廣告稅也被撤銷，大大降低了報紙的售價，使得報紙讀者人數大增，創造出一個有利於全體國民論辯時政的新平台。同時，識字人數之增加，也加速了這個過程——教育部在 1856 年成立，成為樞密院教育委員會（1839 年創立）的行政支柱。結果，白領工人數目在 1860 年代倍增，到了 1870 年代又翻了一番。[63]

61　同上註，p. 17。

62　同上註。

63　James Bowen, 'Education, Ideology and the Ruling Class: Hellenism and English Public Schools in the Nineteenth Century', in G. W. Clarke (ed.), *Rediscovering Hellenism: The Hellenic Inheritance and the English Imagination* (New York: Cambridge University Press, 1989), pp. 161-186; p. 171. 但是，普及教育要到 1870 年才推行（英國基本教育法案），而要到 1880 年才實行義務教育。

印刷術和發行方式的進步也有助於報業蓬勃發展。電報和鐵路的發明，以及新聞通訊社的創設同樣功不可沒。以上種種又令報界有其發揮更大政治影響的潛力。許多編輯和報社老闆都很樂於受到關注，也就不再裝出立場客觀的樣子，爭相對青睞他們的政客投桃報李。結果，報紙以前所未有的規模被政客們利用，為政黨或個人野心家服務。報紙與政治組織或當中的派別和個人緊密結合，因而被稱為「政治報章」（a political press）。[64]

當時人們也認為政治運動非有自己的喉舌不可。[65] 政治領袖藉着自己的報紙去試探形勢，出言恫嚇，迫使別人讓步；或調整自己的立場，藉此獲得好處，又能全身而退。他們利用旗下報刊與敵對報刊進行筆戰，自己則置身事外，無須親自沾手。[66] 現在一般人都認為，除了《泰晤士報》、《每日電訊報》（Daily Telegraph）和《克拉肯韋爾新聞報》（Clerkenwell News）（後改稱《每日紀事報》〔Daily Chronicle〕）之外，1850 和 1860 年代的都市報章，都以各種各樣的方式從政治團體那裏得到好處。[67]

接下來，我們有必要介紹一下當時英國的政治派系分野。簡單來說，當時有兩大政黨：自由黨（Whigs，又譯輝格黨）和保守黨（Tories，又譯托利黨）。執政的是巴麥尊子爵領導的自由黨，但黨內有些異議份子，如前首相羅素勳爵，[68] 露骨地「對政府持敵視態度」。[69] 保守黨則早

64　Koss, *Political Press*, v. 1. pp. 1-3. 十九世紀中葉政客使用報章的程度是前所未有的，雖然「政治報章」本身可追溯至十八世紀。

65　同上註，p. 9。

66　同上註，p. 148。

67　Lucy Brown, *Victorian News and Newspapers* (Oxford, Clarendon Press, 1985), p. 61.《泰晤士報》相對來說比較獨立是眾所周知的。《每日電訊報》是由利維－勞森（Levy-Lawson）家族創辦的，它完全是一個商業機構，辦得非常成功，根本不需要補助（Brown, *Victorian News and Newspapers*, p. 61）。

68　見 Steele, *Palmerston and Liberalism*, pp. 74-76。

69　Aberdeen to Graham, 31 January 1857, Graham MSS Bundle 131, quoted in Hawkins, *Parliament*, p. 53. 1867 年 2 月 3 日，國會會期開始的第一天，羅素批評政府的尼泊爾政策，克拉蘭敦「猛烈批評」羅素的講話，指責它「完全是對政府不友善的態度」。見上書，頁 54，引述格雷維爾（Greville）的回憶錄和格雷的日記。

在 1846 年已經正式分裂為兩派。[70] 一派由德比伯爵 [71] 領導，成員包括迪斯累里 [72] 和馬姆斯伯里。[73] 另一派由皮爾爵士（Sir Robert Peel）[74] 領導（直至 1850 年 7 月 2 日他去世為止），故稱皮爾派（Peelites）[75]，成員包括格拉德斯通、阿伯丁、[76] 格雷厄姆、赫伯特（Sidney Herbert）[77] 和卡德韋爾（Edward Cardwell）。[78] 其他黨派則包括曼徹斯特和平黨（Manchester Peace Party），它是由理查德·科布登 [79] 領導的激進派組成，致力促進普世和平及自由貿易等理想。此外，國會內還有些小政黨，如獨立愛爾蘭黨（Independent Irish Party）、天主教政黨（Catholic Party）、佃戶黨（Tenant Party），以及與自由黨人若即若離的邊緣份子。因此，這個時期的國會政治是相當鬆散的。[80]

---

70   1846 年保守黨在皮爾內閣時期為了是否取消《穀物法》鬧分裂。詳見 Travis L. Crosby, *Sir Robert Peel's Administration, 1841-1846* (Newton Abbot, David & Charles, 1976).

71   如前所述，他曾在 1852 年出任首相，並在 1858 年和 1866 年再次拜相。見 Jones, *Lord Derby*。

72   再介紹一次，本傑明·迪斯累里（Benjamin Disraeli, 1804－1881）在 1852 年、1858 年和 1866 年德比的內閣中出任財政大臣。1868 年 2 月成為首相。見 Monypenny and Buckle, *The Life of Benjamin Disraeli*。

73   前文已介紹過，他名叫詹姆斯·霍華德·哈里斯（James Howard Harris），是第三代馬姆斯伯里伯爵（1807—1889），之前曾在 1852 年德比內閣中出任外交大臣，1858 至 1859 年德比第二次組閣，他再次擔任此職。著有《前內閣大臣回憶錄》（*The Memoirs of an Ex-Minister*）一書。

74   羅伯特·皮爾（Rt. Hon. Sir Robert Peel, 1788－1850）為從男爵，1822 年出任內政大臣，1834 至 1835 年和 1841 至 1846 年出任首相。見 Crosby, *Sir Robert Peel's Administration, 1841-1846.*

75   皮爾派作為「政黨」的發展，見 J. B. Conacher, *The Peelites and the Party System, 1846-1852* (Newton Abbot, David & Charles, 1972).

76   阿伯丁在 1852 至 1855 年出任首相。見 J. B. Conacher, *The Aberdeen Coalition, 1852-1855: A Study in Mid-Nineteenth-Century Party Politics* (Cambridge University Press, 1968)。

77   赫伯特（Sidney Herbert, 1810－1861），喬治·奧克斯塔斯（George Augustus）的二子，第十一代彭布羅克伯爵（earl of Pembroke），之前曾任戰爭大臣。1859 年 6 月，他出任戰爭大臣，1860 年成為赫伯特男爵（Baron Herbert of Lea）。*DNB*, v. 9, pp. 663-665.

78   愛德華·卡德韋爾（Edward Cardwell, 1813－1886），之前曾任財政大臣（1845—1846）和貿易委員會主席（1852—1855），1859 年成為愛爾蘭大臣，1864 年出任殖民地大臣，1868 年成為戰爭大臣，1874 年為卡德韋爾子爵（Viscount Cardwell of Ellerbeck）。*DNB*, v. 3, pp. 952-954.

79   容筆者再作介紹，理查德·科布登（Richard Cobden，1804－1865）鼓吹自由貿易，他最有名的著作有 *England, Ireland, and America, and Russia, by a Manchester Manufacturer*。他曾在 1884 年至 1887 年代表斯托克波特（Stockport）、1847 年 7 月至 1857 年 4 月代表約克郡西區（West Riding of Yorkshire）和 1859 年 5 月至 1865 年 4 月 2 日他去世為止代表羅奇代爾（Rochdale），擔任國會議員。見 Edsall, *Richard Cobden: Independent Radical*；和 Hinde, *Richard Cobden: A Victorian Outsider*。

80   見 MacDonagh, *Early Victorian Government*。

如前所述，《泰晤士報》不是巴麥尊的工具，但自 1855 年起，巴麥尊與該報總編輯德萊恩時相過從。至於《晨報》，則在 1850 年左右已投向巴麥尊，其時該報的新老闆克朗普頓（T. B. Crompton）委任彼得·博思威克（Peter Borthwick）為總編輯。[81] 博思威克很敏銳地察覺到巴麥尊的外交政策廣受歡迎，而巴麥尊很快也去討好博思威克及其公子阿爾傑農（Algernon），[82] 雙方各得其所。支持巴麥尊的《晨報》，發行量極高，僅次於《泰晤士報》。巴麥尊頻頻為《晨報》提供有新聞價值的消息，令該報變為他抵擋政敵的盾牌和防線。[83] 自此以後，《晨報》在大多數問題上都全力支持巴麥尊，甚至對他讚譽有加，據說這些文章不少實際上是由巴麥尊本人供稿的。[84] 克里米亞戰爭期間，查爾斯·格雷維爾（Charles Greville）[85] 察覺到巴麥尊繼續向《晨報》供應「滿紙目空一切和誇誇其談」的文章，並企圖為和平設置障礙，說：「他不過是重施 1841 年的故技，那時候他和同僚決定好某些事情，就把言詞辛辣的文章交給《紀事晨報》（*Morning Chronical*）發表，完全與內閣的看法和決議背道而馳。」[86] 有見及此，上文引用過《晨報》論中國的文章，很可能是出自巴麥尊的手筆——這些文章和他將要在國會辯論和競選中所作的公開發言如出一轍。[87] 更有指控說該報是巴麥尊出錢資助的，[88] 這可能言過其實；但巴麥尊利用該報和《環球報》（*Globe*）來表達一些他不便（並非不敢）公開表達的意見，則是盡人皆知的事實。[89]

81　Wilfrid Hindler, *The Morning Post, 1772-1937: Portrait of a Newspaper* (London, George Routledge, 1937), p. 178. 另參 Lucas, *Lord Glenesk and the Morning Post*。

82　Hindler, *Morning Post*, p. 190.

83　同上註，p. 191。

84　同上註，p. 194。

85　查爾斯·卡文迪什·富爾克·格雷維爾（Charles Cavendish Fulke Greville, 1784－1865）在 1818 至 1860 年間擔任樞密院書記官，負責撰寫記錄，這些記錄惠澤歷史學家良多。他的生平簡述可參見 *Leaves from the Greville Diary, arranged with introduction and notes by Philip Morrell* (London, Eveleigh Nash & Grayson, 1929), pp. xi-xiii。

86　引自 Hindler, *Morning Post*, p. 197。

87　見第十六至十八章。

88　Stanley to Aberdeen, 13 May 1855, Aberdeen Papers, BM MSS, Add. 43072/145, quoted in *History of the Times*, v. 2, p. 262, n. 3.

89　Koss, *Political Press*, v. 1, p. 148.

　　至於《環球報》[90]，據説巴麥尊把文章和鈔票分別投到「它的欄目和編輯的口袋」，[91] 使它變成輝格黨的報紙。[92] 1866 年，即巴麥尊去世後一年，該報又轉投保守黨陣營。《環球報》顯然覺得，相較於巴麥尊繼任人羅素勳爵的領導作風，保守黨與它更為聲氣相投。因此，羅素只好非正式地依賴於《每日新聞報》。[93]

　　事實上，羅素在 1855 年曾試圖買下《每日新聞報》（ *Daily News* ），但未能成事。[94] 最後他退而求其次，與該報達成了「臨時和間接的安排」。[95] 據説《每日新聞報》「有着宗教般的虔誠，並且誨人不倦」。[96] 此外，《電訊報》（ *Telegraph* ）「為自由主義服務，是出於傳統；《每日新聞報》為自由主義服務，則源於它所服膺的信念」。[97] 我們看過《每日新聞報》出於義憤而為中國人所做的辯護，與羅素將會在下議院對巴麥尊的對華政策鳴鼓而攻之，路向完全一致（見本書第十七章）。羅素為此在 1857 年由於中國紛爭而導致英國的所謂「中國大選」中付出慘重代價（見本書第十八章）。但《每日新聞報》和羅素的關係一直有些曖昧不清，這使得有人指該報其實與某個國會政黨有聯繫。當然，這個説法是無法確定的。[98]

　　1850 年，迪斯累里和斯坦利勳爵（他在 1851 年 6 月繼承乃父成為第十四代德比伯爵）試圖買下《約翰牛報》（ *John Bull* ）[99]，未果。1852 年德比成為首相時，他告誡財政大臣迪斯累里，不要把利用新聞攻擊對手搞得太張揚，以免授人以柄，被人指責挪用情報部門的錢來對付政敵。但

90　《環球報》是晚報，1803 年創辦，原本是書商的業內刊物。它逐漸注意到政治爭議，並投向輝格黨一方。見上書，頁 45。

91　Koss, *Political Press*, v. 1, p. 45。

92　同上註，p. 123。

93　同上註，p. 148。

94　同上註，pp. 116-117。

95　同上註，p. 118。

96　同上註，p. 99。

97　引自上註。

98　Brown, *Victorian News and Newspapers*, p. 61.

99　創辦於 1820 年，被形容為「頑固守舊的保守主義的刺耳聲音」。Koss, *Political Press*, v. 1, p. 48.

他們顯然需要有自己的喉舌，所以在 1853 年 5 月又創辦了名為《新聞界》（*Press*）的廉價週刊。該刊打頭第一篇文章就是迪斯累里寫的。不過，由於財政負擔過於沉重，迪斯累里不久就感到難以為繼。[100]

1858 年倫敦報紙的政治分野如下：親保守黨者，十七份；親自由黨者，三十九份；中立或無黨派者，六十四份；總數一百二十份。[101] 同時，1855 年後地方報章數目猛增，令地方政治漸趨熾熱起來。《曼徹斯特衛報》（*Manchester Guardian*）[102] 強烈反對約翰・布賴特（John Bright）[103] 參選 1857 年舉行的所謂「中國大選」[104]，就是這方面的經典例子。[105]

鄉郊地區的報章大都唯《泰晤士報》馬首是瞻。[106] 在「中國大選」期間，巴麥尊似乎把《泰晤士報》的這種領導功能利用到了極致，因而科布登說：首相「擅於用那種方法來人為地製造公眾輿論，自博林布羅克（Bolingbroke）時代以來的歷任首相都難望其項背」。[107] 結果，巴麥尊果然在選舉中大獲全勝。[108]

除了《泰晤士報》對地方報章所起的領導作用外，自由黨在鄉郊地區擁有的報紙數目遠多於保守黨，保守黨素來對地方報章存有疑慮，不太放心。自 1836 年印花稅降低以後，大量新報紙湧現出來，它們多半是親

100　Alan J. Lee, *The Origins of the Popular Press in England, 1855—1914* (London, Croom Helm, 1976), pp. 146-147. 另見 *History of the Times*, v. 2, p. 264；以及 Monypenny and Buckle, *The Life of Benjamin Disraeli*, v. 3, chapter 14。

101　Lee, *Popular Press*, p. 291, table 29. 1857 年的統計數字會更切合我們的需要，但可惜有關數據所付闕如。

102　《曼徹斯特衛報》在 1821 年創刊時是以週刊形式出版，1836 年改為雙週刊，1855 年才變為日報。傑里邁亞・加尼特（Jeremiah Garnett）是擁有者之一，並兼任編輯（Koss, *Political Press*, v. 1, p. 48）。1959 年該報把總部遷到倫敦，改名《衛報》（*Guardian*）。見 Alastair Hetherington, *Guardian Years* (London, Chatto & Windus, 1981), p. 1.

103　約翰・布賴特（John Bright, 1811－1888）是綿紡商和製造商，是羅奇代爾的約翰・布賴特兄弟公司（John Bright and Brothers）的合夥人。他在 1847 年 7 月代表曼徹斯特出任國會議員。見 William Roberston, *The Life and Times of the Right Honourable John Bright* (London, Cassell, 1884)；以及 Keith Robins, *John Bright* (London, Routledge & Kegan Paul, 1979).

104　見第十八章。

105　Koss, *Political Press*, v. 1, p. 122.

106　Cobden to Richard, 17 June 1856, quoted in ibid., p. 122.

107　Cobden to Richard, 7 March and 22 April 1856, quoted in ibid., p. 132. 這並非說《曼徹斯特衛報》緊跟着《泰晤士報》。

108　見第十八章。

自由黨的，大聲疾呼要求將有利於城市地區的議席重新分配。[109] 1858 年所有英國地方報章的政治分野如下：親保守黨者，八十份；親自由黨者，一百七十五份；中立或無黨派者，一百三十九份；總數：三百九十四份。[110]

周邊地區的報章也會進軍都會。例如，1856 年科布登和布賴特創辦的《晨星報》（*Morning Star*），被認為是曼徹斯特激進主義在倫敦的據點。[111]

總而言之，布賴特和科布登與《晨星報》關係密切，皮爾派與《紀事晨報》相當親近，德比派與《旗幟報》（*Standard*）和《前鋒晨報》（*Morning Herald*）有密切關聯，迪斯累里與《新聞界》緊密聯繫，巴麥尊與《晨報》和《環球報》親密無間。《泰晤士報》最初與巴麥尊對着幹，後來趨於友好，但不像其他兩報，並非任他差遣的「僕人」。哪怕是這些「僕人」，也並不能完全信賴，它們的表現難以預測，有時候過份熱心，有時候又太過冷漠；更常常不懂得拿捏分寸，以致往往弄巧反拙。[112]

最後必須強調的是，1850 年代報章對於當時所謂的「大眾」政治，特別是由於「亞羅」號事件所引發的所謂「中國大選」，有着愈來愈大的影響力。1857 年英國報紙所展現的好戰愛國主義（jingoism）[113]，以及由此引起報界的舌劍唇槍，是前所未見的。

七、結語及反響

我們所研究的這個時期，是「調查新聞」（investigative journalism）出現之前的時代，當時那些英國記者對於建制的態度不同於現代美國記者。因此，在我們尋找第二次鴉片戰爭的起因時，不能期望會有像水門

109　Lee, *Popular Press*, p. 133.

110　同上註，p. 290, table 28。再一次，1857 年的統計數字會更符合我們所需，但可惜有關數據同樣付諸闕如。

111　Koss, *Political Press*, v. 1, p. 139.

112　同上註，p. 111.

113　Jingo 這個字被用來被支持比肯斯菲爾德勳爵（Lord Beaconsfield）派英國艦隊到土耳其水域抵抗 1878 年俄國前進的政策的人，因而是極狂熱的「愛國份子」（*Short Oxford Dictionary*, v. 1, p. 1133）。

事件那種爆炸性的揭發。[114] 然而，當時報業已經蓬勃發展，因而促進了意見的表達，並由此大大加深了我們對英國公眾對第二次鴉片戰爭看法的了解。更重要的是，我們不會只局限於同情政府或受政府左右的意見，而是可以同樣清楚地聽到反對政府的看法。就此而言，這些與政黨有着千絲萬縷聯繫的報章之間的辯論，可視為上下議院即將爆發的激烈爭論的前奏。此外，無論在鄉郊還是都市，都有許多中立和無黨派的報紙，它們的觀點較少受到政治和愛國狂熱的影響，但極少見諸外交史家的著作，因而鮮為外界所知。尤其，鮮為中國學者所知：特別是英國那種多元化的政治，那種不斷促進創新的動力。

筆者的觀點，很自然招來某些英國學者的不滿。倫敦大學的彼得‧伯勒斯教授評論本章時，就借題發揮說：黃宇和「排山倒海地把事實細節一股腦兒展示出來。黃宇和不是披沙揀金地選取材料，而似乎很熱衷於把每一筆得來不易的資訊都予以記錄，彷彿史學家的工作就是把所有能夠追溯的知識，編彙成一本手冊」。筆者樂於接受這一批評，因為它是所有評論中獨一無二的一份批評。當然，筆者佇候中國學者的賜教：本章對於國人治史是否有參考價值？

114　水門事件是現代史上最有名的政治醜聞之一。1972 年，當時的美國總統尼克松（Richard Nixon）在聯邦選舉舉行在即之際，在政敵的總部非法安裝竊聽器，事件被揭發後被迫辭職。見如 Philip B. Kurland, *Watergate and the Constitution* (Chicago, University of Chicago Press, 1978)。

第十六章
上議院裏的辯難

英國上議院雲集了世界上最精通法律的人，議院內的法官是大英帝國的最高法律權威。因此，以炮轟廣州為由向政府提出不信任決議案的德比伯爵，在 1857 年 2 月 24 日於上議院開啟中國辯論時，[1] 要求議員「以純粹司法精神來看待這問題」。[2]

這些議員環繞「亞羅」號事件錯綜複雜的法律問題，以及他們眼中的戰爭起因，尋根究柢，爭論不休，精彩紛呈。這場曠日持久的辯論，可以歸納為以下幾個重大議題：英國國旗有否懸掛；是否曾發生蓄意侮辱英旗的事件；「亞羅」號是否有資格懸掛英國國旗；「亞羅」號船舶執照的有效期；賦予「亞羅」號執照的殖民地法例是否曾被濫用；巴夏禮、西摩爾和包令的行動是否合理；包令的行為是否最有利於英國國家利益；英國人進入廣州城的問題；開戰權；這場戰爭是否正義；引發這場辯論的是正義和人道考量，還是出於政黨政治；以及對華貿易有多麼重要。

這些不同的議題可分為三個主要範疇：一、技術上的法律問題；二、正義和人道問題；三、貿易問題。

一、英國國旗果真曾被蓄意侮辱嗎？

德比伯爵不以為然地持否定答案。理由是中國人自始至終都說「亞羅」號不是英國船，並認為自己是在中國船上拘拿中國海盜疑犯。儘管如此，他們為了息事寧人而在第二天馬上歸還其中九名船員，「並且在之後的一兩天，再順應英方迫切要求，送回全數十二人」。[3]

1　奧格斯·霍金斯（Augus Hawkins）從英國政治的情況着眼，透徹描述了上議院的辯論。見其 *Parliament*, p. 59。

2　Derby, 24 February 1857, *Hansard*, 3d series, v. 144, col. 1155.

3　Ibid., col. 1183.

外相克拉蘭敦伯爵 [4] 不同意。他説:「英國船和英國旗遭受蓄意侮辱，是毋庸置疑的。」第一，英旗:他認為，中國官兵蓄意扯落英旗，以顯示他們的敵意，或者他們上司的敵意。第二，船隻:他聲稱，中國人一直認為源於葡萄牙的華艇是外國船，以區別於中國本土的中式帆船。因此，中國水師登上外國船而不知會相關領事，是對該船的侮辱。[5]

大法官林德赫斯特伯爵 [6] 看法又相反。他在看過呈交國會以供辯論用途的文件後判斷，明確説中國有這樣的意圖是毫無根據的。[7] 他認為，「亞羅」號在法律上不能算作英國船。[8] 如果「亞羅」號不是英國船，那麼中國官兵登上該船就算不上侮辱。

林德赫斯特伯爵進一步指出，葉名琛不可能懷有敵意，因為諸如有海盜藏身「亞羅」號這等區區小事，不會驚動貴為兩廣總督的葉名琛，因此下令中國水師登船抓人的肯定不是他。林德赫斯特伯爵真不愧是卓越不凡的法律專家，單憑英文文件的一面之詞就能看出這事實。

格雷伯爵 [9] 闡述林德赫斯特關於「亞羅」號國籍的看法。他認為即使「亞羅」號是不折不扣的英國船，根據國際法（general law of nations），中國當局完全有權登船。他説:「我們要登上本國水域的法國或美國船，不會先去找法國或美國領事館。」[10] 國際法受到《虎門條約》（即《五口通商附粘善後條款》）第十七款的限制。這條款規定，英國船上的華人如觸犯中國法律，中國當局不得自行拘拿，而必須通過英國領事逮捕。那麼，剩下的問題是，條約所指的英國船定義為何。根據當時的英國法律，所謂英國船僅指英國本身臣民擁有的船。[11] 因此，格雷伯爵認為，以

4　之前已介紹過，他原名喬治・威廉・弗雷德里克（George William Frederick），第一代克拉蘭敦伯爵（1800－1870），並且自 1853 年起出任外交大臣。

5　Clarendon, 24 February 1857, *Hansard*, 3d series, v. 144, col. 1200.

6　再介紹一遍，林德赫斯特勳爵（1772－1863）三次出任司法大臣。他甚少發言，而且只會在重大事件上開腔，並且多半「針對與政黨無關的公共問題發言」。*DNB*, v. 4, pp. 1107-1114.

7　Lyndhurst, 24 February 1857, *Hansard*, 3d series, v. 144, col. 1217.

8　他的理由見下一節。

9　如之前所説，他是第三代格雷伯爵（1802－1894），曾在 1846 至 1852 年出任殖民地大臣。見 Ward, *Grey and the Australian Colonies*。

10　Grey, 24 February 1857, *Hansard*, 3d series, v. 144, col. 1220.

11　Ibid., col. 1230.

公正態度來解釋該條約，則「亞羅」號不能算是英國船。[12] 如果「亞羅」號不是英國船，也就沒有所謂受辱之事。

卡那封伯爵[13] 換了一個角度審視該問題。他認為，若果真如「亞羅」號船長所説過的，中方容許英國旗「重新」升起，顯示中方並無敵意，並且恰恰相反。[14]

支持政府的梅休因勳爵[15] 對這種説法無法招架，因而轉換了一個新奇的立場。他推測，葉名琛之所以這麼快就放人，一定是因為他明知「亞羅」號是英國船。如果是這樣，那他顯然是蓄意侮辱英國旗。[16] 梅休因勳爵忽略了葉名琛一再書面正式否認「亞羅」號是英國船的事實。如在前文所見，葉名琛馬上送還船員只是為了息事寧人而勉從巴夏禮的要求。

聖萊昂納茨勳爵[17] 重複卡那封伯爵的説法，即中方容許「亞羅」號船長「再次升起」英旗這一行動本身，[18] 就意味着中方沒有蓄意侮辱英國國旗。[19] 即使假定英旗曾受辱，「在攻擊和摧毁那些炮台後，我國國旗受辱之事，也應視為已經補償……但為什麼還要炮轟廣州城？」[20] 聖萊昂納茨勳爵其實大可補充説，美國國旗更曾遭中方射擊，但美國人摧毁一些炮台之後，就認為已經報足了仇、雪夠了恨而撤軍。[21] 美國總統之後甚至批評奄師大郎（James Armstrong）准將摧毁炮台的舉動，[22] 並説如果該准

---

12   Ibid., col. 1232.

13   讓我再次介紹他的生平，年輕的卡那封伯爵（1831－1890）的仕途始於 1858 年出任殖民地次官。1866 年 6 月，他擔任德比內閣的殖民地大臣，1867 年因為反對德比的改革法案而辭職，1874 年再次出任殖民地大臣。*DNB*, v. 9, pp. 646-653。

14   Carnavon, 26 February 1857, *Hansard*, 3d series, v. 144, col. 1317. 卡那封説，重新升旗的是那兩名留守「亞羅號」的水手，但其實是船長肯尼迪自己動手的。見十一章肯尼迪的證詞。

15   他名叫弗雷德里克・亨利・保羅・梅休因（Frederick Henry Paul Methuen）。見 *Hansard*, 3d series, v. 144, 'Rolls of the Spiritual and Temporal'. 他的生平未有載入 *DNB*。

16   Methuen, 26 February 1857, *Hansard*, 3d series, v. 144, col. 1321.

17   聖萊昂納茨勳爵（1781－1875）在 1852 年德比的第一屆內閣中擔任司法大臣，他的判決甚少被推翻。*DNB*, v. 19, pp. 152-154.

18   St Leonards, 26 February 1857, *Hansard*, 3d series, v. 144, col. 1329.

19   Ibid., col. 1330.

20   Ibid., col. 1332.

21   Ibid., col2. 1332-1333.

22   見 Tong, *United States Diplomacy in China*, pp. 196-197。

將沒有馬上撤軍，就會對他進行制裁。若聖萊昂納茨勳爵知道此等後續
情節，他的演說肯定更為精彩。

埃倫伯勒伯爵[23] 補充說，中國士兵對「亞羅」號船長出言不遜，他
們的軍官隨即約束部下。[24] 因此，就算真的發生了那不大可能的辱旗事
件，也不會是蓄意的。

對於這一點，代表政府的議員們幾乎完全沒有回應，似乎表示他
們也認同辱旗並非蓄意。有些政府成員自覺責任所在，須挺身為政府說
話，指責中國人蓄意辱旗，但他們為政府的辯護有些三心兩意。這跡象
顯示連政府內部都普遍感到事有蹊蹺。

二、「亞羅」號有權懸掛英國國旗嗎？

這個問題取決於另一個問題的答案：按照法律，「亞羅」號算是英國
船嗎？德比伯爵認為不算。「亞羅」號的歷史[25] 顯示，它是「由中國人建
造、中國人獲得、中國人出售、中國人購入、中國人駕駛和中國人擁有
的」。[26] 令它搖身一變而成為英國船的，是 1854 年香港政府頒佈的一條殖
民地法例，容許當地英國臣民向香港政府登記他們的船隻，藉以獲得英
國保護。

德比認為這條殖民地法例牴觸英國本土的法律，因此無效。[27] 在特殊
情況下，女王陛下可以御准樞密院豁免這種無效。但直至當時為止，女
王陛下並沒有御准樞密院頒令批准並確認上述殖民地法例，[28] 原因是商務

23　如前所述，這位埃倫伯勒伯爵（1790－1871）原名愛德華‧勞（Edward Law），曾任印度總
　　督（1840－1844）。1858 年第四次出任管理委員會主席（*DNB*, v. 11, pp. 662-668）。另見
　　*History of the Indian Administration of Lord Ellenborough, in his correspondence with the Duke of
　　Wellington. To which is prefixed … Lord Ellenborough's letters to the Queen during that period*, ed.
　　Charles Abbot, Second Baron Colchester (London, Bentley, 1874)。

24　Ellenborough, 26 February 1857, *Hansard*, 3d series, v. 144, col. 1360.

25　「亞羅號」的詳細歷史可在 1856 年 12 月 11 日的《德臣西報》（*China Mail*）的節錄，附於 Parl.
　　Papers 1857, v. 12, pp. 134-135。

26　Derby, 24 February 1857, *Hansard*, 3d series, v. 144, col. 1360.

27　Ibid., cols. 1160-1161.

28　Ibid., col. 1163.

部（Board of Trade）表示反對。[29] 所以，這條殖民地法例形同具文。[30]

德比又說，即使該殖民地法例有效，「亞羅」號的華人船主並非英國臣民，因為據香港律政司指出，該地六萬多名華人居民，法律上能稱得上是英國臣民的不足十人。當時英國方面不讓當地居民入籍，而香港是1841年才成為殖民地的，尚未有足夠自然出生而獲得英籍的成年人。[31] 既然「亞羅」號船主不是英國臣民，自然不能登記申領船舶執照。此外，「亞羅」號船主是中國臣民，香港政府不能在法律上解除他對母國生來就應盡的國民義務，不能容許他可以在幹非法勾當的同時，蔑視中國的執法官員。[32]

德比向議員同僚詰問：未獲授權的駐華官員，越位行使了女王陛下御准的特權，大家身為有良知、有是非感的人，身為英國的立法者，是否會認可這種行為，從而令殖民地法例自己身為女王陛下法律顧問的身份蒙羞？[33] 德比伯爵還指出，該殖民地法例實質性地改變了《虎門條約》這份國際合約，結果是地方凌駕中央：香港總督在香港樹立以及在香港以外的地方實施該殖民地法例，實屬越權！[34]

外相克拉蘭敦伯爵回應說，如果按照該殖民地法例而發出了英國船舶執照，當然就牴觸了大英帝國的法令。但所發的只不過是殖民地船舶執照，僅適用於往來中國和香港之間的貿易，所以尚不算牴觸大英帝國的法令。[35] 他認為香港發出的執照，就如同直布羅陀、馬耳他、馬六甲、新加坡和馬拉巴所發出的執照一樣。[36]

克拉蘭敦的說法很牽強。因此，大法官林德赫斯特伯爵提出一條他相信是無人能質疑的原則：「你可以賦予一個外國人或一艘外國船任何權

29　Ibid., col. 1161.

30　對這個時期英國海事法的分析，見 Sarah Palmer, *Politics, Shipping and the Repeal of the Navigation Laws* (Manchester, Manchester University Press, 1990)。

31　Derby, 24 February 1857, *Hansard*, 3d series, v. 144, col. 1161.

32　Ibid., col. 1164.

33　Ibid., col. 1165.

34　Ibid., col. 1167.

35　Clarendon, 24 February 1857, *Hansard*, 3d series, v. 144, cols. 1197-1198.

36　Ibid., cols. 1198-1199.

利或特權，使該人或該船免於受你掣肘；但你卻不能賦予一個外國人任
何權利或特權，使他免於受本國的制衡。」[37]

阿蓋爾公爵[38]同意這一原則無可爭議，但認為不適用於當前的議
題，因為《虎門條約》取消了這一原則。許多中國人在鴉片戰爭期間為
英國人工作，這些人與他們生而所屬的國家對抗，制訂《虎門條約》就
是為了保護他們。按照這一觀點，阿蓋爾認為，判斷「亞羅」號是否英
國船，應根據制訂該條約的原意，而非中國人聞所未聞的國會法案的技
術論點。[39]

阿蓋爾公爵的論點看似合理，但卻有一個漏洞。《虎門條約》或許剝
奪了中國政府的主權，禁止它在中國水域搜捕躲藏在英國船上那些觸犯
了中國法律的嫌疑犯；但並沒有容許中國人擁有像「亞羅」號這樣的船，
可以通過在香港付費就變成英國船，這完全是兩碼事。因此，與公爵的
說法對照而言，大法官林德赫斯特伯爵所樹立的原則並沒有被《虎門條
約》所推翻。可惜沒有人按照此理據來質疑阿蓋爾公爵的高談闊論，因
為這場辯論竟然不久就被宣佈休止了，這「在上議院中是不尋常的事」。[40]

1857 年 2 月 26 日，當辯論恢復時，卡那封伯爵追問「亞羅」號究竟
是英國船還是中國船。一艘船的國籍是由船主的國籍所決定的。[41]「亞羅」
號船主不是英國臣民，所以它不可能是英國船。即使「亞羅」號船主已
是入籍為香港的英籍居民（這種情況是非常不可能發生的），中國立法機
構都沒有解除他對祖國應盡的義務。[42]

卡那封伯爵想像力太豐富了，他以為當時的中國具備像英國國會
那樣獨立的、永久性的立法機構。不過，雖然當時中國缺乏這種立法機
構，也完全無損他論據的效力。難怪緊接卡那封伯爵之後發言的梅休因

---

37 Lyndhurst, 24 February 1857, *Hansard*, 3d series, v. 144, col. 1213.

38 他是巴麥尊內閣的郵政大臣。見 Duke of Argyll, *George Douglas, Eighth Duke of Argyll*。

39 Argyll, 24 February 1857, *Hansard*, 3d series, v. 144, col. 1241.

40 Greville diary, 17 February 1857, as reproduced in *Leaves from the Greville Diary*, p. 782.

41 Carnarvon, 26 February 1857, *Hansard*, 3d series, v. 144, col. 1311.

42 Ibid., cols. 1312-1313.

動爵，提不出任何反駁卡那封的理據。[43] 因此聖萊昂納茨動爵加強壓力，他就殖民地法例只賦予殖民地船舶執照而非英國船舶執照之事質詢外相克拉蘭敦伯爵：「那麼，討論了這麼久，我們是否應該說，那張執照並非英國執照？『亞羅』號是否一艘沒有英國執照的英國船？」克拉蘭敦插話：「它領有殖民地執照。」聖萊昂納茨動爵繼續說：「如果只是殖民地執照，那等於廢紙一張；如果它是英國執照，那就讓它在帝國法律面前接受檢驗是否合法。香港的殖民地政府哪有權去管廣州河面上發生的事情？」[44] 他的結論是：「亞羅」號不是條約意義中的英國船。[45]

在這泰山壓頂般的雄辯之下，接下來發言的溫斯利戴爾動爵，[46] 顯得弱不禁風。他只能表達一個願望：盼望同儕以寬泛的意義去理解帝國法令中的「英籍」一詞，從而把「亞羅」號的情況也納入其中。[47]

馬姆斯伯里伯爵[48] 接着發言，他的說法對我們現在的研究非常重要。他發覺，世上最有才幹的律師深入爭論過這個問題的正反兩面，但正反雙方都深信對方是錯的。他問道：「如果我們這些擁有崇高地位、淵博學識的英國議員和貴族，都被這個問題的技術細節所難倒，那麼，像欽差大臣這樣半開化的中國官員和他的同胞們，在面對這些指控時，又會將是如何摸不着頭腦呢？」[49] 因此他做了一個重要貢獻：「那是中國人不曾聽聞也不明白的法例，而且……它實際上是一條事後才通過，再附加到條約中的法律。除非訂約雙方都透徹理解和同意這樣的法定文件，否則怎能用它來約束雙方？」[50]

43　見 Methuen, 26 February 1857, *Hansard*, 3d series, v. 144, cols. 1321-1322。

44　St Leonard, 26 February 1857, *Hansard*, 3d series, v. 144, col. 1327.

45　Ibid., col. 1329.

46　如第十一章所說，他名叫詹姆斯・帕克（James Parke, 1782－1868）。1833 年成為樞密院司法委員會成員。1856 年晉身貴族。*DNB*, v. 15, p. 226.

47　Wensleydale, 26 February 1857, *Hansard*, 3d series, v. 144, col. 1340.

48　再次，他名叫霍華德・哈里斯（Howard Harris）是第三代馬姆斯伯里伯爵（1807－1889）。1852 年出任外交大臣，1858 年再次擔任此職。在 1866 年 6 月出任掌璽大臣。著有《前內閣大臣回憶錄》（*The Memoirs of an Ex-Minister*）一書。

49　Malmesbury, 26 February 1857, *Hansard*, 3d series, v. 144, col. 1342.

50　Ibid., col. 1346.

格蘭維爾伯爵[51]不同意，至少不完全同意。他從一封 1855 年的照會中發現，葉名琛曾將兩艘被裁定為走私的華艇充公和拆散，包令為此向葉名琛傳上了殖民地法例的譯本。「葉名琛沒有對照會提出絲毫異議——似乎表示他默許了這條法例。」[52]

這位議員是以「沉默即等於同意」，來證明中國人知道該殖民地法例的存在，甚至可能認同該法例的合法性。但他還是未能反駁中國人不明白這條法例的指控。如果包令沒有令葉名琛明白這條法例，包令就沒有盡他法律上應盡的關愛責任（duty of care）。因此，由於包令並沒有向葉名琛恰當解釋過、並讓他透徹明白這條殖民地法例，就不能向他追究法律責任。

阿爾比馬爾伯爵（Earl of Albemarle）[53]提出新見解：不管「亞羅」號是否英國籍，它都不是中國船。中國船都叫帆船（junk），而不叫華艇（lorcha）。中式帆船是海上的龐然巨物——完全是一頭怪獸，它有一張巨大的嘴巴，船首破浪部份有可怕的牙齒，還有兩隻巨大眼睛，船尾高翹，像是怪物的尾巴。此外，lorcha 一詞是雙音節的，中國語文裏沒有雙音節字，全是單音節的，僅從這一點就足以顯示華艇不是中國船。[54] 竊以為這簡直是奇談怪論。阿爾比馬爾似乎忘記了，葉名琛從來爭論的只是擁有權問題，而不是語言上的差異。[55]

如同其他問題一樣，上議院的爭辯雙方對於這一點看法始終存在着分歧。但綜合來看，官方議員們的說法顯得理據薄弱和牽強。

51　再次，他原名格蘭維爾·喬治·萊韋森-高爾（Granville George Leveson-Gower），是第二代格蘭維爾伯爵（1815－1891），曾在巴麥尊內閣出任樞密院議長。見 Fitzmaurice, *Life of Granville George Leveson Gower*。

52　Granville, 26 February 1857, *Hansard*, 3d series, v. 144, col. 1369.

53　他名叫喬治·托馬斯·凱佩爾（George Thomas Keppel），是第六代阿爾比馬爾伯爵（1799－1891），曾當 1847 年出任首相的羅素的私人秘書。他在其兄第五代伯爵去世後繼承爵位，著有《吾生五十年》（*Fifty Years of My Life*）一書。

54　Albemarle, 2 February 1857, *Hansard*, 3d series, v. 144, col. 1353.

55　阿爾比馬爾發言的水準似乎完全反映他智力之低。據說他在威斯敏斯特學校（Westminster School）時悠悠忽忽，從九歲唸到差不多十六歲，因而校長認為，任何需要學問的職業都不適合他。他最後獲得了當第十四步兵團第三營少尉的差事，並步步高升，終於在 1874 年官拜上將。*DNB*, v. 11, pp. 43-44。

三、「亞羅」號船舶執照的有效期

即使假設殖民地法例有效，「亞羅」號所領的執照還是有問題。政府試圖狡辯：「亞羅」號船照到期時，它不在香港水域，而是技術上説的「在海上」。而在正常情況下，一艘「在海上」的船是不會被要求為執照續期的，直至它回到母港為止。但正如德比伯爵所指出的，巴夏禮領事在1856 年 10 月 3 日收到「亞羅」號的執照時，應該就察覺到它已經過期，並理應勒令它的船長馬上申請新執照，這「在它停泊於廣州港口的那段時間是可以做到的，因為坐蒸汽輪的話，十二小時即可到達香港」。[56]

外相克拉蘭敦伯爵對這一説法不予理睬，堅稱從法律意義來説，「亞羅」號是「在海上」，因此仍然受英國保護。[57]

當然，「在海上」這種説法最先是由「亞羅」號的船長提出的，之後由巴夏禮轉告包令，[58] 包令發覺「亞羅」號的船照已經在 1856 年 9 月 27 日到期，從那天起已經無權接受英國保護。[59] 而且，船長這站不住腳的説詞，只是事後為掩飾自己理虧而提出的。可是，英國政府現在卻被迫要竭力去為這個蹩腳的説法進行辯護，力圖證明「亞羅」號那張已經過期的執照仍然有效。

聖萊昂納茨勳爵把「在海上」的説法徹底駁倒。根據該殖民地法例，每一艘船，毫無例外地，都必須在領照十二個月後重新登記。其用意再清楚不過了：令船隻每隔十二個月定期向當局報到。另外還有一個附帶條件，那就是：這種執照在該年期限屆滿前一個禮拜，必須呈交香港輔政司署。這不是證明執照絕對必須在一年有效期內續期嗎？如果「在海上」的説法得以容許，豈不是大開方便之門，縱容了該殖民地法例想要防止的不當行為？一艘船豈不是只要掛着英國國旗，六、七年仍然享有英國保護？[60] 包令自己就曾明確地説，「亞羅」號的船照一過期，就不再獲英

56　Derby, 24 February 1857, *Hansard*, 3d series, v. 144, col. 1170.

57　Clarendon, 24 February 1857, *Hansard*, 3d series, v. 144, col. 1200.

58　見 Parkes to Bowring, 12 October 1856, Parl. Papers 1857, v. 12, pp. 65-66, para. 3。

59　Bowring to Parkes, 11 October 1856, Parl. Papers 1857, v. 12, pp. 64-65, para. 3.

60　St. Leonards, 26 February 1857, *Hansard*, 3d series, v. 144, col. 1330.

國保護。[61]

不料站在政府一方的溫斯利戴爾勳爵，對此無法辯駁之餘，突然變得情緒激昂，他問道：「這是不是說，這些船如果剛巧開到了地球的另個角落，只要執照規定日期的限期一到，它們就失去了國籍？」[62] 溫斯利戴爾勳爵的反應，竟然是如此激烈，顯示政府方面已理屈詞窮。像「亞羅」號這樣的淺底小船，當然不會遠航至世界其他地方，遑論地球的另個角落，而只會在中國沿岸地區的香港和華南五個通商口岸之間的水域活動，這些地方距離母港頂多幾天航程。殖民地法例並沒有向遠洋輪船發出過類似的執照，而只發給那些在中國沿海進行貿易的小船。

激動的溫斯利戴爾勳爵接着甚至說，這條法例的締造者——包令「以為該執照已過期是搞糊塗了；它明顯沒有過期，證據顯示，該船被拘留之際，船長似乎正打算回香港為其執照續期，他之前已把執照存放到該地的登記處」。[63]

不知道究竟是溫斯利戴爾勳爵自己激動得糊塗了，還是想把其他議員搞糊塗，第一，從條文的任何意義看，船照都已經過期，這點毫無異議。光是打算為它續期，並不能真的令它再次生效。第二，他的意思可能是，儘管「亞羅」號的執照已經過期，但它仍然享有英國保護。可是，如果連這條法例的締造者包令也裁定「亞羅」號的執照已過期，不再享有保護，還有人比他更清楚其立法原意嗎？第三，船長是將執照交到廣州的英國領事館，而非香港的登記處。

溫斯利戴爾勳爵竟然糊塗到這個程度，顯示政府方面確實已經詞窮理屈，處境尷尬極了。

61　Ibid., col. 1331. 包令的說話，見 Bowring to Parkes, 13 October 1856, Parl. Papers 1857, v. 12, p. 66。

62　Wensleydale, 26 February 1857, *Hansard*, 3d series, v. 144, col. 1341.

63　同上註。

四、英國的法律論據與中國人的看法

　　英國上議院為「亞羅」號事件的法律細節爭論不休，是法治的充份表現。孔子拒斥法治觀念，認為立法只會令人想方設法去鑽營法律的空隙。他認為治理人民的最好方式，是以身作則，導之以德。他相信，為政者有德，人民就會見賢而思齊，「其身正，不令而行」，[64] 這就是人治思想。此後大多數中國人，不僅是歷史學家，常常會以道德眼光來批判事物。畢竟，人們歷來認為中國史官應當直書不隱，勸善懲惡，含有道德批判意味。

　　中國史學家看到英國上議院的辯論，肯定會感到大惑不解，以致妨礙了他們尋找引發第二次鴉片戰爭的確切起因。上議院正反雙方就法律理據你爭我辯，互不相讓，尤其是那些令英國政府尷尬的言論，更會令中國史學家感到迷惑和震驚。中國「人治」思想歷經發展，成為一個強調和諧與仁的強大傳統，[65] 而支撐這種人治思想的，是一些規範人倫關係的準則，即所謂三綱五常。這種原則包括敬老慈幼。但敬老精神往往被延伸至掩飾長輩的錯誤，不管有多麼嚴重；慈幼之心也被延伸至不惜護短式地保護後輩。敬老尊長基本上變成了敬畏權威。至於平輩之間，一旦與第三者發生爭執時，會期望朋友助一臂之力，或者至少給予支持，這樣才不會覺得丟臉。因此，現代中國史學往往與民族主義聯繫在一起，任何中國人如果敢於為外敵說好話（無論是過去的還是現在的），不管多麼有理，都會被指為賣國賊。

　　上述種種，可以解釋為何蔣孟引教授雖然閱讀過英國國會的辯論記錄，卻一筆帶過「亞羅」號紛爭有關法律細節的爭論；因為他可能無法理解，為何在英軍正與中國交戰之時，有英國人在中國人手中喪命之際，還有些貴族議員會為中國人說好話。他不明白的是，這些貴族也許對中國沒有任何好感，但他們心裏非常重視伸張正義，如果認定自己的政府

64　《論語・子路》。

65　雖然這裏說到和諧與仁，但與同時代的英國相比，古代中國會用非常殘酷的逼供制度來對待犯法者甚或疑犯，而英國和歐洲早在約三百年前起，已不再用酷刑逼供。

舞文枉法，就會不留情面地加以指斥。對他們來說，法律高於一切，就像中國人敬老慈幼高於一切那樣。[66]

除了國會的言論以外，曾在三任內閣中擔任過司法大臣（Lord Chancellor）的林德赫斯特伯爵，以及前任首相德比伯爵（他在之後的 1858 年和 1866 年再度拜相），都大加撻伐首相巴麥尊子爵的對華政策，但沒有一個英國人會因此而認為他們不愛國。事實上，據稱林德赫斯特伯爵「的每一次演說，都以高屋建瓴的權威和拳拳愛國之心著稱」，[67] 令與他勢不兩立的政敵也為之折服。德比伯爵也被形容為擁有「強烈的責任感」；事緣 1855 年克里米亞戰事正酣，女王邀請他組閣，他竟然婉拒，理由是他「認為由巴麥尊子爵所組成的、得到反對派保守黨支持的政府，會比自己所組的政府有更大的作為」。[68]

中國人旁觀上議院辯論，可能會覺得某些議員諸如埃倫伯勒伯爵等很親華。其實不然。同一個埃倫伯勒伯爵，在 1842 年 2 月 21 日出任印度總督時，卻增兵準備對付中國，並以政策理由，拒絕因阿富汗發生天災而縮減對華作戰方案。此外，英國政府原本打算在長江作戰，其後改為取道白河，最後埃倫伯勒伯爵聽取了科爾切斯特勳爵（Lord Colchester）的情報，認為中國沿長江一帶防守最為薄弱，因此主動恢復原來的方案，從印度調兵增援；結果對華戰爭大獲全勝此舉，讓他歡欣鼓舞地向內閣報告，對華戰爭圓滿結束。[69]

從另外一個角度看，這些或支持或反對政府的上議院法官的言論，對尋找第二次鴉片戰爭的起因極具價值。就目前所見，否定辱旗事件曾經發生過的理據非常堅實，而企圖證明其曾發生過的理據明顯薄弱，令筆者更堅信當時英國國旗根本沒有懸掛，因而也不可能被扯落，所以蓄意侮辱英國之事，應屬子虛烏有，使到英國政府之聲稱開戰是為了維護

---

66 想更詳細探討這方面的思想，見拙文：'The Rule of Law in Hong Kong: Past, Present and Prospects for the Future', *Australian Journal of International Affairs*, 46, no. 1 (May 1992), pp. 81-92。

67 *DNB*, v. 4, p. 1113.

68 *DNB*, v. 5, p. 1012.

69 見 Sir Henry Marion Durand, *The First Afghan War and Its Causes*, 2 vs. (London, Longmans, Green, 1879)。

國家榮譽和尊嚴，更顯得蒼白無力。一個法律上有重重疑點的事件，怎麼可能是光彩的和值得自豪的呢？ [70]

上議院議員為之爭辯不休的是「亞羅」號事件的法律細節，而不是與中國的友誼。討論法律事例，最好是能完全撇除感情因素——不論是善意還是敵意，治史也是一樣。但中國史學家刻意挑選來給讀者看的，卻止於德比指責包令是偏執狂之類的感情因素。[71] 這不難理解，因為中國受儒家學說影響，重視個人道德和人倫關係。如果中國和其他受過英帝國主義禍害的國家，能夠深入了解英國歷史，當能大有裨益。反之亦然。[72]

五、正義與人道

如前所述，德比伯爵在演說開始時，呼籲其他議員純粹以法律精神來看待他的動議，除了平等、正義和人道的觀點外，其他考量一概摒除，不應懷有哪怕是最微小的政黨瓜葛或政治偏好。[73] 在發言結束時，他又特地鄭重向上議院神職議員（皆英國聖公會主教）呼籲，稱他們是和平使者、把「和平帶到地上，把善心帶給人類」的上帝僕人，[74] 宗教和美德的守護者，[75] 要求他們跟這個基督教國家的駐外代表劃清界線，因為這些駐外代表既無仁厚包容之心，又是那麼野蠻嗜血。他希望神職議員維護本國的基督教精神，挺身捍衛人道和宗教。

70　然而直至今天，中國史學家似乎都對事件的法理細節沒有太大興趣。如果蔣孟引教授和他的同事有嘗試去了解英國在「亞羅」號事件上的法律立場、英國人對愛國主義的看法，以及國會傳統的對立性質，他們對戰爭起因的解釋會更具説服力。

71　見蔣孟引：《第二次鴉片戰爭》，頁 43，以及所有其他轉引蔣教授説法的後出著作。

72　戴維・菲爾德豪斯（David Fieldhouse）提出中心與邊緣之間有密切相互關係的概念，如果採取這個概念的邏輯，那麼英國學者對於英倫三島以外他們自己的歷史，也會得出不同的看法。有關菲爾德豪斯的概念，見其 *The Colonial Empires: A Comparative Survey from the Eighteen Century* (London, Weidenfield & Nicolson, 1965)。羅素「抗議『亞羅』號在中國水域被無理拘留」（*DNB*, v. 17, p. 461），以及「不久後 [1854] 發生太平天國起義」（*DNB*, v. 2, p. 986），諸如此類的言論是可以避免的。「亞羅」號當然沒有被拘留，被拘留的是它的船員，而太平天國是發生在 1851 年。

73　Derby, 24 February 1857, *Hansard*, 3d series, v. 144, col. 1155.

74　Ibid., col. 1192.

75　Ibid., col. 1193.

德比也向其他議員「謙遜、懇切」地呼籲，呼籲他們以投票的方式表明，不容許下級官員在沒有法律依據或正當道德理由的情況下，僭奪君主的宣戰之權，炮轟一個沒有自衛能力的商城，令愛好和平的無辜人民生靈塗炭。[76]

撇除有關基督教、政黨和投票的言論，許多中國人會都會認同德比伯爵所揭櫫的價值觀，並認為它與儒家思想並無二致。為什麼中國史學家沒有詳細介紹他的發言？

外相克拉蘭敦要求議員投票反對德比的動議，因為他說該動議會妨礙女王陛下在中國的僕人的自主權，令他們束手束腳，「那會令我們的聲譽和旗幟蒙污，還會摧毀我們與該國的貿易」。[77]

格雷伯爵接過德比伯爵的棒而再次向神職議員呼籲：「本國信奉的宗教受到致命的傷害。大家想想，這樣的事情能令一個不信神的民族歡迎我們所信奉的宗教嗎？」[78] 他認為，如果上議院通過德比伯爵的動議，就可以與巴夏禮、包令之流撇清關係，不用為生靈塗炭負上惡名。[79]

接着發言的卡那封伯爵，與格雷伯爵英雄所見略同，他說戰爭對於在中國宣揚基督教的事業有壞影響，而文件中提到守禮拜日的地方，是整份文件最令人痛苦和不光彩的部份。[80]

沿着同一個思路，馬姆斯伯里伯爵進一步擴大這個議題，他着眼於兩點。第一，把開戰權力交給英國的駐外使節，任其獨斷獨行，是極為危險的。這是政策問題。第二，以大不列顛之名義所幹的事情不合乎人道。他堅稱，就算證明了「亞羅」號是一艘徹頭徹尾的英國船，但船上所發生的事情，卻萬萬不足以合理化英國官員的行為以及由此引發的人為災難。他向議員剴切呼籲：「我覺得，本國榮譽及道德，在這次事件中有受損之虞。」他說，外國人蒙塔朗貝爾伯爵（Count de Montalembert）在其近著中對英國人的美德讚頌有加，對於他們的過錯又非常寬厚地不

76　Ibid., col. 1194.

77　Clarendon, 24 February 1857, *Hansard*, 3d series, v. 144, col. 1212.

78　Grey, 24 February 1857, *Hansard*, 3d series, v. 144, col. 1236.

79　Ibid., col. 1237.

80　Carnarvon, 26 February 1857, *Hansard*, 3d series, v. 144, col. 1320.

予苛責，他擔心像蒙塔朗貝爾伯爵這樣的外國人，日後下筆時會以憎惡和不屑的心情，指責文明的英國犯下這一侵略暴行。頗有儒者風範的馬姆斯伯里伯爵接着說：「在這崇高的議事堂中，沒有人比我更重視黨派忠誠……但是，若是牽涉到一個關乎良知和道德的問題，我們就應當把黨派考量拋諸雲外……我為我的國家感到羞恥！」[81]

埃倫伯勒伯爵補充說，最近發生的一些事情，令英國國格受損，政府難辭其咎；但他希望上議院不要助紂為虐。[82] 他用以下的話來結束發言：「我相信，經過上議院今晚的投票，可以讓我們不必去從事這場既荒唐又罪惡的戰爭。」[83]

埃倫伯勒伯爵的發言惹得格蘭維爾勳爵無名火起三千丈，他指責埃倫伯勒伯爵的發言是公然攻擊政府，[84] 藉此試圖消除反對派向神職議員的呼籲所造成的影響。他強調，這已經不是反對派第一次擔憂這些主教的投票會不符合他們的心意，從而自行化身為平信徒讀經員，向主教議員講起道來。[85] 他相信，神職議員不會因為這些為求取選票而講的道所動搖。他也相信，年輕議員有足夠的智慧判斷是非。[86]

可惜牛津主教不為所動，他說這個問題與政治派系傾軋無關，而是「上升到更高和更澄明的層次，成為關乎國家正義或國家罪行」的事件。[87]

中國史學家對這場環繞正義與人道問題的辯論，關注明顯不足。這可能是由於他們無法領略維多利亞時代的自由主義良知，更可能無法理解這些議員的發言多少是出於這種良知的驅使。結果，中國史學家一葉障目，視所有英國人為貪婪的帝國主義者，全都只想劫掠和屠殺中國人。其實，這場戰爭的起因很複雜，千頭萬緒，不是用一個意識形態的框子就能夠囊括住的。

81　Malmesbury, 26 February 1857, *Hansard*, 3d series, v. 144, col. 1351-1352.

82　Ellenborough, 26 February 1857, *Hansard*, 3d series, v. 144, col. 1361.

83　Ibid., col. 1365.

84　Granville, 26 February 1857, *Hansard*, 3d series, v. 144, col. 1365.

85　Ibid., col. 1375.

86　Ibid., col. 1376.

87　Bishop of Oxford, 26 February 1857, *Hansard*, 3d series, v. 144, col. 1377.

另一方面，這場辯論與政黨政治有多大關係？這個問題在本書第二十章再探討。但在我們離開上議院之前，再來審視一下這場辯論的第三個層面，即英國在華的商業利益。

六、對華貿易

德比伯爵在發言中提及對華貿易。這方面的數額非常龐大，並且持續急速增長，對英國和其他參與其中的人來說非常重要。貿易數量增長驚人，單是茶葉一項，十年間已從每年四千一百萬磅激增至八千七百萬磅；同時期絲的進口增長也十分驚人。德比慨嘆政府的駐華代表令這一重要貿易陷於旦夕之危。[88]

克拉蘭敦回應時，只在最後部份稍微提及對華貿易，並止於強調德比的動議會毀掉英國的對華貿易，因而要求議員投票予以反對。但他無法證明為何德比的動議會毀掉英國的對華貿易，更無法解釋為何議員必須投票予以反對。[89]

廣州貿易中斷，英國人的財產岌岌可危，英國商館付諸一炬，令林德赫斯特伯爵為之扼腕。他把這些歸咎於包令，說包令是他所見過的最成事不足、敗事有餘的人之一，而上述事件就是由包令的拙劣措施所造成的。[90] 接着發言的司法大臣[91] 對此再沒話說。[92]

格雷伯爵繼續施加壓力。他認為強迫廣州打開城門，只會削弱中國政府的權威，令混亂情況惡化，損害英國的貿易。茶葉「幾已成為英國民眾生活的必需品，並且是財政收入的主要支柱，這項由英國獨享的茶葉供應」，將因上述情況而有中斷的危險。[93] 與其他議員相比，格雷伯爵可

88　Derby, 24 February 1857, *Hansard*, 3d series, v. 144, col. 1156.

89　Clarendon, 24 February 1857, *Hansard*, 3d series, v. 144, col. 1212.

90　Lyndhurst, 24 February 1857, *Hansard*, 3d series, v. 144, col. 1220.

91　他名叫羅伯特‧蒙塞‧羅爾夫（Robert Monsey Rolfe, 1790－1868），自 1852 年 12 月起擔任司法大臣。*DNB*, v. 17, pp. 158-161.

92　Lord chancellor, 24 February 1857, *Hansard*, 3d series, v. 144, col. 1220-1225.

93　Grey, 24 February 1857, *Hansard*, 3d series, v. 144, col. 1236.

以説最為熟悉中國茶葉的貿易情況，所以最有發言權。事緣他的父親、
第二代格雷伯爵靠着販賣中國茶葉而聲名大噪，格雷伯爵更成為茶葉的
品牌名稱（Earl Grey）。阿爾比馬爾伯爵接着舉出了一些數字。他説，茶
葉為英國帶來的財政收入，達五六百萬英鎊之多，而對華貿易也為印度
帶來三百萬英鎊以上的財政收入。[94]

　　是哪宗貿易為印度帶來財政收入？阿爾比馬爾沒有明言，但誰都能
想到，是鴉片。茶葉貿易和鴉片貿易是否與第二次鴉片戰爭有關？

　　這個問題必須放在英國整體對華貿易的大脈絡下來檢視。英國政府
試圖在 1854 年藉着修訂《南京條約》來擴大對華貿易，並把這件差事交
給包令去辦。[95] 如前文所見，包令未能完成任務，並將失敗歸咎於以廣州
城門緊閉為象徵的廣州人的反抗精神。[96] 他深信只要搗破城門，「將會獲
得無上光榮和辦成一樁了不起的大事」。[97] 國會裏的政府成員，特別是首
相巴麥尊子爵和外相克拉蘭敦伯爵，從往來公文及包令寫給他們異常多
而且長篇的私人信函中，完全明白他心中的算盤，[98] 以至外相克拉蘭敦伯
爵處處認可包令在「亞羅」號事件中採取的所有行動，[99] 甚至公然宣稱必
須以「武力法則」對付中國，但他到底無法説穿包令心中的算盤：銅臭
味太濃了！[100]

　　即使克拉蘭敦沒有説穿包令的商業目的，埃倫伯勒伯爵一定已經心
中有數，才會控訴包令行事「自始至終是出於那應予譴責的貪婪無厭，
並且意欲利用人類的不幸來漁利，除此以外別無任何其他動機」。[101] 他暗
指的當然就是毒品販賣。

94　Albermarle, 24 February 1857, *Hansard*, 3d series, v. 144, col. 1354.

95　政府意圖的全面細節，見 1854 年 2 月 13 日克拉蘭敦給包令的委任狀，存於 FO17/210。

96　對於修訂條約的更多細節，見第十二章。

97　Bowring to Parkes, 26 October 1856, Parkes Papers.

98　見包令致巴麥尊的私人信函，收於 Broadlands MSS, GC/BO series 以及包令致克拉蘭敦的私人
　　信函，收於 MSS Clar. Dep. C8, C19, C37, C57, and C85 series。

99　Clarendon to Bowring, 10 December 1856, Parl. Papers 1857, v. 12, pp. 69-70; and Clarendon to
　　Bowring, 10 January 1857, Parl. Papers 1857, v. 12, p. 157.

100　Clarendon, 24 February 1857, *Hansard*, 3d series, v. 144, col. 1203

101　Ellenborough, 26 February 1857, *Hansard*, 3d series, v. 144, col. 1364.

七、不可迴避的議題——鴉片

長期以來，沙夫茨伯里伯爵（Earl of Shaftesbury）一直渴望國會能辯論鴉片貿易這個問題，並準備好在 1857 年 2 月上議院開會期間提出動議，不料很快就被「亞羅」號的辯論擠掉。[102] 但皇天不負有心人，在有關「亞羅」號紛爭的辯論進行期間，鴉片問題一再被提起，結果給予他機會一償宿願。

正是帶頭掀起「亞羅」號辯論的德比伯爵，終於提到鴉片貿易。難怪，鴉片問題與中英兩國關係有着千絲萬縷的密切關係，不是憑某些人的主觀願望就能使它消失的。結果德比伯爵指出，香港的殖民地法例大大助長了中國沿岸的走私活動，其中最大宗的就是鴉片走私。[103]

外相克拉蘭敦伯爵當場拒絕討論鴉片問題。[104]

格雷伯爵窮追不捨：他懷疑領有殖民地執照的中國船隻在走私鴉片，「尊貴的勳爵（沙夫茨伯里伯爵）說他會就鴉片貿易問題提出動議，我希望本議院會慎重考慮這個事實」。[105]

為政府辯護的阿蓋爾公爵在回應時拒絕被牽進辯論。[106]

卡那封伯爵可不罷休：「1822 至 1823 年，我們與中國達成嚴肅的協議，要取締鴉片貿易。」但正如德比伯爵所言，「這條殖民地法例的作用，似乎是促進那種貿易」。[107]

另一個站在政府一方的梅休因勳爵，在回應時同樣拒絕被牽進漩渦。[108]

阿爾比馬爾伯爵窮追猛打：「我們的對華貿易，加上與印度的貿易，

102　沙夫茨伯里的動議會在本書第十三章探討。

103　Derby, 24 February 1857, *Hansard*, 3d series, v. 144, col. 1167.

104　Clarendon, 24 February 1857, *Hansard*, 3d series, v. 144, col. 1203ff; and Derby, 24 February 1857, *Hansard*, 3d series, v. 144, col. 1155ff.

105　Grey, 24 February 1857, *Hansard*, 3d series, v. 144, col. 1232.

106　見 Argyll, 24 February 1857, *Hansard*, 3d series, v. 144, cols. 1238-1243。

107　Carnarvon, 26 February 1857, *Hansard*, 3d series, v. 144, cols. 1319.

108　見 Methuen, 26 February 1857, *Hansard*, 3d series, v. 144, cols. 1321-1322。

進口總額達到一千五百萬英鎊，出口總額也相當於此數，……為印度財政收入帶來超過三百萬英鎊。」[109]

　　接着發言的埃倫伯勒伯爵，在鴉片貿易的問題上最有發言權。他是率先提出從英國全球貿易的角度來討論鴉片問題的人。在過去，他曾三次出任英國政府的印度事務管理委員會（Board of Control）主席，又當過印度總督，兼備中央與地方的豐富經驗，堪稱這個問題的權威。他開始時説，對華貿易「是我們環繞全球的商貿鏈的重要一環」。這條商貿鏈的運作方式是：英國向美國開出匯票購買「我們最大宗的製造業所需的原材料」——棉花；美國人將一部份匯票拿到廣州買茶葉；中國人收到這些匯票，就拿去買印度鴉片；這些匯票有部份流回了英國成為盈餘，其餘的拿到印度購買其他商品，或成為那些在印度殖民地營商的英國人，提供匯款回英國的渠道，以及維持印度政府運作的財源。[110]

　　全場鴉雀無聲。結果牛津主教警告在座議員：「你們言行不一，不要有一刻以為中國人對這些事情一無所知。幾年前你們就被他們譏諷過——『你們是最大的鴉片進口商，我們怎能相信你們真心推廣基督教？』」[111]

　　鴉片究竟和第二次鴉片戰爭有何關係？上議院議員為何如此諱莫如深？本書往後各章將作深入探討。在這裏可以預告的是，當筆者讀到上述埃倫伯勒伯爵有關英國全球貿易網的發言時，如獲至寶！從此致力追查有關數據，並在本書下篇的第六部份「帝國主義的經濟」中有所交代。

八、結語及反響

　　中國史學家在使用英國國會議事錄來尋找第二次鴉片戰爭的起因時，似乎至少受到四個因素所妨礙。

　　第一，儒家的人治思想令他們輕視了英國國會辯論中的法律理據。

109　Albemarle, 26 February 1857, *Hansard*, 3d series, v. 144, cols. 1354.

110　Ellenborough, 26 February 1857, *Hansard*, 3d series, v. 144, cols. 1363.

111　Bishop of Oxford, 26 February 1857, *Hansard*, 3d series, v. 144, col. 1384.

結果，他們嘗試證明英國國旗未曾受辱時，雖然論調比外相克拉蘭敦的説法更為可信——也許這是因為克拉蘭敦的説法太荒謬——但他們很少去注意關於具體事實以外的討論。

第二，他們不知不覺地受到馬克思主義意識形態所囿限。馬克思把這場戰爭稱為第二次鴉片戰爭，認為它和鴉片有莫大關連。既然馬克思如此斷言，一些中國史學家也就相信或裝作相信那一定是事實或理所當然。結果，沒有人再踏前一步去探究鴉片和第二次鴉片戰爭之間究竟有什麼具體關係，而只是人云亦云地説這是第二場中英兩國為鴉片而打的戰爭。

第三，馬克思很籠統地説，第二次鴉片戰爭的起因是帝國主義者試圖掠奪和屠殺中國人。這種籠統的説法妨礙甚至阻止了中國人更深入地了解當中涉及的問題。比如，國會對巴夏禮、包令和炮轟廣州的許多批評，都被中國人視為對戰爭罪行的招認，是英國自我認錯的表現。[112] 除此以外，似乎就沒有值得再深入探索的餘地了。這種道德主義和簡單化的治史方法，掩蓋掉了許多歷史事實。

第四，正如前述，慣於「人治」的炎黃子孫，難於接受「法治」所衍生的「維多利亞時代的自由主義良知」，甚至會譴責那些批評政府的議員是「賣國賊」。結果中國的史學家大都只是粗略地運用英國議會的辯論記錄，甚至視而不見。但本章所呈現出來的上議院這批英國貴族的世界觀，竟然出乎意料地提供了如此豐富的真知灼見。最為珍貴的當然是：埃倫伯勒伯爵有關英國全球貿易網的發言，替筆者提供了釐清第二次鴉片戰爭起因的重要線索。這些線索至少有三條：中國茶葉對英國財政收入的重要性，鴉片對印度財政收入的重要性，以及英中貿易對英國全球貿易的重要性。至於這些因素如何導致戰爭，且留待以後各章探討。

本書下篇（英文原版《鴆夢》）面世以來，大部份評者都贊同筆者的取材與分析，但猶如在第十五章一樣，惟有倫敦大學的彼得・伯勒斯教授批評筆者「報道國會辯論的部份尤其零碎，這從分段支離破碎可見一斑……儘管黃宇和對這個題目掌握很透徹，但他在表達自己的發現時

112　見蔣孟引：《第二次鴉片戰爭》，頁 70－80，以及其他引用蔣教授的説法的著作。

卻駕馭得很鬆散，使這本令人佩服的書顯得散漫凌亂。不禁令人思量，此書如能有所取捨地編輯，並大刀闊斧地裁剪一番，對它將如何有所裨益」。

若筆者像伯勒斯教授所建議那樣，大刀闊斧地裁剪一番，即簡明扼要地介紹當時大英帝國最高法律機關以投票大多數的方式，裁定辱旗的指控屬於虛構，巴夏禮在無中生有，包令是公報私仇，最終目的是侵略中國，行為極為不光彩等等，將永遠都無法爬梳出上述埃倫伯勒伯爵所提供的線索，遑論醒悟出其重要性。正因為筆者對於無論是如何「零碎」的國會辯論記錄也不放過，結果像淘金般終於掏出了第二次鴉片戰爭爆發的關鍵原因（詳見本書下篇第六部份），讓伯勒斯教授也歎服「黃宇和對這個題目掌握很透徹」。不做艱辛的耕耘，何來「這本令人佩服的書」？

再者，若筆者像伯勒斯教授所建議那樣粗枝大葉地處理國會辯論記錄，筆者也會流於大部份中國史學家的做法，即純粹批判英國駐華使節借故欺負中國。正因為筆者上窮碧落下黃泉也堅決爬梳到底，結果有力地證明了英國上議院大部份議員，比中國人更為有理有據地嚴厲譴責英國駐華使節借故欺負中國。

最後，筆者盼望本章的發現，有助國人思考「法治」與「人治」之間的差異：幫理不幫親這一理念，對慣於通人情走關係的中國人來說，或許高不可攀；但英國的精英做到了。多花心思想想這些問題，或許有助於推進中國先哲孔子所珍視的人際關係和國際和諧，直至世界大同。

第十七章
解散下議院！

下議院從 1857 年 2 月 26 日星期四至 3 月 3 日星期二（其間週末休會）進行了為期四天的辯論。[1] 筆者抱着看大戲的心情，耐心地梳理英國下議院無休無止的辯論記錄，終於找到了解開第二次鴉片戰爭爆發真正原因的線索。由於有些問題曾在上議院辯論過，有些更在前幾章（見本書第十至十六章）已述及，故除非下議院的辯論對它們提出新見解，否則在此不贅。[2]

一、戰爭藉口背後的動機

科布登（Richard Cobden）在辯論甫一開始時就問：「如果這些年來我們已有充足的理據與中方進行交涉，為什麼政府卻讓我們陷入一場我方理虧的糾紛之中才出手？」為什麼政府必須等到他們的駐外使節闖了禍，惹起了糾紛，由此引發了戰爭才干預？甚至最精通法律的人士都認為這是一場缺乏法律依據的戰爭。[3]

科布登又問，如果中國國力更強大，會否遭到現在的對待：「我請你們在考慮這樁事件時，想像是在跟另一個強國打交道。不妨假設我們不是在香港與廣州當局打交道，而是在華盛頓與查爾斯頓（Charleston）打

1　邁爾斯‧泰勒（Miles Taylor）從英國政治的角色出發，對於下議院的這場辯論有透徹的分析。見其 *The Decline of British Radicalism*, pp. 271-273。關於這個時期英國下議院的情況，見 William White, *The Inner Life of the House of Commons* (London, T. F. Unwin, 1898)。當然不是每個人都能成為國會議員，見 Helen Elizabeth Witmer, *The Property Qualification of Members of Parliament* (New York, Columbia University Press, 1943)。

2　必須向中國讀者說明的是，下議院的發言和上議院一樣，是沒有任何特定的次序或邏輯關係。本章和上一章那樣，把這些發言按照特定主題加以濃縮撮要，令它們比真正辯論時更為連貫和簡潔。這樣處理當然有明顯的好處，但同樣也明顯地扭曲了原本的辯論。但這種扭曲是可以原諒的，因為我們的目的是要尋找「亞羅戰爭」的起因，而不是重現辯論的完整畫面。

3　Cobden, 26 February 1857, *Hansard*, v. 144, col. 1404.

交道。」科布登說，要是該地發生了類似「亞羅」號事件的事，「我們會耐心處理，更不會馬上訴諸武力。」[4]

筆者在想：雙方軍力對比肯定是重要考量，所涉及的利益更是如此。英國剛和俄國打了一仗——克里米亞戰爭，因為當中牽涉重大利益。這個道理同樣也適用於對華戰爭——問題是，所牽涉的是哪些利益？共有多少？

科布登猛烈批評了他的老朋友包令爵士，尤其不滿意包令處理「亞羅」號執照的態度。由於包令曾指示巴夏禮不要告訴中國當局船照已過期，科布登坦言他在讀到《泰晤士報》的有關報道時簡直難以置信，因此要來一份《倫敦憲報》，以便能看到包令原函的內容。他慨嘆：不得不說包令對巴夏禮的指示是「我所看過最罪大惡極的公文」。[5]

筆者的關注有所不同：為什麼包令要這樣不擇手段地挑起爭端？除了前面的章節所發掘出來包令的私怨以外，他的主要動機是要修訂過去曾與中方簽訂了的《南京條約》，其中所牽涉的利益，留待本書下篇第六部份詳細分析。

科布登對包令窮追猛打：他觀察到包令的行為與他應該凜遵的訓令背道而馳，而歷任外相諸如馬姆斯伯里、格蘭維爾、格雷都曾三令五申：無論在任何情況下，如未得到英國政府批准，不得採取侵略手段。[6]

殖民地大臣亨利·拉布謝爾（Henry Labouchere）[7] 試圖替包令辯護。他推測：訓令或已改變，可能因應新情況制訂了新方案。[8] 他還稱，鑑於中國地方政府的性質，用文明國家之間正當和正常的原則與它打交道根本行不通。他雖然由衷地同意英國沒有理由因為一個國家是「半野蠻

4　　Ibid., col. 1395.

5　　Ibid., col. 1396.

6　　Ibid., cols. 1416-1417.

7　　亨利·拉布謝爾（Henry Labouchere, 1798－1869），曾任海軍大臣以及貿易委員會主席。1855年 11 月獲任命為殖民地大臣，1859 年獲冊封湯頓男爵（Baron Taunton），封地是位於薩默塞特郡（Somerset）的湯頓（*DNB*, v. 11, pp. 367-369）。他和其弟均住在波特蘭區（Portland Place），其弟是銀行家兼慈善家，偶有訪客誤把他當成其弟，他就回答：「那位慈悲為懷的拉布謝爾先生住在十六號。」見 Algar Labouchere Thorold, *The Life of Henry Labouchere* (London: Constable, 1913)，這本書是寫與他同名同姓的姪兒。

8　　Labouchere, 26 February 1857, *Hansard*, 3d series, v. 144, col. 1430.

的」，就對之施以暴力，並奉「強權為正義之道」；相反，出於宗教和政策原因，英國對待這些國家應格外寬容。但是他又説，另一方面，相比起「信奉基督教和文明的群體」，在與那些除了武力以外卻不知其他道理為何物的國家打交道時，有必要及早展示武力。[9]

拉布謝爾此言，其實是以此賦予英國的行為以道德的正當性，並藉此為外相克拉蘭敦在上議院説過的「武力法則」，[10] 精心進行了一番包裝。

拉布謝爾繼續替自己的立説塗脂抹粉：「我希望這場糾紛不會擴大，演變成對中華帝國的全面戰爭。」他盼望這場衝突能令英國的商業關係立足於一個比之前更令人滿意的基礎上，中國人自己最終也會因此而受惠。他相信終有一天上帝會讓中國人享受到文明的好處，並獲得解放，擺脱「專制暴虐的政府，這樣的政府就像它派到廣州的總督一樣，似乎專門是為人類製造苦難和悲哀的」。[11]

對以上言論感到遭受了冒犯的中國外交史專家們，可能要與他們的政治史專家談談，政治史專家在撻伐滿清政權時，所用言詞比以上的話更激烈。[12] 馬克思和恩格斯在論當時中國的文章中，也使用了類似拉布謝爾所用的語言。[13] 但筆者這樣説並非認同英國詆毀中國沒有文明的説法，只是建議採取宏觀角度鳥瞰歷史，如此審視歷史可能更為全面，可以避免不必要的惱怒。

我們再來探討第三層的塗脂抹粉工序，它是由卡迪根（Cardigan）的郡長（high Sheriff）勞埃德・戴維斯（Lloyd Davis）[14] 所做的。他説，真

9　Ibid., col. 1431.

10　Clarendon, 24 February 1857, *Hansard*, 3d series, v. 144, col. 1203.

11　Labouchere, 26 February 1857, *Hansard*, 3d series, v. 144, col. 1433.

12　太平天國研究的某些領域，也需要類似的交流。例如，有兩個太平天國時代的外國人被一些太平軍領袖稱讚是真正朋友，因而受到中國的太平天國專家讚頌，直至 1970 年代後期仍是如此，但這是錯誤的。我發現這兩人其實就是義律上校和伯麥將軍（Gordon Bremer），他們在鴉片戰爭向中國人開戰。（見我提交 1979 年在南京舉行的第一屆太平天國國際會議論文。此文後來題為〈太平軍初起是北上還是東進的問題初探〉發表，載《太平天國史譯叢》，第一輯〔北京：中華書局，1981〕，頁 258－280。）如果太平天國專家曾向外交史家諮詢，或能一同發現這兩個英國人的真面目，因而可避免一邊讚頌他們，一邊痛斥他們的尷尬。

13　見 *Marx on China* 中所收文章。

14　勞埃德・戴維斯（John Lloyd Davies, 1801－1860），1845 年成為卡迪根郡長，1855 年 2 月當選為卡迪根區的議員，直至 1857 年退休為止。*BMP*, v. 1, p. 103.

正問題不在於包令做法的是非對錯，而是現在是否有必要追究他。戴維斯承認，最近對廣州的攻擊「簡直是一場大屠殺」，但事已至此，對包令窮追猛打也無補於事。當務之急是贏得戰爭，打贏之後，英國政府可以用恰當和公正的方式，調查它的駐華代表行事是否輕率魯莽，以致他們應當保護的生命和財產安全有否受到危害。[15]

這番話真是塗脂抹粉的極致，它是那麼昭然若揭，明眼人都能看透。誰都知道，戰場上成王敗寇，戰勝者會對戰敗者心存憐憫的，可謂鳳毛麟角。打勝仗後還會做什麼調查，更是聞所未聞。所有這些都顯示政府陷入窘境，不得不以這樣的做假來為包令開脫，並把他那些遭人詬病的措施合理化。

二、「我們受辱了！」

就在德比伯爵促請上議院議員注意在中國發生「亞羅」號紛爭的那天早上，一本名為《在華受侮辱事件通信彙編》（*Correspondence Respecting Insults in China*）的藍皮書，以女王陛下的名義提交上下議院參考。科布登馬上識破此等伎倆，他說：許多尊貴的議員是純樸憨直的鄉村士紳，光是看了這本厚得驚人的印刷品，就會情不自禁地驚呼：「天啊！這本厚達 225 頁的書，全是關於我們在中國所受到的侮辱呢！」他們會理所當然地覺得這場仗非打不可，並且正得其時。

科布登以洞若觀火的眼光閱讀該書，他發現了什麼？──一些從 1842 至 1846 年間的書信中斷章取義地摘錄的段落。這些段落包含什麼內容？幾起街頭騷動；幾宗鄉村爭執；一個英國人打獵時闖出狩獵範圍以外，遭農民喝止；一個英國人打獵時，開槍將一個男孩射瞎。所謂「受辱」事件，如此而已。[16]

科布登認為，拿一本如此低水準的藍皮書來誣陷中國人，是侮辱了議員們的智慧。

---

15   Davis, 26 February 1857, *Hansard*, 3d series, v. 144, col. 1448.

16   Cobden, 26 February 1857, *Hansard*, 3d series, v. 144, col. 1405.

更不堪的是，那些所謂「受辱」事件，全都是因英國商人挑釁所致，而藍皮書卻故意漏掉顯示這一點的書信。科布登引述一封故意未編入的信，它是德庇時公使在 1847 年 2 月 15 日所寫的：「……如果我方人員稍有節制，暴力事件和騷亂就不會發生。」德庇時補充說，海軍少將科克倫、德庇時本人和英國領事都深感有必要坦率地說明英方理虧。而當時在廣州的達圭勒（D'Aguila）少將所寫的一封信，更足以佐證他們所說的一切。[17] 德庇時的結論是：「我深信，一切全繫於我們，態度和善一些，舉止不要總是那麼咄咄逼人，是保障我們免遭暴力和侮辱的最佳方法。」[18] 德庇時如此這般地毫不祖護英國商人在華的劣行，就難怪時至今天，英語世界的網民還在網絡上攻擊他，說住在香港的英國商人憎恨他（Davis was much hated by Hong Kong residents and British merchants），攻擊的藉口當然是顧左右而言他，說他施行苛捐（due to the imposition of various taxes），最後強迫他提前離職。[19]

科布登接着讀出了其他沒有載入藍皮書的類似信件節錄。[20]

科布登對於他所代表的商界利益非常自豪。他說即使是像他這樣熱衷於商界利益的人，也得承認英國商人在與其他國家的人打交道時，行為舉止常常倨傲不遜和不知變通。[21] 他更懷疑：萬一這些傲慢的英國商人真的召來英軍壓境，迫使外國地方當局屈服，讓他們予取予奪，這是否真能給英商們帶來經濟利益。[22] 他的結論說：「把『我是羅馬公民』這句盛氣凌人的話，貼在我們國外帳房的門上並不十分悅目。」[23]

17　Ibid., col. 1406.

18　Ibid., col. 1407.

19　http://en.wikipedia.org/wiki/John_Francis_Davis, viewed on 10 June 2015.

20　Ibid., col. 1407.

21　Ibid., col. 1410.

22　Ibid., col. 1409.

23　Ibid., col. 1410.

　　科布登似乎不知道，即使是首相巴麥尊[24] 也曾被這幫蠻不講理的在粵英國商人氣得半死。[25] 儘管如此，英國政府在公開場合還是要裝作若無其事。然而，他們以渲染在華受辱事件來誤導下議院的伎倆，令戰爭的真正原因更加撲朔迷離。他們一定知道，耍這樣的手段偶一不慎就會弄巧成拙，而事實上恰恰是這樣。科布登指出，這些所謂的受辱事件，如果真的可稱為受辱的話，都是由於英國商人挑釁所引起，是名副其實的自取其辱，更與「亞羅」號紛爭八竿子打不着。

　　威廉‧格拉德斯通（William Gladstone）進一步指出，政府挑選這些書信背後的動機為司馬昭之心──煽動英國人的反華情緒。他説：「我真的不敢相信在『在華受辱』這個玄之又玄的説法之上，還有什麼可以討論的餘地」。他記得內政大臣曾為這個明顯地誤導讀者的書名作澄清，説「雖然書中並沒載有一連串中國人侮辱英國人的事件」，但取這個書名是源於事情的性質。可是剛好相反，它給人的強烈印象是，中國人以「仁慈正直」的態度對待英國人社群。[26]

　　藍皮書在國會內未能奏效，未能燃起議員們的愛國情緒，但在國會外卻大獲成功，這點將在下一章討論。

三、「懲罰要與罪行相稱！」

　　格拉德斯通提出的這個看法，凸顯了辯論的另一層面。[27] 反對派議員們一直認為縱使錯在中方，但與所列舉的他們曾犯的過錯相比，施加給

24　他名叫亨利‧約翰‧坦普爾（Henry John Temple），是第三代巴麥尊子爵，獲頒巴斯大十字勳章（G.C.B.）、嘉德勳章（K.G.），曾任戰爭大臣（1809－1828）和外交大臣（1830－1834、1835－1841、1846－1851）。他在 1855 年 3 月出任首相，直至 1858 年 3 月。1859 年 6 月至 1865 年又再度擔任首相。1835 年獲選為蒂弗頓（Tiverton）的國會議員，直至 1865 年 10 月去世為止。見 Lloyd C. Sanders, *Life of Viscount Palmerston* (London, W. H. Allen, 1888)；Kingsley Martin, *The Triumph of Palmerston: A Study of Public Opinion in England before the Crimean War*, revised edition (London, Hutchinson, 1963)；Jasper Ridley, *Palmerston* (London, Constable, 1970)；以及 Steele, *Palmerston and Liberalism*。

25　詳見第十四章，尤其是 Palmerston to Bonham Draft 107, 31 October 1849, FO17/152。

26　Gladstone, 3 March 1857, *Hansard*, 3d series, v. 144, col. 1793.

27　同上註。

他們的懲罰也已重得不成比例。持此意見的包括格拉斯哥大學校長布爾沃・利頓（Bulwer Lytton）。[28] 他問道：就算「亞羅」號真的是英國船，但「中國人的行為有那麼不可饒恕，有那麼令人髮指，有那麼傷及我國的尊嚴，以致我們非要施以如此可怕的報復手段不可嗎？」[29] 他重申：「請注意，這不僅僅是誰對誰錯的問題，而是中國人的過錯是否那麼令人髮指，以致我們要施以如此可怕的懲罰。」他認為英國人並非以嚴刑峻法著稱的德拉古（Draco）；即使在英國，侮辱人也罪不致於被處死。他問道：「我們是否在國內法律方面是恕己及人的哲人；在執行國際法時，則是寧枉毋縱的無情殺手？」[30]

　　身為律師而日後將成為法官的羅伯特・菲利莫爾（Robert Phillimore）[31] 所見略同。假設英國當局處理「亞羅」號問題的所作所為儘管全無過失，但是他問：包令的說法又因此有何得益？「本院要注意過失與懲罰之間極其不相稱！」他繼續說：「如果法律理據是如此模糊，連英國最精通法律之人都如此意見分歧，莫衷一是，為什麼廣州要受炮轟？這於天理、於人情都說不過去。」[32]

　　未來的司法大臣朗德爾・帕爾默（Roundell Palmer）[33] 說的最為到位：葉名琛抗議說英國旗並沒有懸掛，可以視為對旗被扯下的指控的實質道歉。強迫一個自認為沒犯錯的人道歉是不合情理的。無論如何，在

28　Edward George Bulwer Lytton, 1805－1870，1831 年當選代表聖艾夫斯（St Ives）的議員，1832 至 1841 年則當選林肯（Lincoln）議員，1852 年 7 月出任赫特福德郡（Hertfordshire）議員，直至 1866 年獲冊封為利頓男爵（Baron Lytton）為止。他在 1856 年獲選為格拉斯哥大學校長，1858 年 6 月至 1859 年 6 月擔任殖民地大臣。*BMP*, v. 1, p. 248。

29　Lytton, 26 February 1857, *Hansard*, 3d series, v. 144, col. 1438.

30　Ibid., col. 1439.

31　羅伯特・約瑟夫・菲利莫爾（Robert Joseph Phillimore, ?－1885），著有《致阿什伯頓論國際法的兩封信》（*Two Letters to Ashburton on International Law*）和《致格拉德斯通書》（*Letter to Mr. Gladstone*），兩本書都是關於船舶的，另外還寫有其他法律著作。他其後成為坎特伯雷教省宗教法院首席大法官（1867－1875）、法官（1867）和從男爵（1881），並且是幾個皇家委員會成員。*BMP*, v. 1, pp. 310-311。

32　Phillimore, 26 February 1857, *Hansard*, 3d series, v. 144, col. 1597.

33　朗德爾（Roundell Palmer, 1812－1895），1861 至 1863 年成為副檢察長，1863 至 1866 年出任總檢察長，1872 至 1874 年和 1880 至 1885 年兩度出任司法大臣，1872 年獲冊封為第一代塞爾伯恩男爵（baron of Selbourne），1883 年晉伯爵。*BMP*, v. 1, p. 300。

廣州擄獲一艘官船，已足以挽回包令的面子。[34]

　　這些言論反映了英國維多利亞時代的自由主義良知，以及矢志維護法治的高度熱忱。它們令英國政府的立場異常尷尬。政府愈想去為其立場辯護，愈是顯示出其中必有難言之隱。這難言之隱正是英國發動第二次鴉片戰爭的主要原因？無論是否如此，它的出現加倍地鞏固了筆者上窮碧落下黃泉也要追查到底的決心。

　　大律師托馬斯‧錢伯斯（Thomas Chambers）[35] 說：「那艘華艇並非戰爭的起因。沒有人說過它是。」既然「亞羅」號事件不是戰爭的起因，那什麼才是？一些不容或缺的東西？但錢伯斯大律師接着提供的答案令人失望。他說：「亞羅」號事件「無疑是觸發那些敵對事件的近因。就像一滴水掉進已經滿滿的杯子，裏面的水頓時溢出；但是，自從 1842 年簽訂條約以來，風暴已經在醞釀了。」[36] 此言早已被本章開宗明義所引述了李察‧科布登的洞識以及威廉‧格拉德斯通的宏論撕為片片，無奈身為大律師的錢伯斯還在那裏喋喋不休。

　　對於錢伯斯的陳腔濫調，年輕的羅伯特‧塞西爾（Robert Cecil）[37] 當然不以為然，他說：「唷，那算正當自衛嗎？如果有人被控縱火，陪審團因為此人之前曾犯謀殺罪，就判他縱火罪名成立，他們會怎麼說？」[38] 結果迫得有些政府成員再次改變立場。他們認為事端擴大是因為時機成熟，剛好水到渠成。前任陸軍部大臣西德尼‧赫伯特 [39] 即時反駁這種說法，所謂水到渠成是指 1856 年 3 月克里米亞戰爭結束。他猜測包令在 7

34　Palmer, 3 March 1857, *Hansard*, 3d series, v. 144, col. 1726.

35　托馬斯‧錢伯斯（Thomas Chambers, 1814－1891），1861 年成為御用大律師。他由 1852 年 7 月起當選為赫特福德（Hertford）的議員，直至 1857 年 7 月競選失敗為止。1865 年 7 月，他獲選代表（Marylebone）的議員，直至 1885 年退休為止。他獲冊封為貴族。*BMP*, v. 1, p. 72。

36　Chamber, 3 March 1857, *Hansard*, 3d series, v. 144, col. 1780.

37　他是克蘭伯恩子爵（Rt. Hon. Cranborne, Viscount, 1830－1903），1853 年 8 月當選斯坦福（Stamford）議員，直至 1868 年 4 月繼任第三代索爾茲伯里侯爵（marquis of Salisbury）為止。他在 1878 至 1880 年出任外交大臣，1885 年 6 月至 1886 年 2 月，以及 1886 年 6 月至 1902 年出任首相。見 Robert Taylor, *Salisbury* (London, Allen Lane, 1975)。

38　Cecil, 27 February 1857, *Hansard*, 3d series, v. 144, col. 1540.

39　赫伯特的生平，見 Arthur Hamilton Gordon, First Baron Stammore, *Sidney Herbert, Lord Herbert of Lea: A Memoir*, 2 vs. (London, John Murray, 1906)。

月初得悉這一消息，認為皇家海軍從此有餘力協助實現他在中國的鴻圖大計。赫伯特説：「1856 年他在珠江集結了最龐大的艦隊，這支艦隊早已在那裏駐紮多年候命了。」赫伯特繼續細數「亞羅」號事件發生時，在中國水域眾多英國軍艦的詳細數目及數據，他説：「有了這麼強大的後盾，約翰・包令爵士就覺得，以他自己的話説，這是『要求履行有關廣州城問題的條約規定的最佳時機』。」[40]

反對政府的議員們似乎在暗示，「亞羅」號紛爭只是餘興節目而非高潮，親政府議員對此並沒有否認。那麼，什麼才是導致戰爭的真正動因？

四、好戰愛國主義

煽動好戰愛國主義（jingoism）的始作俑者是商務部副部長羅伯特・洛（Robert Lowe）。[41] 他完全相信「亞羅」號的旗幟曾被扯下來。他説：旗子不過是有顏色的布罷了，説它代表民族的尊嚴與光榮，也許沒有什麼哲理。把兩者聯繫起來，背後並沒有什麼深奧的形而上原則，如果它被中國人扯下，混亂之際被弄髒了，大可把它洗乾淨或換一面新的。接着，他像演戲一樣誇張地吼叫：「然而，我們的勇士卻以他們最熾熱的鮮血，把這面旗子緊緊摀在胸前，即使面對戰場上最凶猛的敵人也誓不交出。」他聲稱，這面被反對派議員嘲笑的旗幟，「被勇敢和重榮譽的人們牢釘在船桅上，寧願與它同沉海底共存亡，也不願看到它被敵人扯落受辱」。他宣稱「這面象徵着權勢、尊嚴和榮耀的旗幟」，能支配人心的權力和影響力，而其他人怎樣看待它和有多麼尊重它，全視乎英國人自己怎樣看待它和有多麼尊重它。[42]

40　Herbert, 2 March 1857, *Hansard*, 3d series, v. 144, col. 1671.

41　羅伯特・洛（Rt. Hon. Robert Lowe, 1811－1892），在牛津大學和林肯法律學院受教育。1842 年遠赴澳洲悉尼，1843 年成為新南威爾斯立法會議員。1850 年回到英國，擔任《泰晤士報》主筆。1855 年 8 月至 1858 年 3 月，他出任貿易委員會副主席和主計長。1868 年出任財政大臣。1880 年他獲冊封為舍布魯克子爵（Viscount Sherbrooke），封邑是沃靈厄姆（Warlingham）的舍布魯克（Sherbrooke），從而晉身上議院。見 James Winter, *Robert Lowe* (Toronto, Toronto University Press, 1976)。

42　Lowe, 3 March 1857, *Hansard*, 3d series, v. 144, cols. 1843-1844.

　　這位商務部副部長，視莊嚴的議院為舞台表演一番，是不折不扣的好戰愛國主義者。

　　但接棒者大有人在。那位不顧一切地往上爬、終於不久之後就將當上裁判官（magistrate）的尼古拉斯・肯德爾（Nicholas Kendall）[43]，另闢蹊徑，拼命吹捧首相巴麥尊子爵的豐功偉績，辦法是利用克里米亞戰爭來借題發揮。他說：相信十個英國人中有九個都沒有忘記，令英國擺脫該場困境的功臣，是當今領導女王陛下政府的子爵大人〔巴麥尊〕——「而當中所要承受的壓力，除了子爵大人之外，沒有其他人能做得到。那麼，我們現在正與中國人開戰，我想請教各位，是誰最有本事帶領我們克敵制勝？」[44]

　　海軍大臣貝納爾・奧斯本（Bernal Osborne）[45] 同意此說。在克里米亞戰爭最激烈、勝負難以逆料的困難時刻，巴麥尊堅守崗位；就算「遭一群紳士背棄」，[46] 他仍然指揮若定。「我對於這些紳士中的每一位都十分敬重，但我認為他們在公眾事務上的行為，既不審慎也缺乏愛國情操」。但巴麥尊戰勝了狂風暴浪，把國家這艘船帶到了平靜的水域，「現在你卻要把他拋下海裏。子爵大人從不背棄朋友，也不與人為敵，除了那些與他的國家和國家榮耀為敵的人」。口沫橫飛的奧斯本問道：「這就是正確之道？我們的國家就是以這種方式來向子爵大人道謝嗎？」[47]

　　巴麥尊本人終於啓齒了：他那高漲的愛國主義情緒更具煽惑性。他

43　尼古拉斯（Nicholas Kendall, 1800－1878），在牛津大學三一學院受教育，1852 年成為德文郡與康沃爾郡錫礦區（Stannaries）的特任副總督（special deputy warden）。1852 年 7 月首次當選康沃爾東區（Cornwall East）的議員，直至 1868 年退休為止。他是保守黨員，反對過急擴大選舉權令選民人數大增。他在 1868 至 1875 年擔任直布羅陀警察總長。*BMP*, v. 1, p. 218.

44　Kendall, 3 March 1857, *Hansard*, 3d series, v. 144, col. 1743.

45　拉爾夫 d series（Ralph Bernal Osborne, 1808－1882），1852 年起出任海軍大臣直至 1858 年。迪斯累里形容他的演說是「肆意狂叫」。見 P. H. Bagenal, *The Life of Ralph Bernal Osborne, MP* (London, Bentley, 1884)。

46　奧斯本在這裏是指 1855 年 2 月發生的事件，當時巴麥尊首次組閣，克里米亞戰事已爆發。維多利亞女王最初曾先後要求德比和羅素組閣，均未成功，因此轉而要求巴麥尊。當年已七十多歲的巴麥尊臨危受命，成立政府，閣員包括格拉德斯通、格雷厄姆和赫伯特。這三人因為巴麥尊不情願地同意任命羅巴克的委員會調查克里米亞戰爭的處理手法，在三個星期內相繼辭職。見 *Gladstone Diaries*, v. 5, pp. 25-29, 18-21 February 1855。

47　Osborne, 3 March 1857, *Hansard*, 3d series, v. 144, col. 1812.

認為，科布登説大不列顛對於強者有一套政策，對於弱者又有另一套政策，等於斥責英國人是懦夫。他説，聽罷科布登發言，衡量他的思路和語氣，感到心如刀絞。因為這是徹頭徹尾的反英情緒，它將我們與國家和同胞維繫在一起的紐帶統統切斷了。他不敢相信這種言論「竟然會出自下議院議員之口。英國人的東西全是錯的，所有與英國為敵的事物全是對的」。[48]

接着，巴麥尊企圖藉詆毀葉名琛來進一步煽動愛國情緒。他把葉名琛形容為「殘酷不仁的惡魔」，説他作惡多端，侮辱和貶損人性，是個足以令其民族蒙羞的最殘暴的野蠻人。如果科布登的動議獲得通過，葉名琛日後就能為所欲為，並會説英國人懦弱，都怕了他。巴麥尊模仿葉名琛的口吻説：「我把原本在這裏的番鬼統統趕走了。人們都説英國是擁有強大海陸軍的大國，但英國人對我卻退避三舍。」巴麥尊隨即刻意觸碰英國人最為敏感的神經，聲稱葉名琛因而會放縱中國人掠奪英國人財產。[49]

巴麥尊繼續操弄議員們的情緒：「據説在短短幾個月間，有七萬顆頭顱——中國人的頭顱，被葉蠻子屬下的劊子手的斧頭砍下。」他繼續説：「還有，五六千具屍體被留在刑場腐爛發臭。」更惡劣的是，中國當局「不移走那些無頭死屍，任由它們留在原地，存心讓其他被押赴刑場行刑的人目睹」。[50]

巴麥尊宣稱自己是政治陰謀的受害者，而國家勢必將落入這個陰謀的陷阱。他進而刻意挑起人們對於反對派的憤怒：「一些長期以來因意見強烈分歧而分道揚鑣的人，最近組成了集團」來搞陰謀詭計。他説這些陰謀家已經達成了見不得光的秘密協議，圖謀把一些大臣拉下馬以取而代之。[51]

此言氣得迪斯累里斷然指出，巴麥尊已偏離於辯論的主題。[52] 對於巴麥尊説有人搞政治陰謀企圖取代他，迪斯累里駁斥説：「我真的認為現在

48　Palmerston, 3 March 1857, *Hansard*, 3d series, v. 144, col. 1812.
49　Ibid., col. 1830.
50　Ibid., col. 1822.
51　Ibid., col. 1831-1832.
52　Disraeli, 3 March 1857, *Hansard*, 3d series, v. 144, col. 1834.

下議院兩派不應再糾纏於這些陳腔濫調。」[53] 巴麥尊是為了掩飾自己「薄弱無稽的論點，才講出這些無稽的話來。什麼？他是陰謀的受害者？」[54] 迪斯累里繼續說：「其內閣的錯誤被揭發了，向來慣於左右本院輿論的人全都團結一致譴責它。」如此而已，巴麥尊不應向國民抱怨自己是什麼受害者。[55]

科布登再度發言，駁斥所謂反英的指控，表明他在下議院的一切作為只出於一個動機，就是促進國家的正當利益，相信它們與整個世界的利益並行不悖。他拒絕收回之前評論老友包令的言論：「這些話我得再說一遍，很抱歉，出於責任感驅使，這些話我非說不可。」[56] 他駁斥巴麥尊提出的陰謀論，明確表示，自己除了與托馬斯·米拉傑信（Thomas Milner-Gibson）討論過他的動議以外，絕對沒有與任何人商量過。他作出表態，他的動議不是直接或間接地針對任何下議院議員。他說：「若有人質疑我這番話，我請他提出反駁的證據來。」[57] 他補充說自己並無政治野心：「就算內閣大臣有任何變動，我都不會接受任命來代替他們的，我不希望也不認為我的動議所引發的分歧，會導致巴麥尊子爵大人甚感憂慮的內閣變動。」[58]

然而，科布登的預測錯誤，內閣果然變動了。我們稍後再論。

五、為包令辯護

蘇格蘭律政司（The Lord Advocate）[59] 為包令辯護的方式，在上議院

---

53   Ibid., col. 1838.

54   Ibid., col. 1839.

55   Ibid., col. 1840.

56   Cobden, 3 March 1857, *Hansard*, 3d series, v. 144, col. 1841.

57   Ibid., cols. 1843-1844.

58   Ibid., col. 1844.

59   他名叫是詹姆斯·蒙克里夫（Rt. Hon. James Moncrieff, 1811－1874），1851 至 1859 年當選為利斯區（Leith district）的議員，1859 至 1868 年成為愛丁堡的議員，直至 1869 年被任命為治安法庭大法官，並獲冊封蒙克里夫勳爵（Lord Moncrieff）為止。他在 1871 年晉身從男爵，1874 年獲封蒙克里夫男爵（Baron Moncrieff）。*BMP*, v. 1, pp. 273-274。

是不曾見過的。他指出，包令有關「亞羅」號執照過期的說法有兩種解釋。第一種固然可以說成是包令為求達到自己的目的，肆無忌憚地欺蒙中方。第二種則是中國人不知道船照已經過期，因此他們行動的目的是要侮辱英國國旗。[60]

中國人不知道船照已經過期就故意侮辱英國旗？這是什麼邏輯？

拉布謝爾也試圖為包令開脫。但他只能概括地說，中國與外國最近一直齟齬不斷，關係欠佳。為了教訓中國，貿易暫時中斷是值得付出的代價。[61] 又是一番毫無邏輯可言的胡言亂語。他更支持包令利用「亞羅」號事件為藉口，提出進入廣州城這個要求，甚至說這樣做「有利於友好地消除分歧」。[62]

在眾人為包令所做的辯護中，以巴麥尊之言最為強有力。他的絕技是極盡煽情之能事，指稱科布登待老友包令不仁不義：「在我看來，對待相交二十載的朋友，應寬容其過失，理解其苦衷，就算朋友不慎誤入歧途，也不應揭露其失足的第一步。」[63] 他繼續說：

> 我認為朋友相交之道，應如詩人所說：
> 寬容以待其過錯，
> 友善以待其美德，
> 緊鎖內心絕不遐思。[64]

巴麥尊接着奚落了一通科布登沒有遵行這待友之道。[65]

真是公私不分！但高舉個人忠誠是巴麥尊的特點，他一直是這樣維

60 Lord advocate, 27 February 1857, *Hansard*, 3d series, v. 144, col. 1517.
61 Labouchere, 26 February 1857, *Hansard*, 3d series, v. 144, col. 1424.
62 Ibid., col. 1429.
63 Palmerston, 3 March 1857, *Hansard*, 3d series, v. 144, col. 1810.
64 Ibid., col. 1829.
65 同上註。

護下屬的。[66] 就此而言，巴麥尊似乎比起許多當時的中國官員更合乎儒家之道，因為中國官員也許私下對晚輩很仁慈，但在公事上，卻往往對下屬極為嚴苛。[67]

邁爾斯‧泰勒（Miles Taylor）認為，巴麥尊用這樣的言論為包令辯護，只不過是一種策略，目的是要抹黑科布登，並藉此映射科布登是在進行人身誹謗，進而把包令一貫過份冒險激進的行徑這個不利因素，變為有利的資產。[68]

筆者真希望巴麥尊公開闡明包令那種不尋常行動背後的真正目的，如果該目的是可以在公開場合辯護的話。事實上，不久巴麥尊就忍不住這樣做了！而引蛇出洞者，正是細節與通則之爭。

六、細節與通則

科布登被指責糾纏於技術細節，格拉德斯通為他打抱不平，說：「你指出這些做法欠缺理據，人們就說你糾纏於細枝末節；你提及國與國交往應本着友好與和平，人們就說你不着邊際。」就這樣，「為了這件無可辯解的事所做的辯護」，[69] 時而着重技術細節，時而強調普遍通則。格拉德斯通提醒下議院注意法律細節的重要性：「如果你無法證明符合法律規定，就滿盤皆落索。」不過，即使英國政府成功地證明了在法律規定上沒有瑕疵，也不表示在有關大問題的爭議中能獲勝，而只是為曠日持久的過程奠定了第一步。[70] 接着這段鋪墊，格拉德斯通舉了一個例子：「如果你想將一個人處死，而發覺審訊程序有法律條文上的瑕疵，但仍堅持要將他吊死，這只算是一個技術犯規嗎？」還是違反了正義的第一原則，

66　比如，在 1848 年，有人未經巴麥尊授權就將他一封致西班牙女王的信公開，而這封信寫得相當不客氣，釀成外交風波，但他還是包庇此人。見 Lloyd C. Sanders, *Life of Viscount Palmerston* (London, W. H. Allen, 1888)。

67　這種嚴苛部份原因在於法令。比如，地方官的轄地如果淪入起義軍手中，該官就有被斬首之虞。見拙著：《兩廣總督葉名琛》，第六章。

68　Taylor, *The Decline of British Radicalism*, p. 273.

69　Gladstone, 3 March 1857, *Hansard*, 3d series, v. 144, col. 1794.

70　同上註。

破壞了社會的基本保障因素？[71] 由此回過頭去討論相關的事態，政府再使出渾身解數，提出一堆辯解把英國的性格加諸中國事情之上，「如果你提不出理據來，就連一吋可以立足之地都沒有。但就算你提得出理據，接下來又如何？」英國根本找不到充份的開戰理由，若要有充份的理由，不但必須證明英國人應當享有的一些權利已被剝奪，而且所受傷害之大，必須動武才算正當合理。他認為政府除非能證明實情確實如此，否則還不如不要開始整個辯論過程。[72]

格拉德斯通強調「亞羅」號的違法活動，責怪政府靠藉口取得香港後，反而組成一支像「亞羅」號華艇般的「近岸運輸船隊」來擴大按條約本當取締的走私活動。[73]

有人觀察到格拉德斯通「的演說進行了差不多兩小時，下議院眾議員都為之如癡如醉，其論據之嚴謹、態度之得體、辯才之出眾，確實動人心弦，比起他之前的成就猶有過之」。[74]

面對格拉德斯通的質詢，巴麥尊似乎有些招架不住。一位記者觀察到：「巴麥尊子爵站起來，臉色蒼白，神情緊張，心神恍惚，顯然是因為感受到格拉德斯通先生的發言對下議院所產生的影響而忐忑不安。」[75] 但大家不要忘記，已七十三高齡的巴麥尊當時正患着重感冒。[76]

到底巴麥尊是叱咤風雲的宰相之才，他避重就輕，並不着力反駁格拉德斯通的質疑，反而集中在「亞羅」號旗幟問題上訴諸英國老百姓的情緒：「我認為，是否能提出法律條文證明該船當時無權受到保護，是無

71　同上註。
72　Ibid., cols. 1794-1795.
73　Ibid., col. 1801.
74　John Morley, *The Life of William Ewart Gladstone* (London, Edward Lloyd, 1908), v. 1, p. 419.
75　*Saturday Review*, 7 March 1857. 它是約翰‧庫克（John D. Cook）在 1855 年 11 月創辦的「一份週刊，它不刊載新聞消息，而只發表有關各種轟動話題的評論」。引自 Koss, *Political Press*, v. 1, p. 88。關於這份雜誌的歷史，見 M. M. Bevington, *The Saturday Review, 1855－1868* (New York, Columbia University Studies in English and Contemporary Literature, 1941)。
76　Greville diary, 3 March 1857, Greville MSS 41122, cited in Greville, *Memoirs*, v. 8, p. 97; and, in turn, quoted in Hawkins, *Parliament*, p. 61. 事實上，早在 1 月，巴麥尊的一隻腳痛風症發作，有好幾天要撐拐杖。見 Palmerston to Sulivan, 20 January 1857, in *The Letters of the Third Viscount Palmerston to Laurence and Elizabeth Sulivan*, 1804-1863, ed. Kenneth Bourne, Royal Historical Society, Camden fourth series, v. 23, p. 313, no. 361。

關宏旨的。」他繼續説，侮辱英旗和違反條約背後是中國人的敵意，因此英國不但有權要求中方為錯誤道歉，還有權要求中方保證不會再犯。[77]

巴麥尊又説，從國旗和國家尊嚴遭到冒犯的那一刻起，光是賠償並不足夠。如果英方最初提出的要求遭到拒絕，又無法達成任何和解，那麼隨着衝突持續，就必須提出更多其他要求。所以，「葉名琛之面對更多要求是咎由自取，怨不了別人」。[78] 巴麥尊強調，「為了促進我們目前的利益」，[79] 這些額外的要求不容或缺。這些額外要求到底是什麼？巴麥尊為了轉移格拉德斯通窮追不捨的質詢，終於道出蘊藏在包令靈魂深處的呼聲：為英國製造業擴大市場，從「沿海幅員不廣的狹長區域」擴大至全中國估計高達三億五千萬的人口，即「全人類的三份之一」。[80]

天助筆者！巴麥尊所説的、關乎市場力量的理由，使筆者探索這場戰爭爆發的關鍵原因，靠近了一大步，故加倍集中精神蒐集、分析英國下議院接下來的辯論，以便馬上追查英中貿易的有關細節。

七、與華通商

科布登提出很重要的一點：「自 1842 年起，我們的對華出口完全沒有增長，至少就製造業而言是如此。我們的茶葉消耗量增加了，就是這麼一回事。」[81] 前任孟買首席大法官厄金斯・佩里爵士（Sir Erskine Perry）[82] 聽了科布登的話後説：「我們與中國往來應當奉行的唯一政策原則，是貿易雙方互惠互利。」[83]

77　Palmerston, 3 March 1857, *Hansard*, 3d series, v. 144, col. 1814.

78　Ibid., col. 1825.

79　Ibid., col. 1826.

80　Ibid., cols. 1827-1829.

81　Cobden, 26 February 1857, *Hansard*, 3d series, v. 144, col. 1412.

82　厄金斯・佩里（Sir Erskine Perry, 1807－1858），畢業於劍橋三一學院，1834 年於內殿法律學院（Inner Temple）取得律師資格，1841 年成為孟買最高法院法官，1847 年 9 月成為首席大法官。他在 1854 年 5 月獲選為德文波特（Devonport）的議員，直至 1858 年被任命為印度議會議員為止。*BMP*, v. 1, p. 308。

83　Perry, 26 February 1857, *Hansard*, 3d series, v. 144, col. 1460. 厄金斯・佩里爵士投票支持科布登的動議，惹起選民不滿。見本書第十八章。

　　兩位議員這些觀察，其實是在抱怨英中兩國雙邊貿易不平衡，並且顯示他們十分焦慮，急欲扭轉這種情況。英國政府是否也同樣有這種憂慮？這種憂慮又是否促成第二次鴉片戰爭的重要因素？下議院沒有深究這個問題，未能為筆者提供答案。但循着他們提供的線索，筆者可以摸索出更多的問題。

　　蘇格蘭律政司補充説：「涉及這麼重大的利益，就算之前我們走了錯誤的一步，但事到如今只能一往無前，不能後退。」[84] 早就有人說過類似的話了，究竟何謂重大利益？他和其議員為何不直截了當說出來？

　　羅素勳爵[85] 似乎知道他們所指為何，故決定故意刁難他們。他提問：是否憑着據稱英旗受辱和中國拒絕英國人進入廣州這樣兩個「卑鄙的託辭」，就敢說對華戰爭正當有理或有權修訂中英已經簽署了的條約。[86] 在場的另一位議員格雷維爾事後說，羅素的發言是當晚的重頭戲，是他令政府最無法招架的攻勢之一，並博得下議院議員們的多數贊同。[87]

　　巴麥尊迎戰羅素的逼問。他回答説，《南京條約》給予英國人無限憧憬，以為可以跟佔世界三份之一的人口做生意，但結果「我們大失所望」，[88] 因此要求中方修訂條約，不幸又被拒絕。不然的話，歐洲與華通商將可大幅增加。他説：「在這種情況下，我們還有何計可施？」[89]

　　現在真相大白！

　　正如迪斯累里在回應巴麥尊的發言時所説，英國政府正試圖利用「亞羅」號事件和廣州進城問題為跳板，「以武力擴大我們與亞洲的商貿關係」。[90] 似乎許多下議院議員都清楚事情的真相，只是不願意道破而已。因此，雖然科布登在辯論開始時就提到對華貿易，而巴麥尊和迪斯累里在辯論結束時也觸及這件事，但在辯論中間卻鮮有議員在發言中提及

84　The lord advocate, 27 February 1857, *Hansard*, 3d series, v. 144, col. 1517.

85　羅素的生平，見 Spencer Walpole, *The Life of Lord John Russell*, 2 vs. (London, Longmans, 1889)。

86　Russell, 26 February 1857, *Hansard*, 3d series, v. 144, cols. 1472-1473.

87　Greville diary, 17 February 1857, in *Leaves from the Greville Diary*, pp. 781-782.

88　Palmerston, 2 March 1857, *Hansard*, 3d series, v. 144, col. 1827.

89　Ibid., col. 1828.

90　Disraeli, 3 March 1857, *Hansard*, 3d series, v. 144, col. 1836.

它。他們寧願長篇大論地討論其他議題，而不去探究這樁在上議院就曾被埃倫伯勒伯爵指稱為「貪婪無厭」的事。

筆者窮追第二次鴉片戰爭爆發的原因，應該感謝巴麥尊的直言不諱。他竟然敢於回應羅素的質問，實在令人有點意外。他為什麼不乾脆對羅素置之不理？他之前就曾對格拉德斯通有關法治的言論置之不理。他顯然是不能或不想迴避這個問題。在 1851 年 12 月 19 日羅素擔任首相期間，巴麥尊曾被他免除外相職務，而羅素將他免職的理由十分牽強。巴麥尊在與法國大使瓦萊夫斯基伯爵（Count Walewski）私下談話中說，是因為他支持 1851 年 12 月 2 日拿破崙三世的政變。這個藉口很糟糕，因為羅素也差不多同時向同一人說過他支持拿破崙三世的政變。巴麥尊被免職後不久就動議修訂民兵法（militia bill），導致羅素政府倒台。巴麥尊在 1855 年 2 月成為首相後，羅素拒絕入閣，但後來赫伯特辭任殖民地大臣，他又同意接任。巴麥尊馬上把他派去維也納，參加克里米亞戰爭的和平談判，使他蒙受那個不受歡迎的和平的污名。他所簽署的和平條約，遭到英國上下人等既廣泛又嚴厲的批評，認為他沒有替英國爭取得更大的利益，以至同年 7 月，羅素辭職，[91] 之後沒有再擔任公職，轉而潛心文學和遊歷歐洲大陸。他剛遊歷完畢回國，就及時地趕上了參加國會有關第二次鴉片戰爭的辯論。[92]

辯論之前，有人找羅素「談心」，[93] 明托勳爵（Lord Minto）更勸告羅素應該友善地地支持巴麥尊。[94] 但羅素另有想法：「我們最近已聽了許多──我認為實在太多──有關英國威信的言談，而我們過去聽到的是英國的優良質素、聲譽和光榮。」[95] 他呼籲英國人要勇於承認曾經做過的不公義事情，1849 年他就曾這樣忠告過當時任外相的巴麥尊。[96] 此外，還

91　Bentley, *Politics without Democracy*, pp. 159-160.

92　Prest, *John Russell*, p. 378.

93　W. W. Clarke to Parkes, 6 December 1856, Russell Papers, Public Record Office, P.R.O. 12G, quoted in ibid., p. 379.

94　Minto's memo, 27 December 1856, Minto Papers, quoted in ibid.

95　Spencer Walpole, *The Life of Lord John Russell*, 2 vs. (London, Longmans, 1889), v. 2, p. 286.

96　Prest, *John Russell*, p. 379.

有他個人的盤算。他對於巴麥尊領導的自由黨政府的攻擊，曾被同輩之人和至少一位現代學者視為「蓄意之舉，是要令聽眾感到他的目的是要倒閣」，甚至還要「引誘巴麥尊子爵的支持者倒戈」。[97]

因此，似乎在維多利亞時代自由主義良知和舊仇、[98] 新野心的驅使下，羅素挑戰霹靂火巴麥尊，迫使他打破沉默。可惜，很容易看出來，「他愈來愈語帶忿恨」，[99] 羅素後來要為此付出沉重代價。[100]

由於羅素當過首相，故早已知道政府決意要求中國修訂條約，因而迫使巴麥尊公開承認此事。這種情況讓筆者感覺到巴麥尊被迫透露出來的，只不過是冰山一角。如果筆者能發掘出背後的全部底蘊，將能滿意地解釋第二次鴉片戰爭爆發的起因。準此，筆者將在本書下篇第六部份嘗試發掘出箇中底蘊，並探討英國國會的政治分野，以及第二次鴉片戰爭終於導致英國政治派系的重新整合。

八、鴉片貿易

筆者早就估計到，鴉片比起對華貿易更少為英國人所提及。前孟買首席大法官厄金斯‧佩里故意觸碰這個題目，雖然之前有人提醒過他，所有成員都「應當對此事視而不見，當作它與下議院當前所討論的問題毫無關係」。但他仍然認為此事與「亞羅」號事件有關，因為它使中國人對英國商人和政府萌生深刻敵意，反過來又導致英國人仇恨中國人。他說，據他得到的消息，幾乎所有在華的英國商人都沾手那明知是違法的鴉片販賣，每年賣出的鴉片總值高達三千萬元，[101] 而至少五份之三是在廣

97　Elliot to Minto, 27 February 1857, Minto Ms. 11754, folio 424; and Dunfermline to Panmure, 27 February 1857, Dalhousie Ms. GD45/14/631; both quoted in Hawkins, *Parliament*, p. 60.

98　格雷爵士觀察到，他「對政府的敵意似乎已是人所共知」。見 Aberdeen to Graham, 31 January 1857, Graham MSS Bundle 131, quoted in Hawkins, *Parliament*, p. 53。

99　H. C. F. Bell, *Palmerston*, 2 vs. (London, 1936), v. 2, p. 168. 格雷維爾也留意到羅素「忿恨得過火，並且毫無節制和毫無理性地展現敵意」。Greville diary, 27 February 1857, in *Leaves from the Greville Diary*, p. 783.

100　見下章。

101　元是指西班牙銀元，每一個價值相當於五先令（見 Parl. Papers 1840, v. 37, pp. 247-288）。因此，三千萬銀元元約等於七百五十萬英鎊。

州賣出的。[102]

塞繆爾·格雷格森（Samuel Gregson）馬上指責佩里在抹黑廣州的英國商人。他斬釘截鐵地説，他所代表的英國商人，沒有一個「與那種販賣有任何關係」。接着趕快把話題輕輕帶過：「但這與本院現在討論的問題無關。」[103]

鴉片問題顯然刺激了格雷格森真的神經，以至他想盡快擺脱掉。但他這樣籠統的一句話就可以矇混過關？他那句話違反了似乎眾議員都熟悉的真相啊！為何他做這種蠢事？眾議員也深知他是格雷格森公司（Gregson and Company）的老闆，本身就與這種非法貿易有着千絲萬縷的聯繫。辯論進行之際，他是倫敦保險公司（London Assurance Corporation）董事，這家公司為在華的英國商人提供保險，包括鴉片走私者。他也是倫敦的東西印度碼頭公司（East and West India Dock Company）主席。[104] 此外，他又是倫敦東印度與中國協會主席，曾代表協會發信游説政府向中國提出更多要求。[105] 為了這場辯論而提交給議員的國會文件也收錄了他敦促政府向中國提出更多要求的信。[106] 鴉片戰爭時期英國在華的策略與和約條款，正是由這個協會的一些著名成員在幕後主導，尤其是在華影響力最大的鴉片商怡和洋行（Jardine Matheson and Company）的大老闆威廉·渣甸（William Jardine）。詳見本書第二十三章。

怡和洋行的另一位創辦人孖地信（James Matheson）就比格雷格森謹慎得多。他當時已回到英國，獲冊封爵士，並當選為羅斯－克羅默蒂區（Ross and Cromarty）議員。辯論時他也在場，但一言未發，之後也沒有投票。其姪兒兼公司合夥人央孖地臣（Alexander Matheson），是弗內斯區（Inverness）的國會議員，也保持緘默，但之後投了反對科布登動議的

102　Perry, 26 February 1857, *Hansard*, 3d series, v. 144, cols. 1461-1462.

103　Gregson, 26 February 1857, *Hansard*, 3d series, v. 144, cols. 1463.

104　*BMP*, v. 1, p. 167.

105　Gregson to Clarendon, 6 January 1858, Baring Papers HC6.1.20, in the company archives of Baring Brothers. 這份文件的原件收於 FO17/279。詳情見第二十章。

106　見 Parl. Papers 1857, v. 12。

票來支持政府對華開戰。[107]

投票之前，赫伯特又一次對鴉片這個問題窮追不捨：「我們知道這種貿易對印度財政是不可或缺的。」銀行家金奈爾德（Kinnaird）先生 [108] 在此插話：「留心聽！留心聽！」赫伯特繼續説：「我知道，我尊貴的朋友〔金奈爾德〕認為這種貿易極為可鄙。」[109] 約翰‧羅巴克（John Roebuck）[110] 同意，他認為中國政府以維護公眾道德為己任，把吸食鴉片視為墮落腐化。「在他們眼中，外夷非常狡猾並擁有強大力量，竭力藉着走私把他們稱為遺害無窮的毒品帶到他們的國家。」[111]

巴麥尊此時已無所畏懼，在結論發言中坦承：「現在我們與中國人通商，購買東西時只有部份能以貨物支付，其餘須用鴉片和白銀抵付。」[112]

九、解散國會以懲罰議員

科布登完全沒有料到，他譴責政府的動議竟然會導致內閣的更替。[113] 他的動議以 263 票贊成，247 票反對，16 票之差通過。[114] 在格拉德斯通看來，下議院這次辯論所出現的分歧，「為下議院帶來的榮譽，是就我記憶所及最多的」。[115]

107　Beeching, *The Chinese opium Wars*, p. 229.

108　阿瑟‧菲茨傑拉德‧金奈爾德（The Hon. Arthur Fitzgerald Kinnaird, 1814－1887），是第八代金奈爾德（Eighth Kinnaird）的第三子。他入讀伊頓公學，1835 年派駐英國駐聖彼德堡大使館，其後成為達勒姆伯爵（Earl of Durham）的私人秘書，並且是拉姆生‧布弗里銀行（Ramson, Bouverie & Co.）合夥人。他由 1837 至 1839 年出任珀斯（Perth）的議員，1852 年再次當選，直至他在 1878 年繼承其兄成為第十任男爵。*BMP*, v. 1, p. 222。

109　Herbert, 2 March 1857, *Hansard*, 3d series, v. 144, col. 1677.

110　約翰‧羅巴克（John Arthur Roebuck, 1801－1879），1831 年成為律師。他是邊沁的弟子，也是穆勒（John Stuart Mill）的朋友，他信奉前衛的政治見解，並且在下議院中堅決捍衛這種信念。1849 年 5 月他在沒有對手的情況下當選菲爾德（Sheffield）議員，他為這個選區鞠躬盡瘁，直至去世為止。他在 1878 年被托利黨政府委任為樞密院委員。*DNB*, v. 17, pp. 95-97。

111　Roebuck, 3 March 1857, *Hansard*, 3d series, v. 144, col. 1786.

112　Palmerston, 3 March 1857, *Hansard*, 3d series, v. 144, col. 1828.

113　Cobden, 3 March 1857, *Hansard*, 3d series, v. 144, col. 1844.

114　*Hansard*, 3d series, v. 144, cols. 1846-1850.

115　Tuesday, 3 March 1857, *Gladstone Diaries*, v. 5, p. 202.

　　科布登也錯估了巴麥尊對於這次投票結果的反應。事實上，在科布登作出他的預測之前，在格拉德斯通還沒來得及高興時，巴麥尊已經把科布登的動議定性為不信任投票，並且決定解散國會，[116] 儘管實際的決定遲至 1857 年 3 月 5 日的內閣會議才正式作出。[117]

　　那天稍後，上議院的格蘭維爾勳爵和下議院的巴麥尊子爵同時宣佈，政府因在「亞羅」號問題上失敗，決定解散國會。[118]

　　羅素勳爵相當警覺，他形容解散國會的決定是對下議院憑良知投票的議員的「懲罰」。[119] 而得意洋洋的阿蓋爾公爵形容下議院「完全是咎由自取」。[120] 羅素知道自己因為攻擊巴麥尊而可能失去倫敦市的議員席位，這個憂慮在解散國會後舉行的所謂「中國大選」中果然應驗。

十、「我猶如置身陪審席中」

　　其實，有些與巴麥尊屬同一政黨的議員也投票反對他。曾出任財政大臣和海軍大臣的弗朗西斯・桑希爾・霸菱爵士（Sir Francis Thornhill Baring），[121] 已經擔任自由黨議員達三十年之久，[122] 結果也投票反對其黨魁。他解釋説：「放在桌上的文件提不出令人信服的理據，無法令人支持最近因『亞羅』號事件對廣州所採取的武力手段，因此我別無選擇，我猶如置身陪審席中，經深思熟慮後投了這樣的票。」他心裏很清楚，不管他的話是多麼千真萬確，他的票實際上是對政府的不信任票。他説：「我終生是政黨人，當然明白黨員對其政黨忠貞的重要性。」但是，在權

116　Taylor, *Decline of British Radicalism*, p. 274, n. 50.

117　Hawkins, *Parliament*, pp. 61-62.

118　Malmesbury, *Memoirs of an Ex-Minister*, v. 2, p. 53.

119　*Punch*, 14 March 1857.

120　Argyll, *Autobiography and Memoirs*, v. 2, p. 70.

121　弗朗西斯・桑希爾・霸菱（Rt. Hon. Sir Francis Thornhill Baring, 1796－1866）是從男爵，在伊頓公學受教育，並在 1817 年於牛津大學基督教堂學院（Christ Church）取得雙一級榮譽學位。1823 年在林肯法律學院取得律師資格，1830 至 1834 年出任 lord of the Treasury，1839 至 1841 年出任財政大臣，1849 至 1852 年出任海軍大臣。1826 年起當選樸次茅斯（Portsmouth）議員，直至 1865 年退休為止。1866 年被冊封諾斯布魯克男爵（Baron Northbrook）。*BMP*, v. 1, p. 21。

122　*The Times*, 11 March 1857.

衡過兩個選擇的好壞之後，他還是投票反對自身的政黨，因為「對政黨的感情必須有個限度」。他説：「戰爭及其可怕後果，我不能等閒視之。」對於生靈塗炭，即使是敵人的生命，他相信也需要由更高的法庭來裁決：「沒有充份理由，我們無權發動戰爭，而我認為保住我的朋友〔巴麥尊子爵〕繼續執政，並非充份理由。」[123]

誰把霸菱爵士放到了陪審席上？是霸菱自己，説得更確切一點，是他的自由主義良知。

此外，羅巴克也憑着他的一番見解，讓我們更清楚地看到英國社會的這一面相。在此之前的 1851 年，因為唐帕西菲科事件（Don Pacifico debate）而舉行的國會辯論中，他曾推動讚許巴麥尊的決議。[124] 但如今在有關「亞羅」號紛爭的問題上，他發言反對巴麥尊。他説：如果假定中國人登上「亞羅」號有錯，那麼英國法律界才智出眾的袞袞諸公也都錯了，因為在英國最精通法律的人中，不少人認為中國人沒有錯。他希望下議院議員假設這些事件發生在利物浦和默西（Mersey），易地而處為中國人想一想。他覺得英國人以及大多數西方人，對西方有一套道德準則，對東方又有另一套準則。他覺得，現在下議院毫無忌憚地把這種雙重標準提了出來。他認為，如果一定要説英國國旗曾經受辱，那麼，令它受辱的不是因為據稱被廣州人扯落，而是升起這面旗的人為求進入別人的城市，而向手無寸鐵的人開槍發炮。如果倫敦在類似的藉口下遭到炮轟，他明白倫敦市民會有何等感受。如果英國是個專制國家，還可以説過錯在於統治者，人民無須負責；但英國奉行民主政制，人民可以責怪領導者，如果不這樣做，就必須為領導者承擔責任。以此而言，他認為司法大臣（attorney general）的發言就像是收了禮金而為委託人辯護一樣。[125]

下議院一些自由黨議員心裏也同意霸菱、羅巴克等人的看法，但他們無能為力，因為巴麥尊「聲望很高──英國廣大的芸芸眾生對於〔對

---

123 羅素在一篇文章中逐字逐句引用了霸菱的話，見 'John Russell's Address to the Electors of London', *Globe*, Thursday, 12 March 1857, p. 2, col. 6。

124 見 Ridley, *Palmerston*, p. 466。

125 Roebuck, 3 March 1857, *Hansard*, 3d series, v. 144, cols. 1783-1785.

華〕戰爭是否正義不大在意，並且對所謂的反對同盟感到憤怒」。[126]

賈斯珀·里德利（Jasper Ridley）留意到，在下議院發言支持政府的知名議員，幾乎全是一些次官級官員。[127] 大多數高級官員都保持緘默，是否意味着他們也有同樣的正義感，但無法或者不便發表與內閣立場相左的言論？這將在以下各章詳加探討。

十一、結語及反響

悉心閱讀過這些議員們的辯論記錄後，我們在幾方面有所得益。

第一、英國首相公開說其政府想與中國修訂《南京條約》，從而擴大英國的在華商業利益。由於這一和平手段落空，英國政府宣佈決定支持包令與葉名琛鬧翻，以便採取強硬手段來達到這個目標。這裏可隱約看到執政內閣的決策和經濟現實之間的聯繫。我們接下來會嘗試尋找確切證據來證明首相的說法，因為他沒有在下議院提供證據。

第二，英國首相承認，鴉片是政府想要擴大的在華商業利益之一，因為它對印度的財政收入和英國的貿易均舉足輕重。從這些方面來看這場戰爭，「亞羅」號事件可以說是英國大格局中一次偶發事件。它之所以變成舉足輕重的大事取決於它被英國用作戰爭的藉口。

第三，利用這個偶發因素借題發揮，結果用武動兵，令許多英國本土的國民感到不滿，包括不少與巴麥尊地位相當的人。他們反對不必要的流血，指斥英國的理據明顯不合法。他們出於良知投票反對巴麥尊。這時候國會議員是有財力的紳士，而非受薪議員，因此享有很大的行動自由。英國社會的這些層面——法治和維多利亞時代的自由主義良知——幾乎完全被中國史家所忽略了。長久以來，認真重視這種價值觀的

126　Hawkins, *Parliament*, p. 63, quoting Bruce to his wife, 8 March 1857, in H. A. Bruce, *Letters of Rt. Hon. H. A. Bruce, G.. C. B., Lord Aberdare of Duffryn*, 2 vs. (Oxford, privately printed, 1902), v. 1, p. 150.

127　Ridley, *Palmerston*, p. 466. 兩位發言的高官是克拉蘭敦和拉布謝爾。但當然兩人就是「政府」。克拉蘭敦是最着力為政府辯護的高官，他是外交大臣，「亞羅」號紛爭屬於他職權範圍內之事。緊居其後的是拉布謝爾，他是殖民地大臣，而「亞羅」號糾紛與殖民地香港的總督和該地發出的執照有關。

中國人，都被視為是資產階級。這頂高帽子在過去曾為許多知識份子帶來苦難。由於有這種禁忌，維多利亞時代的英國對於中國史學界來說還是非常模糊的。

令人驚訝的是，維多利亞時代的自由主義良知似乎同樣被整個西方世界所遺忘。也許這是第一次世界大戰後至今一百年現代政黨政治的結果，[128] 尤其現代政黨政治實行黨團制度，屬於某政黨的國會議員如果不遵循該黨路線行事就會被驅逐出黨。1980 年代的戴卓爾主義（Thatcherism）[129] 更是鞏固黨團制度的重要原因之一。

但在第二次鴉片戰爭的那個時代，對法治和自由主義良知的堅持凌駕於一切，甚至凌駕於愛國精神之上。比如，卡德韋爾（Edward Cardwell）冒着喪失牛津城議席的風險，投票反對巴麥尊處理「亞羅」號事件的政策，後來他確實失去議席，但被讚譽為「一心為國和奉公不阿」。[130] 赫伯特也抨擊以及投票反對巴麥尊處理「亞羅」號事件的方針，儘管他在克里米亞戰爭初期曾擔任過陸軍部大臣。羅巴克這樣形容他當時的表現：「他矢志不渝為國家爭取光榮，專心致志於公務，未有能出其右者。」其後他再度擔任陸軍部大臣期間，「不懈地奉獻於公務而犧牲健康」，結果英年早逝，死於任內。[131]

奇怪的是，連竭力為英國辯護的英國外交史專家 [132]、經濟史專家 [133] 和帝國史專家 [134] 都忽略了這些崇高的英國價值觀，似乎只有把「亞羅」號紛爭完全放在英國國內政治脈絡中來處理「亞羅」號紛爭的英國政治史專家，才會留意到此並加以探討。

英國倫敦大學的彼得·伯勒斯教授似乎對此章情有獨鍾：「——引述

128　見 George Dangerfield, *The Strange Death of Liberal England* (New York, Carpicorn, 1961)。

129　見 Dennis Kavanagh, *Thatcherism and British Politics: The End of Consensus?* (Oxford, Oxford University Press, 1987)；以及 Robert Skidelsky (ed.), *Thatcherism* (London, Chatto & Windus, 1988)。

130　*DNB*, v. 3, pp. 952-954.

131　*DNB*, v. 9, pp. 663-566.

132　如見 Costin, *Great Britain and China*。

133　如見 A. J. Sargent, *Anglo-Chinese Commerce and Diplomacy* (Oxford, Clarendon Press, 1907)。

134　如見 Platt, *Finance, Trade, and Politics*。

這些話加以臚列，好像認為引言全然可信。」不是說全然可信，只是臚列出來供讀者自行判斷而已。這些言論，甚堪注意者有二：

第一是堅持正義與良知的英勇行為，從此在西方世界似乎慢慢衰退，這或許正是尼爾‧弗格森教授在其《世界戰爭》中所說的，英國式的盎格魯‧撒克遜文明沒落的象徵之一？ [135] 必須強調再三的是，筆者對「西方文明沒落」的詮釋是：西方高尚道德文明的衰落，後果當然是損人利己的帝國主義會變得窮凶極惡，比起第二次鴉片戰爭時代所呈現出來的帝國主義更為殘忍。

第二，以當時英國國會議員所代表的英國精英對中國政制與個人行為的觀察，有助於炎黃子孫引以為鑒，審視自己，提高自己的應戰能力以保育華夏文明，以至將華夏文明本身的高尚道德標準發揚光大。

135　Neil Furgerson, *The War of the World: Twentieth-Century Conflict and the Descent of the West* (Penguin Books, 2007)，中譯本見尼爾‧弗格森：《世界戰爭：二十世紀的衝突與西方的衰落》（廣州：廣東人民出版社，2013 年）。

第十八章
「侵華大選」

一、導言

英國學術界有兩個影響巨大的理論：「自由貿易的帝國主義」（imperialism of free trade）和「紳士資本主義」（gentlemanly capitalism）。尤其是前者，雄踞學壇超過半個世紀，影響所及，遠至美國哈佛大學中國學的一代鼻祖費正清先生也用來調教其來自世界各地的眾多研究生，並藉此解釋兩次鴉片戰爭爆發的動因。其弟子畢業後遍佈美國以至全球，再加上在英國各大學畢業後回到英聯邦及其他國家執教的學者，「自由貿易的帝國主義」這個理論左右了整個英語世界甚至以外的學術界對兩次鴉片戰爭的理解，以至 1970 年代香港的歷史教科書也採用此説。

本章的使命正是要衡量這兩個學術理論能否令人滿意地解釋兩次鴉片戰爭為何爆發了，辦法是分析 1857 年 3 月英國政要，在為了發動第二次鴉片戰爭而訴諸國民的全國大選中，力陳攻打中國的原因。

憑着正義與良知而在下議院投票反對執政黨發動對華戰爭的議員們，在巴麥尊解散國會並馬上舉行的大選中，在全國高唱愛國主義的聲浪中，幾乎全軍覆沒。多位研究英國政治及政治史的作者都寫過或評論過 1857 年的大選，卻無法解釋為何巴麥尊大勝。難怪，從英國國內的施政種種來考量，當然無法解釋，因為該大選與內政無關，而是在對外政策上是否要揮軍攻打中國為角逐的焦點。別忘了：當時英國報章甚至戲稱該大選為「中國大選」：

> 過去曾經在大選中勝出者，
> 皆憑良知與正義説話的人；
> 直至他們為了和平，

　　　　像貴格會教徒一樣，

　　　　不惜幫助我們的敵人，

　　　　像葉名琛般的敵人。[1]

　　準此，讓我們先找出英國形形色色的紳士資本家，在發動第二次鴉片戰爭這問題上怎樣取態。

二、商界沆瀣一氣

　　人們得悉 1857 年 3 月 3 日政府在下議院失利的消息，「無不感到扼腕和不滿。現今此世，商界對於政治議題鮮有如此普遍一致的看法」。[2]

　　曼徹斯特工商聯合會的理事會馬上在 1857 年 3 月 5 日早上召開會議，並通過以下決議：「本理事會擔心下議院在 3 日的會議結果，會危及英國在華居民的人身和財產安全，因此決定草擬一份致克拉蘭敦伯爵的請願書，要求加強保護。」負責草擬請願書的小組委員會認為事態緊急，為免延誤，應當「省略呈交請願書此等繁文縟節」，馬上拜會外相克拉蘭敦伯爵，當面「讀出決議」。[3]

　　決議帶着近乎歇斯底里的語氣。其實完全沒此必要，沒有人會真的以為中國人在一夜之間就能得悉下議院不信任投票的消息，因為經水路寄往香港的郵件需時兩個月。儘管得悉之後又如何？難道中國人馬上剷除所有他們力所能及的英國人？此外，所有報告都顯示，當時是廣州遭到英國海軍砲轟，而不是香港被中國帆船用臭氣彈襲擊。曼徹斯特工商聯合會的理事們並非乳臭未乾的小孩，而都是成熟老練、見慣世面的企業家，不是那麼容易就驚慌失措的，是什麼令他們如此躁動？

1　　指的是下議院的不信任投票，有個署名 S. L. 的人寫了這首名為 'Yea-Nay Voting' 的詩，載於 *Globe*, 7 March 1857, p. 3, col. 6。

2　　*The Times*, Thursday, 5 March 1857, p. 7, col. 3, 'Money-Markets and City Intelligence'.

3　　Bazley to Clarendon, 5 March 1857, FO17/280, p. 37. 托馬斯・貝茲利（Thomas Bazley）是這個聯會的主席。關於這個聯會的活動，詳見 Arthur Redford, *Manchester Merchants and Foreign Trade, v. 2, 1850-1939* (Manchester, Manchester University Press, 1956)。

這個問題將在本章倒數第二節探討。本節關注的是選舉的準備程序，我們看到，克拉蘭敦即時回覆該商會，表示感同身受和同情體諒，並保證如所要求的那樣，「已經並將繼續採取措施，以提供更加周全的保護」。[4] 語氣正猶如在哄小孩。

利物浦商人採取的步驟就比較深思熟慮。在 3 月 5 日星期二，「利物浦商人及公眾」準備呈交巴麥尊的請願書說，「此刻正在交易所中廣泛簽署」。[5] 第二天，由亞歷山大‧斯萊（Alexander Sleigh）、托馬斯‧貝恩斯（Thomas Baines）和艾爾弗雷德‧希金斯（Alfred Higgins）組成的代表團，由他們所屬城鎮選區的議員帶領，到倫敦巴麥尊所住的劍橋大宅（Cambridge House）的門外等候他，當面向他呈上那份有超過一千一百名利物浦主要銀行家、商人、船東和經紀簽署的請願書，表達他們贊同巴麥尊政府處理「亞羅」號糾紛的方式。

代表團團長呈上請願書時說：「簽署者來自各種不同的政治背景，情緒前所未有地高漲。」這份請願書還譴責「國會中那個不三不四的派系聯盟，利用現時在中國令人遺憾的事態為藉口，意圖撤換政府」。據說巴麥尊對於自己「獲得如此信任甚感高興」。[6]

在倫敦，1857 年 3 月 5 日起出現了請願行動，籲請巴麥尊在即將舉行的大選中代表該市參選，並很快就收集到幾百個簽名。據說，「人們對於反政府聯盟的所作所為感到義憤填膺，情狀之激烈，鮮有其他事件可比。城中每個角落都可聽見民眾高聲疾呼支持巴麥尊子爵。」[7]

發起這個請願的是勞合社（Lloyd's）保險公司的承保人和投保人，這些人總數有約一千五百人，但每天現身承保或投保的人，平均約五百。這五百人當中有三百七十五人在波羅的咖啡館（Baltic Coffee house）簽了名；另外一百人則在請願書截至簽名後仍然要求補簽。據說這次用簽名方式示威的行動，「堪稱是此危急關頭所發動的最重要示威之

---

4   Foreign Office to Bazley, 6 March 1857, FO17/280, p. 62.

5   *Globe*, 6 March 1857, p. 2, col. 4, 'Liverpool, Thursday'.

6   同上註，col. 3, 'The Liverpool Address to Lord Palmerston'。

7   同上註，col. 4, 'Public Opinion for Lord Palmerston: The City'。

一」。[8]

眾所周知，勞合社是世界上最大的保險公司。雖然他們在這場政治
紛爭中只有間接的利益瓜葛，但他們一哄而起的行動，清晰地印證埃倫
伯勒伯爵的説法——對華貿易是英國全球貿易鏈中極為重要的一環（見
本書第二十四章）。在同一天下午，勞合社資歷最深的理查德・桑頓
（Richard Thornton），把已簽名的請願書當面呈交巴麥尊。同一時間，股
票交易所成員也向巴麥尊呈交類似的請願書。[9]

倫敦市政務議事廳（Guildhall）在 1857 年 3 月 5 日召開會議，
本來是要處理該市的一些緊急公共事務。不料會議卻被市議員拉斯伯
恩（Rathbone）岔開了——他在會上説，倫敦市政府必須採取措施「支
持女王陛下的大臣的行動。（有些聽眾情不自禁地高呼『注意聽，注意
聽』）」。政務議事廳書記打斷他的發言，説按照慣例，市政府並不討論
市政以外的事情。但是另一位市議員戴金（Dakin）堅稱，雖然按照慣
例市政府不應挺身支持內閣大臣，但如果説有哪個危機能夠令市政府破
例，那麼，「該危機就在眼前了。（有些聽眾又一次情不自禁地高呼『注
意聽，注意聽』）」。因此，市長折衷處理，宣佈他願意接納市議員以慣
常方式呈交提案。當天決定政務議事廳盡快召開會議，在會上提出關於
這個問題的動議。[10]

結果倫敦市政廳在 1857 年 3 月 9 日舉行了一次不尋常的全體會議，
以下通告説明了開會的原因：「由於有眾多議員聯署申請，要求本政務
議事廳就下議院在星期二晚的決議，對本國商業可能造成的影響表達意
見，並提出他們認為應當採取的措施。」會議出席者甚眾。下午兩點市
長擔任會議主席。貝斯利（Beasley）先生提出動議，對此次下議院竟然
投票反對政府對華的政策，並向巴麥尊和其他內閣大臣的做法致敬，因
為他們措置得宜，「理所當然應獲國民信任」。雖然有人提出修正案，但

---

8   *Globe*, 7 March 1857, p. 3, col. 5, 'Public Opinion for Lord Palmerston: The City'.

9   *Globe*, 7 March 1857, p. 3, col. 5, 'Lord Palmerston and the Stock Exchange', 引自 1857 年 3 月間
     的 *Shipping Gazette*。

10   *Globe*, 7 March 1857, p. 2, col. 4, 'Court of Common Council'.

被否決，原動議則「在一片雷動的歡呼聲中獲得通過」。[11]

　　1857 年 3 月 9 日的《環球報》報道，涉足對華貿易的倫敦各大公司聯署上書巴麥尊。這些公司有多麼重要，「熟悉倫敦工商企業的人都心中有數」。為首的是馬地臣公司（Matheson and Co.），之後是格雷格森公司（Gregson and Co.）、克勞福德・科爾文公司（Crawford, Colvin, and Co.）和帕爾默・麥基洛普・顛地公司（Palmer, McKillop, Dent, and Co.）。[12]

　　上述公司中的馬地臣公司，是著名的香港怡和洋行在倫敦的分公司。格雷格森公司的老闆塞繆爾・格雷格森，曾試圖阻撓下議院有關鴉片的辯論（見本書第二十四章）。羅伯特・威格拉姆・克勞福德（Robert Wigram Crawford）是克勞福德・科爾文公司的資深合夥人，現在正竭力令那位反對巴麥尊的羅素喪失倫敦市的議席。[13] 帕爾默・麥基洛普・顛地公司的顛地（Lancelot Dent），在鴉片戰爭前曾因大肆走私鴉片到中國，被當時的欽差大臣林則徐下令扣押。[14]

　　這些總數二十家的公司，讚揚巴麥尊堅定不移地「捍衛大不列顛的榮譽，並決心保護與中國和平通商的英國臣民的生命財產」，為此誠摯向他致謝。他們堅信巴麥尊不會被下議院的不信任投票嚇倒，而會繼續秉持「堅定和有尊嚴的態度」，直至對華貿易「立足於一個安全與和平的永久基礎上」。[15]

11　同上註，10 March 1857, p. 1, col. 6, 'Meeting of the Common Council'。

12　其他公司還有 J. Thomson, T. Bonar, and Co.；Finlay, Hodgson, and Co.；Robert Benson and Co.；Morris, Prevost, and Co.；Sanderson, Frys, Fox, and Co.；Arbuthnot, Latham, and Co.；T. A. Bibb and Co.；Gledstanes and Co.；W. A. Lyall and Co.；Maitland, Ewing, and Co.；Harvey, Brand, and Co.；Daniel, Dickinson, and Co.；Mackay and Read；Frith, Sands, and Co.；Dallas and Coles；以及 Anderson Brothers and Co.。見 *Globe*, 9 March 1857, p. 4, col. 2, 'Public Opinion for Lord Palmerston: The City'。

13　羅伯特・威格拉姆・克勞福德（Robert Wigram Crawford, 1813－1889），不僅是克勞福德・科爾文洋行合夥人，還是英倫銀行董事，之前更是該行副行長；他又是東印度鐵路公司主席、王室駐倫敦代表（commissioner of lieutenancy for London）、東印度公司股東。他曾當選哈里奇（Harwich）的議員（*BMP*, v. 1, p. 94）。現在他的目標是倫敦市，將成為四名所謂的商界候選人之一，這四人獲提名是為了封殺羅素勳爵，令他沒有機會角逐。見本章下文。

14　見 Chang, *Commissioner Lin*, p. 150。

15　*Globe*, 9 March 1857, p. 4, col. 2, 'Public Opinion for Lord Palmerston: The City'.

　　如何才能把對華的鴉片貿易立足於這樣一個基礎？——迫使中國政府把鴉片貿易合法化。

　　在布里斯托爾（Bristol）市，據說德比伯爵的支持者極為憤怒，他們覺得德比與「下議院的反英派系」結盟，身為一黨之魁的尊嚴已然掃地。許多領頭人物毫不諱言他們已對德比領導的在野黨失去信心，因而不願意支持托利黨候選人。[16] 1857 年 3 月 7 日星期六當天，布里斯托爾的商人會所提出一份致巴麥尊的附加請願書，表達當地居民的不滿情緒。該請願書認為，內閣替海外英商謀取了如此了不起的安全，卻竟然在「亞羅」號糾紛中被投以不信任票，實在令人震驚和遺憾，認為該等議員「不得英國民心」。請願者最後感謝巴麥尊舉行大選訴諸人民，相信大選結果會顯示下議院的決議違背了民心。

　　請願書是由一個布里斯托爾的煉糖商 [17] 發起的。英國人喝中國茶時，糖當然是不可或缺的搭配。後來在 3 月 12 日星期四，由該煉糖商帶領的代表團在當地國會議員陪同下，把請願書面呈巴麥尊，「感謝子爵大人沒有把統馭政府的韁繩交予他人，而採取憲法賦予的另一選擇，交由人民決定」。[18]

　　在泰恩河畔紐卡斯爾（Newcastle-upon-Tyne）市，據報道，「本市從事製造業和航海業的人當中，絕大多數在現時的危機中同情巴麥尊子爵」。[19]

　　《曼徹斯特衛報》敏銳地指出：「如同許多以前英國打過的仗一樣，這是一場商人的戰爭」，「來自商界團體和貿易城鎮的代表團圍擁在巴麥尊的門前，顯示這場戰爭觸及他們利益之深，以致他們這麼急於要挺身保住巴麥尊。」[20] 因此，日復一日，《環球報》連篇累牘地刊登倫敦、利物浦和布里斯托等城市的商人向巴麥尊呈交請願書的消息。[21] 為追求商業

16　同上註，6 March 1857, p. 2, cols. 4-5, 'Bristol'。

17　同上註，9 March 1857, p. 4, col. 2, 'Bristol'。

18　同上註，14 March 1857, p. 2, col. 3, 'A Cabinet Council …'。

19　同上註，6 March 1857, p. 2, col. 4, 'Newcastle-on-Tyne'。

20　*Manchester Guardian*, 11 March 1857.

21　見 *Globe*, 5-9 March 1857。

利益，商人們直截了當，毫不拐彎抹角，不像國會中那些支持侵華的議員那樣砌詞狡辯，謊話連篇。

此外，我們還看到巴麥尊似特別乎偏愛《環球報》，把呈送給他的請願書全向它披露。[22] 對於國會下議院不信任投票的結果，曼徹斯特市的反應在好幾方面比其他城鎮更為火熱激烈。本章結尾部份將嘗試解釋這種反應。這裏僅想指出，之所以造成這種激烈反應，與第二次鴉片戰爭複雜的因果關係密不可分。

終於，在 1857 年 3 月 10 日，英國政府宣佈委派額爾金伯爵[23] 為全權公使，前赴中國解決「亞羅」號糾紛。[24] 額爾金的任命姍姍來遲——距離《倫敦憲報》刊出西摩爾少將的公文已事隔兩個月，有人認為巴麥尊是故意遲遲不作出任命，以便倍增富商巨賈的鼓譟來進一步提高他們的支持度。[25] 其實不然，別忘記下議院的投票直至 1857 年 3 月 3 日才完成，而內閣必須開會才能決定人選，並須逐一接觸他們，如遭拒絕又須另覓人選，等待他們同意接受任命。[26] 在不信任投票舉行後一星期內便已經委任額爾金，事實上是極為迅速的了。而且，火速行動對巴麥尊更為有利：第一是能為即將來臨的大選造勢，第二是爭取了廣大工商界的選票。

下面分析英國政府受到廣大紳士資本家所影響的程度：是順水推舟？還是倒過頭來利用他們的群情洶湧來對付那些反對政府既定方針的仗義敢言者？

22　有關巴麥尊和《環球報》的密切關係，見第十五章。

23　再提一次，他原名詹姆斯·布魯斯（James Bruce, 1811–1863），是第八代額爾金伯爵，第十二代金卡丁伯爵（Earl of Kincardine），1842 至 1846 年曾任牙買加總督，1846 至 1854 年任加拿大總督。他在 1859 年春出使中國後，巴麥尊任命他為郵政大臣，1861 年再獲任命為印度總督，1863 年死於當地。見 Walrond(ed.), *Letters and Journals of James, Eighth Earl of Elgin*。

24　*Globe*, 14 March 1857, p. 2, cols. 1-2.

25　見 Taylor, *Decline of British Radicalism*, p. 274, 引述喬治·哈德菲爾德（George Hadfield）在設菲爾德（Sheffield）的發言（*The Times*, 25 March 1857, p. 8）、科布登在哈德斯菲爾德（Huddersfield）的發言（ibid., 28 March 1857, p. 8）及 1857 年 3 月 15 日《每週快訊》（*Weekly Dispatch*）第七頁的社論。

26　最初，內閣會議考慮了三名人選：巴特爾·菲耶雷爵士（Sir Bartle Fiere）、紐卡斯爾公爵和額爾金勳爵，最後選中紐卡斯爾，但他拒受任命。內閣因此轉而任命額爾金，他接受了。見 Argyll, *Autobiography and Memoirs*, v. 2, pp. 77-78。

三、鴿群中的貓

> 親華聯盟成員，你們向全國的呼籲，
> 你們的失敗與錯誤，你們的建議，
> 會讓你們知道，如此珍惜光榮的英國，
> 容不下你們這些傢伙組成的聯盟。[27]

　　巴麥尊解散國會的確是「懲罰性」的。接下來發生的事情證明，辯論中的勝利者要為之付出慘痛的代價。事實上，對許多「得勝英雄」來說，這比輸掉辯論更令他們惆悵。[28] 例如在 1857 年 3 月 11 日，《泰晤士報》報道，艾爾斯伯里（Aylesbury）選區的議員亨利·萊亞德（Henry Layard）[29] 發現，「幾乎所有人都不滿他投票反對巴麥尊子爵」，[30] 因此他準備放棄在該選區參選的計劃。德文波特（Devonport）選區的議員厄金斯·佩里爵士則決定硬着頭皮堅持到底，結果他在選民大會上發言而甫一提到不信任投票的事情，馬上惹起「極大騷動」。[31] 在牛津市，有人張貼告示呼籲選民不要支持國會議員愛德華·卡德韋爾（Edward Cardwell），因為「有位秉持完全獨立的英國行為準則的紳士將被推舉出來角逐該議席」。[32] 同時，選民堅持要卡德韋爾出席公開大會，交代他為何要投票反對巴麥尊政府。[33] 由於有佩里這個前車之鑒，卡德韋爾決定事

27　*Punch*, 14 March 1857, p. 103.

28　同上註。

29　奧斯汀·亨利·萊亞德（Rt. Hon. Austen Henry Layard, 1817－1894），是發掘亞述帝國首都尼尼微的著名考古學家，許多由他出土的文物都藏於大英博物館。他在 1848 年獲牛津大學頒發榮譽民法博士學位，1852 年擔任過幾個星期的外交部次長，並在 1861 年 7 月至 1866 年 7 月再任此職。在 1855 和 1856 年獲選為亞伯丁大學名譽校長，在 1852 年 7 月至 1857 年 7 月獲選為艾爾斯伯里議員。1869 至 1877 年出任駐馬德里大使，其後出使土耳其，直至 1880 年。他著作包括 *Nineveh and Its Remains*, 2 vs. (London, 1850) 和 *Discoveries in the Ruins of Nineveh and Babylon* (London, John Murray, 1853)。他的生平見 Gordon Waterfield, *Layard of Nineveh* (London, John Murray, 1963)；另見 *BMP*, v. 1, p. 230。

30　*The Times*, 11 March 1857.

31　同上註。

32　*Globe*, Friday 6 March 1857, p. 2, col. 4, 'Oxford'.

33　*The Times*, 11 March 1857.

前先發出一份書面聲明測試民情。[34] 在樸次茅斯，霸菱爵士發現自己之「投票支持科布登先生的動議，大大得罪了他的一些長期支持者」。[35] 在泰恩茅斯（Tynemouth），威廉·林賽（William Lindsay）[36] 被要求就他在國會的言行向公眾作出解釋。[37]

在倫敦市，羅素勳爵的朋友們全都說他連任無望，勸他不用參選。[38] 德澤西（de Jersey）先生在市議會舉行的特別大會上試圖為羅素辯護，說他是「始終如一的人」，沒想到此話一出，馬上有人插話：「他自始至終都是個騙子。（哄堂大笑）」[39]

有見及此，一些反對派議員的競選演說明顯語帶悔意，趕忙找藉口為他們在國會中反對政府的立場辯護。比如，霸菱爵士說，雖然他投票反對政府，但這樣做只因他不贊同包令的行為，而且他看不出「有什麼理由在某一事項上的分歧，會牴觸迄今為止我給予巴麥尊子爵政府的全面支持」。[40] 在泰恩茅斯，忐忑不安的林賽說，如果巴麥尊子爵當時答應做他現在所做之事——派一個幹練之人為特使，全權處理該紛爭，他是會投票支持政府的。[41] 人們發現，「就算是他們之中最年高德劭、最無所畏懼之人，也不敢為他們在國會中的勝利而洋洋自得，他們不但不為此感到自豪，反而大都寧願避而不談。」[42] 巴麥尊指稱他們為反英同盟，把

34　*Globe*, 14 March 1857, p. 4, col. 3, 'Oxford'. 他在聲明中說：「女王陛下發言邀請我們關注最近在中國發生的一些不幸事件，並把有關這事件的文件交予我們以作決議。如果政府當時表明打算派出高級代表到中國（那是後來才宣佈的），那麼，當時提出的動議就毫無必要，至少就我而言，是不會投票支持該動議。但政府沒有提出有此意圖，而駐華全權公使採取了後果極為嚴重的手段，他完全是擅作主張，與本國政府訓令的精神背道而馳，對此國會如不是給予支持，就只有予以譴責。」

35　*The Times*, 11 March 1857.

36　威廉·肖·林賽（William Shaw Lindsay, 1816-1877）創辦了著名的林賽輪船公司（Messrs W. S. Lindsay and Co,）。他撰寫過一些有關海事的書信和小冊子，並在 1842 年出版題為《我們的航海與海運法》（*Our Navigation and Mercantile Marine Laws*）的書。他由 1854 年 3 月至 1859 年 3 月擔任泰恩茅斯的議員，其間當選為森德蘭（Sunderland）的議員。*BMP*, v. 1, p. 239.

37　*The Times*, 13 March 1857.

38　Argyll, *Autobiography and Memoirs*, v. 2, pp. 74-75.

39　*Globe*, 10 March 1857, p. 1, col. 6, 'Meeting of the Common Council'.

40　*The Times*, 13 March 1857.

41　同上註。

42　*Punch*, 28 March 1857, p. 121.

他們害慘了。

不過，蘇格蘭拉納克郡（Lanarkshire）議員貝利‧科克倫（Baillie Cochrane）[43] 很光明磊落，他說：「我出於謙遜和良知，深感這應當是一次以正義和人道原則為依歸的投票。我不願猜度他人的動機，這次英國下議院的辯論充份證明我國國民的本性是慈悲和求真的，我為此感到欣忭。」[44]

如下文所見，科布登也堅持憑良心行事。

《遊戲人間》相當準確地掌握到國民的感受，並發表了以下題為〈預言〉（‘Prophecy’）的諷刺文章：「巴麥尊子爵支持他在廣州的下屬有錯嗎？」科布登說：「大錯特錯。」國家說：「一點沒錯。」[45] 第二篇題為〈變臉者群像〉（‘Turner’s Collection’）：「見到那麼多紳士當場變臉，我們可以用『變臉者群像』來形容中國辯論所引發的對立」。[46] 第三篇題為〈英人首級的中國賞格〉（‘English Heads at a Chinese Price’）：「葉名琛懸賞五英鎊給獻上英國人首級者。如果他能聽到國會中一些他的支持者的聲音，肯定會降低這玩意兒的賞格。」[47] 或許最切中肯綮的要算是這句話：「一場令人煩厭不堪的辯論──這場環繞中國的爭議完全是一場悶透了的討論。」[48]

《遊戲人間》很清楚英國人已無暇像國會議員那樣，再來辯論一番。人民想要的是聳人聽聞的消息，而這巴麥尊即將慷慨地源源提供。

1857 年 3 月 21 日星期六，國會在下午 1 點 30 分休會，[49] 為熾熱激烈

43　亞歷山大‧鄧達斯‧威沙特‧羅斯‧貝利──科克倫（Alexander Dundas Wishart Ross Baillie-Cochrane, d.-1890），是海軍元帥托馬斯‧約翰‧科克倫（Sir Thomas John Cochrane, K.C.B.）的長子，他曾在遠東服役，科布登在下議院辯論中曾引述過他的信函。他在 1841 至 1846 年和 1847 至 1852 年曾兩度當選布里德波特（Bridgport）議員，1857 年 1 至 4 月當選拉納克議員，1859 至 1868 年當選霍尼頓（Honiton）議員，1860 年獲任命為拉納克第一步槍義勇軍（First Lanark Rifle Volunteers）的上尉，1880 年 5 月 3 日獲冊封為拉明頓男爵（Baron Lamington）。 *BMP*, v. 1, p. 83。

44　*The Times*, 12 March 1857.

45　*Punch*, 14 March 1857, p. 107.

46　同上註。

47　同上註，p. 108。

48　同上註。原文為 Bo[w]ring discussion，利用包令的姓氏 Bowring 和沉悶 boring 的文字隱射。

49　*Globe*, 21 March 1857, p. 2, col. 2, ‘Prorogation of Parliament on this Day’.

的競選活動拉開了序幕：

> 死寂的牆上，告示大大小小的貼着，
> 競選的演說，那承諾毫無新意；
> 大筆的銀錢搖晃着，投票者猛然醒來，
> 青澀的候選人沐浴在榮耀中。
> 去吧，議員們，去吧，讓散開的白銀飛揚；
> 去吧，議員們，離開議會——消逝，消逝，消逝。
> 啊，你瞧，那裏有金酒和啤酒，
> 在市鎮裏、在郡上，大量灌着酒；
> 啊，甜美而醇遠，從啤酒龍頭和酒吧中汩汩流出，
> 競選者在那裏毫不臉紅地自吹自擂。
> 去啊，讓我們聽聽選民的回答。
> 去吧，議員們；結束掉，議會——消逝，消逝，消逝。[50]

　　有些報紙把反對派議員冠以「親華聯盟」的稱號，又把此次全國大選戲稱為「中國大選」。

　　他們更挖空心思找藉口來辱罵中國該打！

四、中國該打！

　　香港有人把砒霜偷偷混入一家麵包店的麵包中，企圖毒害當地外國人的消息，在下議院辯論期間傳到倫敦。[51] 巴麥尊的支持者試圖利用此事件煽動民憤。在下議院辯論的最後一天，巴麥尊就毒麵包案大做文章。《晨報》和他聲氣相通：「此等惡行令人髮指，犯案之人難道不是目無法紀？對待他們，難道不應該視之為一無是處的有害生物——衣冠禽

50　*Punch*, 21 March 1857, p. 119. 這首詩似乎是根據丁尼生（Alfred, Lord Tennyson）《公主：組詩》（*The Princess: A Medley*）中的〈號角歌聲飄揚〉（'Air of the Bugle Song'）的旋律譜詞。見 *The Poetical Works of Alfred, Lord Tennyson* (London, Ward, Lock, 1908), pp. 140-199: p. 163, cols. 1-2。

51　Palmerston to Clarendon, 1 March 1857, MSS Clar. Dep., C69, folio 155.

獸？」[52] 誰是此案主謀？「魔頭葉名琛」是也。該報形容他殘酷不仁，是曾屠殺七萬名同胞的惡棍，之後更「懸巨賞殺害我國國民」。因此，《晨報》為戰爭搖旗吶喊：「與如此殘忍嗜血的野蠻人打交道，還談什麼國際法！對於這種披着人皮的惡魔，只有一種律法，那就是以霹靂手段伸張正義，嚴懲不貸。」[53]

這是英國人的排外心態在吶喊與狂呼。根據《晨報》的看法，英國皇家海軍炮轟人口稠密的廣州城沒有什麼大不了，但中國人如果想要還手，就是披着人皮的惡魔。筆者曾在第十三章中指出，廣州英國外交官和商人被孤獨無援的陰影所困擾，可能是令他們萌生排外心態的原因。但《晨報》的論調顯示，英國人的排外心態可能有更深層的根源。[54]

在發生毒麵包案後，詳細公佈派遣遠征軍到中國的消息，肯定會令民情更加沸騰，並令選民的好戰情緒更為高漲，這都將在大選中有利於巴麥尊。因此，當局公佈將在香港集結的兵力，包括兩個步兵旅，內含已由毛里裘斯出發的第五燧發槍團；還有已在香港的第五十九團；一旦運輸船安排停當，即馬上開拔第二十三燧發槍團，第八十二、九十和九十三團。除這些部隊以外，還會從伍利奇（Woolwich）增援四個炮兵連，另加一千名海軍陸戰隊，以及一百名皇家工兵團官兵，還有一營輜重隊和二百名醫護兵。大軍總司令是阿什伯納姆（Ashburnham）少將，其他高級指揮官計有羅伯特·加雷特（Sir Robert Garett）少將、斯特勞本齊（Straubenzee）少將、副官長帕克南（Pakenham）、軍需主任韋瑟羅爾（Wetherall）。[55]

《晨報》極盡煽風點火之能事，進一步利用香港的毒麵包案大肆渲

52　*Morning Post*, 3 March 1857.

53　同上註。

54　事實上，威廉斯·亞當斯（William Adams）在探討二十世紀初比較解剖學時發現，要直至 1930 年代，即他所探討的報告之後的一代，「才開始有人質疑種族優越和低劣的概念」。見其 *Nubia: Corridor to Africa* (London, Allen Lane, 1977), p. 92。亞當斯所說的是指歐洲人的概念，包括格拉夫頓·埃利奧特·史密斯爵士（Sir Grafton Elliot Smith）這些英國人的概念。一些可視為英國排外心態的不經意和說漏嘴的話，見 James Lees-Milne 的日記 *Prophesying Peace* (London, Chatto & Windus, 1977)。另見 V. G. Kiernan, *The Lords of Human Kind: European Attitudes towards the Outside World in the Imperial Age* (London, Weidenfeld & Nicolson, 1969)。

55　*Globe*, 14 March 1857, p. 2, col. 3, 'The China Expedition'.

染：「天使般純真的格拉德斯通與毫無英國人風範的科布登對於中國魔頭的同情既違反常情又遺害無窮，這些中國魔頭卑鄙無恥，忘恩負義無人能及，由於過於歹毒而令陰謀沒有得逞。」為什麼？「下毒者把份量如此大的砒霜混入麵粉中，令吃下的人嘔吐大作，反把劇毒從胃中吐出」。而且，《晨報》刻意令讀者激憤得血脈賁張，所以極其誇張地說：「我們的同胞離家在外，在一萬二千英里之遙的地方，得不到歐洲醫療照顧，許多人感到嘔吐、打冷戰、體力極度衰竭、惡心、吐血，誰能分辨這是否中毒跡象？」[56] 在英國殖民地的香港沒有西醫？真是語無倫次。

巴麥尊的另一忠實支持者《環球報》，為了煽動洶湧的群情，憑空捏造毒麵包案的涉案者、裕盛辦館館主張亞霖的供詞：「我是奉總督大人之命行事，命令是由中國官員的一名手下傳來。他們跟我說，英國人與我國交戰，我有責任協助中國政府從事擾亂破壞；士兵以火與劍抗敵，我則用毒藥，對付敵人不擇手段是理所當然的；我若不遵命令，在廣州的家人就會被抄家入獄。」[57]

《環球報》的作假行為不久就被揭穿。迪斯累里的週刊《新聞界》報道張亞霖獲判無罪。其中一項不利於張亞霖的證據是他在事發當天已離開香港去了澳門。但他堅稱去澳門是為了找個較安全之所安置妻兒。他還帶了一些有毒麵包給自己和家人吃，結果全家中毒。張亞霖得悉自己被懷疑下毒後，馬上回香港向當局自首澄清。法庭最後判他無罪釋放。[58]

糟糕的是，在他獲釋之前，連他在內的總共四十二名疑犯，被關押在只有十五平方英尺的狹小囚室內二十天之久，囚室既無廁所，也無寢具，更無替換的衣服。更糟糕的是，律政司安斯德（Chisholm Anstey）不待法庭審判就先入為主地一口咬定被告有罪，這是大多數恪守法律精神的英國本土人最為反感的。[59]

但真相來得太遲，無法產生有利於反對派選情的影響，蓋《新聞界》

56　*Morning Post*, 17 March 1857.

57　*Globe*, 24 March 1857. 張亞霖又名張霈霖。見 Choi Chi-cheung, 'Cheung Ah-lum: A Biographical Note', *Journal of the Hong Kong Branch of the Royal Asiatic Society*, v. 24 (1984), pp. 282-287。

58　*Press*, 11 April 1857.

59　同上註。

在 1857 年 4 月 11 日刊出這則消息時，選舉已經結束。支持巴麥尊的《環球報》已達到其目的，它所煽起的激憤民情發揮了重要作用。後來，《泰晤士報》特派通訊員在香港繼續關注這一事件。他報道說張亞霖再被起訴，這次是控告他所賣的麵包不衛生。律政司再次先入為主地一口咬定被告有罪，理由是根據普通法規定，麵包店賣的麵包必須適合人類食用，現在張亞霖賣的麵包含有砒霜，罪行確鑿無疑。陪審團判處罪名成立，張亞霖被罰款 1,010 元。[60] 如果律政司的行為反映了在香港的英國人忿恨之強烈，大選期間英國群情之洶湧更是可見一斑。[61]

洶湧民情的矛頭直指反對派領袖。德比勳爵由於替葉名琛和中國人說好話，早在國會解散之前就被《晨報》抨擊：「原告葉名琛是他的委託人，也是他的偶像，儘管這個目空一切的中國大官為每個英國人首級懸賞三十，不對，應該是一百大洋，而被告包令，則是他討厭之人。」[62]

尋求連任伍德斯托克（Woodstock）選區議員的布蘭福德侯爵（Marquis of Blandford）[63] 的發言，相對來說就比較冷靜和有分寸：「最近在中國發生的事件導致生靈塗炭和財物盡毀，雖然我們應表示衷心憐憫，但造成這些苦難的原因，正是中國當局的敵意行動。」[64]

但是，報紙和國會議員候選人很快就再也想不出可以詆毀葉名琛的理由了，因此《晨報》轉而抹黑中國人來證明中國該打：「天主教傳教士形容中國人骯髒、邋遢，肆意縱情酒色而毫無愧怍。」又說：「這些報告寫於一百年前，今天英國新教、浸信會和非國教的教會機構，以及美國

60　Cooke, *China*, p. 55.

61　巴麥尊再次當選後，其政府認為必澄清事實，故刊印另一本藍皮書來告知它的成員真相。此書名為《有關中國犯人在香港被囚及麵包店東主等人被控下毒案件審判之文件副本或摘錄》(*Copies of, or extracts from, any papers connected with the confinement of Chinese prisoners at Hong Kong, and with the trial of a baker and others on the charge of poisoning*)（Parl. Papers 1857, Session 2, v. 43, pp. 169-206）。

62　*Morning Post*, 28 February 1857.

63　布蘭福德（J. W. Blandford, 1822－1883），第二代布蘭福德侯爵。1844 年 4 月首次當選伍德斯托克議員，除了中間一段短時間外，他一直代表這區，直至 1857 年 7 月他獲封襲為馬爾伯勒公爵（Duke of Marlborough）。他在 1868 年成為樞密院大臣。*BMP*, v. 1, p. 38.

64　*The Times*, 12 March 1857.

傳教士均證明其所言不虛。」[65] 它接着還說：「中國人⋯⋯非常凶殘，生性多疑又貪得無厭，只着眼於收穫，耽溺於物質享樂，行事完全從物質主義出發，並往往為眼前的利慾所薰心。」[66]

《晨報》告訴英國婦女，她們比中國女人幸運得多了：「過去以至現在，中國婦女被當作婢女和奴隸蓄養，被視為次等和卑賤，並且被迫從事家裏的雜務粗活。」簡言之，中國婦女的生活是生不如死。據說當時哪怕中國男性自殺也很普遍，而景況苦不堪言的中國婦女，自殺率更是男性的十倍。該報聲稱中國婦女覺得活着是一種負擔，一死了之反而得到了解脱。此外，像葉名琛等的官員「素來對婦女的命運不聞不問，視她們如畜生」。[67] 令人意外的是，這些社論居然沒有提到，對中國婦女可能是殘害最深的陋俗——纏足；更沒有提到，當時有不少英國婦女在賣火柴和在廚房當女僕。

巴麥尊子爵對葉名琛的詆譭簡直是無窮無盡，無論記者煽風點火的伎倆有多高，與巴麥尊無中生有的本事相比，都只能甘拜下風。察其目的，不外又是為了證明中國該打！

五、霹靂火燒起來

> 聯盟已展開大旗。
> 到這兒來吧：多說無益。
> 迪吉光芒四射，格拉德斯通口吐珠璣，
> 但都贏不了戰事。
> 出來吧，老馴馬人，逆流而上，
> 讓他們每個人都刮目相看。[68]

65　*Morning Post*, 28 February 1857.

66　同上註，3 March 1857。

67　同上註。

68　*Punch*, 14 March 1857, p. 104. 迪吉（Dizzy）是迪斯累里的外號。見 Hesketh pearson, *Dizzy: The Life and Nature of Benjamin Disraeli, Earl of Beaconsfield* (London, Methuen, 1951)。「老馴馬人」（Old rough-rider）顯然是指巴麥尊。

雖然霹靂火巴麥尊[69] 拒絕了商人請他競選代表倫敦市議席的要求，但他接受了他們的邀請，1857 年 3 月 20 日星期五，即國會休會前一天，在倫敦市長官邸（Mansion House）舉行的晚宴上發言。晚宴是倫敦市長主辦的，出席者包括外交使團、全體內閣成員，以及國會上下議院的其他議員。巴麥尊伉儷到場時，受到「熱烈掌聲」的歡迎。

儘管有外國使節在場，但巴麥尊為了給選舉造勢，仍操弄英國聽眾的愛國情緒，並馬上抓住了他們的注意力。他說：「我們感到本國受到極大的委屈。」受到什麼委屈？──「我們在地球遠方的同胞遭受各種侮辱、踐踏和暴行（聽眾大聲呼喊）。」他說，英國各地無數民眾向他表達支持，他們來自各階層、各政治派別──輝格黨、托利黨和激進派，他們表示「國家利益受到危害之際，必須放下黨派分歧，全體國民應該團結一致，維護帝國榮譽（眾人喝采）」。他知道，並且相信每一個英國人都知道，「這是我們舉行大選訴諸公意，將會獲得的結果」。他譏諷反對派為求奪取國柄，不惜利用「他們國家所受的羞辱和踐踏，作為奪取國柄的踏腳石（眾聲喊叫）」。[70]

巴麥尊故意問道：「那些投票反對我們的人，他們投這樣的票所要達到的必然後果可想而知，這些人一旦執政將會幹出什麼事來？」他給出了一個群情激憤的答案：他們認為政府做錯了事，他們會為此向中國蠻子道歉，將重建「被我軍英勇士兵所摧毀」的炮台，並且「從伍利奇運去新大炮，以代替被我軍英勇水兵所破壞的舊炮」。

接下來的話更駭人聽聞：他們會支付「我國商人首級的賞格，以及毒害我國在香港子民的砒霜費用（眾聲喊叫）」。巴麥尊又說，有些人目睹英國商人的首級被懸在廣州城牆上，或者海外同胞被謀殺、行刺和毒害，仍然無動於衷。這些人面對如此惡行不但沒有憤怒得血脈賁張，反而「向幹下這些暴行的野蠻人卑躬屈膝（眾聲喊叫）」。[71]

真是無中生有，鬼話連篇！無論英國商人犯了多嚴重的罪行，都

69　霹靂火（firebrand）是與巴麥尊同時代的人為他取的綽號之一。

70　*The Times*, 21 March 1857, p. 9, cols. 3-6.

71　同上註。

不曾有人被梟首，哪裏來的於廣州城門示眾！更沒有人要求他向中國人卑躬屈膝。在皇家海軍炮轟廣州之前，從沒發生過毒麵包案那樣的「暴行」！

1857 年 3 月 23 日，巴麥尊向他自己選區蒂弗頓（Tiverton）的選民們發出書面聲明。這份聲明首先刊於《泰晤士報》，之後在《環球報》等晚報轉載。[72] 他還把這份聲明印刷了幾千份在全英各地派發。據說這是英國政治史上首次有首相除了向所屬選區尋求支持外，還向全國呼籲支持的。[73] 最富感染力[74] 因而最為人熟知的，是這篇文字的第一句：「廣州大權掌握在一個傲慢跋扈的野蠻人手中，他踐踏英國國旗，破壞條約規定，懸賞以取得當地英國臣民的首級，並計劃以謀殺、暗殺和下毒等方式來消滅他們。」[75] 查爾斯·格雷維爾（Charles Greville）在第二天讀到這份聲明時，在日記中寫道：國家被這種無恥的彌天謊言所誤導，令人憤慨莫名。[76]

巴麥尊為了證明中國該打，已經到了不擇手段的階段，完全沒有英國紳士風度可言，尼爾·弗格森教授所說西方文明的衰落[77] 自此始。

1857 年 3 月 26 日，巴麥尊為了第二天的提名程序，乘火車抵達他的選區蒂弗頓。火車站有大批民眾迎候，他們熱烈歡迎他，一路歡呼簇擁到他下榻的賓館。後來，他向選民們演說，歡呼喝采聲雷動，不絕於耳。他再次自誇接到大量商界和各城鎮的請願書，這為國家的民族感情增光。他說英國在克里米亞戰爭與俄國作戰期間，反對派的作為符合國家的感情和精神，他對此曾予以讚揚；他要譴責的是，反對派在中國事件上不支持政府，他們為圖執政而分裂下議院。[78]

72　同上註，24 March 1857, col. 1。另見 *Globe*, 24 March 1857, p. 2, col. 6。

73　Jasper Ridley, *Lord Palmerston* (London, constable, 1970), p. 468.

74　同上註。

75　*The Times*, 24 March 1857, p. 9, col. 1. 另見 *Globe*, 24 March 1857, p. 2, col. 6.

76　Greville diary, 24 March 1857, in *Leaves from the Greville Diary*, p. 785.

77　尼爾·弗格森：《世界戰爭：二十世紀的衝突與西方的衰落》（廣州：廣東人民出版社，2013 年）。原著見 Neil Furgerson, *The War of the World: Twentieth-Century Conflict and the Descent of the West* (Penguin Books, 2007)。

78　*The Times*, 28 March 1857, p. 6, cols. 3-6: col. 4.

在雷動的陣陣歡呼聲中，他説倨傲不遜的蠻子葉名琛「集普天下的頑固、殘忍、背信棄義於一身（群眾的歡呼和笑聲）」。還説葉名琛長期以來一直蔑視和違反條約規定，現在則肆無忌憚地攻擊英國國旗來發難。「我們在當地的官員對於受到這樣的攻擊自然感到憤慨，要求對方為此道歉，並保證不會再犯。（群眾喝采）」他説，有關船照、殖民地法例和帝國法律的技術性爭論，英國人已聽得夠多了，對他來説，問題是那麼地清楚而單純。他稱，那是一艘掛着英國國旗、領有英國執照、由英國臣民指揮的船，唯一落人口實的是「一個當了老爸的老頭子，他的兒子在中國某處地方被指是海盜（哄堂大笑和喝采）」。[79] 眾人向巴麥尊伉儷歡呼三聲，再向女王陛下歡呼三聲。[80]

有人對此頗為憤慨。格雷維爾觀察到，巴麥尊在倫敦市長官邸發言後向蒂弗頓民眾所作的演説，激起正直人士極大的義憤，而兩次演説都「充斥着欺瞞和虛偽」。他説羅素「怒不可遏，並説這兩番話都非正人君子所能宣之於口的」。[81] 事後看來，大家可以感覺到羅素和巴麥尊代表了維多利亞時代政壇截然不同的兩種風格。據説個性冷靜而冷漠的羅素「答應給予激進派超出他權限所及的事物，藉此贏得他們一時的歡迎」；而巴麥尊「承諾給他們的東西卻很少，甚至沒有，唯一承諾的是以他的方法獲得的安全和進步，還有熱情的握手，再加一個葷笑話」。[82]

巴麥尊更以嬉笑的口吻説，1840 年林則徐的禁煙運動是個陰謀，目的是想在中國自行種植罌粟。[83] 我的天！巴麥尊為了證明中國該打，竟然不顧首相之尊而把自己降格到造謠這個地步！[84] 此例佐證了筆者的想法：西方文明的衰落，不待尼爾·弗格森在其《世界戰爭》[85] 中所説的，要到

79　同上註。

80　同上註，col. 6。

81　Greville diary, 28 March 1857, in *Leaves from the Greville Diary*, p. 785.

82　Gavin, 'Palmerston's Policy towards East and West Africa, 1830-1865', p. 7.

83　Palmerston, 9 April 1840, *Hansard*, 3d series, v. 53, col. 940.

84　中國原本無意種植罌粟，直至英國在第二次鴉片戰爭中打敗中國，強迫中國政府把鴉片合法化後，中國人才開始公然廣種罌粟。所以巴麥尊的説法，是名副其實的欲加之罪，何患無辭。

85　尼爾·弗格森：《世界戰爭》。原著見 Neil Furgerson, *The War of the World: Twentieth-Century Conflict and the Descent of the West*。

第一次世界大戰才開始,而是在第二次鴉片戰爭時期就由巴麥尊奠定了基礎。

六、別胡言亂語!

對於霹靂火巴麥尊為競選造勢所作的演説,羅素勳爵沒有公開回應,反而是馬姆斯伯里伯爵向巴麥尊寫了一封長達十四頁的公開信投給《泰晤士報》,此信以辛辣的言詞開篇:「子爵閣下,在中國問題上有一群人因自感義之所在,不得不投票反對閣下政府,其後因此被閣下公然百般咒罵,受盡顛倒黑白的言論所指斥,我就是其中之一。」他説,因為國會休會,他無法在國會回應首相,因此迫不得已投書報章。他説:

第一,「以謾罵作為選舉造勢時譁眾取寵的花招,或許還説得過去。但是用倫敦市長官邸的桌子作為講台,是否太過失禮呢?」那令人反感的語言:「英國首相竟然用這樣的措詞用語,那可是英國首都市長的宴會,外國大使雲集,他黨內所有才智之士、地位顯赫和富甲一方之人都在座。」

第二,巴麥尊在廣為傳佈的競選發言稿中誤導公眾,暗示葉名琛對英國人施暴在先,英國人扣留中國船、攻打炮台和炮轟廣州在後,由此而下結論説「我們動武」是因葉名琛挑釁所致。真相正好相反,除了據説的所謂「亞羅」號英旗受辱事件外,中方所做的其他種種,都是為了報復「我們不宣而戰的軍事行動」,是英國動武後才發生的。

第三,巴麥尊指控他和其他人想以英國受辱和被輕視為掌權執政的踏腳石,令人反感莫名。他提醒巴麥尊,在克里米亞戰爭的每一階段,即使是羅素和德比都全力支持着政府。

馬姆斯伯里伯爵結尾的一段,為我們尋找第二次鴉片戰爭的起因提供了不少線索:「本國投入了戰爭,我將會以微不足道的一票支持現在為了維護英國利益和榮譽而非打不可的戰爭,但這場戰爭當初其實是可以避免的,雙方都無須犧牲人命。」[86]

---

86 *The Times*, 26 March 1857, p. 9, col. 6.

巴麥尊的回覆簡短而如往常一樣尖刻：

親愛的馬姆斯伯里伯爵：

今天傍晚接到大函。我既無意也無暇再來一次中國辯論。我已行使了自己的權利，將我對公職人員言行的看法，在重大的場合公開表達了，已沒有什麼需要收回或補充的。

巴麥尊謹啟 [87]

馬姆斯伯里之後寫道，他的抗議「相當成功」，獲得許多人讚賞，包括外相克拉蘭敦伯爵和格雷伯爵，並認為這種讚賞他當之無愧。[88] 巴麥尊顯然不是從事實出發，而是一心要煽動英國的民族主義情緒。無怪乎《每日新聞報》大為不滿巴麥尊對葉名琛和中國人百般詆毀謾罵，説道：就葉名琛和據説他犯下的暴行，巴麥尊一夥為競選拉票，竟説有七萬名中國起義軍被斬首、英國國旗受辱、香港的英國臣民被下毒、英國商人被梟首示眾，以上聳人聽聞的話題統統是為了迎合英國民眾癖好；意圖誤導不知就裏的民眾，激起其義憤，從而使自己再度晉身國會。[89]

《每日新聞報》認為七萬人被斬首的故事完全是子虛烏有，[90] 並總結説：所有證據都顯示，葉名琛並沒有蓄意侮辱英國國旗。該報還説，實際上並沒有英國臣民被毒殺或刺殺。無論如何，在英國全權公使對這個半野蠻的民族動用暴力，激起他們最狂戾的情緒之前，沒有人試圖毒殺或懸賞刺殺英國人。而全權公使所使用的暴力，連英國政府都感到惋惜，任何公正的英國人都會視之為國家極不光彩的恥辱。[91]

巴麥尊的擁護者對他們的英雄歌功頌德，也惹起《曼徹斯特衛報》的不滿。該報認為，繪聲繪色地描述海軍艦隊和陸軍部隊締造者驚心動

---

87   引自 Ridley, *Lord Palmerston*, p. 469。

88   Malmesbury, *Memoirs*, v. 2, p. 65.

89   *Daily News*, 25 March 1857.

90   《每日新聞報》在這點上説過頭了。根據記載資料，可以估計出被斬首者數目，見拙著《兩廣總督葉名琛》第六章。

91   *Daily News*, 25 March 1857.

魄、令人振奮的故事——英國榮譽和威信的捍衛者遭到一群險惡的陰謀家攻擊，勇敢地擊退各個所謂卑鄙齷齪的派系，這種神勇形象非常適合於在公眾間散播流傳。即使你冥思苦想後「醒悟到這次不信任投票，是下議院中一次最光明正大和可敬的投票，是自由黨的聲音在反對自由黨的首相」，也不會有損以上形象。事實上，真實的寫照應當是「人們熟悉的『斷輪老手』——風趣、狡詐的享樂主義者」，他既沒有締造軍隊，也不曾打敗俄國，著稱於世的是能夠發表挑撥煽動的演說、撰寫攻詰詆毀的文書、冒領他人的功勞，並「像牡蠣一樣戀棧自己的地盤」。[92]

《曼徹斯特衛報》繼而把巴麥尊趕下神壇：「沒有人會以為他是偉大的政治家；任何有識之士都知道，他是靠一些多麼無聊的東西來嘩眾取寵，而且那些把口號叫得最震天響的人，在自由的社交往還中，是最被人嗤之以鼻的。」[93] 這段話最誘人的是它攻擊的對象——富於領袖魅力的巴麥尊，我們馬上將要談論他的陰謀。

另一方面，《遊戲人間》抱怨科布登及其和平協會成員所用的「語言隱含非常不恰當的好勇鬥狠態度」，只要有人膽敢在中國問題的是非曲直上與他們意見不同，他們就殺氣騰騰地「痛罵」那些人，該報擔心，倘若國家決定大打一場戰爭的話，人們可能難保耳根清靜。[94]

在葉名琛身處的中國，這種完全不同的聲音是匪夷所思的。如果他得知遠在天邊的英國竟有人為他百般迴護，肯定會大感寬慰；而在他的祖國，他一失寵，耳邊所能聽到的盡是謾罵和指斥。全國上下，上至皇帝[95]下至販夫走卒，[96] 皆異口同聲地把第二次鴉片戰爭的爆發怪罪於他，把賬全部算在他一人頭上。

92　*Manchester Guardian*, 11 March 1857.

93　Ibid., 18 March 1857.

94　*Punch*, 4 April 1857, p. 134.

95　上諭，1858 年 1 月 27 日，《籌辦夷務始末·卷十七》，第二冊，頁 623。

96　篠園：《粵客談咸豐七年國恥》，載《第二次鴉片戰爭》，第一冊，頁 236-251。

七、巴麥尊萬歲！

　　這次英國執政黨的選舉造勢運動，似乎是以巴麥尊在克里米亞戰爭中的角色為主要賣點。在基德明斯特（Kidderminster），羅伯特・洛（Robert Lowe）的競選演說就是巴麥尊狂熱的典型。他形容巴麥尊是被許多同僚背棄的政治家，「在剛結束的對俄戰爭中帶領我們邁向勝利，全賴他的堅忍不拔，我們贏得光榮的和平；全仗他的敏銳警覺，我們才不致為陰謀詭計所蒙騙，在南征北戰中不致喪失勝利的機會」。他說，反對派「迫使這個國家向俄國屈服的圖謀沒有得逞，現在就試圖要讓她向廣州總督的野蠻淫威俯首稱臣」。[97] 真是胡說八道！

　　當茶商的阿什伯頓（Ashburton）選區的議員[98] 告訴他的選民：「記着，是巴麥尊子爵把我們帶出戰爭的泥沼；選我連任，就等於選出支持巴麥尊子爵的外交和國政的決策人。」[99] 伊夫舍姆（Evesham）選區的議員霍蘭（Holland）先生[100] 說，支持他連任意味着伊夫舍姆選區的民眾會「支持首相，他在無人能當此大任之際，挺身而出執掌政府；領導我們渡過艱難的鬥爭，邁向成功」。[101] 約克郡（北區 [North Riding]）的一位候選人說：「如果我能晉身國會，一定會支持首相，他會帶領我們渡過空前的難關。」[102] 此三人絕口不提自己憑什麼本領要當國會議員，只是一股勁地抓着巴麥尊的衣帶就奢望扶搖直上！

　　親政府的報紙進一步煽風點火。《泰晤士報》說：「就算巴麥尊子爵有什麼疏忽或過錯，他都在禍福難料和晦暗不明的境遇中，證明自己是

97　*The Times*, 12 March 1857.

98　他是喬治・莫法特（George Moffatt, d. 1878），是莫法特公司（House of Moffat and Co.）的合夥人，在倫敦和利物浦做批發茶葉生意。他在 1845 至 1852 年當選達特茅斯（Dartmouth）議員，1852 至 1859 年當選阿什伯頓議員，1860 至 1865 年當選霍尼頓（Honiton）議員，1865 至 1868 年則當選南安普敦（Southampton）議員。*BMP*, v. 1, p. 273.

99　*The Times*, 13 March 1857.

100　愛德華・霍蘭（Edward Holland, d. 1875），自由黨人，贊成大幅擴大選舉權。他在 1855 年 7 月首次當選伊夫舍姆議員，並一直擔任此職，直至 1868 年退休。*BMP*, v. 1, p. 196。

101　*The Times*, 13 March 1857.

102　同上註。

條真正的漢子。」[103]《晨報》讚揚巴麥尊更為賣力:「一聽到中國人的惡行,他胸中那顆熾熱的英國心就熊熊燃起。」該報認為,巴麥尊性格堅毅、無所畏懼、一心以英國福祉為念,他覺得,為了捍衛英國國旗和維護國家權益,要求中國補償是理所當然的;不過,內心冷酷、奴性深重、滿腦子玄想、是非對錯渾沌不清而善於詭辯的人,則可能另有一種做法。該報說:世上一切的呼籲央求,再加以「耶穌會士」那種詭辯邏輯——耶穌會士以雄辯見稱,威廉‧格拉德斯通好辯,故傳媒謔稱他為「耶穌會士」——都不可能令英國人民認為「巴麥尊子爵處理這個問題的決定不夠大無畏,不夠英國作風,不夠奮發有為,不夠明智」。[104]

竊以為這個辯論如此這般下去,就淪落為關乎人種和民族質素的問題,令人愈益吃驚。

《遊戲人間》刊登了一首模仿丁尼生(Alfred Tennyson)所作,共有九個詩節的諷刺詩,當中首節和尾節如下:

> 為國家挺身而出吧,巴麥尊,
> 他們的三股箭已離弦,
> 為國家挺身而出吧,巴麥尊,
> 您是出將入相的不二之選,
> 海內外正直之士皆以為然。
> 親華聯盟望風披靡。
> ……
> 大選結果快宣佈了!
> 多少人擔心其議席不保而焦慮得發抖,
> 他們想要把巴麥尊老爹扳倒;
> 但卻將反被打得一塌糊塗。
> 他們想把巴麥尊老爹扳倒;
> 但英國將勃然大怒,

---

103 Ibid, 14 March 1847.
104 *Morning Post*, 25 March 1857.

把科布登、迪斯累里和格拉德斯通踩在腳下吧，
舉巴麥尊為內閣的首腦。[105]

類似以上的露骨頌讚，連一些通俗報章都覺得「巴麥尊狂熱」過了
火。《雷諾茲報》（*Reynold's Newspaper*）[106] 稱：「現在到處眾聲喧鬧支
持這個大騙子，在浩繁的卷帙中曾經記載過的人類迷亂、瘋狂和妄想之
中，都不可能發現比這更加不講理、愚蠢、野蠻的表現。」該報說：「洋
相盡現，實是可悲。舊世界（與新世界的美國相對而言）首屈一指的國
家，氣急敗壞、聲嘶力竭、信誓旦旦並歇斯底里地吼叫着讚美此人，此
人卻將國家危難引為樂事，這種戒不掉的癮頭是他的主要特點，而他最
大的長處就是自吹自擂、大言不慚。」

該報繼而描述巴麥尊內閣的形象：「有外國人形容我們的士兵是雄
獅，但領導他們的卻是一群笨驢。」該報很驚訝一個人才濟濟的國家，
竟然把命運交給這樣一個「大騙子，以及他的走卒、白痴、貴族呆子、
出入於倫敦西區的紈絝子弟、趕時髦的毛頭小子和守舊的淺薄之徒」。[107]

《不從國教派》（*Nonconformist*）[108] 覺得《雷諾茲報》的反應過於偏
激，認為現在關於巴麥尊的「民眾謬見」或許並非全無道理。該報說，畢
竟在其他人對戰時首相之職避之唯恐不及的時候，他毅然挑起擔子，在
任內頗見魄力，並成就斐然。他從俄國爭取到體面光榮的和平，這是各
政黨均無異議的。在那個多事之秋，他處事勇敢剛毅、精明幹練和手段
高超，國民對他十分感激。考慮到這些，該報說：巴麥尊固然值得敬重，

---

105 *Punch*, 14 March 1857, p. 104. 原詩是丁尼生（Alfred, Lord Tennyson）的《莫德》（*Maud*），收
     於 *The Poetical Works of Alfred, Lord Tennyson*, pp. 244-266: no. 22 on p. 258, col. 1 to p. 259,
     col. 2。

106 這是雷諾茲（G. W. M. Reynolds）在 1849 年創辦的激進派週報。見 Koss, *Political Press*, v. 1, p.
     89。

107 *Reynolds's Newspaper*, 22 March 1857. 據說雷諾茲在 1850 年接觸迪斯累里，想他和該報建立聯
     繫，迪斯累里婉拒，因為該報「的特點是游移不定的激進思想，這種激進思想並不以共和主義
     為其終極目標」。Koss, *Political Press*, v. 1, p. 89.

108 愛德華‧邁阿爾（Edward Miall）是《不從國教派》的創辦人兼主編，他在下議院投票反對巴
     麥尊，而在其後的選舉中失掉羅奇代爾（Rochdale）的議席。見 A. Miall, *The Life of Edward
     Miall* (London, Macmillan, 1884)。

不過，如果為了表達國家對他的謝意，就以他的名字來代替政治原則，並把令他繼續執政視為大選的結果和目的，那就像那些不問青紅皂白的愚昧選民一樣，只因為某人做了什麼有名的事情，不管他對政治事務如何無知或草率，就毫不遲疑把他選進下議院。[109]

八、重溫導言，評價權威理論

查爾斯·格雷維爾也慨嘆，以這樣荒謬的方式把巴麥尊塑造成偶像，是「國家極大的荒唐事」。[110] 儘管 1857 年大選之後還不到一年，英國選民就把這股霹靂火趕下了台；但是，正如沙夫茨伯里勳爵所見，大選進行當時，「不見措施，不談原則，沒有口號……有的只是：你支不支持巴麥尊」。[111] 這正是巴麥尊首相表面上順乎英國廣大「紳士資本家」的要求，實際上則是利用他們的群情洶湧來強行推動其既定方針——借故攻打中國——的後果。如此而已，所用「紳士資本主義」這個概念來解釋第二次鴉片戰爭為何爆發，從何說起？

準此，筆鋒轉到一個比「紳士資本主義」影響更深且遠的理論——「自由貿易的帝國主義」。事緣十九世紀中葉，在英國興起一股龐大的思潮，號召各國打破一切壁壘如海關抽稅等，進行自由貿易，如此將大大有助促進世界和平，因而這批人被戲稱為和平黨（Peace Party）。[112] 又由於他們大多數來自英國蘭開夏郡的棉紡重鎮曼徹斯特市，所以又稱為曼徹斯特學派，曼徹斯特市就是得力於這批出類拔萃的人物，而成為英國的一股強大政治力量。他們的成員當中最著名的，包括理查德·科布登（1804－1865）。甫一提到科布登的名字，相信讀者都有如雷貫耳之感，蓋本書上一章開宗明義就是引用他反對巴麥尊政府的侵華政策拉開帷幕，並以他彈劾政府的動議獲大多票數通過而導致政府倒台，巴麥尊悍

---

109 *Nonconformist*, 25 March 1857.

110 Greville diary, 24 March 1857, in *Leaves from the Greville Diary*, p. 785.

111 Quoted in Woodward, *The Age of Reform*, p. 162.

112 Redford, *Manchester Merchants and Foreign Trade*, v. 2, chapter 1, 其章名為 'The Climax of Free Trade, 1846-60'。

然解散國會做結束，以至和所有與他一起投票反對政府的議員都被誣為「親華聯盟」。至此，讀者可能更會感到大惑不解，力倡自由貿易的「和平黨」反對侵略，「親華聯盟」反對侵華，怎能把侵略華夏的第二次鴉片戰爭解釋為「自由貿易的帝國主義」侵略中國？確實不能啊！但是，為何好幾代的英美史學權威皆做如此解釋？看來是一種障眼法，藉十九世紀中葉興起了強大的「自由貿易」思潮，適逢十九世紀中葉英帝國主義又兩次攻打中國，於是用「自由貿易」這種理論來解釋「兩次鴉片戰爭」這現實，目的似乎是避開鴉片不談。且看英國的鷹派如何進一步從精神上迫害科布登及那些與他志同道合的人，就更能暴露這種瞞天過海的手法。

九、打倒「親華聯盟」！

　　鑒於當時的「巴麥尊狂熱」，有些傳媒要麼是為了進一步替巴麥尊搖旗吶喊，要麼是為了促銷自己的報紙，皆向反對派諸領袖、尤其是力倡自由貿易的科布登等人猛烈開火，極盡詆毀之能事。

　　《遊戲人間》把科布登諷刺為：

> 理查德‧科布登本領高，
> 弟兄們啊，哼唷，不絕滔滔
> 說英國旗被扯之事蹤影全無，
> 弟兄們，誰都可以來犯。
> 來啊教皇，來啊沙皇，來啊夷蠻——
> 為何如此我不知道，
> 但他仍將試圖
> 令老英國的旗幟倒下，
> 弟兄們，倒下！倒下！ [113]

113　*Punch*, 14 March 1857, p. 101. 曲譜取自《英國水手本領高》（*British Sailors Have a Knack*），大概是一首水手幹活時唱的歌。

至於阿伯丁勳爵，[114]《晨報》認為，任何無私、有見識或有志氣的人都會認為，把一個有銳氣、有精力、有魄力，一心以英國利益為念的首相撤掉，換上像「阿伯丁勳爵」那樣三心二意、優柔寡斷、光說不做、又缺乏政治勇氣和男子氣概的閣揆，是忘恩負義和不公平的事。[115] 對於詹姆斯・格雷厄姆爵士或格拉德斯通先生，《晨報》則說：「雖然格雷厄姆辯才無礙又擅長管理，格拉德斯通精於辯證又口齒便給，但兩人的行徑都不光明磊落，居心叵測，國民一想到他們就要作嘔。」還有德比勳爵，「他剛在大選中遭遇挫敗，難望能再度掌政」。[116]

至於所謂親華聯盟，《泰晤士報》認為國民永遠不會忘記，在帝國艱危萬狀之時，他們畏葸不前——在危險面前，他們渾身發抖。該報因此斷言，如果讓德比勳爵和親華聯盟成員執政，將是國家的災難。[117]《泰晤士報》主編之說出這樣的評語，顯然是由於克拉蘭敦伯爵唆使所致（詳見本書第十三章）。

《遊戲人間》補充說：「迪斯累里為政黨的滅亡而唉聲嘆氣。然而，他應該慶幸還有一個政黨仍然存在。自從羅素、羅巴克和格拉德斯通在中國問題上與他聲氣相投之後，他實在應該為擔任小茶黨黨魁而自豪。」[118] 關於科布登的政黨，《遊戲人間》諷刺說，和平黨在曼徹斯特訂製了一面華麗的錦旗，科布登先生和他的黨人舉着它參加選舉。據說質料是上佳的白棉布，印有柳樹圖案和格言「空口說白話」（Cant On）。之後是「格拉德斯通的同盟的諢號」——「牛津香腸」（The Oxford Sausage）。[119]《遊戲人間》稱這個同盟難以長久：

114　他是前任首相。見 J. B. Conacher, *The Aberdeen Coalition, 1852-1855: A Study in Mid-Nineteenth-Century Party Politics* (Cambridge University Press, 1968)。

115　*Morning Post*, 25 March 1857.

116　同上註。

117　*The Times*, 14 March 1847.

118　*Punch*, 14 March 1857, p. 110. 對於羅巴克的介紹，見 R. E. Leader, *Life and Letters of John Arthur Roebuck, PC, QC, MP with Chapters of Autobiography* (London, Edward Arnold, 1897)。這裏所說的小茶黨，是影射史稱波士頓茶黨（Boston Tea Party）事件。在這事件中，一夥當地人喬裝登上波士頓港口的英國船，把船上一箱箱茶葉倒到海裏。《笨拙》可能藉此暗指這些人是反帝國主義者和顛覆份子。

119　*Punch*, 14 March 1857, p. 110.

親華聯盟熱烘烘，
親華聯盟冷噓噓，
親華聯盟死翹翹，
一個月後雲散煙消。[120]

《遊戲人間》更把「親華聯盟」在國會中凌厲的演說反過來對付他們：

敬陪末座的德比
開始投出渴望的眼神，
他有三個僕人
全是狡猾之輩。
第一個是耶穌會士，
第二個是大騙子，
第三個是和平販子，
全是德比的跑腿。
耶穌會士小題大做
大騙子鼓舌如簧；[121]
和平販子油腔滑調，
吹噓得天花亂墜。
耶穌會士徒勞地吹毛求疵，
大騙子威脅不成，
和平販子不想成為笑柄，
但他的空話卻陳腐無比。[122]

120　同上註，21 March 1857, p. 112. 這首打油詩似乎是以兒歌《熱豆粥》（*Pease Porridge Hot*）為藍本，見 Iona Opie and Peter Opie (eds.), *The Oxford Book of Nursery Rhymes* (Oxford, Clarendon Press, 1951, No. 400, on p. 345.

121　Rap 是贋幣，約值半個法尋，但由於真幣稀缺，它在十八世紀被當作半便士來流通使用（*Shorter Oxford Dictionary*, v. 2, p. 1746）；因此有 'not worth a rap' 的說法。但在此 'rap' 是現代用法中的「討論」之意，與 [cant][clap-trap]（噱頭）對應。

122　*Punch*, 28 March 1857, p. 121.

《遊戲人間》接着挑撥人們的情緒:「如果中國幫成員連任,他們宣誓就職應該採取英國慣用的儀式,還是像他們在廣州的哥兒們那樣,砸盤子起誓?」[123] 之後更補上一句:如果中國皇帝想給「中國幫議員」賞賜幾根花翎,英國民眾很樂意供應柏油。[124]

以上種種史實都強有力地證明,力主自由貿易並反對巴麥尊政府借故攻打中國的科布登等人竟然遭到這樣的惡意攻訐,令一些反對派報章憂心忡忡,擔心大多數堅持獨立思考和本着良心辦事的下議院議員將議席不保,而一個決意支持首相「肆意妄為和恃強凌弱的外交政策」的國會,將會使國家嚴重受害。《曼徹斯特衛報》寫道:「此刻洶湧的民情會否在大選來臨之前趨於緩和,大家的反應會否轉而支持溫和與正義,委實難以逆料。」該報發現,「維持我國國旗尊嚴」和「支持我國在遠方的代表」這些口號,最能打動選民。[125]

《晨星報》慨嘆眾多巴麥尊主義者明目張膽地欺騙聽眾與讀者,勢將癱瘓衝潰英國人正確的判斷力。[126] 該報希望公眾能及早察覺為他們設下的陷阱,指出巴麥尊子爵的把戲是,趁着民眾還陷入癡迷,尚未覺醒,趕緊舉行大選。[127] 這種觀點聽起來甚具科布登風格,事實上也很可能確實出自科布登之手,要知道該報「與兩名政治家的名字密不可分,是他們的傳聲筒」,[128] 這兩人正是科布登和布賴特。[129] 他們的噩耗還陸續有來。

十、「和平販子」避走哈德斯菲爾德

科布登,如你膽敢出選約克郡西區,

123　Ibid., 21 March 1857, p. 119.

124　Ibid., 28 March 1857, p. 122. 譯註:這裏是玩弄文字遊戲,英文中有「柏油與羽毛」(tar and feather)的說法,指把人渾身塗上柏油,黏上羽毛,作為侮辱或私刑。

125　*Manchester Guardian*, 18 March 1857.

126　*Morning Star*, 20 March 1857.

127　Ibid., 28 March 1857.

128　Koss, *Political Press*, v. 1, p. 110.

129　布賴特當時身在海外,這意味着該說法是科布登單獨授意的。詳見下一章。

> 恐怕如人們所說，將被打個落花流水，
>
> 除非你妄圖走馬上任的這個西區，
>
> 乃俄國的一省，而非在英國領土中。[130]

科布登眼見勢頭不對，決定放棄約克郡西區（West Riding）的議席，自由黨因此改為推舉哈德斯菲爾德（Huddersfield）現任議員戈德里奇勳爵（Lord Goderich）出選。[131] 科布登自忖在哈德斯菲爾德勝算較大，於是轉戰到該地。[132] 然而，改換戰場並不意味着轉變戰鬥口號。如他對詹姆斯·格雷厄姆說：「換了我是你，我會在中國問題的爭論上據理力爭，讓人民明白箇中原委。」[133]

3 月 21 日，他向聚集在哈德斯菲爾德當地劇院的大批民眾發言。他開始時花了大量篇幅提及中國發生的事情，所有與「亞羅」號相關的情況都稍有涉及。他提醒與會群眾，他的動議得到每一位有識之士的支持，包括戈德里奇勳爵（他剛離開哈德斯菲爾德去約克郡西區，為角逐科布登原本在該地的議席拉票）、羅素勳爵、霸菱爵士，以及「下議院所有曾任公職但已不是政府成員的人」，除了埃利斯（Edward Ellice）先生之外，[134] 這位先生在他後來的競選演說中，「悔恨他自己投票」支持巴麥尊。[135]

聽眾的反應如痴如醉，許多人舉手豎起大拇指，但有人用力以腳踩地，沒想到導致一個擠滿人的樓座倒塌，引起混亂，人們爭先恐後湧向出口和舞台，讓許多人擔心遭到踩踏。科布登明智地決定終止演說，群眾則盡量安靜地疏散。[136]

---

130   *Punch*, 14 March 1857, p. 103.

131   *The Times*, 13 March 1857.

132   Morley, *Cobden*, p. 655.

133   Quoted in Parker, *Life and Letters of Sir James Graham, Second Baronet of Netherby, 1792-1861*, v. 2, p. 303.

134   愛德華·埃利斯（Edward Ellice the younger, 1810－1880），就讀伊頓公學和劍橋三一學院。他在 1837 年的補選中，當選哈德斯菲爾德的議員。國會解散後，他出選聖安德魯斯（St. Andrews burgs）並當選，代表該區四十二年，在每一問題上都秉持自由貿易的原則。*DNB*, v. 6, pp. 665-666。

135   *The Times*, 21 March 1857, p. 8, col. 2.

136   同上註，col. 3.

第二天科布登繼續拉票活動，以傳單號召了一場在體育館舉行的集會。這是「在該指定時間中最多人出席的選民大會」，科布登闡述自己的理念博得滿堂「熱烈喝采」。他開始時摘要重述了有關中國問題他所持的看法，進而闡述他的政治理念。最後一項動議獲得通過，宣佈科布登是代表該選區的合適人選。結果掌聲雷動。[137]

此後科布登積極拉票，每天在哈德斯菲爾德和該選區內的村莊舉行兩三場大會。3 月 24 日，他在女皇飯店（Queen's Hotel）向三四千名群眾發表演說。一如往常，他以「亞羅」號問題開始，在提及額爾金伯爵的任命時，他十分懷疑「政府在耍詭計」，利用「亞羅」號事件使自己在國會中變成「少數派，並將之解散」，因為科布登相信巴麥尊並沒有訴諸全體國民的國內政策。[138] 至於國家榮譽，他聲稱，即使全世界以武力相向也無法玷辱英國國旗，「如果權利和正義在它一邊的話（喝采）」。

結果點票時，科布登竟然只獲得五百九十票，他的對手則得到八百二十三票。[139] 蜂擁到哈德斯菲爾德聽他演講的那幾千人，似乎是為了喝他所提供的啤酒而去的。[140]

十一、正義最後屈服於淫威

在上一章中我們說到，約翰・羅素勳爵 [141] 逼問政府敢不敢坦然直說

137　同上註，23 March 1857, p. 9, col. 4。

138　同上註，25 March 1857, p. 8, cols. 2-3。

139　Morley, *Cobden*, p. 657.

140　顯然他們大部份是沒有投票權的。據估計，此時在二千八百四十二萬七千人口中（Parl. Papers 1861, v. 58, p. 627），選民數目只有約一百四十三萬人（見 Smith, *Second Reform Bill*, p. 2）。當時社會上出現了大量手藝人，他們與缺乏遠見、「危險和墮落得不可救藥的」一般大眾不同。藉着閱讀廉價報章，他們開啟了接觸政治訊息的新世界，但卻沒有投票權。這可能是為何有大批親自由黨群眾蜂擁去聽科布登演說，但無法造成有利於他的投票結果的原因。其後在 1867 年通過的第二次改革法案，把選民人數增加至二百四十七萬人（Smith, *Second Reform Bill*, p. 2），這對於英帝國的政策有不同的意義。就是因為有了這項重要法案，使得在眾多歐洲大國中，唯有英國能和平地調整它的制度，迎接強大的工人階級的出現（同上註，p. 3）。

141　克里米亞危機愈演愈烈時，英女王要求羅素組閣不果，巴麥尊卻展現恢宏氣度臨危受命。

發動對華戰爭有正當的理由,「或有權修訂中英簽署的條約」。[142] 巴麥尊
迎戰他的逼問,聲稱政府理直氣壯。羅素馬上發現自己惹起了所在選區
──倫敦市──選民的強烈不滿。倫敦的富商巨賈,甚至連遠至布里斯
托爾市的商人都說,他們得悉羅素在國會的行為後「大感失望和震驚」。[143]

　　1857 年 3 月 10 日,倫敦市自由黨選民登記協會(Liberal
Registration Association)在倫敦旅館(London Tavern)舉行全黨大會,
商討提名候選人參加即將來臨的選舉事宜。人們對此大感興趣,各報記
者聞風而至,但全被拒諸門外。協會想要向公眾隱瞞什麼事情?在之後
公佈的決議中可以清楚看見:行將舉行的大選,只有商人可獲提名,以
便真正代表本市的利益。這項決議所針對的目標很明顯:羅素既非商人,
又於近日在下議院批評巴麥尊,被認為是不代表倫敦市利益的人。之後
小心擬就的會議記錄摘要宣佈「羅素退選」,而羅素本人對此事前並不知
情。會議記錄宣佈之後,倫敦市選民廣泛的反應是「冷淡和非常意味深
長的沉默」。[144]

　　倫敦的權貴決非以「候選人是否身為商人」的原則為準繩。他們剛
剛邀請過巴麥尊代表他們參選,而巴麥尊也並非商人。他們或許會說,
雖然巴麥尊不是商人,但為商界爭取利益。顯然,候選人是否商人並非
重點,關鍵是他們必須促進(至少要捍衛)倫敦商界的利益。據阿蓋爾
公爵說,當初只是羅素的倫敦朋友告訴他連任無望,但後來熟悉選情的
人全都這麼說,結果他決定棄選。[145]

　　但是,對於這位未來仍將大有作為的前任首相羅素來說,這麼重要
的席位很難拱手相讓。第二天,羅素向選民發出書面聲明,嘗試力挽狂

142　Russell, 26 February 1857, *Hansard*, 3d series, v. 144, cols. 1472-1473. 羅素是輝格黨人,前任自由
　　　黨首相。

143　*Globe*, 7 March 1847, p. 3, col. 5, 'Bristol', quoting the *Bristol Gazette*, 6 March 1857.

144　*The Times*, 11 March 1857, p. 12, cols. 3-6. 'Election Intelligence'; col. 3, 'City of London
　　　Registration Association', 另見 *Globe*, 11 March 1857, p. 1, col. 4, 'Election Intelligence: City of
　　　London Registration Association'。

145　Argyll, *Autobiography and Memoirs*, v. 2, pp. 74-75. 據約翰‧普雷斯特(John Prest)說,羅素僅
　　　僅是給了支持者他不會參選的印象,結果他們邀請雷克斯‧柯里(Raikes Currie)代替他(見
　　　Prest, *Russell*, p. 379)。如果是這樣,他不但為自己惹來大麻煩,還製造了許多混亂,下文會談
　　　到。

瀾：「我詳閱與這一事件有關的一切文件後發現，在『亞羅』號這椿不幸的事件上，英方採取了報復，中方提供了賠償。」準此，紛爭本來可以就此了結。可惜，包令突然把廣州進城問題拉扯到「亞羅」號紛爭上。如果政府早一點宣佈打算派遣高級官員到香港，「奉命捍衛英國臣民的生命和財產，並盡早恢復和平」，他就會投票支持政府。他說，他想不通 1857 年 3 月 10 日所採取的明智方針，為何不早在 1 月 10 日就施行。另外，如果政府在 1 月份時認為值得全力支持包令，為什麼在他的政策和行徑絲毫沒有改變的情況下，現在又派人取而代之。[146]

我們可以看到羅素口風已變，從譏諷政府追逐赤裸裸的利益，轉為呼籲保護海外英國人的生命和財產。但是，因為他沒有顯示出幡然悔悟的態度，似乎令他的選民更加憤怒。《環球報》以長篇社論來反駁他的論點，說他對國家榮譽和利益漠不關心。[147] 這樣的社論，不禁令人懷疑可能是巴麥尊在幕後操縱。[148]

1857 年 3 月 13 日下午，倫敦市政廳舉行了一場會議，那是應八百名商人、銀行家、貿易商和倫敦選民的要求，商討「最近下議院就廣州事件所作的決定，並表達對女王陛下政府的完全信任」。雷克斯‧柯里（Raikes Currie）議員[149] 鑒於下議院譴責巴麥尊的對華政策，提出動議，要求會議表示深信對一個英國政治家來說，巴麥尊所採取的措施是最允當的做法，捨此別無他途，也沒有其他做法更適合於保障「我們在該地同胞」的生命財產安全和維護「國家的光榮和尊嚴」。有人提出修正案，但被否決。原決議在一片歡呼喝采聲中以壓倒性多數通過。角逐倫敦議席的候選人之一克勞福德（R. W. Crawford）動議成立委員會，負責把這次決議寫成請願書，由代表團面呈巴麥尊子爵，大家一致通過。[150]

---

146 Russell, 'Lord John Russell's Address to the Electors of London', *Globe*, Thursday, 12 March 1857, p. 2, col. 6.

147 *Globe*, 12 March 1856, p. 2, cols. 1-2.

148 巴麥尊與《環球報》的密切關係，見第十五章。

149 雷克斯‧柯里（Raikes Currie, 1801–1881）是倫敦銀行家、東印度銀行的擁有者、兼太陽火險公司（Sun Fire Office）董事。他自 1837 年 7 月起當上北安普敦（Northampton）的議員（*BMP*, v. 1, p. 98），但現在他似乎在覬覦倫敦市席位。

150 *Globe*, 14 March 1856, p. 1, cols. 5-6, 'Great Meeting in the City of London'.

　　羅素勳爵在這個選區曾擔當了十六年議員，而在出席大會的名單上獨缺他的名字，令人扎眼。《環球報》評論說：「在昨天的一次公開集會上，人們已清楚聽到倫敦市的聲音，而這聲音與所有其他民眾和商界團體毫無二致，全是表示信任和支持首相的。」[151]

　　羅素愈來愈按捺不住，不想再待在家裏，最後改變主意，出席競選活動發表演說。[152] 激發他振奮起來的，可能是外相克拉蘭敦伯爵在倫敦的富商巨賈面前為他說情，並明知此舉是甘冒巴麥尊不悅的。[153] 明顯地，克拉蘭敦伯爵不忍看着這位前任首相「灰頭土臉、不甘不願」地回到家族市鎮去參選。[154] 執政黨黨鞭海特（W. G. Hayter）[155] 也盡力幫助羅素。[156]

　　羅素得到這種有力的支持後，想在 3 月 19 日再碰碰運氣，向在倫敦旅館集會的民眾發表演說。他開始時說，如果有位紳士想攆走他的管家、他的馬車伕或者獵場看守人；或者一位商人想攆走他的老僕人、倉庫員、文書，甚至是挑伕，他大可對他說：「約翰（哄堂大笑）……」[157] 大家大笑起來，因為羅素家族慣常把「約翰」唸成「冤翰」。大笑過後是一陣雷動的歡呼。[158]

　　羅素繼續他的比喻：「約翰啊，我想你寶刀已老，上了年歲，又出了些紕漏，我想找一個北安普敦來的年輕人接替你的位置（大笑和喝采）。」[159] 北安普敦來的年輕人就是指雷克斯·柯里，[160] 如前所述，此君

151　Ibid, p. 2, col. 2, editorial.

152　Argyll, *Autobiography and Memoirs*, v. 2, pp. 74-75.

153　Palmerston to Clarendon, 24 March 1857, MSS Clar. Dep. C69, quoted in Steele, *Palmerston and Liberalism*, p. 74.

154　Clarendon to Wodehouse, 19 March 1857, BL Add. MSS 46692, quoted in ibid., p. 74.

155　威廉·古迪納夫·海特爵士（Sir William Goodenough Hayter, 1792－1878），1839 年成為御用大律師，之後歷任軍法署長、財政部財務大臣，以及財政部政務次官。後者他出任直至 1858 年 3 月。他被稱為可敬的「黨鞭」。*DNB*, v. 9, p. 307.

156　Hayter to Russell, 25 March 1857, PRO, 30/22/13C, quoted in Steele, *Palmerston and Liberalism*, p. 74.

157　*The Times*, 20 March 1857, p. 7, cols, 4-6, 'Lord J. Russell in the City': col. 4.

158　Argyll, *Autobiography and Memoirs*, v. 2, pp. 75.

159　*The Times*, 20 March 1857, p. 7, cols, 4-6, 'Lord J. Russell in the City': col. 4.

160　他擔任北安普敦議員逾二十年。在 1857 年 3 月 10 日，他出席倫敦市自由黨選民登記協會的大會，在會上正式獲邀成為第四名參選人。見 Globe, 11 March 1857, p 1, col. 4。

在倫敦市政廳動議支持巴麥尊。

羅素繼續說：「我認為紳士對待老僕的方式，應該是給約翰一個機會回答，他會自認寶刀未老，不管怎樣，還能往前衝他五六年，或者更久（喝采聲）。」但關於「亞羅」號紛爭，他堅稱遍閱所有文件，包令所「採取的暴力措施」是沒有合理依據的（噓聲），因此，「英國如認可那些作為，則與我們的性格、聲譽和光榮」不相吻合（聽啊，聽啊）。[161]

羅素表示，約四十八位自由黨下議院議員得出一致的結論，並像弗朗西斯・霸菱爵士一樣投了相同的票，他可以為自己並代他們回答，他們之中沒有一個人與任何其他政黨有任何合謀，或結成任何同盟。[162] 他在此鄭重否認巴麥尊說他是所謂「親華聯盟」的一員。他還說：「我的意見很清楚：我們應該支持巴麥尊子爵的政府（聽啊，聽啊）。」[163]

貝諾奇（Bennoch）先生動議，大會聽了羅素向倫敦市選民所作的慷慨陳詞，對其決定感到十分滿意，承諾給予全力支持。貝諾奇在動議發言時指出，選民登記協會的決定似乎是說「只有商人才能代表倫敦市，我們是商人，倫敦必須由我們來代表」，他指稱這樣的決定是不當、不智又不慎的。他的動議得到和議並交付表決。最初有約二十人舉手反對，但到第二次表決時，反對者減至六人，主席因此宣佈動議獲一致通過。[164]

阿蓋爾公爵讚賞羅素把選民比作自己的主人，呼籲大家不應不給老僕人申辯的機會就把他辭退。阿蓋爾公爵形容這是「此人與生俱來過人勇氣之體現」。[165]

由此，《環球報》的立場一百八十度大轉變。該報現在說：如果羅素哪怕只有一天不幸被摒於下議院門外，或受到被無情地遣返的屈辱，該報都會視為憾事。又說，羅素在國民心中佔有一席之地，「不用糾纏於當前一時的問題」。[166] 據說巴麥尊把文章直接投到《環球報》的欄目，把鈔

161　*The Times*, 20 March 1857, p. 7, cols. 4-6, 'Lord J. Russell in the City': col. 4.

162　Ibid., col. 4.

163　Ibid., col. 5.

164　Ibid., col. 6.

165　Argyll, *Autobiography and Memoirs*, v. 2, pp. 74-75.

166　*Globe*, 20 March 1857, p. 2, col. 1, editorial.

票直接送進「該報編輯的口袋」，[167] 果真如此，則羅素現在可以説是得到了首相的祝福。

阿蓋爾認為羅素的「冤翰」表演贏得了選民的歡心。[168]《環球報》態度丕變，顯示爭奪戰遠未結束。羅素必須擊敗四個被稱為「自由黨商界」候選人（他們是羅思柴爾德〔Rothschild〕、杜克〔Duke〕、克勞福德和柯里）。誠如《泰晤士報》所説：他最大的勝算是指望四個商界候選人中有一人不得選民歡心，從選票上剔除這個最不受歡迎的人的名字。[169] 據説商界候選人的競選活動，有倫敦市自由黨選民登記協會的資源可供利用，比羅素的助選團更有系統和更有組織，因為羅素的助選團全是志願人員。

《泰晤士報》説 3 月 25 日曾有排擠羅素出局的嘗試，未果，但沒有報道細節。[170] 倫敦市自由黨選民登記協會顯然舉行了另一次大會試圖抹黑羅素。但羅思柴爾德男爵[171] 不想蹚這渾水。因此主席（是誰不詳）問男爵是否想與其他三名候選人共同進退，羅思柴爾德在一片喝采、大笑和困惑聲中，給出模稜兩可的答案。有人動議支持四名商界候選人出選，但表決不獲通過。於是有人提出支持羅素的動議交付表決，在一片雷動的歡呼聲中以多數通過。[172]

面對如此變幻莫測的形勢，羅素必須加倍努力才能保住席位。他對於巴麥尊的評價口風大變：「我得承認，巴麥尊子爵是適合於統馭本帝國各部會的人選（大聲歡呼和輕微噓聲）。」這些歡呼聲大概是給巴麥尊的，而噓聲恐怕則是針對羅素的轉軚而發。但羅素並沒有因此而收斂對巴麥尊的頌讚：「我認為他應當得到下議院和國家的支持（歡呼）。」接着又講了幾句冠冕堂皇的自我辯解的話：「但是，我無法接受如果下議院議員對政府投不信任票……就把他們抹黑，説他們意圖利用國家受辱和被輕

---

167   Koss, *Political Press*, v. 1, p. 45.

168   Argyll, *Autobiography and Memoirs*, v. 2, pp. 74-75.

169   *The Times*, 25 March 1857, p. 8, col. 3.

170   同上註。

171   有關羅思柴爾德家族的歷史，見 Derek Wilson, *Rothschild: A Story of Wealth and Power* (London, Deutsch, 1988)。

172   *Globe*, 26 March 1857, p. 1, col. 5.

蔑作為獲取執政權的踏腳石（喝采）。」他堅稱下議院應有獨立見解，並根據問題的是非曲直來投票。他們或許會犯錯，但絕不容「任何首相對他們吹鬍子瞪眼睛來威脅（喝采）」。[173]

羅素又重新參與角逐倫敦市這選區的席位，儘管那些富商巨賈之前曾「對他棄若敝屣」。[174] 這一變化的犧牲者看來是柯里。本來他要贏取北安普敦的席位如探囊取物，但他放棄當地席位，改為到倫敦參選，一心想在「帝國首善之都倫敦，名副其實是帶領和引導國家的城市」取羅素而代之，成為倫敦議員。[175] 僅在四天之前，他還在市政廳的民眾大會上動議支持巴麥尊，這項動議幾乎是對羅素毫不掩飾的攻擊，當時在一片歡呼聲中獲得通過。[176] 現在羅素成功地東山再起，柯里要在一片對他不以為然而對羅素喝采的群情中演說，根本沒法令聽眾留心聽他的講話，結果只好扭頭面向左方的記者，對着他們說話。到了表決時，四份之三的人支持羅素，支持柯里的僅四份之一。[177]

有人代表柯里提出要進行民意調查，為此，政務議事廳的公告傳報員宣讀舉行民意調查地點的名單，並宣佈後天（即 1857 年 3 月 28 日）早上 8 時至下午 4 時進行民意調查。調查結果顯示，羅素在四名獲提名的候選人中位居第三。[178]

據說此後羅素如履薄冰，對於選民的意見不敢輕忽。[179] 由此類推，就第二次鴉片戰爭的起因而論，來自商界利益集團的壓力，是否在發動戰爭也上發揮了相同的影響？這個問題我們將在本書下篇的第五部份探

173　*The Times*, 28 March 1857, p. 5, col. 3.

174　Steel, *Palmerston and Liberalism*, p. 75, quoting D. MacCarthy and A. Russell, *Lady John Russell: A. Memoir* (London, 1926), p. 170: Lord John Russell to Lady Melgund, 1 April 1857; and PRO, 30/22/13C, Russell to Elliot, 4 April 1857.

175　*The Times*, 28 March 1857, p. 5, col. 2, to p. 6, col. 2, 'The Elections: Nominations': p. 5, col. 4.

176　*Globe*, 14 March 1856, p. 1, cols. 5-6, 'Great Meeting in the City of London'.

177　*The Times*, 28 March 1857, p. 5, col. 2, to p. 6, col. 2, 'The Elections: Nominations': p. 5, col. 4. 至於其餘三名候選人，集會群眾中一半人舉手支持羅思柴爾德男爵，支持杜克爵士的人數也有半數，支持克勞福德的就較少。

178　Prest, *Russell*, p. 379.

179　Taylor, *The Decline of British Radicalism*, p. 283, quoting M. B. Baer, 'The Politics of London, 1852-1868: Parties, Voter, and Representation', 2 vs. Unpublished D. Phil. Thesis, University of Iowa, 1976, v. 1, pp. 163-169.

討。至於羅素勳爵，他後來撰寫回憶錄時，對第二次鴉片戰爭這場辯論和「中國大選」隻字未提。[180]

正義屈服於淫威。此例再一次佐證了筆者的想法：西方文明的衰落，不待尼爾‧弗格森在其《世界戰爭》[181] 中所說的，要到第一次世界大戰才開始，而是在第二次鴉片戰爭時期就拉開帷幕了。

十二、「無名小卒」的國會

在曼徹斯特，科布登的親密夥伴布賴特[182] 在投票結果中也敬陪末座。他的另一同僚米爾納－吉布森也丟掉了該市的席位。「這是自 1812 年布魯厄姆（Brougham）、羅米利（Romilly）、蒂爾尼（Tierney）、蘭姆（Lamb）和霍納（Horner）統統落選，主和的輝格黨從政治舞台上消失以後，從未發生過的事。」[183] 阿蓋爾大喜，說「我們的敵人像風中乾草般四散飄零，主和派和曼徹斯特黨人已從下議院被鏟除」。[184] 連艾伯特親王（Prince Albert）也稱這是「我國國會史上前所未有之事」。[185]

因此，這次由於中國問題而觸發之大選，造成了一系列的史無前例。

「下議院中最特立獨行、最本着良心辦事的議員」[186] 可能全都失去席位，這個說法變成了自我應驗的預言。據估計，原有下議院中最出色的

180　在羅素的 *Recollections and Suggestions, 1813-1873*, 2d ed. (London, Longmans, Green, 1875) 中，有關中國選舉完全一片空白。該書第六章是有關阿伯丁勳爵的內閣和克里米亞戰爭的起源，之後就一躍到了第七章，就談到從 1859 年英國外交政策，至巴麥尊勳爵之死。「中國」和「亞羅號」這些字眼，在索引中也沒有出現。索引中有關於 1807、1841、1868 和 1874 年大選的條目，獨獨欠缺 1857 年。

181　尼爾‧弗格森：《世界戰爭》。原著見 Neil Furgerson, *The War of the World: Twentieth-Century Conflict and the Descent of the West*。

182　如前所述，約翰‧布賴特（1811－1888）是羅奇代爾的棉紡商和製造商，他在 1847 年 7 月起當選曼徹斯特的國會議員。見 Roberston, *John Bright* 和 Robins, *John Bright*。

183　Morley, *Cobden*, p. 657.

184　Argyll, *Autobiography and Memoirs*, v. 2, p. 74.

185　Queen Victoria, *The Letters of Queen Victoria: A Selection from Her Majesty's Correspondence between the Years 1837 and 1861*, ed. Arthur Christopher Benson and Viscount Esher, 3 vs. (London, John Murray, 1908), p. 300: 4 September 1858.

186　*Manchester Guardian*, 18 March 1857.

議員，至少有六份之一被摒諸議院門外。[187] 因此《遊戲人間》評論說：「從當選為國會議員的無名小卒數目之多看來，新一屆國會的特點已隱然可見，用巴麥尊的語言來說，是『原子的偶然集聚』。」《遊戲人間》覺得，有些原子實在太渺小，女王恐怕得帶着顯微鏡去國會才看得見。[188]

這些「無名小卒」是「新一代的激進政客、投機取巧者和為謀職餬口之人」。[189] 他們被形容為沒有原則，「他們的國家利益觀念短淺，錢袋卻很深」。[190] 例如，威格拉姆・克勞福德（Wigram Crawford）等有英倫銀行或東印度公司背景的人當選，令人懷疑倫敦選民已「利令智昏」。[191] 這種現象發人深省：這一商界集團對英國政府的影響力究竟大到什麼程度？

但在探討這個問題之前，必須提一下有哪些人保住了席位。在英國工業重鎮設菲爾德（Sheffield），約翰・羅巴克繼續抨擊巴麥尊的對華政策，他形容「亞羅」號紛爭只是藉口，它所掩蓋的事實是英國的聲譽被掃地、玷污和為人所鄙視。他獲選連任。[192]

在卡萊爾（Carlisle），詹姆斯・格雷厄姆爵士頂住了民眾叫囂求戰的聲音。他說：「十八年前我投票反對對華開戰，昨天我又投票反對這場戰爭，明天我依然會這樣做……英國人應該找那些與自己旗鼓相當的對手戰鬥，而不是把弱於己者踐踏在腳下。」[193] 格雷厄姆以最高票重新當選。[194]

在南威爾特（South Wiltshire），赫伯特繼續他在國會所闡述過的話題：「我們與外國交往應當光明磊落，但我們與中國發生紛爭之際，我國代表沒有以光明磊落的精神行事。」在他看來，那是「完全與一切正大

187　Morley, *Gladstone*, v. 1, p. 421.

188　*Punch*, 11 April 1857, p. 148.

189　Taylor, *Decline of British Radicalism*, p. 280.

190　同上註，p. 282。

191　同上註，p. 280，引自 *Examiner*, 4 April 1857, p. 208；and the speech of William Wilkinson at Lambeth, in *The Times*, 1 April 1857, p. 5。

192　Hawkins, *Parliament*, p. 74.

193　引自 Charles Parker, *Life and Letter of Sir James Graham*, v. 2, p. 305。他的演說全文，詳見 *Globe*, 28 March 1857, p. 4, col. 4。

194　據說他的一名聽眾說：「我從沒見過有人能在這麼短的時間內，就把別人的反感和懷疑完全化解於無形。」見 Parker, *Life and Letter of Sir James Graham*, v. 2, p. 305。

光明的原則背道而馳，是英國外交的污點」。[195] 他重新當選。

在白金漢郡（Buckinghamshire），迪斯累里聲稱巴麥尊之解散國會只是掩耳盜鈴的伎倆，因為巴麥尊在國會解散後，馬上宣佈派人取代他在中國的代表，「這等於承認下議院對他投不信任投票是正確的」。[196] 迪斯累里在沒有對手的情況下再次當選，他稱這次「得勝兵不血刃，但仍是非凡的成功」。[197]

十三、選舉結果剖析

對於巴麥尊之所以在選舉中得勝，長期以來的主流看法，歸因於他的民望，尤其是他不久前剛打贏了克里米亞戰爭。[198] 本章的一些發現或多或少證明了這種解釋。

反過來問，反對派何以一敗塗地？

《泰晤士報》認為，解散國會，「訴諸全民公決」，不僅僅是「由訴諸幾十名精英，轉而訴諸大批群眾；由訴諸一個階級，轉而訴諸整個民族——由一特定人群變為大眾，從深思熟慮的看法，轉向芸芸眾生的直覺」。[199] 結果當然不同。

此外，到了 1857 年，該屆國會已有四年之久。據說經過這麼長的時間後，國會可能已與民意大大脫節。反對派全都滿以為他們的所作所為深合民意。《泰晤士報》說：「他們堅信，他們譴責炮轟廣州，以及在船照過期的法律問題上駁倒政府，會獲得國民支持。」「以迪斯累里先生為例，要不是他認為該問題很適合在國會內進行激烈爭論，肯定會靜觀其變，不會輕舉妄動。」他們看了藍皮書後，「自以為穩操勝券」。[200]

迪斯累里的想法是否真如《泰晤士報》所說的那樣？下文在尋找箇中

195　見他的演説，載於 *Globe*, 20 March 1857, p. 1, col. 4。

196　迪斯累里向選民所作的演説，見 *Globe*, 19 March 1857, p. 1, col. 5。

197　引自 Buckle, *Benjamin Disraeli*, v. 4, p. 75。

198　這種看法大量見諸巴麥尊和一些與他同時代人的傳記，尤其是 *DNB* 中的人物生平。

199　*The Times*, 16 March 1857.

200　同上註。

底蘊時再予探討。即使他並非這麼想，他唯其馬首是瞻的德比勳爵，也可能左右了他的看法，若是這樣，只要把迪斯累里的名字換成德比，《泰晤士報》的上述說法仍然不失為有理。

但他們剛在國會的辯論中贏得勝利，就發覺自己原來是在自掘墳墓。在舉國一片憤怒之聲中，《泰晤士報》評說：「鮮有人不痛詆親華聯盟的行為。」商人、貿易人員、鄉紳、教士、農夫，皆眾口一詞，指責剛進行的投票結果。因此，所有曾投票反對政府的議員，「在面對選民時，都不得不滿嘴道歉，一臉懺悔，因為這位首相令本國重新在歐洲居佔一席，抨擊他將觸碰英國民族感情的約櫃，這是他們始料不及的」。[201]

最新的研究，尤其是關於維多利亞時代政治、激進主義和自由主義的專題研究，除一面倒地強調巴麥尊的民望外，還提供了一些不同的探索角度。例如，在競選演說中，僅次於「亞羅」號紛爭最常被提及的問題，是候選人與選區當地社群的關係。[202] 這項證據的提出，有力地反駁了1857 年大選是由巴麥尊一人主宰的「全民投票」的說法，[203] 並為人們帶來一個新的概念，即對地方問題的關注（選民想要的）和在國會內的獨立自主（候選人堅持的）之間的角力。[204]

人們引用來證明這個概念的例子之一，是倫敦市選民原先不願提名羅素為該市候選人，理由是：代表倫敦選民的，應當是與倫敦市有聯繫的人，而非無暇關注選區之內事務的「政治家」。[205] 從本章的分析角度看，很自然察覺到倫敦市選民的主要興趣，是一切與中國和印度貿易有關的

---

201 同上註。

202 Jackson, 'The British General Elections of 1857 and 1859', p. 149；另見 Hawkins, *Parliament*, p. 65。

203 見 A. J. P. Taylor, 'Palmerston', in his *Essays in English History* (London, Hamilton, 1976); and Gavin, 'Palmerston's Policy towards East and West Africa, 1830-1865', p. 9. 在他們之前，G. E. Buckle 說過同樣的話（見 *The Life of Benjamin Disraeli*, v. 4, p. 74）。

204 見 Taylor, *Decline of British Radicalism*, pp. 275-278。這包括不盲從政黨。因此邁爾斯·泰勒觀察到，在整個競選活動期間，巴麥尊「強調政黨忠誠對於政府穩定的重要性，並把國會獨立自主貶斥為結黨營私和自抬身價」。以此來看，以往認為自由黨好比教會中寬容的廣教派，「把輝格黨黨義和激進思想這兩座聖壇兼容並蓄，這種想法被 1857 年的選舉結果所粉碎」(Ibid., p. 280) ——這是中國選舉的另一重要標誌。

205 Taylor, *Decline of British Radicalism*, p. 277, quoting in the *Daily News* (11 March 1857, p. 5; 14 March 1857, p. 3; 18 March 1857, pp. 5-6)，以及 *The Times* (18 March 1857, p. 5)。

商業活動；而羅素做了他們眼中不可饒恕的事，就是在下議院質問巴麥尊，迫得政府向全世界承認試圖以不義的手段來擴大對華貿易，多麼羞人。因此，對於英國人政治行為的這種新解釋，從另一個角度凸顯了「亞羅」號糾紛在所謂的「中國大選」中的重要性。

其後羅素重新參選，倫敦市選區只能淘汰四名「商界候選人」中最弱的柯里．克勞福德入圍了。他是一家與中國有龐大商業利益的公司的合夥人，又是英倫銀行行長；對於倫敦東印度和中國協會主席兼格雷格森公司老闆塞繆爾．格雷格森來說，他將會是有力的盟友。

看到這些以後，我們又一次進入了討論帝國主義性質的一個重要概念——紳士資本主義。[206] 這個理論中的一個論點是：倫敦市的紳士資本家由於與英國政府機關所在的白廳近在咫尺，近水樓台對大英帝國政策有很大影響力。羅素勳爵最初受倫敦選民排擠，其後外交大臣介入，至最後這位在來日將再度當首相的候選人得以恢復議席，凡此種種，皆顯示倫敦市和外交部之間關係密切，因而表面上為這套理論提供了有力支持。但是，這些紳士資本家對於外交部的政策，尤其是有關第二次鴉片戰爭的那些政策，到底有多大的影響？本章所得的證據顯示，他們狂熱支持政府老早已經決定了的侵略政策，政府也利用他們的狂熱來把反對派打得七零八落，以至侵略政策得以順利推進。如此而已，沒有證據顯示他們有資格制定該侵略政策。因此，用「紳士資本主義」來解釋第二次鴉片戰爭當中的英帝國主義並不恰當。

又至於源自曼徹斯特精英的「自由貿易」思潮，該市商人竟然摒棄他們最有力的代言人——布賴特 [207] 和米爾納－吉布森。[208] 這種行動被形容為自殺，因為當時棉紡業亟需它所能動用的一切政治勢力，以說服英國東印度公司照顧這個行業的需要。科布登、布賴特和米爾納－吉布森是重量級政治人物，言行深受政府和國民矚目。他們之受到排擠，被形容

206　見 Cain and Hopkins, *British Imperialism*。

207　George Macaulay Trevelyan, *The Life of John Bright* (London, Constable, 1913).

208　米爾納—吉布森尤以能言善辯聞名。巴麥尊一樣，他的演說既理直氣壯雄辯滔滔，又諷刺幽默。巴麥尊在 1859 年重新執政時，委任米爾納—吉布森為相當於內閣閣員職級的貿易委員會主席。*DNB*, v. 7, pp. 1164-1165.

為「極具破壞力的政治風暴」。追源禍始，部份原因是選民受政府的好戰愛國主義影響之深，已經到了喪失理智的地步。其他解釋還包括該學派在克里米亞戰爭期間的反戰主張，以及他們支持選舉權改革等。[209] 時人觀察到：「蘭開夏郡的大城市寧願要庸碌之輩，也不要布賴特和科布登。」[210] 一位史學家下結論說：「曼徹斯特跟自己過不去，割下鼻子來跟臉孔作對。」[211]

下議院的不信任投票似乎令曼徹斯特商人變得歇斯底里。[212] 這完全可以理解，因為世界上最重要的棉紡業都落戶在蘭開夏郡，而曼徹斯特則是蘭開夏郡的棉紡業重鎮。[213] 憂心忡忡的曼徹斯特商人中，除了覬覦中國市場並急欲擴大的製造業者以外，還包括向印度輸出貨物的出口商，他們的印度顧客靠鴉片買賣來賺取購買英國貨的資金，這種非法貿易一旦中斷，後果非同小可。[214]

從一些統計數字可看出，中國和印度市場對蘭開夏郡的重要性。比如，在 1860 年英國出口的棉織品總值中，百份之四十三出口到四個市場，它們分別為：印度，佔百份之二十點七；美國，佔百份之八點七；土耳其，佔百份之六點八；中國，佔百份之六點五。[215] 曼徹斯特商人眼見他們出口市場總額中的百份之二十七點二 [216] 受到威脅，變得歇斯底里就可以理解了。他們希望政府將第二次鴉片戰爭打下去，並要轟轟烈烈地大打，任何攔路虎都要把它鏟除。

就布賴特被排擠而言，更惹人注目的還有兩點值得説明。

209　Arthur Silver, *Manchester Men and Indian Cotton*, 1847-1872 (Manchester, Manchester University Press, 1966), p. 82.

210　Greville diary, 4 April 1857, in *Leaves from the Greville Diary*, p. 787.

211　同上註，p. 84。

212　見 Bazley to Clarendon, 5 March 1857, FO17/280. p. 37。

213　Arthur Redford, *Manchester Merchants and Foreign Trade*, v. 2, 1850-1939 (Manchester, Manchester University Press, 1956), p. xx.

214　Chang, *Commissioner Lin*, pp. 192-193, quoting Parl. Papers 'Memorials Addressed to Her Majesty's Government by British Merchants Interested in the Trade with China', 1840.

215　D. A. Farnie, *The English Cotton Industry and the World Market, 1815-1896* (Oxford, Clarendon Press, 1979), p. 138.

216　那是中國和印度加起米的總值。

第一，1857 年 1 月 29 日召集了一場民眾集會。原本召集這場集會是為了聽布賴特以健康欠佳為由提出辭呈，結果顯示他「深獲選民支持」，[217] 如果他兩個月後被拒絕的原因，是他反戰倡和的主張和激進觀點，那麼，在那次大會上選民應該已經顯露出不滿。商人一般都是精明而講究實際的，不應該輕易被狂熱愛國主義牽着鼻子走。他們會因憧憬獲利的前景而感到興奮，又會因面臨破產的威脅而驚慌失措。此外，完全不屬於狂熱愛國主義的《曼徹斯特衛報》，在選舉時期的社論極為敵視布賴特。[218]

第二，布賴特根本沒有在威斯敏斯特投票反對巴麥尊，也沒有在曼徹斯特為連任而拉票。他因克里米亞戰爭期間承受過大壓力而精神崩潰，當時在意大利休養。[219] 但科布登自告奮勇在曼徹斯特替布賴特拉票，並繼續大聲疾呼要制止「本國的專制統治者巴麥尊子爵」。[220] 對曼徹斯特選民來說，這是不中聽的逆耳之言。他們不但堅信不應掣肘巴麥尊，更應放手讓他全力進行對華戰爭。科布登在曼徹斯特的言論，使得布賴特在大選中得票最低。

當曼徹斯特的選民終於醒覺到自己當初做錯了事時，人人都大為驚訝，包括「在國會解散後才匆匆被動員的」得勝者。[221] 據說《曼徹斯特衛報》「愧疚不已」。[222] 如果歇斯底里的程度是物質利益大小的指標，我們能否在上述籠統的棉織品所佔百份比以外，把探索更進一步，確切得出所有相關利益的數字？經濟現實究竟對於第二次鴉片戰爭的爆發扮演了什麼角色？

明白上述背景後，筆者重新質疑「自由貿易的帝國主義」[223] 能否恰

217　Silver, *Manchester Man and Indian Cotton*, p. 83.

218　同上註，p. 84, n. 2。

219　同上註，p. 83。

220　見《世界報》全文刊載他在曼徹斯特的演講稿，*Globe*, 20 March 1857, p. 1, cols. 3-4。《泰晤士報》也刊出了摘要，*The Times*, 19 March 1857, p. 9, col. 3。

221　Silver, *Manchester Man and Indian Cotton*, p. 83.

222　同上註，p. 84, n. 2, commenting on its leader of 30 March 1857。

223　見 Gallagher and Robinson, 'Imperialism of Free Trade'。

當地解釋為何第二次鴉片戰爭了。[224] 首先，為什麼主張和捍衛自由貿易最力者竟然被學術權威說成是推動了戰爭？因為戰爭無可避免要破壞貿易。其次，商人因該學派主要成員反對戰爭而將之排擠，是否等於宣佈他們正在要求得到比對華自由貿易更重要的利益？而這些利益非用武力不能獲得？此外，下列一連串問題也必須回答：

第一，科布登的動議相當溫和，巴麥尊為什麼強行將之說成是不信任投票？格雷厄姆說「舉行大選訴諸全民公意，以及早有圖謀的解散國會」，[225] 都以此問題為轉捩點。

第二，也是據格雷厄姆所說，在國會的爭論原本可以順利解決，只要政府向包令說，他們對他處理事件的手法和因此引致的流血感到極為遺憾；當然，他們明白英國駐外官員處境困難，但無論任何時候，包令都應該採取最合宜的方式處理紛爭；他們對過去發生的事件感到惋惜；並會馬上採取措施改善與中國的關係，以及致力防止這種不幸事件日後重演。[226] 但巴麥尊沒有這樣做，為什麼？

第三，科布登、羅素、霸菱、卡德韋爾、[227] 赫伯特、[228] 林賽 [229] 等人全都說，如果政府在辯論前宣佈有意派人接替包令，下議院就不會去辯論中國問題。科布登等人因此指稱巴麥尊在辯論中受挫，是他自己處心積慮策劃的後果。[230] 由於沒有其他令人滿意的解釋，有現代學者似乎愈來愈傾向於相信科布登所提出的陰謀論。[231]

224　見上註，以及 Platt, *Finance, Trade, and Politics*, p. 265.

225　*Globe*, 19 March 1857, p. 1, col. 6, 'Sir James Graham'.

226　格雷厄姆爵士的競選發言，見 *Globe*, 19 March 1857, p. 1, col. 6.

227　見其競選發言，同上，14 March 1857, p. 4, col. 3.

228　同上註，20 March 1857, p. 1, col. 4.

229　*The Times*, 13 March 1857.

230　見科布登在哈德斯菲爾德的發言，同上，28 March 1857, p. 8。

231　見 Taylor, *Decline of British Radicalism*, p. 274，他依據了三個資料來源：哈德菲爾德在設菲爾德的發言（*The Times*, 25 March 1857, p.8）、科布登在哈德斯菲爾德的發言（同上，28 March 1857, p. 8），以及《每週快訊》的社論（15 March 1857, p. 7）。

十四、反響

唯一對本章提出商榷的學者是倫敦大學英聯邦研究所主任彼得‧伯勒斯教授。他認為筆者「花費了過多篇幅去談『自由貿易帝國主義』（毫不相關）和『紳士資本主義』（虛幻無實）是『岔開正題』，是『不需要和不值得的』」。

正是由於英、美深具崇高學術地位的史學權威們，長期用毫不相關的「自由貿易帝國主義」和虛幻無實的「紳士資本主義」來解釋為何第二次鴉片戰爭爆發了，結果這種解釋左右了全球學術界對該戰爭的準確理解，所以筆者必須用大量正、反史實來證明該等理論「毫不相關」和「虛幻無實」。否則無論本章篇幅如何簡潔，都變成無的放矢。的確，本章篇幅是本書最長的了，但是矯枉必須過正，若不用「過多篇幅」，反反覆覆的討論，則別奢望動搖雄踞西方學壇垂大半個世紀的權威理論絲毫。

其實彼得‧伯勒斯教授對本章的批評，從純學術的角度看很難理解。但從施展軟實力的角度看，他的動機昭然若揭：身為倫敦大學英聯邦研究所主任，調校着來自英聯邦各地甚至以外的研究生，他盼望「自由貿易帝國主義」和「紳士資本主義」永遠影響着一代又一代的莘莘學子對第二次鴉片戰爭的解讀。

為了徹底證明「自由貿易帝國主義」和「紳士資本主義」實在不能用來解釋為何第二次鴉片戰爭爆發了，本書以後各章節還有進一步分析和討論，總期較為透徹地搞清楚第二次鴉片戰爭爆發的真正原因。

帝國主義的運作

國會辯論以及「中國大選」期間那些隱晦的公開發言，已令第二次鴉片戰爭爆發的關鍵問題呼之欲出。現在我們將循着這些線索，做當時英國公眾（包括馬克思）無法做到的事：探討幕後底蘊，辦法是借助當時政要之間的私人來往書信，英、美、法、俄國政府之間的秘密協商等。為此，本部份的三章都將以倫敦在接到「亞羅」號事件的消息那一刻或更早來開篇。時間跨度一樣，但側重點有所不同。

作為局外人的馬克思，對事情的真正底蘊，可謂一無所知。雖然早在 1856 年 12 月 1 日，白廳已收到包令所有關於「亞羅」號事件以及由此而引發的一系列事故的公文，[1] 但一直秘而不宣。所以英國公眾（包括馬克思）全被蒙在鼓裏，直至 12 月 29 日星期一為止。當天《泰晤士報》刊出從遠東郵寄至里雅斯特、並在里雅斯特通過有線電報傳來的電訊報道，裏面列出 1856 年 10 月 8 日「亞羅」號事件爆發，到 11 月 12 至 13 日英軍奪取虎門炮台的連串事件。[2] 英國公眾才知曉此事。

早已得悉此事的英國政府，為何一直秘而不宣？答案是：白廳甚至在 12 月 1 日得悉「亞羅」號事件之前，已秘密地謀求與法國和美國結盟，以聯手對華用兵。事實上，它早在 9 月 24 日已經展開這種活動，那時候「亞羅」號事件還遠未曾發生。

準此，本部份致力於探索帝國主義的運作方式，包括秘密外交。

---

1   見第十一章。

2   *The Times*, 29 December 1856. 到了 1856 年，電報網絡已連接到意大利和遠至黑海，但到印度的線路，則要到 1869 年才接通。見 Brown, *Victorian News and Newspapers*, p. 227。

第十九章
外交上瞞天過海

早在 1856 年 10 月 8 日「亞羅」號事件發生之前的 9 月 24 日，英國政府已經公函邀請法國聯手對華用兵。西方學者之堅稱英國是為了報復「亞羅」號上的所謂辱旗事件而發動第二次鴉片戰爭，不攻自破。

一、白廳一切如常

巴麥尊的內閣得悉「亞羅」號事件的時間遠早於英國公眾，早了將近一個月。英國公眾有待 12 月 29 日星期一，《泰晤士報》刊出從遠東郵寄至里雅斯特、並在里雅斯特通過有線電報傳來的電訊報道，才得知事件。而白廳外交部則早於 1856 年 12 月 1 日，已經接到包令寄來一疊連附件的公文，但秘而不宣。

包令的第一份公文[1] 寫於 1856 年 10 月 13 日，附有十七份附件，全都是有關「亞羅」號糾紛及其所引發的連串事件。克拉蘭敦伯爵在它們送達後四天，即 12 月 5 日，才能抽空閱讀。他在批示中寫道：「諮詢蘇格蘭律政司，[2] 是否有違反條約之事。」[3] 文件在第二天轉到蘇格蘭律政司。[4]

第二份寫於 10 月 14 日，包令在這份公文中，轉呈了巴夏禮有關華南發生起義事件，克拉蘭敦閱後，僅用鉛筆在上面寫了一個英文字母 C。[5]

1　Bowring to Clarendon, Desp. 326, 13 October 1856, FO17/251.

2　他是詹姆斯‧蒙克里夫（James Moncreiff）。如我們在第十七章所見，他其後在下議院大力為政府辯護。

3　克拉蘭敦的原文是：「蘇格蘭律政司，有關違反條約之事，D5/56/C。」見克拉蘭敦寫於 1856 年 12 月 5 日的批示，見 Bowring to Clarendon, Desp. 326, 13 October 1856, FO17/251。

4　克拉蘭敦的批示：「女王的總檢察長，12 月 6 日。」見 Bowring to Clarendon, Desp. 326, 13 October 1856, FO17/251。

5　克拉蘭敦的批示。這是他姓氏 Clarendon 的縮寫，表示已閱。見 Bowring's Desp. 334 of 14 October 1856, FO17/251。

如前所述，巴夏禮所寫的這些公文，只是將舊新聞重複一遍，他的目的似乎是要令包令相信，可以用強硬手段對付中國而無後顧之憂。[6] 包令把這份公文傳給倫敦，目的也正是要向白廳傳達同樣的訊息。

10 月 15 日包令所寫的第三份公文説，葉名琛拒絕為據稱曾發生過的辱旗事件賠償。克拉蘭敦再次把信轉給蘇格蘭律政司，[7] 時間是 12 月 6 日。[8]

儘管巴夏禮公然建議可以安全無慮地對華動武，但在白廳的記錄中，聽不到絲毫喊殺聲，也聞不到半點硝煙氣味。一切情況如常。有關的法律問題，克拉蘭敦很適時地諮詢了蘇格蘭律政司，並在 12 月 10 日事後認可了包令的行動，這種事後追認的行政效果等同事前批准一樣。

到了 12 月 16 日，包令寫於 10 月 16 日的公文送抵。包令在公文中報告擄獲中國大型戰船之事。克拉蘭敦馬上閱讀並批示：「追認，D16/56C。」[9] 1857 年 1 月 1 日，包令撰於 10 月 20 日的公文送達。包令在公文中報告他致函美國駐華公使伯駕，談論修訂條約之事，並説伯駕獨自接觸中國當局要求修訂過去已經簽署了的條約（簡稱修約），注定無功而還。克拉蘭敦在 1 月 4 日抽空閱讀此公文，批示同樣是追認。[10] 讓我們再來看看修約之事，雖然這在之前的各章中已有不少篇幅述及，但此次中方之拒絕修約馬上倍增英國的殺機。

二、提出修約

早在 1854 年 2 月，克拉蘭敦委任包令為英國駐遠東全權公使時，就訓令他要求中國修訂《南京條約》。其中四件必須優先處理的事項是：

6　見第十一章。

7　克拉蘭敦的原文是：「蘇格蘭律政司，傳上另一封公文，D5/56 C。」見 1856 年 12 月 5 日克拉蘭敦的批示，見 Bowring to Clarendon, Desp. 326, 13 October 1856, in FO17/251。

8　克拉蘭敦的批示：「女王陛下的總檢察長，12 月 6 日。」見 Bowring to Clarendon, Desp. 326, 13 October 1856, in FO17/251。

9　Clarendon's 16 December 1856 minute on Bowring's Desp. 337 of 16 October 1856, FO17/251.

10　Clarendon's 4 January 1857 minute on Bowring's Desp. 341 of 20 October 1856, FO17/251.

1. 取得進入中國整個內陸腹地的權利；

2. 取得長江的自由航行權；

3. 實現鴉片貿易合法化；

4. 設法防止對外國貨品徵收子口稅。[11]

提出這四條嶄新的要求，與其說是要求修訂《南京條約》現有條款，不如說是要求另立新約。

包令不是職業外交家，人們多認為他之所以獲擢升擔任全權公使此職，是與他談判商業條約的經驗有關。巴麥尊事後說，包令是在「與巴黎進行商業談判」時與克拉蘭敦相識的，[12]並補充說，克拉蘭敦在委任包令前曾諮詢他的意見，好像認為巴麥尊對包令有「更深刻的了解」。巴麥尊本人也認為包令「對於商業事務的知識超卓，享負盛名」，[13]因而同意任命。由此可知，英國政府之所以授予包令全權公使的職位，最高目標是寄望他成功地藉修約為名，從中國獲得更優厚的通商條件。

為什麼要以修訂舊約為幌子要求簽訂新約？

《南京條約》簽署後不久，英國商人就對它心生不滿了。首先，儘管他們打贏了鴉片戰爭，但鴉片在中國還是不合法。當時的在華英商大都沾手鴉片貿易，因此他們在華的財產和人身安全沒有保障。第二，商貿擴張沒有他們所期望的那麼高。五個口岸開放通商後，英國商人可以做生意的口岸由一個增至到五個，他們預期製造品的銷量就算不躍升五倍，也會大幅增長。但是，英國把大批中國人用不着的貨品推到市場，例如鋼琴和西式餐具，當然滯銷。曼徹斯特也「盲目地」一股腦兒大量出口精紡毛紗和棉製品，但同樣因銷路欠佳而感到失望。[14]所有這些因素加起來，賣不掉的貨物大量存積，使得英國對華貿易在 1848 年大幅下

---

11 Clarendon to Bowring, Desp. 2, 13 February 1854, FO17/210.

12 Palmerston, 3 March 1857, *Hansard*, 3d series, v. 144, col. 1810. 克拉蘭敦在 1846 至 47 年擔任貿易委員會主席，從而認識包令。見 E. L. Woodward, *The Age of Reform, 1815-1870* (Oxford, Clarendon Press, 1954), p. 638。

13 同上註。

14 見柯克（George Wingrove Cooke）在《經濟學人》上的文章，*Economist*, 4 September 1858。一家設菲爾德的著名公司出口人批刀叉，並「宣稱他們準備向全中國供應餐具」，鋼琴是由倫敦出口的，最後被賤價賣掉，「售價低得連付運費都不夠」。

滑。[15] 雪上加霜的是，在此前一年倫敦發生了商業危機。有些英國人據此指出，中國習慣於自給自足，英國商品在中國的銷量很難大增。香港的助理巡理府（Assistant Magistrate）米切爾（W. H. Mitchell）在 1852 年就曾這樣分析，但他的報告被香港總督文翰束諸高閣，直至 1858 年額爾金伯爵把它附入他的一份公文之中送回英國，才為世人所知。[16]

　　反之，阿禮國領事的看法獲得了青睞。他認為中國或許能自給自足，但英國貨物仍然可以大批銷售到廣大的內陸，尤其是富庶的長江流域，以及大運河沿岸一帶。[17] 文翰很讚賞阿禮國的報告，把它傳給當時任外相的巴麥尊。巴麥尊馬上指示文翰要求北京修訂條約，並藉修約之名加上其他要求，例如令英國臣民可以藉着使用通行證自由進入中國內陸通商。[18] 文翰為修約之事貿貿然向北京交涉，失敗是意料中事。但是，巴麥尊仍然不禁雷霆大怒：「我清楚地看到，我們很快將不得不再次對中國施以痛擊，這為時已不遠了。」[19] 可是當時他尚有顧慮：要求修訂現有條約這個理由，是否足以令國家批准大動干戈？巴麥尊猶豫了。

　　由於直接要求修約被拒，又難以馬上發動戰爭，巴麥尊開始在法律上尋找藉口迫使中國作更大的讓步。途徑仍然不外是為了追求修訂《南京條約》而試圖與中方進一步交涉，這就見諸所謂的「修約交涉」，並終於在中美《望廈條約》（1844）中找到可躦的法律空隙。

　　《南京條約》（1842）沒有說它的條款可以隨時修改。但在中美《望廈

15　Report on the decline of trade at Canton (1848), FO682/137/1/42 (Canton Archive). 這份文件現在重新歸類為 FO931/482。

16　Elgin to Foreign Office, 31 March 1858, FO17/287, quoted in Pelcovits, *Old China Hands*, p. 15. 一份外交部記錄寫道：「我認為勳爵大人會對附件感興趣。文翰爵士似乎沒有把它傳回國內。」

17　Alcock to Bonham, 13 February 1850, enclosed in Bonham to Palmerston, Desp. 46, 15 April 1850, FO17/166.

18　Palmerston to Bonham, Draft 73, 3 September 1850, FO17/164.

19　Palmerston's minutes on 'Mr. Bonham's 65, 67, 72', following an application for consular positions as Ningpo and Foochow, and signed 'P. 29-9-50', FO17/173 (domestic various). 柯士丁（W. C. Costin, *Great Britain and China*, p. 150）和費正清（John King Fairbank, *Trade and Diplomacy*, p. 380）都在著作中引述了這句話。費正清根據巴麥尊的批示，把書的其中一節題為「巴麥尊的戰爭思想」（Ibid., p. 379）。

條約》（1844）中，卻有説明條約的條款在日後可以酌情更改。[20] 該條款
説：「和約一經議定，兩國各宜遵守，不得輕有更改；至各口情形不一，
所有貿易及海面各款恐不無稍有變通之處，應候十二年後，兩國派員公平
酌辦。」在議定該條款時，中方當然深恐日後列強會藉此得寸進尺而作諸
多無理要求，故該條款最後的一句話嚴正警告説：「和約既經批准後，兩
國官民人等均應恪遵；至合眾國中其他各國均不得遣員到來，另有異議。」

　　果然巴麥尊決定執着於援用中美《望廈條約》這一條款，並藉此聲
稱英國有權要求修改《南京條約》，因為中英《虎門條約》（1843）中規定：
「設將來大皇帝有新恩施及各國，亦應准英人一體均沾，用示平允。」[21]
巴麥尊的做法本身就有問題。如果中美日後同意修約，並修訂了兩國早
前簽定的條約，而這些修訂替美國帶來了新的好處，英國當然可以要求
共享這些新的好處。

　　但是，英國是否能援用中美《望廈條約》這一條款，就振振有詞地
聲稱有權修訂英中兩國間的條約，則應交由專司法律的官員裁斷。克拉
蘭敦後來在 1857 年 4 月向這些司法官員徵詢意見，他們斷言英國無權要
求修約。[22]

　　但是，在沒有諮詢他們之前，巴麥尊和繼任外相的克拉蘭敦就堅持
要求修約。及至 1854 年，即《南京條約》簽定後十二年，克拉蘭敦訓令
包令正式向中國政府提出修約要求。[23] 包令在細閱各條約和其前任與中國
歷任欽差大臣之間的通信後，發現英國無權要求修約。[24] 但他還是遵照訓
令，因為正如他向克拉蘭敦伯爵所説：「無論如何，我現在只有一個目標
和目的，就是打開中國的大門」，[25] 罔顧法律在所不惜。

20　見《望廈條約》第三十四款。類似的條款也見於 1844 年 10 月 24 日簽署的中法《黃埔條約》第
　　三十五款。這些以及其他條約的中外文全文，載於 *Treaties, Conventions, etc. between China and
　　Foreign States* (Shanghai: Published at the Statistical Department of the Inspectorate General of
　　Customs, 1908)。

21　該約在 1843 年 10 月 8 日簽定，見該約第八款。

22　Clarendon to Elgin, Draft 7 (secret and confidential), 20 April 1857, FO17/274. 細節詳見下文。

23　Clarendon to Bowring, Desp. 2, 13 February 1854, FO17/210.

24　Bowring to Clarendon, 27 April 1854, MSS Clar. Dep. C19 China.

25　Bowring to Clarendon, 5 September 1854, MSS Clar. Dep. C19 China.

　　首先，包令問葉名琛是否獲得皇帝授權辦理修約之事。葉名琛回答：他得到的指示是恪遵條約條文，不作任何重大修訂。他並說：「天朝制度，君尊臣卑，臣下無權，不敢專擅。」[26]

　　因此，包令坐英國軍艦「響尾蛇」號北上白河。美國公使伯駕也與他一道北上，法國公使因為沒有軍艦可供調度，所以沒有加入，只派了一名隨員隨行。[27] 他們在天津附近獲中國高級官員接見。包令提出要求訂立新約共十八項條文。得到的答案是皇帝[28] 上諭，美、法兩國現在提出修約，時候還太早。至於英國，他們的條約內並無條款説可以修訂。他説：「既稱萬年和約，便當永遠信守，即謂我朝有恩施各國，准嘆（英）人一體均霑之語，咪（美）唎（法）二國，已不能於未經屆期之先，豫議更張。嘆（英）國又何從為此效尤之舉。」[29] 這一答覆和後來克拉蘭敦的司法官員向他提供的意見差不多。

　　到了 1856 年，即含有修約條款的中美《望廈條約》簽署滿十二年之際，包令再次去信葉名琛，以舊約有不適用於英國的條款為由要求修訂。[30] 葉名琛在 1856 年 6 月 30 日回覆，重申咸豐帝那令英人很不是味兒的答覆[31] 包令大為光火：「我的照會發出後，整整四十五天如石沉大海，現在竟得到如此回覆，對人之侮蔑輕視，莫此為甚。」[32] 他的報告在 1856 年 8 月 30 日傳到倫敦，[33] 巴麥尊首相怒不可遏。結果外相克拉蘭敦在 1856 年 9 月 24 日寫成一份長而周詳的公文，發給英國駐巴黎大使考利勳爵（Lord Cowley）[34] 由此開展了國際關係上新一輪的合縱連橫。

26　Yeh to Bowring, 1 September 1854, FO682/198/54 (originally Canton Archive)。英文本附於 Bowring's Desp. 128 of 1854, in FO17/215。

27　G. F. Bartle, 'Sir John Bowring and the Chinese and Siamese Commercial Treaties', *Bulletin of the John Rylands Library of Manchester*, 44, no. 2 (March 1962), pp. 295-296.

28　如前所述，他是咸豐帝，1851 年至 1861 年在位。

29　1854 年 10 月 23 日上諭，載《大清歷朝實錄・卷一四四》，頁 3－4。

30　Bowring to Yeh, 16 May 1856, FO230/74. 這是包令致葉名琛照會的中文原件。

31　Yeh to Bowring, 30 June 1856, FO682/1898/10. 這份文件的英譯本附於 Bowring to Clarendon, Desp. 202, 3 July 1856, FO17/248。

32　Bowring to Clarendon, Desp. 202, 3 July 1856, FO17/248.

33　見 Foreign Office endorsement on Bowring to Clarendon, Desp. 202, 3 July 1856, FO17/248。

34　Clarendon to Cowley, Desp. 1099, 24 September 1856, FO17/261, p. 75.

三、尋求法國盟友：貿易和修約

這份發給考利勳爵的公文一開頭即嚴辭厲色：「據女王陛下的全權公使所說，現在中國形勢極為嚴峻，女王陛下政府認為，利益受影響的列強，應盡早決定該採取何種措施。」該公文附有葉名琛寫於 1856 年 6 月 30 日、拒絕修約要求的回覆副本，其中不肯「承認有責任合作修訂條約」，被指斥為極盡狂妄。

這位英國駐巴黎大使受命緊急正式接觸法國政府，向其建議組成聯合艦隊遠征白河，盡可能沿河上溯直趨北京，向中國皇帝表明列強要求修訂條約，以及「中華帝國的龐大資源，必須向外國工業企業開放」。此外，中國皇帝「在考慮其帝國的利益時，應聽從條約國的意願」，而非對這些國家的代表愛理不理。

該公文命令大使通知法國政府，英國正準備馬上派遣淺水戰船到中國海域，「以便載着公使等越過攔江沙而闖入白河，並溯江而上，耀武揚威」。如果法國同意參加，英方會再行接觸美國駐倫敦公使並邀請美國參加共同行動；若法國政府認為適合，也可自行接觸美國駐巴黎公使。[35]

法國政府花了約一個月考慮這件事。10 月 22 日，法國外交部長瓦萊夫斯基伯爵（Count Walewski）致函法國駐倫敦大使佩爾西尼伯爵（Count Persigny），說法國政府歡迎英國的建議，很樂意為法、英、中等三方大業出力。為了防中國皇帝在法、英兩國展示武力後仍不肯聽從，法國政府已訓令阿默蘭海軍上將（Admiral Hamelin）責成皮雅爾海軍上校（Captain Pigeard）蒐集水文資料，以供作戰之用。[36]

法國的回應雖然姍姍來遲，但卻是這麼如此地熱心，為什麼？因為

35　同上註。

36　Walewski to Persigny, 22 October 1856, FO17/261, p. 76.

得到消息，法國傳教士馬賴（M. Perè Chapdelaine）在中國內地遇害。[37]
法國政府希望利用這次英法兩國聯軍合力進逼北京的機會，指示他們的
公使提出各種要求，尤其是要獲得補償，包括將那位處死了馬賴神父的
知縣撤職，並把消息刊於《京報》（Peking Gazette），昭告所有中國官員，
以便收到殺雞儆猴之效，並須賠款。

法國外長瓦萊夫斯基伯爵問英國大使考利勳爵，英國對於法國的立
場看法如何。其後考利勳爵向他展示一封英國外相克拉蘭敦伯爵所寫的
信，信中完全同意法國的要求必須得到滿足。之後，瓦萊夫斯基發出一
些模稜兩可的訊息。一方面，他強調法國政府仍未明確批准對華用兵，
而且法國政府可能頂多只會佔領舟山群島，以要脅中國皇帝；另一方面，
他認為應當下令法國戰艦馬上開往中國。[38] 他的意思似乎是：法國政府已
準備好行動，但英國政府必須把法國要求的補償列為第一優先。他要求
法國駐英大使佩爾西尼順帶把他的信傳給英國外相克拉蘭敦，讓英國內
閣知悉。[39]

英國內閣討論了這個問題，同意由瓦萊夫斯基舉薦的法國軍官皮雅
爾上校擔任聯絡人，與英國海軍部溝通聯繫，以便海軍部把自己所掌握
到的情報悉數相奉。準此，一旦戰事爆發，法國海軍所獲資料的詳盡程
度將不亞於英國駐中國海域艦隊的海軍司令。英法海軍之間競爭激烈，
當時已勢成水火，隨時有兵戎相見的一天，現在英國政府竟然慨允毫無
保留地把自己多年以來辛辛苦苦蒐集得來的水文資料等拱手相讓，這算
是很重大的讓步。[40] 但英國內閣也知道，當時法國對華貿易不多，開戰帶

---

37   根據阿查利 1858 年 4 月 4 日的日記所載，葉名琛對馬賴案有這樣的説法：「他身處的地方的
      人懷疑他是逆匪，或與逆匪有聯繫，所以把他抓起來，押解到該地知縣受審。馬賴自稱是廣東
      人，他與逆匪勾結的證據確鑿，他們根據他的言談、衣著、外貌和供稱，相信他是廣東人，所
      以把他處死，沒有人知道他的國籍，也不知他的宗教信念，後來也沒有人去質疑。如果他知
      道他是法國人，一定會把他送回，他以前遇到其他情況都是這樣做。」阿查利是葉名琛被流放
      印度時，被派去陪伴他的翻譯，他一直寫日記，記下了與葉名琛的談話。阿查利的文件和日記
      藏於現居香港的希爾先生（Mr. David St Martin Sheil）手上。希爾先生慷慨借出阿查利文件和
      日記供我查閱，謹致謝忱。

38   Walewski to Persigny, 22 October 1856, FO17/261, p. 76.

39   同上註。

40   見 C. I. Hamilton, *Anglo-French Naval Rivalry, 1840-1870* (Oxford, Clarendon Press, 1993).

來的利益，幾乎全由英國獲得。得悉瓦萊夫斯基模稜兩可的訊息後，克拉蘭敦同意要求中方「首先」補償法國所受到的損害，但同時「要求隨後立即修訂條約」。換句話說，克拉蘭敦希望法國的補償要求和英國的修約要求同時優先處理。

假如必須對中國動武，「女王陛下政府認為應在長江建立據點，而非佔據舟山群島，這樣才能施以更直接和有效的壓力」。後者需要派遣陸軍佔領，前者則僅靠海軍就能達成。而且奪取了長江上連接大運河的入口，北京通往華中和華南的大動脈即被切斷，「這一措施能造成中國政府眼中最大的煩惱和最凶險的情勢」。

在長江奪取據點還有一個好處，就是能由此進入長江流域人口稠密的城市和地區，以及長江以南各省的沿海大城市。「從商業角度來看，即使與中國的往來只取得這麼有限的擴張，所能帶來的好處已經無可限量」。所有這些英國政府內閣的想法，都在1856年10月31日傳達給駐法大使考利，由他轉告法國政府。[41]

法國政府又花了約一個月的時間考慮英國的提議，最後同意聯手進兵長江，如此更能有效迫使中方就範。但他們認為要等皮雅爾海軍上校在英國海軍部掌握了全部所需情報後，並向阿默蘭海軍上將報告了其學習結果，他們才能更進一步處置此問題。他們也贊成應向中國政府同時提出英法兩國的要求，但再次堅持法國的要求應該是兩個優先中的第一優先。簡單來說，他們的理由是：中國政府可能假裝願意考慮修約，令法國的索償要求變得不那麼迫切；而且，修約談判可能曠日持久，這會削弱要求賠償的道德力量。最後條約得以修訂之時，中方若對賠償要求置諸不理，那麼法國就會處於孤立境地，從而破壞應當步調一致的共同行動。

法國的結論是：英法雙方必須同意在交涉修約細節前，先為法國取得公平的補償。如果英國同意如此行事，則下一步就是英法雙方磋商如何動武才能有效地迫使中方就範。如此，又需待皮雅爾海軍上校完成在英國海軍部的研究。以上各點均見於1856年11月20日傳達到法國駐倫

41　Clarendon to Cowley, Desp. 1316, 31 October 1856, FO17/261, p. 76b.

敦大使的公文。[42]

這位法國大使向克拉蘭敦傳達了這些要點。到了 11 月 26 日，英國政府仍未回覆，他就正式致函克拉蘭敦，附上一份他所接到的訓令副本；而在此之前，他已在口頭上與克拉蘭敦討論過這份訓令。現在他指出，法國政府希望盡快取得一致意見。他希望馬上向本國政府回報英國政府的看法。[43] 英國外交部在 11 月 27 日接到他的外交公文。

克拉蘭敦仍然沒有回應，這不難理解。如果法國擔心英國最終能遂其修約心願後，而法國卻得不到補償；英國內閣同樣擔心法國一獲得補償就會退出聯盟，到時候英國是否獨自對華動武，而動武的唯一藉口是中國拒絕修訂成約？如果巴麥尊在 1851 年認為用此獨一無二的理由來攻打中國並不明智，那麼這個顧慮在 1856 年仍然健在。就在這關鍵時刻，包令關於「亞羅」號紛爭的報告，在 1856 年 12 月 1 日像及時雨般送抵白廳，讓英國政府終於振振有詞地動武了，哪怕動武的藉口是由其駐廣州的署理領事巴夏禮所捏造的（詳見本書第十一章）。準此，堅稱「亞羅」號事件導致第二次鴉片戰爭的西方史學權威，可以休矣。

英國政府早在得悉「亞羅」號事件之前已經磨刀霍霍，準備開戰，並且在 1856 年 8 月 30 日包令有關葉名琛始終不答應修約的報告送達倫敦之後，已花了三個月積極拉攏戰爭盟友。[44] 由於包令早在 1854 年接觸中國政府要求修約，就一再得到模稜兩可的回覆，巴麥尊一定擔憂會出現最惡劣的情況，並且必定想過動武，因此他很可能在 1855 年 7 月接見巴夏禮時，就已告訴這位好戰的年輕領事，請他留意有哪些事情可以利用為開戰藉口。[45]

以上分析部份地解答了格雷厄姆和他同時代人的困惑（見本書第十八章）。令格雷厄姆大惑不解的是，英國政府既然同情包令在處理「亞羅」

42   Walewski to Persigny. 20 November 1856, FO17/261, p. 77b.

43   Persigny to Clarendon, 26 November 1856, FO17/26, p. 77b.

44   Bowring to Clarendon, Desp. 202, 3 July 1856, FO17/248. 這份文件上標明外交部收到此件的日期是 1856 年 8 月 30 日。

45   如第十一章所述。

號事件時面對的艱難，為何不鼓勵他積極修補與中國人的分歧。[46] 君不見，葉名琛覆包令、西摩爾和巴夏禮等的照會，都力求大事化小、小事化無。如果英國願意和解，葉名琛一定會張開雙臂表示歡迎。但英國政府不想回應葉名琛的善意；因為它老早已經決定動武了！

科布登的疑惑也可以解答。令他百思不得其解的是，如果英國政府要發動對華戰爭，為何早前其他更令人信服的理由捨而不用，反而採取「亞羅」號事件這樣薄弱的藉口。[47] 真相是，促使巴麥尊開戰的真正原因，是中國拒絕修訂《南京條約》，而非後來才發生的、那丟人的「亞羅」號事件。[48]

這也解釋了白廳在 1856 年 12 月 1 日接到國旗受辱的消息後，為何反應如此冷靜，因為政府對於往後的處置，已經成竹在胸。所有這些都顯示出，關乎重大經濟利益的修約問題，是英國發動第二次鴉片戰爭的主要動機。但英國政府卻長期對此秘而不宣，反而一口咬定中方曾侮辱了「亞羅」號的英國國旗，為什麼？這可能要取決於其後在英國內閣的計算中，辱旗指控的利用價值以及所能提供利用的程度。

所有這些計算，在克拉蘭敦外相給予額爾金公使的訓令中，都直截了當地坦率明言：英國曾要求中國修訂條約，但於法無據。正好「亞羅」號事件提供了全面修訂現有條約的理由，[49] 藉此令英國商業滲透到中國內陸腹地、令鴉片貿易合法化等等。有見及此，辱旗指控等等只不過是英國政府在國會辯論中用以轉移視線的策略。反對派無論再爭辯多少次，無論如何聲嘶力竭，均屬徒然，反而噗通一聲掉進政府預設的陷阱——激起莫大民憤！

民憤之大，讓英國內閣充滿自信：現在即使法國提早退出聯盟，英國仍可以捍衛國家尊嚴為由，動員全國對華開戰。於是克拉蘭敦開始賣

46　*Globe*, 19 March 1857, p. 1, col. 6, 'Sir James Graham'.

47　Cobden, 26 February 1857, *Hansard*, 3d series, v. 144, col. 1404.

48　「丟人」是額爾金公使的話。原文是 'that wretched question of the "Arrow" which is a scandal to us'. T. Walrond (ed.), *Letters and Journals of James, Eighth Earl of Elgin* (London: John Murray, 1872), p. 209.

49　同上註。

關子了，他讓法國駐倫敦大使佩爾西尼乾等三天，即到了 1856 年 12 月 4 日，克拉蘭敦仍未回覆法方的外交文件。

不過，能與法國結成聯盟仍然是最理想的，至少可以分擔戰爭開支。若過度傲慢，激怒法方，反而不妙。於是在 1856 年 12 月 5 日，克拉蘭敦終於正式回覆佩爾西尼，同意「同時向中國政府提出補償法國傳教士被殺害和英國修訂條約之要求，但會堅持前者必須立即遵行」。他要求法國把這項協議通報美國政府。[50]

法國外交部長瓦萊夫斯基接報後非常高興，馬上草擬給法國駐華公使的訓令。他開宗明義就說，過去與中國簽訂的條約只屬過渡性質。因此，他指令法國公使與英、美公使聯手，修訂他們各自與中國簽訂的條約。他也會訓令法國公使爭取永久進駐北京、法國人可進入中國內地和隨意在中國任何地方定居的權利。[51]

這時美國政府已回覆瓦萊夫斯基的照會，並加入以下一連串要求：中國派出駐華盛頓、巴黎和倫敦的外交代表，確保中國人民全面享有思想自由，以及改革中國的法庭審判制度。在瓦萊夫斯基眼中，美國的條件是次要的，並可能妨礙達到他的兩項首要要求。於是進一步訓令法國公使，在馬賴神父被殺事件獲得令人滿意的補償前，不要展開任何有關條約修訂的討論。最後，他與法國三個海軍分隊的司令商量，並聲明一旦開戰，不會約束他們的軍事行動。瓦萊夫斯基在 12 月 11 日發給佩爾西尼的公函中，附上這些訓令擬稿的副本。[52]

在 12 月 13 日，佩爾西尼向克拉蘭敦傳達瓦萊夫斯基的公函和那些訓令的副本。克拉蘭敦在 12 月 16 日回覆，說「女王陛下政府大致同意那些訓令，並會向女王陛下駐華全權公使發出同樣的訓令」。然而，克拉蘭敦又說他感到法方的部份訓令並不妥當，似乎是不等待中國政府答覆列強提出的要求，就馬上採取武力進逼長江，並且命令一部份盟軍艦隊載着全權公使直闖白河。克拉蘭敦認為應給中國政府及時讓步的機會，

50　Clarendon to Persigny, 5 December 1856, FO17/261, p. 78b.

51　Walewski to Persigny, 11 December 1856, FO17/261, p. 78b.

52　同上註。

以避免戰爭。[53]

這些英法兩國政府之間的通信，是英國政府在 1856 年 12 月 31 日編印，僅供外交部使用，並以粗體字寫着「機密」字樣。[54] 它編印的原意是供外交部全體官員和其他有關官員參考。外交部顯然如火如荼地為軍事行動作準備。事實上，他們在外交戰線上已下過相當的工夫，但從現在開始則必須把注意力放回國內，因為《泰晤士報》在 12 月 29 日刊登了由里雅斯特傳來的電訊報道，藉此英國民眾已得悉「炮轟廣州」的消息。[55] 英國國內的情況留待下一章才論述，在此先完成對帝國主義外交的探討。

四、尋求美國盟友：貿易與言論自由

英國為了遷就法國，同意把美國要求中國全面保障言論自由的要求視為次要的處理事項。但他們又一直渴望美國能加入，以便三國聯手遠征中國，如此則更為聲勢浩大，又節省人力物力。

美國人也和英、法兩國一樣，想要修訂過去與中國訂立的條約，並且早已做好準備迎接修約之日，該日是 1856 年 7 月 3 日。因此，美國總統皮爾斯（Franklin Pierce）在 1855 年 9 月 5 日正式委任伯駕（Peter Parker）為駐華公使。[56] 伯駕接到訓令：爭取中方准許美國外交官員駐紮北京，以及「在中國疆域內可見商機的地方，無限制地擴大美國貿易」。[57] 該訓令補充説：與英、法合作行事，則中方較難拒絕他們的要求。[58]

伯駕取道倫敦和巴黎前往中國，順道與英、法商討聯手之事。伯駕

53　Clarendon to Persigny, 11 December 1856, FO17/261, p. 80.

54　見上註，頁 75。

55　這是當天《泰晤士報》的標題，見 *The Times*, 29 December 1856, p. 6, col. 6。

56　Marcy to Parker, No. 1, 5 September 1855, U.S. State Department, 77: 38, pp. 117-119. 馬西（William L. Marcy），當時的美國國務卿，伯駕是耶魯大學醫科畢業生，曾在中國傳教二十多年。伯駕的詳細生平，見 Edward V. Gulick, *Peter Parker and the Opening of China* (Cambridge, Mass., Harvard University Press, 1973)。唐德剛教授也撰有一本關於當時中美關係史的專著，見解獨到，見其 *United States Diplomacy in China*。

57　Marcy to Parker, No. 2, 27 September 1855, U.S. State Department, 77:38, p. 122.

58　Marcy to Parker, No. 3, 5 October 1855, U.S. State Department, 77:38, p. 131.

向克拉蘭敦建議，與中國政府談判期間，三國海軍戰艦在白河口下碇陳師。[59] 克拉蘭敦欣然答應。[60] 在巴黎，伯駕向瓦萊夫斯基伯爵提出同樣的建議，瓦萊夫斯基也欣然應允。[61] 但伯駕抵達香港後，發現包令並沒打算向中方提出無限制擴大貿易和全面保障言論自由的要求。[62]

1856 年 6 月，伯駕準備首度北上，但美國駐中國艦隊總司令海軍准將詹姆斯‧奄師大郎（James Armstrong）和旗艦「聖哈辛托」（San Jacinto）號去了日本，只能騰出單桅戰船「黎凡特」（Levant）號供伯駕使用。[63] 包令未得到倫敦批准，無法要求駐華艦隊司令西摩爾送他同時北上。[64] 法國代辦顧隨伯爵（Count René de Courcy）則說他仍在等候訓令。[65] 伯駕等不了，獨自從澳門到了上海。當他到達福州時，美國駐福州領事對他說，包令不斷造謠，謂華盛頓已將伯駕召返國內。[66] 看來包令不想風頭被搶，故意給伯駕一個難堪。更難堪的事情還在後頭：到了 1856 年 11 月仍滯留在上海的伯駕，聽說那艘去了日本的美國旗艦「聖哈辛托」號遇上意外而無法航行。[67] 他只得折返澳門，英國原本指望的三國聯盟成為泡影。[68]

在這時候，「亞羅」號事件已於一個月前的 10 月 8 日在廣州發生了。結果「那位神勇的〔英國駐華海軍司令西摩爾少將〕，在克里米亞戰爭

59　Minutes of Parker's interview with the earl of Clarendon, Fenton's Hotel, St James Street, London, 26 October 1855, U.S. Congress, Senate Executive Documents, No. 22, 35th Congress, 2d Session, 'Peter Parker Correspondence', p. 620.

60　同上註。

61　Parker to Marcy, Paris, 8 November 1855, U.S. Congress, Senate Executive Documents, No. 22, 35th Congress, 2d Session, 'Peter parker Correspondence', pp. 621-622.

62　同上註。

63　Tong, United States Diplomacy in China, p. 179.

64　這些訓令已經發出，正在傳送途中，但待訓令送達，已經錯過了該年適合旗艦駛往華北的時機。見 Graham, The China Station, p. 297。

65　Tong, United States Diplomacy in China, p. 297.

66　Jones to Parker, No. 19, Foochow, 27 August 1856, U.S. Senate Executive Documents, No. 22, 35th Congress, 2d Session, 'Peter Parker Correspondence', pp. 961-962, quoted in Tong, United States Diplomacy in China, p. 181.

67　Parker to Marcy, No. 28, Shanghai, 1 November 1856, quoted in Tong, United States Diplomacy in China, p. 101.

68　Tong, United States Diplomacy in China, p. 182.

中，在波羅的海被俄羅斯魚雷炸瞎了一隻眼睛，獨眼的他只能看到獨一無二的談判方式——炮轟廣州」——一些美國人嘲笑説。[69] 伯駕對於英國炮轟廣州心感不滿，在從上海回到香港時卻不登岸，反而馬上取道黃埔再到澳門，刻意不與包令見面。[70]

現在輪到包令請求伯駕聯手向天津方面發出照會。[71] 伯駕回覆説，「在由英女王陛下不列顛政府一方單獨挑動，並因英國而起的爭端中，美國政府必須保持中立」。同時，西摩爾在提出廣州進城要求時，用了「全體外國官員」的説法，伯駕對此深感不滿，認為用詞「不當」，正式向包令抗議，表明這項要求與美國政府無關。[72]

伯駕無疑是擔心英國的好戰心態，會危及美國可依法提出的修約談判。伯駕的舉動使包令進退維谷。到了 12 月 14 日晚上 11 時，廣州外國商館區發生神秘大火，燒毀美、法和其他國家數以百萬的財產，唯獨英國人的財產倖免。當時西摩爾少將已將鄰近此地的中國人房屋清除，使之與廣州其他地區隔離，並派重兵防守，沒有人知道被英兵圍得如此滴水不漏的地方，為何會發生大火。有人説是英兵故意在美國商館縱火，因為美國人早已聽從葉名琛的勸告，於 11 月 15 日撤離商館區，五天後法國人也跟着撤離。因此，西摩爾少將出於對美、法的不合作態度憤懣之餘，把他們的財產付諸一炬，也未可知。但事後西摩爾少將卻揚言大火是中國人故意縱火所致，並因此向葉名琛索償。最後的客觀後果是：美、法都怪罪中方故意縱火，使得葉名琛離間英美、英法的外交策略功虧一簣。伯駕甚至問包令，英國的賠款要求之中，是否能加入美國的索償要求。包令自然欣然答應，由此伯駕對於三國聯盟的熱情又被燃點起

69　W. A. P. Martin, *A Cycle of Cathay or China, South and North* (New York, Fleming H. Revell, 1897), p. 143.

70　Parker to Bowring, U.S. Steam Frigate *San Jacinto*, Whampoa, 17 November 1857, quoted in Tong, *United States Diplomacy in China*, p. 188.

71　Bowring to Parker, No. 263, 15 November 1856, quoted in Tong, *United States Diplomacy in China*, p. 189.

72　Parker to Bowring, U.S. Steam Frigate *San Jacinto*, Whampoa, 17 November 1857, quoted in Tong, *United States Diplomacy in China*, p. 189.

來了。[73] 真可謂兵不厭詐！

這時，華盛頓已將克拉蘭敦與瓦萊夫斯基之間有關三國聯盟的談判完全告知了伯駕。伯駕則準備了一份詳細建議書呈交美國政府。他說，我們三國陳兵白河，如果中國政府仍然置之不理，則美國應佔領台灣，英國奪取舟山，法國佔領朝鮮（當時為中國藩屬）。他要求華盛頓給予他兵力，「戰力和軍容應不亞於 1853 至 1854 年遠征日本的部隊」。[74]

在伯駕的公文送達華盛頓之前，法國人已搶先把他這份「機密」建議洩露給美國政府知道。[75] 同時，美國捲入「亞羅」號事件的消息也傳到了美國國務院。國務卿馬西（William L. Marcy）下令徹查美國駐香港領事詹姆斯・基南（James Keenan）濫用美國國旗之事：[76]「總統出於其高尚的責任感，認為必須表明他對這樣的行為感到不悅。」[77] 奄師大郎准將之攻擊中國炮台也令總統扼腕，他認為「聖哈辛托」號在戰火連天時派船「測量炮台附近珠江水深」，是很不明智之舉。因此總統對於「我國海軍在事件發生之初行事不謹慎，後來舉措又欠克制，深感遺憾」。[78]

1857 年 2 月 27 日，伯駕的「機密」建議書送抵華盛頓。馬西國務卿相當憤怒，因為採納伯駕的建議就等於對華開戰，「而本政府的行政當局並無對外宣戰的權力」，只有國會才有權宣戰。[79] 總統皮爾斯和國務卿馬西向剛當選的候任總統布坎南（James Buchanan）和候任國務卿卡斯（Lewis Cass）說，對華戰爭是未經許可的。儘管如此，英國持續游說美國。英國駐華盛頓大使內皮爾勳爵（Lord Napier）自 1857 年 3 月 14 日

73　見唐德剛的分析，Tong, *United States Diplomacy in China*, p. 185-186 and 189-192。

74　Parker to Marcy, No. 36, 27 December 1856, U.S. Senate Executive Documents, No. 22, 35th congress, 2d Session, 'Peter Parker Correspondence', pp. 1087-1088.

75　Marcy to Parker, No. 10, 27 February 1857, quoted in Tong, *United States Diplomacy in China*, p. 196.

76　如第三章所述，在英國海軍轟破廣州城牆後，美國駐香港領事基南命令一艘美國戰船的水手舉着美國旗，與他一同隨英國水兵進入廣州。

77　Marcy to Parker, No. 9, 2 February 1857, U.S. National Archives, State Department Diplomatic Instructions, 77:38, p. 147.

78　同上註。

79　Marcy to Parker, No. 10, 10 February 1857, U.S. National Archives, State Department Diplomatic Instructions, 77: 38, p. 151.

起多次和候任國務卿卡斯談論此事。布坎南和卡斯的看法似乎和之前馬西的相當一致，認為英國政府「的目標並非如美國所想般單純，而無論它多麼渴望我們合作，我們也不應捲入其中」。[80] 於是，他們在 4 月 10 日正式拒絕與英國合作。[81]

馬西猜測英國人對他們有所隱瞞是對的，英國沒有把要求鴉片貿易合法化的意圖告知美國，並且連法國人也瞞着。一個證據是 1857 年 2 月 9 日傳給包令的印刷訓令，該訓令副本其後分送了一份給法國人，以便投桃報李，回應法國人之前也這麼做。[82] 可是，後來在 4 月 20 日傳給額爾金的訓令卻是另外一個版本。給法國人看的版本，只提到了補償和修約之事，以及其他一些要求。[83] 但發給額爾金的版本，卻命令他爭取鴉片貿易合法化，[84] 而這份文件的副本並沒有傳給巴黎。這就是帝國主義的外交。

英國為何想要中國將鴉片開禁？在下議院的辯論中，巴麥尊提到這個問題時曾不斷轉彎抹角。我們將在本書第七部份細究箇中底蘊。

五、尋求俄國盟友：貿易與領土擴張

1857 年 1 月 15 日，英國外相克拉蘭敦轉發給包令一份英國駐巴黎大使上呈英國外交部的報告副本，裏面提到法國外交部長瓦萊夫斯基伯爵與俄國駐法大使基塞爾勒弗將軍（General Kisseleff）的談話，內容是法國正準備派遠征軍到中國，俄羅斯是否有可能參加英法同盟軍？[85] 1 月 31 日，英國駐聖彼得堡大使沃德豪斯勳爵（Lord Wodehouse）寫了一封私人信給英國外交部常務次官埃德蒙·哈蒙德（Edmund Hammond）[86]，

80　Marcy to Parker, No. 9, 2 February 1857, U.S. National Archives, State Department Diplomatic Instructions, 77: 38, p. 145.

81　見 Tyler Dennertt, *Americans in Eastern Asia* (New York, Macmillan, 1922), p. 302。

82　Clarendon to Bowring, Draft 33, 9 February 1857, FO17/261.

83　Clarendon to Elgin, Draft 4, 20 April 1857, FO17/274.

84　Clarendon to Elgin, Draft 7 (secret and confidential), 20 April 1857, FO17/274.

85　Clarendon to Bowring, Draft 15, 15 January 1857, FO17/261, p. 33.

86　關於他的詳細傳記，見 M. A. Anderson, 'Edmund Hammond: Permanent Under-Secretary of State for Foreign Affairs, 1854-73'。Unpublished Ph.D. thesis, University of London, 1956.

說：「他們對我們的行動感到很嫉妒，令我覺得好笑。他們談到中國時，我就問他們阿穆爾河〔即黑龍江〕的情況。」[87] 很明顯，俄國人想分一杯羹。巴麥尊是否會讓他們如願以償？基於以上背景，我們必須探討英國的戰略考慮對於引發戰爭所起的作用。

英、俄兩國在克里米亞的戰事已經結束。從戰略上說，英國打這場仗是為阻止俄國人南犯君士坦丁堡南。印度的英國官員也有此說，他們以俄國意圖挺進印度為藉口，以便獲得更多資源來吞併更多印度次大陸的土地。[88] 在中國的英國官員也試圖用同樣理由促使英國政府對華採取行動。他們心中的「俄國威脅」到底有多少份量？換句話說，在英國人眼中，俄國對英國在華利益的威脅，曾否促使英國出於先下手為強的考量而搶先發動第二次鴉片戰爭？

準此，首先必須鑽研當時英國的軍事情報是怎樣說的。在克里米亞戰爭期間，英國海軍部接到情報，指有俄軍艦艇中隊在遠東海洋活動，處於可發動進攻華北的距離範圍內。他們推斷俄國人的意圖是想延伸穿越滿洲的南向交通線。這引起英國人的極大疑慮，因為列強中只有俄國能夠直接在陸上從本土對中國採取行動，而不受外力掣肘。[89] 海軍部的情報指出，1855 年開始，俄國已經在阿穆爾河〔即黑龍江〕北岸的哨所之內或周邊集結了約三萬人。英國海軍優勢將受到威脅，英國貿易將被摧毀。[90] 駐華艦隊司令賜德齡提交海軍部的報告說：「如果中國不是由英國能源公司供電，其行政機關不是由英國管理人員所組織；或者我們沒法藉着擴大商業活動，使中國能牢牢受我們控制，那麼，它不久就會淪為俄國的領地。」[91] 賜德齡這番話頗有先見之明，其後在二十世紀上半葉俄國對中國的舉動，證明此言不虛。

---

87   Clarendon to Bowring, Draft 15, 15 January 1857, Hammond Papers, FO391/3.

88   亞普（M. E. Yapp）研究過這個題目，寫了一本引人入勝和很有說服力的著作，見其 *Strategies of British India: Britain, Iran and Afghanistan* (Oxford, Clarendon Press, 1980)。

89   Graham, *China Station*, p. 288.

90   Ibid., p. 289.

91   Admiral Stirling's 'Memoir on the Maritime Policy of England in the Eastern Seas', written from the *Winchester*, Hong Kong, enclosed in Stirling to Wood (Admiralty), Hong Kong, 15 November 1855, Adm. 1/5660, quoted in Graham, *China Station*, p. 290.

英國海軍竭力追尋這個虛無縹緲的俄國敵人，卻始終在捕風捉影，到頭來發現這不過是個了無新意的謠言。及至 1855 年仲夏，英國人顯然已「無須擔心俄國人會在中國水域威脅英國的利益」。[92] 傑拉爾德‧格雷厄姆（Gerald S. Graham）教授因此認為賜德齡的報告反映英國人的心態，是想「扮演家長式角色來左右中國的命運，一如英軍在印度中所做的一樣」。外交部官員也持相同見解。結果，賜德齡的報告就「湮沒在海軍部檔案室塵封的儲存架之中」。[93]

「亞羅」號事件發生前九個月，包令也曾試圖利用俄羅斯威脅論，他說俄羅斯在北京的東正教傳教團（Ecclesiastical Mission）是其情報收集站，俄國正利用它來陰謀損害英國利益。[94] 但如我們在本書第十三章所見，英國外交部絲毫不理會包令的無病呻吟。

包令於是改變策略。1856 年 9 月 29 日，即「亞羅」號事件發生前十天，他向克拉蘭敦報告說，上海的一名法國傳教士向其在香港的上司稱，俄國人在舟山買了八百阿龐（arpents）的土地，準備在那裏建鎮。[95] 10 月 3 日，包令又向倫敦上呈一份來自英國駐上海領事的報告，證明法國人所言不虛，還說該幅土地將興建海軍基地，供一支調派至北太平洋的俄國龐大艦隊使用。舟山被視為俄國進軍中國腹地最理想的前頭哨，因為它是「中國中部諸省連接沿海與內陸的要津」。[96] 包令馬上照會葉名琛。[97] 葉名琛回覆說，「並未准俄國取用舟山或附近各洲島」。[98]

為了加強游說工作，包令寫信給他的前任德庇時爵士。德庇時曾在 1846 年主持英國人撤出舟山的工作，因此對舟山群島有着特殊的感情與

92　Ibid., p. 292.

93　Ibid., p. 290.

94　Bowring to Clarendon, Desp. 11, 5 January 1856, FO17/244.

95　Bowring to Clarendon, Desp. 311, 29 September 1856, FO17/250.

96　Robertson to Bowring, 20 September 1856, enclosed in Bowring to Clarendon, Desp. 318, 3 October 1856, FO17/251. 羅伯遜在此說是八百畝地。

97　Bowring to Yeh, 2 October 1856, enclosed in Bowring to Clarendon, Desp. 325, 11 October 1856, FO17/251.

98　Yeh to Bowring, 10 October 1856, enclosed in Bowring to Clarendon, Desp. 325, 11 October 1856, FO17/251.

關注。果如所料，德庇時應包令所求而向克拉蘭敦提出此事。結果德庇
時把原本俄國在舟山買了八百阿龐土地的謠傳，渲染成為俄國要佔領整
個舟山群島：「俄國政府的性格人盡皆知，加上現在韃靼人積弱，俄國佔
領整個舟山群島之傳言大有可能是真實的。」德庇時強調俄國佔領舟山
之舉，「直接違反耆英和本人在 1846 年 4 月 4 日所簽，並為女王陛下和
中國皇帝批准的條約第三款」。他的結論是：「對於這種緊急事態，英國
積極干涉其事似乎勢在必行。」[99]

　　克拉蘭敦批註：「此事知悉，謹致謝忱。已向欽差大臣查詢條約條款
之事，他否認曾向俄國割讓舟山土地。」並補充說：「應叫包令留意他們。
D6/ 56 C。」[100] 之後他又另有想法，徵詢巴麥尊意見，巴麥尊對於葉名琛
的照覆，反應是：「這雖然否認割讓舟山和其他島嶼，但沒有否認割讓舟
山上的土地。」[101] 巴麥尊顯然有所憂慮。他的批示寫於 1856 年 12 月 22
日，即英、法兩國政府全面達成協議聯手以武力進逼中國之後八天。[102]

　　因此，包令眼中的俄國威脅，似乎不在英國政府發動第二次鴉片戰
爭時的考量範圍內，因為英國當時已經決定大動干戈。而決定大動干戈
的關鍵因素是修訂現成的、英國與中國簽訂了的成約。

　　巴麥尊無意讓俄國加入英法聯軍，也不想讓俄國人趁着英國與中
國爭執的時機，混水摸魚在舟山設立據點。英國的軍事策略因而隨之修
改。因此，儘管在 1856 年 10 月 31 日英國外相克拉蘭敦還向駐法大使考
利勳爵說，佔領舟山並非好主意，[103] 並叫考利將此看法轉告法國政府，法
國人也贊成他的看法，[104] 但之後克拉蘭敦卻指示額爾金把佔領舟山群島列
為他的選擇之一。[105]

　　同時，俄國人繼續試探各方動向。1857 年 1 月 29 日，包令有關俄國

99　　Davis to Clarendon, 6 December 1856, FO17/259, pp. 172-174.

100　Clarendon's minutes on Davis to Clarendon, 6 December 1856, FO17/259, pp. 172-174.

101　Palmerston's 22 December 1856 minutes on Bowring to Clarendon, Desp. 325, 11 October 1856, FO17/243, p. 270.

102　Clarendon to Persigny, 16 December 1856, FO17/261, p. 80.

103　Clarendon to Cowley, 31 October 1856, FO17/261, p. 77.

104　Walewski to Persigny, 20 November 1856, FO17/261, p. 77.

105　Clarendon to Elgin, Draft 4, 20 April 1857, FO17/261, p. 9.

軍艦「極光」（*Aurora*）號友好訪問香港的報告抵達倫敦。[106] 克拉蘭敦一方面追認包令曾與該艦艦長進行的「友好溝通」，事屬恰當，[107] 更趕快提醒海軍部注意俄艦訪問香港之動向。[108]

1857 年 3 月 10 日，克拉蘭敦接到愛國軍人瓦蘭斯少校（Major G. Vallancey）分析中國局勢的來信，馬上批示「傳閱」，因此巴麥尊也讀到該信。[109] 瓦蘭斯似乎對中國了解甚深。他曾寄語巴麥尊：「中國遲早會受到一個歐洲強國支配，這個強國如非英國，就是俄羅斯。因此，如果我們能早着先鞭，愈早搶先於俄國，對我國就愈有利。」為什麼？對於英國商業而言，「中國向我們開放」將會是「價值無從估計的寶藏」。瓦蘭斯的結論是：「之前我曾向閣下表明，我深信我們需要在阿富汗邊境採取果斷、有力的行動；同樣地，我也深信我們需要在中國採取這樣的行動。」[110] 阿富汗戰爭開打，當然也是為了阻止俄羅斯南下挺進印度。

耐人尋味的是，克拉蘭敦之後在 4 月寫了一封私人信給英國駐聖彼得堡的大使沃德豪斯勳爵，希望「俄國人在中國與我們合作」。[111] 這種政策變化，也許與當時美國拒絕英國邀請與英、法合組三國聯盟有關。[112] 儘管沃德豪斯認為俄國人不會答應，但也覺得不妨一試，雖然「俄國人會裝出一副友好的樣子，並耍弄各種陰謀詭計來對付我們」。[113]

最後，俄國人說他們會自己另派軍隊去中國。[114] 但對於沃德豪斯非正式試探合作意願，他們的反應卻很值得留意。俄國人向沃德豪斯說，

106　見 Foreign Office endorsement on Bowring to Clarendon, 28 November 1856, FO17/253, p. 310。

107　Clarendon to Bowring, Draft 38, 10 February 1857, FO17/261, p. 89.

108　Foreign Office to Admiralty, 6 February 1857, FO17/279, p. 317.

109　Clarendon's 10 March 1857 minutes on Vallancey to Clarendon, 9 March 1857, FO17/280, pp. 95-97.

110　Vallancey to Clarendon, 9 March 1857, FO17/280.

111　Wodehouse to Hammond (private), St Petersburg, 25 April 1857, Hammond Papers, FO391/3.

112　美國是在 1857 年 4 月 20 日拒絕的。見 Tyler Dennett, *Americans in Eastern Asia* (New York, Macmillan, 1922), p. 302。

113　Wodehouse to Hammond (private), St Petersburg, 25 April 1857, Hammond Papers, FO391/3.

114　Clarendon to Elgin, Draft 17, 20 April 1857, enclosing Desps. 126, 135, 164, and 167 from the British minister at St Petersburg on the subject of a proposed Russian mission to China and the treaty concluded between Russia and Japan, FO17/274, p. 45.

他們「願意在中國問題上與我方合作，只要這不牴觸俄、中兩國的和平關係」。沃德豪斯評論：「我們不會在普提雅廷〔Putiatin，俄國派往中國的全權公使〕身上獲得實質協助，但如果中國人見到他與額爾金交情甚篤，則能起到有用的心理效果。」[115]

沃德豪斯忘記自己之前曾說要警惕俄國人耍弄陰謀詭計。事實證明，後來俄使普提雅廷果然坐船往香港，並且表面上加入英法聯盟。但像美國外交使團一樣，普提雅廷保持中立，沒有參戰，只以觀察員身份觀戰。但他卻和參戰國一樣，向中方提出修約要求。此外，普提雅廷背着英、法、美等公使而偷偷加入附加照會，要求把黑龍江左岸和烏蘇里江右岸作為中俄邊界，並且狡猾地暗示這項要求得到歐洲各國的支持。他又神通廣大，竟然成功地把他的照會放進美國照會的封套內一併投遞給中國當局，由此給了中方一個假象：俄國的照會曾得到美國首肯。其後在 1858 年於天津舉行的談判中，普提雅廷成功地瞞過其他三國代表團，未讓他們發現俄國提出黑龍江和沿海領土的要求。中國政府為了令列強互相掣肘與猜忌，而個別地與他們談判，這反而在無意間幫了普提雅廷的忙，令他的陰謀得逞。[116]

親自發動第二次鴉片戰爭的英國，在戰爭中獲得九龍半島（四十七平方公里）的土地，而俄國卻不費一兵一卒，就攫取了中國東北一塊如法國一般大的土地。[117]

115　Wodehouse to Hammond (private), St Petersburg, 16 May 1857, Hammond Papers, FO391/3.

116　見 Rosemary K. I Quested, *The Expansion of Russia in East Asia, 1857-60* (Kuala Lumpur, University of Malaya Press, 1968), pp. 96-99；Joseph Fletcher, 'Sino-Russian Relations, 1800-62', *Cambridge History of China, v. 10, Late Ch'ing 1800－1911, Part 1* (Cambridge University Press, 1978), pp. 318-350. 另見余繩武等：《沙俄侵華史》，三卷本（北京：人民出版社，1976－80 年），第三卷，第三章，以及趙中孚：《清季中俄東三省界務交涉》（台北：中央研究院近代史研究所，1970 年），頁 58－62。

117　Quested, *The Expansion of Russia in East Asia, 1857-60*, pp. 96-99. 關於這事件的中文原始資料，見故宮博物院明清檔案部編：《清代中俄關係檔案史料選編》，第三編，三卷本（北京：中華書局，1979 年）。

六、疑團重重

英國政府為什麼急於要尋找盟友？這個世界上最強大的帝國，難道無法獨力對付中國嗎？對此，我們需要探討他們所能動用的資源。

英國人剛打完克里米亞戰爭，元氣大傷。巴麥尊首屆內閣的財政大臣喬治‧康沃爾‧劉易斯爵士（Sir George Cornewall Lewis）在 1855 年 4 月 20 日發表的首份財政預算，就預計會有二千三百萬英鎊赤字。為彌補赤字，須借貸一千六百萬英鎊，發行國庫券籌集三百萬英鎊，另外入息稅從每一英鎊抽十四便士增至十六便士，並提高糖、茶葉、咖啡和烈酒的關稅，以填補餘下的四百萬英鎊。基於這份預算，稅收佔國家財政收入的份額被提高至六千八百六十三萬九千英鎊，「遠高於任何以往徵收的數額」。[118] 即使如此，連年征戰的軍費開支，迫使劉易斯在國會會期結束之前，向國會申請批准發行七百萬（而非原先擬定的三百萬）英鎊的國庫券。他在 1856 年 5 月 19 日提交第二份財政預算，估計克里米亞戰爭的總支出達到七千七百五十八萬八千七百一十一英鎊。[119] 劉易斯面對着超過八百萬英鎊的赤字，由於沒有再開徵新稅，被迫再次舉債籌款來填補。[120]

到了 1857 年 1 月，克里米亞戰爭結束已經快一年了，但劉易斯所草擬的預算案卻絲毫沒有減稅的跡象！以至「在整個 1 月，英國各地示威此起彼落，抨擊政府保留如此不公平的入息稅」。[121] 阿蓋爾公爵也批評該預算案為「盲目的顯著例子」。[122] 陸軍部大臣潘穆爾勳爵（Lord Panmure）

118　Sir Stafford Northcote, *Twenty Years of Financial Policy: A Summary of the Chief Financial Measures Passed between 1842 and 1861, with a Table of Budgets* (London, Saunders, Otley, 1862), p. 268.

119　Ibid., p. 295; Sydney Charles Buxton, *Finance and Politics: An Historical Study, 1783-1885* (London, John Murray, 1888), v. 1, p. 155.

120　Sir George Cornewall Lewis's budget speech, 1856, *Hansard*, 3d series, v. 142, cols. 329-355.

121　Taylor, *Decline of British Radicalism*, p. 270.

122　Argyll, *Autobiography and Memoirs*, v. 2, p. 72.

更批評該預算案「麻木不仁」。[123] 但是，為什麼劉易斯還是草擬出如此不得人心的預算案？因為巴麥尊的內閣正磨刀霍霍地準備攻打中國，以至在 1857 年 2 月 3 日國會開始該年度的一系列會議之前，英國政府已經從印度派兵到中國去了。[124] 因此，到了 3 月，即克里米亞戰爭結束剛滿一周年時，皇家海軍官兵數目比起戰前還多出約八千五百人！[125] 實情是：劉易斯所草擬的預算案包括了軍方高層在預計對華戰爭的支出！

其實，劉易斯也深知納稅人不會忍受如此高額的入息稅，以至他憂心忡忡地向外相克拉蘭敦問計。[126] 終於，劉易斯要求軍方高層重估軍費開支。結果，由二千四百萬英鎊減至二千一百萬。[127] 這使得他把入息稅從每英鎊抽十六便士減至七便士，並且又稍減茶葉、咖啡和糖的關稅。[128] 變相彌補軍費不足的辦法，就是竭力邀請列強當幫凶。

克里米亞戰爭時期，法國是英國的盟友。現在克里米亞戰爭甫一結束，英國人又與中國爆發衝突，自然急於在法國之外再尋找其他盟友，甚至連剛與他們在戰場上生死相搏的俄國，也嘗試去拉攏。常言道，外交上沒有永恆的敵人，也沒有永恆的朋友，只有永恆的利益。那麼就此事件而言，我們不禁要問，發動第二次鴉片戰爭到底可為英國帶來什麼利益？

值得注意的是，美國總統皮爾斯拒絕參加英法遠征軍的理由正是未

---

123 對於潘穆爾（1801－1874）的不敏銳，見 *DNB*, v. 13, p. 85。另一方面，海軍大臣從男爵查爾斯‧伍德爵士（Sir Charles Wood, 1829－1885）察事是十分敏銳的，他曾任財政部秘書（1832年至 1834 年 11 月）、海軍部秘書長（1835 年 9 月）、財政大臣（1846 至 1852 年），以及印度事務管理委員會主席（1852 至 1855 年）。其後在 1866 年獲冊封為首任哈利法克斯子爵（First Viscount Halifax of Monk Bretton）。*BMP*, v. 1, p. 416.

124 見第二十章。

125 Hamilton, *Anglo-French Naval Rivalry*, p. 155.

126 Cornewall Lewis to Clarendon, 9 January 1857, MSS Clar. Dep. C70, folio 139. 另見 Cornewall Lewis to Palmerston, 17 January 1857, Broadlands MSS, GC/LE, folio 92。喬治‧康沃爾‧劉易斯爵士（Sir George Cornewall Lewis）時任財政大臣。

127 Argyll, *Autobiography and Memoirs*, v. 2, pp. 72-73.

128 Sir George Cornewall Lewis's budget speech, 13 February 1857, *Hansard*, 3d series, v. 144, cols. 629-664. 他的預算案似乎只是為取悅選民而設計。在 1865 年的改革法案通過前，英國的選民都是富人，他們當中許多人要繳納入息稅。大部份達到工作年齡的英國成年人，既無投票權，也不用繳入息稅，但所有人都要繳納間接稅，例如對茶葉、咖啡和糖開徵的關稅。因此，這份預算案令有錢人少交逾百份之五十的入息稅，而窮人要交的間接稅，則只是輕微減少。

獲國會批准。這些在美洲的英國人後裔，堅定地尊重國會對外開戰的憲法權力。巴麥尊對英國國會是否同樣尊重？他發動第二次鴉片戰爭是否得到國會同意？還是因為涉及的利益是如此之巨大，以致連法治都可以置諸腦後？接下來的章節將說明，這可能正是帝國主義政治的急切需要。

七、反響

在證據面前，英國前外相韓達德同意筆者的結論，他說筆者「指出巴麥尊政府在得悉『亞羅』號事件前……已與法國人接觸，探討是否可能聯合行動」。

曾批評過筆者第十六至第十九章的倫敦大學彼得・伯勒斯教授也同意「黃宇和的核心論點之一是：為了回應中國一再拒絕修訂《南京條約》（1842）的條款，巴麥尊早就密謀以武力掃除中國限制英國商業擴張（尤其是非法進口印度鴉片）的障礙。『亞羅』號事件碰巧發生，正好為他提供夢寐以求的開戰藉口。他串通法國和美國，故意令英中關係的緊張狀態激化，並且使敵對行動升級，以追求他眼中的英國經濟利益」。

美國的托馬斯・賴因斯在其書評中複述筆者的結論：「在外交方面，英國人尋找盟友（在衝突開始前）試圖擴大對華貿易，並且因為法國、美國和俄羅斯也想修訂條約，以獲得進入中國的更大權利，因此有可能與英國結成聯盟，以把倫敦的利益最大化。由於巴麥尊不信任俄國的意圖，而美國政府則反對與中國開戰，所以最近在克里米亞戰爭中擔當英國盟友的法國，就是最明顯不過的夥伴。」

第二十章
政治上猶抱琵琶

　　本章從政治這個角度來探索帝國主義的性質，同樣以「亞羅」號事件的消息傳到倫敦之際為起點。

一、帝國商業利益

　　1856 年 12 月 29 日，英國人從里雅斯特傳來的電訊報道，首次得知「亞羅」號事件和炮轟廣州的消息。[1]《泰晤士報》的態度是：「所有這些屠殺和蹂躪都令人痛心疾首，一定發生了什麼重大事情，才會訴諸如此暴烈的武力。」每個人都在猜測其成因。該報真誠地為生靈塗炭感到不安，期盼各方「盡力避免同樣事件再度重演」。可是英國政府卻正在盤算着，即將進行採取比這個事件殺傷力更大的舉動，而公眾還被蒙在鼓裏。

　　該報繼續説：「一個有逾一百五十萬居民、人口如此稠密的城市，遭受炮轟的結果一定非常可怕，必然死傷枕藉。」因此，維多利亞時代的自由主義良知發出響徹雲霄的聲音：「但我們所能聽到的，只是那些被大火燒毀的財產損失。」[2]

　　但爭論還有另一面相。該電訊報道的結尾寫道：「商業活動停頓！」[3]這馬上引起群情洶湧。《泰晤士報》抱怨該電訊「不顧人們讀後會惕息不安，同情心為之受傷，神經為之震動，而寥寥數句就把訊息直截了當、開門見山地披露，讓我們默默承受」。[4]貿易停頓的消息引發茶葉價格上漲，這對「本國每一個家庭來說都是件大事」。事實上，消息立即在英國茶葉市場引起近乎恐慌的反應，「當天一早，就有幾千箱茶葉被人買下，

1　　*The Times*, 29 December 1856, p. 6, col. 6.

2　　Ibid., 30 December 1856, p. 6, col. 3: editorial.

3　　Ibid., 29 December 1856, p. 6, col. 6.

4　　Ibid., 30 December 1856, p. 6, col. 3: editorial.

有些是利物浦買的……絲的價格也受影響，每磅上升了六便士」。《泰晤士報》繼續説：「在這個時候貿易中斷，尤其來得不合時宜。因為南歐生產的生絲歉收，使得中國出口的生絲特別珍貴。」[5] 對於發生這樣的事有何應對之策？顯然必須要求中國解除停止貿易的限制。

自由主義良知與商業利益之間產生了對壘。

1857 年 1 月 2 日，《泰晤士報》語調丕變，轉而為商界利益大聲疾呼。「我們認為，目前仍沒有採取足夠措施令中國恢復理智。」——該報在向讀者預告，將會發生更多流血事件。該報對於它所預期會發生的殺戮，有何辯解？不會是為了報復英國國旗或英國船隻受辱，因為「亞羅」號「是否有升起英國國旗，以及領事所採取的行動是否合理」仍有爭議。但「由於爆發了這樣的敵對行動，諸種現存條約均可視為已經作廢，我們大可按照自己的意願，隨意捏塑我們和中華帝國之關係」。彷彿這樣説還不夠露骨，該報主編在下一段重複：「我們過去與中國所簽的條約，已被近日爆發的戰事撕毀」。接着説：「我們必須另立新約。」[6] 這令人不禁懷疑，在寫這篇社論之前，是不是巴麥尊曾經和該報總編輯德萊恩[7]談過話。[8] 政府希望努力説服英國民眾，有必要對中國再打一仗。現在大多數有影響力的報章都改為全力支持修約，顯示出英國政府在向國內的宣傳攻勢中已經旗開得勝。

可是，巴麥尊內閣的一些成員並不是那麼容易被説服，他們也必須令自己的自由主義良知與經濟利益並存不悖。「查爾斯・伍德爵士（Sir Charles Wood）、格蘭維爾伯爵和喬治・康沃爾・劉易斯爵士全都去信克拉蘭敦勳爵」。[9] 劉易斯的觀點尤其值得注意，這位政治家以頭腦清醒見稱，各政黨的溫和派都對他很信服。格蘭維爾形容他「像魚一樣冷靜，完

5　Ibid., col. 4.

6　同上註。

7　有關他的生平，見 Arthur Irwin Dasent, *John Thaddeus Delane, Editor of The Times: His Life and Correspondence*, 2 vs. (London, Office of *The Times*, 1908)。

8　關於巴麥尊與德萊恩的密切關係，見 *History of the Times*, v. 2, pp. 321ff。

9　Taylor, *Decline of British Radicalism*, p. 269. 如前所述，查爾斯・伍德爵士為從男爵，是海軍大臣；格蘭維爾伯爵是樞密院議長；而喬治・康沃爾・劉易斯爵士也是從男爵，是財政大臣。

全不感情用事，沒有絲毫緊張，性情沉着，鎮定而果敢……並且在下議院廣受歡迎，這是由於……他端直方正、真心誠意、光明磊落和忠厚善良」。[10] 劉易斯和兩位內閣閣員都認為包令的所作所為很不明智，並要求內閣提早開會。克拉蘭敦同意，因而「內閣在新年第一個完整週的週末開會」，[11] 這週的星期一是 1857 年 1 月 5 日。但在內閣開會之前，政府在 1 月 6 日星期二把艦隊司令西摩爾傳來的、有關海軍在廣州行動的公文，刊出在《倫敦憲報》上。[12]

此公文對倫敦商界產生立竿見影的影響。倫敦東印度與中國協會會長塞繆爾‧格雷格森致函克拉蘭敦説：「事實上，現在就需要訂立新條約。」他還強調立新約時要「修改用以評估進口稅的從價關稅率（ad valorum）；此外，如在五個通商口岸以外的其他地方，也能獲准進行貿易，那就最理想不過」。另外，「如能在大江河〔按：即長江〕航行」，會帶來極大便利。更要取得進入廣州城的權利，以瓦解中國人對英國滲透中國的抵抗。該協會許多會員都曾在中國居住過，「隨時樂意提供親身見聞的當地資訊」。草擬新約時，「我們希望能像上一次一樣，可以提出我們屆時想得到的，有助維繫和擴大我國對華通商的意見」。這封請願信的結尾臚列了一些十分可觀的數字：

1842 年茶葉進口量：	42,000,000 磅
1856 年為：	87,000,000 磅
1842 年絲的進口量：	3,000 捆
1856 年為：	56,000 捆 [13]

由此顯示「對華貿易已成為我國最重要的貿易之一」。這對於政府計

10　Greville diary, 8 February 1857, Greville MSS 41122, cited in Greville, *Memoirs*, v. 8, p. 86, and in turn, cited in Hawkins, *Parliament*, p. 55.

11　Taylor, *Decline of British Radicalism*, p. 269, using as his source of information Clarendon to Lewis, 6 January 1857, MSS Clar. Dep. C533.

12　Draft Foreign Office circular to H.M. Representatives abroad, 7 January 1857, FO17/261.

13　Gregson to Clarendon, 6 January 1858, FO17/279. 同一文件的另一副本存於霸菱兄弟公司（Baring Brothers）的檔案中，Baring Papers HC6.1.20。

劃發動的對華戰爭來說，是另一有力的支持。[14]

克拉蘭敦批示：「回覆說來函已收悉，並致謝忱。另外，向他們保證女王陛下政府會慎重考慮信中意見，因為他們提出的問題非常重要，政府十分重視。」他補充說：他們任何關於新條約的建議或意見，都將有助政府與中國談判，如能收到這些建議或意見，他深感欣慰。[15]

克拉蘭敦的一些內閣同僚則不像他那麼熱情。有人幾乎懷疑，在內閣會議即將召開之際公佈西摩爾少將的公文，是精心籌算之舉，目的是要動搖內閣閣員的自由主義良知。至於 1 月 8 日《泰晤士報》要求英國「履行文明國家的權利，解放這塊廣袤土地上每一處地方，以利通商和往來」，有內閣成員認為《泰晤士報》此時發表這樣的文章恐怕不是巧合。該文還說「與這樣的國家打交道時，把它當作歐洲文明開化國家來對待」是枉費心機的。[16] 一個禮拜後，克拉蘭敦仍然發覺自己需要寫信去安撫康沃爾·劉易斯。但他只能重複《泰晤士報》的話，即劉易斯不能假設中國人會按照「我們」所秉持的文明原則行事。克拉蘭敦暗示，面對野蠻主義，是無濟於事的。[17]

1857 年 1 月 17 日，海軍部向克拉蘭敦呈送西摩爾少將有關珠江軍事行動的另一份報告。內閣似乎召開了另一次會議，擬就了一份日期標示為 1857 年 1 月 24 日的長篇文件，文件中有發給海軍部的訓令，指示接下來該採取的措施。文件的導言說，雖然西摩爾少將一再向葉名琛施壓，但似乎收不到預期效果；因此需要採取更進一步措施，讓葉名琛開開眼界。「有鑑於此，女王陛下政府的意見」是：若已經被英軍奪得但又

---

14 該協會中極具影響力的會員包括渣甸和孖地信，當時在華最大的鴉片貿易公司，就是由他們兩人創辦。英國在鴉片戰爭中所用的策略，幾乎是由渣甸一手策劃，而他就戰後和平條約條款所提出的建議，當時出任外交大臣的巴麥尊勳爵言聽計從。見 Chang, *Commissioner Lin*。現在的外交部似乎不像從前那樣深受商界左右。事實上，對於商界提出的一些野心勃勃的建議，它都予以拒絕。詳見本書第二十二章。

15 Clarendon's minutes on Gregson to Clarendon, 6 January 1858, FO17/279. 官方回覆可在上註的文件中找到，Foreign Office to Gregson, Draft, 8 January 1858，而由哈蒙德（E. Hammond）署名的原信，則存於霸菱兄弟公司的檔案中，Baring Papers HC6.1.20。

16 *The Times*, 8 January 1857.

17 Clarendon to Lewis, 15 January 1857, MSS Clar. Dep. C533; and Lewis to Clarendon, 15 January (1857), MSS Clar. Dep. C70, folios 163-164; both quoted in Taylor, *Decline of British Radicalism*, p. 269.

不宜堅守的沿江炮台，應予悉數摧毀，令中國人清楚明白，廣州人命財產得以倖免，「乃因我們隱忍不發，而非力有不逮」。「女王陛下政府難以確定」葉名琛的行為是否由北京直接授意，但如果包令和西摩爾認為是如此，那麼，為了令中方順從駐中國水域艦隊司令的要求和應允修訂條約，「女王陛下政府認為下一步應派遣艦隊到揚子江」。此外，政府有理由相信，法國「準備與英國聯手，採取各種能令人滿意地解決現有情況的適當措施」，美國也可能加入。因此，西摩爾少將應準備好與法國和美國海軍通力合作，並應「以最熱情友好的態度與他們共同進退」。[18]

在同一天，1857 年 1 月 24 日，克拉蘭敦要求印度管理委員會由馬德拉斯管轄區派一個兵團到香港，[19] 因為孟買管轄區表示無法應包令要求派出第二個白人兵團。[20] 1 月 26 日，印度管理委員會同意立即從馬德拉斯派出一團印度兵。[21]

1 月 29 日，利物浦的東印度與中國協會主席致信給克拉蘭敦。他估計最近爆發的廣州戰事，「會令女王陛下的顧問覺得，必須要求中國政府簽訂新的條約」。而這新條約的內容應包括：外國人自由進入廣州城和其他城市；英國公使永久進駐北京；所有進出口商品一律徵收百份之五的從價關稅；中國沿海和通航河流沿岸的所有口岸，只要英國商人認為合適，隨時開放對外通商；以及英國人可自由進出所有的中國港口及江河。[22]

英國政府聽到中聽的話，當然很高興。英國外交部永久秘書哈蒙德代表克拉蘭敦親切回覆，說請願書已收悉，感謝協會的建議，並會將這些建議「牢記於心」。[23] 1 月 30 日，又有某位名叫布魯斯（C. D. Bruce）的人致函哈蒙德，摘錄了一段旅居上海友人的信件內文：「我認為廣州人寧

18   Foreign Office to Admiralty, 2d Draft, 24 January 1857, FO17/279, pp. 220-223.

19   Foreign Office to India Board, Draft, 24 January 1857, FO17/279, p. 230. 馬德拉斯在 1996 年改名金奈（*South China Morning Post*, 23 November 1996, p. 9）。我會繼續稱它為馬德拉斯，因為此時期的記錄都是這樣稱呼它。

20   India Board to Foreign Office, 23 January 1857, FO17/279, pp. 213-215.

21   India Board to Foreign Office, 26 January 1857, FO17/279, p. 233.

22   Turner to Clarendon, 29 January 1857, FO17/279, p. 247. 這份文件之後刊於 Parl. Papers 1857, v. 12, pp. 201-202. 查爾斯·特納（Charles Turner）是利物浦的東印度和中國協會會長。

23   Hammond to Turner, 31 January 1857, FO17/279, p. 287.

願眼睜睜看着廣州城被燒毀，也不願把它交出。反對的不是總督，而是民眾。我們的政府應當知道這件事，因為我認為艦隊司令西摩爾是在欺騙自己。」[24] 這位身處上海的作者顯然深知廣州的真實情況。不過哈蒙德的反應卻是：「不必浪費工夫回信了。」[25]

想直抒胸臆的，還不只該信的作者。2月2日，一份題為〈有關廣州大屠殺事件曼徹斯特居民致女王請願書〉的文件面世了。請願書寫道：

女王陛下：

我們是曼徹斯特居民，在公共集會中聯署此信。我們得悉女王陛下大軍兵臨廣州，致使大量生靈塗炭。謹此向女王陛下表達我們的羞愧憤怒之情。

從已公開的證據可見，我們認為，艦隊司令西摩爾在約翰·包令爵士和巴夏禮領事同意下採取的敵意行動，難以令人信服是迫不得已之舉，應對之予以最嚴厲最強硬的譴責。

宣戰與媾和是女王陛下獨有之權力，必須由女王陛下依法運用，而現在這種特權竟被女王陛下的奴僕如此僭越。

因此我們謹以至誠至謙之心，懇請女王陛下馬上召回西摩爾少將、約翰·包令爵士和巴夏禮領事，並下令徹底調查其行為，以使正義得到伸張，英國才不會被人指責參與這種行為。

您的請願者惟願如此。

謹此代表全體與會者簽署

主席

納爾遜（J. E. Nelson）[26]

這請願書是附在一封由約翰·巴克斯頓（John Buxton）致克拉蘭敦的信中，巴克斯頓在落款中以曼徹斯特自由貿易、國內及海外事務協會

24　Bruce to Hammond, 30 January 1857, FO17/279, p. 286.

25　Hammond's minutes on Bruce to Hammond, 30 January 1857, FO17/279, p. 286.

26　Petition to the Queen, 2 February 1857, FO17/279, p. 327.

主席的名義簽署。[27] 克拉蘭敦批示：「回覆說來函收悉。」慣常會加上的「謹此致謝」一句，則付諸闕如。哈蒙德批示：「來函收悉。」[28]

　　1857 年 2 月 3 日，英女王主持新一屆國會開幕。政府需要面對多個議題，首先是入息稅，其次是選舉制度改革，還有外交上的難題，包括格雷勳爵說會窮追猛打的波斯問題，[29] 那不勒斯的麻煩，當然還有中國的爭執。然而，女王的發言卻「隻字未提」對策，[30] 人們認為這反映政府對於這些紛至沓來的問題感到焦慮。[31]

　　德比伯爵寄望藉入息稅問題扳倒巴麥尊內閣。[32] 但財政大臣康沃爾‧劉易斯早有準備：他先下手為強，提出把入息稅由每鎊徵收十六便士降為七便士，化解了反對派的攻勢。[33] 此後，德比伯爵就視中國爭執為對付巴麥尊的更有效武器，他說「總得找個方式追究中國的問題」，[34] 迪斯累里同意包令的行動沒有辯護的餘地，但仍建議要審慎行事。因為他深知最近的克里米亞戰爭，讓巴麥尊深受民眾愛戴，如果迫使巴麥尊舉行大選，他勢必會勝出。但迪斯累里的意見被德比否決。德比向他頗有疑慮的黨友宣佈，他準備與格拉德斯通或其他決意推倒政府的人合作。[35]

　　格拉德斯通的回應很積極，在 2 月 4 日下午 3 時，他「拜訪德比伯爵，共商三個多小時」。對於德比的看法，格拉德斯通回答說自己「不管有沒有人會追隨，也樂意採取〔反對巴麥尊的〕行動」。[36]

27　Buxton to Clarendon, 6 February 1857, FO17/279, p. 325. 從信箋抬頭可見他是該會主席。

28　Clarendon's 11 February 1857 minutes on Buxton to Clarendon, 6 February 1857, FO17/279, p. 325. Hammond's minutes were dated 13 February 1857.

29　See Graham MSS Bundle 131, Aberdeen to Graham, quoted in Hawkins, *Parliament*, p. 53.

30　Malmesbury, *Memoirs*, v. 2, p. 58.

31　Hawkins, *Parliament*, p. 53.

32　Grey diary, 4 February 1857, Grey MSS C3/19, quoted in ibid., p. 55.

33　Ibid., p. 56.

34　Derby to Disraeli, 11 February 1857, Hughenden MSS B/XX/S/146; and Grey diary, 11 February 1857, Grey MSS C3/19; both quoted in Hawkins, *Parliament*, pp. 56 and 58.

35　Buckle, Disraeli, v. 4, p. 72. 迪斯累里最初不願在下議院發言，孟斯勃理請他發言時，他的反應是「一臉慍色，甚至裝作不懂我問他是否想發言是什麼意思，說：『發言！要講什麼？』」（Malmesbury, *Memoirs*, v. 2, pl. 62）。但迪斯累里最終還是聽從朋友規勸，雖然不贊同政黨的策略，還是滔滔雄辯力戰政府（Buckle, *Disraeli*, v. 4, p. 72）。

36　*Gladstone Diaries*, v. 4, p. 193.

另一方面，商界紛紛表示支持政府。曼徹斯特商務協會在 2 月 5 日去信克拉蘭敦，所表達的意見與倫敦和利物浦的東印度與中國協會基本相同。此外，商務協會甚至建議英國統治上海，並宣佈它為自由港。[37]

2 月 9 日，克拉蘭敦在另一份長篇文件中，回應了海軍部轉來西摩爾少將的第三份報告。他對西摩爾摧毀東定炮台和中流沙炮台（Blenheim forts）表示滿意，加上美國摧毀了獵德炮台，已達成他在 1 月 24 日發出的訓令的目標——摧毀珠江上所有不宜英軍據守的炮台。接着克拉蘭敦下令，在早前擬定有關在長江設立據點的方案中，加上封鎖白河一節，以切斷所有通向中國首都的水路交通，從而阻截由南方各省北送的物資供應。此外，「閣下根據我在此闡述的要點，向邁克‧西摩爾少將下達的訓令，無論是聯合行動還是單獨行動，都同樣適用。」[38]

這樣看來，內閣似乎明擺着要讓「亞羅」號事件升級，決定英國放手一搏，發動全面的對華戰爭，就算法國和美國不按計劃聯手參戰也在所不惜。

2 月 16 日，德比伯爵在上議院表明，一旦有關中國的文件提交討論，他就會按照這個問題提出反對動議。[39] 據說，林柯士勳爵由於受到其正義感（而非黨派情感）所驅使，[40] 也在「摩拳擦掌，把藍皮書放在面前，準備大力追究中國事件」。[41] 在下議院，科布登為了達成他促進世界和平的使命而準備採取的行動，也不謀而合。

結果，眾議員強烈反對政府赤裸裸地追求私利（詳見本書第十七、十八章）。這種反對不完全是出於政治的考量，而顯然是源自他們的自由主義良知，其中林柯士勳爵和科布登議員就是典型的例子。以至外交大臣忽然發覺自己成為眾矢之的。他需要為一樁幾乎站不住腳的事件辯護，也無法指望他那些受良知譴責的內閣同僚會給予溫暖支持。查爾

37　Fleming to Clarendon, 5 February 1857, FO17/279, pp. 303-304. 休‧弗萊明（Hugh Fleming）是該會秘書。

38　Foreign Office to Admiralty, 9 February 1857, FO17/279, pp. 333-343.

39　Hawkins, *Parliament*, p. 59.

40　*DNB*, v. 4, pp. 1107-1114.

41　Grenville diary, 17 February 1857, Grenville MSS 41122, quoted in Hawkins, *Parliament*, p. 56.

斯‧格雷維爾在 2 月 17 日早上去看望克拉蘭敦，發覺他「情緒低落、疲
憊不堪和身體不適」。克拉蘭敦説他「十分希望能擺脱公務的煎熬；所有
事情都出現岔子，勞累、焦慮和責任，已讓人撐不下去了」。克拉蘭敦之
後的話更是耐人尋味：「我們與法國的關係之惡劣，已經到了忍無可忍的
地步。」不能倚靠法國政府，今天無從知道他們明天會採取什麼行動，
帶來什麼後果。[42]

　　上一章説過，克拉蘭敦花了九牛二虎之力才説服了法國政府聯手派
遣遠征軍威嚇中國。法國人很清楚自己與中國的貿易相對較少，大軍遠
征所得的實質利益幾乎由英國人獨享。此外，自克里米亞戰爭結束後，
英法關係已大不如前。法國國王獨自與沙皇迅速地恢復友好關係，令白
廳大為不滿。因此，那個時候英國海軍部的任務，是確保在黑海的皇家
海軍艦隊有能力「同時迎戰法俄兩國在當地的艦隊」。[43]

　　法國人讓克拉蘭敦如坐針氈，並為此有些沾沾自喜。有一天，克拉
蘭敦把英國駐巴黎大使所寫的一份公文副本傳給包令，裏面包括法國外
交部長瓦萊夫斯基向法國駐華代表布爾布隆（M. de Bourboulon）下達的
訓令。[44] 三天後，克拉蘭敦不得不再發信給包令，説瓦萊夫斯基「贊成」
宜暫緩傳達締約國要求修訂現有條約的訓令。[45]

　　實際情況卻不如表面所見的那麼簡單。如果瓦萊夫斯基突然抽腿，
英國就要獨力作戰，並獨自承擔開支，那麼克拉蘭敦麻煩就大了。如果
真是這樣，大概素以「冷靜」著稱的財政大臣也會氣得七竅生煙。前文説
過，西摩爾少將從英國內閣那裏所接到的訓令是「無論是聯合行動還是
單獨行動，都同樣適用」，[46] 似乎是要為各種可能出現的情況做好預備，
或許正是因為法國人意向難測而做的應對措施。

　　巴麥尊在內閣會議中告訴同僚，有人正醞釀攻擊政府，理由是包令

---

42   Greville diary, 17 February 1857, as reproduced in *Leaves from the Greville Diary*, pp. 781-782.

43   Hamilton, *Anglo-French Naval Rivalry*, p. 78.

44   Clarendon to Bowring, Draft 12, 10 January 1857, FO17/261, p. 25.

45   Clarendon to Bowring, Draft 14, 14 January 1857, FO17/261, p. 31.

46   Foreign Office to Admiralty, 9 February 1857, FO17, 251, pp. 333-343.

違反國際法原則。他補充説：「上議院的法律界議員已為之大搖其頭。」[47]
因此他提出一個破天荒之舉——把總檢察長召去開會，這是前所未有之
事，因為司法官員的意見，過往都是以書面形式提交內閣傳閲。當然，
親身出席的好處是，內閣成員可以透過問與答來闡明他的看法。內閣同
意，因此理查德·貝瑟爾（Richard Bethell）[48] 被召喚出席會議。[49]

自此，約翰·羅巴克在下議院形容總檢察長説話如同收了聘用定金
和獲得了辯護委聘，[50] 我們期望聽聽他的法律意見。

阿蓋爾公爵回憶當時的情景：「他説了還不到十分鐘，就完全喚起我
的注意力，之後被吸引住無法自拔。」貝瑟爾「十分仔細準確地將一件
複雜案例的事實條分縷析——並且同樣仔細地解釋適用於這些事實的原
則，以及清晰指出他認為這些事實所指出的結果」。説到最後，他不祥地
搖頭，警告説：「下議院能夠並大概會以違反國際法原則為由大肆攻擊我
們。」[51] 內閣會議所有與會者都明顯感覺到，「如果不是擔任着這個職位，
他會很樂意成為反對我們的首席法律顧問」。[52]

我們記得，上議院高等法官曾公開質疑巴夏禮和包令在「亞羅」號
事件上所採取的行動的合法性。看到總檢察長的意見，我們不禁疑惑：
如果那些站在政府一邊的內閣成員，換成以「保密的」身份發言，他們
的意見是否還是和原來的一樣？

二、自由主義良知

阿蓋爾聽過總檢察長對事件的説明後，對此人留下深刻印象，但對

47　Argyll, *Autobiography and Memoirs*, v. 2, p. 67.

48　理查德·貝瑟爾（1800－1873），1856 年起即出任檢察總長。1857 年他的選區在艾爾斯伯里
（Aylesbury）。他在 1861 年成為司法大臣，其時已獲封韋斯特伯里男爵（Baron Westbury），封
地是威爾特郡的韋斯特伯里。*DNB*, v. 2, pp. 426-431.

49　Argyll, *Autobiography and Memoirs*, v. 2, p. 67.

50　Roebuck, 3 March 1857, *Hansard*, 3d series, v. 144, cols. 1783-1785.

51　Argyll, *Autobiography and Memoirs*, v. 2, p. 68. A copy of Bethell's legal opinion of the *Arrow*
incident is to be found in the British Foreign Office Confidential Prints, 686A (FO/I.O.R.).

52　Argyll, *Autobiography and Memoirs*, v. 2, p. 69.

他提出的論點可能造成的結果，就很不以為然。阿蓋爾說，他懶得去問
貝瑟爾：包令的行為是否專橫跋扈得有點過火。他認為，出於常識，大
家已不得不支持包令。畢竟，包令派出英國船艦和英國火炮轟掉中國炮
台，只是「依循主人的方式行事」，[53]「在採取這麼嚴重行動的時刻」離棄
全權公使，「會使所有接替他的我方官員為之寒心，並使當地我國商業所
賴以為根基的整個制度陷入混亂」。[54]

　　這是很務實的看法，在位者大都會這樣看。因此阿蓋爾認為國民和
下議院都會採取這種出於常識的觀點。[55] 他不擔心上議院。然而，政府必
須抗衡自由主義良知；而要做到這點，又有什麼武器比得上商界游說團
體的請願書？因此，利物浦和倫敦的東印度與中國協會呈交的陳情書就
被收入題為《女王陛下海軍在廣州作戰行動的文件》的藍皮書，讓國會
議員分享。[56]

　　這種策略在上議院似乎收效甚大；儘管如此，在激辯過程中政府高
官還是迫得採取一些極不尋常的手段來苦苦支撐。事緣德比伯爵強調正
義和人道的發言，顯然打動了不少議員，尤其是當上聖公會主教的神職
議員。在這緊急關頭，在場協助其上司的外交部常務次官埃德蒙·哈蒙
德，當場疾書數語遞給坐在其身旁的外相：「如能審慎地散播坎特伯雷大
主教（Archbishop of Canterbury）健康轉差的傳聞，或許能抵消德比伯爵
有關神職議員的長篇講話的影響力。」還寫道：「再散播另一個傳聞，說
政府正在考慮填補已去世的嘉德勳章持有人（Garters）所遺留下來的空
缺，也許能打動其他議員。但政府必須及時在接下來的星期五闢謠。」[57]

　　竟然想到動用這種伎倆，顯示上議院的主教們和貴族的自由主義良
知，已令政府感到焦慮萬分。雖然哈蒙德身為公務員而理應保持中立，
但眾所周知他總是露骨地支持巴麥尊，以至在此緊急關頭竟然暗地裏替
巴麥尊出謀獻策。難怪馬姆斯伯里伯爵在 1852 年接替格蘭維爾勳爵出任

53　　Ibid., p. 66.

54　　Ibid., p. 68.

55　　Ibid., p. 69.

56　　See Parl. Papers 1857, v. 12, pp. 201-203.

57　　Hammond's notes for Clarendon, 25 February 1857, FO17/279, pp. 445-446.

外交大臣時早就說過：「外交部常務次官哈蒙德先生，是極為偏幫彼方的人。」所謂彼方，即指巴麥尊。[58]

殖民地部常務次官弗雷德里克‧羅傑斯（Frederick Rogers）則有不同看法。他認為，對華戰爭似乎是「我們這個時代最令人髮指的惡行之一」。他頗為擔心有人將戰爭歸咎於他，因為由他推動而通過的殖民地法例，讓「約翰‧包令爵士幹下這樣愚蠢的事」。[59]

在下議院，自由主義良知顯然取得了上風，因此科布登在下議院提出中國動議，巴麥尊在表決時就遭逢挫敗。這個挫敗對英國政府來說極為震撼，因為政府為了在事前阻止科布登的動議，似乎已無所不用其極，甚至不惜上下其手弄虛作假。科布登知道，提出單純的譴責案會讓巴麥尊得益，因為他可以迴避外交問題，把譴責案渲染成關乎政黨忠誠的議題，此前他就曾用這樣的伎倆成功脫身過。

為了克服這個困難，科布登就想到提出兩個決議案。第一個指出提交國會的文件未能為炮擊廣州提出合理的理據。第二個要求成立專責委員會，調查對華商務情況。第一個議案可能會被指為對政府的不信任投票，但第二個則為自由黨內反對派提供了一個無需譴責政府而又能表達不滿的途徑。[60] 但是，政府把兩個動議合而為一，把它強行說成是針對政府對華政策的不信任投票。如此這般，決議案就被蓄意改變得面目全非，其「罪魁禍首可能是莫法特（Moffatt），他在兩星期之前預先把科布登的最初動議通知了克拉蘭敦，並指它等同於不信任投票」。[61]

科布登說他「百思不得其解，不知為何會出現這樣的錯誤」。他認為「應該向印刷者發出指示，要求他更小心處理交到他手上的手稿」。他發覺「『二』這個數字被人用鉛筆畫掉，而原本複數的『決議案』（Resolutions）一詞被改成了單數」。[62] 巴麥尊喜孜孜地說：科布登有責任

58　*DNB*, v. 8, p. 1125.

59　Quoted in Frank Welsh, *A History of Hong Kong* (London, HarperCollins, 1993), p. 206.

60　Cobden to Richard (15 February 1857), Cobden Papers, BL Add. MSS, 43,658, folio 266, quoted in Taylor, *Decline of British Radicalism*, pp. 271-272.

61　Taylor, *Decline of British Radicalism*, p. 272, n. 42.

62　Cobden, 26 February 1857, *Hansard*, 3d series, v. 144, col. 1484.

查看交付表決的事項，以確保他提交下議院的通告，是按照他想要的方式刊印的。[63]

　　結果科布登只能將第一個決議案交付表決，[64] 詹姆斯・格雷厄姆爵士說這份決議案「在提及那些我認為非常可恥醜惡的行為時，還可以使用一些更溫和的字詞、更加仔細權衡和小心考慮的字詞」；儘管如此，動議所採用的「字詞中沒有絲毫譴責之意」。[65] 但巴麥尊還是刻意把這份動議描繪成譴責政府的不信任動議，藉以炒作成政黨間對壘的論辯。迪斯累里把科布登的動議詮釋為對政府的不信任投票，[66] 正中巴麥尊下懷。

　　但科布登成功道出了議員們心底確實感到的不安，連巴麥尊自己的自由黨黨員都懷有這種不安，因此其後對他投了反對票。經過下議院的兩晚辯論，馬姆斯伯里伯爵察覺到巴麥尊非常焦躁，以致「在早上一個會議上威脅說，如果他得不到支持就會解散國會」。[67] 此外，「又用電報向每個有資格在下議院投票的黨員發送私人會議通知，連身在國外的黨員也不例外」。[68]

　　這個步驟卻是把雙刃劍，因為被召來投票的黨員不一定認同政府的對華政策。政府在最後一刻搬出「蘿蔔加棍子」策略。蘿蔔是指「招待會入場券、餐宴請柬，以及提供不絕的服務和照顧」；[69] 棍子則在 3 月 2 日星期一揮舞起來，當天自由黨在唐寧街舉行會議，巴麥尊在會上向「舉棋不定的議員們」曉以大義，給了他們一個「臨崖勒馬」的理由。[70] 他強調忠於良好的管治十分重要，又說自由黨政府正陷於險境，可能會被反對黨推翻。[71]

63　Palmerston, 26 February 1857, *Hansard*, 3d series, v. 144, col. 1485.

64　Cobden's motion, 26 February 1857, *Hansard*, 3d series, v. 144, col. 1485.

65　Sir James Graham's electioneering speech, in *Globe*, 19 March 1857, p. 1, col. 6.

66　Disraeli, 3 March 1857, *Hansard*, 3d series, v. 144, cols. 1834-1840.

67　Malmesbury, *Memoirs*, v. 2, pp. 61-62.

68　Grey diary, 28 February 1857, Grey MSS C3/19, quoted in Hawkins, *Parliament*, p. 61.

69　*Daily News*, 2 March 1857.

70　T. Archer and A. H. Stirling, *Queen Victoria: Her Life and Reign*, 4 vs. (London, Gresham, 1901), v. 3, p. 227.

71　*Manchester Guardian*, 3 March 1857, p. 3.

自由黨議員不以為然，仍然根據自由主義原則，繼續為他們反對政府的對華政策立場辯護。就原則而言，對政府俯首貼耳意味着「自由黨的覆滅」。[72]

巴麥尊出席 1857 年 3 月 3 日進行的第四次國會下議院的辯論，也是最後一晚的辯論，自以為已經把科布登的提案變為譴責案。自由黨內持不同意見者若投票支持該議案，就等於譴責政府。若不投票支持，就無法發出他們的反對聲音。如果他們以獨立身份投票支持該議案，就可能會被人視為參加「親華同盟」。此外，巴麥尊收到有關香港毒麵包案的新消息，[73] 馬上以此作為證明中國人野蠻的確鑿證據，並視為替包令的行動辯護的基石。[74]

然而，巴麥尊還是輸了。這顯示下議院內自由主義良知的力量，把巴麥尊自以為穩操勝券的種種手段像摧枯拉朽般驅得蕩然無存。這種現象該如何解釋？包令的最終目標是與中國訂立新的條約，但他藉以取得此目標的手段卻是下流的。英國政府支持包令的最終目標，但無法把此目標宣之於口，結果迫得支持包令的下流手段，當然就無法取信於人了。政府成員為什麼絕口不提該目標？因為這是禁忌。如果哪位大臣膽敢站起來，明白地說：「我這樣做，是為了擴大英國勢力⋯⋯」。那麼，說話者必然「會發現台下舉座震駭，鴉雀無聲，自己也因此而呆住了，並會像罹患上瘟疫——那種必須被放逐於社會以外的疫症——一樣，遭人唾棄」。[75] 但霹靂火巴麥尊是個例外。他膽敢站起來問，現在以和平手段要求修約無望，政府接下來還可以做些什麼？[76] 迪斯累里答不出來，只能笨手笨腳地指責巴麥尊試圖「以武力來擴大我們與東方的商貿關係」。[77] 其實迪斯累里心裏明白，他自己也無法回答此問題。而且，一年後巴麥

72　Taylor, *Decline of British Radicalism*, p. 272, quoting the *Daily News*, 2 March 1857, p. 4. 泰勒博士認為，《每日新聞報》預先知道自由黨會在當天開會，故特別針對那會議提出這樣的看法。

73　Palmerston to Clarendon, 1 March 1857, MSS Clar. Dep. C69, folio 155.

74　Palmerston, 3 March 1857, *Hansard*, 3d series, v. 144, col. 1823.

75　*Morning Star*, 6 March 1857, editorial.

76　Palmerston, 3 March 1857, *Hansard*, 3d series, v. 144, col. 1828.

77　Disraeli, 3 March 1857, *Hansard*, 3d series, v. 144, col. 1836.

尊垮台，迪斯累里加入德比內閣後，竟然把包令所發動的戰爭繼續打下去。此舉證明他心裏想要達到的目的，與包令並無二致。

　　在這場自由主義良知和赤裸裸地逐利的交鋒中，受非議最大的人要算是格拉德斯通。1857 年 2 月他極力抨擊巴麥尊和發動對華戰爭，但 1859 年 6 月當巴麥尊在重新掌政時，格拉德斯通竟然應邀出任財政大臣並全力支持對華戰爭。[78] 為何如此？罪魁禍首是他不甘寂寞，曾放話說他預備加入巴麥尊內閣，條件是得到財政大臣的位置。最終，他自討苦吃，必須要求國會批准撥款近四百萬英鎊用於對華戰爭。約翰·羅巴克斥責他：

> 　　曾幾何時，現任財政大臣向本議院發表演說——由於命運驅使，我剛好坐在他對面的長椅上——那時候，這位先生慷慨陳詞，痛斥當時的政府進行對華戰爭。他說，他們追求的目標是多麼虛妄，他們為達到目的所用的手段是何等險惡。但現在，時移勢易，想法也不同了，他現在所支持的，正是他昔日形容為國恥的議案。……我想向他及當天和他一同展開游說的同僚請教，為什麼到了今天，黑變成了白，白卻變成了黑。[79]

　　格拉德斯通答道：「先生，我完全不覺得有何困難（哄堂大笑）。」他辯解說他只是履行「公職」。[80]

　　格拉德斯通在其他事項上也受到抨擊。他在 1857 年 2 月的下議院辯論中，發言攻擊巴麥尊未得國會事先批准就發動「波斯戰爭」；攻擊巴麥尊把「波斯戰爭」打扮成「印度戰爭」的一部份；攻擊巴麥尊這種伎倆「完全乖違本國常規，危害國家體制，本院必須加以干預」。[81] 同樣地，巴

78　Argyll, *Autobiography and Memoirs*, v. 2, p. 137. 有關《泰晤士報》對於格拉德斯通的任命的敵意，見 *The History of the Times*, v. 2, p. 330。關於格拉德斯通加入巴麥尊的分析，見 Hawkins, *Parliament*, pp. 261-262。

79　Roebuck. 13 July 1860, *Hansard*, 3d series, v. 159, col. 1897.

80　Gladstone, 13 July 1860, *Hansard*, 3d series, v. 159, col. 1898.

81　Gladstone, 3 February 1857, *Hansard*, 3d series, v. 144, col. 145.

麥尊未得國會同意就進行第二次鴉片戰爭。現在格拉德斯通加入了巴麥尊內閣，並向國會要求更多經費支持這場戰爭，格雷伯爵譴責他：「本屆政府中有一位非常傑出的人物，他在三年前非常清楚地釐定了關於這一議題應該遵從的正確尺度。」[82] 格雷繼續説：該尺度是以昔日的事例為依據，「顯示舊時偉大的首相如何行事」。比如，在 1790 年與西班牙爆發爭端時，皮特（Pitt）親自帶來國王上諭：「下議院議員滿腔熱忱和秉公無私的精神，是國王陛下最牢靠的依賴，國王陛下向忠誠於他的下議院議員建議，授權他」準備作戰。1826 年，坎寧（Canning）也向國會上下兩院傳達類似的上諭。[83] 格雷伯爵現在提到格拉德斯通的發言，不是期望得到回應，而是希望藉此支持他要求修訂女王演辭的提案。[84] 修正案被否決。[85]

格雷伯爵於 3 月 9 日，即政府宣佈派出全權公使處理「亞羅」號爭執後不久，重申這一看法。他説：「這在我國歷史上幾乎是前所未有的，我們捲入一場戰爭，事前完全沒有國君上諭將開戰之事正式通知議員」，而且直至大部隊由英國本土出發遠征，都還沒有諮詢過國會意見。[86]

然而，這不正是巴麥尊解散國會的妙處所在嗎？格雷還抱怨派出全權公使的宣佈延宕甚久，姍姍來遲，並且「是經過向政府多番要求才有眉目」。[87] 這難道不是在巴麥尊的計算之中？巴麥尊對「亞羅」號事件操縱之圓融，令人嘆為觀止。

三、政黨政治

克拉蘭敦夫人對於「在之前的分組表決投票時，與德比內閣共同進

82　Grey, 24 January 1860, *Hansard*, 3d series, v. 156, cols. 23-24.

83　Ibid., cols. 19-20.

84　格雷提出的修訂，是要在「《天津和約》條款」之後增加以下字句：「但謹向女王陛下表達我們遺憾之情，女王陛下的僕人在開始準備即將進行的對外征戰之時，竟無提醒女王陛下，須把已擬定的措施馬上讓國會知悉，以便國會判斷該等措施是否合宜，以及考慮其可能帶來的代價並事先給予批准。」Grey, 24 January 1860, *Hansard*, 3d series, v. 156, v. 156, col. 27.

85　Amendment, 24 January 1860, *Hansard*, 3d series, v. 156, col. 73.

86　Grey, 9 March 1857, *Hansard*, 3d series, v. 144, col. 2042.

87　Ibid., col. 2039.

退」的格拉德斯通,「不但獲得巴麥尊禮邀入閣,而且巴麥尊還虛位以待,任由格拉德斯通選擇其最屬意的職位」,[88] 感到不可思議。究竟兩者之間存在着什麼關係?

當時,效忠於某一個政黨以及黨內紀律等問題,並不如今天般嚴格。本書第十六章已簡單介紹過當時英國各家各派的政黨。對於政黨政治隨波逐流的性質,羅素勳爵在 1855 年有以下評語:「下議院如水一樣,飄忽不定。」[89]

「亞羅」號紛爭令英國政壇出現一些根本變化。首先,一些本來風馬牛不相及的人因它而走在一起,結成反巴麥尊聯盟;這些人就是德比、格拉德斯通、羅素、卡德韋爾和科布登,正是巴麥尊口中的「原子的偶然集聚」。隨着辯論在國會如火如荼地進行,中國問題不但造就了新的聯盟,還令舊聯盟分裂。例如在本書第十八章中所見,它令自由黨激進派之間產生分歧,亦即科布登等主和派的英國本土主義者與主戰的羅伯特·洛和奧斯本等人之間產生分歧。科布登因此猛烈抨擊羅伯特·洛,斥責他「背叛了國會的崇高理想」。[90]

之後的中國大選在英國政治史上也留下一些永久的里程碑。和平主義者一敗塗地。科布登、布賴特、米拉傑信、萊亞德和邁阿爾 [91] 全都喪失議席。克拉蘭敦說:光是為了把這些人「逐出」國會,「就值得解散原來的國會」[92] 另外,皮爾派保守黨員也「土崩瓦解」,「潰不成黨」,[93] 如

88　Ladby Clarendon's diary, 14 June 1859, quoted in Hawkins, *Parliament*, p. 262 (emphasis added).

89　Russell to Minto, 22 July 1855, Minto MSS 11775, folio 102, quoted in Hawkins, *Parliament*, p. 53. 關於這時的政黨政治,見 Gary W. Cox, *The Efficient Secret: The Cabinet and the Development of Political Parties in Victorian England* (Cambridge University Press, 1987). 另見 Peter Mandler, *Aristocratic Government in the Age of Reform: Whigs and Liberals, 1830-1852* (Oxford, Clarendon Press, 1990)。

90　科布登在 1857 年 3 月 18 日星期三於曼徹斯特提出抨擊,當時他在那裏為現任議員米拉傑信和畢矮拉票。見 *Globe*, 20 March 1857, p. 1, cols, 3-4: col. 4。

91　愛德華·邁阿爾(1809－1881),以無黨派身份出任大臣好些年,但在 1841 年辭任,創辦報紙《不從國教派》,他是這份報紙的唯一擁有人和編輯。以他那個時代的標準而論,他是一位看法十分「極端」的自由主義者,贊同給予全體男性公民投票權。他在 1852 年 7 月至 1857 年 4 月出任羅奇代爾的國會議員,之後競選連任失敗。見 Miall, *Edward Miall*。

92　Clarendon to Cornewall Lewis, 28 March 1857, MSS Clar. Dep. C533.

93　Granville to Canning, 8 April 1857, Granville MSS PRO 10/29/21/2.

果他們還算得上是個政黨，而不是皮爾去世後結成的派系的話。這一切都為格拉德斯通在 1859 年加入巴麥尊內閣鋪平了道路，他要是不加入巴麥尊內閣，就只能繼續「虛度〔他〕生命中最好的時光」。[94]

所以，巴麥尊解散國會之初衷雖然是為了懲戒那些與他意見相左的議員，結果解散國會為他帶來了意想不到的奇跡。「亞羅」號事件為他提供了解散國會的藉口，這正是他夢寐以求的。克拉蘭敦披露了巴麥尊其實「在前一年就已經準備解散國會，卻苦無合適的藉口」。[95] 巴麥尊在科布登的議案上遭逢失利，正好為他提供了藉口和有利的議題，讓他在政府心臟地帶的威斯敏斯特區域和精英雲集的俱樂部區域以外地方所享有的極高民望，得以派上用場，為他自不久前結束的克里米亞戰爭以來一直攀升的民望錦上添花。反政府同盟「無意中幫了政府一個大忙」，巴麥尊向女王說：「如果沒有發生任何特殊事件而解散國會，各反對黨之間會有明顯區別，相比之下，在即將舉行的大選中，政府贏取席位的勝算更高。」[96]

「此外，內閣決定盡早解散國會，可以阻止其他人提出別的問題，避免單純地以是否贊同『巴麥尊』原則為主軸的選舉變得複雜起來。」[97] 未知政府盤算的沙夫茨伯里侯爵，在 1857 年 3 月 5 日，即下議院結束「亞羅」號辯論後一天，提出鴉片貿易的問題，[98] 並要求當局提交有關鴉片的文件。[99]《遊戲人間》淋漓盡致地演繹了政府在此事上手足無措的表現。該刊編造了樞密院議長的信，內附總檢察長和副檢察長的信各一封。總檢察長理查德・貝瑟爾在信的結尾說：「沙夫茨伯里伯爵最好快點閉嘴。」而副檢察長斯圖爾特・沃特利（Stuart Wortley）則在信中說：「沙夫茨伯里雖然值得敬重，但總愛管芝麻綠豆般大的小事，不是個大器的男子

94　Gladstone to Heathcote, 16 June 1859, Gladstone MSS 44209, folio 38, quoted in Hawkins, *Parliament*, p. 261. See also Bentley, *Politics without Democracy*, p. 161.

95　Clarendon to Howard, 7 March 1857, MSS Clar. Dep. C137, folio 339.

96　Quoted in Steele, *Palmerston and Liberalism*, p. 73.

97　Hawkins, *Parliament*, p. 62, analyzing Delane MSS 8/9, Clarendon to Delane, 4 March 1857. 德萊恩（Delane）是《泰晤士報》主編。

98　Shaftesbury's notice of motion, 5 March 1857, *Hansard*, 3d series, v. 144, col. 1884.

99　Extract of Shaftesbury's motion of 20 March 1857, FO17/280, p. 253.

漢。」[100]

　　我們將在本書第二十二章分析哈蒙德如何應付這場危機。[101] 這裏只提一句，沙夫茨伯里伯爵所要求的文件在 1857 年 4 月 9 日印出來時，[102] 選舉已經結束。

　　巴麥尊解散國會的另一個原因，是看準了當時沒有其他政治領袖有能力組成政府，因為反對派只不過是「多次黨派分裂所剩下的殘垣斷壁」的結合。[103] 換個角度來看：「迪斯累里先生、格拉德斯通先生和科布登先生所代表的三個黨派會聯手與內閣作對，我們不應覺得驚訝，因為本內閣之所以出現，就拜這三黨的缺陷、錯誤和弱點所賜。」[104] 事實上，1855 年巴麥尊第一次組閣時，格拉德斯通就曾入閣出任財政大臣，但不久就辭職，[105] 並且從此感到被孤立。「十三年間，我在人生的中段，孤零零地獨立於任何政黨，既與原本所屬的政黨決裂，又不屑加入另一個政黨」。[106] 1859 年巴麥尊子爵重邀他入閣，是看中格拉德斯通的「能言善道的才能」，要爭取這種才能為政府服務，更「擔心這種能力會落入反對派手中」。[107]

　　赫伯特也將在 1859 年加入巴麥尊內閣，出掌陸軍部！[108] 而羅素勳爵在主動力爭後獲任命為外交大臣！卡德韋爾則出任愛爾蘭大臣。[109] 所有這些曾反對過巴麥尊對華開仗的人，現在都加入了巴麥尊內閣，努力讓英國打贏第二次鴉片戰爭。

　　因此，大多數曾指責包令發動第二次鴉片戰爭的人，到了 1860 年戰

100　*Punch*, 28 March 1857, p. 129.

101　披露此事內情最詳細的第一手資料是 Smith to Hammond, 28 March 1857, FO17/280, p. 251。

102　Hammond's 9 April 1857 minutes on Smith to Hammond, 28 March 1857, FO17/280, p. 251.

103　轉引自 Steele, *Palmerston and Liberalism*, p. 70.

104　*The Times*, Thursday, 5 March 1858, p. 8, col. 3, editorial.

105　Woodward, *The Age of Reform*, pp. 639-640.

106　Gladstone to Heathcote, 16 June 1859, Gladstone MSS 44209, folio 38, quoted in Hawkins, *Parliament*, p. 261.

107　Clarendon to Duchess of Manchester (? 16 June 1859), quoted in Hawkins, *Parliament*, p. 262.

108　Wood diary, 14 June 1859, Hickleton MSS, A8/D, quoted in Hawkins, *Parliament*, p. 262. 和格拉德斯通一樣，赫伯特也曾是 1855 年巴麥尊內閣的成員。

109　同上註。

爭結束時，若不是重新上台時繼續了戰事——如 1858 至 1859 年間的德比和迪斯累里那樣，就是自食其言而加入了巴麥尊內閣，為結束戰事而籌措軍費（如格拉德斯通所做的）、派遣部隊（如赫伯特所做的）或派遣談判者（如羅素所做的）來對付中國。這些人在 1857 年反對這場對華開戰，部份原因無疑是想利用當時的自由主義良知來令政府難堪，雖然並不是說他們自己不秉持這種自由主義觀。但是，到頭來他們還是積極地把這場仗打到底，因為他們還是認為這樣做合乎大不列顛的國家利益。

讓我們換個角度來看待這件事情。格拉德斯通和其他皮爾派保守黨員在 1855 年辭職離開巴麥尊內閣後，阿伯丁勳爵一直勸說他們參加巴麥尊的自由黨。皮爾派保守黨員在 1857 年的「中國大選」中大都喪失議席，其後阿伯丁去信格拉德斯通，指出「世上並無獨立的皮爾黨」。他的理據是，自從德比伯爵被自由黨推翻，而政府的組成又以國會改革為要務之後，整個政黨關係已經改變，而且「我認為皮爾的朋友和自由黨的合併，實際上已正在形成」。[110] 據說由於阿伯丁發揮了影響力，格拉德斯通沒有加入保守黨，[111] 而眼前另一選擇就是自由黨。

中國史學家只要了解當時英國政黨政治的性質，就無需過於介懷英國人對葉名琛總督的褒貶。且看《泰晤士報》怎麼說：「如果巴夏禮、包令、西摩爾、巴麥尊、拉布謝爾和他們的同夥是拿棍子打你，那麼，德比、埃倫伯勒、羅素和格雷厄姆所默默盼望的，就是讓你嚐嚐被蠍尾鞭抽擊的滋味。」[112] 至於格拉德斯通，《遊戲人間》認為他只是在下一盤棋。[113]

這就是英國自由報業界眼中帝國主義政治的性質。

---

110 Quoted in Sir Arthur Gordon, *The Earl of Aberdeen* (London, Sampson Low, Marston, 1894), pp. 296-297.

111 Gordon, *Aberdeen*, p. 298.

112 *The Times*, 28 February 1857.

113 *Punch*, 7 March 1857, p. 98.

四、國會言談背後

　　由此觀之，巴麥尊在下議院遭議員投票反對敗下陣來，反而為他洗出一手更好的牌。如同當時一份報紙的編輯所指出：「那次表決對中國事件的事態發展全無影響，無法改變已成定局的事實，也無法阻止出兵動武，直至通過武力使冥頑不靈的中國人，向我們西方的意志屈服。」因此，下議院其實只是在環繞一個問題投票——巴麥尊伯爵應不應該留任，因為議員們都知道投票結果對於英國的對華政策將沒有實質的影響。如果情況不是這樣，倘若議員知道自己所投的票，能影響正在討論的事件的發展，下議院就會一如以往，發揮愛國精神和明智的判斷力，不致令國家利益淪為政黨的幌子。現在的結果是：「英國國會議員所表達的，並非對於我國在中國的行動是否正義、是否合宜的真誠看法，而僅僅是他們決定不反對英國變換內閣。」[114] 因此，該報章贊同阿蓋爾所說的、下議院採取了違反「常識」的做法。

　　竊以為該報這種以事後的殘酷政治現實所得出同樣是事後諸葛亮的看法，不但抹殺了那些沒有政治野心而又真心實意主持正義、和平的諸如科布登、畢矮、米拉傑信、萊亞德和邁阿爾等，更利用其他議員後來轉軚這事實，從而否認自由主義良知確實存在於上下議會辯論時的眾多議員心裏。該報這種捂着良心的說法，與部份議員同樣是埋沒良心的轉軚，再次佐證了筆者的看法：即不待尼爾‧弗格森教授在其《世界戰爭》中所說的，英國盎格魯‧撒克遜文明在第一次世界大戰後沒落，而是在 1857 年 3 月英國所舉行的所謂「中國大選」時，該文明已經明顯地開始走下坡路了。

　　至於那些從一開始就賣假藥的議員，《曼徹斯特衛報》的主編把他們痛斥得淋漓盡致：「有時候我們會犯的一個大錯：即全盤相信那些對於當代政治人物的指責或讚賞。」[115] 世界上一些學識廣博的人，排山倒海般吐出大量詞鋒犀利的言詞，臧否在廣州的前線官員和其他人員，令人感慨

114　*Spectator*, 7 March 1857.

115　*Manchester Guardian*, 28 February 1857.

萬千。「咒罵是多麼義憤填膺，向上蒼的祈求是多麼懇切，洗淨染滿這種空前罪孽的手，是多麼具有比喻意義！」這位主編慨嘆：「他們所説的話，如果有一半屬實的話，我們全體國民就應該以火與血來滌清罪孽，才會再次有資格被接納為人類。」[116] 真是一針見血，太諷刺了！

研究這段歷史的中國史學家卻把所有這些義憤填膺的痛罵，全都信以為真，[117] 這恐怕是因為中國沒有這樣的政體，所以他們不了解議會政治的本質。

《曼徹斯特衛報》説，事實是，儘管下議院內對於中國紛爭的意見分歧，但很少議員會因為同僚有不同看法就互相鄙夷。同樣地，他們對包令的譴責也應作如是觀。例如，雖然包令可能因缺乏判斷力或脾氣不好而犯錯，但沒有人認為他的行為不符合政府的政策。儘管不斷有人説，包令一連串的下流行動令他們感到震驚和寒心，但「我們心中明白，本國與遠方弱國打交道，是依循着一些通則，它們是牢固地確立在堅實的基礎上；任何一屆政府在實際應用這些通則時，改變的餘地非常有限」。[118]

這些無論誰執政都必然遵從的通則是：世界第一大貿易國的商業利益。《曼徹斯特衛報》洞若觀火：「如同許多英國打過的戰爭一樣，這是一場商人的戰爭。」[119] 本書第十九章描述過國會解散後那些富商巨賈馬上展開各種公開的游説活動；本章則呈現出了一些幕後的游説行為；下一章將探討更多此類活動，以便闡明英國政府對於這些壓力團體順從到何等程度。

五、政治犧牲品

如上一章所説，1856 年 12 月 1 日「亞羅」號事件的消息悄悄傳到白廳時，英國政府一切如常，之後一段時間仍若無其事。到了 1857 年 1 月

116　同上註。
117　蔣孟引：《第二次鴉片戰爭》，頁 71–73。
118　*Manchester Guardian*, 28 February 1857.
119　Ibid., 11 March 1857.

10 日，即政府公佈駐華艦隊司令西摩爾少將第一份公文的四天後，外相
克拉蘭敦致函包令，表示已接到他在 1856 年 10 月 23 日動筆、11 月 15
日寫成的公文。克拉蘭敦「完全」追認包令和西摩爾展開的行動，並指
示包令「轉告巴夏禮領事，他的行為同樣獲得追認」。[120]

在同一天的另一份公文中，克拉蘭敦轉發了一份倫敦東印度與中國
協會主席來信的副本，內容是關於修訂與中國現有條約的看法，另外還
附有外交部回函的副本。[121] 第三份公文中，克拉蘭敦附上英國駐巴黎大
使的公文副本，裏面有法國外交部長瓦萊夫斯基伯爵傳給駐紮在遠東的
法國全權公使布爾布隆的訓令。[122] 1857 年 1 月 26 日，克拉蘭敦又把海軍
部發給西摩爾少將的訓令副本傳給包令，裏面寫道：「授權截斷沿揚子江
通往北京的水路交通⋯⋯以達到修訂現有條約的目的。」[123]

1857 年 2 月 9 日，包令接獲正式訓令，指示他使用強迫手段實現修
約目的。這份訓令的前言說：「最近與中國的友好關係中斷，加上與之相
關的事件，令女王陛下政府有權要求作這樣的修訂。」現在克拉蘭敦似乎
已諮詢過司法官員的意見，明白到已不能根據最惠國原則來要求修約。
因此，若非發生「亞羅」號糾紛，英國還是無法找到要求修約的藉口。

克拉蘭敦發給包令的公文擬稿是一份印刷文件，內含 1856 年 9 月至
12 月間英法兩國政府的往來函件，這些函件也是印刷本。之所以必須印
製這些文件，是因為英國正積極準備開戰，有大量相關人員必須通知和
動員。包令由此獲悉英法之間往來通信的精神，這已在上一章交代。

包令所得到的訓令是，爭取英國公使永久進駐北京，英國人可隨意
進入中國內地等等，從而使「英國商人可以直接或通過代理人，在原產
地購買茶葉或其他未經加工的產品」。購得這些產品以後，「任何運往沿
海地區途中徵收之稅項」，需全部免除。克拉蘭敦還指示包令，女王陛下
政府贊同法國的立場，即美國提出的要求屬於次要。克拉蘭敦這份長篇

120　Clarendon to Bowring, Draft 10, 10 January 1857, FO17/261.

121　Clarendon to Bowring, Draft 11, 10 January 1857, FO17/261.

122　Clarendon to Bowring, Draft 12, 10 January 1857, FO17/261.

123　Clarendon to Bowring, Draft 17, 26 January 1857, FO17/261；另見 Draft 33, 9 February 1857, FO17/261。

公文最後說，包令「久居中國，必定熟知」中國當地情況，因此政府相
信他必能有效地執行訓令。[124]

包令自己的夢想，自然也是敲開中國的大門，可供英國任意剝削。

更多的訓令陸續下達。在 1857 年 2 月 10 日，克拉蘭敦向包令傳送
另一封倫敦東印度與中國協會主席來信的副本，信中呼籲英國政府向中
國施壓，撤銷禁止中國人移民海外的法令，因為新加坡等殖民地亟需中
國婦女。[125] 克拉蘭敦在同日再發出一道公文，指示包令在新條約中增加
一項條款：對任何條款如有疑問或異議，則「解決該疑問或異議之依據，
應以英文本為準」。[126]

同日的另一份公文指示，由於從中國出口的茶葉突然在境內被徵收
釐金，包令必須為英國商人爭取權利，使他們可以派代理人到產地購買
中國產品，並且在產品運往通商口岸途中免徵釐金。[127]

3 月 4 日，克拉蘭敦再向包令傳送要求中國撤銷移民禁令的請願書，
其中一封是利物浦東印度與中國協會所寫，另一封是來自格拉斯哥商
會。[128]

因此，以 1857 年 2 月 24 日德比伯爵在上議院的發言為開端，[129] 以 3
月 3 日下議院要求投票表決的呼聲為結束的這段時期，[130] 雖然包令在國會
上下兩院受到猛烈抨擊，但英國政府則仍然決心放任包令繼續向中國當
局施壓。盼了將近十年，包令終於盼到了這個機會──和中國協商簽訂
新條約。

然而，1 月 6 日英國政府在《倫敦憲報》（*London Gazette*）公佈西摩

124　Clarendon to Bowring, Draft 33, 9 February 1857, FO17/261.

125　Clarendon to Bowring, Draft 39, 10 February 1857, FO17/261. 這項要求其後納入向額爾金下達的
　　訓令之中，Draft 5, 20 April 1857, FO17/274。

126　Clarendon to Bowring, Draft 40, 10 February 1857, FO17/261.

127　Clarendon to Bowring, Draft 44, 10 February 1857, FO17/261. 這裏所說英國商人的權利，其後改
　　為英國商人或其代理人的權利。見 Clarendon to Elgin, Draft 5, 20 April 1857, FO17/274。

128　Clarendon to Bowring, Draft 56, 4 March 1857, FO17/261.

129　Derby, 24 February 1857, *Hansard*, 3d series, v. 144, col. 1170.

130　Kinnaird, 3 March 1857, *Hansard*, 3d series, v. 144, col. 1846. 金奈爾德（Kinnaird）最後發言，在
　　「一片要求分組表決的叫嚷聲中，他的發言中只有幾句話能為人所聽見」。

爾少將的公文時，包令的兒子之一，即任職於英國商務部的埃德加‧包令（Edgar J. Bowring），看到後感到非常擔憂。他寫信給外交部常務次官埃德蒙‧哈蒙德，投訴「海軍部公佈邁克‧西摩爾爵士公文中的所有附件，令人遺憾」地只道出「事實的一半」。事實的另一半是，倫敦、利物浦和香港的商界都一致贊同英方所為，「儘管那裏的人對於其他事情總是爭論不休」。[131] 他有所不知，倫敦東印度與中國協會主席已很露骨地建議克拉蘭敦派出「一級代表兼全權公使」取代包令去談判「新條約」。[132] 但政府當時似乎對這個建議還不十分熱衷。

阿蓋爾公爵說，國會解散前不久，巴麥尊在內閣會議中提出派遣全權公使赴華之事。[133] 作出這個決定的時間很重要。國會是在 1857 年 3 月 21 日下午 1 時 30 分解散，[134] 而派全權公使赴華的決定是在這個日期之前作出的。更精準的說，正確時間是 3 月 10 日之前，因為克拉蘭敦在 3 月 10 日通知包令，「女王陛下政府決定派遣數目可觀的增援部隊及一位全權公使」。[135] 不過，如上文所見，直至 3 月 4 日，克拉蘭敦仍然在指示包令要在預計簽訂的新條約中加入那些要求，完全期望由包令去進行必需的談判。[136] 因此，派遣全權公使的決定似乎是在 3 月 4 日至 10 日之間作出的。

本書第十九章曾說過，或許不能根據額爾金的任命（消息在 1857 年 3 月見報），就斷定巴麥尊在下議院遭到挫敗是他的蓄意設計，[137] 反而是可能與富商巨賈的施壓有關，他們從 3 月 5 日開始就圍堵在巴麥尊家門前。本章的發現（尤見第一節）似乎證實了這一點。富商巨賈對於 3 月 3 日下議院不信任投票的聒噪、他們的會議、公眾集會、民眾請願和晉見巴麥尊的代表團，加上早前國會上下議院對包令的猛烈抨擊，似乎令這

---

131   Edgar Bowring to Hammond, 14 January 1857, FO17/279, p. 178.

132   Gregson to Clarendon, 6 January 1858, FO17/279, p. 178.

133   Argyll, *Autobiography and Memoirs*, v. 2, p. 77.

134   *Globe*, 21 March 1857, p. 2, col. 2, 'Prorogation of Parliament on this Day'.

135   Clarendon to Bowring, Draft 72, 10 March 1858, FO17/261.

136   Clarendon to Bowring, Draft 56, 4 March 1857, FO17/261.

137   關於這個陰謀論，見 Taylor, *Decline of British Radicalism*, p. 274, quoting George Hadfield's speech at Sheffield (*The Times*, 25 March 1857, p. 8); Richard Cobden's speech at Huddersfield (ibid., 28 March 1857, p. 8); and the editorial of the *Weekly Dispatch*, 15 March 1857, p. 7。

位首相改變初衷，決定另覓人選取代包令。

克拉蘭敦指示包令，無論新的全權公使是誰，女王陛下政府都期望包令本着愛國心和秉公無私的精神，在力所能及的範圍，欣然為該新任公使提供一切協助。[138] 在選舉如火如荼進行之時，包令接獲另一份日期標示為 1857 年 3 月 25 日的公文，通知他額爾金伯爵獲任命擔任全權公使，並已安排馬上派遣一支多兵種部隊到新加坡，預計將與額爾金伯爵差不多同時抵達。[139] 這些行動表現出巴麥尊足夠的自信心，他相信能贏得即將舉行的大選，並因此能繼續對華的戰事。[140] 退一步說，此舉至少反映他相信就算他在大選中意外地被擊敗，下一屆政府，用阿蓋爾公爵的話說，還是會出於「常識」繼續把戰爭打下去。

內閣將如何安置包令？阿蓋爾說：「若讓該名官員繼續留任原職，我們將難以安枕。」[141] 內閣覺得，額爾金到達前後，必須約束包令。因此，在 1857 年 3 月的一份公文通知包令，「閣下與下述情事相關之職責將暫時免除：與近日廣州騷動有關的一切事件，以及與議和、修約有關的陸、海軍行動和談判」。[142] 3 月 25 日再次重複這點：「如稍早前通知那樣，額爾金公使在中國期間，閣下以全權代表身份與中國政府談判的權力將暫時免除。」[143] 這些訓令在 4 月 21 日再次重複，而且更加具體：「額爾金伯爵出使中國期間，閣下駐地只限在香港殖民地之內。」而包令與中國當局溝通的工作，「如本人曾知會閣下那樣，該職責將暫時免除」。[144]

另一方面，為了表面上裝出政府全力支持其派駐海外的官員，巴麥尊宣稱，額爾金獲任命為全權公使「並非表示貶仰約翰・包令爵士」；[145]

138　Clarendon to Bowring, Draft 72, 10 March 1858, FO17/261.

139　Clarendon to Bowring, Draft 88, 25 March 1858, FO17/261.

140　事實上，內閣在大選開始時很有信心，認為巴麥尊是「當前執柄獨斷之人」和「決心走上光明的坦途」。見 Hawkins, *Parliament*, p. 65, 引自 Brougham MSS 28122, Bedford to Brougham, n.d. (? March 1857)。

141　Argyll, *Autobiography and Memoirs*, v. 2, p. 77.

142　Clarendon to Bowring, Draft 72, 10 March 1858, FO17/261.

143　Clarendon to Bowring, Draft 88, 25 March 1858, FO17/261.

144　Clarendon to Bowring, Draft 106, 21 April 1858, FO17/261.

145　Palmerston's speech at Tiverton, as printed in *The Times*, Monday, 30 March 1857, p. 6, cols. 4-6; col. 5.

派出額爾金伯爵「不是要取代約翰・包令爵士，英國政府對包令爵士十分信賴和倚仗，他將繼續履行現有職責」。額爾金達成任務之後「將返國，而約翰・包令爵士會繼續留任現職」。[146] 包令應該很清楚，這樣的承諾和現已被英國政府撕毀的《南京條約》一樣，不過是一紙空文。

六、以力服人

關於額爾金伯爵，巴麥尊說了不少揄揚的話：「我們所選擇的人地位顯赫、經驗豐富，過去他管治加拿大時非常出色（喝采）。」他與美國談判成功，雙方簽訂了條約。他能力出眾，八面玲瓏，長於調停，對本國政府的意圖了然於胸。他的後盾是「所向披靡的海軍，比前一次對華戰爭時威廉・伯駕爵士（Sir William Parker）所指揮的，還要強大一倍，另外還有龐大的陸軍支持（喝采）」。[147] 巴麥尊終於掄起他自 1851 年以來就威脅要使用的大棒──以力服人（*argumentum baculinum*）。[148]

因此，解散國會是緩減而非加深了巴麥尊的問題。現在他在對華政策上可以為所欲為。另一方面，國會對包令鳴鼓而攻，確實迫使英國政府採取更加審慎的對華取向。如我們之前所見，政府終於聽從阿丁頓所發出的、包令可能懷有「揚帆遠颺的奢想」的警告，[149] 採取了一定的措施來約束他。如上文所述，英國司法官員審視過與修約要求有關的法律條文後，結論是：「女王陛下政府無權要求修訂那些英國條約。」結果，額爾金得到的訓令是：不要援引《虎門條約》第八款的規定來要求修約；而應力陳由於爆發「亞羅」號爭執，「女王陛下政府必須修訂現有約定，

146　Ibid., col. 6. 巴麥尊原本指望額爾金在一年內完成任務，結果卻花了三年。同時，包令在香港完成第二任期，在 1859 年返回英國。因此，包令沒有恢復他在 1857 年擔當的職位。

147　Ibid., col. 5.

148　這是巴麥尊對以下文件的部份批語：'Mr Bonham's 65, 67, 72', FO17/173 (domestic various)。這個說法可意譯為「以棒擊來教誨」。這種說法不只是針對中國人，巴麥尊對於歐洲本身事務就不斷提出意見或插手干預，因此被稱為「諸事皆管之人」。他的一些公文和外交訓令出言不遜，態度咄咄逼人，因此得到霹靂火的外號。見 Sanders, *Life of Viscount Palmerston*。

149　Addington to Clarendon, 26 August 1854, NSS Clar. Dep. C8 China.

以使他們與中華帝國的關係建立在比現時更令人滿意的基礎上」。[150]

這份訓令的擬稿寫有簡短備忘：「巴麥尊伯爵已閱悉」。[151]

巴麥尊還看過 1857 年 4 月 20 日當天發給額爾金的其他公文擬稿。其中一份是關於任命額爾金弟弟卜魯斯（Frederick Bruce）為其公務秘書，並賦予他「備而不用的完全權力」，一旦額爾金因故無法執行任務時，他將取而代之。[152] 另一份則指示包令讓巴夏禮參加額爾金的出使團。[153]

4 月 20 日這天，英國政府總共草擬了十七份發給額爾金的公文。除了上述的，其餘涉及的題目包括：女王致中國皇帝的函件；女王授予額爾金御璽所代表的「完全權力」；給予海軍部和陸軍部的信函；英國外交部與駐法國、美國和俄國的英國大使的往來通信；指示包令的檔案記錄、領事事務和立法上提供協助的公文；來自印度殖民政府的陸軍援助，以及在錫蘭和新加坡的海軍援助；和日本談判簽訂條約。[154]

在這十七份擬稿中，第四和第五號是長篇文件，以印刷形式製作，[155]是指示額爾金在中國該如何處理事務、應提出哪些要求的正式訓令。如同 1857 年 1 月 9 日傳給包令的訓令，它們以印刷本方式製作，是因為要通知大量的人士和部門。

第四號擬稿指示額爾金乘坐 4 月 26 日開出的郵輪出發，並告知他一支約 1,500 人的炮兵部隊已由英國開赴新加坡待命。又指示額爾金在到達香港後，除了原來駐紮該地的部隊外，他還會看到來自毛里求斯約 750 人的第五兵團，以及來自新加坡約 350 人的印度兵分遣隊。印度兵團有部份人馬也已由馬德拉斯派到香港，並且有第二隊分遣隊可能已從新加坡開拔。海軍司令仍然是西摩爾少將，陸軍司令則由阿什伯納姆少將出

---

150 Clarendon to Elgin, Draft 7 (secret and confidential), 20 April 1857, FO17/274.

151 Foreign Office minute on Clarendon to Elgin, Draft 7 (secret and confidential), 20 April 1857, FO17/274.

152 Foreign Office minute on Clarendon to Elgin, Draft 8, 20 April 1857, FO17/274.

153 Foreign Office minute on Clarendon to Elgin, Draft 14, 20 April 1857, FO17/274.

154 Clarendon to Elgin, Draft 1-17, 20 April 1857, FO17/274.

155 它們其後在 1859 年收入題為《額爾金伯爵中國與日本特殊使命之行通信集，1857－1859》的藍皮書出版。

任。額爾金途經法國時將與法國政府直接磋商，而向中國政府他必須提
出下列要求：

1. 賠償英國和法國臣民所受的損害。
2. 履行現有條約的條款。
3. 賠償英國臣民在「亞羅」號糾紛中所受之損失。
4. 英國派遣外交代表駐紮北京。
5. 修訂條約。

第五號擬稿詳細列出修訂條約的細節，包括：

1. 中國沿海及各江河沿岸港口，一律開放對外通商。
2. 允許英國商人到原產地購買中國產品，並且這些產品運往沿海口
   岸上船時，沿途不得徵稅。
3. 鴉片貿易合法化。
4. 與英國合作打擊海盜。
5. 准許傳教士自由出入中國內地並予以保護。
6. 撤銷禁止中國臣民出國之禁令。
7. 全面承認治外法權。
8. 承認最惠國原則。
9. 遇有爭議時，其解決以（經修訂的）條約的英文本為準。

有一點很惹人注目，就是巴麥尊一直否認英國「正和中國交戰」。更
值得注意的是，巴麥尊一直以來只說英國與兩廣總督葉名琛爆發了局部
糾紛，[156] 但額爾金接獲的訓令卻是採取以下行動：

1. 封鎖白河（由水路進逼北京必經之途）。
2. 佔領揚子江上大運河的入口。
3. 佔領舟山群島。
4. 封鎖乍浦和（或）任何其他中國港口。
5. 截斷大運河與黃河交會處的航道。
6. 在廣州上游登陸，截斷其補給。

---

156 Palmerston's speech at Tiverton, as printed in *The Times*, Monday, 30 March 1857, p. 6, cols. 4-6:
col. 5.

7. 在廣州城上方區域部署一支英軍。

這樣，軍事行動的區域，將由廣州擴大至北京鄰近地區。巴麥尊當然不會把這些行動稱為戰爭，因為國會沒有批准發動戰爭。如我們在上文所見，前一屆的英國國會投票譴責了政府在珠江的軍事行動，而新一屆國會並沒有推翻這個譴責。

1857 年 4 月 6 日，外交部致函海軍部，要求海軍部「下令，4 月 26 日由蘇伊士開往新加坡、運送寄往印度和中國郵件的那艘郵輪，須為額爾金伯爵及其隨員提供住宿房間」。[157]

英國政府所指示額爾金用武力向中國政府索取的各項權益，究竟是誰的主意？且待下一章分解。

七、反響

倫敦大學的彼得・伯勒斯教授評曰：「黃宇和高估了『亞羅』號事件對 1857 年大選的影響，並誇大了對華戰爭對於政黨重新整合的影響。」是否「高估」與「誇大」，必須拿出尺度，不宜泛泛其詞。筆者是拿出大量史實闡述了「『亞羅』號事件對 1857 年大選的影響」，以及「對華戰爭對於政黨重新整合的影響」。

若彼得・伯勒斯教授拿不出什麼才算是適中的尺度，又拿不出該「大選」與「政黨重新整合」中的具體事例來支持該尺度，就丟掉了「以理以據服人」的客觀標準。

157　Foreign Office to Admiralty, 6 April 1857, FO17/280, p. 317.

第二十一章
游說團體巧舌如簧

本章探索英帝國主義鼎盛時期，英國普通民眾，上至商家下至士兵，他們身上所呈現出來的帝國主義素質。

一、商業擴張

英國政府指示額爾金提出的第一項要求，是「中國沿海及各江河沿岸港口，一律開放對外通商」，這項要求來自英國多個商業協會所提出的建議。如上一章所述，駐華艦隊司令西摩爾少將有關珠江軍事行動的首份公文公佈後，影響力龐大的英國工商業協會紛紛游說政府迫使中國作出更大讓步。它們包括倫敦東印度與中國協會[1]、利物浦東印度與中國協會[2]、格拉斯哥商業與製造業公會[3]、曼徹斯特商會[4]，以及曼徹斯特商業與製造業公會。[5] 另外也有人以個人身份上書陳情，包括卡曾斯（E. Cousins）[6] 和詹姆斯·瓦瓦瑟（James Vavasseur）[7]。

英國政府試圖利用這些建議書，作為對華政策廣受支持的證據，甚至把倫敦和利物浦的東印度與中國協會的請願書呈交國會。本章詳細檢

1 　Gregson to Clarendon, 6 January 1858, FO17/279. 霸菱兄弟公司的公司檔案收入了該文件副本，見 Baring Papers HC6.1.20.

2 　Turner to Clarendon, 29 January 1857, FO17/279, p. 247. 這份文件其後印於 Parl. Papers 1857, v. 12, pp. 201-202。

3 　Kinnear to Clarendon, Glasgow, 14 February 1857，內附該公會寫於同日的請願書，FO17/279, p. 383。

4 　Fleming to Clarendon, 5 February 1857, FO17/279, pp. 303-304. 另見 Fleming to Clarendon, 7 March 1857, FO17/280, p. 74。

5 　Bazley to Clarendon, 5 March 1857, FO17/280, p. 37. T. 貝茲利（Bazley）是該公會會長。

6 　Cousins to Clarendon, 26 February 1857, FO17/279; see also the reply in FO17/280, p. 19, Foreign Office to Cousins, Draft, 4 March 1857.

7 　Vavasseur to Clarendon, Camberwell 24 February 1857, FO17/279, pp. 430-431.

視來自各種壓力團體（lobby groups）的要求。

先追溯舊事，商界游説團體在鴉片戰爭時期就十分活躍。約三百家公司向時任外交大臣的巴麥尊子爵陳情，要求他出手干預。他們大都是設在曼徹斯特、倫敦、利茲、利物浦、布萊克本和布里斯托等與棉紡業有關的公司。他們如此關注鴉片貿易，不僅因為他們製造的產品失去中國市場會影響他們的利益，還因為他們把貨物出口到印度，而印度的顧客是靠販賣鴉片賺取購貨資金，鴉片貿易中斷會為他們帶來嚴重打擊。[8]

更引人注目的是，在中國擁有龐大鴉片市場並與倫敦有密切商業關係的渣甸，與巴麥尊會面，在幕後直接主導英國政府對於中國和鴉片戰爭的態度。他提出的建議巨細無遺，包括派出的船隻大小，[9] 以及要求中國簽署的條約內容，只差沒有説要佔領哪些島嶼和要中國賠多少錢。[10] 那段歷史堪稱「紳士資本主義」的經典案例。

在第二次鴉片戰爭中，類似渣甸和馬地臣般的中國通，似乎都沒有再次扮演那樣積極的角色。他們所屬的倫敦東印度與中國協會主席，在西摩爾少將的首份公文公佈後馬上去信克拉蘭敦。但根據記載，除了寫信外，該協會主席或會員沒有試圖以其他手段影響外交部。時移世易了。鴉片戰爭期間，巴麥尊曾積極徵詢怡和洋行的倫敦代理人約翰‧阿拜‧史密斯（John Abel Smith）的意見。有位歷史家因此説：「巴麥尊幾乎完全依靠史密斯為他提供來自廣州的情報」。[11] 但媾和以後，駐紮在香港的歷任全權代表和駐五個通商口岸的英國領事，有系統地定期向祖家提交正式報告，從此外交部常規地得到他們想要知道有關中國局勢的情

8　Chang, *Commissioner Lin*, pp. 192-193, quoting Parl. Papers 'Memorials Addressed to Her Majesty's Government by British Merchants Interested in the Trade with China', 1840.

9　Jardine to Palmerston, 27 October 1839, FO17/35; see also Chang, *Commissioner Lin*, pp. 193-194.

10　Draft of articles of treaty to be proposed to China (prepared by William Jardine), enclosed in Palmerston to Captain Charles Elliot and Admiral George Elliot, Desp. 2, 10 February 1840, FO17/37, pp. 103-119.

11　Chang, *Commissioner Lin*, pp. 193, quoting FO17/35 and 36, passim.

報，[12] 無需借助他人的指指點點。

　　對於這種變化，與白廳近在咫尺的倫敦東印度與中國協會心知肚明，因此他們的陳情書拿捏得很有分寸。但利物浦那邊協會的陳情書就似乎觸怒了某人，那人就是一向不諱言代表商人利益，並以此為榮的理查德・科布登。[13] 該陳情書盲目地建議英國政府堅決爭取以下權利：中國沿海及可通航的江河沿岸所有港口，隨時應他們所請，開放外國通商；英國戰船可自由航行和進出中國所有港口和江河。[14]

　　科布登說：「為了方便說明和容易理解，大家假設這件文件是莫斯科傳給我們的，而裏面所說的不是中國，而是土耳其。」[15] 這個比喻肯定很震撼，因為大不列顛剛跟俄國在克里米亞打了一場血戰。科布登問道：「如果俄國向我們傳來一道這樣的沙皇諭旨，利物浦會爆發什麼樣的驚人事件，大家能否想像？」[16] 科布登或許還不知道，外交部官員也正在幕後努力約束貪婪的商界游說團體的癡人妄語，包括大肆佔領中國領土。

二、領土擴張

　　英國政府收到各種關於奪取中國領土的建議，包括上海、台灣和舟山群島，有人甚至建議佔領全中國。

　　曼徹斯特商會建議英國接管上海，並宣佈它為自由港。[17] 這使英國政

12　有關情報中關於太平天國和當時其他中國叛亂事件的報告，成為中國史學家重要的資料來源，其資料之豐富程度，不亞於在中國的文獻記錄。見 Prescott Clarke and Jack S. Gregory (eds.), *Western Reports on the Taiping: A Selection of Documents* (Canberra, Australian National University Press, 1982)。事實上，八卷本《太平天國》（上海：人民出版社，1952）所收錄的文件，許多是複印自大英博物館和劍橋大學圖書館所藏的中國小冊子。另見拙文 'The Taipings' Distant Allies: A Comparative Study of the Rebels at Shanghai and at Canton, and Their Interaction with the Treaty Powers, 1853-1855', in A. R. Davis (ed.), *Austrina* (Sydney, Oriental Society of Australia, 1982), pp. 334-350.

13　他說：「我全力支持商人階級，而我的公職生涯，一直致力於擴大他們那種可敬和有益世人的事業。」（Cobden, 26 February 1857, Hansard, 3d series, v. 144, col. 1407）

14　Ibid., col. 1410.

15　Ibid., cols, 1410-1411

16　Ibid., col. 1411.

17　Fleming to Clarendon, 5 February 1857, FO17/279, pp. 303-304.

府馬上察覺到商界的要求已失了分寸。哈蒙德禮貌而明確地回覆：「閣下之建議收悉，並將詳加審視，在此代表伯爵大人謹致謝忱。」「惟英國接管上海一節，女王陛下政府恐難照辦。」[18]

該會眼見自己的建議遭到冷待，心中忿忿，又再辯解，希望「伯爵大人亮察」「他們的原意並非以武力強行奪取」，而是「純粹透過談判達成此目標，並開出令中國政府完全滿意的條件」。[19] 至於英國如何不靠武力就能取得和管治上海，甚至令北京清廷完全滿意地拱手相讓，他們沒有細表。

白廳不為所動：「關於閣下要上海『由英國管治』的意見，貴會似乎忘記上海是五個開放外國通商的口岸之一，倘由大不列顛接管，其他國家必群起反對。」[20]

有一個甚有地位的人物與曼徹斯特商會所見略同，那人是瓦蘭斯少校（Major G. Vallencey）。他也建議克拉蘭敦派兵佔領上海的「城鎮和海港」，並以它們為與北京談判的「實質抵押品」。經考慮後，他進一步說，一旦上海由我們控制，就不能讓它溜走，「不管我們簽訂什麼條約，其條款之一必須是割讓該城鎮和海港」。[21] 克拉蘭敦提醒瓦蘭斯，法國與美國「與中國訂立了條約，有權在該城自由從事貿易，若大不列顛強行佔領該城，這些國家不會坐視」。[22]

至於台灣（荷蘭人佔據台灣時替其取名 Formosa 福爾摩沙 —— 美麗島，以至有些外國人沿用此名字），菲爾丁上校（Colonel G. Fielding）在 1857 年 3 月 9 日陳情說：「我國上一次對華戰爭結束之前，本人曾向德比勳爵（時任外相）呈上陳情，建議奪取和佔領福爾摩沙島」。可惜當時關於簽訂和平條約的訓令已經發出，於事無補。但由於「現時我們在廣州的紛爭，可能導致與中國開戰」，菲爾丁上校趁機附上一份備忘錄的副

18　Foreign Office to Fleming, Draft, 10 February 1857, *Hansard*, 3d series, v. 144, p. 351.

19　Fleming to Clarendon, 7 March 1857, FO17/280, p. 74.

20　Foreign Office to Fleming, 12 March 1857, FO17/280, pp. 118-119.

21　Vallancey to Clarendon, 9 March 1857, FO17/280, pp. 95-97.

22　Clarendon's 10 March 1857 minutes (p. 124) on Vallancey to Clarendon, 9 March 1857, FO17/280, pp. 95-97. For the draft reply, see 12 March 1857, FO17/280, p. 122.

本,供伯爵大人過目。有人認為應奪取舟山,理由是舟山乃優良商港,但菲爾丁上校認為舟山並不合適,因為它與大陸距離太近,而且面積太小,價值不大。[23]

菲爾丁上校在他的備忘錄中列出「奪取並堅決佔領福爾摩沙島」的理由。文件巨細無遺,其程度令人咋舌。菲爾丁注意到福爾摩沙是「產茶大省福建的糧倉」,因此英國佔領福爾摩沙可以強迫皇帝「拿茶葉來跟我們換取稻米」。菲爾丁認為,如能用心經營該島,「我們很快可以擁有自己的小中國」。[24] 克拉蘭敦把信和附件傳給巴麥尊看,並指示應覆函致謝,但不要承諾政府會有任何行動。[25] 巴麥尊照辦。[26]

這位菲爾丁上校是何方神聖?他名叫喬治·菲爾丁,但由於簽名潦草,外交部誤以為寫信人是他弟弟珀西·菲爾丁(Percy Fielding)。喬治·菲爾丁發覺外交部誤將他當成是隸屬冷溪近衛團(Coldstream Guards)的弟弟珀西·菲爾丁中校,立即將錯就錯,建議政府把他弟弟派到中國服役:「他擁有出色軍官的品質,在近衛騎兵團中盡人皆知」。[27] 喬治·菲爾丁上校本人則「在印度政治部任職十二年,最近擔任土著法院特派代表」。[28]

從現有記錄所見,白廳似乎沒有採納他的建議,也沒有重用他的弟弟。可是,他的陳情不單大有助於我們追尋第二次鴉片戰爭的起源,也大有助於我們粗略掌握英帝國主義的本質。如菲爾丁所描述的,任何覬覦中國領土的西方政府,都會感到台灣很吸引,因為它有經濟價值,是戰略要衝,並能自給自足,很適合成為殖民地。白廳拒納菲爾丁的建議,非常清楚地顯示白廳所追求的並非領土第一。英國打第二次鴉片戰爭的主要目的,是擴大貿易,而非擴大領土。如果它攫取台灣,而它的

---

23   Fielding to Clarendon, Newnham Paddox, Rugby, 9 March 1857, with enclosure, FO17/280, pp. 99-101.

24   Enclosure in ibid.

25   Clarendon's 11 March 1857 minutes (p. 98) on Fielding to Clarendon, Newnham Paddox, 9 March 1857, with enclosure, FO17/280, pp. 99-101.

26   Foreign Office to Fielding, 11 March 1857, FO17/280, p. 107.

27   Fielding to Clarendon, Rugby, 17 March 1857, FO17/280, p. 158.

28   同上註。

盟友法國，以及可能成為盟友的美國和俄國，也會在中國各自奪取大小相若的領土，那中國就會被瓜分，英國希望中國全境開放予自由貿易的夢想就會破滅。就此而言，自由貿易帝國主義的理論就相當有道理。

　　其後在 1860 年，英國確實在《北京條約》中要求中國割讓九龍半島的南端，但提出這項要求，主要是為防衛 1841 年取得的香港島，以及更為完整地擁有香港島與九龍半島之間的維多利亞港。[29]

　　至於舟山，最早建議佔領的似乎是《泰晤士報》。該報主編在 1857 年 1 月 8 日寫道：「英國當局對於想要求什麼，以及想得到什麼樣的抵押品，應該打定主意」，「佔領舟山或許再加一個更靠近首都的地點，規定可向朝廷派駐大使的條款，以及容許各國人員自由進入中國，都應考慮納入方案」。[30]

　　有位名叫蒙哥馬利·馬丁（R. Montgomery Martin）的人，以他自己獨特的方式建議英國政府佔領舟山甚至全中國。他在 1857 年 2 月 7 日去信克拉蘭敦，堅決要求「本人有關香港、舟山及 1844 至 1845 年與中國關係的報告，應納入呈交國會的官方文件之中，這才合乎公義」。[31] 外交部常務次官哈蒙德猜測寫信人是前香港「輔政司之類，但不是外交部的人」[32] 克拉蘭敦認為，既然「他與外交部無關，我不能呈交他的報告」[33] 不甘被忽視的馬丁似乎說服了他所屬選區的國會議員，動議要求政府呈上他的文件以供國會議員討論。因此在 1857 年 2 月 13 日，下議院通過決議，要求呈上馬丁的文件。殖民地大臣亨利·拉布謝爾於是去信克拉蘭敦，要求得到那些文件，以便呈交國會討論。[34]

29　See Justin Cahill, 'From Colonisation to Decolonisation: A study of Chinese and British Negotiating Positions with Regard to Hong Kong'. History IV honours thesis, University of Sydney, 1995.

30　*The Times*, 8 January 1857, p. 8, col. 3.

31　Martin to Clarendon, 7 February 1857, FO17/279, p. 330.

32　Hammond's minutes on Martin to Clarendon, 7 February 1857, FO17/279, p. 330. 事實上，馬丁曾任香港庫政司。見以下兩註。

33　Clarendon's minutes on Martin to Clarendon, 7 February 1857, FO17/279, p. 330. 其後下議院通過決議，要求政府呈交那些文件。見 Colonial Office to Foreign Office, 28 February 1857, and enclosure, House of Commons resolution, 13 February 1857, FO17/279, pp. 453-455.

34　Colonial Office to Foreign Office, 28 February 1857, enclosing a copy of the House of Commons resolution of 13 February 1857, FO17/279, pp. 453-455.

　　1857 年 3 月 2 日，克拉蘭敦把文件傳給拉布謝爾，但要求在呈交國會前，先把印刷版的校樣傳給他看。[35] 校樣在 3 月 18 日傳給克拉蘭敦，還附有批語說：可能的話，應在國會解散前呈交。[36] 在 3 月 20 日，外交部向殖民地部傳回「那些文件校樣，拉布謝爾先生會看到有些段落特別標出，那是克拉蘭敦伯爵建議刪除的」。[37]

　　筆者追查了有關的國會文件和馬丁的原稿，發現馬丁在報告中提到關於舟山的五段文字，印刷版中刪掉了，[38] 另外，他在備忘錄中提到英國對華立場的十三段文字，也不見於印刷版。[39] 那些被封殺的關於舟山的段落顯示，馬丁要求白廳把舟山變為殖民地，他說如果英國不據為己有的話，法國一定會這樣做。只要在舟山派駐兩個軍團、幾艘三帆快速戰艦和兩艘蒸汽輪就足以抵禦全中國，如果佔領大運河出口，甚至能採取攻勢，「不必從印度派兵增援，就能在一星期內迫使中國簽訂和平條款」。馬丁在備忘錄中談到英國對華立場而被刪掉的段落，則堅稱中國是繼印度之後「不列顛文明發展的下一個廣闊舞台，此乃天意安排」。如果英國不佔領中國，其他國家也會這樣做，從而把中國變成「有損我們利益，並對我國造成巨大和永久傷害的工具」。這是帝國主義自我合理化的典型——當仁不讓，捨我其誰。

　　馬丁好一個「不列顛文明發展的下一個廣闊舞台」！難怪法國學者亞蘭・佩雷菲特（Alain Peyrefitte）[40] 老早已經著書立說：把 1792—1794 年的馬戛爾尼伯爵使華稱之為「兩個文明迎頭猛撞」（*The Collision of Two*

35　Foreign Office to Colonial Office, 2 March 1857, FO17/280, p. 1.

36　Colonial Office to Foreign Office, 18 March 1857, FO17/280, p. 178.

37　Foreign Office to Colonial Office, 20 March 1857, FO17/280, p. 200.

38　Compare the printed version in Parl. Papers 1857, v. 12, pp. 615-630, with the original manuscript of Martin's report on the island of Chusan, dated 20 August 1844 and enclosed in Davis to Aberdeen (separate), 28 October 1844, FO17/89, pp. 128-154.

39　Compare the printed version in Parl. Papers 1857, v. 12, pp. 630-637, with the original manuscript of Martin's report on the British position in China, dated 19 April 1845 and enclosed in Davis to Aberdeen (separate), 21 April 1845, FO17/99, pp. 99-133.

40　生卒年份為 1925 年 8 月 26 日－1999 年 11 月 27 日，是法國的一位學者、政治家，曾先後擔任新聞部長、政府改革與計劃部長、文化與環境部長、司法部長。與法國總統戴高樂交好。

Civilisations）。[41] ——清朝像部小汽車，英國則酷似一部坦克車，開足馬力把小汽車猛撞得粉身碎骨！

另一方面，足跡遍中國的英國冒險家羅伯特・福鈞（Robert Fortune），偷偷剪下中國茶樹枝條，帶到印度去栽植。他在當時正要出版一本書，在書的最後加插了一節，鼓吹盡快佔領舟山。他指英國部隊和艦隊可以在舟山廣闊的海港集結，並說舟山比香港更有益於人員健康，這點對軍人非常重要。[42]

最後，英國政府接納《泰晤士報》和福鈞的建議，並指示額爾金把暫時佔領舟山列為選項。然而，這個決定更可能是由於英國人眼中俄國的威脅。無論如何，英國無意永久佔領舟山，而僅是如《泰晤士報》所說，把它當作「押抵品」。因此，馬丁日思夜想的殖民舟山，仍只是一個遙遠的夢想，更不要說殖民全中國。不難理解白廳為何想封殺他的一些意見。因為一旦編印出來，會惹起國際社會懷疑英國有掠奪中國領土的野心，這可能引致中國被瓜分，結果危害英國在全中國的商貿擴張。

三、殖民擴張

筆者所說的殖民擴張，並非指奪取領土，而是從中國獲取人力資源，以擴充英國各殖民地的勞動力。

1857 年 2 月 9 日，倫敦東印度與中國協會主席再次去信克拉蘭敦，要求在談判新條約時，盡快迫使中國政府把婦女移民合法化。為支持自己的主張，他還附上一份備忘錄，那是由幾位地位崇高、在中國和新加坡有成立商行的成員所撰寫。[43] 哈蒙德提議把文件傳給駐華公使包令爵士請其斟酌，但補充說，鑒於中國人對婦女出國存有偏見，克拉蘭敦覺得這一構想未必能實現。[44]

41　Alain Peyrefitte. *The Collision of Two Civilisations: The British Expedition to China in 1792-1794.* Translated from the French by Jon Rothschild. London: Harvill, 1993.

42　Robert Fortune, *A Residence among the Chinese* (London, John Murray, 1857), pp. 434-435.

43　Gregson to Clarendon, 9 February 1857, and enclosures, FO17/279, pp. 345-349.

44　Foreign Office to Gregson, 10 February 1857, FO17/279, p. 344.

　　格拉斯哥商業與製造業公會的一位理事在 2 月 14 日寫信給克拉蘭敦，要求政府利用「亞羅」號事件趁機向中國政府施壓，解除限制中國婦女出國的禁令。這封陳情信開首就道出一個事實：過去這些年，中國男性大量移入新加坡和英屬西印度群島等殖民地，「是十分重要的勞動力來源，尤其是對西印度群島而言」。例如，新加坡有五萬名中國男性，但沒有一名中國女性。中國男人如能定居下來拓墾，「那將大有好處」，而吸引他們定居的唯一方法，是准許他們的家眷一同前往。[45]

　　哈蒙德建議把陳情信副本傳給包令，並如同之前一樣地補充說，中國人反對這種想法的偏見恐怕難以克服。[46] 但在幕後，哈蒙德在 2 月 23日寫信給印度委員會，附上該公會的陳情信副本和他的回覆。印度委員會徵詢了東印度公司董事會的意見，他們認為「把中國婦女輸入新加坡，無論在各方面都對我們大有好處」。[47] 印度委員會成員回覆哈蒙德說，他們「完全同意」該意見，[48] 利物浦東印度與中國協會也在 2 月 23 日針對此問題致函克拉蘭敦，[49] 外交部也循例回覆。[50]

　　與之類似，詹姆斯·瓦瓦瑟（James Vavasseur）在 2 月 24 日也就同樣問題寫信給克拉蘭敦，只不過說的是澳洲。「現在有大批華人為了黃金跑到澳洲去，他們既勤奮又能幹，是相當得力的殖民地開拓者」。如果這些中國人可以攜帶妻子，並且如果澳洲殖民地政府能撥出土地或提供其他條件，鼓勵他們定居開墾，那麼他們很快就能成為「澳洲人口寶貴的新力軍，大有助於開發我國屬地的資源」。[51] 哈蒙德把瓦瓦瑟來函的副本傳給殖民地部大臣拉布謝爾，問他是否適合根據信中建議採取措施。[52]

　　3 月 12 日，曼徹斯特商會也向克拉蘭敦陳情，表示英國在馬六甲海

45　　Kinnear to Clarendon, Glasgow, 14 February 1857, enclosing a memorial from the said chamber, dated the same day, FO17/279, p. 383.

46　　Foreign Office to Kinnear, 20 February 1857, FO17/279, p. 404.

47　　James C. Melvill to India Board, 12 March 1857, FO17/280, p. 144.

48　　William Leach to Hammond, 14 March 1857, FO17/280, p. 142.

49　　Turner to Clarendon, 23 February 1857, FO17/279, p. 420.

50　　Foreign Office to Turner, 27 February 1857, FO17/279, p. 449.

51　　Vavasseur to Clarendon, Camberwell, 24 February 1857, FO17/279, pp. 430-431.

52　　Foreign Office to Colonial Office, 4 March 1857, FO17/280, p. 21.

峽的殖民地、澳洲及其他殖民地有同樣的需要。[53] 外交部按例行做法回覆。[54]

3 月 19 日，利物浦商會秘書羅伯特·艾恩遜（Robert Ironson）代表該商會的理事會向克拉蘭敦送遞一封陳情書，投訴棉花供應短缺，而唯一能想到的解決方法是鼓勵中國的「勤奮工人」移居西印度群島種棉。但是，除非這些工人能攜家眷同往，否則他們不會願意移居該地。因此，必須迫使中國政府放寬限制婦女移民的規定。[55]

在另一封陳情書中，利物浦商會提醒政府，如果「目前在中國的糾紛令條約得以修訂，那麼，有一個議題對於馬六甲海峽的英國殖民地十分重要，那就是中國各口岸開放自由移民」。[56] 白廳請該商會秘書艾恩遜「轉告貴會理事會，克拉蘭敦伯爵十分重視他們的意見，但從以往的調查所見，伯爵大人擔心中國婦女不願意移民出國」。[57]

到了 3 月 21 日，西印度群島委員會（West India Committee）致信克拉蘭敦，表示「希望任何可能簽訂的新條約，能夠准許男女移民坐上開往英屬西印度群島殖民地的英國輪船」。到目前為止，有為數約二千的中國移民引進到圭亞那、特林尼達和牙買加，這些小規模實驗證明中國人是勤快敏練的工人。從前向中國招募移民的團體全都偏好男性，因為他們的目的是獲取有效的勞動力。英屬西印度群島的領主受到相同動機的雙重驅使，他們最希望取得的是勞動力，即使付出一點代價也在所不惜，其次才是開拓殖民地帶來的好處。[58] 白廳回覆說「克拉蘭敦伯爵十分重視這個問題」，並習慣性地補加一句：中國婦女恐怕不願移居國外。[59]

3 月 27 日，殖民地部回覆外交部說，如果中國撤銷所有限制男女移民的禁令，殖民地部大臣拉布謝爾先生會十分高興，但這些障礙仍然存

53　Fleming to Clarendon, 7 March 1857, FO17/280, p. 74.

54　Foreign Office to Fleming, 12 March 1857, FO17/280, pp. 118-119.

55　Memorandum to Clarendon (received 20 March 1857), FO17/280, p. 197.

56　Ironson to Clarendon, 19 March 1857, FO17/280, pp. 193-195.

57　Foreign Office to Ironson, 24 March 1857, FO17/280, p. 222.

58　Macgregor to Clarendon, 21 March 1857, FO17/280, pp. 218-219.

59　Foreign Office to Macgregor, 26 March 1857, FO17/280, p. 236.

在，由於中華帝國的基本法律和人民根深柢固的習慣，移民海外不獲准許。在此情況下，拉布謝爾認為，這方面所「牽涉的英國利益，不足以令這點成為與中國議和的必要條件」。[60] 克拉蘭敦批語：「同意。」[61] 之後就回信給殖民地部表示贊同。[62]

儘管克拉蘭敦個人在此事上贊同拉布謝爾，但內閣似乎決定採取印度委員會的意見，克拉蘭敦為此向額爾金下達訓令：「女王陛下政府接到多方懇切陳情，表示要求中國政府撤銷現時不准中國臣民出國的禁令十分重要」。反正那禁令已成一紙空文。雖然中國婦女移居海外並沒有觸犯中國法律，但英國人還是認為應要求中國皇帝正式認可他的臣民不論什麼階級都有權隨意移民海外。[63]

四、傳教擴張

1857 年 3 月 16 日，有位名叫愛德華·狄龍（Edward Dillon）的人致函哈蒙德，隨函附有傑弗里·皮爾西牧師（Reverend Geoffrey Piercy）在 1856 年 11 月 12 日寫於澳門的日記節錄，這是傳教士游說活動的首例。[64] 狄龍說，日記作者是在廣州的傳教士，「幾乎不會贊同近乎戰爭的措施，除非這些措施是因中國當局再三挑釁，令人忍無可忍，變得極為迫切與必要」。他還堅稱這位傳教士「在衝突爆發前已身處當地，直到不久前還留在廣州」，因此能夠「為整個事件提供冷靜和本着良心的意見」。[65]

克拉蘭敦批語：「閱悉，甚謝。」[66] 皮爾西牧師在信裏說了什麼？他說：

60　Colonial Office to Foreign Office, 27 March 1857, FO17/280, p. 249.

61　Clarendon's 27 March 1857 minutes on Colonial Office to Foreign Office, 27 March 1857, FO17/280, p. 249.

62　Foreign Office to Colonial Office, 2 April 1857, FO17/280, p. 303.

63　Clarendon to Elgin, Draft 5, 20 April 1857, FO17/274.

64　背景資料見 G. I. T. Machin, *Politics and the Churches in Great Britain, 1832-1868* (Oxford, Clarendon Press, 1967)。

65　Dillon to Hammond, 16 March 1857, FO17/280, p. 149.

66　Clarendon's minutes (n.d.) on Dillon to Hammond, 16 March 1857, FO17/280, p. 149. 1857 年 3 月 18 日根據克拉蘭敦的批示回覆。

英國政府不能回頭，（儘管將有大量生靈塗炭，令人思之慄然），因為英國的榮耀，以及它向跟隨其旗幟的人確保提供的保護，必須是不可侵犯的。對於這些人遭逢的劫難，我們身為傳教士沉痛哀悼，但我們不能閉上眼睛昧於事實，只有靠外來力量的強大臂膀，才能快速地為傳入福音開闢陣地。如果「驕傲在敗壞以先，狂心在跌倒之前」，那麼，來自另一力量的懲罰早晚會隨之而來，那是無可避免的事。[67]

在皮爾西看來，必須摧毀中國人的肉體以拯救他們劫後餘生的靈魂！

3月19日，英國聖公會海外傳道會（Church Missionary Society）會長奇切斯特勳爵（Lord Chichester）寫信給克拉蘭敦，隨信附上一份他之前曾在1855年呈交克拉蘭敦的請願書。奇切斯特在信中說，與中國的友好關係可望恢復，令傳教士有可能獲得行動自由和更周全的保護。他說，其他基督教國家的傳教士不受只能居住在五個通商口岸的限制。[68] 奇切斯特講錯了。《南京條約》明確規定，所有基督教國家的傳教士，和其他外國人一樣，一概只准在五個通商口岸活動。那些跑到口岸以外地方居住的人是違反了條約規定。

奇切斯特寫於1855年、如今再度傳給克拉蘭敦的那份陳情書非常值得注意。它一開首寫道，聖公會自1844年起就派遣傳教士到中國宣道，該會前度傳教士施美夫博士牧師（Dr. George Smith）在1849年更獲委任為香港維多利亞教區會督。接下來又說，1842年簽訂的《南京條約》

67 Extract of a letter of the Rev. Geoffrey Piercy, Macao, 12 November 1856, enclosed in Dillon to Hammond, 16 March 1857, FO17/280, pp. 149-150.

68 Chichester to Clarendon, 18 March 1857, FO17/280, pp. 183-184. 作者署名只簽了 Chichester。外交部回覆時，稱呼收信人為奇切斯特勳爵。見 Foreign Office to Chichester, 23 March 1857, FO17/280, p. 220。因此人們認為他是奇切斯特伯爵享利·托馬斯（Henry Thomas），見 Hansard, 3d series, v. 144, 'Roll of the Lords Spiritual and Temporal'。我們不應將他和奇切斯特主教阿什赫斯特·特納（Ashhurst Turner）混淆，見上註。如果寫信的人是主教，他的署名會寫作 Ashhurst, Cicestrensis。我很感謝我的同事托尼·卡希爾先生（Tony Cahill），他告訴我十九世紀的主教簽名時通常會先畫一個十字架，之後才寫教名，最後是所屬教區的拉丁文名稱（奇切斯特的拉丁文名稱是 Cicestrensis）。另一位同事琳恩·奧爾森博士（Lyn Olson）為我找到奇切斯特的拉丁寫法，在此一併致以謝忱。

沒有協助該傳道會在中國的工作。反而是法國政府曾要求中國保護傳教士，並在 1843 年簽訂的中法《黃埔條約》中得以實現。因為《黃埔條約》有此規定，英國傳教士可以援引 1843 年中英《虎門條約》的最惠國待遇條款，要求得到相同保護。現在英國和法國政府正擬修訂條約，請願書起草人「深盼伯爵大人能注意」，為傳教士爭取「生命和財產之保障和居留權利」十分重要，而這些權利除了「為杜絕不當使用或濫用而必須設定的限制和約束」[69] 外，不應受到任何掣肘。

請願書起草人的手腳慢了點，1855 年他們還在寫這份請願書時，關於修訂條約的具體條款已在十一個月前傳了給包令，而當中並沒有提到傳教士在華的特權。[70] 現在到了 1857 年，白廳承諾「克拉蘭敦伯爵會十分重視此事」。[71]

循道會（Wesleyan Methodist Mission）更是姍姍來遲。在 1857 年 3 月 24 日，它的秘書胡爾博士牧師（Rev. E. Hoole, D.D.）致函克拉蘭敦，同樣是抱怨現在英、中兩國簽訂的條約中沒有照顧到傳教士，還說：「現在英國傳教士在中華帝國所享有的所有合法權益或特權，都來自法國所簽條約的規定。」即使是那樣，傳教士也不能合法地離開五個通商口岸，「更不能獲取或擁有任何禮拜堂、學校或墳地」。循道會「深信若非迫不得已，這樣的情況一刻也不應再持續」。該會希望克拉蘭敦為了「大不列顛的光榮，偉大的自由原則，更重要的是，基督教的利益」，向額爾金下達訓令，要求中國當局給予所有傳教士自由往來全中國、租賃或購買住宅，以及興建學校和教堂的權利。[72]

克拉蘭敦批示：「我會予以重視。」[73] 並立即指示額爾金，如果可能的話，要為所有基督教群體的成員爭取利益，要求中國政府「保障他們

69　Memorial of the Church Missionary Society to Clarendon, 5 January 1855, enclosed in Chichester to Clarendon, 19 March 1857, FO17/280, p. 183.

70　Clarendon to Bowring, Desp. 2, 13 February 1854, FO17/210.

71　Foreign Office to Chichester, 23 March 1857, FO17/280, p. 220.

72　Hoole to Clarendon, 24 March 1857, FO17/280, p. 220.

73　Clarendon's 27 March 1857 minutes on Hoole to Clarendon, 24 March 1857, FO17/280, p. 229. 回覆在 1857 年 4 月 2 日寫成；見 FO17/280, p. 301。

能自由地做禮拜，並保護傳教士和其他到中國內地和平旅行的人的生命安全」。[74]

這可算破天荒第一遭，是白廳願意為英國傳教士的事業撐腰的例外事件。[75] 英國政府一向嚴守商業利益與傳教工作分開的政策，部份原因是擔心後者會損害前者。結果英國傳教士只能自求多福。在第二次鴉片戰爭中，英國政府放棄了這個長期緊守的政策，可能是為了安撫教會，尤其是在國會辯論中曾反對打這場仗的神職議員。

不管出於什麼原因，英國政府支持傳教士的要求，是第二次鴉片戰爭所帶來的眾多「破天荒之舉」中的另一樁。

五、撤回反鴉片動議

似乎沒有人致信外交部，游說政府要求中國當局把鴉片貿易合法化。這毫不令人驚訝。與鴉片貿易關係最密切的英國人，全都身在中國和印度。相反地，在英國卻有許多人寫信給沙夫茨伯里伯爵（Earl of Shaftesbury）[76]，呼籲他向上議院施壓，令英國退出鴉片貿易（見本書第二十四章）。

尤記德比伯爵所提出有關「亞羅」號的動議，在上議院展開了為期兩天的辯論後，於 1857 年 2 月 26 日結束。之前曾預告有意提出關於鴉片貿易動議的沙夫茨伯里投票支持政府，令德比的動議無法通過。[77] 下議院為期四天的辯論在 3 月 4 日結束，巴麥尊之受挫令沙夫茨伯里感到很

74　Clarendon to Elgin, Draft 5, 20 April 1857, FO17/274.

75　這種情況也只是僅此一次。法國和德國政府不斷為他們的在華傳教士出頭，其實是利用傳教士事件攫取帝國主義利益，白廳則繼續對傳教士的爭執敬而遠之。有關法國政府這方面的立場，見本書第十九章；至於德國政府的態度，見 John E. Schrecker, *Imperialism and Chinese Nationalism: Germany in Shangtung* (Cambridge, Mass., Harvard University Press, 1971)。

76　他名叫安東尼・阿什利・庫珀（Antony Ashley Cooper），是第七任沙夫茨伯里伯爵（1801－1885）。他是十九世紀慈善精神的化身，密切參與制訂掃煙囪童工法案（Climbing Boys Act）、工廠與十小時工時法案（Factory and Ten Hours Acts）、煤礦管理法案（Mines and Collieries Regulation Acts），又創辦貧童學校、水手訓練船和男女童庇護所，推動廢除奴隸制、保護精神病人，並且發展城市濟貧會（City Mission）和聖經公會（Bible Society）。見 Edwin Hodder, *Life and Work of the Seventh Earl of Shaftesbury*, 3 vs. (London, Cassel, 1886)。

77　List of Not Content, *Hansard*, 3d series, v. 144, col. 1386.

不安。[78] 翌日，3 月 5 日星期四，德比問沙夫茨伯里，是否仍然打算提出主體議案徵詢上議院的意見，若是，會不會把動議內容告知上議院。[79]

沙夫茨伯里回覆説，他預告將提出主體議案時，確實有此打算。但經深入研究後，他深信整個制度從頭到尾完全不合法，其運作沒有得到任何法律批准。因此，他決定把事情交給法律顧問，徵詢他們的意見。然後他再構思議案，以求從法律和具體條文的角度提出問題，期望交由國家的法官審議。他原想在 3 月 2 日星期一提出動議，但法律顧問來不及提供意見，因此推遲至下一個星期一。[80]

法律顧問無法在前一週提供意見，大概因為下議院兩個陣營的法律專家正忙於辯論「亞羅」號事件的法律細節。現在他希望在 1857 年 3 月 9 日星期一提出動議。為此，他會在第二天準備好議案，到星期一交付表決，提出將一些相關問題交由法官審視。[81]

沙夫茨伯里解釋，當初預告要在上議院提出鴉片問題，是打算動議向政府提出呈文，要求成立調查委員會。經考慮後，他決定提出譴責鴉片貿易的決議。再一次深思熟慮之後，他認為最好的處理方法，是由上議院議員要求法官就此事提出意見。這就是他現在決定要做的事。[82]

許多人寫信、在報章發文和在私下談話中指責他如此決定，説他推遲動議是為了幫政府的忙。他否認這種指控，説他的動議是要盡量令政府難堪。他説，自己是衡量過每一種選擇的成功機率，才選擇現在的方式。如果他選擇第一種方式，他得到的答覆肯定是：調查委員會花費不菲，調查工作曠日持久，並且由於事情如此重要，政府和國會或許無法委任這樣的委員會。如果他採取第二個選擇，一定會有人對他説，缺乏實質內容的決議案很不合宜，沒有多少甚至完全沒有意義，已故的羅伯

78　沙夫茨伯里感到不安，不但因為他是巴麥尊的繼子，還因為在任命神職議員一事上，首相讓他發揮很大影響力。

79　Notice to Motion, Question, Lord Derby's question, 5 March 1857, *Hansard*, 3d series, v. 144, col. 1884.

80　Shaftesbury's reply, 5 March 1857, *Hansard*, 3d series, v. 144, col. 1884.

81　同上註。

82　Shaftesbury, 9 March 1857, *Hansard*, 3d series, v. 144, col. 2029.

特・皮爾勳爵也曾這樣告誡過他。結果，他想出第三個方案，就是把問題交由法官評斷，並認為這是最有可能成功的做法。[83]

於是在 3 月 9 日，沙夫茨伯里正式提出動議，宣稱在他所知的近期事件中，沒有比不道德的鴉片貿易制度更受公眾關注，更令公眾的良知蒙羞，鴉片貿易是人類歷史上，為逐利而不擇手段的最骯髒的例子之一。只要有這種貿易，英屬印度和中國之間就不可能有和平、光榮和穩定的秩序。他說，鴉片和基督教不能一同進入中國，因為沒有別的事物比鴉片更令基督教在中國名聲掃地。也從來沒有一屆國會立法准許過並以法律規範鴉片的壟斷和販賣。[84]

沙夫茨伯里動議要求法官首先裁定東印度公司壟斷鴉片生產和銷售是否合法；接着根據中英《虎門條約》打擊走私的協議，裁定該公司推動違禁品貿易是否合法。[85] 他堅信法官一定會宣佈鴉片貿易非法。那麼這種惡行一定是因得到國會縱容而存在，若天假以年，他必定會在下屆國會把整個問題提交上議院審議。[86]

沙夫茨伯里發言完畢，司法大臣緊隨其後發言，馬上反對這項動議。考慮到該動議的性質，司法大臣此舉一點不令人驚訝：他認為動議的第一部份做了一個假設，假設東印度公司「通過其僱員」有計劃有步驟地違反法律，藉此每年非法賺取數百萬英鎊的收入。如果事實如此，那麼參與其中的每一個人都要接受審判和懲處。因此，不給予這些被指控的人自辯的機會，就要求上院議員對他們未審先判，是不恰當的。他建議沙夫茨伯里最好擱置動議，因為法官無論如何不會贊成的。

司法大臣為了替他的苦藥包上糖衣，令沙夫茨伯里接受，就說：既然沙夫茨伯里已提醒政府正視這個問題，他保證「待他們查清楚有關東印度公司製造鴉片的事實以後」，不排除還會徵詢帝國司法官員的意見。

至於動議的第二部份，他認為要視乎條約的解釋，而這跟東印度公

83　同上註。

84　Ibid., cols. 2027-2028.

85　Ibid., col. 2033.

86　同上註。

司的所為是否合法無關。因此，他希望沙夫茨伯里「不要提出這個動議，以免令上院議員們——而非政府——尷尬」。[87]

沙夫茨伯里似乎被勸服了，他說：如果政府保證會把整件事交給帝國司法官員審視，並要求他們在徹查事實後提出意見，那他願意撤回動議。[88]

無論這顆苦藥的糖衣多麼誘人，大家幾乎可以聽見格雷伯爵高聲制止沙夫茨伯里，讓他千萬別上當。在格雷看來，這種法律意見「毫無價值，簡直浪費用來寫它的紙張」。政府律師對於政府行之已久並且一本萬利的政策，能夠怎樣評價？他說，所涉及的問題「層次太高，非從法律上的技術細節就能解決」。反之，女王陛下政府和他們在中國僱用的那些人應「根據政策和公正的至高原則，以及英、中兩國關係的大局」來考慮它。他說，問題是上院議員認為「現在這個制度是否正義公平地對待中國人，是否違反《南京條約》加諸我們的責任？」[89]

阿爾比馬爾伯爵又一次發言反對動議。他引述約翰·克勞弗德（John Crawfurd）、奧克斯利博士（Dr Oxley）和本傑明·布羅迪爵士（Sir Benjamin Brodie）的說法，認為鴉片本身無害，濫用才是問題。他發現，吃鴉片會令人被動，喝醉酒卻會變得暴戾。[90] 這位伯爵大人混淆了問題。有害的是抽鴉片煙，而不是口服適量鴉片以止痛的用法。中國和其他地方一樣，幾百年來都把適量的口服鴉片用作止痛劑。抽鴉片煙是荷蘭人傳入中國的，會令人極度上癮，大大危害身體。

阿爾比馬爾似是而非的說法一個接着一個：我們不能禁止印度種植鴉片，正如不能因為大麥、燕麥能用來製造「杜松子酒這種更容易使人犯罪的烈酒」，就禁止英國種植它們；也不能因為葡萄能釀造葡萄酒，就禁止法國、意大利和西班牙種植葡萄；也不能因為甘蔗能釀朗姆酒，就禁止人們種植甘蔗。[91]

其實他這種似是而非的說法，與我們這裏的分析重點密切相關——

87　　Lord chancellor, 9 March 1857, *Hansard*, 3d series, v. 144, cols. 2033-2036.

88　　Shaftesbury, 9 March 1857, *Hansard*, 3d series, v. 144, col. 2037.

89　　Grey, 9 March 1857, *Hansard*, 3d series, v. 144, col. 2037.

90　　Albemarle, 9 March 1857, *Hansard*, 3d series, v. 144, cols. 2043-2044.

91　　Ibid., col. 2045.

假設，如果採納沙夫茨伯里的看法，印度的財政收入就等於被犧牲了。[92]

　　格蘭維爾伯爵發言反對格雷蔑視政府司法官員，更是轉移了所有人的視線。[93]格雷迫得連忙否認格蘭維爾的指控，說鴉片不但是法律上的技術細節問題，還涉及更高層次和更深遠的考慮。[94]不料格蘭維爾卻隨即說格雷認為「英國駐華官方機構鼓勵鴉片貿易」，令他感到遺憾，[95]由此把眾人弄得愈來愈迷糊。格雷辯護說，最近公佈的一些公文似乎顯示，英國官員現在更為縱容鴉片貿易。[96]格蘭維爾曾擔任殖民地大臣，他把格雷的說話視為對他的攻擊。[97]出現了這種混淆視聽的討論，巴麥尊當然感到高興。

　　沙夫茨伯里企圖把討論拉回到他的動議。他堅稱自己從沒說過要禁止東印度公司種植鴉片。他所要說的是，政府必須割斷與鴉片貿易的關係。其他人想種植罌粟完全沒有問題，政府可以對鴉片種植或運輸徵稅，但殖民地總督不應明目張膽地參與其事。[98]

　　埃倫伯勒伯爵立即發難，說他現在明白沙夫茨伯里所反對的並非鴉片貿易，而是鴉片壟斷，也知道沙夫茨伯里專門要求調查鴉片貿易的法律條文，而完全不管該問題的道德爭議。埃倫伯勒隨即問司法大臣，他說會把鴉片問題交由司法官員處理，這具體指的是什麼？[99]

　　司法大臣答道，他促請沙夫茨伯里撤回動議，承諾就有關鴉片貿易是否合法之事，請司法官員根據事實和國會的法案提供意見。[100]司法官員將如何獲知事實？[101]阿蓋爾公爵答道，它們全都在那裏，就在沙夫茨伯

92　同上註。

93　Granville, 9 March 1857, *Hansard*, 3d series, v. 144, cols. 2046-2047.

94　Grey, 9 March 1857, *Hansard*, 3d series, v. 144, col. 2047.

95　同上註。

96　同上註。

97　Granville, 9 March 1857, *Hansard*, 3d series, v. 144, col. 2047.

98　Shaftesbury, 9 March 1857, *Hansard*, 3d series, v. 144, col. 2049.

99　Ellenborough, 9 March 1857, *Hansard*, 3d series, v. 144, cols. 2049-2050.

100　Lord chancellor, 9 March 1857, *Hansard*, 3d series, v. 144, col. 2050.

101　Ellenborough, 9 March 1857, *Hansard*, 3d series, v. 144, col. 2050.

里伯爵所提交的文件中。[102]

德比伯爵愈來愈不耐煩。他説，「政府與尊貴的伯爵私下達成協議，把一些問題交付司法官員，要求他們對這些問題提供意見」。[103] 格蘭維爾説並無私下協議，但如果沙夫茨伯里確信政府的誠意，就應該立即撤回動議。[104]

沙夫茨伯里終於撤回了動議，[105] 那是 1857 年 3 月 9 日的事。他顯然對來自司法官員的答案抱有極大信心，在 3 月 20 日動議將相關文件提交國會。[106]《遊戲人間》認為「在選舉臨近之時，沙夫茨伯里伯爵還在為鴉片操心，真是荒謬頂透」。[107] 埃德蒙・哈蒙德在上議院與國會辦公室的史密斯（H. S. Smith）商量。史密斯翻查議事記錄發現有前例可援：1841 年 8 月，國會就對華鴉片戰爭展開辯論時，「在議會解散前下令送回續議的議案，會根據前一屆國會的指示，交由新一屆國會審議」。[108] 所以沙夫茨伯里伯爵應當滿意於暫時噤聲，但待到 4 月 9 日文件印出時，[109] 大選已經結束，他的動議絲毫不影響選情。這是帝國主義政治葫蘆裏賣的另一服藥。

1857 年 8 月 24 日，司法大臣為國會提交有關東印度公司製造和銷售鴉片合法與否問題的法律意見副本，該文件所署日期為 8 月 5 日。[110] 內容在意料之內。司法大臣在 3 月 9 日或多或少預言了結果。沙夫茨伯里原以為司法官員會裁定東印度公司的鴉片活動不合法，因為他認為這種活動是商業性質，根據 1833 年法案的規定，從 1834 年 4 月 22 日起，「所

102　Argyll, 9 March 1857, *Hansard*, 3d series, v. 144, col. 2050.

103　Derby, 9 March 1857, *Hansard*, 3d series, v. 144, col. 2050.

104　Granville, 9 March 1857, *Hansard*, 3d series, v. 144, col. 2050.

105　Shaftesbury, 9 March 1857, *Hansard*, 3d series, v. 144, col. 2050.

106　Extract of Shaftesbury's motion of 20 March 1857, FO17/280, p. 253.

107　Punch, 28 March 1857, p. 129，杜撰一封由副檢察長斯圖爾特・沃特利（Stuart Wortley）在坦普爾（Temple）的特威斯登大樓（Twisden Buildings）所寫的信。

108　Smith to Hammond, 28 March 1857, FO17/280, p. 251.

109　Hammond's 9 April 1857 minutes on Smith to Hammond, 28 March 1857, FO17/280, p. 251.

110　Lord chancellor, 24 August 1857, *Hansard*, 3d series, v. 147, col. 2003.

述公司應當……停止並且此後不再經營商業」。[111] 可是司法大臣卻認為，從法律觀點看來，處理自己土地上的產物，無論其規模大小都不算是貿易，這已有無數前人裁決為依據，並且已是行之二三百年的做法。如果該公司為了令自己的土地物盡其用，而在其土地上種植和販售鴉片，並不一定違反 1833 年的法例。此外，如果生產鴉片是「為了協助所述政府」，那麼，這種生產是否壟斷則無關重要。其中暗含的判斷標準是：壟斷是否作為提高收入的最有效方式。[112]

聖萊昂納茨勳爵不反對接納該文件，但認為徵詢司法官員的意見不合常情。[113]

坎貝爾勳爵（Lord Campbell）[114] 也認為這確是很新奇之舉。他說，法官是上院議員的憲法顧問，這樣繞過他們是非常不尊重的，他不認為應當這麼做。司法大臣說，議員當時「全體一致認為」諮詢法官的意見不恰當，因此各方均贊同要求政府請他們的法律顧問提供意見。政府現在只是做了他們曾經答應會做的事。議員不一定要受政府左右，也無須過於在意它。[115] 至此再沒有人有反應，沙夫茨伯里也一言不發。

這不禁令人覺得事有蹊蹺，《遊戲人間》也認為事件很不尋常，但是它其實早已預知政府司法官員會有以下答案：

1. 任何政府均須保證人民能不受限制地獲得生活必需品，這公認是政府的責任之一。

2. 鴉片已成為中國人的生活必需品。

3. 沒法履行其責任的政府就算不上是政府。

4. 因此，立法禁鴉片的中國政府就算不上是政府。

5. 要是根本沒有政府，禁止走私鴉片的政府法律就不存在。

111　Shaftesbury, 9 March 1857, *Hansard*, 3d series, v. 147, col. 2031.

112　Lord chancellor, 9 March 1857, *Hansard*, 3d series, v. 147, cols. 2035-2036.

113　St Leonards, 24 August 1857, *Hansard*, 3d series, v. 147, cols 2003.

114　約翰·坎貝爾（1779－1861）是首席法官，據說得到林柯士勳爵推薦，在 1859 年成為大法官。*DNB*, v. 3, pp. 831-838.

115　Lord chancellor, 24 August 1857, *Hansard*, 3d series, v. 147, cols. 2003.

6. 向中國鴉片煙民供應最受歡迎提神補品的印度商人，就沒有犯法。[116]

《遊戲人間》把鴉片貿易說成是印度和中國之間的瓜葛，看來就算是《遊戲人間》也急於撇清英國人與鴉片貿易的關係。鑒於這種語焉不詳的態度，我們必須從其他地方尋找鴉片與第二次鴉片戰爭之間的關係。

六、發人深省的比較

表 21.1 把英國政府在 1854 年 2 月發給包令的訓令[117]與額爾金在 1857 年 4 月接到的訓令[118]並列在一起，從中我們可以看出一些端倪。

從表中可見，包令受命要求中國給予的基本權利，和額爾金現在受命去爭取的大致相若，只是較溫和和沒有那麼具體。儘管英方口口聲聲說國旗受辱，卻沒有指示額爾金為此事向中國索償，而只是要求賠償英國臣民在這次糾紛所引發的事件中所蒙受的損失（例如廣州英國商館被燒毀的損失），而且這還是放到清單的最後一項。我們也應該注意這項要求和「亞羅」號事件其實不大相關，因為「亞羅」號船主不是英國臣民，沒有資格得到賠償。這些足以證明，英帝國主義發展到 1856 年，縱然沒有爆發「亞羅」號事件，甚至連游說團體的活動也沒有，照樣會發動此次對華戰爭。

由本章可見，英國外交部已不再像鴉片戰爭時代那樣，要依靠在華商人之所謂「中國通」來提供情報和建議。伯爾考維茨（Nathan Pelcovits）[119]曾指出，英國外交部在第二次鴉片戰爭後變得獨立自主，本章把他所說的事實推前至 1856 至 1857 年間的關鍵時刻，理由是第二次鴉片戰爭就是在這個時刻密謀的（見本書下篇第十九章）。如果考慮到巴麥尊早在 1840 年代已對廣州的英國商人那橫蠻態度感到不勝其擾（見本

116　*Punch*, 28 March 1857, p. 129，《遊戲人間》把這封杜撰的信說成是總檢察長理查德·貝瑟爾所寫。

117　Clarendon to Bowring, Draft 2, 13 February 1854, FO17/210.

118　Clarendon to Elgin, Draft 5, 20 April 1857, FO17/261.

119　見 Pelcovits, *Old China Hands and the Foreign Office*。伯爾考維茨探討了在《天津條約》和《樸茨茅斯條約》這半世紀間，英國商人對於中英關係所起的作用。至於這個時期後的階段，愛德華茲（E. W. Edwards）在其著作中有饒有趣味的觀察，見其 *British Diplomacy and Finance in China, 1895-1914* (Oxford, Clarendon Press, 1987)。

書下篇第十五章），我們甚至可以把這個時期再提早約十年。

表 21.1 條約訓令比較

包令，1854 年	額爾金，1857 年
1. 全面進入中國整個內地	1. 中國沿海所有港口開放對外通商
2. 自由航行揚子江	2. 所有江河沿岸港口一律開放對外通商
3. 鴉片貿易合法化	3. 鴉片貿易合法化
4. 規定不能對外國貨物課徵通行稅	4. 准許英國商人在原產地購買中國產品，此等貨品自內地運往通商口岸出口途中，不得再徵關稅
5. 肅清中國沿海海盜	5. 英國與中國合作肅清海盜
6. 制訂中國勞工移民海外之規定	6. 撤銷限制中國臣民移民海外的禁令
7. 爭取英國政府可派代表永久進駐北京（如果這點做不到，則：見下一行即第八條訓令）	7. 英國政府代表永久進駐北京
8. （承接上一行即第七條制令）女王陛下之代表與北京的中國中樞定期通信	8. （第七條已涵蓋）
9. 規定女王陛下之代表與其駐節省份的巡撫，隨時可直接會晤	9. （有了第七條，英國全權公使就不必再與巡撫囉嗦）
10. 對條約內容倘有疑問，以條約英文本為準解決	10. 對條約內容倘有疑問，以條約英文本為準解決
	11. 准許傳教士自由往來中國內地，並予以保護
	12. 承認最惠國待遇原則
	13. 全面承認治外法權
	14. 賠償英國臣民所蒙受的傷害
	15. 賠償英國臣民在「亞羅」號爭執引發事件中蒙受之損失

　　根據「紳士資本主義」的理論，富商巨賈在鴉片戰爭期間對外交部發揮的巨大影響力，至第二次鴉片戰爭時期已經退減，兩者之間的關係變成是互相獨立和互利互惠，且互相制衡。至於爆發第二次鴉片戰爭的起因，是外交部主動提出要修訂條約，而非受紳士資本家們的唆使。此外，政府手中掌握了一些文件，能夠用來刺激工業、商業和金融界發出有助政府行事的反應，而公佈這些官方文件的時機，似乎出於精心的政

治盤算。就此而言，已然變為是政府在利用富商巨賈，而非後者影響前者了。[120]

七、結語

英國普通民眾，包括富商、官兵、傳教士等，在英帝國主義鼎盛時期，他們身上所呈現出來的帝國主義素質，可見一斑。一百五十年後，美國早已取代英國而掌握了全球霸權，美國普通民眾又如何對華？呈現出什麼樣的素質？

一葉知秋：有一位來自美國的大學生直率地對筆者說，他衷心擁護美國把當前的中共政權推翻，然後幫助中國人民建立起一個奉行美國式的民主的政府。此言與英國人蒙哥馬利‧馬丁 1857 年建議英國政府佔領全中國，似乎有異曲同工之妙。

更厲害的言論還在後頭。2013 年 10 月 16 日 ABC 電視台的吉米金莫脫口秀（Jimmy Kimmel Live）節目中，吉米金莫問一名六歲大的白人男童如何解決美國的國債問題。該男童不假思索地回答說：「殺光中國人！」[121]

前後比較，問題嚴重的程度，似乎有過之而無不及。

---

120   政府的行動無意中為商人製造了一個偶像。西摩爾在 1859 年返回英國，從事對華貿易的英國商人向他送贈一套精美餐具。

121   Laura Stampler, 'China Wants Jimmy Kimmel to Apologize … For a Third Time', 12 November 2013, http://entertainment.time.com/2013/11/12/china-wants-jimmy-kimmel-to-apologize-for-a-third-time/#ixzz2kUnj0kBi, accessed on 13 November 2013.

帝國主義的經濟

　　上文説過，議員科布登[1]和佩里[2]很關注對華貿易的不平衡。格雷伯爵[3]和阿爾比馬爾伯爵[4]則提醒大家注意茶葉税是英國重要的財政收入來源。赫伯特[5]、金奈爾德[6]和埃倫伯勒[7]則指出，印度向中國的鴉片銷售，無論對印度的財政收入還是對大英帝國的全球貿易都無比重要。

　　連番高論迫得巴麥尊首相不得不為鴉片貿易進行辯護，説它有助於平衡英國對華貿易的逆差；並反問：除了促使中國將鴉片貿易合法化以外，英國還有什麼辦法理順此重大問題？[8]迪斯累里接着替巴麥尊説出了他的心裏話：既然與中國談判徒勞無功，故必須利用「亞羅」號事件作為開戰藉口，以擴大英國的在華利益（詳見本書第十章）。[9]

　　如此種種衝口而出的簡短言論，筆者認為是非常珍貴的蛛絲馬跡，映射出了英國政府的真正意圖和重大憂慮。本部份進一步擴大文獻資料的搜索範圍以便包括經濟數據，藉此分析英國政要為何不惜塗炭生靈來強迫中國政府把鴉片貿易合法化。本部份的四章，分別處理直至第二次鴉片戰爭為止（有時候還會下延至戰後數年）的英中貿易、中國的海上貿易和印度問題。英國通過發動第二次鴉片戰爭而得償夙願。

　　這四章的主要資料取材自英國國會文件，包括由不同政府部門所制訂，每年呈交國會的歷年統計報告。在國會辯論「亞羅」號事件期間，議員們屢次強調英國、印度、中國三方貿易的重要性，並廣泛引用相關統計數字，可見國會上下議院議員的觀感和取態深受這些數字影響。

　　當然，筆者並非説這些議員對於第六部份的圖表中所羅列的詳細統計數字，全都了然在胸；而是説，這些數據影響了當時人們對於相關英國利益的看法。正是這些看法，使到英國政府決定以「亞羅」號事件為

1　　Cobden, 26 February 1857, *Hansard*, 3d series, v. 144, col. 1412.

2　　Sir Erskine Perry, 26 February 1857, *Hansard*, 3d series, v. 144, col. 1460.

3　　Grey, 24 February 1857, *Hansard*, 3d series, v. 144, col. 1236.

4　　Albemarle, 26 February 1857, *Hansard*, 3d series, v. 144, col. 1354.

5　　Herbert, 2 March 1857, *Hansard*, 3d series, v. 144, col. 1677.

6　　Kinnaird's exclamation, 2 March 1857, *Hansard*, 3d series, v. 144, col. 1677.

7　　Ellenborough, 26 February 1857, *Hansard*, 3d series, v. 144, col. 1363.

8　　Palmerston, 3 March 1857, *Hansard*, 3d series, v. 144, col. 1828.

9　　Disraeli, 3 March 1857, *Hansard*, 3d series, v. 144, col. 1836.

藉口，發動全面對華戰爭。

這些圖表所列的商品官定價值（official value）和實際價值（real value），是筆者動手全盤逐一抄錄自英國國會文件。官定價值應用於進口貨物，是「根據早在 1694 年就確定的價格」賦予貨物的價值，因此它其實是低於貨品的真正價值。[10] 計算實際價值（computed real value）也應用於進口貨，並根據存入關棧的物品的價格計算，計入了一切貨運和裝載費用，但不包括關稅。[11]

從 1854 年開始，英國統計人員棄用官定價值，改用計算實際價值。準此，歷史學者最理想的做法，應是把 1854 年之前進口貨物的官定價值換算為計算實際價值，以便和 1854 年之後的進口貨物作比較，[12] 並能和出口貨物的申報價值（declared value）作比較，申報價值相當於實際價值。但是，對政治決策者而言，觀感往往比真實情況更重要。我們現在所掌握的「價值」數據，與當時決定是戰是和的國會議員所掌握的價值數據毫無二致。只有專業經濟學家和統計學家才須要知道實際價值數據，而上下議院議員大都不屬於這兩類人。因此，1854 年之前的貨品價值數據，雖然無法反映該等貨品的真正價值，卻可用來理解英國政客和議員們的觀感，以及他們為何作出對華開戰的決定。故本書沿用之。

英國國會在 1857 年 2 月和 3 月舉行有關第二次鴉片戰爭的辯論，若只要從前三年的 1854 年算起，就不存在兩種價值不同的問題，因為由 1854 年開始，大英帝國的出進口貨物都是以實際價值來表示。但是為了審視長期走勢，筆者決定把 1854 年以前的數據也羅列出來。

此外，筆者通常以一百萬鎊為單位，把所有數字四捨五入到小數點後二或三個位，以方便閱讀，因為就本書所及的討論而言，數字無需高度精確。

10　Parl. Papers 1854-55, v. 51 (Pt. 2, 1854), pp. a2-a3. 見以下兩註。

11　Parl. Papers 1854-55, v. 51 (Pt. 1, 1854), pp. a2-a3.

12　已故的拉爾夫·戴維斯（Ralph Davis）正是這樣做，見其 *The Industrial Revolution and British Overseas Trade* (Leicester, Leicester University Press, 1978)。

第二十二章
英中貿易：「華人該多買英國貨！」

有關這個時期的英中兩國貿易，從來無人有系統地進行量化研究，幾乎所有關於第二次鴉片戰爭起因的討論，都是圍繞着曾涉及的人物，提到貿易時一般是很籠統地概括。[1] 為彌補這一不足，本章蒐集了英國商務部（Board of Trade）的歷年統計數字，製成涵蓋幾十年的圖表，結果有驚人發現：曾國藩鎮壓太平軍而率先在湖南抽取釐金辦團練這種地方性事情，竟然是導致這場準世界大戰的直接原因。片片茶葉，在英國抽取入口稅所得，竟然幾乎足以支撐大英帝國遍佈全球的海軍開支。全球一體化在此時已拉開帷幕，不待 1990 年代衰衰諸公高喊全球一體化（globalization）才啓動。2000 年代湧現出來的跨國歷史（transnational history），更是姍姍來遲。

這種圖表涵蓋的時段，通常始於所述項目首次有統計記錄之時，止於第二次鴉片戰爭後數年，藉以顯示長期的趨勢。

一、英國產品對華出口

讓我們從出口到中國的英國產品開始。

對工商立國的英國決策者來說，出口英國產品當然是最重要的考量。當時英國製造業向中國和香港出口的主要貨品有兩項：棉織品和毛織品。出口到中國和香港的棉織品總值，由 1827 年的 67,303 英鎊增至 1858 年的 2,090,158 英鎊，這是國會文件的原始數字，而非本章表 22.1 經筆者簡化過的數字。兩者之間增加了 2,022,855 英鎊，即增加 31 倍。毛織品則由 461,472 英鎊下降至 390,713 英鎊，減少了 70,759 鎊，即減少 15%。其他物品由 81,860 英鎊上升至 359,576 英鎊，增加了 277,716 英

1　　見第九章所引著作。

表 22.1 1827－1858 年英國向中國（及香港）出口貨物（申報實際價值）

（單位：100 萬英鎊）

年份	棉織品與棉紗 1	毛織品與精紡毛紗 2	所有其他物品 3	總計 4
1827	0.07	0.46	0.08	0.61
1828	0.09	0.62	0.07	0.78
1829	0.07	0.49	0.06	0.62
1830	0.06	0.47	0.03	0.56
1831	0.11	0.40	0.04	0.55
1832	0.05	0.47	0.02	0.54
1833	0.07	0.53	0.03	0.63
1834	0.22	0.58	0.04	0.84
1835	0.46	0.53	0.09	1.08
1836	0.58	0.66	0.08	1.32
1837	0.38	0.25	0.05	0.68
1838	0.74	0.41	0.05	1.20
1839	0.46	0.34	0.05	0.85
1840	0.33	0.16	0.03	0.52
1841	0.58	0.21	0.07	0.86
1842	0.72	0.15	0.11	0.98
1843	0.87	0.42	0.17	1.46
1844	1.58	0.57	0.16	2.31
1845	1.74	0.54	0.12	2.40
1846	1.25	0.44	0.11	1.80
1847	1.01	0.39	0.10	1.50
1848	0.95	0.38	0.11	1.44
1849	1.00	0.37	0.16	1.53
1850	1.02	0.40	0.15	1.57
1851	1.60	0.37	0.19	2.16
1852	1.91	0.43	0.16	2.50
1853	1.41	0.20	0.14	1.75
1854	0.64	0.16	0.20	1.00
1855	0.88	0.13	0.26	1.27
1856	1.54	0.27	0.40	2.21
1857	1.73	0.29	0.43	2.45
1858	2.09	0.39	0.36	2.88

資料來源：Parl. Papers 1869, Session 2, v. 23, p. 315.

鎊，增幅超過四倍。總計由 610,637 英鎊增至 2,876,447 英鎊，即增幅接近五倍。[2] 圖 22.1 以圖表方式來表示這些數字，更容易令人看出其驚人的增長速度。

圖 22.1 1827－1858 年英國向中國（及香港）出口貨品（申報實際價值；根據表 22.1 製成）

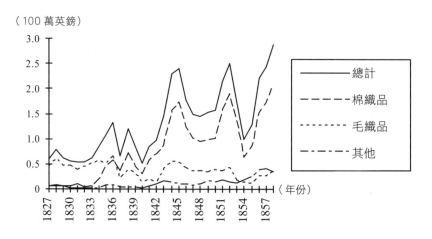

二、英國與中國貿易的明顯不平衡

　　儘管有此增幅，英國的決策者並不滿足。主要的不滿，在於貿易不平衡。該時期英國對華貿易不平衡的情況，從表 22.2 可見一斑。欄 2 和欄 3 的價值在 1854 年之前是不能比較的，所以筆者的分析會從 1854 年開始。[3] 即使從 1854 年以降的部份來看，也顯著地表出貿易不平衡，但筆者沒法逐一計算其數量的差距。如要計算具體的商品貿易差額，我們必須知道中國人在中國口岸為購買英國出口貨品所付出的價錢（包括運費、保險等），以之減去英國商人在中國口岸購買進口貨品所付出的價錢。但是，這樣全面的數據目前並不可得，而且對我們的討論也並非十分必要。

2　　見 Parl, Papers 1859, Session 2, v. 23, p. 315。

3　　請注意，在所有表中，欄 1 是指從最左邊顯示年份或國家的欄位往右數第一欄。

表 22.2 1827－1858 年英國對華貿易逆差

（單位：100 萬英鎊）

年份	進口 （總官定價值） 1	出口 （總申報價值） 2	貿易逆差 3	進口相對於出口的百份比率 （欄 1÷ 欄 2） 4
1827	4.10	0.61	3.29	672
1828	3.48	0.79	2.69	441
1829	3.23	0.63	2.60	513
1830	3.23	0.57	2.66	567
1831	3.21	0.55	2.66	584
1832	3.21	0.55	2.66	584
1833	3.27	0.63	2.64	519
1834	3.51	0.85	2.66	413
1835	4.56	1.07	3.49	426
1836	5.42	1.33	4.09	408
1837	4.53	0.68	3.85	666
1838	4.31	1.20	3.11	359
1839	3.98	0.85	3.13	467
1840	2.39	0.52	1.87	456
1841	2.96	0.86	2.10	344
1842	3.96	0.97	2.99	408
1843	4.63	1.46	3.17	317
1844	5.57	2.31	3.26	241
1845	5.82	2.39	3.43	244
1846	6.64	1.79	4.85	370
1847	6.70	1.50	5.20	447
1848	5.82	1.45	4.37	402
1849	6.17	1.54	4.63	401
1850	5.85	1.57	4.28	371
1851	7.97	2.16	5.81	369
1852	7.71	2.5	5.21	308
1853	8.26	1.75	6.51	472
	計算	申報		
1854	9.13	1.00	8.13	913
1855	8.75	1.28	7.47	684
1856	9.42	2.21	7.21	426
1857	11.45	2.45	9.00	467
1858	7.04	2.88	4.16	244
平均	—	—	—	454

資料來源：欄一數據取自 Parl. Papers 1859, Session 2, v. 23, p. 319；欄 2，同上，p. 315. 欄 3、欄 4 是筆者白行計算。

圖 22.2 1827－1858 年英國對華貿易不平衡（根據表 22.2 製成）

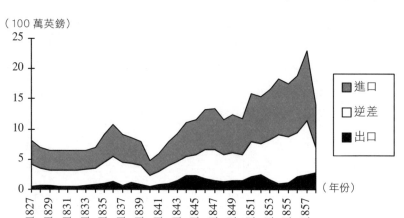

（100 萬英鎊）

　　在 1854 年，即「亞羅」號事件前兩年，貿易不平衡的情況已超過八百萬英鎊，英國出口到中國貨物的總值，相當於從中國進口貨物總值的 91%。英國決策者只能得出一個結論：中國必須向英國購買更多的貨物。就是在這一年，1854 年，英國外交大臣克拉蘭敦伯爵指示英國駐遠東代表約翰‧包令爵士，向中方提出修訂《南京條約》的要求，以「爭取全面進入中國整個內地」進行貿易的權利。[4] 這些訓令等於要求另與中方訂新約，如此種種皆證明英國亟欲增加向中國的出口量。但正如前所述，葉名琛在 1856 年 6 月 30 日（即「亞羅」號事件發生前三個月）的公文中，[5] 斷然拒絕英國這些要求。因此，我們看到，早在「亞羅」號事件的消息傳到倫敦之前，英國決策者的想法已經斷然轉向戰爭，而「亞羅」號事件正好提供了全面開戰的藉口。

　　一如既往，這種貿易不平衡情況以圖表來顯示會更加醒目，故筆者設計了圖 22.2 如上。

4　Clarendon to Bowring, Desp. 2, 13 February 1854, FO17/210.

5　Yeh to Bowring, 30 June 1856, FO682/1989/9; and Chunglun to Bowring, 8 November 1854, FO682/1987/66. 另見葉名琛最初的反應，他在當中說他得到的訓令是堅持定約，不作重大更改（Yeh to Bowring, 1 September 1854, FO682/1987/54）。

三、英國從中國進口的貨物

英國人試圖迫使中國人多買英國產品而可能採取的另一方法，本來應該是減少從中國的進口量。但在第二次鴉片戰爭時情況不同尋常，英國政府在亟欲擴大出口之同時，也亟欲從中國進口更多的貨物。從中國進口的貨物，尤其是茶和絲，對英國經濟來說舉足輕重。英國對茶葉徵收進口稅，賺取了極為可觀的收入；而中國生絲是英國製造業所不可或缺的原料。總而言之，中國已成為英國這家「世界工廠」的重要原料供應國。

表 22.3 列出直至第二次鴉片戰爭約三十年間，英國從中國進口貨品總額的官定價值和 1854 年之後的計算實際價值。在該表開始的 1828 年，官定價值約在 348 萬英鎊。當時，倫敦的赤貧家庭每天花三便士（即每年 4.5 鎊）就能過活，[6] 348 萬英鎊無疑是一筆巨資。[7] 這種貿易的價值穩步上升，到 1857 年底第二次鴉片戰爭認真打起來時，實際價值已約達 1,145 萬英鎊，當中包括價值 431 萬英鎊的茶葉、691 萬英鎊的生絲，以及 23 萬英鎊的其他貨物。

---

6   見 Charles Booth (ed.), *Labour and Life of the People in London*, 8 vs. (London, Williams & Norgate, 1891-1902), especially, v. 2, pp. 293-304 and 335-349。

7   按照英帝國幣制，十二便士合一先令，二十先令合一英鎊。因此，三百四十八萬英鎊等於八億三千五百二十萬便士，理論上足夠二億七千八百一十萬個赤貧家庭一天生活所需，亦即七十七萬三千三百三十三個這樣的家庭一年生活所需。

表 22.3 1828－1858 年英國從中國進口的貨物

（單位：100 萬英鎊）

年份	茶葉 1	絲 2	其他物品 3	總計 4
官方價值				
1828	3.268	0.078	0.135	3.481
1829	3.054	0.044	0.128	3.226
1830	3.190	0.007	0.035	3.232
1831	3.165	0.003	0.039	3.207
1832	3.171	0.010	0.026	3.207
1833	3.206	0.008	0.053	3.267
1834	3.203	0.214	0.090	3.507
1835	4.205	0.272	0.058	4.535
1836	4.852	0.474	0.097	5.423
1837	3.650	0.703	0.180	4.533
1838	3.900	0.279	0.131	4.310
1839	3.719	0.130	0.129	3.978
1840	2.258	0.091	0.040	2.389
1841	2.764	0.102	0.099	2.965
1842	3.741	0.066	0.149	3.956
1843	4.278	0.110	0.243	4.631
1844	5.175	0.141	0.249	5.565
1845	5.071	0.437	0.313	5.821
1846	5.453	0.678	0.511	6.642
1847	5.536	0.748	0.419	6.703
1848	4.735	0.862	0.222	5.819
1849	5.310	0.696	0.165	6.171
1850	4.937	0.700	0.212	5.849
1851	6.949	0.842	0.181	7.972
1852	6.530	0.945	0.238	7.713
1853	6.864	1.211	0.180	8.255
計算實際價值				
1854	5.380	3.583	0.162	9.125
1855	5.120	3.433	0.195	8.748
1856	5.123	4.106	0.192	9.421
1857	4.310	6.911	0.228	11.449
1858	5.036	1.837	0.170	7.043

資料來源：Parl. Papers 1859, Session 2, v. 23, p. 319.

四、中國在英國進口中所佔地位

英國商務部自十八世紀以來就保存有珍貴的記錄。[8] 尤其是在 1850 年代初英國國際貿易的大幅擴張，促使統計工作更加細緻。1855 年 3 月，國會獲得一系列新的年度報告，內容是關於 1853 年英國與外國和英國屬地的貿易與航運，[9] 當中有些所列的統計數字上溯至 1849 年。因此，我們得以比較和分析截至第二次鴉片戰爭為止約十年間的相關統計數據。1849 年，英國從六十二個國家和地區（不包括英國屬地）[10] 進口貨物，

表 22.4 1849－1858 年英國進口貨物最多的四大國家（不包括英國屬地）

（單位：100 萬英鎊）

年份	美國 1	法國 2	俄羅斯或普魯士 3	中國 4	中國的排名
官方價值					
1849	26.56	8.18	R: 6.90	6.17	4
1850	20.67	8.45	R: 6.61	5.85	4
1851	23.62	8.08	R: 6.23	7.97	3
1852	9.18	6.59	R: 6.40	7.71	2
1853	27.46	8.62	R: 8.92	8.26	4
計算實際價值					
1854	29.80	10.45	P: 9.06	9.13	3
1855	25.74	9.15	P: 10.24	8.75	4
1856	36.05	10.39	R: 11.56	9.42	4
1857	33.65	11.97	R: 13.45	11.45	4
1858	34.26	13.27	R: 11.94	7.07	4

註：R 代表俄羅斯；P 代表普魯士。統計數字顯示普魯士在 1854 和 1855 年克里米亞戰爭期間取代俄羅斯。據推測，英國仍然由俄羅斯輸入貨物（毛皮等），只不過是取道普魯士輸入。

資料來源：1849 至 1853 年的資料取自 Parl. Papers 1854-1855, v. 51 (Pt. 1, 1853), pp. 2-3；1854 至 1858 年的資料取自 1859, Session 2, v. 28, p. 4.

8　見 Davis, *The Industrial Revolution and British Overseas Trade.*

9　Parl. Papers 1854-5, v. 51 (Pt. 1, 1853), pp. a1-a3.

10　為了會計方便，英國統計人員把外國和英國屬地分開統計。與英國屬地的貿易，留待本章後半部份探討。

中國位居第四。1850 年中國同樣第四，1851 年上升到第三位，1852 年躍至第二位，之後回落到第四位，到了第二次鴉片戰爭爆發時皆如此。即使在 1857 年廣州口岸全年封閉不對外通商，1858 年華南沿岸因英中軍事衝突受到干擾，中國仍然佔據第四位（見表 22.4）。

表 22.5 提供另一個觀照角度。在 1849 至 1857 年間，英國從中國進口的貨物，累年平均佔英國從全球進口貨物總值（不包括從英國屬地進口的貨物，那將在表 22.6 處理）8.26%。[11]

1858 年，由於爆發了第二次鴉片戰爭，減至 5.62%，把整個十年期的平均值拉低至 7.95%。

鑒於英國是當時世界第一大貿易強國，以任何標準來看，這個百份比都絕不算小。

表 22.5 1849－1858 年英國從中國進口貨物佔其全球進口總額的百份比（不包括英國屬地）

（單位：100 萬英鎊）

年份	英國從中國進口貨物 1	英國從全球進口貨物（不包含英國屬地）2	中國佔英國全球進口額的百份比（欄 1 除以欄 2）3
1849	6.17	81.53	7.57
1850	5.85	74.58	7.84
1851	7.97	81.99	9.92
1852	7.71	82.56	9.34
1853	8.26	94.16	8.77
1854	9.13	118.24	7.12
1855	8.75	109.96	7.95
1856	9.42	129.52	7.27
1857	11.45	141.66	8.08
1858	7.07	125.97	5.62
平均	—	—	7.95

資料來源：1849 至 1853 年的資料取自 Parl. Papers 1854-1855, v. 51, pp. 2-3；1854 至 1858 年的資料取自 1859, Session 2, v. 28, p. 4。百份比是筆者自行計算。

讓我們來做一件英國統計人員沒有做的事，就是把英國從外國進口

11　英國統計人員把外國和英國屬地分開統計。

的貨物，與它從英國屬地進口的貨物加在一起，看看在這種情況下，從中國進口的貨物價值又佔什麼份量。表 22.6 就是所得的結果。它顯示從中國進口貨物的價值，累年平均佔英國全球進口總值的 5.83%。若非 1855 年從英國屬地的進口陡然大幅上升（大概是供應克里米亞戰爭所需的補給品），這個平均值會更高一點。接踵而來的圖 22.3，就把整幅圖畫顯示得更加清楚。

表 22.6 1849－1858 年中國在英國全球進口總額所佔位置

（單位：100 萬英鎊）

年份	英國從英國屬地進口額 1	英國從外國進口額 2	英國的全球進口總額 3	英國從中國進口額 4	中國佔英國全球進額的百份比（欄4÷欄3） 5
1849	24.35	81.53	105.88	6.17	5.83
1850	25.89	74.58	100.47	5.85	5.82
1851	28.49	81.99	110.48	7.97	7.22
1852	26.77	82.56	109.33	7.71	7.06
1853	28.94	94.16	123.10	8.26	6.70
1854	34.15	118.24	152.39	9.13	5.99
1855	143.54	109.96	253.50	8.75	3.45
1856	43.03	129.52	172.55	9.42	5.46
1857	46.18	141.66	187.84	11.45	6.10
1858	28.61	125.97	154.58	7.07	4.58
平均	—	—	—	—	5.83

資料來源：有關 1849 至 1853 年及 1859 年英國從外國（包括中國）進口價值，見 Parl. Papers 1854-1855, v. 51, pp. 2-3；1854 至 1858 年的資料取自 1859, Session 2, v. 28, p. 4。有關 1849 至 1853 年英國從英國屬地進口價值，見 Parl. Papers 1854-5, v. 51, p. 5；1854 至 1858 年資料則見 1857-1858, v. 54, p. 5。

如果不把英國從中國進口貨物的價值，與它從英國屬地進口貨物的價值作一番比較，就難以看清全貌。表 22.7 顯示了在第二次鴉片戰爭該年及前三年與主要殖民地的這項比較。可以看到，從中國進口貨品的價值，超過除「英屬東印度」（英屬印度）外任何英國殖民地進口的貨品價值。例如，1857 年英國從中國進口貨物的計算實際價值，是從英屬北美進口貨價值的 1.8 倍，澳洲的 2 倍，英屬西印度群島的 2.2 倍，南非英國屬地的 6.4 倍，以及新西蘭的 72.2 倍。

圖 22.3 1849－1858 年中國在英國全球進口總額所佔位置（根據表 22.6 製成）

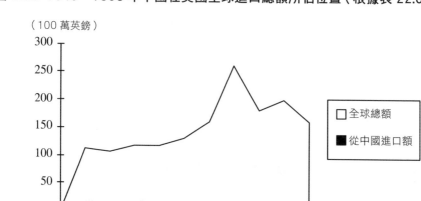

（100 萬英鎊）

表 22.7 1854－1857 年英國從中國進口貨物與其從英國屬地進口貨物之比較

（單位：100 萬英鎊）

國家	1854	1855	1856	1857
英屬東印度	10.67	12.67	17.26	18.65
中國	9.13	8.75	9.42	11.45
英屬北美	7.19	4.69	6.85	6.34
澳洲	4.26	4.47	5.64	5.77
英屬西印度	3.98	3.98	4.57	5.22
英屬南非	0.69	0.95	1.5	1.79
新西蘭	0.04	0.03	0.1	0.16

資料來源：Parl. Papers 1857-1858, v. 54, pp. 4-5。

五、英國對中國茶葉徵收的進口稅

今天各國皆注重擴大出口貿易，以求達到國際收支順差。而我們卻這麼關注十九世紀中國作為英國進口貨品來源地的重要性，似乎很奇怪。但在那個時候，從中國進口的貨品（十九世紀中期，英國消耗的茶葉幾乎全部來自中國）確實值得關注，因為正如前所述，英國政府就是靠對茶葉這一進口貨徵收進口稅，大大提高了財政收入。1784 年前，這項從價稅稅率在 75.9% 至 127.5% 不等。1784 年制定《折抵法案》

（*The Commutation Act*），茶葉稅減至 12.5%，但二十多年後再次增加至 100%，[12] 顯然是為了開拓財源籌措與拿破崙開戰的軍費。不過，拿破崙戰爭結束後，茶葉稅卻沒有回降。

高達百份之一百的茶葉稅與中國對茶葉徵收的 10% 出口稅，形成強烈對比。[13] 如今大多數國家為了鼓勵出口以達到貿易順差，幾乎都不徵出口稅。十九世紀的英國人，他們的經濟思想也很精明，不向本國出口貨品徵稅。此外，英國人在《南京條約》中迫使中國人對從英國進口貨品只徵 5% 的進口稅；而根據同一條約，中國向英國出口貨物徵收的稅率，也只限制在 5%。茶葉卻是例外，它的稅率仍是 10%，因為中國對茶葉「擁有天然的壟斷權」。[14]

在中國，無論對進口貨品課稅，還是對出口貨品抽稅，都是政府的重要收入來源。但是對英國來說，如果中國抽出口稅而導致出口貨物價格昂貴，英國消費者就須付高價購買，因此英國也限制中國對出口貨徵收的稅率。

就財政收入而言，英國政府從中國茶葉得到的好處遠遠大於中國政府。按實際價值計算，到了 1842 年，英國徵收的茶葉進口稅率最少是每磅一先令五便士，相當於中國茶葉出口稅的 11.33 倍，中國的稅率僅約每磅一點五便士。[15]

表 22.8 顯示由十九世紀初至第二次鴉片戰爭結束，茶葉的平均稅率、每磅售價和人均消耗量。這段時間英國人口約上升了一倍，人均茶葉消耗量也成倍增長。

---

12   Greenberg, *British Trade and the Opening of China*, p. 52.

13   Morse, *International Relations of the Chinese Empire*, v. 1, p. 534.

14   同上註。

15   Ibid., pp. 308 and 534.

表 22.8 1801－1860 年英國茶葉稅和平均茶葉消耗量

年份	消費者平均每磅茶葉所付稅率（便士）	完稅前每磅茶葉平均價格（便士）	計入稅項後每磅茶葉平均價格（便士）	英國人口（百萬）	人均消耗量（盎司）
	1	2	3	4	5
1801	14.50	36.000	50.500	15.828	24
1802	15.50	37.500	53.000	15.966	25
1803	18.50	34.750	53.250	16.171	25
1804	28.25	36.000	64.250	16.407	22
1805	33.00	37.000	70.000	16.677	23
1806	37.25	39.000	76.250	16.917	21
1807	35.50	40.000	75.500	17.154	22
1808	37.25	39.500	76.750	17.385	23
1809	41.00	41.000	82.000	17.602	19
1810	35.75	40.000	75.750	17.841	22
1811	40.00	40.000	80.000	18.011	20
1812	37.25	39.750	77.000	18.270	21
1813	35.50	40.500	76.000	18.522	24
1814	39.00	41.750	80.750	18.832	21
1815	37.50	38.000	75.500	19.118	22
1816	35.50	35.750	71.250	19.463	19
1817	33.50	36.250	69.750	19.772	21
1818	35.00	37.000	72.000	20.076	21
1819	35.00	33.750	68.750	20.398	20
1820	33.00	33.250	66.250	20.705	20
1821	33.50	34.250	67.750	20.985	20
1822	34.25	34.000	68.250	21.320	21
1823	34.00	34.000	68.000	21.672	20
1824	33.50	34.000	67.500	21.991	20
1825	33.00	33.500	66.500	22.304	21
1826	31.00	30.250	31.250	22.605	21
1827	29.75	29.000	58.750	22.893	21
1828	28.25	28.250	56.500	23.200	20
1829	27.00	26.750	53.750	23.535	20
1830	27.00	27.250	54.250	23.834	20
1831	26.75	27.000	53.750	24.083	20
1832	26.75	26.250	53.000	24.343	21
1833	26.00	26.000	52.000	24.561	21

（續上表）

年份	消費者平均每磅茶葉所付稅率（便士）	完稅前每磅茶葉平均價格（便士）	計入稅項後每磅茶葉平均價格（便士）	英國人口（百萬）	人均消耗量（盎司）
	1	2	3	4	5
1834	24.75	25.250	50.000	24.820	23
1835	25.25	23.000	48.250	25.104	23
1836	22.75	19.000	41.750	25.390	31
1837	25.00	17.750	42.750	25.676	19
1838	25.00	19.500	44.500	25.895	20
1839	25.00	20.500	45.500	26.201	21
1840	25.75	31.250	57.000	26.519	19
1841	26.25	25.500	51.750	26.780	22
1842	26.25	24.250	50.500	27.006	22
1843	26.25	16.250	42.500	27.283	24
1844	26.25	14.750	41.000	27.577	24
1845	26.25	13.750	40.000	27.875	25
1846	26.25	13.000	39.250	28.189	27
1847	26.25	13.000	39.250	28.093	26
1848	26.25	12.250	38.500	27.855	28
1849	26.25	13.000	39.250	27.632	29
1850	26.25	15.250	41.500	27.423	30
1851	26.25	14.500	40.750	27.529	31
1852	26.25	12.250	38.500	27.570	32
1853	23.25	15.250	38.500	27.663	34
1854	18.50	15.500	34.000	27.788	36
1855	20.00	15.000	35.000	27.899	36
1856	21.00	14.750	35.750	28.154	36
1857	17.60	17.400	35.000	28.427	39
1858	17.00	16.625	33.625	28.654	41
1859	17.00	18.625	35.625	28.890	42
1860	17.00	18.750	35.750	29.150	42

註釋：欄 1 至欄 3 的數字原以先令和便士為單位記載，為方便閱讀和比較，現全換算為便士。同樣，欄 5 的磅和盎司全換算為盎司。欄 4 的人口數字沒有簡化，原本的數字似乎是估計數字，最後三個數字全都顯示為 000。同一份國會文件也提供了歷年茶葉消耗總額，以及從中所徵稅額，但是數字與每年提交的國會文件所載不同，而筆者所用的其他統計數字是取自這種國會文件。為求一致，筆者決定採用年度報告所載的茶葉消耗量和所徵稅額的數字，見表 22.9 的註釋。

資料來源：Parl. Papers 1861, v. 58, p. 627。

　　表 22.9 更顯示，直至第二次鴉片戰爭為止的約四份之一個世紀內，英國輸入茶葉的數量，以及來自茶葉稅的每年總收入。這項稅收在 1835 年為 380 萬鎊，到了 1855 年，即第二次鴉片戰爭戰爭爆發前一年，上升到 580 萬鎊的高峰。

表 22.9 1835－1858 年英國進口茶葉數量、家庭消耗量及所徵收稅額

年份	茶葉：進口量（百萬磅）	茶葉：家庭消耗量（應繳稅）（百萬磅）	茶葉稅總額（百萬英鎊）	英國關稅總額（所有貨物，包括茶葉）（百萬英鎊）	茶葉稅佔英國關稅總額的百份比（欄 3 除以欄 4）
	1	2	3	4	5
1835	44.36	36.61	3.84	22.88	16.77
1836	46.89	49.84	4.73	23.67	19.98
1837	36.97	31.87	3.32	22.69	14.63
1838	40.41	32.37	3.36	22.97	14.65
1839	38.07	35.14	3.66	23.28	15.72
1840	28.02	32.23	3.47	23.47	14.80
1841	30.27	36.68	3.98	23.61	16.85
1842	40.71	37.39	4.09	22.60	18.10
1843	46.61	40.30	4.41	22.64	19.47
1844	52.80	41.37	4.52	24.02	18.84
1845	51.06	44.20	4.83	21.84	22.13
1846	54.77	46.73	5.11	22.50	22.72
1847	55.63	46.32	5.07	21.70	23.35
1848	47.77	48.74	5.33	22.66	23.52
1849	53.46	50.02	5.47	22.35	24.48
1850	50.51	51.18	5.60	22.06	25.37
1851	71.47	53.97	5.90	22.26	26.52
1852	66.36	54.72	5.99	22.19	26.98
1853	70.74	58.86	5.69	22.74	25.01
1854	85.79	61.97	5.13	22.25	23.05
1855	83.12	63.45	5.80	23.48	24.72
1856	86.20	63.30	4.81	23.96	20.06
1857	64.49	69.16	5.46	23.60	23.14

（續上表）

年份	茶葉：進口量（百萬磅）	茶葉：家庭消耗量（應繳稅）（百萬磅）	茶葉稅總額（百萬英鎊）	英國關稅總額（所有貨物，包括茶葉）（百萬英鎊）	茶葉稅佔英國關稅總額的百份比（欄 3 除以欄 4）
	1	2	3	4	5
1858	75.43	73.22	5.27	24.09	21.89
平均	—	—	—	—	20.95

資料來源：1835 至 1836 年的資料，取自 Parl. Papers 1837, v. 50, pp. 545-548；1837 年資料取自 1839, v. 46, pp. 1-4；1838 至 1839 年資料取自 1840, v. 44, pp. 1-4；1840 至 1841 年資料取自 1842, v. 34, pp. 409-412；1842 資料取自 1843, v. 52, pp. 1-5；1843 至 1844 年資料取自 1845, v. 46, pp. 1-5；1845 至 1846 年資料取自 1847, v. 59, pp. 1-6；1847 年資料取自 1847－1848, v. 58, pp. 1-6；1848 至 1849 年資料取自 1850, v. 52, pp. 1-8；1850 年資料取自 1851, v. 53, pp. 1-8；1851 年資料取自 1852, v. 51, pp. 1-8；1852 資料取自 1854, v. 65, pp. 9 and 22；1853 年資料取自同上與 1854, v. 39, pp. 10-12；1854 年資料取自 1854-1855, v. 50, p. 10 與 1854-1855, v. 30, pp. 10 and 23；1855 年資料取自 1856, v. 55, p. 10, and 1856, v. 38, pp. 10 and 23；1856 年資料取自 1859, v. 25, p. 8, and 1857, Session 2, v. 25, pp. 10 and 24；1857 年資料取自 1859, v. 25, p. 8, and 1857-1858, v. 33, pp. 10 and 22；1858 年資料取自 1859, v. 25, p. 8, and 1859, v. 15, pp. 4 and 23。

六、茶葉稅與英國其他財政收入來源的比較

茶葉稅有多重要，評估方法之一是將它與其他參照點作比較。此時的英國是世界第一大貿易國，關稅總收入是國庫的重要財源。這項稅收的統計數字見於表 22.9 欄 4。那麼，茶葉稅對整體關稅的比重如何？答案見於表 22.9 欄 5。在這一時期，茶葉稅平均佔英國關稅總收入的 20.95%。

讓我們從更宏觀的背景來審視茶葉稅收入，即由 1842 年第一次鴉片戰爭結束到 1860 年第二次鴉片戰爭結束這段時期英國的「政府總收入」。普查結果見表 22.10。茶葉稅歸入「關稅」一項之下，[16] 但分別列出，以示它在整體圖表中的位置。大家將見到，關稅是財政收入的最重要來源，而其中茶葉稅則佔關稅總收入五份之一有餘。如果表 22.10 的數字以鴉片戰爭結束至第二次鴉片戰爭結束這段時期，英國的總收入的百份比來表示，畫面將更清晰。這在表 22.11 顯示。

16　如果我們把表 22.9 欄 4 所列的關稅總額，與表 22.10 欄 2 相比較，會發現兩組數字不盡相同。這是有原因的。表 22.9 的數字取自每年的年度報告，不包括逾期未納的稅款。而表 22.10 的數字顯然是後來計算的，因此計入了後來繳納的逾期未納稅款。因此相比起表 22.10，表 22.9 有關茶葉稅一欄的數字（它沒有加入後來收取的稅款），如用來跟其他數字作比較，會低估茶葉稅的重要性。

表 22.10 1842－1860 年加入茶葉稅的英國財政收入總表

（單位：100 萬英鎊）

年份	總收入	關稅	消費稅	印花稅	土地與估價稅	財產與入息稅	郵政稅	茶葉稅
	1	2	3	4	5	6	7	8
1842	52.2	23.5	14.8	7.3	4.7	—	1.4	4.1
1843	51.1	22.6	13.6	7.2	4.5	0.6	1.6	4.4
1844	56.7	22.6	14.0	7.1	4.4	5.3	1.6	4.5
1845	58.2	24.1	14.4	7.3	4.4	5.3	1.7	4.8
1846	57.5	21.8	14.6	7.9	4.4	5.2	1.9	5.1
1847	58.2	22.2	15.0	7.7	4.5	5.5	2.0	5.1
1848	56.1	21.7	13.9	7.7	4.6	5.6	2.1	5.3
1849	57.8	22.6	15.2	6.8	4.5	5.5	2.2	5.5
1850	57.1	22.3	15.0	7.0	4.5	5.6	2.2	5.6
1851	57.1	22.0	15.3	6.7	4.6	5.5	2.3	5.9
1852	56.3	22.2	15.4	6.5	3.8	5.4	2.4	6.0
1853	57.3	22.1	15.7	6.9	3.6	5.7	2.4	5.7
1854	58.5	22.5	16.3	7.1	3.3	5.7	2.5	5.1
1855	62.4	21.6	16.9	7.1	3.2	10.6	2.4	5.8
1856	69.7	23.2	17.5	7.1	3.1	15.1	2.8	4.8
1857	72.2	23.5	18.3	7.4	3.1	16.1	2.9	5.5
1858	66.9	23.1	17.8	7.4	3.2	11.6	2.9	5.3
1859	64.3	24.1	17.9	8.0	3.2	6.7	3.2	5.4
1860	70.1	24.5	20.4	8.0	3.2	9.6	3.3	5.4
平均	—	—	—	—	—	—	—	5.2

資料來源：表內數據大多來自 *Abstract of British Historical Statistics*, compiled by B. R. Mitchell, with the collaboration of Phyllis Deane (Cambridge University Press, 1962), p. 393。茶葉稅一欄的資料取自表 22.9 欄 3，1859 年數字來自 Parl. Papers 1860, v. 39, pp. 23-24, 1860 年數字來自 Parl. Papers 1861, v. 34, p. 22。

　　茶葉稅足以與一些獨立列出的英國財政重大收入項目如「土地與估價稅」，平起平坐。其中「土地稅」包括「對土地和分租房屋，辦公室和膳宿公寓課徵的稅項」。[17]「估價稅」則包括對「住房、傭人、馬車、坐騎、其他馬和騾、狗、馬販子、髮粉、紋徽章和狩獵」課徵的稅。[18] 因此，「土

17　Parl. Papers 1859, Session 2, vo. 15, p. 28.

18　同上註。

表 22.11 1842－1860 年茶葉稅佔英國總財政收入之百份比

年份	總收入 1	關稅 2	消費稅 3	印花稅 4	土地與估價稅 5	財產與入息稅 6	郵政稅 7	茶葉稅 8
1842	100	45.02	28.35	13.98	9.00	—	2.68	7.84
1843	100	44.23	26.61	14.09	8.81	1.15	3.13	8.63
1844	100	39.86	24.69	12.52	7.76	10.40	2.82	7.98
1845	100	41.41	24.74	12.54	7.56	9.35	2.92	8.31
1846	100	37.91	25.39	13.74	7.65	8.93	3.30	8.88
1847	100	38.14	25.77	13.23	7.73	9.57	3.44	8.71
1848	100	38.68	24.78	13.73	8.20	9.62	3.74	9.50
1849	100	39.10	26.30	11.76	7.79	9.80	3.81	9.47
1850	100	39.05	26.27	12.26	7.88	9.69	3.85	9.80
1851	100	38.53	26.80	11.73	8.06	9.63	4.03	10.34
1852	100	39.43	27.35	11.55	6.75	9.46	4.26	9.06
1853	100	38.57	27.40	12.04	6.28	10.10	4.19	9.92
1854	100	38.46	27.86	12.14	5.64	9.95	4.27	8.77
1855	100	34.62	27.08	11.38	5.13	17.00	3.85	9.30
1856	100	33.29	25.11	10.19	4.45	24.20	4.02	6.89
1857	100	32.55	25.35	10.25	4.29	23.10	4.02	7.57
1858	100	34.53	26.61	11.06	4.78	16.10	4.33	7.88
1859	100	37.48	27.84	12.44	4.98	10.00	4.98	8.41
1860	100	34.95	29.10	11.41	4.56	14.90	4.71	7.74
平均	—	—	—	—	—		—	8.68

資料來源：資料取自表 22.10。

地和估價稅」這個總項包括了林林總總的英國國內稅收，但茶葉稅竟然可以獨力與其匹敵！

1842 年鴉片戰爭結束後，中英貿易開始恢復正常。表 22.12 所羅列的是原始數字，沒有以百萬鎊為單位四捨五入到小數點後兩個位，從那些數字可見，該年茶葉稅收相當於「土地和估價稅」的 91.09%。翌年升至 103.8%，並持續穩步上升，到了 1855 年，即第二次鴉片戰爭爆發前一年，達至 184.82% 的最高峰。戰爭期間稍下跌，1856 年減至 154.04%，1857 年回升至 173.06%；[19] 但在 1858 年再次下降至 166.59%。[20] 在 1859

19　此時戰事陷於膠着，直至 12 月戰火才重燃。

20　此時戰事蔓延至華北。

表 22.12 1842－1860 年茶葉稅總額與「土地與估價稅」總額之比較

（單位：英鎊）

年份	總稅收： 土地與估價 1	茶葉稅總稅收 2	茶葉稅相等於土地與估價稅的百份比 （欄 2 除以欄 1） 3
1842	4,489,806	4,089,671	91.09
1843	4,389,406	4,524,613	103.08
1844	4,433,462	4,834,007	109.03
1845	4,446,205	5,111,009	114.95
1846	4,479,944	5,066,860	113.10
1847	4,599,044	5,330,537	115.91
1848	4,513,452	5,471,641	121.23
1849	4,527,580	5,597,707	123.64
1850	4,540,308	5,902,433	130.00
1851	3,796,052	5,985,484	157.68
1852	3,565,077	5,686,193	159.50
1853	3,335,268	5,127,680	153.74
1854	3,229,642	5,127,680	158.77
1855	3,140,465	5,804,205	184.82
1856	3,119,410	4,805,088	154.04
1857	3,156,055	5,461,731	173.06
1858	3,165,437	5,273,316	166.59
1859	3,241,996	5,407,845	166.81
1860	3,149,385	5,422,209	172.17
平均	—	—	135.75

資料來源：欄 2 複製自表 22.9，但同一欄中 1859 和 1860 年的數字分別取自 Parl. Papers 1860, v. 39, pp. 23-24 和 Parl. Papers 1861, v. 34, p. 22. 欄 1 是參考 Par. Papers 1843, v. 30, p. 8；1844, v. 32, p. 8；1845, v. 28, p. 8；1846, v. 25, p. 8；1847, v. 34, p. 8；1847-8, v. 39, p. 8；1849, v. 30, p. 8；1850, v. 33, p. 8；1851, v. 31, p. 8；1852, v. 28, p. 10；1852-3, v. 57, p. 10；1854, v. 39, p. 10；1854-1855, v. 30, p. 10；1856, v. 38, p. 10；1857, Session 2, v. 25, p. 10；1857-8, v. 33, p. 10；1859, Session 2, v. 15, p. 10；1860, v. 39, Part 1, p. 10；1861, v. 34, p. 10。

年它穩定維持在 166.81%；1860 年戰事結束，回升到 172.17%。整個時段的累年平均是 135.75%。

七、茶葉稅幾乎足以應付英國皇家海軍的全年開支

評估茶葉稅收相對重要性的另一個方法，是把它與直至第二次鴉片戰爭為止的四份之一個世紀間英國皇家海軍的開支相比較。從表 22.13 可見，1835 年茶葉稅收可以應付英國皇家海軍該年經費的 93.66%，翌年升至 112.4%。再過一年，茶葉稅收驟跌，但之後平穩恢復，至 1850 年再次超越皇家海軍的經費（100.9%）。儘管皇家海軍每年的開出急劇上升 —— 1835 至 1847 年間幾乎增加了一倍，但茶葉稅收還是較之為高。

表 22.13 也顯示，1853 年皇家海軍的每年開支暴增，比前一年增加了超過一倍。仔細研究資料來源會發現，1854 年前，這筆開支的標題只是「海軍」，而從 1854 年起，標題變成「海軍服務，包括運輸船與班輪」。運輸船與班輪在 1854 年需求很大，因為英國正準備與俄國開戰。皇家海軍開支，由前一年和平時期預算的六百六十四萬零五百九十五英鎊，急增至一千四百四十九萬零一百零五英鎊（增幅為 118.20%）。[21] 儘管如此，1854 年茶葉稅收仍相當於皇家海軍該年開支的 35.40%，翌年的開支更高，增幅達 135.61%。[22] 即使這樣，茶葉稅仍相當於已經大幅度增加了的開支的 29.52%。

與俄國打完一場仗後，英國又和波斯開戰，[23] 接着再與中國構兵。[24] 在英國人南征北戰的日子裏，諷刺地中國茶葉都不斷地為大英帝國立下汗馬功勞。

秘訣是：對中國茶葉徵收百份之一百的進口稅。這種得來全不費工

21　Parl. Papers 1854-1855, v. 30, p. 14. 陸軍開支則由六百七十六萬三千四百八十八英鎊，增至八百三十八萬零八百八十二英鎊（增幅為 23.91%），彈藥支出則由二百六十六萬一千五百九十英鎊，增至五百四十五萬零七百一十九英鎊（增幅為 104.79%）。

22　Parl. Papers 1856, v. 38, p. 14. 皇家海該年支出是一千九百六十五萬四千五百八十五英鎊，與 1853 年六百六十四萬零五百九十五英鎊相比，增幅達 195.98%。

23　Parl. Papers 1857-1858, v. 33, p. 128.

24　同上註。

表 22.13 1835－1857 年茶葉稅每年總稅收與皇家海軍每年經費之比較

（單位：100 萬英鎊）

年份	茶葉：每年總稅收	皇家海軍：每年經費	茶葉稅相等於皇家海軍經費的百份比（欄1÷欄2）
	1	2	3
1835	3.84	4.10	93.66
1836	4.73	4.21	112.40
1837	3.32	4.75	69.89
1838	3.36	4.52	74.34
1839	3.66	5.49	66.67
1840	3.47	5.60	61.96
1841	3.98	6.49	61.33
1842	4.09	6.64	61.60
1843	4.41	6.61	66.72
1844	4.52	5.86	77.13
1845	4.83	6.81	70.93
1846	5.11	7.80	65.51
1847	5.07	8.01	63.30
1848	5.33	7.92	67.30
1849	5.60	6.44	89.96
1850	5.90	5.85	100.90
1851	5.99	6.62	90.48
1852	5.69	6.64	85.69
1853	5.13	14.49	35.40
1854	5.80	19.65	29.52
1855	4.81	13.46	35.74
1856	5.46	10.59	51.56
1857	5.27	9.22	57.16
平均	—	—	68.96

資料來源：欄 1 複製自表 22.9。欄 2 數字源自 Parl. Papers: 1830-1831 v. 5, p. 19；1831-1832, v. 26, p. 19；1833, v. 23, p. 19；1834, v. 41, p. 14；1835, v. 37, p. 14；1836, v. 37, p. 14；1837, v. 39, p. 14；1837-1838, v. 36, p. 14；1839, v. 30, p. 14；1840, v. 29, p. 14；1841, v. 13, p. 14；1842, v. 26, p. 14；1843, v. 30, p. 14；1844, v. 32, p. 14；1845, v. 28, p. 14；1846, v. 25, p. 14；1847, v. 34, p. 14；1847-1848, v. 39, p. 14；1849, v. 30, p. 14；1850, v. 33, p. 14；1851, v. 31, p. 14；1852, v. 28, p. 16；1852-1853, v. 57, p. 16；1854, v. 39, p. 16；1854-1855, v. 30, p. 14；1856, v. 38, p. 14；1857, Session 2, v. 25, p. 15；1857-8, v. 33, p. 15；1859, v. 14, p. 16；1860, v. 39, p. 15；1861, v. 34, p. 15。

表 22.14 1835－1860 年英國總公共開支並附茶葉稅收入以為比較

（單位：100 萬英鎊）

年份	總開支	總債費	工務與建築	政府部門薪金等	法律與司法	教育、藝術與科學	殖民地、領事與外交事務	陸軍與彈藥	海軍	收集費用：電報與電話	茶葉稅
	1	2	3	4	5	6	7	8	9	10	11
1835	48.9	28.5	0.22	0.51	0.72	0.11	0.48	7.6	4.5	0.7	3.8
1836	65.2	28.6	0.24	0.53	0.77	0.08	0.48	7.6	4.1	0.7	4.7
1837	54.0	29.4	0.25	0.60	0.93	0.19	0.20	7.9	4.2	0.7	3.3
1838	51.1	29.6	0.30	0.76	1.03	0.18	0.58	8.0	4.8	0.7	3.4
1839	51.7	29.4	0.24	0.72	1.42	0.20	0.48	8.2	4.4	0.8	3.7
1840	53.4	29.6	0.25	0.68	1.32	0.17	0.36	8.5	5.3	0.9	3.5
1841	53.2	29.5	0.25	0.75	1.29	0.27	0.30	8.5	5.4	1.1	4.0
1842	54.3	29.7	0.24	0.69	1.51	0.29	0.38	8.2	6.2	1.2	4.1
1843	55.1	29.6	0.28	0.78	1.54	0.27	0.35	8.2	6.2	1.4	4.4
1844	55.4	29.4	0.26	0.74	1.66	0.25	0.42	7.9	6.2	1.4	4.5
1845	54.8	30.6	0.32	0.72	1.73	0.25	0.36	8.1	5.4	1.4	4.8
1846	53.7	28.6	0.38	0.75	1.42	0.29	0.29	8.9	6.3	1.7	5.1
1847	55.4	28.3	0.39	0.80	1.57	0.33	0.49	9.1	7.3	1.7	5.1
1848	59.1	28.4	0.61	0.91	1.96	0.30	0.40	10.5	7.5	1.7	5.3
1849	59.0	28.7	0.51	0.99	2.22	0.36	0.50	9.7	7.3	2.0	5.5
1850	55.5	28.5	0.48	0.94	2.28	0.37	0.41	8.9	6.2	2.1	5.6
1851	54.7	28.3	0.50	1.01	2.26	0.45	0.40	9.0	5.7	2.2	5.9
1852	54.0	28.2	0.50	1.01	2.20	0.46	0.46	8.7	5.0	2.1	6.0
1853	55.3	28.1	0.68	1.04	1.97	0.48	0.36	9.5	5.8	2.2	5.7
1854	55.8	28.1	0.78	1.06	2.22	0.56	0.34	9.4	7.8	2.7	5.1
1855	69.1	28.0	0.74	1.42	2.39	0.66	0.34	13.3	14	1.9	5.8
1856	93.1	28.2	0.77	1.32	3.04	0.83	0.34	27.8	19	2.4	4.8
1857	76.1	28.8	1.06	1.21	2.71	0.91	0.33	20.8	13	2.4	5.5
1858	68.2	28.7	0.85	1.43	3.07	1.06	0.39	12.9	9.6	2.7	5.3
1859	64.8	28.7	0.77	1.42	3.29	1.15	0.35	12.5	8.2	2.9	5.4
1860	69.6	28.7	0.68	1.47	3.44	1.27	0.42	14.1	11	2.9	5.4
平均	59.25	28.9	0.48	0.93	1.92	0.45	0.39	10.5	7.3	1.72	4.83

資料來源：取材自 *Abstract of British Historical Statistics*, p. 397。最後「附加」的茶葉稅一欄，數字取自表 22.9 欄 3 和表 22.12。

夫的招財大法，為英國國庫帶來穩當可靠的收入，堅挺了英國向全球擴張的政策，並保護其全球利益。相反，滿清政府對中國茶葉課徵百份之十的出口稅，把所有財政收入用於對付太平軍。此外，葉名琛在第二次鴉片戰爭爆發後終止廣州的對外貿易，但茶葉仍在其他四個通商口岸源源外出，令他寄望以禁運來迫使英國坐下來談判的策略成為泡影。[25] 難怪他要賦詩慨嘆：「縱云一范軍中有，怎奈諸君壁上看。」

結果，茶葉繼續為英國國庫帶來大量進賬，供應對華戰爭費用所需：在 1856 年第二次鴉片戰爭開始時，它相當於皇家海軍開支的 35.70%；1857 年聖誕節前後廣州陷落時，這個比例上升至 51.57%；1858 年北京被迫簽下《天津條約》時，則高達 57.22%。相反地，中國官員能高瞻遠矚、洞察國境以外情勢者則如鳳毛麟角。[26]

如欲綜觀全局，就要把皇家海軍的每年開支，放到更宏觀的背景下來觀照——英國的每年總支出，這可在表 22.14 看到。該表顯示，英國最大開支是公債利息，其次是陸軍和彈藥，皇家海軍位居第三。從中可見，茶葉稅收入足以支付相當大部份的皇家海軍每年經費，支付整個文官隊伍薪水的數倍都綽綽有餘，也夠應付數倍殖民地、領事和外交人員的薪水或用於教育、藝術和科學的開支。

八、茶葉的主要供應國：中國

既然茶葉稅收入對英國國庫如此重要，我們應竭盡所能查明英倫諸島所消耗的茶葉，有多少是來自於中國。

最早的相關統計數字見於 1853 年，但在這裏以 1854 年的數字作分析，因為該年開始使用新的會計制度，以「計算實際價值」取代舊的「官定價值」；此外，1854 年首次提供進口貨物的平均價錢。[27] 根據 1854 年的

25　見拙著：《兩廣總督葉名琛》，第九至十章。

26　筆者並非說葉名琛有此能耐，沒有證據顯示他知道茶葉進口稅對英國政府是那麼重要。但他知道對華貿易對英國商人相當重要，因此決定以停止貿易為武器，迫使英國外交人員坐下來談判。

27　Parl. Papers 1859, v. 28, p. 20.

統計數字，英國從「漢薩城鎮、中國、美國、英屬東印度群島和其他地方」輸入茶葉，編就表 22.15。

所及的「漢薩城鎮、中國、美國、英屬東印度群島和其他地方」值得逐一探討。漢薩城鎮是德國北部結成商業同盟的城鎮，這些城鎮從來不產茶，其輸往英國的茶葉均來自中國。中國種茶歷史可追溯至公元前 2700 年，公元 1610 年茶葉傳到歐洲，荷蘭在 1650 年把它傳到新大陸。準此，北美洲在 1773 年之前，茶葉全是荷蘭人從中國走私去的。[28] 英國在 1773 年通過的《茶葉法案》（ *The Tea Act* ），正是英國當局試圖杜絕這種走私漏稅的顯著例子。結果 1773 年波士頓港有 342 箱茶葉被拋入海中，拉開了美國獨立戰爭的序幕。[29] 此後的美國，在第二次鴉片戰爭後約二十年的 1880 年代，曾在北卡羅來納州和得克薩斯州試種茶葉成功，但因勞工成本高昂最終放棄。因此，表 22.15 顯示英國從美國輸入的茶葉，應該也是源自中國。

至於「英屬東印度群島和其他地方」，則由於英國的美洲殖民地和英國本土都從中國大量購入茶葉，但有時候會因應市場需求轉口到其他國家和地方。故其原始來源也是中國。

又至於「英國殖民地印度」，在殖民地主人決定試種茶葉之前，該地並不產茶。羅伯特·福鈞被派到中國研究茶樹和剪下枝條偷運出境。到了 1839 年，印度總督聲稱在該地發展有利可圖的種茶業「大有希望」。[30] 十五年後，如表 22.15 所顯示，英國已能從印度進口 530,710 磅茶葉。[31] 因此，表 22.15 所示的茶葉，似乎應當是來自兩個地方——中國和印度。

28　茶葉與美國之間的關係的專門研究，見 Peter D.G. Thomas, *Tea Party to Independence: The Third Phase of the American Revolution, 1773-1776* (Oxford, Clarendon Press, 1991)。有關茶葉及其歷史的權威著作，見 William Harrison Ukers, *All about Tea*, 2 vs. (New York, Tea and Coffee Trade Journal, 1935)。另見 J. M. Scott, *The Great Tea Enterprise* (New York, Dutton, 1965)。

29　見《遊戲人間》諷刺德斯累里為「小茶黨」頭領的文章，*Punch*, 14 March 1857, p. 110。

30　Parl. Papers 1840, v. 37, p. 291.

31　印度和錫蘭以茶園方式大規模生產茶葉，在十九世紀結束前就終結了中國雄霸茶葉市場的地位。見 Robert Gardella, *Harvesting Mountains: Fujian and China Tea Trade, 1757-1937* (Berkeley and Los Angeles, University of California Press, 1994)。其後中國曾試圖重奪茶葉市場，見 Dan Etherington and Keith Forster, *Green Gold: The Political Economy of China's Post-1949 Tea Industry* (Hong Kong, Oxford University Press, 1993)。

表 22.15 1854 年英國茶葉的來源地

來源地	由英國船運載（磅） 1	由外國船運載（磅） 2	總進口量（磅） 3	總稅收（英鎊） 4
中國	61,308,669	21,992,881	83,301,550	4,667,307
英屬東印度	530,613	97	530,710	32,995
漢薩城鎮	49,358	4,666	54,024	15,142
美國	9,678	1,796,717	1,806,395	58,266
其他地方	98,507	846	99,353	8,189
總數	61,996,825	23,795,207	85,792,032	4,781,899

註：在此表中，1854 年所徵收的茶葉稅總收入和表 22.9 的不同，這是因為使用了不同的資料來源。
筆者找不到更好的解釋，只能說這百份之五的統計學上的差距是可以接受的。
資料來源：Parl. Papers 1854-1855, v. 51, p. 74.

　　這個推論有其他資料來源為佐證。儘管英國從不同地方輸入茶葉，
但只有兩個列入「主要進口物品計算實際價值的固定平均價格」，那就是
中國和英屬東印度（阿薩姆）。[32] 由於印度只是剛剛開始種植茶葉，我們
假設從其他地方進口的茶葉都是源自中國，大概也不會失之過遠。有關
數據也證明此推測屬實：英國在 1854 年進口的茶葉總數中，印度茶只佔
0.62%，[33] 在茶葉稅總稅收中同樣佔此百份比。[34]

　　中國茶葉貿易的另一個面相，是參與其中的英國船舶數量。我們可
以根據表 22.15 計算出，從漢薩同盟城鎮轉口到英國的茶葉，有 91.36%
是由英國船舶載運；直接來自中國的茶葉，有 73.60% 是由英國船舶載運；
來自美國的，則有 0.54%（這在意料之中）由英國船舶載運；印度的情況
則是 99.98%；而世界其他地方則是 99.15%。

　　另一個面相是由英國轉運到世界其他地方的茶葉。表 22.15 顯示，
1854 年共有 85,792,032 磅茶葉輸入英國，其中只有 61,970,341 磅（即總
進口量的 72.23%）提出關棧在本地銷售。[35] 因此，有 23,821,691 磅（即
27.77%）仍存於關棧或轉運他處。表 22.16 顯示其中部份去向：其他歐洲

32　Parl. Papers 1859, Session 2, v. 23, p. 20.

33　把輸入的 85,792,032 磅茶葉除 53,071 磅印度茶得出此數字（見表 22.15 欄 3）。

34　把對進口茶葉所課徵的總稅收 4,781,899 英鎊除 32,995 英鎊。

35　Parl. Papers 1854-1855, v. 51, p. 74.

國家及其殖民地，以及如澳洲、加拿大和西印度群島等英屬殖民地，運輸過程多半是由英國船舶載運，這又帶來更多收入。美國不在其中，毫不奇怪。1773 年英國試圖強迫美國接收 1,700 萬磅貯存於英格蘭的中國茶葉，[36] 美國人顯然記憶猶新。

當然，航運業只是和茶葉貿易相關的許多服務之一。保險、經紀、包裝、搬運、檢驗、融資、會計、核數和其他服務也能替英國製造可觀的就業機會和收入。

簡言之，中國茶葉對英國商人有厚利可圖，對英國政府也很重要。但為什麼政府向茶葉徵收百份之百的高額稅，英國商人還有利可圖？答案很簡單：茶已成為英國人的日常必需品。在茶傳入英國之前，英國人一般喝啤酒、杜松子酒和威士忌酒，喝了以後往往導致爭執吵架。茶不但能解渴，而且是溫和的提神物。加入牛奶和糖，還能為飲食缺乏能量的工廠工人補充不足，這些工人是英國工業革命的勞動大軍。當時推廣吃糖的宣傳聲稱：「每吃一口糖都會有好處──你的身體是能源工廠，而糖就是燃料。」[37] 所以，英國工廠靠茶這個載體向它們供應人類能源。愛喝茶的不只工廠工人，英國社會的中上階層全都養成喝早茶和下午茶的習慣。[38] 因此，「亞羅」號糾紛的消息傳到倫敦後不久，《泰晤士報》就有如此反應：「任何會令茶葉價格上漲的事情，對本國每一個家庭來説都是件大事。」[39]

來自中國的茶葉供應還可以再提高。鴉片戰爭之前，茶葉貿易只局限在華南珠江三角洲的廣州。華中長江流域盛產的茶葉如要運往廣州，

36　見 Thomas, *Tea Party to Independence*。

37　引自糖公司的小冊子，見 Yudkin, *Pure, White and Deadly*, p. 30。

38　英國茶消耗量和糖消耗量之間的關係饒有趣味。例如，約在 1750 年間，人均糖消耗量每年約四、五磅。其後喝茶在英國蔚為風尚後，到了約 1850 年間，人均糖消耗量增加了四倍，升至每年二十五磅。見 Yudkin, *Pure, White and Deadly*, p. 42。有關英國茶葉貿易史，見 Denys Forrest, *Tea for the British: The Social and Economic History of a Famous Trade* (London, Chatto & Windus, 1973)。有關在我們討論的時期從中國運茶到英國的運茶船歷史，見 David R. MacGregor, *The Tea Clippers: An Account of the China Tea Trade and of Some of the British Ships Engaged in It from 1849 to 1869*, 2d ed. (London, Conway Maritime Press, 1972)。

39　*The Times*, 30 December 1856.

表 22.16 1855 年由英國再出口的茶葉

目的地	數量（磅）	計算實際價值（英鎊）
普魯士	5,247,554	329,339
漢薩城鎮	2,793,136	175,298
荷蘭	1,252,557	78,611
英屬北美	1,063,962	66,774
丹麥	814,708	51,131
海峽群島	351,147	22,038
土耳其	334,013	20,963
其他國家	333,705	20,945
葡萄牙等＊	315,203	19,783
漢諾威	304,924	19,137
直布羅陀	277,1782	17,396
馬耳他	130,771	8,207
澳洲	95,648	6,004
瑞典	92,982	5,836
比利時	83,814	5,260
西班牙等＊	74,517	4,676
英屬西印度群島	60,688	3,808
總數	13,626,507	855,206

＊所謂「等」大概分別指葡萄牙和西班牙的殖民地。
資料來源：Parl. Papers 1856, v. 56, p. 172.

需靠工人肩挑背負，翻越分隔長江和珠江兩大流域的山嶺。[40] 鴉片戰爭結果所訂立的《南京條約》增闢四個通商口岸，[41] 當中最重要的是位於長江口的上海。茶葉沿着長江運到下游的上海，就可以馬上出口，非常便捷。英國接下來的目標是打開整個長江流域，以更直接、方便地進入產茶地區，更節省成本。

　　1853 年後，英國人更為迫切地想達到這個目標。因為位於長江下游的揚州在該年設局開徵釐金。當年太平軍佔領了南京和長江上游一帶，地方軍事當局為籌措軍餉討伐太平軍，遂對途經貿易路線貨物徵收名為釐金的過路稅。長江和珠江流域各省很快就紛紛仿效，次第實施釐金制

40　見拙文：〈太平軍初起是北上還是東進的問題初探〉。

41　它們是上海、寧波、福州和廈門。

度。[42] 這牽動了遠在倫敦的《泰晤士報》，其為此慨嘆：

> 對本國來說，爭取在中國境內免繳費運輸成為頭等大事……中
> 國皇帝和他的貪官污吏藉着我們的必需品向我們徵稅。這一進口貿
> 易能帶來的好處暫且不論，茶葉問題迫切需要解決。現時中國人享
> 有不受限制的權力，能隨意向我國的勞動階級徵稅。[43]

現代經濟學家可能會說，限制其實是有的——若價格上漲了，英國
人就會少喝一點茶。雖然道理如此，但這是英國政府不樂見的事。如果
英國人少喝茶，政府的茶葉稅收就會減少。最好的解決方法是壓低茶葉
價格，那麼即使英國徵收百份之一百的進口稅，英國人還能負擔得起。
《泰晤士報》的結論是：「只有爭取有權進入茶葉產區，並用我們自己的
船運送茶葉，才能略微給我們帶來一點好處。」[44]

英國的策略是說服中國當局據此「修訂」《南京條約》。我們知道，
英國外交部指示其駐遠東公使包令爵士「爭取在揚子江自由航行，並進
入沿江兩岸直至南京為止（包括南京在內）的各城市……〔並且〕規定不
得對外國進口貨物，以及為向外國出口而購買的貨物，課徵內地稅或子
口稅」。[45] 這一訓令曾一度被普遍視為顯示英國亟欲擴大向中國出口貨物
的嘗試。這無疑是事實，但不能忽略背後還有英國人更重大的企圖，就
是深入茶葉產地，藉此以最低價錢獲得茶葉。但是葉名琛總督在 1856 年
6 月 30 日拒絕包令的修約要求。[46] 因此巴夏禮和包令趁着「亞羅」號事件
的發生，採取強迫手段。他倆在英國本土的上司的想法與此完全相同。

因此，中國懷璧獲罪，導致第二次鴉片戰爭的重要原因之一是茶葉
這一中國特產。英國靠茶葉貿易和茶葉課稅賺取巨大的財政收入，令英

---

42 見羅玉東：《中國釐金史》（上海：商務印書館，1936 年）；以及 Edward Beal, *The Origins of Likin, 1853-1864* (Cambridge , Mass., Harvard East Asian Research Center, 1958)。

43 *The Times*, 31 July 1858.

44 同上註。

45 Clarendon to Bowring, Desp. 2, 13 February 1854, FO17/210.

46 Yeh to Bowring, 30 June 1856, FO682/1989/9.

國政府野心更大，希望以和平手段爭取直接進入產茶地區，但事與願違。

　　後來印度試種茶葉最終大獲成功，使英國所需的茶葉全部能夠從其殖民地獲得。但在 1856 年，英國對於印度的試驗能否成功尚無把握。即使成功，印度也不可能在短時間內取代中國，迅速地成為供應英國茶葉的主要來源。

九、英國購買中國蠶絲

　　絲是另一種源自中國的商品，中國人養蠶取絲大約始於公元前 2460 年。三千年來，這種技術一直深為外國人所覬覦，儘管這是嚴格保守的秘密，但最終還是傳到了日本、印度和伊朗。兩個波斯僧侶把蠶蛹和桑樹種子藏於挖空的手杖中偷運出中國，拜占庭（Byzantium）在公元六世紀建立了製絲業。阿拉伯人則在八世紀學會養蠶取絲，到了十二世紀，意大利人把這種技術傳到歐洲。[47] 英國絲織業的發源地是倫敦東區，由因宗教迫害逃出法國的胡格諾派教徒（Huguenot）建立，他們在 1685 年南特敕令（Edict of Nantes）撤銷後大舉逃到英國。在這些絲織業者的帶動下，這個行業在十八世紀的英國大為發達。在 1820 年代，倫敦東區的貝斯那爾格林（Bethnal Green）和斯畢塔菲爾德（Spitalfields）約有二萬五千人受僱於這個行業。[48] 其後，機器取代人工織絲，而英國繼續購買生絲供應其製造業所需。如表 22.3 所示，英國在 1857 年向中國購入總值 6,910,630 英鎊的絲，此時第二次鴉片戰爭已經爆發，雙方正在酣戰之中。

　　生絲自 1845 年起就免繳進口稅，[49] 因此和茶葉不同，並沒有為英國國庫帶來收入。但和茶葉一樣的，生絲也能為包裝、保險、運送出中國的貨運等相關產業創造就業機會和利潤。此外，英國絲綢製品出口到海

47　　有關中國絲的專門研究，見 Maryta M. Laumann, *The Secret of Excellence in Ancient Chinese Silks: Factors Contributing to the Extraordinary Development of Textile Design and Technology Achieved in Ancient China*（所附之中文書名為「中國古代絲織品登峰造極之奧秘」）(Taipei, Southern Materials Centre, 1984)。

48　　見 A. K. Sabin, *The Silk Weavers of Spitalfields and Bethnal Green* (London, 1931)。

49　　Parl. Papers 1854-1855, v. 51 (1853), p. 64.

外，以及與將這些製品運往國外市場有關的服務行業，也為以女士內衣（襯裙、長襪等）[50] 為最大宗產品的英國製造業帶來客觀的利潤。英國政府儘管不收生絲的進口稅，但也能從這些行業中獲得稅收。

首先，讓我們看看從中國運出生絲的英國服務業。那時候中國並沒有服務業。表 22.17 顯示，約 96% 運往英國的中國生絲是由英國船舶載運。茶葉運輸涉及的變數太多，[51] 連粗略估計相關服務業的費用都幾乎不可能，但有關生絲的這方面資料，我們卻可嘗試探究一二。比如，怡和洋行的檔案顯示，1855 年 [52] 中國一捆生絲的叫價是 340 大洋（西班牙銀圓）。若瑟·渣甸（Joseph Jardine）認為價錢偏高，但他願意以 320 大洋一捆的價錢購買 500 捆。[53] 假設折中後每捆價錢是 330 大洋。折算為英鎊後，每捆價錢為 82 鎊 10 先令。[54] 若再假設一捆生絲約重 90 磅，[55] 那麼，中國的生絲成本大約是每磅 18 先令。再進一步假設，1855 年下半年在中國購買的生絲，會於 1856 年在英國出售。我們發現在 1856 年的英國，中國生絲成本是每磅 19 先令 7 便士。[56] 從英國與中國的差價可以大約推算每磅生絲用於服務業的費用，在此例是 1 先令 7 便士。因此可以得出，5,048,997 磅中國生絲，需花費 399,712 英鎊於服務業和經銷商的利潤。

在英國從全球輸入生絲的總進口量中，中國生絲又佔據什麼位置？表 22.17 顯示 1857 年的情況。這一年，英國由全球總共輸入了12,077,931 磅生絲，其中約 53% 是中國生絲。所有輸入英國的生絲中，

50　因此，英國有「讓妻子穿絲着綢」（keep one's wife in silks）的説法。當然，穿絲着綢的還有御用大律師，他們的律師袍也是絲綢做的。

51　首先，茶葉種類繁多，價格各異。第二，每一種茶輸入英國的數量，我們無從得知，只知道每年的茶葉總進口量及其實際總值。我們不知道它離開中國時的總值。

52　選擇 1855 年為例，部份原因是它接近亞羅戰爭。但更重要的是，因為當時中國發生內亂，絲的成本暴漲，因此怡和洋行的公司往來書信記錄了當時的絲價。見下註。

53　Matheson Papers, B4/5-16, Joseph Jardine to David Jardine, Canton, 7 July 1855.

54　每一大洋價值五先令（Parl. Papers 1840, v. 37, pp. 276-277）。

55　馬士指出，1855 年中國經上海出口的絲有 56,211 捆，大都運往英國，供應當地絲織業把生絲製成絲製品。該年廣州出口多少絲卻無從得知（International Relations of Chinese Empire, v. 1, p. 366）。這毫不奇怪，因為該年廣東叛亂四起，廣州被叛軍圍城（拙著：《兩廣總督葉名琛，第六章）。根據國會文件，英國在 1855 年從中國進口 5,048,997 磅絲（Parl. Papers 1859, Session 2, v. 23, p. 319），若除以 56,211 捆，那大約是每捆 90 磅。

56　Parl. Papers 1859, v. 28, p. 19.

有 11,761,922 磅是由英國船舶載運，佔 97%。總成本（包括運費）是
13,143,839 英鎊。[57] 因此，在英國每磅生絲的平均成本約為 1.09 英鎊（即
1 英鎊 1 先令 9 便士）。在這些生絲中，490,079 磅用於製造下一年出口
的純絲產品和絲帶，總申報價值是 602,578 英鎊，即這些完成品的每磅平
均價值約是 1.23 英鎊（即 1 英鎊 4 先令 7 便士）。這等於在英國每磅生絲
平均成本上增加 0.14 英鎊（即 2 先令 10 便士）的價值。但是，若只計算
在英國的中國生絲成本，那增加的價值就更大，達到每磅 5 先令。

表 22.17 1857 年英國從世界各地進口的生絲

來源地	由英國船運載（磅） 1	由外國船運載（磅） 2	總數（磅） 3	計算實際價值（英鎊） 4
中國	6,404,439	260,093	6,664,532	6,568,910
埃及＊	4,485,811		4,485,811	5,271,647
法國	345,365	300	345,665	618,991
土耳其	216,305		216,305	191,721
英屬印度群島	192,604		192,604	189,798
馬耳他	38,352		38,352	72,512
荷蘭	35,026	47,004	82,030	151,026
美國	9,499	4,065	13,564	12,193
其他地方	8,253	224	8,477	14,337
俄羅斯	8,141		8,141	15,767
比利時	7,802	1,180	8,262	13,965
兩西西里	6,840		6,840	10,775
暹羅	3,392		3,392	4,706
漢薩城鎮	813	3,143	3,956	7,491
總數	11,755,802	316,009	12,077,931	13,143,839

＊ 大部份是來自印度等地，再經此地轉運。所謂「等地」很耐人尋味。在後來的一份資料中，「等地」
包括中國。見 Parl. Papers 1866, v. 68, p. 79.
資料來源：Parl. Papers 1857, v. 54, p. 89.

57　　Parl. Papers 1857-8, v. 54, p. 89.

表 22.18 1858 年英國出口的絲製品和絲帶

目的地	由英國船運載（磅） 1	由外國船運載（磅） 2	總數（磅） 3	申報實際價值（英鎊） 4
美國	127,025	5,923	132,948	133,902
澳洲	90,949	9,863	100,812	159,781
埃及	44,273	—	44,273	54,339
英屬北美	28,413	—	28,413	37,853
漢堡	20,156	1,052	21,208	25,773
聖托馬斯	15,499	1,835	17,334	19,697
英屬西印度群島	13,779	55	13,834	19,849
法國	13,275	—	13,275	19,497
南非	10,122	—	10,131	13,628
葡萄牙等	7,641	20	7,661	10,345
巴西	7,505	918	8,423	8,705
布宜諾斯艾利斯	6,994	—	6,994	6,183
英屬東印度群島	5,587	3	5,590	7,151
秘魯	5,040	—	5,040	5,714
荷蘭	4,956	652	5,608	6,081
土耳其	4,550	—	4,550	4,628
墨西哥	4,127	273	4,400	4,412
直布羅陀	4,044	—	4,044	4,030
烏拉圭	3,896	1,116	5,012	4,290
薩迪尼亞	3,682	—	3,682	3,747
智利	3,524	985	4,509	5,569
西非	3,501	120	3,621	3,630
比利時	3,213	773	3,986	4,672
海峽群島	2,678	—	2,678	3,885
新格拉納達	2,605	215	2,820	3,267
圖斯卡尼	2,483	—	2,483	2,184
毛里求斯	1,960	50	2,010	2,818
西班牙等	998	7,311	8,309	8,352
古巴	—	4,140	4,140	5,009
其他國家	—	—	12,291	13,587
總數	442,475	35,304	490,079	602,578

註釋：欄 1 和欄 2 的總數只是現時可考資料的總數（即不包括沒有記載的條目）。此外，根據原始資料，欄 1 的總數是 442,484，比實際數字 442,475 多了九磅。

資料來源：Parl. Papers 1859, session 2, v. 28, p. 200.

從表 22.18 可見，這些產品銷往世界各地，而這些出口貨物超過九成是由英國船舶運載。在進口的同等數量的生絲當中，英國重新出口 2,314,519 磅，主要是出口到歐洲和南北美洲。[58] 這樣做不但利潤更豐厚，貨運需求還能為英國航運業和服務業帶來更多生意。英國人希望爭取更大規模和更直接地進入中國的主要產絲地區，即揚子江流域，藉以增加供應量和減低成本，同樣不難理解。

十、結語及反響

從以上分析可見，英國決策者為了扭轉貿易不平衡，自然急於擴大向中國的出口，但很少有人注意到，他們也同樣亟欲增加從中國的進口，尤其是茶與絲。正是這個雙重目標，暗藏着第二次鴉片戰爭必然爆發的不為人知的根源。

評者之中倫敦大學彼得・伯勒斯教授幾乎全盤接受本章發掘所得。他說：「黃宇和提出了大量統計圖表。它們顯示：英國從中國進口貨物的價值，超過任何英國殖民地（除了印度），並且在六十二個外國中排第四。他指出，從稅率百份之百的茶葉稅所得的收益，佔關稅歲入五份之一，幾乎可完全支付皇家海軍的經費。因此大臣有充份誘因去盡力增加中國進口貨的數量，其中以茶、絲為最大宗。同時，他們承認英國對華貿易有嚴重不平衡，因為中國限制製造品的進口，主要是棉毛製品。為了減少赤字，英國決策者認為中國應該並有能力購買更多英國貨。」

但對於在本章基礎上，筆者把這種現象昇華為：「點點釐金，竟然觸發了一場準世界大戰。片片茶葉，居然推動了全球一體化。」諸如此類的宏觀探索，彼得・伯勒斯教授似乎噤若寒蟬。

---

58   Parl. Papers 1859, Session 2, v. 28, p. 199.

第二十三章
中國的海上貿易：
「中國能多買英國貨！」

本章繼續通過蒐集、排比與分析各種經濟數據，探索第二次鴉片戰爭爆發的原因，結果又有驚人的發現。長期以來英國抱怨其在中英貿易中蒙受嚴重逆差，並進而認為該場戰爭非打不可；筆者卻發現，中國才在這場貿易中吃盡了逆差之苦。

一、英國人的觀感

上一章顯示英國決策者認為中國人應該多買英國貨，以扭轉兩國雙邊貿易的不平衡狀態。本章則指出，他們進而認為中國人能夠多買英國貨。

所謂「應該」與「能夠」，皆主觀願望，英國決策者的主觀願望，很可能是來自每年呈交國會的文件中所刊載的統計數字，故本章將繼續列舉有關數據，以便進一步剖析這種主觀願望的形成過程。因為，極可能正是這種主觀願望，促使英國決策當局發動了第二次鴉片戰爭——人類的行動，大多數是由其主觀願望所指揮的。

就這方面而言，本章所列舉的統計數字會比前一章可能離開現實更遠。因為相關的統計數字在中國一概闕如，筆者在列舉中國進口的英國貨物的價值時，不得不採用它們在英國申報的價值。換言之，貨運、保險、貿易利潤等，由提供服務的英國人所賺取的價值而來，沒有包括在中國進口的英國貨。同樣地，筆者在列舉出口到英國的中國貨的價值，不得不採用英國方面計算的官定價值，而這些數字同樣是有問題的。因為英國人提供的貨運、保險、貿易利潤等服務所賺取的價值，也沒有包括在內。因此，筆者所用的數字有雙重扭曲。

　　但是，英國決策者正是看到了這些數字，從而形成他們的主觀願望。所以這些從本章角度來看是扭曲了的數字，正是該主觀願望的基石。如果筆者試圖調整這些數字，就會令它們失去當時在英國決策者心中的意義。對於英國人為何決定發動第二次鴉片戰爭而言，真正重要的是其在英國決策者心中所造成的主觀願望，而不是客觀實際，所以筆者會繼續照原樣列舉出這些數據。

　　筆者將根據英國國會文件的資料分析中國的海上貿易，[1] 重新評估有關「自由貿易帝國主義」論爭[2] 的若干層面；同時驗證著名的「三角貿易」理論[3] 是否有理有據，由此進一步探討第二次鴉片戰爭的起因。

　　上一章已說過，從倫敦的角度看，英國進口中國貨的數量，比英國出口到中國的製品和物產高出許多倍。在第二次鴉片戰爭爆發前兩年的1854年，這種不平衡若以進口相對於出口的百份比來表示，高達駭人的913%，這就是當時英國人的觀感。這一年，外相克拉蘭敦訓令包令爵士與中方修訂《南京條約》，為英國商人打開通往中國內地的門戶。

二、外國和英屬殖民地產品經由英國出口到中國

　　從中國的角度看，直接從英國進口的商品並非只有英國製品和物產，外國和殖民地生產的貨品與物產也經由英國出口到中國，因此中方的觀感是它們同樣是「英國貨」。如果把這兩種「英國貨」加起來，就如表 23.1 所示，情況稍有些不一樣，但在英國人的觀感中差異不太大：1854 年英國進出口極端不平衡的狀態，只是由 913% 稍為下降至 886%；整個時期觀感上的平均值也稍有下跌，由 454% 降至 428%。

1　　陸上貿易主要在俄國邊境進行，不是本書的關注重點。

2　　見 Gallagher and Robinson, 'Imperialism of Free Trade'。

3　　首先提出三角貿易概念的人是宓吉（Alexander Michie）。見其 *Englishman in China*, v. 1, p. 196。大衛‧歐文（David Owen）引用了這個概念，但沒有進一步評論，見其 *British Opium Policy*, p. 207。邁克爾‧格林伯格（Michael Greenberg）使用怡和洋行的檔案作為個案研究，對之做了有系統的深入探究，見其 *British Trade and the Opening of China*。

表 23.1 1827－1858 年由英國進口和出口到英國的貨物總值

（單位：100 萬英鎊）

年份	真接從英國進口（申報價值：在英國申報的價值） 1	直接出口到英國（官定價值：在英國申報的價值） 2	出口相對於進口的百份比 （欄 2÷欄 1） 3
1827	0.63	4.10	651
1828	0.85	3.48	409
1829	0.69	3.23	468
1830	0.60	2.23	538
1831	0.61	3.21	526
1832	0.57	3.21	563
1833	0.65	3.27	503
1834	0.87	3.51	403
1835	1.15	4.56	397
1836	1.55	5.42	350
1837	0.81	4.53	559
1838	1.32	4.31	327
1839	0.89	3.98	447
1840	0.54	2.39	443
1841	0.91	2.96	325
1842	1.03	3.96	384
1843	1.75	4.63	265
1844	2.39	5.57	233
1845	2.51	5.82	232
1846	1.93	6.64	344
1847	1.60	6.70	419
1848	1.54	5.82	378
1849	1.59	6.17	388
1850	1.62	5.85	361
1851	2.23	7.97	357
1852	2.56	7.71	301
1853	1.81	8.26	456
申報價值計算實際價值			
1854	1.03	9.13	863
1855	1.30	8.75	673
1856	2.29	9.42	411
1857	2.51	11.45	456
1858	2.97	7.04	237
平均	—	—	428

註：來自英國、外國和殖民地的貨物均包括在內。

資料來源：統計數字取材自 Parl. Papers 1859, Session 2, v. 23, p. 314-317。

真實情況可能會很不一樣。讓我們再以 1854 年為例。根據表 23.1，在英國人眼中，對華貿易逆差高達 810 萬英鎊。[4] 由於進出口的航運服務都是由英國人提供，而中國並無這種服務，因此我們假設運輸、保險和全由英國人賺取的利潤，相當於（除去開支後）所運載貨物總值的 20%，這是普遍被接納的數值。因此，1854 年英國商人從出口到中國的商品中賺取了 20%，出口到中國的英國貨的申報價值 103 萬英鎊，因而提高到實際價值 124 萬英鎊；[5] 而他們從那些由中國運送到英國的中國貨的總值上也同樣賺取了 20%，把中國進口貨的官定價值 913 萬英鎊，減到實際價值 760 萬英鎊。[6] 就是說，實際上把英國的商品貿易逆差降低到 606 萬英鎊左右，而非英國人心目中的的 810 萬英鎊。但是，在 1857 年的國會文件所傳達的，卻是英國人眼中 810 萬英鎊的貿易逆差。

三、中國購買英屬印度的產品

中國向英國商人購買的商品，不光是直接以船從英國運來的兩類產品，中國人也向英國人大量採購印度貨品。中國人把這三類貨物都視為英國貨，[7] 如果把它們全加起來，如表 23.2 所示，情況就大為改觀了。在此，1854 年英國的進出口不平衡大幅下降至 129%，而這個時期的累年平均降至 108%。

---

4   這個數字是來自欄 2（913 萬英鎊）減欄 1（103 萬英鎊）。
5   這是把 103 萬英鎊除以 100 再乘以 120，再經四捨五入後得出的數字。
6   這個數字是 913 萬英鎊除以 120 並乘 100。
7   用現代術語來說，這些是在英國境外生產的英國貨。

表 23.2 1827－1858 年中國從英國和印度進口和出口到英國和印度的貨物
總值

（單位：100 萬英鎊）

年份	進口（申報價值） 1	出口（官定價值） 2	出口相對於進口的百份比（欄 2 ÷ 欄 1） 3
1827	3.13	4.78	153
1828	3.70	4.24	115
1829	2.90	3.95	136
1830	3.02	4.05	134
1831	3.01	4.02	133
1832	3.73	3.69	99
1833	3.25	3.72	115
1834	4.40	4.05	92
1835	3.94	5.08	129
1836	5.75	5.96	104
1837	6.12	5.06	83
1838	5.50	4.75	86
1839	5.11	4.44	87
1840	1.53	2.59	169
1841	3.04	3.59	118
1842	3.85	4.52	117
1843	5.85	5.20	89
1844	8.03	6.20	77
1845	7.95	6.63	83
1846	8.30	7.38	89
1847	6.74	7.37	109
1848	5.69	6.83	120
1849	8.06	7.00	87
1850	7.98	6.66	83
1851	8.51	8.96	105
1852	11.03	8.64	78
1853	9.37	9.12	97
1854	7.71	9.94	129
1855	7.72	9.66	125
1856	8.81	10.21	116
1857	10.02	12.05	120
1858	12.24	7.96	65
平均	－	－	108

資料來源：統計數字取材白 Parl. Papers 1859, Session 2, v. 23, p. 320-323。

四、出口到中國的「英國貨」總值

英國商人向中國出售的產品，不只源自英國和英屬印度，還來自其他英國殖民地和世界其他地方。英國東印度公司提供了這方面的統計數字。該公司在 1834 年前一直壟斷英國對華貿易，[8] 因此，它向中國出口貨物的統計數字，可視為英國對華出口的總值。如果能找到直至第二次鴉片戰爭前這些年份的數字，就能契合本研究的需要，可惜情況沒有那麼理想。如前所述，東印度公司在 1834 年喪失對華貿易的壟斷權。該公司所提供的、能顯示英國商人從世界各地向中國出口，並且不取道英國的貨物總值的統計數字，在 1834 年後不復存在。研究第二次鴉片戰爭只得採用二十年前的統計數字，當然不盡人意，但礙於沒有更佳的指標，只能暫且如此，也只能謹記本研究有此局限。

表 23.3 顯示在東印度公司壟斷對華貿易的最後一年，中國進口商品的詳細清單。以下項目（以西班牙銀圓列出）似乎可以肯定在當時並非產自英國或印度：價值 216,000 元的魚翅、價值 13,230 元的燕窩、價值 142,000 元的檳榔、價值 412,000 元的稻米，以及價值 190,000 元的胡椒，這些物品應當是來自東南亞。1834 年東印度公司壟斷地位結束後，中國人不見得就放棄他們的魚翅羹或燕窩湯，或停止進口大米和胡椒。因此可以假設，東印度公司退出舞台後，英國商人會繼續向中國出口這些商品。[9]

表 23.3 1833－1834 年財政年度由東印度公司和私人貿易商輸入廣州的貨物數量和價值

貨品	東印度公司		私人貿易商	
	數量	價值（西班牙銀圓）	數量	價值（西班牙銀圓）
棉花（擔）	116,246	1,842,333	326,393	4,884,407
鴉片（箱）	無	無	17,613.50	11,618,716
錫（擔）	無	無	5,762	92,192

8   1833 年通過終止該公司壟斷的法案，1834 年在中國生效。

9   東印度公司在 1834 年結束在中國的業務。

（續上表）

貨品	東印度公司		私人貿易商	
	數量	價值（西班牙銀圓）	數量	價值（西班牙銀圓）
鐵（擔）	20,203	32,324	9,735	26,285
鉛（擔）	15,454	66,539	3,893	15,572
鋼（擔）	無	無	1,486	7,058
胡椒（擔）	無	無	23,122	190,757
香料（擔）	無	無	629	16,846
藤（擔）	無	無	13,052	139,156
檳榔（擔）	無	無	57,025	142,562
木香（擔）	無	無	2,105	26,417
魚翅（擔）	無	無	6,820	216,132
檀香木（擔）	無	無	3,680	41,400
烏木和紅木	141	75	2,634	7,902
硝石（擔）	無	無	6,044	54,396
象牙（擔）	無	無	84	6,216
珍珠、光玉髓等	無	無	—	312,767
玻璃器皿等	無	無	—	12,508
闊幅布（疋）	17,640	87,321	9,574	268,072
粗嗶嘰（疋）	124,400	881,166	10,239	108,468
羽紗（疋）	4,960	84,320	571	13,418
棉織品（疋）	30,000	175,000	—	298,197
綿紗（擔）	1,800	91,800	1,344	53,760
獸皮與毛皮（數目）	無	無	18,069	17,306
乳香（擔）	無	無	4,444	17,776
蘇麻離青（擔）	無	無	325	25,025
胭脂蟲紅（擔）	無	無	42	14,280
燕窩（擔）	無	無	630	13,230
大米（擔）	無	無	158,822	412,937
鐘錶	無	無	—	50,713
雜項	無	無	—	92,169
銀圓	無	無	—	20,500
總計	—	4,046,769	—	19,119,140

註：一西班牙銀圓約合五先令（參見表 23.11）。中國的重量單位一擔約相當於 133.3 磅（見 R. K. Newman, 'Opium Smoking in Late Imperial China', *Modern Asian Studies*, 29, 4 [1995], p. 771, n. 15）。「粗嗶嘰」是一種英國紡織品。木香是木香這種植物的根部，是克什米爾特產，出口到中國和其他東方國家，供藥用或製香之用。

資料來源：Parl. Papers 1840, v. 37, p. 260。

五、英國對華貿易順差

　　若想盡窺全豹，還須看看東印度公司從中國出口的貨物清單（表 23.4）。數據同樣是來自該公司壟斷對華貿易的最後一年。將之與表 23.3

表 23.4 1833−1834 年財政年度東印度公司和私人貿易商從廣州運出的貨物數量和價值

貨品	東印度公司		私人貿易商	
	數量	價值（西班牙銀圓）	數量	價值（西班牙銀圓）
茶葉（擔）	230,815	7,911,666	29,031	1,044,586
生絲（擔）	無	無	9,920	3,097,167
土布（疋）	無	無	30,600	22,644
白糖和冰糖（擔）	無	無	28,439	264,140
肉桂（擔）	無	無	17,607	145,258
藥物（只有價值）	無	無	無	36,757
絲綢製品	無	無	無	332,844
玳瑁殼	無	無	無	7,822
珍珠和珠子	無	無	無	26,291
瓷器	無	無	無	13,525
寫字紙等	無	無	無	106,543
南美銅（擔）	無	無	10,907	218,140
棉紗（擔）	無	無	201	8,442
樟腦（擔）	無	無	2,430	53,460
胭脂蟲紅（擔）	無	無	202	44,036
朱砂（擔）	無	無	3,576	121,584
雲母殼（擔）	無	無	2,049	34,321
大黃（擔）	無	無	434	25,172
明礬（擔）	無	無	10,213	20,426
藤條（價值）	無	無	無	14,389
蓆子（數目）	無	無	28,691	13,055
棉製品（擔）	無	無	1,250	7,500
銅片或銅箔（箱）	無	無	81	3,726
雜項（價值）	無	272	無	115,694
銀條（價值）	無	385,849	無	6,576,585
總計	—	8,297,787	—	12,354,107

資料來源：Parl. Papers 1840, v. 37, p. 274。

比較，會發現東印度公司與中國人做生意完全沒有貿易逆差，反而有順差。在 1833 至 1834 年，該公司從中國運出了約值二千萬西班牙銀圓的貨物，但把約值二千三百萬銀圓的貨物運入中國，淨賺三百萬銀圓。

因為當年的中英貿易是由東印度公司壟斷，這個盈餘可視為兩國商人之間雙邊貿易的貿易順差。[10] 有鑒於此，探討該貿易的長期模式十分重要，表 23.5 顯示該公司壟斷結束前十四年的數字。從這十四年時間可知，1834 年的統計數字頗為典型。東印度公司在整個時期都持續享有可觀的貿易順差，由 1820 至 1821 年的 367 萬銀圓至壟斷結束的前一年，即 1832 至 1833 年的 459 萬銀圓不等。該公司進口與出口之間的不平衡，亦即中國出口與進口之間的逆差，平均為 86.39%。

準此，所謂英國對華貿易的順差與逆差，關鍵在於觀照事物的角度問題。英國決策者眼中所見，僅僅是運銷到中國去的英國本土製品和物產，而看不到英國東印度公司把產自英國本土以外的其他貨物銷售到中國，從而認為英國商人買入的中國貨，比起他們賣到中國的英國貨多出許多倍。當代經濟學家會發覺，中國從東印度公司購入的貨物，遠較中國賣給該公司的為多。表 23.6 清晰顯示出這兩種不同視角的差別。從該表可見，東印度公司壟斷的最後七年，[11] 在英中兩國雙邊貿易中，英國平均每年有 276 萬英鎊的逆差；另一方面，在中國與東印度公司之間的貿易中，中國平均每年有 279 萬西班牙銀圓的逆差。

如果當時的中國人告訴英國人，中國對英貿易已出現嚴重逆差，不要再期望中國人多買英國貨，英國人或許能聽得懂（雖然大概也不見得會聽進去）。但中國當時缺乏英國那種高水準的統計人員。幾百年來，對外貿易在中國人眼中都是懷柔遠人的手段，用來對那些來華朝貢的藩屬施恩布德的。[12] 鑒於有此背景，在葉名琛檔案中找不到一份統計資料能媲美英國那些巨細無遺的記錄，就不足為奇了。歷任駐廣州辦理外交事務的欽差大臣，他們向歷任駐香港英國全權公使投遞的照會中，也從來沒

10　雙邊貿易包括本土所產貨品和再出口貨品。

11　如果能找到統計數字的話，這時間跨度也可以再往前溯或再往下延。

12　見 J. K. Fairbank, 'Tributary Trade and China's Relations with the West', *Far Eastern Quarterly*, 1, no. 2 (1942), pp. 129-149。

表 23.5 1820 - 1834 年英國東印度公司從廣州輸出和輸入的貨物價值

年份	輸入[a]　1	輸出[b]　2	東印度公司的順差　3	中國出口貨物相對於進口貨物的百份比（欄2÷欄1）　4
	1	2	3	4
1820-1821	17.75	14.08	3.67	79.32
1821-1822	14.34	14.02	0.31	97.77
1822-1823	15.30	12.53	2.77	81.90
1823-1824	17.33	15.30	2.03	88.29
1824-1825	16.00	13.76	2.23	86.00
1825-1826	21.43	16.87	4.56	78.72
1826-1827	21.80	18.26	3.54	83.76
1827-1828	ˋ19.91	18.41	1.50	92.47
1828-1829	21.57	18.90	2.67	87.62
1829-1830	22.93	20.77	2.16	90.58
1830-1831	21.95	19.91	2.04	90.71
1831-1832	20.54	17.20	3.34	83.74
1832-1833	22.30	17.71	4.59	79.42
1833-1834	23.17	20.65	2.51	89.12
平均	—	—	—	86.39

[a] 包括成本、保險費和運費（通稱為到岸價 [CIF]）
[b] 包括裝船前的運費（通稱為離岸價 [FOB]）
資料來源：Parl. Papers 1840, v. 37, p. 274。

有提及貿易不平衡的問題。

　　不過，儘管這樣的統計數字歷歷可見，英國人就是看不見或不願意看見中國的貿易逆差，而必須等待好奇的華裔學人諸如筆者去尋幽探秘，才得以大白於世。

六、中國白銀的流失

　　然而，中國政府極為敏銳地察覺到，國內流通的白銀數量不斷下降。從表 23.3 和 23.4 已能多少看到流失的數量。表 23.4 最後一項顯示英國東印度公司在 1833 至 1834 的財政年度，從中國取走了價值 385,849 元

表 23.6 1826－1834 年英國與中國南轅北轍的觀點

年份	英國觀點		中國觀點	
	對華貿易逆差（百萬英鎊）	從中國進口貨物相當於向中國出口貨物的百份比	對東印度公司的貿易逆差（百萬西班牙銀圓）	向東印度公司出口的貨物相對於從該公司進口貨物的百份比
1826－1827	3.49	671	3.54	83.76
1827－1828	2.70	443	1.50	92.47
1828－1829	2.60	514	2.67	87.62
1829－1830	2.67	572	2.16	90.58
1830－1831	2.66	586	2.04	90.71
1831－1832	2.67	588	3.34	83.74
1832－1833	2.63	518	4.59	79.42
1833－1834	2.66	415	2.51	89.12
平均	2.76	538.38	2.79	87.18

資料來源：欄 1 的數字取材自 Parl. Papers 1859, Session 2, v. 23, p. 315 和 1840, v. 37, pp. 247-288；欄 3 取材自 Parl. Papers 1859, Session 2, v. 23, p. 319。欄 2 和欄 4 是筆者計算所得。

的銀條，而英國的私人貿易商更從中國運走價值 6,576,585 元的銀條，兩者合共 6,962,434 元銀圓。表 23.3 最後一項顯示東印度公司向中國輸入價值 20,500 元的銀圓。中間差額意味着中國淨流失了總值 6,941,934 元的白銀。當然，還有其他因素令中國在市場上流通的白銀緊缺，其中之一是囤積居奇——供應短缺時，人們開始囤積貴重金屬。[13] 但中國政府把白銀流失一律歸咎於輸入印度鴉片，[14] 而印度鴉片是由東印度公司所壟斷（見本書下一章）。表 23.3 第二項部份證實了這一看法，該項顯示，在 1833 至 1834 財政年度，經由英國私人貿易商把價值 11,618,719 元銀圓的鴉片輸入中國，而同年兩項主要出口產品（茶和絲）的總值（表 23.4 第一、二項）合計只有 4,141,753 元銀圓。因為該公司把用不完的剩餘白銀，冒着違反中國官方禁令的風險而偷運出中國。[15] 因此，1833 年有英國作家

13　見 Frank H. H. King, *Money and Monetary Policy in China, 1845-1895* (Cambridge, Mass., Harvard University Press, 1965), chapters 6-7。

14　如張馨保在其 *Commissioner Lin*, p. 245, n. 106 所指出，《籌辦夷務始末（道光朝）》，卷二，第 4 頁以下記載了許多有關這題目的奏摺。

15　Herbert John Wood, 'Prologue to War: Anglo-Chinese Conflict, 1800-1834'. Ph. D dissertation, University of Wisconsin, 1938, pp. 181-182.

説：「也許，最便捷地把中國人推上末路的辦法⋯⋯莫如抽走它的流通貨幣，一點一滴地慢慢令這個國家陷入財政枯竭的境地。」[16]

七、來自中國的匯票

對於一家「正派公司」來説，走私並非光明磊落的行為，因此有些剩餘白銀也用來購買在印度和倫敦兑領的匯票，詳見表 23.7。

跟被偷運出中國的白銀一樣，在印度兑領的匯票有部份是作為利潤匯出，有部份則用作購買下一季運到中國的鴉片和其他印度產品。在倫敦兑領的匯票也是作為利潤，既用來購買更多運銷中國市場的產品，也用來支付出口到印度的產品。所以，鴉片是中國、英國和印度之間「三角貿易」的重要媒介。由於英國商人靠鴉片賺取的白銀盈餘，部份從中國被運往印度和英國，部份變成在那些地方兑領的匯票；因此，1839 年中國禁鴉片，曼徹斯特商人就向巴麥尊抱怨，喪失「這種用來購買我們出口到印度貨品的牟利媒介⋯⋯導致我們極大的不便⋯⋯並最終可能為我們帶來非常嚴重的損失」。[17]

八、印證「三角貿易」

宓吉在 1900 年説，他觀察到印度藉着鴉片貿易而成為中國的債主；中國又因為茶和絲成為英國的債主；而英國又是印度的債主，主因是印度須將一部份收入上繳英國，並須支付東印度公司股票的紅利。[18] 不過，宓吉沒有提供數字來佐證這樁「三角貿易」。我們在此會嘗試考證它的真實性。

著名歷史學家大衛・歐文在 1937 年著書時引用了三角貿易的説法，

---

16   *Chinese Courier*, 6 April 1833.

17   Manchester merchants to Lord Palmerston, 30 September 1839, Parl. Papers 1840, v. 36, pp. 639-640.

18   Michie, *Englishman in China*, v. 1, p. 196.

23.7 1820－1835 年英國東印度公司在廣州的專責委員會開出，在印度和倫敦兌領的匯票

年份	印度：在廣州收到並在印度付款的總額（百萬西班牙銀圓） 1	倫敦：在廣州收到的總額（百萬西班牙銀圓） 2	倫敦：在英國付款的總額（百萬英鎊） 3
1820－1821	1.99	0.33	0.08
1821－1822	1.81	1.17	0.28
1822－1823	2.81	0.29	0.07
1823－1824	2.55	0.39	0.09
1824－1825	3.27	0.64	0.15
1825－1826	1.16	0.24	0.05
1826－1827	0.75	2.88	0.62
1827－1828	1.77	0.53	0.11
1828－1829	2.73	0.64	0.13
1829－1830	0.82	0.56	0.12
1830－1831	3.38	0.56	0.11
1831－1832	5.20	0.32	0.07
1832－1833	3.19	0.76	0.17
1833－1834	3.17	無	無
1834－1835	1.31	無	無
總計	35.91	9.31	2.05

註：數值已四捨五入。

資料來源：Parl. Papers 1840, v. 37, p. 276-277.

點出了其中的關鍵：「如果一下子將那種毒品從市場撤下，那麼印度將難以向英國匯款，而倫敦的茶几上可能再也找不到茶的蹤影。」[19] 他此話切中要害，但點到即止，沒有進一步分析。

研究劍橋大學所藏怡和洋行文件的邁克爾・格林伯格，率先證明所謂的貨物單向流動，即由印度到中國，由中國到英國，由英國到印度，但他也提不出數據支持。這是可以理解的。無論怡和洋行有多麼重要，但它一家公司從事的貿易不過是冰山一角。事實上，關鍵數字可以從英國商務部和東印度公司總部（East India House）取得，表 23.8 就是根據

19　Owen, *British Opium Policy*, p. 207.

這些數字編製而成。

史學家譚中在這些統計數字付諸闕如的情況下研究過這一現象，他在做總結時有以下觀察：「我們看到這種貿易最終達致平衡，亦即中國人買印度鴉片，英國人買中國茶，印度人從英國輸入騎在他們頭上的統治者！」[20] 表 23.8 清楚地顯示，英國向印度派出的不只是行政人員。

同上，這裏所列 1854 年前的並不代表相關貨物的真正價值，它們自 1854 年起才全以「實際價值」表示，有的是申報價值，有的是計算價值。但純以觀感來看，從 1827 至第二次鴉片戰爭這約三十年間，英國每年平均出口約 700 萬英鎊貨物到印度，此外，它出口到印度的貨物，比中國出口到英國的貨物，每年平均高出約 137 萬英鎊，也比印度出口到中國的貨物高出約 210 萬英鎊，這是傳統智慧所說的單向三角貿易的實質數據。

貿易從來不是單向的流動。宓吉、歐文、格林伯格與譚中都沒有探討這種三角貿易的反向情況。若不做這樣的探討，就難以撥開第二次鴉片戰爭起因的迷霧。表 23.9 顯示這種貿易的反向情況。如果把表 23.9 的欄 2 與表 23.8 的欄 3 作比較就可以清晰地看到，印度從英國進口的貨物，幾乎每年平均都達中國從英國進口貨物的五倍。英國決策者難免會問：怎麼會是這樣？中國幅員比印度廣，人口比它多，為什麼買的英國貨反而較少？

這個疑問加強了上一章提出的問題，即有證據顯示英國決策者主觀地認為中國人應該多買英國貨；而在此處，他們的主觀結論似乎更確定中國人有能力買更多英國貨。但中國人沒有如此做。他們順理成章地認為應該打開中國全境，讓英國產品賣到全中國去。這種想法潛藏着醞釀第二次鴉片戰爭的重要根源。

由於 1854 年前的數據並不代表相關貨物的真正價值；因此，我們所討論的並非真實的價值，而只是觀感，以及以這種觀感作為基礎所建築而成的主觀願望，即英國決策者看到呈交國會的年度統計數字後形成的

20　他的原話是：「印度人買英國羅闍（Raj）的統治者」。按羅闍（Raj）原是印度王公貴族的頭銜。譚教授在此用「英國羅闍的統治」來指英國殖民地主人的治理。見 Tan Chung, 'The Britain-China-India Trade Triangle (1771-1840)', *Indian Economic and Social History Review*, 11, no. 4 (December 1974), pp. 411-431。

表 23.8 1827－1858 年三角出口：從印度到中國，中國到英國，英國到印度

（單位：100 萬英鎊）

年份	印度出口到中國的貨物 （申報價值） 1	中國出口到英國的貨物 （官定價值） 2	英國出口到印度的貨物 （申報價值） 3
1827	2.52	4.10	4.27
1828	2.91	3.48	3.96
1829	2.27	3.23	3.52
1830	2.45	3.23	3.74
1831	2.46	3.21	3.19
1832	3.18	3.21	3.32
1833	2.62	3.27	3.21
1834	3.56	3.51	2.96
1835	2.87	4.56	3.69
1836	4.43	5.42	4.74
1837	5.44	4.53	3.94
1838	4.30	4.31	4.17
1839	4.26	3.98	5.32
1840	1.01	2.39	7.12
1841	2.18	2.96	6.44
1842	2.88	3.96	5.68
1843	4.40	4.63	7.16
1844	5.72	5.57	8.62
1845	5.55	5.82	7.32
1846	6.51	6.64	7.17
1847	5.23	6.70	6.23
1848	4.24	5.82	5.86
1849	6.53	6.17	7.87
1850	6.40	5.85	8.80
1851	6.35	7.97	8.47
1852	8.52	7.71	7.89
1853	7.62	8.26	8.72
	申報價值	計算實際價值	申報價值
1854	6.70	9.13	10.57
1855	6.44	8.75	11.37
1856	6.59	9.42	12.33
1857	7.57	11.45	13.66
1858	9.37	7.04	18.94
平均	4.78	5.51	6.88

資料來源：統計數字取材自 Parl. Papers 1859, Session 2, v. 23, p. 314-323。

主觀願望。在國會其後就第二次鴉片戰爭展開的辯論中，這些統計數字被原樣引用（見本書第十七、十八章），清楚證明這些數字是國會議員們賴以形成他們主觀願望的重要基礎。

　　這種三角貿易的關鍵媒介是鴉片。因此，讓我們把目光更放遠一些，看看三角貿易以外的情況，會有更驚人的發現。這些情況包括鴉片在英國全球貿易中所佔的地位，向美國購來以供蘭開夏郡紡紗廠之用的棉花，以至印度上繳英國的財政。[21]

　　讓我們從第一次鴉片戰爭開始分析。清廷發覺鴉片對中國貽害極大，遂派欽差大臣林則徐禁煙，結果觸發了鴉片戰爭（1839－1842）。[22]但當時有些見多識廣的英國人已經指出，印度鴉片損害中國購買英國產品的能力，因此應該禁止這種毒品。但英國當局非常清楚鴉片收入對於維持印度的財政健全很重要（見本書第二十五章）：在他們看來，理想的解決辦法是把中國市場再擴大，以便中國輸入更多英國產物，同時至少維持當時的鴉片銷量不變。這似乎是英國決策者要求中國修訂《南京條約》背後的重要緣由。

表 23.9 1827－1858 年三角進口：印度從中國進口，中國從英國進口，英國從印度進口

（單位：100 萬英鎊）

年份	印度從中國進口貨物 （英國官定價值） 1	中國從英國進口貨物 （英國申報價值） 2	英國從印度進口貨物 （英國官定價值） 3
1827	0.69	0.63	3.65
1828	0.76	0.85	4.77
1829	0.73	0.69	4.52
1830	0.82	0.60	4.32
1831	0.81	0.61	4.61
1832	0.48	0.57	4.95
1833	0.45	0.65	4.55

21　見本書第十九章，尤其是埃倫伯勒勳爵的演説（Ellenborough, 26 February 1857, *Hansard*, 3d series, v. 144, col. 1363）。

22　有關鴉片戰爭的參考資料，見 Chang, *Commissioner Lin*。

（續上表）

年份	印度從中國進口貨物 （英國官定價值） 1	中國從英國進口貨物 （英國申報價值） 2	英國從印度進口貨物 （英國官定價值） 3
1834	0.54	0.87	5.08
1835	0.52	1.15	4.99
1836	0.54	1.55	7.03
1837	0.53	0.81	7.08
1838	0.44	1.32	6.14
1839	0.46	0.89	6.94
1840	0.20	0.54	8.08
1841	0.63	0.91	10.48
1842	0.57	1.03	9.59
1843	0.57	1.75	9.08
1844	0.64	2.39	10.78
1845	0.80	2.51	11.12
1846	0.73	1.93	9.63
1847	0.67	1.60	11.61
1848	1.01	1.54	11.19
1849	0.83	1.59	12.42
1850	0.81	1.62	14.16
1851	0.99	2.23	14.97
1852	0.92	2.56	13.65
1853	0.87	1.81	16.83
	計算實際價值	計算實際價值	計算實際價值
1854	0.81	1.03	12.97
1855	0.92	1.30	14.76
1856	0.79	2.29	19.37
1857	0.60	2.51	21.09
1858	0.92	2.97	17.41
平均	0.69	1.42	9.93

資料來源：統計數字取材自 Parl. Papers 1859, Session 2, v. 23, p. 314-323.

九、評價「自由貿易帝國主義」

　　有些英國史學家認為，進一步敲開中國的大門，受惠的不僅僅是英國人；事緣英國人主張自由貿易，認為他們所爭取得來的貿易優惠，所有國家都可一體均沾。這是加拉加（Gallagher）和魯賓遜（Robinson）

提出的「自由貿易帝國主義」理論的基石之一。[23] 克里斯托弗・普拉特（Christopher Platt）並不完全贊同這理論，[24] 並提出反對意見；[25] 即使他也認為「女王陛下政府並不謀求英國在華貿易獨享任何優惠，而是希望原為英國商業所爭取到的利益，全都與其他國家共同分享」。[26] 在這些史學家看來，第二次鴉片戰爭的起因是由於在英國興起了自由貿易思想，並認為英國決策者深受這種思想影響。

即使我們相信這時期的英國上下真誠地擁護自由貿易，也不可忽略與其他從事對華貿易的西方國家相比，英國所處的地位。想要探明這一點，只能集中於英國東印度公司壟斷對華貿易的時期，因為如前所述，該公司保存了所有外銷中國貨物的記錄，除了產自英國和印度以外，還包括來自世界其他地方的貨物。此外，該公司的統計數字很完整，又很準確、可靠。

1834 年東印度公司的壟斷取消後，英國當局要取得這樣的資料有兩個途徑，一是來自各個口岸的中國海關，一是來自英國的私人商人。[27] 但前一個來源的資料不可靠，後一個來源的資料不完整。此外，據說在1853 年起廣州海關不再收到貨單；在廈門，只有不到一半的進口貨物有報關，而海關的出口貨物數字不過是做做樣子。[28]

然而，所有可得的證據都顯示，東印度公司時期的英國主宰地位，在第二次鴉片戰爭後幾十年仍然歷久不衰。[29] 在無法找到其他更好的資

---

23   見 Gallagher and Robinson, 'Imperialism of Free Trade'。

24   D. C. M. Platt, 'The Imperialism of Free Trade: Some Reservations', *Economic History Review*, 21 (1968), pp. 296-306.

25   D. C. M. Platt, "Further Objections to an 'Imperialism of Free Trade, 1830-1860'", *Economic History Review*, 26 (1973), pp. 77-91.

26   Platt, *Finance, Trade, and Politics*, p. 265，引自 Sargent, *Anglo-Chinese Commerce and Diplomacy*, p. 109。薩金特（Sargent）沒有說明他的資料來源，事實上，他是引述克拉蘭敦勳爵下達額爾金勳爵的訓令。額爾金在亞羅戰爭爆發後不久，就獲委命為高級專員和全權公使，「以處理女王陛下與中國皇帝之間的各種重要事務」。Clarendon to Elgin, Desps. 1 and 2, both on 20 April 1857, collected in *Correspondence Relative to the Earl of Elgin's Special Missions to China and Japan, 1857-59*, (Reprinted by the Chinese Materials Centre, San Francisco, 1975), pp. 1-6.

27   Bonham to Clarendon, Desp. 84, 9 August 1853, FO17/204, para. 3.

28   Ibid., para. 7.

29   見本章下文。

表 23.10 1820－1834 年廣州出口貨物總值

（單位：100 萬西班牙銀圓）

年份	賣給英國商人 1	賣給美國商人 2	賣給荷蘭商人 3
1820－1821	14.08	4.09	—
1821－1822	14.02	7.06	—
1822－1823	12.53	7.52	—
1823－1824	15.30	5.68	—
1824－1825	13.76	8.50	—
1825－1826	16.87	8.75	—
1826－1827	18.26	4.36	—
1827－1828	18.41	6.14	—
1828－1829	18.90	4.55	—
1829－1830	20.77	4.11	0.39
1830－1831	19.91	4.26	0.42
1831－1832	17.20	5.86	0.63
1832－1833	17.71	8.23	—
1833－1834	20.65	—	

註：為何荷蘭的統計數字只有 1829 至 1832 年並不清楚。

資料來源：統計數字取材自 Parl. Papers 1840, v. 37, pp. 247-288。

表 23.11 1820－1834 年廣州進口貨物總值

（單位：100 萬西班牙銀圓）

年份	英國	美國	荷蘭
1820－1821	17.75	4.04	—
1821－1822	14.34	8.20	—
1822－1823	15.30	8.34	—
1823－1824	17.33	6.31	—
1824－1825	16.00	8.96	—
1825－1826	21.43	7.76	—
1826－1827	21.80	4.24	—
1827－1828	19.91	6.00	—
1828－1829	21.57	4.03	—
1829－1830	22.93	4.31	0.35
1830－1831	21.95	4.22	0.21
1831－1832	20.54	5.53	0.46
1832－1833	22.30	8.36	—
1833－1834	23.17	—	

資料來源：統計數字取材自 Parl. Papers 1840, v. 37, p. 247-288。

料的情況下，我們又要尋找能顯示英國那種主宰地位的指標，便只好在這些不怎麼令人滿意的資料來源中，選擇最可取的，也就是東印度公司的統計數字。表 23.10 臚列了中國海上貿易三大出口市場。表 23.11 羅列中國海上貿易三大進口市場。在這兩個例子中，儘管英國每年所佔份額有所不同，但都是最大的，足以令對手瞠乎其後。比如在 1829 至 1830 年，英國自中國進口的貨物總值，約為最接近的對手美國的 5.06 倍，更是其次一等的對手荷蘭的 52.9 倍。同年英國出口到中國的貨物總值為美國的 5.3 倍，荷蘭的 65.2 倍。圖 23.1 和 23.2 把 1829 至 1832 年間的這些數字以圖像呈現，讀者更能清楚體會這種懸殊情況。

圖 23.1 1829－1832 年廣州出口貨品總值（根據表 23.10 繪製）

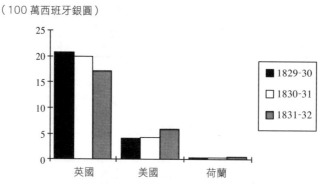

圖 23.2 1829－1832 年廣州進口貨物總值（根據表 23.11 繪製）

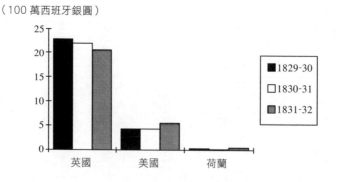

如果將進出口加在一起以顯示雙邊貿易的總值，那麼在做比較時大概還須列入西班牙，它是中國的第四大海上貿易夥伴。[30] 表 23.12 展現了這種比較，只有 1829 至 1830 年這個時段全部都有數據。那一年，英國的總值是美國的 5.2 倍，荷蘭的 59.1 倍，西班牙的 87.4 倍。圖 23.3 以圖像形式顯示了 1829 至 1830 年的情況。

表 23.12 1820－1834 年廣州進出口貿易總值

（單位：100 萬西班牙銀圓）

年份	英國 1	美國 2	荷蘭 3	西班牙（估計） 4
1820－1821	31.83	8.12	—	1.50
1821－1822	28.36	15.26	—	1.50
1822－1823	27.83	15.86	—	0.70
1823－1824	32.62	11.99	—	0.70
1824－1825	29.76	17.46	—	0.70
1825－1826	38.29	16.51	—	0.60
1826－1827	40.06	8.61	—	0.67
1827－1828	38.31	12.15	—	0.50
1828－1829	40.47	8.58	—	0.50
1829－1830	43.70	8.42	0.74	0.50
1830－1831	41.86	8.49	0.63	—
1831－1832	37.74	11.39	1.09	—
1832－1833	40.01	16.59	—	—
1833－1834	43.82	—	—	—

資料來源：統計數字取材自 Parl. Papers 1840, v. 37, p. 247-288。

30　中國進口的西班牙貨物和出口到西班牙的中國貨的分開數字並不存在，因此無法包括在表 23.10 和 23.11 中。

圖 23.3 1829－1830 年廣州進出口貿易總值 [31]

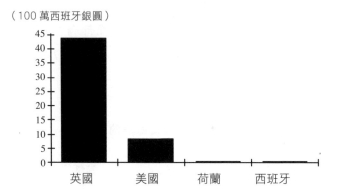

（100 萬西班牙銀圓）

　　由此可見，英國較之最接近它的對手至少領先五倍，較之其次一等的對手領先幾乎六十倍。

　　如此大費周章歸結出一個關鍵的結論：英國牢牢地主宰着中國的海上貿易。如果我們不是從籠統的角度來看自由貿易帝國主義理論，[32] 而是評估此理論能否有效解釋第二次鴉片戰爭的起因，這一點就非常重要。如果英國本來就主宰着中國的對外貿易，則無論英國決策者是否全心全意抱持自由貿易思想，都一定會毫無保留地鼓吹它，因為當時的英國貨物在華的競爭力打遍天下無敵手。提倡自由貿易確實大大有利於他們，因為他們可以藉此主宰整個中國市場。如果他們對中國市場採取保護主義態度，那麼所有對手都會跟從；那樣的話，中國就會被各國劃分成不

31　此圖根據表 23.12 繪製。

32　我也並不是説歷史學家對「自由貿易帝國主義」的意義達成了一致意見。自從加拉格爾和魯賓遜在 1953 年提出這個概念以來，有關它的爭議不斷。繼他們之後論述這個題目的作家包括：William Roger Louis (ed.), *Imperialism: The Robinson-Gallagher Controversy* (New York, New Viewpoints, 1976)；以及 Martin Lynn, 'The "Imperialism of Free Trade" and the Case of West Africa, c. 1830-c. 1870', *Journal of Imperial and Commonwealth History*, 15, no. 1 (October 1986), pp. 23-40；以及 Colin Newbury, 'The Semantics of International Influence: Informal Empires Reconsidered', in Michael Twaddle (ed.), *Imperialism, the State and the Third World* (London, British Academic Press, 1992), pp. 23-66。

同的勢力範圍，就像四十年後所發生的事情一樣，[33] 這會反過來損害英國的在華貿易。[34]

在十九世紀的英國，無疑有人是真心信奉自由貿易思想的。但很多時候，決策者和為政者心中除了思想信仰之外，還有其他盤算。英國當局對於孟加拉鴉片壟斷的管理十分清楚地闡明了這點：東印度公司以壟斷方式控制着鴉片的種植、製造和銷售，任何想擺脫這種壟斷的嘗試，英國人都一概予以扼殺，並獲得百份之百成功。1830 至 1832 年的公開調查難以掀動他們分毫。[35] 即使之後 1890 年代的皇家委員會，也不過是在為他們塗脂抹粉。[36]

筆者進一步提出要區分以下兩種人，一種是那些完全服膺於自由貿易主義的人，例如曼徹斯特集團的成員，包括理查德·科布登、約翰·布賴特與米爾納－吉布森等；另外一種人是政客，如巴麥尊、克拉蘭敦，甚至格拉斯通，這些人見風使舵，為了財政收入需要，不惜包庇壟斷。然而即使是曼徹斯特商人，也接受這種以財政收入為重的論據。例如，格拉斯通在 1853 年的預算案中，一舉取消多項保護性關稅，獨不撤銷每年能帶來 300 萬英鎊稅收的法國紅酒。曼徹斯特商人也明白這項收入的重要性而予以默許，格拉斯通還獲得讚揚「做了正確的事，為了高尚的目標而行事有所反覆，有時候是天經地義的」。[37]

前文提過普拉特引述克拉蘭敦伯爵的話，在訓令全權公使額爾金伯

33　首先進行這種瓜分的是德國，部份原因是它的產品無法和英國匹敵，爭奪不到中國市場。英國外交家嘗試維持中國所謂的「門戶開放」不果。結果，英國政府宣佈華南和長江流域是英國勢力範圍。見 John Shrecker, *Imperialism and Chinese Nationalism: Germany in Shantung* (Cambridge, Mass., Harvard University Press, 1971)。

34　英國高唱自由貿易，是由於自己的貿易霸主地位，這個說法並不新鮮。見 Tony Smith, *The Pattern of Imperialism: The United States, Great Britain, and the Late Industrializing World since 1815* (Cambridge University Press, 1981)。在這裏新鮮的論點是，自由貿易並不能成為第二次鴉片戰爭起因的主要解釋。

35　見第本書第二十四章和拙文 'Monopoly in India and Equal Opportunities in China: An Examination of an Apparent Paradox', *South Asia: Journal of South Asian Studies*, 5, no. 2 (December 1982), pp. 81-95。

36　Virginia Berridge and Griffith Edwards, *Opium and the People: Opiate Use in Nineteenth-Century England* (New Haven, Conn., Yale University Press, 1987), pp. 185-188.

37　Redford, *Manchester Merchants and Foreign Trade*, v. 2, p. 6. 作者把 1846 至 1860 年這段時期視為「自由貿易的鼎盛期」，並以此為他的書第一章的標題。

爵對中國動武時，滿嘴引用自由貿易原則，但無法單憑他一兩句話，便得以證明英國人發動第二次鴉片戰爭就是因為他們一心想實現自由貿易理念。早在草擬那些訓令之前，已有游說團體說：「事實上現在已需要另立新約，我們同意如前例一樣，自願把我們為本國爭取到的優惠，悉准各國一體均沾。」[38] 克拉蘭敦在對中國開戰之際，於訓令額爾金的信函這類公共文件中，說上一兩句自由貿易的冠冕堂皇的話，對他自然有益無害。單憑這樣的姿態為證據，就斷定自由貿易思想決定了英國對華政策，未免過於薄弱。

十、反響

在所有評者之中，似乎只有倫敦大學彼得‧伯勒斯教授提出商榷意見：「黃宇和認為內閣大臣和政客以有識見、理性和冷靜客觀的態度，評估英國在華商業利益問題，是過於高估了他們。按黃宇和的說法，這些人鑽研了國會文件的統計數字後得出理性的結論，令許多人同意動武，彷彿他自己也察覺到這種說法背後的依據，是對人類行為持過於理想化的想法。黃宇和強調，這些統計圖表主要不是用來證明時人實際閱讀和消化了什麼，而是以事後回溯的方式，證明他們當時所持的觀感。可是，這些觀點和態度是否如黃宇和所說般準確，我們又如何能確定？」

筆者確實是以「後見之明」，試圖通過國會文書所提供的經濟數據來探索國會議員那種「主觀願望」是如何形成的。因為，筆者認為正是他們這種溢於言表的「主觀願望」，促使他們發動第二次鴉片戰爭。「後見之明」確實強差人意，但自從拙見提出至今，沒有學者提出令人更滿意的解釋，也是實情。至於提出異議的彼得‧伯勒斯教授本人，也似乎提不出令人更為滿意的解釋。

其實，若不做「後見之明」的分析工作，又如何能「以史為鑒」？

38　East India and China Association to the Earl of Clarendon, London 6 January 1857, Baring Papers, HC 6.1.20.「前例」是指 1839 至 1842 年的鴉片戰爭。

第二十四章
「中國必須多買英國貨！」：
印度的問題

　　過去西方學術界認為，英國從中國購入大量茶葉和生絲，但中國沒有購買同等價值的英國貨物；因此英國不得不把鴉片銷往中國以平衡收支。[1] 本章顯示，鴉片不但幫助英國平衡了對華貿易，還帶來了暴利，又資助了大英帝國在印度的領土擴張和維持統治，亦提供了發展印度洋沿岸國家之間貿易網絡亟需的白銀，還幫助了孟買和其他印度城市成長。更為重要的是，它令英國只需很低的起始成本，就能從中國取得茶和絲，大大幫助了英國的全球收支平衡。

　　根據相關統計數字而形成的主觀願望，令英國決策者相信中國人在至少維持現有購買印度鴉片的數量不變的同時，既應當也有能力多買英國貨。

　　最後本章檢視曾用來解釋第二次鴉片戰爭爆發原因的「自由貿易帝國主義」理論的另一些層面及其他相關概念。

一、負債纍纍的印度殖民地

　　人們常說印度是大英帝國最重要的資產，但在我們所探討的時期，印度其實是英國的極大負擔。

　　原因之一是英國東印度公司[2] 治下的印度疆域，常常入不敷出。例如，該公司在第二次鴉片戰爭戰況最激烈時期之前的七年間，其中四年

1　　首先提出這種論調的，是對這方面研究影響力最大的開山祖師馬士（Hosea Ballou Morse），見其 *The International Relations of the Chinese Empire*。尤其是第一卷，頁 540。

2　　研究東印度公司歷史的經典著作，見 Cyril Henry Philips, *East India Company, 1784-1834* (Bombay, Oxford University Press, 1961)。近著則有 John Keay, *The Honourable Company: A History of the English East India Company* (New York, Macmillan, 1994)。

是虧損的（見表 24.1 欄 2）。即使在該公司尚有盈餘的三年（見表 24.1 欄 1），盈餘也遠遠不能彌補出現赤字年份的虧損。正常的情況下，只有在入不敷出的時候才需舉債。但表 24.1 欄 3 卻顯示，該公司無論賺錢還是虧本，都在英國和印度借貸。何以致此？

表 24.1 1851－1858 年印度的每年收支賬目

（單位：英鎊）

年份	歲入扣除開支後的淨收益 1	歲入與開支相抵後的淨虧損 2	收入：從印度和英國借貸所得 3
1851－1852	733,775	—	796,674
1852－1853	632,372	—	1,127,871
1853－1854	—	1,962,904	25,672,234
1854－1855	—	1,620,407	2,192,258
1855－1856	—	820,003	2,656,042
1856－1857	82,143	—	2,473,213
1857－1858	—	7,864,221	14,945,517

資料來源：統計數字取材自 Parl. Papers 1859, Session 2, v. 23, pp. 28-29。此表的形式是採用國會文件的形式。

答案是：這些借貸是與英國不斷擴大其在印度次大陸的統治版圖有關。隨着東印度公司繼續擴大其治下印度的疆域，它的借貸年年增加。在 1800 至 1801 年開始舉債時，所借之款僅為 1,560 萬英鎊。雖然該公司定期還款，但到了 1857 至 1858 年第二次鴉片戰爭打響時，欠款已穩定上升至大約 6,750 英鎊（見表 24.2 欄 2），增幅達四倍。

表 24.2 1801－1858 年印度債務

（單位：100 萬英鎊）

年份	債項：每年所借債款 1	債項：每年年終負債總額 2	利息：每年所付款額 3	孟加拉鴉片：每年淨收入 4
1800－1801	3.74	15.61	1.43	—
1801－1802	2.79	17.33	1.56	—
1802－1803	3.84	19.25	1.52	—
1803－1804	3.34	21.75	1.84	—

（續上表）

年份	債項：每年所借債款	債項：每年年終負債總額	利息：每年所付款額	孟加拉鴉片：每年淨收入
	1	2	3	4
1804－1805	4.69	25.12	1.90	—
1805－1806	5.31	28.57	2.29	—
1806－1807	5.87	31.09	2.41	—
1807－1808	7.84	34.30	2.49	—
1808－1809	2.92	34.47	2.47	—
1809－1810	2.76	30.82	2.44	—
1810－1811	17.70	27.45	1.77	—
1811－1812	4.60	30.35	1.84	—
1812－1813	1.22	29.63	1.93	—
1813－1814	1.19	29.36	2.01	—
1814－1815	1.63	30.00	1.92	1.02
1815－1816	0.39	29.97	1.92	0.94
1816－1817	0.72	30.67	1.96	0.82
1817－1818	0.57	31.24	1.98	0.78
1818－1819	1.62	32.76	2.02	0.74
1819－1820	2.61	35.26	1.88	0.70
1820－1821	0.28	34.64	2.17	1.26
1821－1822	0.01	33.22	2.05	0.94
1822－1823	0.17	31.18	1.92	1.35
1823－1824	11.19	28.52	1.61	0.74
1824－1825	1.98	29.19	1.63	0.74
1825－1826	7.13	34.36	1.90	0.38
1826－1827	2.88	36.06	2.05	1.20
1827－1828	5.11	40.49	2.29	1.39
1828－1829	1.46	40.24	2.28	1.43
1829－1830	0.83	40.84	2.27	1.29
1830－1831	1.34	42.05	2.31	1.18
1831－1832	4.86	41.21	1.97	1.15
1832－1833	2.56	41.40	1.95	1.21
1833－1834	2.73	41.35	1.85	1.07
1834－1835	3.39	39.77	1.80	0.73
1835－1836	2.25	35.34	1.51	1.40
1836－1837	1.19	35.96	1.56	1.53
1837－1838	1.46	35.79	1.57	1.59
1838－1839	0.59	33.98	1.50	0.95
1839－1840	0.64	34.48	1.60	0.34
1840－1841	1.54	35.92	1.66	0.87
1841－1842	2.78	38.40	1.80	1.02

（續上表）

年份	債項：每年所借債款 1	債項：每年年終負債總額 2	利息：每年所付款額 3	孟加拉鴉片：每年淨收入 4
1842－1843	2.55	40.48	1.91	1.58
1843－1844	1.66	41.88	1.96	2.02
1844－1845	1.68	43.50	2.01	2.18
1845－1846	0.39	43.89	2.03	2.80
1846－1847	3.00	46.88	2.18	2.89
1847－1848	2.23	48.76	2.28	1.66
1848－1849	1.33	51.05	2.39	2.85
1849－1850	2.90	53.93	2.56	3.53
1850－1851	1.23	55.10	2.59	2.75
1851－1852	0.80	55.11	2.55	3.14
1852－1853	1.13	56.21	2.60	3.73
1853－1854	25.67	53.66	2.21	3.15
1854－1855	2.19	55.51	2.19	3.40
1855－1856	2.56	57.74	2.33	3.71
1856－1857	2.47	59.44	2.40	3.62
1857－1858	12.16	67.50	2.36	5.92

資料來源：欄 1 至欄 3，見 Parl. Papers 1859, Session 2, v. 23, pp. 78-79。欄 4，1800 至 1852 年，見 Parl. Papers 1854-5, v. 40, pp. 325-339。欄 4，1852 至 1858 年，見 Parl. Papers 1856, v. 45, pp. 16 and 28；1857, Session 2, v. 29, pp. 73 and 79；1857-1858, v. 42, pp. 87 and 93；Session 2, v. 23, pp. 112 and 116；1860, v. 49, pp. 148 and 152；以及 1861, v. 43, pp. 32 and 36。

圖 24.1 1801－1858 年印度債務（根據表 24.2 欄 2 繪製）

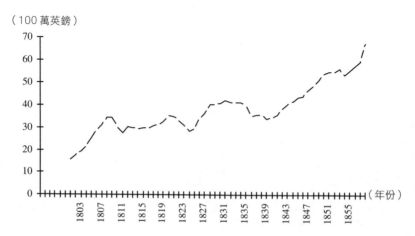

英國用武力擴大其在印度次大陸的版圖，激發土著起義，也令其在印度次大陸的領地成為英國的負累。比如在 1857 至 1858 的財政年度，由於需要額外金錢去平定印兵譁變和平民起義，年度赤字躍升至將近 800 萬英鎊，而年度負債則激增至 1,500 萬英鎊（見表 24.1 最後一欄）。事實上，兵變的後果之一，是英屬印度受東印度公司統治的時代結束，改由英國政府直接接手管治。圖 24.1 以圖像方式顯示印度負債急升的情況。

猶幸同一時期的利率穩定下跌：從 1800 至 1801 年最高的 12%，跌至 1857 至 1858 年的 3.75%。[3] 若非利率下跌加上其他有利因素，[4] 東印度公司這樣無休止地盲目擴張版圖，會令英屬印度殖民地政權陷入破產境地。事實上該公司在 1772 年就曾面臨破產，全靠英國政府出手打救才渡過難關。[5] 自此以後，國會密切監察東印度公司的借貸情況，並命其定期提交報告，表 24.2 就是根據那些報告編成。然而，英屬印度的殖民地政權負債還是節節攀升。

二、鴉片收入養活了英屬印度

東印度公司之所以能夠不斷舉債，是因為在十九世紀初發現了鴉片（見表 24.2 欄 4）這個嶄新的重要財源，並在孟加拉大量生產。此外，1823 年又在孟買成立了麻洼鴉片管理局（Malwa Opium Agency），[6] 依靠向中國人俗稱白皮土的麻洼鴉片徵稅，同樣帶來可觀的收入。麻洼鴉片是在印度中部的獨立土邦進行種植和生產，但必須取道英國所佔領的孟買，才能出口到中國。[7]

3　Parl. Papers 1859, Session 2, v. 23, pp. 78-79.

4　這些其他因素包括發現新的財源──鴉片，以下馬上會述及。

5　Beeching, *Chinese Opium Wars*, p. 23.

6　India Office, Bengal Board of Revenue, Miscellaneous Proceedings (Opium), 27 June 1823, R. 102, v. 35, no. 3, paras. 34 and 40, quoted by Bakhala, 'Indian Opium', chapter 3, no. 36. 由 1830 年起，來自這方面的收入開始有定期記錄（Parl. Papers 1865, v. 40, pp. 85-87）。有些這方面的收入載於 Parl. Papers 1822, v. 17, p. 560，但顯然不屬於中央規劃的長期政策。

7　1996 年孟買的英文名稱由 Bombay 改為 Mumbai（*South China Morning Post*, 23 November 1996, p. 9）。我會繼續稱之為 Bombay，因為所有這個時期的記錄都是這樣稱呼它。

　　從這兩大來源的鴉片收入急速增長。把這些新收入與印度債務利息作一比較，尤其是鴉片戰爭之後的情況，會對我們有所啟發。在鴉片戰爭前，來自鴉片的淨收入相當於印度債務利息的三份之一至二份之一不等。戰後，來自鴉片的淨收入躍升至所償付利息的 2.5 倍以上（見表 24.2 欄 4）。換句話說，大英帝國在印度擴張版圖的成本，是靠鴉片來支付的。下面探索這兩大鴉片收入的重要性。

三、在孟加拉的鴉片收入

　　印度的鴉片種植「在英國統治前規模微不足道，並且大多局限在巴特那（Patna）及其鄰近地區」。英國人統治印度後，鴉片產量大增，從 1789 年的約四千箱，[8] 激增至第二次鴉片戰爭後不久的約五萬箱。[9]

　　有人可能會說，英國在從鴉片獲得額外收入之前，已經在擴大其治下印度次大陸的版圖。這種反駁是為了淡化鴉片的重要性，按照它的邏輯推導得出的結論是：英國在印度的擴張並非靠鴉片收入支撐。在此筆者再提醒大家，此前在鴉片收入還未成氣候時，東印度公司曾經破產。[10] 若沒有這筆鴉片的額外收入，英屬印度所能得到的借款，大概無法超出已有水平，以至領土擴張就會受到掣肘。實際上，在 1815 至 1838 年間，鴉片這筆額外收入是相當穩定的財源。鴉片戰爭期間（1839 至 1842 年）曾被打斷，但戰後又升至原來的兩倍和三倍（見表 24.2 欄 4）。歷史上也有類似的事例。比如保羅·肯尼迪（Paul Kennedy）認為哈布斯堡家族（Habsburg family）的王朝試圖稱霸歐洲，但最終失敗，是因為它有三份

8　　一箱印度鴉片重 140 磅。鴉片日久會陰乾，一箱在離開印度時重 140 磅的鴉片，運到中國通常剩下一擔（即 133.3 磅）。見 R. K. Newman, 'Opium Smoking in Late Imperial China', *Modern Asian Studies*, 29, no. 4 (1995), p. 771, n. 15, quoting A. C. Trevor, Collector of Customs, Bombay, 10 October 1879, India, Separate Revenue, January 1882, no. 169。

9　　B. Chaudhuri, 'Regional Economy (1757-1857): East India', in Dharma Kumar (ed.), *The Cambridge Economic History of India, v. 2, c. 1757-c. 1970* (Cambridge University Press, 1983), pp. 312 and 315. 事實上，英國人取得孟加拉及毗鄰的比哈爾（Bihar）省後，就把它們開發為印度兩大鴉片產地，以鴉片代替白銀作為與中國通商的資金，從那時起就成為可能。見 K. N. Chaudhuri, 'Foreign Trade and Balance of Payments (1857-1947)', in ibid., p. 847。

10　　這在 1772 年發生，見 Beeching, *Chinese Opium Wars*, p. 23。

之二的收入消耗在償還債務的利息上。[11] 而英國在印度擴張時，無需擔心債務利息的問題，正因為光靠孟加拉鴉片來支付已經綽綽有餘。

　　生產鴉片利潤如何？有些產品的成本很高，因而就不值得生產。在孟加拉，鴉片和鹽的生產均由政府壟斷，[12] 因此兩者有共同基礎可作比較，而結果甚是驚人。比較表 24.3 和表 24.4 可見，在表中所列時段，鴉片和鹽生產成本佔其收入的比例相若。在 1857 至 1860 年間，從鴉片生產成本佔其收入的比例更低於鹽。原因不難發現。除了如價格這些變數外（下文很快會述及），鴉片業建立起來後，生產成本就會愈來愈低。此外，它是低風險高回報的投資，又賣得高價錢。

表 24.3 1851－1860 年孟加拉鹽

（單位：100 萬英鎊）

年份	總收入	生產成本	生產成本佔總收入的百份比（欄 2 ÷ 欄 1）
	1	2	3
1851－1852	0.90	—	—
1852－1853	1.19	—	—
1853－1854	1.27	0.16	12.60
1854－1855	1.35	0.17	12.59
1855－1856	1.01	0.20	19.80
1856－1857	0.99	0.24	24.24
1857－1858	1.02	0.22	21.57
1858－1859	1.19	0.25	21.01
1859－1860	1.31	0.22	16.79
平均	1.14	0.21	18.37

資料來源：1851 至 1853 年的資料，來自 Parl. Papers 1856, v. 45, p. 16；盧比已以每盧比兌兩先令的兌換率換算成英鎊；1853 至 1856 年的資料，來自 Parl. Papers 1857, Session 2, v. 29, p. 73；1856 至 1857 年的資料，來自 1857-1858, v. 42, p. 87；1857 至 1858 年的資料，來自 1859, Session 2, v. 23, p. 112；1858 至 1859 年的資料，來自 1860, v. 49, p. 221；1859 至 1860 年的資料，來自 1861, v. 43, p. 107。

11　Paul Kennedy, *The Rise and Fall of the Great Powers* (New York, Random House, 1987), chapter 2.
12　另一種政府壟斷的商品是硝石。見 B. Chaudhuri, 'Regional Economy', p. 288。

表 24.4 1851－1860 年孟加拉鴉片

（單位：100 萬英鎊）

年份	總收入 1	生產成本 2	生產成本佔總收入的百份比（欄2÷欄1）3
1851－1852	3.12	—	—
1852－1853	3.92	—	—
1853－1854	3.56	1.22	34.27
1854－1855	3.37	1.12	33.23
1855－1856	3.91	0.99	25.32
1856－1857	3.59	0.91	25.35
1857－1858	5.22	0.74	14.18
1858－1859	4.67	0.63	13.49
1859－1860	4.31	0.55	12.76
平均	3.97	0.88	22.66

註：「孟加拉鴉片」是個籠統稱呼，泛指產於恆河流域（Ganges basin），尤其是比哈爾和後來的貝拿勒斯（Benares）的鴉片。

資料來源：1851 至 1853 年的資料，來自 Parl. Papers 1856, v. 45, p. 16；盧比已以每盧比兌兩先令的兌換率換算成英鎊；1853 至 1856 年的資料，來自 Parl. Papers 1857, Session 2, v. 29, p. 73；1856 至 1857 年的資料，來自 1857-1858, v. 42, p. 87；1857 至 1858 年的資料，來自 1859, Session 2, v. 23, p. 112；1858 至 1859 年的資料，來自 1860, v. 49, p. 221；1859 至 1860 年的資料，來自 1861, v. 43, p. 107。

印度鴉片產量高，因為罌粟種植園的所在，是全孟加拉殖民地最肥沃的耕地。[13] 此外，印度勞動力普遍很便宜。種罌粟的勞動大軍是農民（稱為萊特〔ryots〕），政府向他們發放免付利息的預付款，利誘他們簽約種植罌粟。[14] 簽了約卻沒種罌粟的農民須賠償相當於預付款三倍的罰

---

13   Hugh Starks's evidence, 14 February 1832, Parl. Papers 1831-1832, v. 11, Question (henceforth Q) 266. L. Kennedy's evidence, 25 February 1832, ibid., Q719, Q720, and Q760. Sir George Staunton's speech in Parliament, *Hansard*, 3d series, v. 53, col. 743. 因為只有最肥沃的土地才會選來種罌粟，即使在種植的高峰期，在鴉片產區的耕地總面積中，用種罌粟的很少超過 2% 至 3%。見 J. F. Richards, 'The Indian Empire and Peasant Production of Opium in the Nineteenth Century', *Modern Asian Studies*, 15, no. 1 (1981), p. 61。在 1797 年，孟加拉的耕地約有 25,000 英畝，1828 年增至 79,488 英畝，1838 年再增至 179,745 英畝（ibid., p. 65）。鴉片戰爭（1839 至 1842 年）後再次增加，以下是相隔一段時間後的幾個五年期每年平均耕地面積：275,523 英畝（1848 至 1853 年），499,775 英畝（1868 至 1873 年），472,394 英畝（1888 至 1893 年）（ibid., pp. 67-68）。

14   這些預支款項是以分期付款方式發放，發放時間剛好配合有權農民（occupancy tenant）向地主繳付租款，這樣農民就不用向農村貸款人借款而須繳付 12% 至 30% 的利率。見 Richards, 'Peasant Production of Opium', p. 79。另見 Bakhala, 'Indian Opium', pp. 100-105。

金。[15] 此外，契約又要求農民根據事先定下的收購價，把罌粟收成全部賣給政府。[16] 這個收購價是經過精心計算，只等於農民的「生產成本」。[17] 然而，農民願意一年復一年地簽約，這是因為罌粟種植的真正好處不在於它的收入可觀，而是有保障，免受價格大幅波動的影響，這種優勢是其他政府未壟斷的經濟作物所沒有的。[18]

罌粟收成的品質有保證，因為受僱做這種工作的農民，全是屬於有傳統的技術和成功種植經驗的種姓。[19] 由於鴉片由政府壟斷，膽敢自行從事鴉片貿易的商人，或私下保留鴉片不全部交出的種植者，會被刑事起訴，[20] 而鴉片的運輸是由武裝守衛全程押運。[21]

由於上述種種因素，到了 1832 年，鴉片出口的淨利潤至少是其「主

15　Richards, 'Peasant Production of Opium', p. 64, quoting Rajeshwari Rrasad, *Some Aspects of British Revenue Policy in India, 1773-1833* (New Delhi, n.p., 1970), pp. 148-150.

16　L. Kennedy's evidence, 25 February 1832, in Parl. Papers, 1831-2, v. 11, Q767. 預付款對農民的吸引力在於兩點，第一，它們不須付利息，第二，預付款到手的時間，正是農民最缺錢的時間，亦即到期繳付地租的時候，這並非巧合，而是政府精心計算的安排（B. Chaudhuri, 'Regional Economy', p. 327）。還須補充一點，向印度農民支付預付款是很通行的做法，不是罌粟農獨有的，比如，棉農也獲得預付款。

17　Hugh Starks's evidence, 14 February 1832, Parl. Papers, 1831-1832, v. 11, Q255. 這個收購價是事前定好的。在 1822 年前，它是每錫厄（seer）兩盧比；1823 年起提高至每錫厄 3 盧比；1832 年再增至每錫厄 3.5 盧比。每箱鴉片有 80 錫厄。見 Morse, *The International Relations of the Chinese Empire,* v. 1, p. 176。由此看來，休・斯塔克斯（Hugh Starks）的說法似有誇大之嫌，因為收購價經常調升。種植罌粟還有副產品，罌粟籽可以榨油，也可製成餵牛的飼料餅，罌粟梗可以鋪蓋屋頂，罌粟的瓣、梗和籽都可以加工，所有這些都為農民增添一點收入。儘管如此，政府壟斷確實令鴉片原料價格保持經濟優勢。由於農民不滿和通貨膨脹，鴉片部最終在 1895 年把收購價提高到每錫厄 6 盧比。見 Richards, 'Peasant Production of Opium', pp. 78-79。

18　後來東印度公司貪得無厭，在 1855 至 1859 年兩度降低收購價，惹起農民不滿，許多原本種罌粟的農民改種棉花、藍靛或甘蔗。見 Benoy Chowdhury, *Growth of Commercial Agriculture in Bengal* (Calcutta, M. K. Maitre, 1964), pp. 36-40。

19　Richards, 'Peasant Production of Opium', p. 67. 顯然卡奇斯（Kachhis）和科伊里斯（Koiris）是兩個與鴉片種植關係密切的農民種姓（ibid., p. 73）。

20　Ram Chand Pandit's memorandum, as quoted in George Watt, *A Dictionary of the Economic Products of India,* 6 vs. (Delhi, Cosmos, 1889-1896), v. 6, pt. 1, p. 39.

21　Richards, 'Peasant Production of Opium', p. 78, quoting Rivett-Carnac, 'Note on the Supply of Opium', which appeared as Appendix V of Parl. Papers 1894, v. 61, Royal Commission on Opium, *Report.*

要成本的十四倍」，[22] 這就是為什麼「專制政府一心一意維持和擴大這種利潤豐厚的事業」[23] ——提出這種見解的作者，其研究所用的資料大都與筆者不同，但英雄所見略同。

四、在孟買的鴉片收入

東印度公司在孟買殖民地向鴉片商人出售通行證賺取收入，這些商人從印度中部仍然獨立的土邦運來麻洼鴉片，經孟買出口。[24] 這些通行證的費用每隔一段時間就重新釐定。[25] 賺取這種收入的唯一開支就是行政費。在孟買，東印度公司也不大參與鹽的實際生產，而只徵收關稅。因此鹽和鴉片有幾乎相同的基礎，我們可以比較兩者賺取收入所需的支出。在表 24.5 和 24.6 所示時段的孟買，以成本佔其收入的比例來看，靠鴉片獲利比起靠鹽獲利成本低至少十倍。由於它如此便宜，筆者慣常把數字四捨五入至小數點後兩位的做法也得放棄，改為四捨五入至小數點後三位（見表 24.6）。

---

22   James Mill's evidence, 28 June 1832, in Parl. Papers, 1831-1832, v. 11, Q3037. 他是約翰·密爾（John Stuart Mill）之父。顯然，印度的甘蔗和棉花同樣是以向農民付出預付款的方式種植。「商人，不管是東印度公司還是私人商人，無論是印度商人還是英國商人，都要提供預付款，以鼓勵種植和保證商品供應，能運到下游的加爾各答。」但當然，糖和棉的利潤與鴉片相去甚遠。見 Tom G. Kessinger, 'Regional Economy (1757-1857)：North India', in Kumar (ed.), *The Cambridge Economic History of India*, v. 2, pp. 261 and 267。另見 B. Chaudhuri, 'Agrarian Relations: East India', in ibid., p. 146。

23   Richards, 'Peasant Production of Opium', p. 67.

24   東印度公司為阻止麻洼鴉片在中國市場與孟加拉鴉片競爭，最初禁止麻洼鴉片經孟買運出，但此舉僅迫使運輸路線改為取道達曼（Daman）和第烏（Diu）。該公司遂改變策略，准許麻洼鴉片經孟買運出，只收取出口費用而不加阻撓。見 Richards, 'Peasant Production of Opium', p. 65. Owen, *British Opium Policy*, p. 101. 詳見下註和本章下文。

25   這套制度推行於 1823 年。見 India Office, Bengal Board of Revenue, Miscellaneous Proceedings (Opium), 27 June 1823, R. 102, v. 35, no. 3, paras. 34 and 40, quoted by Bakhala, 'Indian Opium', chapter 3, n. 36. 另見 Parl. Papers 1856, v. 40, p. 86；以及 India Office Bengal Separate Consultations, 13 July 1830, quoted in Owen, *British Opium Policy*, p. 101, n. 58。

表 24.5 1851－1860 年孟買鹽收入

（單位：100 萬英鎊）

年份	來自鹽的收入（關稅） 1	費用 2	淨收入 （欄1－欄2） 3	費用佔收入的百份比 （欄2÷欄1） 4
1851－1852	—	—	—	—
1852－1853	—	—	—	—
1853－1854	0.22	0.02	0.20	9.09
1854－1855	0.23	0.03	0.20	13.04
1855－1856	0.26	0.03	0.23	11.54
1856－1857	0.24	0.03	0.21	12.50
1857－1858	0.27	0.03	0.24	11.11
1858－1859	0.25	0.03	0.22	12.00
1859－1860	0.35	0.03	0.32	8.57
平均	0.26	0.03	0.23	11.12

資料來源：1851 至 1853 年的資料，見 Parl. Papers 1856, v. 45, pp. 28-29；1853 至 1856 年的資料，見 1857, v. 29, p.79；1856 至 1857 年的資料，見 1857－1858, v. 42, p.93；1857 至 1858 年的資料，見 1859, v. 23, p.87；1858 至 1859 年的資料，見 1860, v. 49, p.255；1859 至 1860 年的資料，見 1861, v. 43, p.111.

表 24.6 1851－1860 年孟買鴉片收入

（單位：100 萬英鎊）

年份	收入：出售鴉片通行證 1	費用 2	淨收入 （欄1減欄2） 3	費用佔收入的百份比 （欄2÷欄1） 4
1851－1852	—	—	—	—
1852－1853	—	—	—	—
1853－1854	—	0.004	—	—
1854－1855	—	0.006	—	—
1855－1856	0.943	0.005	0.938	0.530
1856－1857	1.084	0.006	1.078	0.554
1857－1858	1.616	0.006	1.610	0.371
1858－1859	1.444	0.006	1.438	0.416
1859－1860	1.536	0.006	1.530	0.391
平均	1.325	0.006	1.319	0.452

資料來源：1851 至 1853 年的資料，見 Parl. Papers 1856, v. 45, pp. 28-29；1853 至 1856 年的資料，見 1857, v. 29, p.79；1856 至 1857 年的資料，見 1857-1858, v. 42, p.93；1857 至 1858 年的資料，見 1859, v. 23, p.87；1858 至 1859 年的資料，見 1860, v. 49, p.255；1859 至 1860 年的資料，見 1861, v. 43, p.111.

讓我們換個角度來看這個問題，即做橫向而非縱向比較，以孟買 1858 至 1859 財政年度為例。以佔總收入的百份比來表示，郵政署的開支是 90.02%；鹽的開支是 11.83%；徵收土地稅等的開支是 10.52%；海關的開支是 4.79%；徵收印花稅的開支是 3.91%；而用在鴉片的開支（即除了售賣通行證的費用以外，哪怕把額外地購買和零售價值 31,007 英鎊的毒品所涉及的成本也全部包括在內），竟然只有 1.84%，[26] 是所有項目中最低的。

五、鴉片在印度歲入中所佔地位

因此，鴉片收入對英國當局來說是天大的喜訊。在孟加拉，生產鴉片極為便宜；在孟買，對鴉片徵稅的成本微不足道。雖然在英屬印度的其他地區，罌粟種植零星寥落，不值一提，但如表 24.7 所示，來自孟加拉和孟買的收入，是整個英屬印度的第二大財源。此表選取臨近第二次鴉片戰爭的五年為例，臚列其間印度二十項主要收入來源。到了 1857 至 1858 年，鴉片比第三和第四大的收入，即鹽和海關，高出超過三倍；而且鴉片的成本遠比這兩項收入便宜——事實上比任何其他收入的成本都便宜，因此鴉片稅收是所有稅收中最重要的。鴉片的成本之所以這麼便宜，與它在出口市場能賣得高價有直接關係。簡言之，鴉片是暢銷的優良經濟作物，這對負債纍纍的英屬印度來說真是天大喜訊。

若想確定鴉片收入在印度總稅收中的位置，從而確定它對於英國在印度殖民擴張曾起過什麼作用，我們需要比表 24.7 更大量的數據。因此，讓我們找來鴉片總收入和印度總稅收，編製成表 24.8。這應該有助於我們了解兩者在較長時段裏的關係。根據英國國會文件，雖然關於孟加拉的鴉片收入的統計數字，最早可以追溯至財政年度 1797 至 1798 年，[27] 但有關孟買的記錄則要到財政年度 1821 至 1822 年才有。[28] 因此我

26　Parl. Papers 1860, v. 49, p. 152. 數字經四捨五入至小數點後兩位。

27　見 Parl. Papers 1801, v. 7, p. 6。

28　見 Parl. Papers 1822, v. 17, p. 560。

們以後者為開始的時間。[29]

表 24.7 1853－1858 年印度二十項主要稅收

（單位：100 萬英鎊）

來源	1853－1854	1854－1855	1855－1856	1856－1857	1857－1858
土地	14.849	15.066	15.935	16.604	15.317
鴉片	4.479	4.416	4.871	4.690	6.864
鹽	2.575	2.707	2.486	2.518	2.131
海關	1.283	1.437	1.975	1.962	2.149
烈酒	0.720	0.737	0.797	0.859	0.794
進貢等	0.623	0.507	0.499	0.504	0.544
印花稅	0.497	0.508	0.518	0.583	0.456
貨品過境及消費稅	0.268	0.309	0.344	0.383	0.268
郵局	0.191	0.189	0.220	0.166	0.389
司法	0.134	0.159	0.179	0.192	0.299
船舶稅	0.114	0.127	0.164	0.161	0.178
職業及行業稅	0.106	0.103	0.102	0.102	0.108
薄荷收入	0.096	0.074	0.185	0.246	0.364
利息	0.064	0.093	0.086	0.061	0.063
雜項（稅務局）	0.057	0.068	0.099	0.152	0.228
貨物稅	0.031	0.035	0.042	0.043	0.05
小農場	0.026	0.027	0.022	0.012	—
禮品銷售	0.005	0.008	0.009	0.018	
電報	—	0.004	0.016	0.022	
通行費與渡船	—	—	0.069	0.062	—
總計	26.118	26.574	28.618	29.34	30.202

資料來源：1853 至 1856 年的資料，見 Parl. Papers 1857, Session 2, v. 29, pp. 70-71；1856 至 1857 年的資料，見 1857-1858, v. 42, pp. 84-85；1857 至 1858 年的資料，見 1859, 2. v. 23, p.176。

29　編製欄 2 很簡單；價值已經以英鎊表示。筆者只是把英國在印度的所有殖民地當時的三年歲入加在一起，就得出印度的總稅收。欄 1 有點複雜。1853 至 1854 年前的價值是以盧比表示，因此我得根據每一盧比兌兩先令的匯率換算成英鎊。（這個兌換率見於 Parl. Papers 1856, v. 45, p. 16。）之後把孟加拉和孟買的三年鴉片總收入加起來。最後筆者把數字四捨五入至小數點後兩位，以百萬英鎊為單位，令它們更容易理解。

表 24.8 1821－1858 年鴉片在印度總稅收的位置

（單位：100 萬英鎊）

年份	鴉片收入 1	印度總稅收 2	鴉片佔印度總稅收的百份比（欄 1 ÷ 欄 2）3
1821－1822	1.46	21.80	6.70
1822－1823	2.52	23.17	10.88
1823－1824	1.36	21.28	6.39
1824－1825	1.52	20.75	7.33
1825－1826	0.94	21.13	4.45
1826－1827	1.72	23.38	7.36
1827－1828	2.05	22.86	8.97
1828－1829	1.93	22.74	8.49
1829－1830	1.53	21.70	7.05
1830－1831	1.34	22.02	6.09
1831－1832	1.44	18.32	7.86
1832－1833	1.29	18.48	6.98
1833－1834	1.49	17.67	8.43
1834－1835	1.27	26.86	4.73
1835－1836	1.88	20.15	9.33
1836－1837	2.15	21	10.24
1837－1838	2.28	20.86	10.93
1838－1839	1.64	21.16	7.75
1839－1840	0.78	20.12	3.88
1840－1841	1.43	20.85	6.86
1841－1842	1.60	21.84	7.33
1842－1843	2.09	22.62	9.24
1843－1844	2.64	23.59	11.19
1844－1845	2.85	23.67	12.04
1845－1846	3.58	24.27	14.75
1846－1847	3.68	26.08	14.11
1847－1848	2.74	24.91	11.00
1848－1849	3.91	25.4	15.39
1849－1850	4.50	27.52	16.35
1850－1851	3.80	27.63	13.75
1851－1852	4.26	27.83	15.31
1852－1853	5.09	28.61	17.79
1853－1854	4.48	28.28	15.84
1854－1855	4.69	29.13	16.10

（續上表）

年份	鴉片收入	印度總稅收	鴉片佔印度總稅收的百份比（欄 1 ÷ 欄 2）
	1	2	3
1855−1856	4.87	30.82	15.80
1856−1857	4.69	33.30	14.08
1857−1858	6.86	31.71	21.63
平均	2.66	23.88	10.61

註：如把欄 2 中 1853 至 1858 年的數字，與表 24.7 最後一行的數字相比，會發覺前者大於後者。原因是前者是印度的總稅收，而後者只是印度前二十項主要稅收的總和。

資料來源：1821 至 1823 年的資料，來自 Parl. Papers 1825, v. 24, pp. 6 and 14；1823 至 1826 年的資料，來自 1828, v. 23, pp. 6 and 14；1826 至 1828 年的資料，來自 1831, v. 19, pp. 30 and 38；1828 至 1832 年的資料，來自 1834, v. 44, pp. 4 and 12；1832 至 1835 年的資料，來自 1837-1838, v. 41, pp. 4 and 16；1835 至 1838 年的資料，來自 1840, v. 37, pp. 180 and 190；1838 至 1841 年的資料，來自 1843, v. 25, pp. 50 and 60；1841 至 1844 年的資料，來自 1846, v. 31, pp. 14 and 24；1844 至 1847 年的資料，來自 1849, v. 39, pp. 12 and 22；1847 至 1850 年的資料，來自 1852, v. 36, pp. 16 and 28；1850 至 1853 年的資料，來自 1854-1855, v. 40, pp. 16 and 28；1853 至 1855 年的資料，來自 1856, v. 45, pp. 16 and 28；1855 至 1856 年的資料，來自 1857-8, v. 42, pp. 87 and 93；1857 至 1858 年的資料，來自 1859, Session 2, v. 23, pp. 112 and 116。在上述國會文件中，參考資料第一頁就是關於孟加拉，第二頁關於孟買。有關欄 2 的資料，見 Parl. Papers 1859, Session 2, v. 23, pp. 78-79.

圖 24.2 1821−1857 年鴉片總收入佔印度總稅收的百份比（根據表 24.8 欄 3 繪製）

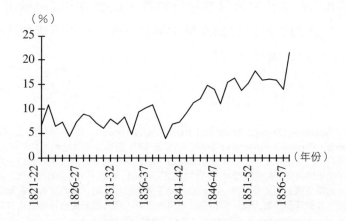

從表 24.8 可見，鴉片收入最初微不足道，在 1821 至 1822 年只佔印度總稅收的 6.7%，到 1857 至 1858 年升至 21.63%。[30] 這個比例從 1821 至

30　同一時期土地收入卻減少，這是因為 1857 年發生兵變，導致土地收入下降。

1858 年穩步攀升，這可見於此表欄 3 和圖 24.2。

六、幾乎所有鴉片都運到中國

在孟加拉，鴉片在加爾各答公開拍賣，私人貿易商投得鴉片後，會運到他們能找到的市場出售。[31] 拍賣所用的貨幣是印度盧比。（英國統計人員沒有把盧比換算為英鎊，本章下文的圖表沿用他們記錄所用的貨幣。）

如表 24.9 的英國統計數字所示，絕大部份拍賣的鴉片都運到中國。在中國做生意的美國商人的觀察，證實了這些統計數字。其中一人寫道：「必須承認，通常這些印度產品全由中國取走。」[32] 即使那些從印度運到新加坡和檳城等海峽殖民地的少量鴉片，最終似乎也是由中國帆船走私到中國市場。[33] 由於大多數鴉片是在中國出售，1839 至 1842 年急劇下降，原因可能是那幾年正在打鴉片戰爭，之前則是欽差大臣林則徐的禁煙。1848 年的急升大概是由於大英輪船公司（P&O，又稱鐵行輪船公司）開始載運鴉片到中國。輪船對鴉片貿易的影響很重要。在十九世紀初，東印度公司每年在加爾各答舉行兩次公開拍賣。大英輪船公司開始載運鴉片後不久，政府決定每月都舉行拍賣，以達到「逐年遞增……供應」的目標。[34] 圖 24.3 是從表 24.9 欄 1 繪製而成，可以更清楚地看到孟加拉鴉片出口到中國的趨勢。

31　K. N. Chaudhuri, 'Foreign Trade and Balance of Payments (1857-1947)', in Kumar (ed.), *The Cambridge Economic History of India*, v. 2, p. 847. 把鴉片拍賣給私人貿易商的做法始於 1800 年，當時中國嘉慶帝頒佈上諭嚴禁鴉片進口。奉公守法的東印度公司因此停止在廣州的鴉片買賣，又禁止該公司船舶載運鴉片。「它的真誠完全得到承認，在嗣後的歲月裏，它的船舶從沒因為鴉片的關係遭到搜查或扣押。」但是，為了繼續鴉片貿易，東印度公司在加爾各答拍賣孟加拉鴉片，並聲稱鴉片賣出後，即與該公司再無瓜葛，私人貿易商自行承擔走私鴉片到中國的風險。見 Morse, *International Relations of the Chinese Empire*, v. 1, p. 176。

32　A letter from a U.S. merchant to the U.S. minister to China, William Reed, dated 28 August 1858, Shanghai, and collected in *Correspondence Relative to the Earl of Elgin's Special Missions to China and Japan, 1857-59*, pp. 396-398: para. 25.

33　這是巴哈拉（Bakhala）在其論文的發現之一，見其 'Indian Opium', pp. 74ff. 另一發現是尼泊爾的鴉片取道拉薩由陸路出口到中國。

34　Jardine Matheson Archive, reel 171, Calcutta, nos. 3254 and 3373, 2 and 27 July 1847. 另見 Harcourt, 'Black Gold', p. 11.

表 24.9 1829－1864 年出口到中國和海峽殖民地的孟加拉鴉片（比哈爾和 貝拿勒斯）

（單位：箱數）

年份	目的地		總計 3	總收入（百萬盧比） 4
	中國 1	新加坡、檳城等 2		
1829－1830	7,443	2,235	9,678	12.26
1830－1831	5,590	1,526	7,116	10.90
1831－1832	6,750	757	7,507	11.78
1832－1833	7,540	1,845	9,385	11.93
1833－1834	10,151	1,779	11,930	12.30
1834－1835	9,480	1,570	11,050	10.86
1835－1836	13,021	1,786	14,807	17.30
1836－1837	10,493	2,241	12,734	18.34
1837－1838	16,112	3,195	19,307	21.14
1838－1839	14,499	3,722	18,221	14.60
1839－1840	3,755	14,755	18,510	7.79
1840－1841	5,817	11,593	17,410	11.36
1841－1842	10,752	8,987	19,739	14.50
1842－1843	11,867	4,651	16,518	17.16
1843－1844	13,067	4,792	17,859	23.45
1844－1845	14,709	4,083	18,792	24.39
1845－1846	16,265	4,288	20,553	27.94
1846－1847	20,668	4,322	24,990	31.25
1847－1848	19,434	4,443	23,877	24.23
1848－1849	27,870	4,417	32,287	28.38
1849－1850	30,996	4,097	35,093	35.91
1850－1841	28,892	4,010	32,902	31.55
1851－1842	27,921	4,385	32,306	31.38
1852－1843	31,433	4,745	36,178	40.20
1853－1844	33,941	6,854	40,795	36.80
1854－1845	43,952	7,469	51,421	36.95
1855－1846	37,851	7,087	44,938	36.39
1856－1847	36,459	5,982	42,441	38.19
1857－1848	31,878	6,735	38,613	47.46
1858－1849	33,858	827	34,685	51.75
1859－1860	22,329	3,621	25,950	43.21
1860－1841	15,688	3,621	19,309	35.72
1861－1842	21,332	5,240	26,572	44.13
1862－1843	25,846	6,815	32,661	46.41
1863－1844	33,815	8,806	42,621	52.07

資料來源：Parl. Papers 1865, v. 40, pp. 92-94。

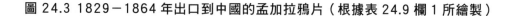

圖 24.3 1829−1864 年出口到中國的孟加拉鴉片（根據表 24.9 欄 1 所繪製）

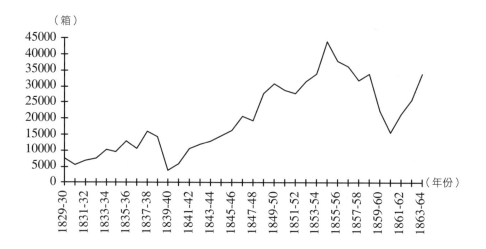

　　不厭其煩地再説一遍，圖中 1839 至 1840 年的銷量急跌是可以理解的，當時林則徐在中國雷厲風行地嚴禁鴉片。如我們所知，因他沒收印度鴉片並銷毀，導致了鴉片戰爭的爆發。[35]

　　1860 至 1861 年的第二次銷量急跌是最難解釋的。那次下跌其實是在 1855 至 1856 年就已開始，儘管那時候跌勢很溫和。1855 至 1856 年廣州地區的紅兵大起義跟它有多大關係？[36] 下跌趨勢在 1856 年第二次鴉片戰爭爆發後繼續。我們是否可歸咎於第二次鴉片戰爭？

　　最戲劇性的下跌發生在 1860 年，當時英法聯軍攻陷北京，大肆劫掠，並火燒圓明園。不過，吸鴉片成癮的中國煙民[37] 縱然愛國，似乎也不大可能因此而在 1860 年抵制英屬印度的鴉片。此外，印度鴉片也幾乎沒有替代品。土耳其鴉片被認為品質低劣，在中國銷量很少；[38] 波斯鴉片也一樣，當時波斯鴉片經陸路取道布哈拉（Bokhara），沿着迢遙漫長的

35　　如見 Chang, *Commissioner Lin*, chapters 5-6.

36　　有關洪兵大起義的嚴重性，詳見拙著《兩廣總督葉名琛》，第六章。

37　　並非全部吸鴉片的人都上癮，這要視乎鴉片煙民對這種毒品依賴程度之深淺。以中國鴉片煙民為題的修正論研究，見 R. K. Newman, 'Opium Smoking in Late Imperial China', *Modern Asian Studies*, 29, no. 4 (1995), pp. 765-794.

38　　Owen, *British Opium Policy*, pp. 68-69.

路線方能進入到中國西部。[39] 如果 1860 至 1861 年的急跌不能歸因於中國方面的因素，那麼 1855 至 1860 年更為溫和的下跌，恐怕也不能以此來解釋。

圖 24.4 1829－1863 年出口到中國和海峽殖民地的孟加拉鴉片（根據表24.9 欄 1 和欄 2 繪製）

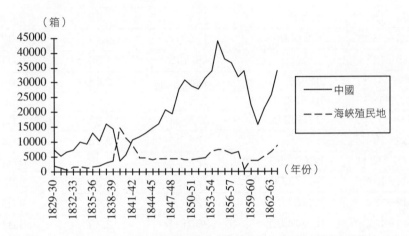

因此，筆者更相信這些下跌是與孟加拉的供應有密切關係。

為了證實這個假設，筆者根據表 24.9 欄 1（輸往中國的鴉片供應）和欄 2（輸往新加坡、檳城等海峽殖民地的鴉片供應）繪成了圖 24.4。由該圖可見，鴉片戰爭期間中國的鴉片銷量陡降，此時海峽殖民地卻急升。[40]另一方面，在 1850 年代下半葉，中國與海峽殖民地的鴉片銷量卻同時下跌。筆者認為導致這種普遍情況的原因只有一個，就是供應量下跌。

表 24.10 顯示麻洼鴉片取道孟買出口到中國的趨勢，進一步證實上述假設。在 1860 至 1861 年，輸往中國的麻洼鴉片數量則大增，而如前所述，當時輸往中國的孟加拉鴉片數量卻劇降。筆者認為對麻洼鴉片的需求增加，是因孟加拉鴉片供應短缺所致。

39　Ibid., p. 287.

40　因此，在鴉片戰爭期間，雖然英國商人向中國銷售鴉片遇到困難；但中國私梟從海峽殖民地轉口的印度鴉片卻不受影響，事實上銷售到中國的鴉片有所增加。

表 24.10 1830－1864 年經孟買運往中國的麻洼鴉片

年份	運往中國的箱數	每箱須付的通行費（盧比）	通行費總額（百萬盧比）	徵費所需成本（百萬盧比）
	1	2	3	4
1830－1831[a]	4,610.00	175	0.81	0.06
1831－1832[a]	10,679.00	175	1.87	0.03
1832－1833[a]	6,698.00	175	1.17	0.02
1833－1834[a]	10,855.00	175	1.90	0.03
1834－1835[a]	6,812.00	175	1.19	0.02
1835－1836[b]	—	175 和 125	1.60	0.02
1836－1837	20,882.50	125	2.43	0.06
1837－1838	10,372.50	125	1.50	0.06
1838－1839	17,353.0	125	2.68	0.05
1839－1840[b]	—	125	0.08	0.05
1840－1841	12,022.50	125	2.25	0.04
1841－1842[a]	14,473.00	125	1.81	0.05
1842－1843[a]	19,369.00	125	2.42	0.03
1843－1844[a]	16,944.00	200	3.39	0.03
1844－1845[a]	18,150.50	200	3.63	0.04
1845－1846[b]	—	200 和 300	6.03	0.04
1846－1847	17,389.75	300	6.01	0.04
1847－1848[b]	—	300 和 400	3.72	0.04
1848－1849	21,392.25	400	8.91	0.05
1849－1850	16,513.00	400	7.32	0.04
1850－1851	19,138.00	400	6.98	0.04
1851－1852	28,168.50	400	11.30	0.04
1852－1853	24,168.50	400	11.16	0.04
1853－1854	26,113.50	400	9.60	0.04
1854－1855	25,958.25	400	11.00	0.06
1855－1856	25,576.00	400	10.06	0.06
1856－1857	29,846.50	400	11.57	0.06
1857－1858	36,125.50	400	16.16	0.06
1858－1859	40,849.00	400	14.44	0.06
1859－1860	32,534.00	400 和 500	15.36	0.06
1860－1861	43,691.00	500 和 600	24.40	0.07
1861－1862	38,680.00	600 和 700	24.44	0.07

（續上表）

年份	運往中國的箱數	每箱須付的通行費（盧比）	通行費總額（百萬盧比）	徵費所需成本（百萬盧比）
	1	2	3	4
1862–1863	49,485.50	700 和 600	32.43	0.03
1863–1864	28,210.50	600	14.84	0.04

註：此表不包括低於一盧比的數值。

[a] 標示此記號的年份，輸往中國的確實箱數記錄付諸闕如，因此欄 2 的數字是編製此表的統計人員根據欄 4 的數字約略推算出來的。

[b] 標有此記號的年份無法推算，因為這些年份雖有列出兩種稅率，卻沒有記錄確實箱數。

資料來源：Parl. Papers 1865, v. 49, pp. 86。

以圖像顯示出口到中國的孟加拉鴉片和麻洼鴉片的供應情況，可以進一步印證這個假設。但我們會以 1848 至 1849 年為開始年份，這樣圖表才能連續不斷，因為更早期的年份有些並沒有記錄麻洼鴉片稅收。可以看到，在 1848 至 1864 年間，每逢孟加拉鴉片供應下降，麻洼鴉片的供應就會上升（見圖 24.5）。

圖 24.5 1849－1864 年出口到中國的孟加拉鴉片和麻洼鴉片（根據表24.9 欄 1 和表 24.10 欄 1 繪製）

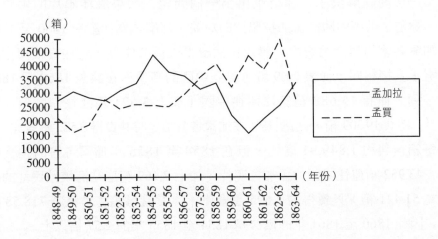

如果把孟加拉鴉片和麻洼鴉片加起來，計算每年輸往中國的鴉片總數，我們可由此得出一幅沒有爭議餘地的圖表。我們仍然以 1848 至 1849 年為起點，以便圖表能顯示出連續性。我們發現圖 24.6 的曲線十分穩

定。儘管仍有起伏，但沒有像表 24.4 那樣出現大起大落的情形。這說明中國的需求一直相當穩定。

圖 24.6 1849－1864 年出口到中國的孟加拉和麻洼鴉片總數（根據表 24.9 欄 1 和表 24.10 欄 1 繪製）

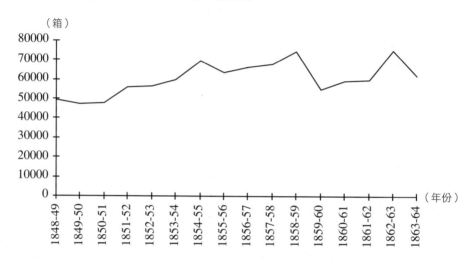

一個問題解決了，卻衍生出另一個問題。如果麻洼鴉片的供應增加，彌補了供應中國的孟加拉鴉片的短缺，那麼，為什麼在 1860 至 1861 年加爾各答的鴉片拍賣中，鴉片仍然賣得天價？當然，這些高價與中國的需求直接相關。從表 24.9 就可見到中國的高價。在該表 1860 至 1861 年一列，僅有 15,688 箱鴉片運往中國（加上 3,621 箱運往海峽殖民地的 [41]，總共 19,309 箱），這些鴉片在加爾各答拍賣時共賣得 3,572 萬盧比，[42] 即每箱價錢約 1,849.91 盧比。但在 1854 至 1855 年加爾各答的拍賣會上，43,952 箱運往中國的孟加拉鴉片（加上 7,469 箱運往海峽殖民地的，共為 51,421 箱）只賣得約 3,695 萬盧比。[43] 當時每箱售價僅為 718.58 盧比。因此 1860 至 1861 年的價錢是 1854 至 1855 年的 2.57 倍以上。

---

41   如前所述，這些鴉片大都再出口至中國。

42   這是它們運到中國或海峽殖民地（運到當地後大多再出口到中國）前的價錢。見表 24.9 的 1860 至 1861 年。

43   見表 24.9 的 1854 至 1855 年。

麻洼鴉片的價錢似乎也同樣上漲。指標之一是向取道孟買港（由英國控制）出口到中國的麻洼鴉片徵收通行費。如表 24.10 欄 2 所示，在 1859 至 1860 年，每箱鴉片的通行費是 400 至 500 盧比，1860 至 1861 年增至 600 盧比，及至 1861 至 1862 年更漲至 700 盧比。

這些高價似乎也跟中國的需求直接相關。在中國鴉片價格居高不下，是可以解釋的，中國多年來一直兵火連綿，內外交困，國勢日蹙，人民苦不堪言。1851 年爆發太平天國之亂，直至 1864 年才平定，其間約二千萬人喪命，[44] 破壞難以估量。[45] 1854 年廣東發生紅兵起義，令更多生靈塗炭，使中國雪上加霜。[46] 第二次鴉片戰爭在 1856 至 1857 年爆發，以 1860 年北京圓明園遭受蹂躪告終。萬念俱灰的生還者可能不惜高價尋求鴉片以求麻醉度日。

七、鴉片、茶、絲與英國的全球貿易平衡

英國商人把在中國販賣鴉片所得的金錢，用來購買茶葉和絲，他們得到的金錢多得花不完。英國的遠東商務總監義律（Charles Elliot）說過一句很發人深省的話。他說，1836 年孟加拉鴉片在中國賣得 1,800 萬元。[47] 該年孟加拉鴉片在中國共賣出 10,151 箱，[48] 因此每箱售價約為 1,773 元，即 443.3 英鎊。[49]

義律也觀察到一個饒有趣味的事實，他說售賣孟加拉鴉片賺得 1,800 萬元，比起中國出口茶、絲這兩大宗貨物的總值，還高出 100 萬元。受

44　見 Flavia Anderson, *The Rebel Emperor* (London, Victor Gollancz, 1958), p. 7。

45　見 Yung Wing, *My Life in China and America* (New York, Holt, 1912); Arno reprint, 1978), chapter 12。

46　見拙著《兩廣總督葉名琛》，第六章。

47　Elliot to Palmerston, 1 February 1837, Parl. Papers 1840, v. 36, quoted in Costin, *Great Britain and China*, p. 50. 義律口中所稱的是印度鴉片，但他應當只知道孟加拉鴉片的價值，那是在英國東印度公司控制下的印度生產的。他應該不清楚由帕西人走私到中國的麻洼鴉片的總值。嚴格來說，他所說的印度鴉片，只不過是孟加拉鴉片。

48　見表 24.9，那是根據以下資料繪製 Parl. Papers 1865, v. 40, pp. 92-94。

49　以五先令合一元的兌換率把 1,773 元換成英鎊，得出此數（該兌換率見 Parl. Papers 1840, v. 37, pp. 247-288）。

表 24.11 1828－1857 年孟加拉鴉片和中國茶與絲的價值

（單位：100 萬英鎊）

年份	鴉片：申報價值（在印度）	茶：官定價值（根據中國的售價）	絲：官定價值（根據中國的售價）	茶和絲的價值合計：（根據中國的售價；欄 3＋欄 4）
	1	2	3	4
1828	1.263	3.268	0.078	3.346
1829	1.393	3.054	0.044	3.098
1830	1.480	3.190	0.007	3.197
1831	2.326	3.165	0.003	3.168
1832	1.804	3.171	0.010	3.181
1833	2.272	3.206	0.008	3.214
1834	1.910	3.203	0.214	3.417
1835	2.866	4.205	0.272	4.477
1836	3.934	4.852	0.474	5.326
1837	2.904	3.650	0.703	4.353
1838	2.791	3.900	0.279	4.179
1839	0.191	3.719	0.130	3.849
1840	1.268	2.258	0.091	2.349
1841	1.939	2.764	0.102	2.866
1842	2.820	3.741	0.066	3.807
1843	4.230	4.278	0.110	4.388
1844	4.134	5.175	0.141	5.316
1845	5.542	5.071	0.437	5.508
1846	4.271	5.453	0.678	6.131
1847	3.508	5.536	0.748	6.284
1848	5.346	4.735	0.862	5.597
1849	5.544	5.310	0.696	6.006
1850	5.074	4.937	0.700	5.637
1851	6.082	6.949	0.842	7.791
1852	6.471	6.530	0.945	7.475
1853	5.802	6.864	1.211	8.075
計算實際價值				
1854	5.685	5.380	3.583	8.963
1855	5.593	5.119	3.433	8.552
1856	6.506	5.123	4.106	9.229
1857	8.241	4.310	6.911	11.221

資料來源：印度鴉片的價值，見 Parl. Papers 1865, Session 2, v. 23, pp. 322-323。在中國購買的茶葉和絲的價值，見 ibid., p. 319。

他這句話啟發，我們除了尋找該年的相關統計數字外，還上溯至這些統計數字的最早記錄，下延至第二次鴉片戰爭時期，這長達二十年的資料將會十分有用。結果見於表 24.11。該表欄 1 的價值不能和欄 2、3、4 相比較。但價值只是觀感而非真實情況，因此，不能相比並非問題。大家還須注意，鴉片運往中國的運費及其他服務費是由英國商人支付，他們把鴉片運到中國後，再賣給當地走私販子。

從此表可見，在 1836 年英國商人購買了總值 5,326,139 英鎊的茶和絲。因此，仍然在印度的鴉片，比起茶和絲在中國合計的總值，少了 1,391,680 英鎊。鴉片運到中國賣給當地私梟後，所得的金錢足以彌補這個差額，並支付運費和其他服務費，最後還剩約 100 萬元，亦即 25 萬英鎊。[50] 按這種比例觀察其他年份，這種剩餘現金在第二次鴉片戰爭爆發前幾年增加了兩倍，因為在中國售賣的孟加拉鴉片數量大約增加了兩倍，而英國能夠相當平穩地維持售價。[51] 關鍵是，一直以來，鴉片收入用於支付在中國購買茶和絲的價錢後，仍大有餘裕。

假設 1854 至 1857 年每年的剩餘現金是 300 萬元，即 75 萬英鎊，那麼這幾年孟加拉鴉片在中國分別賣得：9,713,000 英鎊、9,302,000 英鎊、9,97,900 英鎊和 11,971,00 英鎊。[52] 這些收入對英國全球貿易有多麼重要，表 24.12 清晰可見。我們仍然以 1854 年為起端，因為該年之前，英國進口貨物的計算實際價值「無法確定」。[53] 在此之前，英國人似乎不知道自己有驚人的全球貿易逆差，如果沒有把孟加拉鴉片賣到中國，他們的逆差會更嚴重。

50　五先令合一元，以此兌換率四捨五入後，一百萬元折合二十五萬英鎊。

51　見表 24.9 欄 1。英國保持售價相當穩定的能力，見本章下文。

52　把表 24.11 欄 4 中，1854 至 1857 年的數字加 0.75 英鎊，即得出這些數字。

53　見 Parl. Papers 1856, v. 56, pp. 11-12。

表 24.12 1854－1857 年鴉片和英國貿易平衡（計算實際價值）

（單位：100 萬英鎊）

年份	進口總額	出口總額	逆差 （欄 1－欄 2）	在中國的 鴉片銷售	逆差（不計在中國的鴉片銷售； 欄 3＋欄 4）
	1	2	3	4	5
1854	152.389	115.821	36.568	9.713	46.281
1855	143.542	116.691	26.851	9.302	36.153
1856	172.544	139.220	33.324	9.979	43.303
1857	187.844	146.174	41.670	11.970	53.640

資料來源：欄 1、2 的數字來自 Parl. Papers 1857-1858, v. 54, p. 11。欄 4 是取自表 24.11 欄 4，再各加 0.75 英鎊。

　　實際逆差比這些數字所顯示的更為嚴重。記得英國富商巨賈得悉對華貿易中斷的消息時驚惶失措，說他們的印度客戶全靠售賣鴉片收入來買英國產品。[54] 因此，如果不能賣鴉片，向印度出售貨品賺取的可觀收入也會隨之喪失。表 24.13 粗略顯示出這兩方面的損失。欄 1 和欄 2 的數字如此接近，頗為耐人尋味。

表 24.13 1854－1857 年鴉片和英國向印度的出口（計算實際價值）

（單位：100 萬英鎊）

年份	在中國銷售的孟 加拉鴉片	英國出口到印度 的貨物	逆差 （不計鴉片錢）	估計逆差 （欄 2＋欄 3）
	1	2	3	4
1854	9.173	9.128	46.281	55.409
1855	9.302	9.949	36.153	46.102
1856	9.979	10.546	43.303	53.849
1857	11.970	11.667	53.640	65.307

資料來源：欄 1 和欄 3 的數字取自表 24.12。欄 2 的數字來自 Parl. Papers 1857-1858, v. 54, p. 15。

　　如果印度不向英國買貨，英國那些有形商品面對的貿易逆差就會雪上加霜。無形商品大概稍為舒緩了這一逆差。

　　孟加拉鴉片的神奇作用，其實不只上文所述。如本書第十八章所

54　Chang, *Commissioner Lin*, pp. 192-193, quoting Parl. Papers 'Memorials Addressed to Her Majesty's Government by British Merchants Interested in the Trade with China' (1840).

説，最早把它放到英國全球貿易的背景中審視的人，是埃倫伯勒伯爵。他曾是印度總督，並曾三度出任印度事務管理委員會主席，是這方面的權威，發言甚有份量。他説，賣到中國的孟加拉鴉片，是英國遍及全球的商貿鏈的重要一環。這條商貿鏈是這樣運作的：英國向美國購買棉花，開出在英國兑領的匯票。美國人將一部份匯票拿到廣州買茶葉。中國人用收到的匯票買印度鴉片。這些匯票有部份流回英國成為盈餘，其餘的拿到印度購買其他商品，或匯到印度成為私人財產，以及成為維持印度政府運作的資金。[55]

在中國售賣孟加拉鴉片所得的收益，有多少用於購買美國棉花？埃倫伯勒沒有細説。大概不是很多，因為大部份鴉片收益都拿去購買茶和絲。不過，將購買美國原棉所需成本，與在中國售賣孟加拉鴉片所得的收益作一比較，對我們會有所啟示。表 24.14 顯示，英國工業革命所需的美國棉花，約 38% 至 48% 可由鴉片收益來支付。

表 24.14 1854–1857 年孟加拉鴉片和美國棉花（計算實際價值）

（單位：100 萬英鎊）

年份	在中國銷售的孟加拉鴉片	購買美國原棉	鴉片收份入佔購買棉花成本的百份比（欄1÷欄2）
	1	2	3
1854	9.713	20.175	48.144
1855	9.302	20.849	44.616
1856	9.979	26.448	37.731
1857	11.970	29.289	40.869

資料來源：欄 1 數字取自表 24.12。欄 2 數字來自 Parl. Papers 1857-1858, v. 54, p. 13。欄 3 經四捨五入簡化。

八、中國白銀在印度經濟中的角色

我們在前一節發現，賣鴉片所得的收入用來購買中國茶和絲後，還剩下約 200 萬元的白銀。這僅僅是販賣鴉片一項的盈餘，還沒有計算英

---

55 Ellenborough, 26 February 1857, *Hansard*, 3d series, v. 144, cols. 1363.

國和印度商人賣到中國的其他貨物的收益。上文説到,在東印度公司壟斷英國對華貿易的最後一個年度,即 1833 至 1834 年,留有完整而可靠的相關貿易數字,該年度有總值 6,941,934 元的白銀被運出中國,是該公司貿易順差的結果。[56] 這些白銀流落何方?

有部份白銀運到英屬印度,協助解決當地缺乏鑄幣所需白銀的問題。[57] 印度對這種貴重金屬的需求愈來愈大,因為印度銀盧比是整個印度洋貿易網絡的通用貨幣。[58] 這些中國白銀有部份用來購買英國產品(尤其是在孟買),有的運到英國。[59] 有些則被英國和印度商人用來在東南亞購買香料和其他產品,運到印度再出口到中東。[60]

此外,這些剩餘白銀並不包括帕西人(Parsees)走私麻洼鴉片到中國所賺的巨額財富,因為麻洼鴉片一向不受東印度公司控制。賈姆希德吉·吉吉博伊(Jamshetji Jeejeebhoy,1783－1859)就把三千萬盧比的淨利潤存到孟買銀行。[61] 這還不算帕西人在中國已購買並運回印度的貨物,包括茶葉、絲製品、樟腦、肉桂、紅銅、黃銅和中國黃金等。[62] 總之,孟買的崛起和繁榮,大大得力於在中國做生意的印度和英國商人,[63] 而其繁榮的程度,從大量銀行接二連三地成立,可見一斑:1836 年孟加拉管區銀行(Presidency Bank of Bengal)成立,1840 年孟買管區銀行(Presidency Bank of Bombay)成立,1842 年西印度銀行(Bank of Western India,1845 年改名東藩匯理銀行〔Oriental Bank〕)成立,1855 年有利銀行(Mercantile Bank of India, London and China)成立。[64]

56　這個數字是比較表 24.3 和表 24.4 後得出的。

57　Bakhala, 'Indian Opium', pp. 310ff and 333.

58　見 W. H. Chaloner, 'Currency Problems of the British Empire', in Barrie M. Ratcliffe (ed.), *Great Britain and Her World, 1750-1914, Essays in Honour of W. O. Henderson* (Manchester, Manchester University Press, 1975)。

59　Bakhala, 'Indian Opium', pp. 310 and 333.

60　Ibid., pp. 310 and 341.

61　Sunil Kumar Sen, *The House of Tata, 1839-1939* (Calcutta, Progressive, 1975), p. 8.

62　Ibid., p. 9.

63　見 S. M. Edwardes, *The Rise of Bombay: A Retrospect* (Bombay, Times of India, 1902)。

64　Sen, *House of Tata*, p. 12.

　　過去的看法認為，英國從中國購入大量茶和絲，但中國沒有購買同
等價值的貨物；因此英國不得不把鴉片銷往中國以平衡收支。[65] 這並沒有
錯，但這種角度僅着眼於英國。筆者研究顯示，鴉片不但幫助英國平衡
對華貿易，還帶來了暴利，資助大英帝國在印度維持統治和擴張領土，
提供發展印度洋沿岸國家間貿易網絡亟需的白銀，幫助孟買和其他印度
城市成長，它令英國只需很低的起始成本，就能從中國取得茶葉和生
絲，還大大幫助了英國在全球實現收支平衡。

　　此外，這種對華貿易是印度向倫敦上繳貢金的渠道——英國想要中
國茶葉，但無需印度的產品諸如鴉片。由此獲得的中國茶葉，又可讓英國
抽稅，而茶葉稅收足以支付相當大部份的皇家海軍每年的開支（見本書第
二十二章）。由此取得的中國生絲，又維持了英國紡織廠的運作，令更多
貨船可以出洋運貨（見本書第二十三章）。因此，把目光僅僅投注於英國
一地，有着明顯的局限，因為國際關係和貿易愈來愈趨於複雜。格林伯格
固然注意到從印度到中國的貨物流動，以及從中國到英國的貨物流動——
所謂的「三角貿易」；但他的觀察卻完全沒有搔到癢處，未能看透印度和
英國重大經濟利益的重心，[66] 所有這些都依賴於一種商品——鴉片。

　　筆者把這種三角貿易的計算實際價值列出，結果見表 24.15。可惜的
是，欄 5 和欄 6 沒有顯示出印度向中國出口的全貌，也沒有顯示出中國
向印度出口的全貌，因為此三角貿易有些方面的統計數字付諸闕如，比
如由帕西人走私到中國的麻洼鴉片，其總值就無從得悉。帕西人從中國
購買貨品的價值，其數字也不大可能有記錄。如果能找到所有這些珍貴
數字，鴉片定會顯得更加舉足輕重。

65　首先提出這種論調的，是對這方面研究影響力最大的開山祖師馬士，見其 *The International Relations of the Chinese Empire*。尤其是第一卷，頁 540。

66　譚中以格林伯格的觀察為基礎加以發揚，見其 'The British-China-India Trade Triangle, 1771-1840'。

表 24.15 1854－1857 年三角貿易（計算實際價值）

年份	英國向中國出口貨品 1	英國從中國進口貨品 2	英國向印度出口貨品 3	英國從印度進口貨品 4	在中國的孟加拉鴉片銷售額 5	中國向印度出口貨品 6
1854	0.533	9.125	9.128	10.673	9.463	0.81
1855	0.889	8.747	9.949	12.669	9.052	0.92
1856	1.415	9.422	10.546	17.263	9.729	0.79
1857	1.729	11.449	11.667	18.650	11.721	0.62

資料來源：欄 1 數字來自 Parl. Papers 1857-1858, v. 54, p. 14；欄 2 來自同上，第 12 頁；欄 3 來自同上，第 15 頁；欄 4 來自同上，第 13 頁；欄 5 來自表 17.12 欄 4；欄 6 來自表 24.9 欄 1，當中不包括帕西人從中國所買貨品總值，因為這個總值沒有記載。

九、如果中國禁鴉片會怎樣？

中國在 1839 至 1840 年曾試圖嚴禁鴉片，結果導致鴉片戰爭，中國慘敗，被迫簽訂《南京條約》。中國雖敗，仍堅決抵制鴉片這一毒品的合法化。當時無論英國談判者如何力促，中國當局堅決不應允開禁鴉片。同時，英國決策者了解到只要鴉片在中國不合法，他們就難以保證自己的處境無憂。他們寢食難安，生怕有一天中國會理直氣壯地再次下令禁煙。

即使在鴉片戰爭的時候，巴麥尊子爵給英國全權公使的指示是：「如有英國臣民把中國明令禁止的貨物輸入中國，中國政府官員得予以查緝充公。」[67] 他向中國皇帝承認，中國政府有權查緝充公「所有他們在中國領土發現、違法帶入中國境內的鴉片」。因此，中國實行禁煙並非英國政府在 1840 年正式抗議的對象。若抗議，則從法治角度看是說不過去的。難怪巴麥尊把中國政府「抄查違禁鴉片」說成是「存心抓捕和平的英國商人」。[68]

因此，英國當局在鴉片戰爭後致力勸說中國政府將鴉片合法化，以

---

67   Lord Palmerston to the Plenipotentiaries (Admiral G. Elliot and Captain C. Elliot) Appointed to treat with the Chinese Government, Foreign Office, 20 February 1840, reprinted in full in Morse, *International Relations of the Chinese Empire*, v. 1, pp. 526-530: Appendix B, p. 629.

68   Lord Palmerston to the Minister of the Emperor of China, Foreign Office, 20 February 1840, reprinted in full in ibid., pp. 621-626: Appendix A, p. 623.

求符合法治精神，[69] 其後又試圖說服中國人修訂《南京條約》令鴉片開禁。[70] 兩次嘗試都以失敗告終，最終只好訴諸戰爭迫使中國修改法律。

以上種種解釋了為什麼「亞羅」號事件甫一出現，倫敦馬上抓住它作為開戰藉口，白廳早就和法國密謀發動這場戰爭。額爾金伯爵被委以爭取鴉片貿易合法化的重任。[71] 他是個心思細膩的人，覺得強迫一個戰敗國政府如此貽害無窮地改變它的法律非常卑鄙。所以，《天津條約》在1858年6月26日簽署時，額爾金伯爵並沒有試圖強迫中方把鴉片合法化。他在四個月後闡明自己的立場：

> 在天津時，我決定不向中國欽差大臣提出此事，這並非因為我懷疑這項貿易合法化能帶來的好處，而是因為我不能違背良知，迫使帝國〔中國〕政府放棄在此事上的一貫政策，屈服於我們在天津對它施加的壓力。[72]

額爾金伯爵沒有爭取鴉片合法化，令在華的鴉片私梟惴惴不安。《天津條約》第四十八、四十九款的條文尤其使他們憂心。第四十八款說：「英國商船若查有涉及走私，該貨無論式類、價值，全數查抄入官外，俟該商船賬目清後，亦可嚴行驅除，不准在口貿易。」第四十九款則說：「約內所指英民罰款及船貨入官，皆應歸中國收辦。」[73] 這是法律條文的字面意義，不但體現了額爾金的良知，還反映出當時中國政府雖敗而仍然力圖嚴禁鴉片的明顯決心。

於是就連美國商人也開始游說他們的駐華公使。如前所述，在加

69　見拙著《葉名琛與第二次鴉片戰爭》（廣州：廣東人民出版社，2020年）的相關部份。

70　克拉蘭敦勳爵明確指示包令「爭取把鴉片貿易合法化」。Clarendon to Bowring, Desp. 2, 13 February 1854, FO17/210.

71　Clarendon to Elgin, 20 April 1858, in *Earl of Elgin's Special Missions to China and Japan, 1857-59*, pp. 4-6: para. 11.

72　Elgin to Reed, Shanghai, 10 October 1858, in *Earl of Elgin's Special Missions*, pp. 398-399, para. 2. 列衛廉（William Reed）是美國駐華公使。

73　見 Treaty of Tientsin, reproduced in Michael Hurst (ed.), *Key Treaties for the Great Powers, 1814-1914* (Newton Abbot, David & Charles, 1972), p. 357。

爾各答拍賣的孟加拉鴉片，任何人都可以競拍，然後隨意運到任何地方
去。美國人也參與拍賣，買下鴉片運到中國，而且在數量上僅次於英國
人。例如，1857 年非法輸入上海的 32,000 箱孟加拉鴉片，超過 6,300 箱
屬於美國人。[74] 一名倍感受到威脅的美國商人想出一條妙計來：鑒於《天
津條約》第二十六款訂明「擬將舊則重修」，如能説服中國人據此規定修
訂關稅，把鴉片納入應課税的進口貨之列，那就等於事實上把鴉片視為
合法貨品了。他極力游説駐華公使列衛廉（William Bradford Reed），結
果成功地説服列衛廉採納他的建議。[75] 列衛廉又就此事游説額爾金，訴諸
他「崇高的責任感」，敦促以「利誘或威逼手段，令這凶險的困難局面有
所改變」，並保證「我將衷誠合作，以達成此事」。[76] 接着他提出很有力
的理由：「我冒昧建議，若想推動如此關鍵和能加澤於民的舉措，大概沒
有比現在更有利的時刻。因為現在東印度公司的特權以及它現時承擔的
責任，包括鴉片收入的收取與管理，正準備移交英國政府。」[77] 似乎由於
列衛廉給予了額外的推動力和支持，額爾金全面履行其訓令，巧妙地把
鴉片納入應課税的進口貨之列，從此，鴉片就可以冠冕堂皇地進入中國
了。[78] 過程是這樣的：

列衛廉特別提供有關上海中國官員所作所為的資訊，似乎影響了
額爾金的看法。這些官員違反本國法律，私下向鴉片這違禁品徵收每箱
二十四兩的税。列衛廉刻意強調自己不清楚在這些非法收入中，有多少
上繳當地官府庫房，有多少被人中飽私囊，因為這些收益從沒公開過。[79]
其實，發生這樣的事，似乎是兩江總督何桂清故意違反朝廷訓令，由此

74　Reed to Elgin, Shanghai, 13 September 1858, in *Earl of Elgin's Special Missions*, pp. 393-396: para. 12.

75　Letter from a U.S. merchant to William Reed, dated 28 August 1858, Shanghai, and in *Earl of Elgin's Special Missions*, pp. 396-8.

76　Reed to Elgin, Shanghai, 13 September 1858, in *Earl of Elgin's Special Missions*, pp. 393-396: para. 20. 為令自己的建議更具説服力，列衛廉附上那個美國商人的信函，見 ibid., pp. 396-398。

77　Reed to Elgin, Shanghai, 13 September 1858, in *Earl of Elgin's Special Missions*, pp. 393-396: para. 21.

78　Morse, *International Relations of the Chinese Empire*, v. 1, pp. 553-554.

79　Reed to Elgin, Shanghai, 13 September 1858, in *Earl of Elgin's Special Missions*, pp. 393-396: para. 13.

獲得對抗太平軍的經費。[80] 額爾金的反應可想而知：「我自當指示我的代表⋯⋯提醒中國政府官員注意⋯⋯閣下大函所明智地提出的關注。」[81]結果，中英雙方在 1858 年 10 月 13 日就《天津條約》第二十六款舉行第二次海關稅則談判時，額爾金就指示其代表提出中國海關正式向鴉片抽取關稅。中國代表沒有提出反對。如此這般，鴉片就神不知鬼不覺地合法化了。[82]

由此可見，印度鴉片確實是第二次鴉片戰爭的重要肇因之一，因為英國及其殖民地印度都靠它獲取可觀的經濟利益。馬士聲稱「鴉片貿易並非導致英國政府進行以簽訂《南京條約》告終的第一次對華戰爭的原因，也沒有引發以締結《天津條約》結束的第二次對華戰爭」。[83] 從本章發掘出來的材料及分析來看，此說站不住腳。

十、進一步評價「自由貿易帝國主義」的學説

影響了西方學壇大半個世紀的「自由貿易的帝國主義」學説認為，鴉片戰爭和第二次鴉片戰爭純粹是英國決心逼迫中國接受自由貿易的結果。[84] 例如，畢生研究鴉片戰爭但深受這種學説影響的美國華裔學者張馨保教授説：「自由貿易者所代表的經濟力量，力大無窮，勢不可擋」，[85] 言外之意是：鴉片戰爭與鴉片無關。本書本部份已力證其非。

80　皇帝和何桂清之類的地方領袖，有不同的關注重點，後者的當務之急是對抗太平軍，見郭衛民：〈何桂清與咸豐帝的對外政策之爭及其影響〉，《近代史研究》，1993 年第 6 期，頁 77－89。

81　Elgin to Reed, Shanghai, 19 October 1858, in *Earl of Elgin's Special Missions*, pp. 398-399: para. 3.

82　Report on the Revision of Tariff etc., enclosed in Elgin to Malmesbury, Shanghai, 22 October 1858, in *Earl of Elgin's Special Missions*, pp. 400-403. 其時馬姆斯伯里勳爵取代克拉蘭敦勳爵出任外交大臣。

83　Morse, *International Relations of the Chinese Empire*, v. 1, p. 539.

84　正如前述，該學説由劍橋大學兩位帝國史專家所首創。見 John Gallagher and Ronald Robinson. 'The Imperialism of Free Trade', *Economic History Review*, second series, 6, no. 1 (1953), pp. 1-15. 在中國近代史中將其發揮得淋漓盡致者，則見 Hsin-pao Chang, *Commissioner Lin and the Opium War* (Cambridge, MA: Harvard University Press, 1964) 和 John King Fairbank, *Trade and Diplomacy on the China Coast: The Opening of Treaty Ports, 1842-54* (Cambridge, MA: Harvard University Press, 1953).

85　Chang, *Commissioner Lin*, p. 15.

　　又例如，牛津大學的克里斯托弗‧普拉特教授也認為鴉片與鴉片戰
爭風馬牛不相及，理由之一是：「《南京條約》甚至連鴉片都沒有提及。」
理由之二是：在信奉自由貿易的人心目中，推動自由貿易確實一直念茲
在茲。[86]

　　關於理由之一：竊以為《南京條約》沒有提及鴉片，並不表示鴉片
戰爭與鴉片無關。如前所述，政策制訂者往往有其他考量，不以時代的
熱情為唯一依歸，[87] 他們的考量之一，就是鴉片對印度殖民地財政收入、
對英國財政收入（來自茶葉稅），以及作為全球貿易重要媒介的重要性。

　　至於理由之二：竊以為如果英國政策制訂者確實是把自由貿易奉為圭
臬，那麼他們最優先考慮的事之一，當然就是停止壟斷孟加拉鴉片業，
讓私營企業自由參與。但他們並沒有這樣做。事實上，當英國最早獲得
孟加拉地區的控制權時，他們完全可以自由決定怎樣處理鴉片問題。孟
加拉總督沃倫‧黑斯廷斯（Warren Hastings）早在 1773 年就向孟加拉參
事會（Bengal Council）提出三個選擇：第一，實行契約壟斷，即向個人
或團體授予種植和販賣鴉片的獨家特許權；第二，專賣局壟斷，即由東印
度公司一手包辦鴉片生產、製造和銷售事宜；第三，撤除所有限制，放
任自流，實行自由貿易，即農民可以自由種植罌粟，所有商人無論何人
均可從事鴉片買賣。儘管黑斯廷斯總督天天將自由貿易原則掛在嘴邊，
但他建議實行的卻是契約壟斷，理由是：雖然自由貿易有利於一般商業，
但鴉片不是一般商品，而是「有害的奢侈品，除供銷售外國之用外，不
應容許使用」。[88] 結果，契約壟斷獲得採納。[89] 黑斯廷斯總督後來為自己的
做法辯解，重點是：在三種選擇當中，契約壟斷為公司庫房帶來最大的

86　Platt, *Finance, Trade, and Politics*, p. 265, quoting Sargent, *Anglo-Chinese Commerce and Diplomacy*, p. 87.

87　有關自由貿易的熱情，見 Bernard Semmel, *The Rise of Free Trade Imperialism: Classical Political Economy, the Empire of Free Trade and Imperialism, 1750-1850* (Cambridge University Press, 1970)。

88　Letter from the president [Warren Hastings], Proceedings of President and Council, 15 October 1773, *Ninth Report from the Select Committee*, 1783 (henceforth cited as *Ninth Report*, 1783), App. 59A, quoted in Owen, *British Opium Policy*, pp. 22-23. 歐文似乎深受這種觀點影響，並在書中以同樣的理由為鴉片壟斷辯護（尤其頁 25 與 34）。

89　*Ninth Report*, 1783, App. 61, quoted in Owen, *British Opium Policy*, p. 23.

利潤。[90] 可見，當時這個問題的決定性因素是實際經濟利益，而非抽象的自由貿易原則。

到 1797 年，東印度公司再一次受務實思想驅使，向絕對控制再邁進一步。在這一年該公司自己壟斷了孟加拉鴉片生意。[91]

十一、獨家控制中國鴉片市場

英國把鴉片的壟斷操控，從孟加拉的鴉片源頭延伸至中國的市場。控制中國市場的重要性不言而喻：沒有競爭，鴉片出口商才能獲取豐厚利潤；有了競爭，中國所付的購貨價就會被壓低。為了深入分析，我們必須把孟加拉鴉片的來龍去脈重新審視。

長期以來，孟加拉鴉片在中國沒有競爭對手。儘管中國也從土耳其和波斯進口鴉片，但它們無法威脅到孟加拉鴉片。因為，中國鴉片煙民認為它們品質較差，不合口味。[92] 但在 1803 年，印度總督韋爾斯利侯爵（Marquis Wellesley）首次得悉有麻洼鴉片這個重要競爭對手時，大吃一驚，立即下令調查，發現它出產於印度中部的獨立土邦，然後運到沿岸港口輸出，而其中一個港口就是英屬孟買。

韋爾斯利總督決定馬上採取措施「阻止那種商業繼續壯大，並最終要全面控制它」。[93] 釜底抽薪的辦法是吞併印度中部的獨立土邦，從而控制麻洼鴉片的源頭，就像控制孟加拉鴉片一樣。但由於這種方法暫時無法實現，補救措施就是禁止麻洼鴉片取道孟買出口。但孟買不是唯一的出口港，從葡萄牙人控制的達曼（Daman）也能裝船出口，另外還有幾個土著控制的轉口港。孟買的禁令只不過是改變了出口路線，令其取道達

90　Bond, *Speeches in the Trial of Warren Hastings*, v. 2, p. 504.

91　Court of Directors to the Governor-General in Council (separate revenue), 5 May 1799, in India Office Despatches to Bengal, v. 33, quoted in Owen, *British Opium Policy*, p. 44.

92　此外，少數北印度生產的鴉片也經尼泊爾和拉薩流入中國新疆，但沒有進入中國的主要市場。見 Bakhala, 'Indian Opium', chapter 5。

93　India Office Bengal Consultations, Governor-General in Council to the Government of Bombay, 20 June 1803, quoted in Owen, *British Opium Policy*, p. 83.

曼和第烏（Diu）。[94]

韋爾斯利趕緊和統治果阿（Goa）的葡萄牙總督交涉，希望能達成協議，阻止印度的葡屬殖民地被用作轉口港，他很有信心「從此不會再有麻洼鴉片出口到中國市場」。[95] 但是他錯了，葡萄牙當局並不願意如他所想的那麼合作。

東印度公司遂改變策略，讓麻洼鴉片無限制地途經孟買出口，但向其徵收出口關稅。因此在 1823 年成立麻洼鴉片管理局。[96] 雖然這為孟買帶來收入，卻沒能掃除孟加拉鴉片在中國市場所面對的競爭。英國人這時已在考慮另一個方法，就是「以合理價格提供規模龐大的供應擠掉競爭，從而控制市場」。[97]

這是三管齊下的策略。第一是不惜代價增加孟加拉鴉片產量。新任孟買總督本廷克勳爵（Lord Bentinck）偕同稅務局人員到恆河上游巡視，尋找新的種植地點。[98] 試種計劃獲得撥款支持。[99] 大量人力物力用於在新的地區種植罌粟，[100] 並且不惜對農民採取強迫手段。[101] 產量於是大幅增加。[102] 第二個策略是全數收購麻洼的罌粟收成，以控制供應中國的麻洼

94　Richards, 'Peasant Production of Opium', v. 15, p. 65; Owen, *British Opium Policy*, p. 101.

95　India Office Letters from Bengal, v. 49, Governor-General in Council to the Court of Directors (public general), 7 June 1806, quoted in Owen, *British Opium Policy*, p. 84.

96　India Office, Bengal Board of Revenue, Miscellaneous Proceedings (Opium), 27 June 1823, R. 102, v. 35, no. 3, paras. 34 and 40, quoted by Bakhala, 'Indian Opium', chapter 3, n. 36. 由這個財源獲得的收入，在 1830 年開始相當固定地列出（Parl. Papers 1865, v. 40, pp. 85-87）。有些來自這方面的收入列入 Parl. Papers 1822, v. 17, p. 560，但顯然不是由中央規劃的長期政策的一部份。

97　India Office Letters from Bengal, v. 81, Governor-General in Council to the Court of Directors (territorial: salt and opium), 30 July 1819, quoted in Owen, *British Opium Policy*, p. 87.

98　Ibid., v. 114, Governor-General in Council to the Court of Directors (separate revenue), 8 February 1831, quoted in Owen, *British Opium Policy*, p. 106.

99　Ibid., v. 118, Governor-General in Council to the Court of Directors (separate revenue), 10 April 1832, quoted in Owen, *British Opium Policy*, p. 107.

100　India Office, Bengal Board of Revenue, Miscellaneous Proceedings (Opium), 3 August 1830, quoted in Owen, *British Opium Policy*, p. 107.

101　Ibid., 26 October 1830, quoted in Owen, *British Opium Policy*, p. 108. 另見 B. Chaudhuri, 'Regional Economy', p. 327。

102　至 1856 年第二次鴉片戰爭爆發時，鴉片產量相當於 1830 年的四倍半。

鴉片數量。但這個意圖曝光後，獨立土邦種植罌粟的面積激增，[103] 因此效果適得其反。第三個方案是與相關土邦領袖簽署條約，堵塞麻洼通往海岸的道路。但並非所有人都答應，就算那些簽了條約的土邦領袖，也會出爾反爾。因為他們邦內勢力龐大的經濟團體強烈反對，這些經濟團體包括商人、銀行家、放債人兼小貿易商，以及龐大的鴉片種植者群體，他們全都得益於這種毒品的「自由」貿易。[104] 儘管取道信德（Sind）的卡拉奇（Karachi）通向葡屬達曼的路線迂迴難走，也很花錢，但卻仍然絡繹不絕，而且「私人貿易商很懂得隨機應變，會把業務轉移到沒有限制干擾的領土」。[105] 據估計，1834 至 1835 年，共有 5,600 箱鴉片從達曼出口，而取道孟買出口的則有 7,000 箱。[106]

　　最終解決方法在 1843 年誕生：繼任印度總督的埃倫伯勒伯爵武力吞併了信德；此後，所有麻洼鴉片都必須通過英國領土才能出口。[107] 此外，英國人藉着調整麻洼鴉片取道孟買的通行費，也就能控制麻洼鴉片的售價。

　　這種新的局勢，解釋了表 24.10 欄 2 所示、向麻洼鴉片徵收費用的變化。從 1830 至 1835 年，向麻洼鴉片徵取的費用是每箱 175 盧比。[108] 在

---

103 India Office, Bengal Board of Revenue, Miscellaneous Proceedings (Opium), 9 March 1824, Samuel Swinton to the Board of Customs, Salt, and Opium, 17 February 1824; Third Report from the Select Committee, App. 4, p. 28, Abstracts on Malwa Opium, Bengal Political Consultations, 25 October 1822; both quoted in Owen, *British Opium Policy*, p. 90.

104 B. Chaudhuri, 'Regional Economy', p. 313.

105 Third Report from the Select Committee, App. 4, p. 33. Abstracts on Malwa Opium, quoted in Owen, *British Opium Policy*, p. 93. 顯然主要路線是由麻洼經巴利（Pali）、傑伊瑟爾梅爾（Jesalmir）和卡拉奇到達曼。見 Morse, *International Relations of the Chinese Empire*, v. 1, p. 177, n. 18。

106 India Office, Letters from Bombay, LXI, Government of Bombay to the Court of Directors, 2 July 1835, quoted in Owen, *British Opium Policy*, p. 101, n. 61. 我們不能使用今天的曼達去衡量 1835 年的曼達。比如在今天利物浦的默西賽德（Merseyside），幾乎不見出口遠渡重洋的船舶。但 1896 年 9 月 30 日孫中山抵達默西賽德時，那裏卻是檣桅雲集，各色遠洋輪船、乘客和貨物輻湊之地（見拙著《孫逸仙倫敦蒙難真相》）。

107 Owen, *British Opium Policy*, p. 102.

108 在 1830 年這個收費制度確立之前，對於應徵多少費用，才不致把貿易逼到達曼，曾有一番辯論。孟賞覺得應徵收每箱鴉片 250 盧比，加爾各答則認為 175 至 200 盧比之間較為妥當。結果採用最低的 175 盧比。一箱鴉片的標準重量約為 140 磅。有關這些，見 Owen, *British Opium Policy*, p. 101。

1835 年，人們發現許多麻洼鴉片捨英屬孟買而改途前往葡屬達曼，再由葡屬達曼的帕西人將鴉片裝船運走，[109] 英屬孟買遂把收費減至每箱 125 盧比。[110] 收費維持在這個水平約八年，取道英屬孟買出口的鴉片數量顯著增加。[111] 英國在 1843 年吞併了信德之後，卡拉奇成為英國港口，結果如要從拉傑普塔納（Rajputana）和印度中部到達海岸，就非經過英屬領土不可。此後，英屬孟買的過路費增至每箱 200 盧比，接着在兩年間再升至 300 盧比，再過兩年升至每箱 400 盧比。結果是：雖然在 1840 至 1843 年這方面的收益只有每年 225,000 英鎊多一點，但到了 1848 至 1849 年卻激增至 887,000 英鎊。[112]

特別值得注意是 1859 至 1862 年間的每年急升。表 24.9 顯示，那幾年孟加拉鴉片供應嚴重短缺。如果任由大量供應的麻洼鴉片充斥市場，鴉片價格就會暴跌。激烈競爭會大大壓低利潤，令某些商品變得無利可圖。但如果向途經英屬孟買出口的麻洼鴉片徵收高昂通行費，就能收一箭雙鵰之效：第一是遏止麻洼鴉片無限制地流入中國；其次是藉此提高麻洼鴉片在中國的售價，降低它對買家的吸引力。從圖 24.5 和 24.6 可見，這個策略似乎有些奏效。儘管供應偶有波動，但已穩定在人們眼中可以接受的水平。1863 至 1864 年孟加拉鴉片供應量再次增加，向麻洼鴉片徵收的通行費就每箱減少了 100 盧比（由 600 減至 500 盧比）。[113]

因此，印度的英國殖民當局能夠獨家控制供應中國市場的鴉片數量，手段之一是靠調整對麻洼鴉片徵收的通行費。他們能夠如此為所欲為，是因為他們吞併了信德之後，孟買成為印度中部內陸眾多獨立土邦唯一的出口港。好處還不止此：英國人控制了麻洼鴉片出口的所有通道

109　如前所述，在 1834 至 35 年度，估計約有 5,600 箱麻洼鴉片從達曼出口，而經孟買出口的則有 7,000 箱。Government of Bombay to the Court of Directors, 2 July 1835, India Office Letters from Bombay, LXI, quoted in Owen, *British Opium Policy*, p. 101, n. 61. 另見 Morse, *International Relations of the Chinese Empire*, v. 1, p. 177。

110　Owen, *British Opium Policy*, p. 101. 另見 Morse, *International Relations of the Chinese Empire*, v. 1, p. 177。

111　Owen, *British Opium Policy*, p. 102.

112　Ibid., pp. 102-103.

113　見表 24.10。

後，由於麻洼鴉片售價只及孟加拉鴉片一半，控制了麻洼鴉片向中國的出口量，就能削弱競爭對手土耳其和波斯這兩大鴉片貨源的發展。[114] 有人更認為，麻洼鴉片低廉的價格，能使中國人不再去自行種植鴉片。[115]

十二、兼併信德的背後隱藏着什麼？

對於吞併信德之舉，英屬印度總督埃倫伯勒伯爵如何辯解？他私下聲稱，吞併信德是出於財政理由，可以彌補在中國和阿富汗的戰事所引致的損失，因為他期望信德每年可帶來 50 萬英鎊的淨利潤。[116] 這一說法令一些歷史學家感到驚訝，其中有人說：「但埃倫伯勒對於他所講的一套，可能自己也不相信，這是理所當然，因為信德直至英屬印度殖民地結束之日還是入不敷出。」[117]

歷史學家為埃倫伯勒總督吞併信德而感到驚訝是很正常的，因為埃倫伯勒語焉不詳，只說出了部份事實。有必要解釋的是，首先，所謂「淨利潤」不是在信德本身獲得，而是在孟買，並且這好處不是由信德享有。其次，根據表 24.10 欄 3，在 1842 至 1843 財政年度，即吞併前一年，向途經孟買的麻洼鴉片徵收的通行費合共 243 萬盧比，即約 24 萬 2 千英鎊。埃倫伯勒有充份理由期望吞併了信德之後，所有出口往中國的麻洼鴉片都會取道孟買，令通行費賺取的收益倍增。[118] 結果更超出他的預期，幾年後，該收入超過 60 萬英鎊。由於這筆收入幾乎是無本生利（見表 24.10 欄 4），埃倫伯勒將之稱為「淨利潤」，十分貼切。就此而言，埃倫伯勒所言全是事實。

---

114 Richards, 'Peasant Production of Opium', v. 15, p. 66.

115 同上註。事後證明這種想法過於樂觀。中國人最終自行生產鴉片，比麻洼鴉片更便宜，並且最終取代印度鴉片的霸主地位。

116 Governor-General, Secret Consultations, Bengal Secret Letters (1) 28, 419; Ellenborough to Wellington (private), 22 April 1843, PRO 30/12/28/12; Ellenborough to Fitzgerald (private), 22 April 1843, PRO 30/12/77, all quoted in M. E. Yapp, *Strategies of British India: Britain, Iran and Afghanistan* (Oxford, Clarendon Press, 1980), pp. 488 and 624.

117 Yapp, *Strategies of British India*, p. 488.

118 此外，如我們所見，那些收費是可以隨時調高以增加收入。

　　埃倫伯勒在官方和不公開情況下都沒有透露的是：那筆淨利潤是來
自徵收那些準備出口到中國的麻洼鴉片的通行費，而費率會增至原來的
兩倍乃至四倍。目的是控制中國的鴉片市場，掃除對孟加拉鴉片的競爭
對手，並且先發制人地阻止可能來自波斯和土耳其的競爭。

　　吞併信德後引發了激烈爭議，埃倫伯勒在這些爭議中一直對鴉片收
入的議題三緘其口，直到十多年後才稍露口風。[119] 他保持緘默是有充份
理由的。1824 年東印度公司為了壟斷麻洼鴉片，與地方王公簽署條約，
在印度掀起一片抗議之聲，甚至連英國官員都頗有微詞。[120] 例如，住在德
里的查爾斯‧梅特卡夫爵士（Sir Charles Metcalfe）抱怨說：「那些官員
理應負起保護一方平安之責，代表家長般的無上權威，現在卻自甘充當鴉
片壟斷的低級代理人，忙於四處搜查充公。」[121] 儘管埃倫伯勒發現了壟斷
麻洼鴉片的方法，但若把這項成就到處吹噓，在政治上是非常不明智的。

　　許多印度史學家把吞併信德歸因於查爾斯‧內皮爾將軍（General Sir
Charles Napier）的虛榮心和好大喜功，[122] 指責內皮爾是「埃倫伯勒的信
德政策的代理人」。[123] 即使埃倫伯勒在十多年後透露真相，說鴉片是決定
吞併信德的重要因素，這些歷史學家也不肯相信。[124] 另一些史學家也注意
到內皮爾的個人野心，但他們認為吞併信德是邊界防衛策略的一部份，

119　C. J. Napier, *Defects, Civil and Military, of the Indian Government* (London, Charles Westerton, 1853), p. 357. 他其後在 1857 年國會有關「亞羅」號事件的辯論中，詳述鴉片對於印度財政收入和英國全球貿易的重要性（見本書第十五章）。相信吞併信德是緣於內皮爾好大喜功的歷史學家，已經先入為主，自然不信埃倫伯勒勳爵的說法。如見 H. T. Lambrick, *Sir Charles Napier and Sind* (Oxford, Clarendon Press, 1952), p. 365。

120　見 Owen, *British Opium Policy*, pp. 92-101。

121　India Office Bengal Political Consultations, minute by Sir Charles Metcalfe, 10 October 1827, quoted in Owen, *British Opium Policy*, p. 95.

122　如見 Lambrick, *Sir Charles Napier and Sind*。蘭布里克（Lambrick）很適當地從合理的角度審視備受爭議的吞併信德之舉。本書提出的鴉片問題，為探討這個仍然聚訟紛紜的課題，提供了另一種視角。有關直至蘭布里克時代為止的學術研究的評估，見 Vincent A. Smith, *The Oxford History of India* (Oxford, Clarendon Press, 1958), p. 619。

123　Yapp, *Strategies of British India*, p. 485.

124　如見 Lambrick, *Sir Charles Napier and Sind*, p. 365。

目的是保衛英屬印度免受來自西北方的攻擊。[125] 這兩種解釋筆者都予以充份關注，但需要強調的是，吞併信德的主因，是英屬印度想要控制麻洼鴉片的流通量，藉以壟斷中國的鴉片市場。這是英國領土擴張的經典例子，向某地的擴張，並非因為該地值得併吞，恰恰是「醉翁之意不在酒」。[126] 同樣地，要解釋英國為何奪取拉各斯（Lagos），就要明白英國覬覦的是其內陸腹地；而要解釋英國何以要奪取亞丁（Aden），則要明白它的重要戰略地位，因為亞丁本身沒有太大價值。[127]

讓我們審察上述三個關於吞併信德的解釋。首先，三種解釋並非互相排斥的。其次，這事件可以視作印度殖民政府策劃的「經濟帝國主義」行動，而內皮爾等人的所作所為，可視為「次帝國主義」（sub-imperialism）的例子，其動機是想贏取榮譽，或者獲得更實質的個人利益，而以戰略上的憂慮為幌子，將自己的行動合理化。

需要指出的是，鴉片通行費是在孟買徵收，而非在信德。箇中玄機在於英國把信德納入其控制之後，就能把所有麻洼鴉片引導到孟買，並藉此控制麻洼鴉片對中國市場的影響。因此，在結算賬目時，這筆收入不會出現在信德的收支記錄中。這令英國內閣很為難，它要為埃倫伯勒辯護，以免「政府遭受來自保守黨內外人士的批評」，[128] 但又必須替他保守秘密。另一方面，政府在刊印信德往來函件供國會辯論之用前，也不得不修改函件，刪除內皮爾所用的強烈言語。[129] 當局沒有公開與信德相關的統計數字以供審檢，這一點並不意外。十年之後，即在 1853 至 1854 年，當局已經

125　如見 Yapp, *Strategies of British India*, pp. 1-2 和 484-485。他的主要論點是：「英國外交政策的關注重點是在歐洲，所以在審視其印度策略時，亦須從該關注重點出發。」（同上，頁 19）因此，英國人眼中法國對印度的威脅，以及其後俄國對印度的威脅，就被視同是對英國的威脅的一部份。他還發現，引發印度多場戰爭的基本原因，是為刻意在人們面前製造出英國所向無敵的印象。「如果與英國勢力為敵的印度人相信反叛沒有勝算，就不敢輕舉妄動。因此，英國在印度的統治永不容挑戰，永不容挫敗，要令人覺得它是一股自信和所向披靡的勢力，一直維持這種印象。那基本上是虛張聲勢，但不容點破，而維持這種印象是英屬印度大多數戰爭的根源。」（同上，頁 12）。

126　R. J. Gavin, 'Palmerston's Policy towards East and West Africa, 1830-1865'. Unpublished Ph.D. thesis, University of Cambridge, 1959, p. i.

127　同上註。

128　Yapp, *Strategies of British India*, pp. 493-494.

129　Ibid., p. 495.

不怕公開數字時，信德明顯仍然是年年虧損（見表 24.16）。[130]

　　再過一年，更為詳盡的信德資料報告面世，報告中不但記載了總收入，還有淨收入和駐軍的實際成本。由於信德被吞併後就成為英屬印度的邊境，英國須在當地部署大量兵力。此外，信德的部族對英國佔領其領土深惡痛絕。表 24.17 顯示，僅是駐軍的實際成本就常常超過淨收入。但信德很有價值，保住它十分划算，不但可在孟買徵收鴉片通行費，更能藉之壟斷中國的鴉片市場。至於信德的赤字，比較表 24.10 欄 3 和表 24.16 欄 3 可見，孟買徵收的通行費數額，是該赤字的數倍之多，以之彌補綽綽有餘。

表 24.16 1851－1860 年信德虧損

（單位：100 萬英鎊）

年份	總收入	支出	虧損 （欄2－欄1）	開支佔收入的百分比 （欄2÷欄1）
	1	2	3	4
1851－1852	—	—	—	—
1852－1853	—	—	—	—
1853－1854	0.23	0.51	0.28	221.74
1854－1855	0.33	0.49	0.16	148.48
1855－1856	0.31	0.55	0.24	177.42
1856－1857	0.36	0.57	0.24	158.33
1857－1858	0.43	0.74	0.31	172.09
1858－1859	0.43	0.82	0.39	190.70
1859－1860	0.46	0.88	0.42	191.30

資料來源：1853 至 1856 年資料，來自 Parl. Papers 1857, Session 2, v. 29, p. 78；1856 至 1857 年資料，來自 1857-1858, v. 42, p. 94；1857 至 1858 年資料，來自 1859, Session 2, v. 23, p. 188；1858 至 1859 年資料，來自 1860, v. 49, p. 228；1859 至 1860 年資料，來自 1861, v. 43, p. 112。欄 3 和欄 4 是筆者自行計算。

130　這種虧損可以部份解釋，在塔爾普爾的米爾（Talpur Mirs, 1782－1843）管治下，統治者不大注重農業，還把大片耕地改為狩獵場，不管這樣有損政府的財政收入。1843 年英國開始統治後改善農業，財政收入增加。見 V. D. Divekar, 'Regional Economy (1757-1857): Western India', in Kumar (ed.), *The Cambridge Economic History of India*, v. 2, p. 333。但是，如我們所見，即使是英國統治十年後，信德仍然虧損嚴重。當地主要作物是稻米，其次是高粱、御穀和小麥（同上，頁 337）。英國人曾想在信德種植美國棉花，就像在印度西部其他地區那樣，但「政府一切努力幾乎在所有地方都慘淡收場，唯一例外的只有達瓦爾（Dharwar）」（同上，頁 338）。信德繼續虧損一點不稀奇。

表 24.17 1851－1860 年信德駐軍實際成本

（單位：100 萬英鎊）

年份	總收入 1	淨收入 2	支出：駐軍實際成本 3	駐軍實際成本佔收入的百份比 （欄 3÷ 欄 2） 4
1851－1852	0.24	—	—	—
1852－1853	0.26	—	—	—
1853－1854	0.25	—	—	—
1854－1855	0.33	0.19	0.19	100.00
1855－1856	0.31	0.13	0.18	138.46
1856－1857	0.36	0.16	0.16	100.00
1857－1858	0.43	0.23	0.21	91.30
1858－1859	0.43	0.23	0.24	104.35
1859－1860	0.46	0.26	0.29	111.54

資料來源：Parl. Papers 1861, v. 43, p. 257。欄 4 是筆者的計算。

　　吞併信德的時機也很耐人尋味。它發生在 1843 年，即《南京條約》簽署後一年，該條約增闢了四個中國口岸供外國通商，令中國的鴉片銷售有可能擴大。由於埃倫伯勒伯爵曾清楚說明印度鴉片在全球商業中的作用，[131] 他在《南京條約》簽署後翌年就決定吞併信德，箇中原委值得深思。筆者這樣說並沒有輕視本地政治環境（如內皮爾的角色）的重要性，也沒有低估英屬印度的區域戰略考量（和倫敦對此的觀感），例如需要建立守得住的邊界防線等。

　　在 1843 年，埃倫伯勒伯爵並不是除了吞併信德外別無他選的。相反，駐紮在信德地區的英國政治專員詹姆斯・烏特勒姆（James Outram）與統治信德地區各酋長（專稱 Amirs）關係融洽。後來烏特勒姆專員為了向埃米爾施壓，好令自己在有關希卡布爾（Shikarpur）的談判中取得上風，才在 1842 年 2 月首次通知他的政府：有報告指稱埃米爾有不忠跡象。[132] 那是無中生有的，他所說的都是一些瑣碎小事。[133] 雖然埃倫伯勒伯

131　見本書第十九章，尤其是關於埃倫伯勒發言的部份（Ellenborough, 26 February 1857, *Hansard*, 3d series, v. 144, col. 1363）。

132　Outram to Willoughby (private), 22 February 1842; Outram to Colvin (private), 27 February 1842, ESL 84, 86, and 89/25, 22 February 1842, all quoted in Yapp, *Strategies of British India*, pp. 482 and 623.

133　Yapp, *Strategies of British India*, p. 485.

爵不相信烏特勒姆專員的説法，但強烈暗示內皮爾應假設證據真實，並據此策劃軍事行動。[134] 內皮爾求之不得，遂向信德地區眾酋長提出種種苛求，並且不留任何迴旋餘地。「海爾布爾（Khairpur）的酋長答應了，但對內皮爾來説，這答應來得太慢，他已派大軍進攻」，[135] 並打敗他們。海得拉巴（Haidarabad）的酋長大驚，遂簽署條約，之後又拿起武器反抗，但最終也被擊潰。[136]

內皮爾身為軍人，大概認為佔領信德是戰略上必然之舉；[137] 另一方面，他是擁有拳拳報國心又感到有志難伸的愛國者，[138] 可能視吞併信德為最後可帶來財富和榮耀的手段。[139] 不過，鼓勵他攫取信德的人正是埃倫伯勒伯爵。埃倫伯勒像其前任韋爾斯利勳爵和本廷克勳爵一樣，心中盤算着大局。這樣看來就毫不奇怪了，在英國有關信德的辯論完全從道德層面出發，例如信德地區眾酋長受到如何不公平對待等等，[140] 埃倫伯勒伯爵則對鴉片問題始終秘而不宣。

十三、三評「自由貿易的帝國主義」學説

如果埃倫伯勒伯爵説，吞併信德為的是保證英國能壟斷中國鴉片市場，必將惹來口誅筆伐。反對東印度公司壟斷孟加拉鴉片的聲音日益高漲，有鑒於此，國會早在 1830 至 1832 年就委任專責委員會進行公開調查。那時候關注的重點是：如果取消鴉片壟斷，有沒有其他令人更為滿意的獲利方法。當時提出了三個替代方法：增加對罌粟田的估價，徵收鴉片消費税，或徵收鴉片出口税。最後，調查發現這幾個方法都不理想，無

134　Ellenborough to Napier, 24 November 1842, ESL 90, 64/62, 20 December 1842, quoted in Yapp, *Strategies of British India*, pp. 486 and 623.

135　Ibid., p. 486.

136　Ibid., p. 487.

137　Ibid., p. 485.

138　Ibid., p. 484.

139　Ibid., p. 484-485.

140　Ibid., p. 492.

法達到壟斷所得的利潤。如詹姆斯‧密爾（James Mill）作證說：「現時來自鴉片的收益非常龐大，而且尚算穩定。我認為政府無論抽什麼稅或如何改變制度，都難以獲得更大或同等金額。」[141] 他還強調鴉片壟斷獲得的收益完全來自外國消費者，而所有替代方法全由英屬印度本身承擔。[142] 而那些替代方法都是「向印度一窮二白的人口徵收額外稅項」。[143]

詹姆斯‧密爾是哲學家約翰‧密爾（John Stuart Mill）之父，也是經濟學家李嘉圖（David Ricardo）的恩師。[144] 他是政治經濟俱樂部的創始成員，一心信奉自由放任資本主義，也曾受僱於東印度公司倫敦總部。[145] 他對鴉片壟斷所持的立場，代表了英國許多政客從現實利益着眼的經濟觀點。結果國會認為鴉片壟斷應維持不變，因此鴉片壟斷兩度避開了被取消的命運。在 1890 年代，英國又特別成立皇家委員會來檢討印度的鴉片壟斷，第三次嘗試取消鴉片壟斷，但還是未能成功。對此下文將會談到。

直到 1830 至 1832 年進行的那個公開調查，才同時檢討了東印度公司獨佔英國對華貿易的權利。大多數意見認為，禁止私人貿易商在廣州做生意，令英國商界與其他歐洲人競爭時束手束腳；那麼，無論東印度公司在廣州的壟斷做得多出色，「英國都要為此付出代價」。[146] 結果，該公司的壟斷權被撤銷。[147]

由此可見，決定維持或取消某一壟斷背後的理由，顯然不是自由貿易思潮，而是英國的國家利益，着眼點是此策略能否為大英帝國帶來最大利益。因此，印度鴉片壟斷和英國茶葉稅一樣，雖然多次為自由貿易者所詬病，但還是屹立不倒。

---

141 J. Mill's evidence, 28 June 1832, in Parl. Papers 1831-2, v. 11, Q3040.

142 Ibid., Q3024.

143 Harcourt, 'Black Gold', p. 5.

144 李嘉圖（1772－1823），人稱「古典政治經濟學派」的主要奠基人。其父是定居美國的猶太裔荷蘭人。李嘉圖從沒有接受經典訓練，但在倫敦證券交易所工作令他變得很富有。他在 1799 年讀到亞當‧斯密（Adam Smith）的《國富論》（*Wealth of Nations*），1817 年寫出著名的《政治經濟學及賦稅原理》（*Principles of Political Economy and Taxation*）。有關其著作的現代分析，見 Samuel Hollander, *Ricardo, the New View: Collected Essays* (London, Routledge, 1995)。

145 J. Mill's evidence, 28 June 1832, in Parl. Papers 1831-1832, Q2991.

146 W. S. Davidson's evidence, 11 March 1830, in Parl. Papers 1830, v. 5, Q3049.

147 見拙文 'Monopoly in India', pp. 79-95。

　　筆者必須再次強調，我們必須把英國決策者和英國自由貿易商清楚地區分開來，絕對不能混為一談，這十分重要。制訂政策的人堅決維持茶葉稅和鴉片壟斷，因為兩者皆能帶來可觀的財政收入。收入不足政府就無以為繼。自由貿易商或許會說，政府可以靠削減開支或開徵其他稅項來取代來自茶葉稅和鴉片的收入。但應削減哪方面的開支？皇家海軍的預算嗎？這會危及英國的全球利益和國際地位。應開徵哪種新稅，恢復哪種稅項，或增加哪種稅項？人頭稅嗎？增加人頭稅會令政府大失民心。

　　結果，英國在 1840 年代雖然開始永久推行入息稅；[148] 但高昂的茶葉稅和鴉片壟斷仍然繼續，部份原因是英國政府需要額外的資金來支持大英帝國不斷擴張和保護領土。獲得新領土未必能帶來額外收入。例如，我們看到吞併信德後帶來財政負擔，要靠孟買控制麻洼鴉片賺取的收入彌補。另外，也可以開發新的經濟作物，還可擴大現已在印度栽種的作物，但直至第二次鴉片戰爭時期，這方面的成效仍然甚微。[149] 如表 24.18 所示，到了 1860 至 1861 年，與印度另外兩大宗出口貨物棉花和藍靛相比，鴉片仍然是最重要的出口商品。[150] 圖 24.7 也顯示，到了世紀中葉，鴉片出口數量之大，使到另外兩種貨品望塵莫及。

148　入息稅最早是在 1797 年由皮特（Pitt）引入，其後被阿丁頓廢除，但他在 1803 年又恢復之，理由是 1803 年 5 月 17 日英國對由拿破崙掌政的法國宣戰（J. Steven Watson, *The Oxford History of England: The Reign of George III, 1760-1815* [Oxford, Clarendon Press, 1960], pp. 375, 413, and 414）。1816 年和平恢復後，入息稅又被廢止，但 1842 年皮爾又再次開徵入息稅。見 Henry Roseveare, *The Treasury: The Evolution of a British Institution* (London, Penguin, 1969), p. 188。

149　鼓勵種植美國品種棉花供出口之用是個顯著例子。比如，蘭開夏的紡織廠一直大量從美國進口棉花，因為印度棉花纖維太短，不合他們使用。因此，根據 1840 年下議院東印度物產委員會所審議的證據，英國當局希望「把整個孟買管區變成一塊大棉花田」。1836 年孟買政府寬減棉花耕地的土地稅，並願意收取棉花代替金錢付租。在 1840 年，三個美國棉農被帶到孟買管區，試驗在當地種植外來品種的棉花。但「政府的種種努力幾乎在所有地方都慘淡收場，唯一例外是達瓦爾（Dharwar），當地氣候和美洲產棉區幾乎一樣」。見 V. D. Divekar, 'Regional Economy (1757-1857): Western India', in Kumar (ed.), *Cambridge Economic History of India*, v. 2, pp. 338-339。印度棉花曾出口中國，但中國只有在因氣候不佳令棉花失收或歉收時，才須從印度輸入。

150　如我們所見，印度的種茶試驗在當時才剛剛開始。印度茶葉最後成為主要出口貨，更在 1900 至 1901 年首度超越鴉片。自從中國人在第二次鴉片戰爭後開始自行種植鴉片，鴉片作為出口貨物的重要性開始下降。見 K. N. Chaudhuri, 'Foreign Trade', in ibid., p. 844。

表 24.18 1813－1861 年印度的主要出口貨物：藍靛、棉花和鴉片

（單位：100 萬盧比）

年份	藍靛 1	棉花 2	鴉片 3
1813－1814	15.6	4.0	1.2
1820－1821	11.3	5.6	12.1
1830－1831	26.7	15.3	19.9
1850－1851	18.4	22.0	59.7
1860－1861	20.2	56.4	90.5

註：1840 至 1841 年的資料在原出處中從缺，可能是由於鴉片戰爭。

資料來源：K. N. Chaudhuri, 'Foreign Trade', in Kumar (ed.), *Cambridge Economic History of India*, v. 2, p. 844.

　　如果鴉片繼續是印度出口的最重要單經濟作物，又如果壟斷是確保從它身上獲得最大回報的最佳方法，大家就會明白英國決策者為什麼要保護鴉片壟斷，而不讓英國國內躍躍欲試的自由貿易商橫插一缸子。同樣，決定與鴉片的主要市場——中國——兵戎相見還是和平相處的人，不是自由貿易商，而是國策制訂者。

圖 24.7 1813－1861 年印度的主要出口貨物：藍靛、棉花和鴉片（根據表 24.18 繪製）

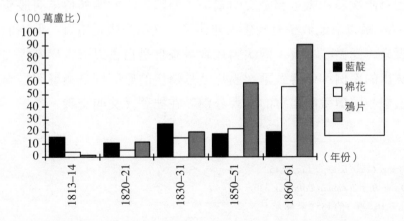

　　但是，費正清的高足、畢生研究鴉片戰爭的美國華裔學者張馨保教授卻認為，自由貿易是觸發鴉片戰爭的重要單一原因，他寫道：「如果有某種能有效代替鴉片的商品，比如糖蜜或大米，那場戰事就可能會稱為

糖蜜戰爭或大米戰爭。」[151] 但糖蜜或大米能否有效地代替鴉片，為東印度公司和英國政府帶來等同的收入，並讓參與其中的英國商人大發橫財？無論有關鴉片戰爭的學術權威怎樣強行推銷，筆者都難以想像大米在中國會有着鴉片般的銷路與利潤。至於糖蜜，還是算了吧，太離譜了。

雖然以一個意念來解釋一個現象並不罕見，在印度鴉片的事例中，反向思維或能提供思考的素材。沒有鴉片收入，英國就不可能持續在印度的擴張——事實上，東印度公司若非有鴉片收入作為令它「不致破產的支柱」，[152] 大概已無力還債了。到了第二次鴉片戰爭時期，鴉片收入已佔整個英屬印度總收入的差不多 22%。[153] 沒有來自鴉片的利潤，英國商人就買不起那麼多中國茶和絲。這些茶和絲「提供了一個便利甚至可能是不可或缺的方法，令每年有約二百萬英鎊從印度流到倫敦作為帝國貢金」。[154] 沒有靠印度鴉片購買的中國茶葉，英國海關進口稅的收入將銳減約 21%，[155] 亦即英國財政總收入每年將平均減少 8.68%。[156]

筆者並不否認，英國熱切渴望打開中國門戶進行自由貿易，是促使英國決定進行第二次鴉片戰爭的因素之一。筆者只是説，那位提出「糖蜜戰爭」理論的華裔學人，太低估鴉片的重要性了。還有那位提出「麻疹説」的日本學者，他堅信即使沒有鴉片，中英之間還是會爆發那兩場戰爭，因為兩次鴉片戰爭都是文明戰爭，乃因西洋文明如傳染病般蔓延所引致。[157] 竊以為他似乎有些想入非非了。文明交戰是事實，但不能用宏觀視野來否認微觀事實。兩次鴉片戰爭確實是自古以來世界各大文明交戰中突出的案例，但導致兩次鴉片戰爭爆發的原因則毫無疑問是鴉片。關於宏觀視野與微觀事實的重大分別，在拙著《文明交戰・卷三・百年

151　Chang, *Commissioner Lin*, p. 15.

152　Owen, *British Opium Policy*, p. 330.

153　見表 16.8 欄 3 的 1857 至 58 年。

154　Richards, 'Peasant Production of Opium', p. 66. 這二百萬英鎊是林林總總税賦的總和，包括所謂的本土經費（Home Charges）、私人利潤、退休金等等。

155　見表 14.8 欄 5。

156　見表 14.9 欄 8。

157　見福澤諭吉：〈脱亞論〉，《時事新報》（東京），1885 年 3 月 16 日。又見 Blacker, *Fukuzawa*, pp. 122-123。

屈辱》中還有進一步闡述。

印度要再過十年後，一般收入才有可觀增長，鴉片收入的重要性才會逐漸降低，不再像過去那樣，被視為使印度免於破產的支柱。[158] 四十年後，調查印度鴉片問題的皇家委員會仍然為其此真相粉飾與遮掩。

十四、「以毒擴張」和其他詮釋

還有另一個影響甚大的觀點需要注意。相關的中國專家全都深信：英國人以鴉片毒害中國人，以便在中國進行帝國主義擴張。[159] 林則徐致維多利亞女王的〈諭英國國王書〉常為人引用，他在信中呼籲英女王不要以毒物來戕害華民，既然英國本國禁毒甚嚴，那就不應為害於中國。[160] 這種道德觀點也被用於解釋第二次鴉片戰爭。這種觀點會令人覺得英國人寡廉鮮恥，進而認為第二次鴉片戰爭也由此肇端。黑斯廷斯的態度令這種觀點顯得更可信：他很清楚鴉片是貽害極大的毒物，所以禁止印度人吃鴉片，但鼓勵向中國出口。[161]

關於這點，在殖民地的英國人與英國本土的英國人不能混為一談，必須加以區分。因為兩者對於當前要務有非常不同的考量。黑斯廷斯的當務之急是賺錢（不論什麼錢），以維持他的印度殖民政府運作。為達此目的，他不介意毒害中國人，但黑斯廷斯毒害中國人不是為了佔領他們的領土。

英國本土的英國人則不同。鴉片在當時的英國並不違法，而且在人們眼中並非不道德的事物；它有醫療用途，醫生也不視之為危險事物，因

---

158 Owen, *British Opium Policy*, p. 330. 印度一般收入的增長，加上中國大量生產鴉片，促使印度和中國政府在 1911 年改變心意，中英兩國政府在該年簽訂《中英禁煙條件》，規定禁絕中國的罌粟種植，印度在隨後七年把出口中國的鴉片數量遞減。但在 1912 年，即辛亥革命後不久，廣州查獲幾千箱印度鴉片。這事件促使印度事務大臣在 1913 年宣佈，此後不再向中國銷售鴉片（ibid., pp. 311-354）。

159 最近期的觀點，見收錄在《屈辱與抗爭》的文章。

160 全文翻譯見 Ssu-yu Teng and John K. Fairbank (eds.), *China's Response to the West* (New York, Athcncum, 1963), pp. 24-27。

161 Letter from the President [Warren Hastings], Proceedings of the President and Council, 15 October 1773, *Ninth Report*, 1783, App. 59A, quoted in Owen, *British Opium Policy*, pp. 22-23.

為很少人會抽鴉片煙，所以鮮有人察覺其害處。它通常是口服，短期口服甚少上癮，嬰兒藥物中有時也含有鴉片成份。口服鴉片有止痛功效，當時被視為不可缺少的醫療藥物。[162] 它是「極為有用的藥物，肯定是家家戶戶必備」。[163] 它公開發售，可隨意使用，並且通過正常貿易渠道納稅進口。這種藥用鴉片的主要來源是土耳其，「該地鴉片的製煉優於印度的，印度鴉片的效力不及土耳其鴉片，也較難聞」。[164]

表 24.19 列出了相關統計數字，顯示直至 1856 年為止的約二十年間，每年英國輸入的鴉片數量。1856 年或許是重要年份，因為從那時起鴉片的每年進口量不再列入正常的國會文件中。此表也顯示家用消耗量（以及因此所付的進口稅金額）和再出口數量。

此外，英國甚至曾經積極鼓勵在本土種植罌粟，希望可以發展成能為國家帶來經濟利益的產業。藝術學會（The Society of Arts）向成功種植罌粟的人頒發獎金和獎章。其他學術團體也競相效法。克里多利亞園藝學會（The Caledonian Horticultural Society）則致力鼓勵生產罌粟品種之一的山萵苣膏（lettuce opium）。[165] 有些實驗相當成功，但由於氣候不合，加上遭野兔擾食，令鴉片種植在英國無法發展成具有商業價值的大規模產業。[166]

這些例證皆說明英國社會是接受使用鴉片的──但只限口服，而非抽吸。

諷刺的是，觸發英國為抽鴉片煙道德問題展開爭辯的正是鴉片戰爭。在國會就鴉片戰爭展開辯論期間，格拉德斯通譴責鴉片是「流毒無窮之物」。[167] 雖然政府說他的攻擊虛誇不實，但格拉德斯通的說法似乎漸漸為人所認同。鴉片在 1856 年被悄悄剔出國會文件的合法進口貨品之列

---

162 在中國，口服鴉片也是歷史悠久的鎮痛劑。

163 Berridge and Edwards, *Opium and the People*, p. xxv. 這部關於英國鴉片消耗的研究鞭辟入裏。

164 Ibid., pp. 3-4, quoting 'W.B.E.', *A Short History of Drugs and Other Commodities, the Produce and Manufactory of the East Indies* (London, n.p., n.d.), p. 47.

165 Berridge and Edwards, *Opium and the People*, pp. 12-13.

166 Ibid., p. 16.

167 Gladstone, 8 April 1840, *Hansard*, 3d series, v. 53, col. 818.

（見表 24.19），可能表示英國已採取措施控制它在本國的使用和傳播，也能解釋為什麼除了格拉德斯通的譴責外，國會內不聞其他反對聲音。在國會外，社會上出現了反鴉片團體，但存在時間不長，也沒有對公眾造成什麼影響。[168] 因為他們主要是反對亞洲人吸食鴉片——這顯然不為一般英國人所關心。

從這角度看問題，則到了 1856 英國政府悄悄地把鴉片剔出國會文件的合法進口貨品名單時，欽差大臣林則徐所提的觀點開始變得很有道理。如果英國政府現在深明吸食鴉片的害處，並已採取措施限制它在英國的使用，那麼從道德上說，英國政府就不應該再強迫中國把鴉片開禁，因為他們很清楚中國人是吸食鴉片的。

英國國會關於第二次鴉片戰爭的辯論重燃起反鴉片情緒。其後在 1858 年 9 月 10 日，基督教公誼會（Society of Friends）向當初在 1857 年反對第二次鴉片戰爭、[169] 現在當上首相的德比勳爵呼籲，不要逼迫中國政府把鴉片貿易合法化。[170] 現在掌握國柄的德比是否會做危及印度殖民政府財政收入以及英國整體收入的事情，不禁令人懷疑。但他很幸運，1858 年 10 月 13 日舉行的第二次海關稅則談判為他救了場。如前所述，這次談判釐定了鴉片關稅，從而無形之間把鴉片合法化了。

由貴格會信徒（Quakers）領頭的反鴉片風潮一直持續着。1892 年，終於最有望成功的時機來臨了，那時候格拉德斯通當上首相，成立了調查鴉片問題的皇家委員會。印度事務大臣金伯利勳爵（Lord Kimberley）堅決支持鴉片貿易，格拉德斯通暗中給予鼓勵。[171] 因此，格拉德斯通未掌權時對鴉片的猛烈譴責，不能只看表面就信以為真。皇家委員會報告的結論是：鴉片壟斷應該維持下去。[172]

這一事件更為加強了本書的主要論點：促使英國發動第二次鴉片戰

---

168 Berridge and Edwards, *Opium and the People*, p. 175.

169 見第十六章。

170 Berridge and Edwards, *Opium and the People*, p. 175, quoting the Society's appeal, which is held in the Braithwaite Collection, Society of Friends.

171 Ibid, p. 186.

172 同上註。

表 24.19 1837－1855 年英國的進口鴉片

年份	進口鴉片（磅） 1	家用消耗（磅） 2	總進口稅（英鎊） 3	再出口的鴉片（磅） 4
1837	79,651	37,616	1,881	67,476
1838	95,832	31,204	1,560	13,028
1839	196,246	41,671	2,084	10,193
1840	77,872	47,623	2,457	35,848
1841	155,609	39,161	2,038	61,104
1842	72,373	47,861	2,513	126,515
1843	244,215	32,160	1,730	302,947
1844	248,325	32,734	1,718	196,871
1845	259,626	39,880	2,094	238,243
1846	103,078	34,922	1,828	113,375
1847	118,332	45,766	2,402	68,521
1848	200,019	61,178	3,212	79,205
1849	105,504	44,009	2,311	113,154
1850	126,102	42,324	2,222	87,451
1851	106,003	50,368	2,645	65,640
1852	205,780	62,521	—	102,217
1853	159,312	67,038	—	87,939
1854	97,388	61,432	—	68,395
1855	112,865	56,067	—	50,143

註：以上所列的財政年度有時是在同年 12 月 31 日結束，並且有時是在下一年的 1 月 5 日。見 Parl. Papers 1856, v. 55, p. 1。家用消耗加上再出口的數字和特定年份的進口數量不一致，據推斷是因為有些鴉片被儲存起來。在另外一些年份，再出口的數量是遠大於進口數量。有些這種差異可能是由英國本土生產的鴉片所彌補。可惜我們沒有英國產量的數字。

資料來源：1837 年的資料，來自 Parl. Papers 1839, v. 46, pp. 3 and 5；1838 年的資料，來自 1840, v. 44, pp. 3 and 5；1839 年的資料，來自 1840, v. 44, pp. 3 and 5；1840 年的資料，來自 1841, v. 26, pp. 3 and 5；1841 年的資料，來自 1843, v. 52, pp. 3 and 5；1842 年的資料，來自 1843, v. 52, pp. 3 and 5；1843 年的資料，來自 1845, v. 46, pp. 3 and 5；1844 年的資料，來自 1846, v. 44, pp. 3 and 5；1845 年的資料，來自 1846, v. 44, pp. 3 and 5；1846 至 1847 年的資料，來自 1847-1848, v. 45, pp. 3 and 6；1848 至 1849 年的資料，來自 1850, v. 52, pp. 4 and 8；1850 年的資料，來自 1852, v. 51, pp. 4 and 8；1851 至 52 年的資料，來自 1854, v. 65, pp. 6 and 12；1853 至 1855 年的資料，來自 1856, v. 55, pp. 6 and 14；1855 至 1857 年的資料，來自 1857-1858, v. 53, pp. 5 and 11；1858 至 1860 年的資料，來自 1861, v. 59, pp. 5 and 11。

爭的原因，是決策者眼中實質的國家利益，而非自由貿易或其他類似的抽象理念。政客嘩眾取寵的表演，無論是像格拉德斯通那樣嚴詞痛斥鴉片貿易，還是如克拉蘭敦般高唱堅定支持自由貿易，都必須放到當時的政治背景中來審視。

對於鴉片戰爭和第二次鴉片戰爭，另外還有一個廣為西方人士接受並且影響極大的解釋，就是認為導致這兩場戰爭的主要原因是因為中英文化之間的差異，藉此埋沒鴉片所起的關鍵作用。[173] 文化差異這樣一個籠統概念，難以與本章所提出的具體統計數字和具體問題相印證。英國當局宣稱沒有鴉片，中國人就活不下去；欽差大臣林則徐則反過來相信，英國人不可一日缺乏中國的大黃。這些看法是文化差異的表現嗎？英國人的看法，會不會僅反映他們想為利潤豐厚的非法貿易找一個合理的藉口？林則徐的觀點所反映的，會不會是其愚昧無知？利潤和無知當然會成為戰爭的導火線。但高談「兩種文化之間的差異終於引起摩擦」之類的含糊原因，對具體問題避而不談，會令人覺得有為一場齷齪的戰爭尋找籍口之嫌。

十五、反響

加拿大卡爾加里大學的道格拉斯・皮爾斯評論：「有些歷史學家認為，現今人們往往注意帝國主義的話語，而忽略其物質關係，黃宇和強調帝國主義的經濟根源，肯定會受這些歷史學家歡迎。他們也會欣賞他敢於批評經濟史中的一些標準模型。例如，他發現，第二次鴉片戰爭不大符合魯賓遜（Robinson）和加拉格爾（Gallagher）的『自由貿易帝國主義』理論。在他的鴉片癮君子當中，也沒有發現有很多『紳士資本主義者』⋯⋯對研究近代中國、近代帝國主義和近代印度的史家來說，不可錯過此書，當然也會是我的學生必讀之作。」

美國加州州立大學富爾頓分校的托馬斯・賴因斯教授評曰：「印度也仰賴通暢的對華貿易。英國在印度擴張和管治印度的成本，產生持續的

173　見 Morse, *International Relations of the Chinese Empire*, v. 1。

預算赤字，全靠鴉片貿易（第二大税收來源）彌補。英國商人利用在中國販賣鴉片的收入購買茶葉和絲，而印度商人則利用在印度生產鴉片所得的利潤購買英國貨物。如黃宇和令人信服地指出：『賣到中國的孟加拉鴉片，是英國遍及全球的商貿鏈的重要一環。』」

但是，英國倫敦大學彼得・伯勒斯教授不敢苟同：「對於黃宇和筆下債台高築的英印政府，以及他從財政收入和貿易數字推導出的結論，研究印度史的學者或許感到疑慮。書中説中國煙鬼提供了英國在印度擴張帝國版圖的資金，又説茶葉税支撐了皇家海軍的運作，似乎是事有湊巧多於精心計算。至於環環相扣的英國對外貿易循環，心存懷疑的讀者可能認為是事後之見，而非直接影響時人對於第二次鴉片戰爭看法的普遍見解。謎團仍然未解：如何解釋英國政府代表商界企業使用武力，以在自由貿易的時代加強鴉片壟斷——是蓄意的陰謀，還是鬼使神差的錯誤？」

在此，彼得・伯勒斯教授再一次用主觀浮詞來質疑客觀事實。他所説的「研究印度史的學者或許感到疑慮」，究竟具體有哪些學者？哪種疑慮？他提問「是蓄意的陰謀，還是鬼使神差的錯誤？」則本章已提出具體證據，證明英國併吞印度次大陸的信德地區，並非鬼使神差的錯誤，而印度前總督埃倫伯勒伯爵的蓄意併吞，目的是加強壟斷中國的鴉片市場。

第二十五章
「中國終於多買英國貨了！」
——如意算盤噠噠響

英國發動第二次鴉片戰爭所取得的成績，可謂立竿見影。

本章所收集的數據累積而成的表 25.1 顯示，英國從中國進口的茶葉，在戰前四年，即 1853 至 1856 年，年均數量只是約七千九百萬磅。但在戰後的七年間，年均數量超過一億一千五百萬磅。更重要的是，購買這些茶葉比之前便宜多了。而表 25.10 又顯示，英國在 1854 年出口了約值 53 萬英鎊的貨物到中國，1866 年數字升至 509 萬英鎊，幾乎增長了十倍。

一、英國從中國進口的貨物：茶葉

1858 年《天津條約》的條款令英國人得償所願，其一是可以進入長江流域產茶區直接購買茶葉。表 25.1 顯示第二次鴉片戰爭發生之前、之際和之後英國從中國進口的茶葉數量。該表總共涵蓋三十年，上溯距離戰爭多年之前，下延至 1867 年，即媾和後七年，藉以顯示長期的發展趨勢。

在戰後的七年間，英國從中國進口的茶葉，年均數量超過一億一千五百萬磅。而且，每年數量相當穩定。在戰況最激烈的四年，即 1857 至 1860 年，年均數量約為七千二百萬磅。在戰前四年，即 1853 至 1856 年，[1] 年均數量約是七千九百萬磅。這些數字顯示，英國人得以自由進入長江產茶地區直接購買茶葉後，購買數量顯著上升。重要的原因之一是：購買這些茶葉比之前便宜多了，這是因為現在由原產地運送至通商口岸途中，毋須繳付子口稅諸如釐金，也不必向中國的中間商人付費。至於由此導致中國茶行倒閉，茶行職工失業，英國人不屑理會。

1　「亞羅」號事件發生在 1856 年 10 月 8 日，不久後爆發局部衝突。因此，1856 年不算入戰爭時期。

　　戰爭前四年，即 1853 至 1856 年，中國內亂頻仍。1853 年，太平軍
佔領位於長江流域的南京。[2] 太平軍繼而佔領長江下游區域，堵住了運到
上海出口的茶、絲供應。[3] 到了 1854 年，紅兵包圍廣州，嚴重擾亂茶葉和
其他貨物的出口。[4] 但英國和其他外國商人從福建找到替代品。[5] 這解釋了
為什麼在這些年每年出口到英國的茶葉數量，比之前的 1843 至 1852 年
更多。但英國人一旦獲得進入長江流域及直接購貨運往出口港的權利，
購貨量就暴增。

表 25.1 1838－1867 年英國從中國直接進口的茶葉

（單位：100 萬磅）

年份	數量	年份	數量
1838	39.00	1853	68.64
1839	37.19	1854	83.30
1840	22.58	1855	81.56
1841	27.64	1856	84.80
1842	37.41	1857	60.30
1843	42.78	1858	73.36
1844	51.72	1859	71.92
1845	50.71	1860	85.30
1846	54.53	1861	92.15
1847	55.36	1862	109.76
1848	47.35	1863	129.44
1849	53.10	1864	115.10
1850	49.37	1865	112.78
1851	69.49	1866	130.86
1852	65.30	1867	117.55

資料來源：1838 至 1858 年的資料，取自 Parl. Papers 1859, Session 2, v. 23, p. 319；1859 至 1862 年
的資料，見 1863, v. 65, p. 292；1863 至 1867 年的資料，取自 1867-1868, v. 67, p. 305。

2　　見 Franz Michael, *The Taiping Rebellion: History and Documents* (Seattle, University of Washington Press, 1966), v. 1, pt. 3。

3　　有關從上海獲得茶葉以供出口的困難的親歷記，見 Yung Wing, *My Life in China and America*, especially chapters 9-12。

4　　見拙著《兩廣總督葉名琛》，第六章。

5　　見 Hao Yen-p'ing, *The Commercial Revolution in Nineteenth-Century China: The Rise of Sino-Western Mercantile Capitalism* (Berkeley and Los Angeles, University of California Press, 1986), chapter 6。

　　若比較一下英國人先後發動鴉片戰爭以及第二次鴉片戰爭而分別所取得的利益，可以清楚地看到他們在獲得更自由和前往更多地方直接購買中國茶葉的權利之後，效果如何顯著。兩者均可見於表 25.1。在鴉片戰爭前兩年，即 1838 和 1839 年，英國每年平均從中國進口 3,800 萬磅茶葉。在鴉片戰爭期間，即 1840 至 1842 年，每年平均數量約為 2,500 萬磅。之後十年，每年平均約為 5,200 萬磅。值得注意的是，鴉片戰爭期間中國沒有發生內亂，第二次鴉片戰爭時期中國則內亂頻仍。所以做比較時，應該把此點考慮進去。

　　第二次鴉片戰爭結束後，英國獲准進入長江流域，其時太平軍仍然佔據長江下游區域，嚴重擾亂貿易，甚至一度威脅到上海。這就可以解釋為什麼英國當局之後願意幫助中國政府清剿太平軍。[6]

　　由此讓筆者想起，普拉特教授從美國歷史的角度宏觀考察太平天國及當時的世界局勢：「一八六一年美國內戰的爆發，迫使英國有所行動，從而使美國內戰從旁影響了中國內戰的結局。中國與美國是當時英國最大的兩個經濟市場，為了解英國在這兩場戰爭中的角色，我們得記住，英國面臨了同時失去這兩大市場的風險。英國得想辦法恢復其中一個的秩序，……英國本可能介入美國以重啟棉花貿易，但卻選擇投入中國的內戰。事後英國首相會把介入中國一事，當作英國為何得以在不干預美國內戰下仍能熬過經濟崩潰的原因。或者換句話說，英國靠着對中國內戰放棄中立，才得以對美國內戰保持中立。」[7]

　　此說語焉不詳。英國為何遲至 1860 年才幫助清廷對付太平軍？因為英國的如意算盤是首先發動第二次鴉片戰爭，待等到 1860 年把清廷打敗之後，並在北京強迫其簽訂城下之盟，才出手幫助清廷鎮壓太平軍。英國此舉是一矢雙鵰：既消滅這股長期干擾茶葉出口的勢力，又穩定清朝政權以便自己繼續發大財，可謂聰明絕頂。至於干涉美國內戰，對於英國有何好處？無論南北誰勝誰敗，美國還是要賣棉花的，不會影響英國

6　見 G. S. Gregory, *Great Britain and the Taiping* (Canberra, Australian National University Press, 1969), chapters 7-9。另見 R. J. Smith, *Mercenaries and Mandarins: The Ever-Victorious Army of Nineteenth Century China* (New York, KTO Press, 1978), chapters 8-9。

7　普拉特（Stephen Platt）著，黃中憲譯：《太平天國之秋》（台北：衛城出版公司，2013 年），頁 24。

大棉紡業。

　　太平天國最後在 1864 年被平定，由此便利英國人自由進入長江流域直接購買茶葉的後果，看折線圖比看表格更為一目了然（見圖 25.1）。

圖 25.1 1838－1867 年英國從中國直接進口的茶葉（根據表 25.1 繪製）

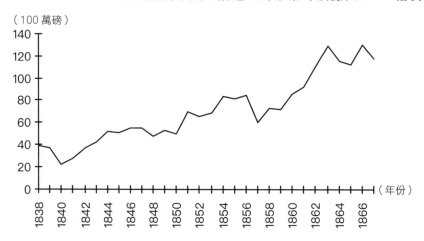

（100 萬磅）

　　然而，中國茶葉的英國市場已響起警鐘。英屬印度的茶葉種植大獲成功，產量急增。此外，日本這個新對手也加入爭奪市場，如表 25.2 所示。印度茶葉終於在英國取代中國茶葉。同時，對中國生絲來說，噩耗來得更快。

二、英國從中國進口的貨物：生絲

　　和茶葉一樣，中國生絲同樣盛產於長江流域和珠江三角洲。兩地的差別是，由 1854 年起至第二次鴉片戰爭爆發的時期，珠江三角洲到處紅兵為患。換言之，在長江流域以外沒有其他可替代的供應來源。接下來爆發的第二次鴉片戰爭，對於英國從中國進口生絲有何影響？表 25.3 涵蓋的年份與表 25.1 相同，臚列了那三十年間與生絲相關的統計數字。生絲的情況迥異於茶葉，不但沒有大增，反而在戰後暴跌：每年平均進口量只有約 120 萬磅。此數量比諸 1857 至 1860 年的戰爭年代的 374 萬磅，以及戰爭爆發前四年的 429 萬磅，相差太遠了！因此，英國人更全面進

入產絲區後，由中國進口絲的數量反而暴跌。圖 25.2 以圖形呈現出這一下跌趨勢。

表 25.2 1853－1867 年英國從中國、印度和日本進口茶葉的計算實際價值

（單位：100 萬磅）

年份	中國	英屬東印度	日本
1853	—	—	無
1854	5.38	0.03	無
1855	5.12	0.03	無
1856	5.12	0.08	無
1857	4.31	0.19	無
1858	5.04	0.09	無
1859	5.53	0.15	無
1860	6.60	0.24	無
1861	6.50	0.17	0.10
1862	8.76	0.17	0.18
1863	10.05	0.31	0.25
1864	8.61	0.39	0.16
1865	9.33	0.34	0.26
1866	10.44	0.53	0.13
1867	9.18	0.70	0.11

註：計算實際價值在 1854 年開始使用，因此 1853 年是空白的。當時英屬印度被稱為英屬東印度。

資料來源：1853 年的資料，取自 Parl. Papers 1854-1855, v. 51, p. 77；1854 年的資料，同上，p. 74；1855 年的資料，取自 1856, v. 56, p. 77；1857 年的資料，取自 1857, Session 2, v. 35, p. 99；1858 年的資料，取自 1857-1858, v. 54, p. 102, and 1859, v. 28, p. 105；1859 年的資料，取自 1860, v. 64, p. 107；1860 年的資料，取自 1861, v. 60, p. 106；1861 年的資料，取自 1862, v. 56, p. 106；1862 年的資料，取自 1863, v. 65, p. 92；1863 年的資料，取自 1864, v. 57, p. 94；1864 年的資料，取自 1865, v. 52, p. 99；1865 年的資料，取自 1866, v. 68, p. 99；1866 年的資料，取自 1867, v. 66, p. 103；1867 年的資料，取自 1867-1868, v. 67, p. 105。

表 25.3 1838－1867 年英國從中國進口生絲數量

（單位：100 萬磅）

年份	數量	年份	數量
1838	0.72	1853	3.00
1839	0.36	1854	4.95
1840	0.25	1855	5.05
1841	0.28	1856	4.20
1842	0.18	1857	7.19
1843	0.28	1858	2.52
1844	0.35	1859	3.19
1845	1.18	1860	2.09
1846	1.84	1861	2.75
1847	2.02	1862	3.27
1848	2.24	1863	1.70
1849	1.86	1864	0.46
1850	1.81	1865	0.14
1851	2.10	1866	0.11
1852	2.47	1867	0.04

資料來源：1838 至 1858 年的資料，取自 Parl. Papers 1859, Session 2, v. 23, p. 319；1859 至 1862 年的資料，取自 1863, v. 65, p. 292；1863 至 1867 年的資料，取自 1867-1868, v. 67, p. 305。

圖 25.2 1838－1867 年英國從中國進口生絲數量（根據表 25.3 繪製）

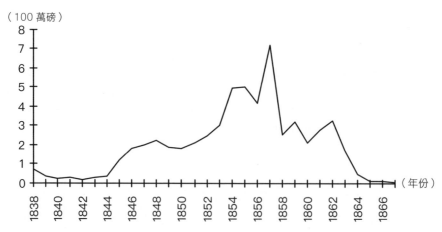

　　相較之下，前一場戰爭，即鴉片戰爭，似乎達到了英國決策者的期望。我們再來看表 25.3，在鴉片戰爭前兩年，從中國進口的生絲，每年平均數量約為 54 萬磅。1840 至 1842 年戰爭期間是 23 萬磅。戰後十年間是 161 萬磅。第二次鴉片戰爭何以沒有帶來同樣的躍升？

　　有兩個可能的解釋。因為中國兩大產絲區域是在長江下游（尤其是蘇州一帶）和珠江三角洲（特別順德縣）。太平軍在 1853 年攻陷南京。南京以下的長江下游產絲地雖然在此後多年間未受多大影響，但也開始感受到壓力。在 1854 年，小刀會攻進上海縣城。[8] 上海商業區雖然受到外國駐軍保護，但形勢讓商界信心大跌。在廣州，紅兵在 1854 年下半年圍攻廣州城，至 1855 年方止。紅兵圍城失敗後，紀律迅速瓦解，大部份紅兵蛻變為土匪流寇，侵擾鄉里。[9] 局勢如此紛亂，令人懷疑中國人是否能夠維持生絲的穩定供應。英國商人自然開始尋找其他供應來源。

　　那時在中國之外已有其他生絲來源。至第二次鴉片戰爭時期，印度、土耳其、埃及和荷蘭都已向英國供應生絲，成為中國的勁敵。[10] 英國商人與這些新興來源的貿易關係一旦鞏固後，即使中國局勢恢復正常，他們也不會回頭去尋找舊供應者。表 25.4 顯示，終於到了 1864 年，太平軍與廣東紅兵都先後被肅清時，中國已喪失雄霸英國生絲市場的地位。因此，太平天國與廣東紅兵對中國元氣之斲喪是深遠的。願國人珍惜和平穩定的時光。[11]

8　見拙文 'The Taipings' Distant Allies: A Comparison of the Rebels at Shanghai and at Canton', in *Austrina: Essays in Commemoration of the 25th Anniversary of the Founding of the Oriental Society of Australia*, ed. A. R. Davis and A. D. Stefanowska (Sydney, Oriental Society of Australia, 1982), pp. 334-350。小刀會不隸屬於太平天國，他們是各自崛起的。雖曾嘗試聯合，但被清軍阻止。

9　見拙著《兩廣總督葉名琛》，第六章。紅兵不從屬於太平軍。雖然紅兵深受太平軍影響，但兩者是各自起事的。

10　1857 年世界不同地方向英國供應的生絲數量總數，見表 25.17。

11　其他傷害包括巨大的人命損失，估計有高達二千萬人喪命；另外，受戰亂影響地區的人民家園盡毀，流離失所。

表 25.4 1853－1867 年中國生絲佔英國進口生絲總數的百份比

年份	數量	年份	數量
1853	36.43	1861	31.77
1854	55.33	1862	30.11
1855	59.48	1863	18.47
1856	49.79	1864	8.32
1857	54.45	1865	1.69
1858	32.20	1866	1.99
1859	32.17	1867	0.68
1860	22.87		

資料來源：根據來自以下來源的統計數字彙編：1853 年的資料，取自 Parl. Papers 1854-1855, v. 51, p. 64；1854 年的資料，取自 1854-1855, v. 51, p. 61；1855 年的資料，取自 1856, v. 56, p. 65；1856 年的資料，取自 1857, v. 35, p. 520；1857 年的資料，取自 1857-1858, v. 54, p. 89；1858 年的資料，取自 1859, v. 28, p. 92；1859 年的資料，取自 1860, v. 64, p. 94；1860 年的資料，取自 1861, v. 60, p. 93；1861 年的資料，取自 1862, v. 56, p. 93；1862 年的資料，取自 1863, v. 65, p. 74；1863 年的資料，取自 1864, v. 57, p. 76；1864 年的資料，取自 1865, v. 52, p. 79；1865 年的資料，取自 1866, v. 68, p. 79；1866 年的資料，取自 1867, v. 66, p. 83, col. 2；1867 年的資料，取自 1867-1868, v. 67, p. 83, col. 2。

圖 25.3 1853－1867 年中國生絲佔英國進口生絲總數的百份比（根據表 25.4 繪製）

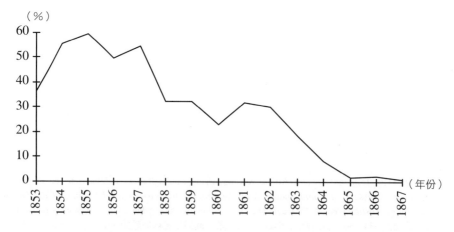

這兩份圖表顯示了持續急跌的趨勢：1855 年，中國生絲仍然佔英國進口生絲總數的接近 60%，但到 1867 年即跌至不足 1%。這種巨大的跌幅，由圖 25.3 清楚地顯示出來。

然而，法國人卻出乎意料地需要中國生絲。1852 年法國絲蠶因為感染微粒子病大量死亡，導致該國生絲產量暴跌，法國的絲綢製造業重鎮里昂被迫另尋供應來源。[12] 因此在 1854 年，保羅・沙爾特龍（Paul Chartron）指令上海的代理人在中國採購生絲。[13] 那時候長江流域已實施釐金制度。法國人未曾在釐金實行之前以低價買過絲，所以並不在意。現在受惠於《天津條約》條款，他們從產地購買的生絲免付釐金，他們為此十分高興。釐金一般是對過境貨物徵收，例如正運往港口準備裝船放洋的貨物。因此在 1860 年，里昂商會（Chamber of Commerce of Lyon）決議開辦來往中國的輪船航線，並在中國開設銀行。據此決定，法蘭西銀行（Comptoir d'Escompte）於同年在上海開設首家國外分行，翌年法國政府與法國火輪船公司（Messageries Maritimes）簽約，開辦每月前往東亞的班輪。[14] 法國的熱情直到 1870 年稍有受挫，那一年，已大大減少向中國買生絲的英國人答應修改《天津條約》，允許中國人酌量加徵生絲出口稅。[15] 里昂商會主席馬上要求訓令法國駐華公使反對，因為絲是「我國對華商貿的主要項目。此外，中國生絲是維持我們的紡織機運作不可或缺之物」。[16] 由於得不到英國支持，法國徒勞無功。但法國人仍然大量購入中國生絲，1870 年代法國從不同來源獲得的生絲中，中國生絲佔總數約 42.07%。到了 1888 年，中國出口的生絲有三份之二是去了法國（主要是里昂）。[17]

因此，雖然英國決策者發動第二次鴉片戰爭的原因之一，似乎是想更便捷、更大量、更便宜地獲得中國生絲供應，但得償所願後，受惠的卻不是英國商人，因為他們已經另外覓得更穩定（或許並非更價廉）的供應來源。

12　John F. Laffey, 'Roots of French Imperialism in the Nineteenth Century: The Case of Lyon', *French Historical Studies*, 6, no. 1 (Spring 1969), p. 81.

13　Ibid., p. 82.

14　同上註。

15　見《中英新定條約》第十二款。

16　Louis Guetin to the Minister of Agriculture and Commerce, 3 May 1870, quoted in Laffey, 'French Imperialism', p. 83.

17　Laffey, 'French Imperialism', p. 83.

三、英國輸往中國的貨物數量

在向中國出口貨物方面，第二次鴉片戰爭有否令英國人遂其所願？表 25.5 提供了評估的基礎。它顯示 1854 至 1866 年英國向中國（包括香港）出口的貨品價值。[18] 1854 年，即 1856 年 10 月 8 日發生「亞羅」號事件前二年，英國向中國（包括香港）出口約 100 萬英鎊貨物，佔該年英國出口總額的 1.58%。在 1863 年，即第二次鴉片戰爭結束後第三年，英國向中國（包括香港）出口了接近 400 萬英鎊的貨物，佔該年英國業

表 25.5 1854－1866 年英國出口到中國（包括香港）的貨物總值

（單位：100 萬英鎊）

年份	出口到中國（和香港）的總值	英國出口總額	中國佔英國出口總額的百份比（欄 1÷ 欄 2）
1854	1.00	63.33	1.58
1855	1.28	69.14	1.85
1856	2.22	82.53	2.69
1857	2.45	84.91	2.89
1858	2.88	76.39	3.77
1859	4.46	84.27	5.29
1860	5.32	92.23	5.77
1861	4.85	82.86	5.85
1862	3.14	82.10	3.82
1863	3.89	95.72	4.06
1864	4.71	108.73	4.33
1865	5.15	117.63	4.38
1866	7.48	135.20	5.53

資料來源：1854 至 1858 年的資料，取自 Parl. Papers 1859, Session 2, v. 23, pp. 6 and 335；1859 至 1862 年的資料，取自 1863, v. 65, pp. 6 and 292；1863 至 1866 年的資料，取自 1867-1868, v. 67, pp. 6 and 305.

18　英國統計人員在計算時，把中國和香港算在一塊，很耐人尋味。他們這樣做是有道理的。那時候香港島人煙仍然稀少，九龍半島則多是大片黃沙覆蓋的平原。運到香港的英國貨，大多經香港轉口到中國。

已大增的出口總額的 4.06%。這個近乎四倍的增幅着實驚人。如果我們由 1863 年再往後推三年，即到 1866 年為止，我們會發現同樣具有巨大的增幅。1866 年，英國向中國（包括香港）出口了約值 750 萬英鎊的貨物，佔該年英國出口總額的 5.53%。大家需注意，當時英國出口總值每年都在急速增長，而在英國日益擴大的全球出口貿易中，向中國的出口仍保持不斷增長的比例。若以 1854 年英國向中國出口的總值為基年數值（100%），那麼，1863 年的總值就是該基年數值的 388.71%，而 1866 年則達到 747.17%。圖 25.4 顯示英國向中國（包括香港）出口的上升趨勢。

圖 25.4 1854－1866 年英國出口到中國（包括香港）的貨物總值（根據表 25.5 繪製）

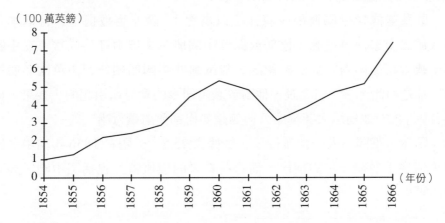

然而，如果我們再細看英國向中國（包括香港）出口貨物的總值，不禁令人有所疑慮。這個總額之中，有多少屬於綿、毛製品這類英國製造業的主要產品？有多少屬於滿足中國短期需要的貨物，比如軍火？

準此，話題就轉到 1854 至 1855 年，紅兵最終圍攻廣州城的時刻，使「該城面臨供應斷絕的威脅」。[19] 大英輪船公司和其他船公司派出輪船，把「載運糧食和軍火的中國船舶和貨物，沿省河拖帶至廣州城」，[20] 發了

19　Bowring to Clarendon, Desp. 19, 9 January 1855, FO17/226.

20　Stirling to Bowring, 12 January 1855, enclosed in Bowring to Clarendon, Desp. 31, 15 January 1855, FO17/226. 賜德齡少將是當時的英國駐華艦隊司令，即西摩爾的前任。

一筆不小的戰爭財。

紅兵揚言封鎖廣州，[21] 引發英國當局激辯。香港的署理律政司必列者士（W. T. Bridges）指出，根據國際法，紅兵無權實施封鎖，因為只有主權國家有權這樣做，個人宣佈對外國人實施封鎖是非法的。[22]

約翰‧包令爵士則認為，根據條約規定，只要不屬違禁品，英國人有權買賣各種貨物，而廣州當局並不視向他們供應的軍火為違禁品。他要求所有中國臣民，包括紅兵，尊重條約。[23] 在此之前，白廳認為，「如應中國人要求，英國船艦可為中國船舶護航，護送它們來往各口岸，保護它們不受海盜襲擊，這是恰當和獲得准許的行動」。[24] 香港的署理律政司判定，「以拖船方式護航和以伴隨保護方式護航，並無分別」，他認為「兩者都是英國子民在中國合法做生意的方式」。[25]

駐華艦隊司令賜德齡少將卻不以為然：「除非另獲指示，否則本人不會派出皇家海軍船艦，協助或保護中國船舶突破由紅兵或官軍在中國領土或管轄範圍內設立的封鎖線，無論這些中國船舶是否由英國商船拖帶，都是如此。」[26] 包令說，他對於艦隊司令的意見所引起的「後果，概不負責」，[27] 並指示大英輪船公司無論如何都要繼續行事。[28]

顯然，英國商人一意孤行了。根據表 25.5，英國在 1856 年向中國出口總值幾乎是前一年的兩倍，而這些新增的價值當然包括了中國當局購買的軍火。

21　同上註。

22　W. T. Bridges to Bowring, 14 January 1855, enclosed in Bowring to Clarendon, Desp. 31, 15 January 1855, FO17/226.

23　Bowring to Stirling, 15 January 1855, enclosed in Bowring to Clarendon, Desp. 31, 15 January 1855, FO17/226.

24　Foreign Office to Bonham, 19 September 1848, Bowring to Clarendon, Desp. 64, 1 February 1855, FO17/226.

25　W. T. Bridges to Bowring, 21 January 1855, enclosed in Bowring to Clarendon, Desp. 64, 1 February 1855, FO17/226.

26　Stirling to Bowring, 20 January 1855, enclosed in Bowring to Clarendon, Desp. 64, 1 February 1855, FO17/226.

27　Bowring to Stirling, 2 February 1855, enclosed in Bowring to Clarendon, Desp. 73, 3 February 1855, FO17/226.

28　W. Woodgate to Walker, 3 February 1855, enclosed in Bowring to Clarendon, Desp. 73, 3 February 1855, FO17/226.

表 25.6 1854－1858 年英國出口到中國（包括香港）的貨物

（單位：100 萬英鎊）

產品	1854	1855	1856	1857	1858
棉製品	0.502	0.788	1.334	1.574	1.824
毛製品	0.157	0.134	0.269	0.287	0.391
棉紗	0.139	0.096	0.210	0.158	0.266
鉛彈和彈丸	0.044	0.047	0.080	0.093	0.048
銅	0.023	0.047	0.037	0.025	0.021
鐵與鋼	0.016	0.022	0.067	0.074	0.064
蔴布	0.012	0.011	0.051	0.018	0.015
啤酒和麥芽酒	0.012	0.013	0.013	0.036	0.026
煤等	0.011	0.018	0.021	0.046	0.029
衣服等	0.008	0.008	0.016	0.014	0.018
玻璃器皿	0.007	0.007	0.007	0.015	0.017
餐具等	0.004	0.006	0.009	0.012	0.012
文具	0.003	0.004	0.006	0.005	0.008
陶器	0.001	0.002	0.002	0.004	0.004
馬口鐵	0.001	0.001	0.007	0.004	0.010
所有其他貨品	0.595	0.073	0.088	0.086	0.123
總計	1.001	1.278	2.216	2.450	2.876

資料來源：1854 至 1858 年的資料，取自 Parl. Papers 1859, Session 2, v. 28, p. 335.

　　表 25.6 臚列了 1854 至 1858 年英國向中國（包括香港）出口的主要
貨品。[29] 在此，可以看到綿、毛製品仍然是最主要的兩大宗貨物。其次是
鉛彈和彈丸，再次是鐵和鋼。在那個時候，鉛彈和彈丸當然是軍火。有
趣的是，這兩項物品的價值在 1856 和 1857 年增加了一倍，到 1858 年又
跌回到第二次鴉片戰爭前的水平。英國人是否向中國人售賣可以用來射
擊英國人自己的彈藥？我們不必感到驚訝。比如，英國人在二十世紀下
半葉一直向伊拉克出售戰爭科技，直至海灣戰爭（1991），伊拉克人用那

29　此時，英國統計人員仍然沒有把向中國和向香港出口的各種貨物分開，雖然如前所述，他們自
　　1854 年起，在計算出口總值時已這樣做。

些科技來對付英國及其同盟國部隊。[30] 他們在澳洲的後代在太平洋戰爭前也做過類似的事。如 1939 年澳大利亞人端納（W. H. Donald）即慨嘆：「有七百萬人口的澳洲，一方面向日本供應生鐵和其他戰爭物資，另一方面憂心如焚地備戰，以抵抗日本入侵，那真是可憐可悲的景象。」[31]

英國向中國售賣鐵和鋼的價值的升幅更是厲害。在 1856 至 1858 年幾乎增加了兩倍。鐵和鋼當然是製造武器的原料。因此，紅兵和第二次鴉片戰爭似乎大大影響了（儘管是暫時的）中國從英國進口的趨勢。

表 25.7 是表 25.6 的延續，涵蓋了 1859 至 1862 年。這裏再次提出，棉毛製品是英國向中國出口的最大宗，但在 1860 年第二次鴉片戰爭結束時，該年鉛彈和彈丸向中國的銷售幾乎是 1859 年的兩倍。1862 年，它又再增加了差不多一倍。鐵和鋼的進口量也居高不下。這些現象或許可以這樣解釋：英國和中國之間的爭執一結束，英國當局就開始思考支持中國政府清剿太平天國。如果説在 1861 年仍然「躊躇未決」，[32] 1862 至 1864 年就已積極「插手」了。[33] 英國當局最矚目的貢獻是訓練和武裝常勝軍。[34] 因此，英國人協助清廷安內，應該説也促進了中國從英國進口貨物的上升。

30　有關這事件的不同報告的摘要，見 U.S. Information Service, Ref. FF 11/10/92 NFS289, summary of Dean Baquet's article, 'Britain Drops Case against 3 with Arms Sales to Iraq', *New York Times*, 10 November 1992, p. A1（TK 252750）; FF 11/12/92 NFS 488, summary of Eugene Robinson's article, 'Britain to Probe Cabinet Role in Iraqi Arms Sales', *Washington Post*, 11 November 1992, p. A27（TK 253026）; FF 07/19/93 LFS108 and 07/19/93 NFS 198, summary of Douglas Jehl's article, 'Who Armed Iraq? Answers the West Didn't Want to Hear', *New York Times*, 18 July 1993（TK295592）。悉尼美國新聞處研究中心的圖書館館長彼得‧吉爾伯特（Peter Gilbert）助我取得這些報告，謹此致謝。

31　轉引自 Frank Clune, *Sky High to Shanghai*（Sydney, Angus & Robertson, 1947）, p. 363。端納是澳洲人，他在致克盧恩（Clune）的信中寫下這段話。他當時是蔣介石的顧問。

32　Gregory, *Great Britain and the Taipings*, chapter 6.

33　Ibid., chapter 7.

34　見 Smith, *Mercenaries and Mandarins*。

表 25.7 1859－1862 年英國出口到中國（包括香港）的貨物

（單位：100 萬英鎊）

產品	1859	1860	1861	1862
棉製品	2.759	3.160	3.180	1.277
毛製品	0.703	0.871	0.723	0.693
棉紗	0.431	0.410	0.307	0.284
鐵與鋼	0.115	0.145	0.086	0.109
鉛彈和彈丸	0.066	0.114	0.123	0.214
啤酒和麥芽酒	0.046	0.099	0.022	0.040
煤等	0.046	0.069	0.034	0.088
銅	0.037	0.059	0.046	0.033
蔴布	0.026	0.031	0.029	0.022
衣服等	0.022	0.033	0.029	0.037
餐具等	0.022	0.026	0.028	0.027
玻璃器皿	0.021	0.030	0.016	0.024
馬口鐵	0.013	0.004	0.012	0.015
文具	0.008	0.011	0.016	0.014
陶器等	0.004	0.007	0.006	0.010
所有其他貨品	0.140	0.249	0.193	0.251
總計	4.458	5.318	4.849	3.137

資料來源：1859 至 1862 年的資料，取自 Parl. Papers 1863, v. 65, p. 292。

　　問題在於，英國向中國輸出的棉毛製品數量增加，是否由於第二次鴉片戰爭為英國打開更大的中國市場所致。讓我們由 1830 年開始分析，那一年英國政府公開調查英國東印度公司所壟斷的對華貿易。大量證人作證，指該公司向中國人銷售棉毛製品極為失敗。

　　事實上，東印度公司銷售這些產品賠了大本，這賠本生意繼續做下去，「與其説是因為有利可圖，不如説是為滿足英國的人民」。[35] 即使大幅降價，有時候減到半價，[36] 該公司職員仍然難以勸服中國人購買這些貨

35　J. F. Davis's evidence, 22 February 1830, in Parl. Papers 1830, v. 5, Q507. 另見 C. Majoribands's evidence, 18 February 1830, in ibid., Q182；以及 J. C. Melville's evidence, 11 May 1830, in Parl. Papers 1830, v. 5, Q5128。

36　Majoribands's evidence, 18 February 1830, in Parl. Papers 1830, v. 5, Q302 and Q318.

品。最後東印度公司只好在購買茶葉時，用棉毛製品抵付部份購茶款；[37] 而得到這些棉毛製品的中國商人，只能用賠本價賣出。他們為了彌補損失，就提高賣給東印度公司的茶葉的價錢。茶葉在英國賣得比美國貴，部份原因恐怕就在此。[38]

為什麼向中國推銷棉毛製品如此困難？那時候，中國富人在冬天愛穿絲襖，而不愛穿毛衣；窮人則買不起毛衣，只能穿棉衣。因此，無論貧富都不會購買英國毛製品。英國的棉製衣服也沒有銷路，部份原因是中國農村傳統是家族內自行織造衣服。此外，英國棉製衣服是以美國棉花為原料，製成品再運到中國，加上運輸、保險、利潤等，在價格上無法和中國土布衣競爭。而且，中國人手工紡織的土布比英國產品更經久耐用。[39]

第二次鴉片戰爭期間，這種情況無疑仍然大致相同。我們發現，英國從中國進口茶葉數量大增，出口到中國的棉毛製品數量也相應增加，很可能是前述以貨抵款的結果，而並非打開了更大的中國市場所致。

為了印證這項假設，筆者編製了表 25.8。它涵蓋三十一年，上起 1827 年，該年首次出現這方面的統計數字。我們就用此年為基年數字（100%）。這表下延至 1867 年，即第二次鴉片戰爭結束後七年。從此表可見，大體而言，棉毛製品銷量在中國的起跌和茶葉同步。因此，1820 年代那種以貨抵款的做法，竊以為在東印度公司壟斷結束後仍然繼續。

這點在圖 25.5 看得更加清楚。它以 1827 年為基年數字（100%），這些百份比的升跌非常一致，在東印度公司的時代如是，在二十年之後亦復如是。進一步證實了筆者的想法：英國商人沿用了東印度公司的做法，以棉毛製品抵付購買茶葉的款項。[40]

37　Ibid., Q574.

38　Ibid., Q509.

39　見 Morse, *International Relations of the Chinese Empire*, v. 1, chapter 4。

40　見 Majoribands's evidence, 18 February 1830, in Parl. Papers 1830, v. 5, Q302 and Q318。

表 25.8 1827－1867 年英國茶葉進口與棉毛製品出口的比較

年份	茶葉：數量（百萬磅）	百份比，以 1827 年為基年數字	棉毛製品合計價值（百萬英鎊）	百份比，以 1827 年為基年數字
	1	2	3	4
1827	39.75	100.00	1.68	100.00
1828	32.68	82.21	1.58	94.05
1829	30.54	76.83	1.44	85.71
1830	31.90	80.25	1.78	105.95
1831	31.65	79.62	1.33	79.17
1832	31.71	79.77	1.45	86.31
1833	32.06	80.65	1.32	78.57
1834	32.03	80.58	1.17	69.64
1835	42.05	105.79	1.56	92.86
1836	48.52	122.06	2.29	136.31
1837	36.50	91.82	1.74	103.57
1838	39.00	98.11	1.99	118.45
1839	37.19	93.56	2.44	145.24
1840	22.58	56.81	3.19	189.88
1841	27.64	69.53	2.93	174.40
1842	37.41	94.11	2.65	157.74
1843	42.78	107.62	3.40	202.38
1844	51.75	130.19	4.01	238.69
1845	50.71	127.57	3.60	214.29
1846	54.53	137.18	3.42	203.57
1847	55.36	139.27	2.63	156.55
1848	47.35	119.12	2.50	148.81
1849	53.10	133.58	3.65	217.26
1850	49.37	124.20	4.46	265.48
1851	69.49	174.82	4.69	279.17
1852	65.30	164.28	4.49	267.26
1853	68.64	172.68	4.74	282.14
1854	83.30	209.56	6.25	372.02
1855	81.56	205.18	5.45	324.40
1856	84.80	213.33	5.75	342.26
1857	60.30	151.70	6.22	370.24
1858	73.36	184.55	9.88	588.10
1859	71.92	180.93	3.46	205.95
1860	85.30	279.31	4.03	239.88
1861	92.15	231.82	3.90	232.14

（續上表）

年份	茶葉：數量 （百萬磅） 1	百份比，以 1827 年為 基年數字 2	棉毛製品合計價值 （百萬英鎊） 3	百份比，以 1827 年為 基年數字 4
1862	109.76	276.13	1.97	117.26
1863	129.44	325.64	2.17	129.17
1864	115.10	289.56	3.35	199.40
1865	112.78	283.72	4.32	257.14
1866	130.86	329.21	6.08	361.90
1867	117.55	295.72	5.86	348.81

註：欄 1 列出的是茶葉的數量而非價值。在國會文件中，1853 年前是以「官定價值」來表示價值，之後才改用「計算實際價值」。由於有這樣的轉變，如以價值來表示，欄 2 就無法計算了。因此在欄 2，1827 年後的每年數字都是 1827 年數字的百份比表示。欄 3 列出價值，因為不可能把棉製品和毛製品的數量合計──原有統計數字沒有列出棉製品數量。欄 4 的做法與欄 2 相同。

資料來源：1825 至 1858 年的資料，取自 Parl. Papers 1859, Session 2, v. 23, pp. 315 and 319；1859 至 1862 年的資料，取自 1863, v. 65, pp. 291-292；1863 至 67 年的資料，取自 1867-1868, v. 67, pp. 304-305。

圖 25.5 1827－1867 年英國茶葉進口與棉毛製品出口的比較（以 1827 年為基年數字〔100%〕，根據表 25.8 欄 2 和欄 4 繪製）

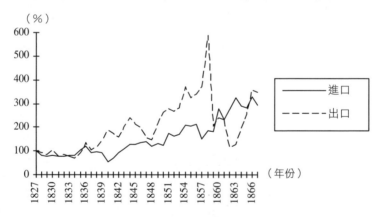

　　到了 1858 年卻有劇烈波動，當年棉毛製品的銷售飆升，同期購茶數量卻下降。何以至此，今無從稽考。然而，大家要記得英國出口的貨物不一定全部在目的地銷售。《天津條約》在 1858 年簽訂，應允開放中國內地通商，可能令英國商人對「四億人的巨大市場」[41] 寄予過大期望而過度地向中國供應了貨品。

41　　S. Osborn, *The Past and Future of British Relations in China* (Edinburgh, Blackwood, 1860), p. 10.

過度供應中國市場帶來嚴重後果。在接着的一年，棉毛製品出口頓挫，並在往後幾年持續暴跌。即使購買茶葉數量有所增加，也無法提高棉毛製品的銷量。單以棉製品一項來看，1861 年美國爆發內戰，導致棉花供應短缺，可能是引發棉製品出口暴跌的部份原因。[42] 但無論如何，在中國的剩餘存貨，似乎再賣好幾年都賣不完，而到了 1865 年，即第二次鴉片戰爭後五年，中國商人終於賣清手上的英國棉毛製品存貨，直到此時這些產品從英國的出口量才又重新上升。

這種事實使我們得出如下結論：英國決策者以為中國開放市場，英國棉毛製品銷量就能提高，他們大錯特錯。在 1858 至 1860 年出口到中國的棉製品價值，是 1855 至 1857 年的兩倍。到了 1860 年，四個市場佔了英國出口棉製品價值的 43%，這四個市場分別是：印度 20.7%，美國 8.7%，土耳其 6.8%，中國則是 6.5%。[43] 但 1860 年是高峰年，之後的 1861 年下跌 2%，1862 年再下跌 5.5%。[44] 這些數字印證了筆者的分析。儘管第二次鴉片戰爭似乎達到了英國決策者某些預期效果：例如，令英國人獲得更多、更廉宜的茶葉（對英國人很有用）和生絲（英國人已不大需要它了）。不過，增銷英國棉毛製品的美夢沒有實現。就這方面而言，《米切爾報告》（*Mitchell Report*）和伯爾考維茨根據這份報告提出的觀點，仍然很有道理。伯爾考維茨認為外交部過於聽信老中國通之言，以為英國產品在中國有龐大銷路。米切爾是香港的殖民地官員，他在 1852 年就知道這個市場不存在：中國人是自給自足的，特別是衣物方面。米切爾將自己的看法寫成報告，但被上級束諸高閣，因為他的上級不想外交部得知這份報告。[45] 如果英國高級官員知道有這份報告，並認真加以研究，或許就不會懷着那麼殷切的期望，來發動第二次鴉片戰爭了。但對華輸出鴉片的利潤是如此龐大，哪怕英國的決策者明知無法在中國增銷

42　棉花短缺對蘭開夏紡織廠的影響，見 Redford, *Manchester Merchants and Foreign Trade*, chapter 2。比如，曼徹斯特商工會認為 1861 年棉產品貿易不振，既因為「缺乏市場」，也由於棉花供應不足」（ibid., p. 14, quoting the chamber's proceedings, 18 September 1861）。

43　D. A. Farnie, *The English Cotton Industry and the World Market, 1815-1896* (Oxford, Clarendon Press, 1979), p. 138.

44　Ibid., p. 140.

45　Pelcovits, *Old Hands and the Foreign Office*, pp. 15-17.

英國棉毛製品，仍然會一意孤行的。從這角度看問題，鴉片貿易對於促使英國發動第二次鴉片戰爭就更是舉足輕重了。

圖 25.6 印證了這一點，它顯示第二次鴉片戰爭後，英國進口茶葉數量節節升高，但英國出口到中國的棉毛製品卻有如蝸牛般在水平線上爬行。

圖 25.6 1827－1867 年英國茶葉進口與棉毛製品出口的比較（根據表 25.8 欄 1 和欄 3 繪製）

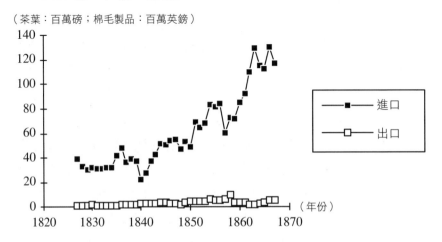

（茶葉：百萬磅；棉毛製品：百萬英鎊）

總結此節：第二次鴉片戰爭後，英國向中國出口貨品數量確實有所增加。導致這一增長的原因之一，是英國商人大購茶葉時，用棉毛製品來以貨抵款。另一原因是中國當時出現的不同尋常狀況，那就是對戰爭物質的需求。

四、出口：戰爭物資

如表 25.9 所示，1863 年是分水嶺。這一年，除了「鉛彈和彈丸」以及「鐵與鋼」外，「武器等」首次出現在英國向中國出口貨物的清單中。這種現象並不令人驚訝，因為英國當局在 1862 年開始積極插手中國內政：向中國政府出售武器以鎮壓太平軍。以價值計，在英國向中國（和香港）出口的貨物中，武器銷售排名第六位。總的來説，武器和彈藥只是稍為增加貿易總額，並未對英國的出口趨勢有大影響。

表 25.9 1863－1866 年英國出口到中國（及香港）的貨物

（單位：100 萬英鎊）

產品	1863	1864	1865	1866
棉製品	1.170	2.011	2.788	4.421
毛製品	1.003	1.337	1.532	1.662
鉛彈和彈丸	0.311	0.170	0.047	0.104
棉紗	0.239	0.242	0.104	0.429
鐵與鋼	0.221	0.182	0.133	0.121
武器等	0.086	0.075	0.048	0.113
啤酒和麥芽酒	0.079	0.047	0.046	0.059
煤等	0.078	0.078	0.053	0.064
衣服等	0.063	0.044	0.031	0.049
銅	0.051	0.056	0.067	0.062
蔴布	0.040	0.037	0.046	0.071
餐具等	0.039	0.031	0.021	0.016
玻璃器皿	0.033	0.026	0.016	0.020
醃臘食物等	0.031	0.026	0.016	0.020
食品	0.031	0.021	0.012	0.020
馬口鐵	0.026	0.045	0.009	0.005
陶器等	0.014	0.009	0.006	0.010
各種紙張	0.011	0.009	0.010	0.010
文具	0.009	0.007	0.004	0.006
所有其他貨品	0.354	0.262	0.164	0.218
總計	3.889	4.711	5.15	4.478

資料來源：1863 至 1867 年的資料，取自 Parl. Papers 1867-1868, v. 67, p. 305.

五、結語

　　1854 年之前，英國貨出口到中國的統計數字，是和出口到香港的數字摻混在一起的。但第二次鴉片戰爭時期就不同了，我們可以評估這場戰爭對直接出口到中國的英國貨的影響。為此筆者編製了表 25.10，並以 1854 年而非 1855 年為起始年份，因為 1855 年雖是第二次鴉片戰爭前一年，但紅兵在該年圍攻廣州，令中國政府向英國採購戰爭物資異於平常。因此，1854 年是戰前更接近常態的一年。表 25.10 以 1866 而非 1860 年做結束，那就是因為英國在 1860 年後向中國販賣大量軍火，幫助清政

府鎮壓太平軍。太平天國最終在 1864 年平定，隨後一兩年局勢逐漸恢復正常，所以 1866 年是戰後較接近常態的年份。

表 25.10 1854－1866 年英國向中國出口的貨物

（單位：100 萬英鎊）

年份	向中國的出口	總出口	中國所佔的百份比（欄 1 除以欄 2）
1854	0.53	63.33	0.84
1855	0.89	69.14	1.29
1856	1.42	82.53	1.72
1857	1.73	84.91	2.04
1858	1.73	76.39	2.27
1859	2.53	84.27	3.00
1860	2.87	92.23	3.11
1861	3.11	82.86	3.76
1862	2.02	82.10	2.47
1863	2.42	95.72	2.52
1864	3.09	108.73	2.84
1865	3.60	117.63	3.06
1866	5.09	135.20	3.76

資料來源：1854 至 58 年的資料，取自 Parl. Papers 1859, Session 2, v. 28, p. 6；1859 至 63 年的資料，取自 1864, v. 57, p6；1864 至 66 年的資料，取自 1867-1868, v. 67, p. 6。

根據表 25.10 所示，英國在 1854 年出口了約值 53 萬英鎊的貨物到中國，1866 年升至 509 萬英鎊，幾乎是 1854 年的十倍。若以全世界來說，英國在 1854 年出口了 6,333 萬英鎊的貨物，1866 年則為 1 億 3,520 萬英鎊，僅僅是 1854 年的兩倍。因此，向中國的出口增加了九倍，而同時期英國全球總出口只增加一倍。進一步說，中國佔英國總出口的份額由 1854 年的 0.84% 增加至 1866 年的 3.76%，幾乎達到原來的五倍。

毋庸置疑，隨着原本禁止與外國通商的地區開放，出口到中國的印度鴉片也有所增加。到 1865 年，鴉片需求的增長「在長江和華北的口岸令人非常滿意，而且鴉片貿易有望在長江沿岸變得日益重要……〔並且〕

擴展至所有口岸和省份」。[46] 戰後印度鴉片向中國出口大增的數字,已在上一章中列出。

看到這些可觀的增長,1858 至 1859 年淪為在野的巴麥尊內閣,應當替英國高興,並慶幸自己決定利用「亞羅」號事件為藉口對中國用兵;而在 1858 至 1859 年短暫掌權的反對派,也應該感到自己把戰爭打下去是那麼明智。最後巴麥尊在 1859 年 6 月重新執政,在 1860 年圓滿結束戰事。

六、反響

對於本章,加拿大卡爾加里大學的道格拉斯‧皮爾斯提出了補充建議:「要解釋 1855 至 1886 年供應中國的鴉片數量下降,必須把眼光放到中國需求以外:印度的農民起義和旱災可能令供應中斷。」有道理!可惜統計數字闕如。

加拿大約克大學的克萊頓教授則充份肯定本章:「黃宇和指出了英國政府如何向中國茶和絲徵收進口稅獲得收入,英屬印度如何向出口到中國的鴉片抽稅獲利,以及人們如何因為有了鴉片收入而有能力購買英國出口貨,從而令英國製造商得益。他相信戰爭的根本原因是《南京條約》(1842)無法保障這些經濟利益。這促使英國政府循外交途徑要求中國當局修訂條約,遭到中方拒絕後,動武就變成無可避免,因此,英國政府一直在等待開戰的藉口。」結果,第二次鴉片戰爭令英方得償夙願。

對此,倫敦大學國王學院的布賴恩‧霍爾登‧雷德教授表示同意:「『英國決策者對他們眼中』國家利益的追求,『足以作為解釋第二次鴉片戰爭起因的基礎』。」

46　'Commercial Report…China, 1865', Parl. Papers 1866, v. 71, p. 84. 其後的發展,見 Owen, *Opium Policy*;和 Harcourt, 'Black Gold'。

參考資料

一、檔案資料

British Foreign Office Archives: Public Record Office, London
1. F.O. 17   General correspondence, China
2. F.O. 228   Embassy and consular reports, China
3. F.O. 230/74-75 Copybooks of Chinese language documents
4. F.O. 233/183-4 Copybooks of Chinese language documents
5. F.O. 677/26-27 Copybooks of Chinese language documents
6. F.O. 682 Chinese language diplomatic correspondence and other documents
7. F.O. 931 Canton Archive (originally belonging to F.O. 682)

British Admiralty Records: Public Records Office, London.
Adm. 1
Adm. 125/1

British Museum Holdings of the Beijing Gazette《京報》: British Museum, London

Chinese Records: First National Archives: Beijing, China 中國第一歷史檔案館
1. Grand Council register of edicts and memorials 軍機處上諭檔
3. Grand Council copies of edicts 軍機處錄副奏摺
2. Grand Council copies of memorials 軍機處隨手登記檔

National Palace Museum: Taibei, Taiwan 故宮博物院
1. Grand Council monthly logbook of imperial edicts 上諭檔方本

French Records: Quai d'Orsay, Paris
China despatches to and from the Ministère des Affaires Étrangères, as contained in volumes numbered 4 to 34.

Indian records: India Office Library, London

1. Bengal Board of Revenue, Miscellaneous Proceedings (Opium)

2. Bengal Consultations: Governor-General in Council to the Government of Bombay

3. Despatches to Bengal: Court of Directors to the Governor-General in Council (separate revenue)

4. Governor-General, Secret Consultations, Bengal Secret Letters

5. Letters from Bengal: Governor-General in Council to the Court of Directors (territorial: salt and opium)

6. Letters from Bombay: Government of Bombay to the Court of　Directors

7. Proceedings of President and Council, 15 October 1773, *Ninth Report from the Select Committee*, 1783

United States of America Records: Division of Manuscripts, Library of Congress, Washington, D.C. (All the following are on microfilm)

1. Cushing Papers: Caleb Cushing

2. Foote Papers: Captain Andrew Hull Foote

3. Marcy Papers: William L. Marcy

4. Pierce Papers: Franklin Pierce

5. Reed Papers: William R Reed, Private Diary of Mission to China, 1857-1859.

6. United States Department of State, Consular Despatches

7. United States Department of State, Diplomatic Despatches

8. United States Department of State, Diplomatic Instructions

企業檔案

Matheson Papers: University Library, Cambridge

1. B2　General correspondence, Jardine Matheson and Co

2. B4　Personal letters, Jardine Matheson and Co

Baring Papers: Guildhall Library, London

(By kind permission of Baring Brothers and Co.)

HC 6.1.1-20 House Correspondence, 1828—76

私人檔案

Alabaster Papers: The papers and diaries of Chaloner Alabaster, in the possession of Mr David St Maur Sheil, Lamma Island, Hong Kong

1. Alabaster's diary

2. Alabaster's papers.

Bowring Papers: John Rylands University Library of Manchester

1. Ryl. Eng. MSS 1228 Sir John Bowring's letters to his son Edgar

2. Ryl. Eng. MSS 1229 Sir John Bowring's letters to his son Lewis

3. Ryl. Eng. MSS 1330 Letters to Sir John Bowring, filed newspaper clippings, and so forth

Cobden Papers, British Library, London

BL Add MSS

Clarendon Papers: Bodleian Library, Oxford

(by kind permission of the seventh earl of Clarendon)

1. MSS Clar. Dep. C8 China (1853)

2. MSS Clar. Dep. C19 China (1854)

3. MSS Clar. Dep. C37 China (1855)

4. MSS Clar. Dep. C57 China (1856)

5. MSS Clar. Dep. C69 China (1857)

5. MSS Clar. Dep. C85 China (1858)

Davis Papers: Cambridge: privately owned by a descendant of Sir John Francis Davis who wishes to remain anonymous

Granville Papers, Public Record Office, London

Granville Ms PRO 30

Graham Papers, Bodleian Library, Oxford

Graham MSS (on microfilm)

Palmerston Papers: Royal Historical Commission, London

Broadlands MSS GC/BO/83

Broadlands MSS GC/BO/84

Broadlands MSS GC/BO/85 (with some Chinese language documents)

Broadlands MSS GC/BO/86

Broadlands MSS GC/BO/87 (with some Chinese language documents)

Broadlands MSS GC/BO/88

Broadlands MSS GC/BO/89

Parkes Papers: University Library, Cambridge

(By kind permission of Sir John Keswick)

Russell Papers, Public Record Office, London

PRO 12G

Wodehouse Papers, British Library, London

BL. Add. MSS

中文已出版檔案

Chouban yiwu shimo 《籌辦夷務始末》(An account of the management of foreign affairs)

1. Imperial edicts and memorials of the Daoguang period pertaining to foreign affairs. ten vs. Beiping, 1930. Taipei reprint, 1963.

2. Imperial edicts and memorials of the Xianfeng period pertaining to foreign affairs. eight vs. Beijing, Zhonghua shuju edition, 1979.

Da Qing lichao shilu 《大清歷朝實錄》(Veritable records of the successive reigns of Qing emperors). Taipei reprint, Wenhai, 1970.

1. Daoguang period, ten vs.

2. Xianfeng period, eight vs.

Daoguang Xianfeng liangchao chouban yiwu shimo buyi《道光咸豐兩朝籌辦夷務始末》 (Supplements to *Chouban yiwu shimo*, Daoguang and Xianfeng periods). Taipei, Institute of Modern History, Academic Sinica, 1966.

Di'erci yapian zhanzheng《第二次鴉片戰爭》(Source materials on the Second Opium War). Six vs. Compiled by Qi Sihe 齊思和 et alia, on behalf of the Chinese Historical Society. Shanghai, Renmin chubanshe, 1978. Hereafter cited as Er ya in this bibliography:

v. 1 The attack on Canton, Taku and Tientsin: Extracts from contemporary private records, writings, and local gazetteers‐682 pages

v. 2 The attack on Peking: Extracts from contemporary private records, writings, and local gazetteers — 643 pages

v. 3 Chinese archival material（1853—1858）— 608 pages

v. 4 Chinese archival material（1859）— 547 pages

v. 5 Chinese archival material（1860）— 549 pages

v. 6 Translations of selected non-Chinese materials — 573 pages

Jindai Zhongguo dui xifang ji lieqiang renshi ziliao huibian 《近代中國對西方及列強認識資料彙編》（A collection of materials reflecting modern Chinese perceptions on the West and the Powers）. Ten vs. Compiled by the Institute of Modern History, Academia Sinica. Taibei, Institute of Modern History, Academia Sinica, 1972-1988.

Institute of Modern History, Chinese Academy of Sciences（comp.）. *Yapian zhanzheng shiqi sixiangshi ziliao xuanji* 《鴉片戰爭時期思想史資料選輯》（Sources reflecting the thinking current during the Opium War）. Beijing, Joint Publishing Co., 1963.

Qingdai Zhong-E guanxi dangan shiliao xuanbian 《近代中俄關係檔案史料選編》（Selected sources on China-Russia relations during the Qing period, 3rd series [1851-1862]）. Three vs. Compiled by the Ming-Qing section of the Palace Museum. Beijing, Zhonghua shuju, 1979: v. 1 1851-7; v. 2 1857-9; v. 3 1859-62

Siguo xindang《四國新檔》（New archives on China's relations with Great Britain, France, America and Russia）. Four vs. Taipei, Institute of Modern History, Academic Sinica, 1966.

英文已出版檔案

American Diplomatic and Public Papers: The United States and China, Series 1 - The Treaty System and the Taiping Rebellion, 1842-1860, v. 13, The Arrow War, （ed.）Jules Davids. Wilmington, Delaware, 1973.

British Documents on Foreign Affairs: Reports and Papers from the Foreign Office Confidential Print, Part 1, Series E, Asia, volume 16, Chinese War and Its Aftermath, 1839-1849, （ed.）Ian Nish（Frederick, Md., University Publications of America, 1994）.

British Documents on Foreign Affairs: Reports and Papers from the Foreign Office Confidential Print, Part 1, Series E, Asia, volume 17, Anglo-French Expedition to China, 1856-1858, (ed.) Ian Nish (Frederick, Md., University Publications of America, 1994).

British Parliamentary Papers
Pertinent volumes from the year 1800 to 1898

British Parliamentary Debates:
1. Hansard, 3d series, v. 53 (1840)
2. Hansard, 3d series, v. 65 (1842)
3. Hansard, 3d series, v. 144 (1857)
4. Hansard, 3d series, v. 159 (1860)

Correspondence Relative to the Earl of Elgin's Special Mission to China and Japan, 1857-59 (reprinted by the Chinese Materials Center, San Fancisco, 1975).

Greville, Charles Cavendish Fulke. *The Greville Memoirs: A Journal of the Reign of Queen Victorian from 1852 to 1860.* Six vs. London, Longmans, Green, and Co., 1887.

United States Congressional Documents:
1. Sen. Exec. Doc., No. 22, 35th Congress, 2d Session,
    pp. 1-495: Robert McLane Correspondence
    pp. 495-1424: Peter Parker Correspondence
2. Sen. Exec. Doc., No. 30, 36th Congress, 1st Session,
    pp. 1-569: William B. Reed Correspondence
    pp. 569-624: John E. Ward Correspondence

英國報章
(British Library, Newspaper Division, Colindale, London)
Chronicle
Daily News
Globe
Manchester Guardian

Morning Post

Morning Star

News

News of the World

Nonconformist

Press

Punch

Reynolds Newspaper

Spectator

The Times

其他報章

China Mail (daily), Hong Kong 1845-1849

　　(Public Record Office, Hong Kong)

Chinese Repository (monothly), 20 vs., Canton 1832-1851

　　(reprinted in Japan)

North China Herald (weekly), Shanghai 1850-1861

　　(St Antony's College, Oxford)

二、西文著作

'A Field Officer'. *The Last Year in China to the Peace of Nanking: as Sketched in Letters to His Friends*. London, Longmans and Co., 1843.

A Draft Agreement between the Government of the United Kingdom of Great Britain and Northern Ireland and the Government of the People's Republic of China on the Future of Hong Kong. Hong Kong, Government Publishing Service, 26 September 1984.

Abbot, Charles, 2nd Baron Colchester (ed). *History of the Indian Administration of Lord Ellenborough, in his correspondence with the Duke of Wellington. To which is prefixed . . . Lord Ellenborough's letters to the Queen during that period*. London, Bentley & Co., 1874.

Abeel, David. *Journal of a Residence in China and the Neighbouring Countries from 1830 to 1833*. London, J. Nisbet, 1835.

Abstract of British Historical Statistics,　compiled by B.R. Mitchell, with the collaboration of Phyllis Deane.　Cambridge, Cambridge University Press, 1962.

Adams, John Quincy. 'Lecture on the War with China'　delivered before the Massachusetts Historical Society, December 1841. *Chinese Repository*, v. 11, January to December 1842, pp. 274-89.

Adams, William　Y. *Nubia: Corridor to Africa*. London, Allen Lane, 1977.

Akita,　Shigeru. 'British Informal Empire in East Asia 1880s − 1930s: A Japanese Perspective', in Janet Hunter (ed.), *Japanese Perspectives on Imperialism in Asia*. London School of Economics, 1995, pp. 1-29.

Alcock, Rutherford.　*The Capital of the Tycoon*.　2vs.　New York, Harper and Brothers, 1863.

Allen, G.C. and Donnithorne, A.G.　*Western Enterprise in Far Eastern Economic Development − China and Japan*.　London, Allen and Unwin, 1954.

Allgood,　G.　*China War, 1860: Letters and Journal*.　London, Longmans and Co., 1901.

Anderson, Flavia. *The Rebel Emperor*.　London, Victor Gollancz, 1958.

Anderson, M. A. 'Edmund Hammond: Permanent Under-Secretary of State for Foreign Affairs, 1854-73'.　Unpublished Ph.D. thesis, University of London, 1956.

Archer, Thomas,　and A. H. Stirling. *Queen Victoria: Her Life and Reign*. Four vs. London, Gresham Publishing Co., 1901.

Argyll, Duke of.　*George Douglas, Eighth Duke of Argyll, KG. K.T. (1823-1900): Autobiography and Memoirs*.　(Ed.) Dowager Duchess of Argyll.　2 vols. London, John Murray, 1906.

Australian Dictionary of Biography, v. 2: 1788-1850, edited by A. G. L. Shaw and C. M. H. Clark.　Melbourne, Melbourne University Press, 1967.

Ayerst,　David George. *Guardian Omnibus, 1821-1971: An Anthology of 150 Years of Guardian Writing*.　London, Collins, 1973.

Bagehot, Walter.　*The Collected Works of Walter Bagehot*, edited by F. Morgan. London, Routledge and Thomas Press, 1995.

Bagehot, Walter.　*The English Constitution*.　London, Thomas Nelson & Sons, 1872.

Bagenal, Philip Henry Dudley. *The Life of Ralph Bernal Osborne, MP*. London, Bentley & Sons (printed for private circulation), 1884.

Bakhala, Franklin. 'Indian Opium and Sino-Indian Trade Relations, 1801-1858'. Unpublished Ph.D. thesis, University of London, 1985.

Ball, Alan R. *British Political Parties: The Emergence of a Modern Party System*. London, Macmillan, 1981.

Banno, M. *China and the West, 1858-1861: The origins of the Tsungli Yamen*. Cambridge, Mass., Harvard University Press, 1964.

Baquet, Dean. 'Britain Drops Case Against 3 with Arms Sales to Iraq'. *New York Times*, 10 November 1992, p.A1 (USIS TK 252750)

Bartle, G. F. 'The Political Career of Sir John Bowring (1793-1872) between 1820 and 1849'. Unpublished M.A. thesis, University of London, 1959.

Bartle, G.F. 'Sir John Bowring and the Arrow War in China', *Bulletin of the John Rylands Library*, Manchester, 43, no. 2, (1961), pp. 293-316.

Bartle, G.F. 'Sir John Bowring and the Chinese and Siamese Commercial Treaties', *Bulletin of the John Rylands Library*, Manchester, 44, no. 2, (March 1962), pp. 286-308.

Bayly, C. A. *The New Cambridge History of India, v. 2 pt. 1: Indian Society and the Making of the British Empire*. Cambridge, Cambridge University Press, 1988.

Beal, Edward. *The Origins of Likin, 1853-1864*. Cambridge, Mass., Harvard East Asian Research Center, 1958.

Beasley, W. G. *The Meiji Restoration*. Stanford, Standard University Press, 1973.

Beeching, Jack. *The Chinese Opium Wars*. London, Hutchinson, 1975.

Bell, H. C. F. *Palmerston*, 2 vs. London, Longmans, Green, & Co., 1936.

Bentley, Michael. *Politics Without Democracy, Great Britain, 1815-1914: Perception and Preoccupation in British Government*. Oxford, Basil Blackwell in association with Fontana, 1984.

Berridge , Virginia and Edwards, Griffith. *Opium and the People: Opiate Use in Nineteenth-Century England*. New Haven and London, Yale University Press, 1987.

Bevington, Merle Mowbray. *The Saturday Review, 1855-1868; Representative Educated Opinion in Victorian England*. New York, Columbia University

Studies in English and Contemporary Literature No. 154, 1941.

Biaggini, E. G. 'The Coercion of China, 1830-1860: A Study in Humbug'. Unpublished D. Litt. thesis, University of Adelaide, Australia, 1944.

Bickers, Robert A. (ed.). *Ritual and Diplomacy: The Macartney Misison to China, 1792-1794*. London, British Association of Chinese Studies and Wellswepp, 1993.

Bingham, J. Elliott. *Narrative of the Expedition to China from the Commencement of the War to the Present Period*. London, H. Colburn, 1842.

Blacker, Carmen. *The Japanese Enlightenment: A Study of the Writings of Fukuzawa Yukichi*. Cambridge, Cambridge University Press, 1969.

Blainey, Geoffrey. T*he Tyrrany of Distance: How Distance shaped Australia's History*. Melbourne, Macmillan, revised edition, 1982.

Blake, Clagette. *Charles Elliot: R.N. A Servant of Britain Overseas*. London, Cleaver-Hume, 1960.

Bonner-Smith, D., and E. W. B. Lumby (eds). *The Second China War, 1856-1860*. London, Navy Records Society, 1954.

Boot, H. M. *The Commercial Crisis of 1847*. Hull, Hull University Press, 1984.

Booth, Charles (ed.). *Labour and Life of the People in London*. London, Williams and Norgate, 1891-1902.

Bourne, K. *Palmerston: The Early years, 1784-1841*. London, Allen Lane, 1982.

Bowring, Sir John. *Autobiographical Recollections of Sir John Bowring, with a Brief Memoir by Lewin B. Bowring*. 8 vs. London, H. S. King and Co., 1877.

Boyle, John Hunter. *China and Japan at War, 1937-1945*. Stanford, Calif., Stanford University Press, 1972.

Brewer's Dictionary of Phrase and Fable. Eighth revised ed. London, Cassell & Co, 1963.

Briggs, Asa. *The Age of Improvement*. London, Longmans, 1959.

Briggs, Asa. *Victorian People*. London, Pelican Books, 1965.

Brook, Timothy and Bob Tadashi Wakabayashi (eds.). *Opium Regimes: China, Britain and Japan, 1839-1952*. Berkeley: University of California Press, 2000

Brown, Lucy. *The Board of trade and the Free Trade Movement, 1830-1842*. Oxford, Clarendon Press,1958.

Brown, Lucy. *Victorian News and Newspapers*. Oxford, Clarendon Press, 1985.

Brunnert, H. S., and V. V. Hagelstrom. *Present Day Political Organization of China*. Trans. A. Beltchenko and E. E. Morgan. Shanghai, Kelly & Walsh, 1963.

Burke's Genealogical and Heraldic History of the Peerage, Baronetage, and Knightage. Ed. Peter Townsend. 104th ed. London, Burke's Peerage Ltd., 1967.

Buxton, Sydney Charles. *Finance and Politics: An Historical Study, 1783-1885*. London, John Murray, 1888.

Cady, J. F. *The Roots of French Imperialism in Eastern Asia*. New York, American Historical Association, 1954.

Cahill, Justin. 'From Colonisation to Decolonisation: A study of Chinese and British negotiating positions with regard to Hong Kong'. (History IV honours thesis, University of Sydney, 1995).

Cain, P. J., and A. G. Hopkins. 'Gentlemanly Capitalism and British Expansion Overseas: I. The Old Colonial System, 1688-1850'. *Economic History Review*. Second series, 39, no. 4 (1986), pp. 501-25.

Cain, P. J., and A. G. Hopkins. 'Gentlemanly Capitalism and British Expansion Overseas: II. New Imperialism, 1650-1945'. *Economic History Review*. New series. 40, no. 1 (1986), pp. 1-26.

Cain, P. J., and A. G. Hopkins. *British Imperialism: Crisis and Deconstruction, 1914-1990*. London, Longman, 1993.

Cain, P. J., and A. G. Hopkins. *British Imperialism: Innovation and Expansion, 1688-1914*. London, Longman, 1993.

Caloner, W. H. 'Currency Problems of the British Empire', in Barrie M. Ratcliffe (ed.), *Great Britain and Her World 1750-1914, Essays in Honour of W. O. Henderson*. Manchester, Manchester University Press, 1975, pp.179-207.

Cambridge History of India, volume 5, 1497-1858. (Ed.), H. H. Dodwell. Cambridge, Cambridge University Press, 1929.

Cannadine, David. 'The Context, Performance and Meaning of Ritual: The British Monarchy and the "Invention of Tradition", c. 1820-1977', in *The Invention of Tradition*, edited by Eric Hobsbawn and Terence Ranger. Cambridge, Cambridge University Press, 1983, pp. 101-64.

Cannadine, David. 'The Empire Strikes Back' (a review article), *Past and Present*, no. 147 (May 1995), pp. 180-94.

Cannadine, David. *The Decline and Fall of the British Aristocracy*. New Haven, Yale University Press, 1990.

Cassels, N. G. 'Bentinck: Humanitarian and Imperialist - The abolition of Suttee'. *Journal of British Studies*, v. 5, no. 1 (November 1965), pp. 77-87.

Cecil, Algernon. *Queen Victoria and Her Prime Ministers*. New York, Oxford University Press, 1953.

Chan, M. K., and David J, Clark (eds.). *The Hong Kong Basic Law: Blueprint for 'Stability and Prosperity' under Chinese Sovereignty?* Hong Kong, Hong Kong University Press, 1991.

Chang, Hsin-pao. *Commissioner Lin and the Opium War*. Cambridge, Mass., Harvard University Press, 1964.

Chang, Nien. *Life and Death in Shanghai*. London, Graften, 1986.

Chao, Tang-li. 'Anglo-Chinese Diplomatic Relations, 1858-70'. Unpublished Ph.D. thesis, University of London, 1956.

Chaudhuri, B. 'Agrarian Relations: East India', in Dharma Kumar (ed), *The Cambridge Economic History of India, v.2: c. 1757 - c.1970*. Cambridge, Cambridge University Press, 1983, pp. 86-177.

Chaudhuri, Binay Bhushan. 'Growth of Commercial Agriculture in Bengal, 1859-1885'. *Indian Economic and Social History Review*, v. 7, nos.1 and 2, 1970, pp. 25-60.

Chaudhuri, K. N. 'Foreign Trade and Balance of Payments (1857-1947)', in Dharma Kumar (ed), *The Cambridge Economic History of India, v. 2: c. 1757 - c.1970*. Cambridge, Cambridge University Press, 1983, pp. 804-77.

Cheong, W. E. *Mandarins and Merchants: Jardine Matheson & Co., a China agency of the early nineteenth century*. London, Curzon Press, 1979.

Chiang, Pei-huan. 'Anglo-Chinese Diplomatic Relations, 1856-60'. Unpublished Ph.D. thesis, University of London, 1939.

Chowdhury, Benoy. *Growth of Commercial Agriculture in Bengal*. Calcutta, M. K. Maitre, 1964.

Clarke, P., and Jack S. Gregory (eds), *Western Reports on the Taiping: A Selection of Documents*. Canberra, Australian National University Press, 1982.

Clune, Frank. *Sky High to Shanghai*. Sydney, Angus and Robertson, 1947.

Coates, Patrick D. *The China Consuls: British Consular Officers, 1843-1943*. Hong Kong, Oxford University Press, 1988.

Cohen, Paul. *China and Christianity: The Missionary Movement and the Growth of Chinese Antiforeignism, 1860-1870*. Cambridge, Mass., Harvard University Press, 1963.

Coleman, D. C., and Christine MacLeod. 'Attitudes to New Techniques: British Businessmen, 1800-1950'. *Economic History Review*. New series. 39, no. 4(1986), pp. 588-611.

Collet, C. D. *History of the Taxes on Knowledge: The Origin and Repeal*. Two vs. London, T. Fisher Unwin, 1899.

Conacher, J. B. *The Aberdeen Coalition, 1852-1855: A Study in Mid-Nineteenth-Century Party Politics*. Cambridge, Cambridge University Press, 1968.

Conacher, J. B. *The Peelites and the Party System, 1846-1852* Newton Abbot, David and Charles, 1972.

Cooke, George Wingrove. *China: Being 'The Times' Special Correspondent from China in the Years 1857-8, with Corrections and Additions*. London, G. Routledge, 1858.

Cordier, Henri. *L'Expedition de Chine de 1857-1858: Histoire Diplomatique. Notes et Documents*. Paris, Félix Alcan, Éditeur, 1905.

Cordier, Henri. *L'Expedition de Chine de 1860: Histoire Diplomatique. Notes et Documents*. Paris, Félix Alcan, Éditeur, 1905.

Correspondence Relative to the Earl of Elgin's Special Missions to China and Japan, 1857-59. Chinese Materials Center, Inc., San Francisco, 1975. (This is a reproduction of a set of Parliamentary Papers bearing the same name.)

Costin, William Conrad. *Great Britain and China, 1833-1860*. Oxford, Clarendon Press, 1937.

Cox, Gary W. *The Efficient Secret: The Cabinet and the Development of Political Parties in Victorian England*. Cambridge, Cambridge University Press, 1987.

Crosby, Travis L. *Sir Robert Peel's Administration, 1841-1846*. Newton Abbot, David and Charles, 1976.

Crouzet, Francois. 'Trade and Empire: The British Experience from the Establishment of Free Trade until the First World War', in Barrie M. Ratcliffe (ed.), *Great Britain and Her World 1750-1914, Essays in honour of W.O. Henderson*. Manchester, Manchester University Press, 1975, pp. 209-35.

Cunynghame, Arthur. *The Opium War, Being Recollections of Service in China*. Philadelphia, G. B. Zieber & Co., 1845.

Dangerfield, George. *The Strange Death of Liberal England*. New York, Carpicorn Books, 1961.

Daniels, Gordon. 'Sir Harry Parkes: British Representative in Japan, 1856-83'. Unpublished D. Phil. thesis, University of Oxford, 1967.

Dasent, Arthur Irwin. *John Thaddeus Delane, Editor of The Times: His Life and Correspondence*. Two vs. London, Office of The Times, 1908.

Davis, Michael C. *Constitutional Confrontation in Hong Kong: Issues and implications of the Basic Law*. London, Macmillian, 1989.

Davis, Ralph. T*he Industrial Revolution and British Overseas Trade*. Leicester, Leicester University Press, 1978.

Davis, Sir John. *China during the War and since the Peace*. Two vs. London, Green and Longmans, 1852.

Davis, Sir John. *The Chinese; A General Description of the Empire of China and its Inhabitants*. Two vs. London, C. Knight, 1836.

Dennett, Tyler. *Americans in Eastern Asia*. New York, Macmillan, 1922.

Dictionary of National Biography. (Editors vary) Twenty-two volumes. Published since 1917 by Oxford University Press.

Divekar, V. D. 'Regional Economy (1757-1857): Western India', in Dharma Kumar (ed.), *The Cambridge Economic History of India, v. 2: c. 1757 - c.1970*. Cambridge, Cambridge University Press, 1983, pp. 332-52.

Downing, C. Toogood. *The Fan-Qui in China, 1836-37*. Three vs. London, Henry Colburn, 1838.

Drescher, Seymour. *Econocide: British Slavery in the Era of Abolition*. Pittsburgh, Pa., University of Pittsburgh Press, 1977.

Dunn, Wie T. *The Opium Traffic in Its International Aspects etc*. Unpublished thesis [degree unspecified], New York, Columbia University, 1920.

Durand, H. M *Life of Major-General Sir Henry Marion Durand*. Two vs. London, W. H. Allen & Co., 1883.

Durand, Sir Henry Marion. *The First Afghan War and its Causes*. Two vs.

London, Longmans, Green & Co., 1879.

Eames, James Bromley. *The English in China: Being an Account of the Intercourse and Relations Between England and China from the Year 1600 to the Year 1843 and a Summary of Later Developments*. London: Curzon Press, 1909.

Edsall, Nicholas C. *Richard Cobden: Independent Radical*. Cambridge, Mass., Harvard University Press, 1986.

Edwardes, S. M. *The Rise of Bombay: A Retrospect*. Bombay, Times of India, 1902.

Edwards, E.W. *British Diplomacy and Finance in China, 1895-1914*. Oxford, Clarendon Press, 1987.

Elliot, Sir George. *Memoir of Admiral the Honourable Sir George Elliot*. London, 1863.

Eminent Chinese of the Ch'ing Period (1644-1912), (ed.) Arthur W. Hummel, Washington, United States Government Printing Office, 1943-44.

Etherington, M. D., and Keith Forster. *Green Gold: The Political Economy of China's Post-1949 Tea Industry*. Hong Kong, Oxford University Press, 1993.

Evans, Richard John. *Rethinking German History, Nineteenth-Century Germany and the Origins of the Third Reich*. London, Unwin Hyman, 1990.

Fairbank, J. K. 'Synarchy under the Treaties', in Fairbank (ed.). *Chinese Thought and Institutions*. Chicago, University of Chicago Press, 1957, pp. 204-31.

Fairbank, J. K. 'The Creation of the Treaty Port System', in Fairbank et al. (eds.). *The Cambridge History of China, v.10, pt.1*. Cambridge, Cambridge University Press, 1978, pp. 213-63.

Fairbank, J. K. 'The Early Treaty Port System in the Chinese World Order', in Fairbank (ed.). *The Chinese World Order*. Cambridge, Mass., Harvard University Press, 1968, pp. 257-75.

Fairbank, J. K. 'The Legalization of the Opium Trade before the Treaties of 1858'. *Chinese Social and Political Science Review*, 17, no. 2 (July 1933), pp. 215-63.

Fairbank, J. K. 'Tributary Trade and China's Relations with the West', *Far Eastern Quarterly*, 1, no. 2, (1942), pp. 129-49.

Fairbank, J. K. *Trade and Diplomacy on the China Coast: The Opening of Treaty*

Ports, 1842-54. Cambridge, Mass., Harvard University Press, 1953.

Farnie, D. A. 'The Cotton Famine in Great Britain', in Ratcliffe (ed.), *Great Britain and Her World 1750-1914, Essays in Honour of W. O. Henderson.* Manchester, Manchester University Press, 1975, pp. 153-78.

Farnie, D. A. *The English Cotton Industry and the World Market*, 1815-1896. Oxford, Clarendon Press, 1979.

Fay, Peter Ward. *The Opium War, 1840-1842: Barbarians in the Celestial Empire in the Early Part of the 19th Century and the War by Which they Forced Her Gates Ajar.* Chapel Hill, N.C., University of North Carolina Press, 1975.

Fay, Peter Ward. 'Was the Opium War of 1840-42 a Just War?. *Ch'ing-shi wen-t'i*, v. 3, Supplement 1 (1977), pp. 17-31.

Fieldhouse, D. K. 'Can Humpty Dumpty be put together again? Imperial History in the 1980s'. *Journal of Imperial and Commonwealth History*, 12, no. 2 (May 1984), pp. 9-23.

Fieldhouse, D. K. *Economics and Empire.* London, Weidenfeld and Nicolson, 1973.

Fieldhouse, D. K. *The Colonial Empires: A Comparative Survey from the Eighteen Century.* London, Weidenfeld and Nicolson, 1965.

Finlay, James and Co., Ltd. *Manufacturers and East India Merchants, 1750-1950.* Glasgow, Jackson Son & Co., 1951.

Fitzmaurice, Edmond George, Lord. *Life of Granville George Leveson Gower, Second Earl Granville.* 2 volumes. London, Longmans, 1905.

Forbes, F. E. *Five Years in China; From 1842 to 1847: With an Account of the Occupation of the Islands of Labuan and Borneo by Her Majesty's forces.* London, R. Bentley, 1848.

Forbes, Robert B. *Personal Reminiscences.* Boston, Little Brown and Co., 1878.

Forrest, Denys. *Tea For the British: The Social and Economic History of a Famous Trade.* London, Chatto & Windus, 1973.

Fortune, Robert. *A Journey to the Tea Countries of China, Including Sung-Lo and the Bohen Hills, with a short notice of the East India Company's tea plantation in the Himalaya Mountains.* London, John Murray, 1852.

Fortune, Robert. *A Residence among the Chinese: Inland, On the Coast, and at Sea. Being a Narrative of Scenes and Adventues During a Third Visit to*

China, From 1853-1856, Including Notices of Many Natural Productions and Works of Art, the Culture of Silks, &c, With Suggestions on the Present War. London, John Murray, 1857.

Fortune, Robert. *Three Years Wandering in the Northern Provinces of China.* Second ed. London, John Murray, 1847.

Foster, John Watson. *American Diplomacy in the Orient.* New York, Houghton, Mifflin and Co., 1903.

Galbraith, J. S. 'The 'Turbulent Frontier' as a Factor in British Expansion', *Comparative Studies in Society and History,* no. 2 (1960), pp. 150-68.

Gallagher, J., and Ronald Robinson. 'The Imperialism of Free Trade', *Economic History Review*, second series, 6, no. 1 (1953), pp. 1-15.

Gardella, Robert. *Harvesting Mountains: Fujian and China Tea Trade, 1757-1937.* Berkeley and Los Angelos, University of California Press, 1994.

Gatrell, V. A. C. *The Hanging Tree: Execution and the English People, 1770-1868.* Oxford, Oxford University Press, 1994.

Gavin, R. J. 'Palmerston's Policy Towards East and West Africa, 1830-1865'. Unpublished Ph. D. theis, University of Cambridge, 1959.

Gelber, Harry G. *Soldiers, Evangelicals and Opium: England's 1840-42 War With China, and Afterwards.* Basingstoke: Palgrave Macmillan, 2004.

Geoffrey of Monmouth, *The History of the Kings of Britain*, translated by Lewis Thorpe. London, Penguin, 1966.

Gerson, J. J. *Horatio Nelson Lay and Sino-British Relations, 1854-1864.* Cambridge, Mass., Harvard East Asian Research Center, 1972.

Gladstone, W. G. *The Gladstone Diaries, v.5, 1855-1860.* (Eds.) M. R. D. Foot and H. C. G. Matthew. Fourteen vs. Oxford, Clarendon Press, 1978.

Gooch, G. P. (ed.). *The Later Correspondence of Lord John Russell, 1840—1878.* Two vs. London, 1925.

Gordon, Arthur Hamilton, first Baron Stanmore. *Sidney Herbert, Lord Herbert of Lea: A Memoir.* Two vs. London, 1906.

Gordon, Arthur. *The Earl of Aberdeen.* London, Sampson Low, Marston & Co., 1894.

Gordon, Barry. *Economic Doctrine and Tory Liberalism, 1824-1830.* London, Macmillan, 1979.

Graham, Gerald S. *The China Station: War and Diplomacy, 1830-1860.* Oxford, Clarendon Press, 1978.

Grant, James Hope. *Incidents in the China War of 1860.* Compiled from the private journals of Sir Hope Grant by H. Knollys. London, William Blackwood and sons, 1875.

Greenberg, Michael. *British Trade and the Opening of China, 1800-42.* Cambridge, Cambridge University Press, 1951.

Gregory, G. S. *Great Britain and the Taiping.* Canberra, Australian National University Press, 1969.

Greville, Charles Cavendish Fulke. *Leaves from the Greville Diary.* (Arranged by Philip Morrell). London, Eveleigh Nash & Grayson, 1920.

Griffin, Eldon. *Clippers and Consuls, American Consular and Commercial Relations with Eastern Asia, 1845-1860.* Ann Arbor, Mich., Edwards Brothers, 1938.

Grimsted, Patricia Kennedy. *Archives and Manuscript Repositories in the USSR: Moscow and Leningrad.* Princeton, Princeton University Press, 1972.

Gros, Baron Jean Baptiste Louis. *Négotiations entre la France et la chine en 1860.* Paris, J. Dumaine, 1864.

Gruen, Erich S. *The Image of Rome.* Eaglewood Cliffs, N.J., Prentice-Hall, 1969.

Guha, Amalendu. 'Raw Cotton of Western India: 1750-1850'. *Indian Economic and Social History Review,* 9, no.1 (1972), pp. 1-42.

Gulick, Edward V. *Peter Parker and the Opening of China.* Cambridge, Mass., Harvard University Press, 1973.

Hamilton, C.I. *Anglo-French Naval Rivalry, 1840-1870.* Oxford, Clarendon Press, 1993.

Hanes, Travis and Frank Sanello. *The Opium Wars: The Addiction of One Empire and the Corruption of Another.* London: Robson Books, 2003.

Hanham, H. J. *Elections and Party Management: Politics in the Time of Disraeli and Gladstone.* London, Longmans, 1959.

Hanes, W. Travis and Sanello Frank., T*he Opium Wars: The Addiction of one empire and the Corruption of anothe*r, Napierville, Ill., Sourcebooks 2002

Hao, Yen-p'ing. *The Commercial Revolution in Nineteenth-Century China: The Rise of Sino-Western Mercantile Capitalism.* Berkeley and Los Angeles,

University of California Press, 1986.

Hao, Yen-p'ing. *The Comprador in Nineteenth Century China: Bridge between East and West.* Cambridge, Mass., Harvard University Press, 1970.

Harnetty, Peter. *Imperialism and Free Trade: Lancashire and India in the mid-nineteenth century.* Vancouver, University of British Columbia Press, 1972.

Harris, James Howoard, third Earl of Malmesbury. *Memoirs of an Ex-Minister: An Autobiography.* Two vs. London, Longmans, Green & Co., 1884.

Hart, Jennifer. *Proportional Representaton: Critics of the British Electoral System, 1820-1945.* Oxford, Clarendon Press,1992.

Hawkins, Angus. *Parliament, Party and the Art of Politics in Britain, 1855-59.* London, Macmillan Press in association with the London School of Economics, 1987.

Hay, Sir John. *The Suppression of Piracy in the China Sea, 1849.* London, E. Stanford, 1889.

Haynes, William G. *The Economics of Empire: Britain, Africa and the New Imperialism, 1870-95.* London, Longman, 1979.

Headrick, R. Daniel. *Invisible Weapon: Telecommunications and International Politics, 1851-1945.* New York, Oxford University Press, 1991.

Headrick, R. Daniel. *Tools of Empire: Technology and European Imperialism in the Nineteenth Century.* New York, Oxford Univeristy Press, 1981.

Hetherington, Alastair. *Guardian Years.* London, Chatto & Windus, 1981.

Hilton, Boyd. *Corn, Cash, Commerce: The Economic Policies of the Tory Governments, 1815-1830.* Oxford, Clarendon Press, 1977.

Hilton, Boyd. *The Age of Atonement: The Influence of Evangelicalism on Social and Economic Thought, 1795-1865.* Oxford, Clarendon Press, 1988.

Hinde, Wendy. *Richard Cobden: A Victorian Outsider.* New Haven, Conn., Yale University Press, 1987.

Hindler, Wilfrid. *The Morning Post, 1772-1937: Portrait of a Newspaper.* London, George Routledge & Sons, 1937.

Hinsley, Francis Harry. *Sovereignty.* Second ed. Cambridge, Cambridge University Press, 1986.

Ho, Ping-ti. *Studies on the Population of China, 1368-1953.* Cambridge, Mass., Harvard University Press, 1959.

Hobsbawm, E. J. *The Age of Empire, 1875-1914.* London, Weidenfeld and Nicolson, 1966.

Hobson, J. A. *Imperialism: A Study.* London, Allen and Unwin, 1902.

Hodder, Edwin. *Life and Work of the Seventh Earl of Shaftesbury.* Three vs. London, Cassel & Co., 1886.

Hodgson, Barbara. *Opium: A Portrait of the Heavenly Demon.* London: Souvenir Press, 1999.

Hollander, Samuel. *Ricardo, the New View: Collected Essays.* London, Routledge, 1995.

Hollis, M., and Steve Smith. *Explaining and Understanding International Relations.* Oxford, Clarendon Press, 1990.

Holt, E. *The Opium Wars in China.* London, Putnam, 1964.

Howe, Anthony. *The Cotton Masters, 1830-1860.* Oxford, Oxford University Press, 1984.

Hsiao, Kung-ch'üan. *Rural China: Imperial Control in the Nineteenth Century.* Seattle, Wa., University of Washington Press, 1960.

Hsü, Immanuel C. Y. *China's Entrance into the Family of Nations: The Diplomatic Phase, 1858-1880.* Cambridge, Mass., Harvard University Press, 1960.

Hsü, Immanuel C.Y. *The Rise of Modern China.* Fourth ed., New York, Oxford University Press, 1990.

Huang, Yen-yü, 'Viceroy Yeh Ming-ch'en and the Canton Episode, 1856-1861', Ph.D. thesis, Harvard University, 1940. (This thesis was subsequently published in full with the same title in *Harvard Journal of Asiatic Studies,* no. 6 (1941), pp. 37-127.

Huc, Évariste Régis. *Christianity in China, Tartary and Tibet.* Three vs. London, Longman etc., 1857-58.

Hudson, G. F. *Europe and China: A Survey of Their Relations from the Earliest Times to 1800.* London, Edward Arnold, 1931.

Hunt, Freeman. *Lives of American Merchants.* 2 vs. New York: Derby and Jackson, 1858.

Hunt, William. *Then and Now; or, Fifty Years of Newspaper Work, with an appendix.* Hull and London: Hamilto, Adams and Co., 1887.

Hunter, William C. *The 'Fan Kwae' at Canton before Treaty Days, 1825-1844.* London, Kegan Paull & Co., 1882.

Huntington, Samuel P. *The Third Wave: Democratisation in the late Twentieth Century.* Norman, Ok., University of Oklahoma Press, 1991.

Hurd, Douglas. *The 'Arrow' War: An Anglo-Chinese Confusion 1856-60.* London, Collins, 1967. New York, Macmillan, 1967.

Hurley, R. C. *The Opium Traffic. Historical, Commercial, Social, and Political Aspects etc.* Hong Kong, Hong Kong Printing Press, 1909.

Hurst, Michael (ed.). *Key Treaties for the Great Powers, 1814-1914.* Newton Abbot, David & Charles, 1972.

Ilyushechkin, V. P. *The Taipings' Peasant War.* Moscow, Nauka, 1967.

Inglis, Brian. *The Forbidden Game: A Social History of Drugs.* London, Hodder and Stoughton, 1977.

Inglis, Brian. *The Opium War.* London, Hodder and Stoughton, 1976.

Ingram, Edward. *The Beginning of the Great Game in Asia, 1828-1834.* Oxford, Clarendon Press, 1979.

Iriye, Akira (ed.). *The Chinese and the Japanese: Essays in Political and Cultural Interactions.* Princeton, Princeton University Press, 1980.

Jackson, C.E. 'The British General Elections of 1857 and 1859'. D.Phil. thesis (University of Oxford, 1980).

Jardine Matheson and Co. *An Outline of the History of a China House for a Hundred Years, 1832-1932.* Hong Kong (privately printed), 1934.

Jehl, Douglas. 'Who Armed Iraq? Answers the West Didn't Want to Hear'. *New York Times*, 18 July 1993 (USIS TK295592).

Jennings, John M. 'The Forgotten Plague: Opium and Narcotics in Korea under Japanese Rule, 1910-1945', *Modern Asian Studies*, 29, no. 4 (1995), pp. 795-815.

Johnson, Robert Erwin. *Far China Station: The US Navy in Asian Waters, 1800-1898.* Maryland, Naval Institute Press, 1979.

Johnston, James D. *China and Japan: Being a Narrative of the Cruise of the U.S. Steam Frigate Powhatan, in the Years 1857, '58, '59, and '60.* Philadelphia, Charles Desilver, 1861.

Jone, Michael Wynn. *George Cruikshank: His Life and London.* London,

MacMillan, 1978.

Jones, Ray. *The Nineteenth-Century Foreign Office: An Administrative History.* London, Weidenfeld and Nicolson, 1971.

Jones, Susan Mann. "Scholasticism and Politics in Late Eighteenth Century China', *Ch'ing-shi wen-t'i,* 3, no.4 (1975), pp. 28-49.

Jones, Walter S. *The Logic of International Relatioins.* 7th edition. New York, HarpeprCollins, 1991.

Jones, Wilbur Devereux. *Lord Derby and Victorian Conservatism.* Oxford, Basil Blackwell, 1956.

Kanya-Forstner, A. S. *The Conquest of the Western Sudan: A Study in French Military Imperialism.* Cambridge, Cambridge University Press, 1969.

Kavanagh, Dennis. *Thatcherism and British Politics: The End of Consensus?* Oxford, Oxford University Press, 1987.

Keay, John. T*he Honourable Company: A History of the English East India Company.* New York, Macmillan, 1994.

Keir, Sir David Lindsay. *The Constitutional History of Modern Britainsince 1485.* Nineth ed. London, Adam & Charles Black, 1969.

Kennedy, Paul. *Preparing for the Twentieth-First Century.* London, HarperCollins, 1993.

Kennedy, Paul. *Strategy and Diplomacy 1870-1945.* London, Allen & Unwin, 1983.

Kennedy, Paul. *The Realities Behind Diplomacy: Background Influences on British External Policy, 1865-1980.* London, Fontana Paperbacks, 1981.

Kennedy, Paul. *The Rise and Fall of the Great Powers: Economic Change and Military Conflict from 1500 to 2000.* New York, Random House, 1987.

Kessinger, Tom G. 'Regional Economy (1757-1857): North India', in Dharma Kumar (ed.), *The Cambridge Economic History of India, v. 2: c. 1757 - c.1970.* Cambridge, Cambridge University Press, 1983, pp. 242-70.ß

Kiernan, V. G. *The Lords of Human Kind: European Attitudes Towards the Outside World in the Imperial Age.* London, Weidenfeld and Nicolson, 1969.

King, Frank H. H. *Money and Monetary Policy in China, 1845-1895.* Cambridge, Mass., Harvard University Press, 1965.

Kissinger, Henry. *A World Restored, The Politics of Conservatism in a*

Revolutionary Era: A Detailed Study of Diplomacy and Political Manoeuvre, 1812-22, with Particular reference to Metternich and Castlereagh. Boston, Houghton Mifflin, 1957.

Kissinger, Henry. Diplomacy. New York, Simon and Schuster, 1994.

Koay, Shiaw-chian. 'British Opinion and Policy on China between the First and Second Anglo-Chinese Wars, 1842-1857'. Unpublished M.A. thesis, University of Leeds, 1967.

Koss, Stephen. The Rise and Fall of the Political Press in Britain, volume 1: The Nineteenth Century. London, Hamish Hamilton, 1981.

Kuhn, Philip A. Rebellion and Its Enemies in Late Imperial China: Militarization and Social Structure, 1796-1864. Cambridge, Mass., Harvard University Press, 1970.

Kumar, Dharma (ed.). The Cambridge Economic History of India, v. 2: c. 1757 - c.1970. Cambridge, Cambridge University Press, 1983.

Kurland, Philip B. Watergate and the Constitution. Chicago, University of Chicago Press, 1978.

Lambrick, H. T. Sir Charles Napier and Sind. Oxford, Clarendon Press, 1952.

Lane-Poole, Stanley. The Life of Sir Harry Parkes, v. 1: Consul in China. London, Macmillan & Co., 1894.

Langer, William. The Diplomacy of Imperialism, 1890-1902. Second ed. Cambridge, Mass., Harvard University Press, 1956.

Laumann, Maryta M. The Secret of Excellence in Ancient Chinese Silks. Factors contributing to the extraordinary development of textile design and technology achieved in Ancient China [colophon with Chinese title: Zhong guo gu dai pin deng feng zao ji zhi ao mi]. Taipei, Southern Materials Centre, 1984.

Lay, Horatio Nelson. Note on the Opium Question, and Brief Survey of Our Relations with China. London, Effingham Wilson & Co., 1893.

Layard, Austen Henry. Discoveries in the Ruins of Nineveh and Babylon. London, John Murray, 1853.

Layard, Austen Henry. Nineveh and Its Remains. Two vs. London, s.n., 1850.

Leader, R. E. Life and Letters of John Arthur Roebuck, PC, QC, MP with Chapters of Autobiography. London, Edward Arnold, 1897.

Lee, Alan J. *The Origins of the Popular Press, 1855-1914*. London, Croom Helm, 1976.

Lees-Milne, James. *Prophesying Peace* (London, Chatto and Windus, 1977).

Lenin,V. I. *Imperiaism: The Highest Stage of Capitalism*. Moscow, 1947.

Little, R., and M. Smith (eds.). *Perspectives on World Politics*. Second ed.. London, Routledge, 1991.

Louis, William Roger (ed.). *Imperialism: The Robinson-Gallagher Controversy*. New York, New Viewpoints, 1976.

Lucas, Reginald. *Lord Glenesk and the Morning Post*. London, Alston Rivers, 1910.

Lynn, Martin. 'The "Imperialism of Free Trade" and the Case of West Africa, c.1830-c.1870', *Journal of Imperial and Commonwealth History*, 15, no. 1 (October 1986), pp. 22-40.

MacCarthy, D., and A. Russell, *Lady John Russell: A Memoir*. London, Methuen, 1926.

Macdonagh, Oliver. *Early Victorian Government, 1830-1870*. London, Weidenfeld and Nicolson, 1977.

MacGregor, David R. *The Tea Clippers: An Account of the China Tea Trade and of some of the British Sailing Ships Engaged in it from 1849-1869*. Second ed. London, Conway Maritime Press, 1972.

Machin, G. I. T. *Politics and the Churches in Great Britain, 1832-1868*. Oxford, Clarendon Press, 1967.

McKenzie, R. T. *British Political Parties: The Distribution of Power within the Conservative and Labour Parties*. London, Heinemann, 1955.

Maier, Charles S. *The Unmasterable Past: History, Holocaust, and the German National Identity*. Cambridge, Mass., Harvard University Press, 1988.

Maitland, F. W. *The Constitutional History of England: A Course of Lectures Delivered*. Cambridge, Cambridge University Press, 1909.

Mandler, Peter. *Aristocratic Government in the Age of Reform: Whigs and Liberals, 1830-1852*. Oxford, Clarendon Press, 1990.

Mann, Michael (ed.). *The Rise and Decline of the Nation State*. Oxford, Basil Blackwell, 1990.

Mao Tse-tung, 'Talks at the Yenan Forum on Literature and Art', in *The Selected*

Works of Mao Tse-tung. Beijing, Foreign Languages Press, 1967, v. 3, pp.69-98.

Mao Tse-tung. 'The Chinese Revolution and the Chinese Communist Party', *The Selected Works of Mao Tse-tung.* Beijing, Foreign Languages Press, 1967, v. 2, pp. 305-34.

Martin, Kingsley. *The Triumph of Lord Palmerston: A Study of Public Opinion in England Before the Crimea War.* Revised edition. London, Hutchinson, 1963.

Martin, W. A. P. *A Cycle of Cathay or China, South and North.* New York, Fleming H. Revell and Co., 1897.

Marx, Karl. *Marx on China: Articles from the 'New York Daily Tribune', 1853-1860* (with an introduction and notes by Dona Torr). London, Lawrence & Wishart, 1968.

Matthew, Henry Colin Gray. *Gladstone, 1809-1874.* Oxford, Clarendon Press, 1986.

Matthew, Henry Colin Gray. *Gladstone, 1875-1898.* Oxford, Clarendon Press, 1995.

Maxwell, Sir Herbert. *The Life and Letters of George William Frederick, Fourth Earl of Clarendon.* Two vs. London, Edward Arnold, 1913.

McPherson, D. *Two Years in China: Narrative of the Chinese Expedition from Its Formation in April 1840 till April 1842.* London, Saunder and Otley, 1842.

Meadows, T. T. *Desultory Notes on the Government and People of China, and on the Chinese Language.* London, 1847.

Miall, A. *The Life of Edward Miall, Formerly Member of Parliament for Rochdale and Bradford etc.* London, Macmillan & Co., 1884.

Michael, Franz. *The Taiping Rebellion: History and Documents.* Seattle, Wa., University of Washington Press, 1966.

Michie, Alexander. *An Englishman in China during the Victorian era: As illustrated in the Career of Sir Rutherford Alcock . . . Many Years Consul and Minister in China and Japan.* Taipei reprint, 1966 — of an edition published in Edinburgh in 1900.

Misra, B. B. *The Central Administration of the East India Company, 1773-1834.* Manchester, Manchester University Press, 1959.

Moges, Marquis de. *Recollections of Baron Gros' Embassy to China in 1857-8.*

(Authorized translation). London, Richard Griffin and Co., 1900.

Monypenny, W. F., and G. E. Buckle. *The Life of Benjamin Disraeli.* Six vs. London, John Murray, 1910-1920.

Moore, D. C. *The Politics of Deferemce: A Study of the Mid-Nineteenth-Century Political System.* Hassocks, Harvester Press, 1976.

Morley, John. *The Life of Richard Cobden.* Sixth ed. London, T. Fisher Unwin, 1883.

Morley, John. *The Life of William Ewart Gladstone.* London, Edward Lloyd, 1908

Morse, Hosea Ballou. *The Chronicles of the East India Company trading to China, 1635-1834.* Four vs. Oxford, Clarendon Press, 1926.

Morse, Hosea Ballou. *The International Relations of the Chinese Empire.* Three vs. Shanghai, Kelly and Walsh, 1910-1918.

Mui, Hoh-cheung, and Mui, Lorna H. (eds.). *William Melrose in China, 1845-1855: The Letters of a Scottish Tea Merchant.* Edinburgh, Scottish History Society, 1973.

Myers, Ramon H. *The Chinese Peasant Economoy: Agricultural Development in Hopei and Shangtung, 1890-1949.* Cambridge, Mass., Harvard University Press, 1970.

Napier, C. J. *Defects, Civil and Military, of the Indian Government.* London, Charles Westerton, 1853.

New History of China. Ed. S. L. Tikhvinsky. Moscow, Nauka, 1972.

Newbury, Colin. 'The Semantics of International Influence: Informal empires reconsidered', in Michael Twaddle (ed.), *Imperialism, the State and the Third World.* London, British Academic Press, 1992, pp. 23-66.

Newman, R. K. 'India and the Anglo-Chinese Opium Agreements, 1907-14', *Modern Asian Studies*, 23, no. 4 (1989), pp. 525-60.

Newman, R. K. 'Opium Smoking in Late Imperial China: A Reconsideration', *Modern Asian Studies*, 29, no. 4 (1995), pp. 765-794.

Nichols, Roy Franklin. *Franklin, Pierce, Young Hickory of the Granitic Hills.* Philadelphia, Univesity of Pennsylvania Press, 1958.

Nolde, John J. ' "The Canton City Question", 1842-1849: A Preliminary Investigation into Chinese Antiforeignism and Its Effect upon China's Diplomatic Relations with the West.' Unpublished Ph. D. thesis, Cornell

University, 1956.

Nolde, John J. 'The False Edict of 1849', *Journal of Asian Studies*, 20, no. 3 (1960), pp. 299-315.

Nolde, John J. 'Xenophobia in Canton, 1842 to 1849'. *Journal of Oriental Studies*, 13, no. 1 (1975), pp. 1-22.

Northcote, Sir Stafford Henry, Earl of Iddesleigh. *Twenty Years of Financial Policy: A Summary of the Chief Financial Measures passsedbetweene 1842 and 1861, with a table of budgets.* London, Saunders, Otley, 1862.

Nye, Gideon. *Rationale of the China Question.* Macao, printed at the Friend of China office, 1857.

Nye, Gideon. *Tea: and the Tea Trade.* New York, G.W. Wood, 1850.

Nye, Gideon. *The Gauge of the Two Civilizations: Shall Christiandom Waver? Being an Inquiry into the Causes of the Rupture of the English and French Treaties of Tientsin; and Comprising a General View of Our Relations with China . . .* Macao, privately printed, 1860.

O'Brien, Patrick K. 'The Costs and Benefits of British Imperialism, 1846-1914', *Past and Present*, no. 120 (1988), pp. 163-200.

O'Brien, Patrick K. 'The Imperial Component in the Decline of the British Economy before 1914', in Michael Mann (ed.) The Rise and Decline of the Nation State (Oxford, Basil Blackwell, 1990), pp.12-46.

Oliphant, Laurence. *Narrative of the Earl of Elgin's Mission to China and Japan in the years 1857, '58, '59.* Two vs. London, William Blackwood, 1859.

Opie, Iona and Peter (eds.). *The Oxford Book of Nursery Rhymes.* Oxford, Clarendon Press, 1951.

Osborn, S. *The Past and Future of British Relations in China.* Edinburgh, William Blackwood, 1860.

Ouchterlony, John. *The Chinese War: An Account of All the Operations of the British Forces from the Commencement to the Treaty of Nanking.* London, Saunders and Otley, 1844.

Owen, David. *British Opium Policy in India and China.* New Haven, Conn., Yale University Press, 1934.

Palmer, Sarah. *Politics, Shipping and the Repeal of the Navigation Laws.* Manchester, Manchester University Press, 1990.

Parker, Charles Stuart. *Life and Letters of Sir James Graham, Second Baronet of Netherby, 1792-1861.* Two vs. London, John Murray, 1907.

Patten, Christopher. *Our Next Five Years — The Agenda For Hong Kong.* Hong Kong, Government Publishing Service, 7 October 1992.

Pearson, Hesketh. *Dizzy: The Life and Nature of Benjamin Disraeli, Earl of Beaconsfield.* London, Methuen, 1951.

Pelcovits, Nathan A. *Old China Hands and the Foreign Office.* New York, American Institute of Pacific Relations, 1948.

Peterson, W. J. 'Early Nineteenth Century Monetary Ideas on the Cash-Silver Exchange Ratio'. *Papers on China.* no. 20, Cambridge, Mass., Harvard East Asian Research Center, 1966.

Peyrefitte, Alain. *The Collision of Two Civilisations: The British Expedition to China in 1792-4.* Translated from the French by Jon Rothschild. London, Harvill, 1993.

Philips, Cyril Henry. *East India Company, 1784-1834.* Second ed. Bombay, Oxford University Press, 1961.

Pierce, Richard A. *Russian Central Asia, 1867-1917.* Berkeley and Los Angeles, University of California Press, 1960.

Platt, D. C. M. 'Further Objections to an "Imperialism of Free Trade", 1830-1860', *Economic History Review.* Second series, 26, no. 1 (1973), pp. 77-91.

Platt, D. C. M. 'The Imperialism of Free Trade: Some Reservations', *Economic History Review.* Second series. 21, no. 2 (1968) pp. 296-306.

Platt, D. C. M. *Finance, Trade, and Politics: British Foreign Policy 1815-1914.* Oxford, Clarendon Press, 1968.

Platt, D. C. M. *The Cinderella Service: British Consuls Since 1825.* London, Longman, 1971.

Polachek, James M. *The Inner Opium War.* Cambridge, Mass., Harvard Council on East Asian Studies, 1992.

Pong, David. *Ideal and Reality: Social and Political Change in Modern China.* Boston, University Press of America, 1985.

Porter, Andrew. ' "Gentlemanly Capitalism" and Empire: The British Experience since 1750?'. *Journal of Imperial and Commonwealth History*, 18, no. 3 (October 1990), pp. 265-95.

Porter, Bernard. *The Lion's Share: A Short History of British Imperialism, 1850-1970.* London, Longman, 1975.

Prest, John. *Lord John Russell.* London, Macmillan, 1972.

Pritchard, Earl H. *The Crucial Years of Early Anglo-Chinese Relations 1750-1800* (Research Studies of the State College of Washington, 1936; reprinted in New York by Octagon Books, 1970).

Pritchard, Earl H. 'The Origins of the Most-Favored-Nation and the Open Door Policies in China'. *Far Eastern Quarterly.* 1, no. 2 (February 1942), pp.161-172.

Quested, Rosemary K.I. *The Expansion of Russia in East Asia 1857-1860.* Kuala Lumpur, University of Malaya Press, 1968.

Rajevari-Prasada. *Some Aspects of British Revenue Policy in India, 1773-1833, the Bengal Presidency.* New Delhi, S. Chand and Co.,1970.

Rankin, Mary B. ' "Public Opinion" and Political Power: Qingyi in Late Nineteenth Century China', *Journal of Asian Studies*, 41, no.3 (1982), pp. 453-84.

Ratcliffe, Barrie M. (ed.), *Great Britain and Her World 1750-1914, Essays in honour of W.O. Henderson.* Manchester, Manchester University Press, 1975.

Redford, Arthur. *Manchester Merchants and Foreign Trade, Volume 2, 1850-1939.* Manchester, Manchester University Press, 1956.

Richards, J. F. 'The Indian Empire and Peasant Production of Opium in the Nineteenth Century'. *Modern Asian Studies*, 15, no.1 (1981), pp. 59-82.

Ridley, Jasper. *Lord Palmerston.* London, Constable,1970.

Reins, Thomas D. 'Reform, Nationalism and Internationalism: The Opium Suppression Movement in China and the Anglo-American Influence, 1900-1908'. *Modern Asian Studies,* 25, no. 1(1991), pp. 101-142.

Roberston, William. *The Life and Times of the Right Honourable John Bright.* London, Cassell and Co., 1884.

Robins, Keith. *John Bright.* London, Routledge and Kegan Paul, 1979.

Robinson, Eugene. 'Britain to Probe Cabinet Role in Iraqi Arms Sales'. *Washington Post,* 11 November 1992, p. A27 (USIS TK 253026).

Robinson, R., and John Gallagher. *Africa and the Victorians: The 'Official Mind' of Imperialism.* London, Macmillan, 1961.

Rosen, Steven J., and Walter S. Jones. *The Logic of International Relations.* Second edition. Cambridge Mass., Winthrop Publishers, 1974.

Roseveare, Henry. *The Treasury: The Evolution of a British Institution.* London, Allen Lane the Penguin Press, 1969.

Rowat, R. B. *The Diplomatic Relations of Great Britain and the United States.* London, Longmans, Green and Co., 1925.

Russell, Lord John. *Recollections and Suggestions, 1813-1873.* London, Longmans, Green & Co., 1875.

Sanders, Lloyd C. *Life of Viscount Palmerston.* London, W. H. Allen and Co., 1888.

Sargent, A. J. *Anglo-Chinese Commerce and Diplomacy.* Oxford, Clarendon Press, 1907.

Scarth, John. *Twelve Years in China: The People, the Rebels, and the Mandarins.* Edinburgh, T. Constable and Co., 1860.

Schrecker, John E. *Imperialism and Chinese Natonalism: Germany in Shangtung.* Cambridge, Mass., Harvard University Press, 1971.

Schumpeter, J. A. *Imperialism and Social Classes*, translated by Heinz Nordon and edited with an introduction by Paul M. Sweezy. New York, A. M. Kelley, 1951.

Scott, J. M. *The Great Tea Venture.* New York, E. P. Dutton and Co., 1965.

Seeley, J. R. *The Expansion of England.* London, Macmillan, 1883.

Selden, Mark. *The Yenan Way in Revolutionary China.* Cambridge, Mass., Harvard University Press, 1971.

Semmel, Bernard. *The Rise of Free Trade Imperialism: Classical Political Economy, the Empire of Free Trade and Imperialism, 1750-1850.* Cambridge, Cambridge University Press, 1970.

Sen, Sunil Kumar. *Studies in Economic Policy and Development of India, 1848-1926.* Calcutta, Progressive Publishers, 1966.

Sen, Sunil Kumar. *Studies in Industrial Policy and Development of India, 1858-1914.* Calcutta, Progressive Publishers, 1964.

Sen, Sunil Kumar. *The House of Tata, 1839-1939.* Calcutta, Progressive Publishers, 1975.

Shaw, Samuel. *The Journals of Major Samuel Shaw, the First American Consul at*

Canton.　Boston: Wm. Crosby and H.P. Nichols, 1847.

Shorter Oxford English Dictionary, On historical Principles.　Oxford, Clarendon Press, 1983.

Siddiqi, Asiya. 'The Business World of Jamsetjee Jejeebhoy', *Indian Economic and Social History Review.*　19, nos. 3-4 (July-December 1982), pp. 301-24.

Silver, Arthur.　*Manchester Men and Indian Cotton, 1847-1872.* Manchester, Manchester University Press, 1966.

Skidelsky, Robert (ed.).　*Thatcherism.* London, Chatto and Windus, 1988.

Smith, Francis Barrymore.　*The Making of the Second Reform Bill.*　Cambridge, Cambridge University Press, 1966.

Smith, R. J.　*Mercenaries and Mandarins: The Ever-Victorious Army of Nineteenth Century China.*　New York, KTO Press, 1978.

Smith, Tony.　*The Pattern of Imperialism: The United States, Great Britain, and the Late-Industrializing World since 1815.*　Cambridge, Cambridge University Press, 1981.

Smith, Vincent A. *The Oxford History of India.*　Oxford, Clarendon Press, 1958.

Smith, Woodruff D. 'Complications of the Commonplace: Tea, Sugar and Imperialism'.　*Journal of Interdisciplinary History*, 23, no. 2 (Autumn 1992), pp. 259-78.

Somervell, David Churchill. *Disraeli and Gladstone: A Duo-Biographical Sketch.* New York, George H. Doran, 1926.

Spence, Jonathan D. 'Opium Smoking in Ch'ing China', in Frederick Wakeman, Jr., and Carolyn Grant (eds), *Conflict and Control in Late Imperial China.* Berkeley, Universiy of California Press, 1976, pp. 143-73.

Spicer, Michael.　'British Attitudes towards China, 1834-1860, with special reference to the *Edinburgh Review*, the *Westminster Review*, and the *Quarterly Review*'. Unpublished M.A. thesis, University of Sydney, 1985.

Stanley, C. J. 'Chinese Finance from 1852-1908'.　*Papers on China.*　No.3. Cambridge, Mass., Harvard East Asian Research Center, 1949.

Steele, E. D. *Palmerston and Liberalism, 1855-1865.*　Cambridge, Cambridge University Press, 1991.

Steinberg, Jonathan. *Why Switzerland?*　Cambridge, Cambridge University Press, 1976.

Stelle, Charles C. 'Americans and the China Opium Trade in the Nineteenth Century'. Unpublished Ph.D. thesis, University of Chicago, 1938.

Stephenson, F. C. A. *At Home and on the Battlefield: Letters from the Crimea, China and Egypt, 1854-1888*. London, John Murray, 1915.

Stewart, Robert. *The Politics of Protection: Lord Derby and the Protectionist Party,1841-1852*. Cambridge, Cambridge Univesity Press, 1971.

Stokes, Eric. *The Peasant and the Raj: Studies in Agrarian Society and Peasant Rebellion in Colonial India*. Cambridge, Cambridge University Press, 1978.

Stuart, Richard H. *The Pictorial Story of Ships*. London, New English Library Ltd., 1977.

Sturgis, James L. *John Bright and the Empire*. London, Athlone, 1969.

Sun, E-tu Zen. 'The Board of Revenue in nineteenth-century China'. *Harvard Journal of Asiatic Studies*, no. 24 (1963), pp. 175-228.

Swinhoe, Robert. *Narrative of the North China Campaign of 1860*. London, Smith, Elder and Co., 1861.

Swisher, Earl. *China's Management of the American Barbarians, A Study of Sino-American Relations, 1841-1861, with Documents*. New Haven, Yale University Far Eastern Publications, 1951.

Swisher, Earl. *Early Sino-American Relations, 1841-1912: The Collected Articles of Earl Swisher*. Kenneth W. Rea (ed.). Boulder, Colo., Westview Press, 1977.

Tan, Chung. 'The Britain-China-India Trade Triangle (1771-1840)', *Indian Economic and Social History Review*, 11, no. 4, (December 1974), pp. 412-31.

Tan, Chung. *China and the Brave New World: A Study of the Origins of the Opium War 1840-42*. New Delhi, Allied Publishers, 1978.

Tarling, N. 'Harry Parkes' Negotiations in Bangkok in 1856', *The Journal of the Siam Society*, 53, part 2 (July 1965), pp. 412-31 .

Tarling, N. 'The Mission of Sir John Bowring to Siam', *The Journal of the Siam Society*, 50, part 2 (December 1962), pp. 91-118.

Taylor, A. J. P. *Essays in English History*. London, Hamilton, 1976.

Taylor, Miles. *The Decline of British Radicalism, 1847-1860*. Oxford, Clarendon Press, 1995.

Taylor, Robert. *Lord Salisbury*. London, Allen Lane, 1975.

Teiwes, Frederick Carl. *Politics and Purges in China: Rectification and the Decline of Party Norms, 1950-1965*. Second ed. New York, Armonk, M.E. Sharpe, 1993.

Temple, Henry John, third Viscount Palmerston. *Letters of the Third Viscount Palmerston to Laurence and Elizabeth Sulivan, 1804-1863*. (Ed.), Kenneth Bourne. Camden Fourth Series, v. 23. London, Royal Historical Society, 1979.

Teng, S. Y. and J. K. Fairbank (eds). *China's Response to the West*. Cambridge, Mass., Harvard University Press, 1954.

Teng, Ssu-yü, and J. K. Fairbank (eds.), *China's Response to the West*. New York, Athenaeum, 1963.

Teng, Ssu-yü. *The Taiping Rebellion and the Western Powers: A Comprehensive Survey*. Oxford, Clarendon Press, 1971.

Tennyson, Alfred Lord. *The Princess: A Medley*, collected in *The Poetical Works of Alfred, Lord Tennyson*. London, Ward, Lock and Co., 1908, pp. 165-217.

The Basic Law of the Hong Kong Special Administrative Region of the People's Republic of China (April 1990). Hong Kong, New China News Agency, 1990.

The History of the Times, 1841-1884: The Tradition Established. London, Office of *The Times*, 1939.

The Parliamentary Diairies fo Sir John Trelawny, 1858-1865. T.A. Jenkins (ed.). Camden Fourth Series, v. 40. London, Royal Historical Society, 1990.

Thomas, Peter D. G. *Tea Party to Independence: The Third Phase of the American Revolution, 1773-1776*. Oxford, Clarendon Press, 1991.

Thorold, Algar Labouchere. *The Life of Henry Labouchere*. London, Constable, 1913.

Thurston, Anne F. *Enemies of the People*. New York, Knopf, c.1987.

Tong, Te-kong. *United States Diplomacy in China, 1844-1860*. Seattle, University of Washington Press,1964.

Treaties, Conventions, etc., between China and Foreign States. Shanghai: Published at the Statistical Department of the Inspectorate General of Customs, 1908.

Trevelyan, George Macaulay. *The Life of John Bright*. London, Constable, 1913.

Tripathi, Dwijendra. 'Opportunism of Free Trade: The Lancashire Cotton Famine and Indian Cotton Cultivation'. *Indian Economic and Social History Review*, 4, no. 3 (1967), pp. 255-63.

Trocki, Carl A. *Opium, Empire and the Global Political Economy: A study of the Asian Opium Trade, 1750-1950*. London: Routledge, 1999

Tsiang, T. F. 'Difficulties of Reconstruction after the Treaty of Nanking', *Chinese Social and Political Science Review*, v. 16 (1932), pp. 317-27.

Turner, F.S. *British Opium Policy*. London, 1876.

Twaddle, Michael (ed.). *Imperialism, the State and the Third World*. London, British Academic Press, 1992.

Ukers, William Harrison. *All About Tea*. Two vs. New York, The Tea and Coffee Trade Journal Co., 1935.

van der Linden, M. H. *The International Peace Movement, 1815-1874*. Amsterdam, Tilleul Publications, 1987.

von Dyke, Paul Arthur. *The Canton Merchants* (Hong Kong: Hong Kong University Press, 2011.

Victoria, Queen. The *Letters of Queen Victoria: A Selection from Her majesty's Correspondence between the Years 1837 and 1861*. Arthur Christopher Benson and Vicount Esher (eds.). Three vs. London, John Murray, 1908.

Vincent, John. *Pollbooks: How Victorians Voted*. Cambridge, Cambridge University Press, 1967.

Vogel, Robert C. *Railways in American Economic Growth*. Baltimore, Johns Hopkins University Press, 1964.

Vogler, Richard A. *Graphic Works of George Cruikshank: 279 Illustraitons, Including 8 in Full Colour*. New York, Dover Publications, 1979.

von Laue, Theodore H. *Leopold Ranke: the formative years*. Princeton, Princeton University Press, 1950.

Wakeman, Frederic, Jr. 'The Canton Trade and the Opium War', in John King Fairbank et al. (eds.), *The Cambridge History of China, v. 10, pt. 1*. Cambridge, Cambridge University Press, 1978, pp. 163-212.

Wakeman, Frederic, Jr. *Strangers at the Gate: Social Disorder in South China, 1839-1861*. Berkeley and Los Angeles, University of California Press, 1966.

Wakeman, Frederic, Jr., and Carolyn Grant (eds.). *Conflict and Control in Late Imperial China*. Berkeley and Los Angeles, Universiy of California Press,

1976.

Walpole, Spencer. *The Life of Lord John Russell*. Two vs. London, Longmans & Co., 1889.

Walrond, Theodore (ed.). *Letters and Journals of James, Eighth Earl of Elgin*. London, John Murray, 1872.

Ward, John Manning. *Earl Grey and the Australian Colonies, 1846-1857: A Study of Self-government and Self-interest*. Melbourne, Melbourne University Press, 1958.

Wardroper, John. *The Caricatures of George Cruikshank*. London, Gordon Fraser, 1977.

Waterfield, Gordon. *Layard of Nineveh*. London, John Murray, 1963.

Watson, J. Steven. *The Oxford History of England: The Reign of George III, 1760-1815*. Oxford, Clarendon Press, 1960.

Watt, George. *A Dictionary of the Economic Products of India*. Six vs. Delhi, Cosmos Publications, 1889-96.

Welsh, Frank. *A History of Hong Kong*. London, HarperCollins, 1993.

Wesley-Smith, Peter, and Albert Chen. *The Basic Law and Hong Kong's Future*. Hong Kong, Butterworths, 1988.

White, William. *The Inner Life of the House of Commons*. London, T. F. Unwin, 1898.

Who's Who of British Members of Parliament: A Biographical Dictionary of the House of Commons, based on annual volumes of 'Dod's Parliamentary Companion' and other sources. Four vs. Michael Stenton (ed.). Hassocks, Harvester Press, 1976.

Williams, Frederick Wells (ed.). *The Life and Letters of Samuel Wells Williams, LL.D., Missionary, Diplomatic Sinologue*. New York, G.P. Putnam's Sons, 1889.

Williams, Hugh Noel. *The Life and Letters of Admiral Sir Charles Napier, KCB*. London, Hutchison & Co., 1917.

Wilson, Andrew. *The 'Ever-Victorious Army': A History of the Chinese Campaign under Lt.-Col. C. G. Gordon, CB, RE, and of the suppression of the Tai-Ping Rebellion*. Edinburgh, W. Blackwood, 1868.

Wilson, Derek. *Rothschild: A Story of Wealth and Power.* London, Deutsch, 1988.

Winter, James. *Robert Lowe.* Toronto, Toronto University Press, 1976.

Witmer, Helen Elizabeth. T*he Property Qualification of Members of Parliament.* New York, Columbia University Press, 1943.

Wolffe, John. T*he Protestant Crusade in Great Britain, 1829-1860.* Oxford, Clarendon Press, 1991.

Wolseley, G. J. *Narrative of the War with China in 1860.* London, Longman, Green, Longman, and Roberts, 1862.

Wong, J. . (ed), *Sun Yatsen: His International Ideas and International Connections, with Special Emphasis on their Relevance Today.* Sydney, Wild Peony, 1987.

Wong, J. Y. 'Monopoly in India and Equal Opportunities in China, 1830-33: An examination of a Paradox', *South Asia: Journal of South Asian Studies.* New series. 5, (1982), pp. 81-95.

Wong, J. Y. 'New Light on China's Foreign Economic Relations in the Nineteenth Century' (Review Article), *Harvard Journal of Asiatic Studies*, 48, no. 2 (December 1988), pp. 521-34.

Wong, J. Y. 'Sir John Bowring and the Question of Treaty Revision in China', *Bulletin of the John Rylands University Library of Manchester*, 58, no. 1 (Autumn 1975), pp. 216-37.

Wong, J. Y. 'The "Arrow" Incident: A Reappraisal'. *Modern Asian Studies, 8,* no.3, (1974), pp. 373-89.

Wong, J. Y. 'The Building of An Informal British Empire in China in the Middle of the Nineteenth Century', *Bulletin of the John Rylands University Library of Manchester*, 59, no. 2 (Spring 1977), pp. 472-485.

Wong, J. Y. 'The Rule of Law in Hong Kong: Past, Present, and Prospects for the Future', *Australian Journal of International Affairs*, 46, no. 2, (May 1992), pp.81-92.

Wong, J. Y. 'The Taipings' Distant Allies: A comparison of the rebels at Shanghai and at Canton', in *Austrina: Essays in Commemoration of the 25th Anniversary of the Founding of the Oriental Society of Australia,* (eds.) A. R. Davis and A. D. Stefanowska. Sydney, Oriental Society of Australia, 1982, pp. 334-50.

Wong, J. Y. (ed). *Australia-China Relations, 1987: Business and Management, with Messages from Prime Minister Robert James Lee Hawke and Premier Zhao Ziyang.* Canberra and Beijing, ACBCC and CIMA, 1987.

Wong, J. Y. *Anglo-Chinese Relations 1839-1860: A Calendar of Chinese Documents in the British Foreign Office Records.* Published for the British Academy by Oxford University Press, 1983.

Wong, J. Y. *The Origins of An Heroic Image: Sun Yatsen in London, 1896-1897.* Hong Kong, Oxford University Press, 1986.

Wong, J.Y. 'Harry Parkes and the *Arrow* War in China'. *Modern Asian Studies*, 9, no. 3 (1975), pp. 303-320.

Wong, J.Y. (ed). *Australia and China 1988: Preparing for the 1990s, with Messages from Prime Minister Robert James Lee Hawke and Premier Li Peng.* Canberra and Beijing, ACBCC and CIMA, 1988.

Wong, J.Y. *Yeh Ming-ch'en: Viceroy of Liang-Kuang, 1852-58.* Cambridge, Cambridge University Press, 1976.

Wood, Herbert John. 'Prologue to War: Anglo-Chinese Conflict, 1800-1834'. Unpublished Ph. D. thesis, University of Wisconsin, 1938.

Woodward, Sir Ernest Llewellyn. *The Age of Reform, 1815-1870*. Oxford, Clarendon Press, 1954.

Wrong, Edward Murray. *Charles Buller and Responsible Government.* Oxford, Clarendon Press, 1926.

Yapp, M. E. *Strategies of British India: Britain, Iran and Afghanistan*. Oxford, Clarendon Press, 1980.

Young, G. M. *Victorian England: Portrait of an Age.* London, Oxford University Press, 1953.

Young, L. K. *British Policy in China, 1895-1902.* Oxford University Press, 1970.

Yudkin, John. *Pure, White and Deadly: The Problem of Sugar.* London, Davis-Poynter, 1972.

Yung, Wing. *My Life in China and America.* New York, H. Holt, 1912; Arno reprint, 1978.

Zaretskaya, S. I. *China's Foreign Policy in 1856-1860: Relations with Great Britain and France.* Moscow, Nauka, 1976.

三、中日文著作

Anon.〈王茂蔭與咸豐時代的新幣制〉（Wang Maoyin and the new currency system in the reign of Xianfeng）. In《中國近代史論叢》（Essays on modern Chinese History）. Taibei, 1958, v. 3, pp. 49-70.

Bo Jun 伯鈞 and Shi Bo 世博.〈第二次鴉片戰爭中的葉名琛評價管見〉（Our views on Ye Mingchen's role in the Second Opium War）.《天津師範大學學報》(Tianjin Normal University Journal), no. 3 (1984), pp. 64-68.

Chen Jiang 陳絳 and Yang Surong 楊命榮.〈論辛酉政變〉(On the 1861 coup).《復旦大學學報》(Fudan University Journal), no. 5 (1987), pp. 35-40.

Chen Shenglin 陳勝麟.〈香港地區被逼「割讓」和「租借」的歷史真象〉(Historical facts about the 'cession' and 'lease' of Hong Kong).《學術研究》(Academic Research), no. 2 (1983), pp. 89-94, and no. 3, pp. 85-95.

Chen Xulu 陳旭麓.〈炮口下的震憾：鴉片戰爭與中國傳統社會崩裂〉(The roar of the cannon: The Opium War and the collapse of traditional Chinese society).《近代史研究》(Modern Historical Studies), no. 6 (1990), pp. 13-19.

Chen Zhigen 陳志根.〈如何理解第二次鴉片戰爭是第一次鴉片戰爭的繼續和擴大〉(How to appreciate that the Second Opium War was the continuation and expansion of the First Opium War).《中學歷史教學》(Teaching History at Secondary Schools), no. 4 (1984), pp. 36-8.

Chu Dexin 褚德新 et al. (comps.).《中外舊約章匯要》(A Collection of old treaties). Harbin, 1991.

Commercial Press, Taiwan.《中國國際貿易史》(A history of China's international trade). Taibei, 1961.

Da Qinghuidian《大清會典》(Collected statutes of the Ching period). Guangxu period.

Da Qing huidian shili《大清會典事例》(Precedents for the collected statutes of the Ching Period). Guangxu period (1875-1908).

Di'erciyapian zhansheng《第二次鴉片戰爭》(The Second Opium War). Written by a collection of anonymous and officially chosen historians. Shanghai, 1972.

Ding Mingnan 丁名楠 et al.《帝國主義侵華史》(The invasion of China by imperialism). v.1, Beijing, 1958; v. 2, Beijing, 1986.

Ding Mingnan 丁名楠.〈英國侵佔香港地區的經過〉(How Britain Occupied Hong Kong).《近代史研究》(Modern Historical Studies), no.1 (1983), pp. 149-62.

Du Weiming 杜維明.〈儒家論說的現代涵義〉(The Contemporary Meaning of Confucianism).《九十年代》(The Nineties), no. 308 (September 1995), pp. 93-95.

Fan Kezheng 樊克政.〈關於龔自珍生平事蹟中的幾個問題〉(On the timing of Xuannan Poetry Club's acquiring its name and related issues).《清史論叢》(East China Normal University Journal), no. 4 (1980), pp. 92-4.

Fang Chang 方長.〈再談龍涎及我國吸食鴉片始於何時〉(Further Discourse on dragon saliva and the beginning of opium smoking in China).《文史》(Literature and History), no. 25 (1985), pp. 348-9.

Fang Shiguang 方式光.〈「祺祥政變」剖析〉(An analysis of the 'Qixiang coup').《學術月刊》(Academic Monthly), no. 2 (1986), pp. 67-72.

Fang Shiming 方詩銘.《第二次鴉片戰爭史話》(Popular history of the Second Opium War). Shanghai, 1956.

Feng Tianyu 馮天瑜.〈試論道咸間經世派的「開眼看世界」〉(On the 'global perspec tive' of the pragmatists at the time of Emperors Daoguan and Xianfeng).《近代史研究》(Modern Historical Studies), no. 2 (1991), pp. 18-30.

Fu Qixue 傅啟學.《中國外交史》(A diplomatic history of China). Taibei, 1966.

Fu Yiling 傅衣凌.《明清農村社會經濟》(Rural economy and society of the Ming and Qing periods), Beijing, 1961.

Fu Zhenlun 傅振倫.《中國方志學通論》(On Chinese local gazetteers). Shanghai, 1935.

Gong Shuduo 龔書鐸 et al.〈建國三十五年來鴉片戰爭史研究綜述〉(A survey of the works on the Opium War published during the thirty years since the establishment of the People's Republic of China).《近代史研究》(Modern Historical Studies), no. 3 (1984), pp. 148-66.

Guangdong tongzhi《廣東通志》(Local gazetteer of Guangdong province). Guangzhou, 1822.

Guangzhou fuzhi《廣州府志》(Local gazetteer of Guangzhou prefecture). Guangzhou, 1879.

Guo Binjia 郭斌佳.〈咸豐朝中國外交概觀〉(A survery of Chinese diplomacy during the reign of Emperor Xianfeng).《武大社會科學季刊》(Wuhan

University Social Sciences Quarterly), 5, no. 1 (1935), pp. 81-126.

Guo Hanmin 郭漢民 and Chi Yunfei 遲雲飛.《中國近代史實正誤》(Correcting factual errors in the writing of Modern Chinese history). Changsha, 1989.

Guo Tingyi 郭廷以 (ed.).《近代中國史事日誌》(A daily chronology of modern Chinese history). Taibei, 1963.

Guo Weimin 郭衛民.〈何桂清與咸豐帝的對外政策之爭及其影響〉(The disagreement between He Guiqing and Emperor Xiangeng on foreign policy).《近代史研究》(Modern Historical Studies), no. 6 (1993), pp. 77-89.

Hamashita Takeshi 濱下武志.《中國近代經濟史研究》(Studies on modern Chinese economic history). Tokyo, 1989.

He Yikun 何貽焜.《曾國藩評傳》(A critical biography of Zeng Guofan). Taibei, 1964.

He Yuefu 賀躍夫.《晚清士紳與近代社會變遷──兼與日本士族比較〉(The gentry in late Qing and social change -With a comparison with the samurai in Japan). Guangzhou, 1994.

Hu Bin 胡濱.《英國檔案有關鴉片戰爭資料選譯》(Translations of selected British documents about the Opium War). 2 vs. Beijing, 1993 (The documents translated appear to include those in the Parliamentary Papers, as well as FO881/75A and FO881/75B, up to the year 1841).

Hu Sheng 胡繩.《從鴉片戰爭到五四運動》(From the Opium War to the May Fourth Movement). Shanghai, 1982.

Hu Shiyun 胡世芸.〈葉名琛被俘日期考辨〉(Pinpointing the date at which Ye Mingchen was captured).《上海師院學報》(Shanghai Teachers' College Journal), no. 2 (1983), pp. 112-14.

Hu Shiyun 胡世芸.〈第二次鴉片戰爭時期的一篇主戰奏疏──僧王奏稿〉(A hawkish memorial at the time of the Arrow War-That by Prince Seng).《內蒙古師院學報》(Inner Mongolia Teachers' College Journal), no. 2 (1985), pp. 94-9.

Hua Tingjie 華廷傑.〈觸藩始末〉(An account of contacts with foreigners), now collected in Er ya, v. 1, pp. 163-96.

Huang Guangyu 黃光域.〈第二次鴉片戰爭中為英軍掠走的廣州各衙門檔案的下落〉(The whereabouts of the Canton Archives captured by the British forces during the Second Opium War).《歷史研究》(Historical Studies), no. 3 (1980), pp. 191-2.

Huang Huaqing 黃樺青.〈近代中國茶葉對外貿易衰落原因初探〉(A preliminary investigation into the decline of Chinese tea exports).《泉州師專學報》 (Quanzhou Teachers' College Journal), no. 2 (1985), pp. 46-53.

Huang Yifeng 黃逸峯 and Jiang Duo 姜鐸 (eds.).《中國近代經濟史論文集》(Essays on Modern Chinese economic history). Nanjing, 1981.

Institute of Modern History, Fujian Academy of Social Sciences (ed.).《林則徐與鴉片戰爭論文集》(Essays on Lin Zexu and the Opium War). Fuzhou, 1985. (This is a collection of twenty papers selected from those presented to a conference held in August 1982 at Fuzhou to commemorate Lin Zexu. A similar conference was held in August 1985, in which I participated. But the papers do not seem to have been similarly published.)

Jia Shoucun 賈熟村.〈僧格林沁其人〉(On Senggelinqin)《文史知識》(Literature and History), no. 12 (1984), pp. 92-148.

Jia Zhifang 賈植芳.《近代中國經濟和社會》(The economy and society of modern China). Shanghai, 1949.

Jiang Mengyin 蔣孟引.《第二次鴉片戰爭》(The Second Opium War). Beijing, 1965.

Lai Xinxia 來新夏.《林則徐年譜》(A chronology of Lin Zexu's life). 2d ed. Shanghai, 1985.

Li Enhan 李恩涵.《曾紀澤的外交》(The diplomacy of Zengjize). Taibei, 1966.

Li Fencing 李鳳翎.《洋務續記》(A supplementary account of foreign affairs). Collected in *Er ya*, v. pp. 222-226.

Li Guoqi 李國祁.《張之洞的外交政策》(The foreign policy of Zhang Zhidong). Taibei, I970.

Lajiannong 李劍農.《中國近百年政治史》(Chinese history of the past hundred years). 2vs., 2d ed. Taibei, 1962.

Li Laling 李力陵.《曾，左，胡》(Zeng Guofan, Zuo Zongtang, Li Hongzhang). Gaoxiong, 1962.

Li Taifen 李泰棻.《方志學》(On local gazetteers). Shanghai, 1935.

Li Yongqing 酈永慶.〈關於道光二十九年的「偽詔」考析〉(An investigation of the 'False Edict' of 1849).《歷史檔案》(Historical Archives), no. 2 (1992), pp. 100-106. Reprinted in《中國近代史》(Modern Chinese History), K3, no.

6 (1992), pp. 79-85.

Liangjiabin 梁嘉彬.《廣東十三行考》(The *hong* merchants of Guangdong). Shanghai, 1937.

Liang Rencai 梁仁彩.《廣東經濟地理》(The economic geography of Guangdong). Beijing, 1956.

Liang Tingnan 梁廷楠.《粵海關志》(The Canton customs office). Taibei reprint, 1968.

Lie Dao 列島 (ed.).《鴉片戰爭史論文專集》(Essays on the Opium War). Beijing, 1958.

Lin Chongyong 林崇墉.《林則徐傳》(Biography of Lin Zexu). Taibei, 1967.

Lin Dunkui 林敦奎 and Kong Xiangji 孔祥吉.〈鴉片戰爭前期統治階級內部鬥爭探析〉(An exploration into the conflicts within the ruling class prior to the Opium War).《近代史研究》(Modern Historical Studies), no. 3 (1986), pp. 1-19.

Lin Zengping 林增平.〈廣州群眾「反河南租地」事件年代辯誤〉(Clarifying the time of the Cantonese opposition to British lease of Henan).《近代史研究》(Modern Historical Studies), no. 2 (1979), pp. 250-255.

Liu Yan 劉彥.《中國外交史》(A diplomatic history of China). Taibei, 1962.

Lu Qinchi 陸欽墀.〈英法聯軍佔據廣州始末〉(An account of the Anglo-French occupation of Canton). In《中國近代史論叢》(Essays on Modern Chinese history). Taibei, 1958, v.1, pp. 74-109.

Lu Shiqiang 呂實強.《中國官紳反教的原因，一八六零──八七四》(Reasons why the Chinese official-gentry were anti-Christian, 1860-74). Taibei, 1966.

Luo Yudong 羅玉東.《中國釐金史》(A history of *likin*). Shanghai, 1936.

Makesi Engesi 馬克思，恩格斯.《馬克思恩格斯論中國》(Marx and Engels on China). Beijing, 1950.

Mao Haijian 茅海建.〈第二次鴉片戰爭中清軍與英法軍兵力考〉(A comparison be tween the Chinese and Anglo-French forces during the Second Opium War).《近代史研究》(Modern Historical Studies), no. 1 (1985), pp. 196-217.

Mao Haijian 茅海建.〈第二次鴉片戰爭中清軍指揮人員雛論〉(A preliminary discussion of the commanders of the Qing forces during the Second Opium War).《歷史教學》(Teaching History), no. 11 (1986), pp. 12-18.

Mao Haijian 茅海建.〈關於廣州反入城鬥爭的幾個問題〉(Some problems related

to the Canton City question).《近代史研究》(Modern Historical Studies), no. 6 (1992), pp. 43-70.

Mao Haijian 茅海建.《天朝的崩潰》(The collapse of the celestial empire︰A reexamination of the Opium War). Beijing, 1995.

Meng Xianzhang 孟憲章.《中國近代經濟史教程》(A text on Modern Chinese economic history). Shanghai, 1951.

Mou Anshi 牟安世.〈從鴉片戰爭看勝敗的決定因數是人不是武器〉(From the Opium War one can see that what decided victory and defeat was men and not weapons).《人民日報》(The People's Daily), 11 October 1965.

Ningjing 寧靖 (ed.).《鴉片戰爭史論文專集續編》(Essays on the Opium War, second series). Beijing, 1984.

Pan Zhenping 潘振平.〈鴉片戰爭後的「開眼看世界」思想〉(The idea of a 'global perspective' after the Opium War).《歷史研究》(Historical Studies), no. 1 (1896), pp. 138-53.

Qian Tai 錢泰.《中國不平等條約之緣起及其廢除之經過》(The beginning and end of the unequal treaties imposed on China). Taibei, 1961.

Qingchaojeski daguan《清朝野史大觀》(A review of the apocryphal history of the Qing dynasty). Shanghai, 1930.

Qingshi liezhuan《清史列傳》(Biographies of Qing history). Ed. Zhonghua shuju 中華書局. Shanghai, 1928.

Qixianhe shang diaosou (pseud.) 七絃河上釣叟.《英吉利廣東入城始末》(An account of the British entry into the city of Canton), 1929. Collected in Er ya, v. 1, pp. 211-21.

Quru yu kangzheng《屈辱與抗爭》(Humiliation and resistance). Beijing, 1990. (Collected therein are papers originally presented to a conference held to mark the 150th anniversary of the Opium War.)

Sasaki Masaya 佐佐木上哉.《鴉片戰争の研究》(Sources on the Opium War). Tokyo, 1964.

Sasaki Masaya 佐佐木正哉.《鴉片戰争後の中英抗争︰資料篇稿》(Anglo-Chinese conflict after the Opium War: Documents). Tokyo, 1970.

Shi Nan 石楠.〈略論港英政府的鴉片專賣政策〉(On the opium monopoly in Hong Kong).《近代史研究》(Modern Historical Studies), no. 6 (1992), pp. 20-42.

Sun Jinming 孫金銘.《中國兵制史》(A history of the Chinese military systems). Taibei, 1960.

Sun Yanjing 孫燕京.〈近五年鴉片戰爭史研究述評〉(A survey of works on the Opium War in the past five years).《近代史研究》(Modern Historical Studies), no. 1 (1991), pp. 133-42.

Taiping tianguo《太平天國》(Sources on the Taiping Heavenly Kingdom). 8 vs. Shanghai, 1952.

Tang Xianglong 湯象龍.〈道光時期的銀貴問題〉(The problem of the rising price of silver in the Daoguang period). In《中國近代史論叢》(Essays on Modern Chinese history). Taibei, 1958, v. 3, pp. 9-39.

Tao Chengzhang 陶成章.〈天地會源流考〉(Thu origins of the Heaven and Earth Society). In Luo Ergang 羅爾綱 (ed.),《天地會文獻錄》(Documents relating to the Heaven and Earth Society). Chongqing, 1943.

Tao Wenzhao 陶文釗.〈美國國家檔案館（總館）所藏有關中國檔案材料簡介〉(An introduction to the Chinese materials in the National Archives and Records Service of America).《近代史研究》(Modern Historical Studies), no. 5 (1985), pp. 190-226.

Wan Anan 王亞南.《中國半封建半殖民地經濟形態研究》(A study on the semifeudal and semicolonial economy of China). Beijing, 1980.

Wang Di 王笛.〈民族的災難與民族的發展〉(The nation's catastrophe and the nation's development). In《屈辱與抗爭》(Humiliation and resistance). Beijing, 1990, pp. 31-44.

Wang Fangzhong 王方中.《中國近代經濟史稿》(A draft of Modern Chinese economic history). Beijing, 1982.

Wang Junyi 王俊義.〈龔自珍，魏源「參加宣南詩社」說辨正〉(A reappraisal of the view that Gong Zizheng and Wei Yuan 'joined the Xuannan Poetry Club').《吉林大學學報》(Jilin University Journal), no. 6 (1979), pp. 104-7.

Wang Junyi 王俊義.〈關於宣南詩社的幾個問題〉(Several questions concerning the Xuannan Poetry Club). In《清史研究集》(Essays on Qing history), no 1 (1980), pp. 216-42.

Wang Kaixi 王開璽.〈黃爵滋禁煙奏疏平議〉(On Huang Jtiezi⌢ memorial on opium prohibition).《近代史研究》(Modern Historical Studies), no. 1 (1995), pp. 1-13.

Wang Ping 王平.〈論鴉片戰爭前後中國社會政治思想的變向〉(On the changes in political ideas before and after the Opium War).《南京大學學報》(Nanjing University Journal), no. 4 (1994), pp. 56-9.

Wang Xiaoqiu 王曉秋.〈鴉片戰爭在日本的反響〉(Japan's reaction to the Opium War).《近代史研究》(Modern Historical Studies), no. 3 (1986), pp. 20-45.

Wang Zengcai 王曾才.《中英外交史論集》(Essays on Anglo-Chinese diplomacy his tory). Taibei, 1979.

Wang Zhongmin 王重民 et al. (eds.).《太平天國》(*Sources on the Taiping Heavenly Kingdom*). 8 vs. Shanghai, 1952.

Water Division of the Ministry of Hydraulic Electricity 水力電力部水管司 (ed.).《清代淮河流域洪澇檔案史料》(Flood and waterlogging data on the Huai River in the Qing period). Beijing, 1988.

Water Division of the Ministry of Hydraulic Electricity 水力電力部水管司 (ed.).《清代珠江韓江洪澇檔案史料》(Flood and waterlogging data on the Pearl and Han Rivers in the Qing period). Beijing, 1988.

Wei Hsiu-mei 魏秀梅.《清季職官表》(Table of officials of the late Qing). 2 vs. Taibei, 1977.

Wei Jianyou 魏建猷.《中國近代貨幣史》(A history of the currency system in Modern China). Shanghai, 1955.

Wei Jianyou 魏建猷.《第二次鴉片戰爭》(The Second Opium War). Shanghai, 1955.

Wei Yuan 魏源.《聖武記》(A military history of the Qing). Fourteen juan. Completed 1842. 2 vs. Taibei reprint, 1962.

Wei Yuan 魏源.《海國圖志》(Illustrated gazetteer of the maritime countries). Sixty juan. 1847. 7 vs. Taibei reprint, 1967.

Wei Yuan 魏源.《魏源集》(Collected works of Wei Yuan). 2 vs. Beijing, 1976.

Wong, J. Y. 黃宇和.〈太平軍初起是北上還是東進的問題初探〉(Why did the Taipings go north at the beginning of their rebellion when they should have gone east?) In《太平天國史譯叢》(Taiping studies: Translation series), no. 1 (1981), pp. 258-80.

Wong, J.Y. 黃宇和.〈帝國主義新析〉(A new interpretation on imperialism).《近代史研究》(Modern Historical Studies), no. 4 (1997), pp. 22-62.

Xiao Yishan 蕭一山.《清代通史》(History of the Qing). Taibei reprint, 1963.

Xin Fenglin 刑鳳麟 and Hai Yang 海陽．〈關於馬神甫事件〉(On the M. Chadelaine incident)．《社會科學戰線》(Frontline Social Sciences), no. 3 (1983), pp. 151-6.

Xiong Yuezhi 熊月之．〈一八四二年至一八六零年西學在中國的傳播〉(The spread of Western learning in China, 1842-1860)．《歷史研究》(Historical Studies), no. 4 (1994), pp. 63-81.

Xu Shuofang 徐朔方．〈鴉片輸入中國之始末及其他〉(The importation of opium, and related questions)．《文史》(Literature and History), no. 25 (1985), pp. 343-7.

Xue Fucheng 薛福成．〈書漢陽葉相廣州之變〉(Grand Secretary Ye and the Canton episode)，《庸盦續編》(Yongan collection), 1898. Now collected in Er ya. v. 1, pp. 227-35.

Yang Guozhen 楊國楨．《林則徐傳》(Biography of Lin Zexu), Beijing, 1981.

Yang Guozhen 楊國楨．〈宣南詩社與林則徐〉(Lin Zexu and the Xuannan Poetry Club)．《廈門大學學報》(Xiamen University Journal), no. 2 (1994), pp. 107-17.

Yang Yusheng 楊玉聖．〈鴉片戰爭時期中國人的美國觀〉(Chinese perception of America at the time of the Opium War)．《史學月刊》(History Monthly), no. 1 (1994), pp. 51-4.

Yao Tingfang 姚廷芳 (ed.).《鴉片戰爭與道光皇帝，林則徐，琦善，耆英》(The Opium War and Emperor Daoguang, Lin Zexu, Qishan and Qiying). 2 vs. Taipei, 1970.

Yao Weiyuan 姚薇元．〈論鴉片戰爭的直接原因〉(The direct cause of the Opium War)．《武漢大學學報》(Wuhan University Journal), no. 4 (1963), pp. 104-115.

Yao Weiyuan 姚薇元．《鴉片戰爭史實考》(An appraisal of the various facts related to the Opium War). Beijing, 1984. (In fact, this is an assessment, paragraph by paragraph, of an unpublished treatise entitled《道光洋艘征撫記》[An account of war and peace made by foreign ships in the Daoguang period] by Wei Yuan 魏源, who completed it in August 1842.)

Yao Xiangao 姚賢鎬．〈兩次鴉片戰爭後西方侵略勢力對中國關稅主權的破壞〉(Western encroachment on Chinese customs sovereignty in the wake of the Opium Wars)．《中國社會科學》(Chinese Social Sciences), no. 5 (1981), pp.

1-24.

Yi Tingzheng 易廷鎮.〈第二次鴉片戰爭初期美國對華軍事行動始末〉(American military action against China at the beginning of the Second Opium War).《南開學報》 (Nankai University Journal), no. 3 (1984), pp. 18-25.

Yu Shengwu 余繩武.〈殖民主義思想殘餘是中西關係史研究的障礙〉(Residual colonial ideas are an obstacle to the research on Sino-Western relations).《近代史研究》 (Modern Historical Studies), no. 6 (1990), pp. 1-19.

Yu Shengwu 余繩武 and Liu Cunkuan 劉存寬 (eds.).《十九世紀的香港》 (Nineteenth- century Hong Kong). Hong Kong, 1994.

Yu Shengwu 余繩武 et al.《沙俄侵華史》(A history of Russian aggression against China). 3 vs. Beijing, 1976-80.

Yu Zongcheng 郁宗成.〈法國檔案館有關英法聯軍侵略中國的史料〉(French archival holdings on the invasion of China by the Anglo-French forces).《歷史研究》(Historical Studies), no. 1 (1983), pp. 123-30.

Yuan Qing 元青.〈鴉片戰爭前後經世派人士西洋觀變遷的文化局限〉(The limitotions of the worldview of the pragmatists before and after the Opium War).《中州學刊》(Zhongzhou Journal), no. 3 (1994), pp. 122-4.

Zhai Houliang 翟厚良.〈一八五九年大沽之戰爆發原因再探〉(A further examination of the reason for the outbreak of hostilities at Taku).《史學月刊》 (History Monthly), no, 5 (1985), pp.51-8.

Zhang Hailin 張海林.〈論「天津條約」簽訂後咸豐帝對英法的外交政策〉 (Emperor Xianfeng's foreign policy towards Britain and France after the signing of the 'Treaty of Tianjin').《南京大學學報》(Nanjing University Journal), no. 3 (1987), pp. 133-46.

Zhang Hailin 張海林.〈傳統文化與咸豐帝對外政策〉(Traditional culture and Emperor Xianfen's foreign policy).《江海學刊》(Jianghai Journal), no. 6 (1987), pp. 58-61.

Zhang Halin 張海林.〈第二次鴉片戰爭中清政府「輯民攘夷」政策述論〉(On the Qing policy of' involving the people in a war of resistance' during the Second Opium War).《蘇州大學學報》(Suzhou University Journal), no. 2 (1988), pp. 28-31.

Zhao Erxun 趙爾巽 et al. (eds.).《清史稿》(A draft history of the Qing dynasty). Shenyang, 1937.

Zhao Huirong 趙惠蓉 .〈恆祺與一八六零年北京議和〉(Hengqi and the peace negotiations in Beijing in 1860).《歷史檔案》(Historical Archives), no. 2 (1986), pp. 92-8.

Zhao Jing 趙靖 and Yi Menghong 易夢虹 .《中國近代經濟思想史》(A history of Modern Chinese economic thinking). Beijing, v. 1, 1980; v. 2, 1982.

Zhao Jing 趙靖 and Yi Menghong 易夢虹 (eds.).《中國近代經濟思想資料選輯》(Selected materials on modern Chinese economic thinking). 3 vs. Beijing, 1982.

Zhao Zhongfu 趙中孚 .《清季中俄東三省界務交涉》(Sino-Russian negotiations over the Manchurian border issue, 1858-1911). Taibei, 1970.

Zhu Jinfu 朱金甫 .〈鴉片戰爭前道光朝言官的禁煙論〉(The anti-opium views of the censors before the Opium War during Emperor Daoguang's reign).《近代史研究》(Modern Historical Studies), no. 2 (1991), pp. 57-66.

Zhu JinfU 朱金甫 and Li Yongqing 酈永慶 .〈第一次鴉片戰爭期間禁煙問題初探〉(New inquiry into the question of opium prohibition during the First Opium War).《人民日報》(The People's Daily), 6 January 1986, p. 5.

Zhu Qingbao 朱慶葆 .〈論清代禁煙的舉措與成效〉(On the effectiveness of opium prohibition in the Qing period).《江蘇社會科學》(Jiangsu Social Sciences), no. 4 (1994), pp. 82-7.

Zuo Shunsheng 左舜生 (ed.).《中國近百年史資料初編》(Source materials for the study of modern Chinese history in the last hundred years, part one). Taibei, 1958.

Zuo Shunsheng 左舜生 (ed.).《中國近百年史資料續編〉(Source materials for the study of Modern Chinese history in the last hundred years, part two). Taibei reprint, 1966.

Zuo Yufeng 左域封 .〈第二次鴉片戰爭中英軍侵佔大連灣始末〉(British occupation of Dalian Wan during the Arrow War).《遼寧師院學報》(Liaoning Normal College Journal), no. 1 (1981), pp. 44-7.

附錄

附錄一：西方學術界對英文版《鴆夢》的書評漢譯

（按姓氏英文字母先後排列）

　　2020 年 11 月 6 日，接廣東人民出版社陳其偉主任來函索取世界學壇對《鴆夢》的眾多書評。筆者馬上發覺一個嚴重問題，但由於當時全力以赴《瘟疫戰》的科研與著述，無暇兼顧而已。

　　但書評這個嚴重問題一直困擾着筆者，若不想精神崩潰，就必須馬上解決！

　　嚴重的問題在於該等書評雜亂無章，讀者會不知所措。但不能責怪譯者林立偉先生。筆者把劍橋大學出版社發來的書評轉發黎耀強交他，他把每一篇書評的內容一字不漏地翻譯成漢語，就可以交差了。

　　但是，書評的作者是誰？國際地位有多高？書評曾在哪家權威的學術期刊發表？若忽視這些問題，則容易讓國人懷疑筆者杜撰了該等書評。如何是好？

　　於是筆者花了好幾天時間（生命），逐一查出書評的作者是誰，國際地位有多高，書評曾在哪家權威學術期刊發表，結果成績喜人。

　　如何喜人？茲舉一個例子，某書評的作者韓達德，名字酷似華裔，但我知道他不是。他是英國人，劍橋大學歷史學院的畢業生，曾用英語撰寫過一本有關第二次鴉片戰爭的洋洋巨著，被《鴆夢》撕成片片；這一切國內學者肯定不知道。他又是英國前外相（1989－1995），但當今國內學者肯定也不知道。哪怕年長的中國學者過去知道，現在大概也忘了。更不知道他已經被冊封為男爵！英國議院貴族院的貴族議員為《鴆夢》寫了書評？他可有意氣用事、藉書評打擊報復？可有偏袒英帝國主義？── 如此一提，相信中國學者會特別注意！

　　筆者又發現有一篇書評文不對題，題目說是特羅基教授的書評，內容卻是韋立德教授的書評。這種錯誤，旁人是很難發現的，哪怕是筆者

自己，也花了大半天時間才追查出原文。

世界學壇評《鳩夢》：目錄及提要

（其中外語，恭請讀者諸君自己嘗試翻譯，很好玩的）

姓氏	國籍	地位：教授	書評出處	警語
Bastid	法國	法國科學院	*Études Chinoises*, 20.1-2: 278-282	La passion méticuleuse
Biaginni	意大利	劍橋大學	*Historical Journal*, 45.3: 679-687	Masterly
Burroughs	英國	倫敦大學	*Journal of Imperial and Commonwealth History*, 29.I: 139-142	Monumental
Clayton	加拿大	約克大學	*International History Review*, 21.4:1022-1024	Important book
Eberspächer	德國	杜塞爾多夫大學	*Journal of reviews for the historical sciences* http://www.sehepunkte.de/2006/09/7982.html	Stimulating
Fay	美國	加州理工學院	*American Historical Review*, 104.4: 1276-1277	Formidable
Faure	英國	牛津大學	Journal of Oriental Studies, 31.1: 110-112	Fascinating
Hurd	英國	男爵、英國前外相	*Asian Affairs*, 31.1: 63-65	Has thought and researched deeply on the mixed causes of this war
Meyer	美國	萊特州立大學	*China Journal*, 48: 264-265	Should be read not only by China scholars but also by anyone interested in the craft of history or in the patterns of the ever-shifting global market
Newsinger	英國	巴斯思帕大學	*Race and Class*, (2001) 42: 101	Marvellous, definitive

（續上表）

姓氏	國籍	地位：教授	書評出處	警語
Peers	加拿大	卡爾加里大學	*Economic History Review*, 52.4: 839-840	Required reading for historians and students
Reid	英國	倫敦大學國王學院	*English Historical Journal*, 115.462: 758-759	A fine and authoritative work; impressive mastery of the subject
Reins	美國	加州州立大學富爾頓分校	*China Review International* (University of Hawaii Press, 1999), 6.2 (Fall 1999), 555-558	prodigious research, acute analysis, methodical organization, evenhanded judgments, and lucid writing
Trocki	澳大利亞	昆士蘭州科技大學	*Journal of Royal Asiatic Society*, 31.1: 110-112	A tour de force of evidence and argument
Wright	英國	西澳洲莫道克大學（現英國謝菲爾德大學教授）	*Journal of the Oriental Society of Australia*, 30: 144-146	A substantial contribution to the history of British politics and overseas relations, to modern Chinese history, to the study of imperialism and to the study of historical causation

1.〔法〕瑪麗安娜·巴斯蒂－布呂吉埃評《鴆夢》

Marianne Bastid-Bruguiere

書評出處：*Etudes Chinoises*, vol. 20, nos. 1-2 (Spring/fall 2001): 278-282.

English translation by Dr Noel Weeks 林立偉中譯

　　這本研究第二次鴉片戰爭的鉅著，在未來一段長時間裏，無疑將是有關這個課題不可或缺的參考書。眾所周知，此書作者以巨細無遺的工夫和熱情，爬梳英軍在 1857 年擄獲、現存於倫敦的廣州檔案，從而還事件主角之一葉名琛的清白（*Yeh.Ming-ch'en: Viceroy of Liang-kuang, 1852-1858,* 1976）；這位作者又調查孫中山如何利用他被清廷駐倫敦公使館綁架事件，建立自己革命英雄的國際形像（*The Origins of an Heroic Image: Sun Yatsen in London, 1896-1897,* 1986）。這本新書以同樣的風格寫就。黃宇和對於以往史家就這場戰爭所提出的解釋感到懷疑，因此自己從頭來探究這事件。有關劫掠圓明園和相關軍事行動的文獻相當多，第二次鴉片戰爭的起因卻一直鮮有人研究。但是，據此書作者說，這場戰爭跟第一次鴉片戰爭不同，是一場「世界」大戰，因為當時所有世界列強——英國、法國、美國、俄國——都同時捲入。黃宇和的目標是分析英國帝國主義，現有的解釋（無論是否馬克思主義）對此有所提及，但都沒有充份和確鑿地指出當中究竟涉及哪些事情。

　　作者對公共和私人檔案，以及與這場衝突的起因相關的各種語文的印刷品和出版物，進行了仔細（幾乎是巨細無遺）的調查，構成了此研究的基礎。此書的結構猶如一場司法調查——追蹤線索、找尋錯誤、揭開騙局，以耐心地建構證據。由此得出大量證據，這進展證明其他作者，甚至該時期的國會和英國報章從前所指出的確鑿事實。因此，「亞羅」號事件被徹底研究。魯莽傲慢的年輕領事巴夏禮利用這事件為開戰藉口，之後他的上司——英國駐遠東代表包令，向英國當局報告此事時又故意撒謊。涉及事件的這艘船上的華籍船員被中國水師逮捕，但很快就獲釋。事件中英國國旗受辱之事很可能是子虛烏有，因為這艘船在香港的登記在幾星期前就過了期，並且根據英國海事慣例，像它那樣停泊港口

的船不會升起旗幟，旗被扯落踩於腳下之事更是無從發生。

　　黃宇和有條不紊地顯示了事件當事人及繼他們之後的記者、回憶錄作者乃至歷史學家所虛構的事件和藉口，藉以解釋這場戰爭的理由，他還須要探討虛妄言論的動機，以及它們對於各種英國輿論的影響。黃宇和詳盡研究了國會辯論和選民中的辯論之間的對比，這尤其有助我們了解英國輿論如何受虛假言論影響。上議院的批評聲音很猛烈。在下議院，1857 年 3 月 3 日的投票，擁有「自由主義良知」的議員秉持公義，對於英國的對華措施十分憤慨，令科布登的動議獲大多數議員支持，擊敗巴麥尊政府。兩天後首相決定解散國會，在公眾論壇和報章上發動競選活動，引發一種報復性的甚至排外的國民情緒爆發，最終令巴麥尊重新上台執政，有些他新近的反對者轉而支持他的對華政策，另一些則被無情地掃到一旁。

　　但是，黃宇和是在探尋包令的行為的深層原因時，在一封由這位全權公使於 1855 年 10 月 4 日致外相克拉蘭敦的私人信中，發現戰爭真正起因的蛛絲馬跡。促使包令僭越所獲訓令的權限，令他撒謊和執着於進入廣州城以迫使中國修訂條約的根本原因，是為保障鴉片貿易，他寫道，英屬印度政府的財政收入中，有三四百萬是來自鴉片貿易。據黃宇和説，這就是在此事件中主宰巴麥尊的背後因素。這位首相也在 1857 年 3 月 3 日下議院辯論中的發言結束時清楚承認：「現在我們與中國人通商時，購買東西時只有部份能以貨物支付，其餘須用鴉片和白銀抵付。」曾任下議院議員的包令，對於每年提交國會的商業統計數字十分清楚。他完全知道茶葉進口稅佔英國國庫歲入的百份之八至九，相當於皇家海軍每年經費。他也知道英國出口到中國的貨物的總值，僅及英國從中國進口貨物的十份之一，茶葉銷售及其增長的收入，也為國庫帶來可觀收入；此外，印度政府從販賣鴉片所得的收入，佔其資金來源的百份之二十，這一方面是靠壟斷孟加拉鴉片生產，另一方面是在孟買向經由該地運出、產自印度中部獨立土邦的麻洼鴉片徵稅。在香港，包令在談判觸礁後相信中國當局會隨時雷厲風行禁鴉片。因此他利用「亞羅」號事件為藉口引發戰爭，以使英國能向清政府予取予求，最終令鴉片貿易合法化。巴麥尊和克拉蘭敦完全同意包令的看法，還很清楚鴉片在總體外匯體制

中的重要作用，當時英國的工商業財富就是建立在這種體制之上。這些考量是 1854 年 2 月向包令傳達的訓令背後的盤算，那些訓令責成包令修訂《南京條約》，爭取鴉片貿易合法化。它們也決定倫敦自 1856 年 12 月起向倫敦和美國提出的建議，那是在內閣得知「亞羅」號事件之前的事，發生在一個多月前的「亞羅」號事件要到 12 月才為內閣所知；倫敦提出的建議是為共同採取威逼行動，以獲得葉名琛不肯與他們談判的東西。黃宇和認為，即使沒有「亞羅」號事件以及它所引發的事件的壓力，戰爭仍會發生。在此事件中，是外交部主動提出修訂條約，而非像第一次鴉片戰爭那樣，是商人游說後才採取行動。巴麥尊在關鍵時刻發佈有助他獲得開戰支持的文件，從而操縱對於事件的輿論。

　　然而，所謂鴉片問題在國會和公眾辯論中都不見影蹤。在與其他列強討價還價時，從沒提到立法規管鴉片貿易之事。外交部只是在傳給它的外交官的訓令中才有提到鴉片，而這些外交官則向盟友透露。由於這種輸往中國的貨物是違禁品，因此從不會出現在雙邊貿易的統計數字之中。在國會和公眾大部份人所看到的事實，是英國面對着八百萬英鎊的嚴重貿易赤字。所以所有人都同意有需要令貿易達至更為平衡的狀態。國會中的反對聲音，只是針對為達到此目標所採用的暴力措施的合法性。

　　此書最後探討這種帝國主義的經濟部份，對於一般人視此為自由貿易的帝國主義，黃宇和不以為然，他認為這是保護英國政府壟斷鴉片貿易的措施。作者引自英國國會文件的連串統計數字，其全面與詳盡程度猶勝於其他專門著作。有了這些數字，就能準確分析英中貿易、中國海洋貿易、英屬印度的財政問題，以及 1860 年《北京條約》的經濟結果。這就像巴卡拉（Franklin Bakhala）未曾發表的論文（*Indian Opium and Sino-Indian trade Relations,* SOAS, 1985）所做的那樣，清楚暴露出鴉片的角色不單能改善英國的對華商業平衡，或者印度、中國、英國之間的三角貿易，還能幫助英國在全球擴大它的利益，因為鴉片收益是亞洲、美洲和歐洲之間的多邊外匯交易和轉移網絡的資金來源，並可以用來支付維持英國勢力的軍事和政治手段。

　　看完這樣的陳述後，讀者會很驚訝黃宇和仍堅持稱這場戰爭為「亞羅戰爭」而非第二次鴉片戰爭。第二次鴉片戰爭這個名稱最早是由馬克思

提出。馬克思在《紐約每日論壇報》發表的文章，被英國報界拙劣地抄襲。黃宇和説，這些文章扭曲了中國史家的觀點，形成一種簡單化的概念，認為這場戰爭是因為西方殖民者想「征服、奴役、劫掠、殺戮」中國人而起。法國公眾沒有意識到這些細緻之處，仍然習慣稱之為第二次鴉片戰爭，現在證明了這種毒品確實是這場戰爭的關鍵因素。但我們如果只依循黃宇和關於巴麥尊和外交部的動機的説法，不能完全否定自由貿易帝國主義所起的作用。在大選中，無數來自這方面的人陳情，令巴麥尊獲得公眾支持的原因，不只是辱旗事件和他承諾會採取的行動，肯定還有自由貿易的意識形態：要求直接進入中國腹地，全面取消通行税。儘管如此，額爾金雖接獲正式訓令，但也不敢提出鴉片合法化的要求。鴉片是在不明言的情況下合法化的，應美國商人的要求，在 1898 年執行的修訂通商税則中，鴉片也列入徵税貨品之列。此書只探討這場戰爭的起因，而沒有處理其結果。隨着戰事進行，戰爭的目標歷經演變，外交承認變得更加重要，因此在其後的年月裏，它甚至減低了證明軍事行動有理的商業結構的重要性。在 1850 年代大不列顛的經濟體制中，鴉片肯定是不可或缺之物，但是，如果這麼出色的研究令人誤以為這種體制，只是一種商業帝國主義，專門用於維持這種毒品的壟斷，以令宗主國政府和印度政府獲利，那就很令人遺憾了。

瑪麗安娜·巴斯蒂—布呂吉埃
法國國家科學研究中心

2. 強權政治、帝國戰略和地方精英——
英國劍橋大學近代史教授歐津倪奧·比阿津倪評《鳩夢》

Eugenio Biaginni

書評出處：*The Historical Journal*, 45.3（2002）, pp. 679-687.

林立偉中譯

I

1856 年 10 月 8 日，廣東水師登上一艘據說掛着英國旗的划艇，拘捕船上中國船員，水師懷疑該船涉及走私和其他不法勾當。該船的愛爾蘭裔船長當時離船，但英國駐廣州署理領事巴夏禮聲稱他在船上。巴夏禮還指中國水師扯下和「侮辱」船上英國旗，但是，當時英國旗有否懸掛也難以確定。最後，那艘名叫「亞羅」號的划艇被揭發在法律上根本無權懸掛英國旗。中國人和英國官員（至少是高層官員）都想迅速和平地解決事件。但事與願違，事件不尋常地鬧大，陡然升級，先是英中兩國代表衝突，之後英軍與廣東軍隊交鋒，最後演化成歐洲列強和美國聯手對付中華帝國的大戰，歷時將近五年。

黃宇和巨細無遺地爬梳了美國、英國、中國和法國的資料，研究成果就是 *Deadly Dreams* 一書，這本鉅著為後來者樹立了標竿。黃宇和為我們提供的，可稱為新版的「總體歷史」（*histoire totale*），它始於事件（*événementielle*），接着演變成全球經濟的宏大結構。黃宇和這本書在某些方面令人想起布勞岱（Fernand Braudel）的《地中海》（*Mediterranean*），既有對大英帝國「世界體系」的深入研究，又有對個人和細節猶如偵探查案般的關注，兩者相輔相成，令人眼前一亮。

首先須解答的問題是，為什麼一樁小事會愈演愈烈，最終釀成巨殃？中國學者從民族主義和馬克思主義的觀點出發，認為事件背後有邪惡陰謀，目的是削弱天朝和殺害其子民。事件發生期間和之後的西方自由主義評論家則指出兩個因素，一是英國和印度貿易商無饜足的野心，他們有密謀策劃第二次鴉片戰爭的嫌疑；二是巴麥尊巧妙地操弄英國國內的「武力外交政策」。近期韓達德（Douglas Hurd）把這場戰爭稱為「英

中亂局」。黃宇和現在顯示當時的局勢的確「混亂」，但它的起因和發展遠較上述研究所指出的複雜。這危機牽涉連串的處理失當，被巴夏禮利用，擴大成英中兩國的危機，再被巴麥尊發展為國際衝突。巴麥尊認為，在長遠戰略上，可以利用這場危機擴張英國的經濟和政治勢力，短期則可以達到自己的選舉目標，結果也確如他所料。這一由失誤演變成的陰謀，獲得超乎預期的成功，由於所涉及的經濟利益是那麼重要，也因為之前英國試圖以經濟滲透中國，惹起當地民眾憤慨，並引發原初民族主義情緒。

黃宇和的主要焦點是帝國主義多重面相的特質。從英國人的觀點看，後者既是一個問題（如韓達德所形容的，確是一場「亂局」），也是一種策略。黃宇和不接受任何單一因果關係的解釋，用他的話說，他要自己動手「抽絲剝繭」（第一部份）。其後幾部份（第二至第四）分別論述帝國主義的「藉口」、「人物」和「語言」。第五部份探討帝國主義的邏輯（造就巴麥尊在 1857 年的中國選舉中獲勝的帝國主義外交、政治和游說活動）。第六部分則分析帝國主義的「經濟」（馬克思主義對於世界貿易和剝削網絡的老解釋背後的現實）。結論之後，是一個很有用的大事年表，以及詳盡得令人肅然起敬的一手和二手材料參考書目。

造成「亂局」的部份原因來自當時慢得惱人的通訊系統，當時兩國都沒有電報線，只有倫敦和里雅斯特（Trieste）之間有能運作的電報線路。由倫敦至香港（英國在區內的主要基地）之間的地方要靠輪船傳遞訊息（由地中海至紅海則靠陸路）。第一次衝突的消息兩個月後才傳到倫敦，而英國政府的回應要再經過兩個月才傳到香港。香港和廣州之間靠輪船傳送郵件，單程需時十二小時（每天可以傳送兩次）。因此，錯過一次郵遞，駐廣州的英國領事就要等超過三十六小時，才會再收到下一輪郵件，在這中間的空檔，他可以並且往往獨斷獨行，而香港方面被迫事後對他的行動給予認可。中國政府情況就更糟了，廣州與北京之間既無電報也無輪船往來，由廣東省出發的騎馬驛卒，要三十二天才到達北京。如黃宇和所說：「如果穗京之間和香港與倫敦之間早已建起電報網的話，則相信〔欽差大臣〕徐廣縉和葉名琛絕對不敢假冒聖旨傳給文翰〔英國全權公使〕，而包令〔香港總督〕即使有膽向倫敦建議炮轟廣州城，恐怕

也不會得到同意。」（第 23 頁）因此，這場刻意炮製的事件和之後的「亂局」，始作俑者是「身在現場的那些人」，儘管這場「亂局」所達到的目標，遠遠不止是地方官員的野心和小陰謀。

然而，倫敦對於巴夏禮和在該區其他殖民地總督的行動，並非毫無準備，也不是被他們牽着鼻子走。反之，一件看似微不足道的事件導致新形勢的出現後，英國政府就順水推舟，利用它來實行強權政治。英國政府在 12 月 1 日得悉廣州發生的事件，那時距事件發生已兩個月，但它一聲不吭，直至《泰晤士報》在 12 月 29 日報道此事。據黃宇和說，促使巴麥尊想對華開戰的，並非「亞羅」號事件，而是中國拒絕修訂《南京條約》（第 270 頁）。現在須要做的是靜待民情發酵，而民情可由報章煽動，巴麥尊是箇中能手，布朗在其最近的文章就論述過這點。[1]

面對這個並非他蓄意創造的形勢，巴麥尊決定「有創意地」應對，他認為可以加以利用，以達到遠大於地方官員野心和小陰謀的目標。而所牽涉的問題是「發財的美夢和毒品的魅力──是英王陛下特許的美夢和魅力」（第 26 頁）：

由鴉片所得到的暴利既支撐了印度殖民政府，又向倫敦匯回大量款項，另作匯票向美國購入大量棉花，支持英國工業大革命的支柱──棉紡業。美國人賣掉棉花拿了英國人的匯票到中國來買茶葉。中國人賣掉茶葉換來這些匯票又用於購買鴉片。英國人賣掉鴉片除了把美國人用來買茶的匯票通通回收外，又賺取更多的白銀在中國購買大量茶和絲，真是一本萬利。英商把茶和絲運回祖家賣好價錢之餘，也方便了英國政府發大財。因為，英國政府刻意規定，向茶葉徵收百份之一百的進口稅；來價一百鎊即抽一百鎊的稅，得來全不費工夫。而稅收之可觀，足以支撐負有大英帝國全球戰略之責的皇家海軍的大部份每年開支。（第 27 頁，cf. 第 406－420 頁）

英國的目標包括：取得進入中國內陸腹地和在長江自由航行的權利，實現鴉片貿易合法化，取消向外國貨物徵收釐金，以及立法管理華工出

1　D. Brown, 'Compelling but not controlling? Palmerston and the press, 1846-1855', *History*, 86 (2001), pp. 41-61.

國。後者是英國剝削「中國奴隸」的早期事例（cf. 第 318－319 頁），那是長期的過程，最終以 1903 年至 1906 年惡名昭著的南非醜聞為高峰。

　　在這場危機中，巴麥尊對於國家利益和英國實力的局限有超卓的了解。英國國內繁榮和社會和平繫於自由主義財政制度，而這種制度的限制凸顯了英國實力的局限。英國剛打完克里米亞戰爭，付出很大代價，包括增加徵稅和擴大國債。現在政府嘗試妄圖化圓為方，一方面忙不迭的發兵派船到中國，另一方面限制軍費以取悅納稅人。達到帝國目標最有效和省錢的方法，是把其他強國捲入這「事件」。另一方面，倫敦大力游說巴黎和華盛頓獲得成功，因為法國人和美國人有他們自己的商業戰略，而他們認為與英國結盟最能推行這些戰略。巴麥尊的戰略也反映他在竭力支撐一個既存的帝國，而黃宇和認為，這個帝國當時的財政狀況並不健康，尤其是印度成為英帝國的沉重負擔——印度政府在英國和印度都有舉債，以支付近期受其直接管治的領土擴大所需的開支（第 386－389 頁）。然而，高得駭人的債務，如非有來自孟加拉和孟買的鴉片貿易收入，光是支付債務利息已令東印度公司癱瘓，甚至令之提早結束。戰前，來自鴉片稅的淨收入足以支付印度債務的一半利息，戰後，這方面的數額提高至該數額的兩倍半（第 390 頁）。為了凸顯這一因素的重要性，黃宇和指出「在類似的事例中，保羅·肯尼迪（Paul Kennedy）認為哈布斯堡家族（Habsburg family）試圖稱霸歐洲失敗，是因為它為支付債務利息已耗掉收入的三份之二。在英國在印度的擴張的例子中，支付債務利息不是問題，因為孟加拉鴉片足以支付」（第 391 頁）。印度政府很清楚這種非紳士貿易的重要性，而它的當務之急，是保障這種貿易不受潛在競爭對手威脅。埃倫伯勒勳爵之所以在 1843 年吞併信德，確實只有從壓制麻洼鴉片競爭的角度看，才能在經濟上說得通。雖然由於政治原因，他不可能明白道出此舉的真正目的，他在解釋吞併信德的理由之一，是東印度公司佔領該地區可以獲得額外收入。這個說法其後被一些歷史學家反駁，斥之為帝國主義的胡說八道，因為信德太貧窮，提供不了那種收入。然而，這種收入確實存在，但並非直接來自信德，而是來自孟買，麻洼鴉片貿易現在須取道孟買的海關，因為卡拉奇已不再提供另一條路線。到了 1845 年，來自這方面的收入達到 60 萬英鎊，是 1843

年前數字的一倍（第 420－423 頁）。總之，到了亞羅戰爭時期，「鴉片收入已佔整個英屬印度總收入差不多 22%」（第 429 頁）。差不多所有英屬印度的鴉片都是賣到中國（第 399－406 頁），而「印度客戶全靠售賣鴉片的收入來買英國產品」（第 408 頁）。因此，印度帝國這一財政支柱，是推動印度和英國經濟運轉的強大動力。

II

在黃宇和的分析中，巴麥尊高瞻遠矚，矢志推動經濟上可行的帝國主義形式；他也是受到感召的帝國開拓者，他在維多利亞時代的英國的角色，猶如十八世紀的老皮特。此評價和斯蒂爾（E. D. Steele）在《巴麥尊與自由主義》（*Palmerston and Liberalism*, 1991）的修正看法不完全牴觸，和梅赫塔（Uday Singh Mehta）在《自由主義與帝國》（*Liberalism and Empire*, 1999）最近的批評也不一定不相符，維多利亞時代政治家的世界觀，是建立在他們對英國憲政和經濟制度優越性的信心，以及對着重英國利益的自由主義的認同。對於巴麥尊的信條，以及信奉自由貿易的巴麥尊批評者所持的更為世界性的自由主義，黃宇和很着重地比較一番，證實梅赫塔的分析。國會自由主義和自由思想均有哲學、策略和意識形態上的分歧，這些分歧在大英帝國和愛爾蘭的領域最為嚴重，橫亙於英國的憲法成員和其殖民地現實之間。

在那個時代，對毒品貿易的依賴，與後世相比來得沒有那麼偽善，因為雖然印度政府十分清楚鴉片的害處，但英國還不是那麼了解。事實上，鴉片在英國是合法的，人們也不覺得（在醫療上）使用鴉片不道德，並且廣泛宣傳和推薦使用鴉片（第 430 頁）。這當然是「帝國主義的混亂」的另一面相。另外，儘管這場戰爭令英國貿易大為擴大，但這顯然不是一個與「帝國主義自由貿易」有關的事例。除了因為自由貿易的主要提倡者不斷堅決反對這場戰爭外，鴉片貿易也很難稱得上是「自由」的。它事實上是由政府壟斷並受嚴格保護。印度政府不但沒有促進「自由貿易」，反而靠着在英屬印度境內和境外大力扼殺競爭的制度而獲益（第 416－420 頁）。在國會內，科布登、布賴特、格拉德斯通等人質疑政府以薄弱的理由發動另一場代價高昂的戰爭是否明智，當局對他們的問題無法招

架。在上議院，至少沙夫茨伯里認為，由政府支持的鴉片貿易壟斷，至少是「不道德的制度」，對它提出質疑（第 324–327 頁）。1857 年 3 月 3 日，科布登在下議院提出動議，指政府提交下議院的文件理據不足，不能證明炮轟廣州的行為合理，巴麥尊在表決中落敗（第 293–295 頁）。但是，這次挫敗並沒有令他難堪：他馬上解散國會後，並在其後的選舉（1857 年 4 月）中大勝。選舉過程中，反帝國主義的激進派（包括科布登、布賴特和邁阿爾）和皮爾派份子落敗受辱。現在很明顯，英國政壇藉着這種方式環繞首相巴麥尊的「自由帝國主義」方針有效地重新整合（第 465 頁）。

這場戰爭是英帝國主義歷史中爭議最大的篇章之一，在黃宇和對這段歷史的重構中，沒有幾個維多利亞時代政治家是潔白無瑕的。那些不斷勇敢地反對鴉片貿易和對華戰爭的人，包括國會內的科布登、布賴特，民間的貴格會及有憲章運動傳統的激進派週報《雷諾茲報》。相較之下，極為熱中於改革的沙夫茨伯里勳爵卻竟然輕易地屈從於朋輩壓力，最後只是對現況不痛不癢地批評了一番。至於格拉德斯通，他在初期秉持原則譴責戰爭後，在 1859 年起卻出任巴麥尊的財政大臣，撥款支持戰爭，直至英國戰勝。更不堪的是，在 1892 年他的事業快要完結時，一個貴格會壓力團體游說格拉德斯通終止鴉片貿易，他向印度事務大臣金伯利勳爵「暗中給予鼓勵」；服膺「現實政治」的金伯利致力令鴉片得以繼續出口（第 433 頁）。黃宇和在此依循貝里奇（Berridge）和愛德華茲（Edwards）的思路，並且沒有明言地修正了香農（Shannon）的說法，香農在其書中簡略地提及鴉片問題時，說到格拉德斯通的「演說慷慨激昂，直斥其非」，[2] 香農大概以此為例子，顯示他眼中這位英國政壇「大長老」奉行「道德外交政策」和不屑「帝國安全的邏輯」。[3] 相比之下，黃宇和認為，這位 1892 年的自由黨首相的特點是：很現實地評估英國的全球利益，並致力切實維持大英帝國的穩定，着眼點跟 1857 年的那位前任首相

---

2   R. Shannon, *Gladstone: heroic minister, 1865—1898* (London and New York, 1999), pp. 541-542. Cf. V. Berridge and G. Edwards, *Opium and the people: opiate use in nineteenth century England* (New Haven, CT, 1987), p. 171.

3   Shannon, *Gladstone*, p. 305.

沒有任何分別。[4]

3.〔英〕彼得・伯勒斯評《鴆夢》

Professor Peter Burroughs
倫敦大學英聯邦研究所所長
書評出處：*Journal of Imperial and Commonwealth History,*
29.I: 139-142
林立偉中譯

　　在 1856 年，一艘平凡不過的華艇被廣州中國當局扣押，這艘名叫「亞羅」號的華艇據稱是在香港註冊的英國船。英國官員怒不可遏，指摘發生了侮辱英國國旗之事，要求中國欽差大臣葉名琛賠償。中方沒有作出合乎英國人意願的賠償後，廣州遭到海軍砲轟，而倫敦政府發動的這場戰爭不但涉及英國和中國，還捲入法國和美國，甚至連俄國也沾上了邊，使得戰火更加熾烈。黃宇和博士遍閱中英文資料，進行廣泛而極有份量的研究，深入細緻地探索了人稱「亞羅」戰爭的各種起因，寫成有關維多利亞時代中期帝國主義的個案研究。

　　黃宇和在論述中清楚指出，當地發生的事件非常混亂，而身處現場的英國政府官員（主要是駐廣州領事巴夏禮、駐遠東全權公使包令爵士）有各自假公濟私的盤算。他們身在倫敦政府鞭長莫及之地，擁有廣泛的自由裁量權，而他們在行使這種權力時既無分寸又不正直。在「亞羅」號

4　持不同觀點的歷史學家也得出類似的結論；R. T. Harrison, *Gladstone's imperialism in Egypt: techniques of imperial domination* (Westport, CT, 1995)；以及 E. F. Biagini, 'Exporting "western and beneficent institutions" : Gladstone and empire, 1880-1885', in D. Bebbington and R. Swift, eds., *Gladstone centenary essays* (Liverpool, 2000), pp. 202-224。

的英籍執照過期一事上，他們文過飾非，又隱瞞該船被查緝時正在靠港而沒有升起英國國旗之事實，還欺矇駐當地的英國艦隊司令西摩爾，挑撥他炮轟中國炮台和攻破廣州城，由此開啟戰端。巴夏禮開始了劍拔弩張的事態，並策劃後續行動，把英國拖進一場對華戰爭。包令不惜違反了自己所收到的訓令而支持這種安排，原因是他執意要進入對英國人緊閉的廣州城和擴大英國貿易。

　　這椿發生在遠方、微不足道但又戰雲密佈一觸即發的事件，在英國國會和報界觸發激烈爭議。黃宇和花了相當篇幅探究以下事項：對於據說曾發生的侮辱事件的針鋒相對和意見相左，巴夏禮和包令的反應，葉名琛的立場（有些人將他妖魔化，另一些人則為他開脫），以及中國人的排外怒潮（無論是由英國外交人員和商人所引發或者他所反擊的）。巴麥尊勳爵政府在下議院投票中落敗，但首相巧妙地利用熾熱的民情，解散國會並贏得 1857 年的「中國」大選，大挫他的批評者。黃宇和的核心論點之一是：為了回應中國一再拒絕修訂《南京條約》（1842）的條款，巴麥尊早就密謀以武力掃除中國限制英國商業擴張（尤其是非法進口印度鴉片）的障礙。「亞羅」號事件碰巧發生，正好為他提供夢寐以求的開戰藉口。他串通法國和美國，故意令英中關係的緊張狀態激化，並且使敵對行動升級，以追求他眼中的英國經濟利益，而曾批評巴麥尊的人繼他之後領導的內閣，全都繼續奉行這種主張。大批英軍集結準備遠征懲華，其象徵就是額爾金勳爵在 1860 年劫掠北京，《天津條約》（1858）最後完成換約，為英國人帶來了覬覦已久的有利於英國商貿的讓步。

　　黃宇和對於巴麥尊好戰態度所做的解釋的中心，存在着另一個相關的論點：各內閣大臣完全知曉英國對華貿易的經濟價值和潛力。為了證明這種主張，並把當時人們觀感賴以形成的基礎描繪出來，黃宇和提出了大量統計圖表。它們顯示：英國從中國進口貨物的價值，超過任何英國殖民地（除了印度），並且在六十二個外國中排第四。他指出，從稅率百份之百的茶葉稅所得的收益，佔關稅歲入五份之一，幾乎可完全支付皇家海軍的經費。因此大臣有充份誘因去盡力增加中國進口貨的數量，其中以茶、絲為最大宗。同時，他們承認英國對華貿易有嚴重不平衡，因為中國限制製造品的進口，主要是棉毛製品。為了減少赤字，英國決

策者認為中國應該並有能力購買更多英國貨。

　　在黃宇和眼中，更重要的是鴉片的關鍵作用。他說，在東印度公司管治下的印度，不但不是一般人所想那樣，是大英帝國的重要資產，反而是極大負累。它入不敷支，須長期借貸以應付擴張領土和敉平內亂的開支。印度債務節節上升，全靠在孟加拉大量生產的鴉片支付債息，鴉片收益佔 1857 年至 1858 年政府歲入的五份之一，僅次於地稅收入。此外，鴉片大部份出口到中國，英國商人把收益用於購買茶和絲後還有盈餘，黃宇和認為，這實質上有助降低英國全球貿易平衡的赤字。確實，他把鴉片描繪成英國環繞全球的貿易鏈的關鍵環節：英國人以在倫敦兌換的匯票向美國購買棉花，美國人拿這些匯票到廣州買茶葉，中國人又用這些匯票來買鴉片，這些交易的利益買下中國商品，為印度政府提供了資金，或者由個人或者東印度公司匯回英國，「英國工業革命所需的美國棉花」，約 38% 至 48% 是由鴉片收益支付（頁 410）。結論順理成章是：無法靠外交努力說服中國政府把高價值的非法鴉片貿易合法化和擴大合法商貿，英國諸大臣就訴諸武力，以迫使中國改變法律。「這是亞羅戰爭的最根本起因。」（頁 455）

　　黃宇和的重要研究和多年辛勞令人肅然起敬。對亞羅戰爭作如此巨細無遺的調查，或者如此苦心孤詣地爬梳浩如煙海的原始資料，大概難有後來者。然而，對於他在書中提出看似有理但惹人爭議的論點，以及他的論證方法，讀者未必完全信服。由於黃宇和選擇把題目放到「帝國主義」這個限定範圍內，他每隔一段時間就覺得有需要花一些篇幅去論述其他人以往提出的五花八門的理論，藉以顯示這些單一原因的解釋全不足以解釋「亞羅戰爭」，其中一處從西利（Seeley）講到凱恩（Cain）再談到霍普金斯（Hopkins），作了全面的檢視。這些題外話花費了過多篇幅去談「自由貿易帝國主義」（毫不相關）、中心對邊緣（陳詞濫調）、「紳士資本主義」（虛幻無實）和「非正式帝國」（自相矛盾），這樣岔開正題是不需要和不值得的。雖然稍為提一下史學語境是切題和有幫助的，但全書用於論述前人觀點的篇幅過多，甚至是就一些微不足道的事實而論，主要是為顯示它們是如何不足和錯誤，受到蒙蔽的中國史家尤其飽受抨擊。

　　黃宇和筆下巴夏禮和包令的卑鄙惡行，澄清了許多環繞「亞羅」號事件的迷霧，但是，他指巴麥尊一直冷靜和蓄意地密謀，只要遇到可資利用的適當藉口，就以武力解決英中分歧，對於黃宇和舉出的證據，不是所有讀者都全盤信服。宗主國政府很爽快地認可遠方官員輕率魯莽的計劃，並不需要以秘密計劃來作高深的解釋；當政府發覺自己被事件形成的浪潮席捲時，害怕丟臉（這是政客和外交人員面對兩難處境時永恆而愚蠢的執念）的影響力，往往比對於國家利益的理性評估來得更加舉足輕重。如同路易‧德‧伯恩埃的小說《科萊利上尉的曼陀鈴》中所說：「英國人總是在事情發生後再回頭定計劃，於是每件事看起來都如他們所設想一樣。」（ch. 49, p. 289）在持懷疑態度的歷史研究者眼中，政治和外交糾紛大都不是由陰謀引起，而是搞得一團糟的後果。

　　同樣，黃宇和認為內閣大臣和政客以有識見、理性和冷靜客觀的態度，評估英國在華商業利益問題，是過於高估他們。按黃宇和的說法，這些人鑽研了國會文件的統計數字後得出理性的結論，令許多人同意動武。彷彿他自己也察覺到這種說法背後的依據，是對人類行為持過於理想化的想法，黃宇和強調，這些統計圖表主要不是用來證明時人實際閱讀和消化了什麼，而是以事後回溯的方式，證明他們當時所持的觀感。可是，這些觀點和態度是否如黃宇和所說般準確，我們又如何能確定？他對於國會和報章意見的探討在這一點上令人不安心。對於時人所說所寫的東西，黃宇和似乎只看其字面就深信不疑；一一引述這些話加以臚列，好像認為引言全然可信。此外，公眾辯論被描繪為「愛國好戰主義」（這是個用錯時代的詞彙）與「維多利亞時代自由良心」之爭，他聲稱後者是一種強大驅動力，在現代政黨政治和戴卓爾主義時代的史家著述中備受忽略（頁 215）。把維多利亞時代中期人們對於帝國的看法，作這樣截然二分和對立的描繪，就算不是歪曲也是過份簡單化。同樣地，黃宇和高估了「亞羅號事件」對 1857 年大選的影響，並誇大了對華戰爭對於政黨重新整合的影響。

　　對於黃宇和筆下債台高築的英印政府，以及他從財政收入和貿易數字推導出的結論，研究印度史的學者或許感到疑慮。書中說中國煙鬼提供了英國在印度擴張帝國版圖的資金，又說茶葉稅支撐了皇家海軍的

運作，似乎是事有湊巧多於精心計算。至於環環相扣的英國對外貿易循環，心存懷疑的讀者可能認為是事後之見，而非直接影響時人對於亞羅戰爭看法的普遍見解。謎團仍然未解：如何解釋英國政府代表商界企業使用武力，以在自由貿易的時代加強鴉片壟斷——是蓄意的陰謀，還是鬼使神差的錯誤？

　　黃宇和的研究還有結構和表述上的問題。全書按主題劃分七個部份——帝國主義的錯綜複雜、藉口、悍將、邏輯、運作、經濟和動力，這樣的劃分本來是可行的設計，但它卻產生不少重複和重疊的情況。對讀者來說很煩惱，普遍主題和主要問題重複提起，發展至某個程度，之後懸在那裏等待未來的考慮。個別章節細分為短短的小節，有加上標題的小標題，有時候篇幅不到一頁，令人煩惱多於有用。第七章結束部份關於英國政治報章的一段，標題很時空倒錯地題為：「總結：沒有水門事件」。儘管這些章節肯定提出了一點論據，但它多半是排山倒海地把事實細節一股腦兒展示出來。黃宇和不是披沙揀金地選取材料，而似乎很熱中於把每一筆得來不易的資訊都予以記錄，彷彿史家的工作就是把所有能夠追溯的知識，編彙成一本手冊。不計其數的註釋也顯示了同樣的過火情況。有些編列出來的資料似乎也是未經消化的原始數據，而滿目以檔案文件為主的段落，給人的感覺就像是在讀以散文體寫在資料卡上的研究筆記。報道國會辯論的部份尤其零碎，這從分段支離破碎可見一斑。全書每隔一定篇幅都會有停頓，讓作者作撮要、總結和提示下文，這些作聯繫之用的段落本意雖善，但卻寫得生硬乏味。儘管黃宇和對這個題目掌握很透徹，但他在表達自己的發現時卻駕馭得很鬆散，使這本令人佩服的書顯得散漫凌亂。不禁令人思量，此書如能有所取捨地編輯，並大刀闊斧地裁剪一番，對它將如何有所裨益。

倫敦大學英聯邦研究所所長

彼得·伯勒斯

4.〔加拿大〕大衛・克萊頓評《鴆夢》

David W. Clayton

加拿大約克大學

書評出處：*International History Review*, 21.4: 1022-1024

林立偉中譯

世界「列強」（英國、法國、俄國和美國）在亞羅戰爭中結成聯盟，合力對付中國，而這場戰爭是英國出於經濟原因發動的。這是黃宇和在其關於英帝國主義政治經濟學的著作所提出的結論。

本書按主題分為五個主要部份。頭兩部份「帝國主義的藉口」和「帝國主義的悍將」以批判態度分析據稱引發戰爭的事件：中國官員扣押為英籍船「亞羅」號工作的中國水手，以及這艘船上的英國國旗受到「侮辱」。黃宇和技巧嫻熟地顯示多個參與者如何詮釋、曲解甚至憑空捏造這些事件。他的結論是：英國官員（領事巴夏禮和英國全權公使包令）在遠在倫敦又任其為所欲為的英國政府幫助下，令這些事件火上加油，而欽差大臣葉名琛這個中國主要參與者試圖撲滅由此而起的火頭，卻徒勞無功。由於要顧及民眾對於仇外的華南英國商人的反應，葉名琛很難順從英國人的要求。

第三部份探討英國政壇和報界的辯論，第四部份「帝國主義的邏輯」則論述外交爭論、政治陰謀，以及政治游說的影響。黃宇和在這裏的主要結論是：國會和報界由於法律、自由思想和道德理由反對戰爭，他們的意見跟希望利用「亞羅」號事件作為開戰藉口的政府、商界和民眾政治輿論製造者扞格不入。

最後一部份「帝國主義的經濟」詳細分析了英國、印度、中國三方貿易關係（以及英國人對之的觀感），藉以顯示為何有些輿論製造者希望與中國開戰。黃宇和指出了英國政府如何向中國茶和絲徵收進口稅獲得收入，英屬印度如何向出口到中國的鴉片抽稅獲利，以及人們如何因為有了鴉片收入而有能力購買英國出口貨，從而令英國製造商得益。他相信戰爭的根本原因是《南京條約》（1842）無法保障這些經濟利益。這促

使英國政府循外交途徑要求中國當局修訂條約，遭到中方拒絕後，動武就變成無可避免，因此，英國政府一直在等待開戰的藉口。

　　黃宇和採用了三方面的證據來證明這個論點：英、印、中三方貿易的規模和重要性，英國政客和官員的言論，以及把倫敦作出決策的時間，對照在中國發生的事件的時間。黃宇和認為，現有關於英國帝國主義的概括性假設，都無法充份解釋這個個案研究。發生在邊緣的事件會耗用中心的資源的說法（戴維·菲爾德豪斯〔David Fieldhouse〕）不成立，因為發生在邊緣的事件本身，是受中央政府的態度所影響，並被政府利用為海外擴張的藉口。「紳士資本主義」理論（凱恩〔P. J. Cain〕和霍普金斯〔A. G. Hopkins〕）很有道理但不能實現，因為政府不是受到商界游說後作出反應，反而是激發（之後加以約束）商界提出要求。同樣地，「自由貿易帝國主義」理論（加拉加〔John Gallagher〕和羅便臣〔Ronald Robinson〕）不適用，因為真正重要的是「國家經濟利益」，而非國際經濟利益。後者與前者是互相衝突的，尤其是在印度的鴉片壟斷問題上，而自由主義被民族主義打倒。黃宇和的結論是：帝國主義是起源於宗主國，它界定何謂國家利益，但是，帝國主義的實際發展方向，則受到宗主國和邊緣勢力之間的相互作用所影響。

　　這是一本重要著作：有興趣研究英帝國主義淵源、英中關係和世界大戰起因的學者不可不讀。它也是一本叫人佩服的著作，是積三十年檔案研究而成的結晶。作者巨細無遺地爬梳了英國政府、國會和報章記錄，採用了英國企業的檔案和中國政府記錄，還稍為運用了一些美國、俄國和法國記錄。最後，我相信此書提出的論點，其他人未必信服，因為政客和官員不大會（並且甚少公開地）承認經濟因素是最重要的考量，黃宇和對這點也直言不諱。但我同意黃宇和所說，經濟因素是導致這場戰爭的原因，其他因素只影響事件的時間和發展方向，或者令帝國主義者能合理化自己的所作所為。

〔加拿大〕約克大學

克萊頓

5.〔德〕科德‧埃貝施佩歇爾評《鴆夢》

Cord Eberspächer

書評出處：*Viewpoints-Journ*al of reviews for the historical sciences,
　　　　http://www.sehepunkte.de/2006/09/7982.html

林立偉中譯

　　兩次鴉片戰爭象徵了中國與西方之間關係發生明顯而重大的決裂。在中國史學中，這兩場戰爭是中國近代史的開端。第一次鴉片戰爭（1839－1842）是重要的初始階段，而第二次鴉片戰爭則形成了條約體系，決定了直至第二次世界大戰一段時期，西方列強在華勢力的存在。這場戰爭事實上表示兩場接連發生的糾紛，它的最初起因是中國當局搜查「亞羅」號華艇。由於「亞羅」號是在香港註冊，受英國國旗保護，英國當局視這事件為挑釁和引發敵對行動之舉。

　　黃宇和在其著作 *Deadly Dreams* 令人敬佩地顯示，就算像第二次鴉片戰爭如此矚目的事件，還是有許多事實有待發掘。黃宇和的研究集中分析事件的過程、「亞羅戰爭」的起因及其外交和經濟背景。作者剖析了多個層面，如戰爭的原因和處理、英國國內關於對華政策的辯論，藉以顯示主要參與者的動機和背景。此書的研究方法類似於克利福德‧格爾茨（Clifford Geertz）所用的深度描繪。

　　黃宇和在此研究的核心部份所關注的問題是：第二次鴉片戰爭與英帝國主義在中國運作方式之間的關係。此分析分為四個方面：第二次鴉片戰爭涉及的人物、邏輯、運作和經濟。他由戰爭的最初起因開始。此事最後釀成「亞羅」號華艇的英國國旗被扯下之說。黃宇和仔細檢視此事件，並令人信服地顯示：英國領事巴夏禮無中生有地把此事化為開戰原因。

　　在接下來的部份，黃宇和轉為探究戰爭首階段的主要參與者。他分析英方巴夏禮和身在香港的全權公使包令爵士的性格和行為，另外還有他們的對手葉名琛總督。黃宇和指出，英方人員除了對於自己代表英國在華利益的責任感外，還懷着非常個人的動機，如受傷害的自尊心和野心，這些都發揮了作用。這些「身在現場的人」如何影響事件的最初發

展，是很值得注意。

　　探討過身在第一線的主要參與者後，接着就分析英國人的言論——帝國主義的藉口。黃宇和討論報章和國會的辯論。對於中國人的行為及英國的反應是否正當，英國人意見不一。發動戰爭的理據是否成立，保障英國貿易的方法是否合理——這些問題引起國會議員的疑慮，尤其是自由黨議員。然而，通過報章報道和上下議院的辯論，讀者明顯看到，茶葉對於英國財政至關重要，鴉片對於印度財政至關重要，最後，對華貿易對於英國整體全球貿易至關重要。黃宇和也討論到不同利益團體的活動，這些團體試圖左右巴麥尊政府的動向。

　　黃宇和進一步闡明帝國主義的運作。他揭露，在「亞羅」號事件的消息傳到倫敦前，英國政府已在外交層面上策劃戰爭。這一章與其後關於帝國主義經濟的部份密切相關，黃宇和在該部份論述了英國的經濟情況。他對於印度、中國和英國之間貿易的分析，為探討英國政府、國會議員和游說團體的動機提供了耐人尋味的背景。隨着焦點愈趨清晰，一開始時似乎很重要的「亞羅」號華艇事件就愈無關重要。最後，黃宇和證明，在巴夏禮和包令把此事件小題大做成為開戰藉口的時候，倫敦早已萬事俱備，磨刀霍霍準備與中國大打一仗。

　　Deadly Dreams 作者早前研究過兩廣總督葉名琛及自鴉片戰爭以來其衙門檔案的命運，此書是順理成章的後續研究。黃宇和鑽研這個題目多年，對此時期進行了巨細無遺的研究。他使用了中英文資料，還到法國和美國做研究。雖然有關這題目的研究文獻，在英中兩國已汗牛充棟，但黃宇和在此書中成功提出新的洞見。尤其因為這調查在多個方面可以歸類為一個近年很熱門的題目——建構跨國史的新研究方向，儘管作者沒有明白提出這個用法。這些成果豐碩的研究方向，加上詳盡的陳述和豐富的參考文獻，令這本書讀起來很有啟發性。這項研究的有意思之處，不只在於它探討了第二次鴉片戰爭，更在於它分析了帝國主義在中國與西方之間多重相互關係中的運作。

科德・埃貝施佩歇爾

6.〔美〕彼得・沃德・費伊評《鴆夢》

Professor Peter Ward Fay

美國加州理工學院

書評出處：*American Historical Review*, 104.4: 1276-1277

林立偉中譯

此書書名令人聯想起一些不確定的恐怖事物，讀者乍看之下，或許會疑惑而不知其意。書的副標題反而就很有提示作用，因為很快就清楚知道，這是一宗 1856 年 10 月 8 日在廣州附近發生的事件，涉及一艘叫「亞羅」號的船，這事件令一場規模很大的戰爭陡然發生。隨着該書內容推展，讀者一次又一次重遇「亞羅」號，它是貫穿這本逾五百頁巨著的關鍵。

「導致這場戰爭的原因是什麼？許多人會簡單地説：帝國主義。」黃宇和在書的開首寫道。「但什麼是帝國主義？」（第 1 頁）書的目錄回答了這問題：全書十八章分為七部份，每一章都冠以一個耐人尋味的詞語。第一章名為「帝國主義的混亂」，第二章是「帝國主義的藉口」，諸如此類。帝國主義貫穿於全書，作者卻沒有加以定義，背後的假設是，我們在今時今日接受了這個詞的固定意義，是指西方對於他者不公義、不可饒恕和不變的行為。帝國主義是此書的主旨。它透過上述解釋來探討帝國主義，而這解釋無須敍述。「讓我們回到『亞羅』號事件的時代來*開始我們的分析*」〔斜體字是引者所加〕（第 70 頁）。

此事件及其後果如下。1856 年 10 月某天早上，中國水師登上一艘划艇（配備中式帆檣、西式船殼的帆船），以該船涉嫌窩藏海盜為由抓走船員。這艘划艇由中國人建造和擁有，在中國水域航行，船員都是中國人。僅僅是船名「亞羅」號和其年輕愛爾蘭裔船長不是中國的，而且這位船長還是掛名的，在事件發生當天早上，他離船在某處吃早餐。但船和英國還是攀得上關係。中國籍船主在香港居住，故船在香港註冊，並且懸掛英國國旗。所以船長回船後非常憤怒，把事件告知英國領事巴夏禮，還説水師扯下英國旗，雖然事實上當時旗是降下的，而且該船的執

照已過期。在巴夏禮眼中，辱旗事件是迫使中國開放和全面接納外國人的機會，那是 1840 年至 1842 年的鴉片戰爭所未能達到的目標。但中國人肯定不會同意，巴夏禮的許多同胞都急欲以武力解決，所以戰爭就開打。戰火首先降臨廣州，廣州遭受炮轟，城被攻破；之後是天津，那是談判條約的地方；最後是北京，那裏遲遲沒有批准條約，圓明園就被劫掠燒毀。戰爭結束之時，西方（法國、俄國和美國都有參戰）已快要把中國徹頭徹尾地打個落花流水。

　　以上撮要雖然簡略，但不清楚事件的讀者，可以由此得知來龍去脈，有助閱讀黃宇和那本內容複雜和密集的精彩著作。黃宇和花了很多年耐心爬梳和研究中國以外多國的檔案和其他印刷資料，還參考過數量驚人的書目，卒成此宏構，有志研究 1840 年至 1860 年中西方關係的人不可錯過。單是他研究的經濟層面，尤其是鴉片貿易，已足以另成一本專著。但是，沒有敍事分析就不能進行，黃宇和的敍事極為簡約，就有點不合理。關於「亞羅」號事件，黃宇和只給出零碎片段（第 3 至 8 頁，11 至 12 頁，22 至 24 頁，26 頁，43 至 46 頁，62 至 66 頁，以及 87 至 88 頁）；要把它們集合起來和編排非常累人，所以，以上一段我是直接從教科書徵引。還有更糟的是，讀者一次又一次得到一個印象（白紙黑字印刷出來的詞句往往加強這印象），在「帝國主義」這個令人迷惑的總稱下，黃宇和在尋找促使英國以武力侵華的唯一動機，以及由此動機引發的唯一計劃和唯一決定。他決意追尋「真相」，結果令研究視野變得狹窄。他沒有看到當時乃至今天掌權和在位的英國人——以及他們以外的人——是有許多不同的野心和關注；無論以前還是現在，都沒有所謂「英國」這東西。限於篇幅，我無法詳述和證明這些疑慮，但它們確實存在。

加州理工學院

彼得・沃德・費伊（Peter Ward Fay）

7.〔英〕科大衛評《鴆夢》

David Faure

牛津大學聖安東尼研究院院士

書評出處：*Journal Of Oriental Studies*, 31.1: 110-112

林立偉中譯

　　過去有種說法，指第二次鴉片戰爭是因中國士兵扯落停泊廣州的划艇「亞羅」號上的英國國旗引發，而對於背後的問題——英法兩國在尋找機會修訂第一次鴉片戰爭後簽署的《南京條約》，視若無睹。

　　在這本精彩著作中，黃宇和翻遍所有文獻記錄，清楚指出為何這場戰爭可以簡單地說成是鴉片貿易的結果。此外，黃宇和是治史認真的學者，不會輕易相信歷史陰謀論，他顯示，不管政客懷着什麼目的，他們是受制於大環境的思潮和形勢變化，而歷史分析就是要處理這種思潮和形勢變化。他得出的成果，是一本令人讀來難以釋卷的著作，並向持不同立場的鑽研帝國主義的史家，提出一些棘手難題。

　　「亞羅」號事件原本不應該引發戰爭的。「亞羅」號的英籍登記在事件發生時已經過期，但當時身處現場的英國人——巴夏禮和包令爵士，他們相信倫敦政府另有盤算，而他們處理事件的手法，從頭到尾就是在迎合這種盤算，以博政府高興。此外，中國政府一直不肯應英國的要求修訂條約，英國當局接到巴夏禮和包令的報告時，思想傾向完全被修約慾望所主宰。「亞羅」號事件引起國會重視和報章廣泛報道。國會議員、自由貿易商等人各自影響着事件的發展，不過，最後在 1857 年大選勝出的，是力主開戰的巴麥尊勳爵，他憑藉對中國問題的立場贏得大選。

　　他在競選宣傳中說：

　　　　廣州大權掌握在一個傲慢跋扈的野蠻人手中，他踐踏英國國旗，破壞條約規定，懸賞取當地英國臣民首級，並計劃以謀殺、暗殺和下毒來消滅他們。

　　這裏提到的下毒，是因為有報告指香港有麵包師傅在麵包中混入砒霜。

　　帝國主義的運作不是依靠某幾個人忽發奇想，這些人其實身處於一個大網之中。在中國貿易，進出口是以白銀結賬。由於中國對外貿易出現逆差，大量白銀流入大英帝國，為英國在東亞的帝國擴張提供經費。如黃宇和所說：

> 　　鴉片不但幫助英國平衡對華貿易，還帶來暴利，資助大英帝國在印度的領土擴張和維持其統治，提供發展印度洋沿岸國家間貿易網絡亟需的白銀，幫助孟買和其他印度城市成長，它令英國只需很低的起始成本，就能從中國取得茶葉和生絲，它還大大幫助了英國的全球收支平衡。
>
> 　　此外，這種對華貿易是印度向倫敦上繳貢金的渠道——英國想要中國茶葉，但不要印度鴉片。由此獲得的中國茶葉，又可讓英國抽稅，而茶葉稅收足以支付相當大部份的皇家海軍每年開支。（頁411–412）

　　因此，那是貨真價實的第二次鴉片戰爭。如果用一個詞來解釋這場戰爭，那就是「全球化」。在全球化的世界，大家應該注意這個警告。全球利益集團的運作方式不可思議：在甲地的利益，不一定反映發生在甲地的紛爭之中。必須採取環顧全球的觀點，才能把隱藏的成本和圖謀顯露出來。黃宇和憑着全球視野，成功釐清許多牽涉在鴉片貿易中的利益。

　　此書讀者不會忘記書中論點，但他們的心卻會飄向被英國俘虜送到印度的兩廣總督葉名琛。他一路帶着廚子，攜同自己的糧食；最後所帶的糧食耗盡，他寧可餓死，也不食夷粟。

科大衛
牛津大學聖安東尼學院

8. 英國前外相（1989－1995）韓達德男爵評《鴆夢》

Baron Douglas Hurd

書評出處：*Asian Affairs* 31.1: 63-65

林立偉中譯

　　1856 年 10 月 8 日早上，停泊在廣州的「亞羅」號划艇上的英國國旗，有否被中國官兵扯落？英國和美國的目擊證人說有，中國人經過一陣子的猶豫後說沒有。歷史學家眾說紛紜。黃宇和博士遍蒐所有證據後認為，扯旗之事不曾發生。如他所指出的，這個問題可說無關其後發生的事情的宏旨。因為中國官員確實以海盜嫌疑拘捕了「亞羅」號的中國船員；「亞羅」號的英籍船舶登記也確實已過期；中方在英國抗議後確實已釋放抓走的船員；而如果英國願意的話，事情原本確實可在當地迅速解決。但是，英國人利用船員被捕為藉口，重提英國與中國的條約關係問題，《南京條約》簽訂十六年後，英國人認為中國人沒有尊重條約，而該條約也有不足，未能達到迫使中國開放貿易的主要目的。

　　黃博士思考和深入研究過引發這場戰爭的多種起因。在他大量徵引經濟數據之前，書中大多數部份的敘述和分析，都令人讀得趣味盎然。但這書的結構有點混亂。它的主題模式令黃博士多次回到敘述的起點，在探討不同的層面時重新追溯它的來龍去脈。因此，書中有大量重複的地方和論證重疊。

　　1842 年《南京條約》簽訂後所開闢的通商口岸中，常有許多小事件發生，最後都不了了之；但在「亞羅」號拘捕事件發生後的幾個星期中，有三個人在拿主意做決定，不讓此事件大事化小。首先是英國駐廣州領事巴夏禮，他是很有幹勁的基督徒，年僅二十八歲，但已有十四年和中國人打交道的經驗。多年經歷使他相信，只有強硬的政策能保障英國利益。他肯定誇大了英國在「亞羅」號事件中的道理。黃博士嚴厲批評這樣歪曲事實，他的批評是正確的，儘管對於 1849 年中國人同樣偽造證據，以逃避《南京條約》（至少英文本）容許外國人居住廣州城的責任，他的看法就沒有那麼嚴苛。

　　第二個人物是香港總督兼駐華商務總監包令爵士。黃博士筆下的包令，因為外交技巧了得而獲巴麥尊賞識並重用。事實上他是個有學識和沉悶的國會議員，對輝格黨勞苦功高，所以從商失利時，輝格黨讓他遠走他方，出任駐廣州領事。包令在廣州時感到受屈辱，所以和其下屬巴夏禮一樣學到相同的教訓，他很樂意和這位部下一同抓住「亞羅」號事件的機遇，以此為藉口重提外國人進入廣州城問題。

　　最後一個人物是英國首相巴麥尊，他當時已年屆七旬，正進入其政治生涯漫長的黃金日落期。

　　「亞羅」號事件和政府決心開戰，在英國引起有關核心帝國問題的激烈辯論——英國有多大權利在歐洲以外使用武力保護它的利益和推進它的想法？黃博士把發生在報章、上下議院和政見發表會的爭論過程，生動地呈現於讀者眼前。他同情攻擊政府和戰爭的批評者。在談到上議院時，他稍為誇大了上議院辯論的審判性質。德比勳爵這位批評政府的領袖，遠不是上議院高級法官；他辯才無礙，詞鋒犀利，曾當過一次首相，並有意再當一次。但黃博士說，上下議院中那些批評戰爭和政府的人，辯論更勝一籌，這話說得沒錯。在下議院，維多利亞雄辯術中的精彩一幕，由科布登、羅素勳爵士、格拉德斯通和迪斯累里同屬一陣營。首相是政府中唯一能與他們抗衡的對手，但他已七十三歲，又患了嚴重感冒。反對派在投票中勝出，格拉德斯通滿心歡喜地歸家。接着巴麥尊使出撒手鐧——解散國會，並游說全國譴責中國人的行為。他致力把這塑造成是環繞單一議題的選舉，並且大獲全勝。黃博士認為，如果 1857 年的選民人數擴大的話，結果可能會改寫。這個看法令人懷疑。在經過兩次改革法案之後的 1900 年，保守黨毫無困難地喚起新近獲得投票權的男性工人階級的愛國心和對帝國的熱情。黃博士指出，1857 年英國辯論中所見的熱情和誠懇，是當時的中國人所無法理解的，現在的中國史家也仍然無法理解。然而，他也恰當地指出，當德比勳爵和迪斯累里幾個月後短暫掌權，他們把巴麥尊開始的那場仗繼續打下去。

　　黃博士利用書的第二部份探討英國商業利益的性質和實力。他指出巴麥尊政府在得悉「亞羅」號事件前，已決定要修訂《南京條約》，如有需要不惜使用武力。他們已與法國人接觸，探討是否可能聯合行動。黃

博士分析貿易流動，例如中國作為茶和絲的來源地，對維多利亞時代英國家庭的重要性。他集中論述鴉片的重要性，但無法證明鴉片是戰爭背後最重要的動機這一說法。

鴉片生產無疑對於印度部份地區的經濟極為重要，對印度政府的財政也舉足輕重，它是英國、中國和印度之間三角貿易的關鍵環節。但不能因此就斷定，逼令中國把鴉片合法化決定了英國政策的方向。畢竟，在條約規定的通商口岸以外的中國接收站，非法貿易已經很活躍。在鴉片販子眼中的未來，鴉片合法化不會帶來明顯好處。因為合法化意味着要繳稅，而且會刺激中國本土生產鴉片。另一方面，如黃博士所指出，如果能把鴉片合法化，英國人就不用憂心中國人有一天可能會真正有效地禁絕這種非法貿易，就如 1839 年欽差大臣林則徐試圖要做到的。但商業利益的說法不完全說得通，而且政治是齷齪的。儘管中國在第一次鴉片戰爭被打敗，1842 年的《南京條約》沒有要求中國人把鴉片合法化。亞羅戰爭後簽訂的 1858 年《天津條約》也沒有這樣做。鴉片是在後期被悄悄合法化的。無論巴夏禮、包令還是巴麥尊，由於信仰和教養，他們都不大可能讓鴉片利益主宰他們對中國的想法。驅使他們和英國選民的因素，是多種思慮不周的動機的混合——在這巴麥尊主政的歲月裏，國家尊嚴被扭曲成一種國家優越感；對自由貿易的真誠信念；對於中國市場的潛力殷切但過大的期望。

黃博士的書最奇怪的地方是它有點虎頭蛇尾。亞羅戰爭由 1856 年持續至 1860 年，但 1857 年春天之後的事件他幾乎不提；也沒有深入分析 1858 年簽訂的《天津條約》；沒有提到卜魯斯（Frederick Bruce）在 1859 年前往換約之時，在大沽口被中國人擊退；對於 1860 年發生於北京周邊、為戰爭畫上句號的戰役，也只是輕輕帶過。令人驚訝的是，在一個這樣着墨不多的部份中，黃博士竟寫道 1860 年北京被毀，令心情鬱悶的中國人吸食更多鴉片。1860 年被毀的不是北京城，它完好無缺，被毀的是城外的圓明園，而火燒圓明園是額爾金勳爵深思熟慮後的決定，為的是報復中國人殺害俘虜。這椿事件就像四年前「亞羅」號船員被抓一樣，在全英國和中國引起騷動，並再次顯示兩國如何把對方看成是完全野蠻的。這可以是另一個精彩題目，有待黃博士運用他的調查技巧和才華加

以研究，所得的分析或許偶爾會惹人爭議。

韓達德（Douglas Hurd）

9.〔美〕凱瑟琳・邁耶斯評《鳩夢》

Kathryn Meyer
美國萊特州立大學
書評出處：*China Journal* 48: 264-265.
林立偉中譯

　　早在全球經濟成為傳媒大師、跨國商人和抗議人士時刻掛在嘴邊的詞語之前，世界已經在推動全球經濟的運作。安德烈・岡德・弗蘭克（Andre Gunder Frank）在其著作 *Reorient: Global Economy in the Asian Age*（1998）描述了五百年來洲際貿易的模式，但是，在這本厚達 350 頁、詳細分析市場的著作中，關於鴉片如何在 1800 年代把中國的財富轉移到歐洲，弗蘭克僅僅一筆帶過。研究任何時代毒品交易的人都知道，毒品貿易是轉移大量貨幣的有力手段，而黃宇和在 *Deadly Dreams* 中做了十分出色的研究，彌補弗蘭克的遺漏。

　　黃宇和在書的最後幾章，詳細論述了英國商人在這鴉片貿易的既得利益。英國官方關注對華貿易，並希圖靠販賣鴉片改變貿易平衡，令英國得利，這就是 1850 年代英中關係的經濟背景。因此，1856 年中國官兵登上船東是中國人，但註冊為英籍的划艇「亞羅」號，拘捕涉嫌走私的中國籍船員，並在過程中扯下英國旗，這事件就引發了一場歷時四年的戰爭。到了戰爭結束，英國官員就可以和中國重新談判商務條約，以增進英國的利益。

這項出色的研究不只是追溯一場小戰爭背後的商業因素。黃宇和所研究的這場衝突，大多數史學著作只是輕輕帶過，黃宇和則視之為史學謎團加以探究。他集中探討導致開戰決定的一些事件，爬梳中英兩國檔案，一一解決謎團，其中一個例子是這艘英籍船上英國國旗受辱之事。最早指有此事發生的人是英國駐廣州署理領事巴夏禮，他隱瞞該中國船的英籍註冊其實已經過期失效。此外，船上的英國旗很可能根本沒有懸掛，因為中國官兵登船之時，船是停泊在港口，而按照海事慣例，船舶靠港時是會降下旗幟的。巴夏禮的上司香港總督巴令爵士任由事件升級，以達到他的目的——爭取英國人進入廣州城的權利。

黃宇和探討了中西史家如何看待亞羅戰爭。有些人說戰爭是由中國人排外心態引起，他的回答是：除非被冒犯被觸怒，否則中國官員和民眾全都很開放包容。有些人把亞羅戰爭標籤為自由貿易帝國主義的事件，黃宇和就指出，當時著名的自由貿易提倡者都反對戰爭。「亞羅」號事件引發英國民眾間和國會內激烈辯論，其間政府倒台和改組。黃宇和遍閱當時的英國政府文件，描繪出引致亞羅戰爭的複雜背景，其中一點是官員視貿易為最重要的心態。這並非自由貿易，而是具壟斷性質的三角貿易，其內容是中國、印度和英國之間鴉片和茶葉的流通，而決策者認為這種貿易對國家利益十分重要。

這個對於「亞羅」號事件的透徹研究，歷時多年才完成，其間黃宇和遍閱英國和中國的原始資料。此書的寫作風格，帶領讀者親歷導致戰爭的戲劇性事件，並參與歷史調查的過程。不但中國學者要讀，任何對史學技藝感興趣，或對不斷變化的全球市場模式感興趣的人，都應該讀一讀此書。

凱瑟琳・邁耶斯

萊特州立大學

10.〔英〕約翰·紐辛格評《鳩夢》

John Newsinger

巴斯思帕大學學院

書評出處：*Race and Class,*（2001）42: 101.

林立偉中譯

　　1856 年 10 月 8 日，「亞羅」號划艇的華裔船員涉嫌當海盜被中國當局拘捕。這本是小事一椿，連在史書上當個註腳都夠不上，但卻成為第二次鴉片戰爭的藉口。此時英國人第二度與法國人聯手，試圖把大清帝國納入他們非正式帝國的版圖。中國將如南美洲一樣臣服於英國，名義上獨立，但卻為英國利益服務。這裏的關鍵因素是鴉片貿易。

　　當時的大英帝國是世界古往今來最大的毒梟。大家一定會想，這是非同小可的事，但顯然沒有多少人知道這點，因為一本接一本的著作都將之忽略或輕輕帶過。如果翻一翻有關第二次鴉片戰爭的西方歷史著作，會發現一個耐人尋味的事實，就是它們全都迴避鴉片這個題目，轉而尋找其他戰爭動機。前保守黨政府外相韓達德（Douglas Hurd）也寫了一本書探討這場戰爭，還令人啼笑皆非地戲稱之為「英中亂局」。

　　當然，如何解釋這場戰爭，主要取決於你看待大英帝國的態度。它是日不落帝國？還是血不乾帝國？如是認為是後者，第二次鴉片戰爭的真面目就顯然易見了。如是覺得是前者，就要為之找藉口和辯解，不管多麼牽強，因為英國紳士的行事方式不是這樣的。人們無法接受主流以外的看法：為大英帝國開疆闢土的那些人，比黑幫好不了多少，甚至往往更壞。西方歷史學家團結一致拒斥這種看法。

　　但是，這種美好良善的一致意見不再站得住腳，因為黃宇和的出色研究 *Deadly Dreams* 將它粉碎，隨風而散。這本學術巨著刺激有如偵探小說，黃宇和揭露這一罪行的性質，指出了犯罪動機和罪犯身份。如他總結所說，這是關於「大筆金錢和毒品」的戰爭。

　　讓我們由「亞羅」號開始。雖然這艘船的擁有者和船員都是中國人，但它在香港註冊，還有一個英國人當掛名船長。英國攻打中國的藉口是

中國水師拘捕「亞羅」號船員時，降下和侮辱了英國旗，而中國水師官兵不但沒有道歉，還否認有辱旗之事，因此不得不由皇家海軍來施以懲罰。但黃宇和指出，「亞羅」號極不可能升起英國旗，因為船舶只在航行時掛旗，下錨靠港時是不掛旗的。中國人方面肯定沒有挑釁的意圖，英國人卻非常有可能在尋找藉口挑起戰事。為大英帝國開脫的人所面對的問題是，當時牽涉事件的人——廣州領事巴夏禮和香港總督包令爵士——所找的藉口是如此薄弱，令英國政府多次尷尬非常。例如，人們很快發現「亞羅」號在香港所領的執照原來已過期，之後又發現該船曾牽涉海盜勾當。這些不是真正問題。

如黃宇和所指出，「亞羅」號事件並非戰爭的真正理由，而只是拙劣的藉口。英國政府認為第一次鴉片戰爭後簽訂的《南京條約》內容不夠好，必須另謀新的解決之道。不管清政府願不願意，中國都必須向外國開放，並將鴉片貿易合法化。這才是這場戰爭的真正原因。

黃宇和花了不少時間探討他所稱的英國「自由良心」，這點相當重要，因為它扳倒了巴麥尊政府，促使舉行全國大選。許多國會議員尤其對包令不滿，小則認為他行為不智，大則指他違反國際法。如果只就「亞羅」號事件而言，炮轟廣州是小題大造的反應。事實上，當巴麥尊邀請檢察總長理查德·貝瑟爾（Richard Bethell）到內閣備詢時，貝瑟爾明確指出英國政府可能會遭控訴，而他如果不是身為政府一員，會支持對政府的不信任投票。巴麥尊在下議院遭到挫敗後解散國會，在競選活動中大力煽動好戰愛國主義，最後贏得大選重掌政權。

黃宇和強調十九世紀英國「自由良心」的重要性固然沒錯，但他低估了這種良心的道德彈性。這場戰爭的始作俑者香港總督包令，是歐洲重要的著名自由主義知識份子，而奉派實際主導戰事的全權公使額爾金，同樣是有名的自由主義者，也是促成加拿大自治的人。此外，那些在不信任投票中投票反對巴麥尊的自由主義者，不少在大選後加入巴麥尊的新政府，為對華戰爭出力。悉尼·赫伯特、愛德華·卡德韋爾、約翰·羅素勳爵，甚至威廉·格拉德斯通，全都團結起來支持戰事。

鴉片貿易的角色是什麼？黃宇和成功顯示它對大英帝國極為重要，並且是對華戰爭的動機。他寫道：

　　本研究顯示，鴉片不但幫助英國平衡對華貿易，還帶來暴利，資助大英帝國在印度的領土擴張和維持其統治，提供發展印度洋沿岸國家間貿易網絡亟需的白銀，幫助孟買和其他印度城市成長，它令英國只需很低的起始成本，就能從中國取得茶葉和生絲，它還大大幫助了英國的全球收支平衡。

　　此外，這種對華貿易是印度向倫敦上繳貢金的渠道……格林伯格注意到從印度到中國的貨物流動，以及從中國到英國的貨物流動……但他的觀察卻完全搔不到癢處，未能看透印度和英國重大經濟利益所在的重點，所有這些都極為依賴一種商品——鴉片。

這個看法很有道理，並已排除合理疑點。

在第一次和第二次英法聯軍之役，英法聯軍開進北京，劫掠和焚毀圓明園，逼清政府簽下屈辱的《天津條約》。清廷屈膝臣服，有利可圖的鴉片貿易得到保障。如果有另一本著作探討往後的故事，那就再理想不過，但黃宇和對戰爭原因論述鞭辟入裏，我們應該感到滿意。

約翰‧紐辛格
巴斯思帕大學學院

11.〔加拿大〕道格拉斯·皮爾斯評《鴆夢》

Douglas M. Peers
卡爾加里大學
書評出處：*Economic History Review*, 52.4:839-840
林立偉中譯

　　在 1856 年至 1860 年間，列強（英國、法國、美國和俄國）士兵大舉進侵中國。有關這場衝突的起因莫衷一是，唯一沒有異議的是，它是 1856 年在廣州開始的，那時中國水師登上一艘船緝拿海盜。「亞羅」號這艘船由中國人建造，中國人擁有，船員為中國人，並在中國水域航行，但因為船長是英國子民而享有受英國保護的權利。然而，英籍「船長」只是掛名的，而且該船的英籍登記也已過期。但該地的英國官員和他們在倫敦的政治主人決意利用「亞羅」號事件為開戰藉口。不過，並非所有人都這麼容易相信，國會為此事而分裂，當時的首相巴麥尊一心開戰，令許多支持者離他而去。「亞羅」號事件暴露了英國自由良心的深刻裂痕。

　　黃宇和花了將近二十五年探尋這樣一樁事件何以會導致戰爭，尤其是英國的開戰決定並沒有得到一致支持，至少開始時是。結果，他做出巨細無遺、證據充份的研究，釐清了英國人和中國人的意圖、感受和反應，他們的外交和經濟目的，人物性格、民眾意見、（英國）新聞界的影響，以及其他列強所扮演的角色。黃宇和指出了一點不令人驚訝的事實——「亞羅」號事件只是藉口，英國有更深層的動機，而主要動機是想擴大與中國的鴉片貿易。鴉片對於維持英國貿易平衡和滿足東印度公司的財政需要十分重要。英國政府和東印度公司都對鴉片貿易上癮了，他們像大部分癮君子一樣，試圖隱藏這個惡習，這解釋了何以需時二十五年才能對這些聯繫追根溯源。然而，單單鴉片不足以解釋為什麼要打這場戰爭，其他導致戰爭的因素包括：英中兩國官員的個人野心，以及彼此誤解的大氣候。後者早已有人指出，但通常歸咎於中國人的頑固和排外。黃宇和正確地駁斥這些歪理，並令人信服地顯示：中國人的反西方行為必須放到其歷史背景中審視：中國人受到源源不絕的挑釁。證據顯示，

英國人更為排外。

　　有些歷史學家認為，現今人們往往注意帝國主義的話語，而忽略其物質關係，黃宇和強調帝國主義的經濟根源，肯定會受這些歷史學家歡迎。他們也會欣賞他敢於批評經濟史中的一些標準模型。例如，他發現，亞羅戰爭不大符合魯賓遜（Robinson）和加拉格爾（Gallagher）的「自由貿易帝國主義」理論。在他的鴉片癮者中，也沒有發現有很多「紳士資本主義者」。

　　此書已是很大部頭的巨著，再抱怨作者沒有寫得更多就有點不公平。但考慮到充斥於歐洲與中國關係的一些刻板印象，做分析時須問一個問題：英國人的觀念和行動，如何受到東方主義影響，尤其是英國的反戰營陣這麼快就土崩瓦解？須要提一下的是，懷有自由良知的人確實存在，但他們迅速消亡，不能單以政治操弄或經濟權宜來解釋。黃宇和在研究中經常碰到的種族主義和文化沙文主義措辭，是這些辯論中各陣營所採取的意識形態立場的組成元素，而不是只有那些最汲汲於在亞洲擴張大英帝國版圖的人所獨有的事物。黃宇和也提出一些惹人質疑的假設，儘管對他的故事來說這些假設是無關宏旨。例如，他假設中國進口的商品，如燕窩、魚翅、胡椒、大米和檳榔，是來自英國控制以外的東南亞地區，但大米、胡椒和檳榔是有可能來自印度，而燕窩則是在最近納入版圖的緬甸採集。此外，要解釋 1855 年至 1886 年供應中國的鴉片數量下降，必須把眼光放到中國需求以外：印度的農民起義和旱災可能令供應中斷。但這些小問題是瑕不掩瑜，對研究近代中國、近代帝國主義和近代印度的史家來說，*Deadly Dreams* 是不可錯過，當然也會是我的學生必讀之作。

卡爾加里大學

道格拉斯・皮爾斯

12.〔英〕布賴恩·霍爾登·雷德評《鳩夢》

Brian Holden Reid

倫敦大學國王學院

書評出處：*English Historical Journal*, 115.462: 758-759

林立偉中譯

歷史學家經常發現，歷史大事並不一定源於什麼重大原因。在 1856 年，中國水師扣押一艘名叫「亞羅」號的划艇，這艘再平凡不過的划艇據稱是英國船。在一片指摘中國人侮辱了英國旗的怒吼聲中，巴麥尊勳爵解散國會，贏得 1857 年被稱為「中國大選」的改選，並下令炮轟廣州。美國和法國參與由此引發的衝突，連俄國也湊上一腳。黃宇和 *Deadly Dreams: Opium and the Arrow War (1856-1860) in China* (Cambridge: U.P., pp. xxx ＋ 542. £50) 一書厚重的學術知識，就不穩定地建築在「亞羅」號那搖搖欲墜的骨架上。黃博士的主要關注，是評估英帝國主義在中國的特質，尤其是關於其「外交、藉口、政治、經濟、戰略和軍力」（第 2 頁）。他尋找「亞羅」號衝突的起源，相信英國民眾對「亞羅」號被扣押的反應，「為政府秘密策劃了多個月的戰爭提供了冠冕堂皇的出兵藉口」（第 29 頁）。「亞羅號」的英籍登記已經過期，該船的船員是中國人，船長肯尼迪僅是掛名，他連船主的姓名都不知道。這完全是小題大做，無事生非。對於諸如「文化衝突」之類有關戰爭起因的通行解釋，黃宇和大多不以為然，反而根據地理和貿易提出自己的一套解釋，相當具說服力。他特別強調兩點。第一點是英國官員享有的自由裁量權，尤其是駐廣州領事巴夏禮和英國遠東全權公使包令爵士。包令執迷於進入把外國摒諸門外的廣州城。黃宇和的結論是：導致戰爭爆發的原因，是這兩名官員的莽撞和不懂拿捏分寸，而非中國人的排外心態。黃宇和也令人信服地指出，中國欽差大臣葉名琛（他被英國報章描述為惡魔）為應付太平天國起義已分身不暇。第二點是財政上的。黃宇和以波動起伏的統計數字顯示，中國進口貨的總值大於從英國殖民地（除了印度）進口的貨物。單單是茶葉稅的總值已幾乎足以支付皇家海軍的軍費。黃宇和進一步認

為，大英帝國在印度擴張的開支，是靠鴉片收入支持。到了 1856 年，
鴉片在英國對外貿易網絡中佔核心位置。英國人以匯票購買美國棉花，
美國人用這些匯票在廣州購買中國茶葉，中國人則用這些匯票購買印度
鴉片。藉着這種方法，在內戰前，英國從美國進口的棉花中，約 38% 至
48% 的款項是靠鴉片支付。這種耐人尋味的關係解釋了對於英國在中
國的好戰態度，為什麼美國的政策是採取默許態度，因為巴麥尊希望擴
大貿易（並獲得最多中國絲），美國可以從中得益。1857 年上海進口的
32,000 箱鴉片中，有 6,300 箱是美國人的。黃宇和此書提出不變地「現實
主義的」詮釋，是根據相對勢力和對國家利益的追求。最後他看到，「英
國決策者對他們眼中」國家利益的追求，「足以作為解釋亞羅戰爭起因的
基礎」（第 472 頁）。這是一本精彩的權威之作，寫作十分認真，從各個
所能想到的角度分析了亞羅戰爭起因的多個方面。黃宇和偶爾會沈溺於
細節（讀者可能不會全都那麼欣賞），他的各項分析也並非所有人都會同
意，但他對這個題目有超卓的掌握，則無人會懷疑。

13.〔美〕托馬斯‧賴因斯評《鴆夢》

Thomas D. Reins
美國加州州立大學富爾頓分校

書評出處：*China Review International* (University of Hawaii Press,
　　　　1999), 6. 2 (Fall 1999), 555-558
林立偉中譯

　　黃宇和對於亞羅戰爭亦即第二次鴉片戰爭的研究，幾乎提供了歷史
因果研究所應具備的一切要素：浩大的研究、深入的分析、有條不紊的
組織、公平的判斷，以及清晰的寫作。1856 年至 1860 年間英法兩國與中

國所打的那場戰爭，當中牽涉的利益、事件和人物，形成千迴百轉的叢林，*Deadly Dreams* 煞費苦心將之拆解，理出其頭緒，從而找出這場戰爭的起因。黃博士是雪梨大學歷史學高級講師，著有眾多論文和專著（包括一本關於葉名琛總督的傳記），他在此研究中運用了豐富的經驗和洞見，前後花了超過二十五年爬梳西方與中國關於這場戰爭的解釋，遍尋相關證據和想法。黃宇和認為現有的調查（他對它們作了詳盡的審視）都有其缺陷：或史料不準確，或追求政治正確，或只有單一原因解釋，或視野狹隘。他研究亞羅戰爭是以了解「英國帝國主義的表現方式」（第 2 頁）。那種表現是基於經濟原則的，又有相關的戰略考慮，地理上遍及全球，經常是為遂行一己之意，並且最終是為支持帝國的存在。

　　全書分七部份，黃宇和在頭兩部份致力「找出事件的真相」（第 41頁）。他一開始是批評前英國外相韓達德的 *The Arrow War: An Anglo-Chinese Confusion*，認為副標題所說的混亂，是因為研究做得太狹隘，並指好的歷史學家應該把千頭萬緒的事件拆解釐清。由於此書是關於亞羅戰爭，所以首先要做的是弄清亞羅號華艇到底發生了什麼事，這艘船是由中國人所建造、擁有，船員也是中國人，但它在香港註冊，並有一名叫肯尼迪的愛爾蘭人擔任船長，因此獲得英國保護。

　　中國當局有否扯下船上的旗？儘管歷史學家仍然假設確有此事，但黃宇和認為極不可能，這說法只是開戰的藉口。這場戰爭的起因也不是文化衝突，不是英國尋求外交承認，不是自由貿易的帝國主義，也不是廣東人的排外思想，儘管這些和其他問題肯定是當時爭執的核心。反之，發生這場戰爭，主要是因為英國對印度的征服，而「支持這場征服的，主要就是靠向中國出售鴉片而大增的收入」（第 39 頁）。

　　黃宇和接着（在第三和第四部份眾傳媒　）探討影響戰爭決定的人，即在中國現場的主要參與者和英國的公共政策制訂者。英國駐廣州代理領事巴夏禮、英國駐遠東全權公使兼香港總督包令爵士，還有欽差大臣葉名琛，他們構成了在中國關鍵影響力，他們的信念和行為大大決定了英國與中國的關係。黃宇和筆下的巴夏禮是個暴躁的年輕人，主張對中國用兵，表面理由是中國水師在 1856 年 10 月 8 日非法登上一艘英籍船，帶走船上華人船員，並扯下英國國旗，巴夏禮在發給葉名琛的伸陳

中，把此事形容為「情節極其嚴重的侮辱事件」（第47頁）。其實，真正的侮辱是巴夏禮試圖帶走被扣押的「亞羅」號船員而被中國官兵毆打。巴夏禮為了報復，說服英國當局炮轟葉名琛在廣州的官衙。黃宇和認為，「〔巴夏禮〕一步一步地把大英帝國帶向對華不宣而戰的境地。」（第80頁）。但是，包令與巴夏禮合作，並非為湔雪據稱在「亞羅」號事件中所受的屈辱，而是要令英國人進入廣州，洗刷他在1848年到中國擔任領事時所受的侮辱。採取軍事行動，很可能迫使葉名琛批准英人入城，肯定也是痛快的報復。

　　葉名琛廣受中國和外國歷史學家撻伐，有指他應付英國人不當，有說他不斷反對英國進入廣州城，黃宇和卻認為他拒絕英國人入城，事實上是最能顧全大局的決定。葉名琛面對附近太平軍威脅，又接到要維持治安的上諭，他了解到英國人進入廣州城會引發暴動，因而削弱他的軍事威信，並觸怒皇帝。

　　對英國當局來說，相較於「對大英盛世（*Pax Britannica*）的冒犯」（第148頁），被拒進入廣州城在外交承認上只算是小阻撓。不過，當英國報章開始關注由「亞羅」號事件引發這場不宣而戰的戰爭，它們對於政府的對華政策提出了不同意見，有嚴詞屬色和語帶諷刺的反對（《每日新聞報》是反戰和支持葉名琛的），有堅定為之辯護（《晨報》），也有更為模棱兩可的社論（《泰晤士報》最初支持報復，後來立場轉為批判）。在國會，上議院也大事談論「亞羅」號事件，黃宇和指出，辯論顯示「茶葉對英國財政收入的重要性、鴉片對印度財政收入的重要性，以及對華貿易對英國全球貿易的重要性」（第191至192頁）。在下議院，雖然辯論中稍微提及貿易平衡，鴉片更只是蜻蜓點水一提，但首相巴麥尊承認，英國在華利益涉及貿易擴張，這主要是指促使貿易平衡有利於英國的鴉片貿易。1857年大選部份地環繞中國的事件（因此有「中國大選」之稱），巴麥尊在大選中勝出，可以主要歸因於他的民望和他訴諸愛國主義團結中產階級的能力：「廣州大權掌握在一個傲慢跋扈的野蠻人手中，他踐踏英國國旗，破壞條約規定，懸賞取當地英國臣民首級，並計劃以謀殺、暗殺和下毒來消滅他們。」（第231頁）。更重要的是，這種氣氛與商界的關注相呼應，商人的生意涉及中國很深，這個市場必須繼續開放。

　　黃宇和的研究的餘下部份（第五至第七部份）審視大英帝國在華擴張的外交、政治和經濟層面。在外交方面，英國人尋找盟友（在衝突開始前）試圖擴大對華貿易，並且因為法國、美國和俄羅斯也想修訂條約，以獲得進入中國的更大權利，因此有可能與英國結成聯盟，以把倫敦的利益最大化。由於巴麥尊不信任俄國的意圖，而美國政府則反對與中國開戰，所以最近在克里米亞戰爭中擔當英國盟友的法國，就是最明顯不過的夥伴。雖然國會的「自由良心」經常大事撻伐政府在中國的所作所為，而且就算滿嘴自由貿易的說法，並支持在中國採取更積極行動的商界利益團體，似乎不同意他想在中國做的事，但巴麥尊仍然對批評者置諸不理，走上戰爭道路，並且事實上利用了「富商巨賈」而非當他們的馬前卒。黃宇和對英國對華貿易的調查，清楚顯示它涉及的層面超出商人的利益。英國不單向中國輸出貨物，還進口茶和絲等商品。單是茶葉進口稅就佔了總稅收的差不多百份之二十一，在 1835 年相當於皇家海軍預算的超過百份之九十三。釐金這種中國境內通行稅會減少茶葉消耗量，因而威脅到茶葉進口稅收入。因此，亞羅戰爭的目標之一是取消釐金，就一點不令人意外。

　　印度也仰賴通暢的對華貿易。英國在印度擴張和管治印度的成本，產生持續的預算赤字，全靠鴉片貿易（第二大稅收來源）彌補。英國商人利用在中國販賣鴉片的收入購買茶葉和絲，而印度商人則利用在印度生產鴉片所得的利潤購買英國貨物。如黃宇和令人信服地指出：「賣到中國的孟加拉鴉片，是英國遍及全球的商貿鏈的重要一環。」（第 409 頁）。鴉片是以這樣的方式推動全球貿易：

　　　　英國向美國購買棉花，開出在英國兌領的匯票。美國人將一部份匯票拿到廣州買茶葉。中國人用收到的匯票買印度鴉片。這些匯票有部份流回英國成為盈餘，其餘的拿到印度購買其他商品，或匯到印度成為私人財產，以及成為維持印度政府運作的資金。（第 409 至 410 頁）

亞羅戰爭帶來倫敦最想要的東西：貿易擴張。鴉片事實上合法化了，

外國人獲准在全中國旅行，另外十個港口開放了，釐金減至百份之二點五，並且可在北京派駐使節。

　　在商業方面，英國出口到中國的貨品到 1866 年上升了差不多五倍；由於釐金設定了上限，英國從中國進口貨物的成本得以壓低。英國政府「訴諸武力」達到這個目的。黃宇和問道：「為什麼要推導出這個結論竟如此困難？」（第 455 頁）主要是因為「國會內外許多言論所充斥的詭辯謬說，令這個問題至今還是撲朔迷離」（第 458 頁）。

　　黃宇和令人信服地指出，「亞羅」號事件只是戰爭的藉口，大英帝國利益才是真正的解釋。不過，雖然作者沒有否定因果層級中的所有其他解釋，但卻低估了「文化衝突」的重要性，英中兩國在關於外交、條約和通商程序等事情上看法分歧，顯見這種文化衝突。黃宇和也把中國人的敵意太輕輕帶過：連一個仇外者都沒提，更沒有講種植毒品的本地人（他們的產量不久就超越印度），還有毒品走私客、吸毒者和向本土生產的鴉片抽稅的人，而對於 1850 年代的中國官員描繪，仿如伏爾泰在一百年前所想像的一樣。我們也不應假設英國人有關中國的言論幾乎全是詭辯謬說。如果能提供幾張地圖，會大大幫助讀者，對全球、亞洲和中國的商業活動有視覺上的了解。說雖如此，此書包含極豐富的研究，主要包括英國政府、商界和私人文件，還有報紙和最新的二手資料，加上中國、美國和法國的記錄，令人歎為觀止。龐大的資料令作者可以檢視細微的細節，如「亞羅」號的英籍註冊已經過期，也可以探索宏觀的問題，如英國全球貿易模式。*Deadly Dreams* 是歷史考據的典範之作，是關於亞羅戰爭的已出版著作中最出色者。中國專家、外交史家和研究生閱讀此書，都會覺得引人入勝和大有助益。

　　托馬斯・賴因斯

　　托馬斯・賴因斯於加州州立大學富爾頓分校教授東亞史，專長十九世紀中國與亞洲的毒品貿易

14.〔澳〕卡爾·特羅基評《鴆夢》

Carl Trocki

澳洲昆士蘭科技大學

書評出處：*Journal of Royal Asiatic Society*, 31.1: 110-112

林立偉中譯

　　黃宇和此書是從多方面尋思帝國主義的著作。它可以套用於任何特定事件，而事實上黃宇和曾撰寫關於其他事件的著作，但他最終顯示：這不是小事一樁。雖然許多人認為，又稱第二次鴉片戰爭或第二次英中戰爭的亞羅戰爭只是一樁小事，不值得以一本如此厚重的書（542 頁）去處理，但讀到最後，讀者會相信花這樣的篇幅是值得的。第二次鴉片戰爭（黃宇和會想我們這樣憶記它）是經典事例，代表了英國在亞洲實行的帝國主義那種情節曲折、意義複雜的特點。此事件至今仍然有點被長期、有着意識形態根源的角力所籠罩。別的不說，黃宇和此書解答了許多問題，並確實一層一層地剝掉洋蔥皮，曝露出十九世紀中葉英國人在中國的所作所為和對華政策中諸多突出而不光采的事實。

　　本書共分八部份，每一部份都可視為一層洋蔥外皮。導論之後一一集中於黃宇和眼中「帝國主義」的不同面相：其錯綜複雜的性質、藉口、悍將、邏輯、運作、經濟和動力。黃宇和像個律師，按部就班地小心建立自己的理據。此書是以證據和論點見長的精心傑作。黃宇和廣泛採用了所有可以找到的資料。他很仔細閱讀英國、美國和法國的官方檔案，以及許多主要參與者和旁觀者的私人文件。他利用了當時英國和中國報章，以顯示傳媒處理事件的手法和當時的民意。他還充份運用中國的資料，並且也是官方和私人資料兼有。除此以外，他也遍閱了有關這些事件的中國和西方著述。

　　除了用了五百頁的篇幅探討只歷時四年的事件外，黃宇和還製作了五十九個表和十九幅圖。雖然這看來多得嚇人，但是説到最後，他的論點相對簡單。以主要參與者特定的決策過程和行動而言，帝國主義往往是一筆糊塗賬，而對於這事件的判讀同樣是混亂不堪。那個時代特點是充斥着

欺騙、半真半假的説法和無知，要解開這張張大網，得費額外的工夫。另一方面，在發生於中國的混亂事件及倫敦所作的決定和政策背後，有一大批態度非常堅決的利益團體在運作，它們不達到自己的目標絕不罷休。在這個案裏，目標是強行「打開」中國大門讓英國通商，並且掃除中國有效抗拒鴉片貿易的最後障礙。黃宇和明確指出，英國人進行的非法鴉片貿易，是導致這場戰爭最根本原因，而擴大和保護鴉片貿易是英國和中國打這場仗的最終目的。此外，關於鴉片在這場戰爭中的角色一直聚訟紛紜（這個題目很少浮現），黃宇和花了很大工夫來證明自己的論點。

此書開首部份是關於巴夏禮這個莽撞的年輕英國領事（他有私怨想要解決），對中國當局拘押一艘船這樁事件提出的各種説法。實際上發生了什麼事？巴夏禮看到什麼和做了什麼？他稟報上司包令爵士自己看到什麼和做了什麼？他在倫敦及國會的上司説了什麼和做了什麼，心裏有何想法？那艘船是否真正有英籍註冊？當時是否有懸掛英國國旗？英國國旗是否受到侮辱？是否有人違反了 1841 年所簽的條約？最後黃宇和很有信服力地顯示，所有這些問題的答案都是「否」。事實上，沒有發生十分大不了的事件，全是巴夏禮虛構出來。包令相信了巴夏禮，後來他知道自己受蒙蔽卻又不敢承認。但到了最後，這些事實似乎都已無關重要了，因為英國首相巴麥尊勳爵抓住這個事件，他想發動一場戰爭去保護和擴大鴉片貿易。英廷小心操縱公眾和官方意見，以團結各界和支持政府捍衛英國的國際聲望和湔雪辱旗之恥。

除了要查明「亞羅」號事件中哪些事件曾經發生，哪些是子虛烏有外，黃宇和還認為要探尋更實質的原因。他相當有説服力地證明英國對鴉片貿易依賴極深，還指出，在倫敦、中國和印度的重要團體有步驟地工作，以保護鴉片貿易，並游説發動戰爭以促進他們的利益：

> 鴉片不但幫助英國平衡對華貿易，還帶來暴利，資助大英帝國在印度的領土擴張和維持其統治，提供發展印度洋沿岸國家間貿易網絡亟需的白銀，幫助孟買和其他印度城市成長，它令英國只需很低的起始成本，就能從中國取得茶葉和生絲，它還大大幫助了英國的全球收支平衡。（頁 411‒412）

　　若沒有鴉片的收益，英國有形貨物的每年貿易逆差就要增加一千萬英鎊。事實上，在 1857 年已有游説者指出這點，他們説中國的匯票（為買鴉片所支付的款項）被用來購買美國棉花，並支付銷往印度的英國產品。

　　到最後，黃宇和的論點大都轉為集中到「環境」經濟證據。鴉片在當時英國大部份討論中極少被提及，也沒有人把它看成是與中國人之間的問題而提出。它是人們三緘其口的大問題。但是，由於在英國的討論中提出許多其他因素，黃宇和仔細檢視大量謊言、疑惑和誤導人的宣傳，以使我們能了解巴夏禮和巴麥尊勳爵向中國發動的毀滅巨輪的性質。經濟更是重要，因為它在當時有關這場戰爭的辯論中從沒被真正提及，近年記錄這方面議題的工作也做得並不足夠。因此，許多歷史學家往往認為，結束戰爭所簽的條約把對華鴉片貿易合法化，這個簡單事實是戰後才萌生的想法。

　　儘管此書的研究和寫作品質上乘，不過還是有一些小瑕疵。雖然黃宇和博學多聞，但他似乎不是太認識鴉片這種毒品。他一再説十九世紀的想法，認為吸鴉片煙比起吞食鴉片害處更大和更容易令人上癮（頁 325）。事實上，吞食鴉片一樣會令人上癮，害處同樣大。他重複一個錯誤觀念，指欽差林則徐把收繳得來的鴉片用火燒毀（第 401 頁），但其實鴉片是被丟到注滿海水的池內，再鋪上生石灰銷毀，那是長久公認的看法（Fay, 1975）。不知是什麼原因，也許是編輯的錯誤，straits settlements 常常用小寫印出（第 401、402、405 頁）。最後，黃宇和聲稱「英國對於中國的海上貿易擁有絕對的主宰地位」（第 383 頁），我覺得有點誇大其辭。雖然若與其他歐洲列強的貿易比較，這肯定沒有錯，但很難想像英國貿易，會超越以中式帆船和他們自己的橫帆船進行貿易的中國私人貿易商。

　　當然，這些是旁枝末節的小問題，無損此書對於在華英帝國主義研究的貢獻。黃宇和此書無疑是有關亞羅戰爭的權威之作，並且肯定會成為中國歷史和英帝國史研究者必讀之書。

卡爾‧特羅基

15.〔澳〕韋立德評《鴆夢》

Professor Tim Wright
西澳洲莫道克大學
書評出處：*Journal of the Oriental Society of Australia*, 30: 144-146
林立偉中譯

黃宇和的重要新作，是嘗試分析亞羅戰爭（更多人稱之為第二次鴉片戰爭）起源的一項長期工作。這本書無疑將成為有關這個題目的標準參考書。

它從英帝國主義的背景審視這場戰爭，全書七個部份都以這個概念為依歸。在第一章的緒論概述不同問題後，書的第二部份把「亞羅」號事件視為「帝國主義的籍口」來分析。第三部份探討在第一線處理事件的「帝國主義的悍將」：巴夏禮、包令和欽差大臣葉名琛。接下來的一部份是關於「帝國主義的邏輯」，分析報章對於相關問題的報道（包括著名記者馬克思的報道）、上下議院的辯論，以及巴麥尊在這個議題上被擊敗後舉行的大選。「帝國主義的運作」把分析加以擴大，利用檔案材料探討該時期的外交和政治操作。最後，「帝國主義的經濟」分析影響英國決策者的各種經濟因素。結論部份題為「帝國主義的動力」。

本書最大的長處是，它從盡可能廣泛的觀點，對此問題做了巨細無遺的處理，並為讀者提供豐富資料。那些資料大部份來自英國（有鑒於它提出的結論，這是很合理的事），沒有像波拉切克（Polachek）的書（*Inner Opium War*）處理更早的時期那樣，嘗試深入探討中國政治。但是，作者利用大量不同的英國材料，寫出了一段非常詳盡細緻的歷史。

此書的核心是分析亞羅戰爭的起因，既然它的結論指「英國決定擴大經濟利益是戰爭的主因」（頁 270），那麼，「亞羅」號事件只是藉口，就一點不叫人驚訝，不過，作者描繪了不同種類和程度的原因如何共同作用，向讀者呈現出一幅詳盡細緻的畫面。由於本書採取十分理想主義的方法學（強調的不是事實本身，而是那個時代的人對該事實的理解和感受），所以本書的主要結論其實是建立在一些頗為薄弱的蛛絲馬跡之上，

例如，巴麥尊簡略地談到英國對華貿易在這場戰爭中的角色（頁 206），以及他提及鴉片的重要性（頁 211）。游說團體肯定支持商業擴張（頁 310－312），另一些人則對領土、移民或傳教更感興趣（頁 312－322）。話雖如此，此書的總結論仍然很有説服力。

　　作者在推導出其基本結論的過程中，更清晰地闡明一系列重要的具體論點，例如，巴夏禮和包令在「亞羅」號事件的一些關鍵情節上撒謊，尤其是關於懸掛英國國旗之事（頁 62－63，86－89）；巴麥尊可能（至少科布登是這樣看）向包令和巴夏禮面授機宜時，鼓勵他們採取侵略性的對華政策（頁 82，108）；一般人眼中的廣東人排外思想，是因英國人挑釁引發（頁 134－140）；早在「亞羅」號事件發生前，英國已在尋求法國和美國的支持，壓迫中國修訂《南京條約》和進一步開放經濟（頁 268－269，272－275）；對英屬印度財政收入舉足輕重的鴉片，在英國政策中扮演關鍵角色（頁 415）。

　　此書有若干不足之處。如果全書篇幅能短一點就更好了。書中有些部份重複，讀者有時候甚至可能有點被騙的感覺，有關包令的一章沒有提及他要求進廣州城不遂之事（讀者因而難以理解他的一些行為）；這問題要到後來關於葉名琛的一章才談到。綜述有關此課題的較早期文獻時，包括一些與嚴肅研究內容差不多的大眾讀物。黃宇和的某些論據，可能存在偷換概念的「稻草人」元素，他利用之來大加抨擊；另外，既然「亞羅」號事件只是藉口，或許花在論述其細節的時間稍嫌過多。令人納悶，有一兩本著作沒有收入參考書目，明顯例子是龐百騰為存於倫敦公共檔案局的廣東省檔案而寫的《清代廣東省檔案指南》。

　　有關經濟的部份，不如關於政治和外交的部份來得那麼堅實可靠。討論中許多部份都有點過火：知道英國政府從茶葉貿易得到的收入，與其海軍的支出相當，不錯對讀者可能有用，但這用一句話就可以説完，不需要花四頁篇幅加兩個表來説明。有些圖表是誤導人的，例如圖 14.2，該圖旨在顯示英國向中國出口貨物量、貿易逆差和英國進口貨物量，逆差只不過是進口量和出口量之間的差額，無須分開顯示。此外，表 16.3 和表 16.4 有問題，兩者的數字完全相同。不過，此書很用心地把鴉片問題與亞羅戰爭的爆發聯繫起來，大有助於證明中國稱之為「第二次鴉片

戰爭」確實有其道理，在這方面功勞甚大。

　　總括來說，本書對於英國政治史和海外關係史，對於中國現代史，對於帝國主義研究，以及對於歷史因果研究都貢獻良多。雖然它價錢不便宜，但值得歷史學家珍藏。

韋立德
莫道克大學

附錄二：本書大事記

　　日期以六位數字表示。前兩個數字代表年份，因此 42 表示 1842 年。之後兩個數字代表月份。因此 08 表示 8 月。最後兩個數字是日期，因此 420829 代表 1842 年 8 月 29 日。所有日期都是指十九世紀。

420829　簽訂《南京條約》。

540213　克拉蘭敦訓令包令要求修訂《南京條約》。

550927　「亞羅」號在香港註冊。

560202　（大概日期）巴麥尊在首相府特別接見巴夏禮。

560606　（大概日期）巴夏禮返回中國出任駐廣州署理領事。

560630　葉名琛正式拒絕包令提出的修約要求。

560830　葉名琛拒絕修約的消息傳到倫敦。

560924　英國接觸法國，提出聯手出兵中國。

560927　「亞羅」號的執照到期，沒有續期。

561003　「亞羅」號駛進廣州黃埔港，並降下旗幟。

561008　廣東水師約在早上 8 時登上「亞羅」號。巴夏禮聲稱「亞羅」號當時掛着旗幟，並致函葉名琛、艾略特准將和包令。

561009　巴夏禮向肯尼迪、李樹和兩名華籍水手查問，錄取證詞。

561010　巴夏禮接到艾略特支持他的答覆。葉名琛送回九名船員，扣留兩個海盜嫌疑犯和一個重要證人。巴夏禮拒絕接收九名船員，並增加要求，包括葉名琛道歉。艾略特抵達廣州。

561011　巴夏禮向包令建議奪取一艘或以上的中國戰船。

561012　巴夏禮向葉名琛發出四十八小時最後通牒。葉名琛下令他的戰船全部離開廣州水域，避免加劇衝突。

561013 巴夏禮致函包令，強調廣東叛亂對葉名琛威脅極大。

561014 艾略特和巴夏禮虜獲一艘中國政府租用的商船。

561016 包令秘密訓令巴夏禮告知葉名琛，自己希望到「城內他的衙門」與他會晤——這是可以達致一些更重要成果的踏腳石。

561019 巴夏禮在沒有預先知會也沒有得到批准的情況下，離開廣州到香港面見包令。

561020 巴夏禮、包令和西摩爾三人開會，巴夏禮提出具體的軍事行動方案，並獲得接納。

561021 巴夏禮告訴葉名琛，繼續扣留十二名水手，表示他違反條約。他限葉名琛在二十四小時內滿足他的要求。

561022 葉名琛送回全部船員。巴夏禮拒收。法國政府接納英國提出聯合遠征軍到中國的構想。

561023 西摩爾擊毀黃埔至廣州之間四座砲台。

561024 包令正式請西摩爾提出進入廣州城的要求。

561025 巴夏禮露骨地向葉名琛提出進入廣州城的要求。

561026 星期天，葉名琛拒絕巴夏禮提出進入廣州城這個不相關的要求。

561027 西摩爾開始炮轟廣州城，每隔十分鐘炮擊一次。

561028 葉名琛每名懸賞三十元取英國人首級。西摩爾集中火力攻擊葉名琛督署，引發火災。英國皇家海軍為免大火蔓延至商館區，把四周的中國民居拆毀。

561029 英國皇家海軍在廣州城牆轟出缺口，攻進城內，到達葉名琛督署。克蘭在城牆上和葉名琛督署插上美國旗。

561030 西摩爾威脅葉名琛如不接見他，會加強炮轟。

561031 葉名琛繼續強調「亞羅」號事件的對錯問題。

561101 西摩爾拒絕再談論「亞羅」號事件的道理。

561102　皇家海軍每天向廣州城「槍擊炮轟」。

561106　皇家海軍奪取東定炮台。

561108　包令建議摧毀虎門炮台。

561112　皇家海軍奪取虎門的橫檔島炮台。

561113　皇家海軍奪取虎門的阿娘鞋炮台。

561114　巴夏禮寫道：「我們的處境確實是進退維谷。」

561115　美國海軍、領事和商界人員撤離廣州。駐守獵德炮台的中國士兵誤擊美國戰艦。

561116　安士壯准將摧毀獵德炮台報復。法國人撤出廣州。

561117　包令抵達廣州，要求葉名琛在總督衙門接見他。葉名琛仍然嘗試就「亞羅」號事件的是非曲直作理論。

561118　包令宣佈「繼續通信毫無意義」，並立即離開廣州。

561201　白廳收到包令有關「亞羅」號事件的公文。

561204　皇家海軍恢復炮轟廣州。

561214　廣州的外國商館區離奇發生大火，燒毀美國、法國和其他外國商館，唯獨英國商館倖免。

561215　英國商館着火燒毀。

561216　英國和法國達成完全協議組成海軍遠征軍。

561229　《泰晤士報》刊登來自里雅斯特的有關「亞羅」號事件的電報。

561230　輪船「薊」號遭偽裝乘客的中國士兵襲擊。

570103　包令要求西摩爾加強香港防務。

570105?　西摩爾回到香港，感到當地「人心惶惶」。

570106　《倫敦憲報》刊登西摩爾關於他在廣州的行動的報告。

570110　英國國會開會討論「亞羅」號危機。

570112　西摩爾放火燒毀商館花園四周的外圍地區。

570114　西摩爾從海珠炮台和商館花園撤軍。

570115　香港發生向歐洲人下毒的事件。

570202　馬西責難克蘭和安士壯的行動。

570203　英女王主持新一年國會的開幕典禮。

570212　西摩爾被迫從廣州撤出全部軍隊。

570224　星期二，德比勳爵在國會上議院開啟有關「亞羅」號事件的辯論。

570225　上議院沒有辯論。

570226　星期四，上議院恢復辯論「亞羅」號事件。反對派以 110 票對
146 票輸掉表決。下議院開始辯論「亞羅」號事件。

570227　星期五，下議院繼續辯論「亞羅」號事件。

570228　星期六，國會週末休會。巴麥尊努力説服議員。

570301　星期日，國會週末休會。巴麥尊努力説服議員。

570302　星期一，下議院恢復辯論「亞羅」號事件。

570303　政府以 247 票對 263 票的 16 票之差輸掉下議院的表決。

570310　報章報道額爾金的任命。

570314　英國接觸美國，建議三國聯手出兵遠征中國。

570321　國會休會。英國選舉的競選活動開始。

570407　大選點票開始：巴麥尊重新掌政。

570410　美國拒絕英國合組三國聯軍遠征中國的要求。

570401　英國向俄國建議組成三國聯軍遠征中國，不果。

570420　額爾金正式獲委任為全權公使。

570521　葉名琛試圖探明包令對於和平解決事件的意向。

570724　葉名琛再次向香港兩位官員發出照會，試圖開展談判。

571021　葉名琛敦促額爾金恢復和平關係。

571214　英法聯軍限葉名琛四十八小時內投降。

571228　聯軍開始炮轟廣州。

580101　廣州淪陷。葉名琛被俘。

580216　有些香港記者探訪葉名琛，得出結論是：把他描繪成怪物的畫家
　　　　一定是吃了「生牛排和生洋蔥」。

580626　《中英天津條約》簽訂。

580627　《中法天津條約》簽訂。

581106　中英稅則協議訂明，每百斤鴉片納稅銀三十兩。

600918　巴夏禮等人被僧格林沁俘虜。

600922　咸豐逃離北京。

601006　法軍劫掠北京圓明園。

601007　英軍加入法軍劫掠圓明園。

601008　巴夏禮等人獲釋。

601018　英軍火燒圓明園。

601024　《中英北京條約》簽訂。

601025　《中法北京條約》簽訂。

附錄三：中西名詞對照

Adams, William 威廉斯‧亞當斯

Addington, Henry 亨利‧阿丁頓

Alabaster 阿查利

Alcock, Rutherford 阿禮國

Aniangxie forts 阿娘鞋炮台

Anstey, Chisholm 安斯德

Armstrong, James 奄師大郎

Ashburnham 阿什伯納姆

Bagehot, Walter 白哲特

Baines, Thomas 托馬斯‧貝恩斯

Bakhala, Franklin 巴哈拉

Baring, Francis Thornhill 弗朗西斯‧桑希爾‧巴林

Baron Lamington 拉明頓男爵

Baron Rothschild 羅思柴爾德男爵

Barrier Forts 獵德炮台

Bartle, G. F. 巴特爾

Bazley, Thomas 托馬斯‧貝茲利

Beeching, Jack 比欽

Besley 貝斯利

Bethell, Richard 理查德‧貝瑟爾

Biaggini, E. G. 比亞吉尼

Bird's-Nest Fort 鳳凰崗炮台

Board of Control 印度事務管理委員會

Bogue Forts 虎門炮台

Bolingbroke 博林布羅克

Bonham, George 文翰

Borthwick, Peter 彼得‧博思威克

Bourboulon, M. de 布爾布隆

Bowring, John 約翰‧包令

Cordier, Henri 高第

Count de Montalembert 蒙塔朗貝爾伯爵

Count Persigny 佩爾西尼伯爵

Count René de Courcy 顧隨伯爵

Count Walewski 瓦萊夫斯基伯爵

Cousins, E. 卡曾斯

Crawford, Robert Wigram 羅伯特‧威格拉姆‧克勞福德

Crawfurd, John 約翰‧克勞弗德

Crompton, T. B. 克朗普頓

Cruikshank, George 喬治‧克魯克香克

Currie, Raikes 雷克斯‧柯里

D'Aguila 達圭勒

Daily Chronicle《每日紀事報》

Daily News《每日新聞報》

Daily Press《孖喇西報》

Daily Telegraph《每日電訊報》

Dakin 戴金

Dart「達德號」

Davis, Lloyd 勞埃德‧戴維斯

de Jersey 德澤西

Delane, John 約翰‧德萊恩

Dent, Lancelot 蘭斯祿‧顛地

Dillon, Edward 愛德華‧狄龍

Disraeli, Benjamin 迪斯累里

Donald, W. H. 端納

Duke of Argyll 阿蓋爾公爵

Duke of Marlborough 馬爾伯勒公爵

Duke of Newcastle 紐卡斯爾公爵

Duke, J. 杜克

Dutch Folly 海珠炮台

Earl Grey 格雷伯爵

Earl of Albemarle 阿爾比馬爾伯爵

Earl of Durham 達勒姆伯爵

Lord Minto 明托勳爵

Lord Napier 皮爾勳爵

Lord Panmure 潘穆爾勳爵

Lord St Leonards 聖萊昂納茨勳爵

Lord Stratford de Redcliffe 特拉特福德勳爵

Lord Wensleydale 溫斯利戴爾勳爵

Lord Wodehouse 沃德豪斯勳爵

Lowe, Robert 羅伯特・洛

Lytton, Edward George Bulwer 愛德華・喬治・布爾沃・利頓

Macao Passage Fort 大黃滘炮台（龜崗炮台、車歪炮台）

Macao Passage 大黃滘

MacGregor, Francis Coleman 馬額峨

Manchester Chamber of Commerce and Industries 曼徹斯特工商業公會

Manchester Commercial Association 曼徹斯特商會

Manchester Guardian《曼徹斯特衛報》

Marcy, William L. 馬西

Marquis of Blandford 布蘭福德侯爵

Marquis of Salisbury 索爾茲伯里侯爵

Marquis Wellesley 韋爾斯利侯爵

Martin, R. Montgomery 蒙哥馬利・馬丁

Matheson, Alexander 央孖地臣

Matheson, James 孖地信

Matheson and Co. 馬地臣洋行

Medhurst, Walter Henry 麥華陀

Medhurst, W. H. 麥都思

Metcalfe, Charles 查爾斯・梅特卡夫

Miall, Edward 愛德華・邁阿爾

Michie, Alexander 宓吉

Mill, James 詹姆斯・密爾

Mill, John Stuart 約翰・密爾

Milner-Gibson, Thomas 托馬斯・米爾納－吉布森

Moffatt, George 喬治・莫法特

Moffatt 莫法特

Platt, Christopher 克里斯托弗・普拉特

Polachek, James 波拉切克

Pottinger, Henry 璞鼎查

Press《報業》

Prest, John 約翰・普雷斯特

Putiatin 普提雅廷

Quested, Rosemary 奎斯特德

Rathbone 拉斯伯恩

Rattler「響尾蛇號」

Red Fort 紅炮台 / 永清炮台

Reed, William 列衛廉

Reynold's Newspaper《雷諾茲報》

Reynolds, G. W. M. 雷諾茲

Ricardo, David 李嘉圖

Ridley, Jasper 賈斯珀・里德利

Robinson, Ronald 魯賓遜

Rogers, Frederick 弗雷德里克・羅傑斯

Romilly 羅米利

Rt. Hon. Cranborne, Viscount 克蘭伯恩子爵

Russell, John 約翰・羅素

San Jacinto「聖哈辛托號」

Sargent, A. J. 薩金特

Schumpeter, Joseph 約瑟夫・熊彼特

Seeley, John 約翰・西利

Seymour, Michael 邁克・西摩爾 / 西馬糜各厘

Silver, Arthur 阿瑟・西爾弗

Sleigh, Alexander 亞歷山大・斯萊

Smith, George 施美夫

Smith, Grafton Elliot 格拉夫頓・埃利奧特・史密斯

Smith, John Abel 約翰・阿拜・史密斯

Spectator《旁觀者》

Spicer, Michael 斯派塞

附錄四：縮略詞表

Adm.	Admiralty
B2; B4	Classifications in the Matheson Archive of Jardine Matheson Co., University Library, Cambridge
BL	British Library, London
BMP	*Who's Who of British Members of Parliament*
Broadlands MSS	Palmerston Papers, National Register of Archives
DG	Daoguang period
DNB	*The Dictionary of National Biography*
FO	Foreign Office
CO	Colonial Office
Er ya	Di'erci yapian zhanzheng
MSS Clar. Desp.	Manuscripts, Clarendon Deposits, Bodleian Library, Oxford
PRO	Public Record Office, London
QSLZ	*Qingshi liezhuan*
Ryl. Eng. MSS	Rylands English manuscripts, John Rylands University Library of Manchester
Shilu	*Da Qing lichao shilu*
XF	Xianfeng period
YWSM	*Chouban yiwu shimo*